北京西城年鉴

BEIJING XICHENG NIANJIAN

2016

北京市西城区地方志编纂委员会办公室　编

中華書局

图书在版编目(CIP)数据

北京西城年鉴. 2016/ 北京市西城区地方志编纂委员会办公室编.
—北京 : 中华书局, 2016.9
ISBN 978-7-101-12164-3

Ⅰ. 北… Ⅱ. 北… Ⅲ. 西城区-2016-年鉴 Ⅳ. Z521.3

中国版本图书馆CIP数据核字(2016)第228954号

责任编辑 朱 慧 李晓燕
版式设计 朱红娟
封面设计 朱红娟

北京西城年鉴2016
北京市西城区地方志编纂委员会办公室 编
*
中华书局出版
(北京市丰台区太平桥西里38号 100073)
http: // www. zhbc. com. cn
E-mail: zhbc@zhbc. com. cn
北京联兴盛业印刷股份有限公司印刷
*
889×1194毫米 1/16 34.75印张 36插页 1320千字
2016年12月第1版 2016年12月第1次印刷
印数:2000册 定价:180.00元

ISBN 978-7-101-12164-3

《北京西城年鉴》编辑部

顾　　问　卢映川

主　　编　王少峰

常务副主编　章冬梅　孙　硕

执行副主编　朱静伟　王　风　张　瑾

编　　辑　华大友　马忠良　郝慧芳　陈　艳

杨桂敏　齐　田　孙凤霞

编 辑 说 明

一、《北京西城年鉴》是一部综合性资料性工具书，在中共北京市西城区委和西城区人民政府的领导下，由区地方志编纂委员会办公室主持编纂。

二、《北京西城年鉴》以邓小平理论和"三个代表"重要思想为指导，贯彻落实科学发展观，遵循实事求是的原则，科学、客观地反映实际情况，为领导决策提供可资参考的依据，为各行各业提供有价值的资料，为各方面人士了解西城、研究西城提供最新信息。

三、《北京西城年鉴》从2000年开始，逐年编纂出版。当年出版的年鉴，全面记述上一年度西城区在各条战线、各个方面所发生的重大事件和新的情况，系统汇集重要的文献。以记述西城区属各系统、各单位情况为主，对境域内中央、市属有关单位适当记述。

四、《北京西城年鉴》以条目体为主，用语体文记叙，直陈其事，文字力求言简意赅。文内一般直书月、日，不再书写上一年度年份。

五、《北京西城年鉴(2016)》记述2015年1月1日至12月31日期间情况，设有特载、专文、大事记、党派、政权·政协、群众团体、政法·军事、重大改革·功能街区建设·重大项目建设、综合经济管理、工业·商贸、金融、城市建设、交通·邮电·公用事业、城市管理、科技·教育、文化·旅游·体育·卫生、社会生活、街道、人物、统计资料、附录共21个一级栏目。一级栏目下设二级栏目，二级栏目下设分目，分目下设条目。

六、《北京西城年鉴(2016)》收有西城区党、政、军、各民主党派、各人民团体、街道、部分企业负责人名录，驻区部分单位负责人名录，以及获国家、中央部委、北京市奖励与荣誉称号的单位和个人名单。所列均以2015年内为限。

七、《北京西城年鉴(2016)》所选文章和条目，均由各部门、各单位确定专人撰写,并经主管负责人审核。统计资料由区统计局提供。照片由各单位及区新闻中心提供。

八、《北京西城年鉴(2016)》由《北京西城年鉴》编辑部负责编辑,进行文字加工和版式设计。编辑部设在西城区地方志编纂委员会。

九、《北京西城年鉴(2016)》在编辑出版工作中,得到了全区各单位和社会各界的大力支持和帮助,在此一并表示感谢。由于编辑水平所限,疏漏与不足在所难免,恳请广大读者批评指正。

中国共产党北京市西城区第十一届委员会第九次全体会议

中国共产党北京市西城区第十一届委员会第十次全体会议

北京市西城区第十五届人民代表大会第五次会议

中国人民政治协商会议北京市西城区第十三届委员会第五次会议

中共北京市西城区第十一届纪律检查委员会第七次全体会议

9月3日，西城区组织1000名观众参加纪念中国人民抗日战争暨世界反法西斯战争胜利70周年观礼

纪念中国人民抗日战争暨世界反法西斯战争胜利70周年阅兵式服务保障

白纸坊街道老兵观看阅兵实况

8月27日，广外街道车站东街社区举办纪念中国人民抗日战争暨世界反法西斯战争胜利70周年文艺演出

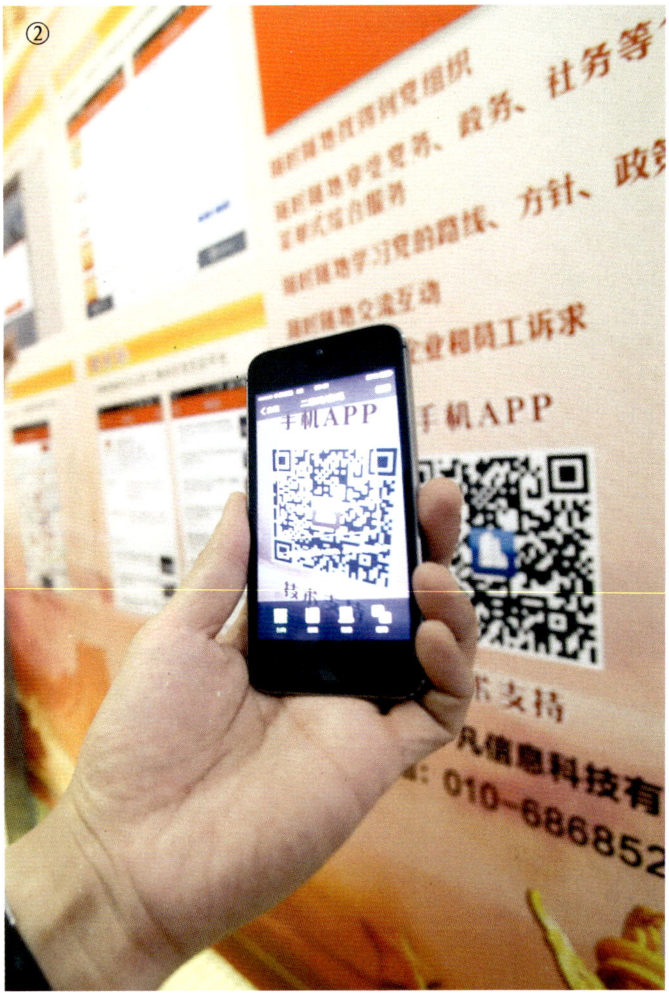

① 西城区发行《社会主义核心价值观优秀文学读本》

② 西城区首次推出社会领域党建APP

③ “在职党员社区统一行动日”活动中，社区党员走进居民家中开展志愿服务

④ 11月13日，大栅栏街道区域化党员教育实践活动基地“红立方”在张一元正式揭牌

3月30日，西城区首次举办“政府开放日”活动

西城区获“2015年度中国政府创新最佳实践奖”

2月10日，西城区人力资源公共服务中心成立

牛街街道入选国家智慧城市试点名单

西城区开展2015年全国1%人口抽样调查前期入户工作

① 大栅栏粮食店街第十旅馆修缮升级
② 大吉片公建CD地块项目（商务办公楼）竣工
③ 合生大厦竣工
④ 西城区保障房项目——合顺家园封顶

6月，西城园管委会与唐山市路北区政府签署战略合作框架协议

北展地区建设指挥部与天津市西青区商务委达成商贸物流业对接协作共识，并签署《产业疏解引导区合作协议》

千余动物园批发市场商户签约天津电商城

牛街东里二区14号楼清退散租户后改造为牛街历史文化展陈室（改造前、改造后）

动物园服装批发市场室外广告拆除前

拆除动物园服装批发市场室外广告

报国寺市场露天地摊全部清除

国家大剧院西侧住房和环境改善项目政策宣传

① 德胜门公交场站完成改造，地铁和公交实现“零换乘”
② 西城区打造全市首个自行车出行示范工程
③ 9月16日，广安门外街道玺源台断头路实现通车
④ 10月19日，北京首条免费街区环线“金融街巴士”3号线开通
⑤ 金融街区域设置盲文站牌、盲文地图

西城区开展世界无烟日主题宣传

空气重污染红色预警期间，区环保局、监察局与政府督查室组成督查组，检查辖区内重污染应对工作执行情况

整治"开墙破洞"问题

榆树馆违建拆除前

榆树馆违建拆除后

7月15日，北京银行举行北京分行成立揭牌暨支持小微企业项目签约仪式

4月20日，第十四届什刹海文化旅游节开幕

6月10日，2015北京西单时尚节开幕

2015北京国际茶业展、2015北京马连道国际茶文化展、中国临沧·天下茶尊茶业推介会期间，外国使节夫人在马连道体验茶具魅力

10月28日，2015大栅栏旅游购物节开幕

2月11日农历小年，张一元大栅栏店茶叶热销场景

西单商场到陶然亭和牛街街道开展惠民特卖

西城区开展餐饮业烹饪技能大赛

大栅栏税务所开展税务与金融服务交流活动

中国工商银行北京广安门支行到辖区医院面向医务人员开展金融服务

10月21日，北京市法治文化建设示范社区落户广安门外街道红居街社区

4月29日，西城区侨界法律顾问团成立

11月3日，西城区法律援助中心军休双秀活动中心工作站启动运行

西城区助残文化月法律咨询讲座

月坛街道调解中心成立揭牌仪式

治理北京儿童医院周边无照经营

多部门联合执法查处“黑导游”

严查摩托车违法行为

在中心城区加强治安巡逻

组织2015年安全生产月咨询日活动

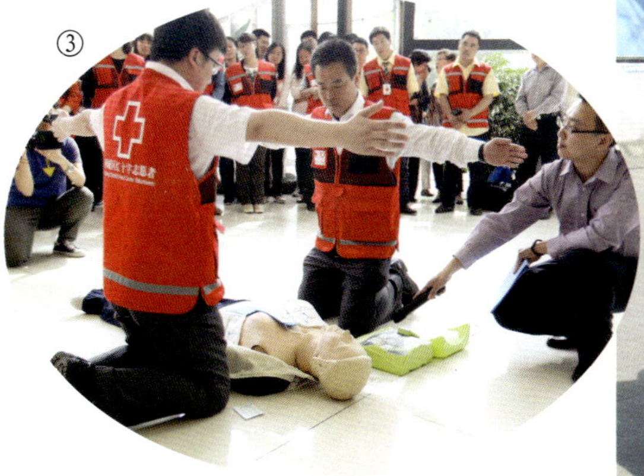

① 快速处置白纸坊桥西的下穿铁路桥下积水

② 5月12日，西城消防支队会同区属职能部门和防灾减灾企业在中国消防博物馆联合开展“全国防灾减灾日”集中宣传活动

③ 区行政服务大厅举行自动体外除颤器安装启用暨应急救护演练活动

④ 厂甸庙会活动应急演练

⑤ 社区居民防空掩蔽演练

⑥ 6月4日，西城区组织民兵应急分队集训

西城区迎接义务教育均衡国家级评估汇报会

西城区市级示范幼儿园考核验收

西城区推进“城宫计划”，提升学生综合素质

北京市中小学生辩论俱乐部在西城区挂牌

西城区学生在第十五届“明天小小科学家”奖励活动中获优异成绩

西城区举办小学校园足球联盟首届联赛

西城区学生参加2015全国青少年电子信息与智能控制大赛

2015年民族音乐进校园音乐会

西长安街街道社区学校推出家庭教育手册

2015年西城区市民终身学习成果认证制度积分兑换与学分课程建设工作会

6月15日，西城区科技和信息化委员会正式挂牌成立

第十八届北京国际科技产业博览会上，西城区综合展示智慧西城建设

2015年西城区科技周上，3D打印展示区引人注目

社区居民在金融街科技馆体验新技术

① 西城区与交通银行西单支行联手打造的全市首家书香银行向公众开放

② “学雷锋”志愿岛揭牌仪式在新街口街道玉桃园社区“书香驿站”举行

③ 西城区首家24小时书店正式对公众开放

④ 德胜街道读书日启动“漂流岛”

⑤ 第十三届北京国际图书节西城分会场“书香西城”名家大讲堂

⑥ 牛街回族大众读书会

4月，塞舌尔副总统、人民党总书记丹尼·富尔参观西长安街街道义达里社区

6月12日，美国马萨诸塞州代表团访问区城管监督指挥中心

10月，荷兰王国国王威廉·亚历山大参观大栅栏历史文化保护街区，与大栅栏居民合影

11月11日，南南学习论坛部分国家代表50余人到金融街街道考察交流

3月，区长王少峰出访澳大利亚彭里斯市，赠送“建都纪念阙”微缩雕塑

6月1日，西城区残疾人轮椅乒乓球队赴韩国参加大邱—北京西城国际残疾人运动交换赛

7月，区文化委代表团赴斯洛伐克皮仕佳尼市开展文化交流活动

11月，西城区选派9个“非遗”项目参加“2015北京东盟文化之旅”，赴文莱和印度尼西亚进行展示

团区委、区残联和区志愿者联合会发起“志愿家庭”计划暨志愿者助残“阳光行动”

西城区启动“邻里互助笑脸相约”志愿服务主题活动

区妇联为最美家庭颁奖

环卫工人陆荣华获“西城好人”称号

2015北京市体育公益活动社区行启动仪式暨金融街首届周末体育会举行

西城区首届校园足球嘉年华

首届什刹海冰雪体育文化节

2015北京金融街徒步大会

广安门外街道第十九届全民健身体育节

北京天桥艺术中心开幕仪式

《增订宣南鸿雪图志》首发式

2015第十届中国北京国际文化创意产业博览会西城展台

"设计之旅——大栅栏设计社区"在劝业场开幕

居仁堂京瓷（北京）文化有限公司建成"京城第一窑"

"我爱北京"大栅栏国际摄影展

历代帝王庙历代名臣展

① 6月25日，西城区直机关纪念建党94周年暨第二届机关文化节闭幕

② 6月，第二届西城区“中国梦·劳动美”建设者之歌声乐大赛落幕

③ 12月10日，西城区残疾人文化艺术界联合会成立

④ 西城区第一文化馆出品的革命历史题材话剧《新北平市长》于7月1日上演

⑤ 首届“宣南杯”京津冀鼓曲大赛

⑥ 7月12日，老舍茶馆与北京歌剧舞剧院启动“曲艺大观苑”

6月15日，区委卫生计生工委、区卫生计生委成立

回民医院中西医结合等级评审

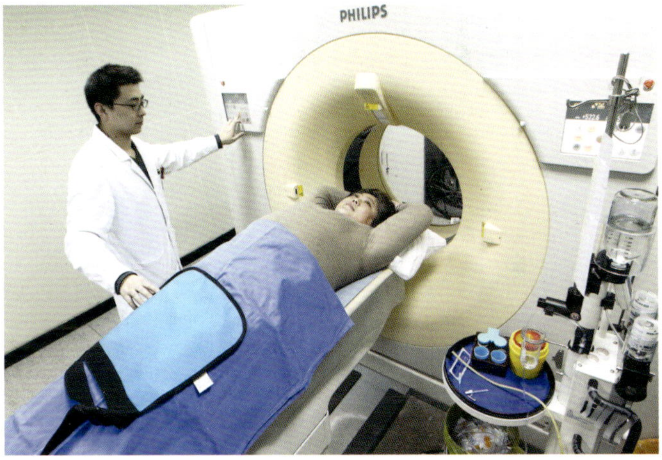

区卫生局开展“五癌”免费筛查

7月17日，西城区卫生计生委与北京中医药大学签订合作协议

广外医院开展医导服务

西城区规模最大棚改项目启动征收

西城区限价
商品房选房现场

西城区成立婚姻家庭调解工作室

11月9日，西城区
不动产统一登记颁发
新证工作正式启动

西城区民政局移动办公新人领证现场

广安门内街道搭建民生数据库，运营虚拟养老院

广安门外街道就业安置基地暨远程视频招聘启动

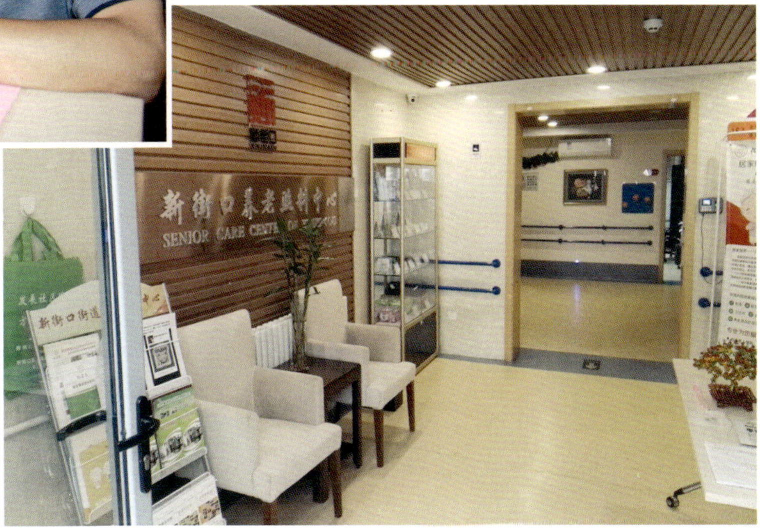

新街口养老照料中心

8月7日，西城区金融街HR之家咨询服务中心成立

11月30日，西城区社区统计室在展览路街道文兴街社区挂牌

全市首家社区“孔子学堂”在什刹海街道社区服务中心挂牌成立

2015社会创新周暨大栅栏社会创新展

展览路餐饮论坛

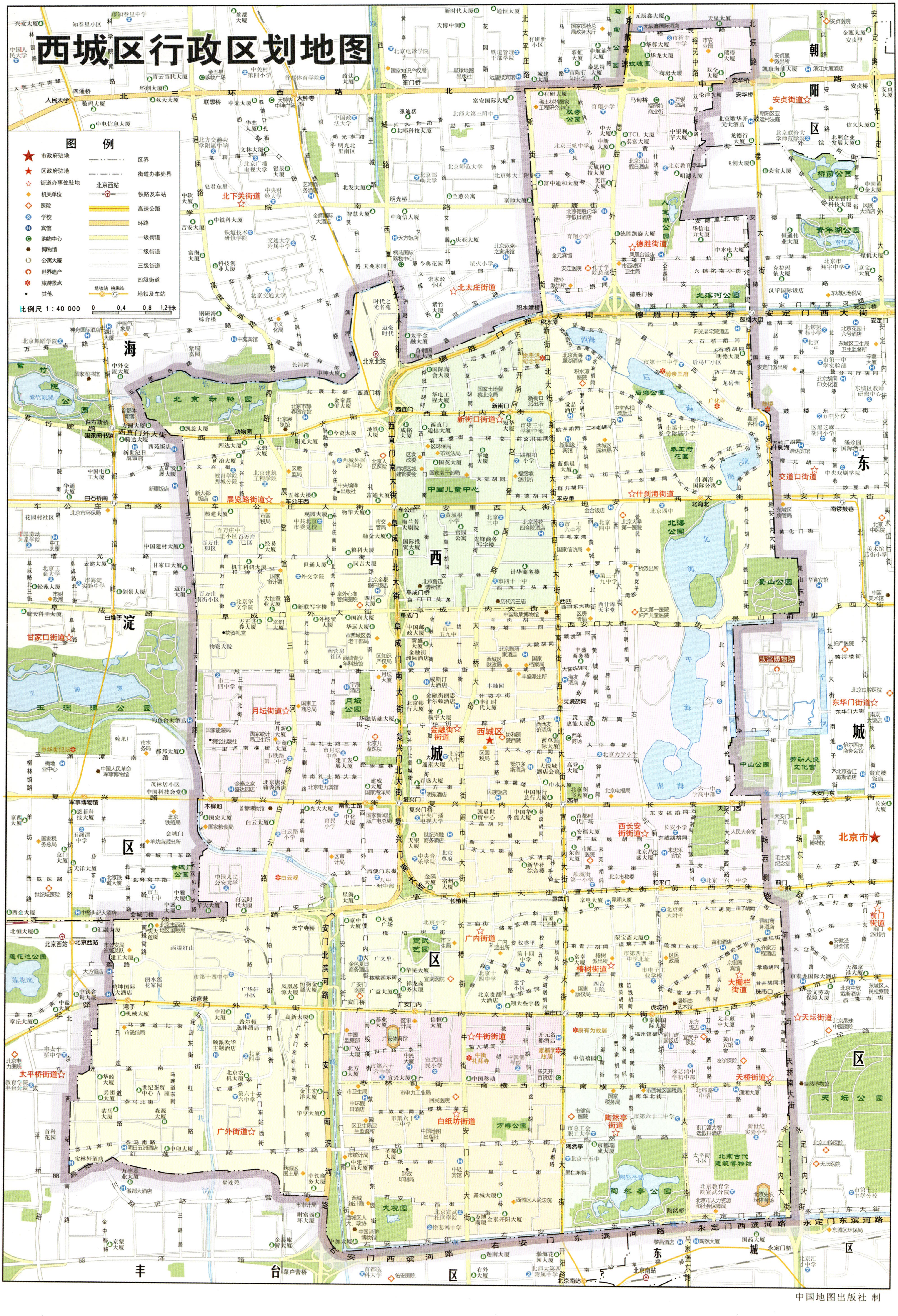
西城区行政区划地图
图例
市政府驻地
区政府驻地
街道办事处驻地
机关单位
医院
学校
宾馆
购物中心
博物馆
公寓大厦
世界遗产
旅游景点
其他
区界
街道办事处界
北京西站
铁路及车站
高速公路
环路
一级街道
二级街道
三级街道
四级街道
地铁站 换乘站
地铁及车站
比例尺 1:40 000
0 0.4 0.8 1.2千米
北京市
西城区
西城区
海淀区
朝阳区
东城区
丰台区
北下关街道
北太庄街道
德胜街道
安贞街道
新街口街道
什刹海街道
交道口街道
展览路街道
金融街街道
月坛街道
甘家口街道
西长安街街道
东华门街道
前门街道
广内街道
牛街街道
椿树街道
大栅栏街道
天坛街道
天桥街道
陶然亭街道
白纸坊街道
广外街道
太平街街道

中国地图出版社 制

4月28日，展览路街道社区党组织换届选举工作座谈会

7月18日，广外街道莲花河社区居委会换届选举

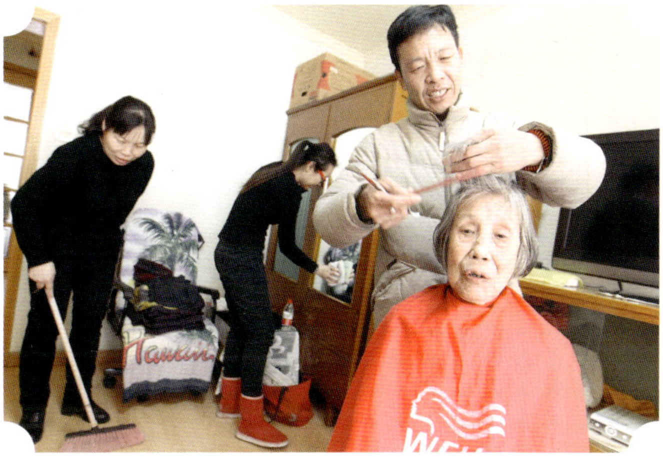

月坛街道为地区特困、空巢老人购买家政服务

广一社区推行参与型协商社区民主自治模式

白纸坊街道第五届家庭人口文化节开幕式暨家庭广场舞展示

新街口街道都市菜园

金融街中心绿地
广场《爱莲说》

西单路口东南角花坛

美丽单位——鲁迅博物馆

莲花河滨水绿道——红莲旧事

西单路口西北角花坛

西单文化广场《播种梦想》

莲花河滨水绿道

目 录

特 载

专 文

大事记

党 派

政权 政协

政法　军事

重大改革　功能街区建设
重大项目建设

综合经济管理

工业　商贸

金　融

城市建设

交通　邮电　公用事业

城市管理

·学前教育

·职业教育、成人教育与社区教育

·教育督导

文化　旅游　体育　卫生

社会生活

街　道

人　物

统计资料

附 录

索 引

BEIJING XICHENG YEARBOOK
CONTENTS

特　载

王宁同志在区委十一届九次全会上的报告和讲话

（2015年7月30日）

这次全会的主要任务是，深入落实习近平总书记视察北京重要讲话精神，学习贯彻《京津冀协同发展规划纲要》（以下简称《规划纲要》），按照市委十一届七次全会和全市上半年经济形势分析会的部署要求，认真总结上半年工作，深入研究发展思路，明确下半年乃至更长一个时期的目标任务，进一步统一思想、凝聚共识，加快推动西城区融入大战略、打开新局面，在北京建设国际一流和谐宜居之都的进程中争当表率、做出示范。

去年2月习近平总书记视察北京并发表重要讲话，今年4月中央出台了《规划纲要》，7月市委市政府也制定了《关于贯彻〈京津冀协同发展规划纲要〉的意见》（以下简称《贯彻意见》），为我们描绘了科学发展的宏伟蓝图和美好前景。一年多来，我们把落实中央和市委决策部署作为最大的政治任务，深入学习领会精神，深刻认识发展大局，切实转变思想观念，瞄准首都“四个中心”的城市战略定位，围绕国际一流和谐宜居之都的建设目标，着力有序疏解非首都功能、加强人口调控，着力提升城市环境、加快棚户区改造，着力做好“四个服务”、保障首都核心功能，扎实开展“三严三实”专题教育，以过硬的作风和良好的成效，体现了全区贯彻落实中央和市委决策部署的坚定信心和有力作为。应该说，今年是具有特殊意义的一年，既是“十二五”收官和“十三五”谋划的关键之年，也是区划调整五周年，同时京津冀协同发展大幕正式拉开，西城区的发展正处于一个非常重要的历史方位。为此，我们深感责任重大，必须本着对历史负责的态度做好各项工作，为西城区在新格局下实现更高水平的发展、在京津冀协同发展中走在前列奠定坚实的基础、赢得良好的开局。

今天会议的主题和重点是贯彻落实《规划纲要》和市委全会精神，关于区委常委会2015年上半年工作报告和全区经济社会发展工作报告已书面提交会议审议和讨论。下面，我着重围绕贯彻落实《规划纲要》和市委全会精神，谋划和推动好西城区未来发展讲四点意见。

一、充分认识京津冀协同发展的重大意义，不断增强推动区域发展的责任感和使命感

推动京津冀协同发展，是党中央、国务院在新的历史条件下作出的重大决策部署，是一项重大国家战略，是中国特色社会主义的一个重大实践，对于协调推进“四个全面”战略布局，实现“两个一百年”奋斗目标和中华民族伟大复兴的中国梦，具有重大现实意义和深远历史意义。我们要充分认识京津冀协同发展的重大意义，以更高的站位、更宽的视野、更大的胸怀、更强的担当，主动作为，勇挑重担，推动京津冀协同发展在西城区的生动实践。

一是强化“红墙意识”，不断增强推动京津冀协同发展的政治自觉。

京津冀协同发展与“一带一路”、长江经济带共同构成新的国家“三大战略”，开启了参与国际合作、优化区域发展格局、引领经济发展新常态的“大棋局”。这项重大战略，将着力打造现代化新型首都圈和具有较强竞争力的世界级城市群，使之成为我国经济发展新的支撑带，将着力探索一种人口经济密集地区优化开发的模式，促进区域协调发展，形成新增长极。这项重大战略，开辟了区域优化发展的崭新局面，为首都的可持续发展提供了千载难逢的历史机遇。推动落实好这一战略，是我们必须完成的一项重大政治任务，是当前我们工作中的头等大事。作为首都功能核心区，我们必须旗帜鲜明地亮出“红墙意识”，把思想和行动坚决统一到《规划纲要》和《贯彻意见》精神上来，不折不扣地将中央和市委的决策部署贯彻落实到最实处，以最高的政治意识、最重的责任担当、最大的落实力度，义不容辞地扛起推动京津冀协同发展的重大政治责任。

二是强化机遇意识，不断增强推动京津冀协同发展的思想自觉。

京津冀协同发展，是我们推动更高水平的发展，为人民群众创造美好生活的必由之路。过去，集聚式发展在为

我们带来发展优势的同时，也导致了令人揪心的“大城市病”，人口过度集聚，我区常住人口密度每平方公里达到了2.6万人，是全市人口密度最大的区域。人口、资源、环境矛盾凸显，我们的交通拥堵指数在城六区是最高的，我们的人均绿地面积、人均住房面积都低于全市平均水平。这些问题成为人民群众的高度关切，让我们困惑已久，仅靠自身难以解决，这也成为我们不能释怀的最大焦虑。京津冀协同发展，是中央为破解北京“大城市病”开出的良方，为我们提升发展品质、改善生态环境、治愈“大城市病”带来了难得的历史机遇，是我们推动未来发展、实现多方共赢的好事，让我们开阔了视野、开阔了思路、开阔了发展空间。机遇稍纵即逝，我们必须强化机遇意识，进一步解放思想，自觉打破自家“一亩三分地”的思维定式，增强全局观念，拿出“壮士断腕”的决心和勇气，用好协同发展的大机遇，推动区域持续健康发展。

三是强化首善意识，不断增强推动京津冀协同发展的行动自觉。

有序疏解非首都功能、推动京津冀协同发展，是一场重大而深刻的变革，是一项庞大的系统工程，更是一件前所未有的难事。这项任务涉及面广，利益关系复杂，资源配置还需进一步找准坐标，体制机制的束缚还需进一步突破，政府之手和市场之手还需牵得更加默契，诸多难题等待我们去破解。过去，我们在集聚资源求发展时，做的是加法，积累了很多招商引资的经验和做法；现在，我们要在疏解中求发展，在做减法和除法上，缺乏可以借鉴的经验，没有现成的答案。迎接好这场充满机遇和挑战的“大考”，需要我们进一步强化首善意识，做表率、创一流，当好有序疏解非首都功能的“排头兵”，当好推动京津冀协同发展的“冲锋队”，奋力做好全区各项工作，交上一份经得起实践、人民和历史检验的优异答卷。

二、强化符合首都核心区发展的新理念，满怀信心开启区域发展的新航程

当前和今后一个时期，我们要全面贯彻落实《规划纲要》和《贯彻意见》，在新中求变，在变中求进，以新的发展愿景引领发展观念转变，以新的发展理念引领发展方式转变，以新的发展路径推动区域发展再上新台阶。

一年多来，我们围绕学习贯彻习近平总书记视察北京重要讲话精神，进一步解放思想、转变观念，主动融入京津冀协同发展，坚决有序疏解非首都功能，优化提升首都核心功能，越来越把工作重心聚焦在履行好“四个服务”职责上；紧扣新时期首都城市战略定位、建设国际一流和谐宜居之都的目标，越来越把衡量工作的标准聚焦在国际一流这“一个标准”，和谐、宜居这“两把尺子”上，把发展愿景聚焦在“安全、安静、舒适、典雅、古朴”这五个词上。安全，强调的是首都功能核心区在政治安定、社会稳定等方面的更高要求，是人们生活最根本的需求和发展不可触碰的底线；安静，是繁而不喧、静而不寥的环境状态，是人们对从容、宁静、有序生活的一种感受；舒适，是宜居宜业的城市氛围，能让人们感受到各类服务的便捷、舒心；典雅，突出的是人文精神，倡导的是风气之先、行为之先，体现的是首善之区的文明素养、优雅行为以及良好的精神风貌；古朴，体现的是城市的历史厚重感与古今相融共生的文化品位。用这五个词描绘我们的未来，就是想让这片土地能承载人们的记忆，让走进西城的每个人都能有一种心向往之的认同感，让工作和生活在这里的人们都能有一种自豪感和幸福感。

有了目标和衡量的标准，未来的路怎么走？如何与谋划“十三五”做好对接？我们要在强化首都核心功能、疏解非首都功能中求发展，在提升城市环境、改善民生中求发展，在京津冀大格局中求发展，走出一条符合首都核心区发展的新路子，要重点强化五个发展理念。

强化疏解就是发展。习近平总书记在视察北京时谈到，表面看北京的问题是人口过多带来的，其实深层次上是功能太多带来的，根本的出路是推动京津冀协同发展、一体化发展，要做外科手术，适度疏解北京的功能。这为我们解决发展中的矛盾问题带来了新的思路。从这个意义上讲，疏解非首都功能就是当前最大的发展，是为了今后更好地发展。疏解非首都功能主要有两种手段，打个形象的比喻，一个是“腾笼换鸟”，另一个是“凤凰涅槃”。所谓“腾笼换鸟”，就是要跳出西城发展西城，按照符合首都核心功能标准，以人口资源环境相协调为导向，优化提升首都功能和产业结构，在腾好笼的同时，更要研究好腾出的“笼子”装什么鸟，要装入“金鸟”“玉鸟”，努力实现高端发展、内涵发展。所谓“凤凰涅槃”，就是要拿出“壮士断腕”的勇气，敢于打破原有格局，在彻底疏解出非首都功能的基础上，把腾出的空间资源彻底调整功能用途，绝不让非首都功能死灰复燃、落地生根。把腾出的空间资源更多地用于居民生活，用于环境建设，让群众身边增加更多宜人休憩的地方。我们计划将什刹海的一个简易楼腾退后改成休闲广场，报国寺门前2万多平方米的空地也计划建成绿地，地下还要建设变电站、停车场，整个区域面貌将得到很大改观。我们目前正在拆迁的西直门桃园C地块，经研究也计划把原方案中8万平方米的写字楼，调整功能用途，用于建设街心公园和应急场所。在疏解问题上，我们就是要通过“腾笼换鸟”和“凤凰涅槃”，推动区域华丽转身、实现更高水平的发展。

优化服务就是发展。西城区特殊的区位，决定了我们的首要职责就是做好“四个服务”。这些年来，我们把服务作为立区之本，以首善标准履行好服务职责，为驻区单位和广大居民提供了优质服务和良好环境。市委全会提出服务保障能力要与城市战略定位相适应，这对我们的服务水平提出了更高要求。在首都新的发展形势下，我们核心区的服务工作，就是要紧扣“四个中心”战略定位，瞄准国际一流标准，对接国际规则，把服务融入到工作的各个方面、融入到经济社会发展的各个领域和全过程，让我们的服务达到高标准、体现高效能、实现最优质，让群众感到贴心，在服务中落实和提升首都核心功能，在服务中实现新的发展。

惠及民生就是发展。习近平总书记指出，民生是做好

经济社会发展工作的“指南针”。我们一切工作的出发点和落脚点都要放在民生上，把保障民生作为我们最大的发展。我们要坚持民生优先，把各项政策、措施更好地向民生倾斜，让群众真正有“获得感”。近几年，我们围绕“记忆西城、书香西城、艺术西城、时尚西城”，加大文化惠民力度，在雁翅楼等项目中植入公共阅读空间，践行了“阅读让城市安静下来”的理念。我们还实施了棚户区改造、发展生活性服务业等很多民生举措，极大地改善了居民的生活质量，得到了人民群众的真心点赞。

提升环境就是发展。环境建设是我们强化首都核心功能、做好“四个服务”的重要内容。我们始终把“环境要优美”摆在突出位置，作为坚持首善标准的重要检验，努力践行“环境也是生产力”的理念。在当前和今后的发展中，落实好首都核心功能，就是要把环境打造得最具吸引力、最具品位，把环境建设得让驻区单位最满意、让居民群众最满意。这方面我们有着成功的经验，金融街经历了20多年的发展，环境形象已经达到了国内最高水平，在这个寸土寸金的区域，我们拿出大片土地做绿化、做景观，虽然少了几栋楼，但是大大提升了区域品质，环境促进发展的作用非常突出。我们不仅注重改善重点大街、核心区域的环境，也更加关注群众身边的环境，打造了“绿道”等一批环境精品，让群众在环境改善中感受到了美好的生活。我们当前实施的“三里河-金融街-中南海”和谐宜居示范区环境提升工程，目的就是要带动整个地区整体面貌的改善，让城市更加安静、典雅、古朴，通过环境建设更好地服务保障首都核心功能。

发挥优势就是发展。习近平总书记讲，针对新常态，要走出一条质量更高、效益更好、结构更优、优势充分释放的发展新路。西城区聚集了大量的优势资源，为我们带来了很好的发展成效。但是，现在我们守着许多非常好的资源，其中很多资源优势还没有引起我们的注意，更没有得到充分利用。在京津冀协同发展大背景下，我们必须把区域优势资源的潜能释放出来，让资源优势为区域发展助力，这就是内涵式的发展，这就是新的发展理念。金融作为我们的核心优势，必须得到进一步强化和提升。我们要让那些金融企业为我区的科技创新、文化建设、民生改善提供更多的金融产品，让“新三板”市场带给我们更多的新的增长点。目前，我们还有不少资源租给了一些低端产业，我们要彻底收回那些吃“瓦片钱”的资源，进一步整合利用，让这些空间资源更好地用于优化提升首都核心功能。我们不仅要用好资源，更要通过创新手段让资源能量倍增、让潜能充分释放，用好“互联网+”，用好大数据，用好我们自己的“设计之都”品牌，把资源的优势释放到极致，打造更多支撑区域可持续发展的增长极，在创新中实现更大的发展。

三、顺势而为、聚焦重点，举全区之力打好四个攻坚战

观大势才能谋大事，顺势而为才能有所作为。实现西城区未来发展的美好愿景，关键是要牢牢把握发展形势，谋好全局、行稳致远，脚踏实地、抓好落实。面对当前经济发展的新常态，要坚持稳增长、促改革、调结构、惠民生，确保全年目标的圆满完成，确保“十二五”的完美收官，为今后发展打下坚实基础。同时，面对艰巨的任务和新的挑战，又要抓住关键、重点突破，以滴水穿石、久久为功的精神，以百折不挠、韧劲十足的作风，贯彻落实好中央和市委的决策部署。

（一）以最大的决心，坚决打好疏解非首都功能攻坚战

郭金龙书记讲，一个浮肿的巨人，必然是步履艰难，很难走远。当前，我们最紧迫的任务就是有序疏解非首都功能，这是一场没有退路、必须打赢的战役。我们要不等不靠、主动对接，全力以赴、善做善成。

必须瞄准靶心。中央和市委已经明确了要优先重点疏解的四类非首都功能，这四类当中尤其是物流基地专业市场、部分教育医疗培训机构、部分行政性事业性服务机构，与我们疏解工作密切相关，是我们下一步工作的焦点、重心。围绕这个靶心，我们要在京津冀协同发展的大背景下，多角度、全方位地考虑问题、谋划发展。要全面、深入地梳理资源、梳理功能，摸清家底、整体布局，明确重点项目、工作目标，明确疏解步骤、时间节点。要克服“聚集”的惯性思维和路径依赖，本着先易后难的原则，从自己能干的先干起，紧紧抓住“动批”“天意”等关注度高、具有示范效应的重点项目，不断推动疏解工作取得重大进展和标志性突破。

必须打好组合拳。有序疏解非首都功能是一项复杂的系统工程，必须把各方面力量调动好，把各项政策统筹好，把各种手段利用好，全方位发力。既要管好增量，牢牢守住各类功能禁止和新增产业底线，又要疏好存量，加快推进重点领域疏解，打好先锋战；既要强化政府引导，发挥好规划政策的导向作用，又要用好市场这只手，充分发挥市场的决定性作用，破解深层次矛盾问题；既要坚持有序疏解，为更好地服务保障首都核心功能腾出空间，又要补齐城市治理“短板”，在优化提升中落实好首都城市战略定位。

必须有力有序。要以“壮士断腕”的决心、“刮骨疗毒”的勇气，先从自己身上做起，先断自己的“腕”、先割自己的“肉”。各单位、各部门都要把自己摆进去，在疏解中找准定位、找到任务，敢于突破利益藩篱，凡是属于非首都功能的资源必须坚决疏解出去。疏解目标一旦确定，就要自加压力、不留余地。比如，市委市政府下达了年度疏解任务，我们今年要完成“动批”20万平方米的疏解目标，我们要横下一条心，大干150天，坚决完成任务。在疏解过程中，我们要把工作的力度和有序的要求结合起来，时刻绷紧稳定这根弦，遵循疏解规律，把握工作节奏，确保疏解工作依法有序开展。

（二）以最有力的举措，坚决打好人口调控攻坚战

人口调控是疏解非首都功能、破解“大城市病”最直接、最有力的手段，也是市委市政府下达的硬任务。我们要巩固调控成果，以有力的举措和工作的成效，推动区域人口资源环境相协调。

要守住底线。人口调控是《规划纲要》中唯一一项量化的目标任务，要求城六区常住人口在2014年的基础上每年降低2—3个百分点，争取到2020年下降15个百分点。按照这一调控要求，我们2015年要减少4万人。考虑到这几年人口自然增长、机械增长仍然处于刚性增长状态，要完成这个任务，可谓时间紧、任务重、压力大，必须引起高度重视。年初我们也跟市政府签了“军令状”。“惟其艰难，才更显勇毅”，面对调控工作的巨大压力，我们要化压力为动力，再大的困难也要上，再艰巨的任务也要完成，坚决守住人口调控的底线。

要创新招数。去年以来，我们齐心协力、攻坚克难，人口调控取得了很好的效果，也固化了许多行之有效的工作方法。下一步要继续强化工作责任制，用好用足以业控人、以房管人、以证管人这些工作经验和机制，把拆违、撤市和地下空间、群租房、无证无照“七小”等专项治理坚持不懈地做下去，扩大成果、巩固成效。同时，我们也要看到，要完成市里下达的调控任务，仅用这些老办法是远远不够的，面对这么大的难度，必须进一步解放思想，集思广益，探索更多新办法，综合运用经济、法律、行政等手段，多措并举、分类施策，确保人口调控取得更大成效。

要持续发力。人口调控是一个长期的任务，更是一项常态化的管理，在做好疏解的同时，必须坚持从严管理，不能走了八千、来了一万。近两年，我们通过棚户区改造、简易楼腾退等重点建设项目，疏解了一些人口。在下一步工作中，我们应该更加注重“控”，通过户籍、证件等管理手段，挤压人口增长空间，控制住人口的增量。同时，要把人口调控主动融入到全区经济社会发展的各领域、各环节，与全面深化改革紧密结合起来，特别是充分利用好城市建设、棚户区改造等重大项目，做到有计划、有政策、有方法，把部分人口疏解出去，确保人口总量只能减少、不能增加。

（三）以强烈的为民情怀，坚决打好棚户区改造攻坚战

棚户区改造是一项关系群众福祉的重大民心工程，涉及千家万户的切身利益，必须带着对群众的深厚感情做好这项工作，让更多群众从中受益。

好事要办好。去年，我们共实施了33个项目，6600多户居民从中受益，实现了良好开局。但是目前，距离完成全区五年5.3万户的改造任务还有不小差距，这项工作仍然任重道远。今年，我们又主动加码，新增了6个项目，确定了1万多户的目标任务。为此，我们专门成立了棚改办，就是想集中一切力量办好这件事。要想让群众真正满意，既要高质量建好保障房，还要高标准建好配套服务设施，让搬迁的居民享受到更好的居住条件、更美的社区环境、更便利的生活服务。

政策要用足。棚户区改造是全市统筹推进的一项重点民生工程，政策性、时限性很强。目前政策的有效期是2017年底，因此，我们必须紧紧抓住这一机遇，把现有政策吃透用足，在政策期内尽最大可能、最大限度地改善群众居住条件。特别是针对资金和安置房存在大量缺口等问题，要加大政策统筹力度，加强政策创新，把“要政策”和“定政策”结合起来，把项目进度、服务品质、群众利益等各种要素对接起来，形成工作和机制上的更大合力。

“改疏”要同步。棚户区改造，不仅能够改善群众居住条件，而且还能同步提升城市环境、完善服务功能、带动人口疏解，是一项一举多得的系统工程。我们要把改造和疏解结合起来，利用好棚改、疏解等方面的政策、机制，推动各方面工作整合，同步做好保障房建设、人口调控、道路建设、公共服务配套等各项工作，系统解决各方面问题，努力实现城市发展、民生改善、环境提升的多方共赢。

（四）以更高的工作标准，坚决打好环境建设攻坚战

城市环境是实现美好愿景的直接体现，也是建设美好愿景的重要载体。我们要按照国际一流标准建设好我们的城市，让广大群众切实感受到美好的生活。

要常态治理。郭金龙书记讲，城市功能能否得到有效发挥，不取决于光鲜亮丽的一面，而恰恰受制于某些“短板”。不管看到多少高楼大厦、名胜古迹，一个脏乱差的城中村就会损害首都在人们心目中的美好形象。从当前城市环境形象和建设水平看，我们距离国际一流和谐宜居之都的标准还有相当大的差距，影响着城市品质和群众的生活。去年，我们打响了“六大战役”，对5类40种环境秩序突出问题进行了集中整治，取得了初步成效，奠定了很好的基础。今年，我们要乘胜追击、加大力度，把治理工作推向纵深，把管理工作推向常态，为落实首都核心功能提供良好的环境保障。

要精心打理。环境建设的成效，归根结底要靠我们的精心打理。要着力构建环境建设新常态，加快城市管理体制改革，形成长效机制，把好的经验做法延续下去。要进一步明确责任，探索新的手段，下沉管理权限，强化联动配合，不断提高快速反应、精细管理、依法治理和社会动员能力。做好环境建设，还要用心、用情、用力，以更高的标准打造一批环境建设精品，让人们在环境中感受到城市的独有特色，体会到生活的幸福美好。

要提升品质。国际一流的环境，不仅体现在干净整洁有序上，还要体现在高品质、有味道、有人文气息上。要在城市设计上下功夫，城市建筑、城市客厅、城市家具都要体现首都核心区典雅、古朴的韵味。要让环境充分体现生态文明建设成果，着力做好水和绿两篇大文章。要把环境与文化建设紧密融合，以创造历史的精神、追求艺术的高度，做好历史文化名城保护，让文化融入城市的每一个细节，让城市处处浸润着文化的味道。要把环境与民生改善紧密融合，用好疏解腾退的空间资源，注重从群众生活需要出发做好环境建设，使城市环境更加充满人文关怀。

四、凝心聚力促发展，以铁的肩膀扛起历史重任

有序疏解非首都功能、推动京津冀协同发展，赋予我们新的历史使命和重大历史责任。面对这一重大政治考验，要全面加强和改进党的建设，进一步巩固和拓展教育

实践活动成果，自觉践行“三严三实”要求，时刻保持优良作风，以强烈的政治责任感和历史使命感，担当起时代赋予我们的重任，为京津冀协同发展提供坚强的政治保证。

（一）增强政治定力

越是面临重大变革，就越考验我们的党性修养，考验我们的政治定力。推动京津冀协同发展，必须更加讲政治、懂规矩、守纪律，始终与党中央保持高度一致，自觉维护党和国家的工作大局，坚定不移地落实各项决策部署。要正确理解中央的大政方针，深刻认识推动京津冀协同发展是首都发展史上具有里程碑意义的新航程，是一项涉及方方面面的系统工程、综合工程，绝不是一时一事，必须全局谋划、统筹推进，充分发挥区委总揽全局、协调各方的领导核心作用，带领全区广大党员干部群众积极投身发展变革的伟大实践。要正确面对当前发展的新形势，正确理解规划中提到的深入推进中心城区功能优化重组的战略举措，坚决服从服务于发展大局，紧密结合“三严三实”专题教育，以“严”的要求和“实”的作风，只争朝夕、不等不靠，心无旁骛、踏踏实实地做好各项工作，让中央和市委的精神不折不扣地在西城落地生根。

（二）激发改革创新活力

有序疏解非首都功能、推动京津冀协同发展，面临一些体制机制掣肘，缺乏可借鉴、可复制的经验，唯有向改革要动力，向创新要活力，以改革的精神、改革的思维、改革的办法解决这些问题。区委全面深化改革领导小组以及各专项小组要围绕有序疏解非首都功能、推动京津冀协同发展的大局，系统研究、深入谋划，进一步明确改革的“路线图”“时间表”和“任务书”。要以创新思维加强顶层设计，将推动京津冀协同发展与谋划“十三五”发展紧密结合起来，走出一条适合西城区的协同发展之路。要顺应大众创业、万众创新的时代要求，努力创造有利于改革创新的政策环境和制度环境，搭建创新成果转化平台，激发区域改革创新活力，鼓励人人争当改革的促进派和实干家。要以党建创新促进区域发展，把党组织建在重大项目上、建在疏解工作第一线，砥砺党员干部的品格，提升党员干部的能力，锤炼党员干部的作风，让党组织的战斗堡垒作用和党员的先锋模范作用在攻坚克难中更加彰显。

（三）提升本领能力

面对当前新的形势和任务要求，我们要克服本领不足、本领恐慌、本领落后的问题，跟上变革的速度和步伐。要着力提升功能疏解的能力，摒弃集聚资源求增长的传统思维方式，在疏解非首都功能中谋发展，善于发挥倒逼机制和激励机制作用，提高做动员、解释、说服和引导工作的能力，综合运用经济、法律、行政等手段推动工作。要着力提升“腾笼换鸟”的能力，不仅要会“腾笼”，更要善于“换鸟”，不断提升发展品质，使区域经济结构和空间结构更符合首都城市战略定位。要着力提升区域协作的能力，最大限度地发挥区域优质资源的辐射带动作用，加强与天津、河北两地的沟通联系，加强与兄弟区县的协同配合，形成优势互补、融合发展、共促发展的良好局面。提升这些能力，还要更加注重在实践中培养干部、锻炼干部，真正把那些有锐气、能创新、善协作、冲在疏解工作一线的干部用起来，打造一支更加忠诚、干净、担当的干部队伍。

（四）凝聚发展合力

“人心齐，泰山移”。京津冀协同发展需要全社会共同参与，我们要围绕目标任务，最大限度地凝聚共识、汇聚力量。要充分发挥区人大代表、政协委员联系群众的优势，运用多种形式广泛听取各民主党派、工商联和无党派人士意见，充分发挥工会、共青团、妇联等人民团体的桥梁纽带作用，齐心协力推动京津冀协同发展。要加强与驻区单位的主动对接和服务保障，最大限度调动他们的积极性和主动性。要强化舆论宣传的有效性，创新舆论引导方式，抓好正面宣传和深度报道，通过我们扎实有效的工作，让群众感受到发展带来的实惠和变化，得到全社会的理解、支持和参与，为京津冀协同发展营造良好的社会氛围。

全面贯彻《规划纲要》和《贯彻意见》，有序疏解非首都功能、推动京津冀协同发展，责任重大、使命光荣。我们要按照中央和市委的决策部署，敢于担当、主动作为，满怀信心、全力以赴开创区域发展更加美好的明天，在推动京津冀协同发展中走在前列！

卢映川同志在区委十一届十次全会上的报告和讲话

（2015年12月22日）

现在，我受区委常委会委托，向全会报告2015年工作情况，并对2016年工作任务提出建议，请予以审议。

一、2015年主要工作回顾

2015年是全面深化改革的关键之年，是全面推进依法治国的开局之年，也是“十二五”规划收官和谋划“十三五”发展之年。一年来，在市委坚强领导下，区委常委会深入贯彻党的十八大和十八届三中、四中、五中全会精神，认真学习贯彻习近平总书记系列重要讲话特别是视察北京重要讲话精神，按照市委十一届七次、八次全会决策部署，切实发挥总揽全局、协调各方的领导核心作用，以首善标准扎实开展“三严三实”专题教育，以勇于担当精神大力推进非首都功能疏解，以科学务实态度认真谋划“十三五”发展，圆满完成中国人民抗日战争暨世界反法西斯战争胜利70周年纪念活动和世界田径锦标赛等重大活动服务保障工作，稳增长、促改革、调结构、惠民生的各项年度目标可望如期完成，“十二五”发展任务即将圆满收官。

一年来，常委会努力研究新情况、解决新问题，主要做了以下工作。

（一）认真落实首都城市战略定位

常委会认为，作为首都核心区，我们必须在更高起点上谋划区域发展，以更高标准服从和服务好首都城市战略定位。

我们旗帜鲜明地亮出“红墙意识”，使之成为全区上下履行好政治责任的一种集体意志和自觉行动。全区广大党员干部以最高的政治意识、最重的责任担当、最大的落实力度，不折不扣地保证中央和市委的决策部署在西城落地生根。

我们不断凝聚发展共识，坚持用“国际一流”这个标准与和谐宜居“两把尺子”来衡量区域发展各项工作，突出强调“强化疏解就是发展、优化服务就是发展、惠及民生就是发展、提升环境就是发展、发挥优势就是发展”的发展思路，描绘了“安全、安静、舒适、典雅、古朴”的发展愿景。

我们遵循创新、协调、绿色、开放、共享的发展理念，以落实首都城市战略定位为主线，研究制定关于“十三五”规划编制的建议，科学谋划“十三五”时期的发展。提出全面实现区域发展转型和管理转型、率先全面建成小康社会、在北京建设国际一流的和谐宜居之都进程中走在前列、在更高水平上共同创造城市美好生活的总体目标，描绘了未来五年西城区更高质量、更有效率、更加公平、更可持续发展的新蓝图。

（二）全面打响四个攻坚战

一年来，我们直面人口资源环境矛盾凸显、“大城市病”突出等问题，聚焦重点、攻坚克难，举全区之力全面打响了非首都功能疏解、人口规模调控、棚户区改造和环境建设攻坚战。

我们以“壮士断腕”的决心推动非首都功能有序疏解。成立区疏解非首都功能领导小组和北展地区疏解工作指挥部，确立了“调有办法、控有手段、进有标准、疏有对接”的全方位疏解工作模式。制定更加严格的新增产业禁止和限制目录。积极推动职业教育等社会公共服务功能疏解。按时完成了东天意和部分西天意市场疏解工作，动物园批发市场疏解任务取得重大进展。

我们多措并举加强人口调控，继续强化以业控人、以房管人、以证管人，以产业和功能疏解带动人口调控。采取人口疏解奖励、集体户口清理、群租房综合治理等措施，逐步消除人口过度集聚因素，努力控制人口规模。

我们加强综合整治，提升环境品质。持续推进“拆违、灭脏、清障、治污、治乱、撤市”六大战役，全面治理环境污染，各项污染物年均浓度持续下降。重点实施“三里河-金融街-中南海”周边地区环境改造提升工程，打造和谐宜居示范区。围绕莲花河滨水公园、环二环城市绿廊等重点景观提升工程，注入绿色元素、文化内涵，营造高品质城市公共空间。

我们加快推进棚户区改造，集中力量、用足政策，加大资金投入，统筹做好52个项目的资金政策支持和项目实施，完成了1万余户改造任务，居民生活居住条件不断改善，人民群众切实感受到了党的温暖。

（三）不断提高适应把握引领新常态的能力和水平

常委会认为，要实现更高水平的发展，必须主动适应发展新常态，紧抓京津冀协同发展的历史机遇，坚持改革和法治双轮驱动，加快经济发展方式转变，促进经济结构优化调整。

我们围绕提升发展质量和效益，不断优化经济结构。以金融业作为构建“高精尖”经济结构的主导产业，主动对接“一带一路”等国家战略，完善多层次资本市场体系，提升金融街国际化水平。推动区内中小企业加快股份制改造扩容到“新三板”市场。加强金融科技文化要素融合和文化商业旅游融合，引入联合国教科文组织“国际创意与可持续发展中心”，加快北京“设计之都”建设。全年地区生产总值预计增长7%；区级一般公共预算收入预计完成455.5亿元，同比增长22.2%；居民人均可支配收入预计增长8%。

我们不断深化改革，营造良好发展环境。按照中央和市委的决策部署，把握工作节奏，积极探索实践，在重点领域和关键环节形成了一批有标志性、有年度特点、有示范性的改革成果。加快经济领域改革步伐，深化行政审批制度改革，实现不动产统一登记，积极推进国有企业公司制改革，区属国有企业发展质量和效益不断提升。

我们持续加强和改进党对法治工作的领导，把党的领导贯彻到推进法治建设的全过程。不断加强法治建设，深化司法体制机制改革，加强法治工作队伍建设，切实维护社会公平正义。法治文化建设不断加强，“六五”普法圆满完成，努力引导全社会形成良好的法治氛围。法律服务体系不断完善，大力开展公益法律服务活动，推进法律服务进社区、学校、机关和企业，让法律的阳光温暖每个公民。

我们紧紧抓住京津冀协同发展的机遇，以更宽的视野、在更大平台上谋划发展。积极推进“京津冀产权市场发展联盟”平台建设，分别与河北省廊坊市、石家庄市长安区、保定市和天津市西青区等地签订合作协议，统筹推进与永清、固安、武清等地的产业转移合作项目。搭建平台，引导老字号等一批企业走出去，在协同发展中不断拓展空间。

（四）切实加强民主政治建设

常委会认为，推动各项事业健康发展，必须进一步加强社会主义民主政治建设，充分调动社会各方面积极性，凝聚推动发展的强大合力。

我们全力支持人大、政府、政协、审判机关、检察机关依法履行职能。召开区委第四次人大工作会议，支持区人大及其常委会围绕环境建设、规划编制等重大事项行使决定权和监督权。发挥人民政协作为协商民主重要渠道的作用，建立政协协商年度工作计划制度，加大重点提案办理力度，支持区政协履行政治协商、民主监督、参政议政职能。加强党对政府工作的领导，不断提高政府公信力。坚持司法为民、公正司法，保证审判机关、检察机关依法独立公正行使职能，发挥司法机关维护公平正义的职能作用。

我们认真贯彻中央、市委统战工作会议精神和《中国共产党统一战线工作条例（试行）》精神，召开了区委统战工作会议，加强和改进党对统战工作的领导。构建了“区、街道、社区”大统战工作格局，加强同民主党派和党外代表人士的团结合作。学习贯彻中央、市委关于加强和改进党的群团工作的意见，坚持把政治性放在首位，领导工会、共青团、妇联等群团组织认真履职、创新服务。扎实做好民族、宗教、对台和侨务等各项工作。切实加强国防和后备应急力量建设，争创“全国双拥模范城（区）”八连冠。

（五）加强宣传思想文化工作

常委会认为，宣传思想文化工作是区域科学发展的重要支撑，必须积极探索新形势下宣传思想文化工作的特点规律，为西城发展提供思想基础、舆论支持、精神动力和文化条件。

我们大力弘扬社会主义核心价值观，深入学习实践中国特色社会主义理论，牢牢把握正确舆论导向。建立马克思主义经典著作学习交流基地，开展理论家走基层、西城讲坛百场讲座进基层进社区等活动，不断推进马克思主义理论中国化、时代化、大众化。推出“道德讲堂”、讲好“自己的故事”等系列活动，让社会主义核心价值观真正走进寻常百姓家。健全文明城区常态化创建机制，不断提高市民文明素质，努力形成奋发向上、崇德向善的社会风尚。

我们充满感情、锲而不舍地做好历史文化名城保护工作。加强什刹海阜景街、大栅栏琉璃厂等地区整体风貌保护，努力打造古朴与典雅相融共生的“百年工程”“传世精品”。深入挖掘文化遗存的历史价值，赋予现代文化元素，打造了雁翅楼、天桥艺术中心南北中轴路两个新亮点，历史文化保护区焕发了新的生机和活力。

我们持之以恒、不断创新，加快推进公共文化服务体系建设。召开全区基层文化建设大会，制定了进一步加强基层文化工作的意见。围绕公共文化服务示范区建设，加大文化惠民力度，搭建文化资源共享共建平台，建设公共阅读空间，组织创作了一批优秀原创舞台剧目，不断丰富群众文化生活。依托天桥艺术中心等平台，推出文化艺术惠民计划，让高雅艺术走进百姓生活，提升了群众文化生活品质。不断加强全国科普示范区建设，持续推动全民科学素质提升。

（六）不断提升民生服务水平和社会治理能力

常委会认为，持续改善民生、促进人的发展是发展的根本目标。在北京建设国际一流的和谐宜居之都进程中，要始终把出发点和落脚点放在改善民生上，不断提升民生服务水平和社会治理能力。

我们坚持以人为本，不断提升公共服务水平。调整完善学区布局，推进教育集团办学模式，持续提高教育质量，在办好人民满意的教育上迈出了坚实步伐。加大对重点群体就业、创业的帮扶力度，成功创建“北京市充分就业区”。推进整合型医疗卫生服务体系建设，大力推行家庭医生签约服务。不断完善养老服务体系，建设街道养老照料中心，努力让老人们安享幸福晚年。我们心系群众的安危冷暖，不断完善社会保障服务体系和社会福利事业，积极发挥残联、红十字会、慈善组织等机构的作用，人民群众感受到了更多关怀与温暖。

我们不断完善全响应网格化社会治理体系，深化“访听解”工作机制，不断提高工作效率和为民服务的精准度，各类社情民意解决率达到98%以上。加大社会组织培育发展力度，引导支持社会组织在公益服务领域发挥作用。开展社区治理创新试点工作，完善社区居民代表会议制度，丰富社区协商议事形式，推动区域化党建、多元化自治和开放式服务有机结合，促进了政府治理和社会参与、居民自治的良性互动。优化社区服务资源配置，加快生活性服务业转型升级，建设完善百姓生活服务中心，实现一刻钟便民服务全覆盖，有效提升了社区服务管理水平。

（七）全力以赴做好安全稳定工作

常委会认为，作为首都核心区，安全稳定是第一责任。要从保障首都职能履行的大局出发，从维护人民群众的利益出发，牢固树立“西城无小事”意识，时刻绷紧安全稳定这根弦，确保区域安全稳定。

我们高度重视维护公共安全，建立健全安全生产“党政同责、一岗双责”制度，推进安全生产隐患排查治理体系建设，紧抓安全底线不放松。开展“国家食品安全城市”创建试点工作，建立健全食品药品安全检验检测体系，着力打造西城“药安食美”品牌。加强对危险化学品、道路交通安全、消防安全和特种设备等重点领域的检查执法，群众安全感进一步提升。

我们进一步夯实和谐稳定的社会基础。围绕“平安西城”建设，深化全区反恐怖组织指挥、情报应用、措施标准、发动培训、督导奖惩、应急处置“六大体系”建设。推进“阳光信访”新模式，加强信访法治化建设。创新完善立体化社会防控体系，及时化解各类不稳定隐患和苗头性、倾向性、潜在性问题，“西城大妈”治安志愿者品牌形象受到社会广泛赞誉。

（八）聚精会神抓好党的建设

常委会认真落实全面从严治党要求，坚持把抓好党建作为最大的政绩，坚持围绕中心抓党建、抓好党建促中心，以党建的新成效引领和保障区域发展。

我们坚持以首善标准深入开展“三严三实”专题教育，按照深入学习教育、突出问题导向、贯彻从严标准、坚持以上率下、确保取得实效的要求，着力抓好集中学习、党课报告、专题研讨、查摆整改等关键环节的工作，把专题教育同推进改革发展稳定结合起来，同整治为官不为、为官乱为等结合起来，努力在巩固和拓展党的群众路线教育实践活动成果上见实效，在守纪律讲规矩、营造良好政治生态上见实效，在真抓实干、推动改革发展稳定上见实效。通过专题教育，各级领导干部“补了钙”“加了油”，增强了践行“三严三实”的思想自觉和行动自觉，有力推动了不严不实问题的解决，深化了党的思想政治建设和作风建设。

我们着力加强领导班子和干部人才队伍建设。强化理论武装，举办系列培训班，切实抓好理想信念、党性修养和政治纪律教育，从思想上拧紧“总开关”。严格落实《党政领导干部选拔任用工作条例》，树立正确用人导向，完善领导干部选拔任用流程，进一步选优配强了处级领导班子。制定实施加强直属党（工）委建设的意见，进一步增强了党（工）委工作的科学化、规范化水平。坚持在攻坚克难、改革发展的主战场上发现干部、培养干部、使用干部。强化“严管就是厚爱”，加强干部管理和监督。坚持党管人才，加强人才队伍建设，深入实施“双百工程”，遴选第二届“百名英才”，营造了识才、爱才、敬才、用才的良好氛围。

我们认真落实党建工作责任制，制定加强基层服务型党组织建设的意见，深入开展“三评一考”工作，圆满完成社区党组织换届工作，基层党组织引领和保障功能不断提升。深入推进“服务先锋”工程，广泛开展“党员意识、党员作用双提升行动”。坚持把党组织建在工作一线、建在重大项目上，有效发挥了党组织的“桥头堡”作用和党员的“排头兵”作用。

我们坚持依规治党，严格落实党风廉政建设主体责任，支持纪委履行监督责任，制定了落实“两个责任”的实施意见。深入整治“四风”问题，不断健全作风建设制度体系。认真学习宣传廉洁自律准则和纪律处分条例，广泛开展反腐倡廉教育，深化权力公开透明运行，积极营造不敢腐、不能腐、不想腐的氛围。始终保持惩治腐败的高压态势，截至目前，全区共立案92件，给予党纪政纪处分64人，彰显了我们惩治腐败、正风肃纪的决心。对于个别党员领导干部的涉嫌违纪行为，我们坚决拥护中央和北京市委决定，坚定政治态度和政治立场，要求党员干部引以为戒、警钟长鸣，严守党的政治纪律和政治规矩，始终做到心中有党、心中有民、心中有责、心中有戒，永葆共产党人的政治本色。

同志们，2015年各项工作任务的完成，是在挑战大、困难多的复杂形势下实现的。这些成绩的取得，是市委正确领导的结果，是全区广大党员干部群众扎实工作的结果，是社会各界关心、支持的结果。在此，我代表区委常委会向大家表示衷心的感谢！

回顾过去一年的工作，我们在看到成绩的同时，也清醒地认识到，我们的工作距离中央和市委对首都核心区的要求、发展形势的新变化以及群众的期望还有不少差距。比如，城市管理和服务的品质还有待进一步提升，公共服务还不能充分满足群众的实际需要，有序疏解非首都功能、治理“大城市病”还需要深入系统推进，一些党员干部改革意识、法治思维和担当精神还不够强，思想作风和能力水平仍有待改进和提高，等等。对这些问题我们将高度重视，进一步加大工作力度，积极解决。

二、2016年重点工作建议

2016年是“十三五”开局之年，同时我们将迎来中国共产党建党95周年。全面贯彻落实中央和市委“十三五”重大战略部署，深入推进区域发展转型、管理转型，面临着开局起步、布局落子的重要任务。

区委常委会分析当前形势认为，实现“十三五”良好开局需要我们做到“六个牢牢把握”：一是牢牢把握首都城市战略定位，把疏解非首都功能、调控人口规模作为当前和今后一个时期最重要的任务来抓紧抓实，着力优化提升首都核心功能。二是牢牢把握“四个服务”职责，进一步强化“红墙意识”，坚持用首善标准全面提升城市管理和服务品质，用“国际一流”标准与和谐宜居“两把尺子”来审视衡量各项工作。三是牢牢把握京津冀协同发展机遇，深入转变发展理念和发展方式，切实加强产业结构优化调整，不断优化功能、实现共赢。四是牢牢把握率先全面建成小康社会的目标任务，抓住关键和重点，积极补短板，持续改善民生，让全区人民在共建共享发展中有更多获得感。五是牢牢把握深化改革和法治建设新要求，扭住关键，精准发力，严明责任，狠抓落实，确保各项改革取得预期成效，不断提升运用法治思维、法治方式推动发展的能力。六是牢牢把握全面从严治党要求，认真落实管党治党责任，坚持把党建工作与中心工作一起谋划、一起部署、一起考核，不断提高全区党建工作科学化水平。

常委会建议，2016年区委工作的总体要求是：高举中国特色社会主义伟大旗帜，全面贯彻党的十八大和十八届三中、四中、五中全会及中央经济工作会议、中央城市工作会议精神，以邓小平理论、“三个代表”重要思想、科学发展观为指导，深入贯彻习近平总书记系列重要讲话精神，坚持“四个全面”战略布局，牢固树立和深入落实创新、协调、绿色、开放、共享的发展理念，坚持稳中求进总基调，按照市委总体部署和要求，深入落实首都城市战略定位，主动融入京津冀协同发展，以服务保障首都职能履行为第一职责，以提升城市管理和服务品质为主线，切实加快发展方式转变，深入推进区域发展转型、管理转型，统筹抓好非首都功能疏解、人口规模调控、棚户区改造、历史文化名城保护等重大任务实施，促进核心功能强化、环境质量提升、经济提质增效、人民生活改善、文化繁荣发展、社会和谐稳定，努力实现“十三五”发展的良好开局。

重点要做好以下六个方面的工作：

（一）全面落实中央和市委各项战略部署，统筹推进重大任务实现良好开局

常委会认为，开局之年的工作主要在谋篇布局，特别是对非首都功能疏解、人口规模调控、棚户区改造等事关长远和发展全局的重大任务，要加强统筹谋划，制定目标明确、步骤清晰、措施有力的实施方案，扎扎实实地开局起步，为实现五年目标打好基础。

有序疏解非首都功能，是落实首都城市战略定位的先导和突破口。我们要加强顶层设计，系统研究确定疏解的路线图、时间表、任务书，构建有利于疏解的体制机制和政策环境，抓住重点、久久为功，确保疏解工作取得新的重大进展。继续严格执行新增产业禁止和限制目录，牢牢守住功能禁止和限制底线。加强区域协同，争取政策支持，拓展发展空间。积极探索加强成本调控和资源投向调控的思路办法，引导推动区域非首都功能向外疏解。进一步解放思想，打破惯性思维，以改革的办法、创新的思维破解疏解难题，坚决完成市委市政府下达的疏解任务。坚持调整疏解和优化提升并重，统筹利用好腾退空间，着重改善生态环境、增加公共服务设施，提高城市发展品质。

严格控制人口规模是我们必须要完成好的一项“硬任务”，是优化提升首都核心功能的内在要求。我们要进一步健全人口规模调控工作责任制，不断完善调控工作机制。要认真落实好户籍指标管理制度、居住证制度等政策措施，坚持以业控人、以房管人、以证管人，强化拆违、撤市、地下空间清理等专项治理的长效工作机制。同时，深入加强专题研究，系统谋划调控人口规模的方式和渠道，加强与有序疏解非首都功能、棚户区改造等重大工作的联动，统筹政策引导、项目疏导，集中力量分阶段解决问题，推动形成人口规模调控的累积效应。要在尊重市场规律、社会规律的基础上，综合运用经济、法律、行政手段，确保完成人口规模调控的阶段性目标。

棚户区改造是关系群众福祉的重大民心工程，是率先全面建成小康社会、补齐发展短板的重大任务。我们要带着对群众的深厚感情做好这项工作。要充分借鉴前期工作经验和有效做法，统筹规划、有序推进，加强政策引导，把现有政策吃透用足，立足实际不断创新，不断改善群众居住条件和生活环境。要把改造和疏解结合起来，同步做好保障房建设、人口规模调控、道路建设、公共服务配套等各项工作，系统解决各方面问题，努力实现城市发展、民生改善、环境提升的协调推进。

（二）大力提升城市管理和服务品质，切实履行好首都核心区工作职责

常委会认为，履行好核心区服务职责，必须着眼首善，按照国际一流标准治理好我们的城市，推进城市管理向更加注重以人为本、精细管理、精准服务和智慧运行，更加注重内涵和品味，更加注重社会协同和参与转型，不断提升城市管理和服务品质。

要始终坚持问题导向，持续抓好“大城市病”治理。进一步探索专项整治与常态治理相结合的新机制，持续推进“拆违、灭脏、清障、治污、治乱、撤市、缓堵”，努力使城市环境秩序更加整洁有序。全面加强交通拥堵整治，精准治理拥堵节点，下大力打通“断头路”、消除“瓶颈路”，加快完善慢行系统，加强停车设施建管优化，不断改善交通状况。认真落实清洁空气行动计划，切实抓好大气污染防治工作，不断改善空气质量。

要大力提升城市品质。把“环境要优美”摆在更加突出的位置，大力推动腾退建绿、拆违还绿、多元增绿，加强城市绿道、公共绿地和胡同绿化建设，多措并举提高绿化覆盖率，不断优化绿色空间布局。加大水生态恢复和水环境改善力度，努力建设水清岸绿城市环境。进一步增加舒适宜人的城市开放空间，规范社区物防技防建设，打造设施齐全、服务便利、安全舒适的宜居街区，使城市更多体现人文关怀。进一步提升城市基础设施建设水平，着力构建布局合理、配套齐全、运行高效的公共服务设施体系。加强“智慧城市”建设，不断提升城市综合竞争力。

要不断提高城市精细化管理水平。进一步深化城市管理体制改革，推进管理重心下移、职能下沉，构建“大城管”城市综合管理格局。完善城市环境分类分级综合标准体系，深入推进国家级城市环境分类分级标准化试点工作。充分运用现代信息技术，深入推进社会服务、城市管理、社会治安三网融合。加强社会责任建设，落实“门前三包”责任，研究探索老旧小区、平房院“准物业”服务模式，积极引导公众参与城市管理，努力构建依法管理、和谐有序、充满活力的城市运行环境。

维护安全稳定是城市管理的基本要求，是首都核心区的政治责任、第一责任。我们要始终牢固树立“西城无小事”意识，大力推进“平安西城”建设，切实加强反恐防恐，坚持群防群治，进一步健全立体化社会防控体系。坚持下先手棋、打主动仗，全力做好重大活动安全保卫和服务保障工作。积极创建“国家食品安全城市”。加强危险化学品、食品药品等重点领域监管，落实安全生产主体责任。加大隐患排查力度，切实做好防灾减灾、防火、防汛等工作，确保城市安全平稳高效运行。严格实施社会风险评估研判机制，完善社会矛盾排查调处综合机制，推进信访法治化建设，引导群众理性表达诉求、依法维护权益。以更严密的措施、更扎实的工作，全力以赴确保区域和谐稳定。

（三）加快推动经济转型发展，持续促进民生改善

常委会认为，适应、把握和引领新常态，要求我们必须立足核心区功能定位和阶段性特征，加快推动经济转型发展，进一步把重心调整到提升质量和效益上来，切实强化产业优选精选和资源投向调控，把增进人民福祉、促进人的全面发展作为根本出发点和落脚点，走出一条疏功能、减人口、惠民生的发展新路。

要发挥总部经济的引擎功能，着力发展高品质服务经济。构建以金融服务为支撑，科技服务、商务服务、信息服务为依托，文化创意产业等共同发展的“高精尖”经济结构。紧抓北京成为全国首个服务业扩大开放综合试点城市的机遇，建立国际化、法制化、透明化的服务业促进体系。以金融街为载体，进一步巩固金融业优势地位，推动金融科技文化要素的融合发展。不断完善中关村西城园特色产业体系，提升创业创新服务水平。创建国家级生活性服务业示范区，推动生活性服务业向精细化和高品质转变。支持老字号企业发展壮大，做精做优文化创意产业，促进旅游和文化、商业融合发展。

要更加注重创新发展，以改革创新提升发展质量和效益。深入推进区域投融资体制改革、国资国企改革、财政财税改革、注册资本登记改革等相关工作，最大限度激发发展的新动能。深化行政审批制度改革，不断完善企业征信体系，加大对知识产权保护的宣传与执法力度，持续优化发展环境。实施“互联网+”行动，加快信息技术向传统产业的融合渗透，推进基于互联网的产业组织和商业模式等创新。推动大数据、物联网、云计算等技术应用，培育产业智能化发展优势。

要坚持发展成果由人民共享，积极补短板，科学配置公共资源，持续推进基本公共服务均等化优质化。以促进教育公平、提高教育质量为根本，继续深化教育综合改革，全面提升全区教育优质均衡发展水平。以全面促进人的健康为中心，深入推进整合型医疗卫生服务体系建设，深化社区卫生综合改革，全面提高健康服务水平。积极应对人口老龄化，加快国家养老服务业综合改革试验区建设，不断满足老年人多层次、多样化的养老服务需求。按照社会政策要托底的要求，不断加大对特殊人群、困难群体的托底救助。抓好就业、社保、保障房建设等工作，推动各项社会事业蓬勃发展，让广大群众有更多的获得感。

要不断提升社会治理能力，持续完善全响应网格化社会治理体系，健全党委领导、政府主导、社会协同、公众参与、法治保障的社会治理体制。深化街道管理体制改革，推动社会服务与管理重心下移。进一步夯实社区、网格基础，强化社区居民自治，探索完善重大民生问题决策居民参与机制，提高社区参与式民主协商水平。加快形成“政社分开、权责明确、依法自治”的现代社会组织体制，培育一批贴得近、靠得住、用得上的社会组织。完善政府购买服务机制，满足群众多元化、个性化需求。

（四）深入践行社会主义核心价值观，全面促进文化繁荣发展

文化是城市的灵魂，也是区域软实力的重要体现。西城区作为文化大区，应当充分发挥文化的引领作用，以文化事业的繁荣发展带动全区文明程度的不断提升。

我们要持续加强宣传思想文化工作，努力建设先进文化精神高地。切实加强思想道德建设，深入开展中国特色社会主义、中国梦宣传教育，大力培育和践行社会主义核心价值观，努力形成全社会共同的理想信念和价值追求。围绕纪念建党95周年，广泛开展“爱国、爱党、爱岗”系列主题宣传教育活动。加强网上思想文化阵地建设，发展积极向上的网络文化。健全全国文明城区创建常态长效机制，加强社会诚信体系建设，不断提升区域整体文明水平。

保护、传承和发展好历史文化名城，是我们义不容辞的历史担当。我们要坚持整体保护、街区统筹、文保先行的思路，深入拓展“名城、名业、名人、名景”四位一体的名城保护工作体系。统筹做好历史遗存、传统风貌、非物质文化遗产的保护工作，延续历史文脉，留存历史记忆。坚持协调推进，把传承历史文化、保护利用文物古迹和提升群众生活品质结合起来，走出一条保护历史文化名城的可持续发展道路。坚持传承中发展，加强什刹海阜景街、大栅栏琉璃厂等地区风貌保护，深入挖掘文化遗存的历史价值，赋予现代文化元素，打造一批历史文化名城保护的精品力作，提高文化国际影响力。进一步创新名城保护工作体制机制，以新理念、新技术不断提升名城保护现代化水平，让历史文化名城焕发出新的风采。

我们要坚持把文化建设成果最终体现在服务人民群众上。持续完善公共文化服务体系，着力推进公共文化服务标准化、均等化、社会化、数字化。坚持以文化人、以文育人，深化“记忆西城、书香西城、艺术西城、时尚西城”和“家庭文化、社区文化、校园文化、机关文化、企业文化、军营文化”建设，不断丰富群众文化生活。实施公共文化大厦等重点项目建设，为创建首都公共文化服务示范区奠定坚实基础。发挥好天桥艺术中心等区域文化设施作用，大力推广文化艺术普及。倡导全民阅读，加强科普教育，弘扬法治精神，不断提升市民的整体文化素质和文明素养。

（五）认真贯彻落实全面从严治党要求，深入加强党的建设和反腐败斗争

常委会认识到，推动转型发展，实现发展目标，必须不折不扣落实全面从严治党要求，聚精会神抓好党的建设，坚持高标准高质量深入推进“三严三实”专题教育，为区域科学发展提供坚强保证。

我们要坚持思想建党，全面加强思想政治建设。认真落实党委（党组）意识形态工作责任制，不断强化主体责任，牢牢把握意识形态工作的领导权、管理权、话语权，增强思想政治工作的针对性、实效性，站稳守好意识形态工作的前沿阵地。加强各级领导干部和广大党员的理想信念教育和对党的忠诚度教育，补足精神之“钙”，坚定不移一心一意跟党走。引领党员干部不断强化“红墙意识”和首善意识，切实增强推动区域发展转型和管理转型的思想自觉、政治自觉和行动自觉。

坚持从严选好管好干部，进一步加强处级领导班子和干部人才队伍建设。巩固“三严三实”专题教育阶段性成果，深入推进处级领导班子规范高效运行。优化领导班子结构，注重培养选拔政治强、懂专业、善治理、敢担当、作风正的领导干部。加快建立干部能者上、庸者下、劣者汰的用人机制，着力建设一支忠诚、干净、担当的干部队伍。严格执行干部问责制度，探索建立整治为官不为、为官乱为的常态化机制。坚持把纪律和规矩挺在前面，深入学习贯彻廉洁自律准则和纪律处分条例，不断加强党员干部教育管理。坚持“人才+产业”“人才+事业”工作思路，突出“高精尖缺”导向，完善人才评价激励机制和服务保障体系，为区域发展提供智力支持和人才保障。

我们要进一步增强抓党建工作的责任感和使命感，着力推进基层党建创新，不断提高基层党组织的创造力、凝聚力、战斗力。进一步强化服务型党组织建设，深入实施“服务先锋”工程，加强社会组织和非公企业党建工作，不断激发基层党建工作活力。深入开展纪念建党95周年系列活动，巩固扩大“党员意识、党员作用双提升行动”工作成果，积极发挥先进典型示范引领作用。创新组织设置，巩固推广支部建在重大项目上的成功经验，让党组织和党员在非首都功能疏解、人口规模调控、“城市病”治理、棚户区改造等重点工作中亮出身份、发挥作用。

党风廉政建设和反腐败是一场输不起的斗争，国家法律和党规党纪是不可触碰的底线。我们要进一步增强抓好党风廉政建设的自觉性和坚定性，以更加严格的标准落实主体责任，旗帜鲜明地支持纪委履行监督责任。要始终保持纪律审查的高压态势，以零容忍的态度惩治腐败，驰而不息纠正“四风”，对党员干部的违纪违法行为，决不姑息迁就，决不护短遮丑。深入开展反腐倡廉教育，坚持以案释纪，教育广大党员干部筑牢思想防线。坚持抓早抓小，把问题解决在萌芽状态，通过开展权力公开透明运行、强化日常管理监督等工作，多措并举治本堵源。我们要时刻牢记作风建设永远在路上，坚持以上率下，带头践行“三严三实”，大力弘扬严而又严、实而又实的作风，积极营造风清气正的从政环境和政治生态。

（六）进一步加强常委会自身建设，不断提高领导发展、科学治理的能力和水平

面对新阶段新形势新要求，常委会要进一步强化自身建设，注重调查研究，观大势、谋大事，切实发挥总揽全局、协调各方的领导核心作用。

我们要以《中国共产党地方委员会工作条例》为重要遵循，不断改进完善议事规则和决策程序，切实提高科学决策、民主决策、依法决策水平。特别是要提高把握区域功能定位要求、发展规律和阶段性特征、引领推动科学发展的能力，自觉从首都发展大局出发审视和定位自身工作，不断提升科学执政、科学施政的水平。按照市委部署，明年将开展换届工作，这是我们政治生活中的一件大事，要认真落实政策要求，严格标准程序，确保换届工作顺利推进。

我们要善于用改革创新的办法破解实践中的难题。聚焦率先全面建成小康社会目标，深入贯彻落实中央和市委的各项改革决策部署，突出问题导向，突出精准发力，突出完善制度，突出问题落实，积极探索具有西城特色的新思路、新举措、新机制。特别是在转变经济发展方式、创新城市管理体制和公共服务模式等标志性、引领性的重点改革任务上，尽快探索形成一批符合区位特征、可复制、能推广的改革成果。

我们要进一步强化法治思维，充分发挥法治的引领和规范作用。自觉遵守宪法和各项法律法规，带头厉行法治，运用法治手段处理经济社会发展中的突出问题和矛盾。健全党委重大决策程序，推进政法系统改革，建立完善法治评价体系，把法治建设成效作为衡量工作实绩的重要内容，纳入政绩考核指标体系。认真做好“七五”普法工作，加强法制宣传、法律服务，积极培育社会法治信仰，大力营造全民知法、信法、守法的良好氛围。

我们要汇集智慧、凝聚合力，共同推动区域科学发展。进一步加强社会主义协商民主建设，推进协商民主广泛多层制度化发展。支持和保证区人大及其常委会依法履行职能，注重发挥人大代表的主体作用，坚持通过人大法定程序把区委决策部署转化为全区人民意志。支持区政府加快转变职能，依法履行职责。积极推进政治协商、民主监督、参政议政的制度化、规范化、程序化建设，支持区政协更好地发挥作用。深入贯彻落实中央和市委统战工作会议精神，广泛凝聚各民主党派、工商联、无党派人士和民族宗教界等各界人士力量，充分发挥工会、共青团、妇联等群团组织作用，形成推动改革发展、维护社会和谐稳定的强大合力。

同志们，“十三五”发展的航程即将开启，我们面临的任务光荣而艰巨。让我们紧密团结在以习近平同志为总书记的党中央周围，在市委坚强领导下，进一步解放思想、振奋精神，坚定信心、攻坚克难，确保“十三五”开局之年各项工作开好头、起好步，努力为北京建设国际一流的和谐宜居之都作出更大的贡献！

希望同志们对常委会工作提出意见和建议。

政府工作报告

2016年1月12日在北京市西城区第十五届人民代表大会第六次会议上

西城区人民政府区长　王少峰

各位代表：

现在，我代表西城区人民政府向大会报告工作，请予审议，并请各位政协委员提出意见。

一、2015年工作回顾

一年来，区政府在市委市政府和区委的坚强领导下，在区人大、区政协和社会各界的监督支持下，认真贯彻落实习近平总书记系列重要讲话特别是视察北京重要讲话精神，牢牢把握首都城市战略定位，凝心聚力、团结奋进，自觉践行“三严三实”要求，全力做好稳增长、促改革、调结构、惠民生各项工作，保持了经济社会持续健康发展。全区地区生产总值预计实现3266亿元，同比增长7%；三级税收实现4660.7亿元，增长8%；区级一般公共预算收入完成451.4亿元，增长21.1%；居民人均可支配收入预计51180元，增长8%。圆满完成了区十五届人大五次会议确定的主要目标任务。主要做了以下工作：

（一）有序疏解非首都功能取得明显进展

紧紧围绕首都城市战略定位，坚持有序疏解与优化提升并重，积极“瘦身健体”，全面打响疏解非首都功能攻坚战。成立区疏解非首都功能工作领导小组，加大统筹协调力度，形成了政府部门、社会单位和广大居民共同推动疏解的工作合力。

批发市场疏解加速推进。强化属地责任，搭建工作平台，统筹协调“动批”市场4家产权单位制定方案，加快疏解步伐，累计完成20.6万平方米疏解任务，其中新建楼宇转型升级8万平方米、腾退闭市12.6万平方米，“动批”市场疏解取得积极进展。东天意和部分西天意市场疏解工作按时完成，西单文化广场地下商市场如期闭市，报国寺、福丽特等市场实现业态升级，共计9万余平方米。各类批发市场疏解取得了明显成效。

职业教育调整实现突破。着眼提升西城职业教育办学品质，完成北京市实验职业学校广外校区等5个校址的腾退工作，合并4所职业高中组建西城职业教育学院。积极推进育荣教育园区新校址建设，着力改善办学条件，将40个专业调整为10个，集中力量办好金融、学前教育等特色专业，职业教育发展优势得到进一步巩固。

业态调整力度不断加大。制定实施更加严格的新增产业禁止和限制目录，减少工商登记申请业务2045项、个体户1955户。下大气力整治无证无照“七小”业态，依法取缔规范“七小”门店1351个。同步调整优化生活性服务业网点布局，建立10个百姓生活服务中心，新增53家品牌连锁店，调整升级78家服务网点，居民生活更加安全便捷。

人口规模调控初见成效。坚持以业控人、以房管人、以证管人，探索建立人口规模调控工作机制，加强人口数据动态监测和户籍管理，加大直管公房转租转借清理和群租房、地下空间治理力度，综合运用房屋管理、环境整治和基础设施建设等方式推进人口规模调控。流管平台登记流动人口24.6万人，比年初减少5.5万人；预计区域常住人口130.1万人左右，人口规模稳步缩减。

（二）区域经济平稳健康发展

积极适应经济发展新常态，着力构建“高精尖”经济结构，主动融入京津冀协同发展，区域经济质量和效益进一步提升。

金融优势不断巩固。服务国家重大战略，丝路基金、中拉基金等机构先后入驻，全年引进各类金融机构137家，注册资本达到2427.8亿元。服务国家多层次资本市场建设，“新三板”市场挂牌企业达到5129家。加强对国家金融管理部门的服务保障，举办金融街论坛、金博会等活动，金融街国际影响力进一步提升。运用政金企投融资平台，支持棚户区改造、保障房建设等重点项目，推进国企改革重组和产业结构调整，服务科技文创企业壮大发展。

科技创新活力明显增强。西城园国家级高新技术企业超过300家，120家高新技术企业入选中关村“瞪羚计划”，高新技术企业预计总收入2300亿元，增长23%。积极推进“大众创业、万众创新”，开展“创业创新·圆梦西城”主题活动，扶持2家企业获得市级“众创空间”称号。促进知识产权保护，全区专利申请量1.6万余件，实现专利授权1.2万余件，西城区被确定为国家知识产权试点城区。联合国教科文组织“国际创意与可持续发展中心”入驻设计之都大厦。联合出版公司连续3个月排名全国图书整体零售市场份额第一。国家智慧城市样板试点全面启动。台湾清庭等10余家知名文化企业入驻DRC基地。优化新华1949文化金融创新中心环境。完成“西城印象”展览馆一期建设。文化创意产业发展的经济效益和社会效益进一步提升。

文商旅融合持续发展。落实文商旅融合发展三年行动计划。设立专项引导资金，举办什刹海文化旅游节、马连道国际茶文化节、西单时尚节等主题活动，打造“惠游西城”品牌，组织第三届惠民文化消费季，促进旅游、文化等休闲消费。成立北京茶叶交易中心。鼓励亿元商场、特色商街、老字号开展网上交易。全区预计实现社会消费品零售总额910亿元，同比增长5.5%。

区域协同发展有序推进。强化全市“一盘棋”思想，主动加强与兄弟区的协调联动，不断深化教育医疗、保障房建设、产业发展等方面的合作。与保定市签署战略合作框架协议，与天津武清区、宝坻区和河北省唐山市、保定市、廊坊市等20多个市区县开展产业项目、公共服务等方面的对接。做好与新疆、西藏、青海、内蒙古等地区的对口支援，推进与南水北调水源地邓州市对口协作。与4个城市缔结友好关系，举办北京国际民间友好论坛，搭建交流合作平台，借鉴各地经验，以更宽的视野推动区域发展。

（三）城市环境更加宜居宜业

坚持把落实西城区人民代表大会关于加强城市环境建设共建和谐宜居西城决议作为提升区域环境品质的工作主线，制定方案，落实责任，着力开展“景观提升、惠民利民、基础设施、生态环境”四大工程，圆满完成65项年度任务，形成了驻区单位和居民群众共建共享优美环境的浓厚氛围。

环境治理向纵深推进。打好“拆违、灭脏、治污、清障、治乱、撤市”六大战役。全年拆除违法建设2797处7.6万余平方米，保持新生违建“零增长”。整治脏乱点1400余处。严格落实《西城区2013-2017年清洁空气行动计划》，强化污染源管控，淘汰老旧机动车25682辆，完成7300户居民清洁能源改造，实现全区“无煤化”目标，细颗粒物（PM2.5）累计平均浓度为83微克／立方米，下降6.2%。在全市率先启动“五个专项治理”，规范道路公共服务设施1360余处，拆除违规电子显示屏520余处，清理占压燃气管线安全隐患，全面整治电动自行车售卖点、洗（修）车站点占道经营。清理废弃机动车362辆。撤除规范提升21个环境问题突出的市场。城市乱象得到有效遏制。

环境景观品质不断提升。推进三里河-金融街-中南海和谐宜居示范区环境建设，实施月坛南街、广宁伯街及辟才胡同沿线绿化添彩工程。完成西海等4处区域环境综合提升和16条达标道路建设。提高79条街巷胡同环境水平，打造了60条精细化管理胡同。推进天桥艺术中心周边环境综合提升项目。高标准治理二环路沿线环境。持续开展架空线入地工作。全年新建、改造绿地15.9公顷，完成莲花河滨水绿道（西城段）一期建设，建成5个园艺推广中心，积极推进“都市菜园”、生态阳台和院落建设，持续开展“百万鲜花送市民”活动，群众身边环境进一步美化。

基础设施建设力度加大。打通断头路、改造瓶颈路，实现南中轴路南段等4条市政道路竣工通车。完成38条道路大中修、5处交通疏堵、6条道路慢行系统建设、15项无障碍设施改造、28项自行车出行示范工程，提高了道路畅通率。新增居住区停车位1007个、立体停车位352个。倡导居民绿色出行，新投放公租自行车1000辆。新建28个垃圾分类达标小区。改造旱厕34座。精心做好水电气暖保障工作，加快推进地下管网数据库建设，实现18栋老楼通暖。更新老旧危险电梯61部。完成全区房屋普查工作。

城市管理更加精细。积极探索“大城管”模式，初步形成管理、作业、执法、监督“四位一体”闭环体系。发布实施城市环境分类分级管理标准，打造了一批示范街区、达标街区、重点街区和自管街区。构建网格化城市管理“微循环”，实现市级平台与区级平台无缝对接，全响应平台运行效率进一步提高。严格执行“月检查、月排名、月曝光”“四公开一监督”和重大环境问题约谈等制度，城市管理监督机制不断完善。强化“门前三包”责任落实，开展各类环境建设志愿服务活动3000余次，社会力量广泛参与城市管理的积极性和主动性日益增强。

（四）区域文化日益繁荣

大力弘扬社会主义核心价值观，召开西城区基层文化工作推进大会，深化“四个西城”“六个文化”建设，更多群众享受到了区域文化发展的成果。

区域文明程度进一步提高。深化社会主义核心价值观教育，开展中国人民抗日战争暨世界反法西斯战争胜利70周年系列宣传教育活动，组织“我们的价值观”和“京华英雄”百姓宣讲1500余场，建成赵登禹路和佟麟阁路国防教育主题雕塑，通过多种形式弘扬抗战精神，激发爱国热情。完善文明城区创建工作长效机制，组织首都道德模范和“北京榜样”推选，倡导诚信文化和孝文化。注重弘扬社会正能量，拍摄电影《巡回法官》、排演话剧《新北平市长》和《北京人家》等8个原创影视作品和舞台剧目。深化双拥共建工作，实现全国双拥模范城区八连冠。

历史文化名城保护不断加强。召开区名城委2015年年会，组建4个专业委员会，广泛吸纳各界人士参与名城保护。统筹推进大栅栏、琉璃厂、白塔寺、什刹海等历史文化保护区、宣西北等历史风貌协调区的整体保护。地安门百货商场基础改造基本完成，护国观音寺、粤东新馆、杨椒山祠等6项文物腾退征收工作顺利推进，粮食店街第十旅馆、圣安寺等18项保护修缮工程有序展开。编撰出版《增订宣南鸿雪图志》，完成历史文化名城保护三维应用项目和文物保护单位二维码信息系统建设。评定第三批区级非物质文化遗产传承人81人，组织非遗项目传承人赴4个国家开展文化交流。

群众文化活动丰富多彩。紧贴群众文化需求，精心打造“百岁老人口述史”、“胡同文化建设”等公益项目，开展百姓戏剧展演、中秋群众游园赏月等10个品牌文化活动。成功举办2015北京大栅栏琉璃厂精品交易文化季和北京国际设计周大栅栏、白塔寺展区活动。开设雁翅楼中国书店等12个特色阅读空间，通过阅读季、童书博览会等多种形式，广泛开展全民阅读活动。天桥市民广场投入使用，天桥艺术中心按期开幕，推出文化艺术惠民计划，成功上演音乐剧《剧院魅影》、原创话剧《北京法源寺》。开展文化惠民365工程，组织各类文化活动3384场次，惠及群众101.5万人次，为群众提供了美好的精神食粮。

（五）人民生活持续改善

始终把保障和改善民生摆在突出位置，积极回应社会关切，时刻把群众安危冷暖放在心上，不断增进民生福祉。

就业和社会保障服务进一步优化。在全市率先成立区人力资源公共服务中心，建立区充分就业管理平台，加大困难群体就业帮扶力度，鼓励创业带动就业，成功创建充分就业区，城镇登记失业率为0.86%，零就业家庭保持动态脱零。按计划推进机关事业单位养老保险制度改革。开展国家级社会保障公共服务标准化试点工作。扎实推进和谐劳动关系单位创建。健全社会救助体系，完善特困人员救助政策，有序推进“救急难”工作，临时救助、医疗救助2.69万余人次，救助资金3623万余元，为1.86万人发放低保金1.56亿元，困难群众基本生活得到有效保障。深入推进国家养老服务业综合改革试点区创建，新建街道养老照料中心7个。推进区综合养老服务中心建设，全区41家养老机构总计床位达3011张。加快养老助餐服务体系试点建设，全年为老年人提供服务达58.5万人次，发放居家养老助残服务补贴6623.3万元。做好残疾人服务保障工作，投入资金2.6亿元支持各项助残服务，惠及39087名残疾人。

教育教学质量稳步提升。积极应对学前入学高峰，促进学前教育提质增量，新建改建9所幼儿园，新增学位790个。全区所有小学落实“城宫计划”。着力推进初中布局调整，10所中学并入优质学校，优质资源布局更加均衡。深入推进学区制改革，完成中学的学区调整，实现中学与小学学区的统一，80%的学生在优质初中就读。实施“校圆工程”，新增义务教育阶段优质学位1100余个。强化新任教师培训，推动教育集团人力资源共建共享，教师队伍综合素质不断提升。顺利通过国家级义务教育均衡发展督导评估验收。中高考成绩、科技创新大赛继续保持全市领先水平。

健康服务体系不断健全。推进整合型医疗卫生服务体系建设，初步实现分级诊疗体系内24小时预约转诊服务和优先检查化验服务。完成中医医联体建设。回民医院晋升为三级甲等中西医结合（民族）医院。推进居民与家庭医生建立稳定、连续的契约服务关系，65岁以上老年人签约率85.5%，四种慢性病签约率86.1%。宣武中医医院二期、丰盛医院、护国寺中医医院等区属医疗卫生机构基础设施建设取得新进展。全民健身运动广泛开展，体育生活化社区实现全覆盖。

居民居住条件加快改善。扩大政策覆盖范围，积极推动52项棚户区改造任务，全区10603户居民从中受益。成片棚改项目取得突破性进展，市委党校山字楼项目完成99%，百万庄项目完成95%，北京昆剧院项目完成90%。实施13项平房修缮类项目，完成2886户平房翻建任务。启动13项老旧小区改造，完成3733户抗震加固、2275户节能改造和418户简易楼腾退。丰台大红门、昌平回龙观、大兴康庄及房山长阳项目共6247套保障性住房实现竣工，配租配售5726套，发放租金补贴3002万元，为9036户居民改善了居住条件。

群众安全感日益增强。落实党政同责、一岗双责、失职追责安全生产责任制，健全安全监管和安全生产隐患排查治理体系，深入开展安全生产大检查，按照“查、告、罚、关、停、改、帮”七字方针，共检查危险化学品、建筑、人员密集场所等各类生产经营单位19.6万家次，发现各项隐患5.8万项，整改5.5万余项。完善突发事件现场处置和善后工作机制，强化应急宣传和演练。成功创建综合减灾示范区。开展国家食品安全城市创建工作，食品药品监督管理水平不断提升。着力推进“平安西城”建设，完善立体化社会治安防控体系，持续推进打防管控和系列“平安行动”，健全反恐怖工作“六大体系”，推进人防、物防、技防标准化建设，不断增强基层治安防控能力。圆满完成重大活动安全保卫和服务保障任务。构建多层次、全方位矛盾排查机制，通过人民调解、司法调解、行政调解等方式，妥善化解矛盾纠纷，区域更加和谐稳定。

社会治理体系不断完善。强化街道统筹辖区发展的基础性作用，依托区街两级指挥（分）中心建立协同高效的民生问题解决机制。完成第九届社区居委会换届选举，探索社区“多居一站”工作模式，形成了社区党组织、居委会、工作站有效运行的新机制。建立社区居民代表常务会制度，推进社区“参与型”协商治理。试行政府代表进网格，推动社区自治与网格管理有效衔接。着力加强社区工作者队伍建设，工作待遇进一步提高，培养和激励机制不断完善。建立了“一中心、多基地”社会组织培育发展体系，投入3000万元社会建设专项资金，购买93个社会建设项目，更好地满足了群众的多样化需求。“百岁苑西城百岁老人博物馆”正式对外开放。全响应网格化社会治理体系荣获“2015年度中国地方政府创新奖”。

（六）政府自身建设进一步加强

深化党的群众路线教育实践活动成果，深入践行“三严三实”要求，持续加强作风建设，努力提高政府执行力、服务力和公信力。

“三严三实”专题教育扎实开展。坚持用严的精神、实的作风，着力抓好集中学习、党课报告、专题研讨、查摆整改等关键环节，深入推进区政府党组民主生活会整改任务落实，努力在巩固党的群众路线教育实践活动成果上见实效，在守纪律讲规矩、营造良好政治生态上见实效，在真抓实干、推动改革发展稳定上见实效。不断深化“访民情、听民意、解民难”长效工作机制，收集社情民意64494件，解决62287件，解决率为96.6%。全年为群众办重要实事162件，切实解决好群众普遍关心的重点难点问题。坚持以首善标准抓好党风廉政建设，履行好主体责任和“一岗双责”，强化“三重一大”制度落实，全区独立核算一级单位实现审计监督全覆盖，召开政府系统廉政工作会议，做到党风廉政建设与各项行政工作同部署、同落实、同检查、同考核。严格落实中央八项规定精神，进一步精简会议和文件，实施无纸化会议系统，按照全市统一部署启动党政机关公务用车制度改革，严肃查处“为官不为”“为官乱为”案件53件，进一步推动政风好转。

法治政府建设加快推进。坚决执行区人大及其常委会决议，进一步完善重大事项向人大报告制度，落实好重大行政决策向区政协通报协商制度。全年办理人大议案1件、代表建议182件，政协委员提案265件，办复率100%。积极拓宽民意表达渠道，自觉接受群众监督，建立民生工作民意立项机制和政府开放日、政民互动直播间等公众参与机制，邀请人大代表、政协委员、专家学者、居民代表列席区政府常务会议，继续推行区政府常务会议微博直播。深化政府信息公开，全年主动公开1.3万余条，依申请公开1628件。进一步强化法治思维，完善法律顾问制度，坚持区政府常务会会前学法制度，行政首长出庭应诉制度实现常态化，行政机关负责人出庭应诉71人次。建立行政权力动态梳理公布机制，推进简政放权，落实中央、北京市取消和下放的行政审批事项13项，非许可类审批事项全部取消。圆满完成“六五”普法任务，营造良好的法治氛围。

政府服务效能不断提升。进一步优化政府职能，推进政府机构改革，组建科信委和卫计委，对爱卫会、职业卫生、侨务等相关职能进行划转，将区房管局由部门管理机构调整为政府工作部门。完成事业单位分类，厘清政府职责，推进政事分开。强化12341政府热线和“一站式”服务，推进商事登记制度改革，实施“三证合一”，不断提高行政服务效率，窗口服务群众满意度达99%。行政服务标准化工作被确定为“全国服务业标准化示范项目”。建立市场监管联席会议制度，提高政府管理服务能力，不断优化发展环境。完善绩效考评体系，政府绩效管理进一步加强。

2015年，我们按期完成了年度各项任务，也实现了“十二五”规划的圆满收官，为“十三五”时期的发展奠定了坚实基础。五年来，经济发展实现新跨越，城市管理和服务能力不断增强，文化魅力更加彰显，民生服务和社会治理取得新进展，全面深化改革取得重要成效。经济发展为创造城市美好生活奠定了坚实基础，累计投入民生领域的资金达到1215亿元。改善了6.7万户居民住房条件；新增绿地16.1万平方米，建成了金中都等一批公园和环二环滨水绿道；完成校园提升改造项目114项，新增优质学位万余个；新建养老机构17个、增加床位1296张；新增就业20.3万人次；人均可支配收入超过5万元，年均增长10.1%。实现了改革发展成果由人民共享。

各位代表，这些成绩的取得是市委市政府和区委正确领导的结果，是全区上下齐心协力、顽强拼搏的结果。成绩来之不易，需要倍加珍惜。在此，我代表区政府，向给予我们支持和帮助的人大代表、政协委员、各民主党派、工商联、无党派人士、各人民团体和社会各界，向中央、市属单位和驻区部队，向所有关心、支持西城区发展的同志们、朋友们表示衷心的感谢！

在看到成绩的同时，我们也清醒地认识到，对照人民群众的期盼和市委市政府及区委的要求，区政府工作还存在着一些差距和挑战：一是对照首都城市战略定位，区域功能依然过度聚集，疏功能、控人口、治环境任务十分繁重。二是对照北京建设国际一流的和谐宜居之都战略目标，部分区域基础设施落后，令人揪心的“城市病”还没有完全解决，城市精细化管理水平亟待提升。三是对照人民群众对城市美好生活的向往，还存在入托难、就医难、停车难，部分居民住房条件差，养老设施不足等群众反映强烈的突出问题。四是对照服务型政府和法治政府的要求，存在服务效率不高、行政执法责任落实不到位、干部管理失之于宽的问题。这些都要求我们必须进一步增强责任感，以更大的担当、更有力的措施，切实加以解决。

二、“十三五”时期的主要目标和任务

“十三五”时期是全面建成小康社会的决胜阶段，是北京市落实首都城市战略定位、加快建设国际一流的和谐宜居之都的关键阶段，也是西城区深入推进区域发展转型和管理转型的重要时期。区委十一届十次全会确定了“十三五”时期西城发展的指导思想：高举中国特色社会主义伟大旗帜，全面贯彻党的十八大和十八届三中、四中、五中全会精神，以马克思列宁主义、毛泽东思想、邓小平理论、“三个代表”重要思想、科学发展观为指导，深入贯彻习近平总书记系列重要讲话精神，坚持“四个全面”战略布局，坚持发展是第一要务，牢固树立和自觉践行创新、协调、绿色、开放、共享的发展理念，深入落实首都城市战略定位，主动融入京津冀协同发展，以有序疏解非首都功能、治理“城市病”为重点，以提高发展质量和效益、提升城市管理和服务品质为主线，加快形成符合首都中心城区发展要求的体制机制和发展方式，统筹推进经济建设、政治建设、文化建设、社会建设、生态文明建设和党的建设，全面实现区域发展转型和管理转型，率先全面建成小康社会，在北京建设国际一流的和谐宜居之都进程中走在前列，在更高水平上共同创造城市美好生活。

遵循这一指导思想，紧密衔接《京津冀协同发展规划纲要》和北京市“十三五”时期确定的目标任务，坚持首都城市战略定位，围绕提升首都核心功能、北京建设国际一流的和谐宜居之都，今后五年全区经济社会发展的主要目标是：

——核心功能显著增强。疏解非首都功能取得明显成效，区域性专业市场调整退出，部分教育、医疗等公共服务机构、行政企事业单位有序迁出。全区常住人口总量控制在110.7万人以内，“城市病”问题得到有效缓解。区域功能定位更加凸显，“四个服务”能力进一步增强，城市管理和服务品质全面提升。

——城市环境更加宜居。生态环境质量进一步改善，生产方式和生活方式更加绿色低碳。单位地区生产总值能耗、水耗持续下降，碳排放总量得到有效控制，环境污染治理水平不断提高，生活垃圾无害化处理率达到100%，污水处理率达到100%。绿色生态空间进一步拓展，公园绿地500米服务半径覆盖达到95%。城市综合承载力和现代化治理水平不断提升。

——文明程度显著提升。中国梦和社会主义核心价值观更加深入人心，爱国主义、集体主义、社会主义思想广泛弘扬。文化事业和文化产业蓬勃发展，公共文化服务体系更加健全，历史文化名城保护全面加强，区域文化品位、文化影响力不断提升。市民综合素质和城市文明程度显著提高，文明城区建设水平迈上新台阶。

——经济发展更加优质。在发展质量和效益不断提升的基础上，总量规模稳步增长，地区生产总值年均增速达7%，到2020年地区生产总值和城镇居民人均收入比2010年翻一番。结构性改革逐步推进，供给体系质量和效率进一步提高，“高精尖”经济结构进一步优化。创新引领作用更加凸显，高端发展、内涵发展、融合发展优势显著提高，区域发展的内生动力和活力进一步增强。

——人民生活显著改善。公共服务体系更加完善，基本公共服务均等化程度和优质化水平进一步提高。就业更加充分，城镇登记失业率低于2%。基础教育更加优质均衡。群众健康水平普遍提升，人均预期寿命高于84.5岁。养老服务体系更加完善。困难群众基本生活进一步改善。棚户区改造任务基本完成。社会更加安定有序。人民生活水平和质量普遍提高。

——治理体系更加健全。治理体系和治理能力现代化取得重大进展，与首都城市战略定位要求相适应的体制机制基本形成，社会治理体系更加完善，城市治理能力进一步增强，人民民主更加健全，各领域改革全面推进，法治政府基本建成。

围绕上述指导思想和目标，我区《国民经济和社会发展第十三个五年规划纲要（纲要）》提出了七个方面的重大任务：一是优化提升首都核心功能；二是提高城市管理和服务品质；三是打造绿色宜居城区；四是彰显文化名城魅力；五是激发区域创新发展动力；六是持续增进民生福祉；七是深入推进区域治理机制创新。

三、2016年重点任务

今年是“十三五”开局之年，也是推动区域发展转型和管理转型的关键一年，开好头，起好步，至关重要。

根据区委十一届十次全会部署，今年区政府工作的总体思路是：全面贯彻党的十八大和十八届三中、四中、五中全会及中央经济工作会议和中央城市工作会议精神，深入落实习近平总书记系列重要讲话特别是视察北京重要讲话精神，始终坚持“四个全面”战略布局，牢固树立创新、协调、绿色、开放、共享的发展理念，认真落实《京津冀协同发展纲要》和市、区“十三五”规划，自觉践行“三严三实”要求，按照市委市政府和区委的部署，坚持稳中求进工作总基调，以服务保障首都职能履行为第一职

责，以提升城市管理和服务品质为主线，切实加快发展方式转变，深入推进发展转型和管理转型，加快疏功能、转方式、治环境、补短板、促协同，努力实现“十三五”良好开局，率先全面建成小康社会，在北京建设国际一流的和谐宜居之都进程中走在前列。

为实现“十三五”良好开局，要把握住以下几个方面。

——坚持强化功能、科学发展。落实首都城市战略定位，主动谋划、勇于担当，进一步做好非首都功能疏解工作。结合区域发展实际和阶段性特征，把“五大发展理念”融入各项工作中，在更高水平上实现科学发展。

——坚持以民为本、精准服务。以人民为中心，始终把群众满意作为工作标准，不断强化服务意识，积极顺应和满足人民群众的期待。将精准的理念融入服务的全过程，把群众的需求作为第一信号，进一步提高服务的精准度。

——坚持规划引领、统筹推进。全面贯彻市、区“十三五”规划，做好各项工作的谋篇布局。牢固树立规划纲要的权威性和指导性，统筹编制好全区各专项规划。制定重点领域三年行动计划和具体工作方案，保障规划实施的延续性和稳定性，更好地推动区域发展。

——坚持改革创新、依法治理。以改革突破瓶颈、以创新驱动发展，凝心聚力、攻坚克难，进一步增强区域发展动力。树立法治思维，推进多层次多领域依法治理，提高社会治理法治化水平。

——坚持聚焦短板、重点突破。深入分析区域发展中的短板，通过转变发展方式、强化资源统筹、完善相关政策，努力补齐短板。集中力量在重点领域进行突破，推动区域经济社会持续健康发展。

——坚持廉勤并重、严实善政。把廉政建设与改革发展各项工作同部署、同落实、同检查、同考核，切实做到廉洁从政、勤政为民。自觉践行“三严三实”要求，牢固树立善政理念，进一步推动政府自身建设。

综合考虑各方面因素，2016年全区经济社会发展的主要预期目标是：地区生产总值增长7%左右；区级一般公共预算收入（按可比口径）增长8%左右；居民人均可支配收入增长7%左右；登记失业率控制在1%以内；万元GDP综合能耗、水耗和细颗粒物（PM2.5）浓度降低率完成市下达指标。

为实现上述目标，重点做好以下七个方面工作：

（一）着力有序疏解非首都功能

有序疏解非首都功能，是京津冀协同发展的关键环节和重中之重，也是落实首都城市战略定位的必然要求，要加强顶层设计，严格执行新增产业禁止和限制目录，管控增量、疏解存量，更好地服务首都发展。

一是持续推进重点项目疏解。基本完成“动批”和天意市场疏解，全面启动官园批发市场、万通小商品市场等疏解。推动马连道地区市场主体及周边业态转型升级。加快职业教育调整，完成实美职业学校安德路校区和实验学校南线里校区2个校址腾退，加快育荣教育园区修缮改造。发挥市场监管联席会议作用，加大执法力度，实现无证无照“七小”全部清零。配合中央和市属单位，做好疏解服务保障工作。

二是继续强化人口规模调控。根据“十三五”规划确定的目标，制定人口规模调控工作方案，健全工作机制，强化责任落实。加强户籍管理，严控户籍人口机械增长。落实居住证制度，继续实施人口动态监测。持续开展群租房、地下空间整治，有效遏制直管公房转租转借，制定腾退空间利用方案，严防新的人口无序聚集，确保常住人口规模比2015年下降3%左右。

三是主动融入区域协同发展。加强各区之间的协调配合，在新城建设中给予教育、医疗卫生等公共服务资源支持。推进与津冀地区在金融、科技、文化、商业、旅游等方面的务实合作，多渠道帮助市场主体向天津、河北等地疏解。支持企业积极推进永清、固安等园区规划建设工作。继续做好边疆和南水北调相关地区的对口支援。推进友城工作由感情友好型向务实合作型转变，实现互利共赢。

（二）着力推进绿色宜居城区建设

尊重城市发展规律，统筹城市规划、建设、管理三大环节，深入落实西城区人民代表大会关于加强城市环境建设共建和谐宜居西城决议，将生态环境和城市建设紧密融合，制定生态西城三年行动计划，努力打造绿色生态家园。

一是加快推进城市基础设施建设。全面落实道路建设三年行动计划，完成北新华街南段等3条道路建设，启动马连道东三号路等3条道路建设，实施丰盛胡同东段等8条道路征收。继续推进地铁8号线三期和16号线建设，协调推进19号线建设和征收。完成32条道路大中修、52条道路市政排水管线改造，实施5处交通疏堵和4项自行车出行示范工程。布放公租自行车1000辆。畅通道路微循环，逐步连通已有慢行系统。新建居住区停车位400个。支持相关单位加快电动车充电桩建设。更新改造236个院落下水管线、维修332个院落厕所，完成30座旱厕改造。新建12个垃圾分类达标小区。继续开展老旧供热管网更新，保障水电气暖安全运行。

二是以更大力度治理环境。深入开展“拆违、灭脏、治污、清障、治乱、撤市、缓堵”七大战役，集中整治各类痼疾顽症。制定拆违工作三年行动计划，全年拆除违法建设不低于6万平方米，确保新生违建“零增长”。全面整治城市道路公共空间设施，实现报刊亭的减量设置，重点打击新增违规电子显示屏，不断规范电动自行车售卖点和洗（修）车站点，治理占压燃气管线安全隐患。依法整治10个不规范市场。有效遏制“开墙打洞”行为。制定实施缓解交通拥堵总体方案和道路建设、交通秩序治理、静态停车管理等专项方案，加大交通执法力度。落实清洁空气行动计划和空气重污染应急预案，加强污染源监测，巩固“无煤化”建设成果。

三是打造优美城市环境。深入推进和谐宜居示范区建设，重点加快月坛南、北街及其延长线、景山北海周边景观提升等项目建设。对护国寺等4个片区实施环境综合提升，开展15条市区级达标道路建设，整治60条街巷胡同。实施8个路段架空线入地工程。落实生态西城规划，建设绿色公园城区，实施精品绿化添彩工程，启动莲花河滨水绿道（西城段）二期和报国寺公园建设。在街道积极开展小微绿地建设工程，通过腾退建绿、拆违还绿、立体增绿，新增城市绿地3万平方米，屋顶绿化1万平方米、垂直绿化1000延米。推动花园式单位和花园式社区创建工作，为居民提供更多环境优美的公共活动空间。

四是创新城市管理体制机制。出台城市管理体制改革方案，加快完善城市管理、作业、执法、监督“四位一体”闭合的管理体系建设。全面实施城市环境分类分级综合标准化，培育辖区环境建设管理的新品牌。利用物联网、大数据等技术，推进“智慧城市”建设，不断提升城市精细化管理水平。广泛动员社会力量参与环境建设，积极开展环境建设志愿服务活动，强化“门前三包”责任制，研究探索老旧小区、平房院“准物业”服务模式，加大宣传力度，进一步增强居民的参与意识。

（三）着力提升区域文化魅力

充分发挥社会主义核心价值观引领作用，坚持以文育人、以文化人，加强文化传承，促进传统文化与现代文化融合发展，努力建设先进文化精神高地。

一是引领社会文明新风尚。围绕纪念建党95周年，广泛开展“爱国、爱党、爱岗”系列主题宣传教育活动。加大对社会文明的引导，把社会主义核心价值观融于社会公德、职业道德、家庭美德、个人品德建设中，讲好西城故事，传播好优秀文化。加强网上思想文化阵地建设，发展积极向上的网络文化。健全文明城区建设常态长效机制，依托地区文明单位联盟，做好服务和保障，夯实创建社会基础。进一步优化窗口服务，加大动态管理力度，开展专项整治，创建文明环境。广泛开展道德讲堂、百姓宣讲、公益广告、推荐身边好人、评选道德模范等活动，发挥创建示范作用。做好科学普及等工作，提升区域整体文明水平。

二是提供优质高效的公共文化服务。推动公共文化设施标准化和服务规范化建设，创建首都公共文化服务示范区。启动区公共文化大厦、宣南文化博物馆、红楼公共藏书楼改造工程，加快天桥汇二期改造及天桥地区存量资源提升工程和公共阅读空间建设。深入实施文化惠民365工程，加大政府购买公共文化服务力度，持续推进“四个西城”“六个文化”建设。组织好阅读季、博览会、讲坛和“一街一品”“万人走进艺术殿堂”等系列主题、品牌文化活动，排演《北京人家》第三部，加强文化精品供给，不断满足人民群众精神文化需求。

三是深入推进历史文化名城保护。依托“名城、名业、名人、名景”工作体系，创新历史文化名城保护工作模式，进一步加大保护力度。推进杨梅竹斜街保护修缮试点项目和德胜门对景建设。推动“大栅栏·北京坊”项目竣工开业，继续打造北京国际设计周大栅栏和白塔寺展区。做好文物“解危、解放、解读”，加快杨椒山祠、沈家本故居、太原会馆等文物腾退，完成粤东新馆、护国观音寺一期腾退，推进新市区泰安里文物修缮工程。制定博物馆建设三年行动计划，研究启动街区博物馆建设项目。加大非物质文化遗产传承与保护体系建设，积极开展优秀传统文化对外交流活动。

（四）着力推动经济转型发展

坚持稳增长、调结构、惠民生、防风险，激发区域创新发展动力，完善“高精尖”经济结构，不断提升经济发展质量和效益。

一是不断优化经济结构。坚持高端化、功能化、国际化发展方向，抓住北京市服务业扩大开放综合试点的机遇，推动产业布局和结构优化。按照“用地少、用人少、用电少、用水少、高附加值、高影响力、无污染”的标准，严格产业准入，引导企业发展，促进产业优化升级，走一条绿色、环保、可持续的内涵式发展道路。利用“互联网+”培育新兴业态，支持生产性服务业发展。继续巩固金融业的优势，对接金融机构创新发展需求，加快发展科技金融、文化金融、民生金融等金融业态。严厉打击非法集资等不法金融活动，做好区域金融安全保障。

二是充分激发创新动力。探索新形势下整合首都高端资源的路径与模式，研究园区产业政策支持体系，加快国家知识产权试点区建设。充分发挥国家级文化与科技融合示范基地带动作用，推进中国北京出版产业园建设。以中国设计交易市场为核心，加快设计服务平台建设，进一步提升北京“设计之都”核心区品牌影响力。逐步完善区域创新服务平台，推动科技孵化器转型升级，促进北展地区植入高端业态。加快“天宁壹号”创新园建设。搭建企业诚信信息平台。推动区属企业资产重组、改制上市，提高国有企业活力。

三是促进消费结构升级。深入推进生活性服务业三年行动计划，新建10个百姓生活服务中心，创建国家生活性服务业示范区。利用“互联网+”等形式推进老字号等传统商贸服务转型升级，推动文商旅深度融合发展。开展多元化主题消费活动，积极促进休闲消费、健康消费、绿色消费，进一步发挥消费拉动经济增长的基础性作用。

（五）着力保障和改善民生

始终把增进人民福祉放在突出位置，围绕群众最关心、最直接、最现实的利益问题，切实解民难、惠民生、增福祉，不断增强群众的获得感。

一是加大就业和社会保障力度。加强政策引导，探索西城特色“双创”模式，积极推进本地化就业，鼓励高水平创业，不断扩大“和谐劳动关系园区”试点范围。推动国家级社会保障公共服务标准化体系运行。健全社会救助体系，完善综合救助平台，持续推进大病医疗救助与基本医疗保险、大病保险、慈善援助的有效衔接，解决因病致贫等问题。加大特困群体救助力度，提高社会救助水平。积极应对人口老龄化，构建以居家养老为基础、社区为依托、机构为补充、社会保障为支撑的养老服务体系。推动养老服务社会化发展，加快国家养老服务业综合改革试验区建设。建成6个街道级养老照料中心，推进新建养老照料中心投入运营。积极推进“医养结合”，加快区综合养老服务中心建设，增加养老床位供给。提高助残服务效能，支持慈善捐赠、社会福利事业发展。

二是不断提升教育质量。落实第二个学前教育三年行动计划，新增不少于1000个学位，不断提高学前教育供给能力。探索学段贯通式培养模式，推进幼小初高学段有机衔接，提高教育质量和育人水平。建立学区制“1+1+N+X”管理运行模式，统筹利用各类优质社会资源支持教育事业发展，促进优质教育资源均衡配置。深入实施“城宫计划”，推广开放性科学实践课，培养学生的创新思维和实践能力。加强教师队伍建设，在新教师招聘、在职教师培训和骨干教师培养等方面有所突破。强化“互联网+”思维，改进教育教学手段和方法，在提升教育科学管理上有提高。发展社区教育、成人教育，规范民办教育办学行为。推动家庭教育、学校教育和社会教育协同发展，努力构建全方位的育人体系。

三是提高居民健康服务水平。深化医药卫生体制改革，建立健全整合型医疗卫生服务体系，加强医联体建设，探索“智慧医疗”服务模式，逐步构建科学合理的分级诊疗体系。深化全科医生执业方式和服务模式改革试点，建立全科医生激励机制和新型社区卫生服务机构运行机制，进一步扩大家庭医生签约服务覆盖面。加强街道层面卫生计生工作机构和工作机制建设，健全卫生计生服务体系。积极落实“全面两孩”政策，完成区妇幼保健和计划生育服务中心组建。整合中医资源，推进广外医院筹建三级中西医结合老年康复医院，组建中医攻克疑难杂症研究中心，推进6家区属中医医院协同合作，促进中医药的传承和创新。实施“区属医疗卫生机构安全三年行动计划”和“社区卫生服务机构标准化建设三年行动计划”，不断提高社区卫生服务水平。着力构建全面健身公共服务体系，做强“一区两品”群众体育品牌赛事，广泛开展全民健身活动。

四是大力改善居民住房条件。深入分析区域旧城改造和文物保护腾退面临的各种难题，按照2020年基本完成棚户区改造的目标要求，研究制定西城区棚户区改造工作方案，以更大力度推动棚户区改造工作。年内新增6项棚改项目，持续推进40项棚改任务，完成6000户居民改造目标。启动德宝7号地搬迁工作，朝阳庵、法源寺等项目取得阶段性进展。推进成片棚户区改造项目，完成百万庄北里项目收尾，加快光源里、枣林南里及菜园街项目签约。推动核心区人口疏解和风貌保护工作，加快白塔寺、什刹海、杨梅竹斜街“老三片”和宣西北、大剧院西、天桥北“新三片”项目腾退。加强危改遗留以及社会项目的改造力度，积极对接金隅、首创、新奥、房地集团等市属国有企业。加大老旧房屋改造修缮力度，协调驻区相关单位，综合维修70栋楼房，改造翻建、解危修缮平房1500间，推动30栋简易楼排险腾退，更换老旧危险电梯60部。加快保障房项目建设，实现回龙观二期南地块、朝阳东坝、丰台南苑定向安置房入住，实现高立庄定向安置房竣工，大兴旧宫项目、京粮南苑项目定向安置房全面开工，推进昌平回龙观等项目红线外市政配套设施同步规划建设，完善定向安置房的配套政策，加大公共租赁住房租金补贴力度，提高居民住房保障水平。

（六）着力提升社会治理能力

按照人人参与、人人尽力、人人享有的要求，统筹政府、社会、市民三大主体，调动各方面的积极性，创新社会治理机制，完善多元参与方式，实现社会共治共管、共建共享。

一是深化街道管理体制改革。理顺街道与职能部门派出机构的关系，明确街道加强区域党建、开展公共服务、统筹辖区治理、组织综合执法、指导社区建设等职能。加强法制机构建设，完善联合执法工作机制，有序推进城市管理执法力量在基层的综合统筹。优化内部机构设置，完善街道管理委员会制度和社区代表会议制度，健全基层协商机制。推动社会服务与城市管理工作重心下移。

二是强化网格系统功能。把握互联网时代基层治理新特点，注重运用云计算、大数据等信息化手段，推进职能部门业务系统与指挥平台的对接。强化交换平台的融合共享，加快推进区街两级指挥平台信息的互联互通，健全与信息化手段相匹配的工作机制，推进社会服务、城市管理、社会治安“三网融合”一体化运行，进一步提高工作效能。加强对社区治理创新试点工作的跟踪和评估，推进社区区域化党建、多元性自治、开放式服务有机结合。推广社区居民代表常务会制度和社区“参与型”协商，扩大居民参与范围和途径，引导居民自治解决停车、胡同整治、老旧小区管理等难点问题。推广大栅栏政府代表进网格、陶然亭网格议事等有效做法，健全协调联动的响应机制，推动社区自治与网格管理有效衔接。

三是进一步发挥社会组织作用。完善“一中心、多基地”社会组织服务网络，通过“转型+新建”的方式，每个街道培育一个综合性社会组织。探索“互联网+社会组织”工程，运用信息化手段加大公益服务资源的整合力度，搭建更为广泛的政社、企社、社社合作平台。持续推进“公益人·公益心”服务品牌，完善驻区单位参与社会治理长效机制，推进志愿服务规范化、制度化建设，进一步形成共建共享的工作格局。

四是加强“平安西城”建设。发挥安委会指导、协调作用，建立区行业部门安全生产联系会议制度，督促各行业主管部门认真履行安全生产监督管理职责，坚决遏制重特大事故发生。完善日常巡查制度，开展“四品一械”领域专项整治行动，发挥区食品安全协会、饮食协会、药械协会的作用，深入推进国家食品安全城市创建工作。继续推进综合减灾示范区、街、社区创建工作，按照民防民政应急三大功能合一的要求，加快推进街道物资储备库建设。运用大数据分析区域治安防控形势，依法严厉打击各类违法犯罪活动。坚持源头治理、系统治理、综合治理、依法治理，完善反恐怖工作“六大体系”，深入推进政治稳定维护、社会治安防控、矛盾预防化解、人口服务管理、社会治理创新、基层基础建设六项工程。强化社区警务配备，持续加大反恐宣传，积极开展应急演练，健全应急保障机制，加强风险评估，为全区经济社会发展创造安全稳定的社会环境。

五是做好双拥和民族宗教工作。进一步做好双拥工作，支持国防和军队建设。深入抓好民族团结进步创建工作，在街道重点开展民族团结“六进”活动。继续做好宗教服务保障工作，积极发挥宗教促进社会和谐的作用。

（七）着力加强政府自身建设

强化使命意识和责任担当，全面提升依法行政能力和服务群众能力，进一步加强廉政和作风建设，努力建设人民满意的服务型政府。

一是全面加强依法行政。坚决执行区人大及其常委会的决议，认真落实重大事项向人大报告和向政协通报协商制度，自觉接受区人大法律监督、工作监督、区政协民主监督以及人民群众和新闻舆论监督。将人大议案建议和政协提案办理作为履职重要内容，完善长效办理机制。健全重大行政决策程序，完善政府法律顾问、专家论证、政府开放日、公众有序参与等制度，继续推行人大代表、政协委员、专家学者、驻区单位和居民代表列席区政府常务会议，坚持政府常务会会前学法，推进行政机关负责人出庭应诉工作。不断完善权力清单，建立责任清单，确保依法用权、依法履职。规范执法行为，切实解决执法不到位问题。推进政府信息公开的及时性和实效性，保障群众的知情权、参与权和监督权。加强法制机构和法律人才库建设，认真开展“七五”普法，增强政府工作人员和广大群众学法守法用法观念。

二是不断提升服务效能。推进行政审批制度改革，承接好、落实好市级下放审批事项，简化优化审批流程，推进行政审批“两集中、两到位”，加强政企政民互动。探索“互联网＋政务”工作模式，促进政府业务流程再造，推进部门间信息共享和业务协同办理，积极推动“同区通办”事项落实，建设西城区行政服务标准化示范基地，推进行政服务一体化。拓展网上办事功能，健全12341政府热线，促进线上线下紧密结合，方便群众办事。提高窗口部门人员的服务意识和能力，优化政府服务。推进投资项目审批服务平台建设，加快投资立项审批。强化综合执法、专业执法与行政管理的协调联动，提高全区行政执法整体效能。完善无纸化会议系统，全面推行电视电话会议，提高会议质量和效率。创新电子政务建设，强化政府绩效考核，提高政府工作效率，更好地服务地区群众。

三是持续推进作风建设。认真践行“三严三实”要求，广泛开展调查研究，密切联系群众，深化“访民情、听民意、解民难”长效工作机制，扎实做好办实事工作。持续推进政府系统党风廉政建设和反腐败工作，认真学习贯彻《中国共产党廉洁自律准则》和《中国共产党纪律处分条例》，严明党的纪律和规矩，从严带好队伍、管好干部。严格落实党风廉政建设主体责任和“一岗双责”。深化“四风”整治，全面落实各项整改任务。严格落实中央八项规定精神和国务院“约法三章”，控制行政成本。强化监察、审计等部门的监督责任，加强重大事项督查。实行更加严格的问责制度，坚决整治不作为、乱作为，坚决克服懒政怠政，切实做到为民务实清廉，以良好形象和实际行动赢得人民群众的信任和支持！

各位代表！西城区的发展站在了新的历史起点上，率先全面建成小康社会、努力在北京建设国际一流的和谐宜居之都进程中走在前列，是全区人民的共同期盼，目标鼓舞人心，蓝图催人奋进。让我们紧密团结在以习近平同志为总书记的党中央周围，在市委市政府和区委的坚强领导下，按照本次大会确定的目标任务，齐心协力、团结奋斗、开拓创新、扎实工作，以优异的成绩向建党95周年献礼！

北京市西城区第十五届人民代表大会常务委员会工作报告

2016年1月14日在北京市西城区第十五届人民代表大会第六次会议上

各位代表：

我受西城区第十五届人民代表大会常务委员会委托，向大会报告工作，请予审议。

2015年工作回顾

2015年，区人大常委会在区委的领导下，深入学习贯彻党的十八届四中、五中全会精神和习近平总书记视察北京重要讲话精神，全面落实市委和区委人大工作会议的部署，抓住改革发展和民生保障等方面的热点难点问题，依法行使职权，凝聚代表的智慧和力量，不断提高人大工作实效，促进了“一府两院”依法行政、公正司法，为我区在北京建设国际一流的和谐宜居之都和法治中国首善之区进程中走在前列提供了有力保障。一年来，共召开常委会会议9次、主任会议16次，常委会听取和审议议题46项、任免国家工作人员381人次，圆满完成了全年各项任务。

一、围绕区域重大事项依法履职，保证了人民当家作主权利更好地落实

人大及其常委会讨论区域重大事项、作出决议并推动决议的落实，是保证人民当家作主权利实现的重要途径。区人大常委会着眼于服务京津冀协同发展大局，围绕代表大会决议的落实、区“十三五”规划编制及其他改革发展方面的重大事项积极履职，推进了相关工作的顺利开展。

（一）同心同向、全力落实加强环境建设共建和谐宜居西城的决议

区十五届人大五次会议作出关于加强环境建设共建和

谐宜居西城的决议后，在区委的领导下，全区迅速行动。区人大常委会认真执行决议，并把推动决议落实作为全年的重点工作来抓。通过多种方式，加强对决议内容的宣传，提高了驻区单位和居民群众对决议的知晓度。同时由主任、副主任分别带队，积极开展视察调研活动，督促决议落实。一年来，以城建环保委为主、各委员会全面参与，针对基础设施建设、惠民利民工程、环境景观提升、生态环保项目等环境建设方面的各项任务，先后组织了14次视察调研活动，参与的市、区人大代表达276人次。常委会听取和审议了区政府落实决议工作情况的报告，建议区政府进一步健全城市环境建设和管理体制，落实城市管理主体责任，加大执法和监管工作力度，不断提升城市环境品质和精细化管理水平，推进和谐宜居西城建设。区政府就落实决议作出中长期、年度和阶段性部署，并与相关部门和街道、驻区中央和国家机关、市属企事业单位签订了责任书，全面推进决议相关任务的实施，在破解难题、完善机制、常态治理等方面取得了显著成效。65项落实决议的任务基本完成，区域环境方面的突出问题得到有效遏制，城市景观面貌和生态环境明显改善，社会单位和居民群众参与环境治理的热情高涨，有力地促进了纪念中国人民抗日战争暨世界反法西斯战争胜利70周年等重大活动环境保障工作的顺利开展，形成了区域环境共建共治共享的良好格局。

（二）高度关注、全程参与区“十三五”规划编制工作

常委会在积极推动区“十二五”规划全面落实的同时，把扩大代表参与区“十三五”规划编制、提高代表大会审查批准规划的实效贯穿到全年工作中，多措并举，组织代表全过程、全方位参与规划编制工作。通过常委会网站和信息刊物，动员代表围绕规划编制积极建言。常委会组成人员和市、区代表提前介入规划研究，参加专题调研、座谈、重点课题及专项规划评审等活动。常委会各委员会在组织代表视察调研中及时了解群众需求，广泛汇集代表和群众的意见。财经委和各街道代表联组对规划纲要进行预先审议，就规划指标、发展思路，以及打通断头路、老旧小区改造、停车管理等城市环境问题和养老、医疗、教育等公共服务问题提出意见和建议。区政府在规划编制的过程中，认真研究吸纳代表的意见建议，使人民群众的意愿提前进入到国家机关决策中。常委会听取和审议了区政府关于区“十三五”规划纲要编制情况的报告，提出规划编制要落实中央和市委的决策部署，充分体现以人民为中心的发展思想，突出区域功能定位，坚持创新、协调、绿色、开放、共享的发展理念，使规划能够应群众所盼、解群众所忧，使今后五年全区经济社会发展更有效率、更加公平、更可持续，为本次代表大会更好的审查批准区“十三五”规划奠定了基础。

（三）完善制度、积极推进讨论决定重大事项工作常态化

认真落实市委人大工作会议精神，在深入调研的基础上，组织修订了常委会讨论决定重大事项的规定，对重大事项的范围进行了重新梳理和分类，对讨论决定重大事项的程序以及处理方式进行了完善和规范，促进常委会讨论决定重大事项常态化、规范化。一年来，常委会依法行使重大事项决定权，先后就批准2014年财政决算、2014年预算执行和其他财政收支情况的审计工作报告、2015年财政预算调整方案以及同意与湖州市等四地缔结友好区市等事项作出决议、决定9项。同时，对区政府盘活财政存量资金工作给予关注，支持区政府合理安排各项财政支出，加快支出进度，加大民生领域资金投入，切实提高财政资金使用效益。关注教育综合改革，听取了区政府相关工作报告，并就相关改革措施的宣传、职业教育改革、教师队伍培养等方面提出了意见建议，为改革的顺利推进提供了有力的支持和保障。

二、围绕热点难点问题深化监督，促进了“一府两院”依法行政、公正司法

常委会立足于全区工作大局，针对疏解非首都功能、治理“大城市病”、民生保障以及执法司法等方面的热点难点问题，综合运用多种方式，开展监督工作，不断加大监督力度，取得了明显成效。

（一）全面履行计划预算监督的法定职责

准确把握经济发展新常态，切实履行法定监督职责。常委会依法听取和审议了区政府关于国有资产监督管理情况的报告，并从依法加强企业国有资产监管，推进区属国有企业改革，完善国有资本经营预算，加强企业民主管理、民主监督和人才队伍建设等方面提出了审议意见，推动区政府依法履行出资人职责、完善监管制度，促进了区属国有企业的发展。听取和审议区政府关于2015年上半年和1至9月计划执行情况的报告，对2016年计划报告的主要内容进行了初步审议。审查了区政府关于西城区第三次全国经济普查情况的书面报告。加强对区政府关于2015年政府投资、工商登记改革情况的监督，促进了区域经济健康协调平稳发展。

积极贯彻落实新修改的预算法，从事前、事中、事后全过程参与预算监督工作。常委会听取和审议了区政府2014年财政决算报告、2014年预算执行和其他财政收支情况的审计工作报告以及审计查出问题整改情况的报告。听取和审议了区政府关于2015年上半年和1至9月预算执行及调整情况的报告。加强预算编制审查工作，组织代表参加相关培训和部门预算编制初审，扩大代表对预算编制工作的参与，把好预算编制的“入口关”，常委会对2016年财政预算报告和预算草案的初步方案进行了初步审查。对区政府开展财政支出绩效评价工作加强监督，跟踪调研区级大额专项资金管理办法的落实情况，促进了财政资金使用更加科学规范有效。

（二）努力推动发展成果更多更公平地惠及居民群众

积极推动居民生活环境的改善，常委会听取和审议了区政府关于棚户区改造工作进展情况的报告，针对群众反映突出的问题，就细化补偿政策、公开棚改相关信息、加强棚改项目管理和安置房规划、采取多种措施满足困难居

民实际需要等方面提出了审议意见，强调要把棚改与完善社区服务功能、疏解人口综合考虑，争取政策支持，保证棚改顺利进行。同时对区政府推进老旧小区实施物业管理、清扫保洁和垃圾处理等方面工作加强了监督，在推动解决群众反映突出的问题上取得新的进展。

积极推进学前教育工作，常委会听取和审议了区政府关于规范发展学前教育工作情况的报告。推动区政府健全规范发展学前教育工作机制，科学制定第二个学前教育三年行动计划，加大投入力度，整合资源，加快幼儿园和幼儿教师队伍建设，将幼儿园重点建设项目纳入区“十三五”规划。同时，对区政府推进全民科学素质行动计划纲要实施、创建国家食品安全城区、社区卫生服务、语言文字规范化建设、体育生活化社区建设、实施文商旅三年行动计划等方面工作加强监督，促进了居民生活品质的提升。

继续深化对养老服务工作的监督，常委会就老年人权益保障法和居家养老服务条例的贯彻实施情况组织开展了专题询问。区政府主管副区长和9个政府职能部门的负责人到会接受了询问，15个街道主管老龄工作的负责人列席了会议。针对会前视察调研了解的情况和居民群众关心的热点难点问题，常委会组成人员重点就相关法律法规的宣传教育、街道养老照料中心建设及其服务功能、养老服务财政保障机制、老年人医疗卫生服务、健身娱乐设施建设、养老服务人才队伍建设、维护老年人合法权益等方面内容进行了询问。通过专题询问，促进了政府相关部门和各街道完善工作机制、强化履职责任，加快养老服务基础设施建设，完善了全覆盖的养老服务体系和布局，服务水平进一步提高，有效地推进了老年人权益保障法和居家养老服务条例的贯彻实施。

（三）大力推进司法工作监督和法律监督

常委会听取和审议了区检察院关于主任检察官办案责任制改革试点工作情况的报告，从探索工作运行机制、研究解决重点难点问题、做好改革试点中的思想政治工作等方面提出了审议意见，促进了检察工作运行机制进一步优化，主任检察官职责权限更加明确，监督制约机制更加健全。加强对区法院推进专业化审判工作的监督，推动区法院优化审判资源配置、完善管理制度，进一步提高了审判质量和效率。组织53名审判员和检察员向常委会书面述职，强化了被任命人员依法履职、接受人大监督的意识。

针对市容环境方面的突出问题，常委会组织开展了市容环境卫生条例实施情况的检查。执法检查组通过明查暗访、调研座谈、随机抽查、填写执法检查表等方式，组织代表深入了解全区贯彻实施市容环境卫生条例的总体情况，重点就市容环境卫生责任制落实情况、城市容貌和环境卫生工作情况、日常监管机制的建立运行情况、政府有关部门行政执法情况、街道和社区市容环境卫生工作开展情况进行了检查。常委会听取和审议了执法检查报告，并提出审议意见，同时制作执法检查纪实短片，一并交区政府研究处理。通过执法检查，有力地推动了市容环境卫生条例的贯彻实施，区政府建立了城市秩序考核评价和环境督查追责机制，加强部门协调联动，全面履行法定职责，推进“门前三包”责任落实，加大解决问题力度，市容环境卫生管理水平进一步提升。

依法加强对大气污染防治工作的监督，常委会以大气污染源头治理为重点，对大气污染防治执法检查审议意见落实情况进行了跟踪检查。同时，对区政府贯彻实施行政监察法、会计法、审计法、安全生产法、土地管理法、治安管理处罚法、残疾人保障法、音像制品管理条例、出版管理条例、社区矫正实施办法等法律法规实施情况，通过听取报告，组织视察调研，推动了相关法律法规的贯彻落实。依法开展了规范性文件备案审查，维护了法制的统一。

三、围绕发挥代表主体作用改进工作，保障了代表更好地履职

认真落实代表法实施办法、代表建议办理条例，坚持代表主体地位，把扩大代表参与、发挥代表作用贯穿于各项工作中，加大代表议案建议办理力度，提高代表活动实效，为代表依法履职提供了良好的服务和保障。

（一）加强代表议案办理工作

针对代表大会主席团交付的关于加快推进区属医疗机构基础设施建设、提升区域医疗机构安全生产管理水平的议案，加强与区政府沟通协调，组织代表深入调研，听取和审议了区政府关于该议案办理情况的报告，从科学谋划区属医疗机构项目建设、健全项目建设工作责任制、解决社区卫生服务机构用房问题、加大卫生基础设施建设投入力度、提升医疗机构安全生产管理水平等方面提出审议意见，推动代表议案办理取得有效进展。对加强什刹海地区规划建设和管理议案办理报告的审议意见落实情况进行跟踪调研，听取和审议了区政府有关工作报告，推动什刹海地区建设管理水平有了新的提高。

（二）加大代表建议督办力度

完善代表建议办理工作制度，修订了区人民代表大会代表建议、批评和意见办理办法，就完善办理方式、规范办理程序、提高办理实效提出了新要求。加大建议督办力度，对代表建议进行全面梳理分析，明确建议办理的重点和方向。对关系群众生活、代表连续多年反复提出、办理难度较大的建议，由常委会主任、副主任分工负责，现场督办。组织代表建议办理监督员就建议办理工作有针对性地开展检查视察活动，对需跨年度落实的建议连续督办，推进代表和群众反映的问题得到妥善解决。区十五届人大五次会议受理的185件代表建议（含议案转建议3件）中，除1件作为参考和1件外转的建议外，均已办结并答复代表。其中，经过努力得到解决或取得一定进展的153件，约占已办结建议的83.6%。

（三）进一步增强闭会期间代表活动实效

常委会注重发挥各委员会及各工作机构的作用，组织代表深度参与常委会工作，进一步发挥代表作用。围绕常委会议题和全区改革发展的深层次问题，尊重代表意愿和兴趣，全面实行代表列席常委会会议和自主选择参加执法

检查、视察调研活动等制度，充分发挥代表的专业特长，扩大代表活动参与度，提高代表活动的质量和实效。一年来，常委会各委员会组织代表视察调研90次，参加代表920人次。

注重发挥街道人大代表工委的基础性服务平台作用，完善市、区代表联系机制，积极为市、区代表履职服务。围绕市、区“十三五”规划编制以及城市管理、环境建设、社区服务等群众关注的重点工作，组织代表参加专题座谈、视察调研，广泛听取群众意见，进一步密切了代表与群众的联系，畅通了民意表达渠道。深入开展代表联系选民、参加选民接待日等活动，组织代表向原选区选民报告年度履职情况，接受选民的监督。一年来，15个街道人大代表工委共组织代表活动151次，参加代表2082人次。

坚持依法办事，常委会接受了个别代表辞去代表职务，完成了个别市、区人大代表的补选工作。按照市人大常委会的部署，在全区各街道社区全面开展选民登记信息管理系统试点推演工作。受市人大常委会委托，组织市人大西城团代表参加培训、视察调研、年中集中活动、书面报告履职情况，圆满完成了市人大西城团代表的联络服务工作。

四、围绕“三严三实”强化自身建设，保证了各项工作的顺利推进

面对人大工作的新形势新要求，着眼于推动人大制度和人大工作与时俱进，结合“三严三实”专题教育，不断深化学习、改进作风，全面加强自身建设，常委会履职能力和工作水平进一步提高。

（一）强化理论学习和尊法学法自觉

常委会深入学习贯彻党的十八届四中、五中全会精神和京津冀协同发展规划纲要，准确把握人大工作定位。着眼于更好地履行人大职能，自觉加强宪法法律和人大制度理论的学习。结合人大工作实际，组织常委会专题学习班，认真学习贯彻中央转发的《全国人大常委会党组关于加强县乡人大工作和建设的若干意见》以及市委第四次人大工作会议精神。以围绕京津冀协同发展大局、充分发挥人大职能作用为主题，组织召开专题研讨会，进一步提高了运用法治思维和法治方式推动基层人大工作的能力，为做好人大工作、更好地发挥人大制度优势奠定了思想基础。

（二）积极推进人大工作创新

充分发挥常委会党组的领导核心作用，围绕推进人大制度在我区的实践与时俱进，协助区委筹备召开了第四次人大工作会议，研究制定了区人大常委会党组关于在全面推进依法治国进程中加强和改进人大工作的意见，从强化党的领导，保证代表大会的法定职权，推进常委会依法决定重大事项，保障代表权力、增强代表活动实效，强化法律实施的监督、进一步发挥街道人大工作机构的基础性服务平台作用等方面提出了一系列改进工作的举措，推动了人大工作创新发展。完善了代表大会期间代表审议意见处理机制，对区政府研究处理代表审议意见的情况进行了监督。修改了常委会实行审议意见书办法，制定了西城区国家工作人员宪法宣誓组织办法、预算监督顾问工作规则。

（三）推进区人大常委会机关建设

结合开展“三严三实”专题教育，改进机关工作作风。通过组织专题党课、学习研讨、民主生活会和组织生活会，抓整改落实和立规执纪，全面推进机关建设，打造从严的精神、务实的作风，使人大工作更好地服从和服务于全区工作大局。加强人大信息宣传工作，改版常委会网站，通过网站、公报、人大信息宣传刊物和北京西城报等多种途径及时公开履职情况，推进区人大及其常委会工作更加公开透明。

各位代表，过去一年，常委会工作取得了一些进展和成效，这是区委正确领导的结果，是全体代表和常委会组成人员同心协力、依法履职的结果，是“一府两院”主动接受监督、驻区单位和广大人民群众全力支持参与的结果。在此，我代表区人大常委会，向全体代表，向所有关心、支持和帮助人大工作的同志们、朋友们，表示崇高的敬意和衷心的感谢！

在肯定工作进展和成效的同时，我们也清醒地看到工作中还存在很多问题和不足，常委会的工作同宪法和法律赋予的职责，与人大代表和人民群众的期望相比还有差距。主要是：对法律法规实施情况的监督力度还不够大，街道人大工作机构建设和工作开展还需要加强，为代表履职服务的方式方法还需要创新等，这些问题我们将认真研究，在今后的工作中切实改进。

2016年主要工作任务

2016年是“十三五”规划开局之年，是深入推进区域发展转型、管理转型的关键之年。区人大常委会将在区委的领导下，深入贯彻中央和市委的决策部署，认真执行本次代表大会的决议，努力把握首都城市发展规律和区域发展阶段性特征，紧紧围绕疏功能、转方式、治环境、补短板、促协同中的重点难点问题，依法履行各项职权，持续加大工作力度，凝聚代表合力，为推动区“十三五”规划实现良好开局提供根本制度保障。

一、全力促进代表大会决议落实

坚持把推动代表大会各项决议落实作为全年工作重点抓紧抓实。本次代表大会审议通过关于区“十三五”规划纲要的决议后，区人大常委会相关重点工作要与推进规划纲要实施紧密结合，高度关注专项规划编制和重点领域任务的谋篇布局，促进区“十三五”规划实现良好开局。坚持协调协同，以落实城市管理责任制为重点，持续推进加强环境建设共建和谐宜居西城的决议落实，促进政府、社会、居民同心同向行动，合力破解城市治理中的难点问题。

坚持讨论决定重大事项制度，在代表大会闭会期间，常委会要围绕区域重大事项依法行使职权，切实保证区委的决策和人民的意愿通过法定程序进入国家机关的决策和工作中。加强与“一府两院”的沟通协调，完善相关工作

程序，把重大事项议题纳入年度计划。常委会拟听取和审议区政府关于实施“六五”普法规划和开展“七五”普法情况的报告，并作出相关决议，推动全区普法工作深入开展，进一步提高全区法治建设水平。

二、持续加强和改进监督工作

充分发挥人大监督优势，抓住社会关注、群众反映突出的热点难点问题，综合运用多种监督方式，持续加大监督力度，促进“一府两院”依法行政、公正司法，在深化改革、改善民生、补齐短板等方面取得新的成效，让全区人民在共建共享发展中有更多获得感。

强化法律实施的监督。为加强宪法的实施，增强国家工作人员忠于宪法、依法履职的意识，实行宪法宣誓制度。按照西城区国家工作人员宪法宣誓组织办法，区人大及其常委会选举或任命、“一府两院”任命的国家工作人员任职时要公开向宪法宣誓。加强对任命人员履职情况的监督，继续组织部分审判员和检察员向常委会书面述职。加强对法律法规实施情况的监督，对本届以来开展的执法检查进行跟踪监督，推动群众反映突出的问题得到妥善解决。落实区委人大工作会议要求，建立区政府工作部门及区法院、区检察院每年向区人大常委会报告本部门本单位贯彻实施法律法规情况的制度。积极开展规范性文件备案审查工作，维护国家法制的统一，维护群众的合法权益。

推进计划和预算监督。拟听取和审议2015年财政决算报告、审计报告、审计查出问题整改情况的报告，以及2016年上半年和1至9月计划、预算执行及调整情况的报告，对2017年计划报告的主要内容、财政预算报告和预算草案的初步方案进行初步审查。加强对区政府关于2016年政府投资、大额专项资金管理办法实施情况的监督。

加强专项工作监督。关注社会保险制度改革，常委会拟听取和审议区政府关于西城区社会保险工作的报告。关注教育综合改革和义务教育均衡发展，拟听取和审议区政府关于学区制建设工作情况的报告。为推进居民生活服务品质的提升，拟听取和审议区政府关于社区生活性服务业发展情况的报告。为推动解决城市治理中的突出问题，拟听取和审议区政府关于治理“开墙打洞”违法建设、民防工程整治利用工作情况的报告。为促进全区安全发展，拟听取和审议区政府关于安全生产工作情况的报告。同时，对五年来区政府推进养老服务工作持续开展监督，对区政府创建全国知识产权试点城市工作、创建公共文化服务示范城区、电梯质量安全监管、道路建设、食品药品风险防控等方面工作加强监督。组织代表围绕大气污染防治、停车设施建设和管理、绿化工程和绿道建设、棚户区改造、体育运动项目经营单位安全监管等方面工作开展视察调研。关注司法领域改革，拟加强对区法院立案登记制改革、区检察院全面推进检务公开等方面工作的监督。

三、进一步深化代表工作

贯彻落实新修改的地方组织法、选举法和代表法，进一步加强常委会与代表、代表与群众的联系，改进服务保障工作，更好地发挥代表作用。加强代表履职学习培训，进一步提高代表履职能力。认真做好代表议案办理工作，对近几年代表议案审议意见的落实情况进行跟踪监督。完善代表建议督办机制，对本届代表建议办理情况进行梳理分析，加大跟踪督办力度，促进代表建议反映的问题得到妥善解决和落实。坚持代表自主选择参加常委会执法检查、视察调研、列席常委会会议等制度，保障代表依法履职。加强街道人大工作机构建设，部分常委会监督事项将授权街道人大工作机构开展或上下联动进行，努力促进街道人大工作做深、做实。推进代表之家、代表工作站建设，继续推进代表向选民述职，接受选民监督。进一步落实市、区两级代表联系机制，做好市人大西城团代表联络服务工作。

下半年，区人大代表将进行换届选举，做好这项工作对于坚持人民代表大会制度、保障人民当家作主权利具有重要意义。常委会将在区委的领导和市人大常委会的指导下，认真做好区人大代表换届选举的筹备和组织工作，确保代表换届选举工作依法有序顺利完成。

四、全面推进自身建设

继续深入贯彻党的十八届四中、五中全会精神，加强宪法法律和人大制度理论的学习，进一步提高依法履职能力。全面贯彻中央转发的《全国人大常委会党组关于加强县乡人大工作和建设的若干意见》以及市委的相关部署，依据有关法律法规，进一步加强区人大及其常委会组织建设。围绕过去五年人大工作深入调研，进一步完善工作制度，创新工作方式。修订人事任免办法，改进代表大会和常委会会议表决方式，保障代表和组成人员更充分地行使权力。加强机关干部队伍建设，提高机关服务保障工作水平。完善区人大常委会网站，加快推进人大代表网上服务平台建设，使常委会工作更加公开透明，更好地接受社会监督。

各位代表，今年是本届人大任期的最后一年。我们要在区委的领导下，紧密团结在以习近平同志为总书记的党中央周围，牢记全区人民的信任和重托，同心同德、再接再厉，奋发进取、创新工作，确保本届人大各项任务圆满完成，为我区实现“十三五”发展的良好开局、在北京建设国际一流的和谐宜居之都进程中走在前列做出更大的贡献！

中国人民政治协商会议
北京市西城区第十三届委员会常务委员会工作报告

2016年1月11日在政协北京市西城区第十三届委员会第五次会议上

西城区政协主席　杜灵欣

各位委员：

我受政协北京市西城区第十三届委员会常务委员会的委托，向大会报告工作，请予审议。

2015年工作回顾

2015年，是全面完成“十二五”规划的收官之年，是全面深化改革、精心编制“十三五”规划的关键之年，也是人民政协事业创新发展的重要一年。一年来，区政协常委会全面贯彻落实中共十八大和十八届三中、四中、五中全会精神，深入贯彻落实《中共中央关于加强社会主义协商民主建设的意见》和习近平总书记系列重要讲话精神，在中共西城区委的领导下，广泛团结各民主党派、人民团体和各族各界人士，组织各界委员围绕中心服务大局，认真履行政协职能。全年共召开常委会议10次、主席会议5次、秘书长会议4次，组织专题议政会、专题协商会等各类协商活动34次，形成常委会建议案2件、调研成果13项，组织学习培训、情况通报、调研视察等履职活动170余次，参加活动的委员达3600余人次。各界委员以高度的政治责任感和饱满的履职热情，建诤言、献良策，为促进全区各项事业发展做出积极贡献。

一年来，区政协常委会坚持在继承中发展、在发展中创新，发挥优势、突出重点、增强实效，全年工作有重点，有特点，有亮点，突出表现在四个方面：

一是区委重视、政府支持，为推进政协工作创新发展注入不竭动力。中共西城区委大力加强对政协工作的领导，专题研究年度协商工作，审议政协常委会工作报告，听取政协工作情况汇报，阅批政协报送的协商意见。区政府邀请政协委员列席政府常务会议、参与“十三五”规划编审，认真办理政协建议案和委员提案，政府领导积极参加“两政”联席会议、专题协商会，与委员共商大计。

二是围绕中心、服务大局，与全区工作同频共振。牢牢把握推动改革发展第一要务，始终将政协工作置于西城改革发展的全局中来谋划和实施。围绕推进京津冀协同发展、非首都功能疏解、“十三五”规划编制、重要领域改革等全区重点工作，组织委员开展广泛深入的调研、视察、通报、座谈等，使各项履职活动更加契合全区中心工作，更加符合决策需要。

三是积极实践、努力探索，协商民主制度建设扎实推进。紧紧抓住发挥人民政协协商民主重要渠道作用这条主线，认真组织落实中共西城区委年度协商计划。围绕协商主题，认真开展调研、议政、通报、座谈等协商活动，取得了丰硕的协商成果。坚持创新实践，推进协商工作制度化，规范完善专题协商工作、集体视察工作等。区政协协商民主逐步呈现出规范、有序、务实、有效的良好局面。

四是勇于担当、主动作为，委员主体作用有效发挥。广大政协委员珍惜委员荣誉、牢记委员职责，乐做政协人、爱干政协事。发挥凝聚共识作用，促进所联系成员和界别群众支持改革、参与改革；发挥专业特长优势，深入调查研究，积极建言献策；发挥桥梁纽带作用，心系西城发展、情系居民群众，积极反映群众诉求。各界别委员团结奋斗、勇于担当、无私奉献，推动了政协工作的整体进步。

2015年主要开展了以下几个方面的工作：

一、精心谋划、严密组织，推进协商民主发展

把发挥人民政协协商民主重要渠道和专门协商机构作用，作为全年首要工作任务，贯穿履职全过程，进一步丰富内容、规范程序、完善制度。

夯实思想理论基础。组织委员认真学习《中共中央关于加强社会主义协商民主建设的意见》和习近平总书记在庆祝人民政协成立65周年大会上的讲话，举办专题辅导报告会，召开“发挥委员主体作用，推进协商民主建设”暑期研讨会，参加市政协有关报告会等系列学习活动，开展“社会主义协商民主机制”“政协协商与党委和政府工作有效衔接”课题研究等，进一步明确加强协商民主建设的深刻内涵、重大意义，明确人民政协在协商民主中的重要渠道和专门协商机构作用，为开展政协协商奠定思想理论基础。

精心谋划协商工作。围绕西城区改革发展重大问题，面向政协委员、社会各界，广泛征集协商议题，经全体会议讨论后提交中共西城区委研究。以落实《中共西城区委2015年协商工作计划》作为全年开展协商工作主轴，将计划中的6个协商议题，按领导分工、专委会工作特点，进一步细化安排，明确了牵头领导、承办单位、组织方式及完成时限。各专委会按照完成调研课题的工作思路，抽调

委员组成课题组，分步按时落实。

严密组织协商活动。与区委统战部联合召开“十三五”规划编制工作议政会，组织各民主党派、工商联，历时半年时间，深入调研、分析论证，提出65条意见建议，以《领导参阅》形式提交中共西城区委、区政府，为编制规划提供咨询、参考；就西城区国资国企改革、教育体制改革、城市管理体制和街道管理体制改革等重点改革内容组织通报协商；就《北京城市总体规划（2004-2020年）》修编、西城区棚户区改造及人口疏解工作、历史文化名城保护发展规划等开展专题协商；就《政府工作报告》等全局性重点工作，组织界别协商；就加强法源寺历史文化街区保护工作开展提案办理协商。

探索完善协商制度。为规范有序开展协商议政活动，制定了《区政协2015年度协商工作安排》《主席、常委集体视察工作办法》《专题协商工作规范（试行）》，协商民主制度化、规范化、程序化建设取得重要进展。注重加强政协协商活动的宣传，对重要协商活动在区政务网站、政协网站上进行公布，扩大社会影响，推动社会参与。

二、丰富形式、扎实履职，助推全区改革发展

把服务全区改革发展作为重要着力点，围绕促进京津冀协同发展、非首都功能疏解和人民群众切身利益的重要问题，深入开展调研视察、积极反映社情民意，为科学决策提供有力支持。

深入调研建言献策。紧扣全区工作重点，精心选择6个重点调研课题，以专委会为基础，组织委员深入调查研究，形成2件常委会建议案，4项专题调研报告。经济科技专委会联合民建西城区委，调研论证，前瞻思考，着眼城市功能定位，挖掘释放文化潜能，提出将西城区打造成全国文化中心示范区的建议；城建环保专委会，着眼首都经济可持续发展，解决交通拥堵和大气污染难点问题，将金融街区域作为实施低排放区试点进行研究，提出具体对策建议；关于《把握首都核心功能定位，大力推进历史文化名城保护工作》《西城区教育集团办学运行情况》《发挥社会多元主体作用推进社区服务建设》《西城区为侨服务工作情况》等调研报告，均提出了具有前瞻性、针对性和可行性的意见建议。

组织视察推进工作。选取全区重点工作、重大工程建设和百姓生活中的热点、难点问题，广泛开展视察、考察、座谈等活动。政协常委集体视察了棚户区改造及人口疏解工作，常委们就拆迁改造工程中的补偿政策、停车位设施建设等提出建议。主席集体视察了丹江口水库和南水北调工程，实地了解水源地水质保护和生态建设情况。专委会组织委员围绕京津冀协同发展，考察天津滨海新区行政服务中心、“申冬奥”筹备工作等；围绕非首都功能疏解，考察旅游文化多产业融合项目、天桥演艺区、“动批”整治情况等；围绕文保区房屋保护和修缮工作，考察调研大栅栏杨梅竹斜街改造工程；围绕重要民生问题，视察光源里棚户区改造、35中新址、999急救中心等。

提案办理务求实效。审查立案的300件委员提案，涉及全区经济发展、城市品质、民生改善等方方面面，反映情况真实，研究分析深入，建议可操作性强，经办理取得明显成效，为实现区域经济稳中有进、社会民生持续改善发挥了重要作用。区政协将提案工作作为全局性工作，创新重点提案领导督办方式，由相关专委会牵头督办，政协分管领导会同承办部门主管领导全程督办，召开协商会协商督办，增强了办理实效。有效利用“提案办理会商室”，协商解决提案办理难度较大的提案，为提案人和办理单位提供更为畅通的协商渠道，促进提案落实。

积极反映社情民意。各界别委员注重利用社情民意信息形式，关注区域发展、反映民情民意。共提交反映社情民意信息890件，及时呈报有关部门。涉及到全市大局工作的7件信息被市政协《诤友》《北京信息》《市委综合快报》《市政府专刊》采用；涉及全区重点工作的5件信息被《西城信息》采用。

三、拓展方式、加强监督，促进工作作风转变

重视发挥民主监督职能作用，除通过建议案、提案、反映社情民意信息等履行监督职能外，还组织委员就政风行风、行政执法等，开展富有特色的监督活动。

联合开展监督。由各民主党派及政协委员组成10个政风行风民主监督工作小组，对全区46个窗口单位（部门）开展不定点、不定时明察暗访。重点监督首问负责制、一次性告知、工作人员服务态度等方面内容，定期汇总各小组查访情况，形成明察暗访工作报告，提交区政府参考，促进了相关单位政风行风的转变。

委员岗位监督。18名委员担任法院人民陪审员，69名委员担任各行政职能部门特邀监督员，5名委员参与司法局“六五”普法成果验收工作。相关职能部门将委员的民主监督纳入日常工作中，促进了委员在相应岗位发挥监督作用。政协委员成为政府职能部门与人民群众之间的纽带，发挥了理顺情绪、化解矛盾作用。为进一步规范特邀监督员工作，开展研讨交流，拟定了特邀监督员工作细则。

小组专项监督。重视发挥两个民主监督小组作用，财政预算民主监督小组，专门听取区财政预算情况通报，加强对西城区财政收支结构、存量资金使用、重点项目保障等问题的了解和关注，委员们就政府采购的运作流程与改进措施，税制改革对财政收入的影响，棚户区改造的财政支持，城市疏解对区域经济的影响提出意见建议；社会综合治理民主监督小组，围绕做好辖区服刑人员教育衔接、社区矫正等问题，视察清河监狱，组织座谈研讨。

四、广泛联系、密切交流，促进和谐稳定

重视发挥人民政协爱国统一战线组织的重要作用，努力做好增进团结、凝聚共识的工作，为推动全区改革发展增添正能量。

联系各界合作共事。重视发挥各民主党派、无党派人士和工商联在政协工作中的作用，认真了解和反映他们对全区经济社会发展的意见建议，通过党派团体提案、议政

会、界别协商座谈会、秘书长会，为各民主党派和工商联搭建起有效的履职平台。依托专委会密切同各界别的联系，组织开展富有界别特点的活动，为各界别开展工作提供有力支持，政协的界别特色和优势得到进一步体现。为配合纪念抗日战争胜利70周年，编辑出版有关抗战历史《知学》专刊，回顾中国共产党和各民主党派、各界人士肝胆相照、荣辱与共的光辉历程。

密切交流增进团结。贯彻落实党的民族宗教政策，充分发挥民族和宗教界委员作用，共同维护全区民族团结、宗教和睦、社会和谐大局。区政协领导定期走访宗教界人士，组织委员考察法源寺和中国伊协；邀请国家宗教局领导做宗教形势报告；开展为侨服务工作调研，视察台资企业，组织部分委员赴台交流考察。

联情联谊凝心聚力。组织“西城区各界人士迎新春电影招待会”、庆中秋电影招待会，组织女委员庆“三·八”妇女节联谊活动。开展政协委员奥体公园健步行、街道联组羽毛球友谊赛。发挥老委员联谊会作用，邀请老委员参加视察参观活动，举办摄影沙龙、书法笔会等。进一步加强交流，增进感情，增强了政协凝聚力。

五、完善机制、创新服务，提高工作科学化水平

注重抓好强基固本的工作，着眼发挥委员主体作用，规范制度规定，完善履职平台，提升服务水平。

抓好委员队伍建设。认真落实《加强政协常委履职的实施办法》和《加强政协委员履职服务与管理的办法（试行）》。坚持实行常委坐席制度，探索在常委中开展述职工作；严格落实履职活动登记、统计、公示制度；针对委员特点，精心筹划履职活动，增强活动吸引力；组织区情通报、视察、考察等，为委员知情明政创造条件；定期走访委员及所在单位，为委员履职营造良好环境；利用《北京西城报》《知学》等载体宣传委员事迹，激发委员履职积极性。

规范街道政协委员联组工作。区编委会批复在各街道成立政协委员联络工作办公室，政协工作向基层有效延伸。制定《加强街道政协委员联组工作的指导意见》，统一办公设施，联组工作的开展更加规范有序。各街道结合区域特点和工作重点，开展世界读书日、益智养老等30多项各具特色的活动。

提升政协机关工作水平。建立委员履职信息化管理系统，提高服务委员科学化水平。以制度建设为基础，推进机关内部管理制度化、规范化，修订完善机关财务、接待、外出学习考察等4项制度。

按照中共中央和中共北京市委、中共西城区委统一部署，区政协党组和政协机关处级以上党员领导干部，深入开展“三严三实”专题教育活动，通过学习辅导、专题党课、个人自学、讨论交流等方式，认真组织3个专题的学习。围绕广泛征集的对政协工作和政协机关32条意见建议，深入查摆问题，制定整改措施。通过专题教育学习，区政协履职的质量进一步提高、机制进一步完善，机关思想建设、组织建设、作风建设、制度建设、反腐倡廉建设和党的建设有了进一步加强。

各位委员，回顾过去一年的工作，我们取得的每一项成绩，是中共西城区委坚强领导和北京市政协有力指导的结果，是区人大、区政府及社会各界大力支持的结果，是各民主党派、人民团体、各界别委员携手奋进、扎实工作的结果。在此，我代表区政协常委会，向为政协事业发展付出智慧和力量、做出无私奉献的各民主党派、人民团体、各界别委员，向所有关心、支持政协工作的各级领导、各界人士，表示崇高的敬意和衷心的感谢！

在看到成绩的同时，我们也清醒地认识到工作中的差距和不足，一是在把握人民政协推进民主政治进程中的职能定位，加强协商民主制度体系建设上仍需进一步探索；二是在加强同政协委员和各界群众的联系，增强政协组织的凝聚力上仍需加大力度；三是在拓宽委员知情渠道，为委员履职提供更全面的信息支持方面仍需下大功夫。对于这些差距和不足，常委会将在今后的工作中认真研究，切实加以改进。真诚希望广大委员对常委会工作提出批评和建议，以利于我们把今后的工作做得更好。

2016年工作思路

2016年，是落实“十三五”发展规划的开局之年，是疏解非首都功能的攻坚之年，也是十三届区政协的换届之年。区政协工作的总体思路是：全面贯彻落实中共十八大和十八届三中、四中、五中全会精神，深入贯彻落实《中共中央关于加强社会主义协商民主建设的意见》和习近平总书记系列重要讲话精神，认真贯彻落实中共北京市委第四次政协工作会议精神，坚持团结民主两大主题，在中共西城区委领导下，认真履行政治协商、民主监督、参政议政职能，充分发挥人民政协协商民主重要渠道和专门协商机构作用，为实现西城区“十三五”发展良好开局做出贡献。

一、强化理论学习，巩固思想理论基础

深入学习贯彻中共十八届三中、四中、五中全会精神和习近平总书记系列重要讲话精神，特别是视察北京重要讲话精神，切实把思想和履职活动统一到中共中央、中共北京市委、中共西城区委重大决策部署上来，确保政协工作正确方向。深入学习贯彻习近平总书记在庆祝人民政协成立65周年大会上的重要讲话、《中共中央关于加强社会主义协商民主建设的意见》和中共北京市委第四次政协工作会议精神，深入学习中共中央、市、区统战工作会议精神，通过报告会、研讨会、专题学习、自主学习等形式，深化学习成果，推进履职实践，认真总结政协协商民主探索实践经验，扎实开展理论与实践研究工作。

二、加强制度建设，进一步完善政协协商

以落实区委年度协商计划为工作主线，研究制定具体实施方案，精心组织实施。积极拓展社会各界有序参与政协协商的渠道和平台，进一步完善全体会议、常委会议、专题协商会议、界别协商会议制度，积极开展专题协商、

对口协商、界别协商、提案办理协商，通过协商会议、建议案、提案、反映社情民意信息等形式提出意见和建议。积极主动加强与党委、政府工作的有效衔接，坚持区政府、区政协“两政”联席会议制度，围绕政府重点工作和政协重要工作安排进行协商。坚持政协委员列席区委重要会议和区政府常务会议，发挥好决策咨询作用。进一步加强政协协商民主制度和机制建设，结合区政协工作实际，研究制定《特邀监督员工作细则》，修订完善提案办理协商、视察调研、反映社情民意信息等规章制度，推进政协制度建设和机制创新，不断提高工作科学化水平。

三、围绕中心履职，为推进创新发展献计出力

坚持“四个全面”战略布局，践行创新、协调、绿色、开放、共享“五大”发展理念，紧紧围绕经济建设、政治建设、文化建设、社会建设、生态文明建设的改革创新，抓住制约区域发展的瓶颈问题，深入开展调查研究，为决策提供更加有力的智力支持。重点关注有序疏解非首都功能、推动京津冀协同发展，重点关注全区人口调控工作，重点关注生态环境建设工作，重点关注文保区的保护与利用工作，重点关注棚户区改造工作。围绕以上重点领域工作召开议政会和协商通报会，组织常委集体视察和主席集体视察。充分发挥人民政协人才库、智囊团的优势，通过组织委员开展广泛深入的调查研究、视察论证，为推进工作落实积极建言献策。

四、坚持团结合作，促进同心同向

不断巩固和发展最广泛的爱国统一战线，扎实做好团结各界、凝聚人心的工作。密切同各民主党派、无党派人士的联系与合作，鼓励政协专委会与各民主党派开展联合调研，加大党派提案督办工作力度。贯彻落实中共中央民族和宗教政策方针，加强与民族宗教界代表人士的联系，促进民族团结、宗教和睦。充分发挥人民政协联系广泛、渠道通畅的优势，集民智、汇民意、聚人心，多做协调关系、理顺情绪、化解矛盾、增进团结的工作，为顺利推进改革创新营造良好社会环境。充分发挥政协委员联系群众、联系实际的优势，通过广泛深入的走访、调研、视察等活动，做好上情下达、下情上传和解疑释惑、凝聚共识的工作，调动各方面参与改革创新的积极性、主动性、创造性，为全面深化创新发展注入新活力。

五、认真总结提高，做好换届工作

紧紧抓住中共西城区委召开第四次政协工作会议的重要契机，进一步加大实践探索和制度创新力度，拓展协商内容、丰富协商形式，加强协商机制建设，不断提高人民政协协商民主制度化、规范化、程序化水平。抓住本届政协换届契机，认真总结本届政协工作的成果和经验做法，分析本届委员履职情况，为新一届政协换届做好准备。

各位委员，“十三五”规划蓝图已经绘就，全面建成小康社会、实现中华民族伟大复兴中国梦激励我们奋勇前进。让我们紧密团结在以习近平同志为总书记的中共中央周围，高举中国特色社会主义伟大旗帜，在中共西城区委领导下，团结奋进、开拓创新、扎实工作，为建设美好西城而努力奋斗！

聚焦监督执纪问责
忠诚履行党章赋予的神圣职责

在中国共产党北京市西城区第十一届纪律检查委员会第七次全体会议上的工作报告

中共北京市西城区纪委书记　王鹏

（2016年2月24日）

同志们：

我代表中国共产党北京市西城区第十一届纪律检查委员会常务委员会向第七次全体会议报告工作，请予审议。

这次会议的主要任务是：深入学习贯彻习近平总书记系列重要讲话和十八届中央纪委六次全会精神，落实市纪委五次全会和区委十次全会工作部署，总结2015年纪律检查工作，部署2016年任务。今天上午，卢映川同志作了重要讲话，对深入推进我区党风廉政建设和反腐败工作提出了新要求。我们要认真学习、深刻领会，切实把中央、市委和区委的决策部署落到实处。

一、2015年工作回顾

2015年，在市纪委和区委领导下，全区各级党组织和纪检监察组织认真贯彻落实中央纪委、市纪委和区委的部署要求，坚持以首善标准落实从严治党、依规治党的政治责任，严明党的纪律，驰而不息纠正“四风”，始终保持惩治腐败的高压态势，全区党风廉政建设和反腐败工作取得新成效。

（一）推进“两个责任”层层落实

健全责任落实制度。研究制定《西城区关于落实党风廉政建设党委主体责任和纪委监督责任的实施意见》及《2015年西城区落实党风廉政建设“两个责任”任务分解表》，以任务清单明确细化主体责任和监督责任。制定党风廉政建设责任制检查考核办法，建立检查考核评估指标体系，进一步明确检查考核具体内容，规范检查考核流程，量化检查考核指标，提高了检查考核工作的科学性和规范性。

推动“两个责任”向下延伸。对15个街道和重点委、办、局的书记、纪（纪工）委书记进行约谈，对18名新提任处级领导干部开展集体廉政谈话，督促落实责任。在全区范围内组织开展了两次责任制检查。年中，采取派驻纪检监察机构分组互查和由区纪委、区审计局、区财政局组成联合检查组抽查相结合的方式，对照23项具体评估指标，对全区有派驻专职纪检机构的51家单位进行全面检查。年底，对28家单位落实“两个责任”的情况进行了重点检查和效果评定，并将检查结果作为全年考核的重要依据。

严格实施责任追究。坚持“一案双查”，对在查办案件过程中发现的履责不力的领导干部，坚决予以责任追究，以问责倒逼责任落实。2015年，对9名失职渎职的处级领导干部实施责任追究。

（二）推动改进作风常态化建设

持续抓好中央八项规定精神的落实。在重要时间节点，均下发严明纪律加强监督检查工作的通知，利用区政务短信平台，向全区处级领导干部发送廉政短信进行提醒。在元旦、春节、五一、中秋、国庆等重要节日以及“9·3”阅兵、世界田径锦标赛等重大活动期间，组织专门力量，对重大决策部署落实情况，以及厉行节约、公车使用、职务消费等情况开展监督检查，对发现的苗头性问题进行核实，约谈相关单位领导，并将检查结果在全区进行通报。全年共查处违反中央八项规定精神的问题25起。

深入开展“为官不为”“为官乱为”问题专项治理。在全区通过发放调查问卷、个别访谈、召开座谈会、设置意见箱等形式收集问题2487个。对归纳整理的178个问题，建立问题清单，制定整改措施。对检查发现的问题及时调查核实，全区共查处案件53件，给予党纪政纪处分46人，曝光典型案件11起，给予行政问责4人，制发监察建议书5份。

（三）始终保持惩治腐败高压态势

转变执纪理念和方式。坚持抓早抓小，加大谈话函询力度，共谈话1160人次，诫勉谈话65人次，函询7人次。建立街道社区信访案件通报机制，及时通报街道社区信访举报和案件查处情况，研究解决存在的苗头性、倾向性问题。认真开展廉政核查工作，全年共核查选拔任用干部廉政情况245人次，人大代表、政协委员廉政情况23人次，工会劳模、先进工作者廉政情况59人次。

持续加大纪律审查力度。建立线索集中管理、分类处置制度，主动挖掘案源。创新办案机制，整合办案力量，激发基层活力。2015年，全区纪检监察机关共收到信访举报700件，同比下降5.2%；处置线索299件；初核250件，同比增长13%；立案113件，同比增长126%；结案101件，同比增长170%；给予党纪政纪处分91人，同比增长139.5%；移送司法机关3人。查处案件数量和质量均创我区历史新高，立案增长率、处级干部立案数、结案率、处分人数增长率均在全市排名前列。

（四）强化正面引导和反面警示

加强党纪党规学习宣传。采取多种形式，分层次组织党员干部深入学习党章和新修订的《中国共产党廉洁自律准则》《中国共产党纪律处分条例》，实现全覆盖、无盲区。坚持“以考促学”，在党校主体班学员和后备干部中开展廉政法规知识测试，强化遵规守纪意识。升级改版区反腐倡廉警示教育基地，推出“网上文苑”、微电影、公益广告、动漫图解等宣传载体，打造纪律教育新模式，营造学习贯彻的浓厚氛围。

传播廉政文化正能量。广泛开展廉政歌曲传唱、书画展示、廉政故事征集等活动，推动基层群众性廉政文化建设和行业性规矩教育。举办孙中山、宋庆龄廉洁思想与实践展览，挖掘整理纪晓岚等历史名人家规和辖区老字号的优秀传统“好规矩”。组织区四套班子成员及全区1700多名党员干部观看话剧《红岩魂》，集体接受廉政教育。依托区委讲师团资源，持续打造“红莲讲堂”教育品牌，深入各单位宣讲如何守纪律讲规矩，共计150余场、受众近万人次。

发挥纪律审查警示作用。坚持“一案一剖析”，用身边的事教育身边的人。制作《西城区社区党员违纪典型案例及点评》和《他们因何而违纪》宣传折页向全区发放，在《北京西城报》上登载，进行公开曝光。精心选取近年我区发生的典型案例，拍摄《迷途警示录》专题教育片，举办反腐倡廉警示教育展览，接待参观超过8000人次，编印并发放教育手册45000册，覆盖至全区每一个党支部。

（五）加强纪检监察干部队伍建设

认真开展“三严三实”专题教育。区纪委监察局领导班子通过召开座谈会、谈心谈话等形式，广泛听取各方面意见建议，对班子自身存在的不严不实问题进行深入查找，针对问题认真研究制定整改措施，努力把“三严三实”要求体现到履职尽责、做人做事等方面，有力推动了不严不实问题的解决，深化了思想建设和作风建设。

强化干部能力素质培养。加强业务培训和实践锻炼，全年共有23批次51名干部参加了中纪委各类培训班学习，组织187名纪检监察干部参加纪律审查业务培训及闭卷测试，实施“以案代训”2批13人次。推进“办案人才库”建设，加大轮岗交流力度，纪委机关调入调出干部8人，交流调整纪（纪工）委书记、纪检组组长15人，实现干部交流的良性循环。

加强内部监督管理。坚持谈心、谈话制度，把深入细致的思想政治工作贯穿到干部日常教育管理中，及时掌握了解干部的思想、工作、作风和廉洁自律等情况，对干部出现的问题早提醒、早纠正。

过去的一年，我区党风廉政建设和反腐败工作取得一定成效，在肯定成绩的同时，也要清醒地看到我们工作中存在不容忽视的问题：个别党组织和党员领导干部对全面从严治党的紧迫性认识不深刻，落实主体责任的自觉性、主动性不够强。少数党员干部纪律、规矩意识淡薄，违反中央八项规定精神的问题仍然存在。面对全面从严治党要求，纪检监察组织在思想认识、工作理念、方法措施上还存在惯性，没有完全适应把纪律挺在前面的要求。“三转”后全区工作发展不平衡，有的派驻机构工作仍然薄弱，不敢监督、不会监督的问题依然存在，没有发挥出应有的职能作用；有的纪检监察干部能力素质还不能适应新形势新任务的要求。对此，我们必须高度重视，认真加以解决。

二、2016年主要任务

2016年是“十三五”开局之年。全面贯彻落实中央、市委和区委“十三五”重大战略部署，深入推进区域发展转型、管理转型，是当前和今后一个时期全区的重要任务，各级纪检监察组织要加强监督检查，确保各项决策部署落到实处。2016年工作的总体要求是：全面贯彻党的十八大和十八届三中、四中、五中全会精神，深入学习贯彻习近平总书记系列重要讲话精神，认真落实中央纪委六次、市纪委五次和区委十次全会工作部署，保持坚强政治定力，坚持全面从严治党、依规治党，忠诚履行党章赋予的职责，聚焦监督执纪问责，强化党内监督，把纪律挺在前面，持之以恒落实中央八项规定精神和市委实施意见，着力解决群众身边的不正之风和腐败问题，坚决遏制腐败蔓延势头，建设忠诚干净担当的纪检监察队伍，不断取得党风廉政建设和反腐败工作的新成效。

（一）严明党的纪律，确保党的方针政策得到贯彻落实

加强对政治纪律执行情况的监督检查。坚持把严明政治纪律放在首位，坚决纠正“上有政策、下有对策”以及有令不行、有禁不止行为，确保党的路线方针政策得到坚决贯彻，确保中央政令畅通，确保市委、区委重大决策部署落到实处。要突出对党员领导干部这个“关键少数”的监督，监督检查对党忠诚、履行管党治党政治责任、遵守党的纪律的情况，严肃查处搞团团伙伙、结党营私，政治利益与经济利益相互勾连问题。加强对换届纪律执行情况的监督检查，严格把好党员领导干部“党风廉政意见回复”关。

认真学习贯彻廉洁自律准则和党纪处分条例。各级党组织要把学习贯彻党章和两部党内法规作为一项政治任务，纳入理论学习中心组和党课教育计划，成为党校培训必修课和党员领导干部廉政法规知识测试的重要内容。在《北京西城报》设置专题、开辟专栏，在政务微博、微信、网站等媒体上开展系列宣传活动，让每一个党员干部受到教育，牢固树立道德高线和纪律底线意识。各级党组织要坚持原则、敢抓敢管，以“六项纪律”为尺子，坚决维护党规党纪的严肃性。要在党内生活中积极探索实践“四种形态”的有效途径和办法，受到函询、诫勉的，应在民主生活会、组织生活会上进行深刻检查。各级纪检监察组织要把“四种形态”运用情况作为检验工作的标准，进一步转变工作理念、创新思路方法，在执纪审查各个环节都要坚持纪在法前，把监督执纪各项工作做深、做细、做实。

（二）严格责任追究，推动全面从严治党落到实处

落实全面从严治党主体责任。全面从严治党是政治责任，各级党组织要深化对主体责任内涵的认识，强化领导核心作用，把坚决贯彻中央部署、市区要求，体现在思想认识、责任担当和方法措施上。各级纪检监察组织要坚守监督执纪问责的定位，维护党章、严明党纪，监督检查党组织和党员领导干部贯彻党的路线方针政策、加强党的建设、发挥战斗堡垒和先锋模范作用的情况。继续发挥党风廉政建设责任制检查考核的导向作用，督促指导各级党组织、纪检监察组织切实履行职责。

推动党风廉政建设向街道、社区、企事业单位延伸。进一步强化落实责任的措施，把压力层层传导到街道、社区、企事业单位。充分发挥党风廉政建设领导小组成员单位作用，督促指导基层党组织厘清责任，健全党风廉政建设制度。街道工委要发挥关键作用，积极探索建立对社区工作监督管理的新模式。街道纪工委要把查处侵害群众利益的不正之风和腐败问题作为主要任务，有关职能部门要加强监督管理，重点查处虚报冒领、截留私分、挥霍浪费等问题。积极探索建立完善区属国有企业监督机制，强化对企业领导人员权力的监督制约，堵塞漏洞，防微杜渐。各企事业单位党委、纪委要认真落实党风廉政建设责任，坚决查处违纪违法问题。

进一步加大追责问责力度。要把问责作为推动全面从严治党的重要抓手，做到问责一个，警醒一片。加强问责常态机制建设，规范批评教育、诫勉谈话、通报批评、组织处理、纪律处分等方式的适用情形和程序，健全责任追究情况定期报告、典型问题公开通报制度。对执行党的路线方针政策不力，管党治党主体责任缺失、监督责任缺位、给党的事业造成严重损害，“四风”和腐败问题多发频发，选人用人失察、任用干部连续出现问题的，严肃追究责任。既要追究主体责任、监督责任，又要追究领导责任、党组织的责任。加大“一案双查”，对2016年发生的违反中央八项规定精神和市委实施意见的顶风违纪问题，一律启动责任追究程序，以严厉的责任追究倒逼责任落实。

（三）坚持不懈正风肃纪，紧盯“四风”新形式新动向

巩固深化纠正“四风”成果。落实中央八项规定精神和市委实施意见，必须在坚持中深化、在深化中坚持，要继续紧盯重要时间节点，加大对厉行节约、公车使用、职务消费等制度规定执行情况的监督检查，对在执纪审查中发现的线索要坚决查处，持续释放执纪必严的强烈信号。密切关注“四风”问题的新动向、新表现，对隐形变异的要深挖不放，对不收手、不知止，规避组织监督，出入私人会所，组织隐秘聚会的一律从严查处，对参加聚会的要找本人谈话，令其在民主生活会上作出深刻检查。探索建立违反中央八项规定精神、群众身边腐败问题等信息移送机制，实现监督检查的常态化、全覆盖。充分发挥“政风行风热线”畅通举报渠道、收集问题线索、为民便民服务等综合效用。加强对窗口单位工作纪律的明察暗访，强化

特邀监督员在推动党风政风行风建设方面的作用。继续推进“为官不为”“为官乱为”整治的常态化、长效化建设。研究制定《西城区行政机关向监察机关报送涉嫌违反行政纪律问题线索的办法》，促进行政机关依法、高效、廉洁行政。

以良好的党风引领社会风尚。各级党组织要把贯彻廉洁自律准则作为改进作风的重要抓手，引导党员干部践行社会主义核心价值观，自觉培养高尚道德情操、抵制不良风气。进一步推进廉政文化建设，充分运用各种媒介平台，加强思想理论、形势任务、党规党纪、文化传统的宣传，通过群众喜闻乐见、易于接受的方式，大力弘扬中华民族优秀传统文化，培育良好社会风尚。

（四）加大纪律审查力度，以零容忍态度坚决遏制腐败蔓延势头

运用好监督执纪“四种形态”。按照“四种形态”严格执行问题线索“五类”处置方式，推进暂存线索清理制度化，坚决把存量减下来。坚持抓早抓小，扩大谈话、函询覆盖面，使咬耳扯袖、红脸出汗成为常态；及时发现、指出和纠正违纪行为，使党纪轻处分、组织处理成为大多数，坚决把增量遏制住。继续突出“十八大后不收敛不收手的、问题线索反映集中、现在重要岗位且可能还要提拔使用的领导干部”这个惩治重点，形成持续震慑，巩固“不敢腐”的氛围。

突出纪律审查的政治性和纪律性。纪律审查是严肃的政治任务，审查纪律就是政治纪律，要强化纪律审查监督管理，严格纪律审查工作程序。要坚持纪在法前，从信访受理、线索处置、谈话函询，到执纪审查、调查谈话、审理报告各个环节，都要突出纪律特点。信访受理要加强基础、基层工作，以纪律的尺子，排查处置举报线索，加强定向分析，化解信访积案。要把握好一般性问题线索、指向性明确问题线索的处置方式，及时开展谈话提醒、函询核实，深入细致做好初核，提高审查谈话的思想政治工作能力。进一步增强审理工作的规范性，加强申诉复查复议工作，切实保障党员权利。

落实查办腐败案件以上级纪委领导为主的要求。加强反腐败协调机制建设，明确反腐败协调小组职责定位。认真执行线索处置和执纪审查情况报告工作制度，对瞒报、漏报和不按规定及时报告的，依规依纪严肃处理。深入分析基层上报情况以及信访举报、执纪审查方面的情况，加强对党风廉政建设和反腐败形势的研判，为区委决策提供参考。

严肃查处侵害群众利益问题。按照市纪委的部署，深入开展“小官贪腐”专项整治，重点查处和纠正违规收缴群众款物或处罚群众，克扣群众财物、拖欠群众钱款等违反群众纪律问题；严肃查处在拆迁征收、惠民资金管理、治理违法建设等领域贪污挪用问题；严肃处理在办理涉及群众事务时吃拿卡要，甚至欺压群众的违纪行为。建立健全重点问题线索直查、督办机制，对反映问题集中、性质恶劣的要重点督办、限期办结。加大群众身边“四风”和腐败问题曝光力度，加强群众监督和舆论监督，坚决遏制基层不正之风和腐败现象。

（五）巩固深化“三转”成果，建设忠诚干净担当的纪检监察队伍

推进职责聚焦再聚焦。全区纪检监察组织和纪检监察干部要准确把握职责定位，紧紧围绕监督执纪问责、实践“四种形态”，坚持不懈深化“三转”，推动思想观念、体制机制、管理监督、方式方法和工作作风的与时俱进，守住职责不发散，真正把监督执纪的职责担当起来。

加强组织和作风建设。配合区委做好纪委换届工作，把政治强、作风硬、德才兼备、敢于担当的干部选拔进纪委领导班子，优化纪委及常委会结构，明确纪委委员职责，发挥纪委委员作用。扩大纪检监察干部选人用人视野，建立纪检监察干部准入制度，建立纪检监察后备干部人才库。研究制定纪委书记、纪检组长提名考察的工作流程，统筹推进委局机关、派驻机构间的干部交流任职，形成能上能下、能进能出，充满活力的干部选拔任用机制。继续巩固和深化群众路线教育实践活动、“三严三实”专题教育成果，使“严细深实”在全区纪检监察系统蔚然成风。

推进派驻监督全覆盖。按照市纪委部署，研究制定西城区纪检监察机构全覆盖和统一管理的工作意见，实现区级机关事业单位派驻全覆盖。探索建立监督巡察机制，重点对信访问题多、资金项目多、廉政风险大以及承担市区折子工程、重点任务的单位部门进行巡察。派驻纪检组要发挥“派”的权威和“驻”的优势，敢于监督，善于发现，及时提醒诫勉；纪检组组长要守住派驻职责不发散，加强与被监督单位党组负责人的意见交换、问题通报。对重大问题该发现没发现、发现问题不报告不处置的，对确实存在违纪问题而多年没有开展纪律审查的，追究纪检组组长的责任。

全面加强自身建设。各级纪检监察组织要强化自我监督，加强党内监督，主动接受社会监督。全区纪检监察干部要认真学习习近平总书记系列重要讲话精神，特别是要学习好《习近平关于党风廉政建设和反腐败斗争论述摘编》和《习近平关于严明党的纪律和规矩论述摘编》，学习党的理论与历史，不断加强党性修养和组织观念。坚持“严”字当头，强化干部管理，对干部既大胆使用，又严管严教。坚持执纪者更要严格守纪，严明工作纪律，完善工作程序和业务流程，严格执行重大事项报告、回避和保密制度。对不作为、不善为的，及时进行批评教育、组织调整，造成严重后果的给予纪律处分。要高度重视审查纪律，对执纪违纪、以案谋私的乱作为，以及违规私存案件线索、跑风漏气的，一律严肃处理，真正做到“自身硬”，用铁的纪律建设一支忠诚于党，让人民放心的纪检监察队伍。

同志们，全面从严治党任重道远，使命光荣，责任重大。全区各级党组织、纪检监察组织要按照市纪委和区委的要求，求真务实、真抓实干，锐意进取、不辱使命，不断取得党风廉政建设和反腐败工作新成效，为我区率先全面建成小康社会、在建设国际一流的和谐宜居之都进程中走在前列提供坚强纪律保障！

关于北京市西城区2015年财政预算执行情况和2016年财政预算草案的报告

2016年1月12日在北京市西城区第十五届人民代表大会第六次会议上

西城区财政局局长 张宗禹

各位代表：

我受西城区人民政府委托，向大会报告西城区2015年财政预算执行情况和2016年财政预算草案，请予审议。

一、2015年预算执行情况

2015年，全区各部门深入贯彻落实党的十八大、十八届三中、四中、五中全会精神和习近平总书记系列重要讲话特别是视察北京重要讲话精神，认真开展“三严三实”专题教育活动，充分发挥公共财政职能作用。全年财政收支预算执行情况良好，预算指标圆满完成。

（一）2015年一般公共预算收支总体预计情况

一般公共预算收入完成4514064万元，同比增长21.1%，完成区第十五届人大第五次会议批准的年度一般公共预算收入任务4007100万元的112.65%。

在一般公共预算收入完成4514064万元的基础上，减去各项上解支出1285918万元，加上市体制转移支付资金348755万元和专项转移支付资金513877万元，根据《国务院办公厅进一步做好盘活财政存量资金工作的通知》（国办发〔2014〕70号）文件要求，调入的历年预算稳定调节基金1008771万元和从国有资本经营预算调入一般公共预算的2188万元，以及动用以前年度市专项转移支付结转资金和区专项结转资金177057万元，当年总财力预计为5278794万元，其中当年超收财力468420万元全部用于补充预算稳定调节基金。

一般公共预算支出预计完成4749127万元，同比增长38.15%，其中：区本级一般公共预算支出预计完成4084836万元，完成区本级支出调整预算任务4119439万元的99.16%。

（二）2015年政府性基金预算收支总体预计情况

政府性基金预算收入完成1605万元，同比减少265926万元，完成政府性基金预算收入任务1950万元的82.31%。其中：廉租住房租金收入89万元；国有土地使用权出让收入1516万元。

政府性基金预算支出预计完成173224万元，全部为市专项转移支付支出。

（三）2015年国有资本经营预算收支预计情况

国有资本经营预算收入完成21878万元，完成国有资本经营预算收入任务16032万元的136.46%。其中：利润收入21360万元；股利、股息收入518万元。

在国有资本经营预算收入完成21878万元基础上，加上动用以前年度国有资本经营预算结余资金21169万元，减去按当年收入10%比例调入一般公共预算2188万元，当年国有资本经营预算可用财力为40859万元。其中当年国有资本经营预算超收收入5846万元结转下年使用。

国有资本经营预算支出预计完成35013万元，完成调整预算支出任务35013万元的100%。动用以前年度国有资本经营预算结余资金主要用于增加资本金等项目。

（四）2015年财政主要工作

1. 受一次性因素影响，财政收入实现较高增长

2015年，我区财政收入形势较好，始终保持较高增长，在六城区中，一般公共预算收入总量、增幅和进度均排名第一。从主要税种完成情况看，营业税、企业所得税、增值税、城市维护建设税和房产税五大税种共完成3855511万元，同比增长16.34%，占一般公共预算收入的85.41%，拉动财政收入增长14.44个百分点。从主要行业完成情况看，受一次性入库因素和资本市场活跃的有利带动，金融业主体地位显著，全年完成2068284万元，同比增长34.54%，占一般公共预算收入总量的45.82%。房地产业受项目销售和土地增值税清算因素带动，全年完成345139万元，同比增长12.42%，占一般公共预算收入总量的7.65%。租赁商务服务业受企业股权转让因素带动，全年共完成276565万元，同比增长15.08%。总体情况看，2015年收入情况良好，一般公共预算收入顺利跨越400亿元台阶，超额完成了“十二五”的收入增长既定目标。

2. 提高民生保障能力，推进重点事业发展

一是改善居民住房条件，拨付资金845264万元支持菜园街及枣林南里、光源里、大剧院西平房区、天桥北部平房区等四片新增棚改项目的启动，推进老旧小区楼房抗震加固、节能改造及小区环境整治，支持丰台高立庄保障房项目建设；二是提高社会保障水平，拨付资金959911万元用于医疗卫生体系和社会保障体系建设，补助城乡居民和无社会保障老年居民养老保险，补助“一老一小”和城镇无业居民基本医疗保险。落实养老照料中心建设，养老机构运营补贴，居家养老服务补贴等养老政策，引导社会力量参与养老服务业发展。支持区属医疗机构基础设施建设，提高医疗服务硬件水平，支持中医医药事业发展；三

是支持教育、文化等社会事业发展，拨付资金611916万元用于教育综合改革和促进文化繁荣，支持洁如幼儿园、和平门幼儿园等9所幼儿园改扩建及设备更新，对合并后的北京市第十五中学和北京市三帆中学等8所中学进行校舍改造及设备购置，推进职业教育疏解工作。开展中国人民抗日战争暨世界反法西斯战争胜利70周年系列宣传教育活动、百姓周末大舞台、百姓戏剧展演、童书博览会、“第二书房阅读空间建设”以及读者系列活动等书香西城建设。开展非物质文化遗产演出展示和濒危项目保护交流活动等。

3. 提升城市承载能力，保障重点项目开展

一是落实首都功能定位，拨付资金906301万元支持杨梅竹斜街、白塔寺地区等3片文保区棚改项目及大栅栏北京坊项目建设。支持珠朝街、大觉胡同等平房区人口疏解腾退，实施26栋简易楼解危排险疏解腾退。拨付35100万元支持亚洲基础设施投资银行总部办公场所建设；二是改善交通出行条件，拨付资金298723万元保障永安路、北纬路、新街口北大街等8条道路微循环和交通市政设施改造，及架空线入地工程等；三是提升城市环境品质，拨付资金173521万元用于“煤改电”等大气污染治理工作，莲花河滨水公园等建设工程，道路养护、垃圾清扫等城市运行维护；四是发挥财政资金杠杆作用，拨付资金450000万元按照“政府引导、市场运作，科学决策、防范风险”的原则建立政府投资基金，采用股权投资等市场化方式，引导社会资本投资经济社会发展的重点领域和薄弱环节，重点用于推进老旧城区棚户区改造、保障房建设、城市基础设施建设等民生项目及符合条件的产业发展项目。

4. 不断提高预算执行管理水平，推进各项财政改革

一是继续贯彻落实中央八项规定精神，加强经费支出管理，进一步压缩三公经费和行政经费，全年三公经费预计支出规模比2014年决算和2015年预算均有所降低。二是印发《北京市西城区财政局关于盘活财政存量资金及进一步加强结余结转资金管理的通知》，加大清理及上缴财政结余资金力度，加快财政支出进度，全年盘活消化存量资金的比例超过90%，超额完成北京市下达的任务目标。三是继续推进财政绩效评价工作，全年完成绩效评价项目59个，绩效评价资金规模达到361078万元，是上年资金规模的1.75倍。四是进一步创新投资评审举措，全年完成各类评审金额485081万元，审减金额33900万元，审减率6.99%。五是加大监督检查力度，扩大检查覆盖范围，全年检查涉及预算单位19家，检查资金262179万元，努力做到“检查一户，规范一户”。六是调整政府采购程序，优化采购流程，全年完成政府采购预算200924万元，节约资金8629万元，资金节约率为4.29%。

在过去的5年中，以金融业为主导地位的财政收入结构得到进一步巩固，一般公共预算收入从2011年的2798363万元，连续跨越300亿元和400亿元台阶，达到2015年的4514064万元，年均增幅达到16.14%。财政支出结构得到进一步优化，一般公共预算支出从2011年的2311546万元达到2015年的4749127万元，年均增长15.52%。5年间教育、文化、社会保障、医疗卫生、环境保护、保障性住房和棚户区改造等民生领域累计投入1215.2亿元，有力地推动了我区社会事业和经济发展的建设步伐。

各位代表，总体来看我区2015年预算执行情况良好，各项财政改革逐步推进。但同时，我们也清醒地认识到，在财政工作中仍然存在一些不容忽视的困难和问题。一是随着财政收入总量的不断攀升，在高基数上实现增长的难度越来越大。二是部分预算项目前期论证不够充分，导致预算执行中变更与调整，影响财政支出执行进度。三是部门预算编制还不够科学和准确，与预算法和信息公开的要求还有一定差距。为此，我们将按照区委工作部署，深化各项财政改革，进一步提升财政预算管理水平。

二、2016年财政预算草案说明

根据财政部和市财政局编制2016年财政预算的有关要求，结合全区的实际情况，确定西城区2016年预算草案编制的指导思想是：全面贯彻落实党的十八大和十八届三中、四中、五中全会精神，认真贯彻中央经济工作会和中央城市工作会精神，全面落实市委市政府和区委对财政预算工作的各项要求，坚持“厉行节约、依法理财、统筹兼顾”原则，保证预算编制的“科学性、综合性、绩效性、公开性”，完善预算管理体系、加强存量资金盘活，保障“十三五”各项工作的顺利开局。

（一）2016年财政预算安排考虑的主要因素

1. 根据经济发展形势，积极稳妥安排财政收入预算

2016年，我区财政收入稳增长的任务非常艰巨。从有利因素看，十八届五中全会提出经济保持中高速增长，是对国内经济基本面的充分肯定，改造传统行业、培育战略性新兴产业、发展服务业以及京津冀协同发展，也将为经济注入新的活力。这些都为财政收入稳定增长奠定坚实基础。从不利因素看，我区2015年财政收入中有较大规模的一次性入库因素和资本市场活跃以及股权转让等因素，这些都给2016年收入增长形成了较高基数。产业结构调整和疏解非首都功能，以及“营业税改征增值税”扩围等结构性减税政策也将对财政收入增长带来巨大考验。综合考虑上述增减收因素，根据收入预算编制应当实事求是、积极稳妥、留有余地的原则，2016年全区财政收入增长率安排为按可比口径增长8%左右。

2. 加快社会事业建设步伐，促进基本公共服务均等化

支出预算按照统筹兼顾、突出重点、有保有压的原则，继续优化财政支出结构，促进全区经济和社会事业协调发展。一是落实首都功能定位，支持疏解非首都功能，服务京津冀协同发展。二是提升城市生活品质，支持交通疏堵、大气治理、环境整治等方面建设，支持生态文明、节能减排和生活服务业提升。三是保障和改善民生，确保教育、文化、卫生等重点事业支出和各项社会保障政策的及时落实，继续推进棚户区改造和保障性住房建设，改善居民居住条件。四是坚持厉行勤俭节约，进一步压缩公用经费和一般性支出，严控“三公经费”增长。五是盘活财

政存量资金，细化预算编制，加快支出进度，提高财政资金统筹能力。

（二）2016年一般公共预算安排情况

1. 收入预算安排情况

2016年全区一般公共预算收入安排4518000万元，按可比口径增长8%左右。

具体情况是：增值税450000万元，同比增长7.63%；营业税1523500万元，同比增长4.69%；企业所得税1470000万元，同比增长4.48%；城市维护建设税307000万元，同比增长1.83%；房产税275000万元，同比增长0.49%；印花税154000万元，同比增长14.2%；城镇土地使用税13500万元，同比增长1.47%；土地增值税138000万元，同比增长8.35%；车船税30000万元，同比增长18.55%；教育费附加收入77000万元，同比增长1.89%；行政事业性收费、残疾人就业保障金等分级收入预计完成80000万元。

2. 支出预算安排情况

在收入完成4518000万元的基础上，减去向市财政的上解支出1350003万元，加上市体制返还及补助357944万元和提前下达的市专项转移支付137291万元，以及从国有资本经营预算中调入资金5759万元和调入的2015年底预算稳定调节基金90%部分425000万元，当年总财力为4093991万元。

一般公共预算支出安排4093991万元，其中：区本级财力支出3956700万元，比上年增长28.05%。

区本级财力安排的具体情况是：

（1）一般公共服务安排297911万元，主要用于党政机关及事业单位正常运转、依法履职经费，保障全区社会事业重点项目开展。

（2）国防支出安排5308万元，主要用于预备役部队建设、人防工程建设、国防动员和兵役征集。

（3）公共安全安排175230万元，主要用于政法系统正常运转经费，保障政法装备配置、科技强警等设施设备升级。

（4）教育支出安排658466万元，主要用于改善学校办学条件，支持学前教育发展，开展教师培训，教学设备更新和支持教育布局结构调整、校园文化建设等。

（5）科学技术安排35362万元，主要用于支持科学普及活动和提升信息化建设水平。

（6）文化体育与传媒安排96548万元，主要用于组织各类文体活动，保障全区公共文化设施和体育场馆的正常运转，支持非物质文化遗产保护和文化创意产业发展。

（7）社会保障和就业安排526183万元，主要用于落实养老助残政策，进一步完善社会化养老保障体系，落实城市最低生活保障、社会救助、优抚安置、就业和再就业等方面的社会保障政策。

（8）医疗卫生与计划生育安排291317万元，主要用于行政事业单位医保缴费，推动医药卫生体制改革，支持医疗机构基础设施建设和医疗设备升级，改善公立医院就诊环境。

（9）节能环保安排26827万元，主要用于节能减排、环境监测和大气污染治理。

（10）城乡社区事务安排1152299万元，主要用于园林、市政和环卫部门正常运转经费，城市道路和园林绿地养护、环境整治和简易楼解危排险，历史文化名城保护和老旧小区综合整治等工作。

（11）农林水事务安排1845万元，主要用于污水治理年度任务补偿金和节约用水相关工作。

（12）资源勘探电力信息等事务安排7221万元，主要用于国有资产监管和安全生产工作。

（13）商业服务业等事务安排1189万元，主要用于支持旅游事业发展。

（14）金融支出安排53588万元，主要用于保障金融服务部门正常运转，落实金融产业政策兑现资金以及亚洲基础设施投资银行总部办公场所等相关支出。

（15）住房保障支出安排121969万元，主要用于住房公积金补贴和提租补贴。

（16）粮油物资储备事务安排2644万元，全部是按照北京市财政局文件规定建立的粮食风险金。

（17）预备费安排118700万元，占财政支出的3%。

（18）其他支出安排384093万元，主要是预留的营业税改征增值税补贴资金、突发事件应急准备金和援建资金等。

2016年部门预算中，区级党政机关、全额拨款事业单位的“三公经费”支出预算安排了4689万元，同比下降23.34%，其中：因公出国（境）费用400万元，与2015年预算持平；公务接待费426万元，比2015年预算下降14.63%；公务用车购置及运行维护费3863万元，同比下降25.97%，全部为运行维护费。

按照中央关于全面推进公务用车制度改革工作部署和北京市车改总体方案，西城区积极推进公车改革工作。2016年部门预算中未安排公务用车购置经费，只安排了保留的执法执勤、应急等车辆的运行维护费用。待公车改革实施方案批复后，将根据方案进行相应调整。

2016年部门预算中，安排政府采购资金159002万元，占预算支出的4.02%，比重较2015年提高了0.76个百分点，涉及项目共2286个。

为保障机关事业单位工作人员养老保险制度改革顺利进行，2016年部门预算中仍按原口径安排机关事业单位工作人员退休经费，待相关制度和系统衔接完成后，再根据方案调整部门预算。

按照新预算法规定，在2016年预算年度开始后、预算草案提交大会审议批准前，拨付必须支出的2016年度部门基本支出、项目支出共90000万元左右。

（三）2016年政府性基金预算安排情况

1. 收入预算主要科目安排情况

2016年政府性基金预算收入安排1800万元，全部为国有土地使用权出让收入。

2. 支出预算主要科目安排情况

政府性基金预算支出7492万元，全部为市专项资金支出。

（四）2016年国有资本经营预算安排情况

1. 收入预算安排情况

2016年国有资本经营预算收入安排24464万元，同比增长11.82%。全部为利润收入。

2. 支出预算安排情况

在2016年收入完成24464万元的基础上，加上动用以前年度结余资金5753万元，减去按照2016年国有资本经营预算收入19%的比例调出资金5759万元用于公共财政预算，2016年国有资本经营预算可支配财力为24458万元，支出安排24458万元。

2016年国有资本经营预算按照支出功能分类科目分为：

（1）国有经济结构调整支出23150万元，主要用于调整优化国有股权投资结构，支持企业做大做强。

（2）国有企业改革成本支出1308万元，用于解决国有企业历史遗留问题。

三、开拓创新，扎实工作，确保完成2016年预算任务

2016年是“十三五”规划的开局之年，我们将按照区委的要求，落实首都城市战略定位，充分发挥财政职能作用，服务经济社会发展大局，确保完成全年预算任务。

（一）优化环境，提升服务，确保财政收入稳定增长

继续落实北京市新增产业的禁止和限制目录，构筑首都“高精尖”经济结构，落实结构性减税和产业发展政策，为企业创造良好发展环境。着重培育发展新动力，吸引符合首都功能定位的高端产业，并积极培育新的业态和商业模式。以京津冀一体化和疏解非首都功能为依托，推动经济发展方式转变，鼓励体制机制创新。强化税收收入管理，坚持依法治税，切实抓好重点税源、重点税种的有效监控，实现应收尽收。提高财政收入分析质量，加强财政收入的研判与分析，完善各经济部门间数据交换和信息共享机制，及时了解对财政收入产生影响的重大政策调整及一次性因素，并及时做好增减收应对准备工作。

（二）厉行节约，盘活存量，继续优化财政支出结构

认真贯彻落实党中央、国务院和市委、市政府关于改进工作作风、密切联系群众，厉行勤俭节约、反对铺张浪费的一系列政策规定和要求，将厉行节约落实到预算编制与预算执行的每一个环节。通过体制、机制、措施和制度等多层次的共同制约，提高预算执行进度和资金使用效率，将财政资金向社会保障、医疗卫生等民生领域和教育、科学、文化等社会事业倾斜。同时，进一步加快存量资金消化与盘活，创新财政资金的投入方式，优化区域资源配置，保障京津冀协同发展、疏解非首都功能、交通疏堵、文物保护、城市基础设施建设等全区重点工作，打造“安全、安静、舒适、优雅、古朴”的区域生活环境。

（三）完善制度，改革创新，不断提高财政工作水平

加强财政支出预算管理，落实支出进度管理长效机制，特别是加快基本建设及环境整治项目等支出进度。进一步创新完善国有资本经营预算管理机制，充分发挥国有资本经营预算的导向作用，健全完善国有资本收益分享和分类收缴制度。继续完善财政投资评审管理机制，以提高财政资金使用效益为目标，强化投资评审监督职能。完善行政事业单位办公设备设施配置标准，建立健全以配置标准、最低使用年限和采购标准为核心的行政事业资产配置管理体系。继续完善我区政府购买服务指导目录，对公共服务缺位、水平不高、效率不高的领域，通过政府购买服务的方式进行完善。

各位代表，2016年是“十三五”规划开局之年，我们将在区委的正确领导下，在区人大的监督支持下，锐意进取，扎实工作，为促进西城区经济社会稳定发展做出积极贡献！

关于北京市西城区2015年国民经济和社会发展计划执行情况与2016年国民经济和社会发展计划草案的报告

2016年1月12日在北京市西城区第十五届人民代表大会第六次会议上

西城区发展和改革委员会主任 许晓红

各位代表：

受区政府委托，现将西城区2015年国民经济和社会发展计划执行情况与2016年国民经济和社会发展计划草案的报告提交大会审议。

一、2015年国民经济和社会发展计划执行情况

2015年是“十二五”规划收官之年，也是“十三五”发展谋划之年。面对国际国内复杂环境和经济增速放缓的巨大压力，在区委的坚强领导下，在区人大、区政协的监督指导下，全区上下深入学习贯彻习近平总书记系列重要讲话，特别是视察北京重要讲话精神，认真落实中央《京津冀协同发展规划纲要》和《中共北京市委北京市人民政府关于贯彻〈京津冀协同发展规划纲要〉的意见》，紧扣首都城市战略定位，积极融入京津冀协同发展，主动适应

经济发展新常态，全力推动国民经济平稳发展和社会事业全面进步，圆满完成了区人大十五届五次会议审议通过的计划目标。

（一）优化提升首都核心功能，积极融入协同发展

坚持问题导向，统筹增量存量，创新政策机制，全面落实疏解非首都功能任务，积极参与协同发展，严格控制人口规模，推动功能、产业、人口合理布局，实现更高质量的可持续发展。

扎实推进非首都功能疏解。强化属地责任，搭建工作平台，通过“腾笼换鸟”、加大依法监管力度等方式推进业态调整。动物园地区批发市场累计完成20.6万平方米疏解任务，其中腾退闭市12.6万平方米，实现新建楼宇转型升级8万平方米。东天意和部分西天意市场疏解工作按时完成，共腾退面积1.04万平方米。天安天地珠宝市场完成腾退2万余平方米。西单文化广场市场如期闭市。报国寺、福丽特市场实现业态升级。青溪茶城完成腾退2000余平方米。职业教育调整工作逐步深入，共腾退4.4万平方米。制定和执行更为严格的新增产业禁止和限制目录，减少工商登记申请业务2045项、个体户1955户。加大“七小”整治力度，对1451户“七小”业态进行挂销账管理，取缔违法经营的“七小”主体1351户，销账率达到93.1%。

严格控制人口规模。按照“改善服务、优化结构、多措并举、适度平衡”的工作思路，统筹推进以产业和功能疏解带动人口疏解。从规范本市户籍迁入、集体户和废弃地址清理等工作切入，严格控制户籍人口增量；通过“以业控人、以房管人、以证管人”等有效手段，加大流动人口调控力度，清理“群租房”432户，清退、规范违规出租地下室18.9万平方米。全年户籍人口144.6万人，与年初相比增加2.2万人；流管平台数据显示，流动人口共计24.6万人，与年初相比减少5.5万人。

积极融入京津冀协同发展。区政府与保定市、廊坊市签署战略合作框架协议，建立长期稳定的战略合作关系。政府部门和区属企业主动抢抓机遇，加强与津冀地区的对接，为区域协同发展探索可行模式。已与天津市武清区、宝坻区，河北省廊坊市、唐山市、保定市等20余市、区、县就产业、公共服务等领域开展务实合作，成效显著。通过构建多层次交流合作机制，全力为企业“走出去”搭建平台，老字号企业以连锁形式在津冀地区开设97家门店。加强河北丰宁、永清等蔬菜生产基地同区部分蔬菜零售网点对接，累计开设直营便民菜店30余家，积极拓展农产品供应渠道。

完成“十三五”规划编制工作。成立由区领导和68个委办局组成的“十三五”规划编制工作领导小组，以高标准的制度保障和高水平的调查研究为基础，完成“十三五”规划纲要草案和44个专项规划征求意见稿。在编制过程中，领导小组坚持与中央“十三五”规划建议和京津冀协同发展战略、市委“十三五”规划建议和市“十三五”规划纲要准确对表，牢牢把握当前战略机遇期内涵的深刻变化和全区发展的阶段性特征，着力落实首都城市战略定位，服务保障首都核心功能，破解发展中的瓶颈问题，补齐生态环境和城市治理短板，提升城市管理和服务品质，全面推进区域发展转型和管理转型。秉持“开门编规划”理念，通过走访调研、召开座谈会、运用网络新媒体等多种渠道，广泛征求社会各方面的意见建议千余条，开门纳言效果得到充分体现。

（二）坚持创新发展，“高精尖”经济结构不断完善

坚持创新驱动，继续巩固金融业核心优势，发现和培育新增长点，高新技术企业保持稳定增长，文商旅进一步融合发展，区域经济发展的质量和效益进一步提升。

各项经济指标稳中趋好。地区生产总值预计实现3266亿元，同比增长7%。区级一般公共预算收入完成451.4亿元，同比增长21.1%；财政支出预计完成474.9亿元，同比增长38.2%。三级税收实现4660.7亿元，同比增长8%。全社会固定资产投资额完成245亿元，超额完成全年180亿元计划目标。

金融业呈蓬勃发展态势。全区新引进各类金融机构137家，注册资本金达2427.8亿元。丝路基金、中拉产能合作投资基金、国开发展基金等重点金融机构相继落地，金融街服务国家发展战略能力和国际影响力进一步提升。全力服务国家多层次资本市场建设，“新三板”市场挂牌企业达5129家。支持驻区企业上市挂牌，全年6家企业上市，16家企业挂牌，累计上市企业达48家、挂牌企业达37家。充分利用区域优质金融资源，加强对棚户区改造、历史文化名城保护等重点项目融资支持，金融服务实体经济的强大作用更加凸显。加强品牌活动建设，积极参与第四届金融街论坛和第十一届北京金融博览会。

高新技术企业保持稳定增长。西城园特色创新产业持续发展，园区国家级高新技术企业累计超过300家，规模以上高新技术企业总收入预计实现2300亿元，同比增长23%。联合国教科文组织国际创意与可持续发展中心入驻设计之都大厦，联合出版公司连续3个月排名全国图书整体零售市场份额第一。支持174家科技企业入选中关村“瞪羚计划”和“展翼计划”，成功举办“全国大众创业万众创新活动周”西城分会场活动，“普天德胜C客空间”“DRC创億梦工厂”获市级“众创空间”称号。全区专利申请量1.6万件，实现专利授权1.2万件，申请量及授权量位居全市第三，知识产权助力“双创”的良好氛围进一步彰显。利用腾退空间发展“高精尖”产业，天皓成市场升级为创新综合体，吸引科技金融、商务服务等高端业态入驻。

文商旅进一步融合发展。以DRC工业设计创业产业基地为核心，引入台湾清庭等10余家专业设计公司对接旅游商品开发设计。推进新华1949园区环境建设工作，入驻企业56家。深化“惠游西城”品牌影响力，成功举办什刹海文化旅游节、西单时尚节等主题活动，鼓励亿元商场、特色商街、老字号等品牌开展网上交易。统筹落实文商旅三年行动计划（2014—2016年），出台《西城区旅游产业专项引导资金管理办法》，设立额度为2000万元的专项资金，加大对项目的支持力度。全年旅游经济运行呈现双增长的良好趋势，预计完成旅游收入450亿元。

（三）推进重点项目建设，提升和谐宜居品质

围绕全区发展重大任务，坚持标本兼治、突出重点、有序推进，加大基础设施建设，优化城市服务功能，创造优美舒适的人居环境。

大力推进棚户区改造和保障房建设。将老旧小区综合整治中的抗震加固、简易楼解危排险项目和成片节能改造项目纳入棚改范围，52项在施的棚改项目进展顺利，累计完成10603户居民签约工作，完成年度计划102.9%。包括完成抗震加固项目3733户，危旧平房翻建修缮2886户，节能改造项目2275户，新增简易楼腾退418户，其他项目征收、拆迁、腾退共计1291户。启动枣林南里及菜园街、光源里项目预签约工作，完成大剧院西、宣西北、天桥北“新三片”人口疏解地区397户居民腾退工作。保障性住房竣工6247套，完成年度竣工目标2.7倍。配租配售5726套，发放租金补贴3002万元，为9036户居民改善居住条件。丰台高立庄一期、二期实现结构封顶，百万庄北里回迁安置房项目实现开工。积极与市属国有企业合作，开发丰台南苑保障房建设项目。

稳步推进道路和轨道交通建设。全面完成地铁6、7、8、16号征收拆迁任务，会同市相关责任部门，全力做好地铁8号线三期天桥站建设的调度、协调工作。积极推进30条市政道路建设，莲花河南街、南中轴路南段、南马连道路、三庙街实现竣工通车，全区新增通车总里程7.8公里。

金融街各建设项目持续推进。大吉项目B地块、新兴盛危改小区等拆迁项目进入收尾攻坚阶段，累计搬迁居民146户。丰盛西区C区项目后续开发模式正在研究阶段。6个在建项目进展顺利，金融街E5绿化广场改造项目和大吉危改项目C、D地块实现竣工。“三里河—金融街—中南海”和谐宜居示范区等重点地区建设项目正按计划有序推进。

天桥演艺区项目建设取得重大突破。天桥艺术大厦签约入住率达到100%。天桥艺术中心盛大开幕，市民广场、天桥汇一期等项目正式亮相。召开2016年文化惠民计划发布会，举办文化艺术的传承与创新论坛，成功上演音乐剧《剧院魅影》、原创话剧《北京法源寺》等开幕式演出季系列剧目，在高品质硬件设施基础上，切实提升天桥文化发展软实力。

推动传统区域特色发展。“大栅栏·北京坊”项目沿街外立面工程已基本完成，珠粮街区改造提升项目顺利启动，成功举办2015北京大栅栏琉璃厂精品交易文化季和北京国际设计周大栅栏、白塔寺分展区活动。马连道举办“2015北京国际茶业展、2015北京马连道国际茶文化展和中国临沧天下茶尊茶业推介会”，北京茶业交易中心挂牌成立，与4个产茶区属地政府签订产销联动战略合作意向书。什刹海阜景街、白塔寺区域业态升级工作持续推进，按照文化、设计、餐饮、零售方向进行招商，现已完成多家商户入驻签约工作。地百商场、官园会和北平居改造等项目稳步推进。

（四）提升城市治理水平，改善居民生活环境

围绕制约区域发展的瓶颈问题，不断完善城市管理和服务，稳步提高城市承载力，着力解决“大城市病”突出问题，切实提升城市环境质量。

继续提高基础设施承载能力。全部完成38条道路大中修、43处道路市政排水管线改造、5处交通疏堵工程和6条道路慢行系统建设。建成3个立体停车设施，新增立体停车泊位352个、居住区停车泊位1007个，超额完成全年任务。改造15处无障碍设施，建设28条自行车出行示范工程，1000辆公租自行车投放使用。改造61部老旧小区危旧电梯。实现18栋老楼通暖。完成复兴门外大街等11栋楼景观照明设施拆除及恢复工程。完成42万户铜缆光纤化改造工作。

加大市容环境整治力度。完成西海、红莲等4处区域环境综合提升、16条市区级达标道路建设和8条架空线入地工作。高标准治理二环路沿线、地铁7号线及沿线、莲花河西侧沿线站口周边环境。出重拳打好“拆违、灭脏、治污、清障、治乱、撤市”六大战役，全年拆除违法建设2797处，7.6万余平方米，治理环境脏乱点1400余处，规范道路公共服务设施1360余处，清理废弃机动车362辆，拆除地桩地锁1800余个、违规LED屏520余处。综合整治79条街巷，打造60条精细化管理胡同。完成27栋楼房综合维修、25所学校周边环境综合治理。维修591个居民院落户厕，改造34座旱厕。撤除7个、规范提升14个环境脏秩序乱的市场。新建28个垃圾分类达标小区。完成右安门路口西南角“边角地”环境整治剩余4户的清理工作，完成西直门东北角（桃园C地块）近90%居民的拆迁工作。大力落实“门前三包”责任制，全年开展各类环境建设志愿服务活动3000余次，社会力量参与城市管理的积极性和主动性日益增强。

强化城市安全运行保障能力。全面落实新修订的《食品安全法》，分别开展食品、药品安全监督抽检6604批次和756批次，合格率分别为98.4%和99.6%。健全“党政同责、一岗双责”安全生产责任体系，全区共检查危险化学品、建筑、人员密集场所等各类生产经营单位19.6万家次，发现各项隐患5.8万项，整改5.5万余项。提升事故风险抵御能力，389家企业投保安全生产责任险。成功创建全国首家“综合减灾示范区”。

切实提升居民安全感。圆满完成纪念中国人民抗日战争暨世界反法西斯战争胜利70周年和2015年世界田径锦标赛等重大活动的服务保障及安全保卫任务，确保春节、国庆等重要时段和敏感期维稳工作万无一失。加大社会面防控力度，严格落实网格管理措施，推进人防、物防、技防标准化建设，有效维护社会面安全稳定，“西城大妈”治安志愿者品牌形象受到社会广泛赞誉。健全法律公共服务体系，完善调解联动机制，推进“阳光信访”，妥善化解社会矛盾。

（五）坚持绿色发展理念，切实改善生态环境

把环境建设摆在更加突出的位置，全面落实《西城区人民代表大会关于加强城市环境建设共建和谐宜居西城决议》，以更大决心、更高标准推进城市功能品质与环境面貌双提升，努力打造宜居宜业的绿色生态家园。

大力改善空气和水质量。认真落实《北京市2013-

2017年清洁空气行动计划》，区域全年大气环境质量总体有所改善。细颗粒物（PM2.5）累计平均浓度为83.0微克/立方米，同比下降6.2%；可吸入颗粒物、二氧化硫、二氧化氮累计平均浓度为105.8、14.5、54.0微克/立方米，同比分别下降8.2%、37.3%和14.2%。完成7300户居民清洁能源改造，实现全区“无煤化”目标。加大机动车污染排放控制和检查力度，淘汰老旧车25682辆，超额完成全年任务。加强扬尘污染控制，严查各类污染大气环境违法行为，检查餐饮、住宿、洗浴等服务业单位1200余家。深化工业污染治理，共检查工业企业、汽修单位228家。大力推进重点区域水环境污染综合治理，工业废水达标排放率等三项水质指标达标率为100%，跨区界水体断面鼓楼外大街（北护城河）水质达标率为87.5%。

不断拓展城市绿色空间。各项绿化建设项目进展顺利，全年完成绿地建设15.9公顷。新增屋顶绿化1.3万平方米、垂直绿化1085延长米。全面完成莲花河滨水公园景观提升一期工程、30条胡同绿化景观提升工程和广内大街等5条大街增绿添彩工程。创新开展“百万鲜花、生态阳台·都市菜园”活动，共计发放花卉63万余盆、盆菜88万余盆。建成5个园艺推广中心，共接待参观和体验居民数千人次，举办相关园艺体验活动10余次。

（六）着力保障和改善民生，提升公共服务水平

坚持民需导向，紧紧围绕群众最关心、最直接、最现实的利益问题，加大投入力度，努力实现全方位保障、全人群覆盖、全领域发展。居民人均可支配收入预计达到51180元，同比增长8%。

持续加大教育科技惠民力度。优化整合学校资源，形成优质均衡发展新局面。规范学前教育，加快幼儿园建设进度，新建改建9所教育系统办园，增加学位790个。完善招生政策方案，依法保障义务教育阶段适龄少年儿童免试就近入学，中学完成学区划定，新增义务教育阶段优质学位1100余个。满足学生全面发展的需求，59所小学已全部纳入“城宫计划”。申报完成“国家知识产权试点城区”，成立12330金丰和孵化器知识产权保护工作站，形成知识产权保护“1+3”服务模式。发挥国家可持续发展先进示范区载体作用，推进先进技术在健康促进、城市管理、特殊群体扶助等民生领域的应用，启动“科技创客行”校园活动，完善社区科普设施建设，提升广大居民科学素养。

稳步提升医疗卫生服务水平。稳步推进整合型医疗服务体系建设，初步实现分级诊疗体系内24小时预约转诊服务和优先检查化验服务。完成中医医联体建设。回民医院晋升为三级甲等中西医结合（民族）医院。宣武中医医院二期、丰盛医院、护国寺中医医院等区属医疗卫生机构基础设施建设取得新进展。积极开展全科医生执业方式和服务模式改革试点，全区65岁以上老年人签约率85.5%，四种慢性病签约率86.1%。整合公共卫生资源，初步构建了紧密型的公共卫生管理和应急指挥机制。深入推进控烟卫生监督执法工作，强化重大动物疫病防控工作。“单独两孩”政策平稳实施。实现社区卫生服务中心全部独立设置精神卫生科，精神病人免费服药下沉社区试点工作已覆盖12个街道。区域健康水平持续提升，人均预期寿命达84.2岁。

深入推进文体惠民工作。全力推进文化惠民365工程，举办承办“中国国际芭蕾舞演出季”“北京阅读季盛典”“首届中国童书博览会”等各级各类文化活动3384场次，惠及群众101.5万人次。组织“非遗”进社区180场次、进校园1500场次，组织“我们的价值观”和“京华英雄”百姓宣讲1500余场。以“书香西城”建设为突破口，与社会力量合作，建成雁翅楼中国书店等12家特色公共阅读空间，举办阅读推广活动330场次。完善非遗名录体系建设，22名非遗传承人入选为第四批市级代表性传承人。可移动文物普查、文物认定工作进展顺利，共采集数据780组。地安门百货商场基础改造基本完成，护国观音寺、粤东新馆、杨椒山祠等6项文物腾退征收工作顺利推进，粮食店街第十旅馆、圣安寺等18项保护修缮工程有序开展。努力构建全民健身服务体系，完成“15分钟体育生活圈”建设，建成49个体育生活化达标社区。继续打造“一区两品”群众体育品牌活动，成功举办西城区国际金融体育康乐节等大型活动。全年完成国民体质监测3000余人，国民体质监测合格率达95%。

积极做好就业和社会保障工作。城镇登记失业人员实现就业14249人，完成任务指标105.6%。率先成立区人力资源公共服务中心。成功创建充分就业区。城镇新增就业3.9万人，登记失业率为0.86%；就业困难人员实现就业11041人，完成任务指标的138%。实现创业1385人，完成任务指标的173.1%。零就业家庭保持动态脱零。养老、失业、工伤、生育和医疗五项社会保险基金共收缴378.3亿元，同比增长13%；支出332.3亿元，同比增长11.8%。社会保险覆盖范围和基金收支规模均稳步增长。推进国家级社会保障公共服务标准化试点工作，顺利通过试点项目中期评估。实施临时救助、医疗救助2.69万余人次，发放资金3623万余元，困难群众基本生活得到有效保障。做好残疾人服务保障工作，投入资金2.6亿元支持各项助残服务，惠及残疾人39087名。

不断完善养老服务工作。深入推进国家养老服务业综合改革试点区创建，新建养老照料中心7个，全区41家养老机构累计床位达3011张。稳步推进街道级养老照料中心建设，积极开展养老照料中心辐射居家养老服务探索，受惠人群达17.8万人次。积极推进市养老助餐服务体系建设试点工作，确定10个街道、13个试点建设项目，全年为老人提供服务达58.5万人次。全面实现养老（助残）服务补贴以卡代券，全年完成养老（助残）卡结算844.3万元，拨付居家养老服务补贴6623.2万元。

切实提高便民服务水平。积极响应和服务群众需求，不断深化“访民情、听民意、解民难”长效工作机制，收集社情民意64494件，解决62287件，解决率为96.6%，街道统筹辖区发展能力进一步增强。推进5个市级老旧小区自我服务管理试点，实现老旧小区物业管理工作的规范化、精细化。打造67个一刻钟社区便民服务圈，实现服务圈全覆盖，满足社区居民在商业、生活、文体娱乐等多方面的服务需求。逐步完善全响应网格化体系建设，区街两级全响应工作平台共收集社会服务、行政服务、社会管理、城市建设、应急处置五大类问题22余万件，解决21.9万件，解决率97.7%。认真落实生活性服务业三年行动计划（2014—2017年），提升全区生活性服务业品质。完成全年新增和改造10家便民菜店、新增10家早餐规范店的折子工程，建成10个百姓生活服务中心，新增53家品牌连锁店，调整升级78家服务网点。增设启用德外、厂桥、展览路3处出入境受理点，方便居民就近办理相关业务。

（七）全面深化改革，不断释放发展活力

围绕政府职能转变、国资国企、社会领域改革等重点领域确定突破口，明确改革要点和实施步骤，实施了一系列卓有成效的改革举措。

政府职能转变不断深入。梳理公布《西城区行政审批事项目录》，清理103项非许可类审批事项。梳理确认全区行政执法主体46个，行政处罚职权3971项。行政服务标准化工作被确定为全国服务业标准化示范项目。搭建区非紧急救助综合服务平台，逐步实现与市级服务平台对接。实施无纸化会议系统，推动节约型政府建设。建立市场监管联席会议制度，构建了多部门协同配合的长效机制。完善绩效考评体系，推进投资项目在线审批监管平台建设，政府管理效能、投资决策科学化水平不断提升。完成全区456家事业单位分类工作，推进政事分开、事企分开。完善信息公开、权力清单、政府机关法人应诉制度，坚持行政权力公开透明运行，切实推进法治政府建设。完成全区不动产登记职责整合，提升房屋管理科学化、规范化水平。与国家发改委智慧城市发展联盟签订战略合作协议，被列为国家智慧城市样板试点，进一步推动智慧城市在决策管理、公共服务、信息惠民等方面的应用。

国资监管改革有序推进。探索构建“国资委-资本运营公司-资本投资公司”三级架构，不断创新国有资本投资、运营模式，充分发挥国有资本的引导、撬动作用。推进国有企业公司制改革，启动清产核资、工商变更及外部董事、监事选聘工作。推进混合所有制企业员工激励试点工作，以增资扩股的方式吸收骨干员工投资入股。国有资产继续保持平稳增长态势，资产结构趋于合理化。

社会领域改革稳步推动。以完善全响应网格化社会治理体系为主要抓手和载体，推进社会治理精细化，构建全民共建共享的社会治理格局。构建“一中心、多基地”社会组织培育发展体系，投入3000万元社会建设专项资金，购买93个社会建设项目，社会组织服务民生能力进一步提升。在10个街道、62个社区开展社区治理创新试点工作，社区“三位一体”治理结构进一步优化。开展“政府代表进网格”“网络议事”“参与型”协商试点工作，有效推动社区自治与网格管理相衔接。

回顾过去一年的工作，我们在看到成绩的同时，也清醒地认识到，经济社会发展过程中还存在一些问题和不足亟待解决。一是改善民生方面还存在短板，停车难、入托难、部分居民住房条件差等问题依然存在，公共服务还不能充分满足群众的多样化需求；二是城市建设管理品质还有待提升，部分道路交通、公共服务设施等重点项目建设慢于预期进度，解决人口过多、功能过度集聚等任务依然繁重；三是环境治理仍任重道远，大气环境质量、基本地表水质还不高，部分区域绿化严重不足等问题制约了全区绿色宜居城区的建设。为此，在明年的工作中，要进一步聚焦民生改善、城市建设管理、环境治理等一系列问题，找准差距、力补短板，促进全区经济社会协调可持续发展。

二、2016年国民经济和社会发展计划安排

2016年是全面建成小康社会决胜阶段的开局之年，也是推进结构性改革的攻坚之年。西城区经济社会发展形势面临巨大而深刻的变化。一方面，中央和市委关于“十三五”规划建议的出台，特别是中央经济工作会议和中央城市工作会议的召开，为核心区在新的发展理念指导下调整全区经济结构、实现要素最优配置、提升城市治理能力、补齐发展短板、促进区域协同发展创造了更加有利的外部条件；同时，区划调整5年来，区域经济社会发展实现新的跨越，形成良好的环境和态势，为今后工作打下坚实基础。另一方面，我区经济随宏观经济形势波动变化较为明显和直接，经济发展面临一些突出矛盾和问题，不可避免的会在区域发展中体现出来；同时，我区发展正处于人口规模、建设开发强度顶破“天花板”的强约束下，要素聚集式发展和粗放型管理方式必须转变。

总体上看，2016年我区仍处于大有作为的重要战略机遇期，需要全面认识发展形势的重大变化，更加有效应对各种风险和挑战，继续巩固区域经济社会发展的良好势头，努力实现区域可持续发展。

根据中央、北京市、西城区“十三五”规划建议，结合西城区“十三五”规划纲要以及发展实际，2016年经济社会发展主要目标初步安排如下：

——地区生产总值增长7%左右；

——区级一般公共预算收入增长8%左右（按可比口径）；

——城镇居民人均可支配收入增长7%左右；

——城镇登记失业率控制在1%以内；

——万元GDP综合能耗、水耗，细颗粒物浓度（PM2.5）降低率完成市下达指标。

以上各项指标在计划执行中，还将根据实际情况做出适当调整。

三、实现2016年经济社会发展计划的主要措施

为实现上述经济社会发展目标，我们具体从以下5个方面开展工作。

（一）瘦身健体，优化提升首都核心功能

准确把握首都发展的新形势、新要求，主动适应经济发展新常态，通过管控增量、疏解存量、完善“高精尖”经济结构，发挥创新创业的强劲驱动力，促进区域可持续发展。

有序疏解非首都功能，破解发展难题。严格执行新增产业禁限目录，严控产业准入门槛，坚决退出低端业态。

基本完成动批和天意等区域性批发市场的疏解，全面启动官园、万通等市场疏解工作。推动马连道地区市场主体及周边业态转型升级。加快职业教育调整，完成实美职业学校安德路校区和实验学校南线里校区2个校址腾退改造，加快推进育荣教育园区修缮改造。全力配合做好市属高校、行政事业性单位疏解工作。巩固“七小”整治成果，实现监管信息的互联共享，对挂账管理的无证无照“七小”业态全部清零，依法整治10个不规范市场。

加强人口管理，调控人口规模。坚持疏管结合，综合运用经济、法律、行政、市场等手段合理控制人口规模。协调建立市、区联动机制，对央、市属产权房屋、区属直管公房、地下空间情况进行摸底，建立台账，清理整治，定期监测。持续开展地下空间综合整治工作，关闭、整顿、规范一批违规出租地下室。强化联合执法、挂账督办，在对违法群租房开展摸底调查的基础上，进行全面清理。严禁用人多、用水多、用能多、用地多的产业落地。规划利用好腾退空间，防止新的人口无序聚集。确保常住人口规模比2015年下降3%左右。

优化功能布局，实现创新发展。巩固和发展以金融业为核心的高端产业，充分发挥金融街对完善“高精尖”经济结构的支撑作用。加快金融创新步伐，支持“新三板”等要素市场发展，提升金融与科技、文化等重点产业融合发展能力。强化金融街国家金融管理功能，做好对国际金融组织、大型金融机构的服务工作。以中国设计交易市场为核心，加快设计服务平台建设，全面提升北京“设计之都”核心区品牌影响力。推动西城园创新服务平台和“天宁壹号”创新园建设，促进科技孵化器转型升级。推动天桥艺术中心品牌建设，加快天桥汇二期改造及存量资源提升项目，打造北京文化新名片。推进什刹海阜景街、大栅栏琉璃厂历史文化名城保护工作。促进马连道地区业态升级，建设茶为特色、多元发展的文化创意街区。利用“互联网+”培育新兴业态，支持生产性服务业发展。开展“2016北京西单时尚节”等多元化主题消费活动，全面完成文商旅三年行动计划（2014—2016年），着力实施50个融合项目及6项保障措施，促进文商旅融合发展。

坚持协调理念，推进协同发展。健全完善与津冀地区合作发展协调调度机制。发挥金融街国家金融管理的资源辐射和创新引导作用，加强与天津金融创新示范中心、河北金融后台服务中心的协同发展。积极参与廊坊永清、固安等产业园区的产业规划，引导企业入驻我区开发建设的京外园区。探索在唐山、保定等地设立分园。结合区域发展需求制定友城发展规划，逐步推进务实合作，为企业“走出去”搭建平台。继续做好边疆和南水北调相关地区的对口支援。

（二）建管并重，提升城市发展品质

围绕首都城市战略定位，聚焦短板，坚持建管并重、提升品质，全面提高城市治理水平，实现区域精细管理、精准服务、智慧运行，更好地服务人民群众生活。

加快道路和轨道交通设施建设。全面落实道路建设三年行动计划（2015—2017年），安排实施28项道路建设项目，努力实现北新华街南段等3条道路竣工，实施马连道东三号路等3条道路建设，加快达智桥胡同、北纬路、西直门内大街等在施和征收项目进度，启动红居北街、永安路、丰盛胡同东段等8条道路征收工作。继续推进地铁8号线三期和16号线建设，协调推进19号线建设和征收。

推动市政基础设施建设。实施32条道路大中修、52条道路市政排水管线改造，完成5处道路疏堵工程、4项自行车示范工程。实施5条市级、10条区级道路达标工程和38条慢行系统改造工程。支持相关单位加快充电桩建设。对广外南街、南纬路、车公庄北街等8个路段实施架空线入地。更新改造236个院落下水管线。启动地安门内大街加油站迁建工作。继续开展老旧供热管网更新，保障水电气暖安全运行。

加大市容环境整治力度。深入开展“拆违、灭脏、治污、清障、治乱、撤市、缓堵”七大战役，全年拆除违法建设6万平方米以上，确保新生违建“零增长”。严厉打击各类违法行为，深入开展露天烧烤和消夏大排档专项整治。强化“门前三包”责任制，深入开展各类环境建设志愿服务活动。综合治理31条街巷、60条胡同、25个老旧小区，维修332个院落户厕，改造30座旱厕，打造15条精细化管理胡同，新建12个小区的垃圾分类达标体系，进一步解决群众身边的突出环境问题。

强化城市运行保障能力。新建居住区停车泊位400个，重点推进17部委联建三里河三区地下车库和裕中西里停车库2个居住区大型停车设施建设项目。完成1000辆公租自行车布放。落实2000套老旧小区节水器具换装。大力推进燃气管道隐患整治工作。持续开展安全生产执法检查，切实推动企业主体责任落实。扎实做好国家食品安全城市创建工作。严格管理食品药品生产经营主体的市场准入、经营行为和场所，严厉打击销售不合格食品药品和扰乱市场秩序的违法行为。继续推进综合减灾示范区、街、社区创建工作，完善区、街道物资储备库建设。着力实现规范化便民服务全覆盖，在现有的百姓生活服务中心基础上，全年计划再建设10个百姓生活服务中心，新增5家菜篮子网点、5家早餐规范店。完成区TOCC三期信息化建设。实施13.8万户市级铜缆网络光纤化改造，实现全区4G网络全覆盖。

加强“平安西城”建设。进一步强化公安队伍建设，深入推进政治稳定维护、社会治安防控、矛盾预防化解、人口服务管理、社会治理创新、基层基础建设6项工程，创新完善立休化社会治安防控体系，加强重点区域整治，强化社区警务配备，深入开展专项行动，健全反恐怖“六大体系”。创新信访工作体制机制，加强对信访信息的综合分析和精准研判，切实维护社会安全稳定、保障人民安居乐业。

（三）综合施策，建设绿色宜居城区

坚持绿色发展，把建设资源节约型和环境友好型社会作为提升城市功能的重要着力点，以更大的决心、更严的要求、更高的标准治理环境污染，以提升环境品质引领区域新发展。

提升绿色宜居品质。深入推进和谐宜居示范区建设，重点加快月坛南、北街及其延长线、景山北海周边景观提升等项目建设。开展护国寺等4个片区环境综合提升工程。推进莲花河景观提升工程（二期），启动报国寺公园建设，继续开展珠市口绿地和地铁7号线站口绿化环境提升工程。在街道积极开展小微绿地建设工程，通过拆违还绿、边角地建绿、见缝插绿、立体增绿，新增城市绿地3万平方米、屋顶绿化1万平方米、垂直绿化1000米，为居民提供更多环境优美的公共活动空间。

着力改善空气质量。以控制细颗粒物（PM2.5）、可吸入颗粒物、二氧化硫、氮氧化物和挥发性有机物污染为重点，积极落实清洁空气行动计划和空气重污染应急预案。巩固无煤化建设成果。加强对扬尘污染、工业污染和机动车污染的管控力度，淘汰老旧机动车17500辆。

大力改善水体质量。重点加强水质巡查和监测，扎实推进重点区域水环境污染综合治理。做好广外和德外2个水源防护区周边地区的污染监管工作，加强重点废水排放企业污染治理，保护好饮用水的安全。对南、北护城河水体质量进行综合治理，提高跨区界水体断面水质。

深入推进节能减排工作。引导各企业及重点用能单位积极开展节能改造，为全区经济发展提供更多的能耗空间；加快推进老旧小区电力设施改造工程，推进“能源监测平台”建设工作，完成电力应急保障。继续开展能源审计和清洁生产审核工作。强化节约用水意识，用水总量完成市级下达指标。

（四）精准服务，持续增进民生福祉

坚持共建共享，大力扩展优质公共服务，切实保障和改善基本民生，促进社会和谐稳定，让人民群众有更多更直接的获得感和幸福感。

改善居民住房条件。加速推进棚户区改造项目，加快光源里、枣林南里及菜园街项目签约，完成百万庄北里项目收尾，完成6000户居民改造目标，其中包括1000户抗震加固、1500户文保区人口疏解和平房翻建任务。加大老旧房屋改造修缮力度，协调驻区相关单位，综合维修70栋楼房，改造翻建、解危修缮平房1500间，推动30栋简易楼排险腾退，更换老旧危险电梯60部。加快保障性住房建设调配，实现回龙观二期南地块、丰台南苑、朝阳东坝项目竣工入住，实现丰台高立庄项目二期安置房竣工，按期推进大兴旧宫项目、京粮南苑植物油厂项目。加强与对接区县及建设单位沟通协调，推进昌平回龙观等项目红线外市政配套设施同步规划建设。统筹协调棉花A2、A5、A6、A7地块结转危改项目，加快推进大栅栏杨梅竹斜街、什刹海、白塔寺3个人口疏解试点和宣西北侧地块、国家大剧院西侧、天桥地区北部等平房区人口疏解项目腾退工作。

提升科学教育发展水平。发挥国家可持续示范区建设水平，加强成果的宣传和推广。开展国家知识产权试点城区建设，提升知识产权创造、运用、保护和管理的综合实力。深化教育综合改革，推进“1+1+N+X”管理运行模式，统筹利用各类优质社会资源支持教育事业发展。落实第二期学前教育三年行动计划（2015—2017年），实施幼儿园质量提升工程，新增1000个学前教育学位，提升学前教育供给能力。依法保障义务教育阶段适龄儿童少年免试就近入学，增加义务教育阶段学位。深入实施“城宫计划”和“校圆工程”，扩大教育集团办学，力求在优质教育布局、学段贯通式培养、评价导向机制、人才激励机制和职教调整改革等方面取得新突破。

提高健康服务水平。持续建设整合型医疗服务体系，完善综合医院医联体、中医医联体，并启动专科医联体建设，建成区域卫生信息化平台。加强中医药的传承和创新，启动“国家中医药综合服务示范区”创建工作，组建中医攻克疑难杂症研究中心，推进6家区属中医医院协同合作。积极开展全科医生执业方式和服务模式改革试点，探索建立以家庭医生签约服务为导向的新型全科医生激励机制。积极落实“全面两孩”政策，完成区妇幼保健和计划生育服务中心组建。制定实施“区属医疗卫生机构安全三年行动计划”和“社区卫生服务机构标准化建设三年行动计划”，确保医疗卫生机构安全运行环境，改善基础医疗设施条件。

加大文体惠民力度。继续推进区、街、社区三级文化设施建设，启动公共文化大厦、红楼公共藏书楼改造工程，推进档案馆工程建设，推动繁星戏剧村升级。广泛实施文化惠民365工程，办好2016年天桥音乐剧演出季、第三届当代小剧场戏曲艺术节、中国国际合唱节和京剧体验推广等活动，编创原创音乐剧《北京人家》第三部，不断丰富群众文化生活。深入开展全民阅读和书香西城建设。推进文物“解危、解放、解读”，启动万寿兴隆寺文物腾退，加快杨椒山祠等3处的文物腾退，完成粤东新馆、护国观音寺一期腾退。开展国家级、市级、区级非遗项目及传承人的申报评定工作。做强“一区两品”等群众文化体育品牌，广泛开展全民健身活动。完成首批体育生活化社区的提档升级工作。完成国民体质监测3000余人，国民体质监测合格率在95%左右。加大冰雪运动宣传普及力度。

完善社会保障体系。探索适合区域发展特色的“双创”模式，完善就业服务联合体工作机制，多渠道、多形式开发就业岗位。积极推进本地化就业，鼓励高水平创业，不断扩大“和谐劳动关系园区”试点范围。完善人力资源公共服务体系，打造人力资源公共服务品牌。深化社保经办模式改革，推动网上预约系统上线运行。积极应对人口老龄化，构建以居家养老为基础、社区为依托、机构为补充、社会保障为支撑的养老服务体系。加快国家养老服务业综合改革试验区建设。积极推动“医养结合”发展，全年建成6个街道级养老照料中心。完成失能老年人评估和居家养老服务补贴发放工作。探索建立大病医疗救助与慈善援助的衔接制度，切实发挥医疗救助、重大疾病救助、贫困孕产妇救助政策的解困效应。提高助残服务效能，支持慈善捐赠、社会福利事业发展，充分发挥社会政策托底作用，坚决保障民生底线。

（五）深化改革，激发区域发展活力

坚持以改革促发展、以发展推改革，将改革贯穿于经济社会发展的各个领域和各个环节，最大限度的释放改革红利，为区域发展注入新活力、增添新动力、构筑新优势。

切实转变政府职能。拓展政府网上办事功能，完善“12341”政府服务热线平台，实现7×24小时全天候咨询服务。加强行政服务“一站、一网、一号”的一体化联动建设，提升行政服务能力和水平。做好2016年市级取消和下放行政审批事项的清理和承接工作。落实城管执法体制改革，做好区城管执法局与街道的职能划分工作。继续深化商事制度改革，提升登记注册制度便利化。建立健全行政执法监督体系，探索建立区级行政执法监督员队伍，切实提高行政执法工作水平。深化财政体制改革，在健全政府预算体系、推进绩效预算改革等方面取得突破。加强科技等大额专项资金的使用管理，扎实开展资金绩效考核工作。利用物联网、大数据等技术，加快推进“智慧西城”建设，完善基础数据共享应用。

大力推进国有企业改革。调整优化国有资产布局结构，完善国有资本投资、运营模式，推动企业资产重组、改制上市，完成华天集团、宣房投公司制改革。加大存量资产盘活力度，提升国有资本运营效率，促进企业转型发展。健全完善国有资产监督机制、国有企业改革重大事项社会稳定风险评估机制，建立重大项目或事项专项审计制度。

加强和创新社会治理。以构建全民共建共享的社会治理格局为目标，以完善社会治理体制、改进社会治理方式为重点，进一步深化全响应网格化社会治理体系建设，不断完善城市综合管理体系，探索建立重大社区民生问题决策居民参与机制。激发社会组织活力，推动街道级“枢纽型”社会组织的全覆盖。实施“互联网+社会组织”工程，搭建更具广泛的政社、企社、社社合作平台。继续推进志愿服务规范化、制度化建设，健全驻区单位参与社会治理长效机制，逐步形成多元治理、共建共享的工作格局。

各位代表：

2016年是“十三五”规划的开局之年，也是推动区域发展转型和管理转型的关键一年，任重道远，使命光荣。我们将以党的十八大和十八届三中、四中、五中全会精神为指引，在区委的领导下，在区人大、区政协的监督支持下，锐意进取，奋发有为，依法履职，扎实工作，加强对“十三五”规划纲要的宣传和目标任务分解，确保纲要顺利实施，做好各专项规划的编制和批准工作，加强规划纲要和专项规划实施与行动计划、年度计划和重点工作的衔接，为全面完成西城区2016年国民经济和社会发展各项目标任务而努力奋斗！

北京市西城区人民法院工作报告

2016年1月14日在北京市西城区第十五届人民代表大会第六次会议上

西城区人民法院院长 蔡慧永

各位代表：

现在，我代表西城区人民法院向大会报告工作，请予审议。

2015年的主要工作

2015年，我院在区委的领导、区人大及其常委会的监督和市高级法院的指导下，认真贯彻落实党的十八届三中、四中、五中全会精神以及习近平总书记系列重要讲话精神，牢牢坚持公正司法、司法为民，切实履行宪法和法律赋予的职责，圆满完成各项审判执行任务。截至12月31日，受理案件53322件（含旧存），同比上升28.4%；审结案件45919件，同比上升18.3%，结案率为86.1%，在全市一类法院（全年受理案件数超过40000件以上的法院）审判质效综合考评中位列第一。

一、认真履行审判职责，维护社会公平正义

一年来，我院紧抓执法办案第一要务，妥善化解各类矛盾纠纷，努力为西城区社会大局稳定、社会公平正义和人民安居乐业提供有力的法治保障。

第一，依法审理刑事案件，维护区域和谐稳定。全年审结各类刑事案件933件，判处罪犯1168人。一是依法严惩暴力犯罪、多发性侵财犯罪和涉众型金融领域犯罪。审结抢劫、故意伤害、盗窃、诈骗、非法吸收公众存款等案件449件，有力保障了人民群众的生命财产安全，维护了辖区金融秩序。二是依法严惩和积极预防职务犯罪。审结贪污贿赂、渎职侵权等职务犯罪案件19件，对22人判处刑罚，促进反腐败斗争深入开展；组织北京市卫生局等单位近千人次参加职务犯罪庭审教育活动，取得了“审理一案、教育一片”的“零距离”警示效果。三是依法贯彻宽严相济的刑事政策。对116名被告人判处5年以上有期徒刑，有力震慑了犯罪分子；对284名被告人宣告缓刑或免予刑事处罚，充分发挥了刑罚的教育挽救功能。

第二，依法审理民商事案件，促进经济社会发展。全年审结各类民商事案件33288件。一是充分发挥民事审判职能作用，审结婚姻家庭、继承类案件2770件，促进家庭和睦、社会和谐；审结劳动争议类案件2576件，保护劳动者合法权益，维护正常用工秩序；审结医疗纠纷等各类侵权案件1608件，切实保障人民群众生命健康权和财产权。二

是充分发挥商事审判职能作用，审结民间借贷案件1253件，促进社会诚信建设；审结金融借款、信用卡、证券类案件12100件，努力化解金融风险、保障金融安全；审结股权、破产清算类案件143件，规范市场主体依法变更和平稳退市，促进区域产业结构调整。三是充分发挥司法保护知识产权的主导作用，妥善审理“路易威登”商标权纠纷系列案等知识产权案件750件，与工信部电子知识产权中心建立诉调对接机制，调研“互联网+”时代著作权纠纷新特点，积极保障区域文化发展和科技创新。

第三，依法审理行政案件，推动法治政府建设。全年审结各类行政案件1281件。一是认真推进立案登记制改革。对依法应当受理的行政案件，做到有案必立、有诉必理，共受理行政案件1393件，同比上升46.2%。二是积极贯彻新《行政诉讼法》。认真落实行政复议“双被告”制度，全年审结涉及中央部委、市政府及相关部门“双被告”案件263件；严格执行“行政首长出庭”制度，全年共有12位行政机关负责人出庭应诉，较好地推动了新法的贯彻实施。三是切实监督支持依法行政。依法判决撤销行政行为、确认行政行为违法或无效以及判决行政机关履行法定职责案件59件，占已结行政案件总数的4.6%；全年向行政机关发送司法建议5份，就“新行政诉讼法实施对行政机关依法行政的影响”等专题开展法治大讲堂3次，促进依法行政和行政纠纷源头化解。

第四，依法受理执行案件，努力实现胜诉权益。全年执结各类案件10417件。一是不断加大执行力度。开展涉民生案件专项集中执行活动，协助北京市二中院办理“蒙京华案”案款清退工作，综合运用限制出境、限制高消费、罚款等措施2814次，防止被执行人规避法律、逃避责任，确保生效法律文书及时有效执行。二是努力开展执行机构改革。将现有执行机构划分为普通给付类案件实施庭、复杂行为类案件实施庭和协调保障机构，初步构建了“繁简分离”的专业化、集约化执行工作模式，不断提升案件执行质效。三是深入推进信息化建设。依托北京法院执行办案系统查询车辆、房屋、银行账户等信息66229条，提高了执行财产查找效率；广泛使用执行远程指挥系统，提升了执行现场应变处置能力；通过淘宝司法网拍平台拍卖77件标的物，成交金额1.79亿元，取得了“受众广、零佣金、效果佳”的良好成效。

二、积极延伸审判职能，服务区域发展大局

一年来，我院坚持“红墙意识”、首善标准、主动作为，努力为区域发展转型、管理转型和切实履行好首都核心区工作职责提供有力的司法支持。

第一，积极开展非首都功能疏解司法保障工作。一是强化组织保障。紧紧围绕非首都功能疏解的形势任务，全面动员部署、深入走访调研，成立“动批”市场疏解司法服务保障工作小组，确保疏解工作领导有力。二是加强机制建设。出台《西城法院关于为落实京津冀协同发展战略提供司法服务保障的意见》，建立院庭长包案审理机制和疏解案件专项管理机制，确保裁判标准统一，确保疏解案件稳妥解决。三是开辟“立审执”绿色通道。统一协调立案、审判、执行等部门，对疏解案件实行专门窗口专人受理、专业庭室集中审理、筛查分类快速执行的工作模式，努力提高审执质效。一年来，审结各类疏解案件569件，疏解案件结案率达到97.6%。

第二，继续做好重点工程司法服务工作。一是围绕服务和改善民生，攻坚克难、加班加点，妥善处理涉百万庄北里棚户区改造、桃园二期危改项目等重大民心工程案件20件，相关工作得到社会各界肯定。二是围绕保障“服务立区”战略，统筹资源、周密部署，积极做好17部委旧城区改造、金税工程北京数据中心项目等32件案件的收尾工作，保障了相关重点工程的妥善推进。三是围绕保障功能区建设，集中力量、多方协调，依法办理广安工程、大吉项目、新兴盛项目等涉金融街拓展的重点工程案件105件，为我区进一步做大做强金融产业、巩固金融业优势地位提供了司法保障。

第三，积极参与社会治安综合治理。一是牢固树立“西城无小事”意识。出台《次序动员管理办法》，号召全体党员践行“勇于奉献，敢于担当”的时代精神，圆满完成全国“两会”、抗日战争胜利70周年大阅兵、十八届五中全会等重要活动的安保任务。二是做好涉法涉诉信访工作。努力探索“诉访分离”工作机制，通过最高法院远程视频接访方式办结信访案件8件，有效控制了越级访数量；加大积案化解力度，化解最高法院登记涉及我院的14件涉诉信访案件，将矛盾纠纷牢牢地吸附在本院，就地化解在基层。三是强化保护未成年人合法权益。推出微信公众号“西语少年”，送法进校园，构建法官、专业咨询师、家长“内外结合”的未成年人心理干预及保护机制，对依法判处非监禁刑的未成年人定期回访，有针对性地开展帮教工作。

三、不断深化司法改革，努力提升司法公信

一年来，我院按照中央和最高法院的统一部署，不折不扣抓司改、聚精会神谋发展，努力通过改革手段破解司法难题、实现司法公正、提升司法公信。

第一，深入推进审判权运行机制改革试点工作。一是调整办案模式。根据试点庭室反馈情况，及时将刑一庭的1-1-1-2审判团队办案模式调整为1-1-1主审法官办案模式，刑事审判权运行机制更加科学合理。二是探索速裁程序。适用刑事速裁程序审结案件83件，平均审理周期仅6天；在金融街法庭内增设速裁审判团队，审结信用卡案件6586件，进一步提升了试点庭室的审判效率。三是完善配套机制。建立院庭长办案、主审法官绩效考评、案件评查等配套措施，调整法官助理的工作职责和权限，有效保障了改革试点工作的良性运行。

第二，深入推进专业化审判工作。一是探索专业化审判工作机制。成立专业化审判工作办公室，出台《关于加强专业化审判工作的若干意见》，从机构设置、人员配置、工作机制等方面构建专业化审判工作的整体框架。二是搭建专业化审判工作平台。根据案件特点，调整组建家

事、劳争、金融等9个民商事专业审判庭，实现审判资源的优化配置。三是加强审判管理制度建设。修订《审限管理办法》等规定，出台《劳动争议办案手册》《金融街法庭审判工作岗位职责》等规范，现有管理制度更加符合专业化审判的工作需求。一年来，一审案件服判息诉率达到91%，一线法官年人均结案达221.8件，专业化审判促使案件质效双提升。

第三，深入推进其他各项改革任务。一是探索法院信息化建设。积极应用移动办公系统、人民陪审员管理系统、数字审委会系统和办公业务协同系统，试点无纸化行政事项审批流程管理，实现管理方式的变革和工作效率的提高。二是推进刑事案件证人、鉴定人出庭制度改革。积极参与教育部司法文明协同创新中心“以审判为中心的完善证人、鉴定人出庭制度”课题试点工作，制定《刑事案件证人、鉴定人出庭作证的实施办法（试行）》，全年证人、鉴定人出庭案件33件，同比上升42.2%，证人、鉴定人出庭作证率有较大提高。三是重视司法改革调研工作。坚持“下先手棋、打主动仗”，坚持问题导向，深入开展调查研究，积极进行摸底测算，先后召开6场座谈会，对人员分类管理、员额制、主审法官责任制等内容进行研讨，为下一步司法改革奠定了坚实基础。

四、认真践行司法为民，切实服务人民群众

司法为民是审判工作的基本要求。一年来，我院以深厚的群众感情和强烈的为民情怀为动力，不断探索新举措、新机制，努力满足人民群众的新要求、新期待。

第一，积极推动立案登记制改革，充分保障当事人诉权。进一步方便群众立案，全力推进立案登记制改革。一是调整充实力量。抽调精干力量补充到立案窗口，建立工作预备队充实立案接待团队，为立案登记制改革提供强有力的人员保障。二是强化制度建设。出台《西城法院登记立案实施办法（试行）》等规定，明确相关业务庭室责任分工，规范立案登记程序，为立案登记制改革提供制度依据和保障。三是加大宣传力度。通过官方微博、网站、电子显示屏等多种方式宣传立案登记制改革的有关内容，并在立案登记制实施首日召开“工作实况新闻通报会”，邀请《人民日报》、《法制日报》、新华社等近20家媒体进行采访报道，力争全社会的理解、支持。5月1日以来，提供立案导诉服务4.9万余人次，当场立案率98.6%，平均立案时间约为20分钟，群众满意度进一步提升。

第二，积极构建“四位一体”大诉服新平台，满足群众多元司法需求。我院以荣获全国法院“多元化纠纷解决机制改革示范法院”称号为契机，全力打造前端诉讼服务、立案登记、诉调对接、小额速裁“四位一体”大诉服新平台。一是实现空间的集合化。通过设置导诉台、大学生志愿者服务基地等16个诉讼服务单元，着力打造一站式服务、一体化运行、一揽子解决纠纷的综合性立案诉服大厅。二是实现功能的聚合化。通过系统整合诉服、立案、诉调、速裁四项职能，有效实现“诉讼服务辅导、纠纷筛查分流、矛盾多元化解、诉权依法保障”的动态功能聚合。三是实现管理的整合化。确定由一名副院长统一主管平台内的诉服办、立案庭、诉调办、速裁庭等部门，管理效能得到不断提升。一年来，大诉服新平台为来院群众提供咨询10928人次，免费代写诉讼文书3764份，诉前化解纠纷5487件，司法确认1194件，得到社会各界好评。

第三，积极践行司法公开，不断提升司法公信力。一是深入推进司法公开三大平台建设。全年共上网公开裁判文书21239份，发布立案、分案等审判流程节点信息203121条，不断提高审判执行工作透明度。二是继续深化庭审公开。加大庭审直播力度，全年进行网络图文直播52次，视频直播13次，微博直播44次，充分发挥庭审直播宣传法律知识、引导公众行为、树立正确导向的作用。三是不断丰富司法公开形式。开展法院主题开放日活动，共组织300余人次参加开放日活动；实行新闻发布月例会制度，围绕“未成年人安全保护案件、涉老年人家事案件”等主题，召开13场新闻发布会，积极推动法治西城建设。

五、全面加强队伍建设，打造过硬审判力量

一年来，我院始终把队伍建设作为司法审判事业的关键，高度重视思想政治、司法能力和从严治党三项工作，不断推进法官队伍正规化、专业化、职业化建设。

第一，加强队伍思想引领。一是抓好理想信念教育。通过院长讲党课、举办“践行邹碧华精神”演讲比赛、征集并发布“明德、至善、尚法、笃行”的西城法院精神等形式，引导教育全院干警站稳政治立场、坚定法治信仰、坚守职业良知。二是做好思想政治工作。通过召开青年干警座谈会、女干警代表座谈会、开展青年干警人才培养问卷调查等多种形式，了解和掌握全院各类人员的思想动态，及时做好稳队伍、安人心的思想政治工作。在“聚焦质效、攻坚清积”活动中，全院干警任劳任怨、无私奉献，保证了全年审判任务的顺利完成。三是重视典型引领作用。以我院赵海法官为原型的电影《巡回法官》公映为契机，加大对先进典型的宣传力度，充分发挥优秀法官“以点带面、影响一片”的导向作用，通过弘扬身边人、身边事激发公正司法正能量。

第二，提升法官专业能力。一是实施“五个一”工程。通过开展优秀裁判文书评比等活动，促进法官队伍素质的整体提升。在北京法院“第三届司法业务技能比赛”中，我院5名干警被评为“司法业务技能标兵”。二是深入开展“双日”活动。将每周三、五下午分别确定为“庭审观摩日”和“文化学习日”，通过“家事半月谈”“知者说论坛”等形式，推动法官业务能力提高和法院文化建设。三是组织干警参加各类学术研讨评比活动。在“促公正·法官梦”第二届全国青年法官案例评选活动中，1篇案例分析荣获二等奖；在全国法院系统第26届学术论文研讨会上，2篇论文荣获二等奖、1篇论文荣获三等奖，并荣获北京法院系统“组织工作先进奖”称号。

第三，强化从严治党工作。一是“扎实开展‘三严三实’专题教育”。坚持围绕中心抓党建、抓好党建促中心，着力抓好集中学习、党课报告、专题研讨、查摆整改等关

键环节，严格落实《关于加强领导班子自身建设的意见》《中层干部管理考核办法》，切实加强对党组班子、中层干部和普通党员的监督管理。二是深入整治“四风”问题。切实推动党风廉政建设“两个责任”落实，创设“一考四档”新型管理机制，开展为期3个月的规范司法行为专项整治活动，在院网设立风纪曝光台，预防和杜绝司法不作为、不规范等不正之风。三是不断筑牢反腐倡廉防线。充分发挥廉政监察员、特邀监督员的督促检查作用，开发使用廉政风铃系统，不断提高干警廉洁自律意识，确保法官清正、法院清廉、司法清明。

六、主动接受各界监督，改进法院各项工作

一年来，我院把主动接受社会各界监督作为促进司法公正、提高司法公信力的重要保障，不断拓展接受监督的方式方法，全面改进各项工作。

一是自觉接受人大、政协监督。认真执行重大事项报告制度，向区人大常委会专项报告了关于推进落实专业化审判工作的情况，全年办理代表建议2件、委员提案3件，组织代表、委员参与视察座谈、旁听案件、监督执行等活动101人次，推动代表、委员联络工作的常态化、制度化。

二是依法接受检察机关法律监督。支持、配合检察机关履行监督职责，认真听取检察机关提出的意见和建议，严格落实与区检察院会签的《关于加强民事诉讼监督工作的若干意见》《关于加强民事执行活动法律监督工作的实施细则》，9次邀请检察长列席审委会，通过参与“控辩审”三方论坛等形式与检察机关共同推动法律职业共同体建设。

三是积极接受社会监督。接受律师监督，加强对律师执业权利的保障，设立律师工作室，进一步方便律师参与诉讼。贯彻《北京市法院关于以律师为主的第三方参与化解涉诉信访工作的实施细则》，共同维护司法公正。充分发挥人民陪审员的参审作用，不断细化人民陪审员分类管理，主动邀请陪审员参与案件调解、信访听证，全年陪审员参审案件7878件，参审15289人次，保障和促进了司法民主。

一年来，随着各项工作的深入推进，我院的审执工作和队伍建设取得了新的进步。2015年，我院荣获“北京法院信息化工作先进单位”“全国案例工作先进单位”“全国法院新闻宣传工作先进单位”等一系列荣誉称号。刘建勋法官荣获“北京市先进工作者”荣誉称号，刘白露法官、吴献雅法官分别荣获“全国法院十佳新闻发言人”和“全国法院信息工作先进个人”荣誉称号。

上述成绩的取得，是区委、区人大、区政府、区政协和社会各界真诚关心、鼎力支持的结果，也是各位人大代表监督、理解、信任和支持的结果。在此，我代表区法院全体干警向各位代表和社会各界表示衷心的感谢！

在报告工作成绩的同时，我们也清醒地认识到，我院的工作还存在一些不足，主要表现为：一是面对司法改革全面推进的新形势，应对改革的思想准备、理论准备和工作准备尚不够充分；二是面对区域功能定位的新变化，司法保障发展的工作方式有待进一步优化，服务大局的工作能力有待进一步提升；三是面对全面从严治党的新常态，个别干警的为民意识需要进一步强化，司法作风需要进一步转变；四是面对审判任务日益繁重、队伍人才流失的新情况，司法职业保障机制需要进一步探索，思想政治工作需要进一步加强。对上述问题，我们将采取有效措施，切实予以解决。

2016年的主要任务

各位代表，2016年是全面落实党的十八届五中全会精神的关键之年，也是全面实施“十三五”规划的开局之年。我院将紧紧依靠区委领导，围绕全区经济社会发展大局，牢固树立首善意识、法治意识、大局意识和底线意识，充分发挥审判职能作用，积极稳妥推进司法改革，为京津冀协同发展战略的全面实施，推进平安西城、法治西城建设提供司法服务和保障。重点做好以下工作：

一、进一步发挥审判职能，服务区域发展大局

严惩各类刑事犯罪，深入开展刑事速裁程序和证人、鉴定人出庭试点工作，促进平安西城建设。妥善审理涉及区域产业转型升级、环境治理、民生改善的民商事案件，为区域经济社会发展保驾护航。充分发挥知识产权审判的司法保障作用，促进科技创新和文化创新。积极适用新《行政诉讼法》及其他相关法律法规，妥善做好社会转型过程中的行政审判工作。加大执行工作力度，为京津冀协同发展战略和“十三五”规划实施提供有力的司法保障。

二、进一步推进司法改革，切实维护司法公正

进一步推进审判权运行机制改革试点工作，完善主审法官、合议庭办案责任制，落实谁办案谁负责。明确各类人员工作职责、工作流程和工作标准，为探索完善人员分类管理做好前期准备工作。深入优化审判资源配置，不断提升审判执行工作的专业化水平。继续推进裁判文书公开、审判流程公开、执行信息公开三大平台建设，构建开放、动态、透明、便民的阳光司法机制。

三、进一步拓展司法为民，主动回应社会关切

进一步推进立案登记制改革，充分保障当事人诉权。加快法院信息化建设，充分发挥信息技术手段在司法便民中的作用。综合运用网络查控、执行公开、信用惩戒等措施，努力破解执行难问题。利用新闻发布会、微博访谈、庭审直播等形式，及时回应社会关切。完善大诉服新平台建设，满足人民群众多元司法需求。

四、进一步加强队伍建设，全面提升司法能力

进一步加强法官队伍正规化、专业化、职业化建设，不断提高法院干警整体素质。严格落实从严治党八项要求，深入推进“三严三实”专题教育，积极创新党建模式，以党建带队建促审判，不断增强党建工作的感召力和

实效性。坚持不懈抓好反腐倡廉工作，持之以恒加强作风建设，以零容忍态度坚决惩治司法腐败，以廉洁司法保证公正司法。

五、进一步主动接受监督，不断改进自身工作

自觉接受人大、政协、检察机关和社会各界的监督。依法主动向人大报告工作，不断提高代表议案建议、委员提案的办理质量。继续落实代表、委员参加视察、旁听庭审等工作。继续通过研讨会、论坛等形式加强与检察机关、律师的交流沟通。完善人民陪审员制度，扩大参审范围，提高人民陪审制度公信度。

各位代表，在新的一年里，面对新目标、新任务、新考验，我院将在区委的领导、区人大及其常委会的监督、区政府和区政协以及各位代表的大力支持下，奋发有为、扎实工作，为保障西城区在国际一流和谐宜居之都建设进程中走在前列，做出新的更大的贡献！

北京市西城区人民检察院工作报告

2016年1月14日在北京市西城区第十五届人民代表大会第六次会议上

西城区人民检察院代理检察长　董常青

各位代表：

现在，我代表西城区人民检察院向大会报告工作，请予审议。

2015年主要工作

在区委和市检察院的领导、区人大及其常委会的监督下，我院认真学习贯彻党的十八大、十八届三中、四中、五中全会和习近平总书记系列重要讲话精神，将“严格规范司法”作为全年工作重点，忠实履行宪法法律赋予的职责，努力为西城经济社会全面发展提供法治保障。

一、依法履行检察职能，服务发展保障民生

依法履行审查逮捕、审查起诉职能，积极参与社会治安综合治理，为建设和谐宜居绿色家园营造良好环境。

积极服务平安建设。共批准逮捕犯罪嫌疑人878人、提起公诉1064人。一是依法惩治危害公民人身权利、财产安全和公共安全的犯罪，妥善办理了“徐州市人大代表李宝俊私建地下室导致地面塌陷案”等一批具有较大社会影响的案件。针对部分访民采用极端方式严重扰乱社会秩序的行为，严把证据标准，依法起诉25人，确保新华门等敏感地区秩序稳定。二是突出打击食品药品领域的制假售假行为，重点惩治群众反映强烈的金融领域犯罪，依法起诉146人，切实维护公平有序的市场环境。尚金峰等人非法吸收公众存款案，涉案金额近30亿元，涉及投资人2200余名，我院严把起诉标准，现已依法对16人提起公诉。三是强化对生态安全的司法保护，集中查办全市涉及森林和野生动植物犯罪案件，共批捕35人、起诉72人。依法对新中国成立以来最大的跨京津冀非法象牙交易案提前介入侦查，引导公安机关抓获犯罪嫌疑人12名，查获象牙及制品640余公斤，推动首都生态文明建设。

切实促进社会和谐。认真落实社会责任，将矛盾化解贯穿执法办案始终。一是依法办理涉诉信访案件。全年接待群众来访828批次1519人次，集体访18批次800余人次。针对以高息回报为名骗取公众存款行为高发、容易导致被害人集体访的情况，主要领导深入一线、直接指导、亲自接待，从法律分析、事实认定、政策运用方面开展释法说理，引导当事人依法合理表达诉求。二是积极修复破损社会关系。深入当事人家中、单位、社区调处纠纷，有效化解缠访缠诉积案7件；对当事人达成和解的36件轻微犯罪案件，依法作出不起诉决定，促进矛盾化解；打造“新起点·温暖家”行动，为6个涉罪未成年人家庭开展个性化帮教20余次，助力修复亲子关系。三是积极给予司法人文关怀。对遭受犯罪侵害陷入生活困境、无法通过诉讼获得有效赔偿的5名被害人，发放司法救助金55万元，帮助解决生活困难，促进社会和谐稳定。

有效参与社会管理。立足检察职能，依托执法办案，服务社会管理。一是服务金融安全建设。围绕“金融强区”战略，完善与北京市“一行三会”定期交流、个案追踪、类案指导等机制，举办年度金融犯罪检察实务联席会，重点通报近年来非法集资案件查办情况及防控风险点，为区域金融健康发展提供参考。二是服务诚信体系建设。坚持“受理—查询—出文”一站式服务，为招投标单位提供行贿犯罪档案查询11536次，限制失信企业参与工程招投标，促进市场廉洁准入机制不断健全。三是服务校园法治建设。充分发挥“柳青法制课堂”“西检杯”中学生思想道德与法律知识竞赛的品牌效应，为近万名中小学生和家长开展法制宣讲活动，辖区涉未成年人犯罪连续4年下降。

二、依法查办职务犯罪，深入推进廉政建设

始终保持惩治腐败的高压态势，坚持有腐必反、有贪必肃，全年立案侦查贪污贿赂、渎职侵权犯罪案件23件31人。

依法查办各类职务犯罪案件。作为核心功能区的检察

机关，主动将职务犯罪侦查工作融入首都改革发展大局，集中力量查办上级交办和属地管辖的大案要案，共查办百万元以上案件5件、县处级以上12人。继续深入查办国家发改委价格司专案，严格依法收集、固定、审查证据，现已对5名主要犯罪嫌疑人移送审查起诉。坚决查办发生在群众身边、社会反映强烈的职务犯罪案件，对发生在环保、卫生等领域的6名“蚁贪”立案侦查，挽回经济损失近400万元。积极推进追逃追赃工作，对长期潜逃的22人逐人、逐案建立信息库，通过网上通缉、国际协作、敦促自首、亲情感化，成功将“百名红色通缉令”中裴健强在内的3人追捕归案。在政策感召下，1名犯罪嫌疑人主动投案，如实供述采用“虚报冒领”手段骗取国家补贴1000余万元的犯罪事实。

严格规范职务犯罪侦查行为。将侦查权的行使全部、全面、全程纳入受监督的轨道。对受理的案件线索，全部报请市检察院统一管理、分级评估、依法交办，排除人为因素干扰和选择性办案。对上级交办的案件线索，明确主体、责任、标准和时限，决不允许以调查核实线索为名私自接触当事人、干扰涉案企业正常生产经营活动。严禁滥用限制公民人身自由的强制措施，适用逮捕措施一律报请上级院决定，除上级交办的重特大案件并层报市检察院批准外，一律不得适用指定居所监视居住措施。坚持讯问犯罪嫌疑人全程录音录像，做到审录分离、图声同步、全程不间断，并在审查逮捕、起诉时一并移送录音录像，防止粗放执法、侵犯人权。

持续深化职务犯罪预防工作。更加注重预防在减少犯罪、保护干部方面的治本作用。坚持关口前移，推动源头治理，目前已与辖区21家单位签订廉政共建协议，覆盖教育、医疗、金融等6个行业，对倾向性、苗头性问题提前预警，帮助堵塞漏洞、完善制度。坚持侦防一体，紧密结合查办的案件，为115家单位6000余人开展警示教育，引导从业人员坚守廉洁底线。聚焦征地拆迁、社保优抚等民生领域，对全市查办的150件“小官巨贪”案件开展专项调研，逐案分析腐败背后的制度漏洞，提出预防性对策建议13条，获得市、区领导充分肯定。

三、依法强化法律监督，切实维护公平正义

牢牢把握检察机关的宪法定位，将维护司法公正作为核心价值，努力让人民群众在每一个司法案件中感受到公平正义。

把严防冤假错案作为坚守的底线。坚持以事实为依据、以法律为准绳、以证据为核心，加强审查把关，确保案件质量。一是严格把握逮捕条件。对现有证据不足以证明构成犯罪、需要继续补充侦查的148件案件，积极引导、督促侦查机关完善证据、查清事实。对情节显著轻微、不构成犯罪的97人，依法作出不批捕决定，确保无罪之人不受刑事追究。二是严格执行证据制度。坚持无罪推定、疑罪从无等原则，对侦查取证不合法、可能影响司法公正的，坚决排除非法证据3件。贯彻直接言词原则，要求必须听取犯罪嫌疑人供述、核实关键证人证言、审查辩护人意见，完善关键证人、鉴定人出庭机制，确保定案证据客观真实。三是着力统一司法尺度。对利用“伪基站”发送垃圾短信等新型犯罪、聚众扰乱公共秩序等敏感犯罪、非法吸收公众存款等多发犯罪，积极协调侦查、审判机关，列出必须搜集的证据种类，统一在证据标准、法律适用上的认识，确保案件依法公正处理。

依法加大对诉讼活动的监督力度。坚持问题导向，加强对侦查、审判、执行等环节的诉讼监督，切实规范司法权依法运行。一是重点监督纠正侦查活动违法的问题。针对侦查机关有案不立、有罪不究、违法取证等情形，依法监督立案2件，追捕、追诉犯罪嫌疑人14人，提出书面纠正意见10件，切实做到不枉不纵。二是重点监督纠正不当裁判的问题。对认为确有错误的刑事、民事、行政裁判依法提出抗诉6件。针对我院办理的北京首例新型证券交易类职务侵占案，一审判决未对2亿余元犯罪数额全部认定的问题，提请上级院抗诉并获改判。三是重点监督纠正刑罚执行中的突出问题。针对区看守所取消未成年人监室、实行混合关押的问题，及时发出纠正违法通知书并敦促改正，确保刑事诉讼法关于未成年人与成年人分别关押的规定执行到位。为防止出现“超期羁押”“一押到底”等问题，加大羁押必要性审查力度，依法对29人提出变更强制措施建议，切实保障在押人员合法权益。

以程序公正彰显保障人权的力量。把程序公正作为基本遵循，积极维护诉讼参与人的合法权益，努力实现看得见的正义。一是依法保障当事人的诉讼权利。对受理的全部案件，均依法告知当事人在每一环节的权利义务；对事实清楚、证据充分、被告人自愿认罪的80件轻微刑事案件适用速裁程序，依法在8日内完成审查工作，切实提高司法效率。二是依法保障律师的执业权利。认真贯彻全国律师工作会议精神，更加重视律师对维护司法公正的积极作用，对律师提出的无罪、罪轻、变更强制措施等意见，一律记录入卷、认真核实、依法采纳；全年接待律师阅卷399人次，保障律师阅卷完整，不设时间和次数限制；对特别重大贿赂案件，在侦查终结前必须许可律师会见。三是依法保障特殊群体的合法权益。对没有委托辩护律师的盲、聋、哑等犯罪嫌疑人，协调法律援助32件；畅通“妇女儿童维权通道”，完善合适成年人参与讯问、社会调查、犯罪记录封存等机制，依法对3名未成年人作出附条件不起诉决定，并引入社会力量参与考察帮教，帮助其改过自新、回归社会。

四、积极稳妥推进改革，努力提升司法公信

认真贯彻全面深化司法改革的各项要求，以创新的精神、务实的态度推进检察制度改革，不断健全检察权运行机制。

探索推进检察官办案责任制改革。综合考量专业特长、办案特点等因素，为首批选任的31名主任检察官配齐、配强检察官助理等辅助人员，建立专业化、扁平化的办案组织。坚持权责一体、制定“权力清单”，明确各层级职责权限，让检察官真正成为办案主体，对所作决定终

身负责。坚决排除内外部干扰，明确干预、插手具体案件处理的7种情形，并建立记录、通报和责任追究制度，让检察官能够专心办案。突出对办案质效的考量，定期通报案件质量、执法办案中的突出问题，杜绝为追求数量下达办案指标、为业绩考核选择弄虚作假，确保按照司法规律依法办案。

创新打造电子检务工作模式。将“互联网+”与检察工作相融合，利用信息科技促进规范司法、科学管理。完善信息化办案系统，所有案件一律网上办理、网上管理，对26项核心业务数据、692个办案关键节点实时公开、动态监控，确保司法行为全程留痕、发现问题及时整改。研发涉案财物智能管理系统，实现查封、扣押、冻结、处理涉案财物全程电子台账、专人专柜专户管理，全年无挪用、丢失、损毁情况发生。探索“智慧西检”综合信息管理平台，在全国检察系统率先推出集移动办公、辅助办案、网上培训等功能于一体的综合应用服务平台，有效提升检察工作现代化水平。我院被评为首批“全国检察机关科技强检示范院”。

依法接受人大及社会各界监督。着力构建开放、动态、透明、便民的检务公开机制。一是依法接受人大监督。坚持重大事项报告制度，围绕金融检察、办案责任制改革等重点工作，配合全国、市、区三级人大开展座谈调研、专项报告8次，认真听取代表意见建议，切实将人大监督转化为深化改革、改进工作的强大动力。二是主动接受社会各界监督。坚持公检法分工负责、互相配合、互相制约的诉讼原则，探索与律师间的相互评价机制，构建良性互动的法律职业共同体，切实维护司法公正。打造立体化的检察宣传格局，举办新闻发布会、博友基层行、检察开放日等活动，利用“三微一网”新媒体平台，及时回应社会关切。三是全面深化检务公开。坚持能公开的一律公开，推动从职能职责公开、告知性公开向案件信息公开、说理性公开转变，在案件信息公开系统共发布案件程序性信息2716条、法律文书628份。打造一体化的检察事务大厅，集成律师接待、业务咨询、电子卷宗制作等8项功能，为社会公众提供全方位的诉讼服务。

五、全面推进从严治检，着力建设过硬队伍

始终把队伍建设作为重中之重，不断加强教育、监督、管理，努力打造一支同司法改革要求相适应的专业化、职业化检察队伍。

强化思想政治工作。“扎实开展‘三严三实’专题教育”，坚持以党建带队建，通过检察长讲党课、召开民主生活会以及举办“纪念建党”“宪法宣誓”等活动，培育、实践以“尚德、明法、求实、创新”为要义的西城检察院精神，引导全体检察人员尊重检察职业、热爱检察事业。不断加强自身党风廉政建设，坚持把纪律和规矩挺在前面，强化主体责任和监督责任，将廉政工作落实到每一个执法部门、每一个执法环节，确保检察队伍清正廉洁。我院获全市“建设学习型党组织工作示范点”“首都文明单位标兵”等多项荣誉。

狠抓严格规范司法。用比监督别人更严的标准来监督自己，部署开展为期一年的规范司法行为专项整治活动。通过实地走访、案件回访、发送调查函等形式，详细了解执法办案中存在的突出问题，切实加强对关键环节、重点岗位的监督。加大案件质量评查力度，对立案后撤案、捕后不起诉等9类37件案件逐案复查，对查找出的证据审查不细致、文书制作不规范等问题，责令相关部门立即纠正。深入开展检务督察，通过出台《执法办案接待工作规范》、配备执法记录仪、落实作风监督卡、建立网上曝光台等“一揽子”举措，集中通报检察人员出庭不守时、检务接待着装不规范等11项问题，督促检察人员形成规范司法的行动自觉。

打造专业检察队伍。深入开展“教育培训年”活动，先后举办各类素能培训55期，同天津、河北两地检察机关定期开展模拟法庭辩论，有效提升检察人员审查证据、出庭证明犯罪、释法说理等能力。坚持重心下移、检力下沉，将新招录的10名法学专业毕业生及综合部门的11名检察人员充实到办案一线，有效缓解案多人少的问题。着力加强专家型、领军型人才建设，完善检察业务人才导师、中青年人才多岗位培养等机制，鼓励检察人员开展法学理论与实务研究，促进形成“通理论、善研究、精实务”的氛围。全年在国家检察官学院、市检察院申请重点课题近10个，2人获全市检察业务专家提名奖。

各位代表，过去一年检察工作的发展进步，离不开区委和市检察院的正确领导、区人大及其常委会的有力监督，区政府、区政协及社会各界的大力支持。为深化检察改革、促进规范司法、增进检民关系，各位代表积极呼吁、建言献策，让我们深受鼓舞、倍受感动。在此，我代表区检察院全体人员，向关心、支持检察工作的各位代表及社会各界，表示诚挚的敬意和衷心的感谢！

面对全面深化改革的新形势、区域功能定位的新变化、群众对严格公正司法的新期盼，检察工作还存在一些问题和困难：一是立足检察职能，服务区域发展、促进法治建设思考还不够深入，作用还不够明显；二是推进检察改革亟待强力统筹，改革释放检力、促进公开、提升公信的效能需进一步优化；三是办理新型复杂案件、准确认定事实证据、出庭证明犯罪等能力尚显不足，对刑事、民事、行政诉讼活动的监督仍需加强；四是有的检察人员程序意识、规范意识未牢固树立，司法不规范、不文明现象依然存在，从严治检仍需常抓不懈。对于以上问题，我们将在今后的工作中，下大气力认真整改。

2016年工作任务

2016年是“十三五”规划开局之年，我院将深入贯彻党的十八大、十八届三中、四中、五中全会和习近平总书记系列重要讲话精神，坚持首善标准，突出问题导向，不断强化法律监督，积极推进检察改革，继续抓好规范司法，努力为西城经济社会全面发展营造和谐稳定的社会环境和公正高效的司法环境。

一是积极服务区域安全稳定。围绕平安西城建设，重点打击严重暴力、多发性侵财、危害食品药品安全和公共安全等犯罪，不断增强群众安全感。严厉惩治非法集资、电信诈骗、侵犯知识产权等严重破坏市场秩序的行为，平等保护各类市场主体的合法权益。依法查办破坏生态环境和资源犯罪，助力京津冀生态环境联防联控。健全矛盾纠纷化解、刑事和解、轻微案件快速办理等机制，促进社会治理法治化，让群众有更多获得感。

二是深入推进反腐倡廉建设。围绕健全惩治和预防腐败体系，依法查办发生在群众身边、损害民生民利的职务犯罪，重点惩治教育、医疗、司法、行政审批等领域腐败案件，加大对行贿索贿的惩处力度。积极推进追逃追赃工作，决不让腐败分子逍遥法外。健全信息引导侦查、侦防一体化等工作机制，提高发现线索、突破案件的能力。坚持向预防要生产力，紧密结合查办案件，开展同步预防、专项预防，切实发挥预防工作在反腐败中的治本作用。

三是依法加强诉讼监督工作。积极适应以审判为中心的诉讼制度改革，从证据审查上严把案件质量、防范冤假错案。认真执行刑事、民事、行政三大诉讼法，切实加强对侦查、审判、执行活动的监督，探索综合监督办法，增强监督实效。健全“行刑衔接”工作机制，积极促进依法行政。加强对“减假暂”的同步监督，畅通在押人员控诉渠道，杜绝违法假释、久押不决等问题，促进刑罚执行公开公平公正。

四是扎实推进各项检察改革。认真总结检察官办案责任制改革试点经验，不断完善案件质量终身负责、错案责任倒查问责等制度，为探索推动司法责任制、检察人员分类管理、职业保障等重大改革任务做好思想上、工作上的准备。牢固树立“互联网+检察”战略思维，着力挖掘信息科技在提高办案能力、规范司法行为、推动检察改革方面的效用潜能，为检察事业发展提供有力的科技支撑。

五是坚持不懈加强队伍建设。把打造过硬队伍作为战略性任务。强化思想政治建设，深入开展理想信念、法治理念教育，夯实检察人员坚定法治信仰、坚守职业良知的思想根基；强化司法能力建设，充分发挥检察业务专家、专门人才的引领示范作用，加快队伍正规化、专业化、职业化建设；强化纪律作风建设，坚决防止和纠正执法不公正、不规范、不廉洁、不文明的行为，以零容忍态度正风肃纪，确保严格公正廉洁执法。

各位代表，在充满希望和变革的2016年，我们将在区委和市检察院的领导、区人大及其常委会的监督、区政府、区政协及社会各界的支持下，依法履行宪法法律赋予的职责，求真务实，锐意进取，为西城全面实施“十三五”规划、在国际一流和谐宜居之都建设进程中走在前列，作出积极贡献！

北京市西城区国民经济和社会发展第十三个五年规划纲要

序言

到2020年，全面实现区域发展转型和管理转型，率先全面建成小康社会，在北京建设国际一流的和谐宜居之都进程中走在前列，在更高水平上共同创造城市美好生活，是西城区未来五年的重要目标任务，“十三五”规划必须紧紧围绕实现这个目标来制定。中国共产党北京市西城区第十一届委员会第十次全体会议深入分析了西城区发展面临的形势，认为紧紧抓住重大历史机遇，推动西城区实现新的发展，任务艰巨，使命光荣。

《北京市西城区国民经济和社会发展第十三个五年规划纲要》（以下简称本规划）编制的主要依据是：习近平总书记系列重要讲话特别是视察北京重要讲话精神、《中共中央关于制定国民经济和社会发展第十三个五年规划的建议》《京津冀协同发展规划纲要》，《中共北京市委关于制定北京市国民经济和社会发展第十三个五年规划的建议》《中共北京市委北京市人民政府关于贯彻〈京津冀协同发展规划纲要〉的意见》，《中共北京市西城区委关于制定西城区国民经济和社会发展第十三个五年规划的建议》等。

第一篇　全面实施区域发展转型和管理转型

第一章　跨入经济社会发展新阶段

“十二五”时期是西城区发展历程中具有重要历史意义的五年，在市委、市政府和区委的领导下，牢牢把握首都功能核心区行政区划调整重大机遇，深入实施“服务立区、金融强区、文化兴区”发展战略，加快推进“活力、魅力、和谐”新西城建设。全区各族人民团结奋斗，扎实做好稳增长、促改革、调结构、惠民生、防风险等各项工作，圆满完成2014年亚太经合组织会议、纪念中国人民抗日战争暨世界反法西斯战争胜利70周年和2015年世界田径锦标赛等重大活动服务保障和安全保卫任务。“十二五”规划确定的主要目标和任务胜利完成，为率先全面建成小康社会和“十三五”时期的发展奠定了坚实基础。

经济发展实现新跨越。充分发挥区域优势，着力构建“高精尖”经济结构，强化功能区支撑带动作用，服务经济、知识经济、总部经济特征更加鲜明，区域经济平稳健康发展，质量和效益不断提高。“十二五”期末，全区地区生产总值预计达到3266亿元，年均增长9.7%。三级税收达到4660.7亿元，年均增长17.2%。一般公共预算收入达到451.5亿元，年均增长16.1%。第三产业比重保持在90%以上。生产性服务业占GDP比重达到70%以上，以金融业为核心的高端产业成为区域经济支柱，具有国际影响力的国家金融管理中心功能进一步完善。辖区企业在境内外上市累计达到48家，在“新三板”上市累计达到37家。高新技术产业发展态势良好，全区专利申请量突破2万件，年均增长47.8%，中关村西城园总收入突破2000亿元，年均增长69.8%。文商旅融合发展取得新成效，社会消费品零售总额达到910亿元，年均增长8.4%。

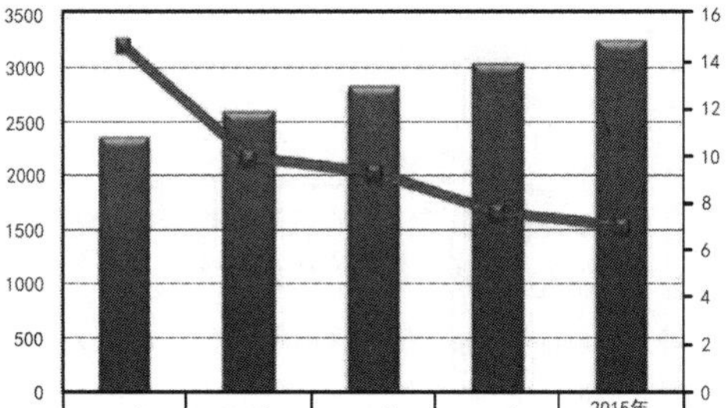

	2011年	2012年	2013年	2014年	2015年预计值
地区生产总值（亿元）	2360.8	2593.5	2835.7	3052.3	3266
地区生产总值增长率（%）	14.7	9.9	9.3	7.6	7

图1：2011-2015年地区生产总值完成情况

城市管理和服务能力不断增强。坚持以首善标准提升“四个服务”水平，全面打响治理“大城市病”攻坚战，有序推进非首都功能疏解，首都核心功能得到进一步强化。全面实施新增产业禁止和限制目录，限制新增不符合首都核心功能的企业3000余家。严格控制人口规模，实现常住人口增速和增量由升转降。坚持高标准建设、高水平管理，市政基础设施建设水平进一步提高，城市承载能力得到加强。全区实现规划道路里程为248.7公里，规划实现率为64.3%，路网密度达到6.9公里/平方公里，基本形成“十二横九纵”路网格局。针对城市管理的痼疾顽症，实施“拆违、灭脏、治污、清障、治乱、撤市”六大战役，城市环境形象有效改善。综合施策治理大气污染，如期实现全区“无煤化”，细颗粒物浓度自2012年以来累计下降16.3%。累计新增公共绿地16.1万平方米，滨水绿道建设成效显著，公共休闲空间进一步拓展。建立分类分级精细化管理模式，城市运行管理更加安全高效，管理服务品质和人民群众的安全感显著提升。

文化魅力更加彰显。大力培育和践行社会主义核心价值观，爱国主义、集体主义、社会主义思想广泛弘扬。坚持传承与发展并重，确立“名城、名业、名人、名景”工作体系，加强整体风貌保护，实施90个文物修缮工程，整理发掘非遗项目162项，历史文化名城保护工作取得重大进展。加快“记忆西城、书香西城、艺术西城、时尚西城”建设，推进“1121”工程，全区公共图书馆达到33个，图书藏量达到167.6万册，“一街一品”等群众文化品牌活动蓬勃开展，公共文化服务体系进一步完善，公共文化服务供给能力不断增强。文化产业稳步发展，“十二五”期末，文化创意产业收入预计达到830亿元，年均增长10%以上。巩固“全国文明城区”建设成果，市民素质和城市文明程度不断提高。

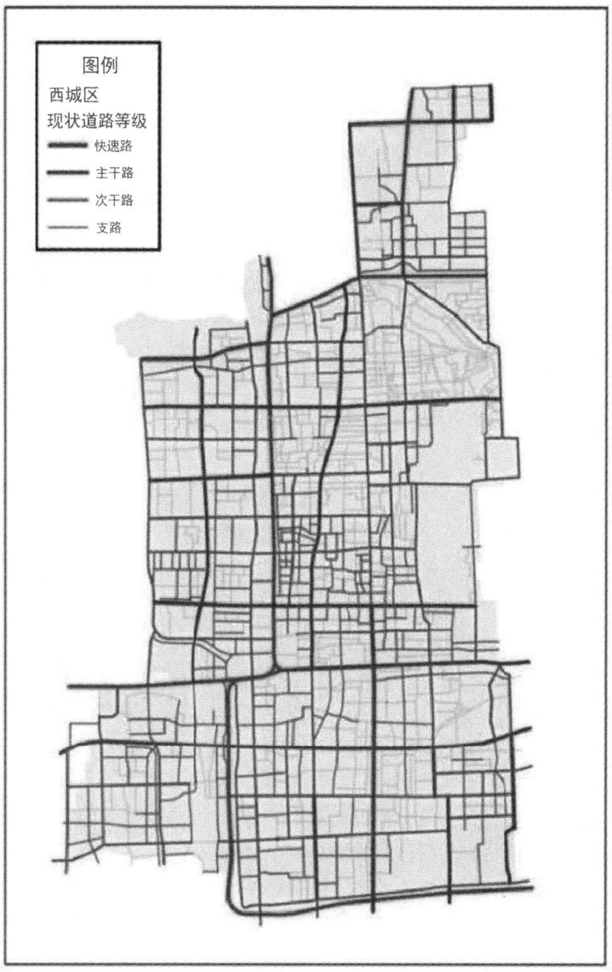

图2：西城区现状骨干路网格局

民生服务和社会治理取得新进展。全力保障和改善民生，基本公共服务能力和均等化水平不断提高，人民群众得到更多实惠。城镇居民人均可支配收入超过5万元，年均增长10.1%，快于经济增长速度。完成27所中小学、幼儿园的新建和改扩建，实施99所学校的校舍安全工程，义务教育阶段新增优质学位万余个。大力开展社区卫生服务机构标准化建设，达标率实现90.8%。体育生活化社区基本实现全覆盖。城镇登记失业率从1.08%下降到0.86%。实现五项社会保费征缴率98%的目标。以棚户区改造为重点，加快实施居民居住条件改善工程，建设保障性住房4万余套，6.7万户次居民居住条件得到改善。全面加强和创新社会治理，社区基本公共服务能力持续增强，社会参与进一步扩大，全区社会组织达到3056个，社会保持和谐稳定。2015年全响应网格化社会治理工作荣获中国地方政府创新奖。

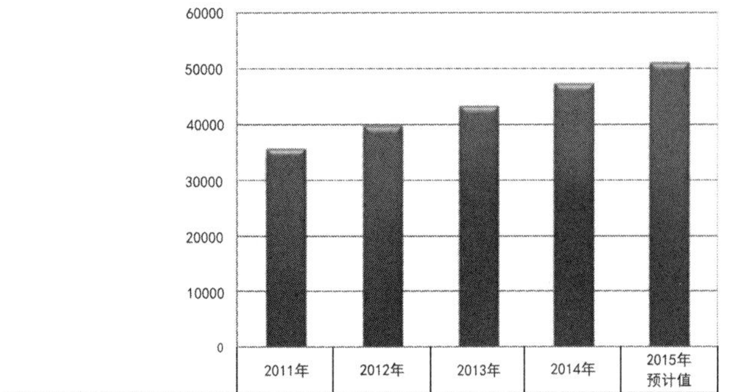

	2011年	2012年	2013年	2014年	2015年预计值
■城镇居民人均可支配收入（元）	35740	39772	43479	47392	51180

图3：2011-2015年城镇居民人均可支配收入完成情况

深化改革取得重要成效。从改革制约发展的体制机制入手，把握重点领域和关键环节，加快推进全面深化改革各项工作。制定了全面深化改革的实施意见，确定了改革的路线图、时间表、任务书，重点领域改革取得突破进展。承接市政府下放的行政审批172项，取消行政审批43项，梳理区政府本级行政权力156项、政府部门行政权力5344项、街道办事处行政权力64项。社区治理创新试点稳步推进，多元主体的社会服务体系初步形成，社会动员机制进一步完善。实施了教育集团等教育综合改革新举措，在全区义务教育阶段学校实现了免试就近入学。大力推进分级医疗体系建设，积极探索公立医院改革，深入开展社区卫生改革，在全区范围内全面推行医养结合。积极探索城市管理体制、文化体制改革。调整优化区属国有资产结构布局，完善国资监管体系，健全激励约束机制，组建北京金融街资本运营中心，完成4家企业战略重组，国有资本配置效率和运营能力进一步提高。

“十二五”时期，全区各项事业发展取得重大成就，区域综合实力和发展水平迈上新台阶，谱写了西城区改革发展与现代化建设的新篇章。

尤为重要的是，习近平总书记视察北京并发表重要讲话，为新的历史条件下做好西城区的发展和管理工作提供了根本遵循，中央制定的《京津冀协同发展规划纲要》也为首都发展指明了新的方向。面对首都发展形势和要求的深刻变化，认真落实首都城市战略定位，主动融入京津冀协同发展，立足特殊区位，凝聚了“强化疏解就是发展、优化服务就是发展、惠及民生就是发展、提升环境就是发展、发挥优势就是发展”的共识，坚决打好非首都功能疏解、人口规模调控、棚户区改造和环境建设攻坚战，各方面工作迈出了坚实步伐。

第二章　把握发展形势深刻变化

纵观未来五年国际、国内和首都发展大局，西城区发展面临着重大的历史机遇。“四个全面”战略布局的提出，确立了新形势下党和国家各项工作的战略方向、重点领域和主攻目标，为更好地推动区域发展提供了根本指针。中央实施“一带一路”、京津冀协同发展等重大战略，为西城区的发展创造了良好条件、注入了强大动力。中央提出走出一条中国特色城市发展道路的要求，首都新的城市战略定位和战略目标的确立，为破解发展中的突出矛盾问题提供了重要依据和路径选择。市委十一届八次全会、区委十一届十次全会为未来五年实现更好的发展提出了新的目标要求。西城区有着良好的发展基础，有全区人民的信任和支持，这些为未来实现更高水平的发展提供了有力支撑。

与此同时，西城区自身发展中还面临着一些突出矛盾和困难，特别是人口资源环境矛盾突出，城市承载的压力持续加大，人口过多、交通拥堵等“大城市病”问题亟待破解；城市环境与国际一流标准相比还有很大差距，部分地区基础设施仍然薄弱，城市文明程度和管理服务水平有待提升；科技、文化、金融创新优势发挥不够，产业结构仍需优化调整；人口老龄化问题日益凸显，部分群众的生活居住条件亟待改善；反恐维稳形势依然严峻复杂，立体化治安防控体系建设仍需创新完善；政府自身建设有待加强，法治建设水平需要进一步提高。

综合分析判断，西城区发展仍然处于可以大有作为的重要战略机遇期，既面临艰巨任务，又有许多有利条件。必须准确把握战略机遇期内涵的深刻变化，准确把握西城区发展的阶段性特征，准确把握全面建成小康社会目标的客观要求，坚持目标导向、问题导向，着力落实首都城市战略定位、服务保障首都核心功能，着力破解制约区域科学发展的瓶颈问题、补齐生态环境和城市治理短板，提升城市管理和服务品质，不断开创西城区发展的新局面。

第三章　指导思想和发展要求

高举中国特色社会主义伟大旗帜，全面贯彻党的十八大和十八届三中、四中、五中全会精神，以马克思列宁主义、毛泽东思想、邓小平理论、“三个代表”重要思想、科学发展观为指导，深入贯彻习近平总书记系列重要讲话精神，坚持“四个全面”战略布局，坚持发展是第一要务，牢固树立和自觉践行创新、协调、绿色、开放、共享的发展理念，深入落实首都城市战略定位，主动融入京津冀协同发展，以有序疏解非首都功能、治理“大城市病”为重点，以提高发展质量和效益、提升城市管理和服务品质为主线，加快形成符合首都中心城区发展要求的体制机制和发展方式，统筹推进经济建设、政治建设、文化建设、社会建设、生态文明建设和党的建设，全面实现区域发展转型和管理转型，率先全面建成小康社会，在北京建设国际一流的和谐宜居之都进程中走在前列，在更高水平上共同创造城市美好生活。

推动“十三五”时期西城区经济社会发展，必须遵循坚持人民主体地位、坚持科学发展、坚持深化改革、坚持依法治国、坚持统筹国内国际两个大局、坚持党的领导等重大原则；必须把创新、协调、绿色、开放、共享的发展理念贯穿于经济社会发展全过程和各领域，以发展理念转变引领发展方式转变，以发展方式转变推动发展质量和效益提升。

西城作为首都核心区，要着力转变城市发展方式，完善城市治理体系，提高城市治理能力，着力解决城市病等突出问题，不断提升城市环境质量、人民生活质量、城市竞争力，建设和谐宜居、富有活力、独具特色的现代化城区。尊重城市发展规律，统筹好空间、规模、产业三大结构，提高城市工作全局性；统筹好规划、建设、管理三大环节，提高城市工作的系统性；统筹好改革、科技、文化三大动力，提高城市发展持续性；统筹好生产、生活、生态三大布局，提高城市发展的宜居性；统筹好政府、社会、市民三大主体，提高各方推动城市发展的积极性。

“十三五”时期，西城区要全面实现区域发展转型和管理转型，努力走出一条更高质量、更有效率、更加公平、更可持续的发展新路。必须从聚集功能求发展向疏解功能、调控人口、瘦身健体求发展转型；从关注量的扩张向重视质的提升转型；从更多关注经济增长向更加注重经济、社会、文化、生态各方面整体协调发展转型。必须从偏重政府管理向政府、市场、社会公众多元参与、共建共享转型；从粗放式管理向精细管理、精准服务、智慧运行转型；从单纯满足需求向注重供给侧管理和需求侧管理并重转型。

结合北京市整体功能布局对中心城区的定位，即政治中心、文化中心的核心承载区，历史文化名城保护的重点地区，体现国家形象和国际交往的重要窗口地区，西城区推动“十三五”时期经济社会发展必须坚持的基本要求是：

——必须深入落实首都城市战略定位。坚持把落实首都城市战略定位作为衡量发展的根本标尺，有序疏解非首都功能，优化提升首都核心功能，在服务国家和首都大局中提高发展水平，使经济社会发展与首都城市战略定位相适应、相一致、相协调。

——必须主动融入京津冀协同发展。紧紧把握西城区在京津冀协同发展中的定位，充分发挥资源优势和示范带动作用，在协同发展中补齐短板、优化功能、实现共赢。

——必须加快提升城市管理和服务品质。坚持人口资源环境相协调，坚守生态保护红线、环境质量底线、资源消耗上限，加大环境建设力度，促进城市永续发展。坚持以精细管理和优质服务提升城市发展品质，促进城市治理体系和治理能力现代化。

——必须着力增进民生福祉。坚持以人民为中心的发展思想，把增进人民福祉、促进人的全面发展作为发展的出发点和落脚点，充分调动人民群众的积极性、主动性、创造性，让全区人民在共建共享发展中有更多获得感。

——必须全面深化改革和加强法治建设。坚持依靠改革破解难题、释放发展活力，着力破除制约发展的思想障碍和制度藩篱，推进重点领域改革和关键环节改革。提高运用法治思维和法治方式推动发展的能力，确保区域发展既生机勃勃又井然有序。

第四章 主要目标

“十三五”时期区域发展的重要目标任务是：全面实现区域发展转型和管理转型，率先全面建成小康社会，在北京建设国际一流的和谐宜居之都进程中走在前列，在更高水平上共同创造城市美好生活。

今后五年，要坚持首都意识、首善标准、首创精神，继续实施“服务立区、金融强区、文化兴区”发展战略，加快疏功能、转方式、治环境、补短板、促协同，努力在以下方面取得新成果：

——核心功能显著增强。疏解非首都功能取得明显成效，区域性专业市场调整退出，部分教育、医疗等公共服务机构、行政企事业单位有序迁出。全区常住人口总量控制在110.7万人以内，“大城市病”问题得到有效缓解。区域功能定位更加凸显，“四个服务”能力进一步增强，城市管理和服务品质全面提升。

——城市环境更加宜居。生态环境质量进一步改善，生产方式和生活方式更加绿色低碳。单位地区生产总值能耗、水耗持续下降，碳排放总量得到有效控制，环境污染治理水平不断提高。绿色生态空间进一步拓展，城市综合承载力和现代化治理水平不断提升。

——文明程度显著提升。中国梦和社会主义核心价值观更加深入人心，爱国主义、集体主义、社会主义思想广泛弘扬。文化事业和文化产业蓬勃发展，公共文化服务体系更加健全，历史文化名城保护全面加强，区域文化品位、文化影响力不断提升。市民综合素质和城市文明程度显著提高，文明城区建设水平迈上新台阶。

——经济发展更加优质。在发展质量和效益不断提升的基础上，总量规模稳步增长，2020年地区生产总值和城镇居民人均收入比2010年翻一番。结构性改革逐步推进，供给体系质量和效率进一步提高，“高精尖”经济结构进一步优化。创新引领作用更加凸显，高端发展、内涵发展、融合发展优势显著提高，区域发展的内生动力和活力进一步增强。

——人民生活显著改善。公共服务体系更加完善，基本公共服务均等化程度和优质化水平进一步提高。就业更加充分。基础教育更加优质均衡，群众健康水平普遍提升，养老服务体系更加完善，困难群众基本生活进一步改善，棚户区改造任务基本完成，社会更加安定有序，人民生活水平和质量普遍提高。

——治理体系更加健全。治理体系和治理能力现代化取得重大进展，与首都城市战略定位要求相适应的体制机制基本形成，社会治理体系更加完善，城市治理能力进一步增强，人民民主更加健全，各领域改革全面推进，法治政府基本建成。

第二篇 优化提升首都核心功能

“大城市病”的深层次根源在于功能过多、过于集中，带来人口过度集聚，导致资源环境压力大，城市运行成本高。“十三五”时期，要有序疏解非首都功能，加强人口调控，提升服务保障能力，努力实现更高质量的可持续发展。

第一章 有序疏解非首都功能

有序疏解非首都功能是落实首都城市战略定位的重中

西城区“十三五”时期经济社会发展主要指标及目标值

序号	指标		目标	属性
1	常住人口规模（万人）		【<110.7】	约束性
2	用水总量（亿立方米）		达到市级要求	约束性
3	能源消费总量（万吨标准煤）		达到市级要求	约束性
4	单位地区生产总值能耗降幅（%）		达到市级要求	约束性
5	单位地区生产总值水耗降幅（%）		【>15】	约束性
6	单位地区生产总值二氧化碳排放降幅（%）		达到市级要求	约束性
7	细颗粒物浓度降低（%）		达到市级要求	约束性
8	生活垃圾无害化处理率（%）		100	约束性
9	污水处理率（%）		100	约束性
10	食品药品安全监测抽检合格率（%）	食品安全监测抽检合格率（%）	99	约束性
		药品安全监测抽检合格率（%）		
11	单位地区生产总值生产安全事故死亡率降低（%）		达到市级要求	约束性
12	公园绿地500米服务半径覆盖率（%）		95	约束性
13	绿色出行比例（%）		75	预期性
14	城镇居民可支配收入年均增速（%）		与经济增长同步	预期性
15	国民体质监测合格率(%)		95	预期性
16	人均预期寿命(岁)		84.5	预期性
17	城镇登记失业率（%）		<2	预期性
18	基层公共文化设施达标率（%）		85	预期性
19	生活性服务业品质提升指数（社区商业）（%）		70	预期性
20	养老照料中心和老年餐桌覆盖率（%）		100	预期性
21	机构养老床位数（张）		【4500】	预期性
22	地区生产总值年均增速（%）		7	预期性
23	一般公共预算收入年均增速（%）		6.5	预期性
24	万人发明专利拥有量（件）		100	预期性
25	金融业增加值占全区比重（%）		45	预期性

注：【】为5年累计数。

之重。要坚持问题导向、底线思维，调整疏解与优化发展并重，用足用好各项政策，有效降低人口密度，到2020年有序疏解非首都功能取得明显成效。

严格控制增量。严格执行、不断完善新增产业禁止和限制目录，严把企业登记、项目审批准入关。严禁在区域内增加生产加工环节。严禁金融机构新设立信息中心、后台呼叫中心等下属服务机构。严禁在区域内新建和扩建除满足居民基本需求的零售网点以外的商品交易市场设施。严控医疗资源过度集聚，严禁在区域内新设立综合性医疗机构，严禁增加医疗机构床位数量。严格控制新设或迁入行政性、事业性服务机构。严禁京外中央企业总部迁入，严控新增的其他总部企业集聚。坚决取缔无证无照经营。

有序疏解存量。综合施策，加速推进各类批发市场有序疏解。到2017年，全部完成区域性批发市场疏解任务，到2020年，保障城市运行和服务民生的一般性市场升级改造基本完成。全面完成区属职业教育资源整合与疏解。推动优质医疗卫生资源通过办分院、对口支援、共建共管等方式向外疏解和发展。配合中央和市属单位完成教育和医疗资源疏解。配合做好市属行政事业单位向市行政副中心转移各项工作。推动制造业生产环节有序退出和转移疏解。

加强人口规模调控。强化人口调控工作责任制，综合运用经济、法律、行政手段，严格控制人口规模。完善户籍指标管理制度，严控户籍人口机械增长。结合棚户区改造，健全促进人口转移机制，完善落实户随人走的迁出政策和鼓励户籍外迁政策。严厉打击违法建设、违法经营等行为，坚决压缩违法经营空间。建立适合中心城区要求的商业门店、餐馆经营标准和规范，依法重点治理“开墙打洞”和店外摆摊经营，严格控制低端业态无序聚人，避免更新改造后的街巷胡同过度商业化。全面清理地下空间，严禁地下空间散租住人。持续开展群租房整治，健全违法群租房综合治理长效机制。推动直管公房管理体制改革，完成直管公房确权及不动产登记，基本完成直管公房转租转借的清理工作。规范房屋中介机构经营行为，强化住宅出租规范化管理。

统筹利用好腾退空间。重点保障首都核心功能、服务和改善民生。优先提升生态环境水平，重点用于增加绿地、微型公园，提高城市品质。优先建设公共服务和文化空间，改善宜居环境。统筹规划，编制方案，制定标准，加强腾退空间的使用和管理，确保“人随事走”，坚决防止非首都功能和人员再聚集。

健全疏解促进机制。利用市场的力量推动疏解，在产业结构升级中实现疏解。充分发挥中央、市级政策效用，推出促进非首都功能疏解的配套政策和改革举措。严格执行分区域、阶梯式、差别化的公共服务、资源性产品价格和收费政策，执行更加严格的节水、节地、节能、环保等标准，严格执行有利于功能疏解的就业、社会保障等相关政策。坚持政府引导、市场主导，探索政府引导市场发挥资源配置作用的体制机制，充分调动疏解对象外迁的积极性和主动性。

第二章 建设国际一流基础设施

坚持国际一流标准，按照绿色循环低碳的理念设计、建设、完善各类基础设施，形成适度超前、相互衔接、满足未来需求的功能体系，增强基础设施的系统性、安全性和可靠性，提升基础设施对首都核心功能和民生的服务保障能力。

完善道路交通设施。全面落实“道路建设三年行动计划”，建成系统完善、级配合理、层次清晰、功能明确的道路网络系统。完善和调整城市路网规划，城市规划道路通行率达到100%，规划建设城市道路37条，共计22.76公里。继续推进主干路系统建设，完成北新华街北段、受壁街等次干路、支路建设，打通“断头路”，消除“瓶颈路”，实现微循环道路全部建成。

改善慢行交通条件。组织实施自行车、步行交通路权整治，依法从严治理占用非机动车道的行为，倡导自行车回归城市，提升慢行系统的连续性、安全性、舒适度和便利化水平。优化提升林荫绿道、重点商业街区空中和地下连廊、文保区慢行胡同建设水平，促进慢行系统和公共交通无缝衔接，为全市绿色交通体系构建基础支撑。

改进停车设施建设和管理。依法规范停车秩序，治理违章停车，严格占道停车管理。扩大单位与周边居住区停车资源共享覆盖面，优先缓解居民停车困难，提高停车资源利用效率。适当增加居住区停车位数量，以立体化停车为导向，鼓励社会资本进入停车设施建设、运营、管理领域，推行合理停车共享模式。

大力推动市政基础设施建设。以国际一流的标准提升市政基础设施建设水平和城市运行监控预警能力。推进城市地下综合管廊建设试点。逐步探索具有西城特色的文保区基础设施建设模式。实施道路架空线入地工程。推进国家大剧院南侧等变电站建设。增加汽车充电设施数量，优化建设布局。

完善基本公共服务设施建设。高标准建设教育、卫生、文体等基本公共服务设施。加快面向妇女、儿童、老年人等群体的民生基础设施建设。普及无障碍设施。优化优质公共资源的配置，重点提升薄弱街道、社区的基本公共服务能力。以基本公共服务均等化为目标，实现设施服务范围及服务人群的全覆盖。

建设高速信息网络。加快建设信息网络和服务体系，构建光网城区、移动互联无线城区，全面提升数据安全水平，提升网络速度。全面完成“光进铜退”改造，解决“最后一公里”瓶颈问题，网络接入能力达到“百兆到户、千兆到楼”水平。实现新建居住建筑直接光纤到户，已建小区2017年底前完成光纤到户改造。优化移动通信网和WiFi布局，分类推进重点公共场所免费WiFi覆盖，加快建设无线城市。打造信息安全城区。

第三章 提升服务保障能力

西城区是首都“四个中心”城市战略定位的主承载

区，国际一流的和谐宜居之都建设的重要区域，也是疏解非首都功能的关键区域，必须强化国家政治活动、文化交流和国际交往等高端服务功能，努力提升民生保障能力。

履行好首都服务职能。坚持以最高标准履行职责，全力确保首都核心区安全稳定，创造一流的政务服务环境、城市生态环境、城市管理环境、城市运行环境。健全服务体制机制，高标准、高水平做好为党、政、军领导机关服务的各项工作。深化与中央单位和驻区部队教育、医疗、科技、文化领域的合作，不断拓展新的合作空间，实现优质资源的共享、互补、合作、共赢。

服务好国际交往功能。完善外事服务设施，健全外事服务体系，优化国际化服务环境，全面提升区域国际化水平。大力提升对国家外交和首都外事、重大国际活动服务保障能力。服务好国际组织和国际性智库。继续做好高端金融、商贸论坛，搭建国际性、高层次的对话交流平台。突出区域优势，增进国际文化交流，营造国际一流的旅游环境，打造中外历史文化交流窗口。深化国际合作和友好城市交流，持续推进“西城文化友城行”等系列活动的开展，推动更高级别、更宽领域、更深层次的国际合作，不断提高对外开放和服务水平。

服务好国家金融管理功能。以金融街为核心载体，做好亚投行、丝路基金等国际组织和金融机构的服务，服务“一带一路”等国家发展战略。服务国家金融改革、人民币国际化和多层次资本市场建设，做好金融改革开放衍生机构的服务。引进具有国际影响力的金融智库和高端中介服务机构，推进世界高端金融人才聚集区建设，为国家金融改革创新实践提供人才保障。

服务好和谐宜居城区建设。以建设国际一流的和谐宜居之都为目标，以“安全、安静、舒适、典雅、古朴”为愿景，集中力量实施一批基础设施建设和环境改造提升项目，高质量完成“三里河—金融街—中南海”和谐宜居示范区等重点地区环境提升工程。加快推进棚户区改造、平房院落修缮和环境整治，逐步消除低洼院内涝隐患。优化公厕布局，彻底消除旱厕。提高基层公共服务水平，让群众在社区获得专业化的公共服务。进一步落实访民情、听民意、解民难机制，畅通民生诉求渠道。

第四章　推动协同发展

努力形成融合发展、共促发展、优势互补的良好局面，破解发展中面临的深层次矛盾和问题，提升区域承载能力和服务管理能力。加强与兄弟区合作交流，建立与津冀地区长效合作机制，加强与国内城市友好交流协作。

加强与兄弟区协调联动。强化“全市一盘棋”的意识，在恢复“一轴一线”魅力景观、加强旧城整体保护、提升城市治理水平、服务和保障民生等优化首都核心功能的各项工作中，积极做好与东城区的协调联动。在保障房建设、职业教育疏解、公共服务设施配套建设等方面，主动加强与兄弟区的协调配合，实现互利共赢。发挥区域资源优势，全力支持北京行政副中心建设。

加强与津冀协同发展。落实中央、北京市重大部署，全面落实与廊坊、保定、唐山等地区战略合作框架协议。推进与固安、武清、西青等地区产业、公共服务资源对接。拓展与丰宁、永清等地蔬菜基地合作，丰富农产品、菜篮子供应，共谋京津冀协同发展。

加强对口援助与协作。主动加强与国内友好城市（区）合作，广泛开展经验和人才交流。深入开展与河南省邓州市南水北调对口协作。做好援疆、援藏、援青、援蒙等工作，推进精准化对口支援，推动对口援建城市经济社会发展。

第三篇　提高城市管理和服务品质

坚持以人为本、科学发展、改革创新、依法治市，把城市管理和服务品质提升放在更加重要和突出的位置，努力实现精细管理、精准服务、智慧运行，确保城市安全有序高效，实现城市让生活更加美好。

第一章　高标准建设整洁舒适家园

城市是市民的共有家园。要着眼于国际一流的和谐宜居之都建设，围绕环境短板，着力提高城市发展宜居性，加快建成与首都城市战略定位相匹配的舒适家园。

全面整治城市环境。持续开展“拆违、灭脏、治污、清障、治乱、撤市、缓堵”七大战役，整顿市容环境和交通秩序。加快主要道路两侧公共服务设施规划、建设，结合新建和改造道路，同步配套建设绿地、公厕、停车设施、道路维护及绿化养护设施。加大违法建设拆除力度，确保新生违法建设零增长。严厉整治垃圾污水乱倒乱排、机动车乱停乱放、非法小广告等痼疾顽症，营造文明有序的秩序环境。

建设宜居街区。挖掘融合历史文化资源和现代城市要素，打造设施齐全、服务便利、记得住乡愁的宜居街区。充分考虑居民社交活动需求，规划建设尺度适宜、方便通行、易于交往的人性化街道，为周边居民提供社交、休闲场所，不断增加舒适宜人的城市开放空间。实施背街小巷环境提升工程，推进分类整治、分区作业，打造环境优美、交通顺畅、管理有序、安全文明的街巷环境。

提升城市风貌。坚持以国际一流标准做好城市规划设计，严格控制建筑体量，改造既有建筑。加强城市风貌要素管理，建立城市家具、户外广告、标识系统的统一标准，规范楼宇、地标建筑夜景照明管理。做好国家重大活动景观保障。高标准推进特色区域、重点地区景观提升工程，打造精品景观，留住城市特有的地域环境、文化特色、建筑风格等“基因”，塑造具有地域特征、古都风韵和时代特色的首都核心区整体风貌。

第二章　高水平治理城市

标本兼治、疏堵结合，以更大的力度、创新的措施，加快城市管理体制改革并形成长效机制，建立符合首都核心功能的城市治理模式，推动城市管理走向城市治理。

深化城市治理体制改革。坚持以人为本、依法治理、源头治理、权责一致、协调创新的原则，进一步完善组织体系，推进管理重心下移、职能下沉，明确综合管理、专业管理、作业管理和属地管理的不同责任主体，构建权责明晰、服务为先、管理优化、执法规范、安全有序的城市管理体制。统筹城市管理和社会治理力量，明晰区、街、社区网格的管理服务定位，提升全响应网格化平台功能，充分发挥各类管理主体作用。规范执法程序，完善常态化、长效化的城市管理综合执法机制，进一步提高管理的效率和水平。创新城市治理方式，使政府有形之手，市场无形之手，市民勤劳之手同向发力，真正实现城市共治、共管、共建、共享。

完善城市环境分类分级管理。坚持用制度管理城市，健全标准规范，强化依法管理，以分类分级管理标准推进精细化管理，完善管理的配套措施，增强管理效果。深入推进国家级城市环境分类分级标准化建设，建立健全覆盖城市重点领域的管理和服务标准。

专栏1：城市环境分类分级管理

西城区出台了《关于实行城市环境分类分级管理的意见》等文件，按照功能主导原则，将全区划分为政务活动区、金融商务区、繁华商业区、传统风貌区、交通枢纽区、公共休闲区、生活居住区等区域，分类进行管理，探索区域功能定位与环境特征要求相匹配的新型城市管理模式。按照空间全覆盖原则，梳理形成市容环境考核指标同全国文明城区创建、卫生城区创建等各项指标有机统一的城市环境管理标准体系。基本解决了过去环境管理标准“一刀齐”、考核“一刀切”和非重点地区环境建设薄弱问题，有效提升了城市管理效能。

提高城市服务社会化水平。加强与驻区单位、市民的协调互动，尊重市民对城市发展决策的知情权、参与权、监督权，鼓励企业和市民通过各种方式参与城市建设与管理，形成多元参与的治理体系。大力推进政府购买服务，逐步提高绿化养护、河道保洁、道路清扫、市政设施维护等领域服务的社会化水平。

推进智慧城市建设。加快全区综合应用平台建设和功能整合，推进社会服务、城市管理、社会治安三网融合，实现资源整合、合力推进、共建共享的治理格局。推进“互联网+”在公共安全、生态环境、城市交通等行业的广泛应用，提高城市运行管理智能化水平。建设各类大数据公共服务平台，优化公共服务供给和资源配置，加大信息惠民力度，为民众提供便捷、优质、高效的公共服务。推进智慧政务建设，以应急指挥平台建设为重点，提升政务网络信息安全。

第三章 高效率保障城市运行

树立西城无小事的意识，切实增强治安反恐能力，全面提升城市运行保障水平，打造区域一体、功能匹配、安全可靠、绿色低碳的城市运行体系。

加强社会治安和反恐。创新完善立体化社会治安防控体系，落实公安改革部署，加强和改进公安工作及公安队伍建设。增强专业化打防管控水平，专群结合，提升打击整治针对性和实效性，切实提高群众安全感和满意度。完善反恐防恐工作机制，健全反恐“六大体系”，落实主体责任，加强反恐工作体系及专业力量建设，加强反恐工作多部门联动能力，健全反恐防范标准，推进反恐防恐信息化建设，全面提高发现、打击、防范和处置恐怖活动能力。强化国家安全宣传教育，落实安全保密制度。

落实安全生产责任制。强化安全生产红线意识，实行党政同责、一岗双责、失职追责的责任制。建立安全生产负面清单，完善安全生产事故和重大隐患责任可追溯机制。强化企业主体责任，建立企业安全生产诚信评价制度，全面实行安全生产责任保险制度。大力开展安全隐患排查治理，完善安全生产大检查与专项整治相结合的监管执法体系，切实防范各类重大事故发生。

加强城市安全运行。加强运行监测，提升市政设施精细化、智能化运行管护水平。大力实施消除隐患行动，加强市政管线等重大设施安全隐患排查，到2020年全面完成地下管网消除隐患改造。按照国家食品安全城市目标要求，着力加强食品药品安全组织领导、监督执法、主体责任、应急管理、社会共治五大体系建设，进一步提高食品药品安全管理水平。健全能源运行综合协调，建立能源安全预警机制。加强消防、防灾减灾和应急能力建设，构建自然灾害监测和预警体系，充分发挥社会力量在应急管理中的重要作用，全面提高风险防范、应急响应、应急处置的能力。到2020年全部社区达到综合减灾示范社区标准。

努力缓解交通拥堵。加快构建安全、便捷、高效、绿色、经济的交通体系，到2020年绿色出行比例达到75%。推行区域单行系统建设，疏通城市道路的“毛细血管”，改善街坊及居住区道路系统，扩展交通空间，提高通行性，集中、连片改善区域交通。精准治理商圈、医院、学校等重点拥堵节点，整体性、均衡化提升道路通行效率。完善交通安全基础数据，强化源头监管。大力宣传法律法规，不断提升交通参与者自觉守法意识，保障交通秩序和安全。

第四篇 打造绿色宜居城区

加快推进生态文明建设是落实首都城市战略定位、建设国际一流的和谐宜居之都的必然要求，是广大群众的热切期盼。要以创造优良人居环境为中心目标，划定水体保护线、绿地系统线和生态保护红线，提高城市宜居性，加快建设人与自然和谐共处的美丽家园，努力构建“碧水绕古都，绿荫满西城”的生态格局，着力打造环境宜居、资源永续、景观优美的宜居城区。

第一章 增加绿色生态空间

优化水绿空间布局，扩大绿地面积，加强水生态恢复和水环境改善力度，将自然生态和现代城市紧密结合，让居民更方便地亲近自然。

扩大绿色空间容量。加快规划绿地建设，完善城市绿色生态体系，到2020年绿化覆盖率达到31%，新增城市绿地17.5万平方米，公园绿地500米服务半径覆盖率达到95%。通过疏解腾退建绿、拆违还绿、拆墙见绿、沿道布绿、社区增绿等手段，多措并举拓展绿色空间。着力推进城市立体拓绿，建设历史文化街区胡同立体绿廊，鼓励实施公共建筑屋顶绿化，推动建筑墙体和立交桥垂直绿化，让居民出门见绿、身边环绿。创新开展楼宇内部绿化，深入开展“花园式单位”“花园式社区”创建。充分利用辖区内原有公园、绿道和驿站资源继续开展园艺中心建设，实施“黑土计划”，着力提高绿化质量。

专栏2：黑土计划

现在的城市土壤不利于涵养水源，土壤生物种群减少，具体表现为透气性、透水性差，影响植物生长。黑土是营养最丰富，生态功能完备，保水性最好的土壤。西城区实施可持续生态循环计划，通过对园林废弃物的循环利用，变废为宝，制成富含营养和活性有益菌的腐植肥，把城市土壤改造为活的、会呼吸的、海绵型生态土壤。

优化水体生态功能。改善水环境质量，继续实施水体治理工程，提高水体净化能力。加强北护城河旧鼓楼大街断面、陶然亭湖、广安门北滨河路等重点水体治理工作力度，2017年底消除城区河道黑臭水体。加快再生水管网建设，加大对主要河湖的再生水补给。提高水资源循环利用，保证水体清洁，保障重点河段、湖泊生态环境用水量，构建水清岸绿的区域水网，努力再现水系历史风貌。着力建设海绵城市，科学规划建设排水系统，完成中小河道疏浚治理，让小雨留得下，暴雨流得出，到2020年基本实现污水全收集，具备技术条件地区基本实现雨污分流。

拓展公共休闲空间。依托现有绿地系统和公共空间，调整优化公园布局，按照分级配套、大小互补的思路，增加总量，优化结构，突出特色，强化功能。推进大型公园、中小型公园、微型公园建设。结合区域生态环境，重点建设改造一批水域公园、下沉式绿地公园；挖掘文化资源，重点建设提升一批文化主题公园、雕塑公园、历史街区公园、民族文化公园；立足空间基础，依托附属绿地，重点建设一批小区公园、院落公园。坚持以人为本，复绿净水，把首都文化、京味文化融入公园建设中，与棚户区改造、环境治理相结合，厚植底蕴，留住乡愁。

第二章　全面促进资源节约

牢固树立节约集约循环利用的资源观，不断增强生态文明意识和责任意识，全面节约和高效利用资源。引导市民践行绿色生活方式和消费方式，形成全社会崇尚勤俭节约、绿色低碳的生态文明新风尚。

大力提高能效水平。强化能源消费总量和能耗强度“双控”管理，积极推广可再生能源在建筑上的应用。结合老旧小区整治、棚户区改造工程进行老旧建筑系统化节能改造，到2020年基本完成具备条件的既有建筑节能综合改造。继续推进老旧供热管网及供热节能技术改造，力争实现全区锅炉“无油化”。进行燃气锅炉低氮燃烧及余热回收改造示范并推广应用。组织区域公共机构用能调查测评，开展用能审计和节约型公共机构创建。

节约高效利用资源。坚持节水优先、量水发展，实行最严格的水资源管理制度。严格控制用水总量，确保完成市级下达的用水总量任务，到2020年实现生产用水负增长、生活用水控制增长、生态用水适度增长。开展节水宣传教育，使节约用水成为每个单位、每个家庭、每个市民的自觉行动，创建节水型城市。严格执行产业政策和建设项目用地标准，对批而未征、征而未供、供而未用的闲置土地进行调查摸底，合理有效利用，加大处置力度，盘活建设用地存量。加强土地利用情况动态监测和联合执法监管。

树立生态文明良好风尚。提升市民生态文明意识，加强资源环境市情、区情和生态价值观教育，大力普及生态文明法律法规、科学知识，积极培育生态文化、生态道德等社会主流价值观。党政机关率先垂范，积极倡导绿色生产生活，大力推广网络视频会议、无纸化办公等绿色办公，降低行政能耗、物耗。争创国家级、北京市低碳社区试点，建设低碳城区。建立健全热线电话、手机应用、社区环境监督员等公众参与平台，组织好世界地球日、世界环境日、世界水日和节能宣传周等宣传活动，让市民在亲身参与和体验中提升生态文明意识。

第三章　全力治理环境污染

坚持源头防控与末端治理并重，集中治理与强化管理并重，打好环境污染治理攻坚战，切实解决好大气、垃圾等突出环境问题，努力使环境质量得到有效改善。

严格落实减排任务。综合运用法律、行政、经济、技术等手段，对各类污染源实施综合治理，到2020年实现细颗粒物浓度降低达到市级要求。坚决控制机动车污染排放，实施国家第六阶段机动车污染物排放标准和车辆燃油标准。推广使用新能源和清洁能源车辆。深入开展汽车修理、印刷等重点行业挥发性有机物治理。开展餐饮油烟等低矮面源污染专项治理，大力整治露天烧烤。

严格治理扬尘污染。全面推行绿色施工管理。实行建筑垃圾、渣土收运车辆标准化管理，建筑工地全部安装扬尘监控系统。推广道路清扫新工艺，示范运营道路吸尘车，控制道路扬尘污染。杜绝垃圾、草木露天焚烧。

实现各类垃圾全处理。把垃圾减量放在优先位置，推行“光盘行动”“净菜进城”，到2020年实现人均垃圾产生量零增长。加快建立垃圾强制分类制度，制定垃圾分类管理标准。建立和完善生活垃圾分类收集体系，推行生活垃圾定时分类投放，定时清运。推进厨余垃圾分类收集和处理利用。对电子废物、医疗废物、危险废物及其他城市固废实行分类管理，完善专业处置设施，实现安全、规范、无害化处置。

第五篇　努力彰显文化名城魅力

文化是城市的灵魂，是城市发展的动力。要坚持社会主义先进文化前进方向，满足人民群众精神文化需求，促进物质文明和精神文明协调发展。处理好传承与发展的关系，切实保护好历史文化名城金名片。完善现代公共文化服务体系，推动文化产业蓬勃发展，服务全国文化中心建设。

第一章 建设社会主义核心价值观精神高地

充分发挥首善表率作用，将社会主义核心价值观贯穿到经济社会发展的全过程，用核心价值观引领社会主义先进文化，知行合一，深入践行，以文化人，以文育人。持续推进“记忆西城、书香西城、艺术西城、时尚西城”建设，不断丰富“家庭文化、社区文化、校园文化、机关文化、企业文化、军营文化”，促进文化自觉自信，建设社会主义核心价值观精神高地，构筑国民素质与社会文明高原。

深入学习实践中国特色社会主义理论。加强中国特色社会主义理论体系学习教育，坚持把学习习近平总书记系列重要讲话精神作为思想理论建设的重中之重。结合西城实际，深入开展中国特色社会主义、中国梦宣传教育，用中国梦和社会主义核心价值观凝聚共识，形成全社会共同的理想信念和价值追求。加强宣传教育平台和渠道建设，健全社会舆情引导机制，充分利用区委讲师团和西城讲坛等平台阵地，发挥马克思主义经典著作学习交流基地的思想引领作用，持续深入开展党的理论创新成果及党和国家重大方针政策的解读阐释。充分利用区域资源优势，发挥好专家顾问团、社科联专家委员作用，加强专家智库建设。加强“北京西城”网上思想文化阵地建设，实施网络内容建设工程，培育积极向上的网络文化。

大力繁荣社会主义先进文化创作。坚持以人民为中心的导向，实施文化精品工程，围绕中国梦、爱国主义和中华优秀传统文化主题，推出一批价值鲜明、思想深刻、具有强烈感染力的精品力作。坚持把服务群众和引领群众结合起来开展创作，建立健全反映文艺作品质量的综合评价体系，营造有利于打造西城文艺精品和文化品牌的政策环境。加强文化人才培养，发展壮大全社会文艺力量，共同创作优秀作品，弘扬先进文化。创新中国梦和社会主义核心价值观的表达，通过文艺作品创作、群众身边中国梦现实版典型事例、公益广告等多样化方式，用身边事教育身边人，用小故事阐发大道理。

落细落小落实社会主义核心价值观。将核心价值观融于社会公德、职业道德、家庭美德、个人品德建设中，做到核心价值观宏大主题和微观行为的有机统一。加强思想道德建设和社会诚信体系建设，开展爱国主义教育、法制教育、诚信教育、学雷锋志愿服务等教育实践活动，增强市民国家意识、尊法守法意识、诚信意识和互助友爱精神。推广综合包户志愿服务、“睦邻友好之家”等经验，引导市民积极承担社会责任、履行社会义务，做爱岗敬业、有社会责任感的现代公民。弘扬中华传统美德，注重家庭、家风、家教，发扬光大中华民族传统家庭美德，促进家庭和睦，开展“文明家庭”“最美家庭”“阅读家庭”“幸福家庭”等创建活动，让核心价值观在家庭里生根、在亲情中升华。抓好以立德树人为重点的未成年人思想道德建设，推动核心价值观进教材、进课堂、进头脑。树立高尚道德的现实标杆，深入开展“北京榜样”、身边好人、道德模范等宣传教育活动。大力弘扬志愿精神，积极培育志愿服务文化，推进志愿服务制度化。倡导科学精神，鼓励市民终身学习，提高人文素养和科学素质。

扎实推进社会主义精神文明建设。巩固全国文明城区创建成果，深化群众性精神文明创建活动。以更高的标准建设城市公共文明，建立优良秩序、建设优美环境、倡导优雅言行，引领全国文明风尚。从小事做起，从细节入手，大力解决群众反映突出的公共文明问题，逐步消除公共场所不文明行为。发挥公民自治积极性，在社区安全、有序停车、文明养犬等方面共同约定、自觉遵守，共建文明家园。提高市民文明自觉自律，大力倡导简约生活、绿色生活、垃圾减量分类、文明上网、文明旅游等，促进市民文明素质提升。充分利用西单文化广场、陶然亭公园、万寿公园、宣武艺园等主题广场公园，以及街道社区等城市空间，灵活开展核心价值观宣传，使之植入城市环境，融入百姓生活，化为实际行动。加强文化市场管理，持续开展“扫黄打非”，营造健康繁荣有序的文化市场环境。

第二章 保护好历史文化名城金名片

按照历史文化名城保护与历史文化传承并重、历史文化名城文脉延续与名城文化建设并重的要求，弘扬优秀传

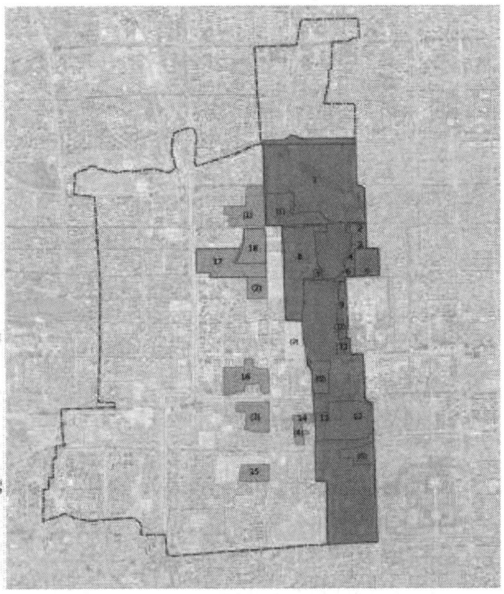

图4：文道范围及空间构成示意图

专栏 3：“文道”建设

“文道”是以北京旧城中轴线为主要骨架，西城区域内的历史文化名城保护空间网络体系。主要包括历史文化街区、风貌协调区、胡同、文物保护单位（含建控地带）、普查登记项目、优秀近现代建筑、工业遗产、挂牌院落、名人故居、旧城“凸”字型城廓、河湖水系、绿地公园、广场、古树名木等。

专栏 4：名城、名业、名人、名景

“名城”指对历史街区、街巷胡同、建筑、古树名木等物质要素为主的地理实体空间的建设和保护，以及环境秩序、人居环境改善等工作；“名业”指各类老字号等传统商业服务业、传统和现代演艺业、新兴文化创意产业等传承和发展等工作；“名人”指以古今政治、经济、文体、社会服务业名人及其他著名人物为载体的研究和宣传等工作；“名景”指依托有影响力的景观、活动和媒体带动和促进区域经济、社会、文明等方面发展的工作。

统文化，传承历史文化财富。以“文道”建设为统领，推进“名城、名业、名人、名景”四位一体的名城保护工作体系建设，彰显北京古老与现代交相辉映的独特魅力。

加强整体保护。以“政府主导、专家指导、居民参与、社会协同”为原则，坚持整体保护，保持传统特色，坚持从旧城整体风貌、历史文化街区、文物三个层次开展全面保护，织补历史景观，再现旧城独特风貌。恢复提升阜景街风貌，重点开展文物腾退修缮、沿线环境整治与业态调整，建设有老北京特色、多元文化交融的魅力走廊。开展地安门内大街、鼓楼西大街、阜内大街、大栅栏月亮湾、先农坛等地区环境整治和景观提升。保持胡同的传统肌理、尺度和风貌，整治、美化胡同的公共空间，展现胡同特有的亲和宜人环境。结合核心区人口疏解和功能优化，推动大栅栏、什刹海等地区民生改善、环境整治和基础设施建设，实现有机更新和再生。

深化文物保护“三解”。提高文物保护工作主动性，增强针对性，采取多种方式对其文物历史文化内涵进行解读、展示和传承，实现文物的合理使用。实施“五个一批”工程，着力腾退杨椒山祠、浏阳会馆等一批存在严重安全隐患的项目，修缮康有为故居、朱彝尊故居等一批年久失修的项目，合理使用陈垣故居、沈家本故居等一批腾退且社会影响较大的项目，落实儒福里观音寺过街楼、每周评论旧址等一批迁建未落地的项目，新认定武定胡同23号等一批文物价值突出且社会关注度高的不可移动文物。

专栏5：文物保护“三解”

“三解”工程是指文物解危、解放、解读。解危是要对暂时不能腾退的文物建筑实施文物排险，改善设施条件，确保使用安全和建筑安全；解放是要针对价值极高、存在安全隐患的文物保护单位，结合旧城人口疏解，加以腾退，形成保护和利用的新格局；解读是要深入挖掘文物的丰富内涵，解读文物的历史文化价值，使鲜为人知的文物珍贵的历史信息遗产让社会知晓，加强公众保护意识。

传承弘扬中华优秀传统文化。构建传统文化传承体系，加强历史文脉梳理，对首都文化、京味文化的内涵进行发掘和利用。在延续历史文脉的基础上，加快推进德胜门对景、北京坊、天桥汇等项目，努力打造富有时代气息、人文内涵、体现西城标志性特征的“百年工程”和“传世精品”。加强对历史文化的挖掘整理，组织修编“正阳文库”等旧城历史文化研究文献，采集编制“西城口述史”。全面加强地方志工作。加强优秀民俗民风的传承保护，增强文化认同。加强非物质文化遗产保护，扩大非遗传承和展示的物质空间，实施代表性传承人扶持计划。恢复整理出一批以胡同、四合院、文物、老字号、名人故居为核心，融文化、商业、旅游、休闲、绿化美化等功能为一体的体验线路，展示历史文化名城魅力。结合文物保护单位开放和合理使用，打造特色公共文化活动空间。加大对爱国主义教育基地和区域内博物馆、艺术馆等资源的规划、整合和建设力度，支持多元主体办好小微型专题博物馆，在每个街道建立一个街区历史文化博物馆或展陈室，使之成为西城居民留住乡愁的精神和物质载体。

创新保护和传承机制。深入推进“四名”工作体系建设，实现由侧重对“物”的保护向“文”和“物”保护并重转变。健全西城区历史文化名城保护委员会工作机制，搭建多层次、广维度的平台，吸引调动驻区单位、专家学者、社会公众、媒体等各方力量共同参与历史文化名城的保护。统筹功能调整、人口疏解、风貌保护与民生改善，继续探索杨梅竹斜街自愿式等腾退疏解保护模式，创新居民居住权益实现和流转方式，激发居民参与保护改造的积极性。提供文物建筑腾退、征收、修缮和保护利用法规标准试点经验，推动历史文化街区单独立法。借助北京设计周等文化活动平台，通过有序植入现代文化元素，推进历史文化街区的再生。建立地区文化识别系统，激活历史文化记忆，通过设立历史碑记、标牌等多种方式充分解读好历史文化。利用多种现代信息手段，充分挖掘文物的历史内涵，提升文化价值利用效果。

第三章　构建优质高效的现代公共文化服务体系

按照保基本、促公平、提效能的思路，坚持文化创新，发挥文化资源优势，激发文化活力，着力推进公共文化服务标准化、社会化、数字化，更好地满足人民群众多层次的精神文化需求。

完善基本公共文化设施网络。以创建首都公共文化服务示范区为契机，进一步加大对公共文化服务设施建设的投入力度，构建布局合理的区、街、社区三级公共文化服务设施网络。新建公共文化大厦、琉璃厂艺术大厦、档案馆，迁建青少年儿童图书馆。统筹利用非首都功能疏解空间和腾退的文物，拓展便民文化服务和社区文化交流功能空间，实现街道、社区公共文化服务设施全覆盖。加大融文化休闲、阅读交流、教育培训、体育健身等功能于一体的新型特色公共文化空间建设。着力推进公共文化服务网络数字化，搭建标准统一、互联互通的数字文化服务平台，借助新技术应用，积极建设“数字文化社区”。

以创新提升公共文化服务水平。采取多元构建、社会协同的方式，推动公共文化服务提质增效，让群众共享文化发展成果。加大政府购买公共文化服务力度，支持民非组织、小微企业参与提供公共文化服务。推进公共文化单位法人治理结构改革，积极引导培育各类公共文化服务共建主体，探索公共文化设施运营管理的社会化。提升文化馆、图书馆、博物馆等文化设施的服务水平，继续推进社会单位的文化设施向社会开放。制定实施全民阅读推广规划和实体书店、特色阅读空间等的扶持政策。借助社会空间资源，搭载公共文化服务，积极引导网吧等文化娱乐场所转型升级，鼓励提供准公共文化服务。加快推动“红楼公共藏书楼”“大百科数字阅读体验中心”等项目建设。在满足群众多样化文化需求的同时，重点针对未成年人、老年人、残障人士、外来务工人员等特殊群体提供特色文化服务，保障群众基本文化权益。

打造特色公共文化品牌。借助驻区中央、市属文化单位的资源优势，办好中国国际芭蕾演出季、中国国际合唱节、天桥音乐剧演出季、国乐盛典、中国童书博览会等高端品牌文化活动。继续实施“文化惠民365工程”，组织、扶持开展丰富多彩的群众文化活动，提升“一街一品”“万人走进艺术殿堂”、百姓戏剧展演等品牌群众文化活动品质。充分发挥区属文化服务机构作用，实施西城讲坛、社区学习中心、图书文献配送保障、文化艺术培训辅导进社区等品牌文化服务项目。整合驻区文化资源，打造群众性文化团队建设新品牌。

第四章 促进文化产业健康发展

调整优化文化产业结构，推动产业升级，加快文化与金融、科技的融合，积极培育新型文化业态，促进文化市场繁荣健康发展。

促进产业融合发展。整合区域文化企业资源，进一步激发文化企业的市场活力。推动新华1949文化金融创新中心、繁星戏剧村等优化升级，引导“天宁壹号”创新园、北京科影厂等功能调整提升。重点扶持图书出版、文艺创作与表演、专业化设计服务、工艺美术品及收藏品零售等产业，加大资源配给力度和市场推广力度。推动科技与文化创意紧密结合，高度重视发展信息技术、网络平台与内容原创紧密融合的内容服务产业，进一步提升中国北京出版创意产业园的发展水平和原创能力，巩固联合出版平台在图书创作发行领域的领先地位，引导骨干企业加快向新媒体和数字版权、衍生版权领域拓展。

搭建服务创新平台。探索建立促进文化创意产业发展的保障制度和服务机制，组建文化创意产业服务平台。创新企业支持方式，变资金支持为资源支持，服务企业运营、发展、融资等环节，增强文化企业自主创新能力。培育骨干文化企业和新型文化业态，鼓励各类文化创意人才开展创新和创业实践，支持符合社会主义核心价值观和富有首都特质的产品创新，为优秀文化产品“走出去”创造条件。不断增强琉璃厂艺术品收藏和交易、中国北京出版创意产业园图书交易、天桥演艺区剧目演出等吸引力和影响力，办好惠民文化消费季，促进文化消费。

激发老字号发展活力。着力加强各类老字号文化品牌的传承、复兴与弘扬。建立健全老字号名录体系，鼓励支持有条件的老字号企业创建非遗工作室（大师工作室）、老字号博物馆，支持传承人授徒传艺，开展展示、研讨和宣传活动。举办或承办中华老字号博览会、大栅栏琉璃厂精品交易文化季、老字号创意文化展示等，提升老字号的社会影响力。完善企业运行体制机制，积极引入现代管理和生产技术，增强发展动力和市场化运作能力，提高老字号竞争力。加强现代信息技术的广泛应用，开发特色产品和服务。立足百姓生活需要，推广中国式生活方式。

第六篇 激发区域创新发展动力

创新是引领发展的第一动力。要全面增强创新能力，最大限度激发全社会创新创业活力。坚持稳增长、调结构、惠民生、防风险，推动供给侧结构性改革，完善以服务经济为主导的“高精尖”经济结构，实现发展动力转换。

第一章 强化创新驱动和科技引领

发挥科技在创新创造中的引领作用，加快形成以创新创造为动力的具有区域特色的产业链条。

增强双创发展新动能。坚持科技创新和文化创新双轮驱动，全面贯彻“互联网+”战略，推动依托互联网的新兴业态和尖端模式创新，提升众创空间服务水平，充分发挥首都核心优势，推进符合首都城市战略定位的“大众创业、万众创新”。完善科技创新服务体系，立足优势资源，打造研发设计、知识产权、科技金融等特色科技服务品牌。强化技术创新市场导向机制，推动科技成果向京外地区转移转化。完善创新资源整合机制，支持符合中心城区发展要求的众创、众包、众扶、众筹，让创新成为区域发展的主动力。

建设都市型科技园。依托国家自主创新示范区高端创新要素和政策优势，着力推动科技与金融、文化深度融合发展，不断完善园区特色产业体系，探索有首都特色的都市型科技园发展模式。坚持高端化、服务化、融合化发展方向，加快发展科技创新型总部经济，加大科技研发投入，不断提升科技创新的支撑力和核心竞争力。加快建设北京设计之都核心区，服务好联合国教科文组织“国际创意与可持续发展中心”，加强国际创意领域交流合作，提升中国创新设计“红星奖”的国际影响力，以高端设计引领产业和消费升级。落实中关村“一区多园”统筹发展意见，在京津冀区域充分发挥都市型科技园的引领辐射作用。

专栏6：北京设计之都核心区

2012年6月15日，联合国教科文组织正式授予北京市“设计之都”称号，并为位于中关村西城园的北京“设计之都”标识揭牌。2015年11月，联合国教科文组织批准在北京设立全球首个“国际创意与可持续发展中心”（UNESCO - ICCSD）。中关村西城园是中国创新设计红星奖诞生地，设计产业发展优势突出，依托首都核心区文化、科技、金融和高端人才优势，成为北京设计之都核心区。

发挥科技支撑作用。以科技创新为核心，推动互联网、物联网、云计算、大数据等技术广泛应用。推动科技与优势产业跨界融合，创新商业模式，培育经济增长新引擎。推动科技与城市治理相融合，搭建科技、信息等新技术平台，为城市运行和管理提供强有力的保障。推动科技与民生保障服务相融合，为居民提供优质多元化服务。引入科技手段完善社区治理，推进“平安社区”建设，规范社区物技防建设。推动科技与非首都功能疏解相融合，优化城市服务功能，走一条绿色、环保、可持续的内涵式发展道路。加强科普能力建设，提升区域具备基本科学素质人口比例，营造激励创新的服务环境。

加强科技协同创新。构建企业、科研院所、产业投资机构、科技咨询机构等多主体参与的区域创新合作体系。打造科技创新资源共享平台，推动科技资源在京津冀范围共享共用。提供科技成果转化及时信息服务，推动科技成果向区外转化。发挥中关村西城园核心竞争力优势，全面提升创新服务能力，形成带动全国和区域创新发展的高端辐射区域。

第二章　推动供给侧结构性改革

坚持稳中求进工作总基调，加快供给侧改革措施落地，着力补齐短板，提高供给体系质量和效率，提高投资有效性，加快培育新的发展动能，增强持续增长动力。

进一步转变政府职能。推进简政放权，深化行政审批制度改革，加大政务公开力度，深化权力公开透明运行。建立便捷商事服务机制，全面实施“三证合一”“一照一码”登记制度，推进全程电子化登记与审核服务。实施标准化战略，充分发挥标准化引领作用，到2020年力争成为先进标准创制集中区。加强区行政服务中心建设，建设优质高效的政务服务平台体系，打造国内一流的行政服务标准化示范基地。加强市场监管力度，做好事中事后监督，不断完善企业征信体系。落实结构性税收减免、降低社保缴费水平等优惠政策，加大符合首都城市战略定位企业的支持和服务力度；深入实施知识产权战略，加大对知识产权保护的宣传与执法力度，营造良好的投资发展环境。

提高政府投资有效性。更好地发挥政府投资的引领、撬动和催化作用，精准补齐区域发展短板，提高基本公共服务均等化水平。加强适应新消费和新产业、新业态、新模式发展需要的基础设施和公共平台建设。加大政府对教育、医疗、养老、生态保护和环境治理等领域的投资力度。推动健全政府和社会资本合作（PPP）体制机制，创新政府投资与市场投资的合作方式，鼓励和吸引社会资本参与新消费相关基础设施和公共服务领域投资。

深入推进区属国有企业改革。调整优化国有资本布局结构，完善三级国有资产授权经营体系，积极发展混合所有制经济。以管资本为主创新国资管理体制，实施国有企业分类监管，推进经营性国有资产集中统一监管。建立完善激励约束长效机制，大力推进国有资本高效运营，促进企业创新驱动转型发展，不断增强国有企业对区域经济社会发展的服务支撑作用。

提高人才要素供给质量。提高人力资本质量，优化人力资本结构。加大对人力资本的可持续投入和开发使用。完善人才培养机制，提高人力资源素质，培育满足首都核心功能要求的新技术、新业态和新产业人才。建立适应供给侧改革的人才管理制度，优化人才选拔机制，完善灵活多样的人才流动与聘用方式。强化激励，用好人才，落实人才评价和激励机制改革。发挥好北京海外学人中心金融街分中心的平台作用，积极引进国际高端金融和管理人才，为各类高端人才提供全方位的支持和服务。

防范化解金融风险。建立健全防范、处置非法集资工作机制。积极防范化解非法集资风险隐患，妥善处理风险案件，坚决遏制非法集资高发势头，坚决守住不发生区域性和系统性风险的底线，营造良好的金融发展环境。

第三章　提高服务经济质量和效益

把服务经济作为区域经济发展的主要支撑，优化内部结构，增强内生增长动力和创新发展能力，提升发展质量和效益。

专栏7：服务经济

服务经济是以人力资本基本生产要素形成的经济结构、增长方式和社会形态。现代服务经济是依托信息技术和现代管理理念而发展起来的，范畴包括以企业为主发挥职能的社会服务，如金融、旅游、体育、商贸、餐饮、信息、文化等行业服务，以及以政府事业单位等为主发挥职能的公共服务，如教育、医疗卫生社会保障。世界发达国家已经形成以服务经济为主的产业结构，中国发展服务经济是大势所趋。近年来，西城区第三产业比重保持在90%以上，生产性服务业占GDP比重达到70%以上，服务经济成为区域经济发展的主导。

优化服务经济结构。巩固服务业优势地位，推进服务业发展提速、比重提高、水平提升，突出发展重点，完善“高精尖”经济结构。优化发展以金融服务为支撑，科技服务、商务服务、信息服务为依托，文化创意产业与高品质生活性服务业等共同发展的服务经济结构。巩固金融业优势地位，服务国家重大战略，服务国家资本市场体系建设，促进“新三板”市场实现快速发展。深入推进金融科技文化要素融合、文商旅产业融合，推动生产性服务业向价值链高端延伸和生活性服务业优化升级。抓住北京市服务业扩大开放综合试点的重大机遇，推动科学技术、互联网和信息、文化教育、金融、商务和旅游、健康医疗等服务领域扩大开放，整体提升服务经济发展水平。促进新型商业模式发展，引导业态转型升级，创建国家级生活性服务业示范区，推动生活性服务业向精细和高品质转变。

专栏8：国家级生活性服务业示范区

国家级生活性服务业示范区是中国社区商业工作委员会根据商务部委托的《中国社区商业发展评价体系课题》及示范区建设体系标准，开展的一项地方性生活性服务业（社区商业）示范创建活动。旨在落实中央关于加快发展生活性服务业、促进消费结构升级的政策精神，推动各地区生活性服务业的发展。示范区生活性服务业工作主要围绕领导机制、理念创新、政策措施、规划体系、业态标准、项目建设、社会效益和发展品质等重点、关键问题，开展创新性实践与示范。

专栏9：文商旅融合发展

2014年12月，西城区出台了《西城区人民政府关于促进旅游与文化、商业融合发展的意见》提出文商旅融合发展，即以“文化引领、商业支撑、旅游带动、产业融合”为原则，明确了文商旅三大产业在融合发展中的相互关系，其中文化是灵魂，商业是基础，旅游是载体。三大产业融合发展是按照旅游产业发展的规律，发挥旅游的资源整合力和产业带动力，挖掘文化、商业中的旅游价值，增强旅游、商业的文化附加值，提高文化的传播力和影响力，推动文商旅产业转型提质。

完善服务经济布局。坚持功能街区集约发展模式，积极促进服务经济布局与功能街区有机结合，实现融合发展。各功能街区在全面完成既定建设和发展目标的基础上，积极探索转型发展新路径。巩固金融业发展基础，充分发挥金融体系优势资源作用，强化金融街品牌辐射带动作用，提高全球配置资源能力和控制影响力。促进中关村西城园产业链条高端环节优化升级，保持创新活力。全面完成北展地区疏解任务，推动科技、金融、创新融合发展。打造西单商业区高端时尚品牌，强化业态、环境和服务提升。深入推进什刹海阜景街、大栅栏琉璃厂地区特色商业旅游和文化创意产业发展。促进天桥演艺区资源有效整合，不断提高区域文化魅力和影响力。推动马连道地区业态提升，建设茶为特色、多元发展的文化创意街区。

提升服务经济品质。发挥消费促进增长的基础作用，完善扩大消费长效机制，以扩大服务消费为重点带动消费结构升级。促进供给侧结构性调整，实施提高生活性服务业品质行动，加强便民网点建设，大力发展居民和家庭、健康、养老、旅游、健身休闲、住宿餐饮等精品生活性服务业，不断提高发展层次和连锁化、品牌化、规模化、标准化水平。实施“互联网+”战略，支持新兴社区经济、新型在线教育、健康医疗服务等基于互联网的模式创新，着力引导居民消费向智能、绿色、健康、安全方向转变。

第七篇　持续增进民生福祉

把增进人民福祉、促进人的全面发展作为发展的出发点和落脚点。按照坚守底线、突出重点、完善制度、引导预期的基本思路，夯实社会保障工作基础，构建完善的基本公共服务体系，增强公共服务能力，围绕社会关注的重点问题，积极回应群众关切，不断提高人民群众生活质量，让广大群众有更多更直接的获得感。

第一章　促进教育优质均衡发展

坚持优先、公平、内涵、协调的发展方向，倡导“校校精彩、人人成功”的教育理念，强化资源统筹，深化教育综合改革，推进学段贯通式培养，全面提升优质均衡发展水平。

专栏10：学段贯通式培养

贯通式培养是基于以学生发展为本的教育理念，教学目标与人的成长目标同步共行，是机制、制度的完整设计和运行方式，质量评价的整体贯通。不同学段的学校之间平稳过渡、有机衔接，把每一名学生的学段获得与基础教育质量联系起来，是学生成长、教师成才、学校发展的完整统一，是实现“校校精彩，人人成功”的有效途径。

继续深化教育综合改革。继续推行学区制改革，推进“1+1+N+X”管理运行机制，促进区域教育优质均衡发展。实施贯通式培养和评价。深化教育集团办学改革，加大名师和名校长的交流力度，进一步推动义务教育优质均衡发展。加强教师队伍建设，全面提升教师能力水平。推进管理体制改革，建立和完善教师评价导向机制和人才激励机制。建立西城职业学院，推进职业教育结构调整和转型升级。整合社区教育资源，健全社区教育管理和运行机制，加强资源共享。

专栏11：“1+1+N+X”管理运行机制

第一个“1”为学区理事会，第二个“1”为学区办公室，“N”为学区内各类教育机构，“X”为学区内拥有教育资源的各类社会机构。“1+1+N+X”组织架构的构建，旨在使学区制管理成为教育资源统筹的平台，教育方法、教育理念和教育经验交流的平台，教育与社会互通互联、共建共享的平台，教育服务社会、社会支持关注教育的平台，最终实现对学生的贯通式培养，实现校内外资源整合与共享，实现学校、家庭和社会教育有机统一。

保持适度的教育优质资源供给能力。坚持供给能力、资源布局与首都核心功能、人口规模相适应的原则，促进教育资源均衡配置。实施“北京市第二期学前教育三年行动计划”，新建扩建一批教育系统办园，支持多种形式创办幼儿园，扩大普惠性幼儿园覆盖面。优化调整不同学段教育资源，适度增加小学、初中教育资源供给。推进职业教育、成人教育、社区教育发展，规范民办教育办学行为，推进特殊教育持续健康发展。继续实施“校圆工程”，改善办学条件，保证基础教育投入。加快教育信息化建设步伐，建立健全资源共享机制，打造良好的教育生态。

专栏12：校圆工程

圆：取圆满、圆梦之意。即：针对教育资源严重缺乏的现状，通过此工程，一定程度上实现学位增加的一种方式。具体内容：让占地有残缺、不规整、没有实现规划的校园，通过对校园周边土地的征收、拆建，与学校连片，实现教育用地规划，让校园更加完整、功能更加健全，最终实现学位数量的增加。

全面提升教育质量。全面实施素质教育，把增强学生社会责任感、创新意识、创新能力作为重点任务。完善教育质量综合评价体系，形成实施素质教育的导向机制。完善课程体系，改进教学方法，把发展学生兴趣特长、创造思维和自主学习、独立思考、合作沟通能力贯穿到课程教学全过程。继续推进“城宫计划”，开展丰富多彩的科技、艺术活动，不断提升学生科技艺术素养和体质健康水平。全面实施“阳光体育”，增强学生体魄。加强艺术教育，培养学生健康的审美情趣。更加注重家庭教育，加强家校合作。进一步扩大教育开放，提高教育国际化水平。健全完善教育督导体制和机制，构建“督政、督学、评估监测”三位一体的职能体系。

专栏13：城宫计划

“城宫计划”是建设“城市学校少年宫计划”的简称，也是西城区“校校精彩、人人成功”办学理念的具体体现。即让学生在课后和假日，在校内就能依据兴趣、特长，自主选择、自愿参加艺术、科技、体育、社会实践等方面的特色专业活动。通过丰富的教育内容和形式，实现学生的全面发展；通过优质资源的导向性配置，促进教育公平；通过社会资源的统筹，实现精神（文明）、文化（素质）、社会（管理）综合效益。

第二章　完善社会保障体系

坚决守住民生底线，更好发挥社会保障的社会稳定器作用，保障群众基本生活，保障基本公共服务。

大力提升就业服务水平。构建“一体化”公共就业服务体系，完善区域就业联动机制，推动公共就业服务与津冀对接。积极促进就业结构调整，减少劳动密集型就业，增加保障城市运行和公共服务的公益性就业岗位。实施更加积极的就业政策，对就业困难人员提供更加精细化的就业援助，提高困难人员的就业率。加强为老服务、物业服务等职业培训，不断适应就业市场需求。鼓励创新创业带动就业，实现充分就业。完善劳动关系利益协调和权益保障机制，依法保护劳动者合法权益。

实现社会保障公平发展。推进机关事业单位养老保险制度改革，医疗保险个人账户封闭管理，生育保险和基本医疗保险合并实施。落实国家渐进式延迟退休年龄政策。推动医疗保险异地报销和养老、医疗、失业保险转移接续政策。全面实施人力资源和社会保障公共服务标准体系，提升社会保障服务精细化水平。做好医疗救助与基本医疗保险、城镇居民大病保险的衔接，居民大病保险实现政策全覆盖。依托银行和互联网金融服务，进一步提升缴费和社会保险金发放的便利程度。继续保障青少年、妇女和儿童权益，支持残疾人事业发展。落实最低生活保障制度，做到应保尽保。提高优抚保障水平，深入推进全国双拥模范区建设。

提高社会福利水平。统筹实施救助政策，完善临时救助和专项救助制度体系，实现制度之间的协调发展和有序衔接。健全救助标准动态调整机制，确保救助服务公平、公开。创新社会救助服务模式，通过政府购买等方式，支持志愿者、社会组织等提供救助服务。探索建立政府和社会力量相结合的救助体制机制。关爱有特殊需要的社会成员，完善儿童福利制度，分类保障困难儿童，健全预防和制止家庭暴力合作机制。完善流浪乞讨人员救助制度。大力发展公益慈善事业，动员社会各界开展慈善活动，积极发展慈善组织。

第三章　积极应对人口老龄化

及早应对、综合应对、科学应对人口老龄化问题，全面实施一对夫妇可生育两个孩子政策，营造良好养老环境，加强养老公共服务设施建设，全力提升养老服务水平。

实现社区养老便利化。建立“以居家为基础、社区为依托、机构为补充、社会保障为支撑”的养老服务体系，巩固居家养老在全区养老服务体系中的基础地位，大力发展依托社区养老服务的居家养老，推动实现社区养老一站式服务和网格化布局。以街道养老照料中心为重要节点，强化其在居家助老、社区托老、服务派送、技能培训、服务管理等方面的枢纽和辐射作用，到2020年养老照料中心和老年餐桌覆盖率达到100%。提升居家养老服务管理信息化、智能化水平，构建完善的社区养老服务配送系统，建立无围墙养老院。通过政府购买服务等多种方式，培育高水平的居家养老服务商。落实“医养结合”政策，逐步提升基层医疗卫生机构服务居家养老的能力，为养老机构提供基本医疗服务支撑。依托社区卫生服务机构，为居家老人提供健康管理、慢病防治、家庭护理、紧急救援等服务。引导各类社会力量、资本进入养老服务领域。完善科技养老手段，建立老年动态信息管理库，打造养老服务平台和载体，为老年人提供多层次、多元化养老服务。

改造提升养老服务设施。全面应用无障碍适老设计，满足老年人生活及出行需求，扩大老年人活动空间，让老年人生活更加便利。在社区设置综合养老服务设施，整合日间照料、文化休闲、健康管理、居家服务等功能。进一步明确各级各类公共养老服务设施的类型、功能、标准，确保各类设施梯度清晰、功能衔接，提高社区各类公共服务设施的为老服务能力。推进利用闲置设施改造成公共养老服务设施，将利用率不高的医疗资源转型为专业化的老年护理设施。对现有公办养老机构实现全面改造提升，统筹利用区外区内资源，到2020年机构养老床位数达到4500张。严格限定公办养老机构的接收对象，建立并完善评估登记和分类入住机制，优先保障特殊困难老年人的基本养老服务，切实发挥好政府兜底作用。

营造良好的养老环境。在全社会弘扬敬老、养老、助老社会风尚。强化家庭、子女赡养老人的责任。全面放开养老服务市场，大力发展养老服务产业，推动各类市场主体增加养老服务和产品供给。加大养老服务专业人才培养力度。关注老年人精神健康，鼓励专业机构和志愿者为老年人提供心理咨询、心理治疗和精神慰藉等服务。对失能失智老人给予特殊照顾。加大力量发展老年医学。提倡积极养老，鼓励退休人员以适当方式参与经济社会发展，实现老有所为。

第四章　改善居民住房条件

着眼群众现实需求，加快实施棚户区改造，提高保障性住房供给能力，加强老旧小区管理，着力改善居民居住条件，实现百姓安居乐业。

基本完成棚户区改造。立足于让更多的住房困难群众受益，充分发挥群众主体作用，尊重居民意愿，主动对接城市功能布局调整和人口疏解，重点实施平房区院落修缮、危旧房改造等工程，同步提升基础设施、环境品质和公共服务能力，为群众提供更加安全舒适的居住条件。将棚户区改造与城区有机更新相结合，将推进名城保护与民生改善相结合，将优化居住环境品质与疏解非首都功能相结合，因地制宜推进项目实施，按照历史文化街区和一般区域两种类型，分区域推进。历史文化街区以满足各项风貌保护要求为前提，最大限度改善居民生活质量；一般地区以改善居民居住条件和城市环境品质为主，到2020年基本完成棚户区改造。

优化保障性住房供给。大力发展公共租赁住房，发放租金补贴，鼓励保障家庭承租市场房源，解决住房困难，按照“保基本、促公平、可持续”的总体要求，完善西城区住房保障体系。坚持“建管并举”，实现住房保障建设、审核、分配、退出及后期管理全过程规范化，实现保障性住房公平分配、有序轮转。积极探索保障性住房属地管理模式。切实解决中低收入家庭的住房困难。

提升老旧小区管理水平。着眼于和谐宜居示范区建设、加强城市精细化管理，推进物业管理长效机制建设。建立健全社会治理组织协调体系、行政综合监管机制和良性的资金保障机制，积极推动业主依法自我管理，提高居民民主协商、自我管理、自我服务的自治水平，扩大老旧小区专业化物业服务覆盖面，推行准物业管理。推进房屋修缮工程，以绿色生态为导向，倡导节能环保新模式，创新修缮方式，逐步改善居民生活条件。

第五章　全面提高健康服务水平

以全面促进人的健康为中心，构建适应居民健康需求、全生命周期、全人群健康服务体系，全面提高健康服务水平。

深化医药卫生体制改革。加快推进整合型医疗卫生服务体系建设，大力推行全科医生签约服务，推动建立社区首诊、双向转诊、急慢分治、上下联动的分级诊疗体系。全面推开公立医院综合改革。实施“区属医疗卫生机构安全三年行动计划”，改善基础设施条件，确保医疗卫生机构安全运行。深化基层医疗卫生机构综合改革，推进基层补偿机制和人事分配制度改革，加强全科医生制度建设，完善基层运行新机制。大力发展社区卫生服务，实施“社区卫生服务机构标准化建设三年行动计划”，确保社区卫生服务机构达标。加大卫生信息化建设力度。加强与津冀地区医疗合作，支持区内医院异地开办分院、合作办医、专科协作。整合卫生计生行政执法资源，推进卫生计生综合监督执法。

专栏14：区属医疗卫生机构安全三年行动计划

依据医院建设标准和安全生产管理要求，立足于挖掘区属医疗机构现有资源的潜力，通过基础设施提升打造、更新老旧设备、美化环境等工程，彻底解决目前医疗机构业务用房存在的破损严重、管线老化，运行设备设施老旧、布局流程不符合规范等问题，全面提升医院安全环境。

专栏15：整合型医疗卫生服务体系

整合型医疗卫生服务体系是指以信息化建设为纽带，实现各级各类医疗卫生机构多点对多点互联互通、资源共享、分工协作，有效整合辖区优质的医疗卫生资源和服务，依托全科医生签约服务，为辖区居民提供优质优先便捷的医疗卫生服务，逐步形成社区首诊、分级诊疗的有序就医格局。

专栏16：社区卫生服务机构标准化建设三年行动计划

推进社区卫生服务机构标准化建设，通过多种途径推进社区卫生业务用房统一调配，降低租用社会单位、个人房源的比例，切实解决社区卫生业务用房房源不稳定、房屋租金过高、无设置地点等问题。遴选一批社区卫生服务中心和社区卫生服务站进行环境提升改造。力争到“十三五”末社区卫生服务机构达标率达到95%。

着力构建生命全周期的保障体系。稳步提高居民生命健康质量，到2020年居民人均预期寿命达到84.5岁。完善以社区为基础的慢性病防控网络，鼓励大医院参与慢性病综合管理和干预服务，改善慢性病人群健康状况。完善中医药服务体系，推进中医院治未病、康复等特色专科建设。加强急救能力建设，整合资源，完善网点布局，提高急救效率。推动急救等健康技能进学校、单位、社区，努力提高居民应对健康问题的能力。进一步提高突发公共卫生事件监测、预警和处置能力，完善公共卫生突发事件、重大动物疫病联防联控机制，提升公共卫生应急保障水平。加强妇幼保健和医疗服务能力建设，维护妇女和儿童健康。推动居民将健康理念转化为健康行动，重点加强对肥胖和青少年近视的防控干预。完善心理健康服务体系，推动心理咨询和心理体检，加强精神卫生机构服务能力建设，为居民提供恰当、有效的心理健康服务。

加强全民健身公共服务体系建设。积极整合体育资源，以体育活动、体育设施、体育组织为重点，促进全民健身事业全面均衡协调发展。增强体育公共服务供给能力，大力开展全民健身运动，结合绿化、边角地、体育生活化社区升级新建体育场地，提升体育设施品质，增加一批全民健身设施和品牌活动，评选全民健身示范街道。强化科学健身指导，激发社会体育指导员活力，扶持和壮大基层体育健身组织，形成全民健身文化氛围。重视培育青少年体育爱好，推广普及校园足球、篮球、排球等体育项目，提高学校体育场地设施利用率。改善群众健康水平，到2020年国民体质监测合格率达到95%。抓住筹办2022年北京冬奥会的历史机遇，促进群众性冰雪运动普及发展，推广冰蹴球等特色活动项目，丰富群众冬季体育生活。

专栏17：生命全周期保障体系

人类生命全周期可划分为四个阶段：生命准备期，即从父母结婚到婴儿出生；生命成长期，即从出生到18岁；生命保护期，即从19岁到65岁；生命质量期，即65岁以上至死亡。西城区按照这个生命周期，为社区居民打造了一条贯穿生老病死的医疗卫生服务链。从出生到去世，居民在生命的每个阶段都可以享受到社区卫生服务机构提供的新生儿保健、学生保健、妇女专项、婚检保健、孕产期保健、更年期保健和老年人保健服务等医疗保健服务。

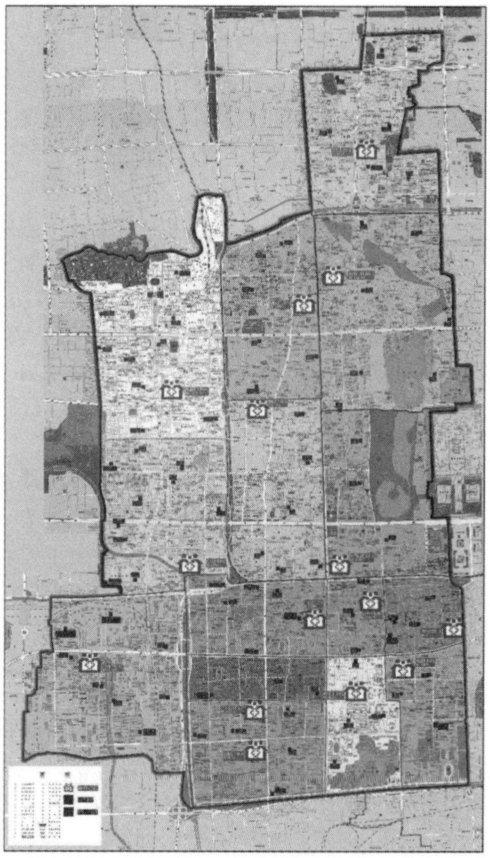

图5：西城区公共卫生服务机构资源分布图

第八篇　深入推进区域治理机制创新

紧紧围绕治理体系与治理能力现代化建设，以深化改革激发活力，以法治建设强化法制保障，为经济社会持续健康发展提供强大动力和制度保障。强化社会治理体系和治理能力建设，推动区域治理能力现代化。

第一章　全面深化改革

坚持把全面深化改革作为推动西城科学发展的持续动力，紧紧围绕首都城市战略定位，牢牢抓住制约区域可持续发展的瓶颈问题、广大群众关心的热点难点问题，努力使各项改革工作更加符合西城定位、突出西城特点、体现西城特色。

坚决落实一批改革部署。深入贯彻中央和市委全面深化改革精神，始终牢记首都功能核心区的职责使命和政治担当，坚决落实好中央和市委的改革部署要求，以高度的政治责任感和奋发有为的精神状态，深入调研、深入研究，主动谋划、主动作为，把上级的改革要求和部署细化为西城区深化改革的具体工作方案，明确目标任务、实施路径、时间进度和可检验的成果形式，全力以赴推动中央和市委各项改革决策部署在西城区落地生根。

主动探索一批改革试点。立足首都城市战略定位，深刻理解首都核心区功能定位新要求，着力从疏解非首都功能、治理“大城市病”、推动京津冀协同发展、促进社会公平、增进人民福祉等方面着手，主动承接上级改革试点项目，在供给侧改革等方面主动作为，积极探索推进国资国企管理体制、区域协同发展、医疗卫生体制、社会建设与治理体制、公安体制、文化体制、城市管理体制等领域改革，努力形成一批体现西城特色、可复制、能推广的改革经验。

努力形成一批改革成果。严格落实《西城区重要改革举措实施规划（2014—2020年）》的工作要求，加强顶层设计和整体谋划，注重改革的系统性、整体性和协同性，努力使各项改革举措在政策取向上相互配合、在实施过程中相互促进、在实际成效上相得益彰，确保在2020年全面完成各项改革任务，形成系统完备、科学规范、运行有效的制度体系，使各方面制度更加成熟、更加定型。

建立健全改革工作推动机制。深化新型智库建设，为改革决策提供信息和理论支撑。建立健全改革决策支持系统，促进改革决策、推进改革事项。建立健全工作台账与督促落实机制，逐步细化各项改革决策部署，确保改革要求落到实处。

第二章　推进法治建设

法治是推动经济社会发展的可靠保障。坚持运用法治思维和法治方式破解发展难题，充分发挥法治的引领、推动和促进作用，加快法治政府和法治社会建设。大力弘扬法治精神，在全社会营造尊法守法的氛围。

加强法治政府建设。加快建设执法严明、公开公正、廉洁高效、守法诚信的法治政府。推进政府事权规范化，机构、职能、权限、程序、责任法定化、公开化，坚决做到法定职责必须为、法无授权不可为。建立科学有效的权力运行制约和监督体系，自觉接受人大依法监督、政协民主监督、政府内部监督和群众监督、社会监督，形成监督合力。强化监察、审计等专门监督，并有效运用审计监督成果。落实“三重一大”集体决策，重大行政决策民主协商、专家论证等各项制度，完善行政机关内部重大行政决策合法性审查机制，建立重大决策绩效评估机制和终身责任追究制度。完善政府法律顾问制度。提高行政执法整体效能，整合执法主体，构建横向有分工，纵向有层级，权责明确、边界清晰、衔接有序、传导有效的行政执法体系。深入推进综合执法，强化行政执法与行政管理的协调和惩戒联动。完善行政执法协调机制，健全行政执法争议裁决工作机制。加强文明执法，加大执法力度。

推动法治社会建设。贯彻落实“七五”普法规划，深入开展法制宣传教育，引导居民自觉守法、遇事找法、解决问题靠法。健全领导干部带头守法、依法办事制度。落实“谁执法谁普法”工作责任制。开展多种形式的法治宣传教育活动，增强全民法制意识，提升市民法治素养。深入开展民主法治社区、诚信守法企业、依法治校示范学校等法治创建活动。鼓励引导各类社会主体制定市民公约、行业规章、团体章程等社会规范，支持各类社会主体自我约束、自我管理。重视网络民意，强化法律在维护群众权益、化解社会矛盾中的权威地位，不断提升司法权威和公信力。加快推进公共法律服务体系建设，实现法律顾问在基层的工作网络全覆盖。加强就业、就医、就学等民生领域法律服务，满足人民群众的基本法律服务需求。完善法律援助制度，加强困难群体法律援助服务。

强化基层民主法治建设。扩大公民有序参与渠道，夯实法治建设的基层基础。深化民主决策和民主监督的基层实践，推进基层民主协商制度化、规范化、程序化，促进群众在社区治理、基层公共事务和公益事业中依法自我管理、自我服务、自我教育、自我监督。健全企业事业单位民主管理制度，加强社会组织民主机制建设，落实职工参与管理和监督的民主权利。

加强法制机构队伍建设。各政府职能部门要重视法制机构建设，配备具备专业知识的法律人才，建立政府法律顾问队伍。健全基层法制机构。畅通不同行业不同机关之间的法律人才流通渠道。探索建立法院、检察院、律师事务所、司法行政机关、法学科研机构等之间法律专业人才的流通机制。完善法律服务队伍体系建设。

第三章　深化社会治理创新

树立共治、善治、自治、德治和法治的社会治理理念，进一步健全全响应网格化社会治理体系，完善党委领导、政府主导、社会协同、公众参与、法治保障的社会治理体制，不断强化系统治理、依法治理、综合治理和源头治理机制，推进社会治理精细化，构建全民共建共享的社会治理格局。

专栏18：社会治理“五治”理念

“五治”是西城区创新社会治理的新理念：一是党委要有共治的格局；二是政府要有善治的思维；三是基层要有自治的功能；四是民众要有德治的意识；五是社会要有法治的环境。

夯实治理基础。深化全响应网格化社会治理体系建设，推进“三网”融合发展和一体化运行，努力实现社会服务和城市管理精细化。深化街道管理体制改革，进一步明确街道职责，建立高效的运行机制，推动社会服务与城市管理工作重心下移。完善社区治理体系，推进社区区域化党建、多元性自治、开放式服务有机结合，推动社区治理体制创新。健全以基层为重点的基本公共服务网络，整合街道社区服务资源，加快推进社区公共服务体系“十个全覆盖工程”，提升“一刻钟社区服务圈”品质。建设便民服务终端网络，加强社区服务资源信息集成利用，全面提升智慧社区服务能力。

激发社会活力。完善社会组织工作体系，充分发挥“枢纽型”社会组织作用，实现社会组织服务管理全覆盖。完善社会组织分级分类管理，积极稳妥推进社会组织登记制度改革。健全社会组织培育发展机制，完善培育支持政策，搭建公益服务平台，为其发展和发挥作用创造良好条件。加强社会动员机制建设，不断提高社会协同能力和水平，通过推动“参与型”社区协商、“三社联动”、驻区单位资源开放共享，完善多元共治、积极协同的基层社会治理机制。加强社会工作人才队伍建设，不断完善社会工作者培养、使用、管理、激励机制，大力扶持专业社工机构发展，加快推进社会工作者专业化、职业化。推进志愿服务工作体制机制改革，完善志愿服务长效机制，进一步形成多元治理、共建共享工作格局。

专栏 19：三社联动

“三社联动”是指通过社区建设、社会组织培育和社会工作现代化体制，形成资源共享、优势互补、相互促进的良好局面，加快形成政府与社会之间互联、互动、互补的社会治理新格局。“三社联动”在加强基层社会治理中具有重要作用。

促进社会和谐。认真贯彻落实中共中央《关于加强社会主义协商民主建设的意见》，积极探索、完善多层次的协商民主机制，扩大公民有序参与，促进社会和谐稳定。完善公共决策社会公示、公众听证、专家咨询论证及民意调查制度，健全重大决策社会稳定风险评估机制。加强和改进信访和调解工作，深化涉法涉诉信访改革，做好社会矛盾排查预警和多元化纠纷解决机制，有效预防和化解矛盾纠纷。

第九篇 实施保障

本规划是指导未来五年全区经济社会发展的纲领性文件。在规划实施过程中，要切实加强统筹，进一步完善和创新规划实施机制，保障规划纲要如期实现和各项任务圆满完成。

第一章 强化规划统筹衔接

广泛动员全社会力量参与规划实施。完善规划体系、加强规划统筹，以本规划为统领，以各专项规划和行动计划为支撑，发挥各级各类规划定位清晰、功能互补、统筹实施的规划引导作用。

凝聚发展合力。发挥社会主义民主政治制度的优势，实行广泛多层制度化的协商民主。坚持和完善人民代表大会制度和中国共产党领导的多党合作和政治协商制度，巩固和发展最广泛的爱国统一战线，促进民族团结、宗教和谐，形成围绕中心、服务大局、共谋发展的良好局面。注重发挥工会、共青团、妇联等群团组织作用，创新群众工作体制机制和方式方法，提高宣传和组织群众的能力，激发全区人民建设西城的主人翁意识，更加广泛地凝聚发展的合力。

加强规划指导。全区国民经济和社会发展各领域、各部门要以本规划为指导，增强规划的权威性、指导性，确保发展目标、重大任务等符合本规划的要求，安排反映新阶段、新理念、新要求的指标，确保将“十三五”规划各项任务落到实处。

统筹编制各级各类规划。区政府有关部门要组织编制区级专项规划，围绕经济社会发展关键领域和薄弱环节，着力解决突出问题，细化落实本规划明确的重点任务。各部门要贯彻落实国家、北京市和本规划的战略意图，结合自身实际，突出区域特色，编制实施好各部门发展规划，做好与本规划确定的主要目标和重点任务的对接协调，特别是加强约束性指标和重大任务的衔接，确保规划安排落到实处。

第二章 强化规划实施保障

综合运用法律、政策、行政、经济等手段，围绕规划确定的目标和任务，形成支撑合力，为推动规划有效实施提供保障。

加强法治保障。加强规划实施过程中对法治思维的运用，确保规划在法治的框架下实施，提升规划目标任务的约束力和权威性，推进规划实施的法治化。

加强实施计划。将行动计划、年度计划作为实施本规划的重要支撑。按照本规划确定的重点任务研究出台相关专项行动计划。以一批重大举措保障规划实施。做好已有各类专项行动计划与本规划的衔接。按照本规划的总体安排部署，编制国民经济和社会发展年度计划，分年度落实规划提出的目标和任务，对约束性指标和重大项目推进设置年度目标，年度计划报告要分析本规划的实施进展情况，报告约束性指标的完成情况。

创新人才机制。坚持人才优先发展战略，坚持服务发展、人才优先、高端引领、精细服务，着力开发区域经济社会发展重点领域亟需的高端领军型人才、紧缺专门人才、创新人才，提升人才国际化、高端化水平。深化政策机制创新，健全人才引进、培育、激励、保障、流动的全程式服务机制，建立个性化与全方位的高端服务保障体系。实施品牌引导和工程带动，着力打造金融、文化、高新技术等区域特色人才队伍，统筹推进各支人才队伍建设，培养和造就一支数量充足、结构优化、素质一流、富于创新的国际化人才队伍。营造有利于人人皆可成才的社会环境，初步建成“开放包容、全面发展、创新共享、协调持续和价值引领”的人才生态区。

加强政策资源供给。围绕规划目标任务，完善人口、环保、财税、土地等相关配套政策，加强各项政策协调配合，密切联系发展实际和宏观环境变化，加强政策储备，为规划实施提供有力的政策支撑。充分发挥财政资金支撑和引领作用，建立政府投资基金，支持创新创业、中小企业发展、产业转型升级和发展、基础设施和公共服务领域。调整和优化财政支出结构，切实将财政资金保障和政策聚焦的重点继续向教育、社会保障、医疗卫生、环境保护、公共安全等重要民生领域倾斜，解决好人民群众最关心、最直接、最现实的利益问题，为规划实施提供资金保障。强化支出预算管理，健全预算支出责任制度，加大支出项目的绩效考评力度，将绩效评价结果与部门预算编制有机结合，进一步强化部门预算的严肃性和约束性。把短期应对措施和长期制度建设结合起来，做好化解地方性政府债务风险各项工作。

强化重大项目落地。坚持以规划确定项目、以项目落实规划，发挥好重大项目对规划落实的支撑作用。完善重大项目的区级统筹机制，以重大项目的布局支撑和带动功能布局的优化。健全重点项目储备库制度，增强项目的协调性和可持续性，有序组织一批关系全局和长远发展的重大项目。强化项目实施管理，建立健全重大项目推进机制，落实分级管理责任，完善区政府固定资产投资项目后评价制度，强化项目实施效果。

第三章　强化规划监督考评

完善规划实施监督评估制度，强化规划分解落实与考核评价，扩大公众参与，落实规划目标任务。

加强考核评价。分解本规划确定的发展目标和主要任务，明确牵头单位和工作责任，加大绩效考核力度。约束性指标是政府必须履行的重要责任，要分解落实到各有关部门，并纳入其综合评价和绩效考核体系。强化对非首都功能疏解、结构优化、民生改善、资源节约、生态建设、环境保护和基本公共服务等目标任务完成情况的综合评价考核。

完善监督评估。加强第三方独立评估，听取社会各界和广大群众对规划实施的意见和建议。在规划实施的中期阶段，由区政府组织全面评估，并将中期评估报告提交区人大常委会审议。自觉接受区人大及其常委会对规划实施情况的监督检查，区政府有关部门根据负责的主要发展目标、约束性指标和主要预期性指标年度进展情况、重大任务年度执行情况，接受区人大及其常委会年度监督检查。根据中期评估等情况需要进行修订时，由区政府提出意见，报区人大常委会批准。

推动社会公众参与。采取多种形式、通过多种渠道，广泛开展“十三五”规划的宣传，让规划确定的目标任务深入人心，凝聚各方面力量积极参与规划实施，使实施规划成为全社会的自觉行动。

本规划经西城区人民代表大会批准后，由西城区人民政府组织实施。规划执行期间，如遇经济社会环境或其他重要因素发生重大变化，导致规划不能正常实施时，由区政府提出调整方案，报请区人大常委会批准实施。

（责任编辑　华大友）

专　文

关于西城区强化“红墙意识”　全面从严治党的实践与思考

中共北京市西城区委书记　王　宁

办好中国的事情，关键在党。党坚强有力，事业才能兴旺发达，国家才能繁荣稳定，人民才能幸福安康。只有从严管党治党，才能确保党在发展中国特色社会主义历史进程中始终成为坚强领导核心。2014年12月，习近平总书记在江苏调研期间提出了“全面从严治党”的治党新方略，这既是对我们从严治党光荣传统的继承发扬，也是对十八大以来党建理论与实践的新概括，体现了新一届党中央管党治党的新思路。

西城区一贯重视党的建设工作。党的十八大以来，西城区按照中央、市委的部署要求，围绕党建引领，全面从严治党，并立足实际、真抓实干、勇于创新，党建工作取得显著成效。在抓好党建工作的同时，西城区从自身实际出发，不断总结党建方面经验做法，提出了“红墙意识”并不断予以丰富完善。“红墙意识”是党建理论与实践相结合的产物，是西城区独有的文化符号，成为飘扬在西城区广大干部群众心目中的一面旗帜。

新形势下，强化“红墙意识”，助推这面旗帜深入人心，有利于进一步统一西城区广大干部的思想、形成共识。把强化“红墙意识”作为全面从严治党的切入点，能更好发挥西城区作为首都核心区的示范和导向作用，意义十分重大。

一、“红墙意识”的内涵与价值

（一）“红墙意识”的提出

2001年，西城区西长安街街道结合自身党建工作实际，自觉从辖区所处的特殊区位定位出发，在落实市委提出的“为中央党、政、军领导机关的工作服务，为国家的国际交往服务，为科技和教育发展服务，为改善人民群众生活服务”的活动中，第一次概括提炼出“红墙意识”的概念，并将其归纳为“四个必须始终具有”，即“必须始终具有良好的政治素质，必须始终具有昂扬的精神状态，必须始终具有高新的工作标准，必须始终具有务实的工作作风”。提出要用“红墙意识”凝聚人心、集结力量、推动工作。“红墙意识”逐渐成为街道干部群众开展“四个服务”和共驻、共建、共享的精神支柱与动力支撑。

2010年，西长安街街道工委在“四个必须始终具有”的基础上，又进一步提出“五个一流”（塑造一流的精神风貌，营造一流的和谐环境，打造一流的工作标准，创造一流的工作业绩，锻造一流的干部队伍）和“5S”（微笑（Smile）、高效（Speed）、标准（Standard）、真诚（Sincere）、满意（Satisfy）精益服务品牌的工作目标，赋予“红墙意识”以新的内涵。这一思路，进一步凝聚了街道干部群众的共识，也逐渐被转化为干部群众“一盘棋、一条心、一股劲”，做好“四个服务”、建功立业的自觉行动。

（二）“红墙意识”的延伸

2014年召开的区委工作务虚会，首次将“红墙意识”提升为全区工作的指导思想。在区委十一届八次全会上，首次把“红墙意识”上升到全区层面，提出要保证中央、市委决策部署不折不扣贯彻到基层的每一个“毛细血管”、延伸到每一个“细胞”，特别是在政治纪律上，必须在大是大非、错误思潮面前，旗帜鲜明、主动发声、敢于亮剑，决不让杂音干扰大局。

2015年，区委十一届九次全会赋予了“红墙意识”新的内涵，提出作为首都功能核心区，必须旗帜鲜明地亮出“红墙意识”，把思想和行动坚决统一到中央制定的《京津冀协同发展规划纲要》和北京市制定的《关于贯彻〈京津冀协同发展规划纲要〉的意见》精神上来，不折不扣地将中央和市委的决策部署贯彻落实到最实处，以最高的政治意识、最重的责任担当、最大的落实力度，义不容辞地扛起推动京津冀协同发展的重大政治责任。这与以往相比“红墙意识”的内涵发生了质的变化，从一个街道的共识上升为西城区全区性的工作理念。

（三）“红墙意识”提出的缘由

1. 区位特点的内在要求。

西城区作为首都功能核心区之一，是国家政治中心的主要载体，国家最高层次对外交往活动的主要发生地，政务资源层级高，承担着首都“四个服务”的重要职责。正是这特殊的区位、特殊的使命、特殊的责任，产生了特殊的认知，经过不断地提炼升华，内化于心外化于形，铸就了西城区干部群众具有“红墙意识”这一特有的精神风貌和思想意识。

2. 贯彻落实中央决策部署、落实首都城市战略定位的必然选择。

2014年2月，习近平总书记视察北京工作时明确了北京作为全国政治中心、文化中心、国际交往中心、科技创新中心的城市战略定位，提出了建设国际一流的和谐宜居之都的奋斗目标。同时强调，要从国家战略的高度推动京津冀协同发展，加快解决北京发展的深层次矛盾和问题。作为首都功能核心区，迫切需要引导干部群众进一步解放思想、增强大局观念，主动作为、勇于担当，把落实中央和市委决策部署作为最大的政治任务，贯彻落实好中央和市委的决策部署。

3. 实现区域发展新目标新任务的有效途径。

推动京津冀协同发展，落实首都新的城市战略定位和建设国际一流的和谐宜居之都的目标，都对西城区发展提出了新的要求。加快疏功能、转方式、治环境、补短板、促协同，构建“高精尖”经济结构，治理“大城市病”等，涉及到多方面利益调整，工作推进难度大、社会敏感度高。面对诸多挑战，迫切需要进一步统一思想，凝聚共识，亮出“红墙意识”，能有效增强广大干部履行职责、推动区域发展的自觉性。

（四）提出“红墙意识”的重要价值

1.“红墙意识”是西城区践行社会主义核心价值观的新载体。

培育和践行社会主义核心价值观需要有效载体，“红墙意识”就提供了鲜活的载体。

2.“红墙意识”是凝聚西城区发展共识的公约数。

一个区域一个部门一个团体要有所作为，就应该有一个共同的信念和目标。“红墙意识”应该成为西城区广大干部群众的共同信念和最大公约数。

3.“红墙意识”是提升西城区形象的新途径。

西城区作为首都功能核心区之一，独有的地理位置和服务对象决定了其特殊性，也决定了更大的责任感和使命感。在新的时代、新的阶段，提升西城形象离不开“红墙意识”提供的新的载体、新的途径。

4. 强化“红墙意识”是全面从严治党的助推剂。

全面从严治党是对所有党员和所有党组织而言的。全面从严治党的价值追求和“红墙意识”的理念高度契合。在西城区强化“红墙意识”更有利于落实全面从严治党这一治党新方略。西城区近些年来也一直在探索实践通过强化“红墙意识”来推进全面从严治党，积累了一些经验。

二、西城区践行“红墙意识”、全面从严治党的探索实践

西城区委注重发挥“红墙意识”的导向作用，以“红墙意识”潜移默化影响党员干部，坚持“围绕中心抓党建、抓好党建促中心”，用中心工作的成绩检验党建工作成效。在党建引领下，近几年来西城区经济社会发展工作取得显著进步。2015年，西城区人均居民可支配收入超过了5万元，地区生产总值超过3266亿元，人民群众的“获得感”明显提高。在全面从严治党方面，成效也十分明显。

（一）坚持把讲政治摆在首位，不折不扣落实中央、市委决策部署

西城区委以高度的政治责任感，以中心组学习等多种方式认真学习领会习近平总书记视察北京重要讲话精神，并以此为指导谋划推动全区发展，区域发展方向符合中央和市委的战略方针、发展目标，与首都城市战略定位保持高度一致。西城区委不断增强班子的政治意识，注重从政治方向考虑问题，以最强的政治定力和政治敏感性，不折不扣落实中央和市委的决策部署，践行“四个服务”的基本要求，把服务立区作为发展战略之首。为更好发挥常委会班子率先垂范作用，专门研究制定了加强自身建设的意见，在六个方面做出了严格规定，要求区委常委讲政治、守纪律，观大势、谋大事，增强政治敏锐性和政治鉴别力，以强烈的事业心和责任感，心无旁骛地履行职责、做好工作。

（二）坚持抓好关键少数，发挥领导干部的示范作用

“党要管党，首先是管好干部；从严治党，关键是从严治吏”。西城区把从严治吏作为全面从严治党的关键。一是着力加强领导班子建设。按照“三严三实”的要求，西城区委从严抓班子、带队伍，不断加强各级领导班子建设。通过强化理论武装，规范中心组学习，举办系列培训班，切实抓好理想信念、党性修养和政治纪律教育，从思想上拧紧了“总开关”，领导干部的理想信念更加坚定、理论素养更加深厚。二是完善领导干部选拔任用机制。严格落实《党政领导干部选拔任用工作条例》，进一步完善了干部选拔任用、考核评价等方面的制度规定，选人用人的程序方法更加严格规范、务实有效，进一步选优配强了处级领导班子，树立了正确用人导向。三是严格干部管理、加强干部权力制约力度。强化“严管就是厚爱”，严格执行“一岗双责”，加强了干部管理和监督，使干部心有所畏、言有所戒、行有所止。

（三）坚持打好基础，扎实推进基层党建创新

基础不牢，地动山摇。西城区始终站在夯实党的执政基础的高度抓基层、打基础，坚持以服务型党组织建设和区域化党建为抓手，把党建与全区改革发展、保障改善民生结合起来，积极创新基层党建。一是始终把服务作为鲜明主题，着力把丰富的区域资源优势转化为党建优势。西城区以“组织全覆盖、服务全响应”为目标，深入推进“服务先锋”工程，通过项目化运作、组团式服务、开放式活动，国家发展和改革委员会等近400家单位向居民开放服务资源，形成了“项目引领”“商圈统筹”等区域化党建模式，构建了全社会共同参与的服务格局，涌现了威斯汀大酒店党支部等全国先进党组织典型。坚持把群众满意作为第一标准，在全区深入开展“访听解”“双报到”和机关干部到社区挂职等工作，得到了群众的真心点赞。二是实施“非公党建活力工程”，集中在科技园区、重点

商业街、商务楼宇建立党组织，引领非公企业健康发展。比如，在马连道茶叶街建立联合党支部，服务茶商，引导茶商规范经营；在每个商务楼宇党群活动中心站建立联合党支部，发挥“楼宇党建”对非公企业的辐射带动作用。三是发扬支部建在连上的传统，在棚户区改造、功能街区建设等重大工程项目上建立党组织，使党组织真正成为服务发展、改善民生的坚强基石，有效发挥了党组织的“桥头堡”作用。四是广泛开展“党员意识、党员作用双提升活动”，有效发挥了党员的“排头兵”作用。

（四）坚持以制度建设为龙头，扎紧“关权力”的笼子

制度是管长远和管根本的。西城区委高度重视党建制度建设。以权力公开透明运行机制建设为抓手，积极推进制度创新和完善已有制度，扎紧了制度笼子，提高了党员干部的制度意识。西城区严格落实党风廉政建设责任制，强化全面从严治党的党委主体责任和纪委监督责任的双落实，支持纪检监察机关转职能、转方式、转作风。着力在正风肃纪上下功夫，扭住“四风”问题不放松，加大对中央八项规定和市委实施意见执行情况的监督检查，扎实开展专项整治。认真学习宣传廉洁自律准则和纪律处分条例，广泛开展反腐倡廉教育，积极营造不敢腐、不能腐、不想腐的氛围。始终保持惩治腐败的高压态势，坚持有腐必反，有贪必肃，对腐败分子发现一个查处一个，形成有力震慑，彰显了我们惩治腐败、正风肃纪的决心。

三、西城区在践行“红墙意识”、全面从严治党中存在的问题及成因

作为西城区特有的文化符号，“红墙意识”是高扬在西城区的一面旗帜，是西城区广大干部群众的基本遵循。着眼于“红墙意识”内涵和基于首都定位的高要求，西城区在推进全面从严治党方面还存在一定的问题与不足。

（一）在理想信念方面“总开关”还没拧紧

理想信念既不会自动产生，也不会随着职务职级的升高和时间的延长自动加强，必须时刻注重理想信念的培育。但现在有的党员干部，谈到理想信念的问题，总是理不直、气不壮，显得不那么坚定，得了“软骨病”。面对压力大时，有的领导干部不自觉地把自己等同于一般群众。理想的动摇是最危险的动摇，信念的滑坡是最致命的滑坡，如果我们党员干部都在信与不信间犹豫彷徨，何谈让群众跟着我们走呢？为了谁、依靠谁、我是谁这个问题，应该给出清楚的答案。

（二）“红墙意识”还没有形成广泛共识

“红墙意识”提出后，虽然得到了多数干部群众的认可，但还没在全区形成广泛共识。这一问题主要有三个方面的体现，一是在忠诚守规方面，工作在红墙外的我们，离做到最讲政治、最守纪律、最懂规矩还有一定差距。二是在落实中央、市委精神方面，极少数部门还存在打折扣、有伤耗、搞缩水的现象。三是我们有的干部面对妄议中央的错误言论还不敢亮剑，面对社会上一些负面传言，有的不加辨别地跟风，人云亦云，没有及时、坚决地维护党的形象。

（三）在践行“红墙意识”中，全面从严治党主体责任尚未落实

全面从严治党主体责任比党风廉政建设主体责任范围更宽、标准更严、责任更大、要求更高，不仅包括党风廉政建设方面，还要落实到思想建党、制度治党、纪律立党、组织建党、人才兴党等管党治党的各领域和全过程，坚决防止组织软弱、队伍涣散、党风退化、纪律松弛等问题。从西城实际情况看，虽然采取了许多措施来落实党委的党风廉政建设责任和纪委的监督责任，并取得显著成效，但在履行全面从严治党主体责任方面，还存在主体本身不清晰、落实责任内容不清晰、重视程度不够等问题。

（四）党组织建设的功能作用还未充分发挥

推进西城经济社会各项工作顺利前行，有赖于充分发挥党建功能，但受一些条件限制，党的建设指挥棒作用还没有充分彰显。在政治功能方面，还需要进一步要求党员干部提高政治意识，提高从政治高度观察问题、分析问题、解决问题的能力。在引领功能方面，力度不是很够，谋划还存在一定不足，还要继续坚持围绕中心抓党建，进一步发挥党建引领经济社会全面发展的作用。在凝聚功能方面，还需要进一步发挥党员先锋示范作用，汇聚更多改革发展合力。在保障功能方面，组织保障、人才保障、监督执纪保障还未能实现无缝隙和全覆盖。有些党建创新成果如楼宇党建还要增强可持续性。在服务功能方面，精准服务还不太够，需要进一步提高。

（五）作风建设与反腐败斗争形势依然严峻

全区所有单位都按照中央、市委部署要求开展了党的群众路线教育实践活动、“三严三实”专题教育，下大力气整治了“四风”，从严要求干部，但有的单位依然没有达到最高标准，作风建设还需继续加强。按照中央和市委部署，全区高度重视反腐倡廉建设，积极开展反腐败斗争，逐步形成不敢腐的氛围，取得了不能腐、不想腐的阶段性胜利。但从这几年查处的案件数量和掌握的线索来看，反腐败斗争依然严峻复杂，顶风违纪现象依然存在。2015年，反映社区干部问题同比上升175%，反映的问题主要为虚开发票套现、截留私分活动经费、虚报冒领实物奖励、违规组织社区活动等，共处理社区党员干部20人。在吕锡文案件中，我区有数名国有企业党员干部涉嫌违纪，反映出我区国有企业党风廉政建设特别是监督机制还存在许多薄弱环节。

四、新形势下西城区“红墙意识”的新内涵

在总结梳理“红墙意识”内涵演进的基础上，结合西城区管党治党的新探索和新实践，赋予“红墙意识”以新内涵，不仅有利于人们更加认同这一新理念，而且还有利于进一步落实全面从严治党工作。在全面从严治党新形势下，结合西城区的新定位新目标，“红墙意识”的内涵应当包括“最高的政治意识、最优的服务水平、最重的责任担当、最严的首善标准”。其中，政治意识是统领，最优服务是要求，责任担当是保证，保持首善是目标。

（一）最高的政治意识

落实全面从严治党，首先反映在党员干部的政治意识强不强上。而政治意识是“红墙意识”本质的规定性，契合“红墙意识”的价值取向，是“红”的最终体现。最高的政治意识，是指要时刻从政治高度看问题、想办法、干工作，保持最强的政治定力。最高的政治意识主要包括自觉看齐意识、顾全大局意识、对党忠诚意识、政治纪律意识等。

自觉看齐意识是指，始终自觉向党中央看齐、同党中央保持高度一致。西城区党员干部，一方面要在党言党、在党为党、在党护党、在党爱党，不断增强党性立场和政治意识；另一方面要不断提高政治敏锐性和政治鉴别力，在大是大非面前头脑清醒、旗帜鲜明，经得起大风大浪考验，保持正确政治方向。

顾全大局意识是指，要把党和国家利益置于最高位置，形成党和国家利益至上的意识。对西城区党员干部而言，贯彻好习近平总书记关于将北京建设成为全国政治中心、文化中心、国际交往中心、科技创新中心，努力实现京津冀协同发展战略目标的指示就是大局。这要求西城区党员干部要树立高度自觉的大局意识，开展各项工作必须紧紧围绕大局、时时聚焦大局、处处服务大局，找准位置，发挥作用，使各项工作和服务紧贴党中央和市委需要、适应党中央和市委要求。这就要求西城区所有工作必须围绕着首都核心功能的实现和京津冀协同发展的展开，做到在大局面前不动摇，在大局面前不退让，敢于破除本位主义，敢于打破部门利益和局部利益。

对党忠诚意识就是要求党员干部对党、国家和人民的事业高度忠诚、始终忠诚，保持最强的政治定力。西城区广大党员干部始终坚持忠诚于党和人民的事业，自觉为实现“两个一百年目标”努力奋斗。做到绝对忠诚，一要把对党忠诚作为做好西城工作的首要政治原则，作为西城区党员队伍的首要政治本色，作为西城区干部的首要政治品质，任何时候都不能含糊。二是理想信念要特别坚定。只有对马克思主义信仰坚定了，对中国特色社会主义信念坚定了，绝对忠诚才能有牢靠的基础，才能做到“千磨万击还坚劲，任尔东西南北风”。三是以实际行动表现忠诚，不折不扣执行好党的路线方针政策。对西城来讲，要以最大的执行力度不折不扣地落实中央、市委的决策部署。

政治纪律意识是指要时刻注意从政治高度上考虑问题，以高度的自觉时刻与党中央保持高度一致。严明党的纪律首先是严明党的政治纪律。西城区各级领导干部要树立最强的政治纪律意识，以实际行动讲政治、顾大局，坚决反对团团伙伙，坚决服从中央和市委的领导，坚决贯彻中央、市委的部署。

（二）最优的服务水平

全心全意为人民服务是党的根本宗旨。作为首都核心区的西城要按照市委要求竭诚主动做好“四个服务”。把最优服务作为“红墙意识”的重要内涵，是因为西城区提供的服务代表首都形象、反映首都水平，标准和要求都要高。西城各项服务工作不仅要保持一流，还要臻于至善、追求卓越。

实现最优服务，一是树立最优服务意识。没有最优服务意识肯定做不到最优质服务。对西城区党员干部来说，决不能满足于一般的服务意识，要树立卓越服务、至高服务的意识。二是服务水平立足一流、超越一流。西城区的服务工作要有首都意识、体现首都水平，要放眼全国、放眼世界，用国际一流的尺子衡量，提供超一流服务。三是不断充实服务内容、创新服务方法。新形势下，针对驻地单位和群众需求内容更加个性化、需求层次更加多样化、需求利益关系更加复杂化问题，用辨证的眼光、创新的办法统筹处理好各种关系，不断提升服务水平和服务品质。四是要有无怨无悔的奉献精神。没有奉献精神不可能提供最优服务。习近平总书记指出，共产党人讲奉献，要有一颗为党为人民矢志奋斗的心，有了这颗心，就会“痛并快乐着”，再怎么艰苦也是美的、再怎么付出也是甜的，就不会患得患失。这是符合党和人民要求的“大奉献”。西城区党员干部必须正确认识苦和乐、得和失的关系，牢固树立奉献精神，养成“计利当计天下利”的胸襟，做到虔诚而执着、至信而深厚，守护好共产党人的精神高地。

（三）最重的责任担当

把最重的责任担当作为“红墙意识”的重要内涵，既是“红墙意识”的内在要求，也具有极强的现实针对性。就全国来说，改革进入攻坚期和深水区，我们正站在新的历史起点上，既面临难得发展机遇，也面临风险更大、难题更为集中的挑战，推进改革的复杂程度、敏感程度、艰巨程度前所未有，需要我们进行具有许多新的历史特点的伟大斗争。这就要求各级领导干部更要有强烈的担当精神，敢于负责、勇于担当。北京概莫能外，西城区党员干部更以高度自觉的责任意识和积极向上的精神风貌，赢得了中央和市委的肯定。但“西城工作无小事”，特殊的区位使得西城区发生的一切都会被无限放大，也使得这个区域的矛盾更加错综复杂。任何思想上的麻痹松懈、行为上的偏差纰漏都可能影响工作运转，甚至影响大局。这就更加需要西城的党员干部树立极端负责的工作作风，忠诚履责、勇于担责、敢于负责。

做到最重的责任担当，首先要忠诚履责。忠诚履责是党对党员干部的基本要求，是党员干部担当精神的基本体现。在其位就要谋其政，任其职就要尽其责。就要树立勤勤恳恳的工作态度，把自己的工作做好，还要以精益求精的态度不断提高工作水平。二是勇于担责。习近平总书记指出，看一个领导干部，很重要的是看有没有责任感，有没有担当精神。勇于担责，就是积极主动承担党和人民赋予的各项任务，尤其是急难险重任务。“为官避事平生耻”，领导干部对党忠诚、对党和人民事业负责，就要为党分忧，勇于做事，敢于担责，在大是大非面前敢于亮剑，在矛盾问题面前敢于迎难而上，在危机困难关头敢于挺身而出，面对歪风邪气敢于坚决斗争。三是敢于负责。敢于负责，既体现在认真负责干好工作上，更体现在敢于直面问题，矛盾面前不躲闪，挑战面前不畏惧，困难面前不退缩，在关键时刻和危急关头豁得出来、顶得上去、经得住考验。有了问题、出现失误，敢于承认，主动承担，不回避、不遮掩、不推诿，及时纠正和改正。干任何事情都没有绝对的成功，特别是中国特色社会主义事业是一项开创性事业，面临许多从未遇到的新情况新问题，工作中的失误和挫折在所难免。出了问题并不可怕，关键在于敢于负责，从中汲取教训。

（四）最严的首善标准

把最严的首善标准作为西城区“红墙意识”的重要内涵，一方面考虑是要通过强化“红墙意识”，把近年来北京建设首善之区积累的好做法继续延续下去；另一方面考虑西城区是北京的核心区，要求应该更高、标准应该更严。西城区不仅要有首善气魄，更要有舍我其谁的精神状态，以最严标准作全国首善。

坚持最严首善标准，首先要牢固树立首善理念。首善的定性描述可以是经济繁荣、政治清明、文化先进、环境优美、生态宜居、服务完善、社会和谐。推动西城区经济社会各项工作都是要紧紧围绕首善理念展开。这就要增强首善的政治意识，强调首善的核心责任是以人为本，强化首善的善治思维。二是要用最高标准来衡量各项工作。近几年来，西城区党员干部的广泛共识是“与红墙最近的地方，工作标准必须最高”，要用“首善”的标准衡量各项工作，同时做到首善标准与时俱进。当前，西城区建设首善最迫切、最现实的目标是在更高水平上实现区域功能定位，把西城区建设得更具活力、更有魅力、更加和谐，实现“安全、安静、舒适、典雅、古朴”的愿景。三是积极培育首善气质。所谓首善气质，是一种勇做标杆的气质，是奋勇争先的气质，是舍我其谁的气质，要把首善培育成西城区人民特有的精神气质，融入西城区日常工作中，激发人民群众和党政干部的争先创优的昂扬斗志和奋发有为的精神风貌。

“红墙意识”是在30多年来西城广大干部群众积极投身于改革开放和社会主义现代化建设事业中形成的，是从60多年来西城区广大干部群众奋发向上争创一流精神风貌中总结出来的。与全面从严治党价值导向高度契合的“红墙意识”已经成为激励西城干部群众共同前进的强大精神动力。在新形势下继续强化“红墙意识”必然有利于全面从严治党在西城全区的贯彻落实。

五、西城区强化“红墙意识”，进一步落实全面从严治党的路径

通过强化“红墙意识”进一步落实全面从严治党的治党新方略是西城区特有的政治优势和区位优势。我们提出强化“红墙意识”，就是想藉此来不断提升党员干部的政治意识、服务意识、担当意识和首善意识，把全面从严治党落到实处。

（一）坚持思想建党，继续坚定理想信念

强化“红墙意识”，推进全面从严治党，首先要弘扬思想建党的优良传统，从思想上严起来，持续给党员干部“补钙壮骨”，不断提高党员干部对党、国家和人民事业的忠诚度，坚定理想信念，筑牢思想防线。

一是继续加强党性教育。加强党性教育是促使党员干部增强忠诚度、坚定理想信念、筑牢思想防线的重要途径。要加大干部培训中的党性教育分量，党性教育在干部培训课程设置中占比至少20%。要采取多种形式在西城持续深入开展理想信念教育、党的宗旨教育，深入开展党史国史教育、革命传统教育，深入开展道德品行教育、法治思维教育、反腐倡廉教育，持续提升党员干部的党性修养。要结合市委党建工作部署，在西城开展“红墙意识”教育实践活动，强化党员干部的政治意识，让广大干部始终保持共产党人的政治本色。要利用中心组学习、自学等方式，推动党员干部系统学习马克思列宁主义、毛泽东思想和中国特色社会主义理论体系，特别要重点学习习近平总书记系列重要讲话精神。

二是认真落实党委（党组）意识形态工作责任制。紧紧抓住思想建党这个“牛鼻子”，不断强化党委主体责任，牢牢把握意识形态工作的领导权、管理权、话语权，增强意识形态工作的针对性、时效性，确保党在思想领域的领导地位。

三是树立典型，见贤思齐。榜样的力量是无穷的。要挖掘西城区多年来的道德典范和先进人物，并大力宣传，为广大干部营造一个比学赶超的良好氛围。同时，要坚持先进典型示范教育与反面典型警示教育相结合，增强思想建设的针对性、实效性。

（二）坚持服务护党，不断加强和改进党的作风建设

做到最优服务，不仅是“红墙意识”的重要内涵，也是党的根本宗旨的自然体现，更是当下改进和加强西城区党的作风建设的重要抓手和主要突破口。践行“红墙意识”和党的宗旨，切实改进党的作风，更能团结群众，夯实党的群众基础和执政基础，使党的事业更加发展壮大。

一是强化服务意识。习近平总书记指出，“作为党的干部，就是要全心全意为人民服务”。在西城区强化服务意识，就要持续深入开展党员教育活动，让党员干部时时刻刻意识到自己是一名共产党员，意识到为民服务是党员应尽义务，以督促党员干部自觉、主动为民服务。

二是做到精准服务。要执行好干部联系服务群众制度，做到经常联系、服务到位。要按照需求导向提供服务，通过走访、接访、回访等方式摸准问清群众诉求，提供针对性服务。要按照问题导向提供服务，通过群众来信来访、部门自查自纠和调查研究，拟出问题清单，解决群众最关心、与群众利益最直接的问题。

三是提升服务信息化水平。迈进网络时代，服务群众更加快速便捷。要大力推进微网格管理，整合现有网络服务资源，避免重复设置、资源浪费现象。要探索建立西城服务群众APP平台，让群众即时享受党委、政府提供的贴心服务。要加强服务信息的搜集沟通联络，实现信息共建共享、处置快捷有效。

（三）坚持固基强党，继续推进基层党建创新

充分发挥基层党组织的战斗堡垒作用，是党的事业发展壮大的重要基础。西城区基层党组织建设有很多好做法必须继续坚持，在此基础上还要结合实际敢于创新。

一是继续强化服务型党组织建设，深入实施“服务先锋”工程。

二是深入推进实施区域化党建工程，不断加强社会组织和非公企业党建工作，实现党建工作无缝隙、全覆盖。

三是分类推进基层党组织建设。遵循差异化原则，针对机关、企业、社区、学校、社会组织等不同特点来加强基层党组织建设。如在非公企业，要着力打造活力型党建，开展“党员示范岗”“党员责任区”争创活动。

四是继续创新组织设置，巩固推广支部建在重大项目上的成功经验。还要针对西城区务工人员多、流动党员多的特点，结合属地管理，建立健全流动党员管理机制。

五是利用重大党建活动契机，团结凝聚党员干部，推动基层党组织建设。

（四）坚持人才兴党，继续提升人才队伍素质

人才是党执政兴国的第一资源。重视人才、善用人才，坚持党管人才是党的优良传统。西城要继承党的优良传统，加强党政人才、企业经营管理人才、专业技术人才等六类人才队伍建设，为区域发展提供智力支持和人才保障。

一是不断壮大人才队伍。人才是第一资源，关系西城长远发展，必须要建设好、使用好。要坚持把产业留人、事业留人、感情留人、待遇留人结合起来，千方百计扩大人才队伍。其中，要重点抓好党政人才队伍建设，加强对党政人才的培养使用力度，加大对优秀党政人才的选拔使用力度，重点选拔党政人才队伍中那些守纪律、讲大局和敢担当的干部。

二是选用人才突出“高精尖缺”导向。选用人才要结合西城发展实际，大力引进金融高级人才、城市精细管理人才，尤其是具有创新精神的人才。要立足“缺”什么人才就引进什么人才和培育什么人才的理念，优先选用西城区紧缺人才。

三是完善人才评价激励机制和服务保障体系，让人才脱颖而出，做到人尽其才、才尽其用。要狠抓工作谋划和落实，继续实施“双百工程”、遴选“百名英才”，在全区大兴识才、爱才、敬才、用才之风。

（五）坚持制度治党，不断提高党的现代治理能力

用制度治党管党是我们党的优良传统。在西城区落实全面从严治党必须把党的治理能力现代化、党的建设制度化统一起来，通过加强党内制度建设提升现代治理水平。

一是探索建立全面从严治党主体责任制。西城要尽快制定党委全面从严治党主体责任清单，用明确的制度规定把全面从严治党主体责任进行分解固化，加强动态评估，使领导干部明晰责任所在、所指。

二是探索建立全面从严治党主体责任追究机制。在西城区，对违反主体责任的行为，一定要进行责任追究。要切实发挥责任追究制度高压线、红线的作用，决不能使之变成“橡皮筋”。

三是创新党内制度建设。探索建立整治为官不为、为官乱为的常态化机制。探索建立符合西城干部队伍特点的党的领导干部能上能下制度。探索建立党员干部退出机制。

（六）坚持在党爱党，继续增强党员意识发挥党员作用

党员干部要在党言党、在党爱党。中国共产党一路走来，从小到大、从弱到强，是与广大党员干部热爱党、维护党分不开的。新形势下，落实全面从严治党，必须弘扬在党爱党的优良传统。

一是继续增强党员意识。党员意识是共产党员对党的性质、宗旨、历史使命，以及党的纲领和任务的自觉认识，是党员政治觉悟和党性的集中体现。党员意识的有无、强弱，不仅关系到党员能否发挥先锋模范作用，关系到党的基层组织的凝聚力和战斗力，更关系到党的先进性、执政力。西城区要扎实开展“学党规党纪、学系列讲话，做合格党员”活动，提升党性修养，增强党员意识，争做合格党员。要通过党员挂牌上岗、颁发党员证、重温入党誓词等多种形式持续增强党员意识。

二是充分发挥党员作用。党员是先锋队的一员，必须干在实处、走在前列。要在增强党员意识的同时，不断发挥党员作用。持续深入开展“党员意识、党员作用双提升活动”，重点发挥好党员作用。通过设立党员先锋岗、评选模范党员等办法激励普通党员发挥出自己应有的作用。

三是形成在党爱党的浓厚氛围。加强对党员干部进行中共历史教育和改革开放教育，让广大党员从党的辉煌历史中领会党的伟大，增强在党为党、在党爱党意识。要积极发挥先进典型示范作用，引导广大党员进一步增强在党言党的责任感使命感。

（七）坚持纪律管党，把依规依纪治党和以德治党结合好

全面从严治党，关键在“严”。严明党的纪律是全面从严治党的重要组成部分。在西城落实全面从严治党的治党方略，就是要把纪律挺在前面，坚持纪律管党，严格执行党规党纪。

一是坚持把纪律和规矩挺在前面。西城区党员干部要牢固树立纪律意识，自觉守纪律、讲规矩。要深入学习贯彻廉洁自律准则和纪律处分条例，明确行为底线，明晰行为标准。

二是坚持自律和他律互补，把依规依纪治党和以德治党结合好。纪律是成文的道德，道德是内心的纪律。道德使人向善，是纪律的必要前提和基础；纪律用来惩恶，是道德的坚强后盾和保障。二者的结合恰恰是自律和他律的互补。在西城不仅要严明纪律，而且要结合西城丰富的红色文化资源，通过强化“红墙意识”，提升以德治党水平。

三是始终坚持纪律审查高压态势，以零容忍态度惩治腐败。对党员干部违反党规党纪行为，绝不姑息迁就，绝不护短遮丑。要加强党员干部纪律意识教育，抓早抓小，让干部时刻牢记纪律不可违、违纪要受惩。

关于加强西城区法治政府建设的实践与思考

西城区人民政府区长　王少峰

加快推进法治政府建设，是落实依法治国基本方略、推进“四个全面”的必然要求，是促进治理体系和治理能力现代化的必然选择。多年来，西城区以建设法治政府、创新政府、廉洁政府和服务型政府为目标，全面推动依法行政各项工作，为法治政府建设奠定了基础。为全面贯彻落实党的十八届四中全会精神，西城区在“十三五”规划纲要中提出了到2020年基本建成法治政府的目标。本课题重点围绕推进法治政府建设的思路、路径和方法进行研究，通过走访座谈、专题访谈等形式，深入调研分析西城区法治政府建设现状，梳理存在的不足和差距，提出加强和改进工作的具体建议。

一、法治政府建设的重要意义

法治政府，就是政府在行使权力履行职责过程中坚持法治原则，严格依法行政，政府的各项权力都在法治轨道上运行。按照党中央、国务院《法治政府建设实施纲要（2015—2020年）》要求，建设法治政府必须坚持中国共产党的领导，坚持人民主体地位，坚持法律面前人人平等，坚持依法治国和以德治国相结合，坚持从中国实际出发，坚持依宪施政、依法行政、简政放权，把政府工作全面纳入法治轨道，最终实现政府职能依法全面履行、依法行政制度体系完备、行政决策科学民主合法、宪法法律严格公正实施、行政权力规范透明运行、人民权益切实有效保障和依法行政能力普遍提高。建成法治政府，对于保障人民合法权益，实现社会公平正义有着划时代的意义。具体而言：

一是建设法治中国的需要。党的十八大以来，习近平总书记就“法治中国”建设作出了一系列重要批示和重要讲话，多次强调要“坚持依法治国、依法执政、依法行政共同推进，坚持法治国家、法治政府、法治社会一体建设”。党的十八届四中全会将全面推进依法治国提升到党中央治国理政的战略高度，同时对法治政府建设的具体目标任务也提出了明确要求。政府作为法治的直接执行者、体现者，既是法治中国“三位一体”建设中的基本要素，也是现代国家治理的基本要素，地位特殊，角色重要。作为直接服务群众的基层人民政府，是法治政府建设的单元和细胞，其成效如何，直接关系到法治中国建设大局，只有通过运用法治的手段、治理的方式，加快完善政府依法行政的制度体系和运行机制，才能切实为实现治理体系和治理能力现代化提供保障。

二是落实战略定位的需要。习近平总书记在2014年2月26日视察北京时提出首都要成为全国的政治中心、文化中心、国际交往中心和科技创新中心，市委市政府就今后一个时期城市发展和管理的主要任务和目标提出了明确要求。西城区作为首都核心区，在落实首都城市战略定位、北京建设国际一流的和谐宜居之都中担负着非常重要的职责使命。这就要求我们必须转变发展理念，通过法治政府建设，进一步强化政府执行力，从而形成行政、经济、市场等手段综合运用、相互协调、相得益彰的工作格局，只有这样，才能调动社会各方面资源和力量，共同破解发展中的难题，实现首都核心区发展的依法、平稳、有序。

三是转变政府职能的需要。转变政府职能目的之一是加快法治政府建设，推进法治政府建设的主要任务是转变政府职能，两者是有机结合的整体，缺一不可。党的十八届五中全会围绕转变政府职能，在简政放权、放管结合、优化服务等方面提出了新的更高要求，将推进政府职能转变作为了新一轮行政体制改革的核心内容。西城区经过多年改革实践，在推进政府职能转变方面取得了一些成效，但还需要一个不断完善、动态、渐进的过程，要求我们必须更加重视用法治政府的“定”来规范转变政府职能的“变”，依靠法治政府建设，进一步完善符合经济社会发展需要的行政管理体制，从而更好地履行政府职能。

四是推动社会进步的需要。政府守法程度是衡量社会文明进步的重要标志，一个高度进步的社会必然是政府带头遵纪守法、人民广泛自觉守法的社会。同时，全面建成小康社会法治政府不能缺位，特别是推动经济发展和社会进步需要更加依靠人民群众和进一步激发人民群众的主体动力，通过法治政府建设，使政府切实担当起组织者和推动者的角色。目前，西城区的发展已经处于全市乃至全国比较领先的位置，但距率先全面建成小康社会的目标还有一定差距，这就要求我们必须牢固树立法治意识，强化法治思维，通过法治政府建设来不断提高政府公信力，引领全民法治观念提升和法治社会建设。

二、西城区推进法治政府建设的探索实践

近年来，西城区按照党中央、国务院以及市委、市政府相关决策部署，结合区情实际，坚持重点领域有突破，全面推动有成效，在法治政府建设方面积累了经验。

（一）构建了法治政府建设的基本框架

加强组织领导。坚持以依法行政推进法治政府建设，建立由区长为组长、常务副区长和主管副区长为副组长的西城区依法行政工作领导小组，下设办公室，设在区法制办，成员单位包括区政府系统综合部门、法制机构及执法单位，负责统筹推进全区依法行政工作。区政府各委办局

和各街道办事处相应建立了由主要领导牵头的推进依法行政领导机构，统筹推进本部门依法行政工作，确保了依法行政工作一级抓一级、逐级抓落实。

全面统筹推动。把推进依法行政、建设法治政府工作纳入区政府重要议事日程，政府常务会议每年不少于两次进行专题研究，并坚持每年向区委常委会汇报一次工作，确保在区委领导下，最大限度调动各方面的积极性开展工作。加强顶层设计，制定法治建设专项规划和年度工作要点。定期召开全区依法行政工作领导小组会议，及时总结工作、交流情况，研究解决工作中的难点问题，确保了各项工作有序推进。

提高行政效能。顺应“互联网+”发展新趋势，利用云平台、大数据技术，深入推进跨部门、跨层级政务资源共享，提高区、街、社区三级行政服务信息化水平，西城区在全市率先实现社会服务、城市管理、社会治安“三网融合”。充分发挥政府网站的作用，完善以“北京西城”网站为主体的互联网信息服务平台和便民网络服务平台，推进网上交互式办公，全面提升政务信息化水平，提高服务效率。

强化人才保障。把提高公务员依法行政的素质与能力作为法治政府建设的重要基础。加强法治机构建设，政府相关委办局以及各街道设立了法制科或专兼职法制工作人员，及时处置涉法事项，对行政决策、行政执行、行政执法等工作及时提供法律服务。加强法律专业人才引进，切实提高法制部门、执法一线法律人才所占比例。加强法制培训，建立了领导班子集体学法、领导干部带头学法、公职人员全面普法等制度，建立普法教育基地，把法治培训作为干部日常培训的重要内容和干部选拔任用的必要条件。

（二）健全了科学民主合法的决策体系

完善决策制度。把广泛征求意见作为科学决策、民主决策、依法决策的重要抓手。坚持政府常务会及专题会制度，实行“末位先言”，严格落实民主与集中的有机统一。加强决策咨询，建立专家咨询制度，成立西城区专家顾问团和法律顾问团，积极组织相关专家、专业机构等“外脑”对决策事项进行论证分析。拓宽民主参与渠道，制定了《北京市西城区邀请特定人员列席区政府常务会议办法》，建立了“民生工作民意立项”“政民互动直播间”等机制，邀请人大代表、政协委员、社区居民、专家学者等列席区政府常务会议。积极创新行政决策民主化形式，在全国率先以微博形式全程直播区政府常务会议。

规范决策程序。把提高行政决策的科学性、确保决策可行性作为考量决策水平的重要标尺。制定了《北京市西城区建立重大事项社会稳定风险评估机制的实施办法》，将城市建设、企业改革、公共服务、社会保障和涉及群众切身利益事项全部纳入决策风险评估范围。把调查研究作为行政决策的必经程序，所有提请会议决策事项都要求做到有情况、有分析、有对策、有建议。加强重大行政决策合法性审查，对未经区法制办审核或者审核未通过的事项和文件草案等，不列入区政府会议审议，对合同类决策事项，由区法制办审查后出具专门的《法制建议书》，确保决策事项的法律支撑。同时，推行区法制办负责人列席区政府会议制度，为政府依法决策提供全程法律服务。

加强责任追究。建立重大决策的跟踪反馈和责任追究机制，通过监督检查、实地调研、问卷调查、舆情分析等方式，组织专家学者或者委托专业机构，全面评估决策执行情况，根据评估结果及时进行调整。加强对重大行政事项决策决定执行情况的监督检查，防止决策出现偏离和失误。强化行政决策责任追究，对违反决策规定，出现重大决策失误的，按照“谁决策、谁负责”的原则，严格追究责任。

（三）提升了依法行政服务效能

理顺行政权责。合理划分政府各层级行政权力与责任，利用区划调整契机，对全区各部门、各单位“三定”方案进行重新梳理，有效减少了职能交叉重叠等问题。进一步规范区街管理职能，出台了《关于进一步加强街道统筹辖区发展基础作用的工作意见》《关于调整西城区区街财政管理体制的意见》《西城区关于街道社区协管员统筹规范管理的意见（试行）》等文件，进一步明确了街道的职责定位，规范了街道与职能部门派驻机构的关系，完善了街道统筹辖区发展的各项机制。持续推进简政放权，建立行政权力动态梳理公布机制，自2010年以来共落实取消行政审批事项87项，全部取消了非许可类审批事项。依法确定区政府权力“清单”，在全市率先建立了区政府行政权力库，明确各类重大事项的决策、执行、监督主体，使权力结构与配置更加明确具体。

严格行政执法。认真落实行政执法工作主体责任，研究制定《北京市西城区规范行政执法若干规定》《北京市西城区行政执法联席会议制度》等文件，形成全区统一调度、各司其职、协调联动、监督有效的执法工作格局。强化行政执法依据梳理，建立了执法单位权力清单。完善行政执法程序，细化行政执法流程，推行行政裁量权基准制度。积极推进执法重心下移，建立了街道统筹综合执法各项制度。创新行政执法方式，推广以信息披露、行政约谈、行政指导等柔性执法方式。先后制定了《北京市西城区大栅栏琉璃厂历史街区保护管理办法》《什刹海历史文化旅游风景区管理办法》等区域性管理和执法标准，通过加强执法破解特殊区域城市管理难题。加强行政执法监督体系建设，建立执法监督信息反馈平台、执法监督员队伍、执法监督巡查制度和执法监督纠偏机制，形成“一平台、一队伍、一制度、多机制”的行政执法监督制度格局。

提升服务品质。深入开展行政服务标准化试点，积极推进政府简政放权，广泛推行企业市场准入和建设项目联审联办机制，加快行政审批“两集中、两到位”，建立了“一站、一网、一号”行政服务联动体系，搭建了区级综合服务大厅、专业服务大厅、街道社区服务大厅“三级联动”服务平台，开通了全国唯一一家区级“12341”政府热线平台，顺利通过国家级行政服务标准化试点工作验收。不断完善“全响应”网格化社会治理体系，建立“访听解”工作机制，积极为社会单位和居民群众解决实际困难。

（四）形成了督查落实的制度基础

推进权力公开透明运行。按照“公开是常态，不公开是特例”要求，持续深化政府信息公开。制定《西城区政府信息公开目录编制规范》等文件，进一步规范了全区各部门目录设置、信息录入，扩大公开范围。建立区、街、社区三级政务信息公开查阅中心，方便群众就近查阅。加大网络信息公开力度，实现网络数据一次录入，多渠道同步生成，做到全区对外公开政府信息内容统一、规范。积极规范依申请公开工作，畅通受理渠道，对依申请公开事项全部按期答复。

畅通全面接受监督渠道。以法治的思维、创新的手段，切实做好主动接受各方监督相关工作。主动接受人大和政协监督，认真执行区人大及其常委会的决议和决定，依法向区人大及其常委会报告工作，采取议政会的形式向政协委员通报情况。建立邀请人大代表、政协委员列席政府常务会和视察重点工作机制，区人大代表议案、建议和区政协建议案、提案办结率均达到100%。主动接受群众监督，建立“千家评政府”“政风行风热线”“人民建议征集”“政府开放日”等制度，政府每年听取各方面评价建议的范围扩大到社会各领域、延伸到社区群众。重视和支持新闻媒体舆论监督，建立媒体反映问题的调查处理机制，快速准确处置突出问题。建立行政复议与信访联动机制，通过归类分析，及时发现和纠正不规范行政行为，切实维护公民、法人和其他组织的合法权益。

加强工作考核问责。严格实施依法行政考核制度，根据北京市考核规范和西城区特点，科学设定考核指标，并将考核结果作为政府督查考核和领导干部年度考核的重要依据，与奖励、惩处和干部任免挂钩。加强问责和责任追究，制定《西城区实施〈北京市行政问责办法〉若干规定》，将问责流程建立在实证分析基础之上，提高了问责制度的科学性和可操作性，形成了“监督—约谈—监察建议—问责”的工作链。

三、存在问题

在深入学习党中央、国务院关于法治政府建设相关精神基础上，我们对调研收集到的8大类112个问题进行了分析梳理，特别是站在法治政府建设目标和西城区现实基础的角度，认真查找当前西城区在法治政府建设方面的不足和差距，突出表现在以下几个方面：

一是工作推进缺乏相应的建设标准。2015年底新颁布的法治政府建设实施纲要，全面提出了新形势下法治政府建设目标和任务，进一步创新丰富了法治政府建设的内在要求。面对新形势新变化，我们还没有建立起与之相适应的标准体系，工作中仍然延续依法行政的工作标准，使得法治政府建设缺乏科学规范的依据和遵循。

二是行政决策缺乏足够的法律支撑。缺少专门服务决策主体的法律顾问，目前西城区法律顾问制度更多的还是一事一议，在运用法治思维全面审视工作上做得还不够。行政决策事项缺少法律依据备案，往往是在发生行政诉讼问题时，再去找政策或法律支撑，造成工作上的被动。决策缺少事后的评估，在现行的决策体制下，决策一旦形成即意味着整个决策过程结束，没有相应的评判机制。决策程序规范化水平需要进一步提升，特别是政府各部门、各街道的决策程序还需进一步完善。

三是行政执行缺乏完善的机制保障。第一，部门职能配备不合理，存在职责交叉、职责不清和职能错位问题，造成管理出现空隙，个别职权搁置，例如区发展改革委的招投标活动监督检查职责；职能同编制不对应，只赋予了职权，未配备相应编制，导致职权行使不力，如区卫生计生委有动物卫生监督职责，但没有相应机构、编制和专业技术人员，不具备相应执法能力。第二，工作机制不够完善，各部门间缺乏比较成熟的制度性沟通机制，难以形成全区工作整体合力；在多部门联合开展工作过程中，有时会出现“主责部门在干，协助部门在看”的现象；街道的统筹机制还不完善，不愿统、统不动的问题时有发生。第三，各部门之间没能实现管理信息共享，浪费了行政资源，影响了行政效率。

四是行政执法缺乏规范的工作体系。第一，执法力量同任务配备不合理，影响了执法质量，如民政局老龄委只有4名工作人员，却要负责全区30多万老人的服务工作，对养老机构的监督检查无法跟上发展需要。第二，多头执法问题仍然存在，影响了执法效果，如食品安全的前期、中期、后期，各阶段执法主体不同。第三，有些领域、有的环节常态化管理机制还不够完善，仍然存在运动式、突击式执法现象，如打击号贩子的问题等。第四，缺少有利于执法落实的综合性手段支撑，造成执法容易执行难，如对待非法幼儿园，若简单取缔，幼儿园孩子的安置将成为问题。

五是多方共促缺乏有效的互动协同。第一，新颁布的法治政府建设实施纲要强调要把党的领导贯彻到依法行政、建设法治政府全过程和各方面，虽然西城区委高度重视法治政府建设工作，但是党对法治政府建设的领导还没有体现在组织机构设置上，也没有在组织层面形成包括人大、政协等在内的全方位推进格局。第二，政府自身法制工作机构不足、法治人才支撑不够，具有法治背景或法律知识的干部仍然偏少，法治培训针对性不强，公职人员运用法律手段开展工作的能力还有待进一步提升。第三，行政和司法互动性不强，政府层面对司法问题的重视程度还不够，行政败诉问题时有发生，运用司法手段解决现实问题的力度不够、手段不多；司法层面对行政工作的支撑不足，未能及时给予公职人员依法行政的指导，造成行政违法违规行为时有发生，同时，目前司法建议仅局限于个案，在批次分析提出前瞻性、规律性意见建议方面还不够。第四，政府与社会协同不足，政府仍然在承担一些应当由市场或社会承接的事项；社会参与法治政府建设不够，部分群众信权不信法、信关系不信法、信访不信法、信闹不信法，选择性遵守法律等问题依然存在。第五，还未能形成与法治政府建设相适应的监督体系，监督方式不够完善，监督实效不够明显。

四、西城区法治政府建设的总体思路

（一）指导思想

高举中国特色社会主义伟大旗帜，全面贯彻党的十八届三中、四中、五中全会精神，以马克思列宁主义、毛泽东思想、邓小平理论、“三个代表”重要思想、科学发展观为指导，深入贯彻落实习近平总书记系列重要讲话特别是视察北京重要讲话精神，坚持“四个全面”战略布局，牢固树立创新、协调、绿色、开放、共享的发展理念，围绕落实首都城市战略定位和西城区“十三五”规划目标任务，深入推进法治政府建设，大力弘扬法治精神，为推动疏功能、控人口、治环境、补短板、促协同、增宜居、提品质各项工作，努力在北京建设国际一流的和谐宜居之都进程中走在前列提供坚强的法治保障。

（二）基本原则

坚持以党的领导为核心。强化党对法治政府建设的领导，建立完善在区委领导下全面推进法治政府建设的各项制度机制。坚持把党的政策作为行政决策、制定文件和行政执行的重要指导，贯穿到法治政府建设全过程和各方面。

坚持以人民满意为目标。强化人民的主体地位，坚定不移地把民之所思、民之所盼、民之所需作为工作重心，灵活运用法治思维、法治理念全心全意为群众谋利干事，不断提升全区人民生活质量，全力建设人民满意政府。

坚持以服务大局为前提。深刻把握首都发展的新形势新要求，紧密结合西城区实际，努力把法治政府建设作为落实首都城市战略定位、增强首都核心功能的具体实践，用法治观念、法治思维、法治自觉去破解大城市病问题，全面提升城市品质。

坚持以改革创新为动力。牢固树立创新发展理念，坚持用创新的思维、改革的手段，切实解决法治政府建设过程中的突出问题，积极构建合法行政、合理行政、程序正当、高效便民、诚实守信、权责统一的体制机制，确保法治政府建设取得更大成效。

坚持以协同共治为基础。完善党委领导、政府主导、社会各方参与的多元化法治政府建设格局，明确政府的职责边界，深化行政与司法、政府与社会的良性互动。激发全社会参与热情，畅通参与渠道，引导全社会形成自觉学法、用法、守法的良好风气，合力营造法治政府建设的浓厚氛围。

（三）工作目标

到2020年基本建成职能科学、权责法定、执法严明、公开公正、廉洁高效、守法诚信的法治政府。结合西城区工作实际，要做到“六个更加”。

——建设体系更加完善。法治政府建设各项体制机制健全，规章制度全面建立，机构高效运转，合理的法治人力资源体系、严密的法治监督体系和公正的法治环境体系基本形成。

——决策机制更加健全。重大行政决策程序制度完善，合法性审查严谨到位，专家论证和风险评估质量显著提升，公众参与实效得到保障，决策责任追究机制全面建立，行政决策的法治化水平显著提升。

——行政职责更加清晰。严格依法履行行政职责，依照法定权限和程序行使权力与履行义务，职责交叉重复缺失和职责不清问题得到有效解决，职责设置更加科学，行政流程不断优化，工作效率显著提高，行政执行力进一步增强。

——行政执法更加严明。行政执法体系横向有分工、纵向有层级，行政主体权责明确、边界清晰、衔接有序、传导有效，自我完善、自我提高能力显著提升，行政执法的社会满意度保持高水平，公民、法人和其他组织的合法权益得到切实保障。

——监督问责更加有力。政府信息公开高效实用，以绩效考核为主要内容的内部考核体系更加科学，以群众监督、社会化监督为主体的外部评价体系更加有效，行政追责全面落实，基本实现政府工作的职能有限、行政有为、运转高效。

——法治氛围更加浓厚。学法、尊法、守法、用法意识成为领导干部与公务人员的思想自觉和行动自觉，运用法治思维和法律手段解决问题的能力不断提升，宪法法律至上、权由法定等基本法治理念深入人心，政府与社会互动覆盖行政工作全领域，群众法律素养持续提高。

五、西城区全面推进法治政府建设的对策建议

进一步强化系统思维和顶层设计，切实健全机制完善制度，努力形成全面推进、重点突破的工作格局。具体来讲就是重点实施“七项工程”。

（一）建设体系指标化工程

依据国家、北京市关于法治政府建设相关精神和规划要求，围绕法治政府应有的基本特征，结合区“十三五”法治建设专项规划，从法治思维和依法行政能力，行政决策机制和行政决策水平，行政规范性文件制定制度和政府文件质量，严格规范公正文明执法，政府信息公开工作和政府工作透明度，社会矛盾纠纷预防化解机制与社会和谐稳定，行政监督、行政问责与监督效能，法治政府建设工作的组织领导等8个方面，制定和细化法治政府建设工作标准，使法治政府建设工作有标准可循，引导政府机关及其工作人员按照法治政府的基本要求履行职能，做好工作。

（二）行政决策法治化工程

一是健全法律顾问制度。探索以聘任或雇员等方式聘请若干名法律专职人员，专门服务于区委区政府主要领导决策，从决策立意到执行提供全过程的法律服务。政府各部门、各街道可根据自身实际情况，利用“外脑”或内部法律人才，对主要领导依法行政给予法律上的支撑，杜绝决策违法或违背法律精神，从而更好地运用法律手段推动工作、解决问题。

二是推动决策过程民意前置。进一步完善民意诉求反馈机制，探索把群众参与贯穿到决策立项、决策实施、决策执行的全过程，实现同历决策过程、共享决策成果。具体做法：直接从居民群众、社会单位等服务对象中征集决策议题，根据具体情况在经济社会各个领域选定一些议题，纳入年度整体决策计划并加以实施。同时，强化重大项目决策前可行性分析，对名城保护、民生工作、社会事

业等影响重大、决策内容复杂的事项，决策前主动征求群众和专家意见，遇有不可行性项目进行完善或待时机成熟后再实施。

三是细化行政规范性文件制定。把规范性文件制定作为实施和执行行政决策的重要抓手，编制年度规范性文件制定计划。主要内容是：相关部门需要制定文件的，年初向区政府报请立项；区法制办对各部门的立项作通盘考虑，起草年度文件制定计划；区政府常务会议对计划进行审定；区法制办负责年度文件制定的组织实施，并强化对各部门立法用语、规章用语的专业性指导，做好全区规范性文件的分类管理，切实提高全区规范性文件水平。

四是加强行政决策执行监督反馈。要跟踪行政决策的实施效果，通过多种途径了解利益相关方和社会公众对决策实施的意见、建议、评价，全面评估决策执行效果。注重及时纠正决策偏差，根据实施中反映的问题对决策予以调整或者停止执行，做到有错必纠，最大限度地减少决策失误造成的损失。同时，要加强行政执行的责任追究制度及责任倒查，确保决策事项不折不扣落在实处。

（三）依法履职规范化工程

一是合理调整部门职能职责。贯彻国家及北京市关于深化行政体制改革、政府职能转变和机构改革的方针政策，强化部门专业管理与街道统筹相衔接。政府各部门做到“以事确权”，一个事项尽量交由一个部门负责，确需多部门参与的，明确牵头、协作部门及相应职责，避免职责交叉；存有职责争议的，依法律规定裁定职权归属；无法律依据或新增行政事项，依事项类型裁定职权归属；部门无行政执行或执法能力事项，转移到关系紧密、执行顺畅的部门；对于“僵尸”职权，尤其是与区情不相符的权力，依据《行政许可法》第二十一条的规定从权力清单中清除。街道办事处职权，既要依据《北京市街道办事处工作规定》（北京市人民政府令第23号），也要按照首都发展的新形势和北京市关于加强城市规划建设管理相关要求，进一步推进体制改革和机制创新，强化街道属地统筹，努力实现街道在城市管理、社会治理、公共服务等方面的权责统一、资源整合、力量下沉。

二是完善重点工作推进机制。遇涉及多部门、多领域、多层级，时间紧、任务重的重大工作或重点项目，可成立联合工作机构加以推进。将该机构的成立纳入区委区政府决策程序，明确启动的标准、工作职责、流程等事宜，确保联合工作机构规范化、法治化。联合机构的职能定位是专项工作的统筹与落地，区政府负责出政策、出目标、出标准、管考核，涉及到的单位及街道结合职责认真做好相关工作。工作完成后，进行专项验收、考核评价、总结归档和具体工作移交，工作人员原则上回原单位，也可根据需要随项目流动。

三是加强法制工作机构和队伍建设。依据《地方各级人民政府机构设置和编制管理条例》第十三条的规定，在政府部门和街道办事处设置法制科，该工作可由区编办制定统一的设置办法，然后由部门贯彻执行。加强干部队伍法治能力建设，着力在解决现实问题上下功夫，广泛宣传运用法律手段解决经济社会发展中相关问题的成功案例，尤其是在推动非首都功能疏解、治理大城市病等问题中的成功经验，形成依法、依规推动首都功能区建设的良好氛围。把全区各部门、各单位运用法律手段解决问题情况纳入依法行政监督考核内容，设立“加分项”，有效激发大家运用法律手段自觉性。

（四）行政执法精准化工程

一是强化工作统筹。依托区依法行政工作领导小组，加强全区行政执法工作的专项调度。每季度对各部门专业执法情况、各街道综合执法情况进行一次汇总，做到有情况、有数据、有分析，通过找问题、找规律、查不足，为更好地推动工作提出建设性意见，对问题多发、未按“三定”方案履职等情况，要通过数字和具体事例，客观公正地向全区通报工作。对不作为、乱作为等问题实施责任追究。同时，负责向区政府常务会汇报年度工作，提出下年度工作意见建议。

二是创新执法方式。不断改善执法条件，盘点“欠账”情况，引进先进技术，利用现代科技手段，规范执法程序，提高执法效率，为执法工作的调查、取证提供帮助，切实解决暴力抗法、非暴力抗法等问题，有效规避执法风险。加强行政执法保障机制建设，重点加大对执法人员合法公务行为的保护力度，对于合法、正当的公务行为要充分肯定，并通过适当方式予以表彰奖励。加强执法工作宣传教育，进一步改进执法方式，积极推进柔性执法、阳光执法、综合执法，切实提升执法效能。

三是加强执法与立法互动。探索执法与立法相衔接的有效途径，有效改变执法困惑。对于法律规定与执法实践有脱节的，以书面形式报告区法制办，并附执法案例，区法制办认定后，将问题及时向市政府，或通过区人大向立法机构反映，同时提出修改建议。对于法律上有缺失的，可依据法律精神和法律原则，在自己的职权范围内制定规范性文件。对于改革创新中，发现上位法的某些规定不适合本行政区域的，可报请批准后不予执行。同时，要重视通过机制完善和管理创新主动弥补法律冲突和依据的缺失，切实解决现实执法问题。

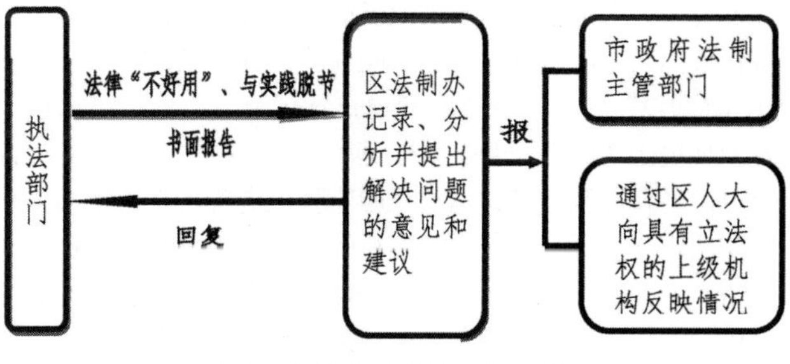

图：执法与立法互动机制

（五）协同共治多元化工程

一是健全法治政府建设领导体制。发挥区委总揽全局、协调各方作用，全面推动法治政府建设。成立区法治政府建设领导小组，区委区政府主要领导牵头，成员单位扩大到区委、区人大、区政府、区政协的相关部门。主要职责是贯彻落实党中央、国务院和市委、市政府关于法治政府建设的相关精神，研究制定推动西城区法治政府建设的重大事项，组织协调各方力量合力推动法治政府建设，形成多方共建、协调共促的工作格局。领导小组办公室可设在区法制办，承担法治政府建设日常工作及协调推动等事宜，并负责为区委、区政府决策提供法律支持，包括列席区委常委会和区政府常务会、专题会等重大会议。

二是深度推进行政与司法协同。加强学习互动，互相选派干部进行交流，促进各自工作水平提升。加强工作上的互动，从行政层面建立行政败诉责任追究制、行政机关履行法院生效裁判保障制等办法，从司法机关层面建立重点情况通报制度，防止司法过程引发群体性事件发生。加强司法机关对行政工作监督，根据人民法院和人民检察院职责，设立主动接受其监督的相关制度，扩展行政与司法协同的范围。

三是多方联动化解矛盾纠纷。完善行政调解、行政裁决、仲裁制度，不断创新人民调解、行政调解、司法调解衔接联动工作模式，切实把矛盾纠纷化解在基层和萌芽状态。贯彻落实中办、国办《关于依法处理涉法涉诉信访问题的意见》，实行诉讼与信访分离制度，建立涉法涉诉信访事项导入司法程序机制，严格落实依法按程序办理制度，从根本上维护公民、法人和其他组织的合法权益，在全社会形成依法治国、崇尚法治、尊重司法的良好氛围。

四是积极推动政府工作归位。主要是采取政府购买服务的方式，将政府不该管或管不好的事项交由第三方承接。例如后勤事项、警务救助、环境检测、公共卫生服务、教科文体服务、公共信息服务、社区服务、社会救助、法律援助、规划设计、市场调查等工作，可通过竞争性招标购买服务的方式交由社会组织承接，与社会组织签订购买合同，并依据合同对社会组织履行职责的情况进行指导和监督。

五是营造法治政府建设浓厚氛围。进一步完善法治宣传教育体制机制，探索落实“谁执法谁普法”工作新方式和有利于提高普法成效、推动全民守法的新举措，加强法律援助，切实为建设法治政府营造良好的社会氛围。充分调动社会各类主体参与公共事务的积极性，深入推进社会治理、城市管理等领域的政社互动、协同共治。具体做法：第一是以“门前三包”为试点，探索契约式管理模式，依据《城市市容和环境卫生管理条例》（国务院101号令），明确政府与社会单位各自权利义务，通过双向监督促进各自责任落实，对于应尽未尽责任，政府要追究行政当事人责任并向契约方通报情况，必要时依法予以经济补偿；对未履行相应义务的社会单位，要责令其采取补救措施限期改正，情节严重，依法给予警告和罚款处罚，并将其履责情况纳入诚信管理体系。第二是试行社会团体、行业协会互评制，在政府引导下，各社会团体、行业协会自行讨论制定符合法律法规和西城区要求的行为准则、行业规范，通过互评，促进自我完善提高。第三是居民群众实行公约制，在政府指导下，以社区居民大会或居民代表大会的形式，制定有西城特色、各社区特点的社区居民公约，社区居委会负责组织、动员、监督、评比，实现社区居民自我教育、自我提高。

（六）权力监督系统化工程

一是构建监督体系。把强化监督和问责作为推动法治政府建设的重要手段，进一步创新监督方式，延伸监督触角，切实使党内监督、人大监督、民主监督、司法监督、行政监督、审计监督、社会监督和舆论监督等各方面监督形成合力，加强督查问责，细化容错纠错，确保监督实效。

二是深化政务公开。坚持保障群众知情、便于群众监督的原则，积极探索实行政务公开标准化工作。推进公开流程标准化，制作公开工作程序图，把公开透明的要求贯穿于政务服务各个环节，纳入具体工作实施全周期，做到同研究、同部署。内容标准化方面，除依法不公开事项都要进行公开，应通过加强对依法不公开内容的审查，切实做到“公开为原则、不公开为例外”。实行公开形式标准化，做到同类事项公开形式相统一。

三是加强绩效考核。明确事前、事中、事后各个环节的监督事项与细节要求，规范流程，落实到位。进一步改革和完善政府绩效考核办法，并行适用过程性考核、结果性考核、评价性考核，尤其是要进一步提高“街道评价”所占比重，切实发挥好政府绩效考核对法治政府建设的促进作用。

四是强化社会化监督。加强公众、媒体、社会组织等对政府监督，汇聚监督力量，构建全方位、立体式、相衔接的监督体系。创新民主测评、满意度调查、信息互通反馈等监督方式，丰富监督形式。强化群众监督，依托社区居民代表大会等渠道，直接倾听社情民意，重点汇集群众反映强烈的政府工作突出问题，及时加以改进。深化第三方监督方式，完善重大事项社会稳定风险评估和第三方评估机制，采取政府购买服务的方式，择优选取专业监督机构对政府工作进行监督，对事项风险和工作实效进行有效评估，通过体系化指标、标准化流程、社会化运作，用第三方的视角全面审视政府工作，使监督结果更加客观、真实，为政府及时调整和改进工作提供有力支撑。

（七）依法行政信息化工程

一是以法治政府建设指标体系为基准，运用数字化手段建立相关指标测度，对决策、执行、执法、监督等各环节情况实施评估和动态分析，及时发现问题并加以改进。

二是在不违反相关保密规定前提下，建立全区统一的大数据库，方便各部门、各单位信息共享，为确保网络安全，可将其纳入各单位信息化系统统一管理，做到专人管理、专人查询、领导审批、定点使用。

三是创新工作方式，积极探索“互联网+行政执法”和“互联网+行政执法监督”机制，切实提高工作效率。同时，要为实现多元参与搭建高效互动的数字化平台，将依法行政、承接政府项目及多方监督有机集成，形成全面推动法治政府建设的良好格局。

四是进一步丰富“全响应”网格化社会治理模式的内涵和外延，使其同“访听解”工作有机结合，力争在广泛收集社情民意上求突破，从而增强行政工作的针对性，急群众所急，想群众所想，让群众直接感受法治政府建设给生活和工作带来的变化。

西城区“三严三实”专题教育工作小结

中共西城区委“三严三实”专题教育工作协调小组

按照中央要求和市委部署，西城区扎实开展“三严三实”专题教育，区级领导班子率先垂范，以高质量专题党课开局，持续深入地推动三个专题的学习，筑牢思想根基，通过专题研讨不断升华认识，认真查摆“不严不实”问题和群众反映强烈的突出问题，把发现问题、解决问题作为出发点和落脚点，从深处查、从实处改，切实把教育成果转化到实际工作中，“三严三实”专题教育取得了明显实效。

一、深入学习习近平总书记系列重要讲话精神，把思想和行动统一到中央和市委的要求上来

全区各单位紧密围绕学习主题，把深入学习习近平总书记系列重要讲话精神作为重中之重，注重学习内容和形式的统一，党员领导干部全面参与到学习活动中来，凝聚了思想共识。

一是学习内容丰富，重点突出。认真学习党的十八大和十八届三中、四中、五中全会精神，认真学习习近平总书记系列重要讲话，特别是关于党员领导干部践行“三严三实”的新思想新观点新要求，学习党章和《中国共产党廉洁自律准则》《中国共产党纪律处分条例》等规章制度，领会核心要义；深入学习市委书记郭金龙专题党课，进一步学习了“三严三实”的重大意义和丰富内涵，进一步深刻领会了习近平总书记关于“三严三实”的重要论述，紧密结合新时期首都工作实际，深刻理解了问题导向的重要性；系统学习京津冀协同发展规划纲要，学习市委十一届七次全会精神以及市委市政府《关于贯彻〈京津冀协同发展规划纲要〉意见》，邀请市发改委主任作“学习贯彻市委十一届七次全会精神”专题辅导报告，赴保定市考察交流，签署了协同发展框架协议；专题学习正反典型，认真研读了《习近平关于党风廉政建设和反腐败斗争论述摘编》《领导干部违纪违法典型案例警示录》等党风廉政教育资料，观看了《作风建设永远在路上》专题教育片，邀请专家作了“修身养性讲官德”等专题报告，通过学习焦裕禄、谷文昌、杨善洲、沈浩等先进典型事迹，以此为镜，深学细照笃行，通过周永康、薄熙来、徐才厚、苏荣等严重违纪违法案件，以此为鉴，总结反思，汲取教训；自学研读了《习近平谈治国理政》《习近平关于全面依法治国论述摘编》《干在实处，走在前列》等书籍，通过三个专题的学习，做到融会贯通，牢固树立“三严三实”的检验标尺，准确把握“三严三实”的基本要求，筑牢了思想根基。

二是学习纪律严明，氛围浓厚。全区各单位按照学习计划，明确学习重点、时间安排、学习方式和学习要求，严守学习纪律，每名党员领导干部坚持以身作则，集体学习不请假，集中学习不缺勤、个人自学有记录，区级领导班子带头开展周末学习，每周安排半天集中学习，高质量完成了24次集中学习，处级领导班子认真组织三个专题的学习，坚持原原本本学、带着问题学、充满感情学，真正做到学有所思、学有所悟、学有所长。紧密结合工作实际和思想实际，营造了浓厚的学习氛围，坚持全面学和专题学相结合，反复学和跟进学相结合，集体研讨、集中自学与个人自学相结合，抓好自身学习与带动基层学习相结合，通过集中研学、个人自学、实地参观、专家授课、深入基层调研等方式，真正把自己摆进去，做到学习跟进、认识跟进、行动跟进。

三是学习成果丰厚，汇聚共识。各单位严把学习质量，对照党章、对照先进榜样、对照身边典型，找差距、看不足，自觉学习、认真思考，学有所获。深刻领会了践行“三严三实”关于立根固本、挺起精神脊梁的要求，不断强化“红墙意识”，确保在任何时候任何情况下，都做到在思想上政治上行动上同以习近平为总书记的党中央保持高度一致。深刻领会了践行“三严三实”关于落细落小、注重细节小事的要求，坚持从“小问题”中悟出“大道理”，把修身、用权、律己，谋事、创业、做人，贯穿到日常工作生活的方方面面。深刻领会了践行“三严三实”关于修枝剪叶、自觉改造提高的要求，打扫思想灰尘，对照正反典型修身律己，谨慎用权。深刻领会了践行“三严三实”关于从谏如流、自觉接受监督的要求，坚持开门搞教育，多深入基层，真听意见、听真意见，接受各方面的监督和批评。通过学习大家对“三严三实”的重大意义和丰富内涵、专题教育的重要性和必要性、“三严三实”的实践要求有了更深的认识，切实把“三严三实”专题教育的内容，作为学习的基本要求和严格标准，融入了经常性学习、融入了常态化工作，学习的氛围更浓厚了，学习的实效增强了，努力做到真学真懂、真信真用。

二、高起点开局，以高质量的党课增强践行“三严三实”的思想自觉和行动自觉

坚持高起点开局、高标准开展、高质量推进，贯彻从严从实要求，坚持首善标准，讲好专题党课，教育引导全区各级党员领导干部聚焦对党忠诚、个人干净、敢于担当。

一是区级班子领导率先讲党课。区委书记王宁以“践行‘三严三实’在北京建设国际一流和谐宜居之都进程中

走在前列”为题，为全区领导干部讲党课，深入挖掘了“三严三实”的重大意义和丰富内涵，提出了践行“三严三实”，推动西城发展的实践要求，要把“建设国际一流的和谐宜居之都”作为“一个标准”，把和谐、宜居作为“两把尺子”，做好规划布局、疏解非首都功能、可持续发展、城市环境和民生改善、文化建设、京津冀协同发展这“六篇大文章”。同时，在信仰信念、忠诚守规、政绩观、本领能力、求真务实、胸怀视野、责任担当、作风建设、廉洁自律、修身做人等方面提出了自查自警自省的“扪心十问”，深刻剖析了不严、不正、不廉、不为、不实的问题和严重危害，明确认真践行“三严三实”的要求，确保专题教育实现了高起点开局。

全区各党（工）委、党组主要负责人和班子其他成员都在一定范围内为党员干部讲了专题党课，紧密结合新时期首都城市战略定位、首都功能核心区发展要求和本单位工作实际，区四套班子领导带头讲党课36场，处级领导班子开展党课468场，其中，一把手带头讲党课88场，班子成员讲党课380场，发挥了带学促学的重要作用，引起了广大党员干部的共鸣。

二是党课体现了自身实际和时代特征。党员领导干部带头讲党课，深入调研、精心准备，深入思考、紧扣问题，结合党员干部思想和工作实际，从自身学习体会讲起，“不严不实”的表现找得准、讲得全，其严重危害点得狠、讲得细，其思想根源挖得深、讲得透，指出了践行“三严三实”的实践要求和努力方向。挖掘内涵有思想性。各单位认真学习习近平总书记关于“三严三实”重要论述，学习中央、市委和区委关于开展专题教育的文件精神，学习市委书记郭金龙和区委书记王宁的党课报告，坚持研读原文，深刻把握精神实质，紧密结合自身实际，深入挖掘“三严三实”的思想内涵，讲清了“三严三实”理论形成的过程，讲明了“三严三实”的辩证统一关系，讲透了“三严三实”的重大现实意义。瞄准问题有针对性。各单位坚持集体分析“不严不实”问题和根源，集体明确践行“三严三实”要求的努力方向，特别是对照郭金龙专题党课中列举的12类“三严三实”突出问题、对照王宁专题党课中提出的“扪心十问”突出问题，集体会诊、把脉开方，深入查摆工作作风的“不严不实”问题，通过摆事实，讲道理，举事例，力求把现象说准、把根源说透，用身边人身边事教育和警醒党员干部，从而使党课更具体、更接地气、更有说服力。对症下药有实践性。各单位紧密结合全区中心工作，紧密结合年度重点工作任务，敞开思路谋划落实，把“三严三实”要求体现在了推动京津冀协同发展、深化体制机制改革、疏解非首都功能、加大城市环境和民生改善、加强文化建设的工作思路和工作实践中，不断推动党员干部把“三严三实”作为修身做人用权律己的基本遵循、干事创业的行为准则。

三是党课激发了思想自觉和行动自觉。党员领导干部讲党课的过程成为了广大党员干部统一思想的过程，党课报告普遍受到了好评，全区广大党员干部对“三严三实”的重大意义、科学内涵、实践要求有了更深刻的理解，受到了教育、武装了头脑、激发了思想和行动自觉。坚持聚焦“三严三实”主题，不走神、不散光、不跑偏，把“三严三实”这一鲜明主题贯穿于专题教育的全过程。坚持做到“六真”，做到真学真懂，带着问题学、充满感情学，切实武装头脑、指导实践、推动工作；做到真查真改，对照“三严三实”查、对照12类突出问题查、对照“扪心十问”查、对照基层干部不作为乱作为4个方面的突出问题查，把问题找准、找具体、改到位、改彻底；做到真信真用，主动自觉地接受教育、改造思想，力争实现“三个见实效”的目标要求。

三、开展研讨交流，思想认识在碰撞中不断升华

全区各单位立足实际，紧密围绕三个专题的主题，结合专题党课和专题学习，紧密结合区情和实际工作，扎实开展交流研讨。交流研讨阐述全面，体会深刻，既有思想层面的交流，又有工作层面的思考，取得了良好的效果。

一是交流研讨深入。全区各单位把加强学习研讨，促进广大党员干部把牢思想和行动的“总开关”，补足精神之“钙”，作为检验专题教育实际效果的重要标准。在一把手的带动下，大家紧扣主题，结合自身学习和调研情况，把自己摆进去，畅谈思想认识、学习感悟、成长经历、岗位职责和学习收获，区级领导班子分别召开了三次交流研讨会，处级领导班子开展学习研讨1500余次，850余名干部在交流会上做了重点发言。三个专题的交流研讨紧密结合实际问题，下足功夫、花大力气，交流更深入、研讨更聚焦，思想在碰撞中升华，提升了研讨效果，提高了学习质量，使党员领导干部学有所获、议有所悟。

二是坚持开门搞交流。为引导交流研讨既触及思想，又回应群众关注，各单位将交流会范围扩至副处级调研员、领导班子中的党外干部、挂职干部等，让更多的同志参与到交流讨论和发言互动中，形成了良好的学习讨论氛围。在交流研讨之前，通过调研走访、谈心谈话、深入基层一线等多种方式，广泛听取干部群众的意见建议，找准不严不实问题，在反思不足中深挖自己的思想根源，认真分析产生问题的深层次原因，真正从思想上、工作上、作风上严起来、实起来，把“三严三实”要求体现到履职尽责、做人做事的方方面面。

三是升华了思想认识。处级领导班子坚持把学习教育放在首位，紧紧围绕着三个专题的学习主题，统一思想、深化认识。始终把牢“总开关”，坚持和群众一块过、一块苦、一块干，站稳了党和人民立场，牢固树立正确的世界观、人生观、价值观和公私观、是非观、义利观，永远忠于党、忠于国家、忠于人民。始终坚持做政治上的“明白人”，进一步增强了首都意识、政治意识，进一步强化了“红墙意识”，以最高的政治意识、最重的责任担当和最大的落实力度，确保在任何时候任何情况下都做到在思想上政治上行动上同以习近平为总书记的党中央保持高度一致。始终坚持“三严三实”要求，把严以用权，真抓实干，实实在在谋事创业做人作为干事创业的信条，加强党性修养，坚定理想信念，明是非，慎己行，讲操守，重品

行，提升道德境界，追求高尚情操，自觉远离低级趣味，自觉抵制歪风邪气，坚守共产党人的精神家园。始终践行“三严三实”，将落实《规划纲要》与西城区长远发展相结合，针对工作中的重点难点问题，聚焦群众关心的热点焦点问题，积极寻求对策和举措，坚定不移地疏功能、转方式、调结构、破难题，坚决落实好各项疏解非首都功能任务，增强了践行“三严三实”的行动自觉。

四、坚持边学边查边改，努力推动各项工作取得实效

全区各单位坚持问题导向，把发现问题、解决问题作为出发点和落脚点，既找共性问题，又找个性问题，既分析问题类别、又列出具体表现，既从主观上深刻剖析，又把病因病根挖出来，不仅查摆了问题，而且制订了切实可行的整改措施。与此同时，坚持立行立改，从问题清单入手，以任务清单为抓手，紧紧围绕区域发展的重大问题、工作中的重点难点、群众关心的热点焦点，突出重点，明确责任，落实到人，发扬钉钉子精神，扭住不放，一抓到底，持续用力，切实把“三严三实”要求，真正落实到干事业、谋发展上来。

一是坚持首善标准查找“不严不实”问题。区级领导班子始终与党中央保持高度一致，坚决落实市委部署，确保政令畅通，始终牢记首都功能核心区的政治责任，认真研究“不严不实”问题清单，带头查找在工作理念、工作标准、工作措施、工作作风等方面的10项不严不实问题。全区处级领导班子坚持强化问题意识，突出问题导向，对照“三严三实”的要求，对照党纪党规、国家法律，对照正反两方面典型，对照人民群众期盼，联系个人成长经历和工作实际，梳理“不严不实”问题清单400余条。各单位坚持集体分析“不严不实”问题和产生的根源，明确目标任务、牵头领导和完成时限，确保整改责任落实到人。

二是持续推动整改。区级领导班子带头抓落实，带头服务群众，带头廉洁自律，将持续推动整改落实与区域长远发展结合起来、与中心工作结合起来、与群众关切的热点难点问题结合起来，做好示范，树立标杆，经过集体会诊、认真研究，开列《任务清单》，制订10项整改任务，各项整改任务分别由区委常委按照分工牵头负责，形成了领导带头、层层示范，一级做给一级看、一级带着一级干的生动局面，以作风建设的新成效，不断激发干事创业的新动力，推动全区经济社会实现新发展。各党（工）委、党组书记带头抓整改，带领班子成员坚持把自己摆进去、把工作职责摆进去，主动认领和承担整改任务，细化整改措施，认真研究制订了具体的时间表、线路图和责任人，以严的标准、实的态度扎扎实实地解决好存在的问题。通过认真剖析和梳理，全区93家处级单位开列任务清单共涉及整改任务321项，其中，长期整改任务10项、中长期整改任务261项、短期整改任务50项，牵头责任领导386人次。

三是在推动工作中更见实效。坚持把严的标准和实的作风，与落实“四个全面”战略布局、推动京津冀协同发展、有序疏解非首都功能、推进全面深化改革、加快民生建设等结合起来，统一思想、凝聚共识，下狠心、出实招、从严改、见成效。圆满完成了首要政治任务，圆满完成了世界田径锦标赛、纪念中国人民抗日战争暨世界反法西斯战争胜利70周年两项重大活动服务保障工作，以及党的十八届五中全会的安全保障工作，在围绕中心服务大局中检验了“三严三实”专题教育的实际效果；在发展理念上更见实效，在“一个标准”“两把尺子”基础上，进一步强化了疏解就是发展、优化服务就是发展、惠及民生就是发展、提升环境就是发展、发挥优势就是发展，聚焦“五个发展”；在深化改革上更见实效，找准改革突破口，深入推进“京津冀产权市场发展联盟”平台建设，继续加快与天津、河北交易场所的合作，着力解决“上学难”深化教育改革，围绕社会治理难题推动改革，在全市率先探索“一委多居”“一站多居”的社区管理新体制；在打好疏非攻坚战上更见实效，成立了区疏解非首都功能领导小组和北展地区疏解工作指挥部，研究制订了区域疏解的任务书、路线图和政策措施，严格落实新增产业的禁止和限制目录，全力推进人口调控；在环境改善上更见实效，加大“城市病”治理力度，持续推进“拆违、灭脏、治污、清障、治乱、撤市”六大战役；在民生改善上更见实效，全面实施棚户区改造，成立了白纸坊地区重点棚户区改造项目临时党委和联合党支部，通过强组织、强职能、强平台、强队伍、强机制，把民生工程做成民心工程，从而，切实把“三严三实”要求，落实到惠民生、暖民心的“实事”上来。

五、执纪问责，着力解决基层干部不作为、乱作为等损害群众利益问题

一是全面做好“四个排查”。为着力解决基层干部不作为、乱作为等损害群众利益问题，确保专项治理工作顺利开展、取得实效，成立了专项治理工作协调小组，各单位也成立了相应机构，上下联动，形成工作合力。协调小组对照专项治理内容，聚焦“四个排查”，对行政审批事中事后监管情况、对市区重点任务和重大项目的进展情况、对企业减负和涉企收费情况进行专项检查，通过明察暗访、抽查考核、案卷评查等方式，对服务窗口、执法部门的人员履职、服务标准、工作作风等问题进行了检查。各单位全面开展自查，对发现的问题，认真汇总，及时整改，促使专项治理工作真正落到实处。

全区共计开展问卷调查11984人次、召开座谈会522次计7179人次、走访群众6361人次、发放征求意见表7381份，累计收集问题2487个，归纳整理问题178个，形成问题清单，建立整改台账，分类提出整改措施和意见，明确了整改责任人和整改时限。

二是加强执纪问责。围绕不作为、乱作为等损害群众利益问题加强执纪监督，在网上开设专项治理工作专栏，综合利用网站、政风行风热线、行政投诉等渠道，公开受理群众来信来访。进一步加大“四风”问题整治力度，委托第三方机构在重要节日前后对73个区内窗口单位进行多次暗访，对发现的问题认真核查并全区通报。及时跟进各类事故的调查处理，对相关人员进行谈话调查。通过畅通信访投诉渠道、定期与各牵头单位沟通治理情况、日常开展监督、专项重点检查、事故履职调查等方式，年内全区共查处“为官不为”“为官乱为”案件53件，给予党纪政纪处理46人，区内主动曝光4起典型案件；给予行政问责2人，制发监察建议书5份。

三是建立健全长效机制。加强制度建设，不断健全长效机制。进一步健全和完善岗位责任制度、公开办事制度、民主决策制度、绩效考核制度、责任追究制度等，用制度规范行为，靠制度管人管事，建立主要负责人亲自抓、分管领导具体抓的长效工作机制，坚持分工负责、责任到人，形成各司其职、各负其责、人人抓落实的工作局面。在强化党内监督的同时，注重发挥第三方机构、党风政风监督员等社会监督的作用，通过集中检查、明察暗访、日常督查、民主评议和群众举报等形式，实现监督检查的经常化和制度化，对存在问题的部门及个人通过警示教育制度加以规范。通过全方位深入摸排权力行使、制度机制、思想道德等方面存在的风险点，制定切实可行的防控措施，把专项整改活动抓好抓实，抓出成效。

（责任编辑　马忠良）

大　事　记

2015年西城区大事记

1月

5日　中共北京市西城区委第十一届八次全会召开。

11日　天皓成服装批发市场正式摘牌，成为北展地区首个实现整体撤市的市场。

12至15日　中国人民政治协商会议北京市西城区第十三届四次会议召开。

12日　市委副书记、市长王安顺调研西城区棚户区和风貌保护区改造工作。

☆　南马连道（白纸坊西延）路实现通车。

13至16日　北京市西城区第十五届人民代表大会第五次会议召开。

15日　西城区首批城市学校少年宫颁牌仪式在育才学校举行，15所学校被授牌。西城区城市学校少年宫信息服务平台同时启动。

16日　副市长戴均良到金融街街道、广安门外街道调研西城区养老照料中心建设工作。

20日　首届什刹海冰雪体育文化节开幕。

22日　“马连道品牌文化推广年启动仪式暨马连道新春拍卖会”举办。

25至27日　北京市回民医院接受国家中医药管理局三级中西医结合（民族）医院等级评审，成为全国唯一三级中西医结合（民族）医院。

29日　亚投行筹备管理有限公司成立。

30日　中国小额贷款公司协会成立大会召开。

2月

5日　西城区与恒天集团签订战略合作协议，推进北展地区产业结构调整和产业升级工作。

10日　北京市西城区第十一届纪律检查委员会第六次全会召开。

☆　整合区人才交流服务中心、区职业介绍服务中心的职能，设立北京市西城区人力资源公共服务中心。

27日　市委常委、副市长李士祥，副市长程红、张延昆到西城区调研非首都功能疏解工作。

28日　西城区连续第四次被授予“全国文明城区”荣誉称号。

☆　区政府与区政协召开第四次联席会议。

3月

1日　公安部部长郭声琨检查西城区“两会”代表驻地外围安保工作。

10日　西城区启动年内首个棚户区改造工程——宣西北项目。

18日　新三板指数正式发布。

☆　西城区举办第二届百名英才高技能人才组专家评审会，13人分别被评为“西城突出贡献人才”和“优秀青年人才”。

27至29日　在以“发现创新责任”为主题的第三十五届北京青少年科技创新大赛上，西城区共获42项一等奖。

30日　西城区首次对公众举行“政府开放日”活动。

4月

3日　北京大栅栏历史文化街区入选第一批中国历史文化街区。

9日　西城区与河南省邓州市召开工作座谈会，西长安街街道与邓州市十林镇签署对口协作框架协议。

13日　西城区“首届校园足球嘉年华”在北京市回民学校体育场启动。

15日　牛街街道入选国家智慧城市2014年度试点单位。

17日　市领导王安顺、李士祥、陈刚到百万庄北里居民住房改善项目、动物园批发市场调研棚户区改造和非首都功能疏解工作。

18日　西城区与中国智慧城市发展联盟签订共同构建智慧城市样板战略合作协议。

20日　第十四届什刹海文化旅游节暨西城区“水上之旅”起航仪式在什刹海好梦江南码头开幕。

☆ 柬埔寨奉辛比克党主席诺罗敦·拉那烈亲王参观金融街街道丰汇园社区，了解西城区社区建设与管理情况。

22日 西城区召开2015年城建工作会，市委常委、副市长陈刚出席会议并讲话。

27日 西城区精神文明建设暨学习型城区建设大会召开。传达中共中央总书记习近平在会见第四届全国文明城市、文明村镇、文明单位和未成年人思想道德建设工作先进代表大会上的重要讲话精神。

☆ 塞舌尔人民党总书记、副总统丹尼·富尔访问西城区，座谈基层党建和居民小区建设等情况，到西长安街街道义达里社区体验北京传统民俗民居文化。

28日 南非共和国警察部部长恩莱科一行10人到牛街派出所参观访问。

☆ 王安顺带队调研西城区南苑定向安置房项目。

29日 北京金融街投资（集团）有限公司与北京鲁迅博物馆签订“鲁迅文化和人文精神发展示范区”合作协议。

☆ 西城区庆祝“五一”国际劳动节表彰大会召开。

30日 区委全面深化改革领导小组召开第三次全体（扩大）会议。

5月

6日 西城区与中国国际金融有限公司签署战略合作协议。

8日 北展地区建设指挥部与天津市西青区商务委召开非首都功能疏解京津对接会，双方达成商贸物流业对接协作共识，并签署《产业疏解引导区合作协议》。

9日 市委书记郭金龙到西城区宣西北风貌协调区项目调研棚户区改造和非首都功能疏解工作。

15日 西城区召开首届基层文化工作推进大会，首次提出建设“四个西城”新格局、夯实“六个文化”新载体的工作目标。

18日 全区首家“卫星数字妇女之家”项目落户新街口街道玉桃园社区。

19日 西城区联合中国平安银行、北京金融街集团与河北省廊坊市永清县政府签署合作框架协议，共同打造国际化的“以城带业、以业兴城、产城融合、宜居宜业”的示范性产业新城——西城·永清现代物流园。

28日 北京天桥演艺联盟成立，97个单位及个人成为首批会员。

6月

3日 市人大常委会主任杜德印到居仁堂京瓷文化有限公司、金中都宣阳台、北京风雷京剧团、大栅栏北京坊劝业场等地调研西城区历史文化名城保护工作。

☆ 西城区首家“家庭发展服务中心”在金融街成立。

10日至8月31日 西城区举办“2015北京西单时尚节”。

15日 原区卫生局和计划生育委员会组建北京市西城区卫生和计划生育委员会（简称区卫计委），原区科委和区政府信息办合并为北京市西城区科技和信息化委员会（简称区科信委），并正式挂牌。

17日 区四套班子领导赴天津市武清区、河北区、和平区考察京津冀合作协同发展工作，并与和平区四套班子领导座谈。

19至22日 “2015北京国际茶业展、2015北京马连道国际茶文化展、中国临沧·天下茶尊茶业推介会”在北京展览馆和马连道中国茶叶第一街举办。

19日 全国妇联主席沈跃跃到牛街西里二区社区参观妇女之家。

20日 中国社会科学院金融政策研究中心入驻北京金融街。

24日 国家主席夫人彭丽媛和比利时王后玛蒂尔参观北京启喑实验学校，观看听障儿童的康复教学。

26日 西城区与浙江省湖州市缔结为友好区市。

☆ 中关村科技园区西城园管委会与唐山市路北区签署战略合作协议。

29日 西城区与中央美术学院签订友好合作框架协议。

7月

2日 由中国艺术研究院、中央电视台、中央新闻纪录电影制片厂（集团）、西城区委宣传部、郭沫若纪念馆共同主办的人物传记纪录片《百年巨匠——郭沫若》开机。

4日 西城区首次开展“在职党员社区统一行动日”活动，9531名在职党员下社区服务百姓。（2015年开始，西城区将每年七月的第一个休息日确定为“在职党员社区统一行动日”。）

6日 西城区纪念抗日战争胜利70周年佟麟阁、赵登禹雕塑落成仪式在赵登禹路举行。

8日 区领导王少峰、刘跃平、杜灵欣等赴河北省保定市考察并签署协同发展框架协议，推动非首都功能疏解取得实质进展。

10日 全国人大常委会原副委员长、中国关心下一代工作委员会主任顾秀莲到西城区调研指导关心下一代工作。

13日 区委常委会召开扩大会议，传达学习市委第十一届七次全会精神。

15日 北京华天饮食集团公司（华天集团）与中国检验认证集团检验有限公司（CCIC）签署战略合作协议，再次升级食品安全保障。

18日 市委常委、市委统战部部长戴均良，市人大常委会副主任孙康林，市政协副主席赵文芝到牛街看望宗教代表人士，慰问穆斯林群众，共度开斋节。

20日 地安门雁翅楼24小时书店开业，成为首都核心区的文化建设新地标。

23日 金融街控股股份有限公司与北京丽泽金融商务

区控股有限公司签署战略合作意向协议。

29日 由西城区投资设立的首个交易平台——北京茶业交易中心成立。

30至31日 区委第十一届九次全会召开。会议表决通过《中国共产党北京市西城区第十一届委员会第九次全体会议决议》。

8月

7日 西城区金融街HR之家咨询服务中心在金融街街道成立。

11日 “西城印象”馆项目开工，该项目利用金中都公园宣阳台二层空间进行改造布展，从历史、政治、经济、文化、城市生活等方面介绍西城区的基本情况。

18日 区民主党派举办纪念抗战胜利70周年“凝心·聚力·发展”主题宣传活动。

21日 区文化委、区第一图书馆与交通银行西单支行共同成立的全市第一家“书香银行”——交通银行阅读空间正式向公众开放。

9月

3日 全区广大干部群众完成中国人民抗日战争暨世界反法西斯战争胜利70周年纪念活动各项服务保障工作。共部署各类工作力量9万余人，对集结疏散路线、停车场等重要部位进行安全防控。15个街道、65个委办局的6200名机关干部参与活动集结疏散保障任务，值勤点位1100个。

6日 区教委“十三五”规划课题组发布全面实施学区制，采取“1+1+N+X”的组织架构，促进教育优质均衡。

10日 西城区庆祝第三十一个教师节大会召开，1045名优秀个人和207个优秀集体获表彰。同时推出《西城教育故事（第一集）》宣传片。

14日 全国政协副主席、国家民委主任王正伟到牛街街道考察民族宗教、少数民族养老服务保障体系及社区民族团结创建工作。

15日 莲花河南街正式通车。

17日 王安顺到白纸坊地区菜园街及枣林南里棚改项目调研棚户区改造工作。

18日 中央编译局和西城区共同主办，中央编译局信息部与区委宣传部、区社科联承办的“思想之光——抗日战争时期马克思主义在中国的传播”展览开幕。

22日 河北省保定市四套班子领导带队到西城区考察京津冀协同发展工作。

23日 2015北京大栅栏琉璃厂精品文化交易季启动仪式在劝业场举行。

25日 为纪念北京建城3060年，西城区举行《增订宣南鸿雪图志》新书出版首发式。

29日 纪念谭嗣同诞辰150周年暨殉难117周年座谈会在西城区召开。

30日 西城区在陶然亭公园高君宇烈士墓前举办“烈士纪念日”公祭活动。区四套班子领导与驻区部队、各界干部群众代表等300余人参加。

10月

9日 西城区2015年全国1%人口抽样调查工作全面启动。

15日 西城区在光源里、菜园街及枣林南里2个项目同时张贴房屋征收补偿方案征求意见稿，标志着白纸坊地区重点棚户区改造项目正式进入实质性阶段。

16日 市十四届人大常委会召开第二十二次会议，决定任命王宁为北京市人民政府副市长。

☆ 西城区发布城市环境分类分级管理综合标准化体系。

19日 动物园批发市场疏解工作督查会议在市政府召开。

☆ 金融街街区环线“金融街巴士”开通3号线，并将原有的2号专线调整东延，初步实现环金融街区的免费公交全覆盖。

21日 全市首家养老文化驿站落户新街口街道。

26日 由市教委、市台办、区政府主办的首届京台基础教育校长峰会在西城区召开。

☆ 荷兰国王威廉·亚历山大到大栅栏参观2015北京国际设计周荷兰馆“培蕴之屋”。

27日 全国政协副主席、民建中央常务副主席马培华到西城区调研民建基层组织建设工作。

29日 2015年金融街论坛暨第十一届北京国际金融博览会开幕，11月1日结束。

29日至11月1日 区文创办以“时尚西城、艺术西城、书香西城、记忆西城”为主题参加第十届中国北京国际文化创意产业博览会区县版块活动。作为区属文创产业园区，中国北京出版创意产业园获得北京市首批市级文化创意产业示范园区荣誉称号。

11月

5日 首届“慈善北京”展示会开幕。西城慈善协会作为全市城六区中唯一参展的慈善协会，在传播“爱在西城”慈善品牌的同时，展示十大慈善救助项目。

9日 西城区颁发首本不动产权证书，标志着西城区不动产统一登记颁发新的不动产权簿证工作正式启动。

11日 “e时代i西城”2015北京西城电子商务节开幕，为期一个月。

☆ 全区首家以青少年科技为主题的书香驿站项目在新街口街道启动。

☆ 第六届以“城镇化进程中社会救助体系的建设与完善”为主题的南南学习论坛部分国家代表50余人到金融街街道考察社会救助体系建设工作。

12日 “2015北京国际民间友好论坛”举办。论坛由北京市人民对外友好协会、市科协和西城区共同主办。

13日 天桥地区南中轴路南段通车。

16日 大栅栏·北京坊合作项目签约会暨中国式生活

体验区启动仪式在北京劝业场文化艺术中心举行。

17日 中共中央政治局委员、国家副主席李源潮一行到金融街街道智慧生活馆调研考察。

20日 北京天桥艺术中心开幕。同时，西城区和国内知名演艺机构签署战略合作协议，发布2016年公益及文化惠民计划。

22日 全区20个文创项目获得市级专项扶持资金，共计2671万元。

23日 西城区获国家级知识产权局批准确定为国家知识产权试点城市。

24日 “天宁1号”创新园一期改造举行开工仪式。

27日 区委常委会召开扩大会议，宣布市委关于西城区委主要领导职务调整的决定，卢映川任中共北京市西城区委员会委员、常委、书记；王宁不再担任中共北京市西城区委员会书记、常委、委员职务。副市长王宁出席会议。

☆ 西城区领导干部会议召开，学习传达贯彻市委第十一届八次全会精神。

12月

2日 中共中央政治局常委、全国人大常委会委员长张德江出席老挝人民民主共和国成立40周年庆典活动，会见中向老挝人民革命党中央总书记、国家主席朱马里赠送西城区区属企业制作的纪念瓷盘。

6日 西城名城委举行2015年会。组建四合院设计建造专业委员会、胡同保护专业委员会、青年工作者委员会、志愿者委员会4个名城委专委会。

8日 王安顺带队检查西城区建筑工地自发布空气重污染预警后施工现场扬尘治理落实工作。

10日 西城区残疾人文化艺术界联合会成立。

12日 西城区全响应网格化社会服务模式获“中国政府创新最佳实践奖”。

16日 5月开工建设的城市支路三庙街道路拓宽工程完工通车。

18日 中国人民银行国家外汇管理局外汇储备经营场所项目在成方街33号院举行奠基仪式。

20日 四川省攀枝花市党政代表团到西城区访问交流，签署两地《深化友好交流合作备忘录》和《深化干部队伍交流合作工作备忘录》，并签订涉及教育、旅游等领域的数项合作协议。

22至23日 区委十一届十次全会召开。大会审议通过《中共北京市西城区委关于制定北京市西城区国民经济和社会发展第十三个五年规划的建议（审议稿）》和《中国共产党北京市西城区第十一届委员会第十次全体会议决议》。

24日 中共中央委员、国家宗教局局长王作安到宣武门南堂视察慰问。

28日 西城区领导干部大会召开，传达学习市委第十一届九次全会精神。

☆ 白纸坊地区重点棚户区改造项目进入房屋征收预签阶段。

☆ 地铁19号线平安里站开工。

31日 地铁19号线积水潭站开工。

（责任编辑　陈　艳）

注：☆表示与上一条同日

党 派

中国共产党北京市西城区委员会

概 述

年内，中国共产党北京市西城区委员会在市委的领导下，深入贯彻党的十八大和十八届三中、四中、五中全会精神，认真学习贯彻习近平总书记系列重要讲话特别是视察北京重要讲话精神，按照市委十一届七次、八次全会决策部署，切实发挥总揽全局、协调各方的领导核心作用，以首善标准扎实开展“三严三实”专题教育，以勇于担当精神大力推进非首都功能疏解，以科学务实态度认真谋划“十三五”发展，圆满完成中国人民抗日战争暨世界反法西斯战争胜利70周年纪念活动和世界田径锦标赛等重大活动服务保障工作，稳增长、促改革、调结构、惠民生的各项年度目标如期完成。

2015年，地区生产总值实现3270.4亿元，同比增长7.1%；三级税收实现4668亿元，同比增长7.7%；区级一般公共财政预算收入完成451.4亿元，同比增长21.1%；居民人均可支配收入达到67492元，剔除价格因素比上年增长6.2%。

认真落实首都城市战略定位。区委旗帜鲜明地亮出“红墙意识”，使之成为全区上下履行好政治责任的一种集体意志和自觉行动；不断凝聚发展共识，坚持用国际一流这个标准与和谐宜居两把尺子来衡量区域发展各项工作，突出强调“强化疏解就是发展、优化服务就是发展、惠及民生就是发展、提升环境就是发展、发挥优势就是发展”的发展思路，描绘了“安全、安静、舒适、典雅、古朴”的发展愿景；遵循创新、协调、绿色、开放、共享的发展理念，以落实首都城市战略定位为主线，研究制定关于“十三五”规划编制的建议；提出全面实现区域发展转型和管理转型、率先全面建成小康社会、在北京建设国际一流的和谐宜居之都进程中走在前列、在更高水平上共同创造城市美好生活的总体目标，描绘了未来五年西城区更高质量、更有效率、更加公平、更可持续发展的新蓝图。

全面打响四个攻坚战。区委成立区疏解非首都功能领导小组和北展地区疏解工作指挥部，确立了“调有办法、控有手段、进有标准、疏有对接”的全方位疏解工作模式，制定更加严格的新增产业禁止和限制目录，积极推动职业教育等社会公共服务功能疏解，按时完成了东天意和部分西天意市场疏解工作，动物园批发市场疏解任务取得重大进展；多措并举加强人口调控，继续强化以业控人、以房管人、以证管人，以产业和功能疏解带动人口调控，采取人口疏解奖励、集体户口清理、群租房综合治理等措施，逐步消除人口过度集聚因素，努力控制人口规模；持续推进“拆违、灭脏、清障、治污、治乱、撤市”六大战役，全面治理环境污染，各项污染物年均浓度持续下降；重点实施“三里河—金融街—中南海”周边地区环境改造提升工程，打造和谐宜居示范区，围绕莲花河滨水公园、环二环城市绿廊等重点景观提升工程，注入绿色元素、文化内涵，营造高品质城市公共空间；加快推进棚户区改造，完成了1万余户改造任务，居民生活居住条件不断改善，人民群众切实感受到了党的温暖。

不断提高适应把握引领新常态的能力和水平。以金融业作为构建“高精尖”经济结构的主导产业，主动对接“一带一路”等国家战略，完善多层次资本市场体系，提升金融街国际化水平；推动区内中小企业加快股份制改造扩容到“新三板”市场；加强金融科技文化要素融合和文化商业旅游融合，引入联合国教科文组织“创意与可持续发展中心”，加快北京“设计之都”建设；按照中央和市委的决策部署，在重点领域和关键环节形成了一批有标志性、有年度特点、有示范性的改革成果；加快经济领域改革步伐，深化行政审批制度改革，实现不动产统一登记，积极推进国有企业公司制改革，区属国有企业发展质量和效益不断提升；持续加强和改进党对法治工作的领导，把党的领导贯彻到推进法治建设的全过程，不断加强法治建设，深化司法体制机制改革，加强法治工作队伍建设、法治文化建设，“六五”普法圆满完成，大力开展公益法律服务活动，法律服务体系不断完善；抓住京津冀协同发展的机遇，积极推进“京津冀产权市场发展联盟”平台建设，分别与河北省廊坊市、石家庄市长安区、保定市和天津市西青区等地签订合作协议，统筹推进与永清、固安、武清等地的产业转移合作项目。搭建平台，引导老字号等一批企业走出去，在协同发展中不断拓展空间。

切实加强民主政治建设。召开区委第四次人大工作会议，支持区人大及其常委会围绕环境建设、规划编制等重大事项行使决定权和监督权；发挥人民政协作为协商民主重要渠道的作用，建立政协协商年度工作计划制度，加大重点提案办理力度，支持区政协履行政治协商、民主监督、参政议政职能；加强党对政府工作的领导，不断提高政府公信力；坚持司法为民、公正司法，保证审判机关、检察机关依法独立公正行使职能；召开区委统战工作会议，构建“区、街道、社区”大统战工作格局，加强同民主党派和党外代表人士的团结合作；领导工会、共青团、妇联等群团组织认真履职、创新服务；扎实做好民族、宗教、对台和侨务等各项工作；切实加强国防和后备应急力量建设，争创“全国双拥模范城（区）”8连冠。

加强宣传思想文化工作。区委大力弘扬社会主义核心价值观，深入学习实践中国特色社会主义理论，牢牢把握正确舆论导向。建立马克思主义经典著作学习交流基地，开展理论家走基层、西城讲坛百场讲座进基层进社区等活动；推出“道德讲堂”、讲好“自己的故事”等系列活动，让社会主义核心价值观真正走进寻常百姓家；健全文明城区常态化创建机制，不断提高市民文明素质，努力形成奋发向上、崇德向善的社会风尚；加强什刹海阜景街、大栅栏琉璃厂等地区整体风貌保护，努力打造古朴与典雅相融共生的“百年工程”“传世精品”；深入挖掘文化遗存的历史价值，赋予现代文化元素，打造了雁翅楼、天桥艺术中心南北中轴路两个新亮点；加快推进公共文化服务体系建设，制定了进一步加强基层文化工作的意见；围绕公共文化服务示范区建设，搭建文化资源共享共建平台，建设公共阅读空间；组织创作了一批优秀原创舞台剧目，依托天桥艺术中心等平台，推出文化艺术惠民计划；不断加强全国科普示范区建设，持续推动全民科学素质提升。

不断提升民生服务水平和社会治理能力。调整完善学区布局，推进教育集团办学模式，持续提高教育质量；加大对重点群体就业、创业的帮扶力度，成功创建“北京市充分就业区”；推进整合型医疗卫生服务体系建设，大力推行家庭医生签约服务；不断完善养老服务体系，建设街道养老照料中心；积极发挥残联、红十字会、慈善组织等机构的作用，人民群众感受到了更多关怀与温暖；深化“访听解”工作机制，不断提高工作效率和为民服务的精准度，各类社情民意解决率达到98%以上；加大社会组织培育发展力度，引导支持社会组织在公益服务领域发挥作用；开展社区治理创新试点工作，完善社区居民代表会议制度，丰富社区协商议事形式，促进了政府治理和社会参与、居民自治的良性互动；优化社区服务资源配置，加快生活性服务业转型升级，建设完善百姓生活服务中心，实现一刻钟便民服务全覆盖，有效提升了社区服务管理水平。

全力以赴做好安全稳定工作。区委高度重视维护公共安全，建立健全安全生产“党政同责、一岗双责”制度，推进安全生产隐患排查治理体系建设，紧抓安全底线不放松；开展“国家食品安全城市”创建试点工作，建立健全食品药品安全检验检测体系，着力打造西城“药安食美”品牌；加强对危险化学品、道路交通安全、消防安全和特种设备等重点领域的检查执法；围绕“平安西城”建设，深化全区反恐怖“六大体系”建设；推进“阳光信访”新模式，加强信访法治化建设；创新完善立体化社会防控体系，及时化解各类不稳定隐患和苗头性、倾向性、潜在性问题，“西城大妈”治安志愿者品牌形象受到社会广泛赞誉。

聚精会神抓好党的建设。区委坚持以首善标准深入开展“三严三实”专题教育，着力关键环节的工作，把专题教育同推进改革发展稳定结合起来，同整治为官不为、为官乱为等结合起来，努力在巩固和拓展党的群众路线教育实践活动成果上见实效，在守纪律讲规矩、营造良好政治生态上见实效，在真抓实干、推动改革发展稳定上见实效；举办系列培训班，切实抓好理想信念、党性修养和政治纪律教育，从思想上拧紧“总开关”；完善领导干部选拔任用流程，进一步选优配强了处级领导班子；制定实施加强直属党（工）委建设的意见，进一步增强了党（工）委工作的科学化、规范化水平；坚持在攻坚克难、改革发展的主战场上发现干部、培养干部、使用干部。强化“严管就是厚爱”，加强干部管理和监督；坚持党管人才，加强人才队伍建设，深入实施“双百工程”，遴选第二届“百名英才”；制定加强基层服务型党组织建设的意见，深入开展“三评一考”工作，圆满完成社区党组织换届工作；深入推进“服务先锋”工程，广泛开展“党员意识、党员作用双提升行动”；坚持把党组织建在工作一线、建在重大项目上；严格落实党风廉政建设主体责任，支持纪委履行监督责任，制定了落实“两个责任”的实施意见。深入整治“四风”问题，不断健全作风建设制度体系。认真学习宣传廉洁自律准则和纪律处分条例，广泛开展反腐倡廉教育，深化权力公开透明运行；始终保持惩治腐败的高压态势，严肃查处党员领导干部违纪案件；对于个别党员领导干部的涉嫌违纪行为，区委坚决拥护中央和北京市委决定，坚定政治态度和政治立场，要求党员干部引以为戒、警钟长鸣。

（胡怿瀛）

区委主要工作和重大活动

【中央领导调研工作】　3月30日，教育部副部长、国家总督学刘利民来区出席全国中小学生安全教育日活动。观摩北京小学学生应急疏散演练和安全主题节目，观看安全教育科教片和防雾霾宣传片花絮，启动第三届全国中小学生安全知识网络竞赛。北京小学学生代表向全国中小学生发出安全倡议，主办单位向全国中小学生赠送安全教育图书、光盘、画册等。4月2日，国家发改委城市和小城镇改革发展中心主任、智慧城市发展联盟理事长李铁带领智慧城市发展联盟成员单位代表，来区调研智慧城市建设情况。到区城管监督指挥中心，听取全响应网格化社会服务管理区级平台建设的有关情况汇报；到广内街道全响应指挥中心和椿树街道中信国安府，察看智慧社区建设情况；召开座谈会，听取智慧西城建设的有关情况汇报；参观区行政服务中心、德胜街道全响应指挥中心和什刹海街道社区服务中心，了解西外地区停车诱导系统等有关工作情况。4月28日，全国义务教育均衡发展督导评估检查组组长、中国教育学会会长钟秉林带领检查组来区调研义务教育均衡发展情况。听取义务教育均衡发展工作汇报，与家长、教师、校长和人大代表、政协委员进行座谈，听取大家对于北京落实义务教育均衡发展的意见和建议；分三路走进北京实验二小、北京小学、北京四中、北京三十五中等多所学校考察义务教育均衡发展情况。6月19日，全国人大常委会副委员长、全国妇联主席沈跃跃带队来区调研贯彻落实《中共中央关于加强和改进党的群团工作的意见》情况。到牛街街道西里二区社区“妇女之家”，考察少数民族特色妇女工作以及巾帼志愿者包饺子队，爱心助老巾帼志愿服务队等群众组织建设情况；到西长安街街道义达里社区“妇女之家”，参观“睦邻之家”，了解积极参加社区公益活动的剪纸社、协助社区开展环境绿化整治工作的巾帼花草养护志愿服务队的工作情况；到综合行政服务中心考察“巾帼建功”创建活动、妇女儿童维权服务站和婚姻家庭调解工作室建设情况；与区领导进行座谈，听取他们对贯彻落实《意见》精神、进一步加强和改进妇联工作的意见和建议。7月10日，全国人大常委会原副委员长、中国关心下一代工作委员会主任顾秀莲带队来区调研指导关心下一代工作。听取陶然亭街道负责人关于“让未成年人在‘六德’教育活动中茁壮成长”的工作汇报，观看陶然亭街道纪念中国人民抗日战争暨世界反法西斯战争胜利70周年“陶然娃，心向党”艺术情景展示会。8月13日，中央国家机关精神文明建设协调领导小组副组长、国管局综合司司长赵青山带领工业和信息化部、国土资源部、国家卫计委、审计署等20余家驻区中央单位考察团来区调研文明城区建设工作。参观区划调整五周年主题成就展，对西城区围绕社会主义核心价值观和区域环境改善所做的工作给予高度评价；到区综合行政服务大厅，听取工作人员介绍；到区非物质文化遗产展示中心，了解乾恒药香、北京皮影、牙雕、砖雕等传统工艺；参观金融资产交易所、老舍茶馆、内联升博物馆、右安驿站、京彩瓷等企业；召开中央国家机关与西城区文明创建工作联席会，听取文明城区建设工作汇报。8月27日，司法部副部长郝赤勇带队到西长安街司法所调研社区矫正和“两大安保”工作，考察西长安街司法所法律服务室、人民调解室和社区矫正宣告室，询问社区服刑人员电子监管系统的运行和应用情况，观看社区矫正宣传片，听取区司法局“两大安保”工作有关汇报。9月14日，全国政协副主席、中央统战部副部长、国家民委主任王正伟到牛街街道，围绕贯彻落实中央民族工作会议精神、总结地方经验、提高民族工作水平进行调研。到牛街礼拜寺察看礼拜堂、寺内文物、历史文化陈列等，了解牛街地区伊斯兰教传承历史及少数民族宗教生活情况；到牛街民族敬老院看望老人，参观春风社区居委会和卫生服务站；到牛街街道全响应指挥中心了解街道民族工作。10月27日，全国政协副主席、民建中央常务副主席马培华来区调研民建基层组织建设，听取民建西城区委的工作汇报。民建中央副主席、北京市委主委王永庆等参加调研。11月24日，全国政协副主席、九三学社中央主席韩启德率全国政协教科文卫体委员会专题调研组，到德胜社区卫生服务中心调研，了解推进安宁疗护发展工作情况。听取德胜社区卫生服务中心开展社区居家临终关怀服务情况汇报，察看生命关怀病房，现场观摩该中心与人民医院疼痛科进行疼痛远程视频会诊情况，参观全科医学临床培训中心，了解中医、护理、全科医疗等多种技能培训情况。

（邓 悦）

【市领导调研工作】 1月12日，市领导王安顺带队来区调研棚户区改造工作。到光源里、菜园街棚户区了解群众对拆迁改造的意见建议；察看百万庄北里居民住房改善项目、西安门大街景观提升和架空线入地、万寿兴隆寺文保区改造规划、南长街织女河景观复建工作；召开座谈会研究部署相关工作。1月16日，市领导戴均良来区调研养老服务工作。先后到金融街街道、广外街道察看街道养老照料中心设施及运行情况，详细了解老人日常生活和服务管理工作。2月5日，市人大常委会副主任唐龙带队到广内街道核桃园社区查看“一刻钟社区服务圈”建设情况，走访新投入使用的社区为老服务中心，参观老年餐吧、书画室、巧娘室、多功能厅等养老设施，询问居民服务中心的使用情况。3月9日，市委常委、宣传部长李伟来区调研文化建设工作。走访砖读空间、北京仿古瓷艺术馆、宣阳驿站第二书房、风雷京剧团、劝业场等地。5月5日，市领导郭金龙、王安顺来区调研非首都功能疏解。到地安门百货商场察看什刹海地区全貌，听取风貌保护和整治工作情况汇报；到“动批”区域内的天皓成批发市场，详细了解市场外迁和产业转型情况，要求务必把腾退出来的宝贵空间利用好；到宣西风貌协调区项目现场，与居民交流。5月9日，市领导郭金龙调研位于丰台区的宣西风貌协调区北地块项目定向安置房——合顺家园，推进非首都功能疏解工作进度。6月3日，市人大常委会主任杜德印来区调研历史文化名城保护工作。到居仁堂京瓷文化有限公司，参观陶艺体验馆和京彩瓷生产车间，了解京彩瓷制作的各道工序，观摩制作过程；到金中都公园，了解金中都历史文化沿革，俯瞰金中都公园全貌；到北京风雷京剧团，了解剧团历史和运营模式；到大栅栏北京坊项目的中心——北京劝业场，察看修缮保护情况，听取北京坊项目的基本情况、发展规划和招商引资工作汇报。6月4日至5日，市委整改落实专项检查组组长刘义带队，对西城区党的群众路线教育实践活动整改落实情况进行专项检查。听取整改落实情况汇报，并走访义达里社区、综合行政服务大厅、天桥艺术中心等。6月6日，市委书记郭金龙检查北京161中学的高考准备工作，看望慰问一线考务人员。8月21日至26日，市领导王安顺、吉林等分别来区看望慰问抗战老战士、老同志，向全市为抗战胜利作出巨大牺牲和贡献的先辈致以崇高敬意。9月17日，市领导王安顺来区调研棚户区改造进展，并现场办公部署下一步工作。到菜园街及枣林南里棚户区改造项目指挥部（五分指）察看工作进展，对棚改指挥部现场设立信访接待站、人民调解工作站、公证服务站、法律服务站和居民代表委员会的便民做法予以肯定；到白纸坊地区重点棚户区改造项目总指挥部召开现场会，听取推进棚改工作的汇报。

（邓　悦）

【区委十一届八次全会】　1月5日，中国共产党北京市西城区第十一届委员会第八次全体会议召开。会议认真学习市委十一届六次全会精神，总结2014年工作，部署2015年经济社会发展各项任务。区委书记王宁作区委常委会工作报告。区委副书记、区长王少峰作全区经济社会发展工作报告。会议表决通过了《中国共产党北京市西城区第十一届委员会第八次全体会议决议》。区委、区人大、区政协、区政府有关领导以及区委委员、区委候补委员出席会议。非区委委员的四套班子领导、不再担任区级领导职务的市管干部、全区各单位党政主要负责人、区纪委委员和部分基层党代表列席会议。

（杜洪悦）

【区委第四次人大工作会议】　5月29日，中共北京市西城区委第四次人大工作会议召开。区委书记王宁出席并讲话，区委副书记、区长王少峰主持会议。区人大常委会主任就《中共北京市西城区人大常委会党组关于在全面推进依法治国进程中加强和改进人大工作的意见》作说明。区委、区人大、区政协、区政府有关领导和区法院、区检察院主要负责人出席会议。区委区政府各部、委、办、局、各街道、人民团体党政主要负责人，区人大常委会委员、部分区人大代表、区人大常委会机关全体干部及各街道人大代表工委办公室主任参加会议。

（杜洪悦）

【区委常委会（扩大）会议】　7月13日，区委常委会召开扩大会议，传达学习市委十一届七次全会精神，区委书记王宁主持会议并传达市委书记郭金龙在市委十一届七次全会上的讲话，区委副书记、区长王少峰传达市长王安顺对市委市政府《关于贯彻〈京津冀协同发展规划纲要〉意见》所作的说明。王少峰结合参加市委十一届七次全会和学习市委、市政府贯彻《规划纲要》的意见说明谈了自己的体会。区委、区人大、区政协、区政府有关领导及部分委办局主要负责人参加会议。11月11日，区委常委会召开扩大会议，传达学习党的十八届五中全会和习近平总书记重要讲话精神，学习《中国共产党廉洁自律准则》和《中国共产党纪律处分条例》。副市长、区委书记王宁主持会议。会议传达了11月11日上午市委常委会（扩大）会议精神，深入学习贯彻党的十八届五中全会精神和《中国共产党廉洁自律准则》《中国共产党纪律处分条例》的有关规定要求。区四套班子领导出席会议，部分委办局、街道主要负责人参加会议。11月27日，区委常委会召开扩大会议，市委常委、市委组织部部长姜志刚宣布西城区委书记人事任免。卢映川任中共北京市西城区委员会委员、常委、书记；王宁不再担任中共北京市西城区委员会书记、常委、委员职务。

（杜洪悦）

【区委十一届九次全会】　7月30日至31日，中国共产党北京市西城区第十一届委员会第九次全体会议召开。会议深入落实习近平总书记视察北京重要讲话精神，学习贯彻《京津冀协同发展规划纲要》和《中共北京市委北京市人民政府关于贯彻〈京津冀协同发展规划纲要〉的意见》，谋划加快建设国际一流和谐宜居之都。区委书记王宁强调，全面贯彻《纲要》和《意见》，有序疏解非首都功能、推动京津冀协同发展，职责重大、使命光荣，全区要按照中央和市委的决策部署，以更大的担当、更强的作风、更好的精神状态，全力以赴开创区域发展更加美好的明天，在推动京津冀协同发展中走在前列。区委副书记、区长王少峰部署2015年下半年重点工作。会议表决通过了《中国共产党北京市西城区第十一届委员会第九次全体会议决议》。区委、区人大、区政协、区政府有关领导及区委委员、区委候补委员出席会议。非区委委员的四套班子领导、不再担任区级领导职务的市管干部、全区各单位党政主要负责人、区纪委委员和部分基层党代表列席会议。

（杜洪悦）

【西城区领导干部会议】　11月27日下午，西城区领导干部会议召开，深入学习贯彻市委十一届八次全会精神，区委副书记、区委政法委书记王力军主持会议。区委副书记、区长王少峰传达市委十一届八次全会精神，区委书记卢映川讲话。

（杜洪悦）

【区委统战工作会议】　12月8日，区委召开统战工作会议，学习贯彻中央统战工作和市委统战工作会议精神，部署新形势下全区统战工作，区委副书记、区委政法委书记王力军主持会议。区委组织部、德胜街道、区侨联就如何做好统战工作作大会发言。区委书记卢映川讲话。会议发放区委统战部关于《贯彻落实中央统战工作会议精神、〈中国共产党统一战线工作条例（试行）〉和市委统战工作会议精神的工作计划》。区四套班子领导、各委办局主管统战工作的领导以及街道工委统战部长和统战干部230余人参加会议。

（杜洪悦）

【区委十一届十次全会】　12月22日

至23日，中国共产党北京市西城区第十一届委员会第十次全体会议召开。全会深入学习贯彻落实党的十八届五中全会和市委十一届八次全会精神，审议通过《中共北京市西城区委关于制定北京市西城区国民经济和社会发展第十三个五年规划的建议》。区委书记卢映川就《建议（审议稿）》向全会作说明，并代表区委常委会作工作报告。区委副书记、区长王少峰作关于全区经济社会发展工作的报告。审议通过了《中共北京市西城区委关于制定北京市西城区国民经济和社会发展第十三个五年规划的建议（审议稿）》和《中国共产党北京市西城区第十一届委员会第十次全体会议决议》。区委、区人大、区政协、区政府有关领导及区委委员出席会议。非区委委员的四套班子领导、不再担任区级领导职务的市管干部、全区各单位党政主要负责人、区纪委委员和部分基层党代表列席会议。

（杜洪悦）

【区委常委会议】　年内，共召开区委常委会议19次，完成议题97个，重大决策类62个，约占63.9%，常规议题19个，约占17.5%，干部任免类议题18个，约占18.6%。常委会议深入贯彻党的十八大和十八届三中、四中、五中全会精神，认真学习贯彻习近平总书记系列重要讲话特别是视察北京重要讲话精神，按照市委十一届七次、八次、九次全会决策部署，以首善标准围绕扎实开展“三严三实”专题教育，以勇于担当精神大力推进非首都功能疏解，以科学务实态度认真谋划“十三五”发展。常委会会议集体学习习近平总书记等党和国家领导人在中国红十字会第十次全国会员代表大会上的重要讲话精神，全国精神文明建设工作表彰暨学雷锋志愿服务大会会议精神，中央、市委统战工作会议精神，北京市第四次政协工作会议精神，北京市2015年上半年经济形势分析会议精神，北京市国家安全工作领导小组第五次扩大会议精神；研究制定《中共北京市西城区委关于落实党风廉政建设责任制党委主体责任和纪委监督责任的实施意见》《中共北京市西城区委关于进一步加强区政府工作部门和人民团体党组建设的意见》《中共北京市西城区委北京市西城区人民政府关于进一步加强基层文化工作的意见》《西城区处级党政领导干部选拔任用工作流程补充规定》《西城区安全生产“党政同责、一岗双责”实施办法》等，研究部署西城区疏解非首都功能、建设和谐宜居示范区、棚户区改造工程、城市管理体制改革、人口调控、十三五规划编制、党建、纪检监察等全区性重大工作。

（杜洪悦）

区委办公室工作

【概况】　中共北京市西城区委办公室（简称区委办公室）是区委的综合办事部门。内设综合科、会议科、信息科、文秘科、行财科、区委权力公开透明运行办公室、离退休干部科、区委督查室、区委机要局（区密码管理局），在职人员39人。年内，区委办公室贯彻落实党的十八大和十八届三中、四中、五中全会精神，学习习近平总书记系列重要讲话精神，牢记习近平总书记提出的“五个坚持”工作标准，转作风、提能效、促发展，着力提升服务发展、服务决策、服务落实工作水平，打造区委敏锐“前哨”和坚强“后院”。以“同心、同向、同力、同步”的工作理念不断完善“大办公室”工作体系；以“上级指示清楚、部门交流广泛、基层联系密切、内部沟通顺畅”的协调网络凝聚推动全区落实中央、市委精神的强大合力，发挥办公室参谋助手、统筹协调、出谋划策、督促检查、服务保障作用，确保各项工作高效运转。

地址：西城区二龙路27号

邮编：100032

电话：88064211

（侯相宾）

【综合工作】　年内，服务保障纪念中国人民抗日战争暨世界反法西斯战争胜利70周年系列活动，负责西城区1000名观礼嘉宾组织服务工作；牵头完成有关方案的编写及各类信息的收集、统计、上报及新闻采访备选人员情况收集工作；协调保障中办集结场地2次。组织二龙路办公区多个部门的青年干部开展“青年干部成长季”主题学习活动；开通区委办公室手机政务群。统筹安排全区重大会议活动，通过年度重大活动预安排、月度重大活动预安排的编制，对全区重要会议、重大活动和重点工作进行动态管理，严格审批，确保活动精简、节约、高效。遵循市委第十一届六次、七次全会所确立的工作目标，重点围绕疏解非首都功能、京津冀协同发展、全面深化改革、民生建设等中心工作，加强调研服务保障力度，服务保障中央、市委及其他领导调研22次，区级领导调研64次。做好区委办公室内部的应急值守、组织人事、工资管理和印章管理等服务保障工作。

（侯相宾）

【会议服务与管理】　全年组织服务区委全会3次、区委常委会19次、区委专题会8次、区委书记碰头会25次、区委常委会（扩大）会议3次、全区性会议10次、市委市政府理论学习中心组学习（扩大）会议5次、其他组织服务保障专项会议19次。按照《区委常委会2015年工作要点》和《区委常委会2015年议题计划》的要求，认真做好区委常委会议议题管理申报、会议材料审核把关、会议决策督促落实等工作，及时整理会议记录，编发会议纪要及相关议题的宣传报导。组织安排党代表76人次列席区委全会和区委常委决策会议，参与区委重要决策，有效拓宽了党代表履职途径。严格按照中央、市委、区委文件要求，进一步改进会风，严格会议审批流程，精简合并会议数量，转变会议召开形式，加大视频会议分会场建设，严肃会场纪律要求，提高会议效率效果。

（杜洪悦）

【信息工作】　年内，按照有新意、有特点、有价值、有效应的“四有”要求，围绕经济发展、项目建设、社会管理、旅游开发、城市管理、改善民生等领导关注、全区关键、群众关心的重点工作，努力在“定位高、选题准、处理精”三个方面狠下功夫，有效提高《北京信息》上报工作质量水平。同时，着力在挖掘信息深度上下功夫，坚持把信息服务放在领导关注的焦点上，围绕全区重要工作动态以及影响地区和部门发展的突出问题、区域建设的重大进展等内容主题，深入研究、理性思考，策划开设了全国“两会”保障、非首都功能疏解、“十三五”规划编制、环境建设、棚户区改造等专题栏目，有效促进各项工作开展。全年共向市委报送信息1260余条，采用150余条，刊登长篇信息《西城区棚户区改造工作的难点及建议》《动物园批发市场疏解工作推进情况、存在问题及相关建议》等10余篇，获评优秀信息4篇并获得李士祥等市领导批示，成绩在全市各单位中处于前列。《西城信息》（普刊）刊发信息245期，采用信息3900余条，获得区领导批示60余条。

（邓　悦）

【文书工作】　年内，制定并严格执行规范性文件合法性前置审查制度、不合规文件退文制度、区委主要领导群众来信办理制度，审核制发京西发13件，京西办发17件，京西文5件，京西函3件，京西办函1件，京西办字1件，西办通报15期，无号文53件，共计108件。共处理各类文件5800余件，其中有区委主要领导和区委办公室主要领导批示文件432件，处理涉密文件51件，处理给区委主要领导、区委办公室主要领导来信182件，确保公文流转及时、准确、有效。区委办公室向区机关文档中心移交上一年度归档文件共计530件。

（于　淼）

【行政财务工作】　年内，继续落实财务工作的各项规章、制度，对财务工作实施规范化、流程化的管理；做好部门预算的收集及报送工作，做到财务信息详实准确。对办公用品及固定资产建立信息台账，实行数据化管理；做好领用登记工作，出入库必须履行相应手续，入库要验收核实，出库要领取人签字。在办公用品的管理工作中，做到材料清、账目清、数量清，摆放整齐，账、物一致。确保消耗品使用物尽其用，耐用品流动公用。在固定资产管理中，对部门的新增设备和已到报废年限的设备做到全面掌握，按照财政局规定进行报废更新，确保部门资产存量与账面相符。在车辆管理工作中统筹兼顾，完善和落实车辆管理制度，规范公务用车的使用。完成了区委办的公车改革前期工作，安排好办公室行政用车，严禁公车私用；定期对车辆进行安全检查，做好车辆的日常维护保养；对驾驶人员进行安全知识和安全技能培训。

（王　林）

【区委权力公开透明运行】　年内，指导各党（工）委、党组修改完善议事决策规则、决策列席制度，促进决策制定的制度化和规范化。开展党（工）委、党组决策会议议题定期向区委报告工作，加大各级党组织决策会议的公开力度，要求决策会议必须保存会议记录和会议纪要，力推议题公开和结果公开。研究出台《中共北京市西城区委关于落实党风廉政建设责任制党委主体责任和纪委监督责任的实施意见》及《2015年西城区落实党风廉政建设“两个责任”任务分解表》，紧密结合党风廉政建设工作，加强对各党（工）委、党组制度落实的督促检查。全程公开“三严三实”专题教育各项进展，在“西城党建”网重要位置开设“三严三实”专题教育专栏。加大社区党组织换届宣传，提前介入社区新班子权力运行机制建设工作，更新全区261个社区党组织书记姓名、工作感言、特色亮点工作等内容。全年“西城党建”网站共更新各类信息1225条，向社会发布区委全委会议题预告3次、区委常委会议题预告19次，党代表、人大代表、政协委员82人次列席决策会议，发布区委全委会、区委常委会通过的重大决策13项。网站点击量208万余次。

（周　琦）

【督查与建议提案办理】　年内，区委督查工作围绕市委、区委的重要决策，按照市委、区委主要领导批示精神，分阶段对全区重点工作任务和专项工作进行督查，完成30项区委重点工作、18项市委和区委领导重点批示事项的承办工作；全年共开展联合督查13次；编辑各类督查刊物6期（含普刊3期、专报1期、专刊2期）。办理建议提案35件，其中政协党派团体提案19件，至5月底，提案办理工作已全部完成，办结率为100%。

（李　彬）

组织工作

【概况】　中共北京市西城区委组织部（简称区委组织部）是区委主管党的组织工作、干部工作和人才工作的职能部门，内设办公室、干部任免科、干部管理科、干部监督科、组织科、组织指导科、党员教育科、干部教育科、人才工作科、调研宣传科、机关人事科。区委组织部行政编制50名，有在职人员50名。年内，区委组织部贯彻党的十八大和十八届三中、四中、五中全会精神，学习习近平总书记系列重要讲话精神，贯彻全国和北京市组织部长会议精神，突出全面从严治党这个主线，坚持思想建党和制度治党相结合，强化首善标准和“红墙意识”，巩固党的群众路线教育实践活动成果，开展“三严三实”专题教育，持续深入抓作风、聚精会神抓党建，培养选拔党和人民需要的好干部，深化基层服务型党组织建设，加快建设富有创新精神的执政骨干队伍，为西城区在首都建设国际一流和谐宜居之都进程中走在前列提供坚强组织保证。

地址：西城区二龙路27号
邮编：100032
电话：88064079

（黄爱莉）

【党的群众路线教育实践活动整改落实工作】　上半年，对全区党的群众路线教育实践活动整改落实的进展、效果和存在问题开展专项检查。围绕“四风”方面存在的突出问题和群众反映强烈的实际问题，注重整改的系统性、整体性、协同性，着力从立行立改、近期整改、中长期整改三个层面推动整改方案落实，有效杜绝了“四风”问题反弹，确保了整改效果得到群众认可。区四套班子121项立行立改任务、近期整改任务和中长期整改任务全部完成，全区各单位提出的1330项整改任务、7590条整改措施全部落地。全区各单位现行的1943项制度全部对照改进作风建设计划要求进行了完善，共废止271项，修订1066项，新定632项。6月上旬，市委检查组来区检查验收教育实践活动“四风”整改情况，充分肯定取得的成果。

（黄爱莉）

【“三严三实”专题教育工作】 自5月开始在全区处级以上党员干部开展“三严三实”专题教育，区委专题教育协调小组统筹指导各项工作，区委6个督导检查组严格督导，全区98个局处级领导班子组织专题党课、专题研学、专题交流、专题民主生活和组织生活会，专题教育取得明显实效。区级领导班子主要领导和常委讲党课16场，完成3个专题24次集中学习，分别召开3次交流研讨会。处级党员领导干部讲党课468场，处级领导班子组织学习研讨1500余次。全区局处级领导班子、党员领导干部围绕“不严不实”问题，突出重点，明确责任，落实到人，认真整改，真正落实到干事业、谋发展上来。

（黄爱莉）

【处级领导班子和处级干部年度考核】 年初，在总结2012—2013年民主测评工作的基础上，对2014年度测评指标做出相应调整，更新增补二级测评指标以及“德”的反向指标，修订完善全部指标评价要素，对全区95个处级领导班子、处级干部进行年度考核。调整考核奖励方式，在统筹兼顾各系统、各专项考核、评比结果的应用的同时，继续加大对基层一线单位奖励指标的倾斜力度，完成全区处级干部年度考核奖励工作，公务员编处级干部考核优秀等次213人，记三等功47人，称职嘉奖47人，事业编处级干部考核优秀等次3人。对民主测评工作进行调研，为完善2015年度民主测评工作提供真实可靠的依据。

（黄爱莉）

【一报告两评议工作】 年内，对2014年度的一报告两评议的数据进行汇总分析，并及时向被评议单位书面反馈民主评议结果和评议中收到的意见建议。全区292家单位，12443人参加评议工作，评议新选拔任用科级（中层）领导干部399名，收到意见建议121条，其中：区管班子97个，应参评人数为3981人，实际参评人数为3806人，参评率为95.6%，评议新选拔任用科级领导干部201名，收到意见建议48条。

（黄爱莉）

【党（工）委、党组建设】 年内，制定《中共北京市西城区委关于加强直属党（工）委建设的意见》，明确党（工）委的主要职责、工作原则、工作内容及班子配备与考核。修订《中共北京市西城区委关于进一步加强区级政府工作部门和人民团体党组建设的意见》，对全区各单位党组设立情况进行摸底调研，研究分析党组设立、成员配备、工作规则的基本情况和存在问题，提出清理规范具体意见。

（黄爱莉）

【干部工作制度体系】 年内，制定《关于〈西城区处级党政领导干部选拔任用工作流程〉的补充规定》，对动议、民主推荐、考察、讨论决定和任职各环节进行补充细化。贯彻落实中央《关于机关事业单位县处级女干部和具有高级职称的女性专业技术人员退休年龄问题的通知》，修订《西城区处级非领导职务选拔任用办法》。

（黄爱莉）

【处级干部选拔任用】 年内，严把政治标准，注重工作业绩和群众公认，树立干事创业、干净干事选人用人的导向，从严选拔任用处级干部。全年共讨论决定处级干部331人次。其中，提任正处职5人，副处职14人，正处级非领导职务14人，副处级非领导职务33人；平级调整交流干部145人次；批准退休36人；清理超职数配备干部15人。全年进行干部提任谈话2140人次，干部试用期满转正考核谈话631人次。

（黄爱莉）

【正处级后备干部集中考察工作】 年内，区委组织部成立6个考察组，分三批对全区处级班子、一把手履职情况，以及229名正处级后备干部进行集中考察，及时了解和掌握处级班子和领导干部在德、能、勤、绩、廉方面的现实表现，为区委调整优化处级领导班子，选拔任用干部提供依据。

（黄爱莉）

【优秀年轻干部选拔工作】 年内，开展优秀年轻干部选拔工作，通过各单位推荐，将40名35岁左右的年轻干部纳入组织视野，经过综合知识测试、无领导小组讨论、心理素质测评以及履历评估，其中多人进入干部考察环节，为全区优秀年轻干部培养奠定良好基础。

（黄爱莉）

【干部挂职锻炼】 全年，全区接收挂职干部143人，其中：中央、市委组织部、市属单位选派挂职干部共69人；友好城区选派挂职干部74人。派出挂职干部32人，其中：中央国家机关2人（科技部、环保部）；南水北调对口协作1人（河南省邓州市）；京冀互派挂职干部5人（河北省廊坊市、保定市）；选派副处级后备干部到区信访办挂职5人；第五期一年制研修班挂职19人（中央企业1人，上海市黄浦区4人，宁波市4人，绍兴市3人，张家口市3人，区内挂职3人，顺义区1人）；选派27名科级干部到社区工作，选派3名处级干部到大兴区任村第一书记。全年组织118名挂职干部开展“西城体验行”活动，加深外地挂职干部对西城的了解和认识。

（黄爱莉）

【干部教育培训】 全年，坚持把党的十八大和十八届三中、四中、五中全会及习近平总书记系列重要讲话精神作为党员干部培训的重要内容，扎实开展理论学习培训。做好局级领导干部调训的服务保障工作，组织保障了局级领导78人次参加中央和市级调训等相关培训班次。抓好主体培训，组织132名处级干部参加春季、秋季处级干部培训班；34名中青年后备干部参加春季中青年后备干部培训班。依托北京大学、中国人民大学分别举办“依法治国”专题研修班和“创新社会治理能力”专题研讨班，56名处级干部参训。抓好“一把手”培训，在中国浦东干部学院举办了第一期党政一把手专题研修班，以“落实党建主体责任，实现基层党建新跨越”为主题，40名党政一把手以全脱产方式进行为期3周的专题培训。强化专题培训，举办“学习贯彻党的十八届四中全会精神宪法专题报告会”和“关于京津冀协同发展的战略思考”两期处级干部大讲堂，累计约900人次参训。举办为期一周的“社会治理与经济形势分析专题自选班”，全区500余人次处级干部集中学习。完善在线学习基地库、师资库和干教网西城分中心建设等各项基础建设，丰富在线学习内容。

（黄爱莉）

【领导干部个人有关事项报告工作】 年内，组织全区1382名市管干部、区管处级干部、区属国有及国有参控股企业领导、学校和医院处级干部，完成个人有关事项报告工作。推进区管干部个人事项报告电子数据化建设，逐一核对、录入、校核了1042名区管干部的个人事项报告数据。完成领导干部个人有关事项报告随机抽查工作，按照上级规定的比例要求，全年共抽取135人。

（黄爱莉）

【领导干部出国（境）管理监督工作】 年内，严格工作程序和标准，完成出国人员审查工作，共办理因公出国政审182人次，涉及全区75家单位；办理因私出国政审47人次，涉及全区19家单位；新增出入境备案人员206人，撤销出入境备案人员78人，变更出入境备案人员信息10人次。印发《西城区关于开展违规办理和持有因私出国（境）证件专项治理工作的通知》，召开专项治理工作部署会议，对全区领导干部持有的因私证件进行普遍筛查，做到全面收交；对全区所有登记备案人员进行重新梳理统计，涉及登记备案人员共计2087人。

（黄爱莉）

【选调生工作】 年内，通过笔试、面试确定2014年度选调生8人，组织全区选调生参加市委组织部的选调生专业培训，推荐16名选调生参加中央单位部分职位的遴选。

（黄爱莉）

【干部人事档案专项审核工作】 年内，成立区干部人事档案专项审核工作领导小组和干部人事档案专项审核工作小组，召开区干部人事档案专项审核工作领导小组会和干部人事档案专项审核工作小组会，制定《西城区干部人事档案专项审核工作实施方案》，以处级领导干部档案作为首批审核的工作重点，严把“细致关”“政策关”“材料关”，分批次开展档案审核工作，全年共完成初审复审1091本档案。

（黄爱莉）

【党代表列席区委重要会议】 年内，组织36名区党代表列席区委全会和常委会，就2015年全区为群众拟办重要实事、党风廉政建设和文化建设等议题进行专题研究，发挥党代表参与民主决策、实施民主监督、参加党的自身建设和联系党员群众的作用。

（黄爱莉）

【党代表提议工作】 年内，引导党代表以“从严治党，扩大党内民主”等重点进行提议，共收到党代表提议48份，并与区委、区政府督察室共同研究确定32家承办单位。

（黄爱莉）

【基层党建工作述职评议考核】 年内，按照《关于进一步做好党（工）委书记抓基层党建工作述职评议考核有关事项的通知》，分层分类组织开展区委各直属党（工）委书记、区委各部门相关负责人、区政府工作部门和人民团体党组书记、各直属党（工）委所属基层党组织书记述职评议考核工作。15位街道工委书记和区直机关、区委教工委书记重点围绕抓基层党建工作进行现场述职。其他党（工）委书记和党组书记进行书面述职。26个直属党（工）委选取230个所属基层党组织书记向党（工）委进行现场述职，并进行测评打分。

（黄爱莉）

【“服务先锋”工程】 年内，制定《关于加强基层服务型党组织建设的实施意见》，明确构建服务格局、完善服务机制、创新服务载体、打造服务品牌、建设服务队伍、强化服务保障的基层服务型党组织建设思路。各党（工）委根据各系统党组织职责定位，研究制定具体的实施方案。以实施“服务先锋”工程为载体，机关系统开展“服务为民在基层”系列活动；教育系统开展“德业双馨”先锋行动；国资系统开展“迎接挑战党员先行，争当国资国企改革先锋”主题活动；卫生系统实施“健康卫士、服务先锋”工程；社会工委深化“非公党建活力工程”。以庆祝建党94周年为契机，召开全区基层服务型党组织建设推进大会，推选出第一批“服务先锋”10个先进基层党组织和10名优秀共产党员，并制作《争当服务先锋，助推改革发展》宣传片。

（黄爱莉）

【商务楼宇党建工作】 年内，联合区委社会工委，对全区172个商务楼宇工作站的基本情况、驻厦单位党组织设置情况、基础保障情况进行梳理摸底，完善工作台账，明确工作职能和工作任务，优化商务楼宇工作站设置。扶持德胜街道的地区商务楼宇提升工程、新街口街道的建设商务楼宇党群服务中心、社会工委的商务楼宇党员之家APP等重点项目的实施。

（黄爱莉）

【整顿软弱涣散党组织】 年内，结合2014年全区基层党组织“三评一考”结果，在15个街道社区倒排确立软弱涣散党组织的基础上，将11个直属党（工）委所属基层党组织也纳入倒排整顿范畴。其中确立18个软弱涣散社区基层党组织和48个需改进提升的基层党组织（11个直属党工委所属），并建立2015年软弱涣散基层党组织和需改进提升基层党组织整顿工作台账，年底前全部实现了转化提升。

（黄爱莉）

【规范社区党组织服务群众经费的管理和使用】 年内，联合区财政局出台《西城区社区党组织服务群众经费使用管理办法（试行）》和《西城区基层党组织解决重点难点问题工作经费使用管理办法》。市区两级财政按照1:1比例配比，给每个社区党组织每年拨付20万元服务群众专项经费；区委每年安排1000万元，用于基层党组织解决重点难点问题；非公企业党费全额返还。坚持既解决阵地建设、工作载体创新等需要大额资金支出的项目，也解决事业单位、国有企业和“两新”组织等党组织开展活动经费不足的问题；既重点资助服务群众项目，也解决党组织自身建设存在的困难。2015年共资助45个项目，资助经费349万元，其中，大栅栏街道项目“老字号商圈党建”和牛街街道项目“爱心储蓄银行”被列为市级孵化项目。

（黄爱莉）

【党群活动服务中心建设】　年内，在推进党群活动服务中心的规范建设、功能提升、转型升级和高效运转上下功夫，全区已建成党群活动服务中心15个，另有3个在设计筹建中，努力实现15个街道和7个功能街区的全覆盖，形成“一街一品”的特色格局。马连道党群活动服务中心开展党务政策咨询、关系转接、创业就业、教育培训、法律维权等多项服务，成为“三千茶商一个家”的温馨驿站；德胜街道突出为科技园区的高新技术企业服务，在中心设立企业之窗、公益创投平台、德胜会客厅、青年汇、公益智库等多个主题区，为地区企业提供交流的空间，提供科技成果和优秀项目展示等等。

（黄爱莉）

【发展党员工作】　年内，全面梳理全区发展党员工作，科学细化发展党员指标，严控数量，提高质量。组织全区社区书记进行《中国共产党员发展党员工作细则》的培训，对有培训需要的街道和委办局进行培训。建立发展对象数据库，对发展对象实行“双审制”。建立中期检查分析制度和逐级报告制度，保证全区党员发展结构和质量。7月底，对全区发展党员工作进行了全面自查，全区共发展党员730人。发展党员工作重点继续向非公有制企业和社会组织领域倾斜，全年发展非公领域党员30人。

（黄爱莉）

【党员教育管理】　年内，分析党员队伍存在的问题及原因，对全区93236名党员进行民主评议和组织评定，对5名不合格党员分别作出限期改正、劝退和开除的处理。排查失联党员，对2028名失联党员的失联原因进行分析汇总。制定实施《西城区“党员意识、党员作用双提升行动”实施方案》，解决部分党员党性意识淡薄、组织观念弱化、发挥作用不明显的问题。开展在职党员“双提升”社区统一行动日活动，将每年7月第一个周六定为“社区统一行动日”，共有837个党组织、9531名党员参与其中，开展丰富多彩的服务社区居民活动。有针对性地召开社区干部和离退休党员座谈会8次，对社区党委成员和离退休党员进行访谈42人次，发放调查问卷200份，探索提出区社区离退休党员管理服务的办法，并形成调研报告。全年转入党员1163名，转出党员330名。接听12371热线电话达1000余次，帮助党员协调解决难题180余件。对全区党费收支账目进行审核，同时要求各直属党（工）委按季度上报党费收缴、使用报告表。

（黄爱莉）

【纪念抗日战争胜利70周年宣誓活动】　年内，为纪念中国人民抗日战争暨世界反法西斯战争胜利70周年，在全区开展党团队员集体宣誓活动。会同团区委、教委等多部门组织党团队员各200人，在育才小学进行集体宣誓活动。同期，全区共1666个基层党组织、42167名党员、13551名团员和58207名少年队员分别进行宣誓活动。

（黄爱莉）

【“9·3”阅兵相关保障工作】　年内，选出优秀共产党员和优秀党务工作者代表，参加9月3日的阅兵活动和人民大会堂观演活动。进行参加阅兵活动相关人员的信息录入和政审工作。组织人员参加8月23日预演和9月3日阅兵的后勤保障工作。

（黄爱莉）

【慰问困难党员和老党员】　元旦、春节期间，区级帮扶慰问困难党员和新中国成立前老党员，共支出资金102万余元。“七一”期间，区级帮扶慰问困难党员和慰问新中国成立前老党员，共支出资金110万余元。与区慈善协会一起组织开展“共产党员献爱心”活动，有44129名党员、15165名群众参与，共募集捐款305万余元。

（黄爱莉）

【区“十三五”时期人才发展规划战略研究】　年内，与中国人事科学研究院合作成立课题组，以西城区“十三五”时期人才发展规划编制工作为目标，通过700份问卷调查，10余场访谈与座谈，开展基础研究。组织专家智库围绕新形势下西城区人才工作面临的机遇与挑战开展专题研究，深入分析5年来人才发展规划的实施情况与制约人才工作发展的瓶颈，共同完成“十三五”时期人才发展规划前期战略研究和中长期人才发展规划纲要的中期评估工作，并在此基础上研究起草西城区“十三五”时期人才发展规划。

（黄爱莉）

【第二届西城“百名英才”遴选工作】　年内，经过宣传发动、报名推荐、系统评审、廉政会审、区级评审等遴选工作程序，认定100人为第二届西城“百名英才”。相继组织题为“智汇西城·创新发展”的英才论坛、走访“百名英才”、英才共话西城发展等活动，拍摄宣传片，发布“智汇西城”人才工作微信公众号，征集“百名英才”成长感言和建言献策。通过《北京日报》、北京电视台、《北京西城报》、西城党建网等媒体多渠道、多角度宣传西城人才工作及“百名英才”先进事迹。

（黄爱莉）

【优秀人才项目资助工作】　年内，围绕区情，加大金融、文化、高新技术、教育、卫生等领域的人才培养力度，按照贡献程度、项目质量、人才培养和服务发展四项原则，严格评审申报项目，并向申报人反馈专家评审意见，修改完善项目内容，共资助86个项目，合计经费294万元。总结梳理项目资助成果，在《北京西城报》展示宣传。

（黄爱莉）

【世界高端金融人才聚集区建设】　年内，充分发挥金融街人力资源协会的作用，邀请金融领域和知名人力资源机构知名专家，开展讲座培训活动；在北京大学、人民大学等知名高校举办金融街专场招聘会；通过邀请会员单位参与金融街研究院、金博会、金融街论坛等举措，促进各方面在金融领域的交流合作。

（黄爱莉）

【人才服务工作】　年内，经由西城区推荐的全新优筑（北京）建筑设计有限公司冯博入选北京市第十一批“海聚工程”，同时推荐冯博申报中央第十二批“千人计划”。召开金融街人力资源协会理事会，为会员单位搭建交流合作平台。协调相关单位做好“千人计划”专家刘昊扬落户等服务保障工作。召开政工职称答辩会和中级评审会，完成政工职称评审工作。

（黄爱莉）

【落实区委党的建设制度改革任务】 年内，制定《西城区党的建设制度改革专项小组重要改革举措规划（2014—2020年）》，完善和创新党的组织工作制度、干部人事制度、基层组织建设制度和人才发展体制机制。制定《中共北京市西城区委关于加强直属党（工）委建设的意见》，制定《关于〈西城区处级党政领导干部选拔任用工作流程〉的补充规定》，结合贯彻落实中央严格控制超职数配备干部、延长处级女干部退休年龄等文件，修订《西城区处级非领导职务选拔任用工作办法》。制定《关于进一步加强基层服务型党组织建设的实施意见》，实施“服务先锋”工程，制定《“党员意识、党员作用双提升行动”实施方案》。

（黄爱莉）

【组织部门自身建设】 年内，坚持首善标准，讲政治、强党性、顾大局，带头践行“三严三实”要求。通过部长讲党课、交流研讨等方式，深入查找“不严不实”问题，引导组工干部以绝对忠诚的标准严格要求自己，坚定理想信念，在全区组织系统大力弘扬敢于担当的作风，保持公道正派的职业操守。举办组工干部培训班，集中开展组工业务培训，研讨和谋划组织工作，交流组织工作新思路、新方法和新举措。开展“组工论坛”，广大组工干部围绕工作热点难点进行交流研讨，着力提高组工干部把握正确方向、分析大局大势、知人善任、把握规律和破解各类难题的能力。注重实践锻炼，选派组工干部参加社区挂职、棚户区改造等工作，不断提升组工干部精通政策、熟悉业务、善于开拓的专业技能。

（黄爱莉）

【组织工作调研】 年内，组织完成《西城区处级领导综合考核评价体系的研究与思考》的重点课题，完成中组部等上级部门关于“权力公开透明运行”“党内表彰”“民主生活会”“基层党组织政治功能”等调研工作。在全区组织系统征集重点调研课题19篇、案例调研33篇。

（黄爱莉）

【组织工作宣传】 年内，在《北京西城报》开设“三严三实”专题教育专栏，围绕京津冀互派挂职干部、一把手培训班、人才双百工程、在职党员社区报到、干部社区任职等重点工作，集中开展报道，为工作推进营造良好氛围。改版《西城组工动态》，通过“专家解读”“他山之石”“组工论坛”等栏目，搭建推进工作、展示业绩、服务决策、指导实践的平台。把握网络宣传和舆情应对工作的特点和规律，制订《关于加强网络宣传和舆情应对工作的方案》，营造有利于组织工作创新发展的舆论氛围。

（黄爱莉）

宣传工作

【概况】 中共北京市西城区委宣传部（简称区委宣传部）是区委主管意识形态工作的职能部门。负责组织制定全区对外宣传工作总体规划；指导、协调全区新闻宣传报道工作；全区新闻发言人队伍建设；负责指导、协调全区新闻发布工作；研究制定全区对外文化交流工作规划并组织实施，指导、协调全区对外文化交流工作。内设办公室、理论教育科、宣传舆情科、新闻科（西城区人民政府新闻办公室）、文化科（西城区文化创意产业领导小组办公室）。有在职人员25人。年内，学习贯彻中共中央颁布的《党委（党组）意识形态工作责任制实施办法》，做好区委区政府理论中心组学习组织工作，结合“三严三实”专题教育活动组织辅导报告和党课。利用“西城理论学习”微信公众平台和手机报，推介理论活动动态及优秀理论书目等内容。利用西城讲坛、道德讲堂、市民学校等理论宣传教育阵地，利用区委讲师团、区理论学习专家宣讲团等师资队伍，在全区广泛开展理论宣讲活动。探索建立舆情分级预警机制，设立一级预警和二级预警分级发布体系，完成中宣部舆情直报点任务，在服务区域经济发展、民生改善、社会和谐等方面发挥重要作用。

地址：西城区二龙路27号
邮编：100032
电话：88064083

（杨　甜）

【思想政治理论研究工作】 5月，在全区开展“丹柯杯”优秀理论研究成果评选推荐活动。经市政治思想研究会评选，西城区有9项研究成果获奖，其中，一等奖3项；二等奖2项；三等奖4项。课题质量和获奖数量在全市名列前茅。完成市政治思想研究会重点课题立项申报工作，报送立项课题9项。经专家评审，区委党校《关于践行“三严三实”的途径研究》、区司法局《律师行业思想政治工作现状、存在问题及对策研究》等2个课题，被列为重点课题给予立项。开展北京市企业文化建设优秀单位推荐工作，区金融街集团和华天饮食集团被评为北京市企业文化建设优秀单位，受到表彰。全年编辑《西城宣传》6期。

（焦　勇）

【基层宣传干部培训班】 6月8日至12日，区委宣传部与区委党校联合举办西城区基层宣传干部培训班。从党性修养、四个全面战略布局、宣传思想文化工作形势任务、纪念抗日战争胜利70周年、文化建设、区情解读、社会主义核心价值观的培育践行、新媒体运用等几个方面，邀请专家学者、领导干部做专题培训辅导。

（李佩霖）

【“新西城新变化新发展”主题成就展】 7月24日至8月14日，在西城区文化中心一层大厅举办“新西城新变化新发展”西城区区划调整5周年主题成就展。设关怀、改革、发展、和谐、展望5个部分，展陈依托大量照片，辅以文字说明及图表等形式进行展示，配以多媒体技术支持的LED大屏播放宣传片，营造出简约、时尚、大气、现代的视觉效果。展出期间，区内113家单位组织员工4800余人参观。

（张玉刚）

【落实意识形态工作责任制】 年内，采取中心组学习、研讨、培训等形式，贯彻《党委（党组）意识形态工作责任制实施办法》。研究西城区落实意识形态责任制具体举措，制定《西城区贯彻落实意识形态工作责任制工作安排》。定期研判重点领域、敏感环节，提升工作的针对性和实效性。

（杜宇琛）

【理论中心组学习】 年内，举办区委区政府理论中心组学习34次，其中市委市政府理论学习中心组（扩大）学习6次，结合“三严三实”专题教育活动组织辅导报告和党课6次、参观考察4次、交流研讨3次、集中自学11次、观看专题纪录片和专场演出4次。内容涵盖适应经济发展新常态，推进全面从严治党要求，实施创新驱动发展战略，优化首都功能，加强领导干部官德建设等诸多方面。编发中心组学习专刊16期，其中包括《“四个全面”专辑》《疏解非首都功能推进京津冀协同发展专辑》《学习贯彻党的十八届五中全会精神专辑》等。全年为区处两级中心组成员购置配发学习书籍1.2万余册。其中，为区级中心组成员购置配发学习参考书10次，5000余册；为处级中心组主要成员配发学习参考书6次，7000余册。

（杨海鹏）

【大众理论宣传和普及工作】 年内，利用“西城理论学习”微信公众平台和手机报，及时摘编发布领导重要讲话、专家学术观点、最新前沿理论、理论活动动态及优秀理论书目推介等内容，更好地发挥科学理论面向广大党员干部群众的思想引领作用。两种新的宣传载体共计推送理论普及刊物48期，点击阅读量近3万余人次。

（杨海鹏）

【学习型党组织建设】 年内，经过基层党组织自评申报、区评审组复审、综合考评等工作，决定确定区委办机关党支部等10个党组织为“西城区第三批建设学习型党组织工作示范点”，区检察院“案例式教学”等5项品牌活动为“西城区第三批建设学习型党组织工作品牌活动”。将15个示范点和品牌活动的经验汇编成《学习的力量》一书，供全区各级党组织和党员干部学习参考。

（李佩霖）

【“品读经典”学习活动】 年内，成立品读经典学习活动领导小组，区委书记任活动领导小组组长，时任中央编译局局副局长、中央马克思主义理论研究与建设工程首席专家俞可平担任顾问，区委常委、宣传部部长王都伟任领导小组常务副组长，活动领导小组办公室设在区委宣传部。制发《品读经典学习小组活动方案》，在全区公开招募对理论学习有浓厚兴趣的党员干部自愿参加。4月27日，品读经典学习小组正式开班。全年围绕《共产党宣言》《关于费尔巴哈的提纲》《德意志意识形态》《〈黑格尔法哲学批判〉导言》《1844年经济学哲学手稿》和《路德维希·费尔巴哈和德国古典哲学的终结》等篇目分别邀请中央编译局、中国人民大学、中央党校、市委党校的专家学者开展7次集中学习辅导，并围绕阶段学习成果开展1次学习交流研讨活动。

（李佩霖）

【建设马克思主义经典著作学习交流基地】 年内，与中央编译局共同筹建西城区马克思主义经典著作学习交流基地。基地内有马克思主义经典著作藏书、党和国家领导人著作讲话、重要文献等1500余册，为全区党员干部学习研究交流搭建平台，同时也满足从事马克思主义理论学习研究人士的交流需要。10月28日，西城区和中央编译局领导共同为西城区马克思主义经典著作学习交流基地揭牌。

（李佩霖）

【大众理论宣讲工作】 年内，利用西城讲坛、道德讲堂、市民学校等理论宣传教育阵地，利用区委讲师团、区理论学习专家宣讲团等师资队伍，在全区开展理论宣讲活动。根据理论宣讲重点及时对区委讲师团成员及宣讲方向进行补充和调整，深入全区基层单位，围绕群众关心的热点难点问题广泛开展基层宣讲理论活动，全年共举办各种理论宣讲及讲座300余场，受众2万余人。组织百场公益讲坛活动，开展“理论家走基层”“社科专家进基层”活动。选送27件作品参加全市“宣讲家杯”优秀报告（党课）评选，并被评为优秀组织奖。

（邓薇薇）

【新闻发布工作】 年内，围绕区“两会”、拆违撤市、“动批”搬迁、棚户区改造等重点工作，教育改革、养老、基层文化建设、老旧小区整治等一系列民生工程，西城与廊坊、保定、永清签约疏解非首都功能工作以及突发事件，组织召开新闻发布会、新闻通气会或集体采访活动等34场（次），接待市委宣传部、市外宣办等组织的境内外媒体采访活动10余场（次）。

（王子卿）

【健全完善“四个平台”】 年内，建好、用好、发挥好“舆情监测”“舆情预警”“网民意见”“网评管理”等4个平台在舆论引导中的作用。探索建立舆情分级预警机制，设立一级预警和二级预警分级发布体系，全年共发布舆情预警260条；通过“网民意见”平台向各单位派发单件104件，已办结102件，回复率98%。组织全区网评员撰写网评文章近1400余篇、跟帖2.4万余条，传播网络正能量。

（王子卿）

【突发事件新闻应急和舆论引导工作】 年内，参与德内大街93号院塌陷、天宁寺桥司机强闯关卡、网民微博发帖质疑三里河地区旧城改建项目等影响较大的突发事件新闻处置12次；统筹指导宣西片改造、白塔寺地区历史风貌保护项目、大栅栏文保区改造等全区重点工程和重大项目的舆论引导工作。

（王子卿）

【推动传统与新兴媒体融合发展】 年内，办好“北京西城”政务微博和微信，指导全区各单位用好“两微一端”（微博、微信、客户服务端）开展舆论引导。正式入驻“今日头条”，开通北京西城“头条号”，在新华网地方频道开通西城频道，与千龙网等加强沟通合作，拓展新媒体合作平台。

（王子卿）

【微博工作】 年内，在做好原有67个栏目基础上，相继推出“跨年盘点说实事”“西城之美”“抗战中的西城”等特色话题。通过微直播、微访谈、微发布、微活动等多种形式传播主流价值观。全年在新浪网、人民网、腾讯网3大平台发布微博9614

条。其中，新浪平台发布微博3968条，开设话题80余个，被评论6.8万余次、被转发8万余次，覆盖10.4亿人次。举办16场区政府常务会微直播，并对区纪委全会、区政府开放日、2015第十届文博会、天桥艺术中心开幕等进行10余场微直播。

（王子卿）

【打造精品外宣品牌】 年内，梳理12条采访线、66个采访点，打造了风雷京剧团京剧文化体验基地、京彩瓷感悟‘china’、义达里社区睦邻之家、砖读空间等一批外宣品牌点线。协调风雷京剧团每月推出一场公益演出，通过讲座、参观京剧博物馆和体验京剧表演，展示京剧文化和魅力。推出京剧题材舞台剧《网子》，运用影视演出作品开展对外宣传。设计制作《北京西城》外宣画册等外宣品。

（王子卿）

【制作系列微动漫】 年内，结合新媒体传播规律和“微时代”特点，尝试运用微动漫讲好西城故事。推出《天上掉下来的优质校》《老街的故事》《西城老人为啥高寿》《最京味书房在西城》等微动漫宣传片，以微动漫形式解读教改政策，展示历史文化、民生改善、城市建设中的特色亮点。其中，《天上掉下来的优质校》获得网友193万次点击量。

（王子卿）

【百姓宣讲活动】 年内，区委宣传部、区文明办联合开展“我们的价值观”和“京华英雄”百姓宣讲活动。稳固、完善“区-街-社-宣讲员”和“区-系统-基层单位-宣讲员”网络化组织机构，组建百姓宣讲团303支，百姓宣讲员1427人，深入基层开展百姓宣讲1500余场，受众累计超过15万人。根据百姓宣讲员故事制作微电影和微视频。建立“西城故事”微信公众账号，前5期内容阅读量突破3000。开展百姓宣讲集中汇讲“微直播”活动，点击阅读量超过9.8万次。《胡同里的灰姑娘》获北京市百姓宣讲优秀微视频，区委宣传部获北京市百姓宣讲先进单位称号，西城区“我们的价值观”百姓宣讲团获北京市优秀百姓宣讲团称号。

（张玉刚）

【舆情信息工作】 年内，完善《今日舆情》《舆情季报》《舆情年报》，坚持做好《舆情专报》和《西城舆情手机报》，做到快速、全面、准确、深入、务实，交叉借力，助推发展。全年收集社会舆情2578篇，报送上级单位161篇；收集网络舆情3230篇，报送上级单位3230篇。中宣部采用246篇。中央领导批示11次，区领导批示10次。编写《今日舆情》249期，发送《西城舆情手机报》249期、《舆情专报》11期。

（张玉刚）

精神文明建设

【概况】 北京市西城区精神文明建设委员会办公室（简称区文明办）是西城区精神文明建设委员会的办事机构，负责协调组织开展全区精神文明建设的日常工作。内设综合科、创建协调科、宣传教育及未成年人工作科，在职人员18人。年内，贯彻党的十八大和十八届三中、四中、五中全会精神，学习习近平总书记系列讲话精神，培育和践行社会主义核心价值观，着力加强思想道德建设，深化群众性精神文明创建活动，编制“西城区十三五精神文明建设规划”，提升全国文明城区创建的内涵和品质，着力提高市民素质、城市文明程度。

地址：西城区广安门南街68号

邮编：100054

电话：83976220

（刘姿含）

【全国文明城区创建工作】 年内，区文明办制定《西城区全国文明城区创建三年行动计划》。根据中央文明委颁布的新版《测评体系》首次以3年为一评选周期，按照中央文明办对文明城区实行动态管理的新要求，建立标准化的创建管理机制，设立“西城区全国文明城区创建与迎检工作领导小组”及办公室（简称区创建办），统筹文明城区创建常态管理、业务指导、督促检查、宣传发动等工作。根据迎检工作任务，成立网上材料申报组、未成年人组、实地考察组等业务工作组，全面负责创建与迎检工作的组织、协调、实施、保障等工作。各相关单位、各街道设立文明城区创建与迎检工作领导小组，抓好创建工作的落实。制定《西城区2015—2017年全国文明城区创建与迎检工作方案》，编制2015—2017年《西城区全国文明城区创建工作指标任务分解表》，召开全区文明城区创建与迎检工作动员培训会。完善成员单位季度工作例会，定期听取各单位创建工作进展汇报，了解工作进度，分析研究问题，统筹协调创建工作稳步推进。建立文明城区创建“三级联创”工作联席会制度，搭建驻区中央、市属单位和部队以及区属各部门之间的沟通平台，整合统筹各方力量，形成创建合力，提高创建实效。

（刘姿含）

【“核心价值观”公益宣传活动】 年内，编辑《社会主义核心价值观优秀文学读本》，由诗歌卷《温暖心河》、小说卷《最美的脸》、报告文学卷《金城本色》、散文卷《爱在爱中》、童话卷《快乐城堡》、小小说卷《那人那事》组成，全书汇集328位作家471篇作品，共150余万字。著名诗人散文家、中国作家协会副主席高洪波为《读本》作序。《读本》得到中宣部副部长王世明、首都文明办主任滕盛萍的肯定和批示。该《读本》发放全区中小学校、各街道、社区图书室。加强公益广告宣传工作，更换户外围挡1万余平方米，民族大世界围挡1546平方米，西单广场背景41.5平方米，金中都公园设置灯杆旗114平方米。聚焦“北漂”、空巢老人等特殊群体，宣扬以孝为核心的家庭美德，拍摄《陪・伴》《别让科技代替爱》《爱心传递》公益微电影。指导协调街道社区精神文明宣传栏“示范栏”改造升级活动，全面推动区域精神文明宣传栏规范化建设管理。

（刘姿含）

【评选和学习宣传道德模范】 年内，发动各单位和社区群众推荐第五届首都道德模范候选人，全区推出事迹突出、群众公认、典型性强的先进人物100余人，择优向首都文明办推荐10名候选人参加评选，牛街派出所沈琦、西城地税局赵红程入围。继续做好“北京榜样”评选推荐工作，向全市组委会推荐72名候选人，共有12人登榜“北京榜样”周榜样、月榜样。举办“榜样的力量”先进人物迎新春座谈会，近80位模范先进人物代表参加，讲述在社会、工作、生活中如何身体力行践行社会主义核心价值观，并以微博直播的形式扩大座谈会的影响力。

（刘姿含）

【道德讲堂建设】 年内，在做实北京历代帝王庙博物馆和北京宣南文化博物馆2个“道德讲堂”总堂的基础上，继续做好西城区网络道德讲堂和首都文明单位“道德讲堂”建设，创新推出“流动道德讲堂”进机关、进单位、进社区活动，开展道德文化宣讲，形成总堂示范引领、文明单位道德讲堂百花齐放，线上线下互动的良好局面。在全区开展“道德讲堂示范课和道德讲堂十大优秀主持人”评比宣传系列活动，全面总结道德讲堂主题教育活动宝贵经验，提升文明单位道德讲堂授课质量和参与率，提高西城区道德讲堂建设整体水平。为推广道德讲堂活动先进经验，设计制作《文明之花绽放西城》宣传片及宣传册。全年，道德讲堂总堂共开展78场主题实践活动，在活动中，共印发《道德札记》7000余册，发放道德文化宣传吉祥物4000份。在历代帝王庙举行的“孝老爱亲”主题课，《北京西城报》予以报道；在德胜街道新康社区举办的“绿色种植——和谐邻里”主题实践活动，北京电视台《直播北京》栏目予以报道。

（刘姿含）

【“学雷锋”志愿服务活动】 年内，继续深化西城区“邻里互助守望幸福”综合包户志愿服务行动，推广德胜街道“志愿者与老人‘笑脸’相约”助老志愿服务工作经验，全面开展“邻里互助笑脸相约”志愿服务主题活动。推出“邻里守望·志愿家庭”计划，以辖区中小学生家庭为主体，以残障青少年为主要服务对象，开展一系列以“亲子家庭参与”为特征的志愿服务，将志愿队伍扩展到家庭。继续打造“青年健康使者火炬行动”“关爱空巢老人”服务品牌。截至10月，在“志愿北京”管理平台注册的全区党员志愿者42713人（含预备党员），团员志愿者27183人，注册党员服务队278个，团支部83个。开展“关爱他人、关爱社会、关爱自然”三关爱志愿服务活动，全区27个项目均已完成结题评审；征集到的32个下一期项目已完成初步评估等工作，并引进第三方社会组织参与项目跟踪指导，确保社会成效。向中国志愿服务联合会推送16项“邻里守望”志愿服务成果，其中《幸福阳光》志愿服务主题歌节目、《综合包户三十载 爱心畅行大栅栏》宣传片等6项被中国志愿服务联合会评选为优秀成果。针对全区各系统、各街道、区内首都级以上文明单位志愿服务骨干力量开展志愿服务培训500余人次。

（刘姿含）

【诚信建设】 年内，编制“十三五时期西城区诚信体系建设规划”，持续开展西城区“正品正货承诺计划活动”“诚信做食品”“食品安全宣传周”等系列活动。制定《关于以守法诚信为重点深入开展理想信念教育实践活动的实施方案》，向区域非公有制企业发出“守法诚信倡议书”，13家企业被北京市工商联授予“守法诚信承诺示范单位”，率先向社会公开承诺，做守法诚信企业。

（刘姿含）

【清洁空气蓝天行动】 年内，按照“不设门槛、人人可为、现在做起”的基本原则，发动各单位、各社区开展“清洁空气蓝天行动”主题宣传实践活动——微承诺微行动微志愿暨绿色生活好市民评选活动，号召广大干部群众积极参与绿色出行、绿色消费、绿色公益和绿色环保志愿服务活动。全区各街道各相关单位共推荐113名绿色生活好市民和20余个示范案例，择优向首都文明办推荐20名绿色生活好市民和10个示范案例，最终有12人和8个示范案例入围市级奖项。

（刘姿含）

【公共文明引导】 年内，全区89条街路巷沿线507个公交、地铁站台的1294名公共文明引导员全力以赴做好宣传引导、秩序维护、安全保障工作。充分发挥手机“移动管理平台”的作用，将全市推出的四星级以上引导员，共34名典型人物的典型事迹以文件的形式，发送至各中队长的手机上，各中队以此组织开展宣传学习星级引导员的活动，并按照市里的要求，择优推举了金牌候选人。开展“文明有礼好乘客”推举活动，共推荐好乘客2万余人，评选区级好乘客候选人4260人，并从中推选144人，推荐首都文明办“文明有礼乘客之星”候选人48人。开展文明旅游宣传引导，制作文明旅游宣传品和宣传折页；开展“首都文明旅游景区”“旅游服务进社区”等创建活动。启动“我为文明旅游建言”文明旅游提示语征集活动。

（刘姿含）

【未成年人思想道德实践活动】 年内，制定《2015年西城区未成年人思想道德建设联席会制度》，通过联席会模式，将未成年人、社会与政府有效联系起来。以“三结合”形式，推动学校、社会组织、学生家长共同参与未成年人思想道德建设。区关心下一代工作委员会在育翔小学、育才学校、黄城根小学等12所学校开展“未来创客体验校园行活动”，面向青少年初步引入创客新概念，引导其关注创新，乐于创造，为学校教师传递最新的教育理念。开展“孝心少年”“美德少年”评选活动，7人被评为北京市“孝心少年”，10人入围全市美德少年候选人。组织广大家长、教师、少年儿童对优秀新童谣进行自编、自导、自演，促进新童谣推广传唱。宣师一附小、北京小学2个集体节目和陶然亭街道的个人节目入围全市展演活动。结合学雷锋纪念日、清明、“六一”等重要时间节点，开展“童心向党”歌咏征集、“童声嘹亮”纪念抗日战争胜利70周年爱国歌曲线上联唱、“清明祭英烈”“学雷锋，我先行”“书香驿站‘童乐堂’启动仪式暨贺超叔叔讲故事‘六一故事汇’”等活动。以“培育核心价值观——践行传统美德，争当‘社区文明小使者’”为主题，举办“打开知识宝库的金钥匙——2015年西城区寒假社区文明小使者阅读体验季”教育实践活动。开展“认星创优”评选活动，寒暑假期间共评出“社区文明小使者”4000

余名。其中，按照参与社区实践活动的年限，共评出三星级以上小使者1587人。

（刘姿含）

【网络文明引导】 年内，全区共建立网络文明传播志愿小组275个，志愿者人数达927人。累计发博客744余篇、微博14780余条。“文明西城”官方微博共活跃着52365个粉丝，其中，“好人365微访谈、听好人心声”微访谈活动被中国文明网推为4月头条新闻。在中国文明网网络文明传播2015年第一季度考评中取得直辖市区第一名的成绩。网络文明评论员撰写的《我为什么留在北京》获中国文明网观察员投稿优秀博文三等奖。《尊师重教　莫让礼品开路》被中国文明网评为深度评论。

（刘姿含）

【文明市民学校建设】 年内，召开文明市民学校总校教育工作会，调整西城区文明市民学校总校校务委员会组成人员。举办市民讲外语风采大赛、高雅艺术进社区“2015年第五届社区专场音乐会”“2015年西城区第八届社区外语节暨西城区外语嘉年华活动”。组织西城区第十三届市民学习周系列活动。开展社区工作者培训、城镇居民信息化能力提高培训、社区教育专兼职信息员专项培训、社区信息管理系统培训育等八大类专项培训，全区1000余名社区工作者、1208名社会工作者、315名社区信息管理员、200余名各民办学校班主任以及100余名民办校校长等先后接受392课时的业务培训，培训课程36门，总培训量达30582人次。“西城区市民终身学习成果认证制度”认证点新增35家认证点，数量达到105个，注册个人学习账户达到83476个，学员类型由退休人员扩展到在职人员、中小学生、志愿者等8个人群类别。

（刘姿含）

统一战线工作

【概况】 中共北京市西城区委统一战线工作部是中共西城区委主管统一战线工作的职能部门（简称区委统战部）。内设办公室、党派科、联络科，西城区社会主义学院是区委统战部的直属事业单位。统战部在职公务员19人，社会主义学院4人，工勤1人。年内，区委统战部以开展“三严三实”专题教育活动为契机，促进党的统一战线方针政策在各领域得到贯彻落实。围绕全区中心工作，团结带领全区统一战线各界人士和统战干部，推动全区统一战线工作科学发展，营造区域经济社会科学发展和谐环境。

地址：西城区二龙路27号

邮编：100032

电话：88064280

（陈昌杰）

【社区统战工作专题轮训】 1月20日至23日，区委统战部举办社区统战工作培训班，全区15个街道的统战部长和256个社区党委书记、230个社区统战人士小组组长等560余人分4期参加轮训。轮训班宣讲习近平总书记在中央民族工作会议上的重要讲话精神，对如何发挥统战人士小组作用、推进基层民主协商建设有关工作进行研讨和部署。

（陈昌杰）

【民族宗教界代表座谈会】 2月26日，区委统战部在区委区政府常务会议室举办民族宗教界代表人士新春座谈会，全区宗教界代表人士、少数民族代表人士共同探讨贯彻落实科学发展观，推进全区民族宗教工作。区委副书记王立军，区委常委、统战部长程军，区委常委、区委办主任郭怀刚等出席座谈会。

（陈昌杰）

【统战工作会】 3月24日，区2015年统战工作会召开，区委常委、统战部长程军传达全国、北京市统战部长会议精神，部署2015年统战工作。要求全区各级统战工作主管领导和统战干部要深刻理解统一战线工作的内涵和理念，增强做好统战工作的责任感和使命感，把握重点落实好2015年统一战线各项工作任务。区委、区人大、区政府、区政协等各单位主管统战工作的领导以及街道工委统战部长和统战干部180余人参加会议。

（陈昌杰）

【教育系统统战工作培训】 4月9日至10日，区委统战部举办2015年西城区教育系统民主党派工作培训班。区属中小学、成人教育培训机构负责统战工作的校长、书记50余人参加培训。会议向与会人员传达全国、北京市统战部长会议精神以及2015年区统战工作会议、民主党派工作会议精神，并对中共十八大以来统一战线理论的新论述、新发展以及统一战线中所面临的全局性、战略性、前瞻性的重大问题进行讲解。

（陈昌杰）

【区委统战工作领导小组成立】 6月12日，根据中央统战工作会议精神，以及《中国共产党统一战线工作条例（试行）》相关要求，经区委决定，发布《中共北京市西城区委关于成立西城区委统一战线工作领导小组的通知》，明确领导小组机构设置和主要职责。王宁任组长，领导小组下设办公室，办公室设在区委统战部，程军任办公室主任。

（陈昌杰）

【基层统战部长会】 6月25日，区委统战部召开基层统战部长会。区教育工委、卫生工委、社会工委、国资委、机关工委，全区15个街道统战工作主管领导、统战部长和统战干部100余人参加会议。会议传达市委统战部的相关工作要求，传达习近平总书记重要讲话精神、全国政协主席俞正声讲话精神和中央统战部部长孙春兰对《中国共产党统一战线工作条例（试行）》的说明，学习《中国共产党统一战线条例（试行）》。

（陈昌杰）

【专题辅导报告会】 7月9日，西城区召开区委理论中心组（扩大）第十次集体学习，邀请中央统战部副部长陈喜庆作贯彻《中国共产党统一战线工作条例（试行）》专题报告。区四套班子领导、全区各单位党政主要负责人、统战系统各部门全体党员干部参加学习。7月10日，西城区召开学习贯彻《中国共产党统一战线工作条例（试行）》专题报告会，邀请中央社会主义学院副院长周宁作辅导报告。区委、区政府各部门、国资委系统、教委系统、卫生系统统战工作主管领导及统战干部260余人参加学习。

（陈昌杰）

【主题宣传活动】 8月18日，区委统战部联合各民主党派区委在天桥剧场举办“凝心铸和谐、聚力促发展”主题活动，以专题宣传和文艺汇演等形式，面向社会宣传民主党派在参政议政、民主监督、社会服务等方面取得的优秀成果；以捐资助学的形式，引导民主党派区委为全区15个街道228个社区的455名贫困家庭学生奉献爱心，履行党派社会服务职能。市委统战部、区四套班子、各民主党派市委区委相关领导、各街道社区干部、群众以及各界人士1000余人参加活动。

（陈昌杰）

【基层统战工作暨新阶层联谊会理事专题培训】 10月22日至23日，区委统战部举办基层统战工作暨新阶层联谊会理事专题培训会议，邀请市委统战部研究室主任陈勇就如何学习贯彻北京市委统战工作会议精神做辅导报告。区委常委、统战部长程军出席会议并讲话。全区各基层单位统战部长、统战委员、社区党委书记和新阶层联谊会理事100余人参加培训。

（陈昌杰）

【完善大统战格局】 年内，完善基层统战工作组织架构，增加各街道相应编制、职数，15个街道实现全部设置独立的统战部，并配备专职统战部长和统战干部；健全完善基层统战部长例会制度，定期研究部署全区各系统统战工作阶段性任务，促进基层统战部在各系统、各单位统战工作中发挥牵头协调作用。探索开展以统一战线促进基层民主协商的制度化、规范化建设工作，在全区257个社区中具备成立条件的255个社区成立统战人士小组；指导各街道、社区结合自身实际，依托街道统战部和社区统战人士小组有效开展基层民主协商工作实践，就辖区重大工作和民生事项征求统战人士意见建议，拓展基层民主协商的渠道。紧抓社区党委换届契机，明确社区党委副书记主管统战工作的职责，并设立统战委员。

（陈昌杰）

【政治协商工作】 年内，贯彻落实《中共中央关于加强社会主义协商民主建设的意见》文件精神，继续规范政治协商内容，增强民主协商时效性，围绕区委和区政府工作报告向民主党派、工商联、无党派人士征求意见，并邀请民主党派主委列席区委全会。召开西城区“十三五”发展规划主题议政会，8个民主党派区委分别就社区养老、混合所有制改革、文化资源挖掘、社会治理创新、卫生事业发展、社会组织发展、非首都功能疏解、社区民主协商议事等方面建言献策。

（陈昌杰）

【党外代表人士队伍建设】 年内，支持民主党派加强自身建设，了解各党派区委新一届委员会成员、后备干部情况，关注12名党外处级后备干部的成长，协同各党派制定后备干部推荐方案，建立党派机关处级干部年度测评办法，与相关部门协调，研究设计建立5个一级指标、19个二级指标的测评体系，对党派区委机关处级干部开展单独测评，提升测评工作针对性。完成西城党外知识分子联谊会换届工作。

（陈昌杰）

【党外代表人士培训工作】 年内，制定完善《西城区社会主义学院培训工作制度》《西城区社会主义学院院长办公会制度》《单月学习日的制度》3项工作制度。举办统战大讲堂、培训班等14期，组织专题报告会6场，培训人员1500人（次）；举办第一期党外科级干部培训班，对46名党外实职科级干部进行培训，扩大统战培训工作的覆盖面。

（陈昌杰）

【民族宗教工作】 年内，引导支持佛教居士林赴四川、内蒙古开展慈善救助活动；协同组织宗教场所开展“送一件冬衣、暖一颗童心”主题慈善活动。开展宗教界代表人士“家访”工作，加强与代表人士家乡统战部门的沟通联系。协助完成区级宗教团体换届。在宗教界开展“依法治国系列主题教育活动”，做好重要节日宗教场所安全服务保障工作。

（陈昌杰）

【调研工作】 年内，区委统战部完善《关于协助民主党派进一步加强调研工作的实施办法》，成立调研评审工作组，联系相关单位对接党派调研。各民主党派、无党派人士围绕区情和重点工作开展调研，全年共完成调研52篇，将调研成果报送至区领导和相关部门，推动调研成果转化。

（陈昌杰）

【申报爱国将领工作】 年内，为纪念抗日战争胜利70周年，依照中央统战部及北京市委统战部的要求，区委统战部在辖区进行原国民党抗日爱国将领及子女情况的调查摸底工作。经审核，全区共有原国民党少将级以上抗日爱国将领16人，其中7名爱国将领子女参加抗日战争胜利70周年纪念大会活动，抗日英烈佟麟阁将军的儿子佟荣芳作为代表受到中央领导的慰问接见。

（陈昌杰）

【专题座谈会】 年内，以“首都功能核心区建设情况”为主题，以“环境要优美、人口要调控、服务要优质、发展要持续”的区域发展目标为切入点，分别围绕西城区养老设施建设、无煤化工作、“新三板”市场发展、“全响应”社会治理、“全响应”社会服务管理等工作情况，组织4次专题座谈会，为民主党派人士建言献策提供平台。

（陈昌杰）

对台工作

【概况】 中共北京市西城区委台湾工作办公室、北京市西城区人民政府台湾事务办公室（简称区台办）是西城区委、区政府负责辖区涉台事务的工作机构，在职人员6人。主要职能是“组织、指导、管理、协调、服务”辖区的对台工作，处理日常涉台事务，广泛动员社会各界人士积极做促进祖国统一工作。年内，区台办贯彻落实中央及北京市对台工作精神，以巩固深化两岸关系和平发展为主要任务，通过开展多种形式的涉台宣传教育活动，奠定全区做好对台工作的思想基础；加强对台交流交往工作的实效性，做好对台经济及联络工作，努力为台商创造公平公正的经营环境；及时、妥善处理涉台突发事件，确保辖区涉台发展环境的稳定。年内，区台办被国台办评为《两岸关系》《台湾工作通讯》刊物宣传工作先进单位。

地址：西城区二龙路27号

邮编：100032

电话：88064282

（丁震宇）

【涉台教育】　年内，发布《西城区关于开展涉台宣传教育的通知》，指导全区各单位开展涉台宣传教育活动，组织“区涉台教育宣讲团”进党校、进学校、进社区巡回宣讲活动。4月23日，邀请中国社会科学院台湾研究所副所长朱卫东为全区机关党务干部、团干部及党、团员约100余人作台海形势专题报告。5月20日，邀请北京联合大学教授刘红为西城区军休所50余名离退休部队领导干部作台湾形势报告，讲解台湾政局基本点、台湾政局新常态的特点和趋势。12月8日，新街口街道举行两岸关系形势学习报告会，《中华工商时报》特稿部主任王义伟讲解大陆对台政策，分析台海局势。新街口街道领导干部和21个社区居委会的书记、副书记、工作站站长及辖区内统战人士听会。年内，完成2期《西城对台工作》的编发工作。向北京市台办及《中国台湾网》报送工作信息40件。

（丁震宇）

【青少年涉台教育】　5月6日至7日，区台办、区教工委联合举办青少年涉台教育基地工作培训会。市、区相关部门领导及全区涉台教育基地校的教师共计60余人参加培训会。北京四中特级教师李家声作题为《谈对国学的认识》和《中华文化系列简述》的讲座，首都师范大学教授崔萍作题为《两岸关系和平发展现状及涉台教育的几点思考》的报告。10月26日，由市教委、市台办、区政府主办的2015首届京台基础教育校长峰会在金台饭店开幕。市、区相关部门领导出席开幕式，副区长陈宁主持。京台两地300余名中小学校长受邀参加峰会，就京台两地加强基础教育交流与合作，共同推动基础教育发展进行交流，来自台湾的130余位校长还参加为期5天的参观活动。

（丁震宇）

【组团赴台交流】　1月22日至28日，区社会办、区民政局及部分街道组成的考察团一行14人，赴台北市、新北市、台中市、南投县、高雄市等地区，就社会组织服务工作、社区综合服务管理、社区文化建设及城市、社区养老服务体系建设情况进行实地考察和学习交流。2月27日至3月8日，区台办与区委宣传部、文创办共同组织西城区厂甸庙会参与“北京文化庙会台北之旅”交流展卖活动，18家非遗项目、2家老字号特色小吃、3名书画家、3家特色工艺品及文创类企业在台北花博公园进行展演，受到岛内民众的欢迎。6月23日至29日，西城区社会治理工作考察团赴桃园市、新北市、台中市、台南市、台北市等地，就台湾社区治理和服务、社区文化建设、社会组织开展服务情况以及老城精细化管理等方面，进行实地考察和学习交流。9月12日至18日，西城区人大医疗养老服务考察团一行13人赴台北市、高雄市等地特色医疗机构、健康服务机构及养老机构参访交流。9月20日至26日，区政协组织部分政协委员赴台湾考察社区建设情况。到桃园市新屋区、南投县桃米社区、新北市汐止礼门里中正社区、新北市环保产经文教交流协会学习考察。10月27日至11月2日，西城区党外人士文化产业考察团13人赴台进行文化交流考察。分别到台北市立大学、南投桃米农业生态环保社区、高雄驳二艺术特区、梅约联合诊所等地参观交流。年内，全区共有32个团组赴台交流，全年办理公职人员534人、非公职人员123人赴台手续。

（丁震宇）

【接待来访交流】　4月9日，台北市黄埔四海同心会文化交流团团长李贵发带领台湾来宾35人参观宣南文化博物馆，并到广安门外街道座谈交流。4月29日，台中市工商协进会理事长谢丰享、台中市进出口商业同业公会理事长王连应等商业协会代表一行43人来区参访，台中市进出口商业同业公会与西城区商业联合会签署友好交流合作谅解备忘录，双方皆以促进经贸发展与合作、提升两地民间交流与友谊为共同目的，建立友好关系。5月14日，高雄市楠梓区里长联谊会主席、秀昌里里长张明全率领的高雄市左楠地区基层社区北京参访团一行13人来区参访交流，该团成员主要来自高雄市楠梓区秀昌里、惠民里、玉屏里等7个里的里长及社区工作者。区相关部门向台湾客人介绍了西城区区域发展概况及对台工作概况，社区工作及社会管理情况，什刹海街道总体情况，西什库社区服务工作情况、志愿者组织及社区各方面活动情况。5月28日，由王进士率团的屏东县基层里长、社区干部一行24人到德胜街道新北社区参访。双方就社区服务工作情况、社区网格化管理情况进行交流。7月29日，台湾手工业推广中心董事长唐国泰、台东县议会议长、台东县体育会理事长饶庆铃来区考察。9月1日，中国国民党前主席连战先生率领的台湾各界代表人士访问团一行18人到什刹海地区参访。连战先生一行参观了烟袋斜街、宋庆龄故居及宋庆龄与伟大的抗日战争图片展。9月15日，台湾村里长联谊总会荣誉会长郭云辉率领的参访团一行13人到什刹海交流参访。参访团到历代帝王庙及宋庆龄故居参观，在柳荫街社区参加“京台社区大讲堂”交流活动。11月2日，由陈宝明先生任团长的台湾新同盟会台北地区参访团一行35人到西城区老年大学、新街口社区服务中心等地参访交流。

（丁震宇）

【对台经济】　3月10日，西城区组织由北京富光媚科技开发有限公司董事长陈艳媚、罗斯服装服饰有限公司总经理柯平、安馨母婴专业咨询工作室苏丽萍等10余位女性台商到繁星戏剧村参观。5月29日，西城区政协港澳台侨委员会组织部分区政协委员赴德胜科技园区的台资企业——北京乐升科技股份公司调研，为企业发展提出意见及建议。6月5日，西城区台资企业活动中心组织部分台资企业代表赴天津自贸区参观考察。北京富光媚科技开发有限公司长寿保健集团公司、罗斯服装服饰（北京）有限公司等台商代表共10余人参加。年内，走访台资企业20家，协调台资企业年检、投资咨询、环保审批等事项12件。

（丁震宇）

【台胞台属服务】 年内，区台办结合中华民族传统节日，组织台胞台属、台籍学生新春和中秋联谊会。2月13日，组织40余名台胞台属参加新春电影招待会。8月10日至11日，举办台胞台属涉台宣传工作培训会，30多位台胞台属参加培训，邀请北京联合大学教授刘红为台胞台属作两岸关系形势的报告。9月26日，区台办组织就读中央音乐学院的港澳台学生共31人到什刹海体校参观，学习太极拳并观看功夫剧表演。年内走访、慰问重点台属30户，指导区台胞服务中心开展各项面向辖区台胞的政策咨询、参观考察等相关活动。

（丁震宇）

【处理涉台突发事件】 年内，区台办与公安等有关部门协调配合，共处理涉台突发事件2件，确保区域涉台环境安全稳定。

（丁震宇）

决策服务与调查研究工作

【概况】 中共北京市西城区委北京市西城区人民政府研究室（简称区委区政府研究室），是负责本区综合性调查研究工作、为区委区政府决策服务的工作部门。区委区政府研究室（区委改革办）行政编制31名，设综合科、政治科、文化科、社会科、经济科、秘书科、协调科等7个内设机构。处级领导职数1正5副、科级领导职数7正4副。截至年底，调入干部3人，调出干部2人，退休1人，在职干部26人。年内，贯彻党的十八大和十八届三中、四中、五中全会及习近平总书记系列重要讲话精神，围绕落实首都城市战略定位，围绕区委区政府中心工作，围绕解决区域改革发展的重点难点问题，制定实施“12366工程”（围绕“出成果、育人才”1个总目标，抓好“调研、文稿”2项主业，把握“凝心聚力、能力提升、机制再造”3个着力点，树立“服务、担当、卓越、务实、创新、团结”6个意识，取得“强职能、强效率、强班子、强队伍、强能力、强作风”6个成效），切实发挥参谋助手的作用。

地址：西城区二龙路27号

邮编：100032

电话：88064254

（齐 勇）

【文稿起草】 年内，制定《西城区委区政府研究室文稿办理工作制度》，健全文稿服务工作机制，规范文稿办理流程，推动文稿工作高效运转。建立FTP文稿共享交流平台和“西研荐文”微信平台，及时分享交流前沿信息、心得体会和写作经验。围绕区委区政府中心工作，全年共完成区委常委会工作报告、“十三五”规划建议及主要领导讲话等综合文稿112篇。注重文稿与理论文章的转化，全年以区委主要领导署名在《北京工作》《前线》等杂志发表理论文章14篇。在《北京西城报》评论专栏发表评论文章10余篇。编辑《西城发展探索与实践》，收集整理“十二五”时期全区各单位、各部门在市级以上现场会、经验交流会等各类活动的经验介绍和典型发言材料，以及各单位获省部级以上先进集体荣誉的事迹材料共170篇，分为经济、政治、文化、社会、生态文明和党建等6部分，为“十三五”时期发展提供可借鉴、可复制的实践经验。

（齐 勇）

【调查研究】 年内，组织召开全区调研工作联席会，制定《西城区2015年调查研究工作要点》，完善课题管理、课题评选等制度。围绕首都发展大局和全区中心工作，创新调查研究方式方法，强化课题主持人对课题研究的思想引领，拓展调研领域，整合智力资源，合力推出对区域发展具有建设性意见的研究成果。区级层面完成重点课题32篇、部门层面完成课题148篇。抓好区委、区政府主要领导《关于西城区强化“红墙意识”、全面从严治党的调研与思考》《西城区委重大决策思想研究（2010—2015）》《关于加强西城区法治政府建设的实践与思考》等重点课题的研究。完成2014年度优秀调研成果评比工作，评选出一等奖5篇、二等奖15篇、三等奖15篇、优秀奖18篇。

（齐 勇）

【决策咨询服务】 年内，创新专家顾问团工作机制，形成“一加十加百”（一个顾问团，十个专委会，百名专家）和“七个+”（专家+决策、专家+课题、专家+培训、专家+平台、专家+服务、专家+宣传、专家+成果）的工作格局。召开顾问团办公室工作例会，邀请10余名专家参加区政府常务会，20余名专家进行专题授课，“用高用好用准”专家资源。组织专家为西城区“十三五”发展建言献策，将专家提出的关于经济、政治和社会等各个领域的意见汇编成《专家建言“十三五”发展资料汇编》。建立顾问团微信群，定期向专家通报区情，畅通联系渠道。创办短、平、快的《决策小建议》，为领导决策提供更有针对性的参考依据。编辑《西城功能区发展报告》，全面、系统梳理功能区建设发展的现状和实践经验。

（齐 勇）

【调研信息交流】 年内，编印《北京市西城区二〇一四年度调查研究重点课题汇编》《北京市西城区二〇一四年度优秀调研成果选编》各500册，发至各单位、各部门。《京津冀协同发展视野下西城区可持续发展问题研究》《西城区提升城市精细化管理水平的实践与思考》等15篇优秀调研成果在市级刊物上刊载。编辑《西城调研与决策》24期，印发7200册，围绕全面从严治党、京津冀协同发展、疏解非首都功能、民生保障、文化发展、统战工作等重点领域编辑专刊。

（齐 勇）

【调研队伍建设】 年内，召开2次全区调研工作培训会，围绕贯彻落实党的十八大和十八届三中、四中、五中全会及习近平总书记系列重要讲话精神，邀请专家教授就相关问题授课解读，并围绕调研工作组织开展研讨。全区230余名干部参加培训。与中国政法大学合作开展学习实践基地建设，委托专家参与区领导课题研究，安排11位硕士研究生到研究室、政府办等部门实习锻炼。搭建全区调研干部成长平台，全年共安排7名干部到研究室进行为期3至6个月的“以干代训”。

（齐 勇）

老干部工作

【概况】 中共北京市西城区委老干部局（简称区委老干部局）是西城区委管理全区离退休干部工作的职能部门。在职人员64人。管理服务离休干部1380人（含易地安置），处级及以上退休干部2598人，离退休干部党支部140个。年内，老干部工作以开展“三严三实”专题教育为契机，着力整合资源，融合发展，加强离退休干部思想政治建设和党支部建设，全面落实政治待遇、生活待遇；在“和谐西城、魅力西城、人文西城”建设中，发挥好离退休干部的作用；利用社区资源做好老干部工作，提升老干部管理服务水平；开展主题实践活动、示范性学习阵地建设，加强对老干部党校、老干部活动中心和老干部大学建设的指导，老干部工作全面取得实效。

地址：西城区双槐里小区23号楼

邮编：100054

电话：83525651

（许薇冰）

【老干部领导小组（扩大）会】 1月20日，区老干部工作领导小组（扩大）会召开。区委常委、区委组织部部长章冬梅主持会议并讲话。区领导王都伟及老干部工作领导小组成员单位领导出席会议。会议传达全国离退休干部“双先”表彰大会及北京市2015年老干部工作会议精神，总结2014年老干部工作，汇报2015年工作思路以及研究落实2015年离休干部生活待遇相关工作，汇报区2015年老干部工作会议筹备情况。章冬梅在会上对全区各单位、各部门提出要求：一要高度重视，诚心诚意，尊重老干部，进一步做好老干部工作。二要尽心尽力为老干部办实事，形成齐抓共管的工作机制，讲究个性化、人性化服务，让老干部安享晚年。三要激励引导老干部，力所能及，发挥作用，组织引导老同志讲好中国故事、弘扬中国精神、传播中国好声音，为党和人民事业增添正能量。四要进一步加强领导重视队伍建设，提升服务管理水平。老干部工作领导小组和全区各单位、各部门要继续通力配合，进一步解放思想、开拓进取，振奋精神、主动作为，不断开创全区老干部工作的新局面。

（许薇冰）

【老干部工作会】 2月11日，区2015年老干部工作会议召开，传达全国离退休干部“双先”表彰大会和全市老干部工作会议精神，总结2014年全区老干部工作，部署2015年工作任务。市委组织部副部长、老干部局局长蔡淑敏，区四套班子领导出席会议。老领导刘贵岭和金松龄作为离退休干部代表在主席台就座。杜灵欣代表区委老干部工作领导小组作工作报告。区老年书画研究会庞茂芳代表市级先进集体发言，介绍区老年书画研究会为老同志搭建学习交流平台，引导老干部德艺双修、服务社会，围绕时代主题创作内涵丰富、感情真挚作品。“五星”老干部王清风介绍自己参加社会志愿服务、社区工作、编写史志等，在多个领域发光发热的退休生活。

（许薇冰）

【为老干部办实事】 年内，调整健康体检项目和程序，完成961名离休干部、80余名局职离退休干部的健康体检工作，邀请阜外医院专家作《生活方式改变是健康的正能量》健康讲座。根据市、区文件精神，调整离休干部特困救助帮扶标准，为94位因患各种疾病、自费部分较高、生活上有困难的老干部，发放特困帮扶金近130万元，共计走访慰问老干部500余人次。为易地安置老干部发放一次性补助金7.4万元。纪念抗日战争胜利70周年前夕，协调区四套班子领导走访慰问抗战老战士、老同志，发放纪念章243枚、慰问金194.4万元。组织13名抗战老干部及家属参加9月3日天安门阅兵观礼。收集整理780余张照片，为12位局职离休干部制作《记忆》影集。

（许薇冰）

【老干部思想政治建设】 年内，发挥老干部党校、老干部活动中心、老干部大学等思想政治教育主阵地作用，开办老干部读书班16期，共2200人参加轮训。贯彻全国离退休干部先进集体、先进个人表彰大会精神，学习中共十八届三中、四中、五中全会精神和习总书记系列重要讲话精神；发放《习近平总书记系列讲话汇编》、光盘、学习读本等学习资料近5000份。在离退休干部党支部建设中，对具备条件的离退休干部党支部配备老干部工作人员，老干部工作人员列席参加离退休党支部支委会，协助离退休党支部书记组织支部党员开展活动。举办老干部党支部书记培训班、党性修养轮训班。发挥老干部宣讲团、老干部思想政治研究会、《西城老干部报》、微信平台在思想领域的宣传引导作用，以活动中心为阵地定期举办各种类型形势报告会，近千名老干部参与，将党和国家的声音、主张传达到位，确保老同志思想常新，跟上形势发展要求；老干部思想政治研究会全年出版会刊12期，《西城老干部报》全年编辑出版12期。

（许薇冰）

【利用社区资源做好老干部工作】 年内，依托社区资源继续做好离退休干部服务管理工作，根据项目实际需要，确定“四就近”一类项目4个、二类项目5个、三类项目6个，对15个项目分类指导并给予资金支持，共计投入资金17.6万元。

（许薇冰）

【搭建老干部志愿服务平台】 年内，以老干部活动中心为依托，定期组织老干部志愿服务团、宣讲团成员以宣讲党的十八大精神、弘扬社会主义核心价值观为主线，深入机关、社区、学校进行宣讲，传递正能量。29支老党员先锋队开展社区志愿服务，130余名离退休干部成为非公经济领域党建指导员，82名离退休干部在社区党委和社区居委会换届工作中当选两委委员。区老年书画研究会、区老医药卫生工作者协会等老干部兴趣团队走进单位、社区开展志愿服务。在纪念抗日战争胜利70周年期间，老同志们力所能及地参与执勤安保等各种保障工作。

（许薇冰）

【老干部文体活动】 年内，重点抓好兴趣小组骨干队伍建设，不断提高老干部团队自我服务、自我管理水平。全年23个老干部兴趣小组、近1.8万人次定期在活动中心开展手工、合唱、舞蹈、球类等各种活动。老干部大学近2.4万人次参加学习，投入学费补贴12.88万元。围绕“展示阳光心态　体验美好生活　畅谈发展变化　为党的事业增添正能量”主题，相继举办老干部迎新春联欢会、什刹海诗书画社迎新春联欢会、卡拉OK歌唱展示、棋牌赛、麻将、乒乓球赛、钓鱼邀请赛、台球赛、摄影手工展、老干部趣味运动会等活动，全年7510余人次参加活动。成立老干部创作组。建立老干部电教片库，收录专题片350部，分为时事政治、历史人物、军事、影视、健康、生活六大类，供全区各单位及老干部借阅；搭建资源共享平台，为基层老干部工作部门提供活动场地；尝试以书画等兴趣小组为单位，建立临时党组织，帮助兴趣小组开展日常活动，丰富老干部参加组织生活的活动方式。

（许薇冰）

保密工作

【概况】　中共北京市西城区委保密委员会办公室（简称区委保密办）、北京市西城区国家保密局（简称区保密局），既是区委保密委员会的办事机构，也是区政府负责本区保守国家秘密工作的行政机构，由区委办公室管理。在职人员13人。年内，区保密局巩固“三严三实”专题教育成果，贯彻、执行保密工作法律法规，强化保密工作管理，开展保密法制宣传教育，坚持依法行政，推进定密管理、网络保密管理，涉密人员管理，发挥保密工作为区域经济社会发展的服务和保障作用。

地址：西城区二龙路27号

邮编：100032

电话：88064287

（石继鹏）

【签订保密工作管理责任书】　3月2日，区委常委、区委办公室主任、区委保密委员会主任郭怀刚与区属123个单位领导签订《西城区保密工作管理责任书》。

（石继鹏）

【网络监督管理】　4月，与有关单位组成专项检查工作小组，对区属单位涉密网或涉密终端进行专项检查。5月20日，市保密检查组一行4人来区抽查网络保密管理情况。年内，完成对区有关单位涉密网的初审、审批和项目验收等工作。

（石继鹏）

【区委保密委会议】　5月6日，区委保密委员会会议召开，审议通过调整后的区委保密委员会成员名单，传达、学习中央、市委保密委员会全体会议精神及栗战书、陈世炬、崔述强在全国和北京市保密工作会议上的讲话精神，总结2014年工作，审议通过2015年工作要点。区委常委、区委办公室主任、区委保密委员会主任孙硕出席会议并讲话。

（石继鹏）

【机构调整中的保密工作】　6月9日，制发有关文件，将保密工作同机构调整工作同部署、同检查、同落实。做好国家秘密载体在清理、移交、使用、保存、归档、销毁环节以及涉密信息系统和信息设备使用的保密管理。局领导带队到部分单位进行指导、检查。

（石继鹏）

【“六五”保密法制宣传教育验收】　7月，贯彻市委保密委员会办公室、市保密局《关于组织开展“六五”保密法制宣传教育总结验收工作的通知》精神，区保密局组织各单位对照《北京市“六五”保密法制宣传教育总结验收量化考核评分表》所列内容进行自查自评，完成了验收工作。

（石继鹏）

【调整区委保密委成员】　8月14日，调整区委保密委员会成员，区委常委、区委办公室主任孙硕，副区长吴向阳任区委保密委员会主任。

（石继鹏）

【“十二五”保密规划落实检查验收】　9月18日，市保密联合检查组一行5人来区，就贯彻实施《北京市“十二五”时期保密事业发展规划》（以下简称《规划》）情况进行检查验收。区委常委、区委办公室主任、区委保密委员会主任孙硕陪同检查。区保密局就全区贯彻落实《规划》精神，健全组织机构、强化宣传教育、依法行政、完善监管体系和强化技术保障等方面进行汇报。联合检查组进行现场检查并反馈了检查意见。区保密局向市保密局提交贯彻《规划》实施情况的自查报告。

（石继鹏）

【保密宣传教育和培训】　6月11日至12日，区保密局举办保密意识，保密常识教育培训班，区属单位和涉密企业的100余名保密干部参加。10月，贯彻落实市保密局《关于开展纪念〈保密法〉实施5周年保密法制宣传月活动的通知》精神，在全区范围内开展保密法制宣传月活动。10月15日至30日，15个街道分别在所管辖的重点地区、繁华地段设点宣传，200余个社区也采取不同形式开展宣传活动。10月23日，区委常委、区委办公室主任、区委保密委员会主任孙硕参加西长安街街道在西单图书大厦门前广场举办以“学习保密法规，履行保密义务”为主题的保密法学习宣传周活动仪式，并现场为社会公众发放保密知识宣传材料。宣传月期间，区保密局购买并向各单位提供《手机背后的间谍》等宣传教育光盘50套，《保密法》和《保密法实施条例》单行本3000余本，《党政干部和涉密人员保密常识必知必读》4000余本，《保密法实施条例》宣传挂图200套，自行设计制作的《领导干部、涉密人员使用互联网计算机安全保密提示》宣传挂图3000张，印有保密宣传口号的环保袋1万个、围裙5000个、宣传折页5000份。10月28日，组织区属单位、辖区国家秘密载体印制资质单位和武器装备科研生产单位的74名保密干部参观中央和国家机关保密教育实训平台，并进行保密知识测试，合格率达100%。年内，在区委党校举办的处级领导干部培训班、处级后备干部培训班、科级干部培训班均安排保密教育课程，受教育人员达220余人。培训班邀请北京交通大学国家保密学院常务副院长韩臻教授作专题辅导报告。区保密局领导和干部除在各类培训班上进行保密知识辅导外，在区政府第108次常务会、区纪委保密专题培训会及深入区属各单位进行保密知识辅导授课10余次。

（石继鹏）

【保密检查】　2月，印发《关于做好春节及全国“两会”期间保密工作的通知》，强调各单位要深入开展保密宣传教育，增强责任意识，严格落实保密管理规定，加强保密管理，认真开展自查。同时，安排全局干部值守，对北京西城网站和区政务门户网站及链接登载的信息进行检查。局领导带队对部分重点涉密单位、相关街道、再生资源回收企业和报国寺收藏品市场进行专项调研和指导，对相关人员进行宣传教育和培训。7月，对区属国有企业及下属子公司开展保密管理专项检查，各单位进行自查，区保密局进行了抽查。8月，在抗日战争胜利70周年纪念活动期间，局领导带队到各专项指挥部进行检查、指导、提供保密技术服务，确保国家秘密的安全。年内，参与区高考、中考、会考指挥部有关会议，对做好保密工作提供指导和服务。到区环境办、天恒房地产公司丰盛分公司、中融安全印务公司等单位调研、指导保密工作，针对保密组织机构和制度建设、涉密人员政审和教育、要害部门部位和涉密载体管理、微博建设中的保密工作等提出具体要求。坚持每周四对报国寺收藏品市场进行巡查。

（石继鹏）

【资质单位保密监管】　年内，对区内的国家秘密载体印制资质单位认证材料进行审查；对武器装备科研生产单位保密资质进行初审，对已取得认证资质的单位做好日常监管。

（石继鹏）

【保密技术监管】　年内，确保“涉密计算机违规连接互联网集中监控平台”正常运行，做好日常维护和每日监控记录等相关工作。完成“重要涉密单位互联网接入口保密监测平台前端检测器”项目的测试和试运行。坚持每天对西城门户网站、西城政务办公网站、西城党建网的信息进行检查。

（石继鹏）

【保密管理考评、测评和自评】　年内，将保密工作纳入区政府55个部门的年度绩效管理考评。作为扣分项，区保密局对各单位保密工作责任制、宣传教育、定密工作情况等进行考评；将保密工作纳入区属单位处级领导班子和领导干部年度考核民主测评体系，各单位组织测评；区保密局转发市保密局《机关、单位保密自查自评工作规则（试行）的通知》，区属单位按照其中59项内容逐一进行自查自评，并形成自查报告。

（石继鹏）

区直机关工委工作

【概况】　中共北京市西城区委区直属机关工作委员会（简称区直机关工委），是区委的派出机构，主要负责区直属机关党的建设和思想政治工作。内设工委办公室、工委组织部、工委宣传部、机关纪工委（内设监察科）、机关工会、机关团工委，在职人员17人。年内，开展“三严三实”专题教育，学习贯彻习近平总书记系列讲话精神，坚持“文化引领助力科学发展，凝神聚气争做堡垒先锋”的思路，秉承“带着感情去工作，工作当成事业做”的理念，弘扬“忠诚、聚力、敬业、先锋”的机关文化，持续强化党建工作责任制，不断提高作风建设水平，全面落实服务中心、建设队伍各项工作任务，着力在区域发展中发挥区直属机关党组织和党员的先锋模范作用。

地址：西城区二龙路27号

邮编：100032

电话：88064356

（李博洋）

【落实党风廉政建设责任制】　年内，按“一岗双责”原则，签订区直机关工委《党风廉政建设责任书》《党员廉洁从政承诺书》。建立落实党风廉政建设“两个责任”台账。以廉政风险防控和廉洁机关创建为重点，4月24日，对83个直属党组织的纪检委员和部分党组织书记、副书记就反腐败斗争形式、党组织纪检委员职责任务、机关干部在新常态下如何守规矩等主题进行培训教育。全年查办区纪委转办案件5件。春节期间，在二龙路办公区制作摆放“十个严禁”漫画展板，重大节日前夕向83个直属党组织负责人发送廉政教育短信。试推“党员廉洁自律承诺”工作，区直机关系统385个党组织的5687名在职党员向党组织作廉洁从政“承诺”。继续开展窗口单位党员“亮身份、亮标准、亮承诺”活动，改进机关工作作风，增强服务意识。

（李博洋）

【组织建设】　年内，区直机关工委以换届为契机，指导基层35个党组织进行组织架构调整，继续推行党组织领导班子公推直选。走访基层党组织，进行督查，提出整顿意见。开展党组织书记座谈研讨、观摩学习3次。按照区委关于贯彻落实好从严治党要求、践行“三严三实”，落实基层党组织书记抓党建第一责任人工作职责的工作要求，11月至12月期间，对83个直属党组织进行年度检查，并开展基层党组织“三评一考”工作，主要以测评打分的形式，对党员、基层党组织进行民主评议。对党组织内重要信息数据实行动态管理。

（李博洋）

【党员教育管理】　年内，遵循党员队伍从数量型向质量型转变的要求，修订《发展党员责任追究实施办法（试行）》，全年发展党员101人、转正94人，培训积极分子120人。落实《基层党务干部集中教育培训方案》，4月15日，对区直机关系统180名基层党组织书记、组织委员集中培训。5月11日至22日，组织80名直属党组织书记到临沂市委党校开展异地培训。9月3日，组织3705名机关党员干部支援9个街道，参加纪念中国人民抗日战争暨世界反法西斯战争胜利70周年的志愿服务，组织1500人完成观礼方阵保障工作。

（李博洋）

【服务型党组织建设】　7月1日，组织2000名在职党员参加“党员意识、党员作用双提升行动”社区统一行动日活动，区直机关系统各级党组织全年开展“结对共建”活动200余次、“邻里互助、守望幸福”综合包户志愿服务活动160户次。实施“服务先锋”工程，经过自下而上层层遴选，评选出区级“服务先锋”先进基层党组织1个、优秀共产党员1人；机关系统“服务先锋”先进基层党组织31个，优秀共产党员102人，表彰了基层优秀党建创新项目17个。

（李博洋）

【社会主义核心价值观教育】 元旦、“七一”“十一”区直机关组织升旗仪式，进行爱国主义教育。组织学习党的十八大和十八届三中、四中、五中全会及习近平总书记系列讲话特别是“2·26”讲话精神。7月7日，组织机关系统200名党员、100名团员参加西城区中国人民抗日战争暨世界反法西斯战争胜利70周年党团队员集体宣誓活动。7月20日，组建区直机关“我们的价值观和京华英雄百姓宣讲团”，为所有直属党组织发放《“我们的价值观”百姓宣讲报告汇编》100本、宣讲光盘500套。10月29日，举办“读红色经典树理想信念”书香西城·区直机关读书会，开展品读红色经典书籍读书征文活动。

（李博洋）

【机关文化建设】 1月29日至6月25日，举办第二届区直机关文化节，组织开展“一维画廊进机关”公益巡展、区直机关公务员综合知识竞赛、“西城之春”书绘、摄影比赛、高雅艺术进机关等文化活动6场，2000余人次参加；闭幕式上，机关干部表演自编的纪念建党94周年节目。3月24日举办宣传委员、宣传报道员培训，120余人参加。编发区直机关第二届文化节活动画册530本，选取120篇“我与新西城”优秀征文汇编成册。制作工委2014年工作纪实片、“七一”党建掠影工作宣传片、文明机关环境建设成果展播等。全年编发《机关简讯》12期，制作宣传栏12期。

（李博洋）

【机关工会工作】 年内，区直机关工会指导9个基层工会组织进行换届改选或委员补选。制定完善《区直机关基层工会组织换届选举规定（暂行）》《区直机关工会委员会会员管理办法》《区直机关工会委员会会费收缴管理办法》等相关制度，全年举办工会主席、工会干部培训班3次，共计300余人参加。

（李博洋）

【机关青年工作】 年内，区直机关团工委发放《区直机关团务工作指导手册》《区直机关基层团组织工作手册》。举办“5+2”机构系列体验行活动，2月13日，组织区直机关系统30余名团干部赴马连道指挥部调研学习。组建区直机关共青团系统“我们的价值观和京华英雄”网宣队伍，举办“团工委书记阅读会”2次，倡导“爱读书、读好书、善读书”的新风尚。

（李博洋）

【服务基层工作】 年内，落实关爱劳模政策，开展劳模的休养体检、慰问、帮扶工作。开展北京·金融街徒步大会、奥林匹克公园长走、西城区第十九届全民健身登山、西城区第八届龙舟赛、“红五月”歌咏比赛等文体活动。协调各方资源，在中秋、国庆双节前举办“工会服务进机关——新鲜蔬菜副食展销”活动。建立困难职工档案，全年关爱帮扶区直机关系统困难党员、困难职工184人、共计36万元。

（李博洋）

社会建设工作

【概况】 中共北京市西城区委社会工作委员会（简称区委社会工委），与北京市西城区社会建设工作办公室（简称区社会办）合署办公。区委社会工委是负责本区社会建设工作的区委派出机构。区社会办是负责本区社会建设工作的区政府工作部门。内设机构：办公室、政策科、党建工作科、街道社区工作科、社会组织工作科、社会工作队伍建设科、监察科，在职人员27人。年内，在机关党支部和工商联、人才、职介3个直属党委及所属基层党组织内开展“三严三实”专题教育，全面推进社会建设工作。继续完善全响应网格化社会服务管理体系建设，夯实基层基础工作。与北京社会发展研究中心合作开展“十三五”时期创新社会治理方式重点课题研究，先后对15个街道、40个部门单位和55个社区走访调研。坚持“开门”编规划，邀请区人大代表、政协委员和社区工作者参与，形成《“十三五”时期西城区创新社会治理方式课题研究报告》，提出共治、善治、自治、德治、法治，（“五治”）社会治理创新思路。制定《西城区社会建设与社会治理体制重点改革举措实施规划（2014—2020年）》，明确牵头单位、责任单位和改革路径等具体改革任务。细化2015年改革工作，制定《西城区社会建设与社会治理2015年工作要点》，明确12项重点任务。在社区治理体制改革方面，以社区两委换届选举为契机，探索“一委多居”“多居一站”的社区管理新体制，在广外、金融街、月坛等10个街道62个社区开展社区区域化党建、多元性自治、开放式服务的试点工作。

地址：西城区西直门内大街275号

邮编：100035

电话：82141123

（栾德廷）

【社区用房建设】 2月至4月，北京市发展和改革委员会委托第三方组成评估组，聘请房地产评估、建筑、经济专业的专家，对辖区第三批社区用房项目规范化建设项目进行评估。按照相关规定组织各街道补充房价评估报告、设计方案等相关材料，2月9日，评估组实地评审辖区的7个第三批社区用房规范化建设项目。通过评估，7月，市发改委共批复什刹海街道西海社区、西长安街北新华街社区、新街口街道富国里社区3个项目。总投资8540.06万元，市政府投资2176.77万元，自筹资金6363.29万元。10月接受市发改委稽察，西长安街北新华街社区、新街口街道富国里社区2个项目已经完成。6月、12月2次更新各街道社区用房情况台账，掌握底数，全年新增5处达标社区用房，截至年底，辖区社区用房达标率为92%。

（栾德廷）

【社会组织联合会换届】 4月27日，西城区社会组织联合会第四次理事会暨换届大会召开，41家理事单位代表参加。会议表决产生了会长、副会长、秘书长，形成了新一届领导机构。

（栾德廷）

【调整社区设置】 6月，区政府批复撤销陶然亭街道新兴里社区居委会，设立新兴里社区第一居委会、新兴里社区第二居委会、新兴里社区第三居委会；批复撤销月坛街道三里河社区居委会，设立三里河社区第一居委会和三里河社区第二居委会；批复撤销德胜街道德外大街东社区居委会，设立德外大街东社区第一居委会和德外大街东社区第二居委会。所有调整事项均向北京市民政局进行相关备案工作。截至年底，全区共有261个社区。

（栾德廷）

【百岁老人博物馆落成】 11月，百岁老人主题博物馆——百岁苑在万寿公园落成。博物馆分为主题展览区、视频播放区、特色专题区、公众互动区四大部分，以展板、实物、视频、数字平台等多种形式，集中展现百岁风采、长寿秘诀、志愿精神、公益之星等内容，特色专题区设“致敬老兵”“孝道传承”等主题展览。

（栾德廷）

【获“2015年度中国地方政府创新奖”】 12月，西城区参加由中央编译局、北京大学中国政府创新研究中心举办的“中国地方政府创新奖”评选。会议邀请俞可平、王浦劬、高小平等国内16位知名专家学者，采取现场答辩方式进行评审。经过专家投票，“西城区全响应网格化社会治理体系”项目得到专家一致认可，获“2015年度中国地方政府创新最佳实践奖”。

（栾德廷）

【商务楼宇工作站建设】 年内，以商务楼宇工作站为载体，依托信息化手段在全区172个商务楼宇工作站全部建立包含网站、博客、微博、微信、QQ群在内的各类信息化服务体系，研发商务楼宇党员之家APP，建立了“党员驿家”微信平台和“社会领域党员在线学习系统”等新媒体信息平台，将党组织的工作触角延伸到商务楼宇内的非公企业和社会组织，确保非公企业党建工作的全覆盖。在全区新聘请非公党建指导员380名，充实商务楼宇党务工作者队伍。区委社会工委举办商务楼宇党建沙龙，组织15个街道组织部长20余人参观朝阳区亚运村街道华辰大厦楼宇工作站、香河园街道金泰大厦楼宇工作站和展览路街道物华大厦楼宇工作站。通过现场教学和经验分享的方式学习优秀经验做法。

（栾德廷）

【社区党组织换届选举工作】 年内，西城区完成社区党组织换届，255个社区共选举产生党委委员1529名（上届1502名），社区党委书记的平均年龄48.79岁（上届48.2岁），党委班子成员的平均年龄为50.99岁（上届49岁），班子中大专以上学历1038名（上届993名），研究生学历64名（上届72名）。本地化比例进一步提高，换届后本地成员839名，占54.87%（换届前为35.34%）。“一人兼”为196人，比例为76.86%。（上届为192人，比例为75.29%）。社区党组织换届选举全部采取公推直选方式，选举工作于5月25日全部完成，书记人选吻合度达到100%。

（栾德廷）

【非公企业党务干部进高校培训班】 年内，区委社会工委联合区非公企业党组织党员服务中心共举办三期“党务干部进高校”培训班，来自全区非公企业党组织的265名党务干部及党务工作者走进中国青年政治学院，聆听专家教授讲课，系统学习理论知识和实践技能，提升做好社会领域党建工作的综合能力。

（栾德廷）

【社会领域党建成果体验展】 年内，区委社会工委举办社会领域党建成果体验展，以互动体验的方式展示广大社会领域党组织和党员发挥先锋模范作用、服务百姓民生的主要成效。展览包括《铭记——西城抗战图史》小型展、社会领域党建创新项目推介、党建创新工作法推介、为民服务大讲堂、党务知识与政策咨询、党组织为民服务体验、社会领域党建工作推进会等内容。观展人数达1000余人次，《人民日报》《北京日报》《法制晚报》，人民网、新华网、千龙网等20余家媒体对活动进行报道。

（栾德廷）

【社会领域党建】 年内，新成立非公企业党组织12个、社会组织党组织2个、商务楼宇工作站2个、商务楼宇党组织3个，区工商联非公企业党委和区职介中心党委新发展党员13人，比去年增加6人。编辑《非公党建》专刊4期，发放4000余册。区委社会工委持续开展社会领域党建创新项目和党建调研课题研究，各街道和直属党委围绕区域化党建、加强服务型党组织建设、枢纽型社会组织党建创新、党员联系群众常态机制、非公企业党建等主题，申报党建创新项目27个。

（栾德廷）

【制定社区治理创新方案】 年内，制定《2015年西城区进一步推进社区治理创新试点工作方案》，重点推进区域化党建、多元性自治和开放式服务，文件以区委办、区政府办名义印发全区。试点范围涉及9个街道62个社区。在社区党建方面涉及一委多居、加强社区党组织的力量、抽调选派干部到社区、社区纪检改革等内容；社区多元民主自治方面涉及社区居民代表会议及常务会议制度、社区协商机制、合理设置社区辐射范围、推进社区工作者本地化、探索优化社区居委会专业委员会设置等任务；社区服务方面涉及“多居一站”、整合服务资源、发挥社会组织作用、调整完善社区延时制度、全科服务等任务。4月10日，全区召开社区“两委”换届暨社区治理创新工作部署会，进行专项部署。

（栾德廷）

【“多居一站”试点建设】 年内，区社会办与行政服务中心、民政局等相关部门定期召开“多居一站”试点工作调度会，指导试点街道对原有社区服务站进行调整合并，依据服务半径合理确定整合后的社区服务站办公地点，进行必要的装修，调整和购置办公用设备，安排工作经费和工作人员，梳理、规范服务项目48项。天桥街道东经路服务站、展览路街道西外南路服务站、新街口街道西里社区服务站、白纸坊街道半步桥服务站、广外街道红莲北里服务站均已开始试运行。

（栾德廷）

【社区规范化示范点建设】 年内，推进社区服务站标识系统建设，222个社区服务站完成标识安装。9个社区被北京市评为管理规范、服务完善、设施一流、成效显著、特色突出、群众公认的北京市社区规范化建设示范点。

（栾德廷）

【“一刻钟社区服务圈”示范点建设】 年内，建立“一刻钟社区服务圈”示范点建设进度月报制度，年中检查制度，逐步健全设施网络，完善运行机制，鼓励街道开展各具特色的服务圈建设。9个社区服务圈获得市级“一刻钟社区服务圈”示范点称号。截至年底，全区共打造67个“一刻钟社区服务圈”。

（栾德廷）

【老旧小区自我服务管理工作】 年内，指导各街道开展老旧小区自我服务管理工作，推动老旧小区服务管理向规范化、社会化、精细化发展，逐步实现“五好”（自治建设好、自我管理机制好、自我服务效果好、辖区单位协同好、突出问题解决好）目标。与区房管局联合起草《关于加强老旧小区物业管理长效机制建设的指导意见》并印发全区，明确在新街口、月坛、陶然亭、白纸坊4个街道开展老旧小区建立物业管理长效机制试点工作。组织部分街道主管主任及科长先后到大兴、天津考察学习老旧小区管理模式，开阔思路。4个老旧小区自我服务管理试点社区通过了北京市社会建设领导小组检查验收。

（栾德廷）

【智慧社区建设】 年内，按照《北京市智慧社区建设指导标准》，指导街道开展16个试点社区的升星和第三批50个试点社区的争创工作，完成向市委社会工委的月报。通过3年努力，全区共有186个社区被认定为北京市星级智慧社区，其中，8个社区被认定为“北京市五星级智慧社区”，10个社区被认定为“北京市四星级智慧社区”，129个社区被认定为“北京市三星级智慧社区”，39个社区被认定为“北京市二星级智慧社区”。德胜街道、金融街街道、广内街道、白纸坊街道、牛街街道、西长安街街道、广外街道7个街道实现智慧社区全覆盖。

（栾德廷）

【胡同文化公益项目】 年内，重点推进“胡同故事汇”“百岁老人口述史”2个胡同文化公益项目。经过街道申报，会同项目合作单位对9条备选胡同逐条走访，最终确定西长安街街道东安福胡同、金融街街道受水河胡同、白纸坊街道樱桃二、三条、陶然亭街道里仁东街、大栅栏街道琉璃厂东街6条胡同作为2015年首批“胡同故事汇”试点胡同。建立“西城胡同故事汇”微信平台并正式上线运行，征集胡同故事，展示胡同风采，分享胡同记忆。推进“百岁老人口述史”二期项目，通过“志愿北京”网络平台及其他方式报名的志愿者20余位，并对志愿者进行了面试、筛选、培训工作。经相关部门及街道推荐、媒体宣传、微信推广相结合的方式，面向全区征集有意愿参与项目且符合条件95岁以上的高龄老人20位，制定有针对性的访谈方案，开展入户走访工作，最终为16位高龄老人撰写个人自传、拍摄影集和视频。

（栾德廷）

【“9·3”阅兵集结疏散保障工作】 年内，以11个涉及线路保障的街道为单位，建立11个集结疏散保障工作大队，区各委办局、各街道参加集结疏散保障工作的机关干部编入各大队，编设若干中队、小队。“9·3”纪念活动前及当日，各街道组织人员对周边小门店包括地下空间逐一排查，排除安全隐患。沿线所有小门店关闭。15个街道1826名机关干部与65个委办局4374名机关干部全部在路线上执勤，参与集结疏散保障任务，机关干部与公安、交通等专业力量、社区工作者、社区志愿者等社会力量密切配合，形成合力，完成集结疏散服务保障任务。

（栾德廷）

【“十三五”社会治理课题调研】 年内，总结梳理“十二五”社会建设的成果和不足，完成“十二五”规划的结题。坚持按照问题导向和改革方向开展“十三五”社会治理创新规划研究，与国际城市发展研究院合作撰写《西城区“十三五”时期创新社会治理方式研究》报告。

（栾德廷）

【街道管理体制改革】 年内，围绕加强城市管理和社会治理主题，从理顺区街条块关系，明确街道职责定位，健全完善街道工作运行机制，建立健全地区社会服务与城市管理委员会机制，整合街道内部机构设置，完善街道综合管理执法机制，推进党和政府工作重心下移，不断提高街道社会治理和公共服务水平等方面，进行街道管理体制改革的探索，形成《西城区关于深化街道治理体制改革的实施意见》。

（栾德廷）

【“访民情、听民意、解民难”工作】 年内，调整和完善区级领导和职能部门领导定点联系街道社区制度，督察、汇总街道“访听解”季度报表，结合“三严三实”，多措并举把党的群众工作方法制度化。全年通过“访听解”收集各类社情民意64494件，解决62287件，解决率为96.6%。重点解决了一批老旧小区改造、完善便民设施、开展文化活动、环境治理等直接关系群众生活方面的实际问题。

（栾德廷）

【落实为民办实事项目】 年内，全区15个街道共确定148个为民办实事项目。按季度对各街道为民办实事进展情况进行汇总并撰写《街道为民办实事情况年度报告》。截至年底，各项办实事任务全部完成。

（栾德廷）

【驻区单位资源开放共享】 年内，按照社会建设资金项目管理办法以及区委区政府《关于进一步引导社会单位资源开放推进区域共建共享的指导意见》要求，共投入600万元社会建设专项资金对全区98家先进单位进行资源共享奖励，支持14个街道采用项目制的方式，引导驻区单位开放资源服务民生。同时，设计制作《西城区资源共享地图》和《西城区资源共享优秀案例集》，扩大资源共享的宣传面和影响力度。

（栾德廷）

【落实《关于深化北京市社会治理体制改革若干意见》】 年内，制定《北京市西城区落实〈关于深化北京市社会治理体制改革的意见〉重点任务分工方案》，确定95条具体任务。

根据任务分工，明确责任单位，建立牵头单位统筹协调机制，围绕落实情况，召开专项督查工作会，确保各项任务做好对接，及时落实。按照市社会办要求，对全区各部门贯彻落实情况进行督查。

（栾德廷）

【社会组织能力提升培训】　年内，举办社会组织能力提升培训7次，社会组织发展研讨会4次，10个“枢纽型”社会组织、70余个登记注册社会组织和15个社区社会组织的带头人、从业人员共400余人次接受培训。培训内容主要包括政策法规、机构管理、项目管理、财务管理以及现场教学、参观考察等。

（栾德廷）

【孵化培育社会组织】　年内，区社会组织孵化中心招募8家初创期社会组织，通过为期一年的孵化培育，提升了机构管理运行水平和承接项目能力。

（栾德廷）

【社会组织公益行系列活动】　年内，以“践行公益、服务社会”为主题，继续开展贯穿全年的“北京社会组织公益行”系列活动，30余家社会组织开展各类公益服务活动50余项。在“北京社会公益汇”活动期间，推出众多精品项目，现场提供专业服务体验，展示社会组织发展成果。由区社会组织带头人、从业人员和志愿者组成的百姓宣讲团，参加区委宣传部、区文明办组织的“我们的价值观”和“京华英雄”百姓宣讲活动。

（栾德廷）

【社会建设项目专项资金管理】　年内，与第三方机构合作，从征集立项、日常管理、中期检查、结题评审和成果总结等方面细化社会建设项目考核标准，完善评价体系，规范专项资金管理，提升3000万元社会建设专项资金绩效。

（栾德廷）

【第四届“爱在西城”公益文化节】　年内，第四届“爱在西城”公益文化节暨社会力量服务展洽会在西城区社会服务中心举办，本次活动集中展示了全区社会组织发展成果，包括16家优秀社会组织实绩图片展，21个社会建设专项资金支持优秀项目展，69个社会力量服务站点分布图和9个社会服务特色展区。在政府购买服务项目信息发布板块，来自区体育局、区园林局、区残联、12个街道办事处在内的15个单位发布96个购买服务项目，涉及金额1767万元。在社会组织优秀项目推介环节，24个优秀社会服务项目进行演讲推介。全市近200家社会组织负责人和公益带头人与各街道、社区建立了联系。

（栾德廷）

【社区工作绩效考核】　年内，区社会办牵头区民政局、区财政局、区人力社保局、区法制办、区编办等相关部门起草《关于加强社区工作绩效考核的通知》。作为“费随事转”的尝试，促进政府的服务与管理向社区下沉，提高服务和管理的针对性和有效性。

（栾德廷）

【京台社区交流工作】　年内，区社会办组织西城区部分街道、社区组成的考察团，一行15人赴台中市、高雄市、台北市等地，就社区社会组织建设、社区综合服务管理、社区文化建设等方面进行考察和学习研讨，并在高雄市举办的“2015京台社区发展论坛”，与高雄市三民区的多个社区签订了社区建设交流协议。11月上旬，什刹海街道接待来自台北、彰化等市县的20多名村里长，参观什刹海地区的文化名胜，走访社区、商谈相互合作，深入居民家中、促进相互了解。

（栾德廷）

【“三社联动”】　年内，在80个社区、培育80支社区社会组织，探索和实践适合区情的“三社联动”（社区、社会组织、社会工作）工作机制。年底区民政局组织对新培育的组织进行考核，80支社区社会组织均达到“管理比较规范，常态性参与社区公益服务和公共事务治理”的标准，并形成以政府统筹为基础、以项目化运作为手段、以联席会为平台、以居民需求为导向，促进多元主体共同参与治理的新局面。

（栾德廷）

【获“百强社会工作服务机构”称号】　年内，第七届中国社会工作年会上公布了“2015年度百强社会工作服务机构”，其中西城区社会工作者联合会“以会带所”模式下的睦友、睦邻、悦群社工事务所3家机构榜上有名。西城区社会工作者联合会的行业枢纽型组织平台，创建了“以会带所”模式，在专业机构孵化培育方面强调提高机构的自我发展能力，强调提高机构的专业建设能力，强调提高机构的人才培养能力，各专业社工机构管理的规范性和服务的专业性都有了新的发展。据参加评审的专家反馈消息：西城区睦友、睦邻、悦群3家社工机构在服务的专业性，特别是在专业人才的培育、机构的发展规模走在全市前列。

（栾德廷）

党校工作

【概况】　中共北京市西城区委员会党校（简称区委党校）、西城区行政学院，是中共西城区委领导下的培养党员领导干部和理论干部的学校，是党委的重要部门，是培训轮训党员领导干部的主渠道，是党的哲学社会科学研究机构。主要负责全区处级党政干部、中青年后备干部、企事业单位领导干部及公务员的教育培训工作。大专体制。内设校务办公室、党群工作办公室、教务一科、教务二科、科研室、政治理论教研室、管理学教研室、社会学教研室、对外培训一科、对外培训二科、教学保障科、财务科、总务科、离退休干部科，并主办一所具有独立社会办学资格的培训学校——未来学校。在册教职员工78人，专职教师18人，其中，教授2人，副教授11人。年内，区委党校按照党的十八大报告和习近平总书记系列重要讲话精神中对建设高素质的执政骨干队伍提出的要求，贯彻落实《中国共产党党校工作条例》和《干部教育培训工作条例（试行）》，全年培训学员总计2400余人次，完成西城区干部培训计划中确定的各项任务。

地址：西城区南菜园49号

邮编：100054

电话：83975878

（张冬梅）

【领导干部理论进修班】　年内，共举办处级干部理论进修3期，来自区属各委、办、局的152名处级领导干部参加集中脱产培训。其中包括处级干部理论进修班2期132人，一年制处级干部专题培训班1期20人。区委党校围绕区委、区政府的中心工作，课程设置为理论研读、党性教育、执政能力、立德修身4个单元。教学内容包括课堂授课：《共产党宣言》原著解读，《资本论》《谈谈辩证法》导读，“党性教育系列研究课程——习语精读谈党性，《新党章》解读，国际视野和创新思维，依法治国、依法行政和宪法学习，京津冀协同发展，传统政德教育，社会主义核心价值观，树立正确群众观、做好群众工作，领导风格与领导力提升、领导沟通协调艺术等。座谈教学：西城区文化产业发展情况、西城宗教工作、西城统战工作、西城国有资产布局及发展。现场教学：中关村高科技实验园、朝阳CBD、大栅栏老字号服务型政府管理创新、金融街总部经济聚集区介绍等。艺术教学：红色歌曲和革命歌曲赏析、摄影艺术赏析、书法艺术赏析。案例教学：反腐倡廉、廉政建设与预防腐败、依法行政等。基地教学：抗日战争纪念馆与纪念抗日战争胜利70周年展览、北大红楼与新民主主义革命史、李大钊故居与共产党员理想信念、走进历代帝王庙与传统官德等。影视教学：信仰、百年潮中国梦、较量无声、英雄传奇、国脉、国魂、国风等。研讨教学：学员论坛——本职工作与京津冀协调发展前瞻。按照西城经济社会发展需要及首都功能核心区发展的新要求调整教学计划，邀请中央党校、清华、北大等著名专家学者和市、区的相关领导，结合全市区域政治、文化等发展状况和西城区文化、经济社会发展等有关内容为学员进行的专题讲座有：“党的群众路线与基层党组织的动力、能力和魅力建设，党性教育，廉政教育，西城区区情，党的统战工作；其间，推出学员课堂、学员论坛、基层党建工作调研、学习型组织建设现场教学等活动项目，突出授课和研讨并重的特点，搭建新的教学平台。

（张冬梅）

【中青年后备干部培训班】 年内，共举办1期中青年后备干部集中脱产培训班，来自区属各委、办、局、街道等34名中青年干部参加集中脱产培训。围绕“全面建成小康社会、全面深化改革、全面依法治国、全面从严治党”战略布局和总体要求、提高执政能力、加强党的建设等内容，结合形势任务及西城政治、文化等社会发展需要，安排：引领民族复兴的战略布局——“四个全面”精神解读，加强党内法规制度建设、全面从严治党，两会中的一带一路亮点，《共产党宣言》与共产党人的历史使命，《新党章》解读，党性教育系列研究课程——榜样前行的力量、习语精读谈党性，习近平对中国特色社会主义理论体系的丰富与发展，学习周恩来为人民服务的精神，京津冀人口经济的协调发展，树立正确的世界观、权力观、事业观，西城区区情概况，新形势下党的思想政治工作，西城统战工作现状与展望，西城区人才战略，新西城历史文化的优势整合，领导力与领导沟通等课程；参观历代帝王庙、大栅栏老字号、宣南博物馆、西城功能街区，进行现场教学。邀请区处级领导干部与学员面对面进行谈话式教学。观看《国魂——社会主义核心价值观》《百年潮・中国梦》《习近平》《周恩来的四个昼夜》《伟大的历程》《鉴史问廉》进行影视教学。开设依法行政课程进行案例式教学；开设摄影、书法、体育、合唱训练等课程丰富中青年干部的知识结构。

（张冬梅）

【公务员培训班】 年内，西城区行政学院举办公务员科级任职培训班3期（160人）。行政学院针对公务员初任、科任班的不同培训需求，课程设置：“四个全面”、习近平治国理政新理念、社会主义核心价值观的培育与文化强国、党性体检测试、科级公务员的职位特点和能力要求、领导沟通协调艺术、领导者和谐心态的构建、保密教育、廉政建设与预防腐败、大国崛起与责任担当、京津冀一体化建设、创新思维与决策艺术、行政运作中的法律界限、科级干部执政力培养、西城区区情、依法行政热点难点问题研究等教学内容，着重加强对公务员的区情教育以及岗位履职所需的基本素质、基本技能和依法行政能力的培训，为建设高素质、专业化的公务员队伍奠定基础。

（张冬梅）

【学员手册】 年内，区委党校为使教学管理专业化、精细化，创新培训学员学习文件管理方式。从秋季处级班开始，以活页形式制作了《学员手册》，整合了教学计划、课程设置、管理规定、学习期间相关事宜、学习资料、学员通讯录、学员笔记等文件资料，并在学习过程中，不断对内容进行补充，这一举措确保了整个学习期间学习文件的统一化和整体化。同时，学员还可以根据自身学习的需求和特点，对学习资料进行自主整理和安排，满足不同学员的学习需求，实现个性化学习，为主体班培训提供新的平台。

（张冬梅）

【午间课堂】 年内，区委党校在主体班的培训过程中，加入午间课堂，通过整合学员碎片化的学习时间，提高学习效率。午间课堂包含两个方面的内容：影视赏析和学员微党课。影视赏析为学员提供了与党性教育相关的精选短片，使学员对党史、时事、国际形势等方面有更进一步的了解。学员微党课是学员利用课余时间进行准备，在午间课堂上，运用小的事例或实践来阐述、宣讲党性，并分享交流，以小见大，提高党性修养。

（张冬梅）

【党性教育网上展馆】 年内，区委党校按照中组部《关于建设党性教育基地网上展馆的通知》要求，建立西城区委党校党性教育网上展馆，集中展示区委党校近一个时期党性教育的课程体系、教学方式、课程建设的探索和成果。该网上展馆包括首页面和6个子栏目系统，分别通过党校宣传片、基地简介、特色方式、课程体系、党性教材、教学基地、教学科研等栏目系统全面地介绍区委党校在教学培训、科研工作和人才培养等方面的基本情况。

（张冬梅）

【研讨教学】 年内，区委党校在秋季处级班的培训中，引入研讨教学，为学员提供思考问题和讨论问题的平台，在培训中根据每个单元的设置模块，提出研讨题目。学员根据研讨题目查找资料，通过集体研究、讨论等方式，提出解决问题的方案，提高学员的综合素质能力。

（张冬梅）

【科研课题及成果奖励管理办法】 年内，区委党校通过调研和征求意见等方式，完成西城党校科研管理制度的修订工作，制定《中共北京市西城区委党校科研课题及成果奖励管理办法（试行）》。这项管理办法对科研课题的申报、评审、经费资助、科研奖励、科研成果的运用和转化等方面进行了系统规范和科学界定，为科研工作的顺利开展打下基础。

（张冬梅）

【科研课题评估会】 年内，区委党校秉持“科研兴校”的宗旨，根据修订的党校科研课题及成果奖励管理办法，在课题开题阶段召开立项考核评估会，并首次于课题结项阶段举行结题验收评估会。成立由校领导、外请专家、相关科室负责人组成的课题评审小组，通过课题负责人答辩、专家点评、课题评审小组打分等环节对课题进行考核和评估，最终评出优秀、良好和合格3个等级。

（张冬梅）

【数字录课系统升级】 年内，区委党校在数字录课系统的软件和硬件方面进行升级改造，新增“移动式数字录课系统”和“视频后期编辑制作系统”，实现全高清录制以及对校内教学场所的全覆盖，彻底解决了由于传输距离远而造成的音视频录制质量不佳的问题，画面和声音质量已经达到广播级水平，可以满足所有课程的录制要求，为党校精品课程的录制提供了保证。这一工作走在了全市区级党校的前列。

（张冬梅）

【科研工作】 年内，通过参加市委党校科研工作交流会，邀请专家教授讲课，召开教学科研工作研讨会，安排教授挂职锻炼等。完成北京市思想政治研究会基层重点研究课题1项：“关于基层党校搞好‘三严三实’教学的研究与思考”；完成北京市党校系统科研协作课题1项：“首都网络舆情特点及管理路径研究”；完成区级课题3项：“基层领导干部法治素养状况的调查与思考——以西城区为例”“提高党员教育实效性研究”“关于西城区基层领导干部‘守纪律讲规矩’的调研报告”；申请到区委组织部人才资助课题2项：“西城区政府绩效管理工作的实践与创新”“京津冀一体化进程中的区域产业重构——从西城的视角”；完成校级课题10项。经过验收评审，共选出优秀课题3项，良好课题12项。发表论文33篇，其中，国家级核心期刊发表1篇，省市级刊物发表13篇，区级刊物发表19篇。全年编辑出版《西城论坛》4期5000余册，《党校工作通讯》5期，其中20篇优秀信息被市委党校采用。社会学教研室傅桂英老师的“建立社会主义核心价值观——为何、从何、如何”获得北京市党校、行政学院系统第二届精品课评选二等奖。

（张冬梅）

党史工作及地方志工作

【概况】 中共北京市西城区委党史工作办公室（北京市西城区地方志编纂委员会办公室），是区委、区政府主管党史、地方志工作的职能部门（简称区史志办）。内设办公室、党史科、志鉴科、宣传科，在职人员17人。党史工作的主要职责是组织、指导全区党史工作开展，征集、整理、编纂全区党史资料，承担市委和区委部署的党史资料征研任务，开展地域党史资料编研；配合相关部门对党员、群众进行党史和革命史教育，面向社会开展党史宣传。地方志工作的主要职责是按照《地方志工作条例》和《北京市实施〈地方志工作条例〉办法》，依法组织、指导、督促和检查全区地方志工作开展；拟定地方志工作规划和编纂方案；组织编纂地方志书和地方综合年鉴；收集、整理、保存地方志文献和资料，组织整理旧志；组织开发利用地方志资源；推动地方志理论研究和学术交流，组织开展业务培训。年内，党史工作开展《远去的红烛》《中共西城区历史大事记》《中共宣武区历史大事记》编写工作，完成《中共北京市西城区组织史资料》《中共北京市宣武区组织史资料》修订出版工作，完成《宣武建设史》资料稿的修订出版工作，出版《西城抗战图史》《西城地区抗战遗迹示意简图》，开展党史宣传周活动，推进党史资料征集工作；地方志工作完成《北京西城年鉴（2015）》的编纂出版工作，推进《北京市西城区志》《北京市宣武区志》（简称《西城区志》《宣武区志》）总纂及初稿评审工作，完成《北京年鉴》西城部分供稿任务，推进《中国名镇志》工程申报工作。在《北京年鉴》编纂工作中，区史志办被评为先进集体，2人被评为先进个人。区史志办获“北京市区县机关档案工作测评市级优秀单位”。

地址：西城区南菜园街51号
邮编：100054
电话：83975321

（郝慧芳）

【《宣武建设史》出版】 6月，《宣武建设史》以内部资料形式出版，其为《北京市区县社会主义建设史》丛书之一。全书8章30余万字，记述1949年至2008年间宣武区社会主义革命、建设和改革开放的发展历程，对中共宣武区各级党组织的工作和活动作了总结和评析。

（鲁　杨）

【《西城抗战图史》出版】 6月，《西城抗战图史》以内部资料形式出版。该书以北平地区14年抗战历史为主线，吸收抗战研究新成果，用图文并茂的方式记录日军侵略的史实，国民党爱国将领的抗战事迹，以及西城人民团结在中国共产党倡导的抗日民族统一战线旗帜下，参加抗日救亡运动、反抗日伪统治的斗争历史。同时，制作了《铭记——西城抗战图史》展板和《西城地区抗战遗迹示意简图》，为全区开展抗战纪念活动和爱国主义教育提供历史教材。

（鲁　杨）

【《大事记》编纂工作】 12月，《中国共产党北京市西城区历史大事记

（2001—2010）》由中央文献出版社出版。全书共计16.6万字，记载10年间西城区在经济建设、政治建设、文化建设、社会建设、生态建设及党的自身建设等方面取得的成绩和经验。该书是《中共北京市区县历史大事记》丛书之一。下半年编写完成《中国共产党北京市宣武区历史大事记（2001—2010）》初稿，约15万字。

（鲁 杨）

【修订再版《组织史资料》（1949—1987）】 年内，按照《中国共产党北京市组织史资料丛书》（1987—2010）规范要求，对《中国共产党北京市西城区组织史资料》（1949—1987）、《中国共产党北京市宣武区组织史资料》（1949—1987）进行修订，6月，以内部资料形式出版。两书共计59.1万字，分别记载1949年2月至1987年10月西城、宣武辖区内，存在过的党组织以及政权、地方军事、统一战线、群众团体系统组织机构沿革和领导人名录，系统梳理了区内党组织建设发展脉络、主要成就。

（鲁 杨）

【编辑《远去的红烛》】 年内，为挖掘"解放初期北京西城留校生"的有关史料，组织开展《远去的红烛》编辑工作。通过召开座谈会、电话采访等形式，联系到100余位西城区健在的解放初期留校生，征集到75篇口述和回忆文章。经整理，最终收录60篇文章，形成20余万字定稿，配有200多张图片。12月，送交北京出版社进行审核。

（鲁 杨）

【党史宣传工作】 年内，以庆祝中国人民抗日战争暨世界反法西斯战争胜利70周年为主线，策划组织党史宣传教育活动。6月底至7月初，开展"党史宣传周"系列活动，与区委组织部和社工委联合举办"区社会领域庆祝建党和抗战胜利系列活动"、什刹海街道"重走抗战胜利路"等活动；举办《铭记——西城抗战图史》巡回展，在什刹海街道、月坛街道、育才学校、区第一图书馆和"西城史志网"上展出，得到人民网、《京华时报》、北京电视台等多家新闻媒体关注，吸引数千人参观；创新党史宣传队伍建设，扶持天桥街道文化志愿者队伍，创作排演抗战主题文艺节目13个，6月下旬至10月底，深入社区、学校、军营、机关、工地、敬老院开展公益演出60余场，足迹遍布北京9个区县，观众达万人。在《西城组工动态》开辟"红色人物"专栏，发表西城地区抗日英雄事迹文章22篇；为区委组织部李大钊故居现场教学课程提出书面意见与建议；与区直机关工委联合举办"公务员综合知识竞赛"，在机关党员读书分享会上推荐红色图书《北平抗战实录》；在区社科联主办的纪念抗战座谈会上作题为《西城地区抗战历史进程与特点》发言；与区第一图书馆联合举办"铭记历史抗战知识竞赛"和"纪念反法西斯战争胜利"主题征文活动；为区文联《抗战中的西城》口述文集审稿；为西城区烈士公祭仪式撰写祭辞；配合区新闻中心拍摄专题片《抗战中的西城》，为《北京西城报》纪念抗战专版供稿，担任北京电台特别节目《寻遗址，忆抗战》的录制嘉宾；配合区老龄委举办重阳节"家风、家训、家书"展览；组织《烽火西城》等党史报告会3场，邀请党史专家面向青少年、机关干部和热心党史的公众开展宣传教育；在"西城史志网"推广党史编研成果，举办网络展览，面向全社会宣传党史工作，全年点击量近5万次。

（鲁 杨）

【党史资料征集整理工作】 全年收集区域政治、经济、文化、社会、生态和党的建设等方面大事要事电子资料近800条，共20余万字；围绕《大事记》《远去的红烛》等编撰工作征集档案资料1000多页，文献资料20本，图片资料200余张；整理档案资料146盒，约400本，转化照片资料16盒600余张。

（鲁 杨）

【街道系统年鉴编辑研讨会】 3月26日，2015年西城区街道系统年鉴编辑研讨会召开。全区15个街道的撰稿人、西城年鉴编辑部成员共30余人参加会议。会议传达全市年鉴工作会议精神，西城年鉴编辑部责任编辑总结《北京西城年鉴（2014）》"街道"篇编辑情况，从立目要求、"概况"编写、常见问题等方面作了详细讲解。参会人员就年鉴编辑工作中的栏目设置、如何选取统计数据、如何体现特色工作等方面进行讨论。各街道撰稿人建议加强业务培训，采取多种形式增进撰稿人和责任编辑之间的沟通交流，及时解决编辑过程中遇到的困难与问题。之后，向全区发放《北京西城年鉴（2015）》编纂方案和编写规范。

（郝慧芳）

【向《北京年鉴》供稿】 4月，根据市地方志办公室要求，区史志办完成向《北京年鉴》供稿工作，撰写西城"区情"约4800字，组稿"北京金融街"约1300字，并提供西城图片11张，稿件刊于当年发行的《北京年鉴》，客观反映辖区政治、经济、文化、社会等各方面的发展变化概貌。

（郝慧芳）

【编印《方志西城——新西城五年志记》】 6月，在首都功能核心区行政区划调整5周年之际，区史志办组织编印《方志西城——新西城五年志记》画册，以西城史志资源和全区5年发展成就为依托，采用以志记述、图文并茂的方式，从历史西城、人文西城、现代西城、5年事记4个方面，介绍西城的历史脉络和文化特色，展现区划调整5年来的发展成就。

（郝慧芳）

【参与北京市年鉴互审】 9月，参与北京市年鉴互审工作，审改《北京信息化年鉴（2015）》"政务领域信息化"栏目稿件，5万余字，并参加市志办组织的讨论会。

（郝慧芳）

【《中国名镇志》申报工作】 9月22日，区街道系统《中国名镇志》申报工作座谈会召开。会议通报了关于《中国名镇志》文化工程的有关情况和市地方志办公室关于做好《中国名镇志》申报工作的通知精神，就有关申报程序要求做了说明。各街道办事处领导就有关申报事项和具体操作环节同区史志办领导和工作人员展开座谈，分别介绍各自的突出特色以及能够契合名镇志文化工程的亮点。截至年底，天桥街道、大栅栏街道、陶然亭街道开展申报工作。

（郝慧芳）

【年鉴编纂出版】　12月，《北京西城年鉴（2015）》编纂出版。该书系统记述2014年区域内自然、政治、经济、文化和社会的发展变化过程。《北京西城年鉴（2015）》由210个单位参加编写，其中区属单位158个、辖区单位52个。新增1个供稿单位：区委全面深化改革领导小组办公室。全书120万字，一级栏目21个（“功能街区建设　重大项目建设”改为“重大改革　功能街区建设　重大项目建设”）、二级栏目103个、三级栏目204个、条目2512条，其中特载11篇、大事记144条、专文4篇、表格29张、图片93张。

（郝慧芳）

【第二轮修志工作】　年初，区志编辑部按照年度工作计划安排，召开区志编辑部工作分析会，成立《西城区志》《宣武区志》内审小组，制定工作进度表，坚持工作例会制度，分编负责，集中讨论，修改志稿，为提交初审稿做准备。6月，向市志办提交《西城区志》（初稿）。9月，召开《西城区志》（初稿）评审会，吸收、借鉴专家意见，对志稿进一步修改完善，年底完成复审稿一稿修改工作。宣武区志编辑部向驻区单位征集金融、邮电、通信、城建等资料，补充入志人物资料。6月底，完成《宣武区志》（初稿）编纂。7月，召开《宣武区志》（初稿）研讨会，会上，市志办专家、区志执行主编、副主编从不同角度对志稿提出修改意见，为初稿打磨、修改、补充、提炼、归纳提供了依据。12月，向市志办提交《宣武区志》（初稿）。

（郝慧芳）

【地方志宣传工作】　年内，根据全区地方志工作进度，编辑《地方志工作信息》6期，向北京市地情资料网报送信息4条。探索地方志宣传新途径，拓展宣传教育平台。在市方志办的支持推动下，推进“方志西城”网站建设，面向社会宣传展示地方志工作成果、开展地情研究，建设网络资料中心，打造志鉴协同编纂平台。实现地方志资料和编研成果的数字化、网络化，形成4000余万字的数字化资料，其中大部分上传至网络资料中心，供公众查阅。全年“西城史志网”访问量7.3万人次，其中查阅地方志资料6500余人次。

（郝慧芳）

【地情资料征集】　年内，制定征集计划，面向社会发布征集公告，拓展资料征集的覆盖面，重点做好水、电、气、热、交通、邮电等社会公用事业方面资料的征集工作。通过征集、购买、交换等方式新增各类资料500余份、书籍350余册，充实地情资料室文献。完善地情资料室的检索服务功能，规范管理，全年提供区属单位及社会公众查阅检索服务20余人次。

（郝慧芳）

纪检　监察

【概况】　中共北京市西城区纪律检查委员会（简称区纪委）与北京市西城区监察局（简称区监察局）、北京市西城区预防腐败局（简称区预防腐败局）合署办公。下设办公室、组织部、宣传部、研究室、党风政风监督室（西城区纠正行业不正之风办公室）、信访室（西城区行政投诉中心）、案件监督管理室、第一纪检监察室、第二纪检监察室、第三纪检监察室、案件审理室、预防腐败室、机关党委、区委巡视工作领导小组办公室、反腐倡廉宣传教育信息中心（事业单位）。机关编制59人。纪检监察工作主要职责是负责贯彻落实党中央、市委和区委关于纪律检查工作的决定，严明党的纪律，全面履行党章赋予的职责，维护党的章程和其他党内法规，检查党的路线、方针、政策和决议的执行情况，协助区委加强党风建设和组织协调反腐败工作；负责贯彻落实党中央、国务院，市委、市政府，区委、区政府关于行政监察工作决定，依据行政监察法，对区政府各部门及其公务员、区政府及各部门任命的其他人员，以及法律授权或依法委托的其他组织及其从事公务的人员进行监察；对党和政府行政机关执行党和国家政策、法律法规的情况以及党政领导干部履行职责和行使权力进行监督，监督检查作风建设规定、廉洁自律规定执行情况，督促落实党风廉政建设责任制并实施责任追究，开展巡视监督，负责作出关于维护党纪政纪的决定；检查和处理区级机关各部门、各街道和区委管理的党员领导干部违反党的章程和其他党内法规的案件，受理和查处下级纪检机构管辖范围内的案件，决定或取消对这些案件中党员的处分；调查处理区监察局监察对象违反行政纪律的行为，办理下级监察机构管辖范围内的监察事项；变更或撤销下一级监察机关不适当的决定；受理对党组织和党员违反党纪行为的检举和党员的控告、申诉，保障党员的权利；受理对区监察局的监察对象违反行政纪律行为的控告、检举，受理监察对象不服政纪处分等申诉；组织协调党风廉政建设和反腐败宣传教育工作，开展对党员、公务员的理想信念和宗旨教育、党风党纪和廉洁自律教育，开展宣传和舆论引导，组织协调和指导廉政文化建设；负责对纪检监察工作重大理论和实践问题进行调查研究，参与制定或修订纪检监察规章制度，参与起草制定区内党风廉政建设相关规定和实施意见等工作；负责区纪委监察局机关和派驻纪检组、纪（工）委、监察科的组织机构建设和干部队伍建设。按照干部管理权限，会同有关部门，负责相关纪检监察干部的提名、考察、任免工作；承办市纪委监察局、区委区政府授权和交办的其他事项。年内，全区各级党组织和纪检监察组织贯彻落实中央纪委、市纪委和区委的部署要求，坚持以首善标准落实从严治党、依规治党的政治责任，严明党的纪律，驰而不息纠正“四风”，始终保持惩治腐败的高压态势，全区党风廉政建设和反腐败工作取得新成效。

地址：西城区二龙路27号

邮编：100032

电话：88064983

（李克难）

【区纪委第十一届六次全体会议】 2月10日，区纪委第十一届六次全体会议召开。会议传达中央纪委十八届五次全会、市纪委十一届四次全会精神，回顾总结上年全区党风廉政建设和反腐败工作，研究部署年内工作任务。全会审议通过区纪委书记作的《以首善标准落实从严治党、依规治党要求，坚定不移推进党风廉政建设和反腐败斗争》的工作报告和区纪委全会决议。会议要求，全区各级党组织、纪检监察组织要按照市纪委和区委要求，始终保持政治定力，敢于担当、勇于负责，以永远在路上的坚强意志，不断把党风廉政建设和反腐败斗争引向深入，为北京建设国际一流和谐宜居之都、为西城人民过上更加美好的生活提供有力保证。

（李克难）

【推进“两个责任”落实】 年内，区纪委研究制定《西城区关于落实党风廉政建设党委主体责任和纪委监督责任的实施意见》及《2015年西城区落实党风廉政建设“两个责任”任务分解表》，以任务清单明确细化主体责任和监督责任；制定党风廉政建设责任制检查考核办法，建立检查考核评估指标体系，明确检查考核具体内容，规范检查考核流程，量化检查考核指标，提高检查考核工作的科学性和规范性；对15个街道和重点委、办、局的书记、纪（工）委书记进行约谈，对18名新提任处级领导干部开展集体廉政谈话，督促落实责任；在全区范围内组织开展2次责任制检查；年中，采取派驻纪检监察机构分组互查和由区纪委、区审计局、区财政局组成联合检查组抽查相结合的方式，对照23项具体评估指标，对全区有派驻专职纪检机构的51家单位进行全面检查；年底，对28家单位落实“两个责任”的情况进行重点检查和效果评定，并将检查结果作为全年考核的重要依据；坚持“一案双查”，对在查办案件过程中发现的履责不力的领导干部，坚决予以责任追究，以问责倒逼责任落实；2015年，对9名失职渎职的处级领导干部实施责任追究。

（李克难）

【正风肃纪工作】 年内，畅通“政风行风热线”问题线索渠道，发挥信访、特邀监察员和政风行风热线作用。在重要时间节点，发布严明纪律加强监督检查工作的通知，利用区政务短信平台，向全区处级领导干部发送廉政短信进行提醒。在元旦、春节等重要节日和“2015年北京国际田联世界田径锦标赛”“中国人民抗日战争暨世界反法西斯战争胜利70周年纪念活动”等重要活动期间，组织专门力量，通过明查暗访、专项检查等形式，对重大决策部署落实情况、值班值守、厉行节约、公车使用、职务消费等情况开展监督检查1077次。对全区重点项目实施监督检查，督促相关机构逐级签订《“5+2”机构党风廉政建设责任书》。对地安门外大街34号“4·30”燃气爆燃、广安门外大街4号楼小弟旅馆地下空间“8·13”火灾等事故所涉及部门履职情况进行调查，对事故涉及的相关责任人进行立案查处。给予行政问责2人，制发监察建议书5份。

（李克难）

【领导干部廉洁自律工作】 年内，全区各党（工）委、党组按照要求，建立健全本部门议事决策规则，完善重大决策机制和程序。区委研究制定了《关于〈西城区处级党政领导干部选拔任用工作流程〉的补充规定》，进一步规范干部选拔任用工作，严明纪律。严格落实党政主要领导不直接分管人财物等有关规定，严格执行个人事项报告制度，开展领导干部个人有关事项报告抽查核实工作，对上半年拟提拔为副处级及以上干部、转任重要岗位人选全部进行了核实。

（李克难）

【党风廉政宣传教育】 年内，区纪委将党的纪律和规矩列为党员教育重要内容，编辑制作《廉政教育手机报》，定期向全区党员干部发送提醒绷紧纪律红线；利用区委讲师团和“红莲”讲堂，深入全区宣讲“在新常态下如何讲纪律、守规矩”；开展领导干部廉政法规知识测试4次，覆盖处科级干部230人。坚持开展“一案一点评”，用身边的事教育身边的人。结合党纪条规学习，对2014年全区典型案例设计警示教育漫画，制作《他们因何而违纪》典型案例及点评展板和手册，发放教育手册45000册，警示教育展览接待党员干部8000余人次，覆盖至全区每一个党支部。完成区警示教育片《迷途警示录》的拍摄，升级改版区反腐倡廉警示教育基地，接待各界党员群众1000余人次。

（李克难）

【信访监督和案件查处】 年内，全区纪检监察机关共收到信访举报700件，同比下降5.2%；处置线索299件；初核250件，同比增长13%；立案113件，同比增长126%；结案101件，同比增长170%；给予党纪政纪处分91人，同比增长139.5%；移送司法机关3人。

（李克难）

【监督检查工作】 年内，严查“为官不为”“为官乱为”。在全区64家单位开展问卷调查11984人次、召开座谈会522次（7179人次）、走访群众6361人次、发放征求意见表7381份；累计收集问题2487个，归纳整理问题178个。对查摆出来的问题列出清单，深入剖析问题产生的原因，建立整改台账，分类提出整改措施和意见，明确整改责任人和整改时限。同时，区纪委进行执纪监督问责，共查处“为官不为”“为官乱为”相关案件53件，给予党纪政纪处分46人。

（李克难）

民主党派　工商联

民革西城区委员会

【概况】 中国国民党革命委员会北京市西城区委员会（简称民革西城区委），下设6个专门委员会（祖国统一和平促进委员会、社会和法制委员会、经济委员会、老年妇女和青年委员会、教科文卫体委员会、人口资源环境委员会）。有区委委员22人，其中主任委员1人，副主任委员5人，秘书长1人。截至年底，有党员967人，支部32个。党员中有全国人大代表1人，全国政协委员3人；市人大代表2人，市政协委员4人；区人大代表1人，区政协委员27人；民革市委委员13人（其中副主委3人、常委1人、委员9人）。国家特约工作人员1人，市特约工作人员4人，区特约工作人员10人，民革中央和民革市委专委会委员30人。

地址：西城区牛街20号楼301、302室

邮编：100054

电话：83490897

（侯　伟）

【参政议政】 年内，民革西城区委围绕中共西城区委、区政府的中心工作和区域发展的全局性、战略性问题，组织广大党员参加多种形式的参政议政会议。民革西城区委参加区政协召开的议政会1次，中共西城区委统战部召开的双月座谈会5次。各专委会撰写出调研报告7篇：《关于加快北京保险产业园创新发展的建议》《西城区棚改调研报告》《西城区业主委员会建设存在的问题及建议》《关于在西城区加快建设有轨电车的建议》《公共服务基础设施的调研》《西城区文化产业与建设》《中国小微企业经营与融资调研报告》。在中共西城区委统战部党派调研报告评选中，《西城区业主委员会建设存在的问题及建议》获得一等奖，《西城区棚改调研报告》《西城区文化产业与建设》获得二等奖，《关于在西城区加快建设有轨电车的建议》获得三等奖。全年向区政府、中共西城区委统战部及民革市委等相关部门报送意见和建议类信息共计179篇。编辑《西城民革》刊物4期。民革西城区委组织专委会完成对5家西城区行政部门明察暗访工作，有32名党员参与此项工作。民革西城区委按照《民革西城区委信息、调研表彰办法》，评选出信息工作优秀支部10个，信息工作先进个人10名，参政议政先进个人12名。年内提交2篇党派提案。

（侯　伟）

【思想建设】 3月，民革西城区委举办“传达全国‘两会’精神专题报告会”。区委委员和各支部支委参加学习。3月，组织21名党员参加中共西城区委统战部组织的新成员培训班，学习中国多党合作制度的发展历史沿革及如何写好信息。7月，邀请民革中央联络部副巡视员章仲华就台海形势为党员作专题讲座，使党员们及时了解台湾局势和祖国统一大政。参加西城区民主党派的主题宣传展示活动。

（侯　伟）

【组织建设】 年内，民革西城区委新发展党员48名，转入5人，去世17人。11月，届中增补王连洁、欧阳述嘉为区委委员。12月，完成支部换届工作，新增教育系统支部和卫生系统支部，区委所属支部调整为32个。组织20余名党员参加西城区社会主义学院组织的新成员培训班。

（侯　伟）

【社会服务】 10月，以社会和法制专委会为主体，组织10名律师党员到陶然亭街道的红土店南里社区为50余名居民免费提供法律咨询服务，有近100名社区居民参加。12月，宣武医院急诊室主任、17支部委员车林海在区民主党派办公楼报告厅做题为“脑血管病的一级预防”的讲座，并为在场的50名居民提供义务诊疗服务。在西城区民主党派主题宣传活动现场全区党员为西城区贫困家庭的孩子捐款5.8万余元。

（侯　伟）

【纪念活动】 2月，与民革中央老干部合唱团合办纪念抗日战争胜利70周年文艺演出。全国政协副主席、民革中央常务副主席齐续春出席。6月，区委组织近百名党员到北京市档案馆参观“见证抗战——纪念抗日战争胜利70周年京津冀档案文献展”。9月，区委组织近百名党员到全国政协礼堂观看“弘扬嘉庚爱国精神、缅怀南侨机工英烈”文艺晚会。全国人大常委会原副委员长、民革中央原主席周铁农，全国政协原副主席、台盟中央名誉主席张克辉等领导到场观看演出。组织党员到中山堂参加纪念孙中山宋庆龄结婚百周年纪念活动。

（侯　伟）

民盟西城区委员会

【概况】 中国民主同盟北京市西城区委员会（简称民盟西城区委），下设组织部、宣传部、调研部、统战理论研究室、教育委员会、文化艺术委员会、科技委员会、金融经济委员会、法律委员会、医疗卫生委员会、妇女委员会、青年委员会、老龄委员会。截至年底，有盟员2161人，基层委员会1个，支部71个。区盟员中有第十二届全国人大代表1人；第十二届全国政协委员5人，其中常委3人。第十四届市人大代表3人；第十二届市政协委员3人（黑德昆2015年转入）。第十五届区人大代表5人；第十三届区政协委员35人，其中副主席1人，常委8人。第十一届民盟中央委员10人，其中常委3人。第十一届民盟北京市委委员11人，其中常委2人。在西城区政协十三届四次全会上提交民盟党派提案2件，界别提案6件，街道联组提案1件；提交委员个人提案20件，其中：主提20件，提交提案委员人数32人次；完成2个党

派提案的答复办理工作。在西城区政协十三届三次全会上提交的《关于推进西城区社区金融服务的建议》获2014年度党派团体优秀提案。

地址：西城区牛街20号楼3层

邮编：100053

电话：83495372　83490227

（宋小华）

【参政议政】 年内，民盟西城区委参加中共区委和区政府关于《中共西城区委关于制定北京市西城区国民经济和社会发展第十三个五年规划的建议（审议稿）》以及《中共西城区委十一届十次全会工作报告》《关于全区经济社会发展工作的报告》《西城区政府工作报告》等政党协商会2次；在“西城区‘十三五’规划编制工作”议政会上，民盟西城区委作题为《推动西城区混合所有制改革》的发言；参加双月座谈会4次。完成《北京市西城区四合院人居环境的调研报告》《北京西城区教育集团化办学运行情况调研报告》《把握首都核心区定位大力推进西城区历史文化名城保护工作的调研》《关于科技协同创新促进京津冀环保一体化发展的调研》《民盟文化传统与基本精神研究》《关于运用保险机制维护农民工报酬权益的调研》《关于社区服刑人员和刑释解救人员应急救助保障机制的探索与实践》7篇调研报告。截至11月，区盟员提供社情民意信息106篇。《北京市西城区四合院人居环境的调研报告》《北京西城区教育集团化办学运行情况调研报告》获2015年度西城区民主党派优秀调研成果一等奖。民盟西城区委获2015年度西城区民主党派调研工作优秀单位。

（宋小华）

【组织建设】 年内，民盟西城区委发展新盟员68名，其中男37人，女31人，平均年龄38.1岁；中央、市属及区属单位人数分别为33、26、9人；研究生以上学历30人，占44%；中高级职称42人，占61.7%。对6个基层支部进行换届调整，选举一批年轻盟员担负主委职责。

（宋小华）

【思想建设】 8月1日，举办“发挥民盟优势、展现更大作为、为京津冀协同发展献计出力”主题培训班，邀请北京市社会科学院副院长赵弘做《关于推进京津冀协同发展的战略思考》主题报告，邀请中央社会主义学院副院长张峰作《学习贯彻中央统战工作会议精神辅导报告》；2日，组织40余名盟员就京津冀协同发展赴保定考察。同月，组织骨干盟员赴贵州遵义进行异地学习培训。年内，民盟西城区委学习中共中央统战工作会议精神和习近平关于新时期统一战线“八个必须”“三个重点”“五种能力”等重要论述。在一届二十二次主委会议上，组织班子成员集体学习中共中央办公厅印发的《关于加强政党协商的实施意见》。组织区盟员参加民盟市委与中共西城区委统战部组织的专题报告会、讲座以及座谈会等学习实践活动。全年出版《西城盟讯》4期，开设“依法治国”“西城区情”“遵义培训心得”等栏目，共刊登盟员稿件23篇。

（宋小华）

【自身建设】 全年组织召开主委会议4次，全委（扩大）会议1次，通过邮件、电话方式征求主副委意见建议3次，9个专委会及统战理论研究会分别召开工作会1至3次，组织新盟员参加各类培训班3次（106人次），骨干盟员参加培训班3次（105人次），8人次参加北京市教工委与民盟举办的高校支部负责人培训班，7人次参加民盟市委组织的中青年骨干学习班。

（宋小华）

【社会服务】 年内，在“西城区民主党派‘凝心筑和谐、聚力促发展’主题宣传暨文艺演出活动”中，民盟西城区委盟员奉献爱心，累计捐款4万余元，资助西城区40余名家境贫困品学兼优的中小学生；开展“送祝福·暖民心”活动，走访慰问金融街宏汇园社区2户贫困残疾家庭，为他们送上生活必需品和节日的祝福。民盟西城区委北京四中网校在天津、成都、广州、长沙、洛阳、烟台、南宁等地区实施民盟烛光行动暨北京四中远程教育合作学校及北京四中数字校园平台的援建，价值3000余万元，受益学校41所。培训中小学教师5000余人，对2万余名中学生进行学法指导。

（宋小华）

民建西城区委员会

【概况】 中国民主建国会北京市西城区委员会（简称民建西城区委），下设组织部、宣传部、参政议政部、信息部、社会服务部、会员服务部、会员培训部，专委会20个，工作委员会2个，学会1个。截至年底，民建西城区委共有委员22人，其中主委1人、副主委7人、秘书长1人。支部18个，其中：综合性支部15个，单位支部3个，会员2138人。会员中有全国政协委员2人；市人大代表2人，市政协委员13人，其中常委3人；区第十五届人大代表8人，区第十三届政协委员49人，其中副主席1人、常委8人。

地址：西城区牛街20号楼303、304室

邮编：100053

电话：83194827　83490530

（李　鹏）

【参政议政】 年内，民建西城区委围绕中共西城区委、西城区政府中心工作开展调研活动。完成《增强卫星城经济实力，提升京津冀发展格局——京津冀与长三角经济发展比较分析》《充分挖掘西城区文化资源建设全国文化中心示范区——论西城区全国文化中心示范区建设》《关于大力推进依法治区的几点建议》等调研报告9篇。经政协北京市西城区第十三届委员会常务委员会第三十五次会议审议通过，《大力发展总部金融、科技金融和文化金融产业，构建“一主两副”金融功能区，努力实现“金融强区”战略的建议》获得2015年度党派团体优秀提案，《关于平衡发展西城进一步加大南区危旧房改造力度的建议》《关于在经济结构调整中加强中小企业健康发展的建议》等7份提案获2015年度委员优秀提案。

（李　鹏）

【民主监督】 年内，民建西城区委组织10余名政协委员在新街口街道公共服务大厅、什刹海工商所、什刹海司法所、天桥司法所、地税第二税务所5个行政服务单位开展明察暗访工作，向区政协提交了明察暗访情况报告。

（李　鹏）

【社会服务】 年内，民建西城区委开

展捐款捐物共计57.2万元，其中，向什刹海街道残疾人和特困群体捐助300把轮椅及现金，共计32万元；在“凝心筑和谐、聚力促发展”主题宣传活动中，筹集24万元善款捐赠给西城区9个街道近240名家庭贫困儿童；向大栅栏街道4名孤残儿童捐赠助学金1.2万元。民建西城区委组织卫生委员会成员赴白纸坊街道社区医院进行义诊，近200名社区居民就诊。民建西城区委与牛街街道共同策划举办“多彩、和谐、创新、圆梦”为主题的首届民族文化节，现场表演文艺节目，近300名牛街街道居民参加。民建西城区委响应京津冀协同发展战略，组织卫生委员会成员赴河北省崇礼县、平泉县人民医院义诊，近千名群众就诊。

（李　鹏）

【思想建设】 年内，民建西城区委采取辅导讲座、专题座谈、集中培训等方式，组织会员学习中央统战工作会议精神、《陈昌智主席在纪念中国民主建国会成立70周年大会上的讲话》精神。全年，共有1200余人次参加中共北京市委统战部、民建北京市委、中共西城区委统战部、民建西城区委组织的支部主任培训班、民主党派基层骨干培训班、新会员培训班、信息员培训班及各类讲座等。

（李　鹏）

【组织建设】 年内，民建西城区委发展会员81人，平均年龄38岁。从其他省市区县转入西城9人，从西城转出11人，去世2人。证券委员会合并到金融委员会。民建西城区委一届十八次全委会增补张鹏为专职副主委。为纪念中国民主建国会成立70周年，民建中央开展了全国优秀会员和先进集体评选表彰工作，西城区会员齐建新、纪丽、耿拥军、沈巍、邵强被评为全国优秀会员，民建西城区委被评为全国先进集体。民建北京市委开展2012—2014年度先进基层组织、优秀会员评选工作，西城区综五支部、综六支部、综九支部、综十支部、综十三支部和67名会员当选。

（李　鹏）

【会务工作】 年内，民建西城区委召开6次主委会、3次全委会，研究议定调整专委会成员、开展调研工作等重要事项40多项。

（李　鹏）

民进西城区委员会

【概况】 中国民主促进会北京市西城区委员会（简称民进西城区委），下设组织部、宣传部、社会服务部、科技教育专委会、社会法制专委会、医药卫生专委会、统战理论专委会、老龄专委会。有主任委员1名、副主任委员7名，秘书长1名，委员22名。截至年底，有基层支部47个，会员1268人。区会员中有市人大代表1人，市政协委员2人；区人大代表6人，区政协委员25人；国家监察部特约监察员1人；市特约工作人员5人。年内，民进西城区委以建设首都高素质参政党为目标，秉承“爱国、民主、团结、求实”的优良传统，切实加强自身建设，充分发挥参政党作用，不断提升履职水平，紧紧围绕首都和西城区发展重点，扎实推进各项工作，较好地完成全年任务。

地址：西城区牛街20号305、306室

邮编：100053

电话：83495331　83495076

（魏　威）

【参政议政】 年内，民进西城区委在政协北京市西城区第十三届委员会第四次会议上提交《关于推动西城区中学教师校际流动的建议》《关于创新西城区社区社会组织管理体制机制的建议》2件党派集体提案。其中《关于推动西城区中学教师校际流动的建议》被评为优秀提案。政协委员提交个人提案19件，复议案18件。专委会组织课题组成员在全面把握区情基础上，有针对性开展调研活动，提交《依托社会专业资源，助力西城教育发展》《关于西城区社区居委会组织居民自治协商创新机制研究》《关于医务人员健康状况的调研》《2015年民进西城基层组织状况调查报告》及《老年人群众公共服务需求调查》5篇调研报告。1人在西城区政协和中共西城区委统战部召开的“十三五”规划中期评议工作议政会上，以《开展居民社区参与型协商，提高社区治理水平》为题进行大会发言。民进西城区委向民进市委和中共西城区委统战部报送信息289篇；向民进市委提交202份建议案。4篇信息被民进中央采用，24篇信息被民进北京市委采用，1篇信息被中共北京市委、市政府采用。担任特约监督、监察、督导工作人员的民进会员明察暗访单位共计13家，访察人次共计69次，填报明察暗访记录表47张，提出建议49条。

（魏　威）

【组织建设】 12月，36个民进基层支部完成支委会换届。撤销北京市第七十八中学民进支部和北京市第一四〇中学民进支部，成立西城区文化艺术支部和北京市育才学校民进支部。民进西城区委所属支部共计47个，其中34个支部向民进西城区委和所在单位提交了年度工作总结和下年工作计划。年内，发展新会员29人，其中大学以上学历28人，占96.6%；中高级职称职务15人，占51.7%；教育、文化、出版界12人，占41.4%，经济、政府机关、新阶层及其他人士17人，占58.6%；平均年龄39岁。调入7人，去世1人。

（魏　威）

【思想建设】 年内，民进西城区委开展学习中共中央统战工作会议精神、《中国共产党统一战线工作条例（试行）》、中共十八届五中全会精神等主题活动。全年，以民进成立70周年系列庆祝活动为契机，组织会员参观马叙伦纪念馆，开展会章会史学习，参与民进中央组织的网上会章会史答题活动。3月，参与中共西城区委统战部和西城区民主党派联合开展的“凝心铸和谐、聚力促发展”主题活动。7月，举办“‘聚共识、促发展’学习贯彻中共中央统战工作会议精神”主题培训班。10月，举办“追溯、凝视、展望”——民进成立70周年、北京民进成立65周年庆祝大会。全年召开3次全委扩大会。全年组织区委委员、中青年骨干、支部主任、新会员参加民进中央、民进北京市委、中共西城区委统战部举办的“两会”精神报告会、中青年骨干会员培训班、基层组织负责人培训班、新会员培训班、参政议政和特约监督培训班、调研写作培训班、统战大讲堂。截至11月中旬，参加培训活动共256人次。全年出版《西城民进》6期。

（魏　威）

【社会服务】　5月，第十五中学初中支部和高中支部共同为延庆旧县中学开展教学服务活动；第三联合支部会员参与阿坝公益行；艺研所支部组织参观苏裱传承人工作室公益活动；第十五中学初中支部签约贵州省彩虹行动，培训贵州、云南、四川3省教师90人次。6月，第三联合支部会员参加“6·26”国际禁毒日活动；第十五中学初中支部和高中支部端午节带领学生赴颐寿轩敬老院慰问老人，并开展“我的微梦想”捐书活动。8月，与中共西城区委统战部和西城区民主党派联合开展“凝心铸和谐、聚力促发展”主题活动之“投身公益、奉献社会”捐助活动，31个支部捐款共计2.6万余元，通过慈善协会送到西城区家庭困难学生手中；第三联合支部会员慰问卫戍区官兵；康乐里小学支部参加“爱在京城、情系乡村”公益活，4位会员参加崔永元主办的“爱飞翔”乡村教师培训志愿家庭接待工作。9月，第三十一中学支部组织“真情奉献、爱心助学”活动；第六十二中学支部赴陶然亭公园、天坛公园清理白色垃圾。11月，由文化艺术支部、教育学院支部分别倡议，区委号召搭台，多支部联动开展为云南腾冲留守儿童捐棉衣棉被和为新疆和田儿童捐赠图书活动，共邮寄79箱（897件）衣物、50箱图书。二龙路中学支部会员佘宏伟参加啄木鸟组织的志愿环保活动；会员杨满林义务辅导台湾学生。北师大附中支部主任刘松伟分别为山西孝义、重庆彭水、内蒙古杭锦旗老师作专题讲座。铁二中支部会员参加爱心司机志愿者，参加助残志愿者活动。综合支部为大兴霍州营村村民聘请农业专家进行农业技术培训，共培训农民187户748人；筹集资金6万余元，资助北京宏远启智学校学生253人。第三联合支部会员张伟捐赠教育教学用品共计113万元，资助家庭贫困学生5000人，培训西北贫困地区教师1000人；会员王春来进社区、学校辅导声乐知识36次；书法家会员张洪诰到陶然亭敬老院慰问孤寡老人；5位书画家全年捐赠书画作品2600件；汇同甘露慈善基金会为阿坝藏族儿童义卖书画筹集10万元善款和1万册图书。艺研所支部会员参与发起“奉献爱心、传递真情——为河北涞源贫困区捐寒衣送温暖”活动。教育学院宣武分院支部主任刘亚明受邀到朝阳、海淀、丰台、昌平、延庆等区县举办学前教育讲座。教育学院支部捐赠新疆和田教材图书1000本；捐助承德平泉县小学电教白板5块、电脑5台；资助3名家庭困难学生；会员肖玉柱长期救助昌平山区孤寡老人；支部主任杨智为朝阳家长学校讲青少年心理健康课并开展咨询。

（魏　威）

【总结表彰】　在2014年民进中央“创先争优活动”评选表彰及2015年民进中央“表彰民进全国先进集体、先进个人”的评比活动中，民进西城区委获得“民进全国先进集体”称号；第十五中学支部和第三联合支部获得“民进全国先进基层组织”称号；综合支部获得“民进全国社会服务工作先进集体”称号；闫薇获得“民进中央先进基层组织负责人”称号；吴正宪、李秀娟和李新分别获得“民进全国先进个人”称号。12月17日，民进西城区委召开总结暨表彰大会，近300人参加大会。民进北京市委、中共西城区委统战部领导出席大会并致贺词。会议表彰先进支部15个，表彰第二届专项先进支部评比获奖支部4个，其中社会服务先进支部、参政议政先进支部、基层组织规范先进支部和信息报送先进支部各1个。“西城民进”年度人物5名、议政调研先进个人4名、信息先进个人6名、会务工作先进个人4名、社会服务先进个人4名、先进个人54名。

（魏　威）

农工党西城区委员会

【概况】　中国农工民主党北京市西城区委员会（简称农工党西城区委），下设参政议政工作委员会、老龄工作委员会、妇女工作委员会、社会服务工作委员会、青年工作委员会、理论研究小组。有区委委员21人，其中主任委员1人，副主任委员6人，秘书长1人（专职副主委兼）。截至年底，有基层支部32个，党员1103人。党员中市人大代表1人，市政协委员4人（常委2人）；区人大代表1人（常委），区政协委员31人（其中常委5人，副秘书长1人）；市特约监察员1人，西城区特约监察员9人。

地址：西城区牛街20号307、308室

邮编：100035

电话：83490517

（穆瑞华）

【参政议政】　年内，在区政协召开的十三届四次全会上，农工党西城区委提交党派提案2件，农工党员中的政协委员提交个人提案29件。《对发展西城区医疗联合体整合区域医疗资源的建议》被区政协评为党派团体优秀提案。甘力鹰、吴松提交的提案被区政协评为个人优秀提案。同时，农工党西城区委提交的党派提案《关于加强法源寺历史文化街区保护工作的建议》得到区政协领导的高度重视，作为第一协商办理提案，协调相关部门，召开专门协商会，推动提案的办理。农工党西城区委向中共西城区委统战部报送调研报告4篇，其中，《关于加强法源寺历史文化街区保护》《对西城区居家养老服务发展的调研及建议》获二等奖，《发挥绩效考核机制推进社区卫生工作开展》《积极应对医改　加快医疗联合体建设》获三等奖。农工党西城区委原主委、区理论研究小组组长张晓林执笔的《与时俱进　适应时代要求　建设合格的中国特色社会主义参政党》课题成果，获2014年度北京市统一战线理论与调查研究优秀成果一等奖。在2015年西城区政协议政会上，农工党西城区委作《对西城区“十三五”规划中卫生事业发展的建议》的主题发言。全年，向农工党北京市委报送信息116条，向区政协报送信息96条，向中共西城区委统战部报送信息97条，其中建议类信息97条，党员魏传江执笔的社情民意信息《我市地铁安全隐患不容忽视》获得北京市副市长张延昆批示。

（穆瑞华）

【组织建设】　年内，农工党市委将文

艺一支部并入农工党西城区委文化支部，农工党西城区委成立人口资源和生态环境支部、卫生监督所支部。农工党西城区委完成43名入党申请人审核工作，其中完成36人的考察工作，并上报农工党市委。由农工党市委审批新党员（含转入）73人，全部分配到区内各基层支部。完成农工党西城区委基层支部换届工作，选举结果上报市委备案，并发至各基层支部。

（穆瑞华）

【自身建设】　年内，农工党西城区委班子成员坚持集体走访基层支部和所在单位中共党组织，以促进各基层支部按照区委的工作要求开展活动。推进新党员教育工作，履行新党员见面会制度，驻会副主委向新党员们介绍农工党西城区委基本情况，主要工作。对后备干部进行培养教育，建立区委后备干部人才库。配合农工党北京市委和市社会主义学院，中共西城区委统战部和区社会主义学院，组织党员参加各类专题培训。农工党西城区委获农工党中央2013—2014社会服务工作先进集体和2015年《前进论坛》征订发行工作先进集体。全年编辑出版《西城农工》4期。

（穆瑞华）

【主要活动】　年内，农工党西城区委举办《中国共产党统一战线工作条例（试行）》主题培训、中共十八届五中全会精神座谈会，组织参观保定陆军军官学校——农工党领导人陈列室，开展民主党派成员如何更好的参政议政专题培训。召开年度信息工作暨基层支部主任工作会议，对信息工作进行总结部署，对2014年度信息工作先进支部（园林支部、文化支部、展览路医院支部），先进个人（郝明虹、刘赫、杨瑞峰、刘兴潮、王鹏、张琳琳）进行表彰。

（穆瑞华）

【社会服务】　年内，落实农工党北京市委“健康京郊行”定点帮扶工作，促进北京城镇卫生事业的协同发展，农工党西城区委组织医学专家多次前往熊儿寨乡卫生院开展医疗帮扶工作。2月，举办“迎新春送健康到京郊活动”；6月，举办“2015第八届中国环境与健康宣传周义诊咨询活动”；11月，举办“铭记历史　开创未来　发展科学　捍卫和平医疗义诊活动”；全年，累计为300余名熊儿寨乡村民进行义诊。12月18日，落实农工党北京市委《关于推进区级组织开展京津冀结对帮扶工作的通知》要求，农工党西城区委在对河北冀州市医院充分调研的基础上，确定河北冀州市医院为农工党西城区委结对帮扶单位，成为农工党北京市委第一家授牌单位。组织7名医学专家，前往医院举办“京津冀协同发展联合共建基地”授牌暨大型义诊咨询活动，接待义诊咨询者220人次。落实农工党中央“星火计划”——科技扶贫的要求，8月，应内蒙古兴安盟卫计委的邀请，农工党西城区委携医学专家到兴安盟医院开展为期2天的医疗帮扶活动。11月，组织医学专家赴黑龙江牡丹江市开展医疗帮扶活动，分别在牡丹江第一人民医院和柴河林业公安局开展义诊、医学讲座、科内查房、疑难病例诊断指导等医疗技术工作，接待义诊咨询者500余人次。丰盛医院支部走进金融街房管所主办糖尿病健康知识讲座；展览路医院支部协同展览路街道残联在新大都饭店礼堂举办“关心帮助残疾人　实现美好中国梦”助残义诊活动；复兴医院支部走进顺义木林镇养老院，开展“关爱老人”志愿医疗义诊服务活动。

（穆瑞华）

致公党西城区委员会

【概况】　中国致公党北京市西城区委员会（简称致公党西城区委），下设参政议政专委会、社会服务专委会、文化工作专委会、老龄工作专委会、青年党员工作专委会和15个综合党支部，3个单位支部。截至年底，有党员545人。致公党西城区委由17人组成，有主任委员1人，副主任委员6人（其中专职副主任委员1人），秘书长1人（专职副主任委员兼）。党员中有全国人大代表2人；市人大代表3人，市政协委员2人；区人大代表3人（其中常委1人），区政协委员21人（其中常委4人、副秘书长1人）；致公党中央委员3人（其中常委2人），致公党市委委员8人（其中副主委1人、秘书长1人、常委2人）；各级特邀监察员、监督员、人民陪审员、建议人共计13人。致公党西城区委有48名党员在致公党中央13个专委会任职，有101名党员在致公党北京市委16个专委会任职。

地址：西城区牛街20号520、522室

邮编：100053

电话：83194292　83194491

（梁训新）

【参政议政】　年内，在政协北京市西城区第十三届委员会第四次会议上，《关于创新科技金融服务，助力西城区产业结构优化的建议》被评为2014年度党派团体优秀提案；在大会表彰的34篇委员优秀提案中，致公党界别有6篇委员提案获得表彰。在本次会上，致公党西城区委提交了《关于科技推动西城区战略性新兴产业发展的建议》《关于绿色西城建设中加强城市土壤多功能利用的建议》2篇党派团体提案，21名政协委员提交了27篇委员提案。在致公党市委全委（扩大）会议上，西城区致公党员提交的《关于尽快制定〈中华人民共和国信息法〉的议案》等7篇获得表彰。会议表彰了16篇2014年度优秀社情民意信息，西城区致公党员报送的《对盘活信贷存量问题的调查与思考》等3篇获得表彰。向致公党市委报送《完善首都科技金融服务助力科技企业发展研究》等14篇调研报告；参加“中国发展论坛——京津冀环境与发展”论坛，报送《北京经济结构调整下的创新要素集聚与区域间产业技术转移合作》等11篇论文；向西城区报送《推进西城区老年人健康管理的调查研究》等10篇调研报告。在2015年西城区民主党派工作会议上，被评为“2014年度西城区民主党派调研工作优秀单位”。提交的10篇调研报告获得“2014年度西城区民主党派优秀调研成果”，其中《科技推动西城区战略性新兴产业发展研究》等2篇调研获二等奖”；《关于西城区向社会购买公共服务存在问题及对策建议调研报告》等3篇调研获得三等奖”；《北京西城北展地区批发市场疏解调研报告》等5篇调研获得优秀奖”。全年上报社情民意信息67篇、市委采用47篇，上报市委活动信息143

篇、采用64篇。贾中华被西城区政协评选为2014年度优秀信息员。

（梁训新）

【组织建设】 年内，成立区委青年党员工作委员会、中国致公党中国中医科学院广安门医院支部，完成第三、四支部班子调整。按照致公党中央人才兴党的要求，重点发展高素质、高学历、社会中上层人士，做好考察、培养工作。全年新增党员47人，去世1人。在致公党北京市委成立35周年纪念座谈会上，第二支部等4个支部获"先进集体"称号，王晓敏等14人获"优秀干部"称号，王伟等46人获"优秀党员"称号。

（梁训新）

【自身建设】 1月10日，一届十四次主委会召开。会议研究2013年至2014年度先进支部和优秀党员名单；听取春节活动安排和2014年区委经费使用的汇报；确定西城区十三五规划评议课题；商讨区委2015年活动安排等。1月18日，一届十二次全委（扩大）会议召开。致公党市委专职副主委谢朝华，市委秘书长、区委副主委刘学增，中共西城区委常委、统战部部长程军，致公党西城区委委员、各专委会主任、支部主委等参加会议。会议学习传达中共十八届四中全会精神、致公党十四届三中全会、致公党北京市委八届十次全会精神，总结2014年工作并部署2015年工作。会议表彰了第二支部等5个先进支部和马兰等51位优秀党员。年内，开展以纪念抗日战争胜利暨世界反法西斯战争胜利70周年为主题的系列爱国主义教育活动，组织党员观看影片《百团大战》；组织党员到平西人民抗日战争纪念馆参观学习，并到抗日烈士陵园进献花篮；与致公党朝阳、海淀区委联合举办"历史不会忘记　华侨与抗日战争展览。与中共西城区委统战部联合举办"凝心、聚力、发展"主题宣传活动。

（梁训新）

【社会服务】 年内，由致公党北京市委主办，区委社会服务委员会与声望听力连锁服务机构承办，分别在西城区陶然亭街道龙泉社区和月坛街道汽北社区举办"关注听力　情满北京——安全用耳，保护听力"进社区公益义诊活动，200多名社区老人参加。邀请听力专家作听力科普常识讲座，为社区居民义务检测听力并咨询，发放200余份科普读物，向居民群众赠送了200余辆便捷购物车。主委贺宏志带队赴攀枝花开展社会服务和调研活动，协调4家出版社向攀枝花市仁和区啊喇乡中心学校捐助价值10多万元的7000册图书，帮助该校建立"致公爱心图书室"，充实了学生的课外阅读内容。党员继续为四川省攀枝花市彝族16名女童捐资助学。在中国致公党扶贫开发工作会议上，致公党西城区委获"致公党扶贫开发工作先进集体"荣誉称号；李琼、徐军、曹永平、许振东获"致公党扶贫开发工作先进个人"荣誉称号。在西城区"凝心、聚力、发展"主题宣传活动中，党员陈爱莲参加公益演出，表演藏族舞蹈《天路》；党员向共建单位月坛街道、陶然亭街道社区家庭困难学生捐献爱心助学金6.5万余元。党员韩璎为老党员和陶然亭街道居民举办"老年痴呆高危人群的识别"讲座，党员张华为全区党员举办平安出行，交通事故解读、机动车保险及理赔的基本知识专题讲座。组织党员到陶然亭街道开展社会服务，为社区居民和敬老院举办法律知识讲座和义诊，并为敬老院老人送去慰问品。协助党员开展"红色12月隐形人的早圣诞"关爱环卫工人大型公益活动，为部分环卫工人购买防霾口罩等物资。

（梁训新）

九三学社西城区委员会

【概况】 九三学社北京市西城区委员会（简称九三学社西城区委），下设组织部、宣传部、参政议政委员会、社会工作委员会、青年工作委员会、老龄和妇女工作委员会、咨询委员会。截至年底，九三学社西城区委有委员21人，其中主委1人，副主委5人，秘书长1人。全区共有30个支社，社员1273人。区社员中有九三学社中央委员5人，九三学社市委常委2人、委员7人；全国政协委员3人，全国妇联执委1人；市人大代表2人，市政协委员4人，市特约监察员2人；区人大代表3人，区政协委员28人，区特约监察员5人，区青联委员2人。年内，九三学社西城区委被九三学社中央评为"2011—2015年全国社会服务工作先进集体"。

地址：西城区牛街20号510、512室

邮编：100053

电话：83490296　83495029

（宋淙淙）

【参政议政】 年内，九三学社西城区委对调研工作进行创新，通过招标模式，由支社向九三学社西城区委申报调研课题，以求报送的调研课题反映客观事实，具有科学价值、资政价值。九三学社西城区委向中共西城区委统战部报送调研报告6篇，其中《强化管理什刹海是亮好"西城金名片"的保障》获一等奖，《建立"互联网+居家养老服务体系"解决西城区养老难题》《抢救历史　永续利用——西城区口述历史工作的问题与建议》获二等奖，《西城区成立政策性担保机构解决区内小微企业融资难的必要性和可行性》《借力智慧交通缓解道路拥堵》获三等奖，《发展体育产业　促进体育消费》获优秀奖，九三学社西城区委被评为2015年度西城区民主党派调研工作优秀单位。全年报送信息198篇，被九三学社北京市委采用信息113篇。

（宋淙淙）

【组织建设】 年内，九三学社西城区委新发展社员48人，研究生以上学历38人，高级职称14人；转入15人，转出7人。在九三学社西城区委一届七次全委扩大会议上，通过了杨玲因工作调动辞去区委副主委职务的申请。按照《九三学社北京市委关于支社换届办法》以及《九三学社西城区委支社换届要求》精神，年内共有7个支社完成换届，产生了新一届班子；2个支社完成届中调整。发改委小组正式成立为发改委支社。

（宋淙淙）

【制度建设】 年内，九三学社西城区委坚持主委会学习制度，学习贯彻落实中共十八大和十八届三中、四中、五中全会精神及习近平总书记系列重要讲话精神，以坚持和发展中国特色社会主义为主线，有针对性地制定学习实践活动工作方案并付诸实施。健全档案管理制度，完善全区社员资料库、文书档案。

（宋淙淙）

【思想建设】　年内，九三学社西城区委举办学习中共中央统战工作会议精神报告会，邀请中央社会主义学院教授为社员作会议精神解读；举办两期九三学社史知识讲座，邀请区委委员许进作专题报告，让社员更加了解九三学社、热爱九三学社；开展纪念抗战胜利70周年学习活动，组织社员赴卢沟桥、中国人民抗日战争纪念馆参观学习；组织区内骨干社员赴贵州遵义进行异地培训，回顾历史，坚定信念；组织社员参加九三学社中央、九三学社市委、区政协、中共西城区委统战部举办的有关报告会；参与中共北京市委统战部、市社会主义学院理论研究课题投标，组织课题组撰写《民主党派代表人士成长规律研究》的报告。参与由中共西城区委统战部发起的“凝心、聚力、发展”主题活动，梳理九三学社西城区委2011—2015年的工作成果，协助完成宣传片和展板的制作工作，以多种形式展示民主党派风采。

（宋淙淙）

【民主监督】　年内，九三学社西城区委组织明察暗访工作小组成员27人对西城区综合行政服务中心、什刹海街道公共服务大厅、牛街街道公共服务大厅、牛街司法所、交通支队月坛桥执法站5家单位进行明察暗访，工作小组成员将访查结果填写到调查表中，由九三学社西城区委整理后将工作小结报送区政协。通过明察暗访，工作小组发现政府部门的工作作风有了较大改进，同时针对便民设施、操作规范性等问题提出了改进意见。

（宋淙淙）

【社会服务】　年内，在中共西城区委统战部的号召下，九三学社西城区委参与“凝心、聚力、发展”主题活动，广泛动员社员为区内贫困家庭学生捐款，19个支社募集捐款5.1万余元，经中共西城区委统战部联系，全部捐款定向分配给天桥街道、德胜街道、新街口街道和白纸坊街道64个社区的51名家庭困难学生。九三学社西城区委及支社组织社内医学专家赴天桥街道、德胜街道、西城区军休所、国家气象局、平谷区峪口镇等地开展义诊服务。年内，九三学社西城区委被九三学社中央评为“2011—2015年全国社会服务工作先进集体”。

（宋淙淙）

台盟西城区委员会

【概况】　台湾民主自治同盟北京市西城区委员会（简称台盟西城区委），设有调研工作组、信息工作组和简报工作组。台盟北京市西城区第一届委员会委员9人，其中主任委员1人、副主任委员4人（1人兼任秘书长）。年内，台盟西城区委有老年支部1个、中青年支部1个，盟员107人。盟员中有全国人大代表1人（任常委）；市人大代表1人，市政协委员2人（其中常委1人）；区人大代表1人（任常委），区政协委员8人（其中常委2人）；台盟中央委员2人（其中副主席1人）；台盟市委委员9人（其中副主委2人）；市特约工作人员1人；区特约工作人员3人。

地址：西城区牛街20号514室

邮编：100053

电话：83495426

（胡　悦）

【参政议政】　在区政协十三届四次会议上，台盟西城区委提交《加强社区工作者队伍专业化建设，促进社会治理扎实有效开展》和《关于统筹西城区基础设施规划与建设，加强地下管线建设的建议》2件党派提案，前者被评为2015年度党派团体优秀提案；台盟的6位区政协委员提交8件委员提案，其中1件被评为2015年度委员优秀提案。在区人大十五届五次会议上，台盟的1位区人大常委提交2件个人建议案。完成3篇调研报告，其中《西城区社区民主协商议事制度现状与问题研究》获台盟北京市委2015年度优秀调研报告三等奖、2015年度西城区民主党派调研成果二等奖；《西城区公共图书馆建设与发展研究》获台盟北京市委2015年度优秀调研报告三等奖、2015年度西城区民主党派调研成果三等奖；《关于推进西城区养老健康服务体系建设的对策建议》获2015年度西城区民主党派调研成果二等奖。全年报送信息24条，8人分别获得台盟北京市委2015年度信息先进一等奖、二等奖、优秀奖。19人次向台盟北京市委报送北京市两会提案线索和北京市政协协商议题建议。在区政协和中共西城区委统战部联合召开的“十三五”规划编制工作议政会上，1人代表台盟西城区委作《完善机制，积极实践，提升社区民主协商议事实效》发言。参加西城区双月座谈会4次。领导班子成员先后列席中共西城区委十一届八次、九次、十次全体会议，参加中共西城区委、区政协、中共西城区委统战部召开的民主协商会或征求意见会，就西城区“十三五”规划编制、中共西城区委和区政府工作报告等内容建言献策。参加区政协明察暗访工作，对区属5个政府职能部门进行依法行政等情况的监督察访。台盟西城区委获台盟中央2015年市级组织参政议政突出进步奖。

（胡　悦）

【思想建设】　年内，台盟西城区委继续以坚持和发展中国特色社会主义学习实践活动作为工作主线，以国家重大发展战略作为思想学习引导，学习中共十八大和十八届三中、四中、五中全会以及习近平总书记系列重要讲话精神，学习中共中央统战工作会议精神。与台盟朝阳区工委和西城区社会主义学院举办盟员暑期培训班，为盟员搭建知晓国情区情和明晰政情政策的平台。全年共组织130余人次参加全国“两会”精神报告会，台盟北京市委中青年骨干盟员培训班和西城区民主党派新成员培训班等学习培训活动33项。以主题活动作为增进参政党意识的引导，为纪念中国人民抗日战争胜利暨世界反法西斯战争胜利70周年和台湾光复70周年，组织盟员参观平西抗日战争纪念馆，参加纪念抗日志士林正亨诞辰100周年和《台湾同胞抗日丛书》出版座谈会等。参加“法治建设，从我做起”和纪念台湾人民“二·二八”起义68周年等主题活动。组织中青年盟员及待入盟台胞参与台盟北京市委第五届“走近台盟、认知台盟”主题活动，并进行助老服务活动。编印4期《西城台盟简报》。

（胡 悦）

【组织建设】 年内，台盟西城区委召开3次主委会议、1次区委（扩大）会议，研究确定2015年工作要点和各项工作的实施方案。为夯实2016年区委换届工作基础，研究确定了后备干部名单。新发展2名盟员，盟员总数达到107人。召开2次盟员组织生活会。开展参观保定陆军军官学校，新春走访老盟员和读书会等活动。慰问2位85岁和1位90岁老盟员。在台盟中央组织部整理收集盟员信息工作中，50余位盟员填写了基础信息采集表。在台盟中央办公厅的盟员基本情况调查活动中，36位盟员填答了在线问卷。台盟西城区委与其他民主党派区委共同开展“凝心筑和谐、聚力促发展”主题活动，以展板和多媒体宣传片展现台盟5年来优秀履职成果。区委承办台盟北京市委第七届“同心杯”冰蹴球比赛，促进各区级组织盟员交流。

（胡 悦）

【涉台工作】 年内，台盟西城区委联合西城区台办及中央音乐学院统联部组织港澳台学生30余人开展中秋联谊活动，参观北京什刹海体校，增进台生对北京的了解。区委主委依托本职工作，为两岸互助牵线搭桥，促成一家台湾企业向革命老区江西省崇义县丰州乡捐款20万元。组织台生参观专业乐队排练活动等，为台生搭建演出实践、家教培训和就业准备的平台。组织盟员参加台盟北京市委京台文化研习营、第八届“交流与共享”研讨会以及两岸早期教育学术论坛等。

（胡 悦）

【社会服务】 年内，台盟西城区委到结对子单位——广内街道开展共建活动，向康乐里小学捐赠1800本《走进博物馆》图书。与月坛街道开展共建活动，举办推广“居家保”老人救助牌公益服务活动；促成废旧电器回收企业与街道对接；为1名家庭贫困学生送去盟员捐献的3000元助学款。与区环保局、广外街道办事处等单位共同举办“践行绿色生活——清洁空气，你我齐行动”暨2015年度“自然·环境·未来”环保摄影比赛活动，传播和弘扬“生活方式绿色化”理念，并协调电子废弃物回收企业到场为居民宣传咨询废旧电器处置知识。为落实台盟中央精准帮扶贵州省毕节试验区的“同心助学”行动计划，促成西城区四根柏小学与贵州省赫章县城关第三小学建立起结对帮扶联系。连续第十二年开展公益植树活动，联合台盟东城区委、朝阳区工委共同种植75棵果树。在西城区民主党派“凝心铸和谐、聚力促发展”主题活动中，39位盟员共捐款1万元。在台盟北京市委“助梦启航”捐资助学活动中，32位盟员捐款3050元。

（胡 悦）

西城区工商业联合会（商会）

【概况】 北京市西城区工商业联合会（简称区工商联），内设办公室、非公企业党建办公室、会员部和经济服务部4个科室。机关行政编制18人，其中：常务副主席1人，副主席3人。截至年底，共有会员2924户，其中基层组织21户，包括15个街道商会和6个行业商会（西城区大栅栏琉璃厂商会、西城区金融街创新发展服务中心、西城区牛街清真食品商会、老北京传统小吃延续发展协会、西城区婚庆文化产业商会、女企业家联谊会）。有区工商联常委53人，执委113人、理事57人。会员中有市人大代表7人、市政协委员8人；区人大代表25人、区政协委员65人。年内，区工商联贯彻落实党的十八大及中央经济工作会议精神，以“三严三实”为指导，把促进区域非公经济健康发展和非公有制经济业内人士健康成长作为工作的出发点和落脚点，开展全年工作。区工商联会员企业北京基业达电气有限公司等5家单位获首都文明单位称号，北京和合谷餐饮管理有限公司获首都文明标兵称号。

地址：西城区牛街20号4层

邮编：100053

电话：83495617

（屈佳雯）

【搭建经济服务平台】 2月4日，区工商联携手区功促局、区发展服务中心、天津市河北区人民政府合作交流办公室举办“天津市河北区招商引资北京西城区推介会”。5月6日至8日，副区长、区工商联主席李岩、区工商联常务副主席刘爱中、副主席蔡莹媛及部分会员企业赴河南邓州考察，与邓州市工商联就商贸交流合作、光彩事业、异地商会等方面交流经验。7月22日至25日，区委常委、统战部部长程军、区工商联常务副主席刘爱中及部分会员企业赴内蒙古赤峰市进行商务考察，并与赤峰市工商联签订友好商会协议，区工商联会员企业北京市绿得食品有限责任公司与内蒙古蒙都羊业食品公司达成初步合作意向。7月22日至27日，区工商联组织3家中华老字号企业（清真）赴青海参加“2015年天境祁连绿色美食文化节”。8月，区工商联举办走进资本市场系列活动，组织会员企业赴北京市股权交易中心学习考察、参加企业挂牌操作实务培训。9月7日至8日，区工商联参加第七届中国回商大会，并与吴忠市工商联签订友好商会协议。

（屈佳雯）

【九届五次执委会】 2月10日，区工商联召开九届五次执委会。市工商联巡视员、党组副书记、副主席张卫江，区委常委、统战部部长程军出席会议。会议由副区长、区工商联主席李岩主持。大会依据章程，以举手表决方式同意免去杨秋的区工商联九届执行委员会常务副主席、常务委员、执行委员、区商会副会长职务，选举刘爱中为区工商联九届执委、常委、常务副主席、区商会副会长，选举王学丽为区工商联九届执委、常委、副主席、区商会副会长。会上，刘爱中作题为《围绕中心、强化服务、推动区域非公经济持续健康发展》的报告，区工商联党组书记、副主席曹学义组织学习党的十八届四中全会精神，张卫江、程军分别肯定工商联所做的工作并提出希望和建议。

（屈佳雯）

【开通政务“今日头条”移动客户端】 4月27日，区工商联开通“北京西城工商联”政务“今日头条”移动客户端，是全国工商联系统中首个开通政务“今日头条”客户端的单位2000余家区工商联会员企业可获移动平台的点对点推送服务。至此，区工商联在新媒体合作服务平台上形成“两微一网一端一刊”（微博、微官网、网站、“今日头条”客户端和《西城工商联》专刊）的格局。

（屈佳雯）

【助推法律服务】 6月，区工商联调整劳动争议调解委员会，设立专门的调解工作办公室，制作统一牌证，落实规章制度上墙，完成全国工商联和北京市工商联关于劳动争议预防调解示范（试点）工作检查验收的各项筹备工作。组织参与全国工商联、法院司法指导中心的调解员培训4次。北京磊鑫建筑工程有限公司获得2015年度“北京市和谐劳动关系先进单位”称号。9月15日，与西城法院就推动解决会员优先选择多元化纠纷解决机制、建设运用在线纠纷调解系统和流程管理系统等议题进行沟通交流。

（屈佳雯）

【商会工作】 8月14日，牛街街道商会成立牛街清真食品商会，并发布《北京市西城区牛街清真食品商会会员自律公约》。12月15日，区工商联召开商会工作会。15个街道工委副书记、商会会长、秘书长、工作人员共计80余人参加会议。会上，区工商联副主席王学丽总结2015年工作并布置2016年重点工作，德胜街道商会、什刹海街道商会、牛街街道商会分别做典型发言。年内，金融街街道商会完成换届工作、什刹海街道商会成立什刹海商会护国寺街分会、大栅栏街道商会成立大栅栏西街社区商会。

（屈佳雯）

【发展会员工作推进会】 10月15日，区工商联召开发展会员工作推进会，15个街道办事处主管商会工作的领导、各街道商会的会长、秘书长、工作人员共计60余人参会。会上，区工商联副主席蔡莹媛对《北京市西城区工商业联合会会员发展实施意见》进行布置，要求各商会在坚持会员发展数量与质量并重的原则下，加大会员发展力度，挖掘具有高成长性与高增长潜力的企业入会，不断优化会员结构。全年共发展会员130家。

（屈佳雯）

【新会员培训】 11月11日至12日，区工商联举办九届五次新会员培训会。80余家新会员企业和16个基层组织的工作人员参加培训。会议由区工商联副主席蔡莹媛主持。会上，区工商联副主席王学丽组织学习党的十八届五中全会精神和《中国共产党统一战线工作条例》，区工商联副主席郭乃文从工商联的性质、职能、任务等方面对《中国工商业联合会章程》进行解读，工商联各科室负责人向新会员介绍科室职责，为新会员颁发新会员标牌。

（屈佳雯）

【推荐“百名英才”人选】 年内，根据区委组织部的统一部署，区工商联推荐3名非公企业家参加“第二届西城区百名英才”遴选，北京裕昌置业集团总裁常鹏、北京市麻辣诱惑食品有限公司董事长韩东、北京普天德胜科技孵化器有限公司总经理侯洁获得“第二届西城区百名英才”企业经营管理人才奖。

（屈佳雯）

【非公企业党建工作】 年内，区工商联非公企业党委发展党员9人，新建支部1个。从三方面推进非公企业党建工作：开展“铭记历史、铭记先烈、增强爱国意识”的主题系列活动；定期组织党建工作交流，参观党员流动驿站，召开非公企业党组织负责人工作研讨会；设立党建创新项目专用经费，4家非公企业经立项审核得到创新项目专用经费支持。北京热能鸿业投资管理有限公司企业支部申报的“探索新时期流动党员管理思路”和北京爱义行汽车服务有限责任公司企业支部申报的“企业履行社会责任长效机制研究”获区级2015年“两新”组织党建创新项目。

（屈佳雯）

【光彩事业】 年内，区工商联组织80余家会员企业针对贫困家庭、患重大疾病的党员、职工、失学儿童开展走访慰问和社会公益活动，累计捐款捐物折合人民币23.36万元，慰问困难群众及家庭921人次。与展览路街道联合举办关爱老人募捐活动，16位会员企业家共捐款13.5万元，为展览路地区独居、孤寡老人安装烟感报警器。区工商联28家会员企业与45名品学兼优但家庭困难的学生结成一对一帮扶对子。

（屈佳雯）

【参政议政】 年内，区工商联建立政协委员社情民意信息上报机制。《关于在创新社会治理中运用现代科技手段加强对老年群体实施有效监护的建议》获区政协2015年度党派团体优秀提案，《关于开展中小企业培训服务、促进中小企业健康发展的建议》等4份个人提案获区政协委员优秀提案。区工商联商会副会长、北京市凯伯特建筑工程有限公司总经理窦伟代表工商联界别在区政协“十三五”规划编制工作议政会上发言。

（屈佳雯）

（责任编辑　马忠良）

政权　政协

北京市西城区人民代表大会常务委员会

【概况】　北京市西城区人民代表大会是西城区地方国家权力机关，区人大常委会是本级人民代表大会的常设机关，下设办公室、研究室、代表联络室、内务司法工作委员会、财政经济工作委员会、预算工作委员会、教科文卫工作委员会、城建环保工作委员会等8个办事机构。区人大常委会在区委的领导下，深入学习贯彻党的十八届四中、五中全会精神和中共中央总书记习近平视察北京重要讲话精神，全面落实市委和区委人大工作会议的部署，抓住改革发展和民生保障等方面的热点难点问题，依法行使职权，凝聚代表的智慧和力量，不断提高人大工作实效，促进了“一府两院”依法行政、公正司法，为西城区在北京建设国际一流的和谐宜居之都和法治中国首善之区进程中走在前列提供了有力保障。一年来，共召开常委会会议9次、主任会议16次，常委会听取和审议议题46项、任免国家工作人员381人次，圆满完成了全年各项任务。

地址：西城区广安门南街68号
邮编：100054
电话：83976304

（李　锟）

【西城区第十五届人大五次会议】　1月13至16日，北京市西城区第十五届人民代表大会第五次会议在全国政协礼堂召开，381名代表出席会议。大会听取和审议区长王少峰作的西城区人民政府工作报告，区人大常委会主任刘跃平作的人大常委会工作报告，区人民法院代理院长蔡慧永作的人民法院工作报告，区人民检察院代理检察长张铁军作的人民检察院工作报告；审查关于西城区2014年国民经济和社会发展计划执行情况与2015年国民经济和社会发展计划草案的报告；审查关于西城区2014年财政预算执行情况和2015年财政预算草案的报告。审议关于加强环境建设共建和谐宜居西城的决议草案的内容。会议选举产生区人大常委会副主任沙秀华、马业珠；采取举手表决的方式通过关于区人民政府工作报告的决议，关于区2014年国民经济、社会发展计划执行情况和2015年国民经济、社会发展计划的决议，关于区2014年财政预算执行情况和2015年财政预算的决议，关于区人大常委会工作报告的决议，关于区人民法院工作报告的决议，关于区人民检察院工作报告的决议，关于加强环境建设共建和谐宜居西城的决议。会议期间，58个政府职能部门和法院、检察院接受了区人大代表提出的关于交通管理、城市建设、社会治安、劳动保障等方面的询问；接受代表询问2390人次，询问事项1128件。会议还收到代表议案4件（其中3件转为建议）、建议185件。

（李　锟）

【西城区第十五届人大常委会会议】　西城区第十五届人大常委会第二十五次会议于2月28日召开。区人大常委会主任刘跃平主持。会议审议通过西城区人大常委会2015年工作要点和会议议题预安排；听取区十五届人大五次会议代表议案、建议情况分析的报告；审查区政府关于西城区第三次全国经济普查情况的书面报告；传达学习北京市十四届人大三次会议精神；审议并表决通过区政府、区法院提请的人事任免事项。西城区第十五届人大常委会第二十六次会议于4月28日召开。刘跃平主持。会议听取和审议区政府关于西城区国有资产监督管理情况的报告，听取区人大常委会财经委员会的预先审议报告；审议通过西城区人大常委会关于检查《北京市市容环境卫生条例》实施情况的工作方案；审议并表决通过关于修改《北京市西城区人大常委会讨论决定重大事项的规定》的决定；审议并表决通过关于修改《北京市西城区人大常委会关于实行审议意见书的办法》的决定；审议并表决通过区政府、区法院、区检察院提请的人事任免事项。西城区第十五届人大常委会第二十七次会议于6月24日召开。刘跃平主持会议。会议听取并审议区政府关于西城区2014年财政决算草案的报告，听取并审议区政府关于西城区2014年预算执行和其他财政收支情况的审计工作报告，表决通过北京市西城区人民代表大会常务委员会关于批准西城区2014年财政决算的决议和关于批准西城区2014年预算执行和其他财政收支情况审计工作报告的决议；

听取并审议区政府关于规范发展学前教育工作情况的报告；听取并审议区检察院关于主任检察官办案责任制改革试点工作情况的报告；听取并审议区人大常委会执法检查组关于开展北京市市容环境卫生条例执法检查情况的报告；审议并表决通过《北京市西城区人民代表大会代表建议批评和意见办理办法》；审议并表决通过关于接受曹景山辞去西城区第十五届人民代表大会代表职务请求的决议和关于接受曹景山辞去北京市第十四届人民代表大会代表职务请求的决议；审议并表决通过区政府、区法院提请的人事任免事项。西城区第十五届人大常委会第二十八次会议于8月19日召开。刘跃平主持。会议听取并审议区政府关于西城区2015年上半年国民经济和社会发展计划执行情况的报告，听取并审议区政府关于西城区2015年上半年财政预算执行情况的报告；听取并审议区政府关于西城区与湖州市等四地缔结友好区市（旗）情况的报告；审查区政府落实常委会关于国有资产监督管理情况审议意见的书面报告；审议并表决通过区政府、区法院、区检察院提请的有关人事任免事项。西城区第十五届人大常委会第二十九次会议于9月24日召开。刘跃平主持。会议开展关于老年人权益保障法贯彻实施情况的专题询问活动；审议《北京市西城区人大常委会任免国家机关工作人员办法（修订草案）》；审查西城区人民政府落实常委会关于规范发展学前教育情况审议意见的书面报告；审议并表决通过区人民政府、区人民法院提请的人事任免事项。西城区第十五届人大常委会第三十次会议于10月27日召开。刘跃平主持。会议听取并审议区政府关于西城区2015年1至9月国民经济和社会发展计划执行情况和计划调整的报告，听取并审议区政府关于西城区2015年1至9月财政预算执行情况和调整预算的报告，听取并审议区政府关于西城区2014年预算执行和其他财政收支审计查出问题整改情况的报告，表决通过关于批准西城区2015年财政预算调整方案的决议；听取并审议区政府进一步办理关于加强什刹海地区规划、建设和管理议案情况的报告；听取并审议区政府关于加快推进区属医疗机构基础设施建设，提升区域医疗机构安全生产管理水平议案办理情况的报告；审查区检察院落实常委会关于主任检察官办案责任制改革试点情况审议意见的书面报告；审查区政府落实常委会关于市容环境卫生条例执法检查报告审议意见的书面报告；审议并表决通过区政府、区法院、区检察院提请的有关人事任免事项。西城区第十五届人大常委会第三十一次会议于11月26日召开。刘跃平主持。会议听取和审议区政府关于“十三五”规划编制情况的报告；听取和审议区政府落实区人大关于加强环境建设共建和谐宜居西城决议情况的报告；听取和审议区政府关于棚户区改造情况的报告；听取并审议区政府关于代表议案、建议办理情况的报告；审议并表决通过关于举行区十五届人大六次会议的决定；审查区政府落实常委会关于西城区2014年财政决算报告审议意见的书面报告；审查区政府落实常委会关于西城区2014年预算执行和其他财政收支情况的审计工作报告审议意见的书面报告；审议并表决通过区人大常委会主任会议、区人民政府、区人民法院提请的有关人事任免事项。西城区第十五届人大常委会第三十二会议于12月17日召开。刘跃平主持。会议听取并初步审议西城区2015年国民经济和社会发展计划执行情况与2016年国民经济和社会发展计划草案的报告，听取并初步审议西城区2015年财政预算执行情况和2016年财政预算草案的报告；初步审议区政府、区法院、区检察院工作报告，研究讨论区人大常委会工作报告；听取并审议区人大常委会代表联络室关于区十五届人大五次会议代表议案及建议、批评和意见办理情况的报告；补选卢映川为北京市第十四届人民代表大会代表；审议并表决通过关于接受杨玲辞去西城区第十五届人民代表大会代表职务的请求的决定，听取并审议区人大常委会代表资格审查委员会关于西城区第十五届人大个别代表的代表资格审查报告，审议并表决通过关于补选西城区第十五届人大代表的决定；审议并表决通过关于接受张铁军辞去西城区人民检察院检察长职务的请求的决定，任命董常青为北京市西城区人民检察院副检察长、检察委员会委员、检察员，决定董常青为北京市西城区人民检察院代理检察长；审议并表决通过关于接受王功伟辞去西城区人民代表大会常务委员会副主任职务请求的决定；审议并表决通过区政府提请的人事任免事项，决定免去苏东北京市西城区人民政府副区长职务；审议并表决通过区法院提请的人事任免事项。西城区第十五届人大常委会第三十三次会议于12月21日召开。刘跃平主持。会议听取并审议区人大常委会代表资格审查委员会关于西城区第十五届人大代表的代表资格审查报告；审议并表决通过《北京市西城区国家工作人员宪法宣誓组织办法》；讨论大会议程草案，大会主席团、秘书长名单草案，议案审查委员会名单草案，国民经济、社会发展计划和财政预算审查委员会名单草案，大会选举办法草案，讨论并决定列席区十五届人大六次会议的人员范围；审议并表决通过区政府提请的有关人事任免事项，决定任命张明为北京市西城区人民政府副区长。

（李　锟）

【区十五届人大常委会主任会议】 西城区十五届人大常委会第四十二次主任会议于2月5日召开。刘跃平主持会议。会议听取区委组织部和区法院关于人事任免议案的情况介绍；听取区法院审判员、区检察院检察员书面述职工作情况报告；听取区十五届人大五次会议代表建议内容分析及办理建议的报告；研究区人大常委会2015年工作要点和会议议题预安排；听取区十五届人大五次会议代表关于政府工作的审议意见汇总情况报告；研究确定区政府落实区人大关于贯彻实施老年人权益保障法执法检查报告审议意见情况专题询问活动的实施方案；听取落实加强环境建设共建和谐宜居西城决议的任务分解的汇报；研究召开“四长”联席会有关工作；听取常委会第二十五次会议有关议题准备情况的汇报。西城区十五届人大常委会第四十三次主任会议于3月12日召开。区人大常委会副主任郑然主持会议。会议听取区政府关于2015年政府投资情况的报告；听取区法院落实常委会关于贯彻实施民事诉讼法工作情况审议意见情况的报告；听取区政府关于社区卫生服务情况的报告。西城区十五届人大常委会第四十四次主任会议于4月9日召开。刘跃平主持。会议听取区委组织部、区检察院和区法院关于人事任免议案的情况介绍；听取区政府贯彻实施会计法情况的报告；听取区政府关于围绕提高社会治理水平，加强社区矫正工作情况的报告；听取区政府关于实施土地管理法和土地管理法实施条例情况的报告；研究区人大常委会关于开展北京市市容环境卫生条例执法检查实施方案；研究区人大常委会讨论决定重大事项的规定修改稿、实行审议意见书办法修改稿；听取常委会第二十六次会议有关议题准备情况的汇报。西城区十五届人大常委会第四十五次主任会议于5月7日召开。刘跃平主持。会议听取区法院关于人事任免议案的情况介绍；听取区政府关于西城区开展盘活财政存量资金工作情况的报告；听取区政府贯彻实施审计法情况的报告；听取区政府关于工商登记改革情况的报告。西城区第十五届人大常委会第四十六次主任会议于5月11日召开。刘跃平主持。会议听取区政府关于西城区2015年教育综合改革工作的汇报。西城区十五届人大常委会第四十七次主任会议于6月3日召开。刘跃平主持。会议决定许可北京市人民检察院第二分院对西城区第十五届人大代表曹景山采取强制措施；研究曹景山关于辞去北京市人大代表职务和辞去西城区人大代表职务的书面申请；研究区委宣传部关于个别区人大代表在微博上转发不当内容的情况通报。西城区十五届人大常委会第四十八次主任会议于6月11日召开。刘跃平主持。会议听取区委组织部和区法院关于人事任免议案的情况介绍；研究确定关于西城区国有资产监督管理情况报告的审议意见书；研究区人民代表大会代表建议、批评和意见办理办法（草案）；听取区人大常委会办公室关于区人大常委会信息化建设相关工作情况的汇报；研究区人大常委会党组加强和改进人大工作的意见重点任务分解方案；听取常委会第二十七次会议有关议题准备情况的汇报。西城区十五届人大常委会第四十九次主任会议于7月9日召开。刘跃平主持。会议听取区政府贯彻全民科学素质行动计划纲要情况的报告；研究确定关于西城区2014年财政决算报告的审议意见书；研究确定关于西城区2014年审计报告的审议意见书；研究确定关于主任检察官办案责任制改革试点情况报告的审议意见书；研究确定关于规范发展学前教育工作情况报告的审议意见书；研究确定关于开展北京市市容环境卫生条例执法检查情况报告的审议意见书。西城区十五届人大常委会第五十次主任会议于8月6日召开。刘跃平主持。会议听取区委组织部、区法院、区检察院关于人事任免议案情况的介绍；听取区法院关于推进落实专业化审判工作情况的报告；听取区政府关于环卫清扫保洁和垃圾处理情况的报告；听取区政府关于创建国家食品安全示范城区工作情况的报告；听取区政府关于北京市西城区与浙江省湖州市等四市区（旗）缔结友好区市（旗）有关工作情况的报告；听取常委会第二十八次会议有关议题准备情况的汇报。西城区十五届人大常委会第五十一次主任会议于9月6日召开。刘跃平主持。会议听取区委组织部、区法院关于人事任免议案情况的介绍；听取区政府关于开展财政支出绩效评价工作情况的报告；听取区政府关于推进老旧小区实施物业管理情况的报告；听取区政府落实常委会关于规范发展学前教育工作情况审议意见的报告；研究区人大常委会人事任免办法修改稿；研究区人大常委会关于“十三五”规划监督工作安排；听取常委会第二十九次会议有关议题准备情况的汇报。西城区十五届人大常委会第五十二次主任会议于10月15日召开。会议听取区委组织部、区法院、区检察院关于人事任免议案情况的介绍；听取区政府关于贯彻实施行政监察法工作情况的报告；听取区政府落实常委会关于市容环境卫生执法检查报告审议意见的报告；听取区检察院落实常委会关于主任检察官办案责任制改革试点情况审议意见的报告；听取常委会第三十次会议有关议题准备情况的汇报。西城区十五届人大常委会第五十三次主任会议于11月5日召开。刘跃平主持。会议听取区委组织部、区法院关于人事任免议案情况的介绍；听取区政府关于十五届人大五次会议代表审议意见研究处理情况的报告；研究确定关于加快推进区属医疗机构基础设施建设，提升区域医疗机构安全生产管理水平议案办理情况报告的审议意见书；研究关于举行区十五届人大六次会议的决定草案；听取区人大常委会办公室关于人大代表网上服务平台建设情况报告以及B1报告厅改造初步设想；听取区人大常委会代表室关于西城区选民登记信息管理系统试点推演工作情况汇报；研究西城区第十五届人大常委会代表资格审查委员会组成人员名单草案；听取常委会第三十一次会议有关议题准备情况的汇报。西城区十五届人大常委会第五十四次主任会议于12月3日召开。刘跃平主持。会议听取区委组织部、区法院关于人事任免议案情况的介绍；研究关于补选北京市、西城区人大代表的有关事项；研究区人大常委会预算监督顾问工作规则；研究西城区人大常委会关于区人民政府落实加强环境建设共建和谐宜居西城决议工作情况报告的审议意见；研究西城区人大常委会关于区政府棚户区改造工作进展情况报告的审议意见；研究北京市西城区国家工作人员宪法宣誓组织办法（草案）；研究区十五届人大六次会议有关事项；听取常委会第三十二次会议有关议题准备情况的汇报。西城区十五届人大常委会第五十五次主任会议于12月14日召开。刘跃平主持。会议听取区委组织部关于人事任免的情况介绍；研究了区人大常委会工作报告。西城区十五届人大常委会第五十六次主任会议于12月21日召开。刘跃平主持。会议听取区委组织部关于人事任免的情况介绍；听取关于补选区人大代表工作情况的汇报。西城区十五届人大常委会第五十七次主任会议于12月28日召开。刘跃平主持。会议听取区十五届人大六次会议会前活动情况汇报。

（李　锟）

【落实加强环境建设共建和谐宜居西城的决议】　年内，区十五届人大五次会议作出关于加强环境建设共建和谐宜居西城的决议后，区人大常委会认真执行决议，并把推动决议落实作为全年的重点工作来抓。通过多种方式，加强对决议内容的宣传，提高了驻区单位和居民群众对决议的知晓度。同时由主任、副主任分别带队，开展视察调研活动，督促决议落实。年内，以城建环保委为主、各委员会全面参与，针对基础设施建设、惠民利民工程、环境景观提升、生态环保项目等环境建设方面的各项任务，先后组织14次视察调研活动，参与的市、区人大代表达276人次。常委会听取和审议了区政府落实决议工作情况的报告，建议区政府进一步健全城市环境建设和管理体制，落实城市管理主体责任，加大执法和监管工作力度，不断提升城市环境品质和精细化管理水平，推进和谐宜居西城建设。区政府就落实决议作出中长期、年度和阶段性部署，并与相关部门和街道、驻区中央和国家机关、市属企事业单位签订责任书，全面推进决议相关任务的实施，在破解难题、完善机制、常态治理等方面取得显著成效。65项落实决议的任务基本完成，形成区域环境共建共治共享的良好格局。

（李　锟）

【全程参与区“十三五”规划编制工作】　年内，常委会在推动区“十二五”规划全面落实的同时，把扩大代表参与区“十三五”规划编制、提高代表大会审查批准规划的实效贯穿到全年工作中，多措并举，组织代表全过程、全方位参与规划编制工作。通过常委会网站和信息刊物，动员代表围绕规划编制积极建言。常委会组成人员和市、区代表提前介入规划研究，参加专题调研、座谈、重点课题及专项规划评审等活动。常委会各委员会在组织代表视察调研中及时了解群众需求，广泛汇集代表和群众的意见。财经委和各街道代表联组对规划纲要进行预先审议，就规划指标、发展思路，以及打通断头路、老旧小区改造、停车管理等城市环境问题和养老、医疗、教育等公共服务问题提出意见和建议。区政府在规划编制的过程中，认真研究吸纳代表的意见建议，使人民群众的意愿提前进入到国家机关决策中。常委会听取和审议了区政府关于区“十三五”规划纲要编制情况的报告，提出规划编制要落实中央和市委的决策部署，充分体现以人民为中心的发展思想，突出区域功能定位，坚持创新、协调、绿色、开放、共享的发展理念，使规划能够应群众所盼、解群众所忧，使全区经济社会发展更有效率、更加公平、更可持续，为本次代表大会更好的审查批准区“十三五”规划奠定了基础。

（李　锟）

【推进讨论决定重大事项工作】　年内，组织修订了常委会讨论决定重大事项的规定，对重大事项的范围进行了重新梳理和分类，对讨论决定重大事项的程序以及处理方式进行了完善和规范，促进常委会讨论决定重大事项常态化、规范化。年内，常委会依法行使重大事项决定权，先后就批准2014年财政决算、2014年预算执行和其他财政收支情况的审计工作报告、2015年财政预算调整方案以及同意与湖州市等四地缔结友好区市等事项作出决议、决定9项。同时，对区政府盘活财政存量资金工作给予关注，支持区政府合理安排各项财政支出，加快支出进度，加大民生领域资金投入，切实提高财政资金使用效益。关注教育综合改革，听取区政府相关工作报告，并就相关改革措施的宣传、职业教育改革、教师队伍培养等方面提出意见建议，为改革的顺利推进提供了支持和保障。

（李　锟）

【全面履行计划预算监督的法定职责】　年内，常委会依法听取和审议了区政府关于国有资产监督管理情况的报告，并从依法加强企业国有资产监管，推进区属国有企业改革，完善国有资本经营预算，加强企业民主管理、民主监督和人才队伍建设等方面提出审议意见，推动区政府依法履行出资人职责、完善监管制度，促进了区属国有企业的发展。听取和审议区政府关于2015年上半年和1至9月计划执行情况的报告，对2016年计划报告的主要内容进行初步审议。审查区政府关于西城区第三次全国经济普查情况的书面报告。加强对区政府关于2015年政府投资、工商登记改革情况的监督，促进了区域经济健康协调平稳发展。贯彻落实新修改的预算法，从事前、事中、事后全过程参与预算监督工作。常委会听取和审议区政府2014年财政决算报告、2014年预算执行和其他财政收支情况的审计工作报告以及审计查出问题整改情况的报告。听取和审议区政府关于2015年上半年和1至9月预算执行及调整情况的报告。加强预算编制审查工作，组织代表参加相关培训和部门预算编制初审，扩大代表对预算编制工作的参与，把好预算编制的“入口关”，常委会对2016年财政预算报告和预算草案的初步方案进行了初步审查。对区政府开展财政支出绩效评价工作加强监督，跟踪调研区级大额专项资金管理办法的落实情况，促进了财政资金使用更加科学规范有效。

（李　锟）

【推动发展成果更多更公平地惠及居民群众】　年内，常委会听取和审议了区政府关于棚户区改造工作进展情况的报告，针对群众反映突出的问题，就细化补偿政策、公开棚改相关信息、加强棚改项目管理和安置房规划、采取多种措施满足困难居民实际需要等方面提出审议意见，强调要把棚改与完善社区服务功能、疏解人口综合考虑，争取政策支持，保证棚改顺利进行。同时对区政府推进老旧小区实施物业管理、清扫保洁和垃圾处理等方面工作加强了监督，在推动解决群众反映突出的问题上取得新的进展。

（李　锟）

【推进学前教育等工作】　年内，常委会听取和审议区政府关于规范发展学前教育工作情况的报告。推动区政府健全规范发展学前教育工作机制，科学制定第二个学前教育三年行动计划，加大投入力度，整合资源，加快幼儿园和幼儿教师队伍建设，将幼儿园重点建设项目纳入区“十三五”规划。同时，对区政府推进全民科学素质行动计划纲要实施、创建国家食品安全城区、社区卫生服务、语言文字规范化建设、体育生活化社区建设、实施文商旅三年行动计划等方面工作加强监督，促进了居民生活品质的提升。

（李 锟）

【继续深化对养老服务工作的监督】 年内，常委会就老年人权益保障法和居家养老服务条例的贯彻实施情况组织开展专题询问。区政府主管副区长和9个政府职能部门的负责人到会接受询问，15个街道主管老龄工作的负责人列席会议。针对会前视察调研了解的情况和居民群众关心的热点难点问题，常委会组成人员重点就相关法律法规的宣传教育、街道养老照料中心建设及其服务功能、养老服务财政保障机制、老年人医疗卫生服务、健身娱乐设施建设、养老服务人才队伍建设、维护老年人合法权益等方面内容进行了询问。通过专题询问，促进了政府相关部门和各街道完善工作机制、强化履职责任，加快养老服务基础设施建设，完善了全覆盖的养老服务体系和布局，服务水平进一步提高，推进了老年人权益保障法和居家养老服务条例的贯彻实施。

（李 锟）

【推进司法工作监督和法律监督】 年内，常委会听取和审议区检察院关于主任检察官办案责任制改革试点工作情况的报告，从探索工作运行机制、研究解决重点难点问题、做好改革试点中的思想政治工作等方面提出审议意见，促进了检察工作运行机制进一步优化，主任检察官职责权限更加明确，监督制约机制更加健全。加强对区法院推进专业化审判工作的监督，推动区法院优化审判资源配置、完善管理制度，进一步提高了审判质量和效率。组织53名审判员和检察员向常委会书面述职，强化了被任命人员依法履职、接受人大监督的意识。针对市容环境方面的突出问题，常委会组织开展市容环境卫生条例实施情况的检查。执法检查组通过明查暗访、调研座谈、随机抽查、填写执法检查表等方式，组织代表深入了解全区贯彻实施市容环境卫生条例的总体情况，重点就市容环境卫生责任制落实情况、城市容貌和环境卫生工作情况、日常监管机制的建立运行情况、政府有关部门行政执法情况、街道和社区市容环境卫生工作开展情况进行了检查。常委会听取和审议了执法检查报告，并提出审议意见，同时制作执法检查纪实短片，一并交区政府研究处理。通过执法检查，推动了市容环境卫生条例的贯彻实施，区政府建立了城市秩序考核评价和环境督查追责机制，加强部门协调联动，全面履行法定职责，推进“门前三包”责任落实，加大解决问题力度，市容环境卫生管理水平进一步提升。

（李 锟）

【依法加强对大气污染防治等工作的监督】 年内，常委会以大气污染源头治理为重点，对大气污染防治执法检查审议意见落实情况进行了跟踪检查。同时，对区政府贯彻实施行政监察法、会计法、审计法、安全生产法、土地管理法、治安管理处罚法、残疾人保障法、音像制品管理条例、出版管理条例、社区矫正实施办法等法律法规实施情况，通过听取报告、组织视察调研，推动了相关法律法规的贯彻落实。依法开展规范性文件备案审查，维护了法制的统一。

（李 锟）

【加强代表议案办理工作】 年内，针对代表大会主席团交付的关于加快推进区属医疗机构基础设施建设、提升区域医疗机构安全生产管理水平的议案，加强与区政府沟通协调，组织代表深入调研，听取和审议了区政府关于该议案办理情况的报告，从科学谋划区属医疗机构项目建设、健全项目建设工作责任制、解决社区卫生服务机构用房问题、加大卫生基础设施建设投入力度、提升医疗机构安全生产管理水平等方面提出审议意见，推动代表议案办理取得有效进展。对加强什刹海地区规划建设和管理议案办理报告的审议意见落实情况进行跟踪调研，听取和审议了区政府有关工作报告，使什刹海地区建设管理水平有了新的提高。

（李 锟）

【加大代表建议督办力度】 年内，完善代表建议办理工作制度，修订区人民代表大会代表建议、批评和意见办理办法，就完善办理方式、规范办理程序、提高办理实效提出新要求。加大建议督办力度，对代表建议进行全面梳理分析，明确建议办理的重点和方向。对关系群众生活、代表连续多年反复提出、办理难度较大的建议，由常委会主任、副主任分工负责，现场督办。组织代表建议办理监督员就建议办理工作有针对性地开展检查视察活动，对需跨年度落实的建议连续督办，推进代表和群众反映的问题得到妥善解决。区十五届人大五次会议受理的185件代表建议（含议案转建议3件）中，除1件作为参考和1件外转的建议外，均已办结并答复代表。其中经过努力得到解决或取得一定进展的153件，约占已办结建议的83.6%。

（李 锟）

【进一步增强闭会期间代表活动实效】 年内，常委会注重发挥各委员会及各工作机构的作用，组织代表深度参与常委会工作，进一步发挥代表作用。围绕常委会议题和全区改革发展的深层次问题，尊重代表意愿和兴趣，全面实行代表列席常委会会议和自主选择参加执法检查、视察调研活动等制度，充分发挥代表的专业特长，扩大代表活动参与度，提高代表活动的质量和实效。年内，常委会各委员会组织代表视察调研90次，参加代表920人次。

（李 锟）

【注重发挥街道人大代表工委的基础性服务平台作用】 年内，注重发挥街道人大代表工委的基础性服务平台作用，完善市、区代表联系机制，积极为市、区代表履职服务。围绕市、区“十三五”规划编制以及城市管理、环境建设、社区服务等群众关注的重点工作，组织代表参加专题座谈、视察调研，广泛听取群众意见。深入开展代表联系选民、参加选民接待日等活动，组织代表向原选区选民报告年度履职情况，接受选民的监督。年内，15个街道人大代表工委共组织代表活动151次，参加代表2082人次。

（李　锟）

【坚持依法办事】　年内，坚持依法办事，常委会接受个别代表辞去代表职务，完成个别市、区人大代表的补选工作。按照市人大常委会的部署，在全区各街道社区全面开展选民登记信息管理系统试点推演工作。受市人大常委会委托，组织市人大西城团代表参加培训、视察调研、年中集中活动、书面报告履职情况，完成市人大西城团代表的联络服务工作。

（李　锟）

【强化理论学习和尊法学法自觉】　年内，常委会深入学习贯彻党的十八届四中、五中全会精神和京津冀协同发展规划纲要，准确把握人大工作定位。着眼于更好地履行人大职能，自觉加强宪法法律和人大制度理论的学习。结合人大工作实际，组织常委会专题学习班，认真学习贯彻中央转发的全国人大常委会党组关于加强县乡人大工作和建设的若干意见以及市委第四次人大工作会议精神。以围绕京津冀协同发展大局、发挥人大职能作用为主题，组织召开专题研讨会，进一步提高了运用法治思维和法治方式推动基层人大工作的能力，为做好人大工作、更好地发挥人大制度优势奠定了思想基础。

（李　锟）

【推进人大工作创新】　年内，发挥常委会党组的领导核心作用，围绕推进人大制度在西城区的实践与时俱进，协助区委筹备召开第四次人大工作会议，研究制定区人大常委会党组关于在全面推进依法治国进程中加强和改进人大工作的意见，从强化党的领导，保证代表大会的法定职权，推进常委会依法决定重大事项，保障代表权力、增强代表活动实效，强化法律实施的监督、进一步发挥街道人大工作机构的基础性服务平台作用等方面提出一系列改进工作的举措，推动人大工作创新发展。完善代表大会期间代表审议意见处理机制，对区政府研究处理代表审议意见的情况进行了监督。修改常委会实行审议意见书办法，制定西城区国家工作人员宪法宣誓组织办法、预算监督顾问工作规则。

（李　锟）

【推进区人大常委会机关建设】　年内，结合开展“三严三实”专题教育，改进机关工作作风。通过组织专题党课、学习研讨、民主生活会和组织生活会，抓整改落实和立规执纪，全面推进机关建设，打造从严的精神、务实的作风，使人大工作更好地服从和服务于全区工作大局。加强人大信息宣传工作，改版常委会网站，通过网站、公报、人大信息宣传刊物和北京西城报等多种途径及时公开履职情况，推进区人大及其常委会工作更加公开透明。

（李　锟）

北京市西城区人民政府

概　述

年内，围绕首都城市战略定位，坚持有序疏解与优化提升并重，成立区疏解非首都功能工作领导小组，加大统筹协调力度，形成政府部门、社会单位和广大居民共同推动疏解的工作合力。强化属地责任，搭建工作平台，统筹协调动物园批发市场4家产权单位制定方案，累计完成20.6万平方米疏解任务，其中新建楼宇转型升级8万平方米、腾退闭市12.6万平方米。东天意和部分西天意市场疏解工作按时完成，西单文化广场地下商市场如期闭市，报国寺、福丽特等市场实现业态升级，共计9万余平方米。着眼提升西城职业教育办学品质，完成北京市实验职业学校广外校区等5个校址的腾退工作，合并4所职业高中组建西城职业教育学院。推进育荣教育园区新校址建设，将40个专业调整为10个，集中力量办好金融、学前教育等特色专业。制定实施更加严格的新增产业禁止和限制目录，减少工商登记申请业务2045项、个体户1955户。下大气力整治无证无照“七小”业态，依法取缔规范“七小”门店1351个。同步调整优化生活性服务业网点布局，建立10个百姓生活服务中心，新增53家品牌连锁店，调整升级78家服务网点。坚持以业控人、以房管人、以证管人，探索建立人口规模调控工作机制，加强人口数据动态监测和户籍管理，加大直管公房转租转借清理和群租房、地下空间治理力度，综合运用房屋管理、环境整治和基础设施建设等方式推进人口规模调控。流管平台登记流动人口24.6万人，比年初减少5.5万人。

积极适应经济发展新常态，着力构建“高精尖”经济结构，主动融入京津冀协同发展，区域经济质量和效益进一步提升。金融优势不断巩固。服务国家重大战略，丝路基金、中拉基金等机构先后入驻，全年引进各类金融机构137家，注册资本达到2427.8亿元。服务国家多层次资本市场建设，“新三板”市场挂牌企业达到5129家。加强对国家金融管理部门的服务保障，举办金融街论坛、金博会等活动，金融街国际影响力进一步提升。运用政金企投融资平台，支持棚户区改造、保障房建设等重点项目，推进国企改革重组和产业结构调整，服务科技文创企业壮大发展。中关村科技园区西城园国家级高新技术企业超过300家，120家高新技术企业入选中关村“瞪羚计划”，高新技术企业总收入约2300亿元，增长23%。推进“大众创业、万众创新”，开展“创业创新·圆梦西城”主题活动，扶持2家企业获得市级“众创空间”称号。促进知识产权保护，全区专利申请量1.6万余件，实现专利授权1.2万余件，西城区被确定为国家知识产权试点城区。联合国教科文组织“国际创意与可持续发展中心”入驻设计之都大厦。联合出版公司连续3个月排名全国图书整体零售市场份额第一。国家智慧城市样板试点全面启动。台湾清庭等10余家知名文化企业入驻DRC工业设计创意产业基地。优化新华1949文化金融创新中心环境。完成“西城印象”展览馆一期建设。落实文商旅融合发展三年行动计划。设立专项引导资金，举办什刹海文化旅游节、马连道国际茶文化节、西单时尚节等主题活动，打造“惠游西城”品牌，组织第三届惠民文化消费季。成立北京茶叶交易中心。鼓励亿元商场、特色商街、老字号开展网上交易。全区实现社会消费品零售总额约910亿元，同比增长5.5%。区域协同发展有序推进。强化全市“一盘棋”思想，主动加强与其他区的协调联动，不断深化教育医疗、保障房建设、产业发展等方面的合作。与河北省保定市签署战略合作框架协议，与天津市武清区、宝坻区和河北省唐山市、保定市、廊坊市等20多个市区县开展产业项目、公共服务等方面的对接。做好与新疆、西藏、青海、内蒙古等地区的对口支援，推进与南水北调水源地河南省邓州市对口协作。与4个城市缔结友好关系，举办北京国际民间友好论坛，搭建交流合作平台，借鉴各地经验，以更宽的视野推动区域发展。

把落实《西城区人民代表大会关于加强城市环境建设共建和谐宜居西城决议》作为提升区域环境品质的工作主线，制定方案，落实责任，着力开展“景观提升、惠民利民、基础设施、生态环境”四大工程，完成65项年度任务，形成驻区单位和居民群众共建共享优美环境的氛围。打好“拆违、灭脏、治污、清障、治乱、撤市”六大战役。全年拆除违法建设2797处7.6万余平方米，保持新生违建“零增长”。整治脏乱点1400余处。严格落实《西城区2013-2017年清洁空气行动计划》，强化污染源管控，淘汰老旧机动车25682辆，完成7300户居民清洁能源改造，实现全区“无煤化”目标，细颗粒物（PM2.5）累计平均浓度为83微克每立方米，下降6.2%。在全市率先启动“五个专项治理”，规范道路公共服务设施1360余处，拆除违规电子显示屏520余处，清理占压燃气管线安全隐患，全面整治电动自行车售卖点、洗（修）车站点占道经营。清理废弃机动车362辆。撤除、规范、提升21个环境问题突出的市场。推进三里河—金融街—中南海和谐宜居示范区环境建设，实施月坛南街、广宁伯街及辟才胡同沿线绿化添彩工程。完成西海等4处区域环境综合提升和16条达标道路建设。提高79条街巷胡同环境水平，打造60条精细化管理胡同。推进天桥艺术中心周边环境综合提升项目。高标准治理二环路沿线环境。持续开展架空线入地工作。全年新建、改造绿地15.9公顷，完成莲花河滨水绿道（西城段）一期建设，建成5个园艺推广中心，推进“都市菜园”、生态阳台和院落建设，持续开展“百万鲜花送市民”活动。基础设施建设力度加大。打通断头路、改造瓶颈路，实现南中轴路南段等4条市政道路竣工通车。完成38条道路大中修、5处交通疏堵、6条道路慢行系统建设、15项无障碍设施改造、28项自行车出行示范工程。新增居住区停车位1007个、立体停车位352个。新投放公租自行车1000辆。新建28个垃圾分类达标小区。改造旱厕34座。做好水电气暖保障工作，加快推进地下管网数据库建设，实现18栋老楼通暖。更新老旧危险电梯61部。完成全区房屋普查工作。探索“大城管”模式，初步形成管理、作业、执法、监督“四位一体”闭环体系。发布实施城市环境分类分级管理标准，打造一批示范街区、达标街区、重点街区和自管街区。构建网格化城市管理“微循环”，实现市级平台与区级平台无缝对接，全响应平台运行效率进一步提高。严格执行“月检查、月排名、月曝光”“四公开一监督”和重大环境问题约谈等制度，城市管理监督机制不断完善。强化“门前三包”责任落实，开展各类环境建设志愿服务活动3000余次，社会力量广泛参与城市管理的积极性和主动性日益增强。

弘扬社会主义核心价值观，召开西城区基层文化工作推进大会，深化“四个西城”“六个文化”建设，更多群众享受到了区域文化发展的成果。深化社会主义核心价值观教育，开展中国人民抗日战争暨世界反法西斯战争胜利70周年系列宣传教育活动，组织“我们的价值观”和“京华英雄”百姓宣讲1500余场，建成赵登禹路和佟麟阁路国防教育主题雕塑，通过多种形式弘扬抗战精神，激发爱国热情。完善文明城区创建工作长效机制，组织首都道德模范和“北京榜样”推选，倡导诚信文化和孝文化。注重弘扬社会正能量，拍摄电影《巡回法官》、排演话剧《新北平市长》和《北京人家》等8个原创影视作品和舞台剧目。深化双拥共建工作，实现全国双拥模范城区八连冠。召开区名城委2015年年会，组建4个专业委员会，广泛吸纳各界人士参与名城保护。统筹推进大栅栏、琉璃厂、白塔寺、什刹海等历史文化保护区、宣西北等历史风貌协调区的整体保护。地安门百货商场基础改造基本完成，护国观音寺、粤东新馆、杨椒山祠等6项文物腾退征收工作顺利推进，粮食店街第十旅馆、圣安寺等18项保护修缮工程有序展开。编撰出版《增订宣南鸿雪图志》，完成历史文化名城保护三维应用项目和文物保护单位二维码信息系统建设。评定第三批区级非物质文化遗产传承人81人，组织非遗项目传承人赴4个国家开展文化交流。群众文化活动丰富多彩。紧贴群众文化需求，精心打造“百岁老人口述史”“胡同文化建设”等公益项目，开展百姓戏剧展演、中秋群众游园赏月等10个品牌文化活动。举办2015北京大栅栏琉璃厂精品交易文化季和北京国际设计周大栅栏、白塔寺展区活动。开设雁翅楼中国书店等12个特色阅读空间，通过阅读季、童书博览会等多种形式，广泛开展全民阅读活动。天桥市民广场投入使用，天桥艺术中心按期开幕，推出文化艺术惠民计划，成功上演音乐剧《剧院魅影》、原创话剧《北京法源寺》。开展文化惠民365工程，组织各类文化活动3384场次，惠及群众101.5万人次。

在全市率先成立区人力资源公共服务中心，建立区充分就业管理平台，加大困难群体就业帮扶力度，鼓励创业带动就业，成功创建充分就业区，城镇登记失业率为0.86%，零就业家庭保持动态脱零。按计划推进机关事业单位养老保险制度改革。开展国家级社会保障公共服务标准化试点工作。推进和谐劳动关系单位创建。健全社会救助体系，完善特困人员救助政策，有序推进“救急难”工作，临时救助、医疗救助2.36万人次，救助资金3429万元，为1.86万人发放低保金1.56亿元，困难群众基本生活得到有效保障。推进国家养老服务业综合改革试点区创建，新建街道养老照料中心7个。推进区综合养老服务中心建设，全区41家养老机构总计床位达3011张。加快养老助餐服务体系试点建设，全年为老年人提供服务达58.5万人次，发放居家养老助残服务补贴6623.3万元。做好残疾人服务保障工作，投入资金2.6亿元支持各项助残服务，惠及39087名残疾人。教育教学质量稳步提升。积极应对学前入学高峰，促进学前教育提质增量，新建改建9所幼儿园，新增学位790个。全区所有小学落实“城宫计划”。着力推进初中布局调整，10所中学并入优质学校，优质资源布局更加均衡。深入推进学区制改革，完成中学的学区调整，实现中学与小学学区的统一，80%的学生在优质初中就读。实施“校园工程”，新增义务教育阶段优质学位1100余个。强化新任教师培训，推动教育集团人力资源共建共享，教师队伍综合素质不断提升。顺利通过国家级义务教育均衡发展督导评估验收。中高考成绩、科技创新大赛继续保持全市领先水平。推进整合型医疗卫生服务体系建设，初步实现分级诊疗体系内24小时预约转诊服务和优先检查化验服务。完成中医医联体建设。回民医院晋升为三级甲等中西医结合（民族）医院。推进居民与家庭医生建立稳定、连续的契约服务关系，65岁以上老年人签约率85.5%，四种慢性病签约率86.1%。宣武中医医院二期、丰盛医院、护国寺中医医院等区属医疗卫生机构基础设施建设取得新进展。全民健身运动广泛开展，体育生活化社区实现全覆盖。居民居住条件加快改善。扩大政策覆盖范围，推动52项棚户区改造任务，全区10603户居民从中受益。成片棚改项目取得突破性进展，市委党校山字楼项目完成99%，百万庄项目完成95%，北京昆剧院项目完成90%。实施13项平房修缮类项目，完成2886户平房翻建任务。启动13项老旧小区改造，完成3733户抗震加固、2275户节能改造和418户简易楼腾退。丰台大红门、昌平回龙观、大兴康庄及房山长阳项目共6247套保障性住房实现竣工，配租配售5726套，发放租金补贴3002万元，为9036户居民改善了居住条件。落实党政同责、一岗双责、失职追责安全生产责任制，健全安全监管和安全生产隐患排查治理体系，深入开展安全生产大检查，按照“查、告、罚、关、停、改、帮”七字方针，共检查危险化学品、建筑、人员密集场所等各类生产经营单位19.6万家次，发现各项隐患5.8万项，整改5.5万余项。完善突发事件现场处置和善后工作机制，强化应急宣传和演练。成功创建综合减灾示范区。开展国家食品安全城市创建工作，食品药品监督管理水平不断提升。着力推进“平安西城”建设，完善立体化社会治安防控体系，持续推进打防管控和系列“平安行动”，健全反恐怖工作“六大体系”，推进人防、物防、技防标准化建设，不断增强基层治安防控能力。圆满完成重大活动安全保卫和服务保障任务。构建多层次、全方位矛盾排查机制，通过人民调解、司法调解、行政调解等方式，妥善化解矛盾纠纷。强化街道统筹辖区发展的基础性作用，依托区街两级指挥（分）中心建立协同高效的民生问题解决机制。完成第九届社区居委会换届选举，探索社区“多居一站”工作模式，形成社区党组织、居委会、工作站有效运行的新机制。建立社区居民代表常务会制度，推进社区“参与型”协商治理。试行政府代表进网格，推动社区自治与网格管理有效衔接。加强社区工作者队伍建设，工作待遇进一步提高，培养和激励机制不断完善。建立“一中心、多基地”社会组织培育发展体系，投入3000万元社会建设专项资金，购买93个社会建设项目，更好地满足群众的多样化需求。“百岁苑西城百岁老人博物馆”正式对外开放。全响应网格化社会治理体系获“2015年度中国政府创新奖”。

深化党的群众路线教育实践活动成果，深入践行“三严三实”要求，持续加强作风建设，努力提高政府执行力、服务力和公信力。“三严三实”专题教育扎实开展。坚持用严的精神、实的作风，着力抓好集中学习、党课报告、专题研讨、查摆整改等关键环节，深入推进区政府党组民主生活会整改任务落实，努力在巩固党的群众路线教育实践活动成果上见实效，在守纪律讲规矩、营造良好政治生态上见实效，在真抓实干、推动改革发展稳定上见实效。不断深化“访民情、听民意、解民难”长效工作机制，收集社情民意64494件，解决62287件，解决率为96.6%。全年为群众办重要实事162件，切实解决好群众普遍关心的重点难点问题。坚持以首善标准抓好党风廉政建设，履行好主体责任和“一岗双责”，强化“三重一大”制度落实，全区独立核算一级单位实现审计监督全覆盖，召开政府系统廉政工作会议，做到党风廉政建设与各项行政工作同部署、同落实、同检查、同考核。严格落实中央八项规定精神，进一步精简会议和文件，实施无纸化会议系统，按照全市统一部署启动党政机关公务用车制度改革，严肃查处“为官不为”“为官乱为”案件53件，进一步推动政风好转。坚决执行区人大及其常委会决议，进一步完善重大事项向人大报告制度，落实好重大行政决策向区政协通报协商制度。全年办理人大议案1件、代表建议182件，政协委员提案265件，办复率100%。建立民生工作民意立项机制和政府开放日、政民互动直播间等公众参与机制，邀请人大代表、政协委员、专家学者、居民代表列席区政府常务会议，继续推行区政府常务会议微博直播。深化政府信息公开，全年主动公开1.3万余条，依申请公开1628件。进一步强化法治思维，完善法律顾问制度，坚持区政府常务会会前学法制度，行政首长出庭应诉制度实现常态化，行政机关负责人出庭应诉71人次。建立行政权力动态梳理公布机制，推进简政放权，落实中央、北京市取消和下放的行政审批事项13项，非许可类审批事项全部取消。完成“六五”普法任务，营造良好的法治氛围。进一步优化政府职能，推进政府机构改革，组建科信委和卫计委，对爱卫会、职业卫生、侨务等相关职能进行划转，将区房管局由部门管理机构调整为政府工作部门。完成事业单位分类，厘清政府职责，推进政事分开。强化12341政府热线和“一站式”服务，推进商事登记制度改革，实施“三证合一”，不断提高行政服务效率，窗口服务群众满意度达99%。行政服务标准化工作被确定为“全国服务业标准化示范项目”。建立市场监管联席会议制度，提高政府管理服务能力，不断优化发展环境。完善绩效考评体系，政府绩效管理进一步加强。

（王　丹）

区政府主要工作及重大活动

【政府决策会议】 年内，区政府召开政府常务会议20次、政府专题会议32次，共讨论议题218个。1月6日，第105次会议听取关于区政府常务会微直播、西城区贯彻实施2014年大气环境目标和大气污染防治规划完成情况的汇报。1月21日，第106次会议听取关于2014年安全生产工作情况及2015年工作重点、2014年西城区城市管理工作、2014年西城区依法行政工作等情况的汇报。2月4日，第107次会议听取关于西城区2015年为群众拟办重要实事、西城区政府折子工程、区政府承办2015年人大代表建议和政协委员提案情况的汇报。3月11日，第108次会议听取关于2015年区政府会议重要议题计划编制工作、迎接国家级义务教育基本均衡达标验收工作、西城区民防专业队整组方案有关情况的汇报。4月1日，第109次会议听取关于“千家评政府”工作、推进行政审批制度改革、西城区2015年清洁空气行动计划及修订《西城区空气重污染应急预案》有关情况的汇报。4月22日，第110次会议听取关于规范和发展学前教育工作、2015年第一季度城市管理工作、国有资产监督管理情况的汇报。5月6日，第111次会议听取2015年一季度安全生产工作、全区“六五”普法规划终期实施情况的汇报。5月27日，第112次会议听取全区民族宗教工作，陶然亭、月坛、德胜3个街道部分社区进行规模调整有关情况的汇报。6月10日，第113次会议听取关于西城区2014年财政决算草案报告、西城区2014年度预算执行和其他财政收支情况的审计工作报告有关情况的汇报。7月7日，第114次会议听取关于2015年上半年城市管理工作、区政府落实《全民科学素质行动计划纲要》、北京市西城区与河北省保定市签署合作发展框架协议有关情况的汇报。8月5日，第115次会议听取关于西城区2015年上半年国民经济和社会发展计划执行情况、西城区2015年上半年财政收支预算执行情况、2015年上半年安全生产工作、西城区第九届社区居民委员会选举工作的情况汇报。10月7日，第116次会议听取关于西城区创建国家食品安全城区工作、《西城区推进安全生产隐患排查治理体系建设实施意见》起草情况的汇报。10月17日，第117次会议听取关于进一步办理加强什刹海地区规划、建设和管理议案情况、“加快推进区属医疗机构基础设施建设，提升区域医疗机构安全生产管理水平”议案办理情况、2015年第三季度城市管理工作、2015年第三季度安全生产工作的情况汇报。10月24日，第118次会议听取关于西城区2015年1至9月国民经济、社会发展计划执行和调整情况、西城区2015年1至9月财政预算执行情况和调整预算情况、西城区2014年预算执行和其他财政收支审计查出问题整改情况的汇报。11月13日，第119次会议听取关于西城区棚户区改造工作进展、西城区社会养老服务业工作的汇报。11月18日，第120次会议听取关于区政府承办2015年人大议案及代表建议办理情况、加强环境建设共建和谐宜居西城决议落实情况的情况汇报。12月2日，第121次会议听取关于西城区区属医疗服务体系建设、全区重点市政道路建设、历史文化名城保护工作及西城区文道建设三年行动计划（2015-2017）、西城区友好城市相关工作的情况汇报。12月16日，第122次会议听取关于起草国民经济和社会发展计划报告、西城区2015年财政预算执行情况和2016年财政预算草案的报告、《政府工作报告》有关情况、西城区“十三五”规划编制工作有关情况汇报。12月21日，第123次会议听取关于人事任免的情况汇报。12月29日，第124次会议听取关于人事任免的情况汇报。

（石　萌）

【22件实事完成情况】 1.完成10603户棚改工作任务。2.完成老旧小区抗震加固51栋13.89万平方米楼房改造任务；完成节能改造工程133栋92.81万平方米楼房改造任务；完成45个小区环境整治；启动26栋简易楼腾退。3.完成12029间17.53万平方米的平房翻建、修缮；完成668处平房院落下水管线和1183个平房院落的户厕改造。4.完成配租配售保障性住房5726套，解决5726户家庭的住房困难；发放租金补贴3002万元，改善3310户家庭的住房条件。5.完成61部危旧电梯的更新。6.实现南中轴路南段等3条道路建成通车，启动槐柏树后街、北纬路、北新华街（南段）市政道路施工。7.完成居住区停车设施815个建设任务。8.完成30处1000辆公租自行车的建设和布放。9.完成9638户“煤改电”及简易“煤改电”工程改造任务。10.完成新增28个垃圾分类达标小区建设任务。11.完成34座547.72平方米无独立冲水式厕所改造。12.完成60条胡同综合整治。13.规范20处再生资源回收网点，撤销“爱心自强”及不规范回收网点备案44处。14.完成智力、精神、肢体、听力、视力5个残疾人康复服务项目，受益残疾人2000人，累计服务人次2.4万次。15.完成

29042户纯老年人家庭烟感器安装任务。16.完成3653人失能评估工作，发展服务商1117家，为全区的失能、高龄老年人提供预防保健、精神关怀、康复护理等居家养老服务。17.完成10个百姓生活服务中心、10家便民菜店和17家早餐规范店建设任务。18.举办各级别、各类文化活动3384场次，参与总人数160万人次；组织公益展览50场、公益演出50场、公益讲座100场、公益数字电影放映470场次；开展“万人走进艺术殿堂”惠民演出15场、“百姓戏剧展演”36场次，组织戏剧培训13次。19.完成8所学校食堂改造工程。20.完成3所幼儿园改造工程，增加780个学位。21.完成国民体质测试3000人任务和50个体育生活化社区创建工作。22.完成西城律师普法讲师团组建工作，开展“以案释法”活动155场次，参加活动群众1.12万余人次，解答法律咨询560余人次，发放宣传资料和法律书籍2.15万余份。

（陈　星）

区政府办公室工作

【概况】　北京市西城区人民政府办公室（简称区政府办公室）是负责协助区政府领导处理区政府日常工作的区政府工作部门。主要职责是：协助区政府领导组织起草、审核以区政府和区政府办公室名义发布的公文。负责区政府会议的会务组织工作。研究区政府各部门、各街道以及其他机构请示（商洽）区政府的事项，提出审核意见，报请区政府领导审批；承办市政府、市政府办公厅文件。负责推进、指导、协调、监督、考核本区政府信息公开工作，承办区政府行政机关的政府信息公开事宜。负责区委、区政府总值班工作；协助区政府领导组织处理需由区政府直接处理的突发事件和重大事故，承担西城区突发事件应急委员会的具体工作，负责区政府领导交办的本区各类突发公共事件应急处置、日常管理、宣传教育和培训工作；负责组织修订本区突发事件总体应急预案；负责统筹、规划、指导、监督和检查区级专项应急预案编制修订工作和应急演练工作。负责国务院、市政府领导批转、批示事项及区政府主要领导的批示、指示和交办事项的督促检查、反馈和协调工作；负责市、区政府重大决策、重要工作部署在西城区贯彻落实情况；负责督促检查区政府阶段性重点工作落实情况；区政府重点工作任务分解的编制、重要文件确定事项、重要会议议定事项以及区长与有关部门签订责任书的督促检查、反馈和协调工作；负责区政府系统各部门、各街道督查工作的业务指导与培训工作；参与对区政府各部门、各街道年度工作目标的督查考核；负责相关的督查管理系统的建设、运行、管理和维护；负责编写有关西城政务督查的相关刊物；负责各位区长的联络服务工作；负责各街道办事处工作的综合考核。负责区政府绩效办日常工作，组织实施区政府绩效管理年度考核工作，对考核对象进行日常检查和监督，撰写全区年度绩效分析报告，对绩效考核实施过程中存在的问题进行研究，提出相关意见和建议。负责联系区人大、区政协的相关工作；组织区政府有关部门办理各级人大代表建议和政协委员提案；协助安排人大代表、政协委员的视察工作；为人大代表、政协委员知情知政提供服务和保障。负责以区政府、区政府办公室名义发布的非公文类文件的起草、审核、制发工作；负责撰写区政府领导讲话及区政府日常各类文稿工作。负责全区机要通讯文件的交换工作；负责本机关以及区政府部分部门的财务、人事、固定资产管理等工作。负责区政府系统综合事务的协调工作，协助安排区政府领导参加重要政务活动。负责落实查抄政策界定善后工作及查抄办档案管理工作。负责对区政府系统行政办公室的业务指导。承办区政府领导和上级机关交办的其他事项。

地址：西城区二龙路27号
邮编：100032
电话：88064311

（于明艳）

【文书和档案工作】　年内，办理公文共6035件。其中办理收文5633件；以区政府、区政府办公室名义制发公文384件；与区委办联合发文14件，联合办理其他非正式公文4件。完成2014年度文书档案归档2223件。区政府印章用印9736次，区政府办公室印章用印2060次，开具区政府和政府办介绍信共84件。

（于明艳）

【信息工作】　全年专报市政府信息722条，《昨日市情》（专、普刊）采用135条；上报长篇经验交流类信息8篇，《昨日市情》《特刊》采用6篇，市领导批示6条。《西城信息》（专刊）共编发56期，区领导批示4条；《西城信息》（特刊）共编发59期，区领导批示11期。

（潘　江）

【政府信息公开工作】　年内，全区共有69个单位承担政府信息公开工作，主动公开政府信息13591条。全区各政府信息公开工作机构共受理政府信息公开申请1588件，主要涉及房屋征收、拆迁补偿、城市规划等方面信息。收到涉及政府信息公开方面的行政复议201件、行政诉讼89件。建立政府信息查阅中心42个。

（吴旭红）

【人大建议政协提案办理工作】　年内，西城区政府承办全国、市、区三级人大代表建议和政协委员提案共482件，其中全国政协委员提案5件，北京市人大代表建议10件，北京市政协委员提案19件，西城区人大代表议案1件，西城区人大代表建议178件，区政协委员提案259件，区级会下平类建议、提案10件。所有建议提案全部按期办理完毕。

（刘　惟）

应急管理工作

【突发事件处置和应急机制建设】　年内，共处置一般以上突发事件71起，完成申办2022年冬奥会、2015年世界田径锦标赛、纪念中国人民抗日战争暨世界反法西斯战争胜利70周年大会以及党的十八届五中全会、国庆66周年等重要节点和重大活动的服务保障工作。不断优化应急机制。完善应急联动机制，区应急办与区监察局、区委区政府督查室联合形成督查工作机制。制定完善社区及辖区内单位应急避险路线图和人员疏散应急预案编制工作。根据年内春、冬两季本市多次陷入雾霾重度污染实际情况，全年发布空气重污染预警10次，启动区级空气重污染应急预案10次。推进减灾示范区创建工作，年内全区共有41个社区申报拟创建综合减灾示范社区，其中全国5个、北京市36个。完成城市中心区减灾示范课题研究；与北京师范大学减灾与应急管理研究院合作，联合开展社区培训工作。

（郭 凯）

【应急宣教工作】 一是加强应急宣教工作顶层设计。制定《2015年度西城区应急宣教工作计划》，要求各单位全面开展应急宣传教育培训工作，包含宣传活动计划418项、培训计划167项。二是采取多种形式开展各种主题宣传活动。三是巩固并拓展应急宣教阵地。针对季节特点制作应急知识宣传海报；利用社区宣传栏普及应急知识，实现全区所有社区全覆盖。四是多领域开展应急培训工作。

（郭 凯）

【应急队伍建设】 一是完善区应急队伍体系。各单位根据反恐防暴、灾害天气、城市运行保障等工作需要，组建和充实了一批专业和综合应急队伍，全区应急队伍体系和种类设置更为科学和完善。截至年底，全区建立120余支、人数达4000余人的各类应急队伍，并完成人员信息及装备数据更新工作。二是稳步推动社区应急救援队伍建设。三是加强灾害管理人员及灾害信息员队伍建设。四是加强专业救援队伍建设。

（郭 凯）

【应急保障体系建设】 一是提升应急指挥技术支撑体系。二是应急物资储备取得新进展。截至年底，全区初步建成以“政府是主导、市场是重点、军队是关键、家庭是基点”的“四位一体”应急物资储备格局，完成在应急物资保障领导小组14个成员单位和15个街道各成立1个应急物资储备库的工作任务，实现市政府要求的具备保障本辖区一般或较大突发事件应对工作能力的目标。三是加强防震减灾基础工作。四是探索延伸应急体系，创新突发公共事件处置模式。制作完成《西单商业区突发事件应急响应手册》《西单商业区突发事件应急卡》和《西单商业区突发事件宣传彩页》。

（郭 凯）

综合行政服务

【概况】 北京市西城区综合行政服务中心（简称区行政服务中心）是负责为企业法人、社会组织办理行政许可事项、非行政许可事项以及公共服务事项的区政府派出机构。其主要职责是：负责全区行政服务体系的规划、建设、组织、实施；负责对区政府部门专业大厅、街道公共服务大厅、社区服务站的业务和服务规范进行指导、监督、考核评价；负责全区行政许可和行政服务网络的规划、建设、组织、实施和监督、检查；负责全区行政许可事项办理的统一管理；负责研究拟定中心大厅服务事项的办理程序、运行机制的整合调整方案，并组织实施；负责对各部门进驻、委托事项办理的组织协调、监督实施和效能评价；并对进厅工作人员实施管理、考核、培训等；负责跨部门审批事项和重大事项的协调会审、联审；负责对有关部门行政服务工作的业务指导；承办区政府交办的其他事项。区行政服务中心下设4个行政科室和2个事业单位，即行政机构设置综合办公室、管理协调科、监督考评科、政府热线管理办公室（非紧急救助中心）；事业机构设置西城区政务全程办事代理中心及西城区政府热线管理中心。

地址：西城区西直门内大街275号

邮编：100035

电话：82141596

（刘婷婷）

【进驻部门完成工作】 截至12月31日，区行政服务中心总接待量为32056266人次。其中：业务受理23028133件，占总接待量的72%，咨询9028133人次，占总接待量的28%；12341热线共接听来电189460次，其中接听行政咨询101473次，接听人力社保业务咨询67073次，接听工商咨询19064次，转办各类诉求1165次，转办便民服务单685次。全年接听量同比增长257%。

（刘婷婷）

【12341热线开通医保社保咨询】 年内，为解决百姓电话咨询医保、社保政策困难的问题，区12341热线对区人保局医保、社保中心咨询电话进行整合，开辟医保、社保业务专区。6月1日正式上岗接听百姓来电，解答社保、医保相关政策及经办流程等咨询。业务开通一周，热线共接听人力社保业务来电1648次，其中社保问题1395次，医保问题253次，社保补缴、生育津贴和退休流程等问题为百姓关注的热点问题。7月2日起，延长接线时间到7×24小时，全年无休。

（刘婷婷）

【非紧急救助中心职责划入】 6月10日，经西城区机构编制委员会研究：同意成立西城区政府热线管理办公室（西编发〔2015〕13号），将区城管监督指挥中心的非紧急救助中心职责划入区综合行政服务中心，并成立西城区政府热线管理办公室，挂西城区非紧急救助中心牌子，为区综合行政服务中心内设机构。9月30日，西城区综合行政服务中心与区政府办就非紧急救助相关工作完成交接，西城区综合行政服务中心正式承接非紧急救助服务工作。

（刘婷婷）

【《西城区行政服务事项办事攻略》发布】 6月12日，在区行政服务中心启动《西城区行政服务事项办事攻略》首版新书发布会暨赠书仪式，区行政服务体系建设领导小组成员单位、行政服务窗口单位、社区群众和中小企业代表100余人参加活动。该书收集整理了“我要开餐馆”“我要开美容美发店”“我要办三证合一”等26个事项攻略，内容主要包括服务指南、企业服务、便民服务、通办证照等四大模块，办事人可通过口袋书、中心网站、海报二维码扫描等方式快速浏览和查询，这种以通俗易懂的语言、简洁明了的流程和直观多样的图例作为阅读形式，将过去的单一告知改为关联性告知、部门告知改为全流程告知、法语化告知改为口语化告知，从而为办事人提供以“事项”为中心的完整性、一致性办事告知，真正实现了企业和公众办事“一次性”

告知。

（刘婷婷）

【编撰《行政服务用语妙语手册》】 年内，针对在窗口行政服务过程中存在的语言不规范、表达不充分和一次性告知不到位的情况，区行政服务中心在广泛征求西城区各级各类服务大厅办事沟通情景的基础上，编辑形成了《西城区行政服务用语妙语手册》，从“前台服务用语”“窗口服务用语”“投诉服务用语”三个部分对窗口工作人员行为进行规范，以提升行政窗口服务工作人员的服务技巧和服务质量。全区1200余名窗口工作人员依据《手册》，学习语言沟通的范例和解决问题的方法，提升了与办事群众之间的沟通技能技巧。

（刘婷婷）

【举行“政府开放日”活动】 9月9日，30余名辖区居民代表到西城区综合行政服务中心参加西城区“政府开放日”活动，活动包括现场参观和互动交流两部分。居民代表先后参观了行政服务中心整体办公环境，包括审批事项、“三证合一”窗口、24小时自助行政服务区、政府信息主动公开情况、12341政府服务热线、健康小屋便民服务、中心文化建设情况等，重点了解体验了身份证取号、窗口双屏互动、满意度评价、42寸触摸查询屏等服务，与中心进驻单位的窗口工作人员进行了零距离接触。在随后的互动交流中，居民代表还观看了中心宣传片，并就政民互动及便民服务话题与中心工作人员进行了沟通。本次“政府开放日”活动结束后，居民普遍认为：对政府的信任感更深了，对打造阳光政府的理解更深了，对“第三代行政服务中心”的高效服务理解更深了。同时，中心领导带领工作人员针对如何开展好便民服务听取了居民代表的意见，为中心下一步更好地开展“政府开放日”、密切区域政民关系、体现政府亲民、利民、为民本质提供了依据。

（刘婷婷）

【获评“百优十佳”案例典型】 9月20日，在国家行政学院，西城区行政服务中心参加由中央国家机关工委《紫光阁》杂志社、中国行政体制改革研究会、人民网、中国政府网联合举办的“全国行政服务大厅典型案例展示”活动。会上，中国行政体制改革研究会秘书长王满传宣读了全国行政服务大厅“百优十佳”典型案例名单：其中北京市西城区综合行政服务中心“让权力在标准化轨道上运行”获评“百优十佳”案例典型。在“全国行政服务大厅典型案例展示”活动中，《紫光阁》杂志社记者到区行政服务中心大厅进行了深度采访，对西城区实施的企业准入“三证合一、一照四码”新型营业证照模式，用标准化规范对外服务事项、规范政府用权行为，建立政府监察、第三方调查与公众参与的绩效考评机制等工作进行了报道，尤其是标准化工作的建立与持续探索，为深入推进西城区行政体制改革、化解热点难点问题提供了可借鉴的实践经验。

（刘婷婷）

【“三证合一、一照一码”登记制度】 为加快政府职能转变，进一步深化行政审批制度改革，提高市场准入便利化程度，营造西城区良好营商环境，根据《国务院关于促进市场公平竞争维护市场正常秩序的若干意见》和《市工商局、市国税局、市地税局、市质监局、市统计局印发关于实行企业准入“三证合一”登记制度工作意见的通知》文件的通知精神，按照西城区政府“先行先试、大胆探索、积极推动”的部署要求，由区行政服务中心、西城工商分局牵头组织，联合西城公安分局、西城质监分局、区国税局、区地税局、区统计局等部门，研究落实企业准入“三证合一”登记工作，建立“三证合一”联席会制度，制定“三证合一”实施方案，设立“三证合一”联合窗口，于2月2日在区行政服务中心35至38号窗口正式启动试运行，探索“一次告知、一表申请、一个公章、一窗受理、一网办理、一次发证”的联审联办工作模式，实现工商营业执照、组织机构代码证、税务登记证、统计登记证“四证合一、一证多码”的新型证照。随后西城区“三证合一、一照一码”登记制度于9月29日起正式实施。实施后，将原来的企业登记时需依次申请三证合一、一照四码改为由工商行政管理部门统一核发三证合一、一照一码的社会信用代码营业执照。现行营业执照统一代码设计为18位，由登记管理部门代码、机构类别代码、登记管理机关行政区划码、主体标识码（组织机构代码）、校验码5个部分组成。企业持加载统一社会信用代码的营业执照办理相关事务时，不再提交组织机构代码证、税务登记证、统计登记证，实现“一照通用”。此外，“一照一码”登记制度改革实施后设立5年过渡期。在过渡期内未换发加载统一社会信用代码营业执照的，原营业执照、组织机构代码证、税务登记证、统计登记证仍然有效，可继续使用，过渡期结束后一律使用加载统一社会信用代码的营业执照办理相关业务，未换发的营业执照不再有效。

（刘婷婷）

【区行政服务标准化项目成为全国示范项目】 12月，西城区被正式批复为2015—2016年度全国服务业标准化示范项目。此次共有20余个项目参加了2015—2016年度全国服务业标准化示范项目的申请，经各地推荐、答辩评审、社会公示，最终有5个项目被确定为2015—2016年度全国服务业标准化示范项目，其中“北京市西城区行政服务标准化项目”是唯一一个政务服务领域获批的项目。

（刘婷婷）

【非紧急救助工作】 全年北京市非紧急救助服务中心西城分中心共受理12345热线群众诉求46801件。其中：问题类39844件，咨询服务类6957件。市民来电反映的问题主要集中在：违章建筑4649件，房屋修缮3433件，市容环卫3110件，环境污染2625件，安全隐患2395件，交通管理2428件，市政设施1913件，供暖问题1855件，住房问题1701件，拆迁问题1623件，政策咨询1495件，市场管理1624件，施工管理1360件，教育培训1203件，园林绿化1170件，物业管理1168件，劳动保障1062件，小区配套918件，卫生防疫711件，投诉建议586件，其他问题2815件，问题已全部交办相关单位。全年共办结案件39794

件，办结率为99%。

（刘婷婷）

【参观调研接待】 1月1日至12月31日，西城区行政服务中心共接待上级领导、兄弟单位、社会团体和国际友人参观、调研、考察团队73批次1582人次。

（刘婷婷）

人力资源和社会保障

【概况】 北京市西城区人力资源和社会保障局（简称区人力社保局，对外可以使用北京市西城区公务员局名称开展工作）是负责本区人力资源和社会保障的区政府工作部门。主要职责是：贯彻国家关于人力资源和社会保障的法律、法规、规章、政策和北京市的相关规定；研究制定本区人力资源和社会保障管理方面的管理措施；拟订本区人力资源和社会保障事业发展规划，并组织实施和监督检查；负责拟订并组织实施本区人力资源市场发展规划；依法管理人力资源市场，促进人力资源合理流动和有效配置；负责本区促进就业工作；完善公共就业服务体系；落实就业援助制度；实行职业资格证书制度相关政策；实施面向劳动者的职业培训制度；贯彻高校毕业生就业政策以及高技能人才的培养和激励政策；负责管理辖区社会保险工作；贯彻社会保险规定；指导本区社会保险经办机构依法开展社会保险具体工作；负责对社会保险基金的收支、管理情况进行监督检查；负责管理本区机关事业单位人员工资、福利和分配制度改革工作；贯彻机关事业单位工作人员工资、福利、津贴和补贴政策；落实机关企事业单位工作人员工资增长和支付保障机制；执行机关事业单位工作人员离退休政策；负责会同有关部门指导本区事业单位人事制度改革；管理本区专业技术职称工作；贯彻专业技术人员管理和继续教育政策；落实本区事业单位人员和机关工勤人员管理政策。负责高层次人才选拔、培养和管理服务；负责引进国外智力工作；参与本区人才管理工作；履行全区公务员主管部门职责；负责全区公务员综合管理工作；落实公务员管理政策；按规定承担区政府部门的督查考核和绩效考评工作；负责区政府各部门、各企事业单位领导人员及区政府授权管理的科级干部的任免工作；负责制定并组织实施本区军队转业干部安置计划和培训计划；承担本区自主择业军转干部的管理服务；负责本区企业军转干部解困和维稳工作；负责驻区部队随军家属安置工作；负责贯彻劳动关系政策；完善劳动关系协调机制；指导本区劳动人事争议调解仲裁工作；组织实施劳动保障监察，依法查处各类违法案件；落实各项童工、未成年工和女职工劳动保护政策；承办区政府和上级业务指导部门交办的其他事项。全局下设25个内设机构、13个事业单位，在职职工640余人，主要分布在西直门南小街20号、德外塔院胡同8号等6个办公地点。年内，西城区人力资源和社会保障工作围绕全区发展战略规划任务，着力深化改革、改善民生、依法行政、优化服务，全面提升工作质量和效益，区域人力社保事业建设水平稳步提升。

地址：西城区西直门南小街20号

邮编：100035

电话：66206008

（闫娟娟 王子文）

【就业、再就业工作】 加大对新一轮促进就业政策的贯彻落实力度。年内，全区城镇新增就业38965人，完成任务指标任务的102.53%。城镇登记失业人员为21768人，城镇登记失业率为0.86%；城镇登记失业人员实现就业14249人，完成任务指标的105.55%，就业率为65.46%；累计帮助11041名就业困难人员实现就业，完成任务指标的138.01%，就业率为68.56%。累计认定“零就业家庭”101户，辖区“零就业家庭”保持动态脱零。

（宋雅丽）

【充分就业区创建】 年内，通过落实扶持政策、统筹区域资源、加强援助帮扶、打造特色服务、提升技能培训等手段，进一步巩固充分就业区创建成果，努力促进失业人员体面就业、稳定就业，劳动者充分就业、高质量就业。全区成功创建充分就业街道12个、社区227个，分别占辖区内街道、社区总量的80%、89%。其中牛街街道南线阁社区和大栅栏街道石头社区被评为“市级充分就业示范社区”，新街口街道和广安门内街道被评为“市级充分就业示范街道”，西城区被认定为2015年度“充分就业区”。

（宋雅丽）

【夯实就业服务基础】 作为北京市第一批试点单位，2月10日，成立人力资源公共服务中心，实现统一规范灵活的人力资源市场建设的实质性突破。对全区92家人力资源机构开展《人力资源服务许可证》年审和清理整顿专项行动，对52家民办职业技能培训机构开展分级评估。研发运行“西城区充分就业管理平台系统”，建立区域劳动力就业状况信息库。组织街道社保所从事就业服务工作人员进行全面系统的政策与服务管理培训。推进流动人员人事档案数字化项目，年内完成近26万份档案的加工任务。

（宋雅丽）

【重点群体就业帮扶】 年内，对就业困难人员开展“就业援助月”专项行动，实施一对一就业援助规划、个体就业指导和就业政策宣传等服务。开展“春风行动”“民营企业招聘周”等活动，为2479户用人单位建立用人需求档案，采集空岗信息61430条，组织招聘活动93场，提供就业岗位1874个，发布招聘信息63103个。组织北京地区毕业生就业服务月以及公共就业和人才服务进校园活动，提供就业岗位2240个，对离校未就业高校毕业生进行实名登记服务。为户籍在西城区的服刑人员进行就业、创业优惠政策及求职技巧等课程的培训，提高就业能力。

（魏 冉）

【创业带动就业】 年内，继续推进“三个基地”（“见习基地”“实训基地”“孵化基地”）建设，贯彻落实《西城区小额担保贷款管理办法》及《小额担保贷款贴息管理办法》，加大创业服务力度。开展“创业服务进社区”活动，面向社区失业人员发放创业培训和扶持政策宣传册万余册，加强基层创业培训。优化工作流程，在街道设立创业服务窗口，提供创业指导、小额贷款等“一条龙”服务。年内，全区实现创业1385人，创业带动就业3846人。发放小额担保贷款245万元。

（王　欢）

【职业能力建设】　年内，开展民办职业技能培训机构分级评估工作。举办美发高级技师研修班，开设民办培训学校公开示范课；建立民办培训机构师资库，根据培训机构师资需求进行推荐，提高培训质量；按季度编制监测报告，指导培训机构按需施训；对补贴培训资金进行审计，加强资金管理。年内，全区各民办培训机构共培训各类人员49361人，其中失业人员技能培训3317人，失业人员创业培训970人，来京务工人员培训2026人，企业在职职工培训13348人，其他人员培训29700人。

（齐盛超）

【高技能人才培养】　年内，落实高技能人才培养和激励政策，组织辖区企业参加高技能人才评选及优秀人才项目资助活动。继续开展“服务西城，建设西城——高技能人才大讲堂”活动，搭建高技能人才宣传展示平台。指导技师工作室开展拜师收徒、比武练兵以及成果展示等活动。开展西城区第二届百名英才“西城突出贡献人才”高技能人才遴选推荐工作，13名高技能人才分别被评为“西城突出贡献人才”和“优秀青年人才”。北京印钞有限公司李荣春、翔达公司清华池浴池王建生被评为北京市第四届“有突出贡献的高技能人才”。“川菜的传承与创新发展”等3个课题获区级优秀人才培养资助项目，资助金额共计15万元。

（齐盛超）

【社会保险】　年内，全区五项社会保险费累计收缴378.3亿元，同比增长13.03%；社会保险基金累计支出332.3亿元，同比增长11.81%，各项社会保险待遇按时足额支付。

（杜文芳）

【社会保障管理服务】　规范特殊工种退休审批工作模式，年内办理退休核准15608人次。加大工伤调查核实力度，年内认定工伤1589件。健全劳动能力专家现场鉴定、上门鉴定工作制度，年内实施劳动能力鉴定1533人。开展医疗保险定点医疗机构认定工作，年内新增13家定点医疗机构。对患重大疾病参保人员开展一次性医疗救助，涉及救助金额315万元。做好社会保险基金支付工作，年内共有43.2万人享受养老保险待遇，808名外埠城镇职工和农民合同制工人领取失业保险待遇，为14543人次支付工伤保险待遇，为74908人次支付生育保险待遇。调整基本养老金，人均养老金达到3475元。

（闫娟娟）

【医保基金管理】　年内，构建多层次审核模式，采取电话回访核实、预审筛查、明查暗访、横向比较、内控抽查等多种方式，全面做好审核结算工作。建立考核监管体系，完善医保费用支出分析月报，形成动态监控机制，稳妥推进总额控制管理。设立大客户办理、大厅双值班制度，选派政策熟悉、业务精通的工作人员上门为企业提供培训服务。严格筛查门诊异常数据，建立与监察部门、参保单位、社保所联动机制，形成合力打击违规骗保行为。全年共审核各类医疗费用2142.8万人次，同比增长2.83%，医保基金支付97.54亿元，同比增长5.8%；审批特殊病10315人次。

（李　赛）

【医保付费总额控制】　年内，全面推进总额控制管理工作，对定点医疗机构总额使用情况和各项费用指标进行监控和统计分析，对超出全年指标额度10%至30%的定点医疗机构进行医保调研；制定考评办法及实施细则，对定点医疗机构实施量化考评。全年定点医疗机构申报费用84.84亿元，完成全年总额控制指标的91.6%。

（李　赛）

【社保经办模式改革】　年内，推广社会保险银行缴费新途径，辖区内2万余家参保单位实现银行缴费，占比90.7%。全年委托北京邮政递送社保卡9.8万张，累计发卡229.7万张。推进社保业务向街道延伸，已有5大类65项业务延伸到街道社保所办理。继续推进网上申报，全区共有29467家参保单位开通网上申报功能。完成区社保、医保公共服务大厅改造，实现人员增减及缴费业务全月办理，医疗保险经办服务“一站式”受理。推进社保经办对外咨询电话与“12341”热线对接，日均电话接听量达到500余人次。配备个人权益记录自助查询机具，做好权益记录查询打印工作。年内为工作居住证申报、小学入学、水库移民安置等全市性重点工作提供信息服务13万人次。

（杜文芳）

【社会保险基金管理监督】　年内，加大社会保险稽核力度，通过实地稽核、专项审计、联审等形式，追缴历史欠费109.16万元，催缴未足额缴纳的社保费用3868万元。做好社会保险内控监督工作，对社保数字证书安全状况进行全面清查。发挥社会保险基金监督系统和医疗保险费用审核结算监督系统的作用。全年社会保险基金监督系统自动预警产生疑似问题4669条，按期处理完成率100%；医疗保险费用审核结算监督系统自动预警产生疑似问题2624条，按期处理完成率100%。建立西城区医疗保险费用支出统计分析月报制度，监控全区指标运行情况。严格筛查每日门诊异常数据，加强对过度医疗行为用药合理性监督监控，筛查异常数据34.6万余人次。重点打击各类违规骗保行为，建立与监察部门、参保单位、社保所联动机制，完善点线结合的监控体系，拒付6931人次，个人违规筛查7万余人次。

（李赛　杜文芳　杨萍）

【行政许可】　加强行政许可审批事中事后监管，年内办理民办职业技能培训学校行政许可事项16件。落实行政许可准入制度，年内审批实行特殊工时的企业219家，涉及职工155713人。劳务派遣行政许可工作有序推进，年内共有112家企业获得劳务派遣资质，涉及劳务派遣从业人员16万人。

（贾子辰　张玮华）

【劳动关系协调】　年内，推进和谐劳动关系单位创建工作，89家企业新评为和谐劳动关系单位，全区累计达到866家，覆盖职工达32万余人。启动企业联合会派出街道企业方代表工作，在全市街道协调劳动关系三方组织机构建设方面实现突破。全区劳动合同履行情况监控范围内企业达到3277家，涉及职工119556人，监控企业户数和人数同比分别提高10.07%和9.1%。监控范围内企业劳动合同签订率达到100%，劳动合同续订率达到98.77%。全年新增集体合同3845户，涉及职工181210人。

（贾子辰）

【劳动保障监察】 实行“随机抽查、长效监管”的工作模式，以劳动用工密集型中小企业为重点开展日常巡视检查，年内巡查用人单位7509户，涉及劳动者18.53万人。在15个重点区域开展“劳动用工规范一条街工程”，组织开展农民工工资支付情况、清理整顿人力资源市场秩序等专项执法大检查活动。加大劳动违法行为查处力度，受理投诉举报案件529件，案件查处率、按期结案率均实现100%。依法做出行政处罚决定22件，处罚金额5.05万元。处理各类群体性突发事件51起，及时解决劳动者工资558.07万元。

（绳 鹤）

【劳动人事争议仲裁】 年内，实施劳动人事争议仲裁“庭审三规范”，通过优化案件受理、处理流程，严把案件审批关口，保证案件处理质量。推进评审评查、案卷卷宗抽查“两评查”工作机制，提高办案质量。加强基层调解组织规范化建设指导，建立企业调解委员会21家，建立街道劳动争议调解委员会15个，街道劳动争议调解覆盖率实现100%；在全区事业单位主管部门和部分事业单位建立人事纠纷调解组织232家，基本覆盖区属事业单位。推行“流动仲裁庭”、旁听案件审理等工作模式，完善群体性劳动争议应急处理机制，不断提高仲裁办案效能。年内，共受理各类劳动人事争议案件3383件，结案率达到90%以上，调解率达到45%以上。

（周 扬）

【人才服务】 年内，制定人才引进计划，通过需求申报、专家评审等方式提高人才引进工作效能，满足区域发展重点领域人才需求。办理高级人才引进23人，其中为高新技术企业引进高级人才5人，为金融企业引进高级人才10人；办理工作居住证事项4666件。结合西城区经济社会发展需求，制定《西城区非北京生源毕业生引进工作管理办法》，规范非京生源引进工作程序，引进非京生源毕业生292人。推进职称评审直通车工作，为中关村科技园区西城园高端领军人才建立专门的职称评审渠道，5人获得北京市教授级高级工程师专业技术职务。

（李曜 李洪涛）

【公务员队伍建设】 年内，规范公务员调任和转任程序，细化科级职数和科级任职管理工作。完成2014年度公务员考核奖励备案及区政府绩效管理专项考核工作，完成考评细则起草工作，推动公务员考核系统全面上线运行。完成47家单位公务员招录工作，实际录用106人。西长安街街道办事处被评为北京市第六届“人民满意的公务员集体”、金融街街道李伟被评为北京市第六届“人民满意的公务员”。加强全区公务员教育培训，建立培训分类考核指标，启动“西城区教育培训管理平台”，开展在线学习、高级研修班、英语人才库、科级任职等培训项目。做好县以下机关公务员职务与职级并行制度改革的准备工作。

（曹丽凤 边晓霞）

【军转干部安置】 年内，制定军转安置工作方案，坚持党政机关带头接收安置，发挥区属事业单位安置主渠道的作用；以团职军转干部为安置重点，重点照顾功臣模范军转干部、长期在边远艰苦地区、涉核和特殊岗位工作的军转干部；推进安置信息公开，以考试、考核、双向选择与指令性安置相结合的安置工作机制，创造“制度健全、办法科学、程序规范、运行透明、监督到位”的安置环境。全年安置军转干部35人，其中团职干部9人，营职（含）以下行政及专业技术干部26人。

（张 芳）

【事业单位管理】 年内，推进事业单位岗位管理，完成全区专业技术人员结构比例调整，重点指导区教育系统170余家单位在全市率先完成岗位设置方案核准工作。深化中小学教师职称制度改革，开展2014年至2015年中小学教师职称评审工作，全年共评审1808人，432人获得高级职称，443人获得中级职称。开展科级职员制试点，指导科级事业单位完善7、8级职员岗位设置并制定聘任方案，完成14家单位职员岗位的聘任工作，占比45%。组织244家事业单位提供777个岗位，面向社会公开招聘工作人员，实际录用664人。

（李洪涛 王京禄）

【机关事业单位工资管理】 年内，完成全区机关事业单位基本工资调整、养老保险预扣等工作，做好机关事业单位养老保险制度改革准备工作。完成机关事业单位离退休人员增加离退休费工作。推进机关事业单位落实带薪休假制度，稳慎做好未休假补偿的发放工作。开发西城区机关工资审核管理信息系统，首次实现机关单位在职人员、离退休人员信息化管理。发放2014年度政府绩效管理奖金，为事业单位一次性核增绩效工资总量。落实物业服务费及职工住房采暖补贴等两项改革性补贴的发放工作。

（聂 蕾）

【社保公共服务标准化试点工作】 年内，推进国家级社会保障公共服务标准化试点工作，开展标准体系建设现状与需求分析，反复梳理确定服务事项，搭建体系框架，顺利通过北京市标准化专家组开展的试点项目中期评估。完成标准起草工作，形成包含377项标准的西城区人力资源和社会保障标准体系，通过专家论证，正式发布标准体系，进入体系运行阶段。调整完善区、街社会保障公共服务运行机制，印发《关于规范社会保障街道公共服务平台相关业务工作的意见》，细化明确街道平台工作任务，规范统一窗口服务模式，建立社保所长、劳动科长例会制度，形成综合评价体系，全面规范街道平台建设。

（王 波）

机构编制

【概况】 北京市西城区机构编制委员会办公室（简称区编办）是区机构编制委员会的常设办事机构，负责本区行政管理体制改革、机构改革及机构编制日常管理工作，既是区委工作机构，也是区政府工作机构，列入区委序列，与区人力社保局合署办公。年内，区编办立足首都战略定位和核心区功能定位，坚持围绕中心、服务大局，继续推进行政体制改革，大力推动简政放权，优化编制资源配置，以六个“深入”为主要落点开展机构编制工作，服务全区经济社会发展。
地址：西城区西直门南小街20号
邮编：100035
电话：66205928

（崔　珊）

【设立区人力资源公共服务中心】　2月10日，根据《关于同意设立西城区人力资源公共服务中心的批复》（西编发〔2015〕1号）文件精神，整合区人才交流服务中心、区职业介绍服务中心职能，设立北京市西城区人力资源公共服务中心，为区人力社保局所属相当副处级财政补助事业单位。

（崔　珊）

【明确第一批事业单位类别】　4月17日，根据《北京市西城区机构编制委员会关于明确第一批事业单位类别的通知》（西编发〔2015〕2号）文件精神，明确第一批328个事业单位类别。承担行政职能事业单位1个；从事公益服务事业单位315个，其中公益一类事业单位299个，公益二类事业单位16个；从事生产经营活动事业单位12个。

（崔　珊）

【组建区科信委调整职能及机构】　5月20日，根据《关于组建区科信委（区知识产权局）调整职能及机构的通知》（西编办发〔2015〕79号）文件精神，组建北京市西城区科技和信息化委员会，挂北京市西城区知识产权局牌子，并调整原区科委、区政府信息办部分职责及机构。

（崔　珊）

【制定印发加强行政审批事中事后监管工作要求】　6月3日，根据《市政府审改办2015年工作要点》（京审改办函〔2015〕6号）文件精神，结合西城区实际，制定印发《西城区加强行政审批事中事后监管工作要求的通知》。

（崔　珊）

【增加街道行政编制】　6月10日，根据《关于为街道增加行政编制的通知》（西编发〔2015〕8号）文件精神，为15个街道各增加2名行政编制。

（崔　珊）

【区通讯指挥中心加挂牌子】　6月10日，根据《关于西城区通讯指挥中心加挂牌子的批复》（西编发〔2015〕9号）文件精神，区通讯指挥中心加挂北京市西城区气象灾害防御中心牌子，负责本区预警信息及其他重要提示信息的接收、发布、反馈和统计分析工作，承担气象灾害普查、隐患排查等工作。

（崔　珊）

【成立区政府热线管理办公室】　6月10日，根据《关于同意成立西城区政府热线管理办公室的批复》（西编发〔2015〕13号）文件精神，成立西城区政府热线管理办公室，挂西城区非紧急救助中心牌子，为区综合行政服务中心所属内设机构。

（崔　珊）

【制定行政审批制度改革工作实施意见】　7月17日，根据市政府审改办《北京市人民政府关于深入推进行政审批制度改革工作的实施意见》（京政发〔2015〕24号）文件精神，结合西城区实际，制定《西城区关于深入推进行政审批制度改革工作的实施意见》。

（崔　珊）

【区综治办更名】　7月18日，根据《关于北京市西城区社会管理综合治理委员会办公室更名的通知》（西编发〔2015〕15号）文件精神，北京市西城区社会管理综合治理委员会办公室更名为北京市西城区社会治安综合治理委员会办公室，各街道办事处社会管理综合治理委员会办公室更名为社会治安综合治理委员会办公室。

（崔　珊）

【调整区房管局所属事业单位】　10月24日，根据《关于调整区房管局所属事业单位的批复》（西编发〔2015〕18号）文件精神，将北京市西城区房屋管理局房屋登记中心、北京市西城区房屋管理局档案信息中心承担的房屋登记相关职责划给市国土局西城分局；北京市西城区房屋管理局房屋登记中心、北京市西城区房屋管理局档案信息中心部分事业编制划入市国土局西城分局所属的北京市西城区不动产登记事务中心；将北京市西城区房屋管理局房屋登记中心更名为北京市西城区房屋管理局房屋交易管理中心。

（崔　珊）

【区教委所属部分中小学更名】　10月24日，根据《关于同意北京市西城区西四北四条小学等5所学校更名的批复》（西编发〔2015〕19号）文件精神，将5所学校更名，其中北京市西城区西四北四条小学更名为北京师范大学京师附小；北京市第六十二中学更名为北京师范大学附属中学分校；北京市西城区实验学校更名为北京师范大学第二附属中学西城实验学校；北京市华夏女子中学更名为北京师范大学实验华夏女子中学；北京市月坛中学更名为外交学院月坛中学。

（崔　珊）

【成立西城区广安幼儿园】　10月24日，根据《关于成立北京市西城区广安幼儿园的批复》（西编发〔2015〕20号）文件精神，成立北京市西城区广安幼儿园，为区教委所属相当科级财政补助事业单位，为公益一类。

（崔　珊）

【撤销区教委所属部分中学建制】　10月24日，根据《关于区教委撤销北京市第六十三中学等8所学校建制的批复》（西编发〔2015〕23号）文件精神，将8所学校建制撤销，并入相应中学，其中北京市第六十三中学并入北京市第四中学；北京市第八中学分校、北京市第一五四中学并入北京市第八中学；北京市第一四〇中学并入北京市第十五中学；北京市广安中学并入北京市第六十六中学；北京教育学院宣武分院附属中学并入北京市育才学校；北京市裕中中学并入北京市三帆中学；北京市第一八二中学并入北京市徐悲鸿中学。

（崔　珊）

【明确第二批事业单位类别】　11月10日，根据《北京市西城区机构编制委员会关于明确第二批事业单位类别的通知》（西编发〔2015〕25号）文件精神，明确第二批128个事业单位类别。从事公益服务事业单位90个，其中公益一类事业单位67个，公益二类事业单位23个；从事生产经营活动事业单位38个。

（崔　珊）

法制工作

【概况】　北京市西城区人民政府法制办公室（简称区政府法制办）是西城

区人民政府工作部门。行政编制20人，实有22人，事业编制13人，实有12人，工勤编制2人。内设综合科、监督指导科（执法监督队）、审核科、行政复议科、行政调解指导科。年内，区政府法制办围绕全区中心工作，以政务能力建设为抓手，进一步加强班子和机关建设，规范行政行为，强化行政执法监督，努力化解行政争议，发挥法律参谋助手作用，完成年度内各项工作任务。

地址：西城区南菜园街51号

邮编：100054

电话：83975063

（董若男）

【编制“十三五”法治建设规划】 年内，开展西城区“十三五”法治建设规划编制工作。确定了以依法行政的理论内涵、依法行政的制度架构、西城区推进依法行政所面临的问题、加速推进西城区依法行政建设的具体规划四个部分为主要研究方向，立足西城区定位及全区重点工作，围绕率先全面建成法治政府这一目标，科学测算论证，合理确定法治建设各方面指标。

（王　喆）

【行政权力公开透明运行工作】 年内，依据北京市推行的行政处罚权力清单以及北京市取消和下放的行政审批事项进行动态管理的规定，确保行政权力公开透明运行工作落实到位。共确认全区46个行政执法部门行政处罚主体、行政处罚权力事项3971项。

（王　喆）

【依法行政培训】 年内，坚持区政府常务会会前学法制度，完成《中华人民行政诉讼法（新）》等法律法规的学习共9次；组织两期处级干部依法行政研讨班，对全区各单位200余名处级干部进行轮训；开展全区一把手应诉能力现场教学工作，提升行政机关负责人的应诉能力。开展对公务员的公共法律知识培训，加大对执法一线人员的重点培训力度。开展全区执法案卷制作专项培训，对全区200余名法制干部进行轮训。

（王　喆）

【重点领域执法协调】 年内，落实行政执法联席会议制度，强化综合执法，召开4次行政执法联席会议，全区所有执法单位均参加了会议。会议切实增强各部门之间的经验交流，固化行政执法实操。同时加强疏解非首都功能、文物保护、拆违撤市、环境整治等重点领域的执法协调。

（王　喆）

【贯彻《北京市行政执法监督规定》】 年内，创新检查方式，加大检查力度，开展2015年度行政处罚案卷评查工作。针对行政执法难度大的单位开展行政执法工作专项检查，强化行政执法数据统计分析。促进行政执法行为的规范化。依托北京市行政执法信息服务平台，运用科技手段明确行政处罚事项，加强对行政执法全流程、人均执法量和职权履责率的监督，不断规范行政执法行为。

（王　喆）

【行政规范性文件合法性审核】 全年共审核区政府文件、区委文件、部门文件、其他各类公文草案96件次。对涉及社会保障、重点产业扶持政策、民生救助政策、加强食品药品安全等区委区政府重点工作的文件草案，从必要性、合法性、合理性、可行性、规范性等方面给予重点审查，为提高文件质量、辅助政府决策提供了法制保障。

（仲　欣）

【行政规范性文件备案审查】 全年共向市政府、区人大常委会报送备案区级行政规范性文件2件，均准予备案，做到有件必备、及时报备。接受区政府所属工作部门向区政府备案的部门行政规范性文件13件，出具了准予备案文书，在北京西城网站予以公告，做到有备必审、依法公开。年中，建立部门行政规范性文件的网上备案平台，推进西城区部门规范性文件数据库建设工作，培训各部门网上报备程序，加强对部门的动态管理和监督检查。

（仲　欣）

【行政规范性文件清理】 年内，清理有效期即将届满的区级行政规范性文件3件。在与起草部门沟通后，其中2件文件自然失效，1件文件提出申请废止后重新发布。

（仲　欣）

【政府合同审核及部门合同备案】 全年审核政府合同、协议46件。合同文本涉及经济产业发展、区域间友好协作、部门间战略合作、房屋征收安置等全区重大事项，从条款内容、文字表述、结构格式各方面进行审核、把关，在确保合法、减少风险的基础上逐件出具《合同审核意见书》。接受区政府所属工作部门向区政府法制办备案的部门签订的合同1件，出具了准予备案文书。

（仲　欣）

【区政府法律顾问团工作】 年内，加强了区政府法律顾问团及法治政府建设专委会的组织工作，建立以专家顾问为成员的微信群，加强与各位委员的沟通联系。年初，制定全年工作计划，建立法律顾问工作台账，对法律顾问办理的法律事务、办理过程、处理意见和建议、办理结果等情况予以详细记录。并按季度对顾问团和专委会工作进展情况向各位顾问委员进行情况通报。全年组织各位委员参与区政府重大决策、专项研究西城区人口疏解重点工作调研课题、为西城区行政规范性文件出台建言献策及列席区政府常务会等方面工作共22次。

（仲　欣）

【全区普遍建立法律顾问制度工作】 为全面贯彻落实党的十八届四中全会的精神，根据中央《关于全面深化改革若干重大问题的决定》提出的“普遍建立法律顾问制度”要求，在对全区各部门的法律顾问聘请情况调研的基础上，广泛征求各部门意见，经区政府专题会议审议通过《北京市西城区法律顾问工作管理办法》，以区政府名义印发全区执行。普遍建立法律顾问制度，对于维护行政机关及管理相对人的合法权益，规范行政行为，防范行政决策法律风险，将发挥重要作用。

（仲　欣）

【法律法规规章征求意见】 全年共完成市立法草案及全国人大立法草案征求意见稿28件，充分征求了有关部门意见，并在认真研究的基础上，提出修改建议，及时反馈。

（仲　欣）

【法律法规规章等自由索取工作】 年内，做好法律法规规章和现行有效的区级规范性文件汇编文本公民自由索取工作。共印制规章及文件汇编文本和行政复议工作宣传材料2000余份，配送至全区19个索取点（行政服务大厅、档案馆及各街道办事处）和255个社区。为市政府规章及行政规范性文件的宣传普及和社区群众学法用法提供便利。

（仲　欣）

【完成行政调解案例汇编】　5月，从全区各部门、各街道提供的50余起成功调解的案例中精选20起，组织编辑《行政调解典型案例选编（一）》。每个案例由基本案情、争议焦点、调解过程及结果、法律依据、办案体会五部分组成。内容涵盖了政府信息公开、行政处罚、消费者权益保护、劳动纠纷、拆迁安置、医患纠纷、税务纠纷等。办案体会均由基层一线承办人撰写，具有一定的针对性、指导性、可借鉴性。用以帮助提升行政调解工作人员技能，开阔工作思路，推动全区行政调解工作健康发展。

（王红阳）

【贯彻落实市行政调解办法培训会】　10月22至23日，组织全区相关单位进行贯彻落实《北京市行政调解办法》培训会。全区40个单位的主管领导、行政调解工作科室负责人等80余人参加会议。市法制办复议应诉调解指导处王仰东对《北京市行政调解办法》作详细解读。区法制办副主任席雅民结合全区行政调解工作开展情况，就如何做好行政调解工作进行专题辅导。公安西城分局、工商西城分局、区人力社保局、金融街街道分别就本单位开展行政调解工作情况进行经验交流发言。会议还就行政调解工作提出了建设性的意见和建议。

（王红阳）

【行政调解工作】　年内全区行政调解案件共有12379件，同比减少24.5%（其中行政争议1139件，民事纠纷11240件），调解成功11598件，调解成功率占案件总数的93.7%。行政争议案件分类：前三季度，工商类574件，公安类288件，房屋拆迁类198件，劳动与社会保障类10件，城市规划类7件，其他类58件；第四季度，赔偿案件3件，补偿案件1件。民事纠纷案件分类：其他消费纠纷3227件，邻里纠纷类980件，消费者权益保护纠纷、产品质量纠纷827件，损害赔偿类661件，治安调解的民间纠纷577件，婚姻家庭纠纷类459件，道路交通事故纠纷类480件，拖欠农民工工资纠纷类292件，合同纠纷类353件，医疗纠纷类247件，房屋宅基地纠纷238件，劳动争议纠纷类205件，环境保护纠纷类190件，山林土地纠纷185件，旅游纠纷类143件，生产经营纠纷类118件，征地拆迁纠纷类105件，物业纠纷类72件，电子商务纠纷6件，其他纠纷1875件。

（王红阳）

【行政复议接待立案工作】　年内，区政府法制办行政复议接待室通过当面、电话、网络等形式共接待行政复议咨询374起438人次，同比增长18.7%。区政府行政复议接待室全年收案333件，同比增长66.5%。

（王红阳）

【行政复议案件审理及被复议案件代理工作】　区政府法制办全年办理行政复议案件277件，审结267件（上期结转57件），其中维持181件，申请人撤回申请30件，驳回复议申请25件，撤销29件，确认违法1件，责令履责1件。复议科共代理被复议案件68件，审结73件（含上期结转6件），其中维持57件，申请人撤回申请2件，驳回5件，撤销8件，责令履责1件。

（郭忠利）

【行政应诉工作】　区政府法制办全年代理以区政府为被告的行政诉讼案件311件，其中一审219件，已审结174件（含上期结转42件），其中裁定驳回起诉92件，判决驳回诉讼请求43件，原告撤诉23件，撤销15，裁定移送四中院1件；二审82件，已审结56件（含上期结转19件），其中裁定驳回上诉35件，判决驳回上诉20件，撤诉1件。抗诉案件1件，未审结。新《行政诉讼法》自2015年5月1日实施后，行政机关负责人出庭应诉成为法定义务，西城区行政机关负责人出庭应诉案件达77件。副区长李岩出庭应诉，起到了示范作用。

（郭忠利）

【行政强制执行案件审核】　区政府法制办全年收到申请强制拆除违法建设案件37件，结案27件（上期结转5件），同意18件，退卷9件。

（郭忠利）

【审核申请法院强制执行案件】　年内，区政府法制办从事实、法律依据、程序等方面审核区房屋征收办报送的申请法院强制执行案件，全年共收到申请法院强制执行案件21件，审结20件。

（郭忠利）

【复议委员会】　行政复议委员会是区政府负责审理行政复议案件的审议机构，为切实提高复议案件审理质量，区政府法制办邀请复议委员会非常任委员直接参与复议案件审理，从审理机制上努力排除可能影响案件公正审理的各种不利因素，保证了案件办理质量，更从外部效果上消除了人民群众对行政复议不公开、不透明、“官官相护”的疑虑，收到良好的社会效果。12月8日，第二届西城区人民政府行政复议委员会任期届满，西城区召开了行政复议委员会换届工作会议，选出第三届行政复议委员会委员。

（郭忠利）

【编撰典型案例】　年内，为加强对败诉案件的研究和对各部门复议工作的指导，促进行政复议工作规范化建设，提高复议人员的办案能力和水平，区政府法制办从近几年承办的败诉案件中研究、筛选了7件典型案例，由复议委员会的专家、学者和区政府法制办工作人员对案件进行了评析，提出案件审理中需要注意的问题和建议，有较强的针对性、实用性。案件点评编辑成册分发给各相关部门，对全区的复议工作有较强的指导作用。

（郭忠利）

民族宗教事务

【概况】　北京市西城区民族宗教事务办公室（简称区民族宗教办）是西城区政府负责民族宗教工作的职能部门（5月20日，侨务工作调整到西城区外事侨务办公室），年内有工作人员16人，其中行政编制15人，机关工勤编制1人。设综合科、民族科、宗教科。主要职责是：贯彻落实国家有关民族、宗教工作的法律、法规、政策及北京市的有关规定；拟订民族、宗教工作规划并组织实施；指导、检查、监督本区相关部门开展民族、宗教工作；负责调查研究本区民族、宗教工作情况；组织民族、宗教工作学习交流活动；负责培训民族、宗教干部；联系民族、宗教界人士；依法保护少数民族公民、信教群众在本区的合法利益；依法对本区民族宗教事务进行管理等。年内，区民族宗教办根据北京市民族宗教工作会议精神和全区的中心工作要求，全面贯彻党的民族宗教政策，把握“共同团结奋斗、共同繁荣发展”的民族工作主题，抓住宗教工作基本方针，强化宣传，培树典型，优化机制，服务民生，推进民族团结进步创建，促进宗教界和谐稳定，为区域稳定、和谐发展、做好“四个服务”做出贡献，完成年度各项任务。

地址：西城区二龙路27号
邮编：100032
电话：88064187

（钟 润）

【获全国民委系统先进集体】 11月，为表彰先进、树立典型、进一步激励全国民委系统广大干部职工做好新形势下的民族工作，人力资源社会保障部、国家民委授予西城区民族宗教办等35个单位“全国民委系统先进集体”荣誉称号。区民族宗教办获第三届全国民委系统先进集体荣誉称号，区民族宗教办坚持民心推动，组建了一支70人的民族政策监督员队伍，回应少数民族群众的民生诉求；坚持文化推动，打造了41所民族团结教育基地校，民族团结小学的课堂教学内容被列为全国民族教育工作会展示内容；坚持创新推动，探索精细化、智能化、社会化的工作模式，完善了城市民族特色“民生一条街”的“牛街模式”和民族工作“全响应”的“德胜模式”。

（马 宁）

【交流西城民族团结工作经验】 6月11日，北京市民族工作会议在北京会议中心召开。大会表彰了北京市的14个全国民族团结进步模范集体和14名模范个人。西城区委书记王宁作为先进典型代表之一，在会上交流了西城区民族工作开展情况：一、坚持民心推动，努力让各族群众共享城市美好生活；二、坚持文化推动，建设好各民族共同的精神家园；三、坚持创新推动，不断开创民族工作的新局面。

（马 宁）

【编写“十三五”发展规划】 根据北京市民委的工作部署和西城区民族工作的实际需要，自6月15日开始，区民族宗教办会同中央民族大学民族理论与民族政策专家余梓东和部分研究生共同编制了《西城区“十三五”时期少数民族事业发展规划（征求意见稿）》。采取既密切联系民族工作实际，又吸纳学术界相关研究成果的方式，力图做到理论联系实际。分为序言；第一章：“十二五”时期发展回顾；第二章：“十三五”时期发展背景与目标；第三章：“十三五”时期的主要任务；第四章：保障措施与实施步骤。

（马 宁）

【发放春节生活补助】 2月18日，西城区按照北京市民委、民政局、财政局《关于发放2015年有清真饮食习惯少数民族低保群众一次性春节生活补助的通知》（京族字〔2015〕6号）要求，在春节前向全区有清真饮食习惯的困难少数民族群众发放2015年一次性生活补助，共为834位少数民族低保人员发放补助款250200元。

（马 宁）

【安北社区“笑脸约定”推广会】 安德路北社区是民族团结社区，社区内孤寡老人多，2014年成立了一支“孺子牛爱心帮扶队”，在社区的孤寡空巢老人家门窗上挂一个“笑脸”，老人需要帮助时，将笑脸翻过去，露出囧脸，帮扶队的成员和他们结成对子，对老人进行关心照顾。3月3日，区民族宗教办在德胜街道地下报告厅召开安德路北社区“笑脸约定”推广会。安北社区通过演小品、社区书记介绍社区情况、和专家座谈、请孤寡空巢老人谈感受等多种形式向大家进行了推广。德胜街道宣传部、团委、社区办邀请区常委王都伟、副区长杜黎彬，区文明办、团区委、社工委、民政局和全区15个街道相关负责人进行了交流学习，人民日报、北京日报、北京晨报、广播电台和西城报等众多媒体进行了报道。

（马 宁）

【普法进社区】 5月22日，由北京市伊斯兰教协会主办，北京社会生活心理卫生咨询服务中心、德胜街道安北社区、西城区伊斯兰教协会协办的“普法进社区活动”在德胜法源清真寺启动。这是安德路北社区“宗教政策法规学习月”系列活动之一。活动现场有为社区老年人宣传民族宗教政策法规的宣传展板，有由阿訇组成的现场宗教常识解答，有由阿訇现场书写阿文书法赠社区居民，有北京社会生活心理卫生咨询专业人员为社区各族居民进行心理咨询。社区各族居民近百人积极参与，阿訇就“如何既享受宗教信仰自由的权利，也要履行公民应尽的业务”解决穆斯林群众的疑问。现场各类展板以图片形式宣传了民族宗教政策。

（马 宁）

【民族团结教育嘉年华】 4月24日，由德胜街道和北京市第七中学共同主办的以“品鉴民族文化，弘扬德邻精神”为主题的第二届德胜地区民族团结教育嘉年华活动在七中校园展开。市民族教育学会、西城区文化委、西城区教工委、教委、区民族宗教办以及德胜街道相关领导，德胜地区五路通小学、西师附小、育翔小学、裕中小学和七中共1300余名师生参与活动。开幕式上，七中的同学身着不同的民族服饰进行了歌舞巡游。项目展示环节中有七中民族健身操、中国鼓表演，安北社区蒲公英民族艺术团的舞蹈《弯月亮》，西师附小的太极拳与舞蹈的融合——《太极扇》，五路通小学室内管乐队的《加勒比海盗》和《小苹果》。还有品尝民族传统小吃和非物质文化遗产项目展示等特色活动及各民族的传统体育知识介绍。北京市民族教育学会副会长于洪武及德胜街道领导参加活动。

（马 宁）

【慰问民族团结基地校】 “六一”儿童节前夕，区民族宗教办书记周兴运、主任韩俊田，教委统战部、西城区伊协秘书长等领导分别带队到回民幼儿园、民族团结幼儿园、少年宫、回民小学对孩子们进行慰问，并送去节日慰问款2.5万元。

（马　宁）

【考察大厂回族自治县清真企业】 为进一步落实《京津冀协同发展规划纲要》精神，加强西城区与廊坊市大厂回族自治县在清真食品服务管理方面的合作与交流，5月13日，区民族宗教办主任带队考察了大厂回族自治县部分清真企业。参观了北京桂香春食品有限公司大厂生产基地、华远肉类有限公司和福华集团。通过考察，区民族宗教办与大厂回族自治县民委建立了两地清真食品输入地与输出地的联系与对接工作机制，由西城区提供为北京供货的大厂企业名单，大厂县民委从源头把好北京供货关，从源头上解决“清真不真”的问题，保证首都人民舌尖上的安全。西城区部分清真企业领导一同考察。

（马　宁）

【开展联合检查】 1月22日，根据市委统战部和市宗教局联合下发的《关于开展禁止针对少数民族群众歧视性做法的通知》要求，区民族宗教办会同区委统战部、西城公安分局等相关部门，对牛街地区各类宾馆、交通、超市、餐饮、加油站等存在的拒住、拒载、拒卖、拒餐、拒加油和相关安保检查中存在的歧视性行为进行检查；“五一”前夕，区民族宗教办牵头，会同区公安分局、牛街街道统战部、牛街工商所、食药所、社区等相关部门，对牛街地区进行民族政策检查，检查重点街内综合性牛羊肉市场、自挂清真牌照等新设网点。对于新建饮副食网点自挂清真牌照的行为，符合办理许可要求的要求其尽快办理。对于个别清真网点复制、伪造其他网点清真经营许可证的现象，要求其立即摘除，并予以没收。在检查中，还发现一些新建综合性市场将摊位出租，共用市场一个营业执照。有的市场照主为汉族，牛羊肉摊位自挂清真牌照，类似情况无法办理符合要求的清真经营许可证，管理上也存在一些隐患。对此，区民族宗教办在密切关注社情民意的同时，对市场负责人进行了民族风俗习惯的宣传教育，加强监督检查力度。

（马　宁）

【清真专项资金】 年内，按照市民委《关于做好2015年度少数民族经济发展专项资金（清真）使用管理工作的通知》（京族字〔2015〕12号）的有关要求，区民族宗教办结合本区域少数民族经济发展实际，依据资金额度和扶持重点，对所申报的少数民族经济（清真）发展项目完成了项目论证和评审工作。按照《关于做好2015年度少数民族经济发展专项资金（清真）拨付工作的通知》（京族字〔2015〕39号）要求，确定西城区202万元专项资金扶持意见，共扶持经济发展项目4个。

（马　宁）

【市人大检查】 4月20日，市人大常委会民宗侨办副主任武高山、副巡视员王亚民到西城区检查少数民族流动人口服务管理工作。检查组听取德胜、牛街、月坛和新街口4个街道的工作汇报。并到德胜街道法源清真寺实地调研，区人大常委会党组副书记、副主任郑然陪同检查。德胜街道将民族工作和街道全响应系统相结合，分析研究在新形势下开展散杂居社区民族工作的新方法、新手段，汇报了推动地区民族工作精细化管理的作法。牛街街道运用地区再有资源，突出亲情服务与管理；月坛街道强调以人为本，多角度全方面为少数民族流动人员提供服务保障；新街口街道从做好基础工作入手，努力实现社区服务市民化、就业创业便利化、就学就医均等化、遵纪守法公平化，加强少数民族流动人员和辖区居民的融合。检查组一行还到德胜街道法源清真寺了解新疆等少数民族地区群众到清真礼拜情况，到德胜街道安德路北民族团结社区听取社区民族工作汇报。

（马　宁）

【民族团结创建研讨班考察西城】 5月21日，全国民委系统民族团结进步创建活动专题研讨班一行50余人到西城区考察民族团结进步创建活动情况。国家民委监督检查司副司长宋全、市民委委员张宁参加活动，市民委民族一处处长赵淑华、区民族宗教办主任韩俊田等陪同接待。研讨班一行先后到北京市第五十六中学、德胜街道法源清真寺、德胜街道全响应指挥中心参观学习。

（马　宁）

【少数民族事业规划专家评审会】 8月31日，区民族宗教办召开《北京市西城区“十三五”时期少数民族事业发展规划》编制工作专家评审会议，会议邀请区政协委员、人大代表、区民宗工作领导小组成员、社区干部代表等20人参加，征求修改意见。本课题是西城区第一个少数民族事业的发展规划，自6月起成立课题组及编委会，聘请高校专家学者共同完成编制工作，经召开多次研讨会、中期评估会等，前后六易其稿，形成了征求意见稿。

（马　宁）

【全国政协领导到西城调研】 9月14日，全国政协副主席、中央统战部副部长、国家民委主任王正伟到牛街街道，围绕贯彻落实中央民族工作会议精神、总结地方经验、提高民族工作水平进行调研。市委常委、统战部部长戴均良参加调研，区领导王宁、孙硕、吴向阳陪同调研。王正伟到牛街礼拜寺，察看了礼拜堂、寺内文物、历史文化陈列等，了解牛街地区伊斯兰教传承历史及少数民族宗教生活情况。随后，又到牛街民族敬老院看望老人，并参观春风社区居委会和卫生服务站。最后，到牛街街道全响应指挥中心了解街道民族工作。区委书记王宁介绍了西城区的民族工作：多年来坚持民心推动和文化推动，建设好各民族共同的精神家园。注重“从娃娃抓起”，大力推动民族教育进读本、进课堂、进校园；以品牌活动促进民族优秀传统文化传承，以创建活动推动民族团结示范作用发挥。坚持创新推动，不断开创民族工作的新局面。探索完善了城市民族特色“民生一条街”的牛街模式和民族工作“全响应”的德胜模式，全区86个民族重点社区建立了“五必访”和“六代办”工作制度，即“婚丧嫁娶必访、特困必访、老年人生日必访、大病必访、重大节日必访”，以及“代取退休金、代缴水电费、代订报刊杂志、代购买物品、代联系小时工、代挂号看病”，实现了民族工作的精细化、智能化发展。4月，住建部公布了第三批国家智慧城市试点名单，新增84个城市（区、县、镇），牛街街道位列其中。

（马　宁）

【中亚国家研修班学员考察德胜街道民族工作】　9月22日，中亚国家民族政策与实践研修班学员一行到德胜街道考察调研民族工作。研修班学员先后到德胜街道指挥中枢和法源清真寺听取了德胜街道社会服务管理体系创新的民族工作汇报，了解了基层民族宗教工作开展的情况。

（马　宁）

【民族政策监督员培训】　11月19日，区民族宗教办组织各街道民族政策监督员参加一年一度的西城区民族政策培训大会，各街道民政科领导和民族政策监督员代表80人参会。会上市民委领导讲解了清真食品相关政策，区民族宗教办副主任强调了清真食品经营许可证换牌工作的相关事宜，为上年各街道民族政策监督员发了补贴。

（马　宁）

【开展主题慈善活动】　1月29日，区民族宗教办组织佛教、道教、伊斯兰教、基督教、天主教五大宗教开展"送一件冬衣、暖一颗童心"主题慈善活动，为位于昌平区的北京盛基艺术学校送去慈善捐助。北京盛基艺术学校自2008年汶川地震发生后，先后招收7批来自四川阿坝州、青海玉树、西藏拉萨等地的80多名藏族孤儿，培养他们学习绘画、音乐、舞蹈等艺术。西城区挖掘佛教"慈悲济世"、道教"周穷救急"、基督教"爱人如己"、天主教"做光作盐"、伊斯兰教的"信主爱人"等慈善文化源泉，积极开展宗教慈善事业。此次活动五大宗教组织为学生们送去了衣服、鞋、书包等生活和学习用品，并和学生们一起联欢。

（钟　润）

【开展宗教场所检查】　1月22日，区民族宗教办会同区民政局、区食药局、西城公安分局、西城安全分局、西城消防支队、西城交通支队、新街口街道办事处、什刹海街道办事处等单位对区内佛教、道教场所进行了安全检查。通过听取汇报、实地查看等形式，对各场所腊八节和春节前的安全工作情况进行检查。重点检查各场所安全管理制度落实、应急方案预案制定和执行情况，全面排查安全隐患。制定《西城区加强宗教管理服务综合整治工作方案》，要求通过开展自查和检查的方式进行专项整治和综合整治，采用部门执法和联合执法的方法对辖区内的宗教乱象及宗教活动场所周边环境进行为期一个月的检查治理。5月12日，区民族宗教办联合区委统战部、区民政局等十余个单位对白云观和广济寺及周边环境进行联合检查。对宗教活动场所外寺外游僧游道、占道经营、乱停乱放、行乞讨要等依法进行清理疏导，对周边30家经营场所进行联合检查，清理游僧游道及设摊抽签算卦5人，依法取缔违法违规设立的功德箱8个、非法宗教图书售卖点5家。

（钟　润）

【春节白云观民俗活动】　2月19日，道教白云观举办春节民俗活动。为确保活动安全顺利，西城区成立了"一部一组"（佛教、道教民俗活动服务保障工作指挥部和白云观服务保障工作领导小组），召开协调会，相关单位按照职责制定了安全、交通、消防、大人流防控等《安保工作方案》以及环境秩序保障工作。正月初一，市委副书记、市长王安顺带队到白云观检查工作。王宁、王少峰、王都伟、王旭等区领导活动期间分别到白云观检查工作，慰问工作人员。区委常委、区委统战部部长程军，副区长杜黎彬从初一至初五在白云观参加应急值守，指挥民俗活动各项服务保障工作。春节期间共有117600余人次到白云观参加活动。

（钟　润）

【伊斯兰教节日】　7月18日开斋节，西城区穆斯林群众分别在牛街礼拜寺等6座清真寺举行节日会礼。戴均良、孙康林、赵文芝、赵玉金、马林等市领导前往牛街看望宗教代表人士，慰问穆斯林群众。西城区领导王宁、王少峰、刘跃平、杜灵欣、王力军、陈思源、王都伟、程军、孙硕、郑然、杜黎彬等参加活动。进牛街礼拜寺观礼的群众4.9万余人，到清真寺会礼的穆斯林群众8900余人，包括来自巴基斯坦、孟加拉、埃及、印尼、坦桑尼亚、毛里求斯、沙特、土耳其、印度、马里、新加坡、索马里、马来西亚等13个国家的148名外籍穆斯林。美联社、新华总社、英国路透社、美国盖蒂图像、加拿大电视台、北京市公安局媒体、西城摄影协会等中外媒体到牛街礼拜寺采访。区领导分别到全区所属6所清真寺及北京市民族敬老院走访慰问穆斯林群众。同时，牛街地区还举办了第八届北京清真美食节、牛街街道第十届社区民族团结杯象棋决赛和第十届牛街街道民族团结书画展。9月24日是伊斯兰教"古尔邦"节，西城区所属清真寺迎来7400余名参加会礼的穆斯林群众。市民委副主任范宝，西城区领导王宁、苏东、陈思源、程军、孙硕、杜黎彬、姜立光等到西城区所属各个清真寺看望阿訇、穆斯林群众。12月24日，牛街礼拜寺等4所清真寺举行圣纪活动，牛街礼拜寺为前来参加圣纪活动的穆斯林群众发放了油香、炖肉和肉粥。德外清真寺、赵登禹路清真寺和三里河清真寺也为广大穆斯林群众准备了圣纪食品。

（钟　润）

【开展宗教界代表人士家访活动】　7月11至15日，区民族宗教办会同区委统战部赴甘肃省天水市对中国佛教协会副会长、广济寺方丈演觉进行了家访。西城区政协主席杜灵欣，区委常委、统战部长程军，区人大常委会副主任郑然参加活动。一行人与甘肃省天水市进领导行了座谈，探讨如何更有效地开展政协工作、统战工作和宗教工作。杜灵欣表明此行主要是通过走访宗教代表人士家乡，更好地团结引导宗教界人士，更好的实现"同心同行"。西城区一行到演觉大和尚在天水市甘谷县家中，看望大和尚的老父亲，送去慰问金和慰问品，还分别走访了天水市秦州区佛教协会、瑞莲寺、南郭寺等佛教场所，与宗教界人士进行座谈，就如何做好宗教工作进行交流。10月29日至11月3日，区民族宗教办会同区委统战部赴浙江温州对中国道教协会副会长、北京市道教协会会长黄信阳道长进行家访。西城区人大常委会主任刘跃平，区委常委、区委统战部部长程军，区政府副区长杜黎彬，区政协副主席李建国参加活动。

（钟　润）

【宗教活动场所监控设施建设】 年内，西城区针对宗教活动场所监控设备不完善的问题，加强宗教活动场所监控设施信息化建设。配合区应急办为监控设备不完善的宗教活动场所安装信息监控设备。共申请专项经费80余万元为法源寺、三里河清真寺、正源清真寺、前门清真寺4处宗教场所建设了宗教场所视频监控和客流预警系统，该系统已通过验收并投入使用。此次共建设监控点位39个，全部采用高清技术，并实现宗教场所内部的全覆盖。视频信号接入政务网，实现宗教场所、所属街道和区政府三级共享。

（钟　润）

【组织参观抗日战争纪念馆】 7月24日，区民族宗教办组织宗教活动场所负责人及骨干教友50余人，到中国人民抗日战争纪念馆，参观纪念中国人民抗日战争暨世界反法西斯战争胜利70周年大型主题展览。宗教界人士纷纷表示要高举爱国爱教的旗帜，谨记团结奉献的抗日精神，把满腔爱国之情化为发奋学习和工作的强大动力，为中华民族的伟大复兴而奋斗。

（钟　润）

【基督教三自第五次代表会议】 8月13日，西城区召开基督教三自爱国运动委员会第五次代表会议。全区基督教界110名代表参加会议。市宗教局副局长刘先传，西城区委常委、统战部长程军，区政府副区长杜黎彬和北京市基督教三自爱国运动委员会主席蔡葵出席会议。会议系统总结了西城区基督教三自爱国运动委员会第四次代表会议以来的工作，分析了当前和今后一个时期面临的形势和任务，研究部署了以后5年的主要工作，审议通过西城区基督教三自爱国运动委员会工作报告和《西城区基督教三自爱国运动委员会章程（修正案草案）》，通过了《西城区基督教三自爱国运动委员会第五次代表会议决议》。选举产生了新一届。

（钟　润）

【天主教爱国会第四次代表会议】 8月22日，西城区天主教爱国会召开第四次代表会议，全区天主教界134名代表参加。会议总结了2011年西城区天主教爱国会第三次代表会议以来天主教爱国的工作情况，分析了当前和今后一个时期面临的形势和任务，研究部署了以后5年的主要工作，审议通过了《西城区天主教爱国会工作报告》和《西城区天主教爱国会章程（修正案草案）》，通过了《西城区天主教爱国会第四次代表会议决议》。会议选举产生了新一届领导班子。北京市宗教局局长池维生在会上讲话。

（钟　润）

【阿訇交流工作】 10月，西城区为配合北京市宗教局落实中青年阿訇交流工作，先后选派6名阿訇进行交流，其中包括向延庆县委派、与东城区交流互换、区内交流等方式，使阿訇们流动起来，解决阿訇在一个地方时间过长，成长受到局限的问题，给他们搭建平台，全方位锻炼，从而调动了阿訇的积极性，带动了所在清真寺工作的有序开展。

（钟　润）

【和谐寺观教堂创建活动交流会】 为了巩固和谐寺观教堂创建活动成果，交流创建活动经验和成果，区民族宗教办于11月24至25日召开西城区2015年和谐寺观教堂创建活动研讨交流会。全区区级宗教团体和18个宗教活动场所负责人参加会议。会上，吕祖宫住持冯高欣道长就民主管理工作、居士林副林长吴炎居士就慈善公益工作、宣武门教堂主任司铎赵庆龙神甫就堂区建设和外事工作、西什库教堂副主任司铎卞寅神甫就教务工作等方面进行了经验交流。会上，还通报了国际国内形势，部署了西城区宗教领域的重点工作。

（钟　润）

【国家宗教局领导走访南堂】 12月24日，中共中央委员、国家宗教局局长王作安到北京教区宣武门南堂视察慰问，受到李山主教的热情接待。北京市政府副秘书长马林，北京市委统战部副部长、市宗教局局长池维生，西城区委书记卢映川，区委常委、统战部部长程军，副区长陈宁等领导参加慰问活动。

（钟　润）

【天主教基督教圣诞节活动】 12月24至25日是天主教、基督教一年一度的重大节日圣诞节，截至25日凌晨，全区有27461名天主教、基督教信徒及290名外宾到天主教宣武门教堂、西什库教堂、西直门教堂、基督教缸瓦市堂参加活动。北京市领导戴均良、王宁、孙康林和市委统战部、市宗教局领导池维生、刘先传，区领导卢映川、王少峰、刘跃平、杜灵欣、王立军、陈思远、程军、孙硕、杜黎彬、姜立光等，12月24日平安夜前往各堂向信教人士祝贺节日和慰问安全保卫工作人员，巡视安全保障工作。全区各有关部门保障了圣诞节节日安全。

（钟　润）

【侨务走访慰问】 为了让侨界人士度过一个喜庆祥和的春节，切实把党和政府的关怀与温暖送到群众心坎上，践行八项规定，关注民生，关注侨界群众，新春前夕，区民族宗教办深入街道、社区走访慰问侨界人士30人，慰问款共计6万余元。

（吕丛阳）

【街道侨务服务工作】 年内，广外街道红莲中里社区安排志愿者联系关照楼内高龄归侨老人，并与老人退休单位领导共同料理老人的后事。关心、关照、服务老归侨，做到了尽职尽责，在社区收到了很好的社会效果。广外街道还将户口、居住地、单位均不在广外地区且无儿无女的老归侨安排进广外地区老年公寓，纳入社区服务对象。街道及各级组织将老人纳入关怀、关心、帮助范围，形成机制。

（吕丛阳）

对外事务·港澳事务·侨务工作

【概况】 北京市西城区人民政府外事侨务办公室（简称区政府外事侨务办），是负责本区外事工作、港澳事务及侨务工作的区政府工作部门。在外事领域，主要负责外事统筹协调归口管理，具体承担因公出入境管理、以友城为重点的国际交流、国际语言环境建设及外国媒体、外籍人员、非政府组织等涉外管理职责。5月20日，经区委区政府批准，区外事办增加侨务职能，具体承担宣传和贯彻执行国家侨务政策，开展涉侨宣传、文化交流和华文教育工作，办理归侨、侨眷、外籍华人亲属身份确认等事项。内设因公出入境管理科、国际交流和侨务科、涉外管理科（监察科），行政编制16名，在编人员13名。全年接待团组29批306人次。西城区友好（交流）城市共有21个。

地址：西城区二龙路27号

邮编：100032

电话：88064597

（梅　雯）

【服务国家外交首都外事】 党宾国宾接待：4月，接待柬埔寨奉辛比克党党主席诺罗敦·拉那烈亲王参观金融街丰汇园社区，了解西城区社区建设与管理情况；4月，接待塞舌尔人民党总书记、副总统丹尼·富尔走访西长安街街道义达里社区，了解西城区基层党建和居民生活情况；6月，接待比利时王后玛蒂尔和中国国家主席夫人彭丽媛参观北京启喑实验学校，观看听障儿童的康复教学；9月，协调组织北京和苑和平节暨“翰墨和平”国际友人书画汇成功举办，原全国人大常委会副委员长何鲁丽、来自70个国家的130名外交官、国际组织负责人、跨国企业代表、国际友人出席活动；10月，接待荷兰王国国王威廉·亚历山大到大栅栏历史文化保护街区，参观2015北京国际设计周荷兰馆；12月，服务保障“相聚北京——2015中外朋友迎新年专场演出”活动在天桥艺术中心举办，千余名在京使馆官员、外企高管、外国专家、外国记者等观看话剧《北京法源寺》。配合国家总体外交开展地方外事：结合中瑞建交65周年系列活动，向瑞士蒙特勒市赠送“建都纪念阙”微缩雕塑。结合国家主席习近平成功访澳为两国民间交往带来的新机遇，并纪念两市区结好17周年，向澳大利亚彭里斯市赠送“建都纪念阙”微缩雕塑，彭里斯市将其竖立在市议会广场的显要位置。围绕“中国—中东欧国家合作”机制及“一带一路”沿线国家发展战略，与捷克卡洛维发利州相关市发展友好交流关系，组派“非遗”代表团赴友城斯洛伐克皮仕佳尼市开展“非遗”展览展示。为配合2015年国家主席习近平访美，组派民间艺术团出访友城美国帕萨迪纳市开展文化交流活动，促进双方民众友谊的加深。

（梅　雯）

【打造品牌活动】 6月，围绕2015北京马连道国际茶文化展活动的开展，组织留学生到马连道国际茶城感受中华茶文化的独特魅力；10月，协助举办“2015金融街论坛”，做好国际会议申报工作；11月，配合“中国—东盟民间友好大会”的召开，与市友协共同开展“2015北京东盟文化之旅”活动，选派9项“非遗”项目赴文莱和印度尼西亚进行展示，并举办多场“魅力北京·缤纷西城”图片展；11月，与市友协共同举办“北京国际民间友好论坛”，搭建西城区与国际组织、民间友好人士的对话交流平台，通过各领域的研讨和交流，为西城区建设和谐宜居的首都功能核心区提供借鉴。教育外事：在“2015北京国际民间友好论坛”中设置以“课程建设和教师专业发展”为主题的教育分论坛；西城外国语学校与瑞士蒙特勒市学校开展民宿互访；美国帕萨迪纳市学区负责人来访，洽谈教育合作。文化外事：选派“非遗”代表团参与斯洛伐克皮仕佳尼市艺术节及奥地利格拉茨市孔子学院庆典活动；与日本东京都中野区开展书画交流。体育外事：与韩国首尔市中区举行羽毛球友谊赛；与日本东京都北区开展太极拳交流。经贸外事：吸引重点团组参观马连道茶城，洽谈茶叶贸易合作；安排友好交流城市商贸代表团走访天意小商品市场，会谈小商品贸易与合作。

（梅　雯）

【友城交流】 全年共与11个友城开展了友好交流活动，覆盖政务、文化、教育、体育等多个领域。向澳大利亚彭里斯市、瑞士蒙特勒市赠送“建都纪念阙”微缩雕塑；美国帕萨迪纳市高中生代表团来访与北京第161中学开展民宿交流活动，西城区代表团出访美国帕萨迪纳市进行友好交流；柬埔寨金边市隆边区代表团来访，与西城区探讨社会管理、环境保护等领域的工作经验；日本东京都中野区春秋会代表团来访，与西城区洽谈进一步合作事宜；西城区代表团访问墨西哥首都墨西哥城阿斯卡波萨尔科区，开展文化交流；西城区代表团访问希腊艾留西斯市，探讨建立“人大—议会”友好交流模式；西城区代表团访问捷克卡洛维发利州，双方签署“友好交流意向书的确认书”；西城区“非遗”代表团访问斯洛伐克皮仕佳尼市，在第60届皮仕佳尼市艺术节上举行西城区“非遗”项目专场演出，同期，西城区代表团访问斯洛伐克皮仕佳尼市，商讨文商旅领域的具体合作；西城外国语学校师生代表团与瑞士蒙特勒市师生代表团进行民宿互访；育才学校师生代表团访问日本东京都中野区，与桃园小学开展少年棒球友谊赛；韩国首尔市中区体育代表团来访，与西城区进行羽毛球友谊赛；西长安街街道红墙艺术团访问美国帕萨迪纳市，在帕萨迪纳市立学院音乐厅、帕萨迪纳市亚太博物馆开展文化交流活动；日本东京都北区政府议会团来访，开展太极拳交流活动。

（梅　雯）

【因公出国（境）管理】 年内，认真落实中央“八项规定”和“三严三实”专题教育活动要求，按照北京市《关于进一步规范局级以下国家工作人员因公临时出国的办法》文件精神，遵循“因事定人、从严管理、务实高效、规范严谨、分类管理、促进发展”原则，严格执行计划管理。提升因公出访计划的科学性、目标的针对性、成果的实效性，实现了控制总量、提升质量的双重目标。为7家企业办理邀请外国人来华手续，共邀请外籍人士44人。为19家企业申办APEC商务旅行卡53张，办理阿根廷商务签证10人次。

（梅　雯）

【涉外管理】 年内，参与处置涉外备案、咨询和境外媒体采访等工作。保障西城区重点活动顺利开展，落实金融街论坛、马连道国际茶文化展等大型涉外活动的项目申报和外宾邀请工作；接待中东国家媒体团到西城区采访，协助完成美联社、意大利广播公司等境外媒体采访授权事宜；启动“领事保护和文明旅游进校园”系列宣传活动；完成区内24家中小学聘请外教资格集中审定工作。

（梅　雯）

【国际语言环境建设】　年内，举办“2015西城区外语嘉年华”和“2015年西城区市民讲外语风采大赛”活动，选派优秀节目参加“2015年北京外语游园会”；开展外语标识检查及外文宣传标语口号规范工作；推进外语人才库建设，组织外语人才库学员在“2015北京国际民间友好论坛”等外事活动中以志愿者形式参与服务保障。

（梅　雯）

【侨务工作】　年内，接待海外华文教育机构负责人培训班到北京市第三十五中学参加中华文化传统课程培训；接待新疆籍海外华侨归国访问团赴牛街清真寺及社区参观座谈；推选广内街道西便门东里社区、牛街街道钢院社区、天桥街道先农坛社区参加北京市社区侨务工作示范社区评比，上述3个社区均被评为“北京市侨务工作示范单位”，广内街道西便门东里社区当选为“全国社区侨务工作明星社区”。

（梅　雯）

对外联络

【概况】　北京市西城区对外联络服务办公室（简称区外联办）是负责本区对外联络服务工作的部门。主要职责是：贯彻执行北京市关于对外联络服务工作的方针、政策，落实区委、区政府关于对外联络服务工作的部署和要求，研究制定具体工作措施并组织落实；负责指导、协调本区有关部门做好为驻区中央国家机关、驻区部队、中央企事业单位和外省市驻京机构的综合服务工作；负责协调相关部门完成市政府下达的服务驻区中央国家机关、企事业单位、外省市驻京机构折子工程，并督促检查落实情况；负责本区与外省市开展合作交流工作，负责外省市来访的接待和区级领导出访的组织协调工作；负责友好市区间的友好交流工作，为本区经济建设和社会发展服务；负责重要会议、大型活动接待服务工作；负责对口支援联络、服务、协调工作。年内，按区委区政府要求和部署，围绕全区中心工作，巩固党的群众路线教育实践活动成果，按照“三严三实”的要求，加强思想建设和制度建设，在服务驻区中央单位、推动区域协同发展、加强合作交流方面取得成效。

地址：西城区二龙路27号

邮编：100032

电话：88064715

（韩　颖）

【走访驻区中央单位】　年内，区外联办按照区委区政府“三严三实专题教育”工作部署，联络安排区四套班子主要领导走访中央组织部、中央国家机关工委、国务院侨办、环境保护部4家驻区中央部委机关，汇报西城区经济社会发展、民生改善等各领域重点工作情况，听取中央部委主要领导对西城区工作的意见建议，征询服务需求。在走访中，中央部委领导对西城区提供的优质高效服务保障表示感谢，并结合职能职责和资源优势提出了在非首都核心区功能疏解、试点工作、生态环境建设以及干部交流培训等四大类23项合作交流事项，助力西城区改革创新发展。

（苗林林）

【落实中央单位服务需求】　西城区全年共承办驻区中央单位和部队服务事项46项，其中市外联办研提事项7项，中央单位来函4项，区领导集中走访征询35项。事项类型主要包括：重点项目建设、民生服务需求、环境秩序整治、交通秩序维护、治安维稳、试点工作以及干部交流挂职培训工作等合作交流事项。截至12月底，除4项中央单位重大工程项目建设类事项，涉及中央、市、区三级层面的联动协调，办理周期较长，其他事项均已办结，办结率为91.3%。

（苗林林）

【创建基础信息辅助决策系统】　年内，区外联办为了改善“服务模式单一、服务工作与发展需求适应联系不紧”这一影响西城区服务效能提升的问题，创建了《西城区服务中央单位和驻区部队基础信息辅助决策系统》平台，通过大数据应用使区领导能够更加及时、全面的了解驻区中央单位基本情况、服务保障落实情况、各类优质资源使用情况以及驻区中央单位发展动态情况，为区领导实现全局把控、高效管理和科学决策提供可靠依据。系统主要有突出统筹条块管理、操作便捷高效实用、覆盖全面内涵丰富、分层管理安全稳定四个方面的特点。

（苗林林）

【京津冀协同发展】　年内，在区委、区政府的统一部署下，区外联办配合区发改委，协调区领导和有关部门与津冀地区开展项目对接、合作研讨，探索协同发展模式。先后与天津市武清区、河东区、河北区、宝坻区，河北省廊坊市、保定市、唐山市、邯郸市、张家口市，山东省德州市等地开展互访交流14批次，就旅游、金融、物流、医疗卫生协同发展等合作内容进行沟通对接。7月，西城区与保定市签订《战略合作框架协议》。

（韩　颖）

【与南水北调水源地对口协作】　年内，按照《国务院关于丹江口库区及上游地区对口协作工作方案》的总体要求和北京市的统一部署，区外联办与区发改委配合，在《对口协作框架协议》下，联络协调区人大、区政协、区发改委、区商务委、区环保局、区城管执法监察局等部门的相关领导和委办局分别与河南省邓州市进行了互访对接。援建邓州市自来水厂的资金已先期拨付1000万元，项目正在建设中。

（韩　颖）

【地区间合作交流】　年内，西城区分别与浙江省绍兴市、湖州市，重庆市沙坪坝区三地缔结友好关系，与宁夏回族自治区吴忠市（原宁夏银南地区）重新签订友好区市协议，另与内蒙古自治区达拉特旗和四川省西昌市的友城缔结前期准备工作也基本就绪，至此西城区共有友好城区81家。截至年底，共接待来自天津市和平区等党政领导考察团33批次469人次；联络服务区领导率团出访考察、调研12批次（浙江省绍兴市、湖州市，广西地区，内蒙古自治区达拉特旗，四川省攀枝花市、西昌市，重庆市，西藏自治区拉萨市堆龙德庆县，青海省囊谦县，新疆自治区乌鲁木齐市沙依巴克区，上海市，广东省惠州市，浙江省温州市等）；协调联络并服务区内相关部门赴广西壮族自治区柳州市、内蒙古自治区通辽市、贵州省遵义市及湄潭县等地访问考察5批次；签署深化友城合作及各类战略合作协议（含区属部门）13项；举办与四川省攀枝花市缔结友城20周年纪念活动；走访驻京机构9家，实现以服务促融合、促交往、促发展的目标。

（王　霈）

【规范友城交往模式】 年内，对友城工作状况进行全面梳理与分析，就友城存在问题进行深入思考，形成《西城区友好城市现状分析报告》。走访柳州、苏州、长春、湘西、邯郸、青岛、东莞、绍兴等驻京机构（联络处），听取意见建议，协调相关服务事项，先后协调四川省驻京办事处羌寨渔乡房产纠纷、青岛驻京办工商登记注册、柳州驻京联络处门前停车、湘西驻京联络处房产过户、东莞驻京联络处停车楼建设、喀什驻京联络处房产过户等服务事项6件。

（王　霈）

【对口支援工作】 4月，按照北京市对口支援合作办工作要求，拉萨市市民服务中心选派36名干部到西城区进行为期一周的岗位学习。做好新疆沙依巴克区民生援助项目的跟踪保障服务工作，推进体制外援助西藏拉萨市堆龙德庆县工作，援助资金全部到位，所援助项目堆龙德庆县文化活动中心主体工程业已完工，进入装修阶段。

（王　霈）

档案管理

【概况】 北京市西城区档案局（简称区档案局）是西城区人民政府负责档案事业行政管理的主管部门。内设办公室、党群工作办公室、业务指导科、法制科、档案管理科、档案利用科、机关文档中心、档案编研科、展陈征集科、信息化科、监察科共11个科室。西城区档案馆（简称区档案馆）为地级国家综合档案馆，是集中管理全区档案的文化事业机构，与区档案局合署办公，一个机构、两块牌子。主要职责是：收集、保管对国家和社会具有保存价值的档案资料；开发档案信息资源，为社会提供服务；是区政府信息公开查阅场所，是市、区爱国主义教育基地。区档案局（馆）大部分科室集中在南馆办公，北馆有档案利用科、机关文档中心2个科室，负责档案管理和查档利用。年内，根据全区部署，开展了“十三五”档案事业规划编制工作，完成征求意见稿。区档案馆档案全宗221个，馆藏档案资料69万卷（件、册、张），其中照片5.32万张，底图3402张，资料2万余册，开放档案17999卷，机读目录457.35万条，数字化馆藏1808.1万余页13632GB。全区档案室有全宗213个，328.4万卷（件、册、张）。年内市工商局西城分局、区园林绿化局、西城公安分局3个单位通过北京市区县机关档案工作测评，全区共有73个单位通过北京市区县机关档案工作测评。

南馆地址：西城区广安门南街68号
电话：83976506
邮编：100054
北馆地址：西城区二龙路27号
电话：88064613
邮编：100032

（王振威）

【档案法制建设与宣传】 年内，对全区立档单位开展档案执法检查，依据109家单位自查报告及近两年对这些单位的实地执法检查情况提出整改建议，执法检查覆盖率达到100%。与区法制办开展联合执法，重点检查区卫计委、天恒置业、区科信委、广安控股等14个单位。参加北京市档案法规知识竞赛，上报全区112家单位7040份答卷，区档案局获北京市竞赛优秀组织奖，15人分获一、二、三等奖。在全区开展国家档案局主办的“档案——与你相伴”征文活动，收到征文86篇，区档案局获组织奖。购置张贴发放档案法规宣传挂图折页1400套，观众29.3万人。

（王振威）

【档案行政管理与服务】 年内，印发《关于申报机关档案工作测评的通知》《关于在归档文件中做好政府信息公开文件标识的通知》《关于做好机构调整工作中加强档案管理的通知》《关于加强汛期档案安全保管的通知》《关于做好中国人民抗日战争暨反法西斯战争胜利70周年纪念活动文件材料收集归档工作的通知》，与区教委联合转发《关于转发〈北京市中小学校档案管理办法〉的通知》等文件。年内7个单位通过北京市区县机关档案管理测评复查。加强全区重大工程、重大活动档案管理。指导群众路线教育实践活动档案归档118件、照片一册48张；对全区抗战纪念活动协调小组和5个专项指挥部档案进行收集整理，共收集文书档案78件、光盘档案2张、奖牌1个。指导金融街街道开展基建档案整理。制发西城区《2015年档案工作指导意见》。指导全区各单位归档和进馆工作。举办归档培训，区属单位和驻区单位共300余人参加。举办档案进馆和机关档案管理测评培训。推进社区家庭建档工作。继续做好家庭建档工作在各街道的开展，新增家庭建档示范户23个，为社区建档示范户配备档案装具700余个。

（王振威）

【档案利用服务】 区档案馆全年接待利用者13809人次，利用档案13202卷1333件，出具档案证明14511份。政府信息公开查阅127人次102条。为方便利用者查档，南北馆互开证明196份。与区民政局沟通就婚姻档案查阅制定了便民措施，为特殊查档人员通过“绿色通道”办理婚姻档案查阅服务15份。为全区公车改革、区委组织部处级干部人事档案审核、各单位编史修志提供档案依据。机关文档中心全年接待利用132次，查阅档案56卷1657件，复印2655页，摘抄37页。查档次数同比增长67%，复印档案页数是2014年的3.7倍。共接收26家立档单位归档文书档案6457件。接收2家立档单位数码照片档案33张。指导区信息办科研项目档案整理工作。完成5家单位档案的信息公开标识工作。完成区委区政府全宗永久长期档案数字化工作，44450件504052页生成图像文件413.51GB。

（王振威）

【基础业务】 年内，接收华利佳合、金融街街道、白纸坊街道、陶然亭街道、华天饮食集团等41个单位档案进馆46754卷件，实物印章81件，照片、光盘500张。审核进馆目录8家

2015年进馆目录2228件64卷。整理南区文档中心区委、区政府档案21805件，区劳动局档案5316件，整理重大活动档案5425件，并全部更换档案盒，盖制档号章。对北区文档中心现存2010年之前形成的6个全宗11154件档案逐一进行清点整理并移交进馆。征集到单士元、常人春、刘凤远3人档案54件。接收区文物保护研究所历时7年整理完成的76家区级文保单位记录档案入馆。区文献资料中心收集各类资料70册。围绕纪念抗日战争胜利70周年这一主题，6月2日，与区新闻中心共同举办“抗战中的西城——亲历者口述座谈会”，会上邀请了杜玉林、史清义、金恒德、舒了、马铁汉等11位抗战亲历者及其后人讲述抗战历史，追忆抗战中的西城往事，并将口述过程录制影像资料留存。采集金从政口述档案，以《“平淡天真”——我的父亲爱新觉罗·载涛》为题，从历史篇、生活篇、轶事篇三方面介绍载涛生平，积累视频、音频素材10余小时。拍摄白纸坊片、西长安街片、新街口片、椿树片等114条街巷胡同照片1573张，整理存档700余张。开展1984年、1985年到期档案开放鉴定工作，开放档案2944件，完成1984年开放鉴定初审3363条和1985年复审48660件。

（王振威）

【档案信息化工作】　年内，开展2015年度馆藏档案数字化招标工作，确定了中标单位，全年完成数字化扫描28170卷88063件，共计291.3万页，所有验收合格的图像及目录均完成整合导入。馆藏档案数字化率达到85%，超额完成“十二五”规划目标。进一步完善了档案查询利用系统软件功能。更新、完善区档案信息网站内容，调整充实区档案局政府信息公开专栏和区政府信息公开网档案局内容100余条，更新档案查询目录6700条。共接收98家区属立档单位2015年文书备份数据，共计39864条15GB。

（王振威）

【档案编研利用】　年内，编辑《西城追忆》4期共27.8万字，其中第56期为纪念抗日战争胜利70周年专刊。编辑《西城往事》第8期。完成市档案局党的文献、档案编研成果调查统计工作，共上报目录159条。与区委宣传部、区新闻中心及北京和丰轩图书有限公司（时代华文书局）合作，出版《西城追忆·抗战西城》图书。此书精选历年《西城追忆》中刊登的涉及抗战主题的49篇文章汇集成册，共计30万字。与区文物保护研究所合作出版《西城追忆——文物保护专辑》7章，共计57万字，详细介绍了西城区文物的历史、名人往事、地名趣闻等内容。编辑《档案传真》10期，5万余字，每期紧扣全区工作热点，选取资政参考的档案信息为领导决策服务，包括平房改建、西长安街展宽、廉政建设、市容整治等内容。为纪念抗日战争胜利70周年，与区新闻中心合作在《西城报》开设“西城档案·抗战记忆”专栏，从《西城追忆》中选取一部分与抗战相关的文章刊载，共12篇。为《西城报》“文化专刊人物志”栏目提供文章《侯德封——毕生精力献给地质事业》《林白水：用白话报宣传革命第一人》共2篇。

（王振威）

【档案宣传与基地教育】　年内举办“档案记忆西城”文化公益讲座4场，观众550余人次。内容分别是：邀请原市档案学会副秘书长杨玉昆讲“五子登科，魂断天桥——民国海军上校刘乃沂贪腐案”；配合庆祝抗日战争胜利70周年，请市委党史研究室处长刘岳做“烽火西城”讲座，讲述在抗战期间发生在西城的历史故事；包世轩作题为“纪念曹雪芹诞辰300周年——曹雪芹西山住地与西城”的讲座；请原故宫博物院副院长单士元之女单嘉筠做“百年历史档案学科追述”，讲述中国老一辈档案工作者单士元等整理清代历史档案的经历。策划、完成纪念抗战胜利70周年的“纪念胜利”展览，首次采取一个展览制作17套在全区15个街道同时展出，观众10万余人。与区新闻中心合作，拍摄“抗战中的西城”系列电视专题片5集。接待延庆县委宣传部部长、区委党校处级领导培训班、大学生、社区党员群众等7批次600余人到馆参观。

（王振威）

【档案安全】　3月2日，区委召开专题会议，研究区档案馆建设问题，区领导王宁、王少峰等参加。会议明确了区档案馆建设用地，要求各单位推进相关工作。6月13日，副区长陈宁、李岩召开协调会，推进档案馆建设工作。陈宁多次指导和听取区档案馆新馆功能需求汇报。同时区档案局加强与区属相关部门沟通，将新馆建设列为2016年区重点推进项目。严格落实各项档案安全制度和保密规定，加强库房巡视检查。在“9·3”阅兵期间加强值班。对南馆库房自动消防系统气体钢瓶进行检测，投入21.1万元为南北馆库房购置空气洁净屏、吸尘器、档案柜等设备，更换了部分故障LED灯管。为南北馆查档大厅增设音视频同录的监控探头。完成8件民国时期档案的裱糊抢救工作。

（王振威）

【档案科教】　年内，围绕重点难点深化调研，创新拓展档案工作覆盖空间。针对社保档案数量大、关系个人切身利益、存储问题突出开展调研并形成报告，在7月的《北京档案》刊发。完成市局科研课题《老字号企业特色档案管理研究》的撰写，组织15家企业及老字号门店共计25人召开“老字号”企业特色档案管理交流研讨会，为西城区老字号企业档案管理探索行之有效的方法。与区教委合作，对全区“百年老校”档案管理开展调研。

（王振威）

【“档案馆日”活动】　6月9至14日，开展主题为“档案——与你相伴”“国际档案日”暨北京市第七届“档案馆日”活动。区档案局举办了档案捐赠仪式，市档案局副局长陶水龙向3名捐赠者颁发了证书。举办“烽火西城”主题讲座，200余名档案干部、社区居民参加。举办溥任追思会、抗战亲历者座谈会和常人春先生座谈会，共180余人参加。“纪念胜利”抗日主题展览在区档案馆、区政府和15个街道同时展出。在牛街街道菜园北里社区、椿树街道四川营社区开展档案法制社区宣传活动，编印《北京西城报》专版，开展征文和档案馆开放活动，开放档案2944件。“档案馆日”活动接待900余人，发放材料13种8000余份。

（王振威）

【档案学会】 6月12日，西城区档案学会组织70名会员参加市档案局在大兴区南海子公园举办的健步走活动。12月24日，区档案学会举办档案法制讲座，邀请区档案局法律顾问作了题为“档案案件庭审焦点及依法行政启示”的法律讲座，全区各单位的主管领导、档案员、学会会员100余人聆听报告。年内，区档案学会参与组织了区档案局主办的4次公益讲座活动。

（王振威）

信访工作

【概况】 中共北京市西城区委北京市西城区人民政府办公室（简称区信访办）是区委、区政府受理人民群众来信来访的工作部门。区信访办内设5个科室：综合科（监察科）、办信科、接访一科、接访二科、排查调处科。办公地点在南菜园街51号，其中接访二科在二龙路27号办公。区信访办机关行政编制24名。其中主任1名，副主任4名（其中1名兼纪检组长）；科级领导干部5正4副。年内，贯彻落实习近平等中央领导重要批示和国家信访局及市委、市政府关于信访工作的指示精神，坚持以信访工作制度改革为主线，围绕服务京津冀协同发展，大力加强“阳光信访”“责任信访”“法治信访”建设；坚持以领导干部接访、信访积案化解、体制机制创新和加强信访业务规范化建设为重点，全面提升信访工作质量和水平，全区信访形势呈现平稳态势。

地址：西城区南菜园街51号

邮编：100054

电话：83975493

（张凤燕　侯璐璐）

【信访工作基本情况】 区信访办全年受理承办信访总量同比下降24.3%。主要包括：办理来信同比件次下降3%、人次上升2.7%，其中联名信同比件次下降27.5%、人次上升2.8%；接待来访同比批次下降2%、人次下降0.9%，其中集体访同比批次上升6.7%、人次上升49.1%；网上信访同比件次下降57%。全区非正常上访情况有所好转，越级集体访得到有效控制，信访形势总体平稳可控，实现“无重大重复上访户、无信访群体性事件、敏感时期无非正常集体访”的“三无”目标。

（张凤燕　侯璐璐）

【信访工作基础业务规范化】 年内，组织全区102名信访干部分别学习研讨全国信访系统加强基础业务规范化建设电视电话会议精神，对信访基础业务工作中存在的“六个不规范”问题逐一进行对照检查，结合办信、接访、复查工作实际梳理出问题19个，制定整改措施。通过研究制定信访登记、转办、转交、督办、会商5项制度，制定、完善《西城区办理群众来信规程》《西城区网上信访信息系统来访接待工作使用规范（暂行）》《信访事项交办单》模板、《信访答复意见书》模板等办法，从制度层面规范全区信访工作基础业务。组织全区开展信访信息录入“百日会战”，按照应录尽录的原则，集中补齐2015年以来的信访信息，将新增来信、来访、网上信访事项全部录入系统，优化完善功能，确保数据交换及时、顺畅、稳定，实现系统数据全面、准确、客观反映群众信访活动和信访工作情况。560余件求决类和申诉类的信访问题，实现受理情况件件告知和办理情况事事答复；120余件上级交办或领导批示的重点信访问题，做到件件立案交办，实现按期办结。

（张凤燕　侯璐璐）

【信访矛盾纠纷排查化解工作】 年内，深入开展矛盾纠纷排查化解工作，共开展全面排查、专项排查等7次。积极探索第三方参与矛盾纠纷化解机制，为市人大代表、区领导、律师、心理咨询师等接待信访群众搭建平台，其居间调解作用发挥了很好示范效应。全年律师参与信访接待280人次，解答问题1222人次；心理咨询师接待来访群众72人次，疏导信访群众259人次，化解重大疑难及历史遗留信访事项9件。

（张凤燕　侯璐璐）

【信访复查复核工作】 年内，为确保复查工作顺利进行，组织全区信访干部学习《北京市信访复查复核工作办法》，依照文件规范信访办理、复查和复核工作全流程。对办理不规范的信访事项，依规加大责令重新答复或撤销的力度。坚持法定途径优先的原则，以《信访复查复核工作实用手册》为指导，分类处理信访请求。对应通过司法途径解决的，引导信访人通过司法途径解决，不断提高复查工作质量。坚持“重在化解，适时调解”的工作原则，探索复查工作新方法，加大协调化解的工作力度。西城区全年共收到信访人提出的复查申请74件，同比下降12.9%，其中立案受理53件（同比下降26.4%），主动撤回21件。

（张凤燕　侯璐璐）

【人民建议征集工作】 年内，注重人民建议特邀建议人队伍建设，加强与41人的区级特邀建议人队伍的沟通和联系，开通人民建议网上报送渠道。注重人民建议的规范化办理，严格按照《信访条例》有关规定，逐件登记、报批、转办、答复、报送、归档。全年共受理、办理人民建议376件次，同比上升43.5%。其中市级转交办人民建议227件次（网信179件次，纸介来信48件次），自收人民建议149件次。诸如央产居民院“旱厕”改造、养老服务设施建设等人民建议已实现成果转化。

（张凤燕　侯璐璐）

【信访干部学习培训】 6月25至26日，区信访办举办全区信访干部业务培训班。区属相关委办局、企事业单位和全区15个街道的90余名信访干部参加。区信访办领导做开班致辞，并传达了国家信访局文件；区信访办5个业务部门的负责人围绕来访接待、来信办理、信访复查复核、信访矛盾排查调处和信访信息等方面的工作规范、业务流程、常见问题进行剖析，提出改进措施。培训期间，与会人员围绕信访业务工作中疑难复杂问题分组进行研讨。11月5至6日，区信访办为进一步落实信访信息录入“百日会战”工作要求，举办信访基础业务工作培训班。市信访办办信处副处长王慧给西城区各委办局、街道的信访干部授课。强调信访信息录入是信访工作制度改革目标的重要基础，必须高度重视认真落实。同时就信访信息录入中可能遇到的疑难问题进行解读。市信访办信息中心技术人员就系统操作进行详细的讲解。

（张凤燕　侯璐璐）

【《信访条例》宣传活动】 5月，全区开展以“阳光信访、责任信访、法治信访”为主题的纪念国务院《信访条例》修订实施10周年宣传月活动。在集中组织开展信访宣传月活动基础上，为充分发挥基层组织辐射面广、贴近群众的特点，区信访办投入资金35万元，为街道、社区制作宣传条幅、展板、宣传材料以及宣传购物袋等，通过信访知识问答、法律咨询等形式，引导教育群众自觉依法有序信访，促进信访问题依法及时妥善处理，推进信访工作法治化建设。

（张凤燕　侯璐璐）

【信访问题调研】 年内，以推进信访工作制度改革和信访法治化建设为主题，探索经济发展新常态下信访工作的特点和规律为目的，按照坚持问题导向、结合工作实际的原则，和北京师范大学法学院合作，深入委办局和街道，开展信访工作调研。以《社会变革过程中信访职能定位研究》为题，从信访属性、历史发展、理论规范、社会变革等方面对信访职能定位进行调查研究，以厘清信访工作职能边界，为进一步做好信访工作奠定基础。以《第三方机构介入信访工作的机制研究》为题，从第三方介入信访的理论基础、实践经验、具体构建等方面进行调查研究，结合部分街道成功经验，为第三方参与信访工作、多元化解矛盾纠纷提出设想。

（张凤燕　侯璐璐）

【政府信息公开】 全年办理政府信息主动公开55件，受理办理依申请信息公开案件24件，突破了区划调整以来受理办理依申请公开案件“零”数字。

（张凤燕　侯璐璐）

【信访工作绩效考核】 1月，区政府将信访工作纳入政府年度绩效考核体系。年内，为进一步加大考核力度，区政府将信访考核列为扣分项，权重升至5分（百分制）。在信访考核指标中，坚持以“及时就地解决群众合理诉求”为导向，围绕信访中心工作设置了四项指标，即越级集体访及非正常访、重点信访事项、信访答复意见复查复核、信访事项按期办结率等，从而有效地发挥了督查督办效能。

（张凤燕　侯璐璐）

【信访工作探索与创新】 年内，区政府各职能部门结合信访工作新形势和新要求，探索依法分类处理群众信访诉求的有效途径，取得一定的成效。如：区卫计委初次分类定路径、二次分类选部门、三次分类解积案的“三次分类”机制，实现了“重心转移压力少、依法行政得实效、信访成本直线掉、干群关系齐夸好”的效果。为此，国务院副秘书长舒晓琴带领各省、直辖市、自治区信访局长，于5月29日对区卫计委采取法定途径分类办理信访事项工作情况进行了实地考察，并给予充分肯定。按照《关于依法处理涉法涉诉信访问题的意见》要求，把好接待“第一关”，将群众反映的涉法涉诉问题，严格甄别把关，积极引导信访人按照相关规定向司法机关提出诉求，同时耐心做好解释疏导工作。区联席会议牵头，对遗留信访问题进行审查，对于其中的涉法涉诉信访问题，逐步向责任部门交办、剥离，确保涉法涉诉问题在法治轨道上解决。引导信访人通过司法途径维护合法权益121件次。

（张凤燕　侯璐璐）

中国人民政治协商会议北京市西城区委员会

【概况】 中国人民政治协商会议北京市西城区委员会（简称区政协）是中国人民政治协商会议的地方组织，主要职能是政治协商、民主监督、参政议政。区政协第十三届四次全会共有委员562人，常务委员99人。设提案委员会、学习指导和文史资料委员会、经济科技委员会、城建环保委员会、教文卫体委员会、社会和法制委员会、民族和宗教委员会、港澳台侨委员会8个专门委员会。机关设办公室、研究室、专委会工作一室、专委会工作二室、专委会工作三室、专委会工作四室、专委会工作五室、专委会工作六室8个办事机构，行政编制40人（不含局级）。年内，区政协团结依靠各党派团体和各界委员，牢牢把握团结和民主两大主题，坚持和发展最广泛的爱国统一战线，紧紧围绕全区中心工作履行职能，在不断推进“人文北京、科技北京、绿色北京”和“活力、魅力、和谐”新西城建设中做出新的贡献。

地址：西城区广安门南街68号

邮编：100054

电话：83976147

（康筱丰）

【十三届四次会议】 1月12至15日在市委党校召开。区政协副主席姜兆春主持开幕式。听取并审议区政协主席曹长胜代表常务委员会作的工作报告、副主席沈桂芬作的提案工作报告；列席区第十五届人民代表大会第四次会议开幕式，听取讨论政府工作报告，讨论其他报告；表彰区政协2014年度优秀提案；听取关于十三届四次会议期间提案审查情况的报告（草案）；审议通过会议决议（草案）。市政协副主席陈平出席开幕式。区委书记王宁在闭幕式上讲话，新当选的区政协主席杜灵欣致闭幕词。区政协副主席王瑞珠主持闭幕式。

（康筱丰）

【常务委员会会议】 1月12日召开政协北京市西城区第十三届委员会常务委员会第二十六次会议。听取区委常委、统战部部长程军关于《政协北京市西城区第十三届委员会届中选举政协主席候选人建议名单（草案）》的说明，会议原则通过建议名单，决定提交1月13日全体委员小组讨论。听取秘书长孙广俊关于会议选举工作安排；审议《中国人民政治协商会议北京市西城区第十三届委员会第四次会议选举办法（讨论稿）》，决定提交1月13日全体委员小组讨论。讨论《中国人民政治协商会议北京市西城区第十三届委员会第四次会议总监票人、监票人建议名单（草案）》，决定提交1月13日全体委员小组讨论。曹长胜出席并讲话。区政协副主席杨月欣主持。1月13日召开政协北京市西城区第十三届委员会常务委员会第二十七次会议。听取区政协十三届四次会议期间各小组讨论《政府工作报告》《西城区2014年国民经济、社会发展计划执行情况和2015年国民经济、社会发展计划草案的报告》《西城区2014年财政预算执行情况和2015年财政预算草案的报告》《西城区人民法院工作报告》和《西城区人民检察院工作报告》的情况汇报。听取各小组讨论《中国人民政治协商会议北京市西城区第十三届委员会第四次会议选举办法（讨论稿）》情况汇报；听取各小组讨论政协主席候选人建议名单以及《中国人民政治协商会议北京市西城区第十三届委员会第四次会议总监票人、监票人建议名单（草案）》的情况汇报，决定提交1月14日召开的区政协第十三届委员会常务委员会第二十八次会议审议。区政协副主席刘长铭主持。1月14日召开政协北京市西城区第十三届委员会常务委员会第二十八次会议。听取区政协十三届四次会议期间各小组讨论《中国人民政治协商会议北京市西城区第十三届委员会常务委员会工作报告》《中国人民政治协商会议北京市西城区第十三届委员会常务委员会提案工作报告》的情况汇报。听取各小组讨论《北京市西城区政协2015年工作要点（讨论稿）》和《2015年度协商工作计划（讨论稿）》的情况汇报。审议《政协北京市西城区第十三届委员会关于曹长胜同志不再担任主席职务的决定（草案）》《中国人民政治协商会议北京市西城区第十三届委员会第四次会议选举办法（讨论稿）》《中国人民政治协商会议北京市西城区第十三届委员会第四次会议总监票人、监票人建议名单（草案）》，审议《西城区政协第十三届委员会常务委员会届中选举主席候选人名单（草案）》，决定提交政协北京市西城区第十三届委员会第四次会议选举大会审议通过。区政协副主席李建国主持。1月15日召开政协北京市西城区第十三届委员会常务委员会第二十九次会议。听取《中国人民政治协商会议北京市西城区第十三届委员会提案委员会关于第四次会议提案审查情况的报告（草案）》，决定向区政协十三届四次会议报告提案审查情况；讨论《中国人民政治协商会议北京市西城区第十三届委员会第四次会议决议（草案）》，决定提交区政协十三届四次会议审议通过；听取政协西城区第十三届委员会第四次会议选举大会计票结果。姜兆春主持。3月12日召开政协北京市西城区第十三届委员会常务委员会第三十次（扩大）会议。审议通过《政协北京市西城区第十三届委员会常务委员会2015年工作要点（讨论稿）》《关于年度协商计划安排的意见（讨论稿）》，《政协北京市西城区第十三届委员会常务委员会关于增补副秘书长的决定（草案）》《政协北京市西城区委员会关于加强政协委员履职服务与管理的办法（试行）（讨论稿）》；通报《政协北京市西城区第十三届委员会关于主席、副主席、秘书长工作分工的决定》《关于在街道设立政协委员联络工作办公室的通知》。杜灵欣主持并讲话。5月21日召开政协北京市西城区第十三届委员会常务委员会第三十一次（扩大）会议。副区长杜黎彬应邀出席并讲话。区市政市容委主任刘成东从辖区城市管理体制存在的矛盾问题、改革思路与实现目标及具体改革措施与制度保障等方面通报了西城区城市管理体制和街道管理体制改革情况。审议通过《政协北京市西城区委员会关于加强街道政协委员联组工作的指导意见（讨论稿）》《政协北京市西城区委员会主席、常委集体视察工作办法（讨论稿）》。杜灵欣主持。7月16日召开政协北京市西城区第十三届委员会常务委员会第三十二次（扩大）会议。区委常委、区委办公室主任孙硕通报西城区2015年党派团体提案办理工作。审议通过《政协西城区第十三届委员会常务委员会2015年上半年工作总结及下半年工作安排（讨论稿）》，会议还通报《政协北京市西城区委员会专题协商工作规范（试行）》。杜灵欣主持并讲话。7月28日召开政协北京市西城区第十三届委员会常务委员会第三十三次（扩大）会议。区政协围绕“发挥委员主体作用，推进协商民主建设”主题召开专题研讨会。区政协理论与实践研究会副秘书长张育林对“社会主义民主政治制度建设的协商民主机制研究”课题进行汇报发言。常委、委员们围绕“发挥委员主体作用，推进协商民主建设”主题开展理论研讨活动，共提交45篇研讨文章。杜灵欣出席并讲话，王瑞珠主持。9月17日召开政协北京市西城区第十三届委员会常务委员会第三十四次（扩大）会议。会议通报、协商西城区教育改革情况，区教委负责人对全区教育改革工作进行汇报。会议对充分挖掘西城区文化资源建设全国文化中心示范区、试点建设金融街低排放区实施条件研究2项调研报告进行审议，审议通过《政协北京市西城区第十三届委员会常务委员会关于充分挖掘西城区文化资源建设全国文化中心示范区的建议案》《政协北京市西城区第十三届委员会常务委员会关于试点建设金融街低排放区实施条件的建议案》，会后报送区委区政府。杜灵欣主持。12月17日召开政协北京市西城区第十三届委员会常务委员会第三十五次（扩大）会议。审议通过《关于召开中国人民政治协商会议北京市西城区第十三届委员会第五次会议的决定（讨论稿）》，决定区政协十三届五次会议于2016年1月11日至13日召开。通报2015年度政协常委述职工作。听取区纪委副书记、监察局局长田迪关于2015年西城区党风廉政建设和反腐败工作情况的通报，区政府办公室副主任郭海龙关于2015年政协委员提案办理情况的通报。审议《中国人民政治协商会议北京市西城区第十三届委员会常务委员会工作报告（讨论稿）》《中国人民政治协商会议北京市西城区第十三届委员会常务委员会提案工作报告（讨论稿）》，听取与会人员对这两个报告的修改意见，决定提交区政协十三届五次会议审议通过。审议《政协北京市西城区第十三届委员会第五次会议议程（草案）》《政协北京市西城区第十三届委员会第五次会议日程（草案）》《政协北京市西城区第十三届委员会第五次会议决议起草委员会建议名单（草案）》《政协北京市西城区第十三届委员会第五次会议小组召集人建议名单（草案）》，决定提交区政协十三届五次会议预备会议审议通过。审议通过《政协北京市西城区第十三届委员会常务委员会关于表彰2015年度优秀提案的决定（讨论稿）》。杜灵欣主持并讲话。

（康筱丰）

【主席会议】　3月3日，区政协主席杜灵欣主持召开区政协十三届十七次主席（扩大）会议。会议审议通过《政协北京市西城区第十三届委员会关于调整主席、副主席、秘书长工作分工的决定（草案）》；审议《政协北京市西城区第十三届委员会常务委员会关于调整副秘书长的决定（草案）》《政协北京市西城区第十三届委员会常务委员会2015年工作要点（讨论稿）》《政协北京市西城区委员会2015年度协商工作安排》及《政协北京市西城区委员会关于加强政协委员履职服务与管理的办法（讨论稿）》，决定提交区政协十三届三十次常委会议审议通过；会议通报区机构编委《关于在街道设立政协委员联络工作办公室的通知》；会议确定区政协十三届三十次常委会议召开的时间和议题。5月13日，杜灵欣主持召开区政协十三届十八次主席（扩大）会议。会议审议《主席、常委集体视察工作办法（讨论稿）》《进一步加强政协北京市西城区委员会街道联组工作的指导意见（讨论稿）》，决定提交区政协十三届三十一次常委（扩大）会议审议通过；会议确定区政协十三届三十一次常委（扩大）会议召开的时间和议题。7月9日，杜灵欣主持召开区政协十三届十九次主席（扩大）会议。会议审议通过《政协北京市西城区委员会专题协商工作规范（讨论稿）》；审议《政协北京市西城区第十三届委员会常务委员会2015年上半年工作总结及下半年工作安排（讨论稿）》，决定提交区政协十三届三十二次常委（扩大）会议审议通过；会议确定区政协十三届三十二次常委（扩大）会议召开的时间和议题。9月9日，杜灵欣主持召开区政协十三届二十次主席（扩大）会议。会议审议《充分挖掘西城区文化资源建设全国文化中心示范区调研建议案（讨论稿）》和《试点建设金融街交通低排放区实施条件调研建议案（讨论稿）》，决定提交区政协十三届三十四次常委（扩大）会议审议通过；会议审议通过《西城区教育集团模式运行现状的调研报告（讨论稿）》《发挥社会多元主体作用推进社区公共服务建设调研报告（讨论稿）》《西城区为侨服务工作情况的调研报告（讨论稿）》《西城区历史文化名城保护与发展调研报告（讨论稿）》，会议确定区政协十三届三十四次常委（扩大）会议召开的时间和议题。12月9日，杜灵欣主持召开区政协十三届二十一次主席（扩大）会议。会议审议《中国人民政治协商会议北京市西城区第十三届委员会常务委员会工作报告（讨论稿）》《中国人民政治协商会议北京市西城区第十三届委员会常务委员会提案工作报告（讨论稿）》；审议《政协北京市西城区第十三届委员会常务委员会关于表彰2015年度优秀提案的决定（草案）》《关于召开中国人民政治协商会议北京市西城区第十三届委员会第五次会议的决定（草案）》《政协北京市西城区第十三届委员会第五次会议议程（草案）》《政协北京市西城区第十三届委员会第五次会议日程（草案）》《政协北京市西城区第十三届委员会第五次会议决议起草委员会建议名单（草案）》《政协北京市西城区第十三届委员会第五次会议小组召集人建议名单（草案）》；会议还讨论2015年度常委述职工作，确定区政协十三届三十五次常委（扩大）会议召开的时间和议题。

（康筱丰）

【秘书长会议】　2月28日，区政协秘书长孙广俊主持召开政协西城区第十三届委员会第十三次秘书长会议。通报2015年秘书长会议预安排、区机构编委《关于在街道设立政协委员联络工作办公室的通知》；会议讨论《政协北京市西城区第十三届委员会常务委员会2015年工作要点（讨论稿）》《政协北京市西城区委员会2015年度协商工作安排》《政协北京市西城区委员会关于加强政协委员履职服务与管理的办法（讨论稿）》，研究《西城区“十三五”规划纲要》编制工作议政会筹备工作。7月2日，孙广俊主持召开政协西城区第十三届委员会第十四次秘书长会议。区政协研究室副主任张志祥通报区政协2015年上半年工作总结和下半年工作安排，听取各位秘书长的意见建议。区政协办公室副主任江盈彤通报区政协2015年上半年反映社情民意信息工作。各位副秘书长通报本党派、工商联2015年提案调研进展情况、上半年反映社情民意信息工作情况。会议讨论《政协北京市西城区委员会专题协商工作规范（试行）（讨论稿）》，孙广俊就做好民主党派提案调研，提高党派团体提案质量，发挥各民主党派优势作用，积极反映社情民意信息、撰写好议政会发言稿提出意见和要求。8月底，孙广俊主持召开政协西城区第十三届委员会第十五次秘书长会议，学习调研有关委员履职服务与管理实施办法。12月1日，召开政协西城区第十三届委员会第十六次秘书长会议。孙广俊主持会议并通报区政协十三届五次会议筹备工作。会议听取区政协2015年常委会工作报告、提案工作报告的起草情况和主要内容，并对两个报告提出修改意见。

（康筱丰）

【提案委员会】　全年提交提案330件，立案300件。提案按照归口交办的原则送交全区81个部门办理，截至年底，300件提案全部办复。提案紧扣中心，为推动区域发展建净言；立足实际，为提升城市品质献良策；着眼大局，为促进改善民生谋方略。提案主要工作真正使提案工作做到了“面”上有收获，“点”上有突破。以“严”为先，在提案质量上实现新提升；以“商”为要，在提案办理质量上力促新实效；以“优”为本，在服务质量上谋求新突破。

（康筱丰）

【学习指导和文史资料委员会】 年内，举办“学习全国‘两会’精神报告会”，与区委统战部联合召开2015年西城区区情通报会。组织举办“发挥委员主体作用，推进协商民主建设”学习研讨活动。联合西城区教育委员会共同编著《西城校园史话》一书。围绕《西城区“十三五”时期历史文化名城保护发展规划》编制工作开展调研。编印《知学》2期。

（康筱丰）

【经济科技委员会】 全年举办参观视察、座谈研讨、专题调研及讲座活动共计22次，参加活动328人次。有70名委员参加了专委会活动，占全体委员人数的61.4%。围绕全区重点工作，深入开展专题调研，形成《充分挖掘西城区文化资源　建设全国文化中心示范区——论西城区全国文化中心示范区建设》调研报告。组织召开3次提案工作督办座谈会，推进具体问题得到合理有效的解决。举办宏观经济形势专题讲座和股票与基金知识讲座，组织参观调研区文商旅融合发展产业项目、区划调整五周年主题成就展，视察北京奇虎科技有限公司、大雄珠宝有限公司等，考察聚德华天护国寺小吃配送中心。

（康筱丰）

【城建环保委员会】 全年安排各项活动24次，其中通报、视察活动9次，调研活动7次，召开全体委员会议1次，召开主任办公会议5次，组织电影招待会1次，组织“三八”活动1次，委员参加活动270人次。组织委员视察西外地区环境整治情况、百万庄北里居民住房改善项目棚户区改造项目、光源里棚户区改造项目以及密云水库库区。组织委员前往门头沟清水镇达摩沟实地考察北京市突发地质灾害监测预警设备一体化雨量监测站、泥位监测站及一体化3G视频野外监控站等。组织委员考察南水北调环境保护情况。组织委员召开修改北京城市总体规划协商座谈会。围绕热点难点问题开展调查研究，完成《试点建设金融街低排放区实施条件的调研报告》。

（康筱丰）

【教文卫体专委会】 年内，重点围绕《进一步深化西城区教育改革情况》《西城区基本公共文化服务标准化均等化工作开展情况》《西城区整合医疗服务体系建设工作开展情况》《月坛体育馆回迁工作开展情况》开展专题通报协商，围绕《区政府2015年工作报告（征求意见稿）》《西城区“十三五”规划纲要（征求意见稿）》及区政协党组“三严三实”学习教育活动开展界别协商与专题征求意见会。完成《西城区教育集团办学运行情况的调研报告》。以区政协专题协商报告形式，呈报区委、区政府参考。组织参观视察北京市第三十五中学新址、西什库教堂、缸瓦市教堂、湖广会馆与安徽会馆、市红十字会999急救服务中心等。

（康筱丰）

【社会和法制委员会】 年内，视察大栅栏文物保护区社会治理，学习考察天津滨海新区行政服务中心和北京房山区韩村河的农村社会治理情况。2015年的政风行风民主监督（明察暗访）工作，由民革、民盟、民建等8个民主党派及政协委员组成10个政风行风民主监督工作小组，对区综合行政服务中心、区社保服务大厅、区医保服务大厅、区房管服务大厅、15个街道的综合行政服务大厅等46个窗口单位（部门）进行明察暗访。组织区政协社会治安综合治理民主监督小组成员考察北京监狱管理局清河分局。完成题为《发挥社会多元主体作用推进社区服务建设》的调研报告。

（康筱丰）

【民族和宗教委员会】 年内，组织委员视察考察法源寺和中国伊协，中国伊协负责人介绍了中国伊协的历史和现状、在加强宗教活动场所的管理、发挥宗教界的特殊作用等方面情况。举办宗教形势报告会，国家宗教局政策法规司负责人就国内宗教现状、特点、当前的形势和挑战、宗教在国际国内的影响，阐述了国家关于宗教工作的基本方针和基本政策，讲述了面对当前宗教方面复杂多变的形势，正确处理好宗教问题对于促进国家的政治稳定和社会安定所具有的重要意义。在2015年民族和宗教工作情况通报会上，区民族宗教办公室主任、政协民族和宗教委员会主任韩俊田向委员们通报了2015年西城区科学编制《西城区“十三五”时期民族事业发展规划》，认真贯彻宗教工作方针、提升宗教工作管理水平等方面所做的工作，并对2016年的民族宗教和工作设想做了简要说明。委员们肯定2015年西城区民族宗教工作取得的成绩，并就如何进一步做好民族宗教工作提出意见建议。

（康筱丰）

【港澳台侨委员会】 年内，根据区政府、区政协“两政”联席会会议安排，课题组召开《西城区为侨服务工作情况调研报告》专题协商会。组织委员视察北京乐升科技股份有限公司。召开2015年对台工作情况通报会。组织部分区政协委员赴台交流考察。组织举办女委员“三八”节联谊会。举办2015年区政协庆中秋电影招待会。

（康筱丰）

【区政府区政协2015年联席会议】 2月28日，区政府与区政协召开第四次联席会议，互相通报2015年重点工作安排，研究协商政协调研、议政、通报、视察等课题。对区政协十三届四次会议提案情况和2015年提案工作进行了说明。区委副书记、区长王少峰，杜灵欣出席并讲话。

（康筱丰）

【传达全国政协十二届三次会议精神报告会】 3月26日，区政协和区委统战部联合召开传达全国政协十二届三次会议精神报告会，区政协副主席王瑞珠主持。全国政协常委、区政协副主席、北京市第四中学校长、中国民主同盟北京市西城区委主委刘长铭传达全国两会精神，介绍全国政协十二届三次会议提案情况和委员关注的热点问题，并着重就常委会工作报告和政府工作报告进行了解读。

（康筱丰）

【反映社情民意信息工作会议】 5月7日召开。通报2014年区政协社情民意信息工作情况和进一步做好2015年区政协社情民意工作的意见。表彰19名优秀信息员。《着力推进京津冀职业教育一体化促进区域协同发展》等15条信息被评为区级优秀信息。2名优秀信息员代表分别就自己从事信息工作的心得体会、经验及做法进行发言。市政协研究室信息处副处长吴迪介绍市政协信息工作情况，就做好反映社情民意信息工作提出意见建议，并介绍近期的几大报送要点。杜灵欣出席并讲话，孙广俊主持。

（康筱丰）

【主席集体视察南水北调工程】 5月11日，区政协赴河南邓州、南阳就“南水北调”工作进行主席集体视察。实地考察丹江口水库和渠首陶岔等工程，了解“南水北调”水源地水质保护和生态建设情况。期间与南阳市、邓州市的领导座谈交流。座谈会上，委员们就丹江口水库的生态环境提出可以借鉴三峡工程的经验，注重解决库区的水源补充和上游冲沙问题。建议库区市县多发展生态农业，发展循环经济，要有效利用当地的秸秆制作环保板材或用于发电。杜灵欣参加集体视察。

（康筱丰）

【常委集体视察棚改建设情况】 6月11日，区政协常委及城建环保委员会部分委员视察百万庄北里居民住房改善项目。委员们考察了施工现场并进行座谈。在座谈会上，副区长李岩介绍了全区“百万庄北里、光源里、菜园街及枣林南里”等棚户区改造建设工作情况，指挥部负责人汇报了百万庄北里居民住房改善项目进展情况。姜兆春主持座谈会。委员们在座谈中提出工程建设中对居民回迁、机动车管理、小区环境建设等方面给予关注的建议。杜灵欣参加并讲话。李岩陪同视察并介绍棚户区建设情况。

（康筱丰）

【西城区各界人士区情通报会】 8月24日，区政协与区委统战部联合召开2015年西城区各界人士区情通报会。区长王少峰通报了上半年全区经济社会发展情况、办理区政协委员提案情况、为民办实事情况以及落实市委全会、区委全会精神做好下半年重点工作的主要安排情况。杜灵欣出席并讲话。程军主持。

（康筱丰）

【区“十三五”规划编制工作议政会】 10月22日，区政协与区委统战部联合召开西城区“十三五”规划编制工作议政会。副区长通报区“十三五”规划编制工作情况。各民主党派、工商联的代表分别结合区工作实际，从推动西城区混合所有制改革、社区养老、开展居民参与型协商、文化及卫生事业发展、加强社会组织建设、疏解整顿动物园批发市场等9个方面发言并提出意见建议。程军主持，杜灵欣出席并讲话。

（康筱丰）

【街道政协委员联组活动】 年内，全区15个街道政协委员联组组织政协委员围绕区、街的中心工作，开展主题鲜明、形式多样、务实有效的联组活动。强化管理，健全街道联组组织机构；加强学习，提高委员自身综合素质；加强交流，增进感情、拓宽视野、确保知情权；深入社区，使委员在基层中实现履职；结合区域特点，以文化活动形式丰富街道联组工作；做好服务，为政协委员顺利开展调研做好保障；精心筹备，组织委员积极参与政协羽毛球比赛。

（康筱丰）

【界别协商座谈会】 12月9日，区政协召开2015年界别协商座谈会。区委区政府研究室负责人通报《政府工作报告（征求意见稿）》及《西城区“十三五”规划纲要（征求意见稿）》起草情况、主要内容。各民主党派、工商联、各界别的委员对《政府工作报告（征求意见稿）》及《西城区“十三五”规划纲要（征求意见稿）》提出了具体意见建议。王少峰在听取各民主党派、工商联及政协委员的意见建议后，对政府在起草和编制报告中的一些考虑进行简要说明。杜灵欣主持并讲话。

（康筱丰）

（责任编辑　陈　艳）

群众团体

西城区总工会

【概况】　北京市西城区总工会（简称区总工会）是中国共产党领导下的职工群众自愿结合的群众组织。区总工会受中共北京市西城区委和北京市总工会双重领导，负责指导全区各行各业的基层工会工作。区总工会机关设8部室：办公室、组织人事部、财务部、经济生活部、权益保障部、基层建设部、宣教部、经审办；直属基层工会110个。区总工会所属基层工会委员会2210个，涵盖法人单位20823个，全区职工243438人，工会会员214365人。年内，全区各级工会组织深入学习贯彻党的十八大、十八届三中、四中、五中全会和习近平总书记系列重要讲话精神，围绕党中央“四个全面”战略布局，认真贯彻落实党中央、北京市委党的群团工作会议精神，切实保持和增强工会组织的政治性、先进性和群众性，取得了突出的工作成效。全年共刊发《西城工人报》48期、工会信息24期，先后在《工人日报》、中工网、《劳动午报》《工会博览》《北京西城报》等新闻媒体发表新闻稿件120余篇，在《劳动午报·新西城周刊》刊发40期。《北京工会信息》、全总《工会要情》分别以专刊、连载方式系统刊发区总工会工作经验。区总工会在全总信息用稿总积分始终保持北京市区级工会最高分。编印《西城区总工会2014年度调研报告选编》《新形势下工会理论与实践探索》《北京市西城区总工会制度汇编》《西城区总工会贯彻落实北京市总工会“1+15”文件工作方案》《西城区总工会社会组织基地》等材料。年内，区总工会获2015年度全国审计工作先进集体，第十届首都职工文化艺术节优秀组织奖，北京市第十届公民健身体育节优秀组织奖。

地址：西城区北营房东里12号楼（北区）
邮编：100037
电话：68300043

（刘　鹏）

【区总工会一届十次委员（扩大）会议】　1月22日，区总工会召开一届十次委员（扩大）会议，总结2014年工会工作并对2015年整体工作进行部署。区委常委王旭、市总工会副主席张青山出席会议。区总工会委员、经费审查委员会委员、基层工会主管书记、工会主席以及区总工会机关干部等200余人参加会议。会议由区总工会常务副主席王学章主持。会议讨论并审议通过了《西城区总工会2014年工作报告》和《西城区总工会经费审查委员会2014年工作报告》，对区总工会第一届委员会委员进行了调整。

（刘　鹏）

【迎新春劳模茶话会】　2月3日，西城区总工会2015年新春劳模专场慰问演出在新华1949文化创意产业园区举办。来自西城区各条战线上的百余名全国、市、区级劳动模范欣赏了包括戏剧、相声、杂技在内的精彩节目。区委副书记、区长王少峰，区人大常委会主任刘跃平，区政协主席、区委副书记、政法委书记杜灵欣特别会见了来自社区、学校、法院和企业的6位一线劳动模范并与他们展开座谈。区领导王力军、章冬梅、王旭、陈宁、郝风林、于鹏以及区总工会主席马小鹏等相关领导出席活动。

（刘玉霞）

【西城区工会社会组织基地成立】　4月7日，西城区工会社会组织基地成立仪式在区总工会南办公区举行，市总工会副主席王永浩、西城区副区长郝风林为工会社会组织基地揭牌。区人力社保局、区国资委、白纸坊街道、区社会办相关领导、各直属基层工会主席及部分职工出席仪式。区总工会党组书记、主席马小鹏主持仪式。西城区工会社会组织服务基地是一个集职工就业、文化、体育、维权、帮困等功能于一体的综合性基地，其中，3个中心分别是区职工体质测试中心、区职工发展心理体验示范中心和区职工培训中心；12家协会组织分别是区职工疗休养部、区职介所、区再就业培训中心、区职工体联、区职工文协、区职工婚姻家庭协会、区工会志愿者协会、区职工技术交流协会、区工资集体协商指导中心、区送温暖基金会、区互助保险代办处和区公益律师协会。

（刘　鹏）

【庆祝“五一”系列活动】　4月29日，西城区2015年劳动模范、先进工作者表彰大会在区文化中心举行。市总工会副主席王永浩以及区四套班子领导出席会议，全区各行业职工代表450余人参加大会。大会表彰了西城区获全国劳动模范、全国先进工作者、北京市劳动模范、北京市先进工作者、北京市模范集体及西城劳动奖状、西城区工人先锋号、西城劳动奖章等荣誉的先进集体和先进个人。

（刘玉霞）

【“五月的鲜花”职工合唱比赛】 6月23日，区总工会在民族文化宫剧场举行“五月的鲜花”职工合唱比赛。来自全区的机关事业单位和企业的职工、社区工作者、教育卫生工作者共24支代表队参加比赛，区四套班子领导也以队员身份参赛。区教育工会代表队获得冠军，金融街投资集团有限公司、区卫计委获得第二名，西城区综合行政服务中心、区人力社保局、金融街街道、大栅栏街道获得第三名，区委区政府联队与区人大政协联队获得最佳表演奖。

（刘　辉）

【职工文体活动】 年内，选派11名工会干部参加市总工会《国家体育锻炼标准》骨干人员培训班，并取得测试人员资格证书。积极开展职工健身活动，发动职工参与市总121健步走活动。举办2015年西城区职工第九套广播操展示赛、西城职工“低碳有氧西城碧　春风伴我健步行”、区职工台球、乒乓球、游泳、扑克牌等项目比赛。组织观看2015国际冰联女子冰球世锦赛、2015年北京国际田联世界田径锦标赛、参与北京申办冬奥会活动。组建西城区职工体质测试中心，面向全区在职职工开展体质测试工作，已为500名会员进行国民体质检测系统11项测试，组织500余名职工参加北京市职工体质测试中心的测试。参加第十届首都职工文化艺术节，27名职工分别在歌唱、舞蹈、书法、微故事等项目上获奖。区总工会代表西城区参加北京市第十届公民健身体育节游泳、乒乓球比赛，取得20余项好成绩。区总工会分别获第十届首都职工文化艺术节、北京市第十届公民健身体育节优秀组织奖。“五一”期间，为持有京卡的会员职工提供优惠观影、北京大观园优惠门票和免费游览月坛公园服务。举办职工健身操舞培训班，全区共有19个单位102人参加。开办职工健身交谊舞、健身操舞小教员培训班。以“金秋北京”为主题，举办职工手机摄影采风活动。前往地铁8号线工地，为农民工开展流动电影院放映活动。

（刘　辉）

【经费审查委员会工作】 3月26日，区总工会召开2015年经费审查委员会工作会议，会议总结2014年度工会经审工作并对2015年全区经审工作进行部署，表彰先进单位，区教育工会、华利佳合公司工会、德胜街道总工会就经审工作介绍经验。7月15日，区总工会经审会召开一届十四次委员会议。会议审查了区总工会2015年上半年预算执行情况及财务收支管理情况；审议通过了《西城区总工会第一届经费审查委员会2015年上半年工作报告》。12月4日，区总工会经审会召开一届十五次委员会议。会议审查了区总工会2015年1－11月预算执行情况及财务收支管理情况；审议了区总工会2015年度经费收支预算调整情况；审议通过了《关于2015年工会经费审查工作情况和2016年工作安排的报告》。

（刘　辉）

【区总工会一届十一次委员（扩大）会议】 7月28日，西城区总工会一届十一次委员（扩大）会议召开，区总工会党组书记、主席马小鹏作区总工会2015年上半年工作报告，会议书面报告区总工会经费审查委员会2015年上半年工作报告。区总工会委员、经费审查委员会委员、基层工会主管书记、工会主席以及区总工会机关干部等200余人参加会议。

（刘　鹏）

【工会组织建设与会员发展】 年内，全区新增工会组织2955家，发展会员13639人。其中独立建会48家，联合工会建会覆盖企业2907家，超额完成市总工会下达的任务指标。积极组织农民工入会，深入推进区域性、行业性工会联合会建设。按照“会、站、家”一体化思路，研究制定西城区职工之家建设达标验收标准细则。全区971家50人以上已建会单位完成职工之家实体化建设，超额完成市总工会下达的任务指标。940家49人及以下已建会单位通过“会、站、家”合一，以资源共享方式完成职工之家实体化建设。为全区17个工会服务站，共招录15名退休返聘助理员和配备131名专职工会社会工作者，实现工会服务站工作人员满编配备。按照市总星级服务站评选标准，申报展览路街道、金融街街道和天桥街道共3家工会服务站争创星级服务站。什刹海街道总工会在全市率先设立“流动工会服务站”。

（赵彦芳）

【厂务公开民主管理】 年内，调整西城区厂务公开协调小组成员，制定2015年厂务公开民主管理工作意见。高度关注疏解非首都核心功能、产业结构调整等动向，分析研判劳动关系领域形势变化，保持了区域劳动关系的和谐稳定。推进厂务公开民主管理工作制度化、规范化、法治化建设，做到建会、工资协商、民主管理“三同时”。召开全区企事业单位民主管理数据库培训会议，如期完成市总工会数据库输机工作。组织50家企业参加市总工会小教员和职工董事、职工监事的培训。截至年底，全区国有企事业单位实现了厂务公开、职代会制度的全覆盖；已建会的非公有制企业厂务公开、职代会建制率达90%以上。

（康聪茹）

【工资集体协商】 年内，组织西城区工资集体协商先进个人和区、街工资指导员共101人参加市总工会工资集体协商培训。发放经验汇编5000册，指导基层开展工资集体协商300余次，培训1000余人次。加强工作统筹谋划，成立百人以上典型示范企业检查验收工作小组，对60家典型示范企业进行检查验收，10家企业接受市总工会检查，聚德华天工会经验获市总工会好评。研究制定工资集体协商职工知晓情况调查问卷。加大行业协商探索和工作指导力度，顺利推进广外茶叶行业、什刹海荷花市场特色街餐饮行业工资集体协商工作，并召开职代会。年内，区总工会在全国工资集体协商指导员队伍建设现场经验交流会、工资指导员在全国总工会工资指导员工作座谈会上分别发言，区总工会、德胜餐饮行业、西长安街婚庆行业、北京基业达电气公司、北京隆盛泰商贸公司分别在市总工会推进工资集体协商工作会议作经验介绍。全区签订集体合同、工资专项协议1859份，覆盖企业15797家，签订率均达到97%。

（康聪茹）

【维权机制建设】 年内，认真贯彻中共中央、国务院《关于构建和谐劳动关系的意见》，先后召开3次全区协调劳动关系三方会议，研究部署相关工作。积极参与和谐劳动关系创建工作，表彰市、区和谐劳动关系单位89家。根据市总工会“1+15”文件要求，西城区在全市工会系统率先建立法律服务中心。成立西城区总工会职工法律服务中心领导小组，制定法律服务中心工作职责、工作流程、职工法律援助说明和相关规定。全年进企事业、进社区开展法律宣传培训50余场，覆盖职工2000余人。邀请区劳动人事仲裁院负责人对劳动争议调解员进行业务培训。发放劳动法律宣传资料1000余本。开展法律援助服务，为153名困难职工提供法律援助，提供代写起诉文书、问题解答、代理诉讼等全程法律援助服务。解答劳动者咨询1000余次。创新工作方法，坚持公益律师值班、兼职调解员参与原则，主动下基层依法进行调解。全年成功调解劳动争议案件429件，履行金额694.2万元。

（康聪茹）

【劳模管理】 2015年是劳模评选年，共评选出全国劳模、全国先进工作者4名；北京市劳模、先进工作者56名；北京市模范集体11个；西城劳动奖状获得者5个、西城区工人先锋号10个、西城劳动奖章获得者40名。“五一”前夕，召开西城区2015年劳动模范、先进工作者表彰大会，对先进、模范集体、个人进行表彰。认真落实劳模各项待遇，发放劳模专项奖励199万元。“两节”送温暖活动期间，慰问劳模、先进人物1004人次，发放慰问金85.4万元，为132名低收入劳模发放由政府差额补贴的养老金26.4万元，发放去世劳模丧葬金3.6万元。重阳节前夕，组织65岁以下离退休劳模一日游，为65岁以上离退休劳模发放慰问金10.8万元。在全市范围内提供15家慈铭体检分院，289名劳模享受到就近体检的方便。年内，先后组织620名劳模、各级奖章获得者、先进个人及先进集体代表疗休养。通过《北京西城报》《西城工人》，宣传报道受表彰的先进个人与集体代表。举办劳模宣讲报告会，统一制作劳模宣讲光盘发至基层，引导广大职工尊重劳模、关心劳模、学习劳模、争当劳模。

（刘玉霞）

【送温暖工程】 年内，按照困难职工所属单位进行分类，对41家基层单位中的228名符合建档条件的困难职工建立职工家庭档案。两节期间，为在档困难职工送温暖，发放74.7万元。“五一”“十一”前夕，分别为333名困难职工发放慰问金9.99万元，为288名困难职工送去慰问金8.64万元。分门别类对符合助学条件的93名学生开展助学活动，累计发放助学金16.13万元。实施项目制帮扶救助工作，帮扶5名因患大病或意外灾害造成家庭临时困难的在职职工、困难职工，发放应急专项救助款1.86万元。广泛开展暑期送清凉活动，投入资金80余万元，以农民工、劳务派遣工和出租车司机三类职工群体相对集中的直属基层工会为重点，发放2.5万份清凉包。纾解就业困难人员心理压力，组织95名失业人员观看“艺术走进社区”相声文艺表演。

（刘玉霞）

【群众性经济技术创新工程】 年内，评选出优秀创新成果20项、优秀合理化建议40条、群众性经济技术创新工程优秀组织单位10个、优秀首席员工11名。区地税局、区卫计委分别举办西城区地方税务局岗位技能大赛与西城区卫生计生监督技能竞赛。与西城区饮食协会共同举办西城区2015年烹饪技能大赛，44支代表队100名选手参赛。开展“安康杯”竞赛。与北京普盈律师事务所联合举办“普盈杯”安全生产法律知识竞赛活动，共收到答卷3万余份。区市政市容委工程队技术组获全国“安康杯”竞赛优秀班组奖，北京翔达投资管理有限公司、广安门外街道总工会、聚德华天控股有限公司获全国“安康杯”竞赛优胜单位，聚德华天控股有限公司北京砂锅居饭庄获北京市“安康杯”竞赛优胜班组。

（刘玉霞）

【女职工工作】 年内，开展女职工维权行动，制发《2015年西城区总工会女职工工作意见》。以外来女性务工人员群体为重点，发放《做一个幸福的职业女性》《做一个健康的职业女性》等相关书籍，推出系列课程菜单，为广大女职工提供女性维权、心理健康、养生保健、法律知识等方面的讲座服务。指导基层工会女职工组织发挥作用，让女职工的意见进入集体合同签订和职代会决策对话程序。为24名在册单亲困难女职工发放慰问金7200元。联合西城区妇幼保健院，开展母乳喂养周宣讲活动，对备孕期、怀孕期和哺乳期职场女性给予呵护关心。

（刘玉霞）

【素质教育工程】 年内，落实市总“圆梦计划”，与“职工书屋”建设相结合，加强职工素质教育。与经科大和市总素质教育办公室合作，开设14门课程。落实农民工大学生助推计划，西城区第三批98名农民工实现大学梦。以读书征文、演讲比赛、知识竞赛、职工大讲堂、读书辅导、评选读书明星等形式开展“我的中国梦”职工读书月活动，提高职工的职业道德、职业技能和综合素养。

（刘　辉）

【工会经费收缴】 年内，工会经费收缴总计5710万元，超额完成年度工会经费收入预算任务。加强费源生产库未申报户、零申报户的核查、清理工作，全年共剔除262户不符合代收标准的企业。对费源登记库进行优化剔除，全年共剔除13032户不符合参加税务代收的单位，为进一步加强工会组织建设和税务代收增长提供精确的数据基础。按时完成地税系统新增税户的费源核准工作，全年共完成新增核准企业数40户，核准完成率达100%。

（刘彦彝）

【职工互助保险】 年内，推进全区职工互助保险，保费型保障计划投保52486人次，854人受益，投保总额达408万元。2015年“暖·互助”在职职工医疗互助保障计划有32767人受益，理赔金额达829万元。

（刘彦舜）

【京卡·互助服务卡】 年内，开展会员信息采集，全区累计采集合格会员数223149人，信息采集率100%，单位档案合格率100%，圆满完成市总考核指标。办理京卡207903张，办卡率达93.17%。组织开展京卡会员专享优惠活动，西城区开设会员项目158项，服务职工182377人次，职工参与率达90%。

（朱 莉）

【职业介绍】 年内，引导各类企业履行社会责任，为困难职工家庭高校毕业生优先提供职业培训3场、就业见习推介会2场，优先吸纳67名困难职工家庭的高校毕业生就业。以校企对接等形式，积极开展劳务协作，批量组织45名高校毕业生实现就业，鼓励22名高校毕业生实现自主创业。与贫困生结对帮扶，实现32名高校毕业生就业。开展“就业困难援助月”“春风行动专项活动”“民营企业招聘周”“大中专高校毕业生招聘月”“外来务工人员专项招聘”系列就业再就业帮扶活动。在区职工服务中心设立宣传站，开展为期11天的春风行动就业援助宣传活动，进行职业指导、就业咨询、职业推荐等一站式服务活动。全年举办大型招聘会9场、洽谈会2场、定向岗位培训7个班次、创业岗位技能培训3个班次。接待招聘企业456个次，成功安置就业人员1118人次。

（刘玉霞）

西城区妇女联合会

【概况】 北京市西城区妇女联合会（简称区妇联）是在中共北京市西城区委领导下的各族各界妇女为进一步发展而联合起来的社会群众团体，是党和政府联系妇女群众的桥梁和纽带。下设办公室、组织联络部、权益发展部、宣传教育部、妇女儿童工作委员会办公室、妇女儿童发展中心6个办事机构。年内，区妇联以《中央关于加强和改进党的群团工作的意见》为指导，结合“三严三实”专题教育，巩固和发展群众路线教育实践活动成果，把握联系和服务广大妇女的工作生命线，围绕区委、区政府中心工作推进各项工作。

地址：西城区广安门南街68号

邮编：100054

电话：83976200

（李 萌）

【组织妇女代表参观菜百】 1月22日，区妇联以“魅力女性，高雅生活”为主题，组织北京市第十三次妇女代表大会西城区代表参观北京市菜市口百货股份发展有限公司，了解西城区重点企业发展状况。

（李 萌）

【两节送温暖活动】 2月5日，区妇联启动以“营造温暖之家、共享美好生活”为主题的2015年元旦春节期间走访慰问活动，惠及老妇救会主任、失独失偶贫困妇女、“两癌”妇女、单亲特困母亲、纯老年人家庭困难妇女、贫困家庭儿童等群体278人，支出帮扶资金13万元。

（李 萌）

【“三八”维权周活动】 2月27日，西城区在西长安街街道府右街南社区举办“建设法治中国首善之区·巾帼在行动——万家联动、送法到家”2015年“三八”妇女维权周活动。全国妇联党组书记、副主席、书记处第一书记宋秀岩参加活动，市妇联主席马兰霞、区委书记王宁等领导陪同。活动中，宋秀岩向社区妇女群众赠送法律书籍和北京市巾帼维权法律服务卡，并与大家现场交流。

（李 萌）

【“巾帼苑”会员大会】 3月4日，区妇联在老舍茶馆召开“巾帼苑”会员大会，市妇联副主席陈玲，区委副书记、区纪委书记王力军，副区长陈宁，区政协副主席沈桂芬，以及来自区教育、卫生计生、政法、工商联、国资委系统、港澳台侨、女领导干部、社会组织等8个分会的150余名会员参加会议。大会通过了“巾帼苑”章程和组织机构成员名单，各分会进行了风采展示。

（李 萌）

【“三八”庆祝活动】 3月6日，区妇联以“魅力西城，爱住我家”为主题，在区文化中心举办西城区各界妇女纪念“三八”国际劳动妇女节庆祝大会。区委书记王宁、市妇联主席马兰霞、区人大常委会主任刘跃平、区政协主席杜灵欣等领导，以及500余名全区各界妇女代表参加。大会围绕“记忆西城、书香西城、艺术西城、时尚西城”建设，展示了西城区家庭文化建设的成果，发布了33家“妇商惠”企业联盟成员名单和15个家庭文化圈，推广了“西城女性”官方微信。同日，活动外场举办了“爱住我家，廉助我家”主题剪纸展览，与区纪委联手弘扬“以德育人、以廉养家”的廉政家庭文化和“以爱驻家、以和持家”的和谐家庭文化，并邀请6家“妇商惠”成员单位现场为观众提供首饰清洗鉴定、茶艺展示等特色文化服务。

（李 萌）

【“两癌”免费筛查活动】 3月9日，区妇联联合区卫计委启动适龄妇女“两癌”免费筛查。全年11524人参加乳腺癌筛查，确诊12人，11191人参加宫颈癌筛查，确诊2人。

（李 萌）

【一届八次执委会】 3月19日，区妇联召开一届八次执委（扩大）会议，区妇联执委、街道主管领导、街道妇联主席、机关局处公司女工干部及区妇联机关干部80余人参加会议。区委常委王旭出席会议并讲话。会议传达了市妇联十三届二次执委会精神。区妇联党组书记、主席李高霞作题为《适应新常态，巾帼建新功，团结引领广大妇女为西城区在北京建设国际一流和谐宜居之都的进程中走在前列而努力奋斗》的工作报告，总结2014年工作，部署2015年工作。

（李　萌）

【婚姻家庭调解工作室成立】 3月24日，区妇联联合区司法局在综合行政服务中心成立“婚姻家庭调解工作室”，由11名人民调解员、婚姻家庭咨询师、公益律师、心理咨询师组成调解团队，在工作日针对婚姻家庭问题开展电话咨询、接待来访、入户调解等工作，帮助妇女群众解决家庭问题，深入社区开展普法讲座活动，为妇女群众及家庭成员提供处理婚姻家庭生活矛盾的方法和技巧。

（李　萌）

【“爱心助老”巾帼志愿者表彰】 4月16日，区妇联以“春暖西城，巾帼绽放”为主题，召开“爱心助老”巾帼志愿服务行动总结会，表彰15个先进集体和100名先进个人。

（李　萌）

【妇儿工委工作会】 4月23日，区妇联召开2015年妇儿工委工作会，总结2014年工作，安排2015年工作任务，并对“十三五”妇女儿童发展规划编制工作进行部署。全区58个成员单位委员和联络员约80人参加会议，市妇儿工委办公室常务副主任周静出席会议并讲话。

（李　萌）

【“书香悦人金书签”读书活动】 4月23日，区妇联与区青少年图书馆携手启动“书香悦人金书签”读书活动，分别在仿古瓷博物馆、满堂香茶叶公司、北京急救中心、区体育局老干部中心、社员传媒文化公司和区妇联6家单位设立图书角，定期提供荐书换书服务。

（李　萌）

【图书礼包进家庭】 4月25日，区妇联与区文委联合开展“书香进社区，好书伴成长”图书礼包进家庭暨阅读推广讲座活动，来自白纸坊街道的50户家庭参加活动。区第一图书馆向到场家庭赠送了英汉词典、成语词典、汉语字典等书籍，北京工商大学传媒学院教授姚振声以“多读书，读好书”为题作讲座。

（李　萌）

【参观北京市禁毒教育基地】 5月7日，区妇联组织2014年度西城区“平安示范家庭”代表50余人参观北京市禁毒教育基地，倡导科学文明健康的生活方式，构筑防范抵制毒品和艾滋病的家庭防线。

（李　萌）

【寻找“最美家庭”活动宣传】 5月14日，区妇联在新街口街道玉桃园书香驿站以“魅力西城、我爱我家”为主题，开展“最美家庭”宣传推进主题活动，以微视频形式展示西城区“最美家庭”的事迹和风采，并为获得2015年“首都最美家庭”称号的3户家庭和获得提名奖的2户家庭赠送全家福照片。同时启动“爱家讲堂进社区”活动，用“名人讲家风”的形式，邀请老舍之女舒济女士为大家传授良好家风传承之道。

（李　萌）

【家风家训书法笔会活动】 5月19日，区妇联联合区纪委、区文明办和区文联开展“议家风、书家训、秀幸福”书法笔会活动，邀请书法爱好者30余人，共创作80余幅作品，用书法艺术的形式弘扬良好的家风家训。

（李　萌）

【“我为父母敬杯茶”活动】 5月23日，区妇联与团区委、马连道建设指挥部、广外街道办事处在满堂香茶叶公司共同举办“我为父母敬杯茶”暨满堂香家庭实践教学课堂活动。活动中，50余名小学生学习泡茶技艺为父母敬茶感恩，并参与古筝、刺绣、家风家训书写等体验活动。

（李　萌）

【“优雅女性　健康人生”讲座】 6月9日，区妇联在机关女干部中举办“优雅女性　魅力绽放”文化系列讲座，邀请专家讲解珠宝玉器、名家字画、音乐鉴赏等知识。200余名机关女干部参加活动。

（李　萌）

【特色街区体验行】 6月9日，区妇联举办“驻区单位女领导干部特色街区体验行”活动，组织中直机关、全国政协、中国证券等12家单位的女领导干部走进大栅栏，参观内联升、瑞蚨祥和张一元等百年老字号，听取大栅栏建设指挥部功能街区建设情况介绍，并进行座谈交流。

（李　萌）

【“最美家庭”宣讲团成立】 6月17日，西城区“最美家庭”宣讲团成立，并深入15个社区开展宣讲活动，向社区群众宣讲“最美家庭”故事。其中栗正入选市级“最美家庭”宣讲团，参加全市巡回宣讲活动。

（李　萌）

【全国人大常委会领导调研西城】 6月19日，全国人大常委会副委员长、全国妇联主席沈跃跃带队到西城区调研贯彻落实《中共中央关于加强和改进党的群团工作的意见》（简称《意见》）情况。沈跃跃一行到牛街街道西里二区社区和西长安街街道义达里社区，了解“妇女之家”建设情况，到区综合行政服务中心考察“巾帼建功”创建活动以及妇女儿童维权服务站和婚姻家庭调解工作室建设情况，并听取西城区贯彻落实《意见》精神、进一步加强和改进妇联工作的意见和建议。

（李　萌）

【青年婚恋交友沙龙】 6月29日，区妇联举办青年联谊“爱在一起　缘聚西城”婚恋交友沙龙。截至12月，每月一次共举办6次沙龙活动，400多名青年参加。10月11日，区妇联携手珍爱网举办“缘定金秋　珍爱永恒”相亲嘉年华活动，来自各行各业的300名单身青年参与。

（李　萌）

【“我是小小摄影家”活动】 7月11日，区妇联开展第二届“我是小小摄影家”夏令营活动，邀请摄影专家作“摄影与历史、摄影与博物馆”专题讲座，同时以“我身边的抗战故事”“我眼中的最美家庭”“我看新西城的新变化”为主题向社区儿童征集摄影作品，并挑选出200幅优秀作品在首都博物馆展出。

（李　萌）

【接待国际青年志愿者】 7月13日，区妇联协助市妇联接待第二届2015北京国际青年关爱女性及传统文化志愿者体验营的青年志愿者一行35人，带领她们体验大栅栏街道巧娘工作室民间传统文化，参观巧娘制作的串珠、丝网花等手工艺品。

（李　萌）

【预防儿童意外伤害主题活动】 8月9日，区妇联在新街口街道玉桃园社区书香驿站举办“平安伴童年　关爱助成长”——西城区预防儿童意外伤害主题活动。100余名家长和儿童参加活动。区妇联发放自主创作编印的《预防儿童意外安全指导手册》，中国妇女发展基金会项目负责人进行国内儿童安全现状及风险排序宣讲，与会家长和儿童现场参与了儿童汽车安全座椅交通设施模拟体验。

（李　萌）

【举办母乳喂养宣传讲座】 8月11日，区妇联以“职场妈妈‘喂’爱坚持”为主题，在中国人寿保险公司举办母乳喂养宣传讲座，邀请区妇幼保健中心的医生王冰讲解母乳喂养的益处，并现场解答妈妈们关于母乳喂养方面的疑问，为职场妈妈提供帮助和支持。

（李　萌）

【社区妇联主席培训班】 9月14至17日，区妇联在西城经济科学大学和区委区政府南办公区，围绕妇联组织的职责任务、社区妇女工作方法等内容，分两批举办2015年西城区社区妇联主席培训班。街道、社区两级妇联主席及社区妇女专干共300余人参加培训。

（李　萌）

【基层妇女干部能力素质提升培训】 10月13日－11月19日，区妇联与西城经济科学大学培训中心合作，举办基层妇女干部能力素质提升培训，分别以“摄影基础和艺术提升”及“绘画和艺术设计的知识与作品赏析”为内容开设2个培训班。100名社区妇联主席参加培训。

（李　萌）

【“好家风好家训”书法作品展】 10月22日，区妇联联合区纪委、区文明办以“议家风、书家训、秀幸福”为主题，举办“好家风好家训”书法作品展。此次活动在全区范围内征集到书法艺术家、离退休老干部、机关干部、社区居民以及少年儿童的作品共计316幅，从中精选出130幅在区文化中心和南、北办公区巡回展示。

（李　萌）

【一届九次执委会】 11月4日，区妇联在天湖会议中心召开一届九次执委（扩大）会，增、替补4名执委，选举陈玉芳为西城区妇联副主席。对执委进行培训，邀请国防大学战略研究所所长杨毅、中央电视台节目主持人张越，分别围绕国际政治军事形势、性别对职业人生的影响作专题讲座，执委们学习研讨了《中共中央关于加强和改进党的群团工作的意见》。

（李　萌）

【“最美家庭”揭晓】 11月19日，区妇联在区第二文化馆举办2015年“最美家庭”揭晓活动，表彰获得2015年度“西城最美家庭”称号的100户家庭和9个获得寻找“西城最美家庭”活动优秀组织奖的单位，向14户家庭颁发“西城最美家庭”百岁人生特别奖。活动现场播放了市级“最美家庭，最美时刻”获奖视频和获奖摄影作品，3名“最美家庭宣讲团”成员讲述了普通百姓家庭的温暖故事。“最美家庭，最美时刻”优秀摄影作品也同时在文化馆内展出。

（李　萌）

【承办中韩女性插花培训班】 11月12至18日，区妇联联合北京市妇女国际交流中心、北京市妇女干部学校举办中韩女性“花艺技能创新应用项目”培训班。20名女性参加为期7天的脱产培训，插花作品一部分进行义卖捐助西城区困难妇女，一部分送往辖区内5所敬老院。

（李　萌）

【邓州市妇联来区学习交流】 12月28至30日，河南省邓州市妇联一行11人来区就妇女儿童工作进行学习交流。邓州市妇联先后参观西长安街义达里社区“妇女之家”、区综合行政服务中心、妇女儿童维权服务站、婚姻家庭调解工作室和什刹海街道社区服务中心，并就妇女儿童工作与西城区各级妇女组织进行交流。

（李　萌）

共青团西城区委员会

【概况】 共青团西城区委员会（简称团区委）是西城区先进青年的群众组织。团区委下设办公室、组织部（社会部）、宣传部、统战部、权益部5个部室和直属事业单位西城区志愿服务指导中心，西城区未成年人保护委员会（简称未保委）办公室、西城区综治委预防青少年违法犯罪专项组办公室设在团区委，在职人员30人。主要职责是积极发挥党联系青年的桥梁和纽带作用，组织青年、引导青年、服务青年、维护青少年权益，指导全区各级团组织开展工作。年内，西城团区委围绕中心、服务大局，推动区域社会经济发展的各项工作，结合实际需求，服务青少年成长发展，全面推进区域化团建工作和社区青年汇建设，推动西城共青团事业全面发展。截至年底，西城区共有团组织2089个，其中基层团委120个，基层团工委18个，基层团总支48个，基层团支部1903个；全区共有团员41437名，团干部2125名，其中专职团干部34人，兼职团干部2091人。团区委下辖52个直属团组织，其中机关事业单位团组织24个，国有企业团组织3个，非公企业团组织16个，公办高校团组织1个，民办高校团组织3个。
地址：西城区北礼士路12号
邮编：100044
电话：88391826

（朱嘉瑜）

【青少年思想政治工作】　年内，组织全区各级团组织广泛开展“书香满西城”系列读书活动，每月带领青少年围绕一本好书开展阅读活动，用社会主义核心价值观培育青年。针对不同群体，开展青年读书活动和亲子阅读活动，子品牌“童趣什刹海”活动每月带领少年阅读一本童书。既运用“新媒体动员”方式吸引青年，又发挥“组织化动员”方式凝聚青年，发动各直属团组织、各社区青年汇，打造各具特色的读书活动，引导各类青少年群体就近就便参与读书分享活动。“书香满西城”系列读书活动自2013年12月启动到2015年末，共开展“线上线下”活动40期，参与者6000余人次。活动得到《新闻联播》《人民日报》《中青网》等20余家媒体的全方位报道。9月，紧抓抗战胜利70周年契机，开展主题活动，通过抗战史知识问答、爱国主义诗歌朗诵等形式，加强民族自豪感。加强网络宣传工作和网络文明志愿者队伍建设，利用“青年之声”平台，组建网宣员、网评员、网络文明志愿者队伍，每周监测舆情信息，在线上为青年答疑解惑，做青年的知心人。

（肖　珊）

【新媒体建设】　年内，以团区委官方微信“青春西城”为平台，及时更新线上内容，创新微信形式并开展线下互动，举办了“我为抗战英雄点赞”“穿越抗战时期你会是谁?”等2场抗战知识有奖竞答活动，开展微视频、彩绘T恤投票等互动活动20余次，扩大全区共青团工作的吸引力和影响力。每周发布3期微信报，强化青春西城微博、网站日常更新，编辑“西城小伙伴心中的五四精神”“你所不知道的共青团还在做这些!”“下雪的日子，我想对你说”“9·3阅兵背后，还有这么一批蓝精灵”“五色土调研报道”等专题微信，先后被团市委官方微信“北京青年”“青年说”转发，微信关注人数增至5500人，定期发布线下活动，开展话剧、大观园等赠票，提升共青团工作影响力。

（肖　珊）

【志愿者体制机制建设】　年内，为推进西城区志愿服务工作规范化、常态化、制度化、专业化发展，团区委、区志愿者联合会牵头启动了《西城区志愿服务工作体制机制改革意见》（以下简称《改革意见》）的起草工作。结合中央文明委《关于推进志愿服务制度化的意见》和西城区志愿服务工作面临的问题，团区委联合区文明办、区社工委等志愿服务相关单位，讨论全区志愿服务工作体制机制改革发展面临的问题，形成共识，明确全区志愿服务工作体制机制改革的方向、目标、要求和重点，区志愿者联合会发扬民主、集思广益，通过书面征集、召开座谈会等多种形式听取各街道、系统、社会组织志愿者工作管理者、志愿者团队负责人、骨干志愿者以及专家学者的意见建议，对《改革意见》进行了11次修改。区委常委王旭多次组织调研并召开座谈会进行专题研究，提出修改建议。

（李彬彬）

【推动中小学生参加志愿服务】　年内，举办“邻里一家亲　志愿你我他”——北京市“志愿家庭”行动计划西城区推进活动，倡导中小学生参与志愿服务。着力打造志愿家庭“西城模式”，把学校家委会作为拓展志愿服务资源的重要平台，发挥家委会在信息交流、资源对接等方面的重要作用，动员孩子和父母积极参与志愿服务。团区委、区志愿者联合会大力扶持志愿服务组织的发展，将“志愿家庭”引入社区，让志愿服务真正接地气。

（李彬彬）

【打造志愿服务阵地】　年内，西城区重点打造了一批志愿服务阵地，获评第一批首都学雷锋志愿服务站36个，学雷锋志愿服务岗72个，学雷锋志愿服务示范站3个，学雷锋志愿服务示范岗3个。红丹丹教育文化交流中心、西城区悦群社会工作事务所获评学雷锋志愿服务站金牌项目，西单图书大厦蓝立方获评学雷锋志愿服务岗金牌项目。区志愿者联合会成功申请团中央建设“七彩小屋”1所，地点在陶然亭街道红土店社区。截至年底，西城区共有团中央建设的“七彩小屋”4所。

（李彬彬）

【未成年人保护】　1月，团区委发挥“共青团与人大代表、政协委员面对面”活动作用，2名政协委员在区“两会”期间就社会调查和建立未成年人案件审查队伍提交委员提案。团区委与北京市西城区心理健康服务中心签订《西城区个案帮扶项目书》，开展个案帮扶工作。4月起，在“青春西城”微信公众号上开设“权心权益”安全自护问答栏目，每周三定期发布与青少年权益和自护相关的知识问答，并在什刹海举办线下亲子活动。寒暑假期间，团区委组织全区15个街道针对青少年开展星光自护培训80余次，有4000人次参加，将“皮皮鲁送你100条命”自护课程引入学校和街道。4月和7月分别参加合适成年人培训和社会调查培训，全年派出合适成年人92人次，“新起点”未成年人附条件不起诉基地接收涉罪未成年人3人。9月，对全区125名法制副校长重新聘任，全年入校400余次。9月，拍摄完成根据真实案例改编的涉罪未成年人微电影《关键一步》，国家宪法日当天微电影正式上线。12月15日，第16届“西检杯”西城区中学生思想道德法律知识竞赛决赛在北京四中举行，北京第十五中学获得冠军，除进入预赛的20部短剧作品外，收到网络视频作品50余件，网络投票近万人次。

（刘　潇）

【帮扶区域弱势青少年群体】　1至2月，团区委开展“两节送温暖”活动，慰问80户低保重残青少年家庭和15名服刑人员未成年子女，为112户困难青少年家庭发放慰问金总计5.88万元。2月12日，组织300名重点青少年及其家长参观北京海洋馆。7月，举办“牢记历史·同创未来”暑期主题教育实践活动，组织80名服刑人员未成年子女、家庭贫困青少年和社区青少年参观焦庄户地道战遗址纪念馆，到北京国际青年营顺鑫营地开展素质拓展活动。9月起“七彩梦”青少年才艺资助项目在什刹海、新街口、椿树3个街道开课，为社区贫困家庭儿童提供美术和书法免费课程。团区委、区第一图书馆和微软中国合作创建的西城社区学习中心为务工青年举办4期免费的计算机培训。

（刘　潇）

【团建创新】　年内，团区委落实市委组织部、团市委《关于加强全市区域化团建工作意见》的各项要求，立足首都功能核心区特点，发挥共青团组织的政治优势和组织优势，努力实现工作理念由“区属”到“区域”的转变，推动区域团组织共驻共建共享，提高团的吸引力和凝聚力，扩大团的工作有效覆盖面。在全面推进区域化团建工作中，除了按照团市委的要求指导12个非试点街道完成调研对接、驻点推动、巩固提升、总结考核等4个阶段的规定动作外，还重点开展了4方面区级层面的工作，包括：建立组织，整合梳理团青资源；完善制度，召开西城区共青团工作会暨区域化团建工作推进会，完善区、街两级区域化团建工作机制；形成机制，制定全年区域化团建会议和活动计划；共享资源，充分挖掘区、街两级区域化团建工作联席会成员单位的软硬件资源，将资源下沉至街道团工委及驻区单位，有效服务区域青年的学习生活需求。

（崔炜川）

【服务青年成长成才】　年内，团区委紧抓契机、注重实效，全方位设计团干部教育培训和青年成长成才工作。8至11月，组织直属团组织负责人、区直、教育、卫生、城管、环卫、企业等系统的部分基层团组织负责人、各社区青年汇专职社工、团区委机关全体干部160余人开展“学习贯彻落实中央党的群团工作会议精神　做践行‘三严三实’团干部”系列培训，培训内容包括专题授课、区情调研、赴革命传统教育基地进行党性锻炼以及体验式培训。组织召开社区青教主任培训会，全区15个街道团工委负责人和240余名青教主任参加培训。为不断优化西城青年创新创业的社会环境，全面提升西城青年创新创业的意识和能力，在全社会掀起“大众创业”“草根创业”的新浪潮，形成“万众创新”“人人创新”的新态势，自5月起，团区委共举办“新青年创业学堂”活动9期，服务青年540人次。7月，西城区新青年学堂秋季班项目正式启动，为期3个多月，以10家社区青年汇为主体、全区23家社区青年汇共同参与完成该项目，共计招募有效学员351名。

（崔炜川）

【共青团社会领域建设】　年内，全区社区青年汇总数从上年的23家增至26家，其中旗舰店2家，普通店24家，全年共开展新青年城市体验营、学习培训、交友联谊、志愿服务、文化艺术、体育比赛等各类活动1674次，参与青年36278人次。在青年汇运营管理方面，修订了《西城区社区青年汇日常工作信息报送管理办法（试行）》《西城区社区青年汇考核奖励办法（试行）》和《西城区社区青年汇经费使用管理办法（试行）》；新建了西城区剧空间·社区青年汇直营店和西城区普天德胜·社区青年汇直营店，逐步探索“直营店”新模式；借鉴区域化团建工作项目化运作模式，共为11个青年汇申报的“一汇一品”项目提供了专项资金支持。根据上年区域化团建工作项目化运作情况，完善《西城区区域化团建工作项目化运作管理办法》并全面推行项目化运作工作模式。全区各街道团工委共征集到老字号新青年成长新计划、师友计划、青年创业成长营、“青春陶然　活力青年”等28个项目。为纪念五四运动96周年，在全区各行各业团员青年中开展以“新青年·心力量”为主题的西城青年乐跑总动员活动，有6家区属和驻区单位以及2个青年社团共252名青年参加；在端午节到来之际举办第二届西城社区青年汇龙舟赛，全区各直属团组织、区域化团建单位等46支队伍参赛；9月下旬，举办“缘聚青年汇”大型交友联谊活动，将“缘聚”品牌与团建工作有机结合，为长期处于繁忙工作中的青年男女搭建寻找“同道中人”和“人生伴侣”的大型平台；10至11月，举办第五届青少年文化体育节，重点在活动参与率和覆盖面上下功夫，广泛发动各类驻区中央、市属机关、企事业单位和新社会组织积极参与，使广大团员青年、流动青年和零散团员青年都能够参与其中。

（崔炜川）

【引导青联委员服务区域发展】　年内，开展“青联委员建言西城发展论坛”活动，组织青联委员考察马连道特色商业区、天桥演艺产业园区、百万庄棚户区改造项目、金融街沙盘、新三板市场等功能街区和重点项目，深入调研、了解区情，引导广大青联委员围绕西城区各项事业，主动对接、发挥优势、积极作为。

（雷　玥）

【优秀青年人才遴选活动】　年内，配合区委组织部，牵头组织开展第二届“西城区百名英才”——优秀青年人才遴选活动。在驻区中央、市属单位、两新组织和区属各单位举荐青年人才，经过组织审查、专家评审、才能展示、结果公示等环节，最终产生西城区优秀青年人才20名。建立优秀青年人才库，加强与优秀青年人才的日常联系，进一步激发人才创新创业活力。召开西城区优秀青年人才座谈会，组织优秀青年人才走进企业、社区，与青年们面对面交流，分享成功经验。

（雷　玥）

【青联活动】　年内，举办青联委员新春送春联进社区活动，开展“情暖夕阳·共渡新春”北京市第一福利院慰问活动，使青联委员真正走进基层，服务广大群众。组织青联委员家庭参加志愿家庭2015年春季义务植树等活动；开展“六一”儿童节户外拓展活动；引导青联委员参与济困助学和公益捐助，为新疆生产建设兵团第三师伽师总场援赠冬衣1230件，各类书籍1123册。开展“品国学精粹　享理财要诀　筑梦幸福家庭”国际妇女节主题活动，举办“鸣乐汇”相声专场，组织参观北京市红十字血液中心、郭公庄水厂、“白塔寺2015北京国际设计周”，坚持开展教师节、建军节、开斋节等重要节日的慰问活动，增强青联组织的凝聚力和向心力。

（雷　玥）

【交流活动】　年内，应台北市青年联合会邀请，组织青联委员赴台湾学习访问，就经济、文化、青年创新创业等议题与台湾有关组织、机构深入交流，增进共识。接待“2015伙伴计划——香港中学生赴北京西城访问团”，组织香港青少年体验中国传统文化、品味北京特色美食、游览北京风景名胜、走进西城特色街区、领略高精尖国防科技，增进香港青少年对祖国的了解和热爱。落实香港大学生暑期内地实习“千人计划”，安排4名香港大学生到青联秘书处工作见习。接待中韩青少年协会（“未来林”）来区交流访问，协会以韩国前驻华大使权丙铉为首席代表，访问团对中关村西城园管委会、什刹海传统风貌区、繁星戏剧村和老舍茶馆进行了实地调研。组织青联委员赴韩国参加第十四届“中韩大学生志愿者交流营”，参加两国大学生创新创业论坛并就中国青年创业现状进行交流分享。年内，继续落实少数民族地区青年干部“培养计划”，为到西城区挂职锻炼的少数民族青年干部做好服务保障，促进各民族青年团结互助、共同发展。

（雷　玥）

西城区科学技术协会

【概况】　北京市西城区科学技术协会（简称区科协）是北京市西城区科技工作者的群众组织，是中共西城区委领导下的人民团体，是区委、区政府联系科技工作者的桥梁和纽带，是推动科学技术事业发展的重要力量，是北京市科学技术协会在西城区的地方组织。有区级学会、协会、研究会21个，街道科协15个，会员近4万人，区级科普教育基地64个。年内，贯彻落实《中华人民共和国科学技术普及法》和《全民科学素质行动计划纲要》，创建全国科普示范区，提升区域公众科学素质，促进科技强区、科普惠民、服务民生。举办第二十一届科技周及第十七届科普之夏、科普日等活动，参加全国第三十届青少年科技创新大赛、第十五届中国青少年机器人大赛和北京第三十五届青少年科技创新大赛，组织相关学（协）会开展学术交流和科普服务，开展形式多样的社区科普活动。11月17日，中共中央政治局委员、国家副主席李源潮到北京三十五中、金融街智慧生活科学馆进行基层科普信息化建设调研。

地址：西城区广安门南街68号
邮编：100054
电话：83976206

（樊士广）

【创建全国科普示范区】　年内，成立领导小组、定方案、建机制，有序推进创建全国科普示范区和迎检工作筹备。通过宣传动员、任务部署、职责分解，充分调动区域单位参与创建的积极性和工作热情。对照检查方案和评分指标，整理文件、图书等资料共5大类102卷万余份。10月29日，北京市专家组来区进行测评，经过听取汇报、查看资料、重点询问、实地察看和评分汇总，专家组认为：西城区符合全国科普示范县（市、区）的标准和要求，同意通过市检查验收，上报中国科协参评全国科普示范区（2016－2020年度）。

（樊士广）

【组织建设与人才工作】　年内，结合“三严三实”专题教育到街道、学（协）会和科普教育基地走访调研。《西城区科普资源配置和利用调查报告》分别获北京市科协系统和西城区优秀调研成果二等奖。调整席位制单位委员和全民科学素质建设工作领导小组成员单位，出台《关于街道科学技术协会规范化建设的指导意见（试行）》和《关于社区科学技术普及协会规范化建设指导意见（试行）》，指导街道、社区调整和完善基层组织，促进工作能力和水平提升。通过集中学习、研讨交流、参观科普基地以及现场教学、社区挂职锻炼，提升干部理论素养和实践能力。组织科普工作者培训班8期，培训全民科学素质建设工作领导小组各成员单位、街道、社区、学（协）会科普工作者和学校科技教师1100人次，提升科普干部能力素质和爱岗敬业意识。开展第十二届中国青年女科学家奖候选人推荐，推荐1人参加中国青年科技奖评选、3人参加第十八届茅以升北京青年科技奖评选。2名科技教师获第三十届全国青少年科技创新大赛科技辅导员创新项目一等奖，1名科技教师获“十佳科技辅导员”称号。2名科技教师获第十五届中国青少年机器人大赛全国优秀科技教练员称号。组织科技论文征集评选活动，评出25篇优秀论文，上报7篇参加全国青少年科技辅导员论文活动，获一等奖2项，二等奖3项，三等奖2项。

（樊士广）

【科技周活动】　5月16日，以“汇聚科普，携手创新”为主题的西城区2015年科技周启动仪式在西城区青少年科技馆举办。活动依托青少年科技创新成果展示，契合“大众创业万众创新”要求，宣传环境保护、3D打印、机器人、创客创意等科普知识及内容。北京市科协副主席景晓东，区委常委王旭，区人大常委会副主任马业珠出席并为优秀科技辅导员颁奖。《梦幻云裳》科幻画服装展示秀以及《低碳生活从我做起》《进化规则》《环保护卫队》等科普剧，引发人们对树立环保意识、践行环保责任的思考。学生科技创新作品展示和民生科技产品体验，使人们近距离感知科学。科技周期间，全区各单位共举办各类科普重点活动260余项。

（樊士广）

【科普之夏活动】　7至9月，组织以“提高素质，科普益民”为主题的第十七届“北京科普之夏”活动，开展创意作品征集、科技创新观摩，组织区属14家单位500余名公务员参观中国科技馆，组建科普宣传员志愿者队伍，开展“弘扬志愿精神、提升科普素质、发挥示范作用”专题培训，增强科普宣传效果。其间，全区各单位各部门开展多种群众性科普活动，包括举办健康生活科普知识巡回展、科普大篷车与科普益智互动展品进社区、进学校；参加第十二届北京百万家庭数字生活技能大赛相关竞赛活动等。

（樊士广）

【西城区“全国科普日”活动】 9月24日，2015年西城区“全国科普日”主场活动在大观园举行，区人大常委会副主任马业珠出席，200余名基层科普工作者同社区居民参加。现场为参与低碳生活创意作品征集活动的先进单位和个人颁奖，开展优秀作品和精彩活动图片展示，发放科普日活动宣传册和经络养生、健康小茶方等书籍。

（樊士广）

【社区科普益民计划】 6月，推荐西长安街街道北新华街社区参加中国科协“基层科普行动计划”评优，并获“全国科普示范社区”称号，获国家级奖励资助20万元，北京市配套奖励资助34万元。区内10个社区、2个科普场馆和12名个人获市科协、市财政“年度社区科普益民计划”奖励资助116万余元。受奖励资助的社区包括：汽北社区、德外西社区、西什库社区、义达里社区、禄长街社区、东太平街社区、四川营社区、车公庄社区、白云观社区和三庙社区；基层优秀科普场馆为中国地质博物馆和中国消防博物馆。12月，评选出年度“区级科普益民计划”优秀科普社区20个，分别是：新外大街南社区、新外大街北社区、煤炭社区、西海社区、西单北社区、太仆寺社区、石头社区、百顺社区、香厂路社区、西四北头条社区、西四北三条社区、西四北六条社区、宏汇园社区、西太平街社区、红线社区、万明园社区、西便门西里社区、右内西街社区、平原里社区、车站西街15号院社区；评选出优秀科普场馆5个，优秀科普信息宣传员65名。

（樊士广）

【科普信息化建设】 年内，在万寿公园等6个区属公园、新明家园等4个社区及中关村西城园建设户外全媒体科普视窗11处，为社区居民提供资源、应用共享和科普服务。调整优化科协门户网站，丰富完善栏目设置、及时编发宣传信息、持续更新工作动态、积极推广科学知识和技能应用。推动区科普资源地理位置APP软件开发。申请可持续发展资金组织开展“3D图形创意活动体验馆”进社区进学校活动。通过科协网站改版、季刊《科普进行时》出版、微信科普平台上线、H5科普微视窗宣传推广等形式，增强科普传播的实效性。

（樊士广）

【社区科普活动】 年内，为街道提供特色活动资金169.5万元，指导开展群众性科普活动，提升民众科学素养，服务百姓健康生活。德胜街道开展戒烟、控烟和节能减排垃圾分类宣传。什刹海街道组建“爱民街科普体验厅”，打造互动式科普体验阵地。西长安街街道通过办展室、建画廊、巡回展览等形式宣传居民喜闻乐见的科普知识。大栅栏街道组织野外应急救护培训，学习应急技能和防灾减灾知识。天桥街道把科普之夏分为“红色记忆、绿色人文、橙色关爱、蓝色飞翔”4个板块，分主题普及科学知识。新街口街道开展形式活泼新颖的“快乐老年，音乐随行”社区老年人音乐治疗活动。金融街街道“智慧生活科学馆”正式启用，全年接待参观、培训人员4000余人。椿树街道组织社区居民、青少年、科普志愿者开展“通信之旅”科普活动，走进北京联通电信博物馆参观体验。陶然亭街道组织机关干部、社区居民和青少年观看科普电影、参观科普教育基地近千人次。展览路街道举办“科技健康大讲堂”活动15场次，邀请专家讲解食品安全、健康养生、科学饮食等。月坛街道开展垃圾减量、垃圾分类科普宣传体验活动。广安门内街道开展以“火与水的安全”为主题的消防应急体验活动。牛街街道组织中老年居民开展健康读书会、经络检测、健康讲座等活动。白纸坊街道组织社区青少年500余人参加飞天学堂活动，体验趣味飞行。广安门外街道组织多肉植物种植、益智玩具讲座、京彩瓷陶艺体验活动。

（樊士广）

【青少年科技活动】 3月，组队参加第35届北京青少年科技创新大赛，西城区代表队在科技创新成果竞赛项目中获得一等奖42项、二等奖44项、三等奖14项，其中中学科技创新项目一等奖33项，占全市34%，蝉联第一；获得“北大先锋辅导教师奖”“天文新星奖”“发明创新奖”等多个专项奖项。宣武青少年科技馆杨海燕老师获“十佳科技教师奖”，北京市第四中学刘梦琪、杨健钊和北京市第八中学师悦等3名学生分别获大赛最高荣誉“创新市长奖”。4月，开展北京市十佳“小院士”风采展示活动。7月，组队参加第十五届中国青少年机器人大赛，西城区代表获一等奖7个、二等奖2个、三等奖2个。8月，参加第三十届全国青少年科技创新大赛，学生项目获得一等奖6个（创新3个、创意1个、科幻2个），二等奖6个。北京八中获得第30届全国青少年科技创新大赛全国“十佳”创新学校称号，北京育才学校获得科技活动一等奖。10月，参加第十五届“明天小小科学家”奖励活动，北京四中于慧然获“小小科学家”称号，北京八中、北师大附属实验中学3名学生获一等奖。

（樊士广）

【科技下乡、富民兴边工作】 9月11日，组织区内医疗工作者赴门头沟区清水镇梁家庄台上村，为村民提供健康咨询和义诊服务150余人次，发放常见病防治读本400余册，广泛宣传科学预防、减轻病痛等科普知识。9月18至21日，组织区内天文馆、动物园、消防博物馆等科普教育基地和区医学会、区老医药卫生工作者协会（简称区老卫协）的医学专家，赴内蒙古喀喇沁旗和奈曼旗，援建科技馆，开展科学知识普及和义诊活动，受到当地学生和民众欢迎。

（樊士广）

【学（协）会活动】 年内，为所属学（协）会提供协作资金96.7万元，指导其加强自身建设，发挥专业优势，开展群众性科普活动。区医学会举办医学健康科普知识和技能讲座，为居民开展健康知识普及。区老卫协开展健康运动科普大课堂活动，组织医学专家进入社区、机关、学校开展健康讲座和运动指导。区文化产业协会组织中老年免费电脑培训活动。区节能减排环保促进会通过组织巡展和讲座、张贴挂图，宣传节能减排环保知识。区图书馆管理协会依托“社区迷你科普驿站小屋”，发展科普志愿者，组织图书阅读、捐赠、讲座等科普活动。区人力资源管理协会举办“关注野生动物，建设生态文明”主题讲座，普及野生动物保护知识。什刹海研究会针对什刹海地区经济、文化、科技等资源进行调研，提出整合优化配置意见建议。区土木建筑学会继续为青少年体验建筑科技搭建平台。区预防医学会继续开展减盐预防高血压主题宣传。

（樊士广）

【科普大学建设】 年初，制定《西城区社区科普大学建设工作方案》，依托区社区教育学院成立“北京市社区科普大学西城分校”；与西城经科大合作，编辑出版市民科普读本一套10本，与区医学会合作，编写印刷健康类科普知识读本一套10本，这2套书成为社区科普大学西城分校的基础教材。

（樊士广）

【简约生活创意无限比赛】 4至9月，以“节约·创意·生活”为主题，面向全区征集低碳生活和创意设计作品，通过比赛倡导变废为宝、资源循环利用，宣扬低碳环保的生活态度。经过宣传、培训、征集、评审等工作阶段，大赛共征集作品3000余件，选拔作品343件参加比赛，其中创意产品组265件，低碳纪实摄影组78件，经过专家评审，最终评选出150件获奖作品，其中一等奖15件、二等奖50件、三等奖85件；评选组织奖3个。颁奖活动于9月24日在“全国科普日”西城区主场活动现场举行。

（樊士广）

【网络科普夕阳红活动十年回顾】 9月29日，西城区大数据时代的微科普暨“网络科普夕阳红”活动十年回顾在西城区青少年科技馆举办，总结社区中老年人免费电脑知识培训活动的历程和经验，表彰先进集体和个人。相关部门负责人及各街道科协代表、各承办活动网吧及小教员代表以及参与活动的居民约60人参加。十年来，通过培训共有2万余名中老年人掌握了基本电脑知识；活动被《人民日报》、新华社、中央电视台等媒体多次报道，并入选2008年中国网吧十大新闻榜和首都市民学习品牌，成为群众科普活动的一张靓丽名片。

（樊士广）

【科技协作】 年内，组织8个科技企业参加市科协“金桥工程”培训，组织相关科技项目参加北京市“金桥工程”种子资金申报，2个项目获资金支持。区科协获市科协“金桥工程”组织奖。

（樊士广）

西城区归国华侨联合会

【概况】 西城区归国华侨联合会（简称区侨联），是中共西城区委领导下的由全区归侨、侨眷组成的人民团体，是区委、区政府联系广大归侨、侨眷和海外侨胞的桥梁和纽带。下设6个专委会：维护侨益专门工作委员会、海外联谊专门工作委员会、经济科技专门工作委员会、文化交流专门工作委员会、侨情研究专门工作委员会和老龄工作专门委员会。下设15个街道侨联和1个马连道地区侨联组织。年内，区侨联认真学习中共中央总书记习近平系列重要讲话精神，学习贯彻党的十八届三中、四中、五中全会精神，结合中央、市委党的群团工作意见和统战工作会议精神，以及中央《关于加强和改进新形势下侨联工作的意见》和北京市《实施意见》，团结带领广大归侨侨眷和海外侨胞，在服务区域发展、开展群众工作、积极参政议政、依法维护侨益、加强自身建设等方面取得新成绩。年内，区侨联获“全国侨联系统维权工作先进单位”荣誉称号、“第七届首都新侨乡文化节最佳组织奖”。

地址：西城区牛街20号506室

邮编：100053

电话：83494732

（闫丽霞）

【参政议政】 1月12日，在区政协十三届四次会议上，区侨联提交的《关于西城区建立“品牌茶企的北京营销总部基地”的提案》和区侨联委员提出的《关于重视西城区文化与科技融合工作的建议》获得“区政协2015年度优秀提案”表彰。年内，区侨联围绕“一带一路”、京津冀协同发展、疏解非首都功能等经济社会发展问题，开展《优化首都功能大背景下的中心城区交通拥堵问题研究》专项调研。侨界人大代表、政协委员履行参政议政职能，围绕推动西城科技企业发展、基础设施建设、解决停车难等问题建言献策。

（闫丽霞）

【维护侨益】 年内，区侨联开展“学习宣传侨法·维权凝聚侨心”侨法宣传系列活动，整合区内法律人才资源，开展《婚姻家庭法律知识》等主题授课，编撰印发《涉侨法律法规政策100问》1200册，举办侨法知识巡展，引导归侨侨眷依法维护自身权益。年内，开展“情暖侨心”走访慰问活动，拜访侨界党外代表人士、知名人士20余名，探望困难归侨侨眷20余户，慰问不同领域归侨侨眷200余人次。发挥区红十字会侨联工作委员会的平台优势，发放区红十字会困难补助金和市侨联“送温暖·献爱心”困难补助金共计41400元。全年接待来信来访14人次。

（闫丽霞）

【联情联谊】 3月4日，区侨联组织50名侨界女同胞走进中国华侨历史博物馆，重温华侨华人历史，共同庆祝“三八”妇女节。5月7日，组织80余名归侨侨眷参观南水北调中线工程——团城湖明渠，开展爱国主义教育活动。10月9日，组织50名归侨侨眷参观中信国安养老事业部，考察养老服务机构的新模式和新资源。6月5日，拜访美国移民律师协会会长、区侨联海外顾问、美籍华人吴子美和中国西班牙商会会员、西班牙国际足球技术学院院长助理付衍硕，围绕侨情发展、海外联谊工作和青少年足球训练项目进行交流。

（闫丽霞）

【街道侨联工作会】 1月4日至5日，区侨联召开2015年街道侨联工作会议。区委统战部常务副部长、区台办主任刘琪出席会议并讲话。会议总结区侨联2014年工作，部署2015年工作任务及侨法宣传专项工作。15个街道侨联做工作汇报，结合2015年工作思路，围绕“侨之家”的桥梁纽带作用、提高为侨服务能力进行讨论和交流。15个街道的统战干部、街道侨联委员及部分社区侨联小组长共100余人参加会议。

（闫丽霞）

【一届九次会议】 4月16日，区侨联召开一届九次全委（扩大）会议。区委常委、区委统战部部长程军出席会议并讲话。区委统战部副部长、区侨联党组书记、主席安亚荣代表区侨联常委会作《西城区侨联工作报告》，全面回顾2014年工作情况，提出2015年工作思路。安亚荣和副主席薛亚明分别传达《李源潮同志在中国侨联九届二次全委会上的讲话》精神和《中共中央关于加强和改进党的群团工作的意见》精神。全体委员通过表决，选举王璐为区侨联副秘书长，聘请斯洛伐克侨胞王平为海外顾问。区侨联委员、各街道侨联主席共40余人参加会议。

（闫丽霞）

【侨界法律顾问团成立】 4月29日，西城区侨界法律顾问团正式成立。北京市侨联社会工作部副部长陈赞兴出席成立大会。区委统战部副部长、区侨联党组书记、主席安亚荣主持会议。聘请全国人大华侨委员会法案室原主任、侨界知名法律专家、法学博士毛起雄为主任，15个街道司法所所长为委员。成立仪式后，邀请顾问团副主任、北京市逸峰律师事务所律师游志雄做《婚姻家庭法律知识》专题讲座。15个街道的统战干部、侨联委员和归侨侨眷代表60余人参加成立仪式。

（闫丽霞）

【第七届首都新侨乡活动】 2至7月，区侨联举办“亲情中华·侨韵北京”第七届首都新侨乡文化节西城分会场活动，月坛街道侨联选送的舞蹈《太阳鼓》、金融街街道侨联选送的舞蹈《激情飞扬》和椿树街道侨联选送的京剧《杨门女将·探谷》，在北京市侨联表演类综合专场分获第二名、第三名；金融街街道侨联服装队《春归之歌》在服装表演专场获第三名；月坛街道侨联艺术团合唱歌曲《又见西柏坡》《重整河山待后生》在合唱类专场中获第三名。5月21日，围棋邀请赛在西城区拉开战幕。北京市侨联文化交流部部长曹江河，区委统战部副部长、区侨联党组书记、主席安亚荣出席活动。全市部分城区侨联、高校侨联、归侨联谊会和驻西城区部分中央单位侨联共11个单位的50余名围棋爱好者参加比赛。比赛采用小组循环赛制，经过角逐，石景山区侨联选手刘永立、中国外文局侨联选手杜振宇和文化部侨联选手丁大洲分别获得第一、二、三名。

（闫丽霞）

【举办应急救护培训】 6月9日和13日，区侨联分别为马连道地区侨资企业和致公党西城区委的党员共100余人进行应急救护知识培训。区委统战部副部长、区侨联党组书记、主席安亚荣出席培训活动。区红十字会应急救护培训师为大家讲解心肺复苏和创伤止血包扎方法。学员们经过理论学习、模拟练习和操作技能测试，掌握了应急救护知识和技能，通过培训考核，增强了员工自救互救的意识和能力。

（闫丽霞）

【新侨和留学归国人员融合培训】 6月27日，区侨联和区金融办联合举办“快乐融合 凝聚侨心”主题培训活动，组织金融街和中关村西城园地区的新侨和留学归国人员，赴怀柔开展户外拓展融合培训。西城区12家企业的30余名金融精英和科技人才踊跃参与。区委统战部副部长、区侨联党组书记、主席安亚荣参加活动。7月15日，区侨联举办“西城文化体验行”活动，40余名游学海外的青少年参加。通过培训深化了“两个拓展”（拓展海外工作、拓展新侨工作）的领域，为新侨搭建沟通交流平台。

（闫丽霞）

【举办系列培训】 8月6日，区侨联举办学习中央统战工作会议精神专题报告会，由中央社会主义学院统一战线理论研究专家李小宁教授解读中央统战工作会议精神以及《中国共产党统一战线工作条例（试行）》相关内容。11月24日，区侨联举办学习贯彻十八届五中全会专题辅导报告会，邀请中国侨联常委、中央国家机关侨联副主席、全国人大华侨委员会法案室原主任毛起雄，围绕“十三五”规划建议的主要背景、内容与特点等几个方面，讲解十八届五中全会精神。11月26日至27日，区侨联在北京市民主法制干部培训基地举办2015年侨联工作培训班，区侨界法律顾问团副主任、区信访办副主任甄萍介绍区信访工作总体情况、信访工作面临的形势和问题、开展信访接待工作的业务知识以及如何提高信访工作成效；培训班还邀请心理咨询专家为参会人员讲授心理解压和团队互动课程；27日，邀请首都师范大学马克思主义学院教授李松林，围绕《中共中央关于制定国民经济和社会发展第十三个五年规划的建议》的原则和框架、“五大发展理念”等几个方面，解读十八届五中全会精神。

（闫丽霞）

【接待回国观礼侨团】 9月2日，区侨联召开“拓展海外联谊，助力西城发展”座谈会。来自瑞典、荷兰、俄罗斯、比利时、德国、英国、捷克、斯洛伐克、西班牙、马达加斯加以及中国香港等国家和地区的30余名侨团负责人参加座谈。区委常委、区委统战部部长程军出席活动，程军代表西城区向侨团领袖们表示欢迎，感谢其帮助和支持，希望各侨团能够一如既往地支持侨联工作，关心西城区的建设和发展。侨团领袖们分别讲述了所在国华侨华人社团的近况及回国观礼的感想。部分侨团领袖还相互商谈了合作交流项目。侨团领袖表示愿意与国内侨联组织一起，为祖国发展、华侨华人事业发展贡献力量。

（闫丽霞）

【西城归国留学人员联谊会成立】　11月1日，北京西城归国留学人员联谊会（简称西城留联会）正式成立。北京市侨联主席荣洋，市侨联副主席苏泳，区人大副主任郑然，区政协副主席姜兆春，区委统战部副部长、区侨联党组书记、主席安亚荣和来自美国、法国、加拿大、澳大利亚等17个国家的归国留学人员代表100余人出席成立大会。会上，安亚荣介绍西城归国留学人员联谊会的成立背景和基本情况，西城留联会顾问、会长、副会长和秘书长与与会人员见面，发布会标和微信公众平台。荣洋为西城留联会成立致辞。随后，留学美国的刘昊扬博士带领归国留学人员优秀创业团队，向与会人员展示创新成果——传感器“动作捕捉”技术。

（闫丽霞）

【接待承德市侨联考察团】　11月4日，承德市侨联党组书记、主席徐毅率承德市侨联一行5人到区侨联考察交流。区委统战部副部长、区侨联党组书记、主席安亚荣介绍西城区的基本区情和侨情。双方代表结合自身侨联组织建设发展实际，就“如何在服务京津冀协同发展中，发挥侨界独特优势和作用，搭建两地侨界交流合作平台”进行深入交流，并对双方“友好侨联”建设和互访交流工作达成共识。会后，考察团一行考察北京满堂香国际茶文化发展有限公司，双方企业家围绕区域建设、创业体会、促进合作等进行交流。

（闫丽霞）

【西城留联会迎新春活动】　12月22日，西城留联会举办迎新春活动。活动共吸引近170名归国留学人员参加。北京市侨联主席、西城留联会顾问荣洋，市侨联副主席苏泳，市侨联副主席、市留联会主席陶庆华，市侨联经济科技部部长庞平凡，副部长赵勤，区委统战部副部长、区侨联党组书记、主席安亚荣，区委组织部副部长梅慧勇，区外侨办副主任杜慧等应邀出席活动。荣洋为活动致辞，并向归国留学人员及亲友致以节日祝福；西城留联会会长林义相代表留联会向领导及嘉宾表示感谢，提出寄语。通过“北京西城留联会”平台，西城区归国留学人员实现了相互交流、共享资源、加强合作、谋求发展。

（闫丽霞）

西城区残疾人联合会

【概况】　西城区残疾人联合会（简称区残联），是中共西城区委、区政府领导下的残疾人群众团体组织。内设办公室（监察科）、组联维权部（康复科），下设西城区残疾人劳动就业服务所、西城区残疾人文化体育活动中心、西城区残疾人职业康复中心3个全额拨款事业单位。区政府残疾人工作委员会秘书处设在区残联。区残联是将残疾人自身代表组织、社会福利团体和事业管理机构融为一体的残疾人事业团体；履行“代表、服务、管理”职能，即代表残疾人共同利益，维护残疾人合法权益，开展各项业务和活动，直接为残疾人服务，承担政府委托的部分行政职能，发展和管理残疾人事业。区残联接受区委领导，业务上接受市残联指导，同时指导辖区15个街道开展残疾人工作。年内投入经费2.26亿元，覆盖残疾人基本生活、教育、就业、养老、医疗、文化等各领域。年内审核42170家社会单位按比例安排残疾人就业情况，按比例就业残疾人4302人，核准2014年度按比例安排残疾人就业保障金4.2亿元。截至12月，全区持有第二代中华人民共和国残疾人证人数为39194人。年内，西城区残联获2011－2014年全国残疾人体育工作先进单位。

地址：西城区西直门内南小街
　　　国英园4号
邮编：100035
电话：83539004

（朱轶琳）

【残疾人康复服务】　3月31日至4月1日，区残联举办“让星星不再孤独——2015年世界自闭症日主题活动”，邀请国际心理学专家林昆辉为全区100多名精神残疾人及其亲属进行心理疏导讲座。电子工业出版社现场为各街道代表捐赠了林昆辉所著的心理学书籍。北京安定医院、区精神卫生保健所、区残联、平安医院和北京市宣武培智学校联合举办“让世界亮起来——2015年世界自闭症关注日宣传活动”，近百名自闭症儿童家属和医务人员参与了相关康复知识的学习与咨询。年内，西城区将“加强残疾人康复服务体系建设”纳入政府办实事工程。全年享受各类康复服务的残疾人达2.5万人次。与中国残疾人辅助器具中心合作开展“辅具进社区”项目，对生活困难的残疾人群体和就学就业期间有特殊需求的重点人群开展个性化辅具评估适配工作。为300名肢体残疾人适配生活类辅具，为300名低视力残疾人配发可调光源台灯，为99名18岁以下的听力残疾人实施助听器电池补贴，为95名残疾人分别实施功能轮椅配置、人工耳蜗植入、汽车驾驶装置改造等辅助器具服务，全年为各类残疾人发放辅助器具4000余件。开设《西城区残疾人康复服务管理系统平台》手机App，打造“菜单式”康复，300名肢体残疾人通过手机，自主选择展览路医院、回民医院等11家机构提供的医疗康复指导、社工和辅具适配等专业服务。引入北大六院等2家医疗机构、3家社工组织，依托4家社区职业康复站和温馨家园，建立精神残疾人社区日间康复照料模式，通过该模式持续进行康复训练半年以上的精神残疾人达到800人，肇事肇祸率始终控制在0.2%以下，该模式已开始在全市推广。为智力残疾人引入音乐治疗项目，300名智障学员通过40次音乐治疗课程，在社会交往、感官运动、情绪控制等各方面均得到明显锻炼和提升。结合国际功能、残疾和健康分类（ICF）全面康复理念，探索“康教结合”模式，与教委联合为0至6岁的残疾儿童建立康复、教育一体化的个人档案，55名残疾儿童在社会组织“我们的家园”得到意大利专家面对面的专业评估和康复指导。

（朱轶琳）

【残疾人社会保障】 1月4日至2月2日，西城区党政领导分别开展走访慰问残疾人活动。走访残疾人家庭，送去慰问品和慰问金。6月，北京市残疾人护理补贴工作启动。年内，区残联为35724名残疾人更换助残“一卡通”，13103人享受护理补贴，5554人享受个体就业社会保险补贴，5010人享受生活补助，5006人享受养老助残补贴，3641人享受燃油补贴，1039人享受城乡居民养老保险补贴，266人享受阳光家园补贴，128人享受扶残助学补助，64人享受入住社会福利机构补贴，为1000余户听力残疾人配发防火报警器，为406户残疾人家庭实施了无障碍改造，组织无障碍监督员9次深入社区进行无障碍监督体验，全年走访慰问9784人，特事特办141人。

（朱轶琳）

【残疾人就业服务】 3月24日，区残联举办“就业援助月”残疾人专场招聘会，共有9家用工单位为残疾人提供了近110个招聘岗位。60余名残疾人分别参加了用工单位的面试，并与用工单位进行双向选择。年内，共组织专场招聘会9次，提供就业岗位近200个，新增就业371人。确定“我们的家园”和“仁助社会工作事务所”2家社会组织为支持性就业服务机构，进一步加大残疾人职业指导和技能培训力度，通过岗位开发和职业再设计、密集支持、跟踪服务、检查督导等相关服务工作，辅助和支持残疾人实现就业。开辟“轻残帮重残”残疾人互助式服务项目，社区内轻度残疾人通过帮助身边重度残疾人买菜、就医、从事简单家政等服务，获得一定收入，自身价值得到体现，并实现残疾人之间的共赢。年内，开展“互联网+”等职业技能培训项目34个，定向培养残疾人947人。与天虹商场、北京青年宫健身中心、大林志华爱心服务中心等单位，联合建立“希望之虹”“希望之光”“亲近自然，感知绿色”3家残疾人职业技能社会实践基地，对367名智力、精神残疾人进行了系统的职业技能培训，有8名智力、精神残疾人通过一对一辅导跟踪式的就业模式真正走上了工作岗位。对17名残疾人大学生实施一对一职业规划指导，其中应届毕业生全部实现就业。12月22日，民建北京市妇女委员会20余名委员、女企业家参加西城区残联“希联圆梦工艺品销售中心”举办的残疾人手工艺品义卖活动。残疾人朋友在制作中邀请民建北京市妇委会委员们一同完成饰品加工。民建北京市妇委会秘书长、女企业家周晓曦以个人名义向“希联圆梦”捐款5000元。

（朱轶琳）

【残疾人文化体育工作】 4月2日至3日，区残联举办残疾人棋牌比赛，近200名残疾人朋友参加。比赛设中国象棋、围棋、国际象棋和扑克牌4个大项7个组别，最终产生一等奖7名、二等奖7名、三等奖6名、四等奖6名，以及牌类比赛项目的前4名。4月27日至29日，区体育局、区残联联合举办“共筑幸福梦”——残疾人社区体育指导员培训班。辖区15个街道、5个专门协会和区运动队的72名学员参加了学习，并通过考核取得了《国家三级社会体育指导员资格证书》。5月12日，新街口街道与区残联共同在北京启喑实验学校举办“倾听花开的声音”主题助残实践活动。由睦邻社会工作事务所专业社工和青年志愿者组成的志愿服务团队，与学校的聋人学生开展拓展训练活动。市残疾人康复服务指导中心与启喑实验学校签订免费调试助听器和测听服务协议书，与中国中材集团有限公司和区残联代表一同向学生赠送了助听器耗材和文具。5月15日，区残联、区文委和区文化馆联合举办“让爱洒满星空”大型综合助残日活动，为辖区残疾人提供了包括文艺节目欣赏、书画作品展览、服务咨询在内的多个服务项目。助残日期间，全区开展走访慰问，为残疾人朋友免费配发辅助器具；为各专门协会举办法律讲座；启动“公益岛”和“轻残帮重残”公益项目；联合北京市青年宫举办残疾人台球友谊赛，组织残疾人参加由团区委举办的“醉艺术·最公益——‘志愿家庭’计划暨志愿者助残阳光行动”，使辖区广大残疾人朋友以不同形式、不同程度地参与到全国助残日活动当中。6月1日，西城区残疾人轮椅乒乓球队应韩国大邱para乒乓球协会的邀请，组织7名运动员赴韩国参加了为期5天的“大邱·北京西城国际残疾人运动交换赛活动”，并对韩国无障碍设施、残疾人运动设备等进行考察和学习。8月11日，西城区残疾人回春操队参加第七届北京市体育大会暨庆祝第六次全国“肢残人活动日”北京市残疾人回春操表演赛，获得最佳表演奖和优秀展示奖。9月12日至15日，在全国第九届残疾人运动会中，西城区残疾人飞镖选手孙涛（肢体残疾）、于宏波（听力残疾）分获男子站姿组第三及第五名。9月24日，由中国残联、中国聋协主办的“百纳璐诗杯”首届全国听障演讲决赛在广州举行，西城区听力残疾人代表朱轶琳获二等奖。10月29日，西城区残疾人门球训练基地挂牌仪式在广外街道红莲南里社区门球场正式举行，北京市门球协会、区体育局、区残联及广外街道办事处领导出席活动并揭牌。12月2日，区残联在区第一文化馆举办“颂歌献给党——

第三届社区残疾人合唱节”优秀节目汇演，来自辖区内的残疾人朋友及残疾人工作者等近500人观看演出，市残联和区领导出席活动。12月3日，“西城残联”微信公众平台正式上线运营。12月10日，区残联成立全市首个区级残疾人文化艺术界联合会，下设作家协会、书法家协会、美术家协会、摄影家协会及民间文艺家协会。区文联主席杨海森、区残联理事长孙晓临为残疾人文联揭牌，辖区70多名残疾人文学艺术家和爱好者参加。著名口足（双臂肢残）书法家刘京生当选为主席，国家一级战斗英雄、中国残疾人作家联谊会副会长史光柱被聘为名誉主席。

（朱轶琳）

【残疾人基层组织建设】 2月3日，区残疾人工作会召开，区残联党组理事会、各专门协会主席、15个街道残联理事长及区残联全体干部参加会议。会上，孙晓临理事长作总结报告，党组书记刘少华与区残联领导班子成员分别签订党风廉政责任书，保证依法履行残联党组理事会职责，确保全年工作顺利开展。3月6日，区政府残疾人工作委员会工作会议召开。区残工委主任、副区长杜黎彬及38家残工委成员单位主管领导参加。区残联党组书记刘少华主持会议，区残工委副主任、区残联理事长孙晓临代表残工委做工作报告，部署安排2015年工作。会议系统学习了国务院颁发的《关于加快推进残疾人小康进程的意见》文件精神。3月27日，区残疾人联合会第一届主席团第五次全体会议召开，91人参加会议。区残联党组书记刘少华主持会议，区残联理事长孙晓临做工作报告，区委常委王旭出席会议并讲话。会议审议通过了《关于调整第一届主席团部分委员的建议》及2014年区残联工作报告，通报了2015年工作思路。5月27日，区残联与宣武红旗大学联合，由各专业教授为区残联全体机关干部围绕党风廉政建设、心理、团队建设、领导方法、“两会”精神解读等方面进行授课，共开设12期培训班。5至12月，承接全市残疾人温馨家园改革试点工作，与西城区公益文化传播中心共同对全区37个残疾人温馨家园进行调研并形成调研报告。12月，圆满完成245个社区残协换届工作，基层工作者专业化、职业化建设成果显著。

（朱轶琳）

【残疾人维权工作】 年内，与区环境办、区商务委等联合开展北京市爱心自强物资回收中心西城废品收购点清理工作，共对全区47个废品收购点进行清理，妥善安置22名在收购点工作的残疾人，清整了区域环境，维护了残疾人权益。解决信访遗留问题，破解敏感焦点难题。

（朱轶琳）

【残疾人职业康复中心建设】 3月2日，区委常委会召开专题会，听取区残联关于新建西城区残疾人职业康复中心功能定位的情况汇报。会议确定了新建的职业康复中心的四大功能定位，分别是：残疾人职业康复劳动项目实践、残疾人就业技能评估培训、中重度智障人士日间照料及社会组织孵化。

（朱轶琳）

【残疾人专项调查工作】 1月1日至3月31日，完成西城区全国残疾人基本服务状况和需求专项调查工作，335名调查员历时3个月深入257个社区，完成调查人数34761人，完成率98.52%，与中央财经大学共同完成专业的调查数据分析报告。1月6日，市残联理事长吴文彦在副区长杜黎彬、区残联理事长孙晓临、月坛街道办事处主任孟红伟等领导的陪同下，与西城区调查员一同对两户残疾人家庭进行入户调查，并就开展专项调查工作进行调研与指导。1月23日，市统计局副巡视员钱岩、市残联政策研究室主任厉才茂到白纸坊街道督导残疾人专项调查入户调查工作。区残联理事长孙晓临、副理事长何明霞及白纸坊街道办事处副主任李茂林陪同入户。

（朱轶琳）

西城区文学艺术界联合会

【概况】 北京市西城区文学艺术界联合会（简称西城区文联）是西城区各文艺家协会及文艺工作者组成的人民团体，是西城区委区政府联系区域文学艺术界的桥梁和纽带，是繁荣发展地区文艺事业、建设社会主义先进文化的重要力量，是北京市文联的团体会员。区文联下属区作家协会、区戏剧家协会、区美术家协会、区书法家协会、区摄影家协会、区民间艺术家协会、区音乐家协会、区舞蹈家协会、区曲艺家协会和集邮协会共10个文艺家协会。现有理事224人、主席1人、常务副主席1人、副主席37人。区文联机关内设办公室、组联部、事业发展部及“两刊”编辑部，在职人员18人。年内，区文联坚持以人民为中心的工作导向，大力弘扬社会主义核心价值观，着力开展“深入生活，扎根人民”文艺采风和志愿服务，团结引导广大文艺工作者，推动西城区文学艺术事业的繁荣发展。

地址：西城区月坛南街32号

邮编：100045

电话：68516710

（鹿建慧）

【“大家学书——迎春”书法作品展】 1月24日，由西城区文联主办的“大家学书——乙未迎春”书法作品展暨纪念北京市西城区书法家协会成立30周年活动在西城区第二文化馆举行开幕式。活动特邀京城50余位书法名家的名作、100余位会员的精品佳作，共展出书法作品153件，并将作品集结成册，记录西城书协走过的

30年光辉历程。

（鹿建慧）

【工作总结会暨研讨会】 2月3至4日，西城区文联组织召开2014年工作总结会暨2015年工作研讨会，区文联各文艺家协会主席、副主席及秘书长，区文联机关工作人员共100余人参会。会议总结区文联2014年的工作，对2015年工作思路进行深入研讨。文联及各协会文艺工作者踊跃发言，建言献策，提出很多建设性的意见和建议。此次会议专门邀请中国文艺研修院常务副院长傅亦轩做《深入学习习近平总书记在文艺座谈会上的重要讲话精神，促进文联工作创新发展》的主题报告。与会人员表示将以习近平总书记在文艺座谈会上的重要讲话精神为行动指南，坚持以人民为中心的创作导向，努力创作更多无愧于时代的优秀作品。

（鹿建慧）

【"纪念抗日战争胜利70周年"座谈会】 4月8日，西城区文联召开"纪念中国人民抗日战争暨世界反法西斯战争胜利70周年抗战题材作品创作座谈会"，邀请原北京市档案馆研究室主任刘苏、抗日战争史学会理事原启长介绍抗战历史、讲述英雄事迹。文联所属协会的艺术家及文联机关干部围绕如何更好地繁荣抗战这一重大历史题材的创作，进行探讨。

（鹿建慧）

【巾帼志愿者风采展演活动】 5月8日，由西城区文联与大栅栏街道共同举办的"和谐大栅栏，幸福新家园"巾帼志愿者风采展演活动拉开帷幕。展演节目有舞蹈、京剧、英语串烧等。其中，大栅栏街道石头社区带来的三句半《最美家庭》通过诙谐幽默的语言向大家讲述了成就"最美家庭"的10个秘诀；西城区文联选送的歌曲《幸福阳光》将展演活动推向高潮。通过巾帼志愿者风采展演活动，鼓励和弘扬"奉献、友爱、互助、进步"的志愿精神，展现地区妇女健康向上的精神面貌，号召并凝聚更多的志愿者积极参与。

（鹿建慧）

【区文联召开一届四次理事会】 5月13日，区文联召开一届四次理事会，文联理事130余人参加会议，市文联及区委相关领导出席会议并讲话。会议由区文联党组书记、驻会副主席汪帮宏主持，区文联常务副主席杨海森作题为《深入学习贯彻习近平总书记重要讲话精神努力促进地区文艺大发展大繁荣》的工作报告。市文联和区委相关领导分别讲话，对区文联工作给予充分肯定并提出具体工作要求。会议增补了王敏荣、阴宏2名理事，选举王敏荣为区文联主席，补选阴宏为驻会副主席。

（鹿建慧）

【参与基层文化工作推进大会】 5月15日，区文联积极组织艺术家参与西城区首届基层文化工作推进大会，并组织召开文艺家座谈会。会议由区委常委、宣传部部长王都伟主持。参加座谈的还有区委宣传部、区文委和区文联的相关领导。座谈会上，与会文艺家或单位负责人紧紧围绕西城区推进"四个西城、六个文化"建设工作，分别从文艺创作、文化资源整合、文化创意带动消费等方面展开探讨。艺术家表达了唱响主旋律，发挥文化引领时尚、凝聚民心、服务和推动社会发展的决心，表示会努力使西城区文化文艺工作在首都的全国文化中心建设工作中走在前列。区领导王宁、王少峰、郭怀刚、孙硕、郝风林等与文联艺术家代表白淑湘、张虎、梁秉堃、纪清远、冷万里等进行了恳谈。王宁提出西城区要占领文化发展的"制高点"，继续提升文化软实力。

（鹿建慧）

【第二届"中国梦　劳动美"声乐大赛】 6月上旬，由区文联、区住建委、区文化委等单位共同主办，区第二文化馆承办的第二届西城区"中国梦　劳动美"建设者之歌声乐大赛，在西城区第二文化馆落下帷幕。比赛邀请名家大腕担任决赛评委，经过激烈角逐，大赛共产生一等奖1名、二等奖3名、三等奖5名以及优秀奖9名。区文联驻会副主席阴宏参加活动并向获奖者颁发证书。区文联是此项活动的发起者之一，大赛以提高来京建设者文化生活水平为着力点，通过喜闻乐见的声乐比赛形式，为来京建设者搭建展示自己的平台，满足其精神文化需求，陶冶情操、共创和谐，增加其城市归属感。这也是区文联推进"四个西城、六个文化"建设工作，促进区内文化阵地建设，推动全区群众文化活动蓬勃发展，增强社会各阶层群众凝聚力的一项有力举措。

（鹿建慧）

【拍摄抗日老战士活动】 在中国人民抗日战争暨世界反法西斯战争胜利70周年之际，区文联组织摄影家寻访抗战老兵，一起回顾抗战历史、记录当今幸福生活。区文联共组织12名摄影家，足迹遍布大兴、门头沟、昌平等郊区，共计寻访拍摄抗日老战士110余名，拍摄照片近万幅。艺术家们通过自己擅长的摄影形式，宣传抗战老战士的精神，让更多人记住这一段历史。

（鹿建慧）

【文化进军营活动】 "八一"前夕，区文联正式启动文化进军营活动。区文联率领30多位艺术家来到北京消防总队战勤保障基地，与消防官兵联欢。艺术家深刻体验消防官兵的一日生活工作状况，表演了精彩节目，包括演唱、评书和书法等。年内，区文联先后多次带领艺术家到武警、公安某部，与武警官兵和公安干警联欢。

（鹿建慧）

【大美西城美术作品展】 9月12日，由区委宣传部、区文联主办的"纪念中国人民抗日战争暨世界反法西斯战争胜利70周年·大美西城美术作品展"在北京市职工服务中心开幕。区文联主席王敏荣宣布开幕，北京市文联及区委宣传部等部门领导及负责人约300余人参加开幕式。展览共评选出112件美术作品，其中直接表现抗战题材的作品达73件。其中，刘少镛、王秋菊合作的《长城》、纪清远创作的《罪恶的轰炸》、侯卫东创作的《抗日烽火》和姚增糧创作的《见证一九三七》等力作，引起观众极大震撼。此外，许多反映古都新貌和当代风土人情的画作充满积极向上的正能量，起到了很好的激励作用。

（鹿建慧）

【纪念抗战胜利70周年书法摄影展】 9月22日，由区委宣传部、区文联举办的“纪念中国抗战胜利暨世界反法西斯战争胜利70周年书法摄影展”在北京市职工服务中心开幕。北京市文联、中国书协、区委宣传部、北京市摄影家协会、西城区书法家协会等领导或负责人出席开幕式。展览共展出书法、摄影作品近300幅。其中书法作品选摘了讴歌中国人民团结抗战的诗词作品，创作者包括指挥抗战的老一辈革命家朱德、陈毅、萧克、何香凝，政治家邵力子，还有中国绘画大师齐白石等，反映了老一辈革命家、艺术家“天下兴亡、匹夫有责”的爱国主义精神。摄影作品由区摄影家协会历时半年时间、走访110余位抗战老兵创作而成。

（鹿建慧）

【文化交流活动】 年内，区文联继续发挥桥梁纽带作用，让更多富有西城特色的文化品牌走出去，把各地优秀的文化请进来。先后与通州区文联、海淀区文联和怀柔区文联进行友好交流和座谈。与新疆建设兵团某师文联、福建宁德市文联、陕西汉中市文联、西安临潼区文联、延安市延长县文联等签订协议，结成友好文联，做好友好文联艺术团体的采风创作等系列交流活动。8月4日，区文联和西藏摄影家协会共同主办，开展“京藏一家亲·共铸中国梦”活动，邀请藏区小学生进京交流。

（鹿建慧）

西城区社会科学界联合会

【概况】 北京市西城区社会科学界联合会（简称区社科联）是中共北京市西城区委领导下的人民团体，是区委、区政府联系社会科学界专家学者和社会工作者的桥梁和纽带。履行对社会科学界团体和社会科学界人士的联络、协调、管理和服务职能，组织开展学术研究、理论宣传、社科普及、决策咨询和对外学术交流等活动，推动地区社科事业发展。区社科联下设办公室、学术活动部，编制人数10人。年内，按照区委和督导组统一部署，认真开展“三严三实”专题教育活动。围绕区域发展开展理论研究，完成2014年度重点课题结项工作及北京市哲学社会科学规划办公室立项课题《西城区历史文化名城保护模式研究》和《西城区老字号创新发展研究》2项；完成区委宣传部《十三五时期西城区在北京推进全国文化中心建设的战略措施研究》以及区科委立项课题《西城区文化资源数字化研究》2项；确定了2015年度重点课题《红墙精神研究》和《推进西城区基层文化建设的探索与思考》2项，以及常规课题6项；与区委区政府研究室合作完成了《西城区功能区发展报告》的编写工作。围绕中央、市、区政策精神，组织社科专家举行研讨活动，全年举办“京津冀一体化，西城区疏解非首都功能”“红墙意识”主题研讨会等学术沙龙共4场。开展社科普及活动，普及社科知识。年内，举办“纪念抗战胜利70周年报刊展”和“思想之光——抗日战争时期马克思主义在中国的传播”共2场展览；举办“北京周末社区大讲堂”社科讲座29场、“社会主义核心价值观普及讲座”6场；举办“2015北京社会科学普及周暨西城区第四届社会科学普及周”活动；创新社科普及形式，开展“分层、分众化社科普及”试点工作。服务社团，举办社科类社团工作例会和社团负责人培训班。编辑出版《西城社会科学》（双月刊）6期。发布“西城社会科学”公众微信158期。

地址：西城区北礼士路12号

邮编：100044

电话：88391758

（吴艳梅）

【“核心价值观普及讲堂”】 1月9日，“社会主义核心价值观普及讲堂”启动，首场讲座由首都经济贸易大学副教授成林萍主讲，以“双翼起飞，助力中国梦——谈谈民主与法治”为题，为陶然亭街道130余名干部群众详细讲解社会主义核心价值观之民主的本义、民主的形式、中国民主思想的发展、社会主义民主实现，并解答干部群众关于如何发动群众参与民主、基层民主的意义等问题。“社会主义核心价值观普及讲堂”全年共举办6场，受众1000余人。

（吴艳梅）

【区社科联一届三次常委扩大会】 2月6日，西城区社科联一届三次常委会扩大会议召开。会议研究增补王谦等18人为区社科联委员；讨论通过了拟增补区委区政府研究室主任、区委办公室副主任（兼）庞成立、区社科联党组书记、区委宣传部副部长（兼）郭启兴为区社科联常委委员候选人预备人选；拟增补区社科联党组书记郭启兴为常务副主席候选人预备人选，同意将拟增补人选名单提请社科联一届三次全会批准；研究召开一届三次全会会议议程等相关事宜。会上传达了区委全会和区“两会”会议精神，区社科联副主席兼秘书长叶宝祥做上年工作总结，提出2015年工作要点。

（吴艳梅）

【区社科联一届三次全会】 4月9日，西城区社科联一届三次全体会议召开。会议由区社科联主席吴元增主持。区社科联党组书记郭启兴做题为《开拓创新　奋勇前进——推动西城区哲学社会科学事业迈上新台阶》的工作报告。会议审议通过了西城区社科联监事会工作报告；增补王谦等18位同志为区社科联委员；增补区委区政府研究室主任、区委办公室副主任（兼）庞成立，区社科联党组书记、区委宣传部副部长（兼）郭启兴为区社科联常委；增补区社科联党组书记、区委宣传部副部长（兼）郭启兴为区社科联常务副主席。市社科联党组副书记、副主席兼秘书长梁立新，区委常委、宣传部部长王都伟出席会议并讲话。区社科联顾问、清华大学建筑学院教授郑光中，国务院参事姚景源及社科联常委、委员100余人参加会议。

（吴艳梅）

【重点课题研究】　年内，完成了《北京西城老字号谱系研究》课题结项工作。完成上年度《科技推动西城区战略性新兴产业发展研究》等7项区级重点课题，《西城区历史文化名城保护模式研究》和《西城区老字号创新发展研究》2项北京市哲学社会科学规划办公室立项课题及区委宣传部立项课题《十三五时期西城区在北京推进全国文化中心建设的战略措施研究》和区科委立项课题《西城区文化资源数字化研究》；与区委区政府研究室合作完成了《西城区功能区发展报告》的编写工作。确定了2015年度重点课题2项，为《红墙精神研究》和《推进西城区基层文化建设的探索与思考》，常规课题6项，包括《社区文化建设的自治实践与思考》等。

（吴艳梅）

【“北京周末社区大讲堂”】　4月23日，西城公益讲坛工作会议召开，标志着2015年“北京周末社区大讲堂”工作正式启动。区直机关工委、区委社会工委、区委教育工委、区卫生工委、区国资委及各街道工委宣传部负责人参加，区委宣传部副部长马维利出席会议并做工作部署。年内，“北京周末社区大讲堂”共举办讲座29场，服务群众2700余人。

（吴艳梅）

【学术沙龙】　年内，围绕中央、市、区政策精神，组织社科专家开展学术交流研讨。全年举办专题研讨会4场。5月29日，召开“京津冀一体化，西城区疏解非首都功能”专家座谈会，会议由区社科联副主席叶宝祥主持，邀请北京城市规划研究院顾问、高级规划师、区社科联名誉主席王东，北京市社会科学院研究员李贺林，中国社科院马克思主义研究院研究三部副主任、研究员辛向阳，国家级沧州临港经济技术开发区管委会副主任孙玮红等专家学者，围绕如何落实《京津冀协同发展规划纲要》，怎样做好疏解非首都功能工作进行研讨，研讨发言被《北京西城报》刊载。9月8日，与区委宣传部联合召开“以史为鉴　开拓未来——学习习总书记抗战胜利纪念日系列讲话精神”座谈会，会议由区社科联主席吴元增主持。会议邀请了北京社会科学院研究员李贺林、区史志办主任吕燕裙、市委党史研究室副调研员宋传信、中央党校国际战略研究所教授张琏瑰、西城区委党校教授周善红、军事科学院研究员岳思平等，畅谈对习总书记重要讲话精神与纪念抗战胜利70周年系列活动的理解认识，部分专家发言被《北京西城报》刊载。9月23日，与区委宣传部联合召开“红墙意识”主题研讨会，研讨会邀请北京市委党校教授姚桓、北京市社会科学院研究员李贺林、中央党校教授沈传亮、首都师范大学教授杨生平、西长安街街道工委书记李会增、南北长街社区党委书记李雷雷等专家学者和街道社区干部围绕“红墙意识”的内涵、外延及实践经验等展开研讨，全区宣传系统150余名干部参会。专家发言被《北京西城报》刊载。11月12日，召开《西城区学习贯彻十八届五中全会精神专家座谈会》。中国社科院马克思主义研究院研究员辛向阳、中国人民大学教授郑新业等专家学者参加座谈，区社科联副主席窦淑龄参加会议，区委宣传部副部长马维利做总结发言。专家学者发言被《北京西城报》刊载。

（吴艳梅）

【社科普及分层化分众化试点活动】　5月28日，“社科普及分层化分众化试点活动”项目启动会于陶然亭街道龙泉社区召开，区委宣传部、陶然亭街道、区社科联主要领导，以及来自社区建设、心理健康、法律等领域的4位专家和10余名社区居民参加会议。活动组织社科专家以居民喜闻乐见的社科知识为基本内容，以群众需求为导向，通过调查研究，为不同群体提供有针对性的分层化、分众化讲座、培训、咨询等服务。实现分众化社科普及。活动分月开展，每月一个主题。全年共举办历史文化、时事政治、心理健康3个大主题7个小专项活动，500余名群众受益。

（吴艳梅）

【纪念抗战胜利精品老报刊实物展】　6月19日至26日，《纪念中国人民抗日战争暨世界反法西斯战争胜利70周年精品老报刊实物展》在区文化中心展出。展览由中国报业协会集报分会、区社科联、区文化馆联合举办，展出老报纸和书刊百余件。

（吴艳梅）

【抗战时期马克思主义在中国的传播展览】　9月18日至30日，《思想之光——抗日战争时期马克思主义在中国的传播》展览在民族文化宫举办。展览由中共中央编译局和西城区委区政府主办，中央编译局信息部、区委宣传部、区社科联承办。展览展出反映抗日战争时期马克思主义传播及党的的思想理论建设方面的珍贵文献、手稿360余种、图片100余幅，绘画、雕塑等珍贵文艺作品30余件。中央编译局局长贾高建、中共中央文献研究室副主任张宏志、中共中央党史研究室副主任高永中，西城区区委副书记、区长王少峰，区政协主席杜灵欣等出席开幕式。

（吴艳梅）

【西城区第四届社科普及周】　9月21日，“2015北京社会科学普及周暨西城区第四届社会科学普及周”开幕式在大观园举行。科普周由市委宣传部、市社工委、市科委、市科协、市社科联和西城区委区政府联合举办，区社科联承办。市委宣传部副部长赵卫东出席活动并讲话，市社科联党组书记、常务副主席韩凯，西城区委常委、宣传部部长王都伟出席并致辞。首都300余名市民群众参加活动。出席活动的领导向居民代表赠送社科普及读物，开幕式当天举办了“人文之光”社会科学知识竞赛决赛、弘扬社会主义核心价值观图片展、京津冀协同发展等主题展、16区县社科普及精品活动展及新西城五年发展展，开展了专家咨询和签名赠书活动。科普周历时5天，于9月25日闭幕，总计1000余人参加了活动。新华社、《人民日报》《光明日报》、中央电视台、中央人民广播电台、中国新闻网、人民网、新华网等13家报刊、网络媒体对活动进行了报道。

（吴艳梅）

【区社科类社团负责人研讨会】 12月24日，区社科联召开社科类社团组织负责人培训会，会议为期2天。邀请中共中央党校教授、博士生导师、中央党校马克思主义理论教研部思想政治教育教研室主任宋福范为与会者做题为《以发展变革理念确保如期建成全面小康——党的十八届五中全会精神解读》的辅导报告；会议传达了《关于加强社会组织党的建设工作的意见》《中央党的群众工作会议》及《北京市委党的群团工作会议》精神，通报了社科联2015年工作情况及2016年工作思路。来自什刹海研究会等22家社团组织的负责人及区社科联全体干部近40余人参会。区社科联主席吴元增、党组书记郭启兴、副主席叶宝祥、窦淑玲出席会议。

（吴艳梅）

【宣传工作】 年内，利用区社科联内部刊物《西城社会科学》及微信公众平台，及时传达中央、市、区领导对社科研究工作的重要指示和讲话精神，介绍专家学者的最新理论文章、研究成果，报道区社科联工作动态，反映区属社团开展的各项工作及成果经验，扩大区社科联的影响力。《西城社会科学》全年编辑出版6期，刊发稿件120余篇，共计50万余字。发布公众微信158期。

（吴艳梅）

西城区红十字会

【概况】 北京市西城区红十字会（简称区红十字会）是中国红十字会的地方组织，是西城区人民政府直接联系从事人道主义工作的社会救助团体，依法取得社会团体法人资格，独立自主地开展工作。按照西城区行政区域划分，下设15个街道红十字会及区直机关、教育、卫生、国资、侨联5个系统工作委员会，有基层组织406个，会员11.21万人，团体会员104个，志愿者3228人。

地址：西城区南菜园街51号

邮编：100054

电话：83975413

（焦　蕊）

【红十字组织建设】 7月9日至10日，举办西城区红十字专兼职干部和志愿者培训班，传达中国红十字会第十次会员代表大会精神、习近平总书记等领导人在“十代会”上的讲话精神和《中共北京市委、北京市人民政府关于促进红十字事业发展的实施意见》，组织学习造血干细胞及捐献的相关知识。10月15日至16日，举办西城区红十字信息员培训班，中国红十字报社总编吕进福为信息员讲解红十字工作新闻采写知识。11月17日至18日，西城区红十字会举办理事工作培训班，全区71名红十字会理事参加培训。会上向全区红十字会理事汇报2014年工作和募捐款收支使用情况，传达“十代会”精神等，组织理事学习红十字运动的历史和基本知识，以及我国各级红十字会的主要工作内容和发展情况，并首次组织区红十字会理事学习现场徒手心肺复苏术和AED（自动体外心脏除颤仪）的使用方法。

（焦　蕊）

【募捐救助工作】 年内，与区有关部门协作开展“爱在西城”联合募捐活动，募集善款102.02万元；通过“捐废献爱”活动募集善款2.99万元，用于救助大病儿童；清点募捐箱收集善款1952.98元；为西藏地震灾区募集捐款3200元，天津“8·12”爆炸事故期间募集捐款3000元，并按规定上交至北京市红十字会。按2014年募捐款额的20%向北京市红十字会上缴共享基金46.4万元。为推动“捐废献爱”活动，与中国再生资源有限公司协商制作“捐废献爱”纸抽2万盒，发放到全区机关和企事业单位。全年共发放救助款162.49万元，救助1294人。其中，“2015年度两节送温暖活动”为700户困难家庭发放救助金共计56万元；救助11名大病患儿，发放救助金16万元；救助区内困难人员70人，发放救助金39.9万元；救助艾滋病患者16人，发放救助金1.6万元；为30名非典后遗症患者发放补助金15.75万元；为17人发放府右街宾馆定向救助金共计3.24万元；为450名家庭困难学生发放助学金共计30万元。重阳节期间，为颐寿轩敬老院和金秋园敬老院送去大米、油、鸡蛋、水果等慰问品。援助门头沟区红十字会山区增收项目10万元，援助内蒙古赤峰市喀喇沁旗红十字会博爱卫生站建设20万元。帮助区内2名白血病患儿申请中国红十字基金会的“小天使”基金，获得救助款10万元。

（焦　蕊）

【应急救护培训】 在居民、机关干部和企业职工中普及自救互救、防灾减灾、应急避险知识，全年共举办88期救护技能培训班，每期8学时，共有8966人取得红十字救护技能证；举办2期初级急救员培训班，每期16学时，共有64人取得初级急救员证。与区安监局、区民政局联合举办“5·12”防灾减灾日宣传活动，向群众宣传防灾避险与自救互救知识。组织各学校开展“安全知识进校园”逃生避险演练，提高学校应急处突能力。发挥西城区红十字会应急救护教育指导中心的职能，开展应急救护知识宣传工作，全年共接待甘肃、内蒙古、上海、杭州等省市自治区以及北京大学、区委党校等56个参观团体，接待电话咨询150余次。

（焦　蕊）

【应急救援体系建设】 年内，按北京市红十字会要求安装了视频会议系统，建立了西城区红十字人道应急指挥平台，实现了与市红会应急指挥中心的视频对接、信息互通。5月25日至29日，西城区红十字应急救援队强化集训班在国家地震紧急救援训练基地举办，全区53个单位80余人参加集训，集训期间，学员系统学习了救灾、救援工作相关理论知识，并接受了实用技能训练。年内，为区综合行政服务大厅安装了2台AED（自动体外心脏除颤仪），购置3台AED训练机，并对大厅工作人员进行培训，从而使区综合行政服务中心成为全市首个具备现场体外除颤急救能力的行政服务大厅。年内，区红十字会备灾库装修完工，备灾库位于西城区煤市街155号，处于大栅栏街道紧邻天安门广场的繁华地区，由市红十字会划拨、价值15.5万余元的备灾物资已经入库。

（焦　蕊）

【红十字志愿服务】 区红十字会共有4支红十字志愿者品牌服务队和15支红十字应急救护志愿者队伍，年内，组织志愿者开展了以“新春送祝福，红十字志愿服务暖人心”“人道关爱温暖西城，红十字组织2015年学雷锋系列活动”“弘扬人道精神，发挥公益优势，推介商业品牌，服务首都发展”等为主题的志愿服务活动。“希望之光”志愿者服务队开展的“红十字博爱进高墙”活动、“牵手希望”志愿者服务队开展的“手牵手献爱心　共同生命奇迹”——捐献造血干细胞宣传活动和“路德先锋”志愿者服务队开展的“传递博爱真情，关爱空巢老人”——红十字助夕阳行动是区红十字会重点打造的红十字志愿服务品牌项目，“博爱进高墙”志愿服务活动项目被市红十字会评为2015年人道公益品牌项目。

（焦　蕊）

【造血干细胞捐献】 年内，举办造血干细胞捐献知识讲座6期。“希望之光”志愿者服务队在西单广场和西单献血屋长年坚持开展无偿献血和捐献造血干细胞宣传工作，完成381例干细胞捐献志愿者血样采集和资料入库，对约2万名捐献志愿者进行两次回访。成功完成西城区第10例、11例造血干细胞捐献。协助运送造血干细胞4次，分别送至燕郊、合肥、济南和广州，协助完成移植工作。

（焦　蕊）

【红十字青少年工作】 年内，区红十字会学校工作委员会将红十字工作与青少年德育教育相结合，9至11月在全区中小学生中开展“身边的急救——应急救护知识进校园，争做自救互救小能手”活动，85所学校参赛，评选出170名自救互救小能手。组织12所中小学5000余名学生参加中国红十字会举办的全国青少年知识竞赛答题活动。在北京市第四十四中学举办“人人学急救，安全校园行——西城区红十字急救包进班级活动”启动仪式，活动期间，向全区3691个中小学校、幼儿园班级发放外伤急救包。

（焦　蕊）

【红十字运动宣传传播】 年内，利用各种活动和纪念日，大力宣传红十字会法律法规和相关政策。与区商务委、北京凯德茂西直门房地产经营管理有限公司在西环广场联合举办“5·8”红十字博爱文化月宣传活动。加强与区新闻中心、《北京西城报》及中国网、新华网、千龙网等社会主流媒体的联系，建立长期合作关系。利用区红十字会主页、微信、政务短信、《西城红十字报》等宣传载体，及时向基层红十字组织传达中国红十字会总会和北京市红十字会工作精神，发布西城区各级红十字组织工作动态，向社会介绍红十字知识、传播红十字文化。2015年，《缤纷西城》电视栏目先后播报了西城区红十字会大病患儿救助、出租车志愿者服务队发车仪式、红十字文化月、红十字应急救援队强化集训、首都首家行政大厅安装AED等活动，中国网及《北京西城报》等媒体将区红十字会的工作、活动等在数十个网站上进行转载，各网站播报、转载活动信息共计500余条。与《北京西城报》联合开展“深入学习十代会精神，广泛传播红十字文化”知识竞赛，引导群众学习“十代会”精神和习近平等国家领导人在“十代会”上的讲话，竞赛活动共回收有效问卷4165份。区红十字会连续4年被总会授予报刊宣传先进集体特等奖，并在2015年度中国红十字会报刊宣传工作会议上做经验交流发言。

（焦　蕊）

【对外交流】 年内，接待“中国归国者·日中友好之会”和乌克兰基辅市红十字会来访。应台湾地区红十字组织邀请，于10月25日至31日组织14名红十字专兼职干部赴台交流考察，围绕红十字组织建设、法制建设以及备灾救灾、社会救助、应急救护培训、志愿服务、红十字青少年等工作与台湾红十字工作人员进行了深入交流。

（焦　蕊）

（责任编辑　齐　田）

政法　军事

政　法

政法委员会工作

【概况】　中共北京市西城区委政法委员会（简称区委政法委）是区委领导、管理全区政法工作的职能部门，并担负着协调组织全区力量维护辖区安全稳定的重要职责。西城区委政法委的工作机制是委员会制，与西城区社会治安综合治理委员会办公室、西城区维护稳定领导小组办公室、西城区防范和处理邪教问题领导小组办公室、西城区流动人口管理办公室合署办公。年内，区委政法委及全区政法各单位不断提高履职能力，完成了世界田径锦标赛、抗日战争暨反法西斯战争胜利70周年纪念活动等重大安全保卫任务，巩固了全区政治稳定的局面。全区社会治安保持总体平稳。不断完善区、街两级维稳工作领导运行机制，党委领导、政府各部门积极参与、社会和群众广泛支持的大政法、大维稳、大综治、大信访的工作格局逐步形成。政法维稳工作的触及点和参与面进一步拓展，政法工作通过解决一系列涉及城市建设、企业改制等带来的不稳定事件，为区域其他改革发展事业扫清了障碍。运用法律、政策、经济、教育等综合手段解决疑难矛盾纠纷的能力不断增强，排查化解涉法涉诉信访案件220件。以“面”保“点”的安保模式不断完善，“全响应”的信息化群防群控体系建设有了跨越性发展，信息化精确指导与群防群控动员组织优势结合更加高效。

地址：西城区二龙路27号
邮编：100032
电话：88064292

（王汉洲）

【协调重大疑难案件】　始终坚持党对政法工作的领导，积极发挥政法委员会、发挥党内联合办公会和党内协调会的作用，对涉及西城区和政法机关的重大疑难案件、涉及稳定事项进行研究处理。全年共召开29次专题协调会。对国家发改委、十七部委、百万庄棚户区改造、棉花片危改、广安一期、中信城等建设项目13户个人进行了司法强制执行，为西城区重点工程建设项目提供维稳保障。

（张国华）

【社会稳定风险评估工作】　年内，继续稳步推动重大决策应评尽评的工作年，全年共报备风险评估报告17件，其中中央和国务院4件。实现了把风险防范和化解处置的责任与措施落实在决策之前，将事后维稳的被动转变为事前的主动评估，最大限度地减少决策的负面影响，有效避免造成重大损失或者引发群体性的各类隐患，为实现区域稳定奠定了坚实基础。

（李大可）

【维护稳定工作】　为推进重大决策风险评估工作的全面落实，提升评估质量、发挥评估效益，最大限度从源头上防范社会矛盾。全年共召开各类会议160次，妥善化解了各类社会矛盾纠纷。其中：敏感节点情报会商92次；“三长会”2次；不稳定因素化解工作会10次；涉法涉诉工作专题会5次；司法强制执行协调会31次，确保了西城区政治稳定和社会安定。

（郝　毅）

【处置突发群体性事件】　充分发挥情报预警功能，加强深层次、内幕性情报信息的收集研判，有效地防范了境内外敌对势力围绕全国两会、抗战胜利70周年纪念活动、世界田径锦标赛、七五等敏感期策划闹事活动的企图，进一步加强重点地区上访处置能力，完善依法告知和规范处置机制，全面提高处置水平。保证了中南海、中纪委、全国人大等重要党政机关的办公秩序，确保了全区政治稳定和社会安定。

（郝　毅）

【化解涉法涉诉矛盾纠纷】　深入贯彻落实矛盾化解各项工作要求，运用“信访专项资金”，充分考虑群众实际困难与合理诉求，加大矛盾纠纷联合化解和督查督办力度。全年化解各类重点矛盾10件，协调公、检、法三家化解涉法涉诉信访案件220件。

（张国华）

【“西城大妈”微动画】　区委政法委联合区委宣传部，制作并推广了微动画《西城大妈和那里的政法团队》，社会宣传效果较为显著。该动画时长3分24秒，采用真人头卡通身子的形式，讲述了西城大妈和政法干警紧密配合破获盗窃电动车团伙的小故事，展现了治安志愿者、社区民警、执勤交警、检察官、法官和人民调解员的形象，宣传了群防群治和政法各项工作。

（田瑞鑫）

【西城政法综治网宣传阵地】　继续坚持《西城政法综治网》宣传阵地，全年共编辑上传2300余篇，有效宣传了政法各项工作，展现了干警精神面貌。收到了各级领导的充分肯定和社会群众的广泛好评。

（田瑞鑫）

社会治安综合治理工作

【概况】　北京市西城区社会治安综合治理委员会办公室（简称区综治办，2015年7月20日，根据西编发〔2015〕15号文件，由社会管理综合治理委员会办公室更名为社会治安综合治理委员会办公室）是区委、区政府解决社会治安问题的办事机构，承担维护社会稳定和社会治安综合治理“打击、防范、教育、管理、改造”工作任务。年内，认真贯彻落实中央、市委、市政府的工作部署和要求，紧紧围绕建设“平安北京、平安西城”的总体目标，以中国人民抗日战争暨世界反法西斯战争胜利70周年纪念系列活动为主线，以9·3阅兵期间社会面防控工作为重点，严格按照市、区“四个不发生”的总体要求，提前筹划，严密部署，科学研判，精心组织，圆满完成了活动期间社会面防控的各项任务；进一步深化平安建设，推进平安社区评价体系建设创新发展；加强立体化防控体系建设和综治信息系统建设，着力夯实社会治安综合治理的基层基础，切实提高社会治安综合治理精细化、科学化水平，为推动全区经济社会科学发展创造和谐稳定的社会环境奠定了坚实的基础。严格落实责任制，全区自上而下层层签订社会治安综合治理领导责任书和任务书，签订率达100%。

地址：西城区北礼士路12号

邮编：100044

电话：88391661

（霍爱全）

【两大安保】　年内，按照市、区“四个不发生”的总体要求，提前筹划，严密部署，科学研判，精心组织，圆满完成中国人民抗日战争暨世界反法西斯战争胜利70周年纪念活动和世界田径锦标赛（以下简称“两大安保”）活动期间社会面防控的各项任务。其间，严格落实网格管理措施，按照“一个社区一本台账、一个方案、一个点位图、一个排班表”的规范要求，制定“两大安保”群防群治力量勤务工作方案。对全区4000多个安保布控点进行情况研判，做到一点位一方案，志愿者实名包岗、干部实名包点包责，真正实现“定人、定岗、定责”。启动一级防控4天，动用专业警力8980人次，群防群治力量288800人次，巡防队员6112人次，治安志愿者193200人次，民兵2100人次，其他87388人次。二级防控16天，动用专业力量19872人次，群防群治力量667696人次，巡防队员24448人次，治安志愿者408016人次，民兵8320人次，其他226912人次。

（霍爱全）

【北京西城大妈公众微信号注册】　年内，为了更好地管理和服务西城区治安志愿者团队，宣传并打造好“北京西城大妈”品牌，区综治办于2015年10月注册了“北京西城大妈”公众微信号，并于11月通过区科信委专家评审会审核，12月24日顺利开通并推出第一篇文案。“北京西城大妈”公众微信号的功能设计包括了举报或点赞、大爱西城等10个栏目，旨在解决西城治安志愿者青黄不接，多渠道举报，移动互联网端宣传等问题，实现志愿者实时注册、公益反哺等功能。

（霍爱全）

【平安社区创建活动试点】　年内，月坛街道平安社区创建活动试点正式启动，贯穿2015年全年。综治办先后3次深入街道和社区调研指导，座谈了解试点工作进展情况，跟踪搞好指导服务。7月7日至8日，组织月坛街道13个社区书记和街道综治办负责人召开了试点工作研讨会，并邀请首都综治办基层基础处、调研处、综治研究所的有关领导参加，听取月坛街道试点工作情况汇报，了解掌握存在的问题和遇到的困难，并研究解决问题的具体措施，补充完善工作方案。

（霍爱全）

【综治信息化试点】　年内，按照首都综治办要求，西城区被指定为首都综治办综治信息化试点区县。本着“统筹规划、需求导向、注重实用、循序渐进”的原则，按照“上传下达信息畅通，任务分派准确无误，事件完成清晰明了，工作状态实时反映”的要求，依托区全响应社会服务管理工作平台，充分利用市、区信息化成果，建立西城区综治信息化指标体系。建设综治信息工作数据库，涵盖了“机构队伍、实有人口、特殊人群、重点青少年、社会治安、社会组织、社会矛盾排查调处、校园及周边安全、护路护线、非正常上访”十大类专题业务数据。初步建成了可视化调度子系统、事件处置管理子系统、综合业务应用子系统、综治考核子系统。构建区、街道、社区三级平台为主干的综治信息化体系，并与市级综治信息平台实现对接。

（霍爱全）

【西城区铁路护路专职联防队成立】　5月29日，召开铁路护路工作专题会，根据首都社会治安综合治理委员会办公室、北京市财政局、北京市人力资源和社会保障局、北京市公安局联合下发的首综办〔2014〕57号文件要求，正式成立西城区铁路护路专职联防队。按照要求，结合工作实际，西城区政法委副书记、综治办主任王静担任护路办主任，铁路护路专职联防队配备6名专职护路联防队员。

（霍爱全）

流动人口和出租房屋服务管理工作

【概况】　北京市西城区流动人口和出租房屋管理委员会（简称区流管委），是负责流动人口和出租房屋指导协调和综合管理工作的议事协调机构。下设办公室（简称区流管办）与区综治办合署办公，为区流管委的常设办事机构。年内，区流管办围绕经济建设大局，坚持“民生为本、服务为先、融合为要”的工作理念，加强流动人口有序管理和服务保障，完善和落实流动人口管理服务政策措施，探索创新服务管理工作，为更好地服务西城人口资源环境可持续协调发展，营造和谐稳定的社会环境做出贡献。

地址：西城区北礼士路12号

邮编：100044

电话：88391683

（骆　妍）

【综治委、流管委工作会议】　4月1日，召开2015年西城区综治委、流管委工作会议。西城区经济社会调查队对2014年下半年群众安全感调查情况进行通报；西城公安分局对2014年下半年西城区治安警情进行通报；区委政法委副书记、区综治办主任王静通报2014年市、区综治考核情况；副区长姜立光作2015年综治、流管工作部署；区领导与街道和综治委成员单位代表签订2015年综治责任书；区委副书记、区委政法委书记、区综治委、流管委主任王力军对综治、流管工作提出要求。

（骆　妍）

【流管专项工作部署会】　4月30日，召开2015年西城区流动人口管理专项工作部署会，会议由副区长姜立光主持。区委常委、西城公安分局局长陈思源、区相关部门主管领导、各街道主管书记、各派出所主管所长参加会议。区流管办主任马京宝总结2014年西城区违法群租房治理工作并部署《2015年西城区关于继续深入推进违法群租房专项治理工作的实施方案》；西城公安分局副局长张晓月部署《关于进一步加强流动人口和出租房屋基础信息调查登记工作的方案》；陈思源对区流动人口管理专项工作提出要求。

（骆　妍）

【违法群租房治理联席会】　5月26日，召开全区违法群租房治理工作联席会议，区房管局、西城公安分局人口支队、区民防局、西城工商分局等部门主管领导及各街道综治（流管）办主任参加会议。各街道主管领导简要汇报全区违法群租房治理工作动员部署会以来本街道治理工作情况；西城公安分局人口支队、区房管局、区民防局、西城工商分局主管领导通报近期违法群租房、地下空间治理工作开展情况；区流管办副主任李文声小结第一阶段工作情况部署第二阶段集中治理工作；区违法群租房治理工作联席会议办公室副主任、区流管办主任马京宝做总结发言。

（骆　妍）

【流动人口“四率”核查】　7月6日，区流管办、西城公安分局人口支队、西长安街街道、西长安街派出所协助市流管办、市公安局人口管理总队、北控三兴公司组织开展对西长安街街道和平门社区进行流动人口基础信息调查登记检查。此次主要检查流动人口基础信息的登记率、准确率、完整率、核销率“四率”。检查方式以抽查方式进行，分为2个部分：一是在和平门社区随机抽查120人，由检查人员到出租房屋、用工单位及街边门店进行入户调查；二是在和平门社区流管平台抽取50名流动人口信息进行实地核查。

（骆　妍）

【重点地区整治部署会】　7月14日，由区流管办主任马京宝主持召开全区群租房治理阶段总结和重点地区整治工作部署会。西城公安分局（人口、治安、消防）、区民防局、区房管局、区城管执法局、西城工商分局主管领导，各街道主管副书记，各派出所主管副所长参加会议。区流管办副主任李文声对全区群租房治理进行阶段性总结并部署下一步工作，西城公安分局副局长张晓月部署《西城区地下空间、群租房、流动人口聚集区清理整治工作方案》，区委政法委副书记、区综治办主任王静对重点地区治理工作、流管员招聘工作、群租房治理工作三方面提出具体要求。

（骆　妍）

【提高流管员工资待遇】　7月15日，召开西城区第108次区政府专题会，区财政局局长张宗禹作关于提高全区流动人口和出租房屋服务管理人员工资待遇的汇报。会议决定，同意社区流动人口管理员工资待遇在原工资基础上增加绩效工资，应发工资总额参照现行社区工作者中一般工作人员标准，控制在每人每月3320元以内，自区政府批准后次月起执行。如遇社区工作者工资待遇调整，按调整后的标准执行，所需经费由各街道办事处负担。

（骆　妍）

【流管队伍扩编】　全区由原先的255个社区增加到261个社区，社区流管站也相应增加。为解决流动人口管理员缺编现象严重、社区流管站管理不到位的问题，6月初，区编委正式批复流动人口管理员编制总数由560名扩编为800名，增加240名编制。

（骆　妍）

【配合区统计局开展抽样调查】　7月16至31日，区流管办配合区统计局组织开展全区流动人口情况抽样调查工作。由西城区统计局委托第三方北控三兴公司在全区每个街道各抽取一个社区，共计15个社区，对抽中的15个社区内所有的家庭户和集体户进行调查。此次调查对象为居住在样本社区内的流动人口，即户口所在地为外省（市）的人口。调查以户为单位进行，调查包括纯流动人口的家庭户和集体户，也包括有流动人口的本市家庭户。应在各户登记的人包括：2015年7月15日晚居住在本户的流动人口及2015年7月15日晚由于值班、出差、旅游等原因未居住在本户，但其常住地为本户的流动人口。8月5日，区统计局在流动人口调查摸底会上通报了通过第三方调查流动人口登记情况：全区登记率为50%，高于平均值的街道为：天桥街道90%、西长安街街道76%、陶然亭街道74%、金融街街道67%、白纸坊街道56%、大栅栏街道55%、新街口街道55%、椿树街道54%，登记率最低的只有16%。

（骆　妍）

【四次清整行动】　7月22日、28日，8月4日、11日，区流管办联合西城公安分局、区房管局、区民防局、区城管执法局、西城工商分局分别对什刹海街道流动人口聚集区棉花胡同、牛街街道地下空间聚集的东里社区、展览路街道市场商户聚集的露园社区、月坛街道违法群租房聚集的南礼士路社区开展专项整治，确保了重点地区专项治理见成效。

（骆　妍）

【两大活动安保维稳督查】　8月12日

起至“两大活动”结束，区流管办为确保严密安全防控措施落实，确保“两大活动”期间社会面安全稳定，制定《全区做好流动人口服务管理工作方案》和《西城区流管办纪念活动工作日程倒排表》，分层对白纸坊、天桥、陶然亭、椿树等街道实施督导检查，重点检查流动人口及各类重点人员排查管控、反恐防暴、街道危险化学品及易燃易爆物品等安全防范工作落实情况。

（骆　妍）

【民宿软件管理】　8月31日19时，区流管办根据市流管办下发的“民宿”类软件出租房屋地址信息，紧急部署西城公安分局及涉及核查信息的属地街道，统筹协调社区民警、实有人口管理员及社区专干开展入户核查工作。此次全区核查比对出租房屋总量为1134户，涉及全区10个街道。经核查，原有录入流管平台数为252户，补录230户，新登记流动人口323人，停租191户，未出租279户，借租8户（京籍），自住44户，地址不存在4户，地址重复1户，地址错误3户，正在核查122户（所属各街道已转交社区民警继续核查）。发现隐患15处并全部进行了整改。

（骆　妍）

【流管暨“两大安保”总结会】　9月24至25日，召开2015年西城区流动人口和出租房屋管理培训暨“两大安保”工作总结会，会议由区流管办常务副主任马京宝主持。区委政法委、区综治办、区流管办、西城公安分局、分局人口支队、西城工商分局、区民防局、区房管局相关领导，全区15个街道工委副书记、综治（流管）办主任及工作人员共计65人参加了会议。13个街道工委副书记汇报“两大安保”工作中流管工作小结和前期群租房整治及人口调控进展情况；什刹海街道工委副书记作群租房治理典型经验介绍，天桥街道工委副书记作提高流动人口登记率经验介绍；区房管局、区民防局、西城工商分局分别就违法群租房整治工作情况汇报，西城公安分局作四次“大排查、大摸底、大整治”工作及群租房整治情况汇报；区流管办相关领导对群租房举报工作、违法群租房治理工作及阅兵期间流管工作进行总结、进行统计工作培训、对下一步工作进行部署。

（骆　妍）

【流管员专场招聘会】　10月23日，区流管办和西城公安分局联合召开流动人口和出租房屋管理员专场招聘会。区流管办、西城公安分局、分局人口支队主要领导、各街道主管主任、各派出所主管所长参加了招聘会。专场招聘会期间共有218人报名。区流管办与西城公安分局争取街道的支持与配合，完善招聘后期的考试、录用、培训等工作，加强流管员队伍管理。

（骆　妍）

【配合清整荣丰小区】　10月26日至28日，区流管办参加了区民防局组织的广外荣丰小区人防地下空间专项整治工作。区民防局联合区综治办、区流管办、西城公安分局、区维稳办、区信访办、区房管局、西城消防支队、区卫生局、区安监局、广外街道办事处、天宁寺派出所等部门，对广外地区荣丰小区违法使用的11号、15号楼人防工程进行了清理整治。截至10月28日，已全部清理完成2处人防工程，共清理面积2625平方米、房屋197间，清理人员410人。

（骆　妍）

【“荣丰2008”专项整治】　11月13日，区流管办召开广外地区“荣丰2008”小区专项清理整治工作部署会，会议由区委政法委副书记、区综治办（流管办）主任王静主持，区委常委、西城公安分局局长陈思源、区委常委王旭出席会议。西城公安分局、区社工委、区住建委、区民防局、西城工商分局、区食药监局、西城交通支队、广外街道等单位主管领导参加。天宁寺派出所所长范鹏介绍“荣丰2008”小区的治安情况；广外街道工委书记王其志介绍“荣丰2008”小区社会管理情况；西城公安分局副局长张晓月部署《关于对广外地区“荣丰2008”小区开展专项清理整治的工作方案》；王旭对荣丰小区治理目标、治理后的常态化管理提要求；陈思源对先期调查摸底、执法保障、各部门协同施策、长效机制建设等方面提出具体要求。

（骆　妍）

【社区流管员培训会】　12月14至18日，区流管办、区综治办与西城公安分局联合举办社区流管员培训会。会议由区流管办常务副主任马京宝主持，区综治办、区流管办、西城公安分局、区计生委等部门主管领导参加会议，对全区800名流动人口管理员分四批进行培训。同时，对2015年度西城公安分局流管工作进行总结；关于对2015年“两大安保”流管工作中167位先进个人代表11个流管工作创新课题小组及15个违法群租房治理专项工作先进社区、117位违法群租房治理专项工作先进管理员进行表彰。

（骆　妍）

【综治委流管委全会】　12月29日，召开西城区综治委、流管委全体（扩大）会议，会议由区委政法委副书记、区综治办、区流管办主任王静主持。西城公安分局通报西城区治安形势，西城区统计局经济调查队通报西城区群众安全感调查工作情况；副区长、西城公安分局局长张明作2015年全区综治、流管工作报告并部署相关工作；区委副书记、政法委书记、综治委、流管委主任王力军讲话。

（骆　妍）

公安工作

【概况】　北京市公安局西城分局（简称西城公安分局）是主管本行政区域内社会治安管理的公安行政机关。局内设有专业警种业务处（室、所）、支队等机构21个，在辖区各街道和繁华街区共设立19个户籍派出所和9个治安派出所。全年投入执勤警力32.2万人次，确保了首都政治中心区的绝对安全和5854场专项警卫勤务，维护了全区的政治稳定和社会安定，完成了田径世锦赛和中国人民抗日战争暨世界反法西斯战争胜利70周年纪念活动“两大安保”等重大安全保卫任务，以及全国“两会”和“国庆”等保卫任务。分局在2015年突出整体统筹，强化组织落实，确保各项警务工作扎实推进，将“两大安保”与全年警务工作有机结合，围绕安保不同阶段的不同要求，逐季度制定警务要点，成立了主要领导总负责，其他党委成员分工负责的安保领导小组，设置了“一室十五部”实体运行机构，日常统筹推进安保工作。战时，系统搭建起以公安为主导，以联勤指挥部和6个前沿指挥部为依托的组织指挥架构，形成“平战结合、统筹协调，条块结合、整体联动”的组织指挥系统。全年全区共接报110警情149717件，同比下降11.95%，其中110刑事类警情9948件，同比下降4.13%；110秩序类警情846件，同比下降26.43%；共破获刑事案件9837起，同比下降0.15%，破案降幅比全市5.2%的平均值少5.15个百分点；其中破获命案4起，侦破率始终保持100%；抓获违法犯罪嫌疑人7339名，同比上升0.07%。分局深化党建引领，强化联勤保障，确保队伍形象素质保持最佳。坚持以忠诚教育为核心，深化“三严三实”教育成果，践行“四个第一”理念，加大战时表彰奖励力度。分局利用晨会、警务调度会等形式，开展即时培训，将日常培训化整为零，创新形式、提高效率；坚持从制度建设入手，严格落实党建工作责任制，抓好各项铁规铁纪的执行，建立分局主要领导约谈其他党委成员、党委成员约谈单位班子成员、各单位双正职约谈基层现职领导、民警的分局党委“三级约谈”机制，以强化组织领导、强化整体统筹、强化执行落实、强化问题解决，有力带动警务工作和队伍建设的协调发展。

地址：西城区二龙路39号

邮编：100032

电话：83995110

（张睿龙 刘旭）

【设置“一室十五部”实体运行机构】 年内，西城公安分局在“两大安保”中，为突出整体统筹，强化组织落实，确保警务工作扎实推进，成立了主要领导总负责，其他党委成员分工负责的安保领导小组，设置了“一室十五部”实体运行机构。“一室”即联勤指挥部办公室，“十五部”即分处在全区15个治安地段的区域和专业分指挥部，全区形成“平战结合、统筹协调，条块结合、整体联动”的组织指挥系统，确保了“两大安保”期间各项安保工作的全面落实。

（刘 旭）

【加强科技辅助应急处突】 年内，西城公安分局结合反恐形势和“两大安保”重要工作，确定“以提升科技化水平辅助指挥调度工作”总体思路，完成指挥大厅设备科技升级改造，同时以110回访工作为抓手，深化指挥系统正规化建设。年内1至10月，共处置各类110警情126670件，日均423件，相比上年同期134074件下降5.5%。接报情况92272件，日均304件，相比上年同期99403件下降7.2%。

（刘 旭）

【建立“勤务指挥调度警用地理信息”平台】 年内，西城公安分局与市规划委西城分局合作建立西城分局“勤务指挥调度警用地理信息”平台，将“地理信息平台”以及数据资源与分局进行共享，其中三维地理信息系统的应用，可以将各类警务信息真实化、空间化、可视化，更直观地展现地形地貌、重要场所单位周边环境、警力分布、视频监控状况等内容。通过三维仿真场景，实现了人、建筑物、场所的关联查询，能够精细反映出建筑物情况和周边环境，为制高点防控提供真实、生动的依据。

（刘 旭）

【探索视频警务实战模式】 年内，西城公安分局加强视频警务平台建设，通过实战培训、视频会战，完善了视频巡控7项工作机制、建立9项工作台账等系列做法，完成1个二级平台、28个三级平台的基础建设，建立351人的视频巡控专职警力队伍，形成3953个探头防控“天网”（标清3806个，高清探头867个），构建了“四层四圈”的分级天网防控体系和分级巡控机制，实现了环政治中心区由外向内、由远及近，层层巡防盯控、层层过滤减压的防控效果。

（刘 旭）

【维护稳控涉访秩序】 年内，西城公安分局强化排查管控、疏导化解、防范处置等措施，有效维护辖区涉访维稳秩序。全年，共处置上访人员789866人次，期中群体访8446批次149135人次，个人访640731人次。累计劝返184442人次。打击处理涉访违法犯罪人员825名，其中刑事拘留403人、行政拘留422人。

（刘 旭）

【强化刑侦阵控打击】 年内，西城公安分局围绕“9·3”阅兵式、世锦赛“两大安保”和党的十八届五中全会重大安保等全年中心工作，结合首都城市中心重要政治、金融、商业区域特殊区位区情，运用反恐维稳打击犯罪警务思路，以刑侦阵控有力牵动分局整体打防工作，以分局通报督责等多层级严明督导机制，尤其是创造重大安保刑侦阵控打击工作的新局面，在“两大安保”期间，效果突出，共计破获各类刑事案件7432起，破案总量比前三年平均值的6694起多738起。

（刘 旭）

【完成“两大安保”任务】 年内，西城公安分局针对“9·3”阅兵式和世田锦赛“两大安保”工作，分别出动警力4511人（包括市局支援警力3110人）和1618人次，其他安保力量83137人和13400人次，圆满完成“两大安保”任务，实现“三个确保”和“四个坚决防止”的工作目标。分局围绕“两个安保”，依托全区情报会商机制和分局战时情报体制，共收集核查各类情报信息22415件，从中查获网上在逃人员232名，一级临控人员2639名，极端上访人员571人，以“打防管控”、“平安行动”系列专项行动净化社会治安环境，共破获刑事案件7432起；破获命案4起，侦破率始终保持100%；抓获违法犯罪嫌疑人5726名，同比上升12.8%。

（刘 旭）

【全力侦破信用卡类案件】 年内，西城公安分局制定专项行动方案，召开专门打击工作部署会，对目标任务进行分解，对案件的追刑标准、取证要求、办案流程开展专项培训。与此同时发挥辖区优势，积极与民生、华夏、农业等银行联系，广泛搜集案件线索。全年，共破获信用卡类案件904起，其中拘留犯罪嫌疑人147人，同比增长10.5%，特别在打防管控专项工作期间，共刑拘信用卡诈骗嫌疑人100人，提前超额完成专项目标，在全市成绩名列前茅。

（刘　旭）

【推动公共关系建设】　年内，西城公安分局建立了新闻宣传信息员联系工作机制、新闻宣传培训工作机制、新闻媒体跑口记者联系工作机制三大工作机制，在各种社会媒体刊发新闻稿件3800余件次，较上年提升20%。其中，中央级媒体刊发900余件次，市属及其他媒体发稿2900余件次。广播、电视播出稿件700余件次，报纸刊发稿件800余件次，网络、微博、微信等新媒体发稿2300余件次。

（刘　旭）

【禁毒工作】　年内，西城公安分局完善和制定《西城分局进一步加强禁毒工作意见》《西城分局禁毒工作考核办法》《西城分局禁毒奖惩办法》《西城区禁毒责任追究办法》等规范性文件，着眼打造"无毒西城"总要求，发挥牵动、引领、指导、服务职能，强化情报线索核查和案件打击查处，结合"一破两追打三手"侦查模式，全年共抓获嫌疑人1288人，同比上升48%；破获案件184起，同比上升35%；收缴毒品8552.79克，同比上升50%，在全市禁毒系统执法质量考核中排名第二。

（刘　旭）

【西城公安消防大网格化建设】　年内，西城公安分局消防工作依托区综治平台，将街道划分为15个大网格，社区划分为255个中网格，单位、楼宇、建筑划分为1147个小网格，实行了格长、副格长、格员实名制。全区36名网格消防员、255名网格民警、1147个消防工作组、4万余名网格群防群治力量以网格为单元的巡防布控，开展不间断、无缝隙消防巡视检查。将社会面火灾防控及消防安保纳入公安民警、消防驻街网格监督员基础考核范畴，实行消防违法行为打击整治常量月考评机制。

（刘　旭）

【重点案件处置】　年内，西城公安分局强化法制部门服务侦查、保障诉讼职能，对重点、敏感案件实行第一时间介入、零距离督办和贴近式指导，法制处值班领导坚持24小时待命，及时介入各类重大、敏感和疑难案事件的处置。全年，共提前介入100余起案事件。由法制处会同多部门研究案件150余次，研究各类案事件400余件，一批重大、敏感案事件在法制处的提前介入指导下得到妥善处置。西城公安分局以专项行动为契机，强化重点案件深挖审查。在审理案件中以物找案，强化线索经营，深挖案源查证和强化证据，提高打击处理率。诸如在"两大安保"期间，受理了多海波等人"3・16"系列盗窃车内财物案、王红霞等人涉嫌非法吸收公众存款案、"5・09"涉嫌寻衅案、汤晴等人涉嫌非法经营案、"5・22"医托诈骗案、姜向东涉嫌非法持有毒品案、"8・15"寻衅滋事案等一系列重大敏感、团伙案件，深挖一涉枪线索，起获仿六四手枪2支、散弹枪1支、笔式枪支1支，子弹若干发。

（刘　旭）

【查处违住境外人员】　年内，西城公安分局加强对违住境外人员打击力度，确保将境外人员纳入实有人口的有效管理，对辖区散居境外人员数量、每月登记人数、往年违住、漏登漏报倒查情况等进行分析，科学确定违住境外人员处罚常量，并将此作为派出所散居境外人员管理工作考核的重要内容。全年共查获违住境外人员244人，比市局确定分局200人的总处罚常量超额完成22%。

（刘　旭）

【强化组织凝聚力】　年内，西城公安分局以"三严三实"为契机，以"第一党支部"为引领，规范基层支部建设，落实"三会一课"制度，制定《基层党建工作责任制》，编写《基层党建实务手册》，先后推出"基层党建实务工具软件应用系统"、牛街派出所党支部"'平安牛街'党员响应系统"、国家大剧院派出所支部"空中党员之家应用系统"。在"两大安保"中成绩突出的4支青年突击队、10名青年突击队员受到市公安局表彰，李洋洋、沈琦当选为团市委授予的"网络正能量达人"。

（刘　旭）

【完善工作机制】　年内，西城公安分局纪检监察工作坚持把发现问题、研究问题和解决问题，贯穿于机制建设之中。建立了三级约谈机制，明确了约谈工作"四个即时"的主要任务。坚持月度会商制度，月初组织召开由办公室、政工、纪检、督察等部门参加的党建队建会商研判会，完善和制定措施，解决问题，不断提升队伍掌控能力。实行联合督导制度，整合纪检干部，组成4人查办联合督导组，开展不间断的检查，确保警令畅通。

（刘　旭）

【非访人员矛盾化解】　年内，西城公安分局为及时消除非访人员对抗，制定了非访人员矛盾化解的刚性目标，制定了"上下合力一心、全力保障转化；以法解析案例，指明违法事实；理解表达诉求，用法引导维权；加强心理疏导，化解思想结症；实施人文关怀，以情感人暖心"为规范的教育化解原则和一问二听三分析四帮助五讲政策六保证的化解步骤。年内对非访人员，做到了100%化解。

（刘　旭）

【启动新型巡逻警务站】　年内，西城公安分局着眼提升街面掌控能力，优化巡逻勤务模式和提高群众安全感和满意度，启动了19个新型巡逻警务站，在硬件方面，对建筑面积、结构、外观基本颜色、警务标志标识等进行了统一。警务站根据治安复杂程度和实际需要划分等级（一级站10个、二级站9个），分别采取24小时值守和弹性值守的勤务模式，并通过落实站巡民警实名制，同一时间将专职民警67人、专职辅警152人固化在街面。

（刘　旭）

【"高宝来爱民服务岗"挂牌仪式】　年内，西城公安分局与市公安局同步举行"高宝来爱民服务岗"挂牌仪式，学习宣传高宝来先进事迹，树立以民为本理念，构建和谐警民关系，推进高峰勤务工作，确保小学校、幼儿园的绝对安全。分局在辖区内学校设立了"高宝来爱民服务岗"，全体分局领导分别在校门口迎接上学学生，对此受到学校校长、老师和学生家长的一致好评。

（刘　旭）

【维护高考秩序】　年内，西城公安分局针对区内设置的19个考点、276个考场、7791名考生参加考试情况，举全局之力对高考实施全过程安全监管，出动武装巡逻车18辆对19个考点校进行动态巡控，全程护送监考人员取送试卷，为考生及家长提供全方位的安全服务等，实现了“有力保障考生人身安全，有力保障考点正常秩序，有力保障考试公平公正”的工作目标。

（刘　旭）

检察工作

【概况】 北京市西城区人民检察院（简称区检察院）是国家法律监督机关，依法履行各项法律监督职能。年内共批准逮捕犯罪嫌疑人878人、提起公诉1064人。依法惩治危害公民人身权利、财产安全和公共安全的犯罪，妥善办理了“徐州市人大代表李宝俊私建地下室导致地面塌陷案”等一批具有较大社会影响的案件；突出打击食品药品领域的制假售假行为，重点惩治群众反映强烈的金融领域犯罪；强化对生态安全的司法保护，集中查办全市涉及森林和野生动植物犯罪案件，共批捕35人、起诉72人。立案侦查贪污贿赂、渎职侵权犯罪案件23件31人，百万元以上案件5件、县处级以上12人。持续深化职务犯罪预防工作，已与辖区21家单位签订廉政共建协议，为115家单位6000余人开展警示教育。切实促进社会和谐，全年接待群众来访828批次1519人次，集体访18批次800余人次。有效化解缠访缠诉积案7件；打造“新起点·温暖家”行动，为6个涉罪未成年人家庭开展个性化帮教20余次；对遭受犯罪侵害陷入生活困境、无法通过诉讼获得有效赔偿的5名被害人，发放司法救助金55万元。有效参与社会管理，服务金融安全建设，完善与北京市“一行三会”定期交流、个案追踪、类案指导等机制，举办年度金融犯罪检察实务联席会；服务诚信体系建设，为招投标单位提供行贿犯罪档案查询11536次；服务校园法治建设，开展法制宣讲活动，辖区涉未成年人犯罪连续4年下降。

依法强化法律监督，监督立案2件，追捕、追诉犯罪嫌疑人14人，提出书面纠正意见10件，对认为确有错误的刑事、民事、行政裁判依法提出抗诉6件，加大羁押必要性审查力度，依法对29人提出变更强制措施建议。适用速裁程序案件80件，切实提高司法效率，依法保障律师的执业权利，全年接待律师阅卷399人次，对没有委托辩护律师的盲、聋、哑等犯罪嫌疑人，协调法律援助32件。全面深化检务公开，在案件信息公开系统共发布案件程序性信息2716条、法律文书628份。打造一体化的检察事务大厅，集成律师接待、业务咨询、电子卷宗制作等8项功能。研发涉案财物智能管理系统，实现查封、扣押、冻结、处理涉案财物全程电子台账、专人专柜专户管理，全年无挪用、丢失、损毁情况发生。探索“智慧西检”综合信息管理平台，在全国检察系统率先推出集移动办公、辅助办案、网上培训等功能于一体的综合应用服务平台，有效提升检察工作现代化水平，被评为首批“全国检察机关科技强检示范院”。探索推进检察官办案责任制改革，为首批选任的31名主任检察官配齐、配强检察官助理等辅助人员，建立专业化、扁平化的办案组织。扎实开展“三严三实”专题教育，获全市“建设学习型党组织工作示范点”、“首都文明单位标兵”等多项荣誉。

地址：西城区新街口西里三区18号楼
邮编：100035
电话：59555832

（张　擎）

【全国一级规范化检察室】 1月，区检察院派驻西城区看守所检察室在高检院组织的第四届派驻监管场所一级规范化检察室考核评定活动中被评为全国一级规范化检察室。在北京市人民检察院监所处组织的现场评定会上，得到“驻所检察工作基础扎实，规范化程度高，内容丰富充实，工作有思路有亮点”的高度评价，以第一名的成绩顺利入围北京市一级规范化检察室推荐名单，并最终通过高检院评选创建为全国一级规范化检察室。

（张　擎）

【侦查监督调研工作会议】 2月，区检察院召开全市侦查监督工作调研会议。最高人民检察院侦查监督厅厅长黄河强调此次调研听到基层检察机关在侦查监督工作中存在的问题及意见、建议，对于北京检察机关侦查监督工作给予了充分肯定，并对各院提出的问题及建议进行了详细了解，他表示将对侦查监督工作所面临的困难、问题做进一步深入梳理、研究，为适应以审判为中心的新的诉讼制度改革和即将召开的全国侦监工作会议做好准备。

（张　擎）

【举行处置突发病犯应急演练】 2月，区检察院驻所检察室对西城区看守所在押病犯进行专项检察。为提高驻所医疗应急抢救能力，确保在押人生命健康，驻所检察室与看守所联合举行处置突发病犯的应急演练。按照双方共同制定的《突发事件应急演练方案》，明确各岗位的任务和职责，对在押人员安全转移，患病在押人员救治和医护人员抢救等都进行实战演练，达到预期的效果。实战演练结束后，驻所检察室与西城区看守所领导进行总结和座谈，对实战中暴露出的问题，提出进一步完善和改进的要求，真正达到处置突发病犯的目的，确保看守所安全。

（张　擎）

【制定《涉未成年人刑事执行检察工作办法》】 4月，区检察院制定并颁布《涉未成年人刑事执行检察工作办法》，本办法一是深入开展羁押期间表现评价。二是继续延伸社会调查报告功能。三是共同开展羁押必要性审查。四是配合开展社区矫正帮扶教育及监督。五是积极维护涉案未成年人权益保护。六是全面开展法制宣传教育活动。定期对违法犯罪未成年人开展法制宣传教育，向其提供法律咨询和帮助，最终促使其健康回归社会。

（张　擎）

【获得“首都文明单位标兵”称号】 5月10日，西城区精神文明建设委员会召开表彰大会，对精神文明建设先进单位进行表彰，西城区人民检察院获得2012—2014年度“首都文明单位标兵”称号。这是区检察院第三次获得此项荣誉。

（张 擎）

【刑事速裁程序试点工作座谈会】 7月20日，区检察院公诉部门组织辖区公、检、法、司四机关共同参加的“刑事速裁程序试点工作座谈会”区检察院、区法院、西城公安分局、区司法局有关领导以及各单位涉及刑事速裁程序的部门负责人参加座谈会。会议就速裁程序提出四项原则规范，一是确定公安机关的办案期限。二是规范公安机关刑警、法制、预审三部门职责分工。三是完善值班律师制度。四是加强社会调查评估适用，必要时可直接判决管制、缓刑，以提高办案效率，实现速裁程序、简易程序、普通程序这样有层次的繁简分流。

（张 擎）

【行政执法监督座谈会】 7月25日，为落实高检院《检察机关提起公益诉讼改革试点方案》，开展行政公益诉讼试点和行政违法行为监督摸排，西城区人民检察院民事行政检察处与区法制办、区环保局相关领导座谈。会议讨论决定，将积极推动西城区行政执法机关与检察机关双方建立长效联系机制，加强协作配合，促进依法行政，服务区域经济社会发展。

（张 擎）

【制定《刑事案件速裁程序试点工作实施细则》】 8月10日，区检察院与区法院、西城公安分局、区司法局会签《刑事案件速裁程序试点工作实施细则》，详细规定了速裁程序运行规则，细化办案流程，进一步推进案件繁简分流、提高诉讼效率、优化司法资源配置，确保司法公正与诉讼效率相统一。

（张 擎）

【开展“不捕训诫教育”】 8月15日，西城区人民检察院未成年人犯罪检察处推出7项举措，在审查批捕过程中即综合考量，对仍具有社会危害性和违法违规性的涉罪未成年人适时开展训诫教育，详细分析涉罪未成年人性格特点、家庭情况、犯罪原因、犯罪情节等，有针对性地开展训诫工作，优化训诫教育细节，依据案情差异化训诫，充分调动各方帮教力量，要求未成年人自我总结，分析自身过错及今后的改正方向，并上报提交书面总结材料，持续跟踪帮扶，在训诫结束后，承办人与社会调查员继续跟进了解涉罪未成年人表现，结合涉罪未成年人实际对其结案后就学、求职等问题进行帮扶教育。

（张 擎）

【开通“西城未检”微信公众平台】 11月，西城区人民检察院未成年人犯罪检察处创办“西城未检”微信公众平台，将西城未检的主要法制宣传教育工作有机结合起来，内容涉及青少年违法犯罪信息动态、预防案例、警示语录、青少年微讲堂、未成年人预防犯罪小漫画、热点新闻、未成年人心理咨询、法律常识等，获得社会关注度。

（张 擎）

审判工作

【概况】 北京市西城区人民法院（简称区法院）坚持公正司法、司法为民，切实履行宪法和法律赋予的职责，为推进平安西城、法治西城建设作出应有贡献。全年受理案件53322件（含旧存），同比上升28.4%；审结案件45919件，同比上升18.3%，结案率为86.1%，在全市一类法院（全年受理案件数超过4万件以上的法院）审判质效综合考评中位列第一。区法院始终把队伍建设作为司法审判事业的关键，高度重视思想政治、司法能力和从严治党三项工作，不断推进法官队伍正规化、专业化、职业化建设。区法院把主动接受社会各界监督作为促进司法公正、提高司法公信力的重要保障，不断拓展接受监督的方式方法，全面改进各项工作。区法院的审执工作和队伍建设取得了新的进步。年内，区法院先后获得“北京法院信息化工作先进单位”“全国案例工作先进单位”“全国法院新闻宣传工作先进单位”等一系列荣誉称号。法官刘建勋获得“北京市先进工作者”荣誉称号，法官刘白露、吴献雅分别获得“全国法院十佳新闻发言人”和“全国法院信息工作先进个人”荣誉称号。

北区地址：西城区后英房胡同1号
邮编：100035
电话：82299240
南区地址：西城区半步桥街50号
邮编：100054
电话：63543081

（韩晓冬）

【落实行政复议“双被告”制度】 2014年11月修改的《中华人民共和国行政诉讼法》第二十六条规定：“公民、法人或者其他组织直接向人民法院提起诉讼的，作出行政行为的行政机关是被告。经复议的案件，复议机关决定维持原行政行为的，作出原行政行为的行政机关和复议机关是共同被告；复议机关改变原行政行为的，复议机关是被告。”即对于经过行政复议程序，复议机关维持原行政行为后，如行政行为的相对人仍对原行政行为有异议，可以将原行政机关及复议机关一并作为被告起诉，此项制度称为行政复议“双被告”制度。区法院认真落实行政复议“双被告”制度，年内，审结涉及中央部委、市政府及相关部门“双被告”案件263件。

（韩晓冬）

【淘宝司法网拍平台】 自2014年10月开始，区法院与淘宝网建立网络司法拍卖合作关系，淘宝网作为单纯第三方交易平台和技术服务平台，为区法院提供技术支持与平台服务。年内，区法院通过淘宝司法网拍平台拍卖77件标的物，成交金额1.79亿元，“受众广、零佣金、效果佳”。

（韩晓冬）

【开通微信公众号“西语少年”】 8月，区法院开通“西语少年”。“西语”与“细雨”谐音，其意在于希望区法院的司法关爱化作涓涓细雨，滋润青少年的心灵。通过讲述真实案例、宣讲法律知识、交流成长心得，帮助青少年形成正确的世界观、人生观和价值观。“西语少年”分为4个板块，分别是小西说法、西窗法雨、活动掠影、微文共享。

（韩晓冬）

【未成年人心理干预】 区法院在涉及未成年人的民事案件审判中，探索建立以院外专业机构心理咨询师为引导，心理学研究生为辅助，院内少年审判法官为主力的“内外结合”的多层级工作模式。通过邀请专业的心理咨询师对于可能存在消极心理倾向、情绪困扰、人格障碍的涉案未成年人及其家庭成员进行心理调适、矫治辅导，努力做到根据特定对象，采取针对性个案干预策略，逐步解决涉案未成年人的心理问题。

（韩晓冬）

【调整办案模式】 审判团队办案模式和主审法官办案模式是两种审判组织运行模式。1-1-1-2审判团队办案模式是区法院在2014年司法改革试点工作启动时刑一庭的办案模式，即组建2个审判团队，每个审判团队由1名审判长、1名独任法官、1名法官助理和2名书记员组成的团队办案模式。年内，面对收案数量增加和人员调整的实际情况，区法院将1-1-1-2审判团队办案模式调整为1-1-1主审法官办案模式，即由1名主审法官担任审判长、1名法官助理和1名书记员组成的主审法官负责制办案模式。

（韩晓冬）

【刑事速裁程序】 即对事实清楚，证据充分，犯罪嫌疑人、被告人认罪的特定轻微刑事案件，在遵循法律基本原则，保障当事人诉讼权利，确保案件审理质量的前提下，简化诉讼程序，缩短案件审理周期的审判工作机制。主要适用于危险驾驶、交通肇事、盗窃、诈骗、抢夺、伤害、寻衅滋事等犯罪情节较轻，依法可能判处一年以下有期徒刑、拘役、管制的案件，或者依法单处罚金的案件。年内，区法院适用刑事速裁程序审结案件83件，平均审理周期仅6天。

（韩晓冬）

【“四位一体”大诉服新平台】 该平台包含与人民群众司法需求密切相关的四项功能。诉讼服务方面，区法院在巩固立案诉服大厅原有“1+10”服务功能的基础上，进一步优化立案诉服大厅的整体布局，将大厅划分为导诉、查询、立案、速裁等8个功能区，设置立案调解室、司法指导中心等16个诉讼服务单元，为来院当事人提供能感知、易理解、可接受、有实效的诉讼服务。立案登记方面，在做好案件登记工作的基础上，根据案件的具体情况实行“繁简分流”，将简易案件快速移转至速裁庭进行“简案速裁”，将复杂类案移转至专业审判庭进行“难案精审”。同时，增添立案登记多元化解指导、纠纷对口分流等新职能，分层实现诉讼与信访分离、诉讼调解与非诉调解分离。诉调对接方面，从夯实平台、完善机制、健全保障三方面深化多元化纠纷解决体系建设，依托立案调解室、诉调对接室，采取专业调解、行业调解、行政调解等方式实现纠纷的多元化解，整合社会力量为诉服、立案、速裁提供资源支持。小额速裁方面，将速裁庭前置到立案大厅，扩大速裁庭收案范围，配合诉调办落实司法确认，配合立案庭做好简案快审。

（韩晓冬）

【审判业务五项评比活动工程】 区法院在审判业务庭法官中开展五项评比活动，即要求审判业务庭的每一名法官每年“开一个示范庭，拟一份优秀裁判文书，写一篇典型案例分析，做一次精品调研，提一条有价值的司法建议”。通过评比活动促进法官队伍业务水平和执法能力的全面提升。

（韩晓冬）

【全国“多元”改革示范法院】 3月，区法院被最高法院确定为全国50个多元化纠纷解决机制改革示范法院之一。区法院立足首都功能核心区基层法院的职能定位，认真落实中央关于诉讼与非诉讼相衔接的矛盾纠纷解决机制改革的总体部署，主动参与社会治理体制创新，深入推进司法手段与人民调解、行政调解、行业调解相联动的多元化纠纷解决机制改革，逐步探索出一条多元化纠纷解决之路，主要做法是：——以“早、专、实”三字方针为引领，积极开拓多元解纷新思路。“早”是指通过巡回法官进小区早发现、源头化解矛盾纠纷；“专”是指成立专门诉调对接机构，结合本院“大立案、大速裁、大调解和专业化审判”的整体工作布局，加强专业行业调解组织与专业化审判深度对接，推动多元化纠纷解决机制的建立；“实”是指结合区域发展特点和法院工作重点难点，做实做强金融、医疗、劳争等一批成熟的纠纷多元化解平台，实现司法资源分配的精细化、效能化，力促更多纠纷实质性化解。——以内引外输为抓手，努力构建矛盾化解缓冲带。区法院坚持“引入”和“输出”两手抓，整合资源，努力构筑矛盾多元化解的缓冲带，先后与65家单位合作，在医疗、劳动、金融、互联网、消费、物业、特殊人群保护等领域，搭建起了范围广、层次高、效果好的纠纷联动解决平台。其中，建立的金融纠纷诉调对接机制、医疗纠纷“三位一体”解决平台、劳动纠纷联动调处平台和人民调解工作室、心理驿站、专家解难窗口、诉调对接室、小额速裁庭在内的“1+10”综合服务大厅等，成功调解了大量的金融、医疗、劳动争议纠纷，最大程度做到了纠纷快速化解。区法院还成立了全国法院首家司法指导中心，充分发挥法律公益服务对接、纠纷解决引导、司法教育培训三大功能，为广大群众解决纠纷提供了多项服务和多元选择。——以制度建设为保障，不断提升工作规范化水平。区法院在推动多元化纠纷解决保障制度建设的同时，积极参与党委领导的纠纷多元解决体系建设，先后制定了《关于推进诉讼与非诉讼衔接工作的实施意见》《特邀调解员名册管理办法》《特邀调解组织名册管理办法》，定期组织专家开展调解员专门培训，切实提升了调解员的调解水平。此外，区法院还注重多元化纠纷解决机制程序流程的规范化建设，根据不同纠纷解决机制的特点明确其适用范围、衔接程序，确保了矛盾纠纷化解机制运行规范顺畅有序。

（韩晓冬）

【“一考四档”新型管理机制】 为切实改进司法作风、提升司法能力，区法院创设并大力推行“一考四档”新型管理机制。“一考”，即一套绩效管理考核体系；“四档”，即业绩档案、廉政档案、优善档案和瑕疵档案。其中优善档案是指对干警在工作中表现突出但尚未达到立功嘉奖的行为予以记录存盘，旨在强化对干警工作理念、工作作风、工作习惯的正面引导和激励。瑕疵档案是指对干警在日常工作中消极懈怠但又不够党纪政纪处分的行为予以记录存盘，旨在对干警工作细节形成约束并督促改正。区法院将“一考四档”有机结合，对记入优善档案的行为予以加分，记入瑕疵档案的行为予以减分，并与评优评先、晋职晋级相挂钩，以此对全院干警实行精细化管理，推崇优善，消除瑕疵，营造严于律己、积极向上的工作氛围。

（韩晓冬）

【与工信部建立诉调对接机制】　11月，区法院与工业和信息化部电子知识产权中心签约建立诉调对接合作机制。该机制特点是，一是专业技术专家咨询机制。知识产权中心利用自身及工业行业内专家资源优势，选拔重点技术领域的专家，建立工业行业技术咨询专家库，受法院委托对审理的涉及专业技术类案件的特点，推荐专家提供专业咨询，为案件审判提供专业技术支持。二是行业纠纷诉调对接机制。组建资深调解员、知识产权专家、退休法官及律师等组成的调解委员会，在法院立案大厅开展纠纷调解工作。三是知识产权热点问题沟通研讨机制。双方确定不定期围绕行业知识产权热点问题、司法实践中的难点问题、知识产权纠纷中的前沿问题，开展有针对性研究。同时，邀请法官担任知识产权中心专题培训授课讲师，介绍知识产权保护的法律知识和典型案例。四是数据资源信息共享机制。即双方利用工业行业知识产权数据资源平台，合作建立工业行业知识产权数据信息与知识产权纠纷司法裁判文书数据信息共享，充分发挥各自优势，积极推动诉调对接机制的完善与发展。

（韩晓冬）

【推进新媒体平台宣传工作】　年内，区法院通过创新形式、优化内容，在新媒体舆论宣传方面进行了有益尝试。官方微博是区法院对外发布的权威自媒体平台，是网络舆论主战场。区法院共发布微博1200余条，其中原创率达90%，开展普法微访谈、庭审微直播38次，解答网友提问、咨询、投诉、建议51人次。区法院通过官方微博于“五一”假期开展《西法微宣“五一”普法系列漫画》活动，共发布图文并茂的普法漫画六条，得到了《人民法院报》、北京市高院、江苏省高院等多家知名官方微博转载，多数微博单条阅读量超2万次。区法院通过向最高院微信公众号、西城区新闻中心微信公众号等投稿，通过微信平台发布了《区法院立案诉讼服务大厅公益宣传片》及《我想对你说——漫画带你走进北京市西城区人民法院》H5动图，以原创漫画、H5动图、公益宣传片的形式，对区法院“四位一体”立案诉服大平台工作机制进行宣传。为展现法官风采，区法院制作了《平凡之路——法院版》MV，在优酷、土豆等视频网站及微信平台，点击量3000余次。

（韩晓冬）

【英国人权对话代表团来访】　4月21日，英国人权对话代表团一行11人，在外交部国际司人权处处长江映峰、市高院外事办干部卢晓杰的陪同下到区法院旁听案件并座谈交流。英国人权对话代表团一行首先旁听了由刑二庭副庭长张岩主审的一起涉嫌抢夺罪案件。审理过程中，主审法官对庭审现场掌控有序，整个庭审程序规范、秩序井然，并对被告人进行了当庭宣判。在座谈中，就来宾关心的辩护人制度、证人出庭制度、司法管辖制度等问题，有关人员分别进行了解答。

（韩晓冬）

司法行政工作

【概况】　北京市西城区司法局（简称司法局），担负着组织开展法制宣传，人民调解、社区矫正、帮教安置、律师管理、公证管理、法律援助等工作职能。年内，西城区司法局政法专项编制142名，其中局机关67名，街道司法所65名。局机关有干部67人，工勤人员1人。设有办公室、法制科、法制宣传科、律师行业综合指导科、律师执业监管科、公证工作管理科、基层工作科、社区矫正和帮教安置工作科、法律援助工作科、计财科、信息调研科、政工科、监察科、离退休干部科、机关党委等15个科室；另设有职能办公室3个，即西城区法制宣传教育领导小组办公室、西城区综治委特殊人群专项组办公室、西城区综治委社会矛盾多元调解专项组办公室（分设在法宣科、矫正帮教科、基层科内）。下辖15个街道司法所、3家公证处、1个区法律援助中心、1个阳光中途之家。

地址：西城区南菜园街51号
邮编：100054
电话：83975231

（吉丽洁）

【完善公益法律服务体系建设】　年内，组建西城律师普法讲师团，开展“以案释法”活动155场次，解答各类法律咨询560人次。开展社区法律顾问工作，为255个社区定点配备了109名顾问律师。开展“法律服务进楼宇”活动。全年，驻区律师参与政府信访53人次，接待群众来访38批60人次，为区领导妥善处理各类上访案件提供专业化的法律支撑。

（吉丽洁）

【普法依法治理工作】　2015年是“六五”普法最后一年，西城区成立考核组对20多个委办局群团组织和15个街道进行检查验收并接受北京市“六五”普法终期检查验收评估。推进法治文化示范基地建设，成立北京市首个法治文化示范社区、打造法治文化胡同及法治楼门，拍摄四部普法微电影。全年“晨夕法律服务”微刊服务号共推送微刊90余期，“北京西城”微博“六五普法”板块更新微博220条，西城普法网共进行50余期全面更新。全区共开展各类法治宣传教育活动8500余场，发放各类宣传挂图、海报、折页等5万余份，发放各类法治宣传教育纪念品3万余份。

（吉丽洁）

【人民调解工作】　年内，全区共调解矛盾纠纷11537件，调解成功11433件，调解成功率99%。加强街道、社区调解委员会规范化建设，建立完善“西城调解”微信公众号及QQ群，打造调解工作互联网交流平台。完善行业性、专业性人民调解组织，成立西城区首家“婚姻家庭调解工作室”及“北京市西城区消费纠纷人民调解委员会老年消费纠纷调解工作站”，促进行业内矛盾纠纷化解水平。10月，西城区人民调解委员会和广外街道红莲中里社区“阳光工作室”被评为北京市人民调解优秀工作品牌。

（吉丽洁）

【社区矫正和帮教安置工作】 组织实施“2015田径世锦赛”“抗日战争胜利70周年纪念活动”及其他重点敏感时期社区服刑人员和刑满释放人员的教育管理，实现“四个不发生”目标。全面推进创新试点工作，实行社区矫正首接宣告程序与指纹报到、电子监管器佩戴、首接心理测试等程序“一站式”模式。与西城公安分局建立联动工作机制，组织15个街道司法所与对应公安户籍派出所签订“两所会商”协议。完成西城区社区服刑人员报请特赦排查等工作，依法对1名特赦人员解除社区矫正。妥善解决2名社区服刑人员的收监执行工作，落实20名刑释重点人的无缝衔接，协调解决25名刑释人员的户籍、就医及过渡性安置等问题。2015年列管社区服刑人员和刑释解教人员2142名，其中社区服刑人员197名，刑释解教人员1945名，全年无重大刑事案件和涉稳事件发生。

（吉丽洁）

【公证工作】 开展“恪尽职守 规范职业 提升公证公信力”主题教育整顿活动，对西城区属3家公证处2014年度强制执行公证办理质量进行检查。开展公证质量大检查，对公证处2013年以来办理的委托公证事项进行集中互查、检查工作。全年区属三家公证处共接待办证咨询606373人次，办结公证事项270236件。深入开展老年人公证法律服务，为年满80周岁的老年人免费办理遗嘱公证。

（吉丽洁）

【律师工作】 年内，共收到律所重大敏感性案件报备14件，通过走访律所、约谈负责人等方式，协调指导5起重点敏感案件。在“两会”期间、“9·3”阅兵期间、国庆期间启动日报告制度，确保敏感期未发生影响首都社会稳定和律师行业稳定的事件。

（吉丽洁）

【法律援助】 组建法律援助专家顾问团，通过专家律师办理示范案件、专家顾问进行案卷评查、公职律师跟案监督以及案件回访等方式，不断提升援助案件质量。加强法律援助工作站建设，分别在区法院、区武装部等地设立法律援助工作站，定期指派法律援助律师到工作站值班。加强街道法律援助工作站建设，重新组建由120余名骨干律师参与的专业门类完备的法律援助服务团。扩大老年人、军人军属等特殊群体法律援助受案范围，并为其开辟一站式法律援助“绿色通道”。创办“西城法援”微信公众号。全年共办理各类法律援助案件504件，接待来电、来访群众1684人次。

（吉丽洁）

【AAA级规范化司法所建设】 1月5日，市司法局从组织机构、人员队伍、业务管理、基础保障、外观标识、所务管理、工作成效等7个方面对西城区AAA级规范化司法所创建、社会矛盾多元调解及规范化调委会建设工作开展实地检查。考核组实地检查德胜等7家司法所以及广内和月坛2家街道调委会，结合西城区多元调解工作汇报对相关工作事项进行实物检查。

（吉丽洁）

【规范化司法所建设验收揭牌】 1月22日，西城区新街口街道举办司法所规范化建设验收揭牌活动。区司法局局长李铁、局党组书记钟显林，新街口街道工委书记陈振海、工委副书记、办事处主任王丹等领导出席揭牌活动，并对司法所规范化建设成果进行了现场验收。李铁在现场验收后，对街道长期以来对基层司法所建设工作的大力支持和帮助表示感谢，并对司法所的工作提出工作要求。

（吉丽洁）

【司法行政系统工作会】 3月6日，西城区召开2015年司法行政系统工作会。市司法局副巡视员马捷、副区长姜立光出席，区司法局机关、法援中心、阳光中途之家全体领导干部，15个街道主管领导及司法所人员参加了会议。会议总结2014年工作，部署2015年重点工作任务。马捷肯定了西城区司法行政工作，并就2015年工作提出了三点要求：一是要增强司法行政服务全区工作大局的实效；二是要形成司法行政工作整体合力；三是要努力推进司法行政事业创新发展。姜立光就2015年度法律服务区域经济社会发展方面提出要求。

（吉丽洁）

【成立首家“婚姻家庭调解工作室”】 3月24日，西城区首家“婚姻家庭调解工作室”启动仪式在西城区综合服务大厅举行。市妇联副主席常红岩、副区长陈宁、区司法局局长李铁、区妇联主席李高霞等领导出席启动仪式，陈宁为工作室揭牌。工作室旨在通过化解婚姻家庭矛盾纠纷、宣传相关法律法规，进一步加强行业性、专业性调解委员会建设和构建多元调解纠纷解决机制，打造独具西城特色、以“夫妻和睦、孝亲爱子、睦邻友善”为核心的家庭文化。调解室接待窗口设置在西城区综合行政服务中心大厅，对需要进一步调解的案例组织专家调解团队进行“一对一”调解。

（吉丽洁）

【第五届“司法行政开放日”活动】 4月9日，区司法局在区军休干部活动中心以“司法行政、情牵你我”为主题，举办西城区第五届“司法行政开放日”暨“以案释法活动”启动仪式。此次活动由区司法局主办，旨在满足百姓对全区司法行政工作的知情权和参与权，增进群众对司法行政工作的了解和监督，同时启动西城区“以案释法”活动。活动邀请了知名律师给居民上了一堂生动的法治课，律师、公证员等相关法律工作者也在现场接受群众咨询，开展法律讲解释义。全区各街道司法所也结合自身职能举办了司法行政开放日活动。

（吉丽洁）

【法治宣传教育工作会】 4月17日，西城区召开2015年法治宣传教育工作会。市司法局副局长孙超美，区委常委、区政法委书记、区法制宣传教育领导小组组长王力军，区政府副区长、区法制宣传教育领导小组副组长姜立光等领导出席会议。会议总结2014年西城区法治宣传教育工作，重点部署全区“六五”普法终期检查验收工作。孙超美对西城区法治宣传教育工作的开展给予充分肯定，并提出工作要求；区委副书记、区委政法委书记、区法制宣传教育领导小组组长王力军讲话。

（吉丽洁）

【社区矫正管理支队揭牌仪式】 4月28日，西城区召开全区社区矫正工作大会，并为区司法局社区矫正管理支队举办揭牌仪式。市司法局副局长徐明江，区委副书记、政法委书记王力军，市司法局矫正帮教处处长张才斐以及各成员单位、各街道主管领导出席会议。徐明江，王力军共同为社区矫正管理支队揭牌。徐明江高度评价西城区社区矫正工作取得的成绩，并就下一阶段做好社区矫正工作提出工作要求。

（吉丽洁）

【中欧论坛专家到访区法律援助中心】 5月15日，由司法部法律援助中心与英国文化协会共同举办的中欧法律援助合作项目欧方专家及项目执行机构人员到访区法律援助中心，司法部及市司法局法律援助工作人员陪同。西城区法律援助中心主任向欧方专家介绍了西城区法律援助工作的各项制度、工作流程及工作内容，来宾对中国法律援助工作发展进程表示赞叹。

（吉丽洁）

【市领导调研人民调解工作室】 5月19日，市委常委、政法委书记杨晓超到西城区人民法院进行调研考察。在区司法局与区法院组建的人民调解工作室里，人民调解协会会长彭淑媛回答了杨晓超有关调解工作室方面的情况，并向杨书记介绍了区司法局、区人民调解员协会与西城区法院建立诉调对接绿色通道的便民措施及取得的显著成效。杨晓超对西城区人民调解工作给予充分肯定，并对服务在一线的广大人民调解员表示衷心的感谢。

（吉丽洁）

【市局领导督查岗位练兵】 5月21日，市司法局副局长徐明江一行到西城区督查法制人员岗位练兵工作。区司法局局长李铁、党组书记钟显林、主管法制工作副局长曹淑琴陪同。区司法局高度重视此次岗位练兵活动，先后开展《行政诉讼法》修正案讲座、法院旁听、研讨班等活动。为检验练兵质量，于5月21日进行应知应会知识统一闭卷考试，检查组到考试现场查看了学员的答题情况。曹淑琴向检查组汇报岗位练兵工作启动以来的阶段性工作。徐明江对司法局前一阶段落实岗位练兵活动方案和当天考试的组织情况予以充分肯定，同时他要求法制人员要切实增强程序合法性意识和依法行政能力。

（吉丽洁）

【“六五”普法终期检查验收工作】 5月26至29日，区法制宣传教育领导小组办公室对全区成员单位开展“六五”普法终期检查验收评估工作。此次验收评估工作由区委副书记、区政法委书记、区法制宣传教育领导小组组长王力军挂帅，区人大常委会副主任郑然、市司法局法宣处副处长赵菁莅临指导，邀请部分区人大代表及政协委员作为考核组成员参加考核工作。考核重点围绕组织领导和机构建设，宪法和中国特色社会主义法律体系等重点内容的学习宣传情况，重点普法对象学法用法情况，“法律六进”活动开展情况等内容，全面评估5年来各单位法治宣传教育工作的开展情况。

（吉丽洁）

【区调解组织评为市人民调解优秀品牌】 6月11日，北京市人民调解工作会议召开，副市长王小洪出席会议并发表讲话。会上，西城区广外街道红莲中里社区“阳光工作室”和西城人民调解委员会被评为北京市人民调解优秀品牌。“阳光工作室”成立于2011年，通过政府购买社会组织服务的方式运作，将社会组织力量和心理健康干预服务引入到人民调解工作中，切实保障基层稳定、社区和谐。西城人民调解委员会成立于2006年8月，由长期从事法律工作，具有丰富法律经验的调解人员从事调解工作。调委会坚持“立足调解，延伸服务，发挥职能，促进和谐”的工作思路，调处重大矛盾纠纷，维护辖区的安定团结、和谐发展。

（吉丽洁）

【司法部领导到西长安街司法所调研】 6月12日，司法部社区矫正管理局局长姜爱东到西长安街街道司法所调研社区矫正工作，市司法局矫正处处长张才斐和区司法局党组书记钟显林等陪同。西长安街司法所是司法部7月上旬在北京召开全国社区矫正教育管理工作会议代表考察点之一。姜爱东一行观看了社区矫正工作汇报宣传片和矫正工作成果展示，详细了解了档案管理、矫正干警办公场所设置、矫正宣告程序等方面工作。他指出，承办全国性会议参观任务，使命光荣，任务艰巨。领导要高度重视，制定好计划，逐步分解任务，落实责任，展现内容要丰富，同时做好相关工作人员的培训。

（吉丽洁）

【“三年行动计划”工作获奖】 7月2日，全市司法行政系统召开半年工作会暨基层建设三年行动计划总结会。区司法局局长李铁在会上就上半年及基层建设“三年行动计划”工作情况进行汇报。西城区司法局获“北京市司法行政基层建设三年行动计划引领示范奖”，西长安街司法所、什刹海司法所获“北京市示范司法所”称号。

（吉丽洁）

【司法部领导来区调研法律援助工作】 7月21日，司法部法律援助中心主任白萍到西城区调研法律援助工作，市司法局副巡视员马捷、法律援助工作处处长王祖明、区司法局局长李铁、党组书记钟显林、副局长李君国陪同。白萍首先视察了区法援中心接待大厅和各功能用房，听取副局长李君国关于法律援助工作的汇报。白萍指出：各法律援助机构要认真领会《关于完善法律援助制度的意见》文件精神，将各项工作落到实处。西城区法援中心规范化建设走在了全市的前列，希望西城区法援中心再接再厉，发挥职能为区域经济建设和社会发展服务。

（吉丽洁）

【“普法宣传进社区”活动】 7月22日，区司法局在牛街西里二区普法广场举行“普法宣传进社区　共筑法治中国梦”主题公益系列活动。活动由中央电视台社会与法频道、北京市司法局、西城区司法局和牛街街道联合举办。区委常委王旭等领导，以及牛街百余名群众参加活动。中央电视台社会与法频道主持人王筱磊主持开幕式，活动现场开展了法治快板表演和心理辅导，书法家方放、徐德亮为活动挥毫泼墨，九三学社北京市委法律工作委员会的律师开展了以案释法授课和法律咨询等活动。

（吉丽洁）

【司法部领导到西长安街司法所调研】 8月27日，司法部副部长郝赤勇、社区矫正管理局局长姜爱东、基层工作管理司司长梁刚到西长安街司法所视察社区矫正和“两大活动”安保维稳工作。市司法局党委书记、局长于泓源，副局长孙超美，区委副书记、政法委书记王力军，区司法局局长李铁、党组书记钟显林，西长安街工委书记李会增，工委副书记、办事处主任张丁等陪同。郝赤勇一行实地考察了西长安街司法所办公场所，询问了社区矫正对象的日常管理及“两大安保”期间的特殊管理措施，听取了区司法局“两大安保”工作汇报。郝赤勇对西城区在社区矫正和“两大安保”中的各项工作给予充分肯定。

（吉丽洁）

【市法治文化示范园落户红居街社区】 10月21日，北京市司法局、中央电视台社会与法频道、区司法局和广外街道办事处在广外街道红居街社区远见名苑小区举办法治文化进社区暨红居街社区第八届民族邻里节大型普法活动，市司法局局长于泓源，市司法局副局长马燕，中央电视台社会与法频道专职书记魏淑青，区委副书记、政法委书记王力军，区司法局局长李铁等领导参加活动。于泓源和王力军共同为市法治文化示范社区揭牌。红居街社区作北京市法治文化建设示范社区为全市2600余个社区提供了一个可学习、可借鉴、可推广的样本，提升全市社区法治文化建设的整体水平。

（吉丽洁）

【巴基斯坦参议院参观区法律援助中心】 11月20日，巴基斯坦伊斯兰共和国参议院主席拉巴尼率团参观西城区法律援助中心并与市、区法律援助工作负责人进行座谈，市、区司法局任彦超、郑慧云、李铁、李君国等参加座谈。拉巴尼主席首先听取北京市和西城区法律援助工作的介绍，他对中国开展法律援助工作所取得的成效予以赞赏。座谈中，宾主双方还就律师管理、仲裁与诉讼的衔接等司法体制问题进行交流。

（吉丽洁）

【“12·4”宪法纪念日普法活动】 12月2日，为迎接“12·4”宪法纪念日，区法制宣传教育领导小组、区司法局联合牛街街道办事处共同举办一台主题为“弘扬宪法精神，践行法治文化”的普法文艺汇演。多个社区团体和居民自编、自演法治文艺节目，现场观众在潜移默化中学习到与自己生活息息相关的法律知识。场外还设置专门的法律咨询活动，“一对一”地回答市民提出的相关法律问题。

（吉丽洁）

公安交通管理

【概况】 北京市公安局公安交通管理局西城交通支队（简称西城交通支队）是西城区道路交通安全管理的职能部门。年内，共制定各类重特大活动工作方案300余个，制定各类应急保障预案17个。先后接布各类勤务信息9000余条，电话接布1.5万余次，勤务路线踏勘、调研、检查达8000余次；共完成“两会”“两大安保”、中央首长日常办公、外宾来访等各项安保勤务9121起，出动警力66953人次，成功处置各类交通突发警情315起，查控敏感临控车、人21起；共处理简易程序事故13520起，一般以上（含一般）交通事故62起，122轻微损失逃逸事故4630起，侦破逃逸案件11起；办理行政拘留案件69起，醉酒刑事拘留案件37起，办理了全市第一起超员超载刑事案件；共查获后酒后1092起，涉牌5332起。以警情研判系统为依托，上报交通设施方案33个，共对白塔寺路口、丰盛胡同西口等13处路口路段进行了交通组织优化，建设高清电视监控设备10处。对教场胡同等4条道路实施机动车昼夜单行单停措施，对196条道路8351个路侧机动车停车泊位实施编码。对三里河、金融街、西单、什刹海地区的33条道路实施慢行系统改造工程。全年共查处违法停车45万余起。开展联合专项整治50余次，查处并转交城管处罚的违规施工12起。

地址：西城区赵登禹路303号
邮编：100034
电话：88313246

（王 浩）

【防恐反恐维稳】 在重要敏感时期，科学统筹部署岗位，加强社会面和重要敏感地区上勤等级，强化反恐防控。强化捆绑作战形成合力，西城交通支队主动与西城公安分局、武警支队、消防支队等单位召开会商会20余次，最大限度发挥合成作战优势。精确指导，快速应急，全年成功处置各类交通突发警情315起，查控敏感临控车、人21起。

（王 浩）

【制定疏堵分流方案】 制定《西城支队缓解拥堵工作方案》等制度细则，完善考核和项目验收评估体系。建立联勤联动四项机制，即与分局及武警、消防等部门建立联勤指挥机制，确保路面警情一体化处置；与区委、区政府及职能部门、分局各警种建立会商机制，实时分享和处理缓堵动态变化信息；与政府执法单位、分局职能部门、属地派出所建立联合执法机制，形成互动警务模式；建立督导检查机制，对工作落实情况及时跟进督导检查，确保措施落地。在缓解二环路拥堵方面，采取增设诱导标志、中心隔离护栏、柔性隔离桩等措施，对环路80个内、外环进出口进行摸排，共制定优化渠化方案17个。封闭8处二环路出入口，完善措施8处；在科学指挥疏导方面，针对辖区勤务量大的特点，制定《长安街勤务外围分流疏导工作预案》，结合道路实际进行信号配时优化调整139处次，实时掌控配时方案。

（王 浩）

【交通安全宣传】 以“两会”、暑期、“两大安保”等重点时段为节点，组织开展中央部委及服务单位交通安全宣传活动，签订“两大安保”交通安全责任书。结合中小学校春秋季开学节点，联合区教委深入辖区中小学校开展交通安全第一课活动。在7处全市重点秩序乱点设立宣传站点，专门制作了800条横幅、150块展板、2500张宣传海报和其他各类宣传材料8种10万份。先后邀请“法制进行时”、“红绿灯”、交通台、《法制晚报》等14家媒体对西城交通支队开展的各项工作进行报道。

（王　浩）

【交通秩序大整治】 根据市、区两级政府《开展交通秩序大整治工作方案》，西城交通支队深入开展“惊雷行动”“利剑行动”“平安行动”“打非治违”行动，期间，共拆除私设地锁112个，清理“僵尸车”204辆、累计抓获违法“分虫”17人，现场查处各类交通违法行为15万起、扣车2591辆、拘留155人，查处大客车非法营运违法行为13056起，查处各类严重涉牌涉证违法3012起。

（王　浩）

【优化交通组织方案】 以警情研判系统为依托，上报交通设施方案33个，共对白塔寺路口、丰盛胡同西口等13处路口路段进行交通组织优化，建设高清电视监控设备10处。对教场胡同等4条道路实施机动车昼夜单行单停措施，对196条道路8351个路侧机动车停车泊位实施编码。对三里河、金融街、西单、什刹海地区的33条道路实施慢行系统改造工程。

（王　浩）

【重要会议交通管理工作】 为保证十八届五中全会期间社会面交通秩序有序平衡，交通支队深化隐患排查，缓堵治乱，对占用道路消防设施、应急通道违法停车、交通标志不齐全、路面出现破损、塌陷等积极联系路政等部门及时进行整改修复。并持续加大路面执法整治力度。共完成特勤警卫任务158起，出动警力1829人次，协管员819人次，其中一级13起，一级疏导29起，二级3起，二级疏导64起，三级30起，三级疏导21起。现场执法154笔，现场处罚违法停车54笔，清拖车辆30辆，查处货车446辆，查处酒后8人，涉牌车78辆。重点整顿打击违法停车、遮挡号牌、无牌车，报废车营运，假牌、套牌、无牌车、危险物运输车辆上路等交通违法行为，共查扣无牌车19辆。

（王　浩）

【静态秩序共治】 针对秩序乱点，组织集中行动27次，出动警力1110余人次，整治点位141处次，清拖车辆700余辆。现场处罚违法行为35226起，处罚4类严重违法2136起，支队挂账乱点6+N处，已销账7处；58条停车管理示范街，已销账35条。依托自主警务和“一区一警”工作机制，深入单位、社区100余家，广泛宣讲缓堵政策。在调整出行结构方面，协调区教委，落实错峰放学、延长入园和放园时间措施。做好车位加减法，共开辟社会停车场5处，撤销路侧机动车停车泊位549个、出租车停车位57个。

（王　浩）

【安全监管检查】 在全区范围内开展的“双无”创建活动中，共摸排“两会”与会单位108家、与会车辆699辆，驾驶人763名，对所有单位、驾驶员分别建立监管档案，逐级签订责任书，确保教育率100%，签订责任书率100%。联合安监、运管部门，筛选出逾期未检验有2471辆、逾期未报废有4697辆。对2568家社会单位及专业运输单位采取限期改正措施，对1359家社会单位及专业运输单位采取禁止机动车上路行驶措施，对连续发生严重违法、违法超标的6家次专业运输单位采取挂“重大交通安全隐患单位”警示黄牌措施。

（王　浩）

【重大活动交通安保】 6月30日全面启动“两大安保”决战阶段工作，此间，共完成特勤警卫任务1097起，出动警力12618人次，协管员6497人次，其中一级116起，一级疏导154起，二级63起，二级疏导317起，三级156起，三级疏导291起。现场处罚违法停车行为103起，货车违法行为1305起。清拖车辆101余辆。查获酒后31起，涉牌102起。

（王　浩）

【成立“金点子”工作领导小组】 西城交通支队召开5次工作推进会，成立“金点子”工作领导小组，先后制定印发《西城支队“金点子”工作方案》等多份文件方案，自“金点子”工作部署以来，累计报送点子260余条，经筛选评定后，具备交通管理实操性的点子53条，其中关于缓解儿童医院周边拥堵和缓解长桥路口拥堵等群众关注度高的小点子已经在实施中。

（王　浩）

【打击逃逸及违法行为】 西城交通支队坚持以“命案必破”工作原则，注重现场遗留痕迹、碎片、车辆血迹提取，注重科技手段运用，注重广泛走访查找证人，多次组织研讨具体工作措施、明确侦破方向，出重拳、下狠手大力打击肇事逃逸违法行为，成功侦破“2·18”“8·19”等交通肇事逃逸案件11起，保障了当事人合法权益。在涉牌违法打击工作中，不断强化涉牌违法情报信息搜集汇总、总结分析、研究判断工作，积极梳理管界内违法停车、静态核录中车辆与档案不符的车辆数据和套牌报案、投诉数据以及非现场执法设备无法录入、外迁出租车、多次补领号牌车辆、肇事逃逸事故涉牌等相关数据，提高精确打击能力，先后核查了补领两次号牌车辆322辆，收缴号牌40面。

（王　浩）

军　事

武装部工作

【概况】　北京市西城区人民武装部（简称区人武部），受北京卫戍区和中共西城区委、区人民政府双重领导，负责西城区军事工作，是中共西城区委的军事指挥机关，区人民政府的兵役机关。有现役军人13人、职工18人，为副师级。设部长、政治委员、副部长各1人，下辖军事科、政工科、后勤科。年内，区人武部落实中央军委、总部、军区、北京卫戍区和区委区政府决策部署，按照军委“整顿、备战、改革、规划”的总体思路和整风整改总基调，着力在铸魂育人、聚焦能力、依法治理、强基固本、坚强班子上下功夫见成效，扎实抓好党的理论武装、日常战备综合整治、民兵实战化训练演练、国防后备力量建设、年度征兵、值勤维稳、后装保障整治等工作，区人武部建设呈现出协调发展、稳步推进的良好态势，确保了特别忠诚特别过硬特别稳定。6月，西城区获“北京市征兵工作先进单位”称号；12月，区人武部获北京卫戍区“2015年度安全稳定工作达标单位”称号。

地址：西城区教子胡同14号

邮编：100053

电话：63534297

（王红光）

【军事训练】　1月8日至14日，北京卫戍区组织冬季野营适应性拉练，区人武部部长蔺伟率7名干部参加，在冰雪中日徒步30余公里，适应严寒考验。4月23至24日，区人武部组织区属15个街道武装部、11所高校武装部和部分企事业单位专武干部50余人参加集训，围绕民兵组织建设常识、民兵执勤维稳工作、民兵军事训练、征兵工作、军事设施保护进行专题辅导。5月11日，区人武部在西城区西长安街街道举行民兵应急分队授旗仪式，针对应急维稳、抢险救灾、应急保障、维护治安等方案进行训练演练，有效提升了民兵应急分队的应急能力。6月1日，区人武部组织民兵训练，31名民兵营（连）干部，180名民兵骨干参加集训，经过20天的强化训练，全体民兵均通过训练大纲的测试。年内，区人武部先后组织区属委办局、街道领导过军事日活动，实弹射击消耗子弹7000余发。

（王红光）

【民兵整组工作】　2月11日，区人武部召开民兵整组工作会议，按照全面提升遂行打仗、安保维稳和救灾能力，推进民兵编组方式改革，着力解决编配失调、编非所用、编用脱节等问题。4月1日至5月31日，区人武部按照卫戍区下发的《民兵组织整顿工作检查验收评比细则》组织自查，进行工作总结。西城区在编民兵13500人，其中基干民兵7500人，普通民兵6000人。根据民兵遂行任务，基干民兵编有应急队伍、支援队伍和储备队伍，共计91个分队。应急队伍编有应急分队和护路分队1520人，其中应急分队由1个重点应急营400人、2个普通应急营800人、2个消防灭火分队100人、2个抗震救灾分队120人；护路分队由2个公路护路分队100人组成。支援队伍共编有10支分队5347人，由防空作战分队1685人、信息作战分队170人、空军勤务保障分队726人、情报侦察分队286人、通信保障分队484人、工程抢修分队238人、防化救援分队296人、交通运输分队240人、卫生勤务分队660人、装备维修分队562人组成；储备队伍共编10支分队633人。

（王红光）

【后装财务管理】　2月10日，北京卫戍区印发《北京卫戍区装备财务大清查实施方案》，区人武部根据装备财务大清查内容，从党委理财议财、预算管理、资金管理、实物资产管理、预算外经费管理、项目经费管理、私卖公报、奢侈浪费、虚假发票报销、转移支出、物资采购等11个方面进行清查，全面整改。3月2日至3日，卫戍区审计工作组对区人武部财务管理情况进行审计，区人武部根据《北京军区经费使用审批与公开规定》等有关规定要求，将财经法规纳入党委中心学习的重要内容，强化党委管财理财意识，严格管财、科学理财、节约用财；严格支付结算，严控现金使用，消除资金管理安全隐患；严肃财经纪律，规范财经管理。

（王红光）

【应急维稳工作】　3月7日，西城区召开应急维稳工作会议，部署年度应急维稳工作。年内，区人武部根据北京卫戍区和西城区委区政府的统一部署，先后完成“两会”“纪念抗日战争暨世界反法西斯战争胜利70周年”“十一”和“十八届五中全会”等重大活动民兵应急执勤维稳任务。全年共组织124个民兵单位，21848人次民兵担负西城区重点区域立交桥、过街天桥、地下通道的值勤维稳任务。询问盘查可疑人员万余人次，疏导逗留人员300余人次，处理应急情况80余起，协助公安、城管部门维护公共秩序，确保西城区在重大会议和敏感时期安全稳定。

（王红光）

【民兵武装工作会议】　4月8日，西城区召开2015年民兵武装工作会议，区委、区政府和区属15个街道工委书记、武装部长及专武干部，11所高校、驻区民兵单位主管领导130余人参加会议，区人武部政委李书兵主持会议。2个街道工委书记分别进行党管武装工作述职；区人武部部长蔺伟总结2014年全区民兵武装工作情况，部署2015年民兵武装工作任务；副区长姜立光宣读《关于表彰2014年度民兵工作先进单位和先进个人的通报》；区委书记王宁围绕国防后备力量建设、落实党管武装工作制度、推进军事斗争准备、提升民兵战斗力、抓好兵员动员等方面作指示。

（王红光）

【思想政治教育】　年内，区人武部思想政治教育深入贯彻落实中共中央总书记、中央军委主席习近平指示要求，聚焦强军目标，紧扣军队政治工作时代主题，着眼培养“有灵魂、有本事、有血性、有品德”的新一代革命军人，着力在铸魂育人、聚力打赢、依法施教、科学规范、务实创新上下功夫见成效。3月，总结“三严三实”教育，部署深入开展“学习践行强军目标，做新一代革命军人”主题教育活动；5月，集中利用6个教育日围绕《坚定理想信念》《牢记根本职能、忠实履行使命》《锤炼军人血性、培育战斗精神》《弘扬优良传统、纯洁道德修养》4个专题进行授课辅导；7月至8月，紧跟形势任务拓展教育，开展“中国梦·强军梦·我的梦”主题实践活动。年内，每月上中旬安排2课时抓基础教育，以总政编发的《党的基本理论》《党在新形势下的强军目标》和《军人道德法纪》为基本教材，结合开展“警卫战士忠于党”教育实践活动；抓形势政策教育，每日利用军内政工网，各主流媒体精选重点内容，及时传播党的声音。

（王红光）

【高校征兵宣传工作】　5月18日，北京市在首都师范大学举行征兵宣传启动仪式。西城区进行征兵集中宣传月活动，共印制发放征兵宣传教育提纲和各种宣传材料15万余份、张贴征兵公告35000余张、在大街小巷悬挂横幅200余幅，开办墙（板）报1000余块，掀起征兵宣传热潮；区委宣传部利用报刊、橱窗、电子屏等传统媒体刊发征兵内容宣传300余版（条）；区征兵办会同高校依托全国征兵网、校园网，利用QQ群、微博、微信等现代媒体发布征兵政策法规，解答适龄青年咨询7000余次；为动员更多在校大学生应征入伍，区征兵办多次召开高校座谈会，专门成立高校征集组，重点负责高校征兵宣传发动工作，在高校成立战友协会宣传队，进行“强军梦，我的梦”演讲比赛，向学生发送“报效祖国参军邀请卡”致大学生一封信等特色宣传活动。年内，西城区11所高校546名在校大生参军报名，征集兵员215名，比上年多85人。

（王红光）

【军校（国防生）考生政治审查】　6月5日，北京卫戍区政治部召开军校（国防生）考生政治审查部署会议，下达政治审查任务；10日，区人武部组织召开由区属高招委、公安分局等有关部门参加的军校考生政治审查工作协调会，研究政治审查工作程序、方法，明确政治审查内容、标准和完成任务时限以及特殊情况处置方案；11至17日，区人武部向考生发放政治审查表，填写《考生政治审查情况综合登记表》，协助、督促有关中学、公安分局做好考生政治审查；18日至19日，区人武部完成对考生政治审查，作出政治审查结论，向卫戍区政治部上报政治审查结果。区人武部严格政治审查工作标准，把好军校（国防生）考生政治质量关，全区142名考生参加政治审查，141名政治审查合格。

（王红光）

【国防教育】　7月6日，区人武部结合纪念抗日战争暨世界反法西斯战争胜利70周年，组织第15个全民国防教育日活动。西城区各级领导干部带头参加教育活动，认真落实国防教育日、军营一日等制度；区四套班子领导和群众代表在高君宇烈士墓前举行公祭活动，缅怀革命先烈，弘扬爱国主义精神；中小学开展国防教育进课堂，4000余名中小学生进军营参观军史馆，观看官兵训练；辖区街道举办知识竞赛、开展“心系国防”读书征文活动，组织参观抗战纪念场所，举办报告会和图片展。年内，西城区为推进国防教育的普及与深化，狠抓教育基地场所示范点建设，筹措100余万元修缮袁满囤等4位烈士塑像及墓地，新建佟麟阁、赵登禹纪念雕塑及主题浮雕；投资1500万余元建设国防主题公园，继续推进柳荫街、马连道、白广路等双拥特色街的建设。

（王红光）

【日常战备综合整治】　7月20日，北京卫戍区批复西城区人武部日常战备综合整治建设方案。年内，区人武部以军委总部新形势下军事战略方针为指导，全面落实、精细抓建、周密筹划，按照以“八个精细”为抓手、“五个快速”为目标、“三个优化”为途径的思路，深化日常战备综合整治，确保日常战备综合整治落到实处，全面提升日常战备水平，在北京卫戍区检查评比中排在北京市前列。

（王红光）

【征兵工作】　年内，西城区实际上站体检人数905人（比上年增加84人），共征集兵员345人（男兵320人、女兵25人）。其中中国人民解放军240人，中国人民武装警察105人；大专以上文化程度225人（比上年增加33人），占新兵总人数74.%，高中（含职高、中技、中专）87人，党员13人，团员270人，新兵文化、政治素质明显提高。9月11日，西城区召开欢送新兵入伍大会，欢送15名进藏兵。

（王红光）

【预备役登统计工作】　10月16日，北京卫戍区政治部组织2015年北京市军队转业干部集中办理预备役登记工作，3天的现场办公，区人武部登记安置西城区军队转业干部107名。截至年底，区人武部统计登记预备役军官571名，其中转业安置驻西城区国家机关企事业单位104人、北京市属机关企事业单位219人，转业安置西城区政府机关企事业单位323人。

（王红光）

【新老兵转运工作】　8月25日，北京市政府、北京卫戍区召开新老兵转运工作会议，启动新老兵转运工作，区人武部派出工作骨干负责参加转运，在北京北站设立转运点，昼夜值班，接待部队退伍老兵中转和向部队输送入伍新兵任务，至12月底，共中转接待部队退伍老兵2100余人，输送入伍新兵400余人。

（王红光）

【安全保密工作】　年内，区人武部始终把安全管理放在各项工作首位，每季度召开安全形势分析会，制定安全管理计划；每逢节假日期间进行安全教育，加强人员管控，防范安全隐患。认真落实保密制度，各办公室均挂有“保密守则”和“严密防范网络泄密十条禁令”；干部职工每年向人武部党委签订保密责任书；多次邀请市、区安全部门领导来讲解安全保密常识，实例介绍国内外因泄密问题所带来的危害；投入80余万元改扩建保密场所，更新设备。年底，区人武部被北京卫戍区评为“2015年度安全稳定工作达标单位”。

（王红光）

【退役士兵安置及优抚奖励】　8月23日，北京市人民政府北京卫戍区印发《关于做好2015年退役士兵接收安置工作的通知》，西城区不断加大退役士兵安置经费投入，保障退役士兵教育培训、待安置期间生活补助、一次性经济补助等经费到位。9月22日，区征兵办公室向区属基层武装部发出《关于做好2016年度退役大学生士兵就业工作的通知》的通知。10月中旬，西城区政府出台完善征兵优抚奖励政策，将义务兵年优待金提高到3.5万元，给予每所高校5万元办公经费改善征兵办公条件。10月16日，区征兵办公室进行数据汇总，逐项仔细核实每名退役大学生士兵的相关信息。12月21日，西城区符合条件的107名退役大学生士兵参加北京市公务员文化科目考试，38人达到录用分数线。为鼓励在校大学生积极应征服役，将20名退役大学生士兵招录为公务员，为15名外地退役大学生士兵办理了进京户口。

（王红光）

双拥共建工作

【概况】　西城区双拥共建工作领导小组下设办公室（简称双拥办），承担区委、区政府和驻区部队领导双拥共建工作的参谋助手、军地关系的桥梁纽带和基层双拥工作的指导协调职能。年内，西城区双拥工作积极适应京津冀协同发展和改革强军的新形势，以全国双拥模范城考评命名这一契机，不断凝聚创建力量，着力激发创建活力，有效提升创建品质，在北京市双拥模范区（县）检查考评中名列前茅。认真组织双拥宣传和国防教育，结合传统节日和重大活动走访慰问部队，持续掀起双拥热潮。实事拥军力度很大，文化双拥频出亮点，“双拥在基层”活动持续深入，典型宣传和品牌建设扎实有效，优抚安置政策全面落实，拥政爱民工作扎实推进。经过一年的努力，双拥工作成果显著，军政军民关系坚如磐石，有力促进了区域经济社会发展和部队战斗力提高。

地址：西城区西单北大街西斜街82号
邮编：100032
电话：66124993

（陈晓光）

【迎检考评准备工作】　年内，结合全国和北京市双拥模范城的创建考评命名，坚持大范围动员，全方位准备，高标准创建，在北京市双拥考评中名列前茅。狠抓思想发动，提前部署安排。春节前后，利用会议和通知等形式，提前部署安排。4月底召开全区迎检动员部署大会，培训骨干，分解任务，明确责任和要求。各单位和驻区部队分别召开会议，通盘部署，定时定责，确保了准备工作的快速有序展开。强化组织领导，充实迎检准备力量。成立迎检领导机构，建立了上下协调、整体联动的运行机制。5月初，通过了市双拥办的初查。7月上旬，区委召开书记碰头会，专题听取汇报，进一步做出部署。抽调12名工作人员组成迎检办公室，协调专门力量撰写创建报告。大力宣传造势，构建浓厚的迎检氛围。借助主流媒体刊发创建经验，宣传创建成果。定制700条双拥横幅及部分展板，在重要场所张挂和布展。利用电子显示屏、橱窗、宣传栏等工具宣扬先进典型事迹，刊发迎检考评信息。发放《致全区军民一封信》，发动全区军民参与迎检准备。强力督导检查，确保工作落实。7月至8月，全区按系统召开7次汇报会、督导会。各单位按照责任分工，坚持标准，深入自查，紧张有序地做准备、抓落实、促整改。8月底，副区长杜黎彬代表区委区政府和驻区部队，在北京市新一轮全国双拥模范城（县）汇报会上做了创建工作汇报，受到充分肯定。10月中旬，市考评组到西城区现场考评，先后召开座谈会、查阅创建档案、检查有关现场，对全区创建工作给予高度评价，确立了西城区双拥创建工作在北京市的领先地位。

（陈晓光）

【普及全民国防教育】　年内，坚持以《国防法》为依据，组织军民认真学习中共中央总书记习近平关于国防和军队建设、军民团结、军民融合深度发展等重要论述，深刻领会内容、精神和意义。各级班子成员和领导干部带头参加教育及实践活动，烈士纪念日前夕，区四套班子领导和社会各界代表举行公祭活动，激发爱国情怀。各单位通过理论学习会、主题报告会、知识讲座、红色公祭，军营一日等形式，深入开展教育及实践活动。国防教育进社区、进企业、进课堂活动丰富多彩，4000余名社区居民和中小学生走进军营，现场接受国防教育。围绕纪念抗战胜利70周年这一重大主题，组织60多场报告会，4场知识竞赛和大型读书征文活动，有效强化了全民爱国拥军意识。广泛利用新闻媒体、网络、区街宣传栏等传播工具，深入进行双拥宣传和国防教育。年内，采取会议、报送信息、印发简报等形式，宣扬先进典型、推广双拥经验20多次。注重教育设施建设，修缮4座烈士塑像，建成佟麟阁路和赵登禹路国防教育雕塑，投资建设国防公园，继续推进柳荫街、马连道、白广路等双拥特色街建设，实现了教育场所的全覆盖。

（陈晓光）

【实事拥军工作】　年内，坚持把实事拥军作为争创重点，大力支持驻区部队战斗力建设。构建以政府为主、社会为辅、社区居民为依托的立体拥军体系。全年筹资5300万元，支持驻区部队的各项建设事业，其中投入4100万元，帮助武警部队信息化指挥系统建设和营区改造；投入1200万元用于慰问官兵、帮助完善部队文化生活设施。为激励官兵投身强军实践，各街道坚持慰问新兵，欢送退伍老兵，奖励优秀官兵65名，帮扶家庭困难官兵102名。利用传统节日深化实事拥军工作。元旦、春节和“八一”期间，区委区政府召开军政座谈会，走访慰问部队。各街道利用两个重要节日，召开各类座谈会、联谊会60余个，组织文艺演出40余场，掀起了阶段性拥军热潮。在发挥政府主导作用的同时，各单位大力挖掘社会资源，助推部队建设。区域内中央和市属企事业单位、“两新组织”积极参与拥军活动，投入部分资金，帮助基层部队改善物质文化生活条件。社区居民出人出力，积极支持部队完成战备执勤、训练演习等任务，形成了全社会实事拥军的主流趋势。

（陈晓光）

【军民融合发展】 年内，认真学习贯彻中共中央总书记习近平关于军民融合深度发展的战略思想，采取积极举措，推动军民融合发展，走出了一条思想发动、典型示范、政策激励、协调帮扶的新路子。区政府率先示范，与武警二师建立了共建合作、融合发展关系，签署共建协议，达成了资源开发、土地利用、信息共享等一揽子融合发展项目。协调有关部门帮助驻区部队与华天集团、地方驾校、演艺单位建立人才培养项目。各街道协调有关单位和基层部队签订人才培养协议，每年为部队培养两用人才2000余名。

（陈晓光）

【繁荣双拥文化】 年内，在总结多年开展文化双拥经验的基础上，结合区委区政府实施的文化兴区战略，坚持把先进文化注入双拥实践，贯穿创建工作的全过程。发挥资源优势，突出双拥的文化特色，不断强化军地文化互动、文化交流和文化共建。以弘扬强军文化、传承传统文化、体验非遗文化为主线，举办双拥文化大讲堂和文史论坛；利用传统节日和重要纪念活动，组织双拥艺术团巡回演出；协调区域专家学者，持续开展送先进文化进军营活动，推动了文化双拥的经常化。月坛街道成立卫士宣读团，向军民讲述官兵实践强军梦的感人事迹。德胜街道与驻街部队共同开展“品北京美食、听北京声音、赏北京文化”三个系列的文化拥军活动。白纸坊街道围绕科普、计生、法律等十项内容，常年为官兵提供服务。各街道还采取有力举措，打造文化双拥常态化机制，形成了特色鲜明的文化拥军体系。什刹海街道的“同心怀”棋牌赛、牛街街道的丁香笔会和民族杯体育赛事、新街口街道组织的优秀士兵家属逛京城、椿树街道的京剧票友大赛等活动，都各具特色，受到军民的普遍欢迎。加快推进西城特色的军营文化建设。设立军营读书季、征文月，开展评选年度读书榜样活动。2万余名官兵参与军营阅读，32名官兵被评为年度读书榜样。出版官兵征文集《强军路上，我们书写多彩青春》。组织首届“融合杯”驻区部队棋牌比赛，举办驻区部队知识竞赛。为驻区基层部队赠发电脑、电视机80台、图书1万余册、视听设备和资料200多件。

（陈晓光）

【基层双拥创新发展】 年内，各街道围绕党的建设、文化工作、街区安全、拥军惠民及公益事业，深入开展共建活动，创立了双拥月、党建周、结军亲、连心助老等共建形式。什刹海街道注重传承柳荫精神，加大人力财力投入，共建势头强劲。西长安街街道着力强化“红墙意识”，基层双拥蓬勃发展。牛街街道围绕民族团结抓双拥，建立了特色鲜明的推进举措和活动体系。德胜街道以送文化进军营为主线，厨艺比拼和非遗文化体验活动丰富多彩。陶然亭街道努力发掘地区资源，共建工作日趋活跃。全区361个共建社区和共建点基础牢固，活动经常。典型宣传和品牌建设取得新进步。积极推进一街一品建设，宣扬表彰了20个双拥模范单位、154名好士兵、好军嫂、好家长、好邻居和好领导。什刹海、西长安街、展览路、陶然亭等街道连续开展双拥评选表彰活动，“穿军装的社区主任”、流动图书车以及马连道双拥一条街建设都得到进一步加强。

（陈晓光）

【落实优抚安置政策】 年内，针对转业、退伍、随军家属安置难等问题，区及区属各有关部门创新思路，完善机制，采取提高培训质量，疏通安置渠道，举办招聘会、提供个性化服务等措施，强化了安置的科学化和有效性。各街道克服困难，挖掘潜力，为接收安置退役军人和军嫂做出了贡献。全区年度接收军转干部117名、退役士兵351名、随军家属168名，全部予以妥善安置（含货币化安置），安置服务率均达100%。发挥区域教育资源优势，深入探索教育拥军新路子。加大新光学校建设力度，为总参所属驻守边疆、海岛的军人子女提供优质教育，惠及官兵百余人。继续推进教育改革，实施政策保障入学，322名军人子女入学升学，其中167名幼升小、155名小升初学生全部被优质校录取，实现了驻区部队军人子女入学升学进优质校100%、部队满意率100%。

（陈晓光）

【拥政爱民工作】 年内，中央军委驻西城各部门及火箭军部队大力支持西城建设，全面投入双拥创建工作。各部队把迎检准备纳入工作计划，扎实做好资料和现场准备，积极参与双拥宣传和投票评价活动，为实现“八连冠”的创建目标做出了重要贡献。特别是在“9·3”阅兵期间，军警民齐心携力、出色完成了安保任务。积极打造爱民助民惠民工程，驻区各部队先后设立10条便民热线、128个学雷锋小组、887个帮扶空巢老人小组、52支便民服务队、13支军民一体的抗灾救灾队伍，为驻地群众提供服务。连续10年开展“帮困助残送温暖”活动，年内又筹资35万元帮助750户困难家庭。积极参加文明城区创建和社会公益活动，大力支持中小学德育、美育、体育特色教育，选派优秀官兵军训高中学生3000余名。61889部队士兵赵畅、程杰勇救落水群众，被授予北京市“见义勇为”奖。年内，驻区各部队先后派出万余名官兵，参加治理环境、植树造林和便民服务。

（陈晓光）

民防工作

【概况】 西城区民防局（简称区民防局），是西城区国防动员委员会的常设办事机构和区政府人民防空工作主管部门，承担西城区人民防空、公共安全宣传教育职能。西城区民防工作坚持以科学发展观为指导，认真贯彻国家和北京市民防工作的决策部署，把民防工作融入地区经济社会发展和城市建设，认真履行工作职责，各项工作取得了新的发展进步。

地址：西城区西单横二条2号
　　　华恒大厦4层
邮编：100031
电话：88064999

（李显臣）

【应急指挥体系基础建设】　年内，完成高点监控系统四期建设，并通过竣工验收。对808指挥所进行内部改造及安防系统更新，完成B4-808指挥所光缆联通工程。对全区范围内防空警报器进行加电测试，对故障警报器进行维修。对民防应急物资储备库进行了维护及清整，现储备物资77类、3000余件（套）及9类77种民防应急救援装备，10月，西城区2015年秋季处级干部培训班一行50余人，观摩了区民防应急物资储备2号库。组织应急培训共计119天；应急指挥车值勤、备勤值班共计24天。

（李显臣）

【防空防灾公共安全宣传教育】　进一步扩大宣教阵地，创新宣教方法，丰富宣教内容，为民防建设营造浓厚的舆论氛围。加强宣传阵地建设。通过加大资金投入，加强管理和维护，提高教育基地使用率。全年对万寿宣教基地综合调试、检修共53次，对德胜、展览路、新街口3个街道下拨宣教基地维护维修经费共40万元。对西城区防空防灾信息网进行改版，充分发挥网络的宣传功能，及时反映民防整体工作情况，全年网站维护信息259条。利用纪念日广泛开展宣传活动。以“国际民防日”“防灾减灾日”等为载体，广泛开展防空防灾社会宣传活动，发放各类宣传资料和宣传品15万余册（件）。“5·12”宣传周期间，区民防局牵头，区应急办、区民政局、区卫生局等相关单位配合，在中国消防博物馆开展主题为“科学减灾，依法应对”的大型社会宣传活动，市民政局副局长董明慧、市民防局副局长李春亭、市地震局副局长谷永新、中国消防博物馆副馆长王新民、区政府副区长杜黎彬等领导现场出席宣传活动。向《华北人防》、《北京民防》、《北京西城报》和市民防网站等相关媒体投寄稿件、照片80余篇幅，刊用稿件11篇，照片15幅，《北京西城报》7次就西城区民防工作进行报道，制作了《谱写西城民防新篇章》纪录片。

（李显臣）

【人防工程综合整治】　年内，根据2015年综合整治工作方案，继续稳步推进人防工程综合整治工作。完成24处工程执法约谈，发出限期清空居住人员通知书。现已清空23处，建筑面积22791平方米，清理散租人员2500余人，拆除隔断房间1600余间，取得预期效果。

（李显臣）

【安全监管和专项治理】　把安全管理工作摆在突出位置，加强日常安全检查和专项治理。采取层层签订安全管理责任书、分组分片包干的方法，加强日常安全检查和专项治理。年内共检查人防地下室699处，现场整改隐患151个，确保了全区人防工程未发生一起重大安全事故。

（李显臣）

【人防工程维护维修】　制定《西城区2015年人防工程治理、维护维修计划》，完成早期工程治理、防空地下室维护维修、工程抢险、回填等任务。年内完成人防工程维护维修45处，16.9万平方米；完成早期人防工程回填882.55平方米，加固75.45平方米。

（李显臣）

【人防工程建设管理】　年内，共办理人防工程行政许可事项82件，办理人防工程竣工验收备案9件，建筑面积45445平方米。收取人防工程使用费79处750万元，解决历史遗留问题工程13处，追缴欠款98万余元。经过沟通、协调宣武艺园停车场项目已交由区园林中心进行施工改造，民防局已按程序拨付首期施工款。

（李显臣）

【人防工程防汛工作】　年内、修订人防工程防汛应急预案；调整西城区人防工程防汛指挥部成员，明确各部门职责；制定安全迎汛工作方案；召开人防工程防汛工作动员部署会，对全区人防工程进行汛前拉网式排查，完善工程台账信息。提前筹备防汛工作物品，并对人防工程防汛设施逐一点验检查，对抢险设备维护、补充，组织防汛演练。按照“有雨无雨按有雨准备，大雨小雨按大雨准备”的防汛工作原则，完善防汛预案，确定4支抢险队伍，队员98人，储备编织袋1.8万条，砂石料75立方米，运输车5辆，发电机5台，各型水泵35台等；组织2次防汛应急演练。入汛后，强化应急值守、情况报告等制度，确保人防工程安全度汛。

（李显臣）

【人民防空训练工作】　年内，按照《2015年度西城区民防局训练工作计划》，对全体人员进行培训，全年累计完成训练计划997学时，其中基础训练128学时，专业训练655学时，综合演练214学时。

（李显臣）

【应急培训和演练】　开展指挥通信、民防专业队训练工作、民防特种救援分队等各类业务培训；联合通州区民防局以掌握应急救援装备实际操作技能为重点，举办民防应急救援培训和水上应急救援培训；指导14个街道的20余个社区进行人民防空人口疏散与人员掩蔽演练，参演居民和民防志愿者2000余人，10个街道的主要领导和全区200余个社区参与、观摩了演练。

（李显臣）

【民防专业队整组工作】　区政府常务会议审议并通过《西城区民防专业队整组方案》，区长王少峰提出要加强基层基础训练，畅通联通机制，加强培训演练等要求，区民防局依据《北京市人民防空训练规范》和《西城区民防专业队整组方案》拟制了《西城区民防专业队训练计划》，于7月发至各成员单位。

（李显臣）

【公共安全志愿者队伍建设】　年内，对全区民防志愿者进行整组，梳理全区志愿者信息，掌握各街道志愿者队伍动态情况，为全区民防志愿者配置36万余元的各类装备，组织志愿者体能训练和业务培训2000多人次，并举行授旗仪式。

（李显臣）

【法制体系建设】　年内，落实学法制度，提高依法办事能力。常态化局长办公会会前学法，强化领导干部的法治理念，提高领导干部依法行政、依法决策、依法管理的能力与水平；邀请专家、学者对全员进行法制专题培训；聘请常年法律顾问，为风险预防、权益维护等提供保障。加大执法力度，有效打击非法、违法行为。紧紧围绕人防工程综合整治加大行政执法力度，依法查处不履行人防工程管理义务、破坏和非法、违法使用人防工程行为。全年对违法使用人防工程的单位行政处罚58起、罚款10.8万元。加强法制宣传，提升工程使用人法律意识。制作《西城区民防工程执法检查指导手册》500本，为一线执法人员快速有效执法提供法律依据。印制宣传折页2000册，面向人防工程使用单位发放，进一步加强使用单位的法律意识。

（李显臣）

【防震减灾工作】 年内，不断夯实防震减灾三大体系建设基础，防震减灾工作取得新的发展进步。扎实做好地震安全社区和防震减灾科普示范学校创建工作。完成椿树园社区、半步桥社区申报国家、北京市地震安全社区相关工作；召开西城区2015年防震减灾科普示范学校推进会，部署示范学校创建工作。突出宣传教育培训，不断增强公众防震减灾意识。以纪念唐山地震39周年为契机，开展“关注地震灾害，建设平安西城”主题宣传活动；全年在各类活动中发放防震减灾宣传品8.5万余册（件）；组织第四届“平安中国”防灾系列宣导公益活动；组织西城区地震应急指挥部32个成员单位共120人到河北省唐山市学习交流防震减灾工作。注重基础建设，夯实地震应急能力。编制全区8个地震应急避难场所安置预案；投入55万元购买各类地震应急储备物资；分3批次对全区276名地震灾情速报员进行培训；指导社区、中小学开展地震应急演练；完成全区8处强震仪检查维护工作。

（李显臣）

武警第六支队

【概况】 中国人民武装警察部队北京市总队二师第六支队，前身是保卫中国工农红军前委的3个警卫连之一，组建于井冈山时期。1942年10月20日改编为中央警备团，1983年2月改编为中国人民武装警察部队北京市总队第一支队，1995年7月，改称为武警北京市第一总队第一支队。1999年2月，武警北京市第一、二总队合编为北京市总队，支队番号改为武警北京市总队二师第一支队，隶属武警北京总队第二师领导。2014年3月，支队番号改为武警北京市总队二师第六支队，隶属武警北京总队第二师领导。支队下设5个建制大队、25个建制中队和司、政、后机关及2个直属单位。防区分布在西城区、海淀区，主要担负固定目标警（守）卫、外宾及中央首长常备临时行车路线警卫、临时现场警卫、城市武装巡逻及大型活动外围控制警戒等任务。年内，坚持以强军目标为引领，深入贯彻中央军委主席习近平系列重要讲话特别是古田政工会精神，紧跟总队、师党委决策部署，坚持稳中求进，突出整风整改，注重打牢基础，通过全体官兵的团结奋斗，实现了“两个确保”目标，部队建设保持了向上向好的发展势头。

地址：西城区南礼士路5号院
邮编：100037
电话：58524124

（杜　洋）

【思想政治工作】 年内，武警第六支队始终把抓好“学习践行强军目标，做新一代革命军人”主题教育贯穿始终，紧贴官兵思想，积极创新方法，深入推进“瞬间考验展现忠诚”主题实践活动和“新一代革命军人样子”大讨论，自主开展了“十二观”教育和“六个十佳”评选活动，每月组织观看历年《感动中国》和《全国道德模范》颁奖典礼，启发官兵心灵共鸣，不断增强立足本职、建功警营的使命意识。注重发挥“三互”“双四一”“五小”等载体，与北京林业大学心理学系结对共建，扎实做好一人一事的思想工作、心理工作和预防犯罪工作。积极争取驻地资源优势，努力为官兵办好“十件”实事，先后开设汽车驾驶、中式烹调、计算机排版、低压电工、心理咨询师等5门课程6个班，有480名官兵利用周末假日参加集中培训，官兵反响强烈。狠抓干部队伍建设，23中队中队长许发旺被武警部队评为优秀教练员，13名毕业学员培训、16名干部调整、13名转业干部安置、5名考生入学报到、政工干部比武等工作推行顺利。

（杜　洋）

【支队中心工作】 武警六支队认真贯彻“整体建设、全面规范、勤训结合、确保安全”的总体思路，按照“保首要、保重点、保全局”的政治要求，以《执勤规定》和《正规化执勤等级评定实施办法》为依据，以勤务检查鉴定和执勤安全教育整顿活动为载体，认真贯彻落实“湖北会议”精神，狠抓经常性执勤工作落实，严格落实执勤“三项纪律”“八项制度”和“四全”要求，加大“三班四哨两小时”管控，强力推进“三化四拓展”和执勤能力体系建设，加强跟进指导帮带力度，如每月播放的“最美哨兵”、执勤检查通报录像，开展的首长住地“帮扶日”和“大夜查”活动，每周领导机关落实的后半夜查铺查哨、覆盖检查制度，每日早交班汇报查勤情况，跟踪督导问题等已在支队形成长效机制，有效地促进了中心任务完成。在确保48处固定目标绝对安全的基础上，先后圆满完成以央视“春晚”“两会”、十八届五中全会、“9·3”安保、敏感期维稳为主的各类临时勤务1700起，累计用兵14万余人次，有效处置有碍安全情况200余起，支队被总队评为“正规化执勤等级评定先进支队”。

（杜　洋）

【军事训练】 年内，支队围绕提升遂行任务能力素质，坚持贴近任务抓训练，全年分类组织防暴分队、巡逻分队、处突班骨干、钓鱼台礼宾分队集中驻训，分专业组织比武会操17次，累计组织实弹射击85批9200人次。支队被总队评为“军事训练先进执勤支队”。在总队“两会”住地带队干部讲方案考核中，副政委李堪春、副支队长李国胜分别取得第一名和第二名。在总队车巡分队考核中，支队取得总评第二名，3中队班长李泽德、5中队战士李世林在总队应用射击比武中夺得总评第一名。支队特勤排在总队反恐比武竞赛中勇夺总评第一名，5公里武装越野、狙击步枪抢占阵地、400米障碍取得单项第一名。参加师基础体能达标竞赛取得总评第一名和3个单项第一名。

（杜 洋）

【部队基础工作】 认真贯彻总队党委1号文件精神和师《2015年抓基层实施计划》，注重重心下移，搞好分类指导，加大对3个连续5年以上未跨入先进中队的帮扶力度，积极帮助基层解决自身难于解决的棘手问题，支队警卫勤务点上抓建的经验在武警部队警卫勤务观摩会上作推广介绍。先后选拔培训42名优秀党员士官担任代理排长、14名党员士官担任巡逻勤务车组长，着力配齐训强点上抓建力量。狠抓《基层日周月季工作规范》落实，不断正规抓建秩序，先后投入65万余元为基层办了33件实事，协调做好4个中队营区翻新改建，为官兵营造了舒适的工作、生活环境。组建挖雷排险小组，采取跟进指导、上门服务等措施，每月分析安全形势，深入摸排"三个不放心"，广泛开展"心里话"问卷调查，支队还被武警部队评为"百日安全竞赛活动"先进单位。

（杜 洋）

【综合保障】 以"两会""7·5"维稳、"9·3阅兵"、保障"武警部队观摩见学"、新兵新训等重点工作为重点，累计发放战备金30万元，投入8万余元为住地执勤官兵购买了被罩、床单、箱包、熨斗、熨衣板、洗漱用品等物资，保障射击训练53次，动用枪支2680支，弹药21万余发，均确保了安全顺利。分类修订了处置大规模群体性事件、反恐作战和抢险救灾等遂行多样化任务保障计划和预案30余份。年内，借助西城职业技术学校、丰台驾校等社会资源，培训中级厨师47名，取得驾驶本163名，参加师、支队专业培训卫生员17名、军械员39名，在总队军械比武中取得个人第三、总评第三好成绩，师卫训考核中3人被评为优秀学员，3人被评为学习标兵。支队41个开伙点均有1至2名等级厨师，完成任务行车保障12000辆次，安全行程70万公里。支队机关投入5万余元对各类后勤库（室）进行规范，调整更新8万余元的应急战备食品，较好的落实了战备物资储备标准和携（运）行量。积极开展驾驶员熟悉路况、修理工应急维修、卫生员自救互救等专业技能训练，有效提高了应急保障分队遂行多样化任务的能力，保障各项重大临时任务的圆满完成。

（杜 洋）

【作风建设】 坚持用党中央、中央军委、军委主席习近平的决策指示统一官兵思想，把党风廉政教育宣传作为正本清源基础。坚决肃清郭徐案件流毒影响，扎实开展"三严三实"教育整顿，认真学习《严格军队党员领导干部纪律约束的若干规定》、《中国共产党廉洁自律准则》和《中国共产党纪律处分条例》等党纪党规。深入推进"四整""三查"和"八个专项治理"活动，及时追回借款35万，清理违规住房4套，中止了1项不符合规定的空余房地产租赁项目，清理超占兵员36人。扎实开展廉洁征兵情况清查和倒查活动，对797名新战士进行了问卷调查和民主测评，与31名接领兵人员逐一见面谈话，组织思想汇报和承诺表态，营造正风肃纪的鲜明导向。先后推荐81名战士考学3人提干、转改士官338人、发展党员237人、组织预提指挥士官培训138人、为16名干部分配了住房，都做到了阳光操作、公开透明。

（杜 洋）

武警第七支队

【概况】 中国人民武装警察部队北京市总队第七支队，始建于1949年6月，当时番号为北平市人民政府公安局公安总队第1团。1962年5月，改称为中国人民武装警察总队第2团。1966年6月，改称为中国人民解放军北京卫戍区警卫第二师7团。1969年12月，改称为中国人民解放军北京卫戍区警卫第二师第5团。1979年1月，改称为中国人民解放军北京卫戍区警卫第二师第7团。1983年2月转隶为武警北京市总队第七支队。1995年7月，改称为中国人民武装警察部队北京市第一总队第七支队。1999年2月，改称为武警北京市总队第七支队。同年6月，后勤处调整为正营级。2005年6月，四大队十六中队撤编，运输队降为汽车运输排，成立勤务汽车中队。2013年1月，勤务汽车中队撤编，和警通中队合并为勤务中队。2014年，编制体制调整，支队下设司令部、政治处、后勤处，4个大队18个中队及勤务中队、卫生队2个直属队。2015年7月，支队成立机动中队。防区分布在西城、东城、朝阳、丰台、大兴5个区，主要担负警卫、守卫、看押、看守以及武装巡逻等任务。支队认真学习贯彻落实中央军委主席习近平指示，紧跟上级党委工作部署，聚焦强军目标，按照"一、二、三、四、七"工作思路，持续夯实基础，突出改进作风，部队建设持续发展。

地址：西城区珠市口西大街133号
邮编：100050
电话：52824726

（左东汻）

【思想政治工作】 年内，坚持把学习贯彻中央军委主席习近平系列重要讲话精神贯穿始终，严格落实党委机关理论学习，提高各级政治素养和理论水平。强力推进古田政工会精神贯彻落实，严密组织强军目标主题教育、"瞬间考验展现忠诚"主题实践活动和"强军风采"系列文化活动，不断夯实官兵思想基础。自主开展按纲建队思路交流、和谐家庭评选和干部家属座谈活动，做好一人一事工作，确保部队高度稳定。紧随任务广泛开展立功创模，跟进搞好政治考核和干部考察，政治工作服务保证作用发挥明显。支队被师评为"新闻报道先进单位"，劲舞分队参加总队比赛获得二等奖，十二中队指导员李晓伟被总队评为"十佳政治教员"，警务股股长李勇被师评为"优秀干部标兵"。

（左东汻）

【中心工作】 年内，认真贯彻武警执勤工作会议精神，积极推进"三化四拓展"改造、动态勤务管控和执勤隐患整治，执勤阵地更加坚固。十九中队《电台、电视台守卫勤务组织与实施》录像片在武警部队推广，守卫勤务以训强勤试点在总队推广。梅地亚新闻中心、二中队广泉小区被总队评为先进住地，二中队被总队评为执勤标兵中队。深化“五防”研究，落实常态备勤，重点敏感期维稳组织严密，处突反恐扎实有效。圆满完成以“三场维稳战役”为重点的各类临时勤务1258起，成功处置各类有碍安全的情况86起。十三中队哨兵李昊、十九中队哨兵王维处置情况圆满，分别获得二等功。

（左东泞）

【安全管理】 年内，推进安全工作“八个规范”落实，广泛开展“学、用、守”法规、安全大检查、“五个过一遍”和“摸思想、查制度、排隐患、保安全”、新兵“三查一除”等安全活动，严密组织内部关系、士官队伍等专项整顿，落实特殊时期管控措施，确保部队安全稳定。狠抓“一征两选两退”工作，坚持刚性依规、铁律执行、面向基层、阳光操作。八、十九中队正规化建设达标，十九中队被总队评为先进。

（左东泞）

【后勤保障】 年内，牢固树立“后勤变前勤”理念，突出抓好“一组五队”应急保障力量建设，严密组织实兵实装拉动检查、后勤岗位大练兵和应急保障能力检验评估，有效提升后勤保障能力，勤务中队士官米晓行在总队军械比武中，取得综合课目第一名。扎实开展枪弹管理、经费使用、违规住房和对外有偿服务等专项整治，支队炊事员主副食培训受到基层欢迎。积极拓展经费保障和供应渠道，扎实开展医疗巡诊和心理服务，稳妥推进支队机关营房改建。7月，完成卫生队营房改造投入56万元，在全师率先完成基层卫生机构建设，改善医疗设施。9月，投入16万余元在三中队建成温室蔬菜大棚。

（左东泞）

【基层建设】 年内，支队深化《纲要》培训成果，加强“三个一线”“四个基本”建设。研究出台支队《抓基层实施计划》和依法抓建七项措施，树立抓基层鲜明导向。扎实开展“蹲连住班”和考察帮建活动，加强对新调整中队党支部班子和连续5年未进先进的单位重点帮扶，五中队跨入先进行列，十二中队进步明显。四大队、后勤处分别被总队表彰为基层建设标兵大队和先进后勤机关，七中队荣立集体三等功。二、五、七、十一、十五、十九中队被师表彰为基层建设先进中队。

（左东泞）

【作风建设】 年内，严密组织“三严三实”教育整顿，组织党委、支部宣誓承诺，召开专题民主生活会，分战线分领域抓好“四整三查”和“八个专项整治”活动，清查清理有关资料564件，清查整改干部队伍问题35条、经费问题273条，清理分流超编士兵94人，对13名违规违纪士官实施留用察看，部队中一些顽症痼疾得到较好治理。改进指导方式，统住大项工作和领导活动，会议文电和工作组数量同比减少30%以上，积极解决历史遗留问题和重难点问题，不断推进作风建设。

（左东泞）

（责任编辑　华大友）

重大改革 功能街区建设 重大项目建设

区委全面深化改革领导小组办公室

【概况】 中共北京市西城区委全面深化改革领导小组办公室（简称区委改革办）是区委全面深化改革领导小组下设的常设性工作机构，设在区委区政府研究室，一个机构、两块牌子，承办区委全面深化改革领导小组的日常事务。区委改革办设主任1名（由区领导兼任）、专职副主任2名，设6个内设机构，其中秘书科、协调科独立设置，其余4个科室依托区委区政府研究室的经济科、政治科、文化科和社会科设置，分别承担相应领域改革任务。年内，区委全面深化改革领导小组深入学习领会党的十八大和十八届三中、四中、五中全会以及中央城镇化工作会议、中央城市工作会议精神，全面贯彻落实市委全会及全面深化改革领导小组会议精神，按照区委第十一届八次、九次全会以及区委全面深化改革领导小组第三次会议的部署和要求，立足首都城市战略新定位，围绕优化首都核心功能新要求，主动谋划、主动担当、主动落实，全区改革事项稳步推进，改革探索初见成效，改革任务基本完成。并在全市率先制定改革规划，在基础教育综合改革等重点领域、改革督导机制建设、新型智库建设以及改革信息化系统建设上做出了示范。

地址：西城区二龙路27号

邮编：100032

电话：88064450

（刘玉博）

【第三次全体（扩大）会议召开】 4月30日，区委全面深化改革领导小组召开第三次全体（扩大）会议。区委书记王宁主持会议并讲话，王少峰、刘跃平、杜灵欣和区委全面深化改革领导小组成员出席会议，各专项小组组长、副组长和牵头部门负责人参加会议。会议学习传达了中央和北京市全面深化改革领导小组有关会议精神，听取了西城区2014年全面深化改革工作总结及2015年工作安排的汇报，以及疏解非首都功能和教育综合改革工作的汇报。会议审议通过《关于区委全面深化改革领导小组成员及经济体制改革等5个专项小组领导成员调整的建议方案》《西城区2014—2020年重要改革举措实施规划》和《区委全面深化改革领导小组2015年工作要点》。

（刘玉博）

【出台改革中长期实施规划】 年内，为全面落实《中共北京市西城区委关于贯彻落实中央和市委部署全面深化改革工作的实施意见》（以下简称《实施意见》），按照中央和市委的指示精神以及区委全面深化改革领导小组的工作部署，区委改革办会同各专项小组，积极开展“十三五”改革专项规划前期研究，经多次会议讨论，编制了《西城区重要改革举措实施规划（2014—2020年）》（以下简称《实施规划》）。《实施规划》在《实施意见》基础上将各领域确定的重要改革举措细化为改革举措内容、改革专项小组、牵头单位、参加单位、启动年度、完成年度、改革路径、主要成果及出台时间等8个方面内容，做到每项任务都有实施路径、时间进度和可检验的成果形式，形成既有责任分工又有时间节点控制的改革蓝图。

（刘玉博）

【研究制定年度工作要点】 年初，根据《市委全面深化改革领导小组2015年工作要点》和区委十一届八次全会的精神要求，区委改革办会同各专项小组研究起草了《区委全面深化改革领导小组2015年工作要点》，以任务清单的形式，从12个方面明确了全年全区改革工作的107项重点任务，对如何贯彻落实要点的工作提出了具体措施，明确2015年改革的重点领域和关键环节，推动了中央和市委全面深化改革决策部署在西城区的贯彻落实。截至年底，已经完成和基本完成101项，完成率达到94%。

（刘玉博）

【制定疏解非首都核心功能工作方案】 年内，为贯彻落实中共中央总书记习近平视察北京时的重要讲话精神和市委市政府决策部署，区委全面深化改革领导小组主动将疏解非首都功能申报为北京市“2015年重点推进的改革事项”，进一步明确职责、细化措施、抓好落实，努力做疏解非首都功能的先行者、探索者、实践者、推动者。区委改革办经过调研，制定了《北京市西城区调整疏解非首都功能工作方案》，着力以改革的办法推进疏解工作。《工作方案》明确了全区疏解工作的指导思想、目标和实施步骤，确定了六个方面的重点工作，探索建立四大工作体系，提出“调有办法、控有手段、进有标准、疏有对接”的“全方位”疏解工作模式，为全区非首都功能疏解工作的开展提供了切实可行的指导意见。年内，全区疏解非首都功能工作取得了积极成果。动物园批发市场、天意市场等重点疏解地区成效明显。

（刘玉博）

【完善督查考核机制】 年内，探索建立“五年规划、年度计划、季度通报、月度检查、天天对接”的重点改革事项落实机制，将改革意见和规划细化为年度改革要点，按季度通报，每月对接，实时掌握改革进展情况，做到各项改革任务都有人负责，完成一项销号一项，切实推动改革任务的落实；实施“改革折子工程”，增强督导刚性。加强与区委督查室、区政府督查室的工作对接，建立了联合督查制度，使改革任务像“政府折子工程”那样成为刚性约束。

（刘玉博）

【全市改革责任书绩效考核工作】 年中，市政府与区政府签订《2015年重点改革任务落实目标责任书》，为统筹推进工作任务落实，按照领导要求对重点改革任务进行任务分解，细化责任分工，明确负责领导、牵头部门和完成时限。联合区政府督查室、区绩效办每季度定期汇总工作进展、协调解决难点问题，确保了各项重点改革任务的按期完成。区委改革办指导各专项小组办公室梳理改革任务，总结改革成果，整理工作台账，在年底市绩效考评中名列前茅。

（刘玉博）

【继续深化区院合作】 年内，按照合作共建、互促共享的理念，进一步建立健全与北京国际城市研究院合作机制，实现“三个融合（人员融合、机制融合和工作融合）”。结合西城全面深化改革重点工作开展改革工作调研，共同形成《北京市西城区社会治理发展报告》《北京市西城区城市创新发展报告》和《北京市西城区全面深化改革报告》等研究成果。合作编发《每日领导参阅》《全面深化改革研究动态》《专报》《全面深化改革工作参阅》等信息刊物，全年共编发140余期。为区域改革决策提供信息支撑、理论支撑和决策支撑。

（刘玉博）

【推进改革决策资源中心建设】 西城区全面深化改革领导小组决策支持资源中心于3月批准立项，8月正式启动，年内完成建设工作，并开始试运行。决策支持资源中已建成一个集分析、决策、部署和服务为一体的信息化体系，建立了一个改革数据库，实现改革政策、改革文件、改革信息、改革数据等方面资源的汇总、分类、分析、共享；建立一个改革决策服务平台，为区委区政府领导及相关职能部门提供统一的改革信息、改革工作部署、改革决策分析、改革工作管理，服务于西城区整体改革大局。

（刘玉博）

【组织全区改革系统干部培训】 为进一步加强全区改革系统干部的能力建设，学习借鉴相关省市的改革经验和做法，加强改革工作的对内与对外交流，6月中旬，区委改革办与国家行政学院合作举办西城区全面深化改革专题培训班。在为期6天的培训里，来自全区改革系统的20余名学员进行了系统的理论学习，并与广东省改革系统干部进行交流，实地考察了社会管理和公共服务创新、行政体制改革、数字城管指挥体系建设及社区民主自治和社会组织培训等方面的工作状况。

（刘玉博）

【调研工作】 年初，为全面梳理西城区的发展状况，立足区情、对接市情、掌握民情，区委改革办联合区委办、区政府办、区委区政府研究室、北京城市发展研究院共同组成调研组，开展“服务首都‘四个中心’建设，谋划西城中长期发展”的调研活动，并形成一些系列的调研报告。年内，围绕年度重点改革任务和改革工作中遇到的重点难点问题开展专题调研活动，组织干部赴保定调研京冀协同发展工作；先后4次前往动物园批发市场调研疏解非首都功能工作进展情况；邀请市级部门及专家学者解读京津冀规划国家和北京市重要方针政策等，指导改革工作；多次召开专项小组座谈会，沟通改革进展情况，协调解决突出问题。

（刘玉博）

【重点领域改革成效】 经济体制改革：探索构建“国资委—资本运营公司—资本投资公司”三级架构。制定《西城区国有企业分类监管实施意见》。梳理投资项目行政审批事项及目录清单，加强审批流程的规范性和科学性，规范全区投资项目审批事项86项。区域协同发展工作：推进“京津冀产权市场发展联盟”平台建设。推进与河北唐山市、保定市的产业对接和科技园共建。推进河北廊坊永清西城物流园，河北固安金融街固安新城、天恒产业园以及金融街天津武清等项目进展。转变政府职能改革：梳理公布《西城区行政审批事项目录（2014年版）》，对目录中103项非许可类审批事项提出清理意见。梳理确认46个区级行政处罚主体、行政处罚权力事项3971项。民主政治和法治建设领域改革：推进主任检察官、主审法官办案责任制试点工作。建立重大敏感案件会商机制、反恐区域合作机制等体制机制。落实全市警务管理体制与公安队伍管理制度改革。文化体制改革：制定《西城区贯彻落实〈培育和践行社会主义核心价值观行动方案〉实施细则》。出台《关于进一步加强基层文化工作的意见》，建立基层文化工作联席会制度。发挥服务平台作用，推进文化金融融合创新。历史文化名城保护与城市规划建设体制改革：创新定向安置房分配，建立集团账户，优化调拨分配方式，推进白塔寺、什刹海、杨梅竹斜街、大剧院西、宣西北、珠粮街等地区人口疏解工作。开展杨梅竹斜街“三井新社区”试点，推广完成“内盒院”零散空间改造。科技教育体制改革：将12所中学整合到优质学校。在中小幼跨学段的集团成员校之间，通过幼小初学段衔接、直升校、附中附小等纵向途径，探索“学段贯通式培养”模式。成功申报成为“国家知识产权试点城区”，探索知识产权纠纷人民调解机制。调整完善中关村科技园区西城园的政策体系。医疗卫生体制改革：制定《西城区进一步深化家庭医生式服务工作推行签约服务包的实施意见》，推进全科医生执业方式和服务模式改革试点。制定《西城区整合型医疗服务体系建设实施意见》，整合型医疗服务体系建设稳步推进。社会建设与社会治理体制改革：开展街道“大工委”工作机制和地区管委会工作机制试点。出台《进一步推进社区治理创新试点工作方案》等社区治理改革系列文件，在62个社区开展社区区域化党建、多元化自治、开放式服务试点，探索“一委多居”“多居一站”的社区管理新体制。生态文明与城市管理体制改革：编制《西城区城市环境分类分级管理标准体系》，基本形成集政务活动、金融商务、繁华商业等七类区域，涵盖市政道路、环境卫生、交通秩序等七大专业领域，包括环境建设、管理（维护）、施工（作业）等七个环节的标准体系。党的建设制度改革：指导全区党（工）委、党组建立健全本部门议事决策规则，提高议事决策会议的规范化、科学化水平。进一步完善区委加强直属党（工）委、党组建设的配套文件。严格落实选拔任用党政领导干部系列文件。制定《关于进一步加强基层服务型党组织建设的实施意见》，创新基层党建工作。纪律检查体制改革：制定《关于落实党风廉政建设党委主体责任和纪委监督责任的实施意见》，明确党委11项主体责任和纪委7项监督责任。强化监督执纪问责。推行“办案责任区”机制，统筹调配使用各级办案人员。

（刘玉博）

功能街区产业发展投资促进局

【概况】　北京市西城区功能街区产业发展投资促进局（简称区功促局）是主要负责西城区功能街区发展建设和产业促进及全区投资促进、招商引资项目的收集和推介工作的政府工作部门。区功促局下设办公室、综合科、产业科3个科室，行政编制15人，在职人数16人。年内，区功促局结合京津冀协同发展战略和首都发展新形势新要求，围绕区委区政府的中心工作，进一步强化改革创新意识，扎实工作，努力建设“活力、魅力、和谐”新西城。

地址：西城区培育胡同15号
邮编：100052
电话：66206294

（陈　娟）

【功能街区总体发展情况】　年内，功能街区共有法人单位31268家，同比减少5.7%，占全区法人单位总数的70.9%；实现收入合计13389.8亿元，同比增长19.8%；实现利润总额4720.3亿元，同比增长23.1%。产业结构不断调整，经济效益持续增长，特色经济发展成效显著，金融、零售两大行业已成为西城区功能街区的支柱产业，其中金融业实现收入合计7163.4亿元，占功能街区总收入的53.5%；批发和零售业实现收入合计3007.9亿元，占功能街区总收入的22.5%。

（姚　远）

【“十三五”专项规划编制】　年内，区功促局全面开展“十三五”专项规划编制工作，通过前期调查与研究，提出功能街区空间布局调整和产业提升的基本方向、目标、任务、思路和保障措施，以此为基础，于5月5日和12月29日分别召开课题研究中期评估会和人大代表及专家征求意见会，并就意见与建议对规划进行进一步修订和完善，最终形成《西城区“十三五”时期功能街区产业提升规划》，主要内容包括功能街区产业发展回顾与形势分析、产业提升的总体思路、功能街区服务经济布局、产业提升的保障措施等。

（姚　远）

【考察宝蓝股份产业基地】　4月20日，区功促局、区发展中心、区金融办等部门组团，到宝蓝股份旗下项目益园文化创意产业基地和中关村互联网金融产业园参观、学习、考察。期间，考察了京东、凌云等园区重点企业，并听取了作为西城区动物园批发市场改造项目参与企业之一的宝蓝股份相关负责人就企业商业运营、产业升级改造等方面的介绍。结合西城区正在对一些产业项目进行升级与改造，希望企业在未来参与西城区产业项目落地的过程中再接再厉，多元化发展，推动西城区区域产业升级，实现双赢。

（陈　娟）

【参加厦门国际投资贸易洽谈会】　9月8日，2015厦门国际投资贸易洽谈会在厦门国际会议展览中心开幕，西城区作为北京市参展方，以“新丝路携手促发展、京津冀协同谱华章”为主题，通过展览展示、项目对接会以及精品项目路演等多项活动，宣传、推介西城区功能街区和产业发展状况。此次洽谈会西城区共有10个精品项目，涵盖房地产、金融服务、文化创意等多个领域，其中既有北京茶业交易中心等金融产业项目，也有北京DRC工业设计创意产业基地等文化创意产业项目。

（陈　娟）

【参加京港经济合作研讨洽谈会】　第19届北京·香港经济合作研讨洽谈

会（简称“京港会”）于11月27至28日在香港会展中心举行。本届京港会以“互通要素、双向投资、同享机遇、共创繁荣”为主题，通过主题论坛、研讨洽谈、交流座谈、参观考察等系列活动，实现京港两地互利共赢、共创繁荣。西城区本着“积极参与、持续合作、突出项目、务实高效”的原则参与了此次京港会。在京港双向投资重大项目签约仪式上，西城区推荐中信国安（香港）投资有限公司与美国DCS影业（迪士尼影业公司），北京广安控股有限公司与京华丽晶酒店集团（香港）2个项目成功签约。其间，利用京港会平台，拜访了香港规划署、西九龙文化区管理局等机构，开展广泛的交流洽谈。

（张丛岭）

【信息平台建设】　年内，区功促局整合“西城区产业发展促进服务平台”和“西城区功能街区数据整合分析系统”，推进“西城区楼宇经济管理系统”的建立，对区域经济运行进行监测指导。楼宇经济管理系统通过对区域内商务楼宇入住企业的营业收入、三级税收、从业人员人数等楼宇企业经济信息，以及楼宇面积、空置面积等商务楼宇信息的数据采集工作，充实了西城区楼宇经济信息库。依托西城区地理信息平台，立体、直观地展示出西城区楼宇经济发展的状况，并通过楼宇经济分析模型，对经济发展趋势做出评价、预测，全方位地分析西城区楼宇经济发展的真实状况和内在动因，为楼宇经济管理提供辅助决策服务。年内完成系统的前期调研、项目策划、系统开发、项目初验及上线运行。

（王　霞）

【投联网工作】　年内，区功促局利用北京市投资促进局投联网网站功能，开展闲置资源和可利用资源情况的梳理，动态发布商务楼宇空置信息，通过文字、图片等多种形式进行重点区域、重点楼宇、重点产业的宣传，共发布商务楼宇空置信息279条，每条包含1至5张图片及文字、联系方式等信息，重点宣传了金融街、新街口、月坛、两广等地区的51家重点楼宇，为供需双方搭建平台，整合西城区各类投资项目信息，寻找符合发展要求的企业，引导发展符合首都功能定位的产业，推动产业的疏解、升级和重置。

（王　霞）

【产业转型升级研究】　年内，在京津冀协同发展的大背景下，启动功能街区中长期产业发展战略研究工作，重点围绕西城区经济发展方式转型和产业战略调整的机遇，运用功能街区发展模式和理论，综合分析西城区的资源优势、产业发展规律、存在的问题和具备的条件，提出西城区功能街区中长期产业发展战略。做好《西城区主要功能区经济比较分析及投资信息监测报告》课题研究工作，汇集各种经济数据、产业信息、企业信息、成功案例和政策法规，进行科学、系统的分析和筛选，从而为企业投资项目、招商选资工作提供依据。配合马连道指挥部研究制定《马连道茶叶产业特色街区业态发展指导目录》，优化调整产业业态，推动地区产业升级。与文物出版社研究探讨西四原址空置楼宇的业态植入和产业升级问题。

（陈　娟）

【非首都功能疏解工作】　年内，从注重集聚的招商引资工作模式向疏解非首都功能的协同发展投资促进工作模式转变，主动思考谋划产业疏解工作。与天津市河北区、武清、宝坻，河北省保定、廊坊、邯郸等地进行一系列对接活动，举办天津市河北区与北京市西城区（华天集团专场）项目对接洽谈会，相关企业已进入实质性赴津选址阶段。加强与区工商联和区国资委的交流合作，帮助驻区企业在京津冀协同发展中把握机遇，助力企业发展。

（陈　娟）

【建议提案办理工作】　年内，区功促局完成西城区《关于开发西单至新街口商业一条街的建议》《关于在京津冀协同发展机遇下加强西城区部分产业疏解的建议》的办理工作。在区功促局工作人员的努力和相关单位的配合下，保质保量地完成建议提案办理工作，全部顺利办结。

（刘莹莹）

北京金融街建设指挥部

【概况】　年内12月，经区委区政府同意，区委办和区政府办联合下发《关于北京金融街建设指挥部机构职能调整的通知》，要求对北京金融街建设指挥部（简称金融街指挥部）机构职能进行调整，将“三里河—金融街—中南海周边”和谐宜居示范区建设任务纳入金融街指挥部。调整后，金融街指挥部是负责统筹协调及推进金融街地区规划、建设、管理、发展工作和“三里河—金融街—中南海周边”和谐宜居示范区建设工作的常设临时性机构。内设机构为办公室、综合规划处、项目建设处、产业发展处。年内，金融街指挥部在区委区政府的领导下，在区相关部门的密切配合下，积极应对外部环境的不利变化，秉承拓展建设与资源置换并重的工作理念，统筹开展搬迁、建设、入市、资源置换和重大问题研究，各项工作稳步推进。

地址：西城区金融大街1号金亚光大厦A座8层
邮编：100032
电话：63508199

（韩　冬）

【居民搬迁项目平稳有序】　年内，累计搬迁居民150户。其中广安一期项目完成66户，人吉项目B地块完成

56户，新兴盛危改小区项目完成14户，北京联通长话楼北院生产楼项目完成14户。金融街指挥部加大力度统筹推进各个搬迁项目前期手续的办理，丰盛西区C区项目在完成全部搬迁的基础上，按照市规划委关于高度核减的要求调整项目设计方案，将重新调整的设计方案报至市规划委，并对该项目后续开发模式进行研究。广安一期A地块项目已完成全部搬迁工作，正在根据市国土局有关整体入市的要求，向市、区土地储备部门征询土地入市工作思路。

（韩 冬）

【项目建设速度稳中有降】 年内实现竣工项目2个，新增地上建筑规模约16.28万平方米。其中金融街E5绿化广场改造项目主体已竣工，地上绿化铺装、地下设备正在按照政协的要求进行完善。大吉危改项目CD地块主体结构已完成封顶，正在进行外幕墙施工。华嘉小区项目已取得立项批复、国土证、建设用地规划许可证、设计方案审查意见、人防、园林、消防、节能等专项批复和规划意见的函，正在办理施工图外审、树木移植、总包监理招标、临水临电等开工前手续，协调推进项目规划调整方案公示工作。金融街G6项目（央行项目）已取得建设用地规划许可证、规划复函、立项批复、用地预审，正在土地划拨决定书。丰盛DE项目已完成全部护坡桩施工，土方工程基本完成，前期手续已办理完成用地预审、规划条件、项目立项前期协办单，根据市规划委关于高度核减要求新调整的项目设计方案，已报至市规划委，正在办理规划设计方案复函事宜。金融街A5项目已基本完成外装修、机电安装工作，正在按亚投行要求进行内部装修。金融街E1丰盛医院项目，金融街指挥部结合周边丰盛医院和居民房屋搬迁工作，统筹规划，推动项目征收，正在办理前期手续。

（韩 冬）

【资源置换与高端产业植入并举】 年内，金融街指挥部在盘活区域存量资源上做文章，在全面摸清资源情况的基础上，建立“金融街地区楼宇空置面积动态台账”，先后为西藏财政厅、中国国旅集团、悦康药业集团等单位落户金融中心区做好服务工作。与此同时，为丝路基金入驻金融街提供优质保障。此外，还向环境交易所、中国贸促会专利商标事务所推介了九和大厦、百姓家园公建等办公楼宇。

（韩 冬）

【推进和谐宜居示范区建设】 年内，金融街指挥部会同相关部门研究提出“三金海（三里河—金融街—中南海周边）”区域项目实施的工作方案，明确了未来三年的工作目标、原则措施、进度安排、责任单位和保障机制。部分项目在各部门的支持配合下，已取得了明显进展。经初步梳理，共涉及环境整治提升、道路建设、人口疏解及棚户区改造项目、公建项目、社会事业5大类50个项目。11月，金融街指挥部统筹完成丰盛胡同架空线入地、阜成门内北街景观改造提升、金融街地区无障碍系统化改造项目，启动北新华街（南段）道路建设。12月，完成金融街A5项目装修及周边道路的施工工作，完成亚投行开业庆典、入驻办公的相关要求，人民银行外储中心项目实现土方开工，成立项目分指挥部，启动国家大剧院西侧人口疏解项目。

（韩 冬）

【全国政协绿化广场改造项目竣工】 为了确保全国政协会议顺利使用，金融街指挥部推进金融街E5绿化广场改造项目按时取得竣工备案手续，并完成向全国政协的移交工作。1月8日，全国政协秘书长邓宗良，与机关事务管理局副局长李燕西、许永林、石光等一行人，对金融街E5绿化广场改造项目进行了现场调研。

（韩 冬）

【金融街地下空间综合利用研究】 年内，金融街指挥部结合中央大力推广PPP模式的战略机遇、北京市轨道交通新机场线和金融街的发展状况，分析和总结国际城市和金融区的经验，重点研究以PPP模式加快开发完善金融街区域的地下基础设施连通系统，解决当前面临的交通拥堵和出行不便利等问题，为金融街基础设施配套建设提供更广阔的空间，谋划金融街“十三五”及中长期的发展方向和战略重点。

（韩 冬）

【引入恒丰银行入驻】 年内，为推动非首都核心功能疏解及产业优化升级，根据资源置换工作的统一安排，金融街指挥部通过协调华融基础公司、凌奇印刷厂、恒丰控股公司等单位，按照“互利共赢”的原则，以“政府引导、市场运作”的方式，将凌奇印刷厂生产大楼整体改造装修，引入恒丰银行入驻。经过前期工作准备，凌奇印刷厂与恒丰银行正式签署了生产大楼租赁协议。

（韩 冬）

【华嘉项目成立回迁安置应急领导小组】 受北京市中心城区新建项目高度调整工作的影响，为妥善解决居民回迁安置问题，8月6日，根据区委专题会议要求，成立由金融街指挥部牵头、区属有关部门及金嘉公司参与的回迁安置应急领导小组，有针对性的指导金嘉公司开展宣传及居民接待安抚工作，以最小化影响居民回迁为原则，做好292户居民的回迁安置应急工作。

（韩 冬）

【大剧院西人口腾退项目启动】 9月28日，金融街指挥部召开大剧院西人口腾退项目启动大会。会议明确9月29日正式启动项目人口腾退工作。会议要求，项目实施主体华融基础公司要依法合规，严格按项目批复手续实施，要充分考虑到项目的特殊地理位置，确保现场安全工作万无一失，减少扰民。各相关部门要积极配合，合力推进项目实施。

（韩 冬）

【国家外汇储备经营场所项目奠基】 12月18日，中国人民银行国家外汇管理局外汇储备经营场所项目奠基仪式在成方街33号院举行。中国人民银行党委委员、副行长郭庆平，党委委员、行长助理殷勇，区领导王少峰、郭怀刚、李岩出席奠基仪式。

（韩 冬）

北京大栅栏琉璃厂建设指挥部

【概况】　北京大栅栏琉璃厂建设指挥部主要负责推进大栅栏、琉璃厂区域内重点文物的腾退、保护性修缮和人口疏解等重点工作，推进基础设施建设；加强环境综合治理，创新城市管理新机制；调整产业结构，提升区域内产业品质和经营业态；创新历史文化名城保护和文化创意产业发展新模式；加强与市区相关单位的沟通、协调、联系以及承办区委、区政府交办的其他事项。内设办公室、规划建设处、产业促进处、环境秩序处。年内，北京大栅栏琉璃厂建设指挥部按照以点带面、以线拓面、点线面相结合的原则，坚持保护、发展与疏解相结合，以历史风貌保护为根本，以城市功能疏解为核心，以改善民生为重点，以挖掘传统优势产业、培育新型产业为支撑，以重大项目为着力点，以政策机制创新为保障，发挥国有企业主体作用及社会投资力量，加快打造传统与现代融合发展的文化商业旅游中心，努力在历史文化街区保护、更新与发展方面做出示范。

地址：西城区铁树斜街113号
邮编：100050
电话：63168652

（白　雪）

【大栅栏·北京坊】　1月，C1地块1、2、3号楼结构封顶。8月，完成C1、C2地下连廊暗挖初衬工程，并完成二衬专家论证工作。按照市委建设北京文化新地标的要求，重新调整内外部装修设计方案，10月，C2-01-02外立面亮相。10月，在劝业场举办新编昆曲《梁祝》媒体见面会。完成廊房头条15、19号文物保护修缮方案专家论证，办理廊房头条15、19号开工手续。

（白　雪）

【宣东A-G地块】　1月，完成市规委、中央警卫局和北京气象局项目建筑安全测量工作。4月，取得建设用地规划许可证延期手续。截至12月，B地块的5号局部完成10层施工，7号楼全部完成10层施工。

（白　雪）

【商会第一届第六次理事会】　2月3日，大栅栏琉璃厂商会召开第一届第六次理事会，商会全体理事、监事出席会议，区文化委、大栅栏琉璃厂建设指挥部、大栅栏街道办事处等单位相关领导列席会议。会议讨论通过9家企业的入会申请，总结2014年主要工作，研究商会2015年工作思路。

（白　雪）

【琉璃厂艺术文化馆项目】　年内，大栅栏投资有限责任公司与金融街（京都公司）完成项目资料交接，与市、区发改委落实了资金事宜，于3月24日取得市发改委项目建议书批复。5月13日，完成土地预审。6月3日，取得规划选址意见书。项目自7月17日正式启动，完成公益性论证会审核，张贴《北京市西城区房屋征收暂停办理事项公告》《关于北京市琉璃厂艺术文化馆建设工程住宅房屋征收预评估基准价格的公示》和《关于北京市琉璃厂艺术文化馆建设工程房屋征收补偿方案征求意见公告》，选定房地产评估公司，成立项目指挥部及居民代表委员会，完成入户调查，征收补偿方案通过区政府常务会审议，并完成公开征求被征收人意见工作。

（白　雪）

【杨梅竹斜街保护修缮试点项目】　3月，完成违建拆除、房屋清扫工作。9月，确定高立庄项目作为杨梅竹斜街保护修缮项目的对接腾退房源。10月底，报区住建委申请备案，继续推进腾退工作，经对杨梅竹斜街保护修缮试点项目扩区范围内全面调查，有腾退意向的居民93户、单位产1处。年内，完成3户居民的腾退工作，形成2个整院。继续探索已腾退资产的改造及利用模式，“内盒院”第一批4个试点按期建成。深化“三井·新社区”项目建设，继续开展招商运营工作，办理已腾退直管公房产权划转工作。

（白　雪）

【商会第一届第四次全体会员大会】　4月16日，大栅栏琉璃厂商会召开第一届第四次全体会员大会，73家会员单位代表和相关政府部门的负责人出席会议。会议通报商会第一届第六次理事会会议结果，为新入会会员授牌，商会代表宣读《诚信守法经营倡议书》，报告2014年工作总结和2015年工作计划。

（白　雪）

【地区企业领导人培训会】　4月16日，举办2015年企业领导人培训会，73家会员单位的负责人和10余个相关政府部门的嘉宾参加培训会。邀请专家及区文创办、区旅游委等部门领导讲解经济形势、文创、旅游等相关产业政策，帮助企业了解国际国内经济形势和首都经济发展战略，提高企业抵御风险能力。

（白　雪）

【老字号职工趣味运动会】　5月23日，举办“第二届大栅栏琉璃厂老字号职工趣味运动会”，20余家会员企业的200余名员工参加，为大栅栏琉璃厂地区老字号企业之间搭建了运动健身和感情交流的平台。

（白　雪）

【珠粮街区改造提升项目】　5月，完成拆迁公司招投标工作，并取得定向安置房立项批复。6月16日，腾退工作全面启动。与宣房投公司签订《直管公房解约办理服务协议》《西城区定向安置房调配使用协议》并在区住建委备案，取得廊坊二条项目规划意见书。开展道路、排水、交通工程、景观照明初步设计工作，及道路设计、电力、信息设计招标工作。年内，市、区财政共拨付4.8亿注册资本金，具备腾退意向的居民201户，其中83户居民已签署申请腾退表（腾退申请核定表），可形成整院（含独立门牌）11个，同时开展2户单位产的腾退工作。

（白　雪）

【修订业态发展指导意见】　6月17日，为提升区域经济发展品质，北京大栅栏琉璃厂建设指挥部与西城工商分局、区食品药品监督管理局、大栅栏街道办事处、椿树街道办事处联合修订《关于大栅栏琉璃厂历史街区业态发展的指导意见（2015修订版）》。全年对50家企业及个人的业态引入进行了核准，批准21家非遗项目、民族设计、创意茶室、文化书屋等符合业态要求的申请，继续保持“七小”业态零增长。

（白　雪）

【大栅栏琉璃厂传统文化体验活动】　6至12月，举办大栅栏琉璃厂传统文化体验系列活动，包括老字号非遗技艺体验、书画艺术品展览和传统文化讲座等活动，北京市民、在校师生和来京游客等6000余人次参与。项目由西城区社会建设专项资金支持，入选“第四届爱在西城公益文化节暨社会力量服务展洽会”优秀服务项目。

（白　雪）

【服务社会建设项目】　六必居酱菜博物馆项目于7月完成主体施工。8月19日，瑞驰酒店按要求完成降层改造工作。三庆园解危排险翻改建工程改造方案于10月完成主体施工。

（白　雪）

【大栅栏历史文化展览馆保护利用项目】　7月，完成环评登记和观音寺文物本体修缮方案可行性研究报告，于7月24日通过专家评审。8月24、25日，完成观音寺二期的入户评估工作。10月29日，张贴观音寺二期征收公告。12月29日，正式张贴《大栅栏历史文化展览馆保护利用征收项目（二期）房屋征收决定》。年内，完成文物本体范围内4户征收工作，建设控制地带范围腾退7户。

（白　雪）

【西河沿东段市政道路改造工程】　8月30日，进场施工。9月进行排水管线施工。10月，基本完成专业管线过街掘路手续申报工作。11月，取得区发改委可行性研究报告的批复，向西城规划分局申报电力工程规划许可证施工图。

（白　雪）

【举办文化季活动】　9月23日至12月26日，举办“2015北京大栅栏琉璃厂精品交易文化季”。通过“2015北京国际设计周设计之旅——大栅栏设计社区”“大栅栏琉璃厂旅游购物节”“琉璃厂全国国有文物商店文物艺术品交流会”“名家书画作品赏析讲座”“税务与金融服务交流会”“中国书店秋季书刊资料文物拍卖会”“大栅栏琉璃厂京味文化体验周”“中国琉璃厂高峰论坛”“琉璃厂秋季精品拍卖会”“第十三届‘椿树杯’北京市社区京剧票友大赛”和“北京记忆——寻找一尺大街创意活动”等系列活动，吸引410余万人次关注和参与。

（白　雪）

【2015北京国际设计周大栅栏展区活动】　9月23日至10月7日，举办以“设计之旅——大栅栏设计社区”为主题的活动，“大栅栏更新计划”“三井新社区建设”“领航员项目”“主宾城市迪拜设计展”等120多个展览与活动遍布在10余条胡同的70多个地点中。其中在三井胡同21号举办的由荷兰驻华大使馆与荷兰创意产业基金会赞助的“未来城市实验室：培蕴之屋”吸引了荷兰国王威廉·亚历山大亲临现场参观。

（白　雪）

【国有文物商店文物艺术品交流会】　10月30日至11月2日，举办全国国有文物商店文物艺术品交流会。全国30余家具有影响力的国有文物商店以及汲古阁等老字号企业携书画、瓷器、玉器、杂项、翡翠等文物艺术品参加交流展卖。4天共吸引古玩艺术品爱好者4万人次，累计成交额约4000万元。

（白　雪）

【拆迁区工作】　年内，加强对拆迁区的安全管理，落实联席会机制、风险防控机制、舆情监控机制、信访接待机制，及时化解矛盾、处置隐患，推动拆迁工作安全有序。协助拆迁区各主体单位进一步理顺工作机制，用好宣传、房源、裁决三个共享平台，有序开展工作。年内，宣东A-G地块累计完成签约337户，剩余15户；棉花片A2地块累计签约120户，剩余160户；棉花片A5地块累计签约137户，剩余296户；棉花片A7地块累计签约192户，剩余130户。完成A3地块居民意愿调研，并进行资料整理和数据分析、产品定位、规划研究等方面工作。A6地块于10月31日破土动工。

（白　雪）

【中国·琉璃厂高峰论坛】　12月18日，举办以“‘一带一路’背景下中国传统文化的活化发展”为主题的中国·琉璃厂高峰论坛。文化、艺术和信息领域的专家学者和精英人士发表了演讲，为关注中国传统文化活化发展的各界人士提供了多角度的信息和广泛的视野，搭建了传统文化创新发展的研究和讨论平台。在高峰论坛上，北京大栅栏琉璃厂建设指挥部、北京文化产权交易中心、北京十一街科技发展有限公司还分别签署了战略合作协议，三方共同推进琉璃厂艺术品交易平台的建设。

（白　雪）

【重要节点保护修缮项目】　年内，初步确定钱市胡同、榆树巷1号、陕西巷52号、百顺40号、大外廊营1号等5个节点保护修缮项目的修缮方案，完成民意摸底调查及征询相关利害关系人意见工作。

（白　雪）

【公房解危排险项目】　年内，对大栅栏、椿树地区进行公房解危排险，直管公房下水计划维修23处，已完工23处；平房翻建开工831户1250间，完工808户1201间；平房综合修缮开工1069间，完工1069间；上下水开工4栋，完工4栋；楼房综合修缮开工4栋，完工4栋；胡同整治开工20条，完工20条。

（白　雪）

【粮食店街B19项目】　粮食店街B19项目即大栅栏商圈综合服务中心，年内已确定为大栅栏街道社区公益设施建设项目，完成项目建议书编制，控制性详细规划调整已通过市规委控规动态维护会。

（白　雪）

【钱市胡同保护利用项目】　年内，钱市胡同传统银钱业博物馆保护利用项目已确定按照公益性征收项目进行文物征收工作，立项主体为北京市西城区文物保护研究所，保护利用方案初稿基本通过区文化委审核，控规调整已通过市规划委控规动态维护会。

（白　雪）

【“七小”行业专项治理工作】 协调相关部门开展“七小”行业专项治理工作，进一步规范市场经营秩序，促进地区产业结构调整和经济发展方式转变。年内，完成在账152家“七小”门店的治理工作，取缔小百货42家、小建材18家、小餐饮38家、小食杂店17家、小发廊17家、小棋牌室15家、小房屋中介2家，其他类3家。

（白　雪）

【揽客扰序专项整治行动】 年内，针对琉璃厂地区存在的揽客扰序情况，协调相关部门进行专项整治。按照坚持常态监管和集中打击两手抓、两手硬的方针，一方面，协调公安、城管、工商、街道等部门对琉璃厂地区保持全年的常态监管；另一方面，对扰乱经营秩序的行为进行定期的集中打击。针对区域疑难问题进行了专题研究，南新华街廊桥区域管理问题得到解决。全年共拘留44人，警告110人，整治效果明显。

（白　雪）

【交通秩序集中整治】 年内，对琉璃厂和西河沿街开展4次为期一周的交通秩序集中整治，处理西河沿违章停车154起，琉璃厂违章停车106起；共清理堆物堆107处，规范店外经营108起。

（白　雪）

【拆违及胡同整治工作】 突出“为民”理念，坚持文保区的统一风格，在确保与周围文化环境相协调的基础上，将精品胡同的打造与便民、利民更好地结合起来。年内，完成35条胡同的整治工作，拆违191处，美化了环境，提升了街巷景观品质。

（白　雪）

北京天桥演艺区建设指挥部

【概况】 北京天桥演艺区建设指挥部（简称天桥演艺区指挥部）隶属区委、区政府，由区政府直接管理。设立总指挥，由区级领导兼任，负责主持指挥部全面工作；设立1名常务副指挥，协助总指挥负责指挥部日常工作。下设办公室、规划建设处、环境建设处、产业促进处。行政编制20人。天桥演艺区指挥部是负责统筹协调推进天桥演艺区规划、建设、管理、发展工作的临时性常设机构。负责天桥演艺区建设的统筹协调、决策落实、指挥调度、产业培育、综合服务等工作。年内，天桥演艺区指挥部围绕演艺区的建设和发展，加强统筹协调，以“民生改善、名城保护、产业发展、服务首都”为工作原则，坚持规划引领和可持续发展，着力推进演艺区规划研究、项目建设、环境整治、产业发展等工作，实现天桥艺术中心的盛大开幕及市民广场同期亮相，推进中华电影院改造，启动北部平房区住房与环境改善项目，提升艺术中心周边环境，成立天桥演艺联盟，开展品牌文化活动及宣传推介，取得较好的社会反响。

地址：西城区天桥南大街1号北京天桥艺术大厦A座5层503室
邮编：100050
电话：83167001

（白　玉）

【北部平房区住房与环境改善项目】 1月4日，天桥演艺区北部平房区住房与环境改善项目完成起步区的入户调查工作。4月13日，二期入户调查正式开始。范围东至铺陈市胡同，西至留学路，南临永安路拓宽红线，北至九湾胡同。涉及户数约2484户。5月31日，二期入户调查结束。8月5日，项目取得申请报告批复。8月26日，腾退补偿方案获得批复。9月8日，区委常委、副区长郭怀刚召开北部平房区住房与环境改善项目腾退启动工作会，对腾退工作提出具体要求。9月9日，腾退准备工作布置完毕，人员到位，张贴《致居民一封信》、宣传标语。9月10日，一期腾退正式启动。11月10至11日，组织居民赴高立庄“广安·康润家园”安置房现场看房，2天累计超过200人次看房。截至12月22日，预签约97户，其中公房65户、私房32户，涉及院落48个。

（王　旋）

【香厂新市区规划方案征集活动】 3月12日，区政府召开香厂新市区规划方案征集工作推进会，研究讨论规划设计方案征集任务书（初稿）。北京历史文化名城保护委员会办公室（简称市名城办）常务副主任邱跃、西城区副区长李岩，王世仁、王东2位专家以及相关部门工作人员参加会议。4月7日，明确香厂新市区保护与发展规划设计方案征集活动的任务书深度及最终内容，沟通组织方案、资格预审工作安排。5月15日，项目采购公告在中国政府采购网上发布。5月27日，香厂新市区资格预审申请文件递交截止，有8家单位应征。6月30日，采取选择性方式确定评审委员会专家的申请获得区财政局的批准。7月9日，召开资格预审评审会会议，评选出5家设计单位进行规划方案设计。7月21日，召开“香厂新市区保护与发展规划方案征集”项目设计启动会，组织设计单位现场踏勘，市规划院进行答疑。8月13日，召开项目设计情况阶段性汇报会议。邱跃、李岩和柯焕章等3位专家以及相关委办局工作人员参加会议。5家设计单位将初步方案以及实施思路分别作汇报。与会专家和领导对在规划方案编制过程中应把握的原则和关注的问题提出了建议。指挥部组织市规划院、北京天桥盛世投资集团有限责任公司进行梳理后，采用统一材料回复各应征单位。10月26

日，召开香厂新市区保护与发展规划方案征集项目方案评审会议。西城区区委常委、副区长郭怀刚等3名主办、承办单位代表与市名城办常务副主任邱跃等6名相关领域不同专业的专家组成评审委员会，共评议5个方案。经2轮投票，中国中元国际工程有限公司、中国城市规划设计研究院2家设计单位最终获得优胜方案。

（王　旋）

【北京天桥演艺联盟成立】　5月28日，北京天桥演艺联盟召开成立大会，97家单位及个人会员参加会议，文化部党组成员、部长助理刘玉珠，中宣部文艺局副巡视员李小虹，中国文联文艺研修院常务副院长傅亦轩，国家能源局法制和体制改革司司长梁昌新及国家新闻出版总署的相关负责人，市委宣传部常务副部长王海平，市文化局原党组书记、副局长张文华，市文化局副局长关宇，市文联党组副书记刚杰，区领导王宁、刘跃平、杜灵欣、郭怀刚、王都伟、孙硕，区相关部门负责人以及友好单位代表出席会议。会议选举产生了联盟第一届理事会、第一届监事会成员以及主要负责人，张文华当选为联盟主席。

（欧昕雨）

【市民中心项目用地条件调整】　5月28日，规划指标调整经过北京市规划委中心城控制规模动态维护专题会的审议，调整用地条件为：社区综合服务设施用地A8（含不独立占地的机构养老设施1处，约5000平方米），并在用地范围南侧新增一条7米宽的城市支路。调整后指标为：容积率1.8，建筑高度18米，绿地率30%。在就南侧道路定线路宽等事宜征询北京市交通委员会意见后，10月3日，项目获得市交通委的交通影响评价审查意见。11月12日，天桥市民中心项目在市规划委西城分局网站进行为期30天的网上及现场控规调整公示。

（王　旋）

【南中轴路南段疏堵工程主体完工】　南中轴路南段道路为城市主干路，全长615米，红线宽80米，南中轴路疏堵南段工程是实现南中轴直线通行的工程。分南北两段组织施工。北段（永安路—北纬路）于2013年底天桥艺术大厦开业前建设完工；南段（北纬路—南纬路）为配合天桥艺术中心开幕于年内组织建设。广安基础公司于6月1日进场施工，9月17日、10月23日由中铁五局（集团）有限公司将场地移交北京广安基础设施建设投资公司。公交场站退线问题解决后，11月14日，南中轴路疏堵工程的雨水、污水、自来水、天然气等地下管线施工，路面铺油及便道铺装工程全部完工，于11月15日通车运行。

（葛鲁军）

【中华电影院改造】　6月4日，中华电影院的外立面设计方案正式上报北京市规划委西城分局。7月7日，项目取得规划意见。12月16日，首都电影院（旗下中华电影院）东、南立面幕墙完成施工、落架亮相。

（王　旋）

【天桥艺术中心竣工移交】　天桥艺术中心项目于7月10日完成竣工备案工作。10月9日，艺术中心土建及机电专业移交物业公司，舞台技术专业移交运营公司，并完成开荒保洁等工作，项目如期竣工。

（王　旋）

【2个公交场站完成退线与施工】　110路公交场站退线是南中轴路疏堵能否全面实现的关键。8月19日，区委常委、副区长郭怀刚带队赴北京市公交集团，与公交集团总经理王春杰就110路、917路公交场站相关问题进行洽商。双方就110路场站退线，实现南中轴路贯通达成一致意见。10月12日，天桥演艺区指挥部组织北京市公安局公安交通管理局秩序处等相关单位共同审定北纬路口交通组织方案。会议对已有公交运行方案进行优化，满足了公交通行需求，并商定北京广安基础设施建设投资公司10月14日进入110路场站内开始基础施工，于11月15日完成退线场地施工。

（葛鲁军）

【市民广场竣工移交】　9月2日，市民广场完成竣工备案。9月24日正式移交物业公司管理，按时完成工程建设计划。配合天桥艺术中心开幕，实现二者同步开业运营。

（王　旋）

【天桥艺术中心周边环境提升】　根据市、区相关工作要求，对天桥艺术中心周边的环境建设和景观提升进行统一规划设计，打造与演艺区整体建设相匹配的景观精品。9月7日，区委常委、副区长郭怀刚，副区长姜立光召开会议研究天桥艺术中心周边环境提升方案，同意进行以北纬路、南纬路艺术中心段及新农街道路的提升改造，北纬路北侧墙体粉刷，北纬路南北两侧临时绿化为主要内容的天桥艺术中心周边环境提升工作。工程于11月15日天桥艺术中心开幕前完成。

（葛鲁军）

【天桥文化传承中心资产置换完成】　11月16日，北京市天桥投资开发公司、北京杂技团、天桥街道办事处、北京市京南文化艺术公司正式签署《天桥文化传承中心项目资产置换协议》，完成天桥文化传承中心内涉及的相关资产置换。

（王　旋）

【演艺区规划实践创新获奖】　11月18日，由金融街投资集团北京正光房地产开发有限公司申请的《国际一流水准的首都核心演艺区规划实践创新》获2015年度第30届北京市企业管理现代化创新成果一等奖，该奖项由北京市人民政府国有资产监督管理委员会及北京企业联合会颁发。

（王　旋）

【北京天桥艺术中心开幕】　11月20日上午，在北京天桥艺术中心举办北京天桥艺术中心开幕仪式暨2016年文化惠民计划发布会，文化部党组成员、中央纪委驻文化部纪检组组长王铁，国家新闻出版广电总局规划发展司司长朱伟峰，中国文联党组成员、书记处书记陈建文，中共北京市委常委、宣传部部长李伟，北京市副市长王宁，北京市政协副主席、国家大剧院党委书记、院长陈平，中共北京市委宣传部常务副部长王海平，北京市文化局党组书记、局长陈冬，北京市国有文化资产监督管理办公室主任周茂非，区领导刘跃平、杜灵欣、王力军、章冬梅、陈思源、程军、郭怀刚、李书兵、王旭、王都伟、孙硕、王鹏、姜立光、吴向阳、于鹏出席活动，姜昆等艺术家、天桥老艺人及传承人代表、居民代表及数十家媒体代表参加活动。下午举办“北京的天桥　世界的舞台——文化艺术的传承与创新”论坛，通过对文化产业的现状与未来、内容创作与产业发展、跨界融合等主题的探讨和交流，发挥论坛的桥梁和引领作用，加强各界在文化领域的相互了解，共同谋求实质性的共赢合作，打造立体式的思维智慧，北京市文化局副局长吕先富，区委常委、副区长郭怀刚出席。开幕当晚，世界著名音乐剧《剧院魅影》作为开幕大戏隆重上演，吸引了社会各界逾千名观众观演。

（欧昕雨）

【与4家院团签订战略合作协议】 11月20日，区政府在天桥艺术中心举办签约仪式，区委副书记、区长王少峰代表西城区与中国国家话剧院、中国对外文化集团公司、国家大剧院、北京人民艺术剧院签署战略合作协议，就进一步推进天桥演艺区建设达成合作意向。王铁、朱伟峰、陈建文、李伟、王宁、陈平、王海平、陈冬、周茂非、刘跃平、杜灵欣、王力军、章冬梅、陈思源、程军、郭怀刚、李书兵、王旭、王都伟、孙硕、王鹏、姜立光、吴向阳、于鹏等领导出席活动。

（欧昕雨）

【《北京法源寺》演出成功】 12月5至20日，由天桥盛世投资集团与中国国家话剧院联合出品的原创话剧《北京法源寺》在天桥艺术中心中剧场上演，文化部党组书记、部长雒树刚于12月16日到场观看。该剧作为西城区开创央地合作新模式的重要成果之一，得到国家大剧院的正式邀请以及天津、上海等多个剧院的演出邀请。近万名市民群众及数十个国家的驻华使馆外交官、留学生代表等近800位国际友人观看了该剧目的演出。

（欧昕雨）

【地铁8号线天桥站完工】 地铁天桥站建设作为演艺区改善基础设施建设，于2014年3月进场施工。截至年内11月15日天桥艺术中心开幕前，全部完成车站站台、2个出入口、南北两侧各3个风亭的主体结构及出入口与南北侧风亭的外部装饰工作。

（葛鲁军）

【北纬路征收工作】 上年7月3日发布征收公告，征收实施主体为天桥街道办事处，由北京广安基础设施建设投资公司负责建设。征收范围内涉及居民105户，单位17个。截至2015年底，累计完成53户居民、10个单位的征收工作。剩余居民已发《征收补偿决定书》13户，准备申请法院裁决。

（葛鲁军）

【领导考察调研】 3月8日，北京市纪委书记叶青纯、北京市政协原副主席黄成祥实地考察演艺区。5月11日，国家新闻出版总署副署长孙寿山实地调研演艺区。同日，上海市黄浦区区委常委、区委宣传部部长李崟带队调研演艺区。6月10日，北京市委常委、副市长陈刚实地调研演艺区。6月15日，上海市黄浦区区委书记翁祖亮一行调研演艺区。6月23日，市文化局党组副书记、副局长吕先富调研演艺区。6月26日，上海市黄浦区政协主席张华一行实地调研演艺区。9月23日，北京市文联主席张和平实地考察演艺区。10月7日，区委副书记、区长王少峰带队调研天桥艺术中心相关工作。10月22日，国家能源局法制与体制改革司司长梁昌新调研天桥艺术中心。10月23日，沈阳市市委宣传部一行5人调研演艺区。10月29日，北京市文化局党组书记、局长陈冬一行实地调研演艺区。11月10日，拉萨市堆龙德庆县党政代表团一行实地调研演艺区。11月12日，北京市副市长王宁视察艺术中心，调研指导开幕相关工作。11月19日，王少峰实地调研天桥艺术中心，检查指导开幕相关工作。12月1日，王宁，市委宣传部常务副部长王海平，市文化局局长陈冬，区领导卢映川、王少峰、郭怀刚、王都伟、孙硕等调研天桥艺术中心原创话剧《北京法源寺》剧组并观看联排情况。12月16日，区委书记卢映川调研演艺区。

（欧昕雨）

【合作交流】 1月9日，中国制香行业协会筹备组与指挥部就入驻天桥演艺区开展座谈。1月19日，韩国希杰CGV株式会社北京代表处与指挥部就影院建设合作开展座谈。1月20日，北京国尚天地旅游文化发展有限公司与指挥部就综合性购物中心入驻演艺区开展座谈。1月20日，中医世家医馆与指挥部就入驻演艺区开展座谈。1月22日，戏曲导演郭晓男与指挥部就剧目合作及建立工作室等开展座谈。2月25日，国家大剧院副院长王争鸣、邓一江、李志祥与指挥部就天桥艺术中心运营与合作等相关事宜进行座谈。3月4日，接待阳光媒体集团主席杨澜实地考察，就区域优质文化品牌打造、演艺区规划建设及未来发展等开展座谈。3月10日，北京典雅天地文化传播股份有限公司与指挥部就开展合作相关事宜进行座谈。同日，青年导演黄盈与指挥部就开展合作进行座谈。4月17日，北京文睿堂文化传媒公司与指挥部就入驻天桥艺术大厦相关事项进行座谈。4月29日，中国国家话剧院院长周予援与指挥部就依托艺术中心开展合作等相关事宜进行座谈。5月4日，指挥部赴中国戏曲学院附属中等戏曲学校就合作相关事宜进行座谈。5月8日，北京瑜杨伟业文化发展有限公司与指挥部就开展合作进行座谈。同日，北京鼓乐金樽文化传播有限公司与指挥部就入驻天桥演艺区相关事宜进行座谈。5月28日，文津雕版博物馆与指挥部就演艺区建设、产业发展等相关事宜进行座谈。6月11日，北京国韵天成文化传播有限公司与指挥部就其戏曲音像店入驻天桥演艺区进行座谈。6月30日，北京出版集团与指挥部沟通入驻相关事宜。7月29日，台湾手工业推广中心董事长唐国泰、台东县议会议长饶庆玲与指挥部就资源对接进行座谈。7月31日，中央美术学院造型学院与指挥部就对接资源、探讨合作进行座谈。9月7日，丹麦霍尔拜克自治市行政市长汉斯·索埃一行访问天桥演艺区，与指挥部就推动双方文化交流与合作开展座谈。9月16日，指挥部赴中国音乐学院就开展合作进行座谈。9月17日，北京人民艺术剧院与指挥部就深度合作进行座谈。10月10日，区委书记王宁带队赴中国国家话剧院就西城区文化建设、天桥演艺区内容建设、剧目创作与生产等内容开展座谈。10月16日，新华通讯社北京分社与指挥部就演艺指数的研究工作进行座谈。11月24日，香港民政事务局与指挥部就资源对接等事项进行座谈。同日，俄罗斯莫斯科代表团参观艺术中心。12月22日，陕西省西安市剧院项目考察团参观艺术中心。12月23日，香港康乐及文化事务署署长参观艺术大厦及艺术中心。

（欧昕雨）

【新泰安里及板章路腾退工作】　新泰安里作为民国建筑，2009年被西城区列为区级文物保护单位。项目主体是宣房投资管理公司，由天桥演艺区指挥部牵头协调。本次腾退是2009年以来进行的第二次腾退，于2013年11月30日启动。截至2015年底，腾退共计70户，已走52户，剩余18户，其中新泰安里楼房剩余4户，已报请法院裁决。新泰安里6号平房剩余2户，板章路剩余12户。腾退完成后新泰安里将遵循文物保护，修旧如旧的修缮原则加以开发，以近代文化艺术博物馆的形式呈现民国风情。

（葛鲁军）

中关村科技园区西城园管委会

【概况】　中关村科技园区西城园（原中关村德胜科技园，简称西城园）包括“一园三区”（“一园”即西城园，“三区”即德胜街区、北展街区、广安街区），是西城区高新技术产业发展的重要载体、科技成果转化及产业化的主阵地和经济发展方式转变的重要引擎，基本形成以现代服务业为主体，以研发设计、出版创意、智慧产业、科技金融为主要支撑的产业格局。被认定为北京市首批文化创意产业集聚区之一、首都四大金融后台服务区之一、全国唯一的国家级出版创意产业园区、北京设计之都核心区、第一批国家级科技与文化融合示范基地。西城园管委会设办公室、组宣处、规划处、产业处、创新处、分析处6个内设机构，管委会主任由区领导兼任，工作人员31名。年内，园区有规模以上高新技术企业214家，高新技术企业实现总收入1775.8亿元，同比增长31.9%；企业实现利润总额172.5亿元，同比增长60.0%；实缴税费总额77.1亿元，同比增长34%；地均产出177.5亿元每平方公里，劳动力人均产出221万元每人，产业集中率达到8.8%。各项经济指标增速在中关村各分园中位居前列。

地址：西城区西直门内大街东桃园
　　　胡同2号
邮编：100035
电话：66205328

（许海龙）

【业态转型升级初见成效】　年内，西城园设计服务业总资产430.3亿元，设计企业总收入157.5亿元，利润总额24.5亿元，同比增长33.2%；出版创意产业总资产327亿元，出版企业总收入67.1亿元，实现利润3.1亿元，同比增长82.4%。中国北京出版创意产业园入驻企业达到47家，并获北京市首批市级文化创意产业示范园区荣誉称号；出版创意产业园区联合出版平台（北京联合出版有限责任公司）入选全国版权示范单位；国家外汇管理局批复同意联动优势电子商务有限公司开展跨境外汇支付业务；91金融超市获“CITE2015创新产品与应用奖”。以北京动物园批发市场为代表的服装批发业态转型升级步伐加快，天皓成服装批发市场转型为宝蓝金融创新中心。

（许海龙）

【自主创新能力进一步增强】　年内，西城园技术合同成交额累计772.5亿元，同比增长15.4%。专利申请数1336件，同比增长225.1%，其中发明专利638件，同比增长155.2%。专利授权706件，同比增长54.1%，其中发明专利授权数218件，同比增长54.6%。在第17届中国专利奖颁奖大会上，北京奇虎科技有限公司、北京有色金属研究总院等4家企业的6项发明专利获中国专利优秀奖。新型稀土改性涂层材料及产业化、选冶检测与优化控制技术、低品位菱镁矿提质降杂关键技术研究等项目通过验收。截至年底，园区有国家重点实验室6个、国家工程技术研究中心17个、北京市重点实验室57个、北京市工程技术研究中心20个、中关村开放实验室6个，企业自主创新能力稳步提升。

（许海龙）

【园区企业服务成果显著】　年内，“普天德胜C客空间”“DRC创億梦工厂”获中关村现代服务业2015年创业孵化试点支持，3家孵化器申报2015年中关村存量资源盘活项目和生态园区建设项目，19家企业申报中关村创新能力专项—专利资金申报；8家企业获2015年度首都设计提升计划支持，9家企业获2015年度北京市科技型中小企业促进专项支持，6家企业获2015北京市科技服务业促进专项支持，3家企业获首批北京市创新创业服务机构建设促进专项支持；126家高成长科技企业入选中关村“2015瞪羚计划”，48家创新型高科技企业入选2015中关村“展翼计划”。辅导60家企业通过国家高新技术企业评审，总数达到300家；56家企业通过中关村高新技术企业评审，总数达到530家。

（许海龙）

【推动京津冀协同发展】　年内，西城园管委会与唐山市路北区政府签署战略合作框架协议，组团参加路北区招商会等活动，北京恒华伟业科技股份有限公司大数据中心、北京DRC工业设计创意产业基地、91金融、乐投天下、普天德胜孵化器等项目分别与路北区政府签约。西城园管委会与涞水县政府签署工作备忘录。北京精冶源新材料股份有限公司在曹妃甸区投资建设生产基地，北京市中山新技术设备研究所在固安市投资建成生产基地，北京梅泰诺通信技术股份有限公司项目在唐山市丰润区建成投入使用。截至年底，西城园有8个项目落户河北省。

（许海龙）

【自主创新成果获市科技奖】 2月27日，北京市召开科学技术奖励大会暨市科技工作大会。共有220项科研成果获2014年度北京市科学技术奖。市委书记郭金龙，市委副书记、市长王安顺为科技工作者颁奖。西城区辖区21家企事业单位参与自主研发的科研成果共获得一等奖2项，占全部一等奖数量的7%；二等奖10项，占全部二等奖数量的17%；三等奖20项，占全部三等奖数量的15%。其中中关村西城园企事业单位获得一等奖1项、二等奖7项、三等奖14项。在获奖科研项目中，西城区单位作为第一科研承担单位研发成功的自主创新成果有12项，作为唯一科研承担单位研发成功的自主创新成果有7项。

（单　毅）

【与唐山路北区签署战略合作协议】 6月26日在唐山金融中心，西城园管委会与唐山市路北区政府签署战略合作协议，此协议是落实京津冀协同发展战略和区委、区政府“瘦身健体”要求的重要举措，也是中关村西城园管委会成立后与外省市签署的第一个战略合作协议。双方秉承“优势互补、互利共赢、精准对接、统筹推进”的原则，围绕电子信息、新材料、生物健康、设计创意等重点领域进一步深化合作，并在共建中关村西城园分园等方面积极探索，携手共进。同时，园区企业北京恒华伟业科技股份有限公司、北京DRC工业设计创意产业基地也分别与路北区政府、唐山金融中心签署战略合作协议。

（于金东）

【接待联合国教科文组织专家考察】 7月6至7日，联合国教科文组织前文化助理总干事米拉格罗斯·德尔·克拉尔女士，现场考察了北京“设计之都”大厦，并就拟在京建立联合国教科文组织第2类中心——“国际创意与可持续发展中心”与市科委、区政府相关领导进行了交流。副区长陈宁介绍了西城区文化创意产业发展情况及“设计之都”核心区建设情况，克拉尔女士对西城区深厚的历史文化底蕴和得天独厚的设计资源优势表示满意，并希望该中心落户北京“设计之都”大厦。第2类中心是由教科文组织赞助的研究机构，是独立于教科文组织的实体，北京市政府正在申请的“国际创意与可持续发展中心”是全球首个创意设计第2类中心。该中心将通过产业研究和专业培训，利用互联网、大数据等技术手段，建成全球创意产业智库和国际信息和交流平台，为北京“设计之都”建设和全球创意网络发展，提升中国的话语权，推动北京建成具有全球影响力的创新中心，发挥积极的作用。

（袁　文）

【“广阅通”落户西城园】 7月28日，中国北京出版创意产业园区新媒体领军企业“维旺明科技和维我科技”与亚信数据、宽带资本合作打造的“广阅通”移动互联网智能推荐内容生态系统在京举行首次发布会。“广阅通”以大数据为核心、以海量内容及基因库为纽带，实现“内容、流量、广告”融会贯通、流转输送，达到CP（服务提供商）内容方、APP（客户端软件）流量方、PR（公共关系）投放方、广告主投放方的互联、互动、互通、共赢，开创了以原创内容为交易核心的新媒体出版产业创新商业模式。作为出版园以原创内容为核心、高新技术与互联网为手段探索新兴出版创意产业的先导项目，“广阅通”正式落户西城园。

（李　超）

【第二期中关村知识产权大讲堂】 8月26日，西城园主办的第二期中关村知识产权大讲堂在十月大厦举办，园区100余家企业的知识产权代表参加，北京市知识产权局副局长周砚、西城园管委会副书记、副主任台峰出席并致辞。此次大讲堂由中关村知识产权促进局和西城园管委会联合举办，主题为“企业并购中的知识产权策略与实务”，旨在提高中关村园区企业在并购过程中的抗风险能力，提高企业知识产权价值。大讲堂邀请京东方科技集团IP管理中心副总监郭振鹏和美国奥斯顿律师事务所代表苏慧伦为企业讲解“企业并购中的专利评估”和“企业并购中的知识产权法律问题”，并设置提问互动环节。参会企业踊跃发言，与授课讲师讨论热烈，取得了良好效果。

（刘　昆）

【“名师大讲堂”】 8月26日，在北京市第三十五中学“志成讲堂”，由北京市新闻出版广电局和西城区人民政府共同主办的第13届北京国际图书节“名师大讲堂”活动，作为“书香西城”特色活动，以历史学家阎崇年的“抗倭英雄戚继光”讲座拉开序幕。副区长陈宁致辞，区教委、文委、中关村科技园区西城园管委会等部门有关领导及近400名来自西城社区、机关、学校的读者参加了活动。北京联合出版公司代表中国北京出版创意产业园区向参加活动西城社区、机关、学校代表赠送了精品图书。为期5天的“名家大讲堂”还邀请于丹、王立群、张颐武等专家学者，围绕“纪念反法西斯战争暨抗日战争胜利70周年”“绿色北京·人文冬奥”“让阅读潜入我们的生活”“中国电影”等几个主题，为读者呈现高品质的主题讲座。

（郭　文）

【西城园试点项目通过专家评审】 9月8日，市财政局组织专家对中关村现代服务业中小企业创业孵化试点项目进行了评审，西城园项目实施方案顺利通过评审并获得专家一致好评。评审专家指出，西城园试点项目目标实际、工作扎实、成绩突出，有西城园自身的特色，希望在3年试点过程中充分发挥西城区的金融资源优势，做出西城特色。此次创业孵化试点项目由市财政局统一评审，中关村各分园组织实施，项目执行期为3年。西城园一期申报的2个试点项目——普天德胜C客空间和DRC创億梦工厂获得立项批准，2015年获得资金支持2900余万元。

（郭　海）

【“双创活动周”西城园分会场活动启动】 10月19日，以“创业创新·青年圆梦新西城”为主题的“全国大众创业万众创新活动周”西城园分会场活动开幕。活动开幕式暨“普天德胜创业·社区青年汇”揭牌仪式首先举行，中关村管委会、团市委、西城区政府、西城园管委会、团区委、德胜街道、普天德胜孵化器的领导共同为“普天德胜创业·社区青年汇”揭牌。开幕式后举办了西城青年创新创业论坛，先智创科（北京）科技有限公司董事长许泽玮、北京柠檬微趣科技有限公司董事长兼CEO齐伟、51社保网创始人兼CEO余清泉分别作了《互联网金融》《团队建设与项目选择》《企业级服务创业三件事》的主题演讲，并就拥有怎样特质的人更适合创新创业，对创业的看法、理解、具体方法和可能会遇到的困难，创新能力如何评价等问题与现场青年进行了交流。

（刘　昆）

【园区企业入选文创产业示范园区】　10月29日，在第十届中国北京国际文化创意产业博览会开幕式上，西城区与市新闻出版广电局共建的中国北京出版创意产业园入选北京市首批四家市级文化创意产业示范园区，出版园区联合出版平台董事长唐学雷作为示范园区代表做了主题发言。国家新闻出版广电总局副局长、国家版权局副局长阎晓宏，北京市委常委、宣传部部长李伟出席并致辞；北京市副市长程红主持开幕式。

（李　超）

【西城园获批建设国家重点实验室】　11月10日，科技部下发《关于批准建设第三批企业国家重点实验室的通知》，批准建设第三批共计75家企业国家重点实验室。北京市共有4家机构获批，其中包括中关村西城园内的北京矿冶研究总院“矿冶过程自动控制技术国家重点实验室”、北京有色金属研究总院“智能传感功能材料国家重点实验室”2家机构。西城园利用西城区优质资源，落实《国务院关于加快科技服务业发展的若干意见》和《北京市服务业扩大开放综合试点总体方案》，不断加强区域科技创新服务平台建设，不断为国家平台输送优质资源，已有6家国家重点实验室，占全市总数的5.4%；有57家北京市重点实验室，占全市总数的15.3%，排名全市第二；有20个北京市工程技术研究中心，占全市总数的6.6%，排名全市第三；有17个国家工程技术研究中心，占全市总数的25.3%，排名全市第二。

（单　毅）

【首家区科技金融企业落户西城园】　11月11日，国家外汇管理局批复同意联动优势电子商务有限公司开展跨境外汇支付业务试点，成为首家取得试点资格并完全落户中关村西城园的西城区科技金融企业。该公司与其母公司一起作为专业的移动支付、金融信息及金融创新服务提供商，从提供线上线下的综合支付服务到提供互联网金融综合服务，包括综合支付、互联网金融、供应链金融、资金托管、跨境支付和大数据服务。联动优势电子商务有限公司通过提供跨境支付平台解决中小企业跨境贸易资金结算难题，同时还提供物流信息解决方案、电商保险、清关信息查询服务及基于大数据的精准营销服务。11月13日，围绕创新业务，联动优势电子商务有限公司举办了第四届产品技术大会，以“技术创新·价值创造”为主题，盘点“互联网＋金融”行业趋势及技术热点，与网贷行业协会、蚂蚁金融服务、百度、腾讯等行业同仁共同针对互联网金融、移动支付及数据分析及应用等行业主流产品技术展开深入的交流，并以跨境外汇支付业务试点新业务为契机，规划新一年创新发展之路。

（王　伟）

【宝蓝金融创新中心揭牌】　11月19日，西城园管委会与宝蓝物业服务股份有限公司签订业态调整政策扶持协议书，宝蓝金融创新中心同时揭牌。标志着动物园批发市场疏解和北展地区产业升级取得重要的阶段性进展，对该区域其他服装批发市场的产业升级、调整具有引领示范作用。结合宝蓝公司的资源优势和园区运营的经验，将重点引进一批以互联网金融为代表的新兴金融服务企业、以研发设计为代表的高端科技服务企业，真正做到用人少、用地少、用能少、效益高，加快构建具有首都特色的都市型科技园区。区委常委、区委办主任孙硕和副区长陈宁出席签约仪式并讲话。

（李学锋）

【西城区自主创新成果获专利奖】　12月24日，由中国国家知识产权局和世界知识产权组织共同主办的第17届中国专利奖颁奖大会共评选出中国专利金奖项目20项，中国外观设计金奖项目5项，中国专利优秀奖项目507项，中国外观设计优秀奖项目57项。其中，中关村西城园内北京奇虎科技有限公司、北京有色金属研究总院、北京矿冶研究总院、有研稀土新材料股份有限公司4家自主创新企业的“一种依据白名单进行恶意程序检测的方法”“基于机器学习的程序识别方法及装置”“高硫/铜比次生硫化铜矿选择性生物浸出工艺”“浮选机叶轮”“三维激光扫描测量方法和装置”“一种电解还原制备二价铕的工艺”共6项发明专利获得中国专利优秀奖。此外，西城区内的国家电网公司获得中国专利金奖1项、中国专利优秀奖6项；中国移动通信集团公司获得中国专利优秀奖1项。

（刘　昆）

北京什刹海阜景街建设指挥部

【概况】　北京什刹海阜景街建设指挥部（简称什刹海阜景街指挥部），隶属区委、区政府，属区政府常设临时性机构。由区政府直接管理，分管副区长兼任总指挥，负责统筹协调推进什刹海和阜景街区域（四至范围：西至新街口北大街、新街口南大街、赵登禹路、西二环；东至旧鼓楼大街、地安门外大街、地安门内大街、景山东街；南至阜成门内大街、羊肉胡同、西安门大街、文津街、景山前街；北至北二环；总面积约696.78公顷）规划、建设、管理、发展工作。下设办公室、规划发展处、建设管理处、产业提升处。年内，什刹海阜景街指挥部按照区委区政府的有关工作部署，以深化党的群众路线教育实践活动成果和开展“三严三实”专题教育为牵引，以历史文化名城保护、人口疏解、基础设施改造、业态提升、建设项目落地等工作为重点，积极统筹兼顾，实施重点突破，主动协调各相关部门和属地街道，全力推进区域历史文化名城保护的各项建设任务。

地址：西城区护国寺街74号
（人民剧场）2号楼
邮编：100035
电话：58060650

（邱友才）

【市领导调研阜内大街业态提升工作】　2月27日，市委常委、常务副市长李士祥，副市长程红、张延昆等到阜成门内大街调研业态提升工作，视察了以市场化方式腾退的临街商铺，现场听取了有关阜内区域业态提升工作的进展和下一步招商工作安排。市领导对产业提升工作给予了肯定，同时要求继续总结经验，积极推动区域产业升级。市发改委主任卢彦、西城区区长王少峰、副区长姜立光等陪同调研。

（康　力）

【利用社会资源推进区域发展】　4月29日，金融街投资有限公司与鲁迅博物馆签署《鲁迅文化和人文精神发展示范区战略合作协议》。通过战略合作，金融街投资有限公司与鲁迅博物馆各自发挥优势，馆内改造、馆外建设同步进行，形成内外联动、街区整体提升的示范效应。

（康　力）

【签署受壁街项目代建协议】　5月13日，区政府在第102次专题会上，同意由区园林市政管理中心作为市“十三五”重点项目——受壁街项目市政道路和地下停车场的统一建设主体，华融金盈公司作为项目的代建单位，办理项目的规划研究、前期手续及建设等相关工作。年底，区园林市政管理中心与华融金盈司签订双方委托代建协议，并完成受壁街方案设计报审工作，成为华融金盈公司第一个市政代建项目，同时成为北京市第一个旧城改造中道路地下建设停车场的项目。

（钱维林）

【副市长调研白塔寺改造项目】　6月，副市长陈刚到白塔寺历史风貌保护区原官园花鸟鱼虫市场改造项目、试点院落改造项目宫门口四条二十四号等进行现场调研。听取了关于白塔寺历史风貌保护区及原官园花鸟鱼虫市场改造项目、试点院落改造的相关汇报，并对在试点院落改造中创新创意设计、新型材料运用方面给予肯定。

（钱维林）

【什刹海商会护国寺街分会成立】　6月19日，护国寺街商户的自律性组织——什刹海商会护国寺街分会成立，在护国新天地举行成立仪式，发布《护国寺街分会会员自律公约》。护国寺街分会的成立，是什刹海阜景街指挥部与什刹海街道积极培育社会组织健康有序发展、充分发挥社团组织参与街区管理和建设的重要举措。

（康　力）

【天恒正宇公司扩大疏解范围】　6月23日，北京天恒正宇投资发展有限公司取得区发改委《关于同意北中轴线核心保护区·什刹海地区旧城保护示范项目周边腾退院落纳入疏解范围的批复》。

（钱维林）

【官园项目签署租赁意向书】　7月，华融金盈公司通过广泛的接触与招商，经过论证，最终与国家烟草总局下属子公司中国双维投资公司签署官园项目租赁意向，并由毛坯交房改为精装交房。

（钱维林）

【东天意市场撤市腾退】　7月9日，北京天恒正宇投资发展有限公司、北京市京工友谊时装厂与北京天意新商城市场有限公司就天意市场（地安门分店）的腾退事宜签订了终止《房屋租赁合同》的三方协议，正式启动天意市场（地安门分店）的清租腾退工作。12月20日，全面完成天意市场（地安门分店）的清租腾退工作，并与京工友谊时装厂一起，完成租赁房屋的交接工作。

（钱维林）

【中国书店入驻地安门雁翅楼】　地安门雁翅楼始建于1420年，位于地安门门楼左右两侧，是地安门的戍卫建筑，远观好似大雁张开的一对翅膀，故此得名。2013年6月，雁翅楼景观复建工程开工，2014年竣工。地安门雁翅楼作为中轴线的重要组成部分，承载着传承历史、传播文化的功能，经区委区政府决定，与中国书店合作在雁翅楼打造24小时书店，集公共阅读、文化传承、慢生活休闲、文化产品推介于一体，增加地区文化氛围。2015年7月20日，作为西城区第一家24小时书店入驻地安门雁翅楼，开业当天，中国书店举办了“古籍修复技艺雕版印刷展示”和“中国书店海外回归古籍展”，展出了海外回流孤本元代《类编图经集注衍义本草》及清内府乌金亮墨精拓乾隆《敬胜斋法帖》等古籍；还邀请图书界相关老专家和社区居民代表，召开专家座谈会和社区居民读书会。

（康　力）

【乐春坊1号院落开工】　8月3日，北京天恒正宇投资发展有限公司与区房屋土地经营管理中心什刹海管理所就乐春坊胡同1号院的2间直管公房达成协议，作为什刹海地区旧城保护示范区首个居民改善试点院落开工。

（王　崧）

【多方筹集房源保障人口疏解】　8月18日，北京天恒正宇投资发展有限公司（简称正宇公司）、北京西都地产发展有限公司（简称西都公司）分别与北京广安融达置业有限公司签订《西城区定向安置房调配使用协议》，正宇公司获得高立庄康润嘉园项目279套定向房源，西都公司获得60套定向房源。9月，正宇公司获区住建委批复，由百万庄项目和丰盛项目调拨融泽嘉园82套房源，均用于什刹海人口疏解项目。

（邱友才）

【白塔寺再生计划亮相北京国际设计周】　9月24日至10月7日，北京华融金盈投资发展有限公司以白塔寺项目作为主会场，参加了2015年北京国际设计周“设计之旅”活动，邀请设计师、艺术家，在白塔寺地区20余已腾退院落以及部分公共空间，开展了50余项展览、展示项目和35项论坛及相关设计活动，第一次将白塔寺再生计划向社会展示。共接待5万余人次，国内外近50家媒体进行报道。

（康　力）

【北中轴西侧方案通过专家论证】　11月，北中轴线核心保护区北段西侧（火神庙至鼓楼段）环境品质提升项目建设方案，在北京市历史文化名城保护委员会办公室组织的专家论证会上讨论获通过。

（王　崧）

【华融金盈公司获市创新成果奖】　年内，华融金盈公司注重通过轻资产模式推进旧城区业态调整，其中《以承转租“轻资产”模式推进旧城区商业业态调整——阜成门内大街业态升级模式探索》获得北京市企业管理现代创新成果一等奖。

（钱维林）

【年度疏解腾退工作】　年内，天恒正宇公司总共完成30个院落的腾退工作，总建筑面积为2904.47平方米，总占地面积约为4007平方米，涉及85户居民，人口176人，同时已取得区国资委对区园林市政中心下属三海公司部分资产收购的批复。华融金盈公司完成100户商户的清退和150户签署腾退意向书，连续三年完成政府下达的疏解任务指标。

（钱维林）

【区域业态升级初见成效】　年内，什刹海阜景街指挥部协调区相关部门，通过收购、收租、资源置换、合作等多种方式与产权单位开展合作，推动阜景街白塔寺区域业态升级。全年收租商铺面积3276平方米，完成5家商户入驻的签约，10余家商户签署意向书。阜内北街到宫门口西岔一段，收租商铺已相连成片，街区商业业态提升工作初见成效。

（康　力）

【德胜门对景项目进场施工】　搁置近10年的德胜门对景项目，在什刹海阜景街指挥部的协调推进和区园林市政与华融基础公司等部门的共同努力下，年底前完成施工前各项准备工作，顺利进场施工。

（王　崧）

【组织跨界企业联谊活动】　春节前，什刹海阜景街指挥部在护国寺街护国新天地组织开展了“什刹海2015跨界企业新春联谊活动暨什刹海新业态品牌推介会”，金融、文创、旅游、茶业、餐饮等行业的30余家企业参加了活动。加强了不同行业间企业沟通交流，宣传推介了什刹海区域优质资源，促进了企业间资源共享、优势互补、共同发展。

（康　力）

北京北展地区建设指挥部

【概况】　北京北展地区建设指挥部（简称北展指挥部）于2013年12月4日挂牌成立，隶属区委、区政府，由区政府直接管理。设立总指挥，由区领导兼任，负责主持指挥部全面工作；设立1名常务副指挥，协助总指挥负责指挥部日常工作。下设办公室、产业发展处、环境秩序处。行政编制20人。北展指挥部是负责统筹推进以动物园服装批发市场（简称“动批”）为重点的展览路地区内，低端业态和小商品批发市场疏解、改造、业态调整升级工作的常设临时性机构。主要工作为统筹区域各种资源，引导批发市场人口有序疏解和产业有效提升。参与研究区域内资源利用、业态调整相关政策，编制中长期发展规划和专项规划；协调重大项目的论证、立项、引进和落地；负责交流合作活动的项目申报和组织、各类经济指标的收集整理、统计分析和研究、联络区域内商户自治组织、联席会、专家顾问等工作；同时负责牵头协调推进区域内环境的综合治理和城市形象品质提升的相关工作。指挥西直门综合治理办公室开展区域环境秩序工作；编制区域内商品批发市场环境治理的年度工作计划和实施方案；协调区委、区政府相关委办局、街道、产权单位、市场主办方等，开展对区域市场秩序、交通秩序、治安秩序等进行治理和提升，确保区域内市场的安全稳定。

地址：西城区展览馆路14号
　　　中俊酒店3层
邮编：100032
电话：68305824

（马　宁）

【天皓成服装批发市场正式摘牌】 天皓成市场产业升级参与各方正式签署合同后，经北展指挥部与天皓成市场方多次沟通，1月11日中午12点，天皓成服装批发市场方开始自行拆除楼顶标识牌，至下午5点35分拆除工作顺利完成。按照相关合同约定，天皓成市场方开始退还商户摊位押金。

（马　宁）

【约谈“动批”市场产权单位】 3月11日，北展地区建设指挥部启动新一轮约谈“动批”市场产权单位工作，共4家产权单位，涉及11家市场，并就规范市场“统一收银”等问题听取市场方意见和建议，同时向市场方明确了西城区政府对于“动批”市场外迁和转型升级工作必须取得“实质性进展”的坚决态度，针对市场消灭批发业态、做好户外广告牌匾整治等工作提出了具体要求。

（马　宁）

【与恒天时尚签署战略合作协议】 3月13日，北展指挥部与恒天时尚创意投资发展有限公司签署战略合作协议。西城区副区长、北展指挥部总指挥孙硕和恒天时尚创意投资发展有限公司执行董事长出席签字仪式。恒天时尚创意投资发展有限公司和区域内的企业将进行对接合作，可以将这个区域内在设计方面提升一个台阶，同时进一步加大非首都核心功能的疏解力度。

（马　宁）

【与保定市商讨合作事宜】 3月26日，河北省保定市京津冀协同发展工作领导小组到北展指挥部调研工作并商讨合作事宜。双方商定一是进一步加强政府与政府、协会与企业、企业与企业三方合作；二是采取多样形式开展“一周一市场”的宣传工作，宣传方案由双方共同研究；三是由北展地区经济发展协会组织企业、商户赴白沟新城考察。

（马　宁）

【拆除“动批”违法广告】 4月16至24日，按照市、区政府各级领导统一要求部署，北展指挥部牵头区各职能部门成立专项整治工作领导小组，开展清理整治“动批”违法户外广告牌匾专项行动，在区委区政府直接领导下，由北展指挥部统一组织。区城管执法局、西城公安分局、西城交通支队、区环境办、区园林市政中心、西城工商分局、区安监局、展览路街道等部门共计出动各类执法保障人员2000余人次，大型施工车辆40余台次、执法保障车辆150余台次，拆除7家批发市场户外违法广告牌匾标识231块，其中大型广告牌匾159组，提前2个月完成违法广告牌的拆除任务。集中拆除工作历时6天，部署认真，组织周密，确保了施工安全、交通畅通、社会稳定。

（马　宁）

【与天津西青区签署战略合作意向】 5月8日，北京北展地区建设指挥部与天津西青区商务委签署战略合作意向。根据京津冀协同发展总体要求，双方将开展全面战略合作。具体内容涉及加快产业协同发展，推动西城区的产业结构调整和西青区的产业转型升级等，两地将在政策、规划、建设等方面同步对接，全盘规划，整合资源，实现资本、技术、人才、劳动力等生产要素的自由流动和优化配置。

（马　宁）

【时尚天丽市场和长征物流关闭】 6月30日，在市公交集团的配合下，位于四达大厦（公交枢纽中心）的时尚天丽市场和长征物流正式关闭，共疏解面积2000平方米，摊位100余个。

（马　宁）

【与区法院研究疏解工作】 7月23日，北展指挥部与西城区法院就疏解工作中面临的安全维稳工作重点和难点进行沟通。双方通过交流，就下一步工作达成共识：一是疏解工作要在法律的框架内有序开展，确保安全稳定；二是要深入调研，全面掌握产权单位有关情况，为引入司法程序做好准备；三是围绕“动批”撤市形成司法指导意见，为推进疏解工作提供支持。

（马　宁）

【组织千余商户赴天津签约】 9月15日，北展指挥部组织“动批”千余商户赴天津卓尔电商城签约。天津卓尔电商城地处天津市西青区，是集生产、加工、仓储、物流、批发、电商于一体的大型市场，西青区政府承诺将搭建工商、税务、子女入学等绿色通道帮助商户顺利外迁。

（马　宁）

【金开利华市场疏解】 经与北展指挥部、金开利华公司沟通后，北京信德时代百货有限公司张贴公告，于9月25日起停业，关闭与其存在租赁关系的所有摊位，共计7000平方米。

（马　宁）

【与白沟新城管委会签订协议】 9月22日，北展指挥部与河北保定白沟新城管委会签订框架合作协议。白沟新城将发挥交通便捷、商圈成熟、电商成熟、承接优惠政策细致等突出的承接优势，做好配套服务、优惠政策服务。

（马　宁）

【天和白马二期完成招商】 天和白马二期位于文兴街1号，建筑面积36175平方米，地上11层，地下3层。按照疏解工作整体部署，产权方北京矿冶研究总院将经营权收回，并通过公开招标的方式引入中国银行、工商银行等多家银行和金融机构，未来整栋楼宇将打造成为“北矿金融大厦”。

（马　宁）

【聚龙市场疏解完成】 北京市公联公路联络线有限责任公司和聚龙市场于12月22日就市场疏解工作签订协议，明确从24日开始，正式启动聚龙市场疏解工作。12月24日上午，聚龙市场正式张贴闭市公告，明确市场将于2015年12月31日17时疏解闭市，闭市后市场停止一切经营活动。公告同时对疏解手续办理时间、疏解补偿项目及标准、疏解相关手续办理程序、闭市后续事宜向广大商户进行了公示。12月31日晚，聚龙市场正式闭市。

（马　宁）

北京马连道建设指挥部

【概况】 北京马连道建设指挥部（简称马连道指挥部）隶属区委、区政府，由区政府直接管理。设立1名总指挥，由区级领导兼任，负责主持指挥部全面工作；设立1名常务副总指挥，协助总指挥负责指挥部日常工作。下设办公室、规划建设处和产业促进处，编制20人，在职14人。马连道指挥部是负责组织、协调、督促、服务以马连道为主的广安门外地区的业态升级和重点项目建设工作的常设临时性机构。负责综合协调涉及本区域、跨领域、跨区域的建设发展工作，组织协调推进区域重点项目。负责会同相关部门：研究制定本区域中长期发展规划、空间规划、土地利用规划等发展战略，并负责组织实施；制定马连道地区产业发展规划，提升茶企业品牌影响力，促进茶文化产业发展，树立马连道茶产业街区品牌形象；研究制定本区域产业发展的各项激励政策、措施，促进重点产业、企业总部及相关产业聚集发展。年内，马连道指挥部着力优化完善广安门外地区"一总三分"规划，规划经区政府第102次专题会研究并原则通过；整体发力与重点攻坚相结合，重点项目建设取得新突破；广泛宣传提升街区文化内涵，搭建平台促企业自我提升，"疏""育"结合助推产业转型升级取得新进展。

地址：西城区红莲南路57号中国文化大厦15层

邮编：100055

电话：52609418

（耿爱华）

【打通"断头路"】 年内，协调交通、市政等相关部门，促成南马连道路白纸坊西延段完成交通工程，并报交管部门同意，1月12日实现临时双向通车。通车后，红莲南路向东与西二环白纸坊桥相接，广安路和丽泽路之间增加一条东西向主干路，广安门铁路货场两侧的交通联系彻底打通，开辟了周边地区通往西二环的快捷通道，居民绕行问题得到根本解决，有效缓解了马连道商圈的交通拥堵状况。

（陈　星）

【青溪茶城撤市】 年内，配合广外街道推动北京自来水集团升级改造青溪茶叶市场。3月初，市自来水集团对青溪茶城正式启动整体拆迁，全年撤离商户69家，疏解从业人员近200人，腾退商业面积2000余平方米，地上建筑基本拆除，项目升级后将用于市自来水集团科研用地开发建设。

（赵新芳）

【组织地区规划报送区政府审议】 广外地区"一总三分"规划编制工作诚邀社会各界人士和专家"出点子"、支实招，全面征集有关单位、企业、人大代表、政协委员、专家及居民代表意见建议，先后组织研讨会、意见征求会、汇报会12次。5月13日，经区政府第102次专题会研究并原则通过。会后进一步研究细化，补充完善，6月16日向区委书记进行专题汇报。

（陈　星）

【车站西街临时铺装工作完工通车】 年内，针对车站西街道路地上物拆迁腾退及临时铺装等工作，经多方协调，上报区政府同意，由区市政市容委对车站西街进行简易铺装，会同区交通支队等相关部门研究优化路面铺装方案。5月下旬开工铺装，7月底完工通车。道路建成后全长1.8公里，实现红线宽40米，两幅南北单行通车，外围空地新建停车位304个，有效缓解车站西街拥堵和周边停车难问题。

（陈　星）

【南马连道路配套雨水泵站工程】 年内，确定南马连道路配套雨水泵站选址于南马连道路南侧，京铁和园小区与铁路之间的绿化隔离带内。会同市区两级规划部门、市铁路局、市公联公司多次对接泵站选址方案涉及的控规调整问题，6月中旬方案完成公示。7月6日，区委常委、总指挥王旭带队踏勘现场，与市公联公司、市政设计院、京铁房地产公司等相关单位交换意见。随后与区教委、市公联公司相关负责人现场对接泵站建设方案，并达成书面协议。10月15日，雨水泵站退水管线工程启动施工。

（陈　星）

【建立产销联动战略合作关系】 6月20日，会同区功促局、西城工商分局、区食品药品监管局、广外街道办事处，与福建省宁德市、南平市、福州市及贵州省遵义市食药监管部门签订茶叶类食品安全备忘录，并通过加强茶业产销地区战略合作，弘扬茶文化，促进茶旅游，推动茶产业规范发展。

（赵新芳）

【区领导考察调研】 7月15日，区人大常委会主任刘跃平调研广外马连道地区，区委常委、马连道指挥部总指挥王旭陪同调研。要求马连道指挥部继续做好五方面工作：一是将茶文化内涵融入和丰富百姓生活，提升茶文化品味；二是注重研究、推广品牌企业的成功模式，为百姓创造良好的茶文化服务环境；三是深化学习和落实京津冀协同发展战略及纲要，研究落实街区未来发展方向；四是重点打造茶业交易中心，促进金融产业和相关科技产业带动茶文化发展；五要加大环境整治和建设速度，建设和谐宜居广外。

（耿爱华）

【北京茶业交易中心成立】 年内，与区金融办、天恒正道公司共同推动北京茶业交易中心报批设立和业务拓展。7月17日，北京茶业交易中心有限责任公司获得北京市金融局同意设立的批复。利用马连道在茶产业领域的影响力，研究开拓北京乃至整个北方地区的茶产业电子交易、电商平台交易、展示推广、检测评审、信息咨询、培训认证、企业融资等业务。

（赵新芳）

【发布街区业态发展指导目录】 年内，研究对照《西城区新增产业的禁止和限制目录》及市、区相关政策，多次召开相关政府部门和街区商会协会、茶企代表研讨会，经过6次修订，12月16日正式发布《马连道茶文化街区业态发展指导目录》，通过目录的推行和落实，引导和扶持符合首都功能和街区发展定位的业态，促进街区产业健康有序发展。

（赵新芳）

【促进茶产业与旅游产业融合发展】 年内，推广产茶区旅游和茶文化资源，开辟街区产业提升新途径。按照六大茶类划分标准，选取北京茶叶博物馆、满堂香、憩园、京彩瓷等代表性文化旅游体验节点，组合成体验线路，作为马连道旅游攻略集中对外发布，推出马连道街区手绘地图和旅游攻略等特色宣传品，引导茶商企业加强品牌文化建设，提升街区的旅游价值，吸引更多茶文化爱好者探秘马连道，改变马连道传统茶叶批发市场形象，不断提升街区美誉度。

（赵新芳）

西城区重大项目建设指挥部办公室

【概况】 西城区重大项目建设指挥部办公室（简称区重大办）是主要负责全区重大工程项目统筹协调工作的常设机构。内设综合科、财审科、征收事务科、项目管理科、保障房建设管理科、执法维稳工作科6个职能科室。主要职责是组织编制本区重大项目建设总体计划；负责本区内重大项目建设的组织协调、综合2调度和监督管理工作。协调有关部门和单位推进重大项目的立项、规划、用地、征收等前期工作；协调区政府有关部门按总体计划要求在项目建设各阶段加快办理各项行政审批手续。参与拟订重大项目房屋征收方面的政策措施；组织编制重大项目房屋征收年度计划；做好重大项目房屋征收的管理和协调工作；指导和协调相关部门推进功能街区、市政基础设施、轨道交通等重大项目及其他专项工程的征收工作；协调重大项目建设中产权单位的搬迁工作。负责本区房屋建筑的抗震节能综合改造和老旧小区整治工作。协调区政府主管部门监督重大项目建设，贯彻落实安全生产、工程质量、资金使用、招标与采购、合同履行等方面法律法规，落实“阳光工程”的各项要求；参与重大项目建设工程事故应急工作。组织重大项目年度资金使用计划的编制，协调、落实资金计划的执行；组织协调重大项目的竣工验收、竣工结算和决算工作。负责全区保障性住房建设和定向安置房源的统筹协调工作。承办区委、区政府交办的其他事项。2015年下半年工作计划调整后，全区棚改任务由年初的39项增至52项，年度指标调整为10300户，约占全市5.4万户总任务的五分之一。截至年底，全区累计完成10314户，提前完成年度任务，完成总量和进度均位于全市前列。

地址：西城区培育胡同15号2层
邮编：100051
电话：81025983

（丛丹丹）

【重点征收拆迁项目】 年内，三里河三区5号地B1住宅楼等4项旧城改建项目的立项主体是中央国家机关三里河联建办公室，由西城区政府负责房屋征收与补偿工作。项目共涉及被征收人473户，区重大办多次召开调度会推进征收工作，逐户分析情况，协调法院推进司法执行工作，至年底签约471户，完成99.8%。三里河一区E区（北建委）旧城改建项目的立项主体是国家发改委基建物业管理中心，由西城区政府负责房屋征收与补偿工作。项目共涉及被征收人153户，区重大办连同17部委项目共同推进，至年底签约152户，完成99%。新街口北大街市政道路建设项目，道路全长879米，为城市主干路，远期规划红线宽度70米。涉及被拆迁居民25户，单位产2家。至年底剩余居民2户，道路建设已开工。北纬路市政道路建设项目西起虎坊路，东至天桥南大街，道路全长1171.89米。红线宽40至50米。项目涉及被征收人80户，单位产17家。至年底，签约44户，完成55%，单位产签约14家，完成82%。槐柏树后街市政道路项目，槐柏树后街为城市支路，拆迁面积1481平方米。项目涉及3个产权单位，分别为自来水公司、北京市二建公司、北京市公务管理局。自来水公司和北京市公务管理局已签约。还剩北京市二建公司未签约，现场为8个门脸房，还有一部分自建房，全部出租经营。地铁8号线三期珠市口站项目于2014年3月启动拆迁，涉及被拆迁人27户，已签约25户，完成93%。

（丛丹丹）

【老旧小区综合整治项目】 年内，坚持以提升楼房抗震设防标准，改善居民居住条件为原则，征求居民意见，优化改造方案，严把施工安全质量关。截至年底，累计开工20.07万平方米，完成黑窑厂西里小区、榆树馆东里小区等51栋13.89万平方米楼房的改造任务，惠及居民2637户。落实国家节能减排要求，做好既有非节能住宅的改造工作，在完成市里下发任务的基础上，积极与市里沟通申请，将一批群众强烈反映，达不到现行节能标准的住宅楼房纳入节能改造范围。截至年底，完成双槐里小区、新明胡同等133栋92.81万平方米楼房的改造任务，惠及居民14127户。全面提升老旧小区品质，对已完成抗震加固和节能改造后的小区公共部分进行整治。截至年底，完成春风小区、爱民里小区等45个（栋）小区、楼房的外立面粉饰、上下水改造、小区路面铺装等单项或多项内容的改造工作。

（丛丹丹）

【成片棚户区改造项目】 年内，百万庄项目取得突破，中国地质科学院、解放军总政治部房产已完成50%以上，累计完成1157户，完成比例95%，B地块已全面开工，市委党校山字楼项目累计签约77户，完成比例100%；年内新列入计划的北京昆剧院项目已签约150户，完成比例90%。粤东新馆项目和护国观音寺项目分别完成38户和11户，已进入行政执法阶段。新开项目枣林南里及菜园街、光源里项目完成各项前期手续，区政府组建了800人的实施队伍全力推进，于11月15日完成征收补偿方案意见征询。前期项目德宝7号地项目征收前的各项手续全部办理完成，朝阳庵项目进入深化实施方案和补偿方案工作阶段。

（丛丹丹）

【平房修缮类项目】　一是提升白塔寺、什刹海、杨梅竹斜街“老三片”向纵深发展，结合区域实际，在规划设计、施工工艺、功能提升方面进行探索和创新。白塔寺项目重点推进白塔寺文保区的青塔胡同区块更新示范院工程进度，探索实施“四分院”院落形式，在保护风貌的前提下实现居住功能的提升，试点院落于4月底完工；杨梅竹斜街以三井社区为试点，第一批“内盒院”零散空间改造试点院落于5月底完工，探索就地改善环境和两权分离合作的新模式。什刹海项目全力推进乐春坊集中平移示范区和新地百商业区建设。二是启动大剧院西、宣西北、天桥北“新三片”人口疏解工作。继续采取“居民自愿、平等协商”的腾退方式，在区域范围内坚持政策统一、标准一致，使人口疏解工作持续、平稳推进。宣西北项目于3月31日全面启动，截至年底已完成324户居民签约工作。天桥北和大剧院西均已于三季度末全面启动腾退工作。三是加快西四北、法源寺等文保区项目前期研究，珠朝街二期已完成腾退53户，珠粮街项目已正式启动腾退工作。同时，加大平房修缮力度，共完成2886户危旧平房翻建修缮工作。

（丛丹丹）

【危改类项目】　年内，发挥棚改项目的示范和引领作用，加大危改类项目收尾力度，棉花片危改项目完成42户，其中棉花A6地块全面签约完成，于10月底开工；宣东A-G项目完成签约45户。同时，对接金隅、首创、新奥、房地集团等市属国有企业，深化腊竹片、南营房等危改项目研究，争取纳入棚户区改造整体计划，加快推进实施。

（丛丹丹）

【城中村边角地项目】　年内，对城中村边角地进行进一步梳理，积极对接市属国有企业，争取资金支持，加快推动此类地区的改造工作。桃园C项目已完成53户；零散用地项目主要涉及以往项目遗留的边角地等零散分布的居民，共完成80户。

（丛丹丹）

【征收项目协调会】　1月20日，召开关于广外371号楼解危排解工作协调会。1月28日召开戊戌维新纪念馆项目及大栅栏历史文化展览馆项目征收工作有关问题协调会和珠朝街2015年腾退项目启动协调会。1月29日召开关于手帕口北街道路拓宽有关情况协调会。1月30日和2月6日，两次召开地铁8号线什刹海站织补项目与国管局换地工作协调会。2月6日召开关于实验二小王府校区西扩工程征收项目房屋评估服务费相关事宜协调会。2月26日召开中国国际经济交流中心门前道路开口工程协调会。3月6日召开实验二小王府校区西扩工程建设工作调度会。3月9日召开天宁寺绿地征收项目、北京市第66中学扩建和金融街街道市民服务中心项目征收推进会。3月18日召开槐柏树后街征收工作调度会。3月23日召开地铁16号线达官营站临时用地移交协调会。3月24日召开珠朝街2015年腾退项目工作会。3月26日召开国土资源部小寺街42号院房产移交相关工作协调会。3月30日召开地铁4、6号线地铁织补项目场地移交协调会。4月10日召开金税工程北京数据中心房屋征收项目工作调度会。5月6日召开马连道东三号路微循环道路改造建设房屋征收有关问题的协调会。5月6日召开抗震加固有关问题协调会。5月14日召开马连道东三号路微循环道路改造工程及红居北街东段（北马连道）微循环道路改造工程项目征收工作有关问题协调会。5月15日，召开西城区棚户区改造项目协调会议。5月18日，召开北方昆剧院棚户区改造项目问题协调会。5月19日召开关于2015年度西城区11个征收项目相关问题工作调度会。5月26日召开马连道东三号路微循环道路改造工程征收工作有关问题协调会。6月3日召开北京市第66中学附属设施建设工程房屋征收项目协调会议。6月3日召开西城区规划阜丰路市政道路工程房屋征收项目协调会议。6月3日召开地铁16号线占用广安门交通大队场地事宜的协调会。6月5日召开市委党校山字楼腾退工作协调会。6月18日召开槐柏树后街征收工作调度会。6月24日召开关于右安门内大街28号院危改项目验收有关遗留问题协调会。7月8日召开西城区2015年度征收项目相关工作调度会。7月10日召开太平街市政道路改建工程（二期）拆迁专题会议。7月15日召开关于建立房屋征收劳务单位入围库招标工作的协调会。7月22日召开香炉营J、K、L地块拆迁建设协调会，研究办理香炉营J、K、L地块拆迁许可证延期手续相关事宜。7月27日召开《北京市西城区人民政府关于国有土地上住宅房屋征收货币补偿补助奖励标准》专题会。8月3日召开马连道东三号路微循环改造工程征收有关问题协调会。8月27日和9月1日，两次召开香炉营L地块项目拆迁款管理问题协调会。9月8日召开地铁16号线施工进展协调会。9月16日召开中京畿道17号楼综合整治项目有关问题协调会。9月29日召开关于加快达智桥胡同、北纬路、槐柏树后街市政道路前期手续办理及开展招标工作的情况汇报会。10月8日召开关于既有建筑节能改造中材料招投标有关问题协调会。11月17日召开地铁8号线什刹海站与国管局换地协议收款账户协调会。11月19日召开畅柳园小区配套幼儿园工作协调会。

（丛丹丹）

（责任编辑　陈　艳）

综合经济管理

经济和社会发展

【概况】 北京市西城区发展和改革委员会（简称区发改委），是区政府主管全区经济发展和改革的工作部门，内设行政科室11个，物价检查所科室7个，下属事业单位3家（西城区经济信息中心、西城区政府采购中心、价格认证中心），在职135人。年内，在区委、区政府的领导下，以扎实开展“三严三实”教育活动为契机，立足区域发展大局，紧跟全区工作节奏，全力抓好综合经济调度，积极推动投资落地、产业促进和民生保障等各项工作，确保全区经济保持平稳增长。全年实现地区生产总值3270.4亿元，同比增长7.1%；三级税收4660.7亿元，同比增长8%；区级公共财政预算收入451.4亿元，同比增长21.1%。

地址：西城区西直门内大街275号
　　　综合行政服务中心
邮编：100035
电话：82141181

（王　蕾）

【经济社会发展形势分析会】 年内，区发改委主持召开1次经济社会发展形势分析会，区四套班子领导出席，区委、区政府各综合部门的主要领导、主管领导参加。会议对经济社会发展的内外部环境进行深入讨论，就区内各主要指标完成情况、发展中的重点、难点问题等进行全面细致分析，确定下一步重点任务及对策措施。为全区经济工作和领导决策提供重要参考和信息支撑，促进经济运行呈现持续健康的良好态势。

（王　蕾）

【国民经济和社会发展计划报告】 年内，建立健全全区国民经济和社会发展计划编制与执行工作体系，完成半年、1至10月份及全年国民经济和社会发展计划执行情况的报告，对各项监控指标进行预测。就重点工作任务进行安排部署，加强对全区经济社会发展情况的把握，为政府开展下一阶段工作提供参考依据。将计划执行情况及下一阶段主要目标安排向区人大常委会进行工作汇报，认真自觉接受监督。

（王　蕾）

【政府投资工作】 年内，印发西城区2015年政府投资计划，通过加大统筹协调力度、开展靠前下沉式服务、规范项目管理等措施，狠抓项目推进和投资落地，政府投资计划调整率不断降低，重点领域项目形象进度突出，计划实施取得积极成效。启动2016年政府投资计划的编制工作，制订编制工作方案，开展项目征集，加强与部门对接，为投资计划的科学编制打好基础。完成“十三五”时期固定资产投资和重大项目发展研究专项课题，推进《西城区“十三五”时期固定资产投资和重大项目专项规划》编制工作。争取市级资金支持，推进旧城风貌保护、微循环道路、教育、便民文体设施及节能等项目建设。

（姜　倩）

【经济体制改革】 年内，按照区委改革办总体部署，研究下发经济体制改革工作任务，协调推进责任落实到位。制定出台《西城区“十三五”人口规划》《国有资本经营预算管理办法》《区属国有企业分类管理实施办法》等重点改革文件。巩固金融优势，吸引亚投行、丝路基金等国际大型金融机构落户金融街，促进西城区与重点金融机构签署战略合作协议。梳理全区86项审批流程目录，系统于11月20日上线运行。加大财政预决算信息公开力度。加快促进全区便民商业发展。

（祝欣伟）

【医改工作】 年内，研究制定《西城区医改重要改革举措实施规划（2014—2020年）》工作安排。梳理确定本年度20项主要任务，明确各相关部门任务分工和工作时限。实现整合型医疗服务体系内24小时预约转诊服务和优先检查化验服务，接诊医院开辟社区转诊专用窗口，社区签约居民能够便捷的享受到辖区优质医疗资源的预约转诊服务。启动整合型医疗服务体系统一工作制度制定工作，并初步制定社区机构与医院的双向转诊标准。完成区域卫生信息化平台的总体设计，其中预约挂号平台在复兴医院、广外医院、月坛和广外社区卫生服务中心试运行。区属11家医院电子病历项目全部完成部署。在综合医院医联体区域全覆盖的基础上，2015年西城区建立以中国中医科学院广安门医院为核心医院的中医医联体，加强中医服务体系建设。

（祝欣伟）

【支持驻区企业申请项目资金】 年内，支持驻区企业向国家、市级部门申报高技术产业化、企业技术改造提升项目8个，项目总投资3.6亿元；向国家发改委、市发改委推荐专项征集项目5个，投资额2.9亿元。

（魏　薇）

【产业促进及区域协同发展】 年内，对11个产业政策进行评价，编制《2015年度产业政策中期评价报告》。完成《西城区功能定位与产业协同发展研究》的调研，制定出台《西城区新增产业的禁止和限制目录（2015年版）》和《西城区新增产业禁止和限制的管理措施（2015年版）》。

（魏　薇）

【节能减排】 年内，全面落实北京市核心区"无煤化"工作要求，推进压减燃煤工作，完成剩余9638户无煤化任务，完成剩余5处燃煤点撤销工作，完成北京市下达的任务目标，实现年底全面无煤化。严格落实节能目标责任制，确定2015年西城区万元GDP能耗下降5.09%，能源消耗总量不超过451.4万吨标准煤。

（刘淑蕊）

【价格监督检查】 年内，围绕稳定价格水平这条主线，开展日常检查、节日检查和专项检查。对教育收费、医疗收费、药品价格、涉企收费、烟花爆竹价格、物业收费等进行检查。查处各类价格违法案件29件，实现经济制裁总金额85700元。受理价格举报投诉案件770件，办结633件，办结率为82%。不断加强价格认证工作规范化建设，共受理委托评估案件823件，标的金额786万元。

（吕　博）

【价格鉴定】 年内，共办理涉案物品价格鉴证和各类资产价格认证1032件，鉴定标的金额1451.5万元。

（石　英）

投资服务

【概况】 北京市西城区发展服务中心（简称区发展服务中心）是承担行政辅助职能的区政府直属正处级全额拨款事业单位，由西城区功能街区产业发展投资促进局代为管理。下设办公室、项目促进科、信息资源科、交流合作科4个职能科室，事业编制20名，实有人员19名。主要职责：负责宣传投资政策，建立与境内外客商的联系渠道，反映境内外客商的意见和要求；组织参与境内外有关投资促进活动，组织实施重大项目招商活动；为境内外投资客商提供投资环境考察、信息、投资导向、申报程序、法律法规等方面的服务工作；负责西城区投资促进网络的建设、运行与维护工作；负责重点招商项目库、重点客商名录库的建立工作；协助落实功能街区重大项目的论证、立项申请及引进工作，做好项目跟踪服务。

地址：西城区培育胡同15号

邮编：100052

电话：83538270

（汪　洋）

【参加中国国际投资贸易洽谈会】 9月，西城区代表团携文化创意、信息传输、计算机服务和软件业等10余个项目赴厦门参加第19届中国国际投资贸易洽谈会。北京茶交易中心作为大会重点项目进行现场推介，进一步提升西城区的品牌影响力和知名度，做好区域营销工作。西城团围绕企业需求和首都功能核心区战略定位，参加展览展示、精品路演和项目对接等多项投资促进活动，与多家企业进行洽商交流，西城团务实参会办会，展示了西城区良好形象。

（郑清江）

【主要功能区经济比较分析及投资信息监测研究】 9月，开展调查研究，编制完成《主要功能区经济比较分析及投资信息监测研究报告》。《报告》以深化改革的思维审视功能街区的定位、产业重置以及产业优化升级的路径和思路，面对投资信息量大、更新速度快、共享面拓宽的新形势，为更好地招选高精尖产业以及配合非首都核心功能疏解，研究建立信息数据获取、筛选、甄别、分析、跟踪研究的专业化、系统化的工作平台、运行模式和体制机制，为获取优质企业投资项目和产业疏解工作提供科学、严谨、规范、可靠的支撑。本《报告》是西城区功能街区招商选资数据分析平台建设项目的前期调研报告，平台建设项目是2016年重点推进的项目，将以研究报告作为基础，不断调整平台建设项目的建设方向及研发内容，为西城区产业结构调整升级、企业投资项目的评估、各项政策和决定的制定提供依据。

（张广勤）

【开展新金融产业园整体策划调研】 10月，为推动西城区金融创新发展，构建多元化的金融机构体系和全方位的金融服务支持体系，同时也为了缓解区域内商务空间紧俏、大型楼宇项目开发周期长等问题，充分发挥大型闲置资源在招商引资、产业升级方面的"即插即用"特点，在梳理区域内闲置资源的基础上，对闲置资源的产业重置进行有益的探索，以金融创新发展为思路，开展新金融产业园整体策划调研工作，编制完成《新金融产业园调研报告》。《报告》对新金融产业在西城区发展的必要性和可行性进行研究，明确在疏解非首都功能的形势下闲置资源的产业重置方向，初步确定新金融产业园的功能定位和发展目标，提出新金融产业园的规划定位。新金融产业园的定位为金融街空间扩展区和功能补充区、国家金融与产业融合示范区、首都城市更新示范区，主导业态为产业投资基金，建设原则是与金融街已有主导业态良性互动、能够作为西城区经济发展的支撑产业。新金融产业园的空间布局采用“统一平台+散点布局”，即搭建统一的政府信息平台和企业服务平台进行整体协调，根据空置物业区位确定子园分布，与金融街形成“点、面”空间关系。产业园的管理模式采取政府委托、企业运营，由政府负责总体协调、政策引导和产业扶植，由企业负责业务平台建设、物业更新和园区运营。

（丁艳艳）

【征集项目参与第19届京港洽谈会】　年内，西城区共包装推介26个优质项目参与第19届京港洽谈会。推荐中信国安（香港）投资有限公司与美国DCS影业、北京广安集团与京华丽晶酒店集团2个项目作为大会签约项目。以座谈、参观考察、拜会拜访等形式开展多层次的交流活动，考察香港规划署、西九文化区管理局，拜访中国人寿保险（海外）股份有限公司、港交所等重要机构，进一步拓宽与港方的合作交流渠道，为加深与香港各界的合作奠定坚实基础。

（金　哲）

政府投资项目建设

【概况】　北京市西城区政府投资项目建设中心（简称区建设中心）是西城区政府直属正处级全额拨款事业单位。下设办公室（含财务室）、代建及中介管理科、项目建设管理一科、项目建设管理二科、项目建设管理三科5个职能科室。主要职责：延续以往工作，继续推进原有在建项目进度；负责区政府投资项目建设的监督检查、协调和管理工作；受区发改委委托，负责区域内基本建设领域的专项建设规划政策研究和资源调查、梳理、配置工作；承办区政府和上级业务指导部门交办的其他事项。2015年区政府投资建设的竣工项目1个，为西城区公共卫生大厦；实施项目1个，为节能在线监测平台项目。5月1日起，西城区人力社保局将北京市西城区政府投资项目建设中心纳入规范管理。

地址：西城区西直门内南小街国英1号502室

邮编：100035

电话：58562975

（李丹梅）

【节能在线监测服务平台项目】　西城区节能在线监测服务平台建设项目总投资额为2612.78万元，涉及区内67家年综合能耗2000吨至5000吨重点能耗单位和公共机构以及节能数据中心。项目建设主要内容包括：节能数据中心、数据采集系统、能耗监测指标体系、关键应用系统以及支撑平台建设5部分。年内，完成政府专项投资15万元，继续与区内15家用能单位接洽，组织人员进行实地踏勘、测量，完成设计工作。

（李丹梅）

【竣工项目】　年内，区政府投资西城区公共卫生大厦竣工交付使用，总建筑面积22705平方米，总投资额1424.27万元，截至12月，项目建设竣工。

（李丹梅）

统　计

【概况】　北京市西城区统计局（简称区统计局）是区政府负责管理全区统计工作的职能部门，北京市西城区经济社会调查队（简称区调查队）是北京市经济社会调查总队的派出机构，与区统计局合署办公，共同负责本地区的统计工作。下设科室由19个调整为21个，增设监察科、人口就业统计科，调整部分科室的名称和职责，在职人员144人。年内，区统计局、调查队工作呈现“改革与攻坚并重、守制与创新共存、开局与收官叠加”的特点，在各部门的共同努力下，围绕全市统计改革目标和全区中心工作，以服务区域经济发展、服务政府改革决策为目标，在非首都功能产业疏解、人口调控、“十三五”规划等方面做了大量卓有成效的工作。以“三严三实”专题教育为重点，全面提升依法执政能力；以打造新媒体发布平台为手段，促进统计宣传转型提质；以服务发展促进改革为宗旨，满足数据分析对接需求；以提升数据质量为核心，各专业统计水平齐头并进。稳步实现干部队伍协调发展，探索调查研究成果运用，推进统计基层基础工作，深化诚信统计体系建设，提升统计信息化建设水平。获“中国信息报社统计宣传工作先进单位”“西城区首都文明单位标兵”等称号。

地址：西城区太平桥大街107号

邮编：100033

电话：66523533

（王旭芳）

【“西城统计”微信公众号启动】　9

月22日，“西城统计”微信公众号正式启动。下设3个栏目，分别着重对西城区域经济运行情况、统计要点知识和西城统计特色工作进行宣传。公众号启动初期，配合人事科在“统计服务”栏目中增设“基层岗位培训”；在人口抽样调查工作中，开设“人口抽样调查”专栏，推送《人口抽样问与答》等系列文章，全面介绍相关工作；在年报工作中，开辟年报宣传培训新渠道，全力保证线下填报顺利推进；配合执法队，将市局下发的7张光盘80余份视频转成适合手机观看的格式，并逐一上传至“西城统计”微信公众平台，实现集中推送年报培训视频，年报制度随时学。对年报工作进行系统性提炼，制成《一图读懂统计年报》，服务基层调查单位。

（王旭芳）

【优化统计服务】 年内，以服务发展促进改革为宗旨，满足数据分析对接需求。一是对接“十三五”，助力指标体系建设。做好《西城区“十三五”规划发展目标和指标体系研究》等区“十三五”规划5个前期课题研究和协作，统筹协调全区50余个委办局开展指标体系研究，向区“十三五”规划领导小组办公室提供统计资料1000余本。二是服务非首都功能疏解，提供数据整合分析一体化服务。统筹协调全区16个委办局，完成产业、人口、土地、房屋、绿化等核心区基础资料收集、汇总、分析等工作。以收集“三金海”（三里河—金融街—中南海周边）地区数据为契机，研究建立涉及15个街道的数据收集联络机制。三是创新数据解读方式，提升可视化、通俗化水平。以GIS（地理信息系统）系统定位经济普查基本单位数据为依托，引入经济地图的方式，编辑出版《数说图解——西城区第三次全国经济普查数据解读》，形成直观易懂的统计分析。新增《季度统计经济资料——领导手边书》，归集核心数据发展趋势供领导参考；“两会”期间，编印《数说图解（简版）》和《承启前行——2014年西城区经济发展统计资料》等参阅资料受到代表、委员欢迎。

（王旭芳）

【人口抽样调查】 年内，聚焦人口调控，扎实做好全国1%人口抽样调查工作。在完成国家和北京市规定任务基础上，进行样本扩充，补充抽取剩余119个社区内的不同类型的建筑物内近15000户，做到辖区内社区100%覆盖。在开展具体调查工作中形成区内部门联动、内部科室协同、组织构架清晰、监督流程严格的体系，突出效率，确保质量。按照市委、市政府严格控制人口规模的部署要求，在西城区“改善服务、优化结构、多措并举、适度平衡”的人口调控指导思想指引下，全区条块结合，部门街道联动，规范人口动态监测机制。形成“街道人口监测台账（月度）”与“部门人口监测报告（周、月报）”相结合的区人口动态监测体系，全年撰写周报告39篇，专报12篇、分析4篇。

（王旭芳）

【依法统计】 年内，以诚信统计体系建设为主线，依法统计助力改革。一是以案释法，推进统计法治建设。以现实统计执法案件为例，安排办公会会前“以案释法”系列学习，全面提升领导干部依法行政的能力水平。二是以信普法，深化诚信统计建设。走进诚信统计单位，针对需求开展统计服务；建立诚信宣讲机制，邀请中国人寿集团公司等单位交流经验；拟定《西城区统计调查单位信用评级管理暂行办法》及《实施细则》，完善统计信用建设。三是以新说法。在“西城统计”官方微信设置法律知识专栏，解读统计法律法规；印制《统计上严重失信企业信息公示暂行办法》宣传折页，扩大宣传层面；制作普法短片《开创统计普法特色之路》，全面展示“六五”普法成果。四是以查执法。全年共对全区549家单位开展统计执法检查，其中督导检查289家、常规检查260家，简易程序立案42家、一般程序立案45家。

（王旭芳）

【社区统计】 年内，以推进统计基层基础工作为抓手，延伸统计神经末梢。一是完善基层统计制度。年底，区政府办公室印发《西城区进一步加强统计基层基础建设工作实施办法》，随后又转发《关于进一步加强和完善部门统计工作实施意见》，2个文件的出台为更加科学、有效地组织统计工作，健全统计工作网络，夯实统计业务基础工作，提升基层统计能力和服务水平提供了明确的指导和保障。二是聚焦社区统计组织建设。根据市局、总队《加强统计基层基础工作实施方案》及区县政府统计工作综合考核的要求，完成社区统计工作室组建和挂牌工作。三是提升人员业务素质。对350余名社区兼职统计人员进行业务素质提升的系列培训。对15个街道统计所人员及380余名辅助调查员进行岗位基础知识和PDA设备使用培训。四是加大“访、听、解”工作力度。巩固“统计进社区”工作成果，进一步完善服务基层计划，将服务范围扩展至5个街道，组织3场共百人参加的讲座，使更多群众近距离接触统计工作，让统计工作更好地服务于社区群众。

（王旭芳）

【政府信息公开】 年内，在完善原有政府信息公开制度的基础上，重点针对电话咨询、专栏管理以及行政权力公开维护等工作，新拟定《政府信息公开电话咨询管理办法》《西城统计信息网“政府信息公开专栏”管理办法》等6项规范细则。开展政府信息公开公众服务满意度调查，发放问卷百余份。调查结果反馈整体满意度为97.91%，收到拓展公开渠道、加大法规宣传等方面的反馈意见和建议20余条。完成信息公开平台专栏改版工作，重新拟定局队政府信息公开指南。全年主动公开政府信息2391条，全文电子化率达100%。在主动公开的信息中，机构职能类信息97条、法规文件类信息31条、规划计划类信息14条、行政职责类信息53条、业务动态类信息2196条。接受公民、法人及其他组织政府信息公开方面的咨询195人次。其中现场咨询11人次，占总数的5.6%；电话咨询178人次，占总数的91.8%；网上咨询5人次，占总数的2.6%。

（王旭芳）

【信息化建设】 年内，以推进数据保障体系建设为契机，提升统计信息化建设水平。一是积极谋划，认真思考，提前谋划信息化发展的方向。以撰写《“十三五”时期西城区统计信息化发展方向研究》调查报告为抓手，确定信息化发展的指导思想、原则、目标和方向。二是认真准备，精心安排，助力人口抽样调查数据处理。在做好208台PDA设备安装、发放等工作的基础上，对调查员和业务骨干开展数据处理培训，并独创数据格式转换新思路，高效完成人口数据推算工作。三是集中精力，勤修内功，促进固定资产设备科学管理。通过梳理固定资产账目，了解办公设备、软件正版化等情况，并进一步推进固定资产设备报废工作。四是抓住机遇，夯实基础，推进硬件设备更新。在完成中心机房电力改造的基础上，引入虚拟化技术，利用新服务器搭建虚拟化硬件资源池，并将相关信息化系统移植到平台当中，既提高了硬件利用效率，又增强了软件系统的应用效能。

（王旭芳）

工商行政管理

【概况】 北京市工商行政管理局西城分局（简称工商西城分局）主要职责是：市场经营主体的准入登记；市场经营主体的竞争监管；消费者权益的保护。设有管理内部事务的科室6个（办公室、人事科、计财科、监察科、机关党委、法制科）；设有管理专门业务的科室13个（注册科、市场科、消保科、商标科、合同科、广告科、监督科、外资科、商品科、信用监管科〈综合科〉、专业执法一科、专业执法二科〈网络监督科〉、协作执法科）；下设派出机构（工商所）11个；直属稽查队1个；直属事业部门3个（工商行政管理学会、信息档案中心、后勤服务中心）；管理事业法人、社团法人单位2个（西城区消费者协会、西城区私营个体经济协会）。共有在职公务员、员工424名。年内，以“立足改革，勇于担当，创新监管方式；夯实基础，强化落实，提高工作效能”为指导思想，全面落实各项工作，重点在助力首都核心区发展、深化商事制度改革方面下大气力，提高服务社区、指导协调能力，提升了监管水平，降低了行业风险，畅通了维权渠道，确保了区域经济向好发展。

地址：西城区南草厂街冠英园西区6号
邮编：100035
电话：88087657

（马福春）

【登记制度改革】 2月，国务院推进的“三证合一”（工商营业执照、组织机构代码证、税务登记证合并为一）工作在分局注册大厅启动，分局通过协调相关部门实现“一窗受理”“一表申请”“一套材料”“一照多码”的多部门联审联办制度，减少申请人50%的提交材料，在执照中套打质检、税务、统计部门相关证件号码，分局发出的首张“一证四码”新版营业执照，作为“北京新版标准营业执照”呈送上级审阅，至9月“三证合一”在辖区全面推开。分局根据互联网时代的新形势，开通微信注册登记平台，申请人利用手机即可完成预约，借助新网登记系统和执照速递服务，可实现业务办理“零见面”。截至年底，共发放新版营业执照1882份。

（马福春）

【建立风险归集信用监管平台】 3月，建立工商西城分局风险归集信用监管平台，出台《西城分局风险归集信用监管平台运行细则》，制发《工商西城分局风险信息归集职责分工示意图》，建立平台运行机制。全年平台录入信用、风险数据3769条，初步形成综合性、多元化的风险归集信用监管平台，对提高合作风险研判能力，发挥执法导向作用大有裨益。不仅使内部机构通过信息资源加强部门协作，而且打破业务壁垒，实现信息资源社会共享。

（马福春）

【老年消费维权】 3至10月，在多个社区成立“老年消费教育基地”，下设服务站，引导老年消费者科学、理性、安全、文明进行消费。一是成立“夕阳红”服务站，每月开展一次有意义的消费体验；讲一堂有意义的消费知识课；发放一本消费维权知识手册，培养社区老年人良好的消费观念、消费习惯和消费方式。二是经司法局确认成立老年消费纠纷调解工作站。挑选有经验、法律知识全面的人才担任调解员，及时调解针对老年人的消费纠纷，不拖、不推保障老年人的合法权益得到维护。全年接待老年人咨询投诉60余起，解决消费纠纷6件，为消费者挽回经济损失18.5万元。

（马福春）

【机构变动】 8月，成立副处级稽查大队，下设信用监管科（综合科）、专业执法一科、专业执法二科（网络监管科）、协助执法科4个科，其主要职责：负责查处本行政区域内各类经济违法案件，承担相关专项整治和联合执法工作，初期到位24人。原经济检查科、执法检查队随即撤销。

（马福春）

【业态调整与产业升级】 年内，结合业态调整、产业升级，市、区两级政府出台《新增产业的禁止及限制目录》，分局与发改委和相关产业部门配合，凡是与区域功能定位不协调的产业、行业一概不予登记。根据疏解非首都核心功能和环境保护的要求，东城、西城两区一律不得新设家居养老服务机构和煤炭购销机构，建筑材料、钢材、医疗器械、化工产品被列为特殊限制发展行业。

（马福春）

【广告管理】 年内，国家工商总局搭建广告监管大数据平台，与此相契合，西城区广告管理工作建立证据提供、案件交办、立案查处、结果反馈一体化的广告监管执法系统。指派专门人员定期查阅大数据监测信息，共监测应管辖的违法信息123条，均已立案查处，罚没款21万元。全年共监测辖区内其他媒体广告221434条次，其中违法广告1108条次，立案13起，罚没款46.86万元，同比下降10%。辖区广告经营单位292家，广告经营资格登记9户，广告经营资格变更登记84户；户外广告经营单位18家，户外广告变更登记4873次。

（马福春）

【商标管理】 截至年底，辖区共有注册商标66777件，其中著名商标58件，驰名商标24件，环比增长19%。年内，开展保护地理标志商标专项行动，对马连道地区茶叶产品的地理标志商标专用权进行专项检查，并适时开展对日化用品的专项整治行动，对辖区内各大商品批发市场、商场超市、各大宾馆酒店及各类美容美发场所进行集中检查，抽检样品18组，发现不合格产品5件，区分不同情况立案2起。共查处各类侵犯知识产权和制售假冒伪劣商品案件213件，案值413万元，罚没款621万元，其中商标案件92件，罚没款97万元，没收侵权商品11990件。

（马福春）

【实施老字号商标战略】 年内，深入有社会影响的“老字号”企业，摸清企业商标持有状况，掌握这类企业市场主体商标注册、运用、管理和保护情况，指导企业建立商标管理机构，制定和完善商标管理制度，帮助企业做好商标品牌战略目标的制定和实施。引导企业及时申请注册防御性商标和保护性商标，提高企业的自我保护意识和能力。“牛街清真”集体商标已进入审核程序。

（马福春）

【规范合同文本】 年内，根据以往合同纠纷经常出现的问题，有针对性地开展合同示范文本的调研和推介工作。多次深入西单商业中心109婚庆珠宝大楼，在200余户企业中收集已使用的合同文书，召开企业代表座谈会，指出文本中违法之处和不足之处，提出改进意见，制定出规范的合同文本在109婚庆珠宝大楼内进行推广。此做法得到市工商局合同处的肯定并以通知的方式在全市推广。

（马福春）

【拍卖监管】 年内，办理会前、会后拍卖备案221场次，结合辖区工作特点现场监拍23场次，共计成交金额180573.86万元。

（马福春）

【市场疏解】 年内，与北展指挥部对接，拟定《动批地区撤市办法及措施》；对北京信德时代百货等12家市场主体实行暂停变更登记；组织精干力量由副局长带队约谈企业产权方，促成产权方与市场方签订转型协议。截至年底，动批地区的时尚天丽、信德时代、长征物流、天皓成4家企业撤市。天意商城东配楼撤减经营面积3800平方米，天意地安门分市场年底前完成撤市工作。另有9家产权方与市场主办方制定了撤市方案。新街口地区宫门口菜市场、什刹海地区天泰隆兴菜市场、大栅栏地区天陶广大农副产品市场、陶然亭地区北京陶然江亭观赏鱼花卉市场均已撤市。240余户个体工商执照随撤市注销。

（马福春）

【市场监管】 年内，落实市局部署，开展假冒伪劣商品、日化用品、农资用品、成品油的专项检查。分局通过“夏季攻势”“秋风行动”对辖区各个市场进行有针对性的检查，对3类农资商品和2个标号的成品油进行抽样检查，区分情况开展行政指导25次，发放责令改正书2起，移送案件1件，发放宣传材料60件。

（马福春）

【商品管理】 年内，按照市工商局的抽样检测计划，完成对成人服装、儿童服装、儿童用品、学生用品、电动自行车、自行车、小家电等16类商品252组样品的抽检工作。有针对性地对服装、鞋类、箱包、电源转换器、日化用品进行重点抽检，抽检10类商品189组样品，对108件不合格商品立案查处，结案95件，罚没款571万元。结合抽检工作制发责令改过书117件，对70家商超企业、专卖、专营店开展行政指导工作。

（马福春）

【配合疏解工作联动整治“七小”】 年内，与公安、卫生、食药、城管、住建委、市政市容实行联动，联合整治“七小”（即经营面积小、设备简陋、环境卫生差，在治安、消防、食品安全等方面易发生违法行为的行业或业态的统称，如：小发廊、小旅店、小网吧、小餐饮、小食杂、小洗浴、小建材等），对具有法定情形的实施市场主体强制退出、对提交虚假登记材料骗取登记的14户企业做出吊销营业执照的行政处罚、对规模较小不适合在市中心继续发展的劝导其扩大经营规模、对没有发展空间且有排污的劝导其退市。全年办理个体工商户注销1729户，其中批量注销498户、疏解整顿注销656户。

（马福春）

【建立网上信用平台】 年内，依据《企业经营异常信用名录管理暂行办法》，对逾期未年报、注册地址查无等问题的3084户企业实施挂网“曝光”，使其被动接受全社会的信用监督。改错纠偏申请移出挂网平台的118户（119户次），其中因挂网曝光致使变更登记受阻的86户、因关注新闻报道主动上网查询有信誉压力的21户、因银行观网后限制其办理银行业务的6户、因观网后业务合作受限的4户、因观网后导致签署合同搁置1户。

（马福春）

【构建西单消费维权大格局】 年内，统筹社会资源，与西单商会、婚庆产业协会、绿色通道联盟等组织密切协作，初步建立消费维权大格局。96%以上的消费纠纷在西单消费维权大格局内得到解决。截至年底，接待消费者投诉3486件，和解数量3454件，自行和解率99%。投诉转立案15件，挽回消费者经济损失17.5万元。案件罚没款74.5万元。

（马福春）

【外资企业管理】 年内，辖区共有外商投资企业1710户、驻京代表机构204户。强化对外资企业的管理，外商代表机构的年报率达到96.5%，对4户具有法定情形、逾期不申报的外商代表机构吊销营业执照。严格查办违反外资产业政策及无照经营的行为，立案查处7起，罚没款20余万元。

（马福春）

【协作执法】 年内，设立协作执法科，专司协作执法工作。先后与西城公安分局、区质监局、区食品药品监管局、区商务委、区人力社保局、区发改委等多个部门协作，召开联席会议，制订工作方案，拟定职责规范。完成抗战胜利70周年阅兵、“两会”、开斋节、古尔邦节等重要活动的保障工作，以及“扫黄打非”、控烟、一日游、“七小”业态治理、地下空间清理、出租房屋治理等20余项专项整治工作，出动人员976人次、车辆328台次，入户宣传1345户次，检查经营主体1452户次。下架封建迷信用品500余份、收缴“黑网吧”电脑10余台、取缔无证商户10家、暂扣卷烟1500余条，案值16.8万元。

（马福春）

【整顿净化器热水器市场】 年内，根据社会反映的热点问题，落实国家总局《关于开展集中整治空气和饮用水净化类生活用品专项行动工作方案》的部署，对空气净化器、饮用水净化器进行整顿，总结出上述产品存在的5个问题：一是部分涉水产品审批手续不全；二是部分产品存在假冒认证；三是夸大产品滤除重金属、有机污染物、微生物污染物的作用和净化效果；四是伪造检验、检测报告；五是国产产品冒充进口产品。针对存在问题立案查处5起，罚没款17万元。对6家商业企业制发行政指导文书。

（马福春）

国有资产监督管理

【概况】 北京市西城区人民政府国有资产监督管理委员会（简称区国资委）是区政府直属特设机构，受区政府委托履行出资人代表职责，不承担其他社会公共管理职能。内设10个科室：办公室、综合科、产权管理科、统计评价科、预算考核科、董事会监事会工作办公室、企业领导人员管理科、党建工作科、监察科、人事科。有干部职工49人。正处级领导1人，副处级领导5人。截至年底，区属企业资产总额3243.1亿元，同比增长21.4%；负债总额2271.9亿元，同比增长17.8%，平均资产负债率70.1%；所有者权益971.3亿元，同比增长30.7%；累计实现营业总收入502.9亿元，同比下降13.3%；利润总额69.8亿元，同比下降11.5%；实现利税139.9亿元，同比下降3.0%。

地址：西城区华远北街1号

邮编：100032

电话：66117164

（何　艳）

【深化国资监管改革】 年内，以《西城区关于进一步深化国资国企改革发展的意见》为基础，启动国资国企改革发展“十三五”规划编制工作，统筹谋划国资国企改革，国资监管水平不断提升。探索构建“国资委-资本运营公司-资本投资公司”三级架构。下发《西城区国有企业分类监管实施意见》，推进国有企业分类监管。抓大放小、突出重点，简政放权，激发企业活力。修订完善《西城区企业国有资产重大事项管理暂行办法》，调整下放权力7项。修订《西城区国有资本经营预算管理暂行办法》等3项制度，开展国有资本经营预算改革。重点支持协同发展、疏解非首都功能、产业升级等13个项目，将企业国有资本收益上缴公共财政比例由10%提高至19%。下发《关于进一步加强区属国有企业高管人员薪酬管理工作的通知》，稳步推进企业负责人薪酬制度改革。

（何　艳）

【推动国企改革发展】 年内，开展宣房投公司、华天集团的公司制改革工作，由全民所有制企业改制为国有独资公司，推进庆丰包子铺业务及资产整合，为其股份制改造奠定基础。依法加强对区属国有独资公司、国有参控股企业董事会换届选举工作的指导。修订完善西城区国有独资公司监事会管理、外部董事管理制度，加强监事会当期监督工作力度，推进国有企业法人治理建设。会同相关单位研究文化资源整合及事业单位转企改制工作。开展京都公司所属事业单位的清理工作，形成大观园引入企业经营机制的初步方案。推进混合所有制企业员工持股试点。在金融街物业公司开展员工持股试点，通过章程对员工持股进行约定和规范。世纪金工、菜百公司对既有员工持股计划进行规范，有序推进相关工作。

（何　艳）

【企业经营管理特色】 年内，金融街集团加强管理创新，建设集团私有云，统筹管理IT平台，上线风险监督指标驾驶舱信息系统，全面防范企业经营风险。广安控股公司深耕大栅栏地区，创新文保区建设复兴工作模式，连续五年成功举办北京国际设计周，极大地提升了大栅栏品牌影响力；华远集团所属华远地产在全市国有控股上市公司中首家实施股权激励计划，有效调动管理团队和核心人员的积极性；天恒集团创新融资手段，利用证监会首次向非上市公司开放公司债的有利时机，首批在上海证券交易所发行15亿元公司债及30亿元私募公司债；金正公司所属菜百公司、张一元公司、金源公司运用“互联网+”思维，大力推动电子商务，取得了较好的销售业绩；华方公司的城市养老项目经过多年的培育，取得突破性进展，为国有资本布局养老产业进行了有益探索；非物质文化遗产项目雕漆和宫毯作品在2015年“工美杯”北京工艺美术创新设计大赛中，获1个金奖、2个银奖、2个铜奖；华天集团利用话题营销、自媒体营销、开通“微店”、借助移动网络平台等方式，构建“活动+品牌传播”的组合式营销新模式；庆丰包子铺获市委宣传部等20多家部门评选的“影响百姓经济生活十大品牌”；宣房投公司对管理人员队伍进行调整，加大对中青年人才的提拔使用力度，企业管理团队知识结构与年龄结构明显改善；金工公司着力加强基础管理工作，修订完善一系列管理制度，充分发挥法律顾问作用，防范经营风险；国资公司与公司所在社区党组织建立联系，创新活动形式，为离退休老干部提供优质服务。

（何　艳）

【推进国有资本高效运营】 年内，不断创新国有资本投资、运营模式，更多地以设立基金的方式推动区域重点项目建设、国企改革重组及产业结构调整，最大限度发挥国有资本的引导、撬动作用。金融街资本运营中心参与设立西城区创业投资引导基金并受托管理，与中国国际金融公司合作设立市场化股权投资基金；通过与不同层级企业、不同所有制企业合作，为提高区属企业资本运营和现代企业管理水平进行了有益探索，为实现共赢发展创造了条件。不断拓宽融资渠道，区属企业充分利用各种融资工具，全年实现债券融资271亿元，平均利率4.7%。其中运营中心自成立以来，已通过发行企业债、私募债等方式累计达65.4亿元，提供担保85亿元，实现多渠道低成本融资，充分发挥平台作用。

（何　艳）

【加强企业经营风险防范】 年内，以规范企业章程为切入点健全企业法人治理结构，规避法律风险；试点开展决算审计报告复核工作，查找企业决算审计存在的问题和财务风险点，为构建决算审核体系奠定基础；举办涉税风险专题培训，提升企业的税收筹划意识；配合区审计局开展对企业的国有资本经营预算专项审计、对外投资专项审计等工作，防止国有资产流失。

（何　艳）

【推进政府重点项目建设】 年内，区属企业具体实施政府重点建设任务45项，通过企业间整合重组、资产划转、资源置换等多种措施，优化资源配置，降低建设成本，加快项目进度。土地一级开发项目居民和单位累计拆迁比例分别达到74%和79%，累计开复工面积294万平方米，预售签约面积达129万平方米。功能街区建设：天桥艺术中心竣工并顺利运营；广安一期项目已签约总户的70%；华嘉项目协调推进，启动住宅土方工程。保障房方面：昌平保障房签约面积与金额均超额完成年度计划；大红门项目完成成本审计工作；康都项目完成91%的签约额，实现提前入住；高立庄项目、旧宫项目、南苑项目均进展顺利。棚户区改造：百万庄项目签约比率超95%，进入收尾阶段，光源里项目正式启动；菜园街和枣林南里项目已取得市领导批示并完成规划公示。文保区项目：白塔寺区域腾退与招商工作进展顺利；什刹海人口疏解项目完成30处院落86户居民疏解工作，二期工作于年底启动；CH地块中C1、C2地块沿西河沿街立面基本亮相，北京坊项目启动招商工作；杨梅竹斜街项目进入社区共建阶段；宣西（北）项目完成杨椒山祠、沈家本故居等5处文保院落的保护规划方案设计。疏解非首都功能，开展“七小”治理、地下空间清退，共清理房屋面积54663.7平方米、疏解人员3963人。天意市场疏解面积10400平方米，商户850余户2600余人，超额完成市政府下达的疏解任务。

（何　艳）

【企业参与协同发展】 年内，区属国有企业贯彻落实京津冀协同发展战略，主动作为，精准布局。房地产企业充分调研论证，在津冀地区开展产业园区建设项目。其中金融街集团的武清产业园、永清国际服装城、固安新城项目和天恒集团的固安产业园项目已基本确定功能定位，正在进行规划设计。区属商贸餐饮企业坚持“走出去”发展战略，先后在津冀地区不断布局设点，截至年底，开办新企业及连锁店达78家（含直营店与加盟店）。张一元公司在津冀地区店铺达40家；菜百公司在天津、廊坊、涿州开设3家连锁店；华天集团庆丰包子铺在津冀地区开设35家连锁网点。

（何　艳）

【开展“三严三实”专题教育】 年内，紧紧围绕协调推进“四个全面”战略布局和国资国企改革发展，全系统开展“三严三实”专题教育。采取集中学习、专题讲座、讲党课、组织百姓宣讲会、参观交流、自学等形式，强化认识，提高贯彻中央大政方针的自觉性和执行力。通过来信来访、召开座谈会、建立热线等形式，广泛征求意见建议。坚持问题导向，查找“不严不实”问题，区国资委领导班子成员深入企业了解情况、破解难题、指导工作。深入推进民主生活会整改任务落实，在巩固党的群众教育实践活动成果上取得了实效，在守纪律讲规矩、营造良好政治生态上取得了实效，在真抓实干、推动改革发展稳定上取得了实效。

（何　艳）

【基层党建】 年内，通过树立推广先进典型、深入基层开展“我们的价值观和京华英雄”百姓宣讲活动等多种方式，做好宣传教育工作。在宣传企业改革发展成果的同时，引导职工不断加深对社会主义核心价值观的理解。建立“书记工作站”和“名书记工作室”，发挥基层企业党组织负责人的先锋模范作用和示范引领作用，做好基层党组织建设工作。切实加强基层党组织带头人队伍建设，在全系统范围内开展基层党组织书记集中轮训工作，360人次参加，提高了履职能力。对国资委系统152名生活困难党员、职工开展慰问和帮扶救助，共计发放慰问金15万元。全年处理信访48件次，处理非紧急救助案件240余件，接访109次200余人次，妥善解决矛盾，维护社会稳定。做好党员教育工作。

（何　艳）

【廉政风险防控】 年内，落实党委主体责任，及时传达、落实中央、市区党风廉政建设和反腐败工作会议精神。通过与企业党政一把手、机关干部层层签订党风廉政建设责任书，进一步明确党风廉政建设工作职责。完成举报核查工作，全年共受理举报62件次，同比增长24%，立案2件，处分2人。开展党风廉政建设培训，增强企业纪检工作人员的业务能力。对国有企业领导班子成员未按规定持股分红、兼职取酬等问题进行清查。

（何　艳）

【人才队伍建设】 年内，切实做好企业领导人员调配工作，共调整备案领导人员84人次；完成西城区第二届“百名英才——经营管理突出贡献人才”10名推荐人选遴选工作；组织开展区国资委系统后备人才调整充实工作，选拔测评后备人才146人；组织171位企业领导人员参加以“互联网+产业·人才”为主题的“国企论坛”；与国家会计学院合作，丰富企业高管研修班培训内容，增设移动课堂，增强了培训效果。

（何　艳）

【信息化建设】 年内，深入推进国资监管信息化系统平台建设，完善平台二期项目建设，推动老字号商标登记、非遗项目登记、统评数据分析报告系统的建设工作。推进视频会议系统建设，进一步促进国资系统内部信息沟通、协调流转；继续完善OA（办公自动化）系统改造升级，实现无纸化办公，为国资监管工作搭建高效平台。

（何　艳）

安全生产监督管理

【概况】 北京市西城区安全生产监督管理局（简称区安全监管局）主要承担全区安全生产综合监督管理责任，指导、协调、监督区政府有关部门和街道办事处的安全生产工作，负责危险化学品、烟花爆竹、职业卫生等安全监督管理工作，负责一般生产安全事故调查处理工作，组织全区安全生产教育和特种作业考核、培训等工作。区安全监管局内设7个科室，分别是办公室、综合协调科、法制宣传科、危化监察科、职业卫生科、监督管理科、事故应急科，有事业单位4个，分别是执法监察综合队、执法监察一队、执法监察二队、执法监察三队。年内，紧紧围绕市、区重要工作部署，在“七小”整治、有序疏解非首都功能、推动京津冀协同发展上主动出击；在全面深化安全领域改革、推进安全监管工作创新、保障全区经济社会稳定发展上持续发力，全局各项重点、特色工作推进有序，全区安全生产形势保持持续平稳发展态势。西城区获北京市2015年度“安全生产先进区县”称号；西城区安全监管局安全生产公益广告播放活动获北京市安全监管局最佳实践活动奖；西城区安全监管局制作的公益广告片《安全生产月活动》获得由国家安监总局、国资委、新闻出版广电总局和总工会四部委组织的第五届安全生产影视展映活动纪录片—专题片类三等奖；西城区安全监管局获北京市情景剧大赛优秀组织奖。

地址：西城区南菜园街51号
邮编：100054
电话：83975375

（何爱民）

【安全生产总结大会召开】 4月3日，西城区安委会组织召开安全生产工作大会，总结2014年安全生产工作，部署2015年工作任务，相关区领导与部门代表签订安全生产责任书。区长王少峰要求各部门、各街道结合“安全工作年”和首都和谐宜居之都建设任务主动适应、积极作为，促进安全生产工作再上新台阶：一是健全安全生产责任体系，全力维护首都中心城区安全稳定大局，围绕“党政同责、一岗双责”，落实行业主管部门直接监管、安全监管部门综合监管、街道属地监管职责，加强安全生产考核力度；二是构建安全生产长效机制，结合本行业领域、本地区实际，落实好年度各项工作措施，按照全市统一部署开展全覆盖的企业安全生产条件普查和安责险试点，定期排查安全隐患，突出抓好治本攻坚；三是不断营造安全文化建设氛围，面向基层、面向广大居民和从业人员做好安全生产动员，开展安全生产警示教育、公益宣传、安全培训，推动社会监督，促进安全生产各项工作有序开展。

（潘海燕）

【安装烟感报警器】 5月中旬至7月底，西城区安委会按照区政府会议要求，牵头统筹协调各街道为辖区内符合政策的独居、空巢、无自理能力等老年人家庭安装烟感报警器工作，要求每周上报为特殊老龄群体安装家庭烟感报警器数量。全区各街道特殊老龄群体家庭烟感报警器计划安装26674户，实际安装27763户，超额完成1089户。此项工作得到北京市副市长王宁的高度肯定，并于2016年在全市推广。

（王　瑞）

【安全生产月主题日活动】 6月16日，区安全监管局和月坛街道办事处共同在月坛地区白云碧溪公园围绕“强化依法治安意识、建设安全和谐西城”主题，组织开展第14次“全国安全生产月”活动，区安全监管局、区商务委、区卫生局等25家单位设置展台、展板，向广大职工群众开展安全月主题宣传和安全知识咨询。咨询日当天共有500余人次参加活动，接待咨询6000余人，摆放展板150块，发放宣传材料17万余份，出动车辆46车次。

（何姝瑾）

【综合楼宇应急演练】 6月25日，联合区应急办、德胜街道办事处在德胜凯旋大厦举办综合楼宇生产安全事故应急处置综合演练。区人大代表、区政府相关部门、各街道办事处、物业公司和部分生产经营单位负责人等200余人观摩演练，北京电视台、《北京晚报》、千龙网、《西城报》等多家媒体对演练活动进行采访报道。演练按照方案有序进行，各参演部门紧密配合、协调运行；疏散紧张有序，救援及时到位，提高了从业人员风险防范意识、生产经营单位应急处置能力和政府有关部门协调配合的能力，达到了预期效果。

（周　喆）

【餐饮行业职业病防治管理】 6月29日，依据上年度辖区餐饮行业职业病危害因素的监督抽检结果，启动餐饮行业职业卫生监管专项行动。此次专项行动以保护餐饮行业接触高温作业劳动者的健康为核心出发点，针对餐饮单位所有职业病危害因素进行管理。

（王之波）

【“9·3”纪念活动安全生产监管】 9月，西城区安委会成立以副区长姜立光为总指挥，区安全监管局为牵头单位的消防和安全生产保障指挥部，开展临战状态安全生产大检查。成立7个联合检查队对西长安街地区645家“七小”（小发廊、小旅店、小网吧、小洗浴、小餐饮、小食杂、小建材）单位开展检查和宣传，建立阅兵基础台账833家。与17家加油站和13家规模以上工业企业签订安全生产承诺书，对加油站进行全覆盖检查。预演和阅兵当天，出动4个检查组开展辖区巡查，安排10名工作人员在一线路口昼夜盯守，17家加油站各安排2名专职安全员24小时严盯死守，确保“9·3”纪念活动任务圆满完成。

（何爱民）

【高处悬吊作业地方标准实施】 11月1日，区安全监管局联合北京市劳动保护科学研究所制定的《高处悬吊作业企业安全管理规范》在北京市全面实施。2012年，为填补高处悬吊作业企业安全管理空白，预防和减少高处坠落事故发生，区安全监管局联合北京市劳动保护科学研究所成立地方标准编写组，聘请专家30余人、投入专项资金10万余元用于地方标准制定工作，多次开展综合调研，收集社会各方意见并组织召开专家会商会、专家论证会等，历经3年时间，几易其稿，经过各方的不懈努力及市安监局、市区质监局的大力支持和协作，制定出《高处悬吊作业企业安全管理规范》地方标准。该标准是北京市第一部规范高处悬吊作业的地方标准，对保障作业人员生命安全、强化安全监管、规范市场行为、提升行业整体水平具有重要作用，有效促进了高处悬吊作业安全管理工作的规范化、制度化、科学化。

（周　喆）

【与高校签署战略框架协议】 11月5日，区安全监管局与首都经济贸易大学安全与环境工程学院签署战略合作框架协议。该协议旨在贯彻实施安全发展战略，推动首都安全生产形势持续稳定好转，充分发挥首都高校在北京市经济社会发展中的智库作用。双方在遵循“优势互补、资源共享、突出重点、注重实效、互利共赢”的原则下，为建立长期、稳定、全面的合作关系达成的协议。首都经贸大学在数据统计分析、案例分析、科研调查和资金配套、专业培训、“十三五”规划编制和落实方面提供支持。区安全监管局为首都经贸大学在人才培养平台、管理实践经验、横向课题研究方向提供帮助。11月，首都经贸大学公共卫生专业硕士到西城区参观学习职业卫生管理工作。12月，双方协商首都经贸大学公共卫生专业硕士2人到区安全监管局进行职业卫生方向硕士论文的开题和研究事宜。

（王之波）

【安全生产控制指标】 年内，西城区安全生产事故死亡控制指标总数为21人。全区发生道路交通死亡事故、火灾事故（包括生产经营性火灾和非生产经营性火灾）、生产安全和铁路交通事故合计119起，死亡18人，同比事故减少7起，死亡减少5人。其中：发生道路交通死亡事故13起，死亡13人，同比事故起数和死亡人数减少1起1人；发生生产安全事故3起，死亡3人，同比事故起数和死亡人数减少2起2人；发生火灾102起，死亡1人，同比事故起数和死亡人数减少5起3人；发生铁路交通死亡事故1起，死亡1人，同比事故起数和死亡人数增加1起1人。

（潘海燕）

【烟花爆竹安全监管】 年内，按照“杜绝新增，全力压减”的要求，做好西城区2015年春节烟花爆竹销售（储存）安全管理的网点布设工作，设置烟花爆竹经营零售网点25家。烟花爆竹销售期间，对烟花爆竹配送、销售，采取日常检查、夜间抽查、重点时段等进行全覆盖式专项检查。安排豆豆和熊猫两家烟花爆竹批发单位根据西城区烟花爆竹零售网点数及烟花爆竹库存剩余情况分别派出烟花爆竹专用运输车进行回收。全区共销售烟花爆竹4536箱（2014年同期销售4658箱），同比减少2.6%；销售总金额298.5万元（2014年同期销售312.3万元），同比减少4.4%。

（张效芳）

【安全生产责任保险】 年内，落实《北京市安全生产委员会关于建立安全生产责任保险制度试点工作的指导意见》的要求。率先在安全生产领域引入保险机制，推动企业落实安全生产主体责任，在重点行业领域开展安全生产责任保险制度试点工作。截至年底，西城区共投保安责险企业806家，保费100余万元。其中：餐饮企业730家、互联网企业27家、烟花爆竹25家、影剧院10家、加油站7家、高吊5家、有限空间2家。

（周　喆）

【危险化学品经营许可】 年内，危险化学品经营许可受理37家、发放经营许可证36家（包括首次申请、延期申请、变更申请）。截至年底，办理易制毒备案9家。

（张效芳）

【安全生产培训】 年内，坚持“摸底数全覆盖、建机制强基础、严过程重质量、求突破促安全”培训思路，以事故易发、多发领域为重点，为培训对象量体裁衣，邀请北京市启迪注册安全工程师事务所专业讲师，从安全生产法律、安全管理和技术标准三方面满足培训需求，针对不同行业的事故易发特点分别制定授课内容，完成餐饮、商业零售、物业和标准化创建企业及街道隐患较大企业负责人、安全生产管理人员的培训工作，开办27个班次，3170人参加，其中主要负责人1029人、安全管理人员2141人，继续教育1444人、初次培训1726人，培训满意度达99%，涉及企业约2000家。

（何姝瑾）

【生产安全事故查处】 年内，落实“四不放过”（事故原因未查清不放过、责任人员未受到严肃处理不放过、事故责任人和广大员工没有受到深刻教育不放过、事故制定的防范措施未落实不放过）原则从严查处事故，落实责任追究制度。4月30日，西城区地安门外大街34号发生燃气爆燃一般生产安全事故；7月6日，西城区府右街力学胡同发生触电一般生产安全事故；11月7日，西城区百万庄大街甲37号发生物体打击一般生产安全事故。事故罚款25.382万元，行政拘留3人。

（周　喆）

质量技术监督

【概况】 北京市西城区质量技术监督局（简称区质监局）内设办公室、标准化科、法制科、产品质量监督科、计量监督科、特种设备监督监察科6个行政科室，西城区计量检测所、西城区特种设备检测所及西城区组织机构代码管理中心3个事业单位，西城区质量技术监督稽查队1个执法机构。主要职责：负责贯彻、实施有关质量技术监督方面的法律、法规、规章和政策；负责区域内质量管理工作，落实产品质量诚信体系建设工作；负责制定本行政区域内标准化工作，组织实施标准；负责组织机构代码的管理工作和商品条码的监督工作；负责监督管理本行政区域内计量工作，依法管理计量器具及量值传递和溯源；承担本行政区域内特种设备安全监察责任，按规定权限组织开展特种设备事故的调查处理工作；受理本行政区域内质量监督方面的举报和投诉，调解纠纷；承办质量技术监督行政许可的相关工作。年内，深入学习贯彻落实党的十八大和十八届三中、四中、五中全会精神，践行“三严三实”要求，认真落实市、区两级政府重点工作，服务保障纪念中国人民抗日战争暨世界反法西斯战争胜利70周年活动顺利召开，坚持依法行政，全面履行职责，各项工作取得良好成效。

地址：西城区展览馆路8号

邮编：100044

电话：52618080

（郭丽丽）

【行政案件办理】 年内，行政处罚案件立案13起，现场案件0起，行政案件结案率100%，罚没款（处罚到位）107215.5元，行政执法案件延期率为0，案件办理年度结转率为0，未产生行政复议和诉讼。执法检查户次1001起，受理各类举报279起，均已答复。

（郭丽丽）

【行政审批制度改革】 年内，对区质监局行政审批事项进行全面梳理。取消珠宝玉石质量检验师执业资格注册许可事项的办理。做好企业标准备案制度改革工作，推进企业产品和服务标准自我声明公开制度的落实。

（郭丽丽）

【法制工作】 年内，完成政府行政权力公开透明运行工作，共梳理行政权力801项，梳理领导班子职责94项。在区质监局网站首页设置“行政权力事项”浮动飘窗，有效链接区政府行政权力运行平台，主动接受监督。注重法制培训，全年累计培训180余人次。开展行政执法信息归集的审核和报送工作。参加市、区两级行政执法案卷评查，均取得优异成绩。

（郭丽丽）

【开展煤炭销售监督检查】 年内，对辖区内的5个煤炭销售点及所售煤炭开展2次监督检查和监督抽查。共计抽查煤炭8批次，合格率100%。各销售配送点都按照要求建立了台账、进货查验、公示等制度。根据城区无煤化工作的推进要求，西城区的5个煤炭销售点于5月底全部关闭，圆满完成该项工作。

（郭丽丽）

【产品质量监管】 年内，制订《西城区贯彻质量发展纲要实施意见2015年行动计划》，促进全区质量水平的稳步提升。组织生产许可证获证企业做好年审工作。制订《强制性认证产品监管工作方案》，开展以儿童用品、消防产品为重点产品的“双打”活动。对工业产品生产企业进行分类监管，开展国家级和市级工业产品监督抽查，全年未发生重大工业产品质量事故。开展能效标识、“低慢小”航空器管控等专项检查，未发现违法行为。开展劳保用品生产许可获证企业监督核查工作，对查出的问题督促企业完成整改。全年工业产品抽查合格率100%。

（郭丽丽）

【标准化管理】 年内，落实《西城区落实标准化战略工作方案》，进一步完善体制机制。履行标准化联席会议办公室职责，推进全区标准化工作的开展。完成9家养老服务机构的星级评定及复审工作。完成北京市技术标准制修订的初审和上报工作，7家企事业单位的13个标准获得资金补助共计100万；对西城德胜科技园区企业制订的标准进行初审把关，7家企业的19个标准获得资金补助共计270万元。

（郭丽丽）

【计量监督管理与检验】 年内，继续实施“计量惠民生、诚信促和谐”双十工程，北京市燃气集团公司等4家公用事业单位开展诚信计量体系建设活动，做出诚信计量自我承诺；28家社区菜市场（农贸市场）签订诚信计量责任书。对11家重点用能单位开展能源计量审查评价。组织辖区52家检验检测机构开展2014年度北京地区检验检测服务业统计工作，并做好数据审查。开展重点领域、场所、重要节假日专项计量执法检查，打击计量违法行为，维护市场计量秩序。公开西城区落实《计量发展规划（2013—2020年）实施方案》情况。完成西城区273家医疗单位的医用强检计量器具的普查、归档及报送工作。

（郭丽丽）

【特种设备安全监察与检验】 年内，全面完成十八届五中全会、全国“两会”、纪念抗战胜利70周年纪念活动等服务保障任务46次。以电梯安全监管大会战为主线，制订工作方案，科所联动，对全区电梯进行“一梯一表”摸底排查，共计发现存在安全隐患电梯171部，其中整改完成127部、监护运行44部。开展全区电梯应急演练、特种设备“六打六治”“打非治违”、安全大检查、游乐设施专项执法等行动，全年未发生特种设备安全事故。特检所共检验特种设备10788台，检验检测收入855万元，其中行政事业性收费835万元、经营性收费20万元。

（郭丽丽）

【代码管理及行政许可】 年内，完成组织机构代码登记15622份，发放代码证书13754份、制作IC卡9211张、扫描电子档案15622份。做好“三证合一”（工商营业执照、组织机构代码证、税务登记证合并为一）登记制度改革工作，取消涉及企业和个体工商户的组织机构代码证书的发放和更换。不断提升服务质量与水平，窗口被评为2015年度“优质服务窗口”。

（郭丽丽）

财政管理

【概况】 北京市西城区财政局（简称区财政局）是负责全区财政收支、财税政策和财政监督的区政府职能部门。全局设有24个行政科室、6个事业单位，共有干部职工175人。年内，区财政局认真学习贯彻落实党的十八大，十八届三中、四中、五中全会和习近平总书记系列重要讲话精神，深入开展“三严三实”教育实践活动，紧紧围绕市区决策部署和重点工作任务，充分发挥财政职能作用，为全区经济社会持续健康发展提供了充分的财力保障。全年区一般公共财政预算收入完成4514064万元，比上年增加786491万元、增长21.1%；一般公共财政预算支出完成4749127万元，比上年增加1527528万元、增长38.15%。

地址：西城区丰盛胡同39号

邮编：100032

电话：66218006

（陈建鹏）

【财政组收】 年内，区财政局主动适应经济发展新常态，继续贯彻落实国家结构性减税政策，大力支持落实首都创新驱动发展战略，促进经济可持续发展和财政收入可持续增长。通过多种措施组织收入，确保财政收入稳定增长。一是优化区域发展环境。加大街道协税护税力度，充分发挥基层在优化环境、服务企业中的作用，加强财源建设能力，稳定存量税源的同时吸引优质税源企业入驻。充分发挥财税政策的引导和带动作用，完善各类产业扶持政策及激励机制，激发企业活力，为经济可持续发展和财政收入可持续增长奠定基础。二是强化收入监控分析。加强财政收入运行动态监控，密切关注宏观调控和税收政策调整，提前谋划，针对政策性增减收做好应对准备。充分利用经济转型过程中释放的改革红利，分析判断经济发展中的各种有利和不利因素，研究应对措施，减缓经济周期性波动的影响，增强收入形势的预判及可预见性，提高收入预测及监管水平。三是提升组收工作效能。完善组收工作机制，强化依法征管，探索和把握税收征管规律，增强征管的针对性和时效性。加强财政、税务、工商等经济部门在政策落实、数据交换、措施联动等方面的相互配合，合力提升组收成效，做到依法征收、应收尽收。

（陈建鹏）

【盘活财政存量资金】 年内，按照国务院和北京市要求，开展盘活财政存量资金工作，除清理、盘活2013年及以前年度结转结余资金外，还要求各预算单位将2014年度基本支出结转结余资金一并缴回财政，并统筹资金用于民生项目等重点领域。截至2014年底，西城区存量资金规模221亿元，2015年消化存量资金209亿元，主要用于棚户区改造、保障房及腾退项目注资等重点项目。

（陈建鹏）

【保障和改善民生】 年内，根据区域功能发展定位，着力支持以民生为重点的社会事业建设，加大对棚户区改造、大气污染治理、城市环境整治和绿化美化等投入力度。教育事业投入71.82亿元，主要用于支持洁如等9所幼儿园改扩建、第十五中学等8所中学校舍改造和设备购置等。医疗卫生、社会保障与就业投入95.99亿元，主要用于区属医疗机构基础设施建设、养老照料中心建设、居民基本养老保险和医疗保险等。住房保障投入84.52亿元，主要用于菜园街及枣林南里、杨梅竹斜街、珠粮街区棚改项目和丰台高立庄保障房项目、老旧小区楼房抗震加固等。提升城市承载能力和城市环境品质，投入资金120.5亿元，主要用于杨梅竹斜街等文保区棚改项目、珠朝街等平房区人口疏解腾退项目、永安路等8条道路微循环和交通市政设施改造、莲花河滨水公园等景观提升工程及城中村、边角地和老旧小区环境整治等；投入资金8.25亿元，用于煤改清洁能源工程、重污染天污染物控制等清洁空气计划项目及区域环境绿化美化项目。

（陈建鹏）

【预算绩效管理】　年内，进一步拓展绩效评价范围和资金规模，加快推进绩效评价工作由“事后评价”向“事中评价”及“事前评估”转变，完善大额专项资金绩效评价长效机制，梳理完善街道部门整体支出绩效评价指标体系，探索部门自评和国有资本经营预算绩效评价新领域。加强绩效评价结果应用，首次将绩效评价结果报送各分管区长阅知，增强绩效评价影响力，完善绩效评价与预算编制、执行的衔接机制。2015年共完成绩效评价项目59个，其中部门整体支出绩效评价17个、项目支出绩效评价35个、事前绩效评估项目5个、事中绩效评估项目2个；评价资金规模达到36.1亿元，是2014年资金规模的1.75倍。

（陈建鹏）

【部门预算编制管理】　年内，继续完善部门预算定额标准体系，在2014年175项预算定额标准的基础上，修订细化37项、新增23项定额标准，初步构建覆盖人员、公用、专项等完整的预算定额标准系统，截至年底，共有198项预算定额标准，完善后的新标准更接近实际支出情况。在2016年部门预算编制工作中，结合中央及市区相关政策精神，针对区人大、区审计局等有关部门提出的预算编制、执行过程中存在的问题，重点在严格控制行政成本、调整支出结构、强化预算执行约束、夯实预算编制基础、扩大预算绩效管理试点以及预决算信息公开工作等方面做了优化和调整，切实将预算做实、做细、做准，确保部门预算编制准确、科学。在安排年度部门预算时，严格控制“三公”经费，2016年“三公”经费安排4689万元，比上年减少1094万元，减幅23.34%

（陈建鹏）

【完善财政投资评审机制】　年内，建立健全投资评审制度体系，制定《西城区财政投资评审质量控制管理办法》，进一步规范财政投资评审行为；强化内部监督管理，完善项目负责人制度、评审项目踏勘机制、会商机制、反馈机制；建立财政评审应急通道，主动服务全区重点项目建设，评审质量和效率不断提高。全年共评审财政投资项目411个，送审金额48.51亿元，审减金额3.39亿元，审减率6.99%。

（陈建鹏）

【加强财政国库管理】　年内，完善国库集中支付制度，重新制定《西城区财政国库管理制度改革资金支付管理暂行办法》等制度，进一步优化国库集中支付业务流程、规范预算单位资金支付行为。配合财政部专员办、北京市财政局、北京市审计局和西城区审计局完成多项检查审计工作，并采取措施落实整改要求，对63笔存量资金共计26.8亿元进行账务调整，督促预算单位交回结余结转资金47.8亿元。加强财政资金专户清理整顿，进一步规范专户资金核算，按程序撤销6个财政专户，同时将专户资金18.4亿元上缴预算收入、49.3亿元纳入预算管理并统筹使用。探索国库现金管理运作模式，委托北京市财政局操作国库现金管理100亿元，有效降低了区财政局库款管理规模。

（陈建鹏）

【财政票据电子化改革】　年内，为进一步提高财政票据管理水平和工作效率，规范财政票据使用行为，改进财政票据监管方式，在西城区行政事业单位实行财政票据电子化管理。通过推行财政票据电子化管理，实现对用票单位的领用缴销行为进行全程跟踪和控制，从根本上规范非税收入征管工作。截至年底，西城区除卫生系统之外，教育系统201家单位、其他行政事业单位149家实行了财政票据电子化管理。

（陈建鹏）

【调整国有资本收益上缴比例】　年内，建立国有资本收益分享机制，逐年提高国有资本收益上缴公共财政比例，制订《西城区国有资本经营预算调入公共预算实施方案》，并在全市率先将2015年国有资本收益按照10%的比例上缴一般公共预算。完善国有资本收益分类收缴制度，扩大国有资本收益上缴规模，及时调整了北京金融街资本运营中心所属行业类别，将其收缴比例由10%调整至20%上缴。2015年西城区15家国资委监管一级企业共上缴国有资本收益21877.8万元，完成年初预算的136.46%，剔除2014年一次性收入影响因素，2015年国有资本收益同比2014年增加2893.9万元，增长15.2%。

（陈建鹏）

【行政事业单位内控管理】　年内，贯彻落实财务新制度，加强行政事业单位内控管理，研究建立了一级预算单位内部控制制度体系参考模板，内控参考模板共有总制度1个、单位层面制度2个、业务层面制度9个，供预算单位制定内控制度时参考使用。选取西城区发改委、西城区金融街街道、北京市第15中学等5家单位开展试点，多次召开座谈研讨会，加强宣传指导，各试点单位初步形成了完整的内控制度体系，为全面推广内控管理奠定了基础。

（陈建鹏）

【财政监督检查】　年内，加大监督检查力度，实行管查分离，扩大检查覆盖范围，在检查类型上，取消检查内容单一的区属专项资金检查，全部改为检查内容全面的会计信息质量检查，并首次聘请中介机构共同实施财政监督检查，努力做到“检查一户，规范一户”。加强检查结果利用，首次将《财政检查意见书》呈送常务副区长和被查单位的分管副区长阅知，提高财政监督检查的影响力。2015年共检查预算单位19家，涉及资金26.2亿元，检查户数比2014年增加7户，检查资金规模增长5.7倍。

（陈建鹏）

【行政事业单位资产管理】　年内，加强制度建设，对2012年制定的《西城区行政事业单位日常办公设备配置标准和最低使用年限标准》进行修订调整，制定《西城区行政事业单位资产报告管理办法（试行）》等制度。完善资产管理系统，在全市率先实现资产业务与财务一体化的无缝衔接，进一步促进资产管理与财务管理的有机结合。规范资产处置行为，制定《西城区行政事业单位国有资产处置管理办法》《资产处置财政审批工作程序》，2015年西城区共办理资产处置290笔，实现处置收益136.78万元，并已全部上缴区国库。

（陈建鹏）

【财政信息化建设】 年内，持续加强财政信息化建设，不断提高保障能力，为财政管理提供安全高效的系统平台和有力的技术支撑。进一步优化OA系统功能，升级部门预算系统，搭建市区数据贯通平台，开通基础资源信息查询，整合金财专网，开展网络与信息系统安全自查，提升财政核心业务系统保障能力；根据信息系统等级保护三级标准要求，对主机房进行整体改造，在机房环境方面的符合度由改造前的53.1%提升到81.3%；为适应培训需求，对培训教室进行扩建，升级培训软件系统，培训能力由原来每期54人提高到每期78人。

（陈建鹏）

【财政法治建设】 年内，严格贯彻落实依法治国的总要求，深入开展法制宣传教育，举办新《预算法》专题培训、财政法规知识答题等活动，营造依法理财环境，财政干部法制意识和法治观念不断增强。严格依法行政，贯彻落实北京市、西城区两级依法行政考核办法，进一步规范财政执法行为，加大执法力度，严格依法依规处理涉法投诉等问题，2015年财政局共办理政府采购投诉5件、信访投诉6件、依申请公开政府信息4件。提高法律服务质量，强化规范性文件管理，全年共提供法律审核12项、审核备案规范性文件9件。精心准备，高标准、高质量地完成“六五”普法考核验收工作，并得到财政部和市、区法宣办的充分肯定。

（陈建鹏）

税务

国家税务

【概况】 北京市西城区国家税务局（简称区国税局）主要负责西城区域内按规定由国家税务局征收的中央税收、中央与地方共享税和部分地方税收的征收管理工作。共计有干部职工623人。全局设有办公室、政策法规科、货物和劳务税科、所得税科、收入核算科、纳税服务科、征收管理科、财务管理科、人事科、教育科、监察室、大企业和国际税务管理科、进出口税收管理科、离退休干部科、机关党委办公室共15个内设科室。设有信息中心、机关服务中心、票证中心3个事业单位；设有直属机构稽查局1个；设有17个派出机构税务所；设有1个办税服务厅。截至年底，全局共管辖各类纳税户116765户，其中企业户79476户（开业企业户52479户），个体工商户37280户（开业个体工商户22007户），临时登记户9户。共组织各项税收收入3954.24亿元，同比增加218.77亿元，增长5.86%；区级税收完成189亿元，同比增加37.42亿元，增长24.68%。

地址：西城区二龙路己33号

邮编：100032

电话：66027660

（陈璐婷）

【组织收入】 年内，加强对组收机制的建设，组建组收分析工作小组，定期召开税收风险点排查、政策会商、收入预测等综合分析会议，借助区经济分析会、协税护税联席会机制，强化信息共享，联合开展针对重点行业、重点税源企业的调研分析。聚焦区域税源特点，加大对重点税源企业持续存在大额纳税调整、高收入高利润但税收贡献度低等异常情况及股权转让等亮点事项的关注力度，建立重点税源企业监督走访机制，全力以赴挖掘税收增长潜力，实现向税收政策要收入、向税源管理要收入、向税务稽查要收入。

（陈璐婷）

【税收管理】 年内，继续推广网上办税服务厅的使用，业务范围拓展至发票自动验旧、简易处罚、一般纳税人登记、企业所得税备案等；借助信息化推进风控管理，强化对重点数据和疑点信息的筛选、比对和排查，做好大企业内部重组、集团成员关联交易等事项涉税风险识别和应对工作。进一步完善国地税合作机制，配合疏解非首都功能，牵头与区地税局、西城工商分局开展对“动批”市场3户产权方和7户主办方的联合检查工作，促成“动批”商圈的时尚天丽、信德时代、惠通永源和安达聚龙以及西单文化广场地下市场等6家市场完成闭市工作，撤并摊位1500余个。落实《全国税务机关征管规范（1.0版）》，为纳税人提供纳税担保、发票真伪查询、营改增信息抽取、跨区纳税人迁移、冠名发票审核等服务。

（陈璐婷）

【纳税服务】 年内，以“便民办税春风行动”为抓手，推进各项纳税服务工作。继续落实《全国县级税务机关纳税服务规范》；完善办税服务厅软硬件设施，完成第二办税服务厅改扩建工作；推出微信服务扫一扫、办税实况点一点、A级企业刷一刷、风险防控看一看、特殊群体帮一帮、耗时事项约一约、最新政策送一送、涉税疑难讲一讲、领票量大点对点共9项创新服务举措；共计完成近2万户的纳税信用等级评定工作。继续做好税收宣传工作，累计发布办税指南、通知公告、工作动态等信息42条；发放各类宣传资料2万余份；张贴税法公告20张；利用综合短信平台即时发送涉税信息11万余条；利用纳税人学堂组织各类培训20期，参训人数达1500余人次；受理12366服务热线、局长信箱转办单43件，办结率100%；借助第三方开展满意度调查，主动提升纳税服务质效。借助中央人民广播电台，以《新常态、新税风》为主题，分四期就落实税收优惠政策、扶持小微企业发展、优化纳税服务等多项工作进行专题宣传报道。

（陈璐婷）

【税收法制】 年内，夯实税收法制基础，推行税收执法权力清单制度，梳理行政权力公开事项95项，逐一补充完整权力实施依据，绘制修订权力运行流程图92张。编写《北京市西城区国家税务局重大税务事项集体决策办法》，建立重大税务事项集体决策委员会、依法行政领导小组、复议工作领导小组，更新重大税务案件审理办法，推进税收执法行为规范化，促进依法行政能力不断提升；认真对待行政复议，保障纳税人法律救济权；收集总结政策执行过程中的意见和建议，做好政策执行反馈工作。

（陈璐婷）

【货物和劳务税管理】 年内，做好增值税发票升级版的推行工作，累计推行11230户次，升级面实现100%全覆盖。以加强增值税纳税人管理为着力点，依托黑名单制度，全年累计将2459人次列入黑名单进行监控，经过核实解除67人次；共控制并疏解企业2456户次，涉及从业人员14746人次，注册经营面积56726.16平方米。全年共办理各类增值税退税14577.25万元，其中销售软件产品即征即退913户次，税款11905.26万元；残疾人企业即征即退189户次，税款1108.47万元；管道运输即征即退1户次，税款428万元；其他误缴退税268户次，税款706.52万元；军品政策性免税4户次，税款429万元。办理营业税及附加退税4户次，税款19415.86万元。完成对259户风险企业的风险核查，其中有问题企业213户。针对“营改增”再扩围开展准备工作。

（陈璐婷）

【所得税管理】 年内，加强所得税预缴管控，提高预缴比例，有序落实233户次企业的按月预缴工作。做好2014年版新企业所得税申报表的启用、宣传及辅导工作，强化申报数据监控，及时纠正申报偏差，实现2014年度企业所得税申报率100%。梳理并明确资产损失、减免税备案、特殊重组等各类涉税事项的办理要求，受理清单申报666户次，涉及损失金额649.6亿元；专项申报173户次，涉及损失金额782.3亿元；减免税备案13627户次；特殊重组备案4户次。加强汇算清缴后续管理，共计发现问题企业56户次，补缴税款108.89万元，滞纳金7.31万元。继续做好企业所得税优惠政策的落实工作，2014年度企业所得税汇算清缴中，共计12488户次企业享受小型微利企业税收优惠，减免税额2586.42万元，实现“应享尽知”和“应享尽享”两个百分百目标；740户次企业受益于新的固定资产加速折旧优惠政策，减免税额102278万元；共计受理48户次非营利组织的免税资格认定申请。继续落实汇算清缴退税管理办法，全年为790户次纳税人退税66亿元。

（陈璐婷）

【国际税务管理】 年内，加强国际税收征管协作，提供自动情报共计97份。做好非居民税收日常管理，全年入库非居民企业所得税113.7亿元，增值税3.46亿元。加强反避税基础管理，完成企业年度关联业务申报工作，申报率100%；对享受税收协定待遇的企业进行审核审批，完成以股息、利息、特许权使用费为主要项目的审批类事项64户次，备案类事项26户次。做好对“走出去”企业的服务工作，共出具《中国税收居民身份证明》407份。做好QFII（合格境外机构投资者）、RQFII（人民币合格境外投资者）专项清理，审核通过107户次QFII和RQFII及167支基金的申请，扣缴税款入库2.26亿元。

（陈璐婷）

【进出口税收管理】 年内，配合新的退税审批系统正式上线，新的出口退税工作规范正式实施；退税企业分类分级评定工作完成。提升退税工作质效，加快退税办理进度，实现对单证齐全真实、电子信息核对无误的出口退税申报资料“即报即审”。全年完成生产企业退税110批次，涉及退税款2564万元；审核免抵额1271万元。

（陈璐婷）

【税务稽查】 年内，以突出风险导向、分级分类为目标，落实差别化监管的稽查策略。继续提升稽查效能，全年立案各类税收检查91户次，审结执行完毕85户次；对30户次企业开展纳税风险排查，共发现11户企业存在涉税问题，涉及税款13.17亿元，查补入库2.6亿元。做好积案清欠工作，将8户符合移送条件的积案清理欠税户移送至公安部门，欠缴金额2000万元，同时清理往年陈欠案件，清欠税款700万元。

（陈璐婷）

【大企业管理】 年内，收集、整理并报送18户次中央收入企业涉税事项清单及简化办税流程建议；对2户次企业开展大企业税务风险内控调查；完成6户次集团企业案头审计工作；对金融行业管理提出管理职责行业化、管理模式团队化、政策落实程序化、风险防控体系化、人力资源配置精英化的管理方案。

（陈璐婷）

【信息管税】 年内，继续加大信息支撑力度，提升信息管税水平，落实“互联网＋税务”战略，全年进行各类业务系统升级24次。按照上级要求，完成软件正版化及推进金税三期网络设备更换、升级、调试等工作。

（陈璐婷）

地方税务

【概况】 北京市西城区地方税务局（简称区地税局）共设20个职能科室，1个稽查局（内设9个科）、19个税务所，1个机关后勤服务中心。共有干部职工701人。全局共有税源户8.8万户。年内，区地税局共组织各项税费收入713.7亿元，同比增加101.2亿元，增长16.5%，完成全年收入任务的106.5%。其中，地方公共预算收入完成543.3亿元，同比增加71.4亿元，增长15.1%，完成全年收入任务的104.9%；区级收入完成253.6亿元，同比增加28.6亿元，增长12.7%，完成全年收入任务的105.4%。

地址：西城区新街口北大街珠八宝胡同23号

邮编：100035

电话：62272820

（刘海琳）

【税种管理】 7月1日始，采取以税收缴款书完税代替贴花完税的方式，同时取消所有印花税票监督代售单位售花。加大对存量房征收管理力度，增设存量房交易办税窗口，实现存量房交易全区通办。加大房土税源管理力度，与区房管局、市国土局西城分局、区发改委等单位就如何取得对方相关数据进行沟通，为建立和完善数据交换制度奠定基础。落实税制改革要求，对地热资源税征收工作进行政策培训辅导，对每季度征收情况进行比对核实。

（刘海琳）

【税收收入特点与分析】 年内，收入占比居全市第二，达到18.5%。税源户规模平稳增长，税收集中度高，重点税源户聚集效应明显，全年纳税百万元以上的税源户达到3012户，同比增加223户，增长8%，占全局户数的4.9%，占全市重点税源户26138户的11.53%。重点税源全年入库税款661.5亿元，同比增加93.9亿元，增长16.5%，占整体收入的比重达到93.6%，占全市收入的比重为17%，占全市重点税源收入的比重为20.8%。纳税额亿元以上95户，入库405.8亿元，占全局整体收入的比重为57.4%，占全市亿元以上企业收入的30.79%。“两大行业”“一大企业”支撑位置稳固，三大产业中第三产业完成各项税费659亿元，占全局收入的93%；第三产业中占比最高的行业为金融业和房地产业，分别完成337.3亿元和79.7亿元，占比为47.7%和11.3%；收入占比最高的企业为北京市建设工程专业劳务发包承包交易中心；全年“两大行业”和“一企业”合计完成453.9亿元，占总收比重63.6%。各税种全面向好，三大主体税种：营业税、个人所得税、企业所得税合计入库561.4亿元，同比增收79.1亿元，增幅为17.1%，占全局收入比重78.7%。国有企业增幅最高，港澳台及外资企业增幅下滑明显。功能街区稳健发展，金融街龙头作用稳固。

（刘海琳）

【税收法治】 年内，组织班子成员集体学法。聘请律师王家本担任法律顾问。完善处罚文书，规范行政自由裁量权。推行网上复议，拓宽纳税人权益救济渠道。坚持依法办案，实行“一案双查”。参照国家税务总局和市地税局的审计要求开展自查，规范执法行为，规避执法风险。

（刘海琳）

【税收政策落实】 年内，采取多项措施落实小微企业税收优惠政策，通过外网、电话、短信、qq群、云盘服务等多种方式做好宣传辅导。召开小型微利企业专题辅导座谈，以互动形式宣传优惠政策，现场答疑解惑。设置小微企业咨询岗，摆放小微企业优惠政策宣传资料，专人解答相关问题。向小微企业发放《小微企业税收优惠政策宣传手册》16700册。全年共有5987户纳税人享受营业税优惠政策，减免税款101345.3万元；共有1190户企业在企业所得税季度预缴时享受小型微利优惠政策，减免税款512.1万元，享受率达到100%，6296户企业在企业所得税汇算清缴时享受小型微利优惠政策，减免税款1478.7万元，实际受惠率达到100%。贯彻落实“二手房”新政，全年共受理个人二手住房交易14041户，全区共有2年以上（含2年）的普通及非普通住房交易13141户，免征营业税149480万元。其中“5改2”新政所涉及的2年以上、不满5年的普通及非普通住房1512户，免税额达到15674万元。

（刘海琳）

【纳税服务】 年内，提速登记办理，增加窗口设置，为纳税人提供电话、网络、上门、书面等多种咨询方式，保障渠道畅通，缩短咨询答复时限。提速多元办税，安装19台自助办税机，其中4台实现24小时全天候服务，为纳税人开具个税证明10万余份；进厅业务实现办税服务厅窗口受理，54项区域通办事项实现区域通办，5项实现全市通办；推进20项免填单业务；提供计算机外网无税申报、发票报数、个体户定额征收缴税、发票查询、企业缴税信息查询等24小时服务；加强互联网税务局使用管理，扩大办理事项。提速投诉处理，制定《西城地税局加强纳税服务投诉管理办法》，规范投诉处理流程，设立投诉电话，建立快速处理机制。多举措服务不同纳税人群，全年共举办各类培训辅导84次，2万余人次参加。加强国地税合作，组建专家团队，为企业提供上门服务，走访亚投行筹备管理有限公司，围绕亚投行筹备工作，帮助企业规避税收风险，服务企业运作发展。强化纳税服务监督力度，切实维护纳税人合法权益，在办税服务大厅专门设立争议调解区。

（刘海琳）

【税收征管】 年内，全局征管总户数为88728户，其中正常户87222户、非正常户1506户。2015年新增户数6981户，注销户数1505户。自2015年10月1日实施“三证合一”（工商营业执照、组织机构代码证、税务登记证合并为一），接受工商局数据并完成数据补录的“三证合一”企业户共计641户。加强税源的精细化管理与征管状况分析，制作《税收征管状况分析报告》。围绕税务登记情况、申报情况、税款情况、税种情况开展数据分析。为公安机关、审计部门、国税等执法部门及其他纳税人鉴定发票3000余份。

（刘海琳）

【大企业税收服务与管理】 年内，深化征管改革，实现大企业管理专业化，组织完成中海油等6户企业集团现场审计工作。抽调人员，组建6人工作团队，参加国家税务总局“运用大数据开展大企业税收服务与监管试点工作”。加强国地税合作，联合开展调查，引导大企业建立、完善税务风险内控机制。

（刘海琳）

【国际税收管理】 年内，加强外籍个人管理，借力普华永道会计师事务所专业力量，对重点企业开展2次政策辅导。编制自查表单，组织税务所开展外籍个人的个人所得税核查，涉及西城区企业1200余户，外籍个人8000多名。经过税务所对外籍员工境内外保险、奖金、利息股息红利所得等方面重点核查，通过约谈督促18户企业查补税款3800万余元，滞纳金2.5万余元。加强反避税工作，对某中资控股境外注册公司开展调查，针对其金融商品买卖行为，依据征管法、营业税暂行条例及财务部规范性文件，对其价格进行合理调整，查补入库税金6800万元。

（刘海琳）

【税务稽查】　年内，通过加强绩效考核，建立部门台账，全年立案373件，有问题率98.8%，查补收入26000万元，入库16000万元。成立工作组，加大积案清理力度，原有积案61件，已完成55件（其余正在推进中）。参与疏解非首都功能工作，与区国税局合作对“动批”、西单文化广场地下77街联合检查，发现涉税违法金额30600万元，涉及税款7100余万元。

（刘海琳）

【电子税务管理】　年内，成立数据管理科，编制基础数据手册。加大信息化工作力度，参与国家税务总局“金税三期”开发和试点。做好移动存储介质安全管理系统上线。完成电子税务档案归集整理。

（刘海琳）

【政务管理】　年内，推进督查管理系统上线和培训，督办重要事项60件。主动公开政务信息335条，归集各类行政档案902份。

（刘海琳）

【教育培训】　年内，分3批组织《税收法治通论》培训。组织213名干部参加中高级职称、注册会计师、税务师职业资格考试网课辅导。组织12名窗口干部参加2015年西城区行政服务体系窗口工作人员培训。组织12名干部参加2014年新录用人员和军队转业干部公务员初任培训。组织市地税局技能大赛15名入围选手集中培训。

（刘海琳）

【税收宣传】　年内，与东城区地税局共同配合市地税局开展“新常态，新税风，税收助力文化发展”主题座谈会，听取部分文化企业、书画家代表对税务部门的意见和建议，了解经济发展新常态下文化企业发展的税收政策服务需求。到牛街社区开展“税务志愿者送纳税服务进民族社区”活动。联合区国税局分别在大栅栏街和马连道街举办“便民春风行动，优化纳税服务，共建和谐税收”为主题的税法宣传活动。为联大商学院150名大学生举办税收实践课堂“税收为创客鼓春风”活动，帮助大学生打通从校园到工作岗位的“最后一里路”。

（刘海琳）

审　计

【概况】　北京市西城区审计局（简称区审计局）是负责西城区审计工作的政府工作部门。受本级政府和上级审计机关的双重领导，对本级人民政府和上一级审计机关负责并报告工作，审计业务以上级审计机关领导为主。年内，人员编制71人，在编71人。设有综合办公室、财政金融审计科、固定资产投资审计科、经济责任审计科、科教文体审计科、行政事业审计科、内部审计指导科、社保经贸审计科等16个科室，新增设经济责任审计二科。区审计局在区委、区政府的领导下，在市审计局的指导帮助下，按照业务求精、执法求严、工作求实、方法求新、质量求高的总要求，重点抓实、抓好预算执行审计、经济责任审计工作，关注专项资金、关注领导履职，推进绩效审计，进一步规范财政财务行为、促进政府性资金使用的效益和安全。全年完成审计项目41个，查处违规资金174331万元，损失浪费金额339万元，管理不规范金额748261万元。提出建议99条，被审计单位采纳99条。

地址：西城区复兴门外真武庙四条六里

邮编：100045

电话：68014042

（宋　楠）

【预算执行审计】　年内，开展西城区2014年度本级预算执行和其他财政收支情况审计工作：针对预算执行审计面广、工作量大的特点，实行统一领导协调、明确目标和任务，各科室分工合作、协调配合形成合力；工作中，聚焦重点资金以及与西城区改革发展密切相关的热点；关注资金使用的效益效果，对预算执行情况进行评价，工作得到相关部门的认可和采纳；注重加大延伸审计力度，深入挖掘查处问题的深度和广度，为全面准确地揭露问题提供保障；督促财政部门加强内控制度建设，注意发现财政自身内控管理制度的薄弱环节；加强对“三公”经费、会议费、培训费及差旅费的分析和监督。对审计发现的问题及时进行梳理和披露，从机制、体制和制度层面提出审计意见和建议，相关部门、单位及时做出整改。预算执行审计工作报告及整改报告内容详实，不回避问题，工作得到区人大常委会的充分肯定。

（宋　楠）

【经济责任审计】　年内，开展13个经济责任审计项目，查处违规和管理不规范金额225303.86万元，审计处罚5万元。贯彻落实《党政主要领导干部和国有企业领导人员经济责任审计规定实施细则》，不断深化经济责任审计工作。拓展经济责任审计的范围，依照《实施细则》将机构设置、编制使用、廉洁从政等情况纳入审计范围；丰富经济责任审计的内容，首次开展街道工委书记的经济责任审计项目，关注地下空间资源利用，探索自然资源管理审计；优化经济责任审计管理机制，利用工作方案统一部署，明确工作进度、审计范围、审计重点，并对责任界定及评价提出要求；加大对权力集中部门和任中经济责任审计工作力度，开展对区发展改革委等具有行政审批权、资金使用量大的部门主要领导干部的经济责任审计项目，并进一步加大任中审计的比重，实现任中审计项目数量占经济责任审计项目的31%，形成任中审计和离任审计相结合的常态化审计模式。

（宋 楠）

【固定资产投资审计】 年内，逐步探索建立与政府投资相匹配的固定资产投资审计体系，促进提高政府投资的经济效益和社会效益。共开展11个政府投资审计项目，审核资金326819.53万元。审计中做到全面评价项目建设资金使用的效益情况，以征地拆迁、工程招投标、设备材料采购、资金管理使用和工程质量管理等环节为重点；进一步加大对老旧小区改造、城市环境建设、保障民生等项目跟踪审计力度；坚持事前、事中、事后审计三管齐下，督促相关单位加强资金和项目管理，完善制度，提高投资效益，推进廉政建设，促进深化投资体制改革；注重整合资源，跟踪审计前期主要以内部审计为主，社会审计参与的方式，决算审计采取国家审计为主的方式，既防范了审计风险，也在一定程度上缓解了审计力量不足的状况，扩大了监督覆盖面。

（宋 楠）

【上级审计机关组织的联动项目】 年内，落实审计署和市审计局的要求，全力参与完成稳增长、促改革、调结构、惠民生政策措施落实情况，跟踪审计、城镇保障性安居工程等多个上级审计机关组织的联动项目。针对联动项目资金投入大、涉及范围广、利益主体多的特点，一方面建立长期的工作协调机制，制定联系人机制，细化分解审计任务，落实到具体单位和部门；另一方面采取报送审计和就地审计相结合的方式，及时将审计发现的问题反馈相关单位，能整改的立即整改，在审计实施过程中，边审边改，促进完善被审计单位的财务管理，及时避免同类问题的再度发生。

（宋 楠）

【内部审计】 年内，内部审计工作围绕西城区经济工作中心，努力以提升内部审计工作质量，提高内部审计人员业务水平、综合素质为目标，在规范内部管理，维护财经纪律等方面取得成效。通过工作例会和专题研讨会等形式，布置、传达、交流内审工作，学习业务知识和技能，使在岗内审人员专业知识得到更新，提高内审队伍的整体水平；转变指导工作的形式，“走出去”主动深入到基层部门和单位，服务和指导内审工作，加大对经济责任审计、绩效审计、计算机审计工作的扶持力度；加强对内部审计工作和经验的宣传，对涌现出的内部审计先进典型，内部审计好的经验、方法加以宣传推广，扩大内审工作影响，为内审工作营造良好的氛围；借助内部审计培训平台，为内审人员提供方便、快捷和低成本的培训服务，提升内审队伍整体素质和胜任能力，促进内部审计工作规范化，不断提高内部审计工作的质量和水平。

（宋 楠）

【信息化建设】 年内，进一步推进京OA系统（审计管理系统）的使用，加强培训辅导，项目100%应用京OA系统，实现审计项目实施过程中的动态控制与管理。鼓励审计组使用AO系统（现场审计实施系统），及时总结项目经验和成果，为全面推进计算机审计、提高审计工作信息化水平起到推动作用，完成向市审计局推荐上报3个计算机审计方法实例工作。

（宋 楠）

烟草专卖

【概况】 北京市西城区烟草专卖局（公司）实行双重领导、垂直管理体制，在北京市烟草专卖局（公司）和区政府的双重领导下，主管辖区内的卷烟营销和烟草专卖管理工作。下设6科2室，即营销网建科、专卖监督管理科（专卖稽查支队）、财务科、人事劳资科、监察（政工）科、法制科、内部专卖管理监督派驻办公室、办公室（安保科、企管办）。年内，共销售卷烟45899.57箱，实现税利27619.56万元。

地址：西城区太平街甲6号

富力摩根A座

邮编：100050

电话：83160060

（王燕红）

【法制中心落成并投入使用】 1月30日，与中国政法大学企业法务管理研究中心、北京赛尼尔风险管理科技有限公司签署战略合作协议，成立烟草法务研究中心。至此，位于西城烟草办公楼八层的法制中心全面落成并投入使用。中心内设有法律顾问室，为企业、员工和零售客户提供法律咨询与援助服务；设有法律咨询援助室，提供法律书籍、期刊、电子资料的查阅、借阅，提供学习交流场所；设有法制宣传教育体验基地，包含宣传展览区、案例分析区、实物展示区、多媒体播放区，区别不同法制宣传教育对象，开展形式多样的法律实践、体验教育活动；设有法务研究中心，定期针对行业突出的涉法问题开展研讨，发布研究成果，指导工作实践。

（王燕红）

【卷烟零售行政许可管理】 3月，按照国家烟草专卖局、北京市烟草专卖局相关工作要求，西城烟草就卷烟零售行政许可业务开展流程自查，重新梳理各关键节点及业务流程，优化程序，提高办事效率，做到一口清、限时结。截至年底，辖区共有零售许可证商户2296户，其中正常经营2265户、停业10户、新办待供货21户；与零售户签订守法经营承诺书224份，向零售户发放宣传材料224份；

制作行政许可案卷1459卷，接待咨询群众2100余人次。

（王燕红）

【卷烟零售点合理布局听证会】　5月13日，组织召开《北京市西城区烟草制品零售点合理布局规定（试行）》听证会，对原规定部分条款进行修订。为配合6月1日实施的《北京市控制吸烟条例》中关于在幼儿园、中小学校、少年宫及其周边100米内禁止销售烟草制品的规定，对相关内容进行细化调整，取消零售点间隔的有关限制。会议公开听取消费者代表、零售户代表的意见、建议。西城区法制办，北京市烟草专卖局专卖处、法规处负责人参加会议。

（王燕红）

【卷烟销售情况】　年内，通过卷烟结构调整、品牌培育、市场调研、精益化营销等措施，确保利税指标不下滑。累计销售卷烟45899.57箱，同比下降16.13%；实现销售收入128740.97万元，同比下降5.75%；利税合计27619.56万元，同比提升11.4%；单箱销售额实现3.22万元，同比提升10.27%。

（王燕红）

【卷烟市场管理】　年内，在日常卷烟零售户检查走访中，重点排查公开摆卖、私藏暗卖“假私非”（假烟、走私烟、非渠道流通烟）、无证经营等违法行为。在涉烟违法行为高发时段，采取常态化错时执法与集中整治专项行动相结合的方式，加大力度打击卷烟违法经营行为。全年累计立案95起，其中一般程序87起、简易程序8起。全年查处5万元以上大要案件6起，移送工商部门无证经营案件10起，移送公安部门6起，刑拘5人，判刑4人，查获违法卷烟268.34万支，总案值175.92万元。其中假烟19.74万支，标值24.93万元；走私烟91.5万支，价值58.55万元；真烟157.1万支，价值92.44万元。实现罚没收入12.56万元。

（王燕红）

【破获两起涉烟网络案件】　年内，共破获“1·21”和“7·05”两起涉烟网络案件。1月21日，联合丰台、东城、海淀烟草等区局，在公安部门配合下，破获“1·21”销售假烟网络案件，抓获涉案人员9人，刑事拘留9人，查扣涉案车辆5台，捣毁窝点13个，查获违法卷烟229.64万支，总案值237.95万元。7月5日，在北京市烟草专卖局统一协调指挥下，西城、丰台烟草区局联合公安部门破获“7·05”贩售走私卷烟网络案件，共查获违法卷烟160.54万支，总案值144.54万元，捣毁囤烟窝点8个，查扣车辆6台，抓获涉案人员7人，刑事拘留7人。

（王燕红）

【零售户法制宣传教育】　年内，依托法制宣传教育体验基地组织开展辖区卷烟零售户法制培训16次。重点针对首次新办证零售户、违规违法零售户召开以“与法同行，和谐共赢”为主题的法制培训。12月4日，开展“以案说法”入户法制宣传活动。将法律条文与具体案例相结合，汇编制作成《烟草专卖法律法规解读宣传手册》，发放到零售户手中。利用网络信息资源，拓展零售户学法渠道，每月将烟草专卖法律法规知识编制成手机短信向卷烟零售户群发。

（王燕红）

【公益事业】　年内，与社区签订扶贫助残协议，履行企业社会责任，对贫困残疾零售户开展春节、中秋等节日慰问活动。西城烟草党支部先后2次慰问辖区贫困残疾零售户，共送出慰问金2600元，送出慰问品价值1600元。西城烟草团支部先后3次慰问辖区贫困残疾零售户，共送出慰问金4900元及生活用品。在7月开展的“共产党员献爱心活动”中，向西城区慈善协会捐款7530元。

（王燕红）

（责任编辑　杨桂敏）

工业 商贸

工 业

概 述

年内，西城区继续发挥其首都功能核心区总部集约型工业的优势，规模以上工业企业，水、电、气、热等基础设施民生领域发展态势良好，增速平稳，全年工业生产总值保持两位数的增长，从4月份开始增速出现下降趋势，全年涨幅总体上呈现逐步收窄的态势。规模以上工业企业累计完成工业总产值1067.9亿元，比上年增长10.7%。工业企业销售产值同步升高，累计完成工业销售产值1071.9亿元，比上年增长11.0%；产销率为100.4%，产销衔接良好。

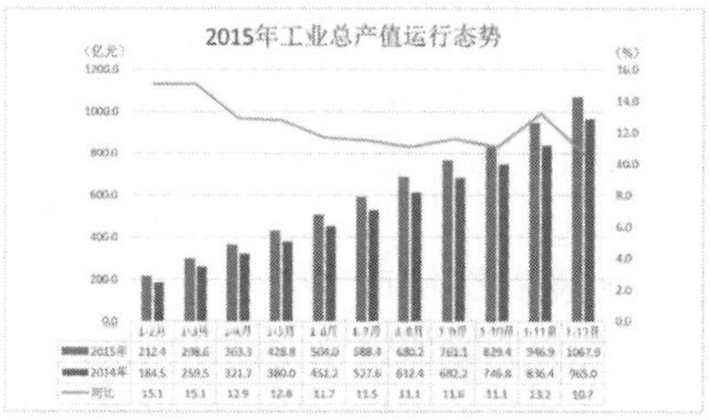

工业运行基本特点：一是总部经济支撑作用明显。由于西城区首都功能核心区的定位及地域条件的限制，区域内工业总产值的平稳发展主要得益于总部企业的支撑，年内19家工业企业集团母公司或成员企业，累计完成工业总产值985.3亿元，占全部规模以上工业产值的比重为92.3%，比上年增长13.0%；累计完成销售产值989.3亿元，占全部工业销售产值的比重为92.3%，是西城区工业企业平稳发展的中坚力量。二是能源供应业持续增长势头。年内，西城区结合双控双降任务目标和区域实际，开展摸底走访工作，关注区内能耗大的重点企业。按照区政府的工作要求，开展“十三五”节能规划前期研究，结合京津冀一体化和疏解非首都功能的工作要求，做好区规划纲要的对接工作。年能源消费总量为451.4万吨标准煤，万元地区生产总值能耗降低4.6%。经过征集和初审初步确定节能改造项目9个，项目总投资4798.33万元，支持鼓励改造资金1439.50万元，节能效率15%以上。年内，已建及在建变电站25个。桃园、菜市口220千伏变电站投产使用。西交民巷变电站、西四变电站正在做前期准备工作。区10家能源供应业企业，累计完成工业总产值985.9亿元，比上年增长13.6%，占全区规模以上工业总产值的比重为92.3%；累计完成工业销售产值985.9亿元，比上年增长13.6%。能源供应业产值比上年呈现两位数增长，主要是阶梯水价、电价上涨、气温较同期偏低导致能源消耗大等原因。三是内销增速稳步提升，出口降幅过半。年内，累计实现工业销售产值1071.9亿元，比上年增长11.0%，其中，实现内销1068.8亿元，比上年增长11.4%；实现出口交货值3.1亿元，比上年下降51.0%，12月仅有5家企业有出口交货值。以稀土为原材料加工合成金属的企业，受国际稀土价格影响订单额降幅不断加剧，引起全区出口交货值降幅过半。四是行业经济效益情况良好。年内，区规模以上工业企业实现主营业务收入1107.7亿元，比上年增长12.9%；实现利润总额71.1亿元，比上年增长32.9%，其中投资收益22.6亿元，比上年增长5.1%。利润总额过亿元的企业6家，累计实现利润总额64.9亿元，占全部工业企业实现利润总额的比重为91.3%。开展规范中小企业认定及项目备案管理工作，认定中小企业18家，工业及软件信息服务业行政许可项目备案14个；完成24家中小企业创新融资909万元的贴息申请。

工业运行中需关注的问题。纵观全年运行态势，区域工业企业一直存在着传统印刷业萎缩、外需乏力等问题。第一，印刷行业下降明显。随着电子商务的发展以及纸张、油墨、人工成本的上涨，传统印刷行业逐渐萎缩。年内，13家印刷业企业累计完成工业总产值34.7亿元，比上年下降12.7%。第二，外需乏力，出口下降。从外需看，全球经济深度调整，世界经济复苏乏力，外需不足的局面短期内难以有效缓解。受国际市场相关产品价格的波动影响，区内工业企业相关订单较上年大幅减少，出口交货值降幅过半。西城区首都功能核心区的定位使得区域内工业形成主要以水、电、气等能源供应业总部为支撑的结构，在基础设施等涉及民生的领域中发挥着不容忽视的作用。

（王旭芳　马孝林）

北京世纪金工投资有限公司

【概况】　北京世纪金工投资有限公司（简称世纪金工）注册资金3000万元，在职员工554人，主营项目投资、投资管理、投资咨询、出租写字间等。公司下设8家子公司。工业、物业、资本运营是公司支柱产业。其中北京市科通电子继电器总厂有限公司是高新技术企业和国家定点军民用固体继电器专业厂家，承接国家重点项目，为“神舟”系列航天器和“嫦娥”登月工程等配套；北京第三纺织机械有限公司是国内汽车整车配套件重点企业，具有ISO/TS16949等国际认证资质；北京无仪美达科技有限公司以研制、生产、销售出租汽车税控计价器为主导；北京市塑料十三厂有限公司拥有国家特种劳动防护用品生产许可证资质和安全标志证书；世纪金工宏洋大厦是西城区文化创意产业孵化基地和西城区电子商务创业孵化基地；居仁堂京瓷（北京）文化有限公司是由商务部获批的文化艺术类老字号，生产的市级非物质文化遗产项目京彩瓷（仿古瓷）产品屡获国家工艺品大奖；离退休和岗下职工管理中心为公司7009名离退休人员提供统一服务与管理。北京市科通电子继电器总厂有限公司总工程师李文兵获2015年北京市劳动模范称号；居仁堂京瓷李建强获2015年西城区劳动奖章。

地址：西城区莲花胡同11号

邮编：100052

电话：63524785

（梁乃康）

【各级领导考察参观居仁堂】　3月9至10日，北京市委常委、宣传部部长李伟，全国人大代表、江西省文化厅厅长李玉英等在全国“两会”期间分别到居仁堂京瓷考察。6月3日，北京市人大常委会主任、党组书记杜德印在区委书记王宁、区长王少峰及其他市区领导陪同下参观居仁堂京瓷。7月13日，中共中央对外联络部礼宾局领导一行近40人到居仁堂京瓷参观指导工作。

（梁乃康）

【居仁堂举行封釉仪式】　6月11日第10个中国文化遗产日活动期间，居仁堂举行“京彩瓷历史珍贵釉料封存仪式”，封存了“洋红、玻璃白、广翠”3种珍贵釉料。世纪金工公司董事长赵钢在封存仪式上承诺：封存的釉料除重大国事活动或企业重要活动，经公证机构公证后方可开封使用，除此之外不得启用。另将亚信会议国礼——“粉彩八宝葫芦瓶”赠与北京历代帝王庙博物馆收藏，馆长王洁颁发了北京历代帝王庙博物馆艺术品收藏证书。

（梁乃康）

【参加区国资委宣讲活动】　下半年，世纪金工参加区国资委组织的“我们的价值观”和“京华英雄”百姓宣讲活动，以《我家有爱　温暖常在》为题在全区范围内进行4场巡回宣讲，讲述了世纪金工公司真诚服务7000多名离退休职工的感人事迹。

（梁乃康）

【科通公司通过环保局和安监局核查】　7月15至16日，科通公司分别通过了北京市环保局和市安监局对科通公司辐射安全情况和安全生产标准化达标工作的核查。

（梁乃康）

【公司领导慰问抗战老同志】　8月底，世纪金工党委书记赵钢和党委副书记李希刚分别走访慰问公司6位获得国家颁发的中国人民抗日战争胜利70周年纪念奖章的老同志。

（梁乃康）

【京彩瓷赏盘赠与国际田联主席】　8月底，在2015年北京国际田联世界田径锦标赛结束时，居仁堂京瓷将由两代传承人设计制作的，代表中国传统文化艺术精粹的京彩瓷赏盘《筑梦》《逐梦》作为国礼赠予国际田联主席拉米·迪亚克。

（梁乃康）

【3人参加阅兵观礼】　9月3日，世纪金工的首都劳动奖章获得者李文兵、北京市工艺美术大师白莉、老一代北京市劳动模范孙义参加了纪念中国人民抗战胜利70周年阅兵观礼。

（梁乃康）

【北京市塑料十三厂更名】　9月24日起，“北京市塑料十三厂”更名为“北京市塑料十三厂有限公司”。更名后，其工商注册中的类型由原来的集体企业变为法人独资的有限公司，与其他8个全资子公司一样成为母公司世纪金工投资与被投资的产权关系。

（梁乃康）

【科通承办全国继电器审查会】　10月22至25日，科通公司首次承办在京召开的第三届全国有或无电气继电器标准化技术委员会换届成立大会暨国家标准审查会。与会专家通过了科通公司起草的《固体继电器》相关工作的国家标准，同意编制工作组根据本次会议的意见修改后报批该标准。

（梁乃康）

【京彩瓷文化体验线活动拉开序幕】10月30日，居仁堂京瓷作为第十届北京文博会西城区分会场在京彩瓷博物馆举行了以“感悟‘china’——向泥土致敬”为主题的京彩瓷文化体验线活动，升级改造后的京彩瓷博物馆亮相。同时，烧制京彩瓷的现代窑炉“京城第一窑”开窑。

（梁乃康）

【公司确定企业精神】　11月中旬，在全体员工的参与下，世纪金工确立了“德为先　信为本　敢担当　勇创新”12字企业精神。

（梁乃康）

【特制瓷盘赠送老挝国家主席】　12月1日，中共中央政治局常委、全国人大常委会委员长张德江出席老挝人民民主共和国成立40周年庆典活动，会见中，张德江向老挝人民革命党中央总书记、国家主席朱马里赠送由居仁堂绘制的京彩瓷纪念瓷盘。

（梁乃康）

【推进股权结构改善工作】　年内，世纪金工采取加强核心团队管理、未持股骨干员工股权激励、对既有员工持股计划进行规范等多种方式推进股权结构改善工作。通过股权结构调整使公司原有的股权较为分散且股权结构与公司未来发展矛盾突出的状况得到改善。

（梁乃康）

【悠米幼儿园经营显成效】　悠米幼儿园是由世纪金工投资经营的全资子

公司。经过2年的运作，悠米幼儿园的经营步入正轨。根据幼儿园的规模，在册幼儿已近满员，按照年龄与教学设置分班，同时开展“蒙氏”特色教育。幼儿园坚持保教并重的原则，以研促教，全面实施素质教育，做好食品卫生、保健、财务、安全及园内环境管理工作。年内，通过了由区教委民教科、学前科、专家组及妇幼保健院组成的考核组的年度考核。悠米幼儿园严抓管理，打造品牌，解决周边孩子入园难的问题，在追求收益的同时承担起一份社会责任。

（梁乃康）

国有资产经营公司

【概况】 北京市西城区国有资产经营公司（简称国资公司）有干部职工20人，设综合办公室、计划财务部及离退休人员管理服务中心。国资公司是区属国有企业，负责区属改制企业离退休人员管理服务工作。年内，获西城区财政局2014年度企业财务会计决算编报工作优秀单位、2015年企业快报编报工作优秀单位，西城区国资委2015年度国有资产统计报表工作优秀单位、2015年度企业财务快报工作优秀单位、2015年度企业财务月报工作优秀单位、什刹海街道交通安全委员会“2015年度交通安全先进单位”称号。

地址：西城区头发胡同59号

邮编：100031

电话：83229155

（梁 硕）

【授权代管离休干部】 年内，国资公司经区财政局授权，接收代管长城工商、镀锌丝厂、华康新和、鑫宣市政、百万庄园、摩擦材料厂6家企业12名离休老干部统筹外专项资金的监管工作，国资公司责成专人负责资金支出审核和支付工作，以确保离休老干部生活待遇资金使用合理、合规。

（梁 硕）

【公房承租单位变更】 国资公司离退中心办公地西城区鼓楼西大街50号，是由西城区什刹海房管所管理的直管公房，该房产原为北京市工艺美术品厂下属的工艺美术厂幼儿园原址，工美厂宣告破产后，交由国资公司离退中心使用，房租由国资公司负责缴纳。由于该房承租单位在房管所登记仍为工美厂幼儿园，致使国资公司对该房的使用受限，为此国资公司于2012年初向什刹海房管所提出变更承租单位的诉求，在近2年的时间里，国资公司多次向什刹海房管所提交国资公司为该处房产实际承租单位的证明文件。经区国资委出面协调，公房承租单位工作变更于年初完成。

（梁 硕）

【亲情服务】 年内，落实《西城区国资公司党员志愿服务离休干部工作制度》，11名党员和工作人员与16名需要帮扶的离休干部结成对子，责任到人，帮扶见面。5月7日，组织16名离休处退老干部参加区老干局健康体检。6月，公司投资1.2万元，购买了适合高龄老干部的益智玩具和保健器材。离休老干部随时可以到中心的棋牌室、游戏室聚会、活动。年内，国资公司为9名80岁以上的离休老干部过生日。

（梁 硕）

【走访慰问】 1月23日至2月11日，国资公司领导走访慰问38位离退休人员，包括长期患病不能自理、异地安置、有特殊困难的老干部遗孀、劳动模范、处退老领导、退休百岁老人。“七一”前夕，国资公司走访看望10余名入党时间早、久病卧床、长期不能参加活动的离休老干部，送去慰问品。

（梁 硕）

【组织老干部活动】 2月2日，国资公司组织离退休老干部参观游览中央广播电视塔及太平洋海底世界博览馆，作为春节团拜会的一种新形式，公司党总支书记石志刚到场看望老同志并提前拜年。3月13日，国资公司组织离休处退老干部学习全国“两会”精神。4月10日，国资公司离休中心组织12名离退休老干部参加区老干局扑克牌、麻将牌比赛。6月18日，“牢记历史，勿忘国耻”主题活动在香山脚下的“抗战名将纪念馆”举行，这是为纪念中国人民抗日战争暨世界反法西斯战争胜利70周年，国资公司离休中心举办的征文、看望拜访抗日老干部、参观学习等系列活动之一，20余名离休和退休的老同志参观了“抗战名将纪念馆”和佟麟阁将军墓、“佟麟阁将军纪念馆”。6月26日，国资公司在离休中心会议室举行在职和离退休党员“共产党员献爱心”捐款活动仪式捐款3630元。7月21日，国资公司组织离退休党员，参观房山区霞云岭堂上村“没有共产党就没有新中国”纪念馆。7月23日，组织老党员参观“平西抗日战争纪念馆”。7月20至24日，离退休党员读书班在十渡笔架山庄云泽山庄举办。参观房山霞云岭堂上村“没有共产党就没有新中国”纪念馆、平西抗日战争纪念馆。9月24日，离休处退老干部参加西城区老干部局“强体健身共建和谐金秋运动会”。10月30日，参加区老干部局秋季棋牌赛。11月19日，组织离退休老干部学习市委组织部、市老干局《关于印发〈关于深入推进离退休干部为党的事业增添正能量活动指导意见〉的通知》（京组通〔2015〕38号）及《十三五规划建议的10大民生亮点》《尽快让“五大发展理念”落地生根》等文章。12月7至9日，在香山饭店举办离退休党员读书班。

（梁 硕）

【组织干部疗养】 3月6至10日，离退休人员管理服务中心组织近20名退休职工参加金海湖健康疗养。3月16至22日，组织离休干部第9批健康疗养任务。10月16至20日，组织第19批20名退休职工到北京市碧海山庄职工活动站健康疗养。

（梁 硕）

【制度建设】 6月，国资公司组织各部门结合“群众路线实践教育活动”修改完善《国资公司管理制度汇编》。

（梁 硕）

【参加社区活动】 年内，国资公司与所在辖区的社区党组织建立联系，成为属地社区——受水河社区党委的成员单位。国资公司组织在职党员参加“双提升”社区统一行动日志愿服务活动，与受水河社区党员一起为受水河胡同居民标注停车位。7月7日，国资公司党支部应邀参加受水河社区纪念中国人民抗日战争暨世界反法西斯战争胜利70周年党团员集体宣誓活动，重温入党誓词。

（梁 硕）

【解决遗留税务问题】 国资公司为彻底解决历史遗留问题，10月23至30日，派人员赴海南海口办理所属子公司——北京希福实业总公司在海南办理临时税务登记，异地缴纳房产税和土地使用税问题。经过协商问题得到妥善解决，节省税款50多万元。

（梁 硕）

北京华方投资有限公司

【概况】 北京华方投资有限公司（简称华方公司）是国有独资公司，注册资本3.64亿元，主要从事国有资本投资、管理业务。华方公司拥有18家企业的全部或部分国有产（股）权，其中11家（7家国有企业、4家集体企业）为华方公司接收原北京西城国有资产管理公司所属工业企业，对其履行“投资、监督、调控、服务”职能。投资涉及房屋租赁、企业孵化器、养老产业、品牌医药批发零售、工业生产、文化创意、特色餐饮、金融证券等领域；华方公司还承担与本公司没有产权和隶属关系的其他13家工业企业的管理责任。截至年底，华方公司总资产（含18家企业）为24.05亿元，归属母公司净资产10.11亿元。年内，华方公司紧抓“重大项目软硬件并举，精细化管理纵深推进”的年度工作主题，实现营业收入（不含工业企业）9.4亿元，同比增长2.18%；利润总额5993万元，同比增长2.73%，超额完成计划（5500万元）的8.96%，净资产收益率6.02%，较计划（4%）增加2.02个百分点，成本费用利润率6.58%，较计划（3.5%）增加3.08个百分点。

地址：西城区木樨地北里甲4号

邮编：100038

电话：68049172

（王 涛）

【商业地产】 房屋租赁及管理方面，通过流程再优化，华方公司本部年内收缴房屋租金5480.70万元，同比增长14.50%，超额完成计划租金收缴任务。聘请擅长解决房屋租赁纠纷的北京义博律师事务所，代理3起涉及房屋租赁纠纷的诉讼案件。分别追缴2家租户所欠缴的租金，解决了久拖未决的羊肉胡同腾退房屋一案。基本完成合同续租，年内签订续租合同82个。5月下旬，配合区环境办、展览路街道办事处、区城管大队和区国资委完成榆树馆西里15号楼北侧的违章建筑强拆工作。办理27处房产证更名。“北京华方投资经营公司”变更为“北京华方投资有限公司”（涉及建筑面积19980.84平方米）。鸭子桥文化主题酒店项目方面：完成新建部分的主体结构工程；东、北楼装修已步入收尾阶段。月子会所方面：永安馨母婴护理中心于9月份试运营。房产资本化工作方面：与4家银行签定《保密协议》，与有意向出资的渠道进行《融资服务框架协议》沟通。

（王 涛）

【养老项目】 1月1日，立水桥颐养中心正式投入运营。通过升级改造硬件及提高服务品质。截至年底，颐养中心入住老人43位。西长安街养老照料中心是华方公司与西长安街办事处共同合作项目。华方护理团队于1月正式接管运营。该中心除提供入住照料外，还开展助浴、理发、送餐、上门保洁、健康知识讲座等。组建了由5名护理人员组成的居家养老服务团队，为周边社区老年人提供超过百次的居家养老服务。11月初，什刹海养老照料中心（养老床位108张）的装修改造工程完成，着手员工的招募、培训及老人入住预约工作。月坛西街养老照料中心是华方联袂月坛街道办事处共同打造的养老项目。所涉及物业为华方公司原办公楼房。年内，确认了设计方案，聘请第三方项目管家进行投资预估，设计床位63张，预估总投资额1400万元。该项目已被列为西城区2015年财政支持的新建养老照料中心项目，相关项目补贴资金近250万元已拨付至月坛街道办事处。华方公司通过公开招投标方式，于12月14日中标米易县老年养护楼项目，获得攀枝花市米易县老年养护楼项目的管理运营权。12月20日，华方公司与攀枝花政府正式签订《合作协议书》。合作项目为：米易县已建成的7500平方米老年养护楼，采取“公建民营”方式交由华方公司运营。该项目计划投资2000万（含流动资金），初步设计养老床位160至200张。

（王 涛）

【“非遗”基地及产品】 年内，顺义88号院的华方文创顺义基地（涵盖华方北京雕漆项目和华方宫毯项目）投入运营。华方文创沙河基地暨金属锻錾艺术品项目的前期改造工程启动，截年至底已完成主体工程。华方文创月坛基地暨非遗（体验式）博物馆的前期改造工程已近尾声。“工美杯”北京工艺美术创新设计大赛中，由北京华方雕漆艺术设计有限公司设计制作的9寸雅扇系列作品获金奖；铜胎香薰系列作品获银奖；北京华方地毯艺术有限公司的盘金挂毯《盛世龙福》获银奖。在京津冀非物质文化遗产大展暨传统手工艺作品设计大赛中，北京华方雕漆艺术设计有限公司、北京华方地毯艺术有限公司设计并制作的《漆栖指尖》皮胎雕漆手袋和盘金挂毯《玉堂富贵》分别获银奖和铜奖。华方公司组织雕漆、宫毯等公司参加了第十届文博会及“第十届北京·香港经济合作洽谈会”。

（王 涛）

【金融证券】 年内，华方公司抓住A股市场大起大落所带来的交易机会，变现7409.63万元、收益率达77.4%（含持有北京银行送配股减持）。如剔出北京银行送配股因素，变现收益491.53万元、收益率5.13%。

（王 涛）

【工业企业】 年内，华方公司本着“走以商业地产为主业、收缩乃至退出工业生产的发展之路”的发展思路，所属工业企业营业收入同比增长1.64%，实现利润总额1139万元。自控厂实施国家级孵化器规模扩大的改造项目，涉及面积约15700平方米，截至年底，已完成绝大部分改造工程。金属厂厂区改造与日常生产经营同步进行。凤凰公司、轻工厂以物业收入为主业，成功转型。凤凰公司物业收入完成年度预算的113.55%；轻工厂提前完成房租收取工作。皮鞋厂坚持以商业地产为主业，以金丰和科技企业孵化器为经济增长点，压缩制鞋生产规模，完善绩效管理、考核激励机制，物业收入完成全年指标的148.2%；利润总额完成全年指标的138.89%。光电设备厂着力推进企业调整工作。对企业组织架构进行了调整，加强内控管理和财务监督职能，并集中对企业往来账目进行清理。通盈公司采取转让三建公司部分股权、扩大民营股份比例的方式引进社会资本。在履行相关法定手续的前提下，于10月底完成引资程序。电讯工具厂、天外天劳务服务中心配合顺义88号文创基地和月坛雅集非遗博物馆的日常管理和改建工作，在维护稳定、做好服务方面成绩显著。

（王　涛）

【帕米尔食府】 年内，帕米尔食府推进硬件设施改造和核心菜品特色化创新，克服了增收难度加大、成本支出增加等困难，经营持续平稳、向好，在北京市烹饪协会举办的“100强餐饮门店”评比中，综合实力排名第44名。

（王　涛）

【集团管控】 年内，华方公司各部室按照职能划分服务所属企业，发挥各部室的专业特点和优势，开展与所属企业的项目协作，项目组资源共享、有效联动，帮助企业进行项目管控。制定企业领导人的业绩考核指标方案。重新修订《所属企业经营者业绩考核暂行办法》《所属企业经营者薪酬管理暂行办法》，将原有的《关于下达年度经营指标的通知》统一为《业绩考核责任书》，新增管理提升指标以及监测指标。经过履行组织考察任用程序，光电设备厂选拔任用1名新厂长，金属工艺品公司选拔任用2名副经理。制定《华方公司2015-2017年度后备人才调整充实工作的实施方案》和《建立华方公司系统2015-2017年度后备人才库的实施方案》。年内，聘请第三方专业测评机构，对华方本部40名中层管理人员及所属企业正副职后备人才进行素质评估。配合区国资委做好后备人才的调整和充实工作，初步建立起华方系统各层级后备人才库。

（王　涛）

【公司建设】 6月份，华公方司在中层管理人员中提拔1名经理助理，新任命了常务副经理和企业发展部部长，重新调整经理班子成员分工。梳理规章制度，废止制度35个，修改制度5个。与专业机构签署常年顾问服务协议，举办以《目标计划的制定与分解》为主题的管理培训。以商业地产投资部作为试点部门，启动绩效考核的试点工作。尝试劳务派遣新的用工方式，招聘3名内勤文秘人员。为满足项目公司的发展需要，实现人力资源优化配置，通过内部竞聘方式从华方本部选聘2名员工，分别担任华方养老公司的院长助理。选择泛微公司作为华方公司OA系统的服务商，9月14日泛微公司入驻，11月1日华方公司OA办公自动化系统上线试运行，经过2个月双轨制（纸界和无纸化）试运行顺利实现OA上线目标。

（王　涛）

商业服务业

【概况】 西城区商务委员会（简称区商务委）是区政府主管全区内外贸易和对外经济合作的工作部门。年内，实现社会消费品零售额912.6亿元，同比增长5.8%；建成广内北线阁百姓生活服务中心、月坛三里河百姓生活服务中心等10个百姓生活服务中心，涵盖早餐、便利店、生鲜、家政、修理、主食厨房、便民理发等多种便民服务业态，同时还具备预约服务、上门配送等拓展服务功能；新增和改造10家便民菜店；新增17家早餐规范店。

地址：西城区广安门北滨河路9号

邮编：100055

电话：83509379

（柴晓虹　晁振安）

【编制“十三五”商贸服务业发展规划】 年内，区商务委按照西城区“十三五”规划编制工作总体部署，由主管区领导牵头，开展《西城区“十三五”时期商贸服务业发展规划》的研究编制工作。成立主要领导任组长，主管领导任副组长的工作领导小组，制定编制方案，明确编制目的、内容、进度、确定合作单位等工作，通过走访、调研、收集、整理、分析相关资料，召开研讨会邀请相关人大代表、政协委员、企业、居民参与研究编制工作等方式，围绕制约西城商贸服务业发展的重点问题，尤其是“十三五”时期的思路、目标、主要任务等内容加强调查研究，对当前的发展环境和所处的发展方位科学认识，与京津冀协同发展战略准确对表，注重体现区域功能定位要求、发展与管理“双转型”、补齐发展短板、保障和改善民生，切实提高规划的前瞻性、系统性和科学性。经过数易其稿，完成规划前期研究课题《“十三五”时期西城区商贸发展的思路与措施研究》和专项规划《西城区“十三五”时期商贸服务业发展规划》编制工作。

（柴晓虹　晁振安）

【2015北京西单时尚节】 6月10日至8月31日，按照“政府支持，协会主办，企业主体，文商旅融合发展”总体思路，由西城区商业联合会、西单商会主办“2015北京西单时尚节”。活动围绕“时尚、文化、品质、生活”核心主题，通过举办时尚讯息发布、时尚文化展示、时尚美食推广、文化之旅体验、文化惠民进社区等6大板块，20多项主题系列活动，展现西城商业良好的企业形象和社会责任，提升时尚节活动的文化内涵和品牌影响力，促进区域消费增长。活动期间相关信息在平面媒体、网络媒体、电台、新浪微博、腾讯微

信5大平台发布各类信息，传播覆盖总人数超过千万人次，其中17家平面媒体发行总量782.6万条；35家网络媒体页面浏览总量323.8万次，微信总阅读数48.72万次，微博总阅读数12.82万次，微博总转评数3969次。

（邵自军　张锐军）

【举办“两展一会”】 6月19至22日，“2015北京国际茶业展、2015北京马连道国际茶文化展、中国临沧天下茶尊茶业推介会”（简称“两展一会”）在北京展览馆和马连道举办。活动期间，开展50多项文化、商务与经贸活动，仅北京展览馆一地的观众达75179万人次，专业采购商21966人，现场成交额7715万元，达成合作意向611个，含意向成交在内的总成交额突破5.8亿元。采购市民10余万人次，采购金额突破1亿元。“两展一会”推动了国内外茶行业的高端研讨、文化交流、商务合作和品牌推广。

（章建平　李佳狄）

【香港未来之星活动】 6月17、18日下午和8月26、27日下午，香港未来之星活动分两次以中国传统文化之旅——中国茶文化体验、世界冠军体验之旅以及古都北京之旅为主题在西城区马连道茶叶特色街、什刹海体校和首都博物馆举行，受到文化部、北京市港澳办及西城区委区政府的高度重视，首次被文化部列为“2015年全国对港澳文化交流重点支持项目”，推动香港青少年了解和认同祖国，成为香港青少年教育工作的重要形式。

（章建平　李佳狄）

【成品油变更初审及年检初审】 年内，完成辖区成品油经营批准证书变更初审工作，包括中国石化销售有限公司北京西城太平湖加油站、中油北汽石油销售（北京）有限公司宣武门加油站等8家。完成辖区17家加油站年检初审。

（邵自军　李祎珊）

【拍卖企业变更初审及年度核查初审】 年内，完成辖区6家拍卖企业变更拍卖经营批准证书工作，包括北京钰融拍卖有限公司、北京国网拍卖有限公司等。完成辖区37家拍卖企业年度核查初审。

（邵自军　李祎珊）

【典当行业稳定发展】 年内，西城区典当企业达57家，其中典当行38家，分支机构19家。典当业务24642笔，典当总额52.39亿元，同比增长19.2%。典当余额10.6亿元，同比增长-0.15%。总实收资本11.72亿元，同比增长2.9%。发放贷款和垫款余额总额10.55亿元，同比增长-0.6%。房地产典当35.44亿元，占比67.6%；动产典当13.08亿元，占比25%；财产权利典当3.87亿元，占比7.4%。业务结构保持稳定。

（邵自军　史倩）

【西城区生活性服务业体系建设】 年内，采取一系列措施加强生活性服务业体系建设。成立由区委书记、区长任组长，主管副区长任副组长的工作领导小组，决策重大问题，坚持区商务委综合协调，相关部门参与，街道主体负责的“区街两级联管”工作推进机制；编制《西城区生活性服务业空间布局规划》，明确业态配置和规划布局；制订《西城区生活性服务业基本业态建设规范》，清晰产业目标和建设要求；编制生活性服务业社区评估评价体系，结合社区参与协商治理模式，提高以群众需求为导向的生活性服务业监管与治理能力；制定《西城区生活性服务业资金管理办法》加大资金支持；出台系列配套措施，建设绿色通道，解决项目建设当中的疑难问题。

（王健　戚秀艳）

【“菜篮子”工程建设】 年内，继续推动连锁化、组织化、规模化蔬菜零售网点建设，区商务委与丰宁县人民政府签订了“菜篮子”工程建设战略合作协议，在加强产销对接合作、探索农畜产品零售终端新模式、打造丰宁农畜产品品牌、加强信息共享和信息化建设等四个方面开展合作；与区财政局共同制定出台《西城区菜篮子工程建设资金补助管理办法》，每年安排预算资金对菜篮子系统工程建设进行补助，重点扶持社区菜市场提升、流通新模式的便民菜店建设、“农超对接”“农餐对接”、蔬菜配送中心改造建设、“菜篮子”信息化提升及发展电子商务项目等“菜篮子”系统工程建设项目；指导区“菜篮子”联合会开展生活性服务业品牌企业进社区活动，共走入30多个社区、机关、学校开展服务活动，近20家企业参与。

（王健　谢莉）

【规范再生资源回收网点管理】 7月，对造成环境脏乱的“爱心自强”企业41处再生资源临时回收网点撤销备案，并由相关部门予以取缔；12月通过网点规范+统一转运模式，对月坛街道、金融街街道、西长安街街道20处网点实施规范提升。

（王　健）

【“双打”工作】 年内，区双打办加大打击侵犯知识产权和制售假冒伪劣商品工作日常检查力度。8月11日，对辖区内万通、官园小商品市场进行专项联合检查，保障世锦赛和抗日战争胜利70周年大会顺利召开；9月11日，在西四地区开展针对侵犯“全聚德”品牌商标专用权违法行为联合执法检查行动，对检查中发现的22只袋装烤鸭及若干带有“全聚德”商标字样的包装袋全部依法予以扣押，并开展后续调查，依法对假冒商品的生产者及销售者予以惩处。

（王健　张晓燕）

【重点期间安全保障】 年内，区商务委在全国“两会”“9·3”阅兵和田径世锦赛、党的十八届五中全会期间，召开重点企业安保负责人动员部署会，对规模以上商业企业及再生资源回收、菜市场、早点摊等相关领域进行安全检查，建立驻地周边200米和500米范围企业基础信息档案，督促重点企业开展隐患排查整改，重点期间未发生安全事故。

（马　前）

【安全生产月】 年内，区商务委在6月份“安全生产月”中开展各项活动10余项，参与全区安全生产宣传咨询日活动；组织重点企业和联组单位负责人近100人，进行相关安全生产知识业务培训；组织演讲比赛、多科目应急演练、观看应急处置演练教学片；结合落实《商务行业安全生产隐患排查整治工作方案》，多部门联合检查主要商业街区商业零售和餐饮经营单位安全生产情况；企业内部进行安全警示教育、全员岗位安全培训、安全生产隐患自查及各种宣教活动。

（马　前）

【第八届安全生产知识竞赛】　年内，区商务委组织“西城区商务行业第八届安全生产知识竞赛”，360多家企业和45个联组参加初赛、复赛。西单商场获一等奖；金源投资管理公司、帕米尔食府获二等奖；菜百公司、庄胜商场、金融街购物中心获三等奖。

（马　前）

【应急演练观摩】　年内，区商务委在帕米尔食府、金融街购物中心举行应急处置演练，区相关部门人员到现场指导，40余家重点餐饮企业现场观摩。2次应急演练观摩科目有后厨油锅起火并扑救、人员疏散并救助、现场灭火器材实操。

（马　前）

【安全生产标准化达标评审】　年内，区商务委推进商务行业企业安全生产标准化建设。组织辖区企业开展安全生产标准化专业培训。区商务委指派专人参与、监控评审达标全过程，深入各企业进行现场指导、培训、整改、评审，对评审中发现的隐患问题要求企业认真整改，严格把好审核结果关，确保达标质量。103家企业完成2015年三级达标创建工作。配合市区安监局对2014年标准化三级达标企业进行抽样核查。

（马　前）

【新修订安全生产法培训】　年内，区商务委组织200余家规模以上商业企业安全生产负责人进行新修订的《安全生产法》培训，就新修订的《安全生产法》的修订背景、指导思想、对企业安全生产工作的指导规范意义进行讲解，用典型案例对新修订的《安全生产法》中的具体条款在实际工作中的运用作解释说明。

（马　前）

北京市金正资产投资经营公司

【概况】　北京市金正资产投资经营公司（简称金正公司）是国有独资企业，作为国有资本出资人的市场化代表，以法人股东的身份进行国有资本产权运作，并对中小企业及个体工商户提供融资担保、小额贷款、投资管理等金融服务。金正公司设3部2室，下设3家子公司，员工50人。公司注册资金8.23亿元，投资企业15家。年内，公司及重要子企业合并资产总额72.09亿元，净资产40.78亿元。

地址：西城区广安门内大街6号

　　　枫桦豪景西配楼3层

电话：83516692

邮编：100053

（田　媛）

【获得小微企业担保奖励】　5月5日，北京金正光彩融资担保有限公司首次获得北京市经信委创新融资担保项目——小微企业担保奖励，奖励金额53万元。

（田　媛）

【获得免征营业税资格】　5月11日，北京金正光彩融资担保有限公司正式获得北京市经信委担保机构免征营业税资格，免征期限3年。免征期内，公司担保业务收取担保费所产生的营业税金可进行减免。

（田　媛）

【重要子企业管理】　6月23日、12月17日，金正公司召开金正公司及其重要子企业经营情况分析会，就企业经营中的亮点、难点及稳定发展等问题座谈交流。会上，金正公司重要子企业——北京菜市口百货股份有限公司、北京张一元茶叶有限责任公司、北京翔达投资管理有限公司、北京世纪金工投资有限公司、北京金源投资管理有限公司、北京宣兴房地产开发股份有限公司汇报工作情况。

（田　媛）

【追加投资】　6月25日，金正公司对北京菜市口百货股份有限公司追加投资3311.55万元。12月1日，金正公司对北京地铁四号线投资有限责任公司追加投资2346万元。12月28日，金正公司对北京世纪金工投资有限公司追加投资38.98万元。

（田　媛）

【提供融资担保】　年内，北京金正光彩融资担保有限公司提供融资担保28684.2万元，包括为市内91户中小、小微企业及103个个人的各类融资项目提供担保28449万元，与区人力社保局、北京银行合作为19户下岗人员、创业大学生及复转军人提供全额贴息贷款担保235.2万元。

（田　媛）

【提供小额贷款】　年内，北京金正融通小额贷款有限公司为区内中小企业、个体工商户及自然人发放小额贷款83笔19685万元。

（田　媛）

【投资】　年内，北京金正融兴资产管理有限公司投资37个项目，涉及19家企业，投资额4.95亿元，涵盖绿色农业、新能源、健康医疗、餐饮等多个行业。

（田　媛）

【公益捐款】　年内，金正公司通过西城慈善协会参与联合募捐，募捐金额20万元。

（田　媛）

北京金座投资管理有限公司

【概况】　北京金座投资管理有限公司（简称金座公司）所属企业有志同达劳务服务有限公司、大栅栏自行车有限责任公司、北京奥霓裳制衣有限公司3家子公司和劳务服务分公司；公司控股、参股企业9家，包括内联升鞋业有限公司、瑞蚨祥绸布店有限公司、瑞蚨祥（北京）投资管理有限公司、鹤年堂医药有限公司、德寿堂医药有限公司、国药健坤（北京）医药有限责任公司、金鑫然医药有限公司、鹤鸣堂医药有限公司、北京金桥贸易有限公司。职工总数4118人，其中在职职工1949人，离、退休2169人。年内，金座公司通过加强物业管理和加大股权投资，使公司规模不断扩大，资产经营质量不断提高，公司及参控股企业经营收入103613万元，同比增加8.76%，实现利润7073万元，同比增加15.72%，上缴税金3685万元，同比增加9.35%。

地址：西城区南横西街27号

邮编：100052

电话：63526873

（王继红）

【三届六次股东大会】 1月20日，金座公司召开第三届第六次股东大会，会议审议并采取举手表决的方式，一致通过了公司2014年经济工作报告、财务决算报告、利润分配方案报告、监事会工作报告。

（王继红）

【二届一次党员大会】 6月29日，金座公司召开第二届一次党员大会，来自公司机关所属企业的67名在岗党员和15名入党积极分子出席大会。参会党员选举出金座公司党委和纪律检查委员会，并表决通过了《公司第二届第一次党员大会决议》。

（王继红）

【二届一次工会会员代表大会】 9月8日，金座公司工会召开第二届第一次会员代表大会，代表们审议通过了工会主席张山树所做的第一届工会委员会工作报告。审议通过了第一届工会经费审查委员会工作报告，民主选举产生了公司工会第二届工会委员会和经费审查委员会，审议通过了公司工会第二届第一次会员代表大会决议。区总工会常务副主席王学章、区国资委党委副书记刘海涛出席了大会。

（王继红）

【“爱在西城”获年度公益团队】 10月22日，由西城区委宣传部、西城区民政局等多部门联合主办的2015年“爱在西城”颁奖典礼在西城区文化中心落下帷幕，内联升志愿团队当选“爱在西城”年度公益团队。

（王继红）

【参加“中英商贸发展论坛”签约仪式】 11月4日，由中国商业联合会主办，中国贸易协会协办的“一带一路中英商贸发展论坛”暨“英伦中国品牌中心”新闻发布会在北京钓鱼台国宾馆举行。此次会议是落实国家主席习近平10月19至23日对英国进行国事访问中，有关中英商贸合作方面的具体事项。内联升受邀参加“一带一路”中英商贸发展论坛，并参与“英伦中国品牌中心”合作签约仪式。

（王继红）

【物业管理工作】 年内，金座公司物业管理部采取公开招商，综合比较，择优确定方式，将红大规模网点正式出租给履约能力强、租金价位高的西城区政府机关服务中心经营使用；重新续签了21份租赁合同，根据区域市场公允价位合理上调了部分合同的租金；落实白纸坊西街20号网点整体招商；完成骡马市大街101号、103号两处网点危改拆迁，实现了资产变现和保值增值。上述各项工作确保企业收入稳定增长，物业创收达到2432万元，全面完成年度收入计划。

（王继红）

【股权收购】 年内，金座公司先后出资收购了鑫港旅馆78.57%和金桥贸易公司71%的股权，保持改制企业稳定，扩融公司经营项目，扩大公司增效空间。

（王继红）

【人力资源管理工作】 年内，金座公司人力资源部贯彻执行各项劳动政策；拓宽公司人才引进思路与渠道，招聘录用新员工3名；重新聘用公司各职能部室主任、副主任；落实员工培训计划；有效发挥对直属重点企业执行政策，规范管理的指导作用。

（王继红）

北京市金工投资管理公司

【概况】 北京市金工投资管理公司（简称金工公司）是1999年西城区（原宣武区）为接收市属划转企业成立的一家全民所有制的管理公司，主要职责是：加强企业内部管理，防止国有集体企业资产流失；化解企业各类矛盾，保障内部安全维稳局面；管好用好现有资源，提高资源的使用值和效益值；负责改制企业党群组织管理。设有6个管理部门，分别是：综合办公室、人力资源部、经营计划部、财务部、安保部、离退休职工管理服务中心。主要经营项目：资本经营及房屋出租。年内，在职（册）职工78人，离退休职工4620人。

地址：西城区白广路二条甲8号
邮编：100053
电话：63582366

（李国庆　郭胜建）

【北继公司资产移交】 1月底，金工公司与北京广安资产公司协调配合，完成北京北继继电器有限责任公司公司财务、文书、印章资质、房产证件资料、人员信息等档案实物的移交工作，并将移交物品及协议后继续使用的印章等手续建档保存。

（李国庆　郭胜建）

【职工大会暨工作会】 3月11日，金工公司召开2016年职工大会暨工作会，会议表决通过了孙昌总经理所做的题为“围绕主题　管理提升　为实现改革创新管理质量效益年目标而努力”的工作报告；会议宣读《北京市金工投资管理公司关于表彰2015年度先进工作者、先进生产者的决定》，为表彰人员颁发了荣誉证书。区国资委领导刘海涛、公司党委书记朱志伟先后讲话。

（李国庆　郭胜建）

【维稳信访工作】 年内，金工公司重视维稳信访工作并摆到突出位置。年初，举办中层以上管理人员提高接待能力、处理问题能力培训班。为确保实现维稳“零”目标，坚持执行首问责任制，发挥职能部门的首创作用，抓住接访“进口”，防止矛盾转化升级。退管中心解决重点来访13项，人力资源部协助56名来访人员查询补办“特退”相关手续，综合办公室在敏感时期前开展重点矛盾排查4次，排查重点矛盾7项，做到责任处理“两落实”。遇重点矛盾及突发事件，公司及时召开信访工作专题会，研究制定解决方案，主动与区国资委有关部门、区信访办加强信息报送、沟通，协调配合，全年未发生非正常越级访。

（李国庆　郭胜建）

【制度汇编重新修订】 6月，按照“管用、精简、准确、易行”的原则，公司组织完成《制度汇编》重新修订工作。这次重新修订是根据现行管理要求，删除一部分原有制度，增加一些新的制度规定，对多数制度内容进行了修改、补充和完善。7月《制度汇编》印发后，公司召开职工学习辅导会，针对《劳动合同管理制度》《关于投资改造修缮工程管理办法（试行）》《维修管理制度》《费用收支审批程序要件备案制度》《印花税管理制度》和《行文规范》6项制度进行讲解辅导。

（李国庆 郭胜建）

【集体企业产权国有回购】 上半年，金工公司推动并完成孔雀产业公司产权国有回购等可行性分析研究，聘请专业公司对白广路二条、半步桥14号、东椿树胡同3处房产进行了资产预评估，将预评估结果提供给华远集团公司，为以后开展以资产抵押担保贷款，做好准备。

（李国庆 郭胜建）

【国有资本金】 年内，金工公司为解决所属企业历史遗留问题，申报取得国有资本金649万元，完成直管小区老旧项目改造14项，极大改善了居民的生活居住条件。完成2014年度国有资本经营预算项目绩效后评价工作，取得81.7分的良好成绩，为今后国有资本经营预算项目的立项、使用及规范管理，提供了可借经验和指导。

（李国庆 郭胜建）

【数据信息平台】 年内，金工公司为提升基础工作管理水平，推动数据信息平台创建，退管中心根据创建要求，考察咨询，准备相关数据资料，制作校对，反复修改，完成18个大项及分类数百个信息数据的录入。在两次的演示验收中，又补充完善7类缺项，解决数十个问题，于10月底完成创建，为二期创建工作及加快实现信息数据化管理步伐提供经验及技术支撑。

（李国庆 郭胜建）

【走访慰问职工】 年内，金工公司关注弱势困难职工群体，走访老干部40余次，9名老干部超过3次，特困职工15人次，帮助解决一些实际困难。

（李国庆 郭胜建）

【马公庄小区供暖系统改造完成】 金工公司根据马公庄职工宿舍区供暖系统的陈旧及损坏实际情况，为确保小区冬季正常供暖，对马公庄小区供暖系统进行整体改造（包括设备、管网及房屋），于10月完成。供暖系统改造共投入317.15万元。

（李国庆 郭胜建 贾德印）

【马公庄小区锅炉房烟囱拆除】 位于丰台区马公庄小区锅炉房东墙外烟囱于6月底拆除，投资2万元。烟囱结构为混合结构，下端为砖砌高5米，直径1.5米，上端为钢制高12米，直径0.3米，与锅炉主体连接。拆除未破坏建筑主体和设备主体，只拆除烟囱与锅炉的连接段，从锅炉房外墙平齐切断，排除了烟囱老化隐藏的安全隐患。

（李国庆 郭胜建 贾德印）

【大外廊营锅炉房烟囱拆除】 位于西城区大外廊营26号锅炉房外烟囱处于危险状态，该烟囱高24米，已停用近20年，于7月拆除，投资16.2万元。

（李国庆 王保和 郭胜建）

【马公庄小区供水管线和一户一表改造】 11月，金工公司为提高马公庄小区供水质量和方便住户一户一表计量入网缴费，对小区1-4号楼供水管线和计量表更新（住户一户一表计量缴费）改造，投资54.35万元。自2016年1月始，自来水公司入网收费。

（李国庆 王保和 郭胜建）

北京金源投资管理有限公司

【概况】 北京金源投资管理有限公司（简称金源公司）是国有法人参股的有限责任公司。内设物产事业部、超市事业部、茶叶事业部、物业部、财会审计部、人力资源部、办公室，下辖北京金源千业超市有限公司、牛街清真超市有限公司、正兴德茶叶有限公司、永安茶叶有限公司，拥有直营门店16家，建筑面积近3万平方米，主要从事商业超市及茶叶、服务业经营；控股企业1家（金诚信恒再生资源利用有限公司），回收站点68个，主要从事再生资源利用与回收；参股企业1家（北京国金酒店管理有限公司），主要从事酒店经营。年内，金源公司以“品牌、效益、质量”的提升为工作主线，在市场竞争日益加剧、经济下行的情况下，攻坚克难，完成董事会下达的各项指标任务。实现营业收入同比增长5.75%。实现利润同比增长37.2%，员工工资收入同比提高9.16%。北京牛街清真超市有限公司被评为2015年北京市信用企业。

地址：西城区广安门南街60号

邮编：100054

电话：63546018

（张寿清）

【提高员工福利】 1月5日，金源公司工会本着“以人为本，关心员工生活”的原则，为全体在职员工购公园年票；为在职员工361人放发生日券。2月，为2402名离退休人员每人发放200元慰问券；为452名在册员工缴纳住院医疗互助保险，年内累计办理住院保险理赔35人次，赔付金额24708元。金诚信恒公司为室外作业人员统一配发冬装。

（张寿清）

【牛街清真超市、正兴德12周年店庆】 1月4至17日，牛街清真超市以“满额欢乐送”和“实惠加价购”为主题，在店庆期间组织了59种惊爆商品和55品半价商品，1月17日店庆当日组织购物赢好奖”抽奖活动，中奖率100%。店庆当日销售收入55.70万元，接待顾客5863人次。正兴德茶叶公司在店庆期间开展香茗荟萃惠万家买茶送礼品、名优茶品特价销售等促销活动。

（张寿清）

【三届一次职代会】 3月23日，金源公司召开三届一次职代会。69名代表出席大会，审议通过了《2014年经济工作总结暨2015年经济工作思路的报告》和《2014年业务招待费使用情况的报告》及《2015年工资体系架构改革方案》《公司集体协商制度（草案）》和《工资集体协商职工方代表资格的报告》。

（张寿清）

【开通网上购物】 3月，牛街清真超市、金源千业超市与京东“拍到家”合作，开通网上购物平台，给消费者提供“足不出户，便利生活”的购物方式。6月18日开展了“疯狂6.18折嗨到家”促销活动，仅一天在京东到家订单163单，销售金额1.56万元。

（张寿清）

【读书月活动】 5月，金源公司开展“让读书成为时尚，让学习成为习惯”读书月活动，收集征文137篇，有5篇征文推荐到区总工会，其中1篇获得西城区总工会一等奖，3篇获得二等奖。

（张寿清）

【牛街清真超市、正兴德贺开斋节活动】　7月18日是穆斯林的传统节日——开斋节。牛街清真超市推出多种酬宾和爱心奉献活动。向为牛街地区30名特困学生每人捐赠200元助学金，向牛街地区享受低保的特困家庭每户赠送生活用品，向牛街民族敬老院赠送乜贴5000元、乜贴枣20斤。正兴德茶庄在牛街总店开展咨询活动，免费发放660份茶叶礼包，吸引消费者。

（张寿清）

【员工参加评茶员大赛】　7月，正兴德茶叶公司32名员工参加市商委举办的评茶员大赛，8名员工获得高级评茶员资格，3名员工获得评茶师资格，2名员工获得中级评茶员资格，18名员工获得初级评茶员资格。正兴德茶叶公司在职员工具有评茶员以上资格的占员工总数的75%。

（张寿清）

【完成档案进馆】　年内，金源公司经过几个月筛选、审查、整理、复查等步骤，完成1999年至2004年的文书、会计档案，共进馆447件。

（张寿清）

【司庆活动】　9月1日至10月31日金源公司本着“节约简朴、富有特色、注重效率、追求效果”的原则，以“携手共进，创新未来”为主题，开展“我为公司改革发展建言献策”合理化建议，庆祝金源公司司庆16周年，收集意见、建议177条，经评议35人获奖。

（张寿清）

【开通老年卡服务】　年内，金源千业超市、牛街清真超市、正兴德茶叶公司开通使用北京市养老助残卡购物业务，实现老年卡销售收入485万元。

（张寿清）

北京翔达投资管理有限公司

【概况】　北京翔达投资管理有限公司（简称翔达公司）是国有法人参股的有限责任公司。注册资本5000万元人民币，经营范围涉及餐饮业、饭店业、洗浴业、美容美发业、摄影业、旅游文化业、物业管理业等多种经营业态，经营网点51处，建筑面积9.1万平方米。翔达公司设立股东会、董事会、执行层、监事会规范的法人治理结构和党、团、工会组织机构，内设办公室、财务部、人力资源部、经营策划部、审计部、集采部、安保部和党委办公室、群团工作部9个部室。旗下拥有翔达晋阳饭庄、翔达晋阳白广路饭庄、翔达晋阳马西路饭庄、翔达晋阳银谷饭庄、翔达吐鲁番餐厅、美味斋饭庄、致美斋饭庄、清华池浴池、首都照相馆、翔达白鹭美容美发店、翔达会馆（清华池会所）、翔达恒兆饮食服务分公司12个分公司制企业和北京翔达国际商务酒店有限公司、北京翔达海鲜大酒楼有限公司、北京中兴世纪物业管理有限公司、北京晋雅信达文化发展有限公司、北京翔达旅行社有限公司5家全资子公司及北京翔达南来顺饭庄有限公司1家控股子公司。年内，翔达公司在市场竞争日趋激烈，经济下行压力不断加据的情况下，完成营业收入、实现利润同比均有所增长，年末账面资产总额5.15亿元。

地址：西城区教子胡同28号
邮编：100053
电话：63521731

（牟星玮）

【区委领导调研纪晓岚故居】　4月14日，西城区委常委、宣传部长王都伟到翔达公司旗下纪晓岚故居，就文化创意产业发展方面问题进行调研。王都伟一行对翔达公司关于恢复纪晓岚故居整体风貌的工作思路表示赞同，并指出，恢复纪晓岚故居整体风貌将是西城区文物保护成果的体现，也能够为大栅栏地区旅游文化产业提供发展动力。

（牟星玮）

【完成换届选举】　4月24日，翔达公司分别召开第四届股东会第一次会议、第四届董事会第一次会议和第四届监事会第一次会议，依据《北京翔达投资管理有限公司章程》的规定，选举产生新一届股东代表、董事会、监事会，聘任总经理等高级管理人员，实现翔达公司法人治理结构的新老交替、平稳过渡。

（牟星玮）

【参加京津冀“非遗”展】　6月10日，翔达公司清华池的国家级传统修脚技艺非物质文化遗产项目，参加了在北京农业展览馆举办的“京津冀非物质文化遗产展”活动。参展期间，清华池非遗项目代表性传承人王建生现场进行修治脚病义诊，接待近千名参观人员的脚病问题咨询。

（牟星玮）

【2人获“百名英才”称号】　7月3日，翔达公司清华池“非遗”项目传承人王建生、首都照相馆特级技师苍光烈在“智汇西城，创新发展”第二届西城百名英才讲坛活动中，获得第二届西城“百名英才”突出贡献人才称号。

（牟星玮）

【清真美食文化节】　7月18日，由翔达公司承办的第八届北京清真美食文化节在牛街隆重开幕。本届清真美食文化节的主题是“宣传民族政策，促进民族团结，拉动清真消费”，北京市民委副主任范宝，市商委副主任孙尧，区委常委、政法委书记王立军，区委常委、统战部部长程军，区政府副区长杜黎彬和中国烹饪协会会长姜俊贤以及其他有关部门领导出席，吸引了北京地区乃至全国各地的民族同胞和消费者。

（牟星玮）

【清华池获市级模范集体称号】　7月22日，西城区总工会主席马小鹏到百年老店清华池，为清华池修脚社区服务队颁发“北京市模范集体”奖牌。授牌结束后，马小鹏一行对清华池进行考察调研，他提出，清华池要进一步充分发挥人才、技术和环境三大优势，不断提升老字号品牌的知名度和影响力。

（牟星玮）

【举办吐鲁番餐厅店庆】　9月5日，翔达公司举办“吐鲁番餐厅30周年店庆”活动。北京市民委副主任范宝、北京市烹饪协会会长云程、牛街街道工委书记王旭、牛街街道办事处主任李丽京、中国烹饪协会清真委员会主任张文春等领导应邀出席庆典活动。

（牟星玮）

【承诺安全餐饮弘扬饮食文化】　9月23至25日，翔达公司在翔达国际商务酒店举办“承诺安全餐饮、弘扬饮食文化暨团圆家宴创意大赛”，全系统10家餐饮企业选拔出50名优秀选手参加大赛。西城区总工会主席马小鹏、北京市烹任协会会长云程及西城区商联会有关领导出席会议，市烹协云程会长为获得大赛第一名的吐鲁番餐厅颁奖。

（牟星玮）

【区领导检查安全工作】 9月29日，西城区委常委、副区长郭怀刚带队，区旅游委、区安监局等部门领导一行，到翔达国际商务酒店检查国庆消防安全工作。区领导对翔达大厦中控室、消防设施等进行实地巡查。

（牟星玮）

【技能大赛获奖】 11月11日，在西城区烹饪技能大赛总结表彰大会上，翔达公司6名选手分获银奖、铜奖和优秀组织奖。12月3日，在北京市商业服务业服务技能大赛上，翔达公司员工获餐厅服务项目第五名。北京市副市长程红到会颁奖。

（牟星玮）

【市人大领导调研清华池】 12月2日，北京市人大常委会副秘书长黄石松带队，到翔达公司旗下清华池进行养老服务工作调研，充分肯定了近几年来清华池深入750个社区和养老院，为21350人次提供修脚及特色老年餐服务的这种公益服务形式。

（牟星玮）

【工商分局调研商标管理】 12月23日，工商西城分局商标科工作人员到清华池，对企业商标管理、品牌运作、创新服务等议题进行现场调研。

（牟星玮）

【完成档案进馆工作】 年内，翔达公司按照规范性要求，将1999至2004年档案116卷259件移交西城区档案馆，完成档案进馆工作。

（牟星玮）

【确保食品安全】 年内，翔达公司多次举办食品安全培训，定期开展食品安全专项检查，从食品安全责任人员、相关制度、资质检验、采购记录、加工制作、储存管理、设施设备、消毒管理、环境卫生、商品留样、应急处置等多环节进行检查，拍摄记录留档，确保餐饮企业食品安全。8月25日，赴大兴仓储物业中心，对蔬菜类商品从采购、分拣、配送等具体情况进行专项调研。

（牟星玮）

北京恒达宏业经贸有限公司

【概况】 北京恒达宏业经贸有限公司（简称恒达宏业公司）设有3个职能部室，下属5个分支机构，在职40人，离退休355人。主要经营炊事机械、不锈钢制品、土产建材、日用杂品。年内，实现商品销售收入2962.4万元，同比下降1837.4万元，实现利润102.9万元，同比增加31.3万元，年资金回报率10%。

地址：西城区盆儿胡同62号院旁门

邮编：100054

电话：63522045

（王立国）

【走访慰问活动】 春节前夕，恒达宏业公司领导班子成员走访慰问离退休干部，困难员工，送去慰问品和慰问金。

（王立国）

【股东会和职代会】 3月26日，恒达宏业公司召开三届五次股东和二届六次职代会。总结2014年工作，部署2015年工作思路。讨论通过2014年业务招待费使用情况和集体合同执行情况的报告。

（王立国）

【提高管理者素质】 年内，恒达宏业公司举办提高企业管理者素质培训班，使管理者开阔视野，坚定信心，明确目标。强化了大局意识和责任意识，提高理论水平和业务技能，有效的推进企业可持续健康发展。

（王立国）

【工会组织活动】 年内，恒达宏业公司工会在万寿公园组织部分员工跳舞、跳绳，举哑铃等项目比赛活动，对成绩突出的员工给予奖励。

（王立国）

【企业经营情况】 年内，恒达宏业公司做好经营中的每一个细节工作。宣武炊机坚持“外抓市场开拓，内抓严格管理”的科学理念，及时调整商品结构适应市场需求。菜市口厨具中心根据现实状况，站在客户的角度考虑问题，变坐等客户上门为主动上门征求意见，了解客户需求，为客户提供更多的便利条件，企业获得较好效益。宏盛兴炊机分公司坚持突出品牌经营特点，在创新上深挖潜力，安排专人与大客户沟通，排除营销中诸多不利因素，提高了市场的竞争能力。

（王立国）

北京华天饮食集团公司

【概况】 北京华天饮食集团公司（简称华天集团）以经营餐饮为主业态，聚集20余家中华老字号品牌。公司架构由华天集团母体和2个改制子公司组成。华天集团以庆丰包子铺、同和居饭店、同春园饭店、惠丰饺子、华天延吉餐厅等餐饮为主业态，兼营副食零售、宾馆等业态。所属2个重要子公司：聚德华天控股有限公司（简称聚德华天公司）以经营鸿宾楼、烤肉宛、烤肉季、砂锅居、护国寺小吃等中华老字号餐饮品牌为全业态；北京万方有限公司以经营天福号酱肘子、桂香村糕点、元长厚茶叶等食品加工和零售业态为主。华天系统年内在岗职工5000余名，离退休人员9000余人。年内，华天集团及所属2家重要投资子公司（含加盟店）实现营业收入26亿元，其中直营店实现营业收入14.7亿元，实现利润2.43亿元。华天集团母体实现营业收入5.65亿元，利润实现7434万元；子公司聚德华天公司实现营业收入4.98亿元，实现利润8119万元；子公司北京万方有限公司实现营业收入4.11亿元，实现利润8699万元。

地址：西城区二七剧场路乙6-2号

邮编：100045

电话：68059875

（陈 涛）

【老字号连锁发展状况】 年内，华天集团所属北京庆丰包子铺继续拓展连锁市场发展，总数达到315家，其中在天津、沈阳、长春、烟台等外省市区域新开加盟店84家。庆丰万兴研发配送中心年内销售1.66亿元。庆丰顺义区第二配送中心建设项目启动施工，沈阳市配送中心开工建设。华天凯丰公司承接机关餐厅31家，护国寺小吃连锁店57家，华天延吉餐厅连锁店6家，峨嵋酒家连锁店达到14家，新川面馆11家，西安饭庄3家，烤肉宛饭庄3家，烤肉季饭庄2家，玉华台饭庄2家，香妃烤鸡快餐连锁店7家，柳泉居豆包销售网点28家。

（陈　涛）

【营销与宣传】　年内，华天集团增设了营销信息部，注重在传统主流媒体和互联网媒体开展营销创新，企业营销实现精准化和信息化。华天集团开展话题营销，组织庆丰管理学院暨包子文化研究中心成立仪式等多项活动；在北京市全部庆丰连锁店开展“重阳节敬老”活动，为社区老人赠送爱心包子；“最冷冬日”为环卫工人送包子。由北京电视台承办，北京市委宣传部、市国资委、市发改委等20家政府部门支持的第七届北京影响力评选活动中，庆丰包子铺获得“影响北京百姓经济生活十大品牌”称号。华天集团所属企业开展移动互联网自媒体营销，培育更多网络客户。庆丰包子铺、同和居、同和居食府、同春园等老字号企业开通微信公众号，宣传品牌及活动，形成了“活动+品牌传播”的组合式营销新模式。华天集团与“百度糯米”“美团”等外卖服务商合作，发展网上外卖业务，庆丰包子铺连锁店中有100余家门店开通网上订餐业务，销售渠道实现多元化。

（陈　涛）

【新品牌开发】　年内，华天集团推出新餐饮品牌“春园小邻”面馆，主营江苏牛肚锅盖面等特色面食，单日最高销售额超过5000元；在居民社区新开发“华天肉饼”餐饮品牌，满足大众需求，单日最高销售1.4万元。惠丰酒家门丁肉饼店引入时尚新菜，门店装璜凸显现代时尚特色。

（陈　涛）

【信息化建设】　年内，华天集团OA办公及移动OA系统正在建设中。所属庆丰包子铺及配送中心的连锁OA平台系统投入使用，庆丰连锁企业远程视频督导系统在外埠连锁店推广使用，庆丰管理学院应用网络“微课”系统正式上线。4家试点企业安装了餐饮智能管理系统软件，有助于提升库房、点餐、结算工作效率，顾客使用支付宝、微信支付手段更加便利。

（陈　涛）

【构建食品安全保障体系】　年内，华天集团及所属企业落实新颁布的《食品安全法》。庆丰包子铺连锁店采购原材料产品纳入统一配送范围；对北京大兴、广东惠州、江苏淮安、河南南阳的4家农产品种植基地加强规范化建设。引入“白百合”全国餐饮清洁卫生安全示范工程，按照新标准开展后厨卫生安全管理培训和审核，已有43家直营门店后厨通过“白百合”项目验收。与相关咨询管理公司合作，引入“神秘顾客”监管体系，对旗下连锁企业进行暗查，及时发现和整改现有问题。与中国检验认证集团合作，对所属试点门店开展系统化的食品安全风险评估。

（陈　涛）

【人才建设】　年内，华天集团制定招聘工作管理办法，招聘8名集团公司及所属企业重要管理岗位人员。选拔11名干部进入中层管理岗位。庆丰包子铺、华天凯丰公司招聘41名店长、区域经理、后备干部及督导人员。完成年度西城区百名英才申报工作，老字号同和居饭店的中国烹饪大师于晓波被评为高技能人才、中国注册烹饪大师。在西城区年度餐饮业烹饪技能大赛中，华天集团选派13名选手参赛，取得3金、1银、4铜的成绩，华天集团被授予“优秀组织奖”。

（陈　涛）

【员工待遇持续提升】　年内，华天集团一线在岗正式合同制职工年人均收入同比增长13%，外来务工人员年人均收入同比增长14%。春节、元旦等节日期间，走访慰问在岗职工、离退休职工、患大病重病及特困人员等1.5万人次，支出资金340余万元。开展“夏季送清凉、冬季送温暖”活动，为4000余名一线员工发放消暑和御寒慰问品。

（陈　涛）

【党务工会工作】　年内，华天集团委发展新党员16名，12名预备党员转正。组织“共产党员献爱心”“献爱心挽救白血病患儿”“慰问抗战老干部”等活动。签订《廉政风险防范识别表》。华天集团获“西城区群众性经济技术创新优秀组织单位”称号。

（陈　涛）

北京金象复星医药股份有限公司

【概况】　北京金象复星医药股份有限公司（简称金象复星公司），成立于2001年1月，注册资金1.2亿元。任职职工950人。金象复星公司涉足医药健康领域，以药品流通产业为经营主线，拥有医药（含中药饮片）批发配送、零售连锁药店、中医诊所、母婴护理等业务板块。医药批发配送业务已遍布全市主要医疗机构，所属企业中华老字号白塔寺药店以经营优质中药饮片和参茸贵细药材为经营特色而誉满京城，旗下知名企业金象大药房已经成为北京医药零售的标志性品牌。年销售收入15亿元、利税5000万元。年内，围绕“抓机遇稳市场、细布局快推进、再创新冲亿关、强管理增效益”的工作主题，主营批发业务稳中有增、饮片合作项目持续向好、白塔寺药店销售破亿、各条线管理不断加强。公司成功中标北京按摩医院“中药饮片调剂代煎服务项目”，通过了北京市药品认证管理中心开展的药品经营质量管理跟踪检查。公司获“全国药品流通行业信息统计工作先进单位”“AA级信用企业”称号。董事长、总经理徐军当选区食品安全协会会长。所属白塔寺药店当选北京老字号协会理事单位，获首都文明单位、2014年度北京市诚信创建企业、2015年诚信长城杯企业、2014年度北京市著名商标，以年销售额8500万元入围“2014—2015年度中国医药排行榜”单店销售第十二名。

地址：西城区阜成门内大街295号院1－3号楼
邮编：100034
电话：66160159

（董　斌）

【公司董事会】　3月27日，金象复星公司召开第五届三次董事会，董事长徐军主持，完成全部会议议程。公司董事会肯定企业2014年度的经营管理工作，对2015年企业应在新医改环境下，探索新的业态，拓展医疗机构服务内容；抓住医改机遇，加快和提高配送能力；加快推进中药饮片合作项目，从传统以药为基础的经营向其他领域——大健康方向扭转；加大白塔寺药店宣传，借鉴和利用互联网思维开展特色营销；强化零售终端服务等工作提出要求。

（董 斌）

【公司工作会】 4月14日，金象复星公司在十月大厦召开2015年度工作会，副总经理孙永峙主持。董事长兼总经理徐军在对2014年经营工作进行总结和分析的基础上，根据公司五届三次董事会会议精神，围绕“抓机遇稳市场、细布局快推进、再创新冲亿关、强管理增效益”的工作主题，对2015年各项经营管理工作进行详细部署。各企业经理结合自身实际情况及经营特点，分别就2014年工作分析总结和2015年重点工作进行沟通交流。

（董 斌）

【白塔寺药店获准商品服务项目】 5月14日，国家工商管理总局向白塔寺药店下发核定使用商品/服务项目第35类：广告、工商管理辅助、特许经营的商业管理、电话市场营销、药品零售服务、医疗用品零售服务等的商标注册。商标注册号：11988196；商标注册名称：白塔寺药店；有效期：2015年5月14日至2025年5月13日。

（董 斌）

【永安馨母婴健康管理中心模拟演练】 6月16日，永安馨母婴健康管理中心员工统一身着工服，开展顾客参访接待与客户入住流程实操模拟演练。在顾客参访接待模拟中，客服人员详细介绍了位于二层的婴儿看护区与婴儿游泳区、VIP客房及客房内独立新风系统、豪华卫浴、舒适床品等功能配备。在客户入住流程模拟中，新妈妈与宝宝进入永安馨后，客服部、健管部与医疗部紧密配合，从接车、进入房间、交流沟通、身体评估、健康建议等服务细项入手，认真磨合，完善衔接每一项服务流程。通过模拟演练，员工熟悉了接待流程，将秉持爱心、耐心、细心的服务理念，达到安全照护、安全住宿、安全餐饮的服务目标。

（董 斌）

【公司上半年经济工作会】 7月22日，金象复星公司召开2015年上半年经济工作分析会，公司经营班子成员及所属企业经理、书记、中层以上管理人员参加了会议。董事长兼总经理徐军就企业经营管理工作的总体情况，指出存在的问题和面临的困难。对下半年企业重点工作及发展提出意见及关注重点，请与会人员思考。强调各企业要关注医改新动向及新药品招标方案所带来的市场变化，研究公司主营业务的发展对策并继续巩固现有的市场份额，对重点工作进行细化分解，有计划的推进落实，确保完成全年工作目标。

（董 斌）

【金象大药房连续四届获市著名商标】 8月，根据《北京市著名商标认定和保护办法》的规定，市工商局会同市农委、市质监局等部门共同对2014年参加复审和首次申请认定的商标进行审核，经广泛征求有关部门和行业协会及专家意见，金象大药房再度获“2014年度（2014-2017年）北京市著名商标”。

（董 斌）

【金象大药房举办第十一届会员节】 9月19日，金象大药房在北海公园举办第十一届会员节。会员节上，金象大药房被授予“2015促进公众自我保健突出贡献连锁药店奖”称号。本次会员节邀请了10位北京市孝星代表，并向他们捐赠“金象爱心大礼包”金象大药房联合厂商启动了“关注老年痴呆症，发放防走失黄手环”的公益活动。

（董 斌）

【公司启动预算编制工作】 10月，金象复星公司启动2016年预算编制工作，成立预算编制工作领导小组，经营班子是预算工作的领导和决策机构，全面负责预算的指导、组织、审定与修订的审批；人力资源部、财务部负责组织预算编制、预算管理及各企业预算编制的组织、指导和质询工作；所属各企业是预算编制的基本单位，根据公司的要求，如期完成企业年度预算编制工作。公司预算编制的总体原则是围绕企业战略规划及经营目标，为企业完成年内经营目标和效率指标提供支持和保障。

（董 斌）

【技能大赛获奖】 11月，在北京市商委员会务、北京市总工会、北京市妇女联合会共同组织的“2015年北京市商业服务业服务技能大赛”中，公司所属白塔寺药店药师张海鸥和傅亚荣、西单金象大药房药师刘颖分别获大赛药师组前3名及十佳选手称号，同时获得作为北京医药行业代表直接进入“2016年全国医药流通领域岗位技能竞赛”决赛资格。白塔寺药店中药师高岩岩获市级决赛中药组第7名及十佳选手称号。

（董 斌）

【全国政协领导到永安馨公司指导】 10月26日，前全国政协副主席、台盟中央主席张克辉携夫人，到永安馨母婴健康管理中心参观指导。张克辉听取了永安馨公司整体运营情况、经营理念、服务特色、功能设置的工作汇报，与大家进行座谈，得知永安馨常务副总经理徐建鹏也是台湾人，俩人还用家乡话进行交流。随后，张克辉参观了婴儿看护区、婴儿游泳区、VIP客房。

（董 斌）

【实现销售过亿元】 截至12月18日14时，白塔寺药店年销售额提前突破亿元大关，创造了有史以来最辉煌的业绩。白塔寺药店2013年末重装开业后，进一步突出老字号参茸饮片、中医药经营特色，创新专柜协议销售模式，拓展中药饮片业务，开拓中医药养生服务，传播以养生预防疾病的新健康理念，为消费者提供更优质的药品和更专业的健康服务，提前实现了公司创亿元店的目标。

（董 斌）

【中药饮片配送业务创历史新高】 年内，金象复星公司为全市22家医疗机构提供中药饮片配送业务，实现配送额近8500万元，创历史新高。随着国家大力推进中医药事业的发展，北京市政府制定实施了一系列扶持发展政策，金象复星公司顺应中医药发展趋势，发挥自身中草药经营的优势特点，推出“中药饮片业务与医疗单位合作项目”。通过为合作医疗机构客户改造中草药房、提供专业技术人员、增添设施设备投入，支持合作医疗单位中医药特色服务发展，使患者在服用到安全、有效中药饮片的同时还能享受到更专业、更便捷的药学服务。

（董　斌）

北京金泰集团有限公司西城分公司

【概况】　北京金泰集团有限公司西城分公司（简称西城分公司）隶属于北京金泰集团有限公司，由北京通华商贸有限责任公司、北京金泰通华商贸有限责任公司永安达物业管理分公司、北京金泰之家通华苑饭店有限公司、北京金泰颐寿轩敬老院、北京金泰广安商贸有限责任公司、北京金泰长安市场有限责任公司、北京天宁寺驻青园农副产品市场有限责任公司7家托管单位组成，是一家从事房产物业、四合院宾馆、敬老院、超市、饭店管理等多业态、跨行业经营的商业企业。年内，西城分公司资产总计176041.9万元，销售收入24852.31万元。截至年底，实现收入总额3.12亿元，增长10.48%；利润总额1.33亿元，增长57.52%。

地址：西城区半步桥街48号金泰开阳大厦

邮编：100054

电话：63548097　51232613

（海国玲）

【改造出租房】　1月1日，华云物业管理分公司西内物业部对出租房进行装修改造，年内增收1.8万元。

（海国玲）

【一届四次职代会】　1月29日，西城分公司召开一届四次职工代表大会暨2015年工作会。金泰集团公司常务副总经理章琳莅会并讲话。会议听取并审议通过了西城分公司经理代贤全《创新发展，创值创效，推动分公司区域经营发展质量全面升级》的工作报告、工会主席张文亚《发挥作用履职尽责　为实现分公司“十二五”规划目标做出新的贡献》的工会工作报告及分公司《2014年西城分公司业务招待费使用情况报告》。分公司领导与权属单位代表分别签订《2015年安全管理责任书》《2015年反腐倡廉建设目标责任书》。西城分公司领导班子成员、职工代表和列席代表67人参加会议

（海国玲）

【宣传敬老院护理员先进事迹】　1月22日，《首都建设报》记者阎义在金泰集团公司工会副主席刘超法陪同下，到金泰颐寿轩敬老院孔雀分院采访，敬老院负责人介绍了整体运营状况和护理服务质量等工作情况，护理员李彩梅、白金霞、段小白、许玖叶、黄根叶等分别讲述了工作中的体会。5月9日，劳动午报以《敬老院朱立杰：我已被评为孝星　五年后力争劳模》为题，刊登金泰颐寿轩敬老院副院长朱立杰先进事迹。

（海国玲）

【长安市场服务个体私企】　金泰长安市场坚持每年联系区防疫卫生站组织商户体检，联系计量局上门为商户验秤，联系银行定期上门为商户免费兑换零钱和残币，严查商户进货台账保证消费者权益等一系列举措，为个体私企做好服务。

（海国玲）

【公益演出】　5月14日，快乐元素集团搭建平台、金泰颐寿轩敬老院主办“2015关爱老人送欢乐传统文化”公益演出。著名相声艺术家李金斗、李建华及表演团队参加演出，并给老人们赠送了慰问品，广内街道办事处主任及50多名老人参加活动。

（海国玲）

【延伸安全体系】　6月23日，西城分公司进一步完善分公司下属单位安全责任体系，将原有的分公司到托管各单位，再到各门店班组责任体系延伸，形成由分公司—各单位—各门店、班组、部门—工作区域、岗位—安全责任人的安全责任执行体系。托管各单位按照工作分工，划定安全卫生责任区域、部位，明确责任人和督查人，逐级监督落实，挂牌公示。

（海国玲）

【互助保险续保】　8月26日，西城分公司工会完成部分职工重大疾病与女工特疾互助保险网上投、续保操作，向西城区工会职工互助保险代办处汇款缴费26180元，290名保险到期职工的重大疾病互助保障计划与2名女职工的女工特疾保障计划生效。

（海国玲）

【企业吸收合并】　9月11日，经北京金泰集团有限公司2015年第二次董事会议（董事会公报第51号）审议通过了《关于北京金泰之家通华苑饭店有限公司吸收合并北京金泰宏达商贸有限责任公司意见》《北京金泰通华商贸有限责任公司吸收合并北京市金泰永安商贸有限责任公司意见》。北京金泰宏达商贸有限责任公司资产、员工、债权债务等并入北京金泰之家通华苑饭店有限责任公司，北京金泰之家通华苑饭店有限责任公司注册资本变更为460万元；北京市金泰永安商贸有限责任公司资产、员工、债权债务等并入北京金泰通华商贸有限责任公司，北京金泰通华商贸有限责任公司注册资本变更为1696万元。西城分公司领导班子分别到金泰之家通华苑饭店、金泰宏达公司、金泰永安公司进行形势政策宣讲，提前做好职工的思想工作。

（海国玲）

【“金泰四合院”商标注册】　9月25日，国家工商行政管理总局向金泰宏达公司正式颁发了“金泰四合院”商标注册证，即日起至2025年6月，金泰宏达公司拥有“金泰四合院”商标单独所有权、使用权。

（海国玲）

【养老服务平台启动】　10月16日，在大栅栏街道服务中心举行“大栅栏街道零距离养老服务平台启动仪式”，北京金泰颐寿轩敬老院作为大栅栏街道零距离养老服务平台的参与建立者和运营商，参加平台启动仪式。金泰颐寿轩大栅栏养老照料中心是金泰颐寿轩敬老院与大栅栏街道合作，利用自身资源开办的养老机构。金泰颐寿轩大栅栏养老照料中心坐落在韩家胡同60号，占地1000平方米，有40张固定养老床位，服务项目有日间照料、老年餐桌、精神慰藉、

老年助浴及老年活动等。

（海国玲）

【红十字会慰问敬老院】 10月21日，重阳节之际西城区红十字会党组书记、常务副会长王志东，副会长王勇、李爱香等到北京金泰颐寿轩敬老院慰问老人，送上水果、鸡蛋等慰问品。

（海国玲）

【5人获“孝星”称号】 11月份，在北京市民政局、北京市老龄工作委员会办公室主办的2015年度北京市“孝星”命名暨“孝星榜样”评选活动中，北京金泰颐寿轩敬老院员工孟梦、杜雅静、李元华、段亚玲、朱兵娥5人获北京市人民政府颁发的“孝星”称号。

（海国玲）

西城区校办产业管理中心

【概况】 北京市西城区校办产业管理中心（简称校产中心）负责辖区内教育系统中校办企业国有资产部分和经营性国有资产的监督管理；教育资产经营行为和部分教育内部消费服务行为的行政管理；教育风险管理服务；育荣国际教育园区的管理；非教育用房可出租规范管理，并保值增值；解决原校办企业历史遗留的相关事宜。截至年底，校办企业资产总额7.22亿元，营业收入7099.45万元，净利润1555.74万元。

地址：西城区中京畿道1号院2号楼

邮编：100032

电话：66179182

（魏素娟）

【育荣物业工作】 年内，校产中心育荣物业房屋租金收入1047万元，上缴本年度返还款351万元，缴纳各项税费合计204万元。实现净利润23万元。清退租户2户，收回房屋面积4753.48平方米，减少租金155万元。

（俞 勇）

【出租房屋管理】 年内，校产中心加强对租户及出租房屋安全管理，各区域经理对管辖范围内的出租房屋的水、电、结构和租户经营性质等有针对性地进行安全检查，与每个租户签订安全责任书，定期检查并记录在案。配合基建处，做好危旧房屋的安全检查和维修改造工作，及时消除安全隐患，保证出租房屋安全使用。

（俞 勇）

【教育园区工作】 年内，按照区教委要求，清退了园内所有办学单位，为疏解西城人口和迎接西城职教学院入驻做好准备。

（王泽芒）

北京首商集团股份有限公司

【概况】 北京首商集团股份有限公司（简称首商股份），是一家以百货零售、连锁经营为主的大型商业企业集团，拥有燕莎友谊商城、燕莎奥特莱斯、西单商场、贵友大厦、新燕莎商业、友谊商店、法雅体育等一批享有知名度的企业和驰名品牌，涉足都市百货、奥特莱斯、购物中心和专营专卖等多个业态，主营门店遍布北京及天津、成都、兰州、乌鲁木齐、太原等多座大中城市，股票代码600723。年内，实现营业收入109.36亿元。西单商场是首商股份旗下重要品牌企业，店总经营面积12万平方米，汇集6家门店，涵盖百货、超市、名品折扣等多种业态，形成了立足北京、辐射全国的发展格局。年内，西单商场实现营业收入27.4亿元，获2014年度“北京十大商业品牌”。

地址：西城区北三环中路23号

邮编：100029

电话：82270200

（吴 江）

【西单商场各类促销活动】 1月1至3日，西单商场推出消费者关注和喜爱的促销活动，7家门店实现销售4599万元，同比增长6%。2月18至24日，西单商场7家门店统一策划，以“喜气洋洋迎新春”为主题，针对节日礼品和春季新品开展低折扣、满额赠礼、购物抽奖、多倍积分等促销活动，实现销售5588万元。11月6至22日，西单店举办温暖购物季促销活动，包括“羊绒节”“保暖节”“羽绒节”“被芯节”等主题商品活动，活动期间西单店实现销售4728万元，客流41.2万人次。12月10至20日，西单商场7家门店举办“85周年店庆”大型促销活动，实现销售1.38亿元。

（冯 静）

【西单商场获各级先进称号】 6月，西单商场被首都精神文明建设委员会评为2012—2014年度首都文明单位标兵。7月29日，西单商场在北京市商务委、北京电子商务协会“点击消费2015”活动总结会暨“2015电商好客服 电商好配送”评选活动中获“点击消费2015”优秀组织奖。12月，西单店被评为北京市《平安北京志愿服务优秀团队》，此次评选活动由北京市志愿服务联合会和首都治安志愿者协会共同组织选拔，西单商场西单店是唯一一家获评该奖项的商业企业。

（冯 静）

【西单商场第十一届手表珠宝节】 4月16日至5月4日，西单商场举办第十一届手表珠宝节，实现销售6484万元。门店官方微信配合手表珠宝节举办了“送滴滴打车券”及“礼从天降小游戏”活动，粉丝可参与抽红包及互动游戏。

（冯 静）

【万方店举办禁烟宣传活动】 6月9日，西城区卫生局卫生监督所联合月坛街道办事处和万方店，在商场门前举办“远离烟草危害 维护自身健康”主题禁烟宣传活动。

（冯 静）

【参加北京国际旅游博览会】 6月26至28日，由北京市旅游发展委员会主办的北京国际旅游博览会在国家会议中心举行。西单商场作为首商集团旗下重要品牌企业在首旅集团展台亮相，向国际旅游从业者展示老字号民族商业品牌。

（冯 静）

【西单商场开通北京市政一卡通业务】 7月6日，西单商场正式开通北京市政一卡通充值、消费业务，持卡人可在西单商场在京门店办理充值、消费、圈存等业务。

（冯 静）

【西单商场走进社区惠民特卖】 西单商场在“2015北京西单时尚节”活动中举办2场“走进社区 惠民特卖”系列文化讲座及便民特卖活动，7月中旬，联合陶然亭街道和牛街街道举行桑蚕丝、服饰搭配讲座和服装特卖活动，5个小时的惠民活动，销售约两百件商品近万元。

（冯　静）

【西单商场启动免费WIFI购物】 8月21日，西单商场正式启动“免费WIFI　点击消费　安心购物”项目，开启互联网+时代的新尝试。

（冯　静）

【阿里城市生活“喵街”正式上线】 8月26日，西单商场——阿里城市生活“喵街”项目启动仪式在西单商场举行。10月1日，西单店举办“喵街”APP开街仪式，正式登陆阿里巴巴推出的消费者逛街神器“喵街”APP。西单商场通过与阿里城市生活项目的合作，开发和利用“喵街”手机APP软件系统的5大功能及移动支付、营促销工具等，丰富促销方式和体验。

（冯　静）

北京王府井百货集团
长安商场有限责任公司

【概况】 北京王府井百货集团长安商场有限责任公司（简称长安商场）隶属于王府井集团股份有限公司，经营面积2万余平方米。长安商场集百货、超市、餐饮于一体，拥有20万会员顾客。曾多次获全国优质服务商场、全国商业信誉企业、首都精神文明单位、全国重点商业企业统计调查先进单位、三八红旗集体、北京市国资委先进基层党组织等称号，连续两年被北京电子商务协会评选为点击消费·消费者最喜爱的十大品牌，北京市纳税信用A级企业，资源共享先进单位，北京市首批退税服务商店。年内，长安商场固本强基，转型变革，推进全渠道建设，融合线上线下，发展圈群建设，建立不同兴趣的“微信社群”，满足顾客多元化、个性化需求，坚持“诚信、便捷、亲和、专业”的服务理念，满足顾客社交、互动体验、品质生活、便利生活的服务平台。

地址：西城区复兴门外大街15号

邮编：100045

电话：68010411

（李东莹）

【场庆系列活动】 5月18日，长安商场开业25周年。店庆围绕“我爱”主线，主打创新与亲情牌，开展一系列丰富多彩的营销和店庆文化活动，包括表彰大会，庆典仪式，场庆party等。5月14至18日，店庆5天实现销售3785万元。

（李东莹）

【长安吉祥物“小安”诞生】 年内，长安商场通过“众筹”方式征集推出吉祥物——“小安”，“小”字体现顾客至上理念，外形是以“安”字的变形演绎。为将“小安”融入到长安大家庭，下半年商场从营销活动的造型、服务专员形象入手，在亲邻惠打造“小安一家人”形象，开发“小安”形象系列生产品，具有长安特色文化符号，为长安商场代言。

（李东莹）

【举办第六届亲邻惠活动】 11月26日，长安商场举办第六届“亲邻惠”营销活动回馈顾客。邀请顾客委员会成员及会员顾客代表参加，长安商场总经理于娟、月坛街道办事处、顾客委员会代表分别发言。长安商场多方听取顾客意见，提升服务水平。

（李东莹）

【调整品牌结构】 年内，长安商场根据客层定位及周边顾客需要，完成儿童区品牌移位调整与新品牌引入。对男装品牌进行较大规模置换，缩减女手袋经营面积并优化其品牌；调整女装中区动线，引进品牌35个，移位品牌50个，重装品牌15个，淘汰品牌52个。丰富商品经营风格，门店品牌向年轻化拓展，调整后更满足顾客的购物需求。

（李东莹）

【开辟生活体验中心】 年内，长安商场将地下一层的动线改造出60平方米面积，解决了此区域动线无回路问题。腾出场地建商场生活体验中心作为文化宣传基地，与地区单位、街道举办知识讲座、公益活动等。

（李东莹）

【创新工作】 年内，长安商场开展两次创新成果评比，收到创新成果25项。员工自拍微电影《平凡的一天》，代表集团入围“北京市国资委系统首届微电影大赛”。多次举办创新营销体验活动，有“大蒜人”“蝴蝶高跷”“真人雕塑”尤克丽丽音乐巡游等，新颖的营销方式吸引顾客进店。节日期间开展的情侣漫画、包汤圆、萌植DIY及为老师亲手制作立体贺卡等活动赢得顾客喜爱。利用ibeacon蓝牙室内定位技术，开展“免费领元宵”“三八节摇出品牌优惠券”和“试春装·赢话梅”蓝牙摇一摇互动活动，给顾客带来实惠和乐趣。

（李东莹）

【利用互联网发展圈群建设】 年内，长安商场针对不同顾客需求，以兴趣爱好为突破点，借助品牌和第三方合作伙伴资源，建立不同兴趣的“微信社群”，成立“微生物”“萌芽社”“水仙花”等20多个微信群，为顾客搭建线上交流平台。

（李东莹）

【成立生活设计师团队】 年内，长安商场成立生活设计师团队，为有需求的顾客提供专享服务，推出个性化服务菜单。商场从劳模、服务品牌中推选出4名“生活设计师”，通过现场、微信、QQ为顾客提供商品知识、服装搭配、购物咨询、生活小常识等个性化服务。

（李东莹）

【成为北京市首批退税服务商店】 8月，北京市国家税务局向长安商场颁发境外游客购物离境退税商店牌匾，成为北京市首批退税服务商店。

（李东莹）

【开展社区服务活动】 年内，长安商场组织商品直通车、特色讲堂及文明共建活动走进社区212次，服务面覆盖21个社区，覆盖率达到80%。增添义卖月坛残疾人工艺品项目，寒暑假期间组织学生416人次，筹集善款12740元。开展“爱心助成长”捐赠助学活动。西城区商务委将长安商场纳入文化惠民工程，获地区“资源共享”先进单位。参与地区联合党建活动及月坛街道举办的“穿越幸福时差——月坛好人”新书发布暨学雷锋启动仪式。党员代表参加二二社区“党员意识、党员作用双提升统一行动日”党员志愿服务活动。7月3日，在门前举办主题为“低碳城市，宜居可持续”节能宣传活动，为周边居民免费发放节能灯泡，环保袋等，倡导节能环保理念。

（李东莹）

【无忧退换商品】 年内，长安商场为解决顾客商品退换难题提出“无忧退换服务”要求，倡导员工树立“顾客第一”的服务意识，为顾客提供满意、便捷的商品无忧退换服务。

（李东莹）

【安全生产标准化认证】 6月5日，长安商场通过“北京市西城区安全生产监督管理局”的安全生产标准化认证考核，取得安全生产标准化三级证书。

（李东莹）

【重点期间安全保卫工作】 年内，长安商场在“中国人民抗日战争暨世界反法西斯战争胜利70周年”大阅兵、“两节”、全国“两会”期间，妥善安排好经营，组织员工配合属地政府值班、巡逻，参加人员204人次，成立微型义务消防站组织消防实战演练，没有发生任何安全事故，圆满完成各重点时期的安全保卫工作。

（李东莹）

北京汉光百货有限责任公司

【概况】 北京汉光百货有限责任公司（简称汉光百货）于1999年开业，坐落于繁华的西单商圈，营业总面积4万余平方米，汇集近500家国内外知名品牌，满足一站式购齐所需。汉光百货在运营上精耕细作，仍保持稳健增长，化妆品稳居全国第一，运动、女装、男装等业态均取得业绩。年内，汉光百货被《北京商报》评为“2015年度北京商业品牌管理创新奖”，被北京市商业联合会、北京市旅游行业协会、北京市私营个体经济协会评为“北京市优质服务商店”。获得中国人民银行“最佳合作商户”，西城区第三次全国经济普查“优秀集体”称号。

地址：西城区西单北大街176号

邮编：100032

电话：66018899

（郑梓鑫）

【环境优化升级】 年内，汉光百货对大厦外墙、入口及4个楼层进行开业以来最大规模的调整，改造后硬件升级效果明显，购物动线更加流畅，休息区、卫生间、轻餐区面积增加。

（郑梓鑫）

【更多品牌加入】 年内，汉光百货引进国际国内流行的Cole Haan、BLOCCO5、CASTANER、Marisfrolg、III VIVINIKO、DAZZLE、ZIOZIA、ICICLE男装、CHOCOOLATE等百余个新品牌。法国植物系品牌Melvita、韩国高端品牌IOPE、韩国奢华护肤WHOO进驻，扩大了汉光百货在美妆领域的优势。汉光自主经营的“楼上咖啡厅”、来自韩国的“twosome途尚咖啡”、知名的连锁餐饮“西贝莜面村”，也为顾客带来更多美味选择。

（郑梓鑫）

【电子化升级】 年内，汉光百货紧跟移动互联网便捷消费的发展趋势，提升顾客购物体验。电子会员卡不断升级，截至年底，有75%的汉光会员通过电子卡消费；开通微信支付和支付宝支付，有超过50家试点专柜支持手持移动设备开票，在柜内直接完成付款。汉光百货官方微信平台，截至年底粉丝总量突破45万人。

（郑梓鑫）

【启动移动商务】 年内，汉光百货结合微信平台技术，通过分析商品特点和客人购买习惯，开通微信试用频道，每周推出明星产品免费申领，先后上线超过20家国际一线化妆品品牌，平均单期申请超过1.4万人。开通微信闪购频道，线上名品特卖+店内商品自取模式，让利消费者，鼓励消费者到店亲眼、亲手、亲身感受所买商品，实现O2O。截至年底，有超过1万名会员体验闪购服务。

（郑梓鑫）

【爱心公益活动】 8月，汉光百货启动汉光基金学子阳光项目，资助30名家庭经济困难大学生。11月，与北京青基会联合推出“萤火虫行动——照亮书桌”爱心小天使劝募活动，为贫困山区的孩子筹集台灯，活动共募集到爱心人士捐款9501元，为122名贫困山区小朋友送去爱心台灯。

（郑梓鑫）

北京菜市口百货股份有限公司

【概况】 北京菜市口百货股份有限公司（简称菜百公司）是北京最大的以经营黄金珠宝首饰为特色的专营公司，营业面积8800平方米，在岗员工1457人（含合同制职工、劳务派遣、信息员、合作方等用工形式）。设有经理办公室、财务管理部、人力资源部、安保物业部、业务拓展部、品牌推广部、质量管理部、经营管理部、连锁经营部、物流中心10个部门。连锁直营分店18家、加盟店1家。出资注册1家电商公司。年内，实现销售133亿元，销售同比增长10%。黄金珠宝销售连续26年在北京保持第一，全国单独门店销售第一。菜百公司获第四届国际珠宝首饰设计大赛专业组优秀制作奖，中国珠宝首饰设计与制作大赛品牌文化影响力传承文化奖，“守合同重信用”企业，全国文明单位，全国零售企业服务质量五星级企业，全国质量诚信标杆典型企业，中国品牌文化影响力500强，中华老字号传承创新先进单位，中国珠宝首饰行业零售业十大品牌，珠宝玉石标准化工作特殊贡献企业，企业诚信评价AAA级企业，北京市人民政府质量管理奖提名奖，北京十大商业品牌金奖等多项市级以上荣誉称号。公司党总支书记、董事长赵志良获“中华老字号传承创新优秀掌门人”，总经理王春利获“第二届西城‘百名英才’突出贡献人才奖”。

地址：西城区广安门内大街306号

邮编：100053

电话：83520468

（佟　萌）

【菜百祈福文化专区营业】 1月20日，菜百祈福文化专区正式营业，祈福专区设在菜百总店3层，经营珊瑚、琥珀、青金石、南红玛瑙等自主设计的佛教七宝饰品及星月菩提、金刚菩提等菩提类商品。专区提供佛教类贵金属制品的订制。

（佟　萌）

【庆“三八”服装时尚大赛获奖】 3月7日，菜百公司作为黄金珠宝首饰行业领军企业、西城区唯一代表单位参加在北京服装学院举办的“美丽源于自信 风采绽放幸福”首都女职工庆“三八”服装时尚大赛，获得二等奖。

（佟 萌）

【婚博会参展】 3月8日，菜百公司参加中国婚博会，展出贵金属类、镶嵌类、礼品类等商品，3天销售947万元。5月24日，菜百公司参加中国婚博会，展出贵金属类、镶嵌类、礼品类等商品，2天销售804万元。9月5日，菜百公司参加中国婚博会，展出贵金属类、镶嵌类、礼品类等商品，2天销售570.5万元。12月6日，菜百公司参加中国婚博会，展出贵金属类、镶嵌类、礼品类等商品，2天销售548万元。

（佟 萌）

【国际铂金协会来访】 3月19日，国际铂金协会及协会中国团队到菜百公司拜访，原协会CEO（首席执行官）高伟政和新上任CEO唐昊诚带队，本次拜访希望延续双方长期合作与交流，菜百公司董事长赵志良、总经理王春利陪同参观公司卖场。

（佟 萌）

【菜百首饰分店开业】 5月1日，天津万达菜百首饰店开业，位于天津市河东区滨江大道53号，营业面积82平方米，经营大类有：贵金属、镶嵌类饰品，投资类、礼品类产品等黄金珠宝全品类经营。10月1日，怀柔菜百首饰店开业，位于怀柔区龙山东路2号院1号楼F1-09号，营业面积186平方米，经营大类有：贵金属、镶嵌类饰品，投资、礼品类产品等黄金珠宝全品类经营。

（佟 萌）

【意大利K金珠宝艺术展】 5月10日，为期10天的以“意式浪漫 不忘初心”为主题的“NECK A PORTER”意大利K金珠宝艺术展在菜百公司结束。此次K金珠宝艺术展是意大利大赛获奖作品展，通过首饰了解意大利风土人情文化。菜百公司作为首饰时尚流行推展基地，始终将最新设计潮流带到国内，引领国际时尚流行。

（佟 萌）

【菜百获质量管理奖提名奖】 5月21日，菜百公司获首届北京市人民政府质量管理奖提名奖

（佟 萌）

【铂金新品发布】 8月8日，菜百公司携手Forevermark永恒印记、国际铂金协会推出菜百公司设计师团队自主打造的“幸运草”七夕特别款钻饰套装、铂金“淳·爱”系列婚戒新品、铂金“探索”系列项链新品发布会在菜百公司总店举行。

（佟 萌）

【Tom and Jerry系列饰品上市】 9月1日，菜百公司与华纳公司联手开发的Tom and Jerry系列饰品上市。此次上市新品共12款，全部由菜百公司设计师自主设计打造。购买Tom and Jerry系列饰品可获赠主题礼物，更有“爱拼才会赢”、幸福“i”基金等线上有奖体验活动。

（佟 萌）

【制定企业标准备案】 9月7日菜百公司将自主制定的Q/XCCBJ0001-2015《足金 足铂 足银首饰》标准在北京市西城区质量技术监督局备案，备案号为XCY0156-2015。

（佟 萌）

【参与制定国家首饰标准】 9月11日，菜百公司参与制定的QB/T4182-2001《饰品标识》，在国家质检总局、国家标准委发布的2015年第25号国家标准公告中，已修订为推荐性国家标准GB/T31912-2015《饰品标识》，自2016年5月4日起正式实施。

（佟 萌）

【猴年“贺岁银条”菜百首发】 9月25日，由中国金币总公司发行的2016丙申（猴）年贺岁银条在菜百全国首发。总发行量11.5吨，有50克、100克、200克、500克、1000克5种规格。

（佟 萌）

【菜百获老字号荣誉称号】 10月13日，菜百公司获中国商业联合会、中华老字号工作委员会“中华老字号创新传承单位”，董事长赵志良获得“老字号秀掌优门人”称号。

（佟 萌）

【猴年“贺岁金银钱”菜百首发】 10月14日，由菜百公司设计的2015年猴年贺岁“平安吉祥，圆圆满满”吉祥金银钱推出。此款仿古圆孔钱分为金钱和银钱2种。金钱克重为：3克、6克、9克、20克，成色为99.9%；银钱克重为：6克、9克，成色为99.9%。

（佟 萌）

【100365首善行动捐助】 10月15日，菜百公司2015年“100365首善行动捐助暨爱在菜百志愿服务队授旗仪式”在公司总店举行。公司总经理王春利代表菜百公司向北京青少年发展基金会递交了公益捐助善款10万元人民币支票。北京青少年基金会会长陈淑惠宣读了授予菜百公司“爱心典范企业”荣誉称号决定并授牌。西城团区委副书记、西城区志愿者联合会秘书长朱博宣读了爱在菜百志愿服务队正式命名成立的批复文件，北京市志愿者联合会会员服务部部长郭旭为爱在菜百志愿服务队授旗。

（佟 萌）

【菜百获品牌文化影响力500强】 11月7日，《2015中国品牌文化影响力舆情数据监测分析报告》成果发布会暨中国品牌文化影响力500强推介活动在北京京西宾馆举行，菜百公司获品牌协会荣誉中国品牌文化影响力500强荣誉称号。

（佟 萌）

【钱币博览会参展】 11月9日，菜百公司参加在国家会议中心举办的2015年北京国际钱币博览会。销售品类有：礼品类、投资类、镶嵌类黄金饰品，共计销售35万余元。

（佟 萌）

【菜百电商公司销售破亿】 11月11日，菜百电商公司“双十一”销售2000万元，同比上升486.51%，成交件数13645件，同比上升462.68%。年累计销售突破亿元大关。

（佟 萌）

【猴年“贺岁金条”菜百首发】 11月18日，由金币总公司发行，上海金币投资有限公司总经销，全国限量发售的2016丙申（猴）年贺岁金条，在菜百公司全国首发，北京地区独家销售。总发行量为3吨，有30克、50克、100克、200克、500克、1000克6种规格。其中30克小规格可在菜百电商旗舰店购买，线上线下同步销

售。并配备中国金币总公司出具的防伪鉴定证书，且证书编号与金条号码一致。

（佟 萌）

【参加国际珠宝展】 12月2日，菜百公司参加在中国国际展览中心举办的2015年中国国际珠宝展。销售品类有：贵金属类、珠宝类和投资类等黄金珠宝全品类产品，销售82万余元。

（佟 萌）

【菜百电商公司“双十二”】 12月12日，菜百电商公司“双十二”销售630万元，同比上升523.76%，成交件数3000件，同比上升238.6%。

（佟 萌）

北京国华商场有限责任公司

【概况】 北京国华商场有限责任公司（简称国华商场），以秉承引领铂金时尚，铸造京城铂金第一家为己任，是北京市著名珠宝首饰专营店之一，营业面积5000平方米。主要经营黄金、铂金、K金、钻石镶嵌、翡翠、玉石、珍珠、珊瑚、银饰和纪念收藏等几十个品类。设有经理办公室、人力资源部、业务企划部、财务部、安保行政部、现场服务办公室、后台管理中心及质量控制中心8个部门。年内，实现销售收入5.9亿元。连续保持“首都精神文明单位”“中国珠宝首饰业驰名品牌”“北京市诚信服务示范单位”“AAA级企业信用等级”“北京市纳税信用A级企业”等荣誉。获西城区安置残疾人就业先进单位、西城区先进工会。12个部门、16名员工评为区级、场级各类先进集体和个人，1名员工被评为北京市劳动模范。

地址：西城区宣武门西大街18号楼

邮编：100053

电话：63022531

（张 伟）

【经济工作研讨会】 1月27至28日，国华商场召开2015年经济工作研讨会。根据全球经济大环境下如何发挥企业的主导作用，优化产品结构，提高企业竞争力，围绕首饰行业消费趋势，分析查找各部门在管理方面的主要问题，制定整改措施及完成指标方案。会上下达年度各项经济指标。

（张 伟）

【股东会和职代会】 2月27日，国华商场召开六届十一次股东代表大会、七届十一次职工代表大会，通过公司《2014年工作总结报告》《2015年工作计划报告》《2014年度公司完成各项经济指标及利润分配的审计报告》《2014年厂务公开报告》。

（张 伟）

【开通线上支付】 年内，国华商场为顺应时代潮流，方便顾客购物，开通免费WLAN，支持微信、支付宝等线上支付渠道。为顾客提供更方便、更快捷的消费方式，符合现代人的消费理念。

（张 伟）

【装修升级提升形象】 年内，国华商场对一楼整体货场及玻璃橱窗进行装修、升级、改造，主体色调由原来的灰白色系调整为现在的香槟色，增加了时尚简约造型元素，整体风格更加高贵、大气，彰显国际化装修理念。同时，对素金品类的经营布局进行合并调整，提升了企业形象，适应市场的需求变化。

（张 伟）

【拓展渠道扩大经营】 年内，国华商场继续秉承“走出去，请进来”的宗旨，在店内增加促销频率、创新活动形式，累计参加珠宝玉石巡展15期，14个厂家24大类商品增加销售额325万元；扩大自营范围，新增黄金回购服务，珠宝玉石寄卖变现服务等；拓展珠宝销售品类，新增猛犸象牙、玉石雕刻工坊和晶石DaDa饰品3个经营品种，增强了产品的市场竞争力。

（张 伟）

【国华商场喜隆多分店开业】 6月4日，位于石景山阜石路300号喜隆多新国际购物中心的国华商场喜隆多分店正式开业，经营面积260平方米，商品涵盖黄金、铂金、钻石等多个品项，半年实现销售收入900多万元，稳固住了石景山地区的市场，拓宽国华首饰品牌影响力。

（张 伟）

【扩大社区服务支持公益】 年内，国华商场在原有社区服务基础上，扩大社区公益服务范围，组织11次社区活动，为社区居民和消费者增加上门服务和免费服务项目。组织党员参加“党旗凝聚力量，爱心播撒京城”公益捐款活动。

（张 伟）

【推出福利休假】 年内，国华商场在北京雾霾严重时期，体恤员工健康，推出带薪福利休假制度，向员工发放抗霾福利。体现国华商场“以人为本”的经营管理理念，员工队伍和谐，增加企业凝聚力。

（张 伟）

【参展中国婚博会】 年内，国华商场分别于3月、5月、9月、12月参加中国婚博会北京展区珠宝首饰展示展销活动4次。展出黄金、铂金、钻石等商品，婚博会现场开展购物赠礼、扫码抽奖等互动活动，为企业创造了经济效益。

（张 伟）

【升级完善卡片管理】 年内，国华商场将原来的积分卡等卡片，由原来的磁条卡升级为芯片卡，将原有的管理系统进行优化升级，完善客户信息。提高卡片维护的速度，增强卡片信息的安全性，节约成本投入。

（张 伟）

【创新型宣传促销方式】 年内，国华商场合作BTV财经频道，进行珠宝类专题宣传，并开展长期业务，提高了“国华首饰”的品牌关注度；建立微信个人推广群，每人服务一个独立的微信群，随时随刻为顾客解答疑问，进行宣传促销，增加二次消费；开办VIP会员内购会，形式新颖，价格亲民，增添会员福利，强化宣传效果。

北京张一元茶叶有限责任公司

【概况】 北京张一元茶叶有限责任公司（简称张一元）拥有200余家品牌连锁店、31个优质茶生产基地、2家大型茶馆，品牌产品覆盖全国，是集产供销、科工贸、旅游文化为一体的现代化企业。年内，销售额及利润额均保持稳步递增，蝉联全国茶叶内销榜首。

地址：西城区西砖胡同2号院7号楼

电话：83512713

邮编：100052

（刘姒千）

【节庆促销】 1月24日，“过团圆年·喝张一元”主题新春民俗风情节在张一元大栅栏店开幕。3月28日，“品明前茶鲜·就到张一元”主题清明民俗风情节在张一元大栅栏店开幕，现场进行精品明前茶展示。当日，张一元大栅栏茶馆特邀杭州西湖龙井茶产业协会施基国秘书长进行西湖龙井茶专家推介，免费品饮多款明前绿茶。9月18日，“佳节喝好茶·就选张一元”主题中秋国庆民俗风情节在张一元大栅栏店开幕。12月19日，“喝金奖花茶·就到张一元”主题新年促销在张一元大栅栏店开幕。

（刘姒千）

【参与活动】 1月25日，张一元应邀参加台湾国际茶道文化交流。2月27日，张一元参加中华人民共和国外交部领事司2015新春招待会，展示茉莉花茶茶艺，接待领事200余位。6月18日，张一元参加大栅栏琉璃厂传统文化体验活动，走进实验一小前门分校。6月19日，张一元参加2015北京国际茶业展。8月17日，张一元参加第九届全国茉莉花茶交易博览会、2015年中国（横县）茉莉花文化节。11月12日，张一元参加第十二届中国国际茶业博览会。

（刘姒千）

【特色体验行】 2月3日，全国青少年冬令营40余名师生参观张一元大栅栏茶馆，听茶文化讲座并体验传统茉莉花茶冲泡技艺。2月6日，一批“00”后茶客在张一元金桥公司通过参观茶叶精制生产线、亲身体验传统茶冲泡茶艺、参与互动游戏感受中国茶文化。2月11日（农历小年），张一元大栅栏茶馆举办青少年走进张一元体验中国传统茶文化活动，体验传统茉莉花茶冲泡技艺，品糖瓜绘陶艺。3月27日，陶行知中学初二学生一行走进张一元大栅栏茶馆体验传统茶文化。5月26日，美国普渡大学生一行走访张一元大栅栏茶馆体验传统茶文化。7月28日，西城青少年儿童图书馆同学一行走进张一元大栅栏茶馆体验传统茶文化。10月21日（农历九月初九重阳节），张一元观音寺店举办老茶客茶话会，特邀国家一级演员表演北京琴书、琵琶，茶客进行京剧、书法、茶艺互动。10月22日，清华附中朝阳学校2015高一年级生涯实践探索活动走进张一元大栅栏茶馆，听老北京文化，学包传统茶叶包，亲自体验传统泡茶技艺。11月27日，大栅栏街道团工委“青春之梦”主题体验活动在张一元大栅栏茶馆举行，兔爷制作非遗传承人张忠强讲述兔爷文化，体验者现场品茶绘兔爷。

（刘姒千）

【大栅栏店销售再创纪录】 2月11日（农历小年），张一元大栅栏店日销售茶叶12吨，日接待顾客超过2万人，再创全国茶叶店单店单日茶叶销售量和销售额2项新纪录。截至10月3日，张一元大栅栏店销售额达1.001亿元，较上年提前22天实现销售“破亿”。

（刘姒千）

【首批西湖龙井上市】 3月25日，首批精品明前西湖龙井空运抵达张一元，每斤售价8800元，产品外包装上均贴有“中华人民共和国地理标志保护产品”和“国家工商行政管理总局商标局认定的中国地理标志”防伪标志，确保产品正宗质量可靠。

（刘姒千）

【特色茶叶节】 4月18日，“品百种春茶·就到张一元”主题春茶节在张一元大栅栏店开幕，百余款名优新绿茶集中展示广受好评。8月21日，“花茶领群香·中国张一元”主题张一元第四届中国茉莉花茶节在大栅栏店开幕，现场进行金奖产品展示、免费品茗、微信抽奖活动，受到消费者欢迎。

（刘姒千）

【换届大会】 6月13日，经区国资委批准，张一元董事会、监事会进行换届，按照《公司法》和《公司章程》要求，严格履行各项程序，顺利完成新一届公司董事会、监事会及管理层组建工作。

（刘姒千）

【公益活动】 6月29日，张一元开展共产党员献爱心活动，捐款人民币3700元。12月4日，张一元大栅栏店参与西城区“爱在西城”联合募捐活动，向地区联合募捐办公室捐款1800元。12月18日，张一元参与西城区“爱在西城”联合募捐活动，向区慈善协会捐款人民币10万元。年内，春节、中秋两节前夕，张一元为牛街敬老院的老人们送去节日的祝福和礼物。

（刘姒千）

【党建基地入驻张一元】 11月3日，大栅栏街道首家区域化党员教育实践活动基地“红立方”在张一元大栅栏茶馆揭牌，大栅栏街道工委向活动室赠书200本。

（刘姒千）

【电子商务】 11月11日，零点刚过5分钟，张一元天猫旗舰店订单量达600笔，半小时内成交额突破50万元，当日成交额185.8万元，完成订单9500余笔，蝉联天猫商城“双十一”再加工茶类排行榜销售首位。

（刘姒千）

【企业文化】 年内，公司工会组织2次全员劳动竞赛，开展职工读书月征文、职工秋季健步走、职工羽毛球友谊赛，“三八”妇女节、“五一”劳动节、“六一”儿童节、职工生日等专项慰问活动，激发全员劳动热情，丰富职工业余文化生活，提高团队凝聚力。组织百余名职工参与2015年北京市商业服务技能大赛评茶员项目，2名职工分获北京市第二名和第十名。开展全员素质教育，400人次参加《高效沟通与表达能力训练》专项课程学习。

（刘姒千）

【所获荣誉】 2月12日，张一元获“2014年度北京十大商业品牌金奖”称号。4月24日，张一元西湖龙井（特级1号）、信阳毛尖（明前珍品一等）、安吉白茶（明前特级）等10种春茶评为“北京市第十三届春茶节”推荐的质量合格、质价相符产品。3月31日，张一元大栅栏店获“巾帼文明岗”称号。6月19日，张一元茉莉毛尖获“2015北京国际茶业展茶叶产品评选推介活动金奖”。7月9日，张一元茉莉花茶获“百年世博中国名茶金骆驼奖”。8月17日，张一元获“2015年全国茉莉花茶优秀品牌”称号；同日，在2015中国（横县）茉莉花茶文化节评选活动全国茉莉花茶质量评比中张一元茉莉太姥灵芽获金奖，茉莉二号毛尖获银奖，茉莉银毫、茉莉金茗眉、茉莉蒙顶雪芽获铜奖。10月20日，张一元获“2015中国茶叶行业综合实力百强企业”“2015年中国茶业十大渠道品牌企业（连锁类）”称号。11月12日，张一元茉莉雪毫获“第十二届中国国际茶业博览会国际名优茶评选金奖”。11月13日，张一元·尚茶系列（品鉴装、立体装）获“2015中国特色旅游商品评选活动金奖”。

（刘姒千）

北京新月联合汽车有限公司

【概况】 北京新月联合汽车有限公司（简称新月公司）是国资参股的股份制企业，隶属西城区国资委管理，注册资金13130万元。拥有32个分公司、2个全资子公司和2个参股公司，有各种车辆10777部，员工12787人。经营范围涉及出租客运、旅游租赁、救援物流等多个领域。年内，新月公司实现营业收入8.8亿元，实现净利润5424万元，净资产收益率7.4%，资产规模43亿元；上缴利税4300万元。新月公司获“2014年度质量信誉考核良好企业”“诚信服务企业”“2015年度中国道路运输百强诚信企业”“2015年北京国际田联世界田径锦标赛最佳支持单位”“2015年国际田联世界田径锦标赛、中国人民抗日战争暨世界反法西斯战争胜利70周年纪念活动交通运输服务保障工作优秀单位”等称号。

地址：朝阳区王四营乡马房寺368号

邮编：100023

电话：67366666（总机）

（吴治英）

【北京政协会议交通服务】 1月20至26日，新月公司执行北京市政协第十二届三次会议交通运输保障工作。历时7天，派出大小车辆38部、管理人员和驾驶员40名，发车226车次，赢得了与会委员和工作人员的高度评价。

（吴治英）

【全国政协会议交通服务】 3月3至13日，新月公司执行全国政协第十二届三次会议住铁道大厦的财政部、最高人民法院参会委员及大会住中协宾馆工作人员的交通服务保障。历时16天，派出管理人员和驾驶员138名，投入车辆133部，发车1196车次，接送委员及工作人员4461人次，安全行驶25568公里。

（吴治英）

【2022冬奥申委北京考察团交通服务】 2月28日至3月28日，新月公司执行“2022冬奥申委北京考察团”交通服务保障。期间，派出车辆7部，发车56车次、运送考察团官员900人次，安全行驶1.4万余公里。

（吴治英）

【世锦赛和抗战胜利70周年大会交通服务】 8月5日至9月3日，新月公司派出685辆保障车和1013名管理、调度人员及驾驶员，执行“2015年北京国际田联世界田径锦标赛”和“纪念中国人民抗日战争暨世界反法西斯战争胜利70周年大会”交通服务保障。历时28天，发车9059车次，服务17.72万人次，安全行驶23.03万公里。新月公司被北京田径世锦赛组委会和北京市交通委员会运输管理局表彰为“最佳支持单位”和“保障工作优秀单位”。

（吴治英）

【产生新一届党委和纪委】 12月16日，新月公司党委召开党员大会。大会表决通过党委工作报告、新一届党委和纪委候选人预备人选、大会选举办法，以差额和无记名投票的方式，选举产生了新一届党的委员会和纪律检查委员会。在新产生的党委和纪委第一次委员会议上，选举唐保和为公司党委书记，黄成为纪委书记。西城区国资委党委副书记刘海涛到会指导。

（吴治英）

【2015上合组织峰会交通服务】 12月2至17日，新月公司跨省执行在郑州召开的“2015上海合作组织成员国政府首脑（总理）会议”交通运输保障工作。历时16天时间，主要担负上合组织峰会政府代表团、上合峰会主席和防恐组织、企业家等6个组织的交通运输服务和国家总理李克强与参会代表一同视察郑州市容市貌交通服务保障的临时任务。

（吴治英）

对外经济贸易

【概况】 西城区商务委员会（简称区商务委）是区政府主管全区内外贸易和对外经济合作的工作部门。年内，新批外商投资企业35家，吸收合同外资32.96亿美元，实际利用外商直接投资5.1亿美元，实现进出口总额914.51亿美元，占全市进出口总额28.6%。

地址：西城区广安门北滨河路9号

邮编：100055

电话：83509359

（柴晓虹　晁振安）

【利用外资】 年内，新批外商投资企业35家，同比下降18.6%；合同外资额32.96亿美元，同比增长455.75%；实际利用外资5.1亿美元，同比增长17.51%。

（章建平　郝家莹）

【合同外资】 年内，合同外资500万美元以上项目7个，总计吸引合同外资39983万美元。合同外资分行业位列前三位的是租赁和商务服务业、金融业、信息传输、计算机服务和软件业，合同外资分别为228832万美元、69534万美元、19207万美元，比重分别为69.42%、21.10%和5.83%。

（章建平　郝家莹）

【第三产业实际利用外资规模增长稳定】　年内，外商直接投资均来自第三产业。第三产业实际利用外商直接投资额较上年同比增长8.4%。其中金融业实际利用外商直接投资额为30539万美元，同比增长190.85%，占全区整体比重为91.06%；批发和零售业、科学研究、技术服务和地质勘查业分居二三位，实际利用外资分别为30539万美元、1475万美元、555万美元，比重分别为4.40%和1.65%。

（章建平　郝家莹）

【外资来源整体保持稳定】　年内，实际利用外商直接投资来源区域结构保持稳定，香港仍是西城区最主要外资来源地。实际利用外商直接投资中，分国别和地区位列前三位的是香港、日本、台湾地区，实际利用外资分别为32832万美元、217万美元、146万美元，比重分别为97.89%、0.65%和0.44%。

（章建平　郝家莹）

【进出口总额全市排名第二】　年内，西城区进出口总额914.51亿美元，同比递减20%，占全市进出口总额28.6%，位居北京市第二。其中进口额828.76亿美元，同比下降21.5%，占全市进口总额31.3%；出口额85.75亿美元，同比下降1.4%，占全市出口总额15.7%。

（徐聪　李佳狄）

【办理商务邀请】　年内，办理外商来华商务邀请4件，共邀请外商5人次，邀请来华的客人来自波兰、印度、阿联酋。

（徐聪　李佳狄）

【受理外贸进出口权备案登记】　年内，区商务委受理对外贸易经营者备案登记346件。其中企业新备案160件，备案表变更186件。

（徐聪　郭文志）

【加工贸易业务】　年内，区商务委办理5件加工贸易业务，实现进出口料件总值102.229万美元。

（徐聪　张贯中）

【商务服务业主题示范升级改造项目】　年内，北京金融街第一太平戴维斯物业管理有限公司的西环广场商务示范楼宇升级改造项目和北京北广电子集团有限责任公司的北广大厦A座提升改造项目，通过了北京市商务委员会验收。

（徐聪　张贯中）

（责任编辑　孙凤霞）

金 融

金融服务

【概况】 北京市西城区金融服务办公室（简称区金融办）是负责西城区金融业及金融街地区发展与服务的区政府工作部门。现有干部职工15人，内设科室4个（综合科、发展规划科、产业促进科、市场服务科）。年内，区金融办落实区委、区政府各项工作部署，加强金融业形势分析和研判，优化金融发展环境，提升金融服务水平，推进各项工作，促进全区金融业快速健康发展。年区金融业增加值达到1520.2亿元，同比增长12.1%，占全区GDP比重46.5%，占北京市金融业增加值的38.7%；金融机构资产81.4万亿元，同比增长10.2%；金融业实现营业收入7354.4亿元，同比增长32.6%，较上年同期提高10个百分点；实现利润3171.5亿元，同比增长32.5%，较上年同期提高3.8个百分点；实现三级税收3690.4亿元，同比增长9.4%，占全区三级税收79.2%；实现区级税收225.7亿元，同比增长35.8%，占全区区级税收51.0%。金融街实现三级税收3764.6亿元，同比增长7.0%，占全区三级税收80.7%；实现区级税收226.0亿元，同比增长30.3%，占全区财政收入的51.1%。

地址：西城区金城坊街1号金融街公寓C座601
邮编：100033
电话：66290670

（曲玫霖）

【开展课题研究】 年内，区金融办启动开展《“十三五”时期金融业发展思路与措施研究》《金融街发展报告》等课题研究，完成《我国债券市场发展对金融街影响》《金融功能区评价指标体系》《“十三五”时期金融业发展思路与措施研究》课题。开展“十三五”规划研究编制工作，完成西城区金融业“十三五”规划初稿。逐季完成区金融业发展形势分析，跟踪分析区金融业和各子行业发展形势和面临机遇与挑战，为领导决策提供参考。

（曲玫霖）

【调研企业需求】 年内，区金融办按照动态管理机制要求，开展机构走访，提升服务水平。制定区领导走访核心机构及重点机构安排，包括人民银行、建总行等机构20余家。通过实地走访调研，了解企业发展情况，获取企业新设机构信息，捕获行业及机构发展动态，促成优质机构落户，鼓励机构参与区域建设，推动区域经济社会发展。

（曲玫霖）

【落实产业政策】 年内，区金融办完成3家金融企业一次性补助和27家金融企业租房补贴审核工作，完成32家金融企业公积金政策和人才服务政策申报工作。

（曲玫霖）

【引进金融机构】 年内，区金融办关注金融业态创新发展趋势，加大对总部机构、外资法人和新兴机构的引进。新引入丝路基金有限责任公司、中拉产能合作投资基金有限责任公司、国开发展基金有限公司、威士信息技术（北京）有限公司、中国小额贷款公司协会、中国核工业建设集团财务有限公司、北京茶业交易中心有限责任公司等金融机构137家，其中法人单位32家，注册规模达2427.75亿元。

（曲玫霖）

【促进企业上市】 年内，区金融办深化与上交所、深交所战略合作，发挥促进企业上市联席会议作用，扶持2家企业在上交所上市，2家企业在深交所上市，2家企业在港交所上市。抢抓“新三板”扩容契机，推动区内有条件的中小企业加快股份制改造，到“新三板”及各类交易场所挂牌。扶持18家企业在新三板挂牌，区内累计挂牌公司达39家，总市值超过600亿元，总成交额超过80亿元。开展上市培育辅导，重点培育的拟上市企业近20家，拟挂牌企业80余家，举办各类培训会及大型活动10余次，调研走访20余家企业，为近500家企业提供上市辅导服务。

（曲玫霖）

【提升人才服务】 年内，区金融办为金融机构提供人才引进、工作居住证办理服务等事项。通过医疗绿色通道为4千余人次办理就医便捷服务；通过出入境分中心为驻区机构提供F护照办理百余人次；通过海外学人组织春季、秋季“金融街品牌招聘会”，提供超千个岗位，吸引近万名高校学子参与。

（曲玫霖）

【加强金融风险防范】 年内，区金融办牵头健全完善打击和处置非法集资工作机制，成立西城区防范金融风险和打击、处置非法集资工作领导小组，形成了各部门密切配合，相互联动，群防群治的局面。集中开展防范和打击非法集资宣传教育活动，为全区近50个社区聘请金融专家开展专题讲座，借助金博会平台发放宣传材料，联合区商务委组织召开全区商务企业防范非法集资宣传动员大会，授予西单商场等10家大型商场“西城区防范非法集资示范商场”称号；开辟西城报打非专栏，参与央视《亮剑非法集资》宣传片录制活动，营造打击非法集资的社会氛围，提高社会公众对非法集资的防范意识和识别能力。监测排查处置非法集资案件，处置北京市12345转办的涉嫌非法集资情况线索43件；对涉嫌违规或非法集资的机构开展风险监测及处置专案4起；配合开展天津“活立木”案北京地区集资款清退工作等，维护区域金融市场秩序和社会稳定。

（曲玫霖）

【加强小额贷款公司监管】 年内，区金融办组织律师事务所、会计师事务所等中介机构对区域内小贷公司开展现场检查，对存在重点问题的机构出具限期整改意见书，规范企业经营，防控金融风险。截至年底，西城区有小额贷款公司8家，注册资本金93800万元。发放贷款829笔130880.3万元，期末贷款余额76159.7万元，支持区域小微企业发展。

（曲玫霖）

【加强融资性担保公司监管】 年内，区金融办与律师事务所、会计师事务所等专业中介机构合作，对区域内融资担保公司开展现场检查，对存在重点问题的机构出具限期整改意见书，规范企业经营，防控金融风险。截至年底，有融资性担保公司及分公司16家，其中法人机构14家，注册资本合计104.6亿元，在保余额1162.87亿元。

（曲玫霖）

【加强交易场所监管】 年内，区金融办对全区10家交易所建立基础信息台账，形成定期信息报送机制，实施动态跟踪管理。配合市金融局开展现场检查，提出整改意见并对其经营发展情况给予辅导。截至年底，全区有各类要素市场11家（不含全国中小企业股份转让系统），占全市比重近三分之一；注册资本累计12.61亿元；从业人员689人，净资产26.35亿元，交易金额27754.38亿元，交易额同比增长率320.51%；营业收入240.38亿元，同比增长275.44%；净利润40011.20万元，同比增长19.57%；税收18952.25万元。

（曲玫霖）

【金融服务区域发展】 年内，区金融办整理制作2015年度区重大基础设施项目、重点产业项目以及棚改和环境整治项目融资需求库，促成项目融资对接。跟踪战略合作单位融资需求对接合作情况，完成《关于2014年金融支持区域经济社会发展情况的报告》。搭建政金企投融资合作交流平台，落实与重点金融机构的投融资战略合作协议，针对棚户区改造、功能区建设、旧城保护等区域发展和民生改善重要领域开展融资对接合作。

（曲玫霖）

【开展战略合作】 年内，区金融办深化与金融机构的合作，西城区与中金公司等正式签署战略合作协议。中金公司旗下中金甲子基金与区金融街资本运营中心共同合作设立中金熙诚基金，针对区域国企改革和新兴产业发展开展股权投资。

（曲玫霖）

【提升金融品牌文化】 年内，区金融办举办2015年金融街论坛及第十一届金融博览会。以“新常态，新金融，新功能”为主题，展示我国金融业“十二五”规划实施成果，突出科技金融、文化金融、绿色金融、民生金融、互联网金融发展和区域金融协同发展等进展状况，搭建年度金融创新、金融服务成果发布平台，被誉为中国金融改革发展风向标。参与组织第十九届京港洽谈会中金融板块筹备工作。

（曲玫霖）

【对外交流合作】 年内，区金融办深化与伦敦金融城、德国黑森州、法国拉德芳斯等国际金融区合作交流，完善高层定期会晤机制，扩大金融街在国际金融领域的知名度。

（曲玫霖）

银　行

国家开发银行股份有限公司北京市分行

【概况】 国家开发银行股份有限公司北京市分行（简称国开行北京市分行）内设处室20个，在职正式员工222人。年内，表内外贷款余额4398亿元，比上年增加486亿元，增长12%，表内贷款余额3417亿元，比上年增加409亿元，增长14%，其中人民币贷款余额2211亿元，比上年增加235亿元，增长12%；外币贷款余额186亿美元，比上年增加17亿美元，增长10%。表外受托业务余额981亿元，比上年增长77亿元，增长9%；表内贷款发放1732亿元，其中人民币贷款发放1341亿元，外币贷款发放63.5亿美元；完成表外受托业务工作量287亿元。回收贷款本息1556亿元，当期本息回收率99.9%；不良贷款率0.08%。实现拨备前利润60.3亿元，中间业务收入5.4亿元。

地址：西城区复兴门内大街158号
邮编：100031
电话：63223100

（常 江）

【调研引领】 年内，国开行北京市分行加大与银政企合作力度。参与总行与北京市两次高层联席会和总行赴中关村国家自主创新示范区调研，协调召开开发性金融支持京津冀协同发展座谈会。开展北京市各区县及八大重点行业调研，深化与客户关系，提升服务重点行业、客户的专业化水平。签订开发性金融协议18项，金额3030亿元。“十三五”规划蓝图取得阶段性进展。完成京津冀协同发展重点领域、非首都功能疏解、区县、“一带一路”、重点客户规划等课题12项。

（常 江）

【支持首都重点领域建设】 年内，国开行北京市分行在专项基金领域投放134亿元；资金支付进度57%。京津冀协同发展和重大项目领域中，支持北京市副中心建设，为通州区潞城镇棚户区改造项目发放贷款129亿元；推动综合交通基础设施建设，支持北京新机场、北京新航城建设，发放北京市轨道交通建设贷款30亿元；支持物资储备项目，发放贷款629亿元；巩固与北京首都创业集团、北京市首都公路发展集团、北京市公联公路联络线有限责任公司、北京新奥集团有限公司、北京能源集团有限公司合作；推动北京环球主题公园项目。支持门头沟区采空棚户区、丰台区长辛店、海淀区京昌路绿地、西城区菜园街等项目，发放贷款363亿元。在产业升级领域，发放文化领域贷款9亿元，科技领域贷款13亿元。在社会民生领域，发放南水北调、中小河道、再生水厂等水利贷款21.5亿元；继续落实与首农集团、北京市供销总社、德清源的合作，发放现代农业贷款3亿元；探索健康养老产业融资模式；发放援疆贷款4600万元。

（常 江）

【国际合作业务】 年内，国开行北京市分行发放巴西石油公司贷款50亿美元；实现巴油50亿美元项目全额发放，支持首个“中巴经济走廊”建成项目，向中兴能源巴基斯坦光伏项目发放贷款6260万美元。

（常 江）

【提升综合经营效益】 年内，国开行北京市分行强化规模调控，统筹回收再贷资源，保证重大项目用款需求；完善资金、利率管理，综合提升收益水平，合理配置资金、严控降息面拓宽综合金融服务渠道，实现存放同业730亿元，新增利息收入5.1亿元。运行理财产品28期、规模159亿元；承销北京市政府置换债券75亿元，发行债券70亿元；开展73.8亿元资产证券化业务。提升财务管理水平，为京东方集团开办现金管理服务系统；办理人民币结算35645笔、国际结算848笔。

（常 江）

【加强风险管控】 年内，国开行北京市分行以“双名单”为抓手主动防范风险，加强风险行业、风险客户预研预判，逐个制定风险项目本息回收工作预案。加大评审授信和审查力度，完善尽职调查，专职委员和独立委员独立、客观、公正审议项目，规范贷委会审议意见落实，防范授信风险。加强内控内审，配合国开行北京审计分局做好监审联动内控检查，开展“两个加强两个遏制”专项检查“回头看”自查整改和内控合规自查专项工作。深化法律综合管控，严格授信体系、信贷合同审查，开展普法培训，纪检监督触角前移，按季开展员工行为排查，加强员工因私出国出境管理。制定分行依法治行从严治行实施意见，提高员工廉政、抵制风险意识。建立管党治党长效机制。配合中央、总行巡视组巡视，制定41条整改措施，完成巡视组反馈问题的整改。

（常 江）

中国农业发展银行北京市分行

【概况】 中国农业发展银行北京市分行（简称农发行北京市分行）共辖13个支行（部），在岗员工448人。年内，累计投放贷款59.36亿元，各项贷款余额267.84亿元，各类存款余额149.54亿元，实现账面利润4.22亿元，继续保持不良贷款为零的工作目标。
地址：西城区月坛北街甲2号
邮编：100045
电话：68081842

（邱 瑀）

【政策性粮油信贷业务】 年内，累计发放粮油贷款27.77亿元，收回27.26亿元，与大型农业产业集团的战略合作不断深入。

（邱 瑀）

【化肥、猪肉等储备贷款业务】 年内，农发行北京市分行配合国家对其他重要农产品的调控，发放糖、肉、化肥储备贷款13.1亿元，连续10年实现了国家淡季化肥储备贷款“双结零”。

（邱 瑀）

【政策性中长期信贷业务】 年内，投放农业农村基础设施类贷款18.38亿元，收回86.33亿元。抓住京津冀协同发展、首都城市功能定位调整的机遇，深化银政、银企、银银合作，先后与平谷、门头沟区政府、北京农商银行签署了合作协议。与北京市住建委、财政局就支持北京市棚户区改造工作联合发文，联合举办由各区县住建委及棚户区改造管理部门负责人等100余人参加的培训对接会，明确了第一批支持项目21个，拟融资额1600亿元。

（邱 瑀）

【票据业务】 年内，办理票据业务1022亿元，同比增加447亿元，到期票据全部回笼，确保转贴现票据资产安全。

（邱 瑀）

【国际结算业务】 年内，国际业务取得新突破，营销量突破2亿美元，业务收入连续2年突破百万元，跨境人民币结算业务和贸易融资业务实现零的突破。

（邱 瑀）

【中间业务】 年内，中间业务收入比上年增长294.13万元，增幅达34%。

（邱 瑀）

【重点建设投资基金投放】 年内，农发行北京市分行加大对央企、国企投资基金项目的对接和投放力度，先后营销中国联通、中国电信、中国广电、中粮集团、中国外运、中国邮政、中国供销集团、恒天集团、金隅股份等一批优质企业，累计投放资本金43.34亿元，涉及项目39个。

（邱　瑀）

中国工商银行股份有限公司北京市分行

【概况】　中国工商银行股份有限公司北京市分行（简称工行北京分行）下设37家二级分行（含分行营业部），543家营业网点，936家自助银行，员工18170人。截至年底，本外币资产总额达到3.38万亿元，较年初增加3502亿元。本外币全部存款余额突破3万亿元大关，达到3.26万亿元，较年初增加3301亿元。本外币各项贷款余额突破6000亿元大关，达到6068亿元，较年初增加515亿元。全年实现拨备前利润457.97亿元、拨备后利润450.2亿元，同比多实现37.91亿元和29.05亿元，增幅9.03%和9.3%。实现中间业务收入113.8亿元，同比多实现22.63亿元，增幅24.8%。区境内设分行营业部、长安支行、新街口支行、南礼士路支行、金融街支行、地安门支行、宣武支行、广安门支行8家支行。

地址：西城区复兴门南大街2号

邮编：100031

电话：66410055

（刘　博）

【信贷业务】　年内，工行北京分行本外币各项贷款较年初增加515亿元，北京同业均排名首位，90%以上用于支持国家和重点在建续建项目及“十二五”规划确定的重大项目建设。其中，推动京津冀协同发展战略落地，建立京津冀协同发展重大固定资产投资项目储备库并积极营销对接，共审批非首都功能疏解贷款347亿元，发放18亿元；科技和文化产业贷款增加100亿元；中小企业贷款增加260亿元；个人贷款增加260亿元，余额突破1200亿元，达到1213亿元。

（刘　博）

【存款业务】　年内，工行北京分行人民币全部存款增加3058亿元，其中，机构存款增加1668亿元，同业存款增加1593亿元，纯储蓄存款增加301亿元。外币存款增加31亿美元，同业排名第一。

（刘　博）

【中间业务】　年内，工行北京分行新增信用卡169万张，收单交易额、信用卡消费额同比增长16%和19%，分期付款余额较年初增长47%。资管业务快速发展，理财产品余额达到5066亿元，同比增长5%；承销非金融企业债券2980亿元，完成股权融资274亿元，系统内和北京同业均排名第一；实现贵金属收入2.47亿元，同业居首；资产托管规模达到3.27万亿元，同比翻番，管理养老金账户295万户，均保持北京同业领先。外汇业务协调发展，国际结算量达到2295亿美元；跨境人民币结算量2355亿元，同业排名第一。

（刘　博）

【渠道转型】　年内，网点竞争力提升工程持续实施，年末网均存款59亿元、网均利润8252万元、网均中收2050万元，较三年前分别增加17亿元、1450万元和629万元，均居北京四大行首位；打造外汇旗舰网点20家，出境金融服务中心32家，61家网点推荐发放了公司贷款，网点经营效能和经营水平进一步提升。网点质态调整步伐进一步加快，全年优化网点布局50家，新建自助银行116家，新增自助机具1575台，实现了网点WIFI全覆盖。完成智能化网点改造150家，占比达到27%。顺应线上线下一体化趋势，开展网点O2O探索。持续改善客户服务体验，客户满意度和服务规范度继续保持优秀水平，获中国银行业文明规范服务“百佳示范单位”1家、“五星级营业网点”10家、“北京银行业特色服务示范网点”5家，数量与排名均居北京同业之首。

（刘　博）

【互联网金融】　年内，推动互联网金融提速发展，重点拓展日常缴费、影院、高校、医院、商圈等消费生活场景，不断加强“融e购”“融e联”“融e行”“工银e校园”“工银e生活”等互联网创新产品的宣传推介和组合营销，加快打造出“客户+商圈、平台+场景、坐商+行商”的互联网金融生态圈。全年电子银行交易额在系统内率先突破100万亿元大关，融e购交易额突破200亿元，签约商户突破1000户，手机银行客户、工银e支付客户和融e联客户快速增长，分别达到661万户、380万户和36.5万户。

（刘　博）

【风险管理】　年内，压降潜在风险贷款45亿元，清收处置不良贷款6.4亿元，不良贷款率0.3%，低于系统内和北京同业平均水平，拨备覆盖率保持在550%的较高水平。可控风险暴露水平同比下降0.38个万分点。深入开展“一加强两遏制”专项检查（北京市银监局开展专项检查，加强内部管控，遏制违规经营和违法犯罪监管）及回头看工作。未发生重大安全事故和风险案件，实现了全行安全稳定运营。

（刘　博）

【分行营业部业务】　分行营业部下设1个营业室，在岗员工186人。截至年底，实现拨备前利润25.16亿元，同比增长13.8%；本外币全部存款余额1360亿元，同比增长0.11%；本外币各项贷款余额300亿元，同比增长33.79%；实现中间业务收入5.55亿元，同比增长25.58%。

（郭燕峰）

【长安支行业务】　长安支行下设1个营业室、10个网点支行、1个分理处，在岗员工442人。截至年底，实现拨备前利润34.36亿元，同比增长14.45%；本外币全部存款余额1703亿元，同比增长14.22%；本外币各项贷款余额1050亿元，同比增长1.29%；实现中间业务收入4.43亿元，同比增长29.22%。

（杨燕英）

【新街口支行业务】　新街口支行下设1个营业室、12个网点支行、1个储蓄所，在岗员工577人。截至年底，实现拨备前利润36.2亿元，同比增长7.98%；本外币全部存款余额1142.4亿元，同比下降8.2%；本外币各项贷款时点余额349亿元，同比增长12.9%；实现中间业务收入4.15亿元，同比增长18.4%。

（周凌然）

【南礼士路支行业务】　南礼士路支行下设1个营业室、13个网点支行，在岗员工581人。截至年底，实现拨备前利润22.74亿元，同比增长

1.55%；本外币全部存款时点余额1354亿元，同比增长9.56%；本外币各项贷款余额263亿元，同比增长2.46%；实现中间业务收入4.07亿元，同比增长32.27%。

（马 进）

【金融街支行业务】 金融街支行下设1个营业室、5个网点支行，在岗员工201人。截至年底，实现拨备前利润10.07亿元，同比增长21.41%；本外币全部存款时点余额781亿元，同比增长34.43%；本外币各项贷款余额158亿元，同比增长5.65%；实现中间业务收入2.46亿元，同比增长20.76%。

（张 硕）

【地安门支行业务】 地安门支行下设1个营业室、7个网点支行，在岗员工304人。截至年底，实现拨备前利润8.12亿元，同比增长27.35%；本外币全部存款时点余额1036亿元，同比减少2.81%；本外币各项贷款余额177亿元，同比增长2%；实现中间业务收入3.33亿元，同比增长39%。

（何 军）

【宣武支行业务】 宣武支行下设9个网点支行、1个储蓄所，在岗员工306人。截至年底，实现拨备前利润25.84亿元，同比增长19.74%；本外币全部存款余额3251亿元，同比增长25.38%；本外币各项贷款余额（含票据）1381亿元，同比增长4.4%；实现中间业务收入1.51亿元，同比增长20.65%。

（单 丹）

【广安门支行业务】 广安门支行下设1个营业室、10个网点支行，在岗员工409人。截至年底，实现拨备前利润9.97亿元，同比下降6.44%；本外币全部存款余额570亿元，同比增长6.78%；本外币各项贷款余额212亿元，同比增长15.81%；实现中间业务收入3.86亿元，同比增长22%。

（金 鑫）

中国农业银行股份有限公司北京市分行

【概况】 中国农业银行股份有限公司北京市分行在区境内有西城支行、宣武支行。西城支行有基层网点18个，其中16个二级支行、1个分理处、1个营业部，支行机关下设8个部室，在岗员工367人。宣武支行有基层网点15个，其中14个二级支行和1个营业部，支行机关下设8个部室，在岗干部职工330人。

西城支行

地址：西城区车公庄北街新华里
　　　16号院1号楼

邮编：100044

电话：88319695

宣武支行

地址：西城区宣武门外大街甲1号

邮编：100052

电话：53266828

（王娟 刘洋洋）

【西城支行业务】 西城支行主要办理人民币存款、贷款和结算业务；办理票据贴现；代理发行金融债券；代理发行、代理兑付、销售政府债券；买卖政府债券、代理收付款项及代理保险业务；办理外汇存款、外汇贷款、外汇汇款、外币兑换、结汇、售汇、国际结算；通过上级行办理代客外汇买卖；代理国外信用卡付款及总行在经中国银行业监督管理委员会批准的业务范围内授权的其他业务。年内，农行西城支行用科学发展观统领全局，以有效发展为中心，以客户建设为抓手，以内部结构优化为重点，不断强化各项工作措施，全面提升支行综合竞争能力，着力健全内部控制体系，实现了支行主体业务发展良好、价值创造增幅明显、信贷质量不断提升、争先进成绩显著、基础管理逐步夯实。截至年底，农行西城支行各项存款余额250.40亿元，各项贷款余额187.67亿元，不良贷款余额和占比持续保持双降，信贷资产质量不断夯实。通过营销债券承销、理财融资、资金托管、国际贸易融资等新兴中收业务产品，推进投融业务发展；通过转口贸易、跨境人民币信用证等新兴业务，推进国际业务带动对公国际结算；通过信用卡分期、商户收单等业务和自助设备布放，提升电子中间业务和渠道建设。开展平安银行建设和党风廉政建设，运营管理和内控水平得到加强。重视网点物理转型，把软转型作为推进业务发展的头等大事，通过协同营销、团队营销、全员营销、联动营销等“一点一策”的方式不断提高网点服务水平和营销能力。坚持内外并举，软硬齐抓，服务水平和发展活力得到显著增强。年内，农行西城支行被分行评为2015年度先进单位、客户建设先进支行，支行党委班子被分行评为“四好”领导班子，获得分行级“五一”劳动奖状。

（王 娟）

【宣武支行业务】 宣武支行主要办理人民币存款、贷款和结算业务；办理票据贴现；代理发行金融债券；代理发行、代理兑付、销售政府债券；买卖政府债券、代理收付款项及代理保险业务；办理外汇存款、外汇贷款、外汇汇款、外币兑换、结汇、售汇、国际结算；通过上级行办理代客外汇买卖；代理国外信用卡付款以及总行在经中国银行业监督管理委员会批准的业务范围内授权的其他业务。年内，宣武支行在市、区政府和总分行支持下，坚持稳中求进的工作主基调，落实“比学赶超”的发展总要求，截至年底，本外币核心存款日均余额比年初增加42.19亿元，本外币核心存款时点余额比年初增加31.36亿元。3月，宣武支行启动“践行核心价值观 争做农行好青年——我为核心价值观代言”活动，借助总、分行官方微博平台，号召团员青年从本职岗位出发，从自身做起，传递正能量。活动期间，收集代言信息18份，其中总行微博平台采用3份，分行采用17份。6月14日，宣武支行开展征信专题宣传活动，定制统一的宣传折页，通过设立咨询台和走访社区等形式宣传征信知识。辖内各网点结合自身区位优势，到人流密集的街区、机关、企业、学校等地，开展征信宣传活动。各网点在营业厅堂显要位置摆放宣传折页，保证客户能够随时阅读。7月4日，宣武支行与总行零售银行业务部第二党支部联合在中信城小区开展党员进社区志愿服务活动，通过设置咨询台、发放折页和扫码有奖的方式向社区群众普及金融知识、教授金融诈骗的识别与防范技巧、宣传金融产品和利率优势，发放宣传折页100余份，接待群众咨询30人次。7月13日，为庆祝建党94周年和纪念抗日战争胜利70周年，宣武支行与分行国际业务部在门头沟冀热察挺进军司令部旧址联合举办主题党日活动，90名党员参加。通过主题参观教育党员牢记历史，以革命前辈为镜，践行“三严三实”要求，提升党性修养。12月3日，宣武支行与总行零售银行业务部联合米市社区60多名居民在陶然亭公园开展趣味金融知识普及活动。通过有奖抢答、游戏互动、健步走等形式，将与百姓生活相关的金融知识传递给社区居民，提高居民的金融知识和安全意识。

（刘洋洋）

中国银行股份有限公司北京市分行

【概况】 中国银行股份有限公司北京市分行在区境内有西城支行、宣武支行。西城支行下设10部（含支行营业部，原办公室、公司业务一部、公司业务二部、业务监督部分别更名为综合管理部、公司业务部、公司金融产品部、风险内控管理部），原18个经营性支行变更为17个经营性支行（西城区域外8个），在职员工549人。宣武支行下设9个部门，16家经营性支行（含支行营业部），在职正式员工405人。

西城支行
地址：西城区阜成门外大街5号
邮编：100037
电话：68002129
宣武支行
地址：西城区南新华街5号
邮编：100052
电话：63916010

（杨杰茜　张杨）

【西城支行业务】 年内，中行西城支行紧密围绕总分行发展战略，抢机遇，补短板，实行全员营销新举措，推动业务整体发展。加大公司客户基础维护力度，超额完成中型授信客户及养老金运营账户任务。非银行金融机构及保险人民币日均存款取得较快发展。个人金融业务实现规模与质量并进，超额完成多项业务指标，中高端客户金融资产发展显著。个人业务发展在分行系统内排名第一。年内，严把操作风险，施行问责机制，各项业务健康有序发展，资产质量保持良好。截至年底，实现净利润8.8亿元。

（杨杰茜）

【宣武支行业务】 年内，宣武支行本外币存款余额300.26亿元，其中人民币各项存款余额273.30亿元；本外币贷款余额171.09亿元，其中人民币贷款余额158.70亿元。实现拨备前利润6.58亿元，同比增加1.38亿元，增幅26.68%。在经营方面，资产业务快速发展，资产规模提升，客户结构改善，低成本存款发展顺利。为重点客户定制专属理财产品，加深与重点客户合作。发挥中国银行外汇优势，拓展新型保值产品。加大与互联网客户合作力度，推广互联网金融产品。紧盯市场机会，金融机构业务取得突出成绩。在风险管理方面，探索风险控制制度学习新模式，坚持内控合规档案特色化管理，提升支行风险管理水平。在服务方面，强化服务要求，提升服务质量，支行营业部和庄胜广场支行获中国银行业文明规范服务五星级网点称号，支行营业部获中国银行业文明规范服务千家示范单位称号。

（张　杨）

中国建行银行股份有限公司北京市分行

【概况】 中国建设银行股份有限公司北京市分行在区境内有宣武支行、西单支行、西四支行。宣武支行内设行长室、综合管理部、业务管理部、公司业务部、集团客户部、住房金融业务部6部室，下辖营业部1个网点。有员工111人，平均年龄38岁，其中本科及以上学历人员75人，党员42人。西单支行下设6个部室（含营业部），5个营业中心，1个个人金融中心。有中长期劳动合同人员162人，平均年龄37岁，其中本科及以上学历人员98人，党员46人，无劳务人员。营业中心有：西长安街支行、西直门支行、华远街支行、德胜支行、宣内大街支行。个人金融中心有：新街口西里储蓄所。西四支行有中长期劳动合同人员261人，平均年龄36.9岁，其中本科及以上学历138人，党员103人；下设7个部室，5个营业中心，1个个人金融中心。

宣武支行
地址：西城区广内大街314号
邮编：100053
电话：63209518
西单支行
地址：西城区西单北大街34号
邮编：100032
电话：66035636
西四支行
地址：西城区阜成门外大街甲26号
邮编：100037
电话：51999930

（张子赫　卢萌　杨帆）

【宣武支行业务】 年内，宣武支行实现本外币账面利润5.54亿元，截至年底，本外币全口径存款时点余额233.6亿元；本外币各项贷款（含贴现）时点余额232.3亿元；五级分类不良贷款余额438.18万元，不良率0.02%。KPI考核排名第18位，等级行排名第16位，均较上年提升7个位次；内部控制评定92.59分，系统排名第8位，继续保持内部控制评价等级一类行称号；区间目标监测结果（本外币全口径存款时点新增份额）系统排名第19位；“101考核通报制度”系统排名第11位；全年未发现私售、飞单行为。获分行“三星级先进集体”及首都精神文明建设委员会“首都文明单位”称号。宣武支行恪守“三维纲要”，围绕“三大一高”发展战略，全面推进战略转型，实现业务发展和内部管理的稳步前行。业务发展战略转型推进效果初显，通过开展全员拓展新客户活动，支行公司类、机构类、同业类客户日渐丰富，对公存款及客户结构调整工作收效显著；创新多项新型表内信贷类及投行类业务，填补了企业年金业务、金融市场业务的空白点，产品结构及中间业务收入结构得到优化；紧盯“一带一路”，成功实现分行首笔境外项目融资银团贷款业务落地；通过深挖“一轴”传统银行潜力，做大做强贷款等传统银行业务；以公私联动为抓手，以私行业务为突破，个人业务实现精准营销。内部管理精细化提升效能，以党建为龙头，开展“三严三实”专题教育活动，带动班子核心建设及员工队伍建设；做实“合规建行”“平安建行”两个创建工作；通过召开全行内控合规工作会议等方式，使合规经营内化于心、固化于制、外化于形，成为每名员工的职业习惯；将信贷风险把控关口前移，整章健制，提升支行全面风险管理水平。

（张子赫）

【西单支行】 年内，西单支行实现本外币账面利润2.86亿元。截至年底，本外币全口径存款时点余额250.04亿元；本外币各项贷款时点余额107.21亿元；五级分类不良贷款余额0.18亿元，不良率0.17%。西单支行依托集团、机构等优势客户，突出同业和商圈特色，继续保持集团类客户在业务发展中的主导地位，服务中央部委等机构类客户，恪守“三维纲要”，以“大资管”理念为契机，促进支行战略转型发展。坚持“三大一高”战略落地，营销14户名单内客户。营销重点客户80亿元理财产品，理财资产投放实现零单突破。通过深挖存量客户，捕捉客户资金需求，实现重点客户贷款新增49亿元。发展同业业务，实现同业存款新增65亿元。取得重点客户企业年金账户管理人及托管人资格，成为分行首笔由支行自主成功营销的案例。跨境双向人民币业务呈现亮点。在分行“移动金融客户拓展竞赛”活动中，获得“优秀组织奖”。推进个人资产业务转型，打通转型“最后一公里”，结合支行资源与客户结构特点，在转型产品营销中实现突破。西单支行领导班子贯彻落实党风廉政建设，强化“两个责任”，支部建在网点，重视员工队伍建设，开展“员工行为管理”专项活动。年内获得多项奖励。在分行“鑫系大资管管两全促转型”“汇聚建行 鑫系未来”活动第一阶段中分别获得B组第一名；“两大安保”及全年平安创建活动中，所辖西长安街支行被分行评为“平安示范网点”；分行“合规管理年”“做实信贷基础大讨论”演讲比赛中分别获得一等奖；“防风险、提效率、强业务”柜面业务知识竞赛活动中西单支行以团体总分第一获得北京分行优胜支行一等奖，所辖新街口西里储蓄所获得个人营业机构序列优胜营业机构一等奖，所辖营业部获得综合营业机构序列优胜营业机构三等奖，支行青年员工获得决赛综合营业机构序列最佳选手称号；分行“合规在我心”小品比赛中获得团体三等奖。西单支行落实分行员工人文关怀幸福计划，构筑多个“快乐工程”平台。开展“严实作根学军风，平稳作魂推转型”走进军营、“健步争翔悦身心，合规争优我先行”等活动，营造和谐向上良好氛围。

（卢 萌）

【西四支行业务】 年内，西四支行实现本外币账面利润88832.45万元。本外币全口径存款时点余额528.85亿元；本外币各项贷款时点余额86.9亿元；五级分类不良贷款余额3011万元，不良率0.35%。实现财政存款新增破百亿。支行代表分行5次完成北京市市级国库现金管理商业银行定期存款招标项目，多次以总分第一的成绩位列众投标行之首，获111.6亿元存款份额。推广综合金融服务，发挥支行“投行+资管”优势，针对国开证券为国开行承销信贷资产支持证券中自持部分的融问题资，提出以其持有的ABS作为入池资产的资产收益权业务，实现资产支持证券再融资功能，已发40亿元。为国家开发投资公司办理总行系统内首笔20亿财务公司优质资产投资型理财产品。借鉴“无边界、多点性”的互联网思维，推进内控合规建设，全年未出现重大违规事件。加强基层党组织建设，强化基础管理工作。领导班子带头践行“三严三实”，创新工作机制，加强基层党组织建设。落实两个责任，提出用“四个权力”履行好党委的主体责任。倡导“以坚定的信仰引导人，以高尚的情操鼓舞人，以科学的知识培养人，以严谨的作风规范人”的“心灵建设”理念，先后获得分行、总行及首都文明单位等多项荣誉称号。

（杨 帆）

交通银行股份有限公司北京市分行

【概况】 交通银行股份有限公司北京市分行（简称交行北京市分行）机构网点总量139家，其中分行营业部1家、中心支行24家、直属支行11家、二级支行78家、普惠支行25家；分行正式员工4597人，平均年龄34岁。截至年底，本外币资产总规模7880.18亿元。人民币对公存款日均余额3806.40亿元，较年初增量272.06亿元，增幅7.70%；人民币储蓄存款日均余额1114.33亿元，较年初增量127.84亿元，增幅12.96%；人民币同业存款日均余额2071.72亿元，较年初增量56.69亿元，增幅2.81%。

地址：西城区金融大街22号

邮编：100033

电话：88668866

（王 鹏）

【公司金融业务】 年内，交行北京市分行密切关注京津冀一体化发展进程，中标首都新机场项目银团，与北京铁路分中心签订战略合作框架协议。持续加强与重点客户合作，与国家税务总局、北京市国税局、经信委中小企业公共服务平台、中国国际贸易促进委员会、丰台区科委等政府部门或其下属机构首次建立合作；与北京住房公积金管理中心下属多个管理部合作推行柜台延伸试点业务；连续中标北京市财政国库直接支付、授权支付业务代理银行资格以及北京市市级财政非税收入收缴代理银行项目，成为与北京市财政代理业务合作项目最多的银行之一；开展军银合作，与中国人民解放军空军后勤部直属供应部建立合作关系，营销军队住房公积金项目。推出“知贷通”“集合外债”试点、小企业信托贷款买入业务、“税易贷－基于增值税开票数据的小企业综合贷款业务方案”“新三板专项服务方案”等创新产品和业务模式，助力小微企业发展。

（王 鹏）

【个人金融业务】 年内，交行北京市分行以企业行、社区行、厅堂行

"三行"作为发展主线，实现服务触角的延伸。抓住北京"一老一小"医保缴费模式调整契机，开展"一老一小"客户营销，推动基础客户发展。持续加大第三方存管客户营销力度，上线"第三方存管业务线上签约功能"，促进客户增长。推动大额存单、"惠享存"、开放式表内理财等储蓄理财类产品创新，强化理财调节功能，促进低成本负债发展。开展基金健诊、业绩分析、基金大讲堂、投资策略报告会等基金销售活动，提升AUM和中间业务收入。首推私人银行"家庭工作室"服务，围绕家族财富传承、财税法律咨询、子女教育等方面为其提供高品质、多样化、差异化的专属服务。

（王　鹏）

【国际业务】 年内，交行北京市分行紧跟外管政策变化，以创新为主题，开拓外汇交易业务新增长点，研发人民币掉期存款、短期掉期结售汇等人民币外汇衍生产品，非美元小币种远期外汇买卖新产品，CNH无本金平价远期产品。大力发展个人结售汇业务，"外汇宝""满金宝""期权宝"业务量明显增幅。密切跟踪重点项目，完成中建材控股有限公司等3个非银行保函担保的贷款项目，实现了离岸资产类业务的突破。

（王　鹏）

【基础管理】 年内，交行北京市分行完善组织架构。设立资产管理部、贵金属中心、大客户四部和巡察组，调整风险管理板块架构，理清公司业务板块、零售业务板块职能，设立网络渠道部，整合国际板块部门设置，形成更加集约有力的组织架构。实行案防工作"双挂钩"和"一票否决制"，完善"制度+科技+督查"案件防控体系，发挥审计、反欺诈等系统平台作用，严防重大案件发生。夯实基础管理。推进分层分类培训项目管理体系建设，开办"交行大讲堂"，按照公司、零售、营运、风险和综合管理五大板块，从管理干部、AB职等员工、新员工三个层面开展培训，创新设计"头雁计划""育英计划"等素质培训课程。

（王　鹏）

【风险管理】 年内，交行北京市分行结合北京区域经济特点，加大对"两高一剩"、批发、机械、纺织、餐饮、建材、融资平台等行业（领域）存量贷款压降；把握京津冀一体化等利好政策，对于区域风险差异性较大房地产业、建筑业、园区管理等行业，坚持有保压的授信政策，侧重行业内客户的结构调整，压降低等级客户贷款占比，优先满足高等级客户贷款投放。建立临期贷款风险排查管控机制和集团客户风险排查管控机制，加强重点风险领域风险排查、强化名单制管理、推进政府性债务甄别，强化风险平行监测，有效地识别和化解逾期贷款风险，提高风险防控的前瞻性和有效性。

（王　鹏）

【阜外支行金融业务】 阜外支行下设1个营业室和4个支行，在职员工171人。截至年底，人民币存款余额281.99亿元，同比增加63.93亿元，其中储蓄存款50.89亿元，对公存款92.68亿元，同业存款138.42亿元；人民币贷款余额91.17亿元。

（安睿娟）

【西单支行金融业务】 西单支行下设1个营业室和1个支行，在职员工86人。截至年底，人民币存款余额497.45亿元，同比增加161.7亿元，其中储蓄存款27.72亿元，对公存款414.91亿元；人民币贷款余额134.98亿元。

（赵　欣）

【宣武支行金融业务】 宣武支行下设1个营业室和3个支行，在职员工97人。截至年底，人民币存款余额54.46亿元，同比增加12.32亿元，其中储蓄存款36.84亿元，对公存款17.62亿元；人民币贷款余额2亿元。

（朱　媛）

【北三环中路支行金融业务】 北三环中路支行下设1个营业室和4个支行（含1个普惠支行），在职员工105人。截至年底，人民币存款余额90.29亿元，同比增加4.54亿元，其中储蓄存款36.51亿元，对公存款53.78亿元；人民币贷款余额90.57亿元。

（邢晓思）

中信银行股份有限公司总行营业部

【概况】 中信银行股份有限公司总行营业部（简称中信银行总行营业部）本外币资产总额6368.63亿元，比上年增加570.79亿元，增长率9.84%。本外币存款余额（含金融机构存款）6202.76亿元，比上年增加538.99亿元，增长率9.52%。本外币贷款余额（含贴现）2300.51亿元，比上年增加250.80亿元，增长率12.24%。不良贷款余额6.35亿元，不良率0.28%。实现净利润67.74亿元。截至年底，中信银行总行营业部有机构网点72家，员工2888人。

地址：西城区金融大街甲27号
　　　投资广场
邮编：100033
电话：95558

（魏文博）

【公司银行业务】 年内，中信银行总行营业部紧抓对公负债重点项目与重点领域，加强产品创新，优化内部管理，推动对公负债业务增长。本外币公司一般性存款（不含非存款类金融机构）日均余额3717.69亿元，比上年增加325.79亿元，增长9.6%，时点余额位居股份制银行第1位。资产业务方面，支持现代制造业、现代服务业、国家战略性新兴产业及优质中小企业发展。人民币公司一般性贷款余额1376.48亿元（不含非存款类金融机构），时点余额位居股份制银行第1位，市场份额较上年提高0.6个百分点。投资银行业务方面，发挥银行专业、渠道、信息等优势，扩大股权投融资、实业投资、并购、机构理财、现金管理等方面的客户服务范围。年债券承销规模达2276.7亿元，居股份制商业银行第1位。不断创新产品，承销1556.7亿元债务融资工具。结构融资业务新增客户融资规模191.90亿元；融资类理财新增融资规模176.37亿元，年融资类理财日均规模约524.36亿元，累计销售对公理财产品1285亿元。

（魏文博）

【国际业务】 年内，中信银行总行营业部在巩固国际业务传统优势的同时，紧跟人民币国际化战略，跨境人民币业务发展迅速；紧跟外管局对中关村高新技术企业实施宏观审慎外债管理试点工作，首笔中关村外债业务成功落地；响应“一带一路”战略，内保外贷业务稳步增长。累计实现收付汇量976亿美元；实现中收3.88亿元人民币、外汇资金业务中收2.35亿美元、金融市场交易量4162亿元。

（魏文博）

【房地产金融业务】 年内，中信银行总行营业部坚持风险控制与收益提升并重，在重点支持住宅项目的基础上提高经营性物业贷款、城镇化建设贷款等高收益贷款占比，支持保障性住房项目；以“房地产金融全流程服务商”为核心发展思路，拓展产业链条，实现全流程融资支持。总营房地产开发贷款规模排名全市同业第三、股份制银行首位；城镇化建设贷款余额较上年增长88.56%，经营性物业贷款余额较上年增长77.74%；保障房建设贷款余额22.50亿元，较上年同期增长7.71%。

（魏文博）

【汽车金融业务】 年内，中信银行总行营业部在开发捷豹路虎、宝马、奥迪等现有高端品牌的同时，通过加强过程风险管控、组织专项风险排查、处理风险客户等多项措施严把经销商风险关，保持零不良记录。汽车金融业务有效经销商户达400户，日均存款合计95.94亿元，其中经销商日均存款44.03亿元；经销商累计融资536.14亿元，融资余额合计97.09亿元；完成中间业务收入2869.27万元。

（魏文博）

【零售银行业务】 中信银行总行营业部实现了零售板块各部门的内部联动，优化零售业务厅堂及外围宣传渠道，客户数、储蓄、管理资产全面提升。负债规模稳步增长，其中管理资产余额突破1500亿大关，储蓄日均连续2年增量超55亿；服务质量稳步提升，其中7家网点获评中银协星级网点，3家网点获评北银协特色网点，1家网点获评银监局示范网点；公私联动逐渐深化，成功营销多项大型代发及大型拆迁项目，年累计代发额320亿元。一般储蓄日均余额471.29亿元，年增55.32亿元；一般储蓄时点581.21亿元，年增36.37亿元；管理资产余额1509.29亿元，年增272.08亿元，较上年增幅21.99%；零售管理资产5万元-50万元客户总量17.17万人，年增2.27万人；50万元以上客户数总量达6.04万人，年增0.9万人。各项代理销售及中间收入实现跨越式增长，实现零售中收6.49亿元，较上年增长2.33亿元。

（魏文博）

【消费金融业务】 年内，中信银行总行营业部围绕房抵消费贷打造大消费产品线，在原有产品线基础上，推出了适应北京市场需求的海外移居贷款等创新业务。消费金融业务贷款余额为584.38亿元。

（魏文博）

【小企业金融业务】 年内，中信银行总行营业部通过产品政策、竞赛政策、业务培训的实时传导和开展，针对性提高全辖产能；通过优选核心房产、控制抵押成数，防控业务风险，保持小企业资产质量总体优良。小微法人贷款余额3.95亿元，客户数达到68户。总营推动各类小企业贷款产品创新，促使小微金融产品体系日益丰富。

（魏文博）

【金融同业业务】 中信银行总行营业部挖掘客户需求，密切关注产品创新，代表中信集团参加全国金融青年“双提升”金点子方案决赛，基于余额宝和薪金煲的基金公司法人账户透支创新业务，凭借行业领先的产品方案和丰厚的项目综合收益，获一等奖；票据业务“银财电票通”为财务公司量身打造系统性金融服务方案，解决了供应链条中大量中小企业融资难题；独家托管的“余额宝”项目，托管规模达到6138.5亿元，较上年增长6.03%，实现托管费收入5.17亿元。同业资产日均1781.03亿元，负债日均1404.47亿元。

（魏文博）

【风险控制】 年内，中信银行总行营业部在信贷审查工作中，加强信用风险管理，履行风险过滤职能。通过审查前移、制定严格的风险细则和加强担保公司管理等方式，确保业务不良贷款额和不良率保持稳定。截至年底，不良贷款余额6.35亿元，不良贷款率0.28%。专职贷后管理人员与主线管理部门、支行化解预警客户风险16户，安全回收授信7.40亿元。会计运营中，中信银行总行营业部完成新核心系统切换工作；根据人民银行及总分行会计工作管理要求，及时转发、下发各类会计制度文件及业务规范70余项；推进发行库建设，提高现金运营水平；通过检查工作，提高会计人员业务规范性和支行柜面操作风险防控能力。合规经营，建立全流程的合规案防管控体系，加强过程管控，为实现内控合规管理的系统性、规范性、有效性和建立合规管控长效机制奠定基础；加强内部审计检查力度，落实合规与审计的结果应用，提高重点单位、重点业务和重要岗位的内控合规及履职能力；组织落实问题整改和问责，加强对问题人员的责任认定及处罚力度；持续开展员工行为排查，提高员工行为的管控水平。

（魏文博）

【营业结算部业务】 年内，中信银行总行营业部营业结算部内设营业部、公司营销部、零售营销部等部门，在职员工49人。截至年底，营业结算部公司一般性存款时点29.1亿元，日均19.2亿元。其中公司一般性贷款0.7亿元，对私贷款26.7亿元，储蓄存款21.07亿元。

（魏文博）

【阜成门支行业务】 阜成门支行内设营业部、公司营销部、零售营销部等部门，在职员工34人。截至年底，阜成门支行公司一般性存款时点33.1亿元，日均29.8亿元。各项贷款39.1亿元，其中公司一般性贷款10.6亿元，对私贷款28.5亿元，储蓄存款6.44亿元。

（魏文博）

【西单支行业务】 西单支行内设营业部、公司营销部、零售营销部等部门，在职员工33人。截至年底，西单支行公司一般性存款时点80.8亿元，日均62.5亿元。各项贷款33.3亿元，其中公司一般性贷款14.0亿元，对私贷款19.3亿元，储蓄存款11.43亿元。

（魏文博）

【广安门支行业务】 广安门支行内设营业部、公司营销部、零售营销部等部门，在职员工29人。截至年底，广安门支行公司一般性存款时点12.7亿元，日均19.4亿元。各项贷款9.1亿元，其中公司一般性贷款2.4亿元，对私贷款6.7亿元，储蓄存款6.65亿元。

（魏文博）

【中信城支行业务】 中信城支行内设营业部、公司营销部、零售营销部等部门，在职员工28人。截至年底，中信城支行公司一般性存款时点102.6亿元，日均53.5亿元。各项贷款112.0亿元，其中公司一般性贷款109.4亿元，对私贷款2.6亿元，储蓄存款6.22亿元。

（魏文博）

【德外支行业务】 德外广场支行内设营业部、公司营销部、零售营销部等部门，在职员工23人。2013年8月26日正式开业，截至年底，德外支行公司一般性存款时点8.4亿元，日均11.2亿元。各项贷款1.2亿元，其中公司一般性贷款0.4亿元，对私贷款0.8亿元，储蓄存款2.43亿元。

（魏文博）

【天桥支行业务】 天桥支行内设营业部、公司营销部、零售营销部等部门，在职员工18人。截至年底，天桥支行公司一般性存款时点12.2亿元，日均9.6亿元。各项贷款15.4亿元，其中公司一般性贷款10.5亿元，对私贷款4.9亿元，储蓄存款2.29亿元。

（魏文博）

中国光大银行股份有限公司北京分行

【概况】 中国光大银行股份有限公司北京分行（简称光大银行北京分行）有营业网点67家，员工2700余人。截至年底，资产总额3768亿元，较上年增加110亿元，增长3%。一般存款日均余额2832亿元，较上年增加245亿元，增长9%。中间业务净收入32.28亿元，较上年增加9.68亿元，增长43%。营业利润63.81亿元，较上年增加12.55亿元，增长24%；不良贷款余额4.5亿元，较年初减少0.1亿元，下降2%。不良贷款率0.45%。拨备覆盖率460%。年人均创利175万元，是光大银行全系统人均创利的3倍。年内，新建文创园小微支行（二级支行）。

地址：西城区宣武门内大街1号

邮编：100031

电话：66567699

（潘远发）

【公司银行业务】 年内，光大银行北京分行适应经济新常态，主动下沉客户重心，调整客户结构，不断引入新兴客户，充分利用三级财政代理资格，扩大了与财政部、外交部、科技部、教育部等161家国家机关与预算单位的财政业务，全年代理中央财政2812亿元。投身首都经济建设，借助光大集团与北京市不断深化的战略合作关系，进一步加大了北京市场的开拓力度，参与北京市区两级财政招标和北京市重点项目，连续中标6期北京市国库现金管理，新增财政存款近百亿元。参与京津冀一体化建设，支持通州核心区“新北京中心”项目。参与开发首都新机场、水务投资、河道治理等一大批重点项目。

（潘远发）

【零售银行业务】 年内，光大银行北京分行零售业务平稳增长，通过渠道推动、公私联动、理财拉动等措施，多措并举开发储蓄。截至年底，零售客户达到412万户，其存量、增量均位列系统内第一名。零售客户9项资产1245亿元，较上年增加209亿元，增长20%，名列系统第一。响应推进普惠金融发展的监管要求，支持小微企业，“三个不低于”持续达标。发展互联网金融业务，拓展第三方支付、电商企业，推出自营电商平台、阳光e社区，手机银行客户增量、网上银行客户增量、微信银行客户增量以及电子银行综合收入、中间收入等均在系统内排名第一。

（潘远发）

【中间业务】 年内，受经济增速放缓、经济结构调整、利率市场化、互联网金融冲击的影响，光大银行北京分行挖掘各条线和支行潜力，拓宽渠道，开辟中间收入来源，提升盈利能力。中间业务净收入32.28亿元，占全部净收入的37%，在系统内名列第一名。投行、信用卡、理财、贸金业务全面开花，成为中间业务收入的主要来源。

（潘远发）

【风险防控与合规管理】 年内，光大银行北京分行在经济增速下行、市场竞争激烈、经营风险多发高发的形势下，实现不良贷款“双降”，经营风险得到有效控制，资产质量继续保持优良。严控信贷风险，多措并举，因户施策，使不良贷款率低于总行系统和全国银行业的平均水平，资产质量同业领先。强化全面风险管理责任，落实“四位一体”风控机制，开展“六个一”合规教育，实施员工异常行为和案件风险大排查，全员签订案防责任书。严格执行严禁私售“三项铁律”，严肃问责。经中央巡视、审计署专项审计、北京银监局“双违检查”、总行审计等检查，均未发现重大案件和风险隐患。

（潘远发）

【服务与保护消费者合法权益】 年内，光大银行北京分行在夯实阳光服务基础管理工作的同时，以保护消费者合法权益为目标，进一步深化和细化消费者权益保护和服务管理工作，不断强化银行员工对消费者权益的保护意识，促进分行整体服务水平持续提升。根据监管机构及总行要求，结合自身实际，对各类消费者权益保护制度进行了补充与完善，先后制订、修改了《消费者权益保护工作实施细则》《消费者权益保护及阳光服务考核实施细则》《产品与服务信息披露管理办法》《客户投诉管理实施细则》《个人金融信息保护管理办法》《阳光服务检查管理办法》等9项规章制度。组织开展“3·15金融知识宣传”“金融知识万里行”“金融知识进万家”“金融知识普及月”等宣教活动，通过“进社区”“进校园”等方式，将金融知识以喜闻乐见的形式送到群众身边，让金融知识贴近百姓、走进千家、普惠万户、深入人心。年内，开展各类宣教活动500余场，投入人力8000余人次，获得社会公众广泛认可。通过一系列工作，分行实现银监局客户“零投诉”。丰台支行被评为全系统唯一的“全国文明规范服务百佳示范网点”，姚家园路支行、金融街丰盛支行、分行营业部等被评为“五星级网点”“特色支行”。

（潘远发）

【人才队伍建设】 年内，光大银行北京分行坚持正确用人导向，严格选拔使用干部，加大优秀人才引进力度，新入行大学生全部来自重点院校，硕士博士生占52%。组织各类培训291期，人均培训90小时。推行三级专才评定，鼓励员工报考AFP、CFP，培养更多业务专家。加强对党员干部特别是基层一把手的教育和管理，强化政治意识、规矩意识、党员意识和奉献精神，创造阳光和谐的氛围。发挥党、团、工会的作用，组织劳动竞赛，培养“服务状元”“业务能手”，促进员工岗位成才。

（潘远发）

【党风廉政建设】 年内，光大银行北京分行党委坚持从严治党，认真履行“两个责任”，开展“三严三实”专题教育和“明公私，强纪律”警示教育。各级党组织认真开展党员干部上专题党课，党支部书记专题培训，举办党建专题讲座，开办网上党校，推出“三严三实”展览。抓理论学习，特别是抓好习近平总书记系列重要讲话精神的学习教育，开展专题研讨、民主生活会和组织生活会，提高党员干部的政治素质和理论水平。坚持问题导向，推进“三个着力解决”，大范围开展专题约谈，坚持行务公开，广泛征求群众意见，聚焦“不严不实”问题，建立立行立改机制，形成风清气正、团结拼搏、廉洁实干的良好政治环境。

（潘远发）

【精神文明建设】 年内，光大银行北京分行注重精神文明建设，关心员工身心健康，特别是对因病导致困难的员工倍加关心爱护，通过工会拨款、员工捐款，募集“阳光关爱”基金226万元，发放83万元救助20位大病特困员工。为“职工之家”和支行“职工小家”配备小药箱，更新健身设备、图书角和宣传栏。推行员工健康计划，组织体检，办理在线挂号，建立补充医疗保险。改善办公环境，针对雾霾天气为员工发放口罩，在办公区增设空气净化机。组织“圆梦光大”演讲比赛，在中央国家机关职工运动会、北京CBD羽毛球赛、金融街足球赛中取得良好成绩。光大银行北京分行获中央精神文明办“首都文明单位”、中华全国总工会“全国模范职工之家”、北京市总工会“职工心灵驿站”称号。金融街支行获中国金融工会全国委员会“全国道德模范提名奖”，金融街支行行长邹仁鹏获“全国金融五一劳动奖章”，丰台支行行长丰云珠获“全国金融五一巾帼标兵”，丰台支行获中国金融工会全国委员会“全国模范职工小家”称号。

（潘远发）

华夏银行股份有限公司北京分行

【概况】 华夏银行股份有限公司北京分行（简称华夏银行北京分行）资产总额2787.82亿元，比年初减少131.44亿元；负债总额2770.66亿元，比年初减少123.95亿元；一般性存款余额2290.35亿元，比年初增加91.22亿元；一般性存款日均2019.17亿元，比上年增加203.64亿元；各项贷款余额1135.79亿元，比年初增加137.55亿元，增量是2014的2倍，增量创近5年新高；年内，实现中间业务收入9.21亿元，同比增加0.7亿元；累计实现拨备前利润26.47亿元，同比减少5.03亿元。截至年底，华夏银行北京分行下辖支行59个，公司金融部12个，社区支行9家，正式员工2006人。

地址：西城区金融大街11号

邮编：100033

电话：58598600

（李原野）

【服务首都经济发展】 年内，华夏银行北京分行着眼首都经济建设需求，优先支持基础设施、民生、环保、科技、文化等重点领域发展。先后支持了市政建设集团城市地铁16号线项目、京台高速公路（北京段）工程项目、南水北调配套工程大宁蓄水库项目、宝成雅园定向安置房项目、锦绣大地和新发地农副产品批发市场外迁、中国再生资源开发有限公司资源循环利用项目、中环保水务投资有限公司环境污染防治与垃圾处理项目、北京京城新能源有限公司风电项目。截至年底，支持城镇化建设贷款余额48.75亿元、基础设施建设贷款余额41.17亿元、保障房及重点村建设贷款余额37.55亿元、节能环保贷款余额54.1亿元、高科技企业贷款余额46亿元、文化创意贷款余额34亿元，为首都经济社会发展做出贡献。

（李原野）

【成立科技金融专营机构】 10月，华夏银行北京分行着眼北京市“四个中心”城市功能定位，针对科技企业“轻资产、高成长”特点，成立专门面向中关村广大科技企业和创新创业主体服务的科技金融专营机构——中关村管理部，为中关村“大众创业、万众创新”战略的实施提供全面的金融服务，为中关村一区十六园科技企业提供差异化、特色化的金融支持。中关村管理部通过机构设置、客户定位、信贷管理、金融产品、考核机制、服务模式等六个方面的创新，打造“华夏银行中关村创业金融服务模式”。坚持以企业需求出发，准确把握科技创业企业融资需求特点，加强产品创新力度，在加强已有创业贷、年审制贷款、信用贷款、新三板企业股权质押贷款等创新产品应用的同时，推出一系列符合企业需求特点的金融创新产品。

（李原野）

【个人金融业务】 年内，华夏银行北京分行个人业务规模保持平稳增长，储蓄存款日均402.88亿元，储蓄日均较年初增长43.88亿元；开展个贷产品创新，推出具备市场竞争力的菁英贷/积分宝产品，投放5.47亿元，拉动个贷客户增长2100户；新发信用卡6.5万张，“易达金”发放1.36亿元；发行协同卡32.77万张，比年初增24.77万张；净增银证三方签约客户21255户；办理签约速通卡47.56万张，新增签约8.38张。

（李原野）

【金融市场业务】 年内，华夏银行北京分行债务融资工具发行量首次突破300亿元大关，达到318.7亿元，保持系统内第一；总行理财池表外融资业务，较上年增长189%；推动同业综合授信，申报批复突破1600亿元大关；同业理财业务销售307亿元，较上年增长1435%；资产托管业务手续费收入系统内第一，托管2支政府引导基金和首单酒店类REITS资产支持证券项目，存款带动效应明显。

（李原野）

【加强全面风险统筹管理】 年内，华夏银行北京分行强化信用风险全过程管理，开展全面风险排查和实地贷后检查，对授信客户的经营现状、财务数据、用信情况进行全面梳理，制定低质客户退出计划；重点领域风险管控方面，从严控制产能过剩行业新增准入；构建会计专业案件防控长效机制，防范会计操作风险，堵截风险事项172笔，涉及金额5045万元；规范强化理财业务合规销售，推动理财区“专人专区”改造，规范产品及风险提示，规范销售人员资质公示，对销售全过程录音录像；严防流动性风险，对客户资金变动进行分层级管理，强化大额资金进出预报管理；防范声誉风险，建立完善声誉风险管理机制，实施全天候舆情监控，将舆情评价纳入季度综合考核之中；防范信息技术风险，重要信息系统在主要业务时段的整体可用率达99.95%以上，保障各项业务持续、平稳运营。

（李原野）

【着眼客户体验改进服务水平】 年内，华夏银行北京分行服务工作从“满足需求”向“增强体验”转变，不断改进和完善服务工作制度、丰富服务工作内涵、创新服务工作手段、提升服务工作质效。推广上线填单机并实现与核心系统联网，整合创新推出个人客户九合一凭证，缩短客户办理业务时间；优化个贷办理流程15项，完成速通卡功能升级2次，对小微企业贷款申报材料简化，提高业务办理效率；出台特殊人群服务制度指引，处理18起特殊人群的业务需求。7家支行分别获中国银行业协会授予的五星级、四星级、三星级营业网点称号；2家支行获北京市特色网点称号。服务工作综合评价在华夏银行系统内继续保持第一。

（李原野）

【加强人才队伍建设】 年内，华夏银行北京分行加强人才队伍建设，实施人才兴行战略，实施干部竞聘机制，选拔任用干部144人，其中通过公开竞聘方式选拔任用干部46人，105名符合条件的派遣制员工转正。加大培训力度，举办各种培训班140期11554人次参加。出台员工队伍管理制度12个。

（李原野）

广发银行股份有限公司北京分行

【概况】 广发银行股份有限公司北京分行（简称广发北京分行）营业网点57家，其中支行网点51家，社区支行网点6家，在岗人数1823人，其中正式在编1769人。截至年底，总资产2364.25亿元，比上年下降109.5亿元，减少4%；本外币存款余额1914.51亿元，比上年增加290.17亿元、增长17.86%；其中人民币存款余额1852.70亿元，比上年增加337.74亿元，增长22.29%；实现报表利润24.05亿元。年内，营业收入51.09亿元，同比增长12%。

地址：东城区东长安街甲2号

邮编：100005

电话：65169365

（陈悦哲）

【完善风控管理机制】 年内，广发北京分行针对银行业风险案件频出的形势，推进风控管理机制建设工作。一是调整新增客户授信准入策略，严格授信审批。调整风险管理决策机制，在分行设立信贷审批委员会、资产处置委员会。建立分行各业务及风险条线审查联席会议制度，对核心客户的营销组织、重点授信项目的把控、重大交易的推动及资源配置策略等进行联席审议。二是以策略分类为抓手，调整信贷结构，压缩退出潜在风险客户，强化对抵质押类贷款的管理，严防新增问题贷款。推行经营单位信贷综合委派制，完善风险条线的垂直管理。加强出账中心对项目真实性和合理性的把关，严格落实审批条件。三是加强贷后管理，健全贷后检查制度。安排对重点行业、大额资产及民营企业，进行风险排查，全面、深入掌握全行信贷资产不良隐患及风险特征。按照问题导向原则，针对排查发现的薄弱环节进行整改。

（陈悦哲）

【提高经营管理效率】 年内，广发北京分行运营条线通过半年多测试，配合总行实现了新核心系统顺利上线，柜台操作系统效率和功能的提升；推行预算成本控制，降低各类运行成本与固定性支出，对部分支行的面积进行合理精简，部分支行续租方案进行优化；优化分配机制，相关岗位的定价标准向一线营销倾斜、向高产出岗位倾斜，完善后备干部选拔制度，充实后备干部梯队，将具有基层一线工作经验和专业岗位工作经验的青年骨干纳入后备干部梯队，实行动态管理。

（陈悦哲）

【金融市场业务】 年内，广发北京分行在债务融资工具业务、票据与资金业务及同业信用业务上稳步发展。承销债券106.2亿元，比上年增长了92.39%，其中涉及超短融、短融、中票、私募票据等市场主流品种；吸收本外币同业存款余额1718.05亿元，比上年增加105.89%；票据直贴余额35.20亿元，较上年增加261.40%；票据转贴余额175.48亿元，较上年增加46.72%。依据市场情况以同业信用为基础为同业机构提供497.5亿元资金。广发北京分行金融市场条线通过研发新产品、拓宽营销渠道，与客户发展多元化合作，在贵金属租赁业务上有所突破和发展，提高了市场影响力和投资资产的品种与质量。贵金属租赁实现业务规模19.4亿元。

（陈悦哲）

【社区支行建设】 年内，广发银行北京分行首次涉足社区支行。成立6家社区支行，较同类机构面积更大、工作人员更多、营业时间更长（通常为9:00–20:00）、装修标准更亲民，配备24小时智能银行设备（实现24小时自助开立储蓄卡等业务）。为社区居民提供金融服务，改变了社区支行功能单一、形象简陋的传统形象。在社区支行选址中，大胆创新，将部分社区支行设立在超市中，提高了金融服务效率。

（陈悦哲）

招商银行股份有限公司北京分行

【概况】 招商银行股份有限公司北京分行（简称招商银行北京分行）有开业营业机构108家，其中年内新开业营业网点36家，员工总人数4728人，比上年新增382人。其中正式员工4186人，派遣员工542人。年内，招商银行北京分行以客户为中心、以市场为导向，深化管理变革，提升服务能力，推进战略转型，在市场营销、内部管理、风险防范等方面取得新进展。截至年底，招商银行北京分行总资产达6158.06亿元，比上年增加434.17亿元，增幅7.59%；全折自营存款余额4549.46亿元，比上年增加709.94亿元，增幅18.49%；全折自营贷款余额1737.50亿元，比上年增加180.39亿元，增幅11.58%；不良贷款率0.27%，不良贷款拨备率1.95%。年内，实现利润127.75亿元，比上年增加22.29亿元，增幅21.14%。

地址：西城区复兴门内大街156号

邮编：100031

电话：66427107

（丁国林）

【发展方式转型】 年内，招商银行北京分行根据总行立足一体两翼，深化服务升级，打造轻型银行的整体部署和要求，加强客户营销，提升内部管理，做好风险防控，经营效益和质量持续向好。RAROC水平为112.08%，成本收入比18.62%；人均创利355万元，网均创利1.60亿元。

（丁国林）

【公司金融业务】 年内，招商银行北京分行金融业务持续快速发展。对公负债再创新高，全折人民币对公日均存款2299亿元，较上年增长22.42%；客户融资总量余额3840亿元，较上年增长8.60%；非息净收入34.65亿元，较上年增长32.56%；对公客户总量13.65万户，较上年增长71.70%；内部管理精益求精，不断完善考核政策，加强队伍建设，从严实施内控合规。交易银行业务整合各个板块，初步完成业务体系构建；跨境投行业务增长较快；内贸融资产品不断创新；出口融资稳定增长；电子银行结算业务收创历史新高。机构业务成功获取市级非税业务代理资质，全面开启与“一带一路”相关机构各项业务合作，拓展公积金延伸柜台服务，为行业客户提供互联网+综合金融解决方案。

（丁国林）

【零售金融业务】 年内，招商银行北京分行通过不断加强资源整合，持续推进精细化管理，零售各项业务实现快速发展。截至年底，管理客户核心资产1307亿元，同比多增加474亿元。全折人民币时点储蓄存款较上年增加473亿元，增幅27.30%，位列北京同业第一。财富管理业务收入33.60亿元，增幅186.70%。个贷业务贷款余额722亿元，比上年增加152亿元，在一般性贷款中占比43.50%，较上年末提升6.30个百分点。零售客户数量持续快速增长，私人银行客户、钻石客户增长超过70%，金葵花客户、大众客群增长超过20%。

（丁国林）

【投行同业业务】 年内，招商银行北京分行同业投行金融业务快速增长，新增资产入池规模超2000亿元。同业理财销售从零开始，逐步建立客群，销售规模超3000亿元。债券主承销规模达到892亿元，较上年增长43亿元，创历史新高并在系统内持续保持领先。债券承分销手续费比上年增长40%。支持企业融资需求，直贴业务规模同比增幅超过50%；严格控制票据业务风险，电票业务同比提升20个百分点。

（丁国林）

【风险管理与内部管理】 年内，招商银行北京分行在加快业务发展的同时，始终将强化信用风险防范作为重中之重。严把准入关，全方位展开风险排查和预警，严格落实不良贷款回检和问责，实施清收和转化。截至年底，不良贷款率0.27%，继续控制在较低水平。内部管理方面，严格执行中央八项规定，开展“三严三实”教育活动，纠正“四风”取得明显成效；内控合规、纪检监察、反洗钱管理等不断强化，未发现风险案件和重大责任事故；财务和集中采购、信息系统开发、现金整点和调缴、装修和物业管理等方面运行安全有序，发挥了支持保障作用。

（丁国林）

【服务渠道与队伍建设】 年内，招商银行北京分行新开业36家支行，营业机构达108家，服务辐射能力不断增强。发展电子服务渠道，企业网上银行、零售网上银行专业版、快易理财、手机银行客户持续增长。加大员工招聘和培训力度，新增员工382人，组织培训399期，近4万人次参加；完善考核激励机制，引领业务发展。

（丁国林）

中国民生银行股份有限公司总行营业部

【概况】 中国民生银行股份有限公司总行营业部（简称民生总行营业部）下设支行80家，正式员工3138人。本外币总资产余额8121.90亿元，比上年增加1006.81亿元，增加14.15%。各项存款余额4354.87亿元，比上年增加38.91亿元，增长0.90%；其中人民币存款余额4092.81亿元，比上年增加40.76亿元，增加1.01%。各项贷款余额1778.96亿元，比上年增加186.01亿元，增长11.68%。全年营业收入17.17亿元，营业支出67.87亿元，实现税前利润-50.64亿元。

地址：西城区复兴门内大街2号

邮编：100031

电话：58560088

（龚耀星）

【公司银行业务】 年内，民生总行营业部公司本外币贷款余额1162亿元，比上年增加58.3亿元；本外币公司存款余额3671.39亿元，比上年减少21.13亿元。一是紧跟“京津冀协同发展”重要战略，服务北京首都非核心功能外迁。通过支持首都第二机场、高速公路建设、北京轨道交通建设等市内重大交通基础设施建设项目，服务北京市“京津冀一体化”战略。二是围绕北京“政治、文化、创新、对外交流”四个中心定位，协助北京市实现产业结构升级。依托创新金融服务模式，加强与中关村园区内科技型企业的合作关系，服务实体经济，助力北京市实现科技创新及产业结构调整升级。三是大力支持环境保护类企业，协助北京市改善生态环境。为北京市环境保护类企业提供一揽子金融服务，促进北京市大气污染、水污染及固废污染治理。四是通过支持北京地区大型集团企业和优质上市公司的技术改造、行业并购类项目，协助本市实现产业转型升级，优化资源配置。贷款业务，贷款重点投向制造业、租赁和商务服务业、房地产业、批发和零售业、建筑业、公共管理、社会保障和社会组织，截至年底，上述领域贷款余额占公司贷款余额的69.96%。一是服务实体经济，继续将高新技术企业作为信贷投放重点，支持园区企业发展壮大。截至年底，中关村园区内企业贷款余额188.95亿元，贷款余额较年初增长26.38亿元；绿色信贷贷款余额40.56亿元，较年初增加11.84亿元，其中节能类贷款余额4.47亿元，减排类贷款余额13.79亿元，其他节能减排类贷款余额9.68亿元。二是探索信贷与投行相融合的业务产品，创立产业基金与科技企业信贷相结合模式，先后设计担保公司循环额度债权基金、水务基金、产业基金等项目，向高新技术企业推介理财直接融资工具。针对高新技术企业发债70.5亿元，直投发放22亿元，并给予中关村科技园区企业信用贷款支持，为其提供包括信贷业务、贸易融资、支付结算、上市辅导等综合金融服务。三是继续支持“京津冀一体化”发展。截至年底，京津冀协同发展融资审批余额（含表内授信、发债、投行等非授信业务）1018.4亿元，较上年新增审批额度505.3亿元，授信使用余额361.3亿元，较上年余额新增114.3亿元。贸易融资余额339.74亿元，其中表内合计78.12亿元，表外合计261.62亿元。非融资性保函余额64.43亿元，融资性保函余额74.36亿元，信用证余额71.26亿元，国际结算量188亿美元。表内外资产状况良好，无不良贷款发生。资产托管存量规模9329.65亿元，新增规模3956.97亿元，比上年增长52.96%。信托、基金专户、券商理财三类主线产品合计超过总规模的70%，私募基金、证券投资基金、资产证券化产品等稳中前进，逐步发展，合计占比约9.23%。发债融资业务，发行债券61支，承销规模651.39亿元。

（龚耀星）

【零售银行业务】 年内，民生总行营业部储蓄余额683.5亿元，比上年增长60.4亿元，增长9.7%。个人贷款余额615.8亿元，比上年增长44.14亿元，增长7.7%。消费贷款余额159.1亿元，比上年增长34.8亿元，增长28%，其中消费微贷余额48.5亿元，按揭贷款余额94.9亿元。金融资产余额1684.7亿元，比上年增加110.7亿元，增长7%；本外币理财余额685.4亿元，比上年减少137亿元；基金余额241.6亿元，比上年增加157.2亿元，增长186.1%；保险余额45.9亿元，比上年增加28.9亿元，增长169.7%。零售客户稳步增长，有效客户33.7万户，比上年增加1.7万户；贵宾客户18.1万户，比上年增加1万户。电子银行业务稳步发展，手机银行客户总量达148.61万户，比上年增加44.88万户，增长43.26%。个人网银客户总量达163.02万户，比上年增加30.53万户，增长23.04%。电子银行交易替代率达98.66%，比上年提升1.19%。

（龚耀星）

【资金业务】 年内，民生总行营业部同业存款余额3710.08亿元，比上年增加1005.98亿元，同业存款日均2705.88亿元，同比增长37.2%。同业投资交易量上升380.4亿元，同比增长203.3%。

（龚耀星）

【小微金融】 年内，民生总行营业部持续聚焦“小微战略”，为近20万小微客户提供资产、负债、结算、理财、保险、专业服务、非金融增值服务等综合金融服务，推出“超吉贷”等小额信用类、抵押类产品，简化优质客户续授信服务流程，提升客户体验，保持小微企业融资服务领域的领先地位。截至年底，小微企业贷款余额456.72亿元，总体资产质量较好，贷款客户33081户，较年初增加2937户，增幅15%，户均贷款金额264万元，有效扩大了小微企业贷款覆盖面。

（龚耀星）

【风险管理】 年内，民生总行营业部围绕“去产能、去库存、去杠杆、降成本、补短板”的产业结构调整政策，持续加强业务操作风险管理，对重点行业采取“退、压、限、控、进”的差异化组合管理策略，信贷结构进一步优化，全面风险管理水平进一步提升。截至年底，民生总行营业部产能过剩行业贷款（含贴现）余额53.24亿元，占对公人民币贷款余额（含贴现）的5.65%，占比同比降低3.59%。

（龚耀星）

北京银行股份有限公司

【概况】 北京银行股份有限公司（简称北京银行）分支机构477家，其中北京地区分支机构217家。截至年底，北京银行资产1.83万亿元，实现净利润168.5亿元，资产利润率1.01%、资本利润率15.8%，人均创利145万元，成本收入比27.9%，不良贷款率1.12%，拨备覆盖率269%，资本充足率12.2%，盈利能力和经营效率继续保持行业领先。品牌价值263亿元，位居全国区域性银行首位。一级资本排名全球千家大银行第87位，打造中国银行业的金色品牌。

地址：西城区金融大街丙17号
　　　北京银行大厦
邮编：100033
电话：66426500

（王昕芳）

【品牌建设】 年内，北京银行在英国《银行家》杂志排名全球1000家大银行一级资本第87位，连续两年跻身全球百强银行之列；在世界品牌实验室2015年《中国500最具价值品牌排行榜》中，北京银行以263亿元的品牌价值位居中国银行业第7位；获世界经理人集团、世界品牌实验室评选的2015中国品牌年度大奖NO.1（区域性银行行业）；连续第七次获《亚洲银行家》“中国最佳城市商业零售银行”大奖，获“中国最佳品牌建设奖”；赞助支持北京申办2022年冬季奥运会；董事长闫冰竹获《银行家》杂志“2015年中国十大金融人物”称号。

（王昕芳）

【公司业务】 年内，北京银行交易银行服务升级。正式发布“网速贷”，打通小微融资“最后一公里”，实现小微企业“分钟级”全流程线上融资，在线融资客户251户，放款22.8亿元。业内率先推出“e存管”品牌，存管资金余额470亿元，同比增幅218%。网银功能持续完善，网银交易规模11.8万亿元，增幅84%。获2015年度中国CFO最信赖银行评选“最佳现金管理创新奖”、《21世纪经济报道》“年度电子银行创新奖”。京医通卡累计发放440万张，与腾讯公司签署全面战略合作协议，成功试点京医通微信、社保平台对接；联合市经信委、市医管局更名北京通·京医通，正式纳入北京市医疗卫生系统未来建设规划。承销债务融资工具280支，同比增长37.93%，承销份额2191.09亿元，同比增长49.22%。承销全国首单轨道交通项目收益票据，实现牵头银团签约35笔，规模199.02亿元。非保本理财投资62笔、金额352.58亿元。中小企业私募债发行53期、金额110.25亿元。理财直融工具发行12期、金额32亿元。累计发行3期信贷资产证券化产品、金额197.82亿元。金融债及资产支持证券获中央国债登记结算公司“2015年度中国债券市场优秀发行人奖”。小微企业贷款（含个体工商户和小微企业主）余额2639亿元，同比增长19.9%。申贷获得率同比增长0.02个百分点，完成银监会“三个不低于”要求。小微企业人民币贷款余额占全行人民币贷款余额39.4%，增量占全行新增人民币贷款53.96%，达到人民银行“定向降准”要求。科技金融贷款余额710亿元，同比增长11.29%。文化金融贷款余额330亿元，同比增长49.79%。绿色金融贷款余额260亿元，同比增长41.3%。与市国税局建立“银税互动”战略合作关系。推出“文创信保贷”“文创普惠贷”，联合中投保、启迪科服、北京再担保“投贷保”联动支持小微企业发展。成立国内首家银行业“孵化器”——中关村小巨人创客中心。获中国银监会“全国银行业金融机构小微企业金融服务先进单位”称号，获北京银监局“2015年度北京银行业金融机构小微企业金融服务（法人）先进单位”称号。人行营管部2014年度信贷政策执行效果评估中，获中小企业、高新技术、文化创意、节能减排等评估一等奖。5月，李克强总理在视察中关村创业大街时，评价“北京银行是区域银行中做得最好的一家银行”。

（王昕芳）

【零售业务】 年内，北京银行加快零售业务转型，零售业务收入突破100亿元，中间业务收入13.4亿元，增幅35.3%。零售客户资金量余额3924亿元，较年初净增883亿元。储蓄存款余额突破2000亿元，较年初增长237亿元。储蓄全国市场份额持续提升，同业排名上升2位。理财销售量突破2500亿元，理财余额1804亿元，增幅48.3%。零售贷款余额（含信用卡业务）1909亿元，其中个贷余额1838亿元，较年初净增373亿元，个贷全国市场份额及全行占比继续保持双提升，不良率0.54%，低于上市银行平均水平。零售客户1490万户，较年初增长221万户，其中VIP客户增幅达23.6%；私行客户数（含潜力）突破2万户。电子银行客户数突破500万户，零售网银交易替代率93.5%，转型成效明显。慈善信用卡“大爱卡”总发卡量92万张，累计向社会捐赠善款总额672万元。

（王昕芳）

【金融市场业务】 年内，北京银行实现国际类中间业务收入12.86亿元，同比增长37%。结算规模691亿美元，同比增长7%。外汇公司存款时点规模408亿元，同比增长24%。同业资产余额达5343亿元，同比增长82%。同业负债余额3916亿元，同比增长28%。实现同业类中间业务收入8.64亿元，同比增长14%。本外币投资规模4177亿元，同比增长20%。实现理财类中间业务收入10.02亿元，同比增长32%。托管资产规模8843亿元，同比增长91%。实现托管类中间业务收入4.83亿元，同比增长51%。整合发布“保融通”增信金融服务品牌，通过对境内、境外金融资源加速整合、与境内外金融机构业务联动，以创新金融产品支持实体经济发展。发布面向证券公司综合服务的“证融通”系列产品。推出“托管家”品牌，以“不仅是管家，更是专家”的服务理念，快速、高效、安全的服务品质提升托管业务核心竞争力，打造北京银行托管服务的金质品牌。

（王昕芳）

【战略转型与金融创新】 年内，北京银行坚持以改革创新促战略转型，收入结构、业务结构持续优化。强化零售业务、小微业务、投行业务等战略转型业务的战略导向和资源投入，改革组织架构，创新发展模式，完善考核机制，战略转型业务加快发展，结构占比和利润贡献持续提升。持续推进“科技金融”“文化金融”“绿色金融”“惠民金融”等特色金融品牌建设。创客中心、文创服务中心等一批创新型机构相继挂牌。与国际金融公司（IFC）、腾讯等互联网公司合作，推动绿色金融与惠民金融快速发展。完善、创新“互联网+网速贷”“互联网+京医通”“京彩云闪付”“E存管”“富民直通车”“残疾人服务一卡通”“易缴费”等一系列特色金融产品。

（王昕芳）

【风险管理】 年内，北京银行秉承“主动适应经济发展新常态，坚持合规经营，坚守风险底线”的工作思路，着力提升前瞻性风险管控能力、全资产经营管理能力，助推经营效益和风险管理跨越新台阶。完善风险管理体系，强化信贷政策引领作用、组合管理，完善全业务、全流程、全口径风险管理。强化不良贷款“双控”的刚性要求，防范化解风险隐患，防范不良贷款大幅反弹。构建操作风险管理长效机制，遏制违规经营和违法犯罪，操作风险管理项目获亚洲银行家杂志“2015年中国银行业最佳合规风险技术实施项目奖”。新资本协议项目落地。

（王昕芳）

【信息化建设】　年内，北京银行坚持科技强行战略，加强信息化建设。第四代核心系统等十大科技攻关工程如期完成。技术创新带动电子渠道服务创新，完成大额存单等特色业务在电子渠道的应用推广。最高法网络化查控系统项目使北京银行成为唯一一家与最高院直连的城市商业银行。市场风险项目在同业中首次实现了交易对手信用风险准实时计量与监测的前沿管理要求。组织信息系统灾难恢复演练，提升系统保障能力。

（王昕芳）

证　券

中国证券监督管理委员会北京监管局

【概况】　中国证券监督管理委员会北京监管局（简称北京证监局）。年内，北京辖区有29家公司首次公开发行股票（IPO）募集资金312.54亿元，64家公司通过增发、配股等方式再融资1423.27亿元，股权融资1735.81亿元，占全国的11.75%。有2家公司发行可转换债38亿元，52家公司发行公司债融资1664.60亿元，8家辖区A股公司在境内外发行优先股募集1694亿元。辖区新三板挂牌公司定向发行股份再融资募集资金415.84亿元。辖区企业在H股市场融资955.70亿元。辖区证券市场融资6503.95亿元，占全国的21.14%。北京辖区264家上市公司总市值133059.03亿元，占全国的25.03%；上市公司总股本22502.05亿股，占全国的45.01%。辖区新增2家基金公司，新设50家证券营业部、18家证券分公司和6家期货分支机构。18家证券公司总资产8390.81亿元，净资本1803.38亿元；25家公募基金管理公司管理基金份额14861.69亿份、公募基金规模合计23000亿元，私募基金管理人5230人、管理基金数7257只，基金规模19599亿元；20家期货公司资产总额618.95亿元，期货代理交易额128.08万亿元，约占全国10.85%，代理成交量9.5亿手，约占全国13.28%。辖区有19家证券投资咨询机构，辖区证券投资咨询公司总资产20.09亿元，净资产10.88亿元，营业收入13.65亿元，盈利3.19亿元。辖区有证券期货业务资格的会计师事务所总所22家、分所18家，资产评估事务所总所36家、分所4家，境外上市公司及各类股权投资机构数量均居全国前列。

地址：西城区金融大街26号
　　　金阳大厦6层、7层
邮编：100033
电话：88088060

（张　靖）

【拟上市公司监管】　年内，北京证监局落实《拟上市公司辅导工作监管指引》各项要求，规范企业辅导备案和验收工作，从源头把关上市公司质量。受理拟上市公司辅导备案43家，完成辅导监管和验收22家。

（张　靖）

【上市公司监管】　年内，北京证监局强化上市公司现场检查，完成69家次上市公司现场检查、11家次其他现场检查任务，现场检查触发机制多元化，内容涵盖全面检查、年报现场检查、并购重组核查、专项检查、现场走访、信息披露核查等，针对信息披露质量问题、内控评价工作不完善、公司治理制度不合规、关联交易管理不到位、公司债发行人募集资金管理不规范等问题采取监管措施17家次。全面实施分行业监管，首创“监管型”行业分类标准，制定影视行业和医药行业现场检查工作指引。通过走访同行业上市公司、组织行业专家培训等方式，深入了解行业风险。督促辖区上市公司根据实际情况制定、披露并落实稳定股价方案，125家主板公司制定各类稳定股价措施136项。严厉打击违规减持行为，指导北京上市公司协会发布维护资本市场稳定发展的倡议书。

（张　靖）

【证券机构监管】　年内，北京证监局落实证监会简政放权要求，在网站公示行政审批转事后备案事项的监管要求，指导证券机构严格履行备案义务，接受辖区机构备案1183件，其中出具备案回执13件，接收代销及资管产品备案647件。依法行政确保审核工作履职尽责，核准行政审批事项50件，办理许可证165件。围绕“聚焦监管转型、提高监管效能”主线，立足辖区监管实际，转变工作思路，研判工作难点，调整工作重心，加强事中事后监管。采用自建的证券公司财务预警指标体系评估辖区证券公司财务风险，推广证券公司流动性风险管理业务指南和最佳实践。加强现场检查力度，完成专项检查73家次。对股票配资、证券行业营业税改增值税改革情况、合资证券公司对外开放、券公司参与全国股转系统相关业务情况开展调查研究，服务监管。在上海、深圳、广东证监局建立监管合作的基础上，又与四川证监局建立了监管协作，实现整合资源、经验交流、信息共通，检查互帮机制。指导协会搭建会员沟通和交流平台，成立证券公司投资银行质量控制专业委员会。

（张　靖）

【期货市场监管】　年内，北京证监局落实取消和下放行政许可要求，取消5项期货类行政许可审批事项，清理废止7项期货类监管规范性文件。

现场检查重点关注机构展业行为的合规性及内部控制的有效性，检查期货分公司1家次、期货营业部29家次。加强事中事后监管，审核报表，关注期货公司风险监管指标达标情况。辖区期货公司分类评价结果良好，A类公司9家，B类公司9家，C类公司2家，D类为0家。出具5份非法期货交易活动认定意见。鼓励辖区机构通过创新发展提升核心竞争力，16家期货公司取得投资咨询业务资格，15家取得资产管理业务资格，8家设立了风险管理子公司。指导期货商会培养建立行业自律监管机制，定期举办期货投资课堂、期货沙龙等多种形式的投资者教育活动。

（张 靖）

【基金行业监管】 年内，北京证监局加强风险导向监管，开展6大类、48家次、112人次、106天的现场检查，出具检查报告18篇，采取监管措施19次。强化非现场监管手段，加强报告信息及备案材料审核，通过下发调查问卷、数据统计分析等非现场方式，对辖区独立基金销售机构及基金子公司业务发展趋势和风险管理状况进行调查分析。联合地方政府部门及行业协会开展打击以私募基金为名从事非法集资的专项整治行动，提议并推动失联私募机构公示制度出台，联合政府力量从源头防范私募基金从事非法集资的风险。参与各项产品监管立法工作，主要包括FOF、基金投资新三板、资产管理业务8条底线、基金信息披露办法等产品运作法规。

（张 靖）

【证券期货咨询机构监管】 年内，北京证监局对辖区2家证券投资咨询机构开展了“两个加强、两个遏制”专项检查。在取消咨询机构年检及相关备案事项的情况下，通过定期审阅月度报表、查看企业网站信息等非现场监管手段开展监管工作。以投诉、举报线索为抓手，及时处理违法违规问题。指导辖区投资咨询公司通过开展基金代销、与券商开户合作等方式赢取阳光、合法利润。

（张 靖）

【会计审计及评估业务监管】 年内，北京证监局完成1家会计事务所总所“两个加强、两个遏制”检查，1家会计师事务所和1家资产评估公司的全面检查，6个审计项目、3个资产评估项目执业质量的专项检查，对存在问题的1家审计机构立案调查，对2家资产评估机构、4名签字评估师采取出具警示函的行政监管措施。召开辖区首次证券资格资产评估机构培训会，提醒关注执业中常见问题、解读监管政策、传达监管要求。向辖区机构下发《北京辖区会计及评估监管工作通讯》，对执业中的典型案例进行总结和深入剖析。与北京市财政局、北京财政专员办、中注协、中评协、北注协、北评协沟通协作，共享信息，发挥会计监督协同效应。

（张 靖）

【落实资本市场法律监管责任】 年内，北京证监局收到23家主体提出资本市场诚信数据库查询申请，查询对象560个。继续开展法律意见书审核工作，审核法律意见书25份。完成诚信建设日常查询录入工作，录入承诺信息4217条、许可批复信息1159条、违法违规信息447条。推进行政处罚案件审理工作，已审和在审案件6个。在辖区内组织普法宣传活动，利用局外网“普法园地”栏目开展规则宣传，汇总上挂23个处罚、信息公开等案例及3个季度资本市场相关法律规则索引。

（张 靖）

【监管执法与投资者合法权益保障】 年内，北京证监局落实稽查执法指导意见和严格执法、公正执法、文明执法三项基本原则，严厉打击证券期货违法犯罪。办理各类案件80件，办结64件，结案率80%。严厉打击非法证券期货活动，办理涉非案件85起，办结80件，办结率94%，通过协调方式为投资者挽回经济损失数十万元。配合金融局做好清理整顿各类交易场所工作，及时回应各级执法机关、司法机关提出的明确认定请求，妥善处理投资者相关投诉。配合做好问题严重、非法集资嫌疑较大的私募基金管理机构的现场检查工作，将非法集资线移交市金融局、市公安局。做好信访举报及投资者保护工作，接收信访、举报事项、投诉事项796件，“12386”热线事项1060件，合计1768件。

（张 靖）

保 险

中国人民财产保险股份有限公司北京市分公司

【概况】 中国人民财产保险股份有限公司北京市分公司在区境内有西城支公司、宣武支公司。西城支公司设有综合部、德胜门出单分中心及10个营销团队，员工98人。宣武支公司设总经理室、综合部、签单中心、非车险直销部、车险直销部、个代业务部、3个车商业务部和4个中介业务部，有员工89名。

西城支公司
地址：西城区德胜门外大街73号
邮编：100088
电话：62370120

宣武支公司
地址：西城区菜市口大街平原里20号
邮编：100054
电话：83526226

（严娟娟 张毅辉）

【西城支公司业务】 年内，西城支公司以市场发展为目标，推进以客户为中心的全面转型，进一步提升车险业务品质，加速非车险发展，合理配置资源，精细过程管控，保持公司有效益发展和合规经营。年内，实现保费收入59260万元，比上年同期增长4747万元，增幅为8.71%；支付赔款3.04亿元，比上年同期增长566万元，增长1.9%，全险种赔付率57.68%；上缴税金3586万元。机动车辆保险承保119978辆，车险保额665亿元。企业财产保险承保1060笔，承担风险金额1257.08亿元。承保货运险风险金额11.78亿元。承保责任险风险金额261.84亿元。承保工程险风险金额102.88亿元。承保短期意外险风险金额174.21亿元。

（严娟娟）

【宣武支公司业务】 宣武支公司主要经营各类财产保险、货物运输、建筑工程等保险以及多种责任保险、短期人身意外保险等。宣武支公司遵循“始终品质发展、始终领先行业、始终主导区域”的工作要求，坚持以市场为导向，以客户需要为宗旨，优化客户服务体验，通过数据管理、绩效考核强化效益文化，差异化资源配置优化业务结构，创新发展模式储备业务力量，加强风险管控，提高资源投放精准度，利润规模不断攀升。年内，宣武支公司实现保费收入38002.04万元，同比增长9.71%。其中，企业财产险收入2004万元；家庭财产保险收入87万元；机动车保险收入34103万元；货物运输保险收入334万元；特险保费收入410万元；海外工程险保费收入602万元；责任险保费收入407万元；意外险保费收入55万元。实现利润2586万元，同比增长80.61%。开展保险进社区活动，对公司周边社区进行保险服务宣传；组建了个代业务部，截至年底已签约个代营销员43人。

（张毅辉）

中国平安人寿保险股份有限公司北京分公司

【概况】 中国平安人寿保险股份有限公司北京分公司（简称平安人寿北京分公司）设6个职能部门，34个营销服务部。在职员工947人，返聘员工4人，个人代理人22641名。年内，实现规模保费收入141.25亿元，同比增长7.02%。其中，个险总保费132.20亿元，同比增长8.84%；银保总保费8.90亿元，团险总保费1522.19万元。截至年底，总客户465万余人，保单3949661件，累计办理个人理赔63493件，赔款、死伤医疗给付累计6.04亿元，年金及满期给付18.44亿元。

地址：西城区金融街23号平安大厦
邮编：100033
电话：95511　59730008

（刘　洁）

【个人营销业务】 年内，平安人寿北京分公司开展“平安相伴二十年　开启保障新时代”“关爱家人健康”“养老新观念　乐享福无忧”“百万客户大回访　财富健康双升级”四项核心主顾开拓活动。从身体健康、财务安全、家庭和谐逐步推进，切入保障、理财话题，引导客户关注家庭全面保障。借助平安科技平台，依托平安人寿APP为载体，开发上线“平安司庆　健康人生”“新生活运动之精彩金秋健步走”“百万客户大回访　财富健康双升级”等APP活动，通过整合营销、品牌、客服等活动和宣传，借力互联网金融，为客户提供全方位的增值服务，致力打造寿险生态圈，加快向O2O客户经营模式的转型。推动E化上岗平台，通过汇集各渠道准增员信息，利用电子化方式支持增员全过程，实时掌控新人从约访、测试、面谈、培训到入司的全流程动态，助力队伍提升增员效率、简化入司流程、减轻人管工作量、降低增员难度。取消保险代理人资格考试后，坚持严格筛选、严格培训、严格录用原则，现保险销售从业人员中大专（含）以上人力占比79.1%，高学历、高素质人群成为业务队伍吸纳的主要人群。向平衡型机构转型发展，新人优才政策等相关政策促进推动销售队伍逐步向高绩效、高素质人才发展。

（刘　洁）

【银行代理业务】 年内，平安人寿北京分公司银行代理业务落实保监会和北京保监局相关规章制度，结合市场及监管要求，做好产品结构调整，提升NBEV价值贡献，深化期交转型。对外部渠道在做好现有网点深耕细作的基础上，开拓中信、农商行渠道及扩大合作渠道网点数量寻找业务增长点，借助爱无忧、乐享无忧产品销售提高保障类、年金型产品占比，更好的满足客户保障需求；对内部渠道做好平安银行工作，提升高价值产品销量。年NBEV达成2873万元，期交保费达成1.17亿元，期交人均产能15.3万元。秉持“合规经营、品质为先”宗旨，强化各项业务品质管理措施，执行双录规定，调整内部相应工作流程，完善业务品质管理办法，实现业务的健康、可持续经营。

（刘　洁）

【重大承保与理赔】 年内，平安人寿北京分公司继续把“简单便捷、友善安心”的理念贯穿到理赔服务的每一个细节。截至年底，总客户465万余人，理赔案件件均结案时效1.93天，办理个人理赔61326件，6.04亿元保险总赔付。客户Y因急性心梗身故，其受益人获得身故保险金130万元，成为年内最大理赔。客户C女士投保寿险年度累计承保保额3020万元。成为年内最大承保契约。

（刘　洁）

【客户服务】 年内，平安人寿北京分公司创新客户服务，运用“家庭医生+健康管家”的管理服务，以O2O形式，创造极致客户体验。平安人寿第二十届客服节中，以心灵健康和身体健康为主线，线上与线下相结合，开展“客服节　金秋快走体验日”“客服节　晒健康赢体检卡”“客服节　邀您与专家于康面对面”“客服节　我的健康暑期”“客服节　为国安加油有礼”等演出、健康、讲座、亲子、户外活动。举办“绿行家，平安行天下”旅行家李峰环球游分享、“平安·开心邀您迎新春”开心麻花新春VIP专场、“新年·宫崎骏邀您共享音乐盛典”特定关爱、“音乐盛典平安相约”新年音乐会等VIP客户服务活动，客服节总参与人次创下50.3万人参加新高。

（刘　洁）

【风险控制】 年内，平安人寿北京分公司在法律风险控制方面，对疑难复杂或可能波及整个行业的重大诉讼案件，调查研究，采取合适的诉讼策略，保持与行业协会的密切沟通，针对个案建立诉调对接机制，维护行业形象，尊重并保障客户的合法权益。诉讼案件过程中，以诉讼事务为镜，反复审视业务流程的完善性，发现风险点及时向业务部门提示法律风险，将风险化解于事前。合规风险控制方面，结合年度监管重点，开展合规宣传月、反洗钱宣传月及防范和处置非法集资宣传月活动，通过宣导培训、风险检视、C-SOX内控自评项目、操作风险事件和损失数据收集工作、反洗钱自查、重点可疑交易报送、打击违规代销非平安金融产品等，加强对保险营销人员销售误导、违规代销等行为的治理力度，多举措严查保险营销人员违规行为，不定期针对重点营业区、营业部及高风险业务员现场检查，加大风险事前管控力度。

（刘 洁）

【社会公益】 年内，平安人寿北京分公司结合中国平安成立27周年，平安冠名中超赛事第二年，开展回报热情27载活动。首次将司庆与中超联赛结合，践行“执善心 筑大业”的公益理念，特邀北京永乐汇足球俱乐部的足球小将和家长现场观赛，为青少年足球事业发展提供支持。以“京城旧时玩伴·回归本真童年”为主题年度平安支教行动，18位平安人分3批前往北京市房山区蒲洼乡中心小学支教。行动结束当天举办了支教行动暨物物交换互动专场，学生们用自己制作的作品——面人儿手工艺品换取物。支教期间，平安人寿北分举行《五分之一》——在别处看见的家乡暨关爱儿童大型公益活动，邀请作曲家李岩、歌手何静担任爱心大使，品牌部缪进代表分公司向志愿者颁发证书，向校方赠予学习、生活用品。鼓励学生响应中国平安“励志报国、奋发图强”，与北京地区高校专家保持学习交流，促进高校学生参与平安励志计划。12月，举行精英大学生励志计划优秀论文颁奖典礼，为获奖论文作者颁发证书及奖学金，中央财经大学、清华大学等高校30余人获奖。

（刘 洁）

中国太平洋财产保险股份有限公司北京分公司

【概况】 中国太平洋财产保险股份有限公司北京分公司（简称太平洋产险北京分公司）下设支公司11家、营业部2家、营销服务部2家，正式员工1288人。年内，太平洋产险北京分公司总保费收入54.35亿元；赔款支出31.01亿元，赔付率57.05%，比上年降低0.67%。年内，太平洋产险北京分公司获国家人力资源和社会保障部、中国保监会共同颁发的“全国保险系统先进集体”称号。

地址：西城区复兴门内大街158号
远洋大厦F6层

邮编：100031

电话：66428888

（申渝杰）

【车险业务】 年内，太平洋产险北京分公司推进业务结构优化，坚持走差异化发展道路，促进业务渠道改进，贯彻以局部拉动整体的经营战略。以客户服务各项指标改善为核心，持续深化客服体系建设以新技术拓展客户接触点，加强服务标准化建设，提升客服的内涵和价值，对外满足市场变化与客户的服务需求，对内服务于销售能力的提高，实现整体销售由费用拉动型到服务推动型的根本转变。启动客户分类管理工作，建立多维数据库，做好客户洞见，实施有针对性地产品和销售策略，分类研究增值服务种类和与之相对应的服务及配送体系，提升客户黏合度，促进整体销售能力的提升。优化成本管控，严格控制车险业务的综合成本率，有效降低经营成本，根据经营单位和渠道的差异化进行资源配置。寻求车险市场的健康增长点，在渠道经营方面发挥上下联动的优势，探索渠道发展规律。持续改善基础管理工作，分类细化分类中介渠道，维护非车商渠道。重视调研客户需求，采集客户信息，分析客户脸谱，跟进监控续保，推行重大客户以及中小客户双轮驱动发展。车险保费收入42.23亿元。

（申渝杰）

【非车险业务】 年内，太平洋产险北京分公司实施产品与客户的“双维”发展：改善重点险种的风险选择和定价，巩固现有优势，布局开拓新领域；实施对大客户和中小企业客户的差异化推动举措，根据不同的客户类型融合渠道，形成业务抓手。提升成本管控能力，精准投放销售支持资源，提高投入产出比，再造实现成本控制流程，建立成本实时监控平台，为经营分析提供数据支持。利用新技术，实现客户关系管理目标营销，完善产品策略、销售策略。改革销售管理体制，打造个性化综合服务平台。保持以航运险业务为代表的优势险种在市场中的领先地位，打破追求“高大全”的固化思维，在重点领域实现选择性突破。创新业务领域和工作方法，以健康险产品为主力，发展诉讼财产保全责任险等重点产品；恢复意健险业务增长活力，在农险、综合责任险和汽车延保险等领域获得突破性进展。应对多起突发意外事件的赔付工作，提升承保品质，合理控制综合成本率。强化业务品质监控，分类指导各业务单位，开展先进经验交流分享活动，推进差异化费用政策，实施核保前置，上线续保管理系统。完善非车险理赔相关指标考核，简化清理中介渠道，严格进行检查审计；在技术和人力方面提供充足支持。非车险保费收入12.17亿元。

（申渝杰）

【产品创新】 年内，太平洋产险北京分公司首次承保国内首个房地产经纪人责任险。与银行合作开发适用于手机微信销售的保险产品。推出适用于集合企财险、公众责任险、雇主责任险、利润损失险等多类保障责任，适用于制造、餐饮、住宿等多个行业的“财富U保”专项综合险产品。加强网销业务推动力度，开发第三方支付软件的个人账户损失保险等场景嵌套销售模式。推出计算简单的6款“汽车延保自主业务”产品，降低车主延保成本。推出保险公司先行垫付的诉讼财产保全责任保险，探索破解执行难、法律白条难题。3月26日，与光大银行合作推出手机微信银行“快乐保险”项目。

（申渝杰）

【技术创新】　年内，太平洋产险北京分公司运用二维码技术开发“码上保”销售平台，完成前期上线及宣传推广工作。

（申渝杰）

【服务民生】　年内，太平洋产险北京分公司为北京地区规模最大的老字号餐饮企业——北京华天饮食集团提供总保额约1.8亿元的安全生产责任保险保障。向中粮肉食投资有限公司支付8月13日天津滨海新区爆炸事件中受损的财产保险业务赔款5000万元。

（申渝杰）

【服务三农】　太平洋产险北京分公司配备17辆农险专用查勘车，在远郊区县设立三农服务站，提供专人解答农户的咨询、投保和理赔需求，服务基层农户。推出以生猪为保险标的，以生猪价格指数为保险责任，以“猪粮比”为参照系数的生猪价格指数保单。2月17日签发第一张生猪价格指数保单，承保生猪16020头。

（申渝杰）

中国太平洋人寿保险股份有限公司北京分公司

【概况】　中国太平洋人寿保险股份有限公司北京分公司（简称太平洋寿险北京分公司）下辖10个支公司，2个营销服务部，在职内勤员工353名，个人营销员7497名，银行保险系列外勤员工149名，团体业务系列外勤员工62名。年内，实现保费收入39.50亿元，同比增长1.3%。其中，个人营销业务实现保费收入为7.80亿元，同比增长22.8%；法人业务中心银保业务实现保费收入1.74亿元，同比下降49.6%；法人业务中心团体业务实现保费收入为1.85亿元，同比增长21.3%；续期业务实现保费收入28.00亿元。处理各种赔付、给付29.3万件22.91亿元。个险业务13个月累计保费继续率94.2%。法人业务中心银行保险业务13个月累计保费继续率89.6%。

地址：西城区复兴门内大街158号
　　　远洋大厦F6层
邮编：100031
电话：66416141

（多玲辉）

【个人业务中心】　年内，太平洋寿险北京分公司围绕以“组织发展推动人力增长，以基础管理推动产能提升，以客户经营推动持续发展，以机制改革注入新的活力”的经营方针，抢抓机遇，力推转型突破；夯实基础，谋求持续发展。重点经营三大项目：增员突破、机构发展和客户经营。继续关注健康人力、新增健康和绩优人力，使其稳步成长。下半年，面对监管考试，进行产品调整，探索新的经营模式，稳住团队的留存。个人营销业务实现保费收入7.80亿元。

（多玲辉）

【银保业务】　年内，太平洋寿险北京分公司法人业务中心银保业务聚焦利润达成，主力渠道实现后台业务接入和安贷宝出单，团险培训和技能提升训练初见成效，转型路径愈发清晰。在业务拓展和人员管理上强化银保转型，队伍瘦身，节约人力成本支出。银保业务实现保费收入1.74亿元。

（多玲辉）

【团体业务】　年内，太平洋寿险北京分公司法人渠道业务中心团体业务在总公司发展思路的指引下，力求做卓越的民生保障服务商，发展“大健康，大养老”领域的保险服务。引导做大做强员福业务，提升团险业务质量，确保利润导向。管理中，严格基本法管理和预算管理，任务目标落实到人，提升绩效，加强风险管控。紧跟政策机遇，在个人税优健康保险项目中积极实践，力求在新的业务领域实现突破。团体业务实现保费收入为1.85亿元。

（多玲辉）

【重大理赔与承保】　客户刘女士因猝死身故，其受益人获得保险金3379551.03元，成为太平洋寿险北京分公司当年最大赔付。客户张先生投保了保额为1000万元的金尊人生寿险，成为太平洋寿险北京分公司当年最大的承保契约。

（多玲辉）

（责任编辑　孙凤霞）

城市建设

规划管理

【概况】 北京市规划委员会西城分局（简称市规划委西城分局）是北京市规划委员会的派出机构，负责组织本行政区域内的规划实施、规划审批和规划监督工作。内设办公室（政工办）、综合业务科、规划科、建设用地管理科、建设工程管理科、市政交通工程管理科、纪检监察科、法制科等8个科室，直属1个行政执法机构——西城区规划监察执法队，有北京市西城区历史文化名城保护促进中心、北京市西城区规划管理信息中心、北京市宣武建筑设计所等3个下属事业单位。年内，市规划委西城分局按照《北京城市总体规划（2004-2020年）》的要求，围绕区域《“十二五”期间经济和社会发展规划》，有序开展总体规划修改、“十三五”规划编制、历史文化名城保护、棚户区改造、违法建设查处、地下管网信息系统建设等重点工作，推进“城市病”治理、生态环境治理、基础设施建设等市区两级政府部署的各项任务，较好实现了规划服务民生、服务区域经济发展的工作目标。

地址：西城区西直门南小街
国英园5号楼
邮编：100035
电话：66116076

（王鹤璇）

【协助修改北京市总体规划】 年内，按照北京城市总体规划修编任务分解，结合十三五规划编制，协助修改北京市总体规划，深化西城区功能定位，并对结构调整、用地布局、优化功能完善提出建议，开展了历史文化名城保护工作专题调研；向北京市规划委提供了相关区域基础数据。

（韦　琳）

【区名城委2015年年会】 12月6日，西城区历史文化名城保护委员会（简称区名城委）2015年年会在天桥艺术中心多功能厅举办。谢辰生、王世仁、王东、柯焕章、王静霞、许伟、许立仁、邱跃、边兰春、张兵等名城保护专家出席，中央、市、区有关部门参会。区委书记卢映川致辞；胡同保护专业委员会、四合院设计建造专业委员会、青年工作者委员会和志愿者工作委员会等4个区名城委专委会牵头人分别发言，表达努力保护名城、传承历史文化的愿景；与会专家对西城区历史文化的传承与发展做出点评并建言献策。

（王鹤璇）

【历史文化名城保护】 年内，区名城委制定2015年西城区历史文化名城保护工作要点；编制《北京市西城区文道建设三年行动计划（2015-2017）》，并经区政府常务会研究通过；创建“西城名城保护”微信公众号；完成历史文化名城保护三维应用项目；完成《“十三五”时期历史文化名城保护规划课题研究》以及《“十三五”时期西城区加强古都风貌保护与旧城改造措施研究》；开展《西城区“十三五”时期历史文化名城保护规划》的编制工作。

（王鹤璇）

【第二次全国地名普查】 西城区第二次全国地名普查工作于2014年7月全面展开。年内，根据国务院和北京市关于开展第二次全国地名普查工作的安排，西城区成立普查领导小组，办公室设在市规划委西城分局。区民政局与市规划委西城分局共同牵头，制定了《西城区开展第二次全国地名普查工作实施方案》。以街道为工作模块，开展外业调查、成果审核、技术培训等工作。年内，进驻天桥、椿树、大栅栏、白纸坊、陶然亭、广内、广外、牛街等8个街道，完成50%的外业普查。

（王鹤璇）

【纪念北京建城3060周年活动】 活动由北京市历史文化名城保护办公室倡办。市规划委西城分局组织编制《西城区纪念北京建城3060周年活动方案》。全区安排了第十四届法源寺丁香诗会、诗歌朗诵、《增订宣南鸿雪图志》首发式、天桥地下通道壁画方案展示、天桥香厂新市区保护与发展规划设计方案征集活动、北京大栅栏琉璃厂精品交易文化季活动、群众文化活动、拍摄纪念专题片、媒体征文活动、“纪念北京建城3060年系列集邮”及“纪念北京建城3060年邮资明信片”首发仪式等10余项活动。其中，市规划委西城分局会同区文化委牵头举办《增订宣南鸿雪图志》首发式，拍摄纪念专题片。

（韦　琳）

【建设项目规划受理核发】 全年受

理各类规划许可和其他事项433件，同比下降26.1%。办理各类规划许可及其他事项447件，同比下降22.1%。其中，核发建设工程项目331件，市政工程项目80件，行政许可延续8件，不予许可23件，地名调整1件，建筑物命名4件。建筑规模（指年内完成的所有建设工程面积）约311115.81平方米，市政基础设施线性规模约25681.8延长米。规划验线38件，规划验收96件。受理信访事项559件。办理信息公开268件。

（王德刚）

【控制性详细规划调整】 年内，完成光源里、菜园街、枣林南里等棚改项目以及西城区综合服务养老中心（红莲北里）、西长安街街道养老照料中心、西便门东里社区服务及活动中心、大栅栏B19地块、北京市第十四中学初中部改扩建、小酱坊胡同北侧幼儿园改扩建、天桥市民中心等10个项目的规划调整及公示。

（韩　浩）

【棚户区改造项目】 百万庄棚改是2013年全市率先启动的棚改项目。年内，核发百万庄北里居民住房改善项目A、B、C、D4个地块的选址意见书及建设用地规划许可；完成B、C、D3个地块的方案审查；核发B地块建设工程规划许可。核发光源里、菜园街、枣林南里、德宝二期7号地等棚改项目的规划意见复函，完成部分项目设计方案的规划调整公示。

（陶雪超　韩浩）

【政府投资和公共服务设施项目】 年内，核发金融街社区卫生服务中心、宣武艺园地下停车场及应急指挥中心、德胜门对景仿古建筑项目、北纬路中学改扩建工程、北京第四幼儿园改扩建工程等项目的建设工程规划许可证；研讨北京市铁路第二中学、实验二小王府西扩项目、中古友谊小学、涭水河小学、地安门派出所还建等项目的设计方案；推进区教委一六一中学南校区改扩建、西城区教育研修学院综合楼、六十六中附属设施建设工程、阜外一小阶梯教室及风雨操场翻建、顺城街一小改建、西长安街养老照料中心和天桥市民中心等项目。

（韩浩　陶雪超）

【综合整治老旧小区】 年内，完成灵境胡同12号院6栋住宅楼、宣房投公司广安门车站西街11号楼等6家单位24栋住宅楼的图纸备案；协助教育部、国家海洋局开展图纸审查等工作；结合裕中西里社区服务及停车楼项目，多部门联合开展入户调查，探索老旧小区加建公共服务设施的科学途径。

（王鹤璇）

【服务中央单位】 年内，办理完成中国地质博物馆业务用房复建项目的《建设项目规划条件（自有用地）》；上报控制性规划动态会（简称动态会，是市规划委专门调整用地性质的专家会议）调整控规并公示了小酱坊胡同北侧幼儿园改建项目；研究论证中华文学基金会改扩建项目设计方案。

（王鹤璇）

【市政重点项目】 年内，核发新街口北大街、阜丰路、红莲路、马连道南街、红居北街东段等区内重点道路工程规划意见书；核发达智桥胡同、丰盛胡同等重点道路地下管线设计综合规划条件；深化地铁12号线站口与周边现状结合的优化方案；参与地铁3号线、19号线、8号线三期等相关车站的方案研究。

（姚丽辉）

【改造下凹立交桥区雨水泵站】 年内，组织南马连道路雨水泵站选址公示并核发展览馆雨水泵站排水管线建设项目规划条件。中心城区立交桥区积水治理工程属于市政府重点项目，该工程通过对下凹式桥区雨水泵站和周边管线的升级改造，解决桥区积水等安全隐患问题。

（崔　达）

【架空线入地工程】 年内，完成中大安胡同、施家胡同、廊房头条、樱桃斜街、广安门外南街等道路架空线入地工程规划手续。

（张　彦）

【压减燃煤暨无煤化】 核发年内确定的全部压减燃煤暨无煤化热力外线项目的规划手续。压减燃煤暨无煤化工作是节能减排、改善民生的重要举措，年内，该改造项目共涉及4个街道22个小区，18栋建筑采暖系统安装、3座锅炉房改造和17座锅炉房热源整合。

（张　彦）

【审批私房规划】 年内，研究解决私有房屋历史遗留问题和难点问题，规范踏勘现场及许可证办理流程，切实解决居民需求。与房管局联合办公，协调解决烂漫胡同等5个私房项目的翻建难题；研究推动德内大街58号等7个整院翻改建项目；完成《北京市规划委员会西城分局平房管理案例汇编》手册编写阶段性成果。

（王鹤璇）

【查处违法建设】 年内，对2012年以来取得建设工程规划许可但未经规划验收的330个项目进行排查；对东官房胡同等多处擅挖地下室的违法建设项目实行回填；拆除新街口东街加建二层的违建。全年配合城管协查违建716件；参与白纸坊天陶菜市场、什刹海天泰隆兴菜市场拆违撤市以及南礼士路三条、什刹海区域等多处环境整治工作。

（王鹤璇）

【监督检查建设项目】 年内，加强对建设项目过程的监督，结合每周新获批的项目信息，经办人与建设单位或产权人建立联系，提示规划许可要求，定期现场检查指导，确保项目过程不产生违法建设。完成三十五中迁址建设工程教学实验楼、体育馆等项目，区公共卫生大厦、天桥市民广场等公共服务项目以及白塔寺降层的验收工作。

（王鹤璇）

【基础地理信息系统建设】 年内，建设完成时空信息云平台、时空信息数据库与资源环境领域协同库；开展西城区地理国情监测在地理空间框架应用的研究与示范工作，以及地下管网地理信息系统建设。

（王鹤璇）

【建议提案办理】 年内，承办市、区两级人大代表建议和政协委员提案共41件，内容涉及历史文化名城保护、老旧小区综合整治、棚户区改造、市政道路、医疗卫生体育等公共设施建设以及城市人口疏解、违法建设查处等方面。建议和提案全部提前办结，代表和委员均表示满意。

（王鹤璇）

建设管理

【概况】 北京市西城区住房和城市建设委员会（简称区住房城市建设委）是西城区政府的职能部门，代表区政府行使城市建设的工作职能，负责全区城市建设工作。年内，全区房屋施工面积300.4万平方米，与去年同期相比增长12.2%，竣工面积160.1万平方米。其中，房地产房屋建筑施工面积195.5万平方米，与去年同期相比增长11.9%。危改开复工面积52.1万平方米，竣工面积0.29万平方米。全年保障性住房竣工6247套。南马连道路、莲花河南街、南中轴路、三庙街4条道路竣工，地铁19号线平安里站、积水潭站开工，地铁8号线三期天桥站基本竣工。完成1738栋公共建筑基础信息采集，实现全区5000平方米在施工地视频监控系统安装全覆盖。

地址：西城区长椿街甲24号
邮编：100053
电话：63027019

（朱 洲）

【领导调研与督察工作】 1月22日，市住建委和市安监局组成的市安委会督查组对西城区建筑工地开展安全大检查。1月27日，国务院督查组检查西城区建筑工地安全生产情况。3月3日，区委宣传部部长王都伟调研昌平回龙观保障性住房项目。4月17日，副区长李岩调研昌平回龙观定向安置房项目。4月28日，王安顺、李士祥、陈刚、林克庆、李伟等市领导带队调研丰台南苑保障性住房项目建设情况。5月6日至7日，区委书记王宁带队调研丰台南苑、昌平回龙观保障性住房建设项目情况。5月9日，市委书记郭金龙调研丰台南苑保障性住房项目建设情况。6月12日，市规划委、市政设计总院联合检查西城区无障碍设施建设情况。8月17日，副市长陈刚检查地铁8号线安全生产工作。8月24日，市政府督查室、市环保局联合督察组检查区住建委落实世锦赛和“9·3”阅兵期间建筑工地空气质量保障措施的情况。9月17日，中央回访调研组调研丰台南苑保障性住房建设项目。12月8日，市长王安顺带队检查西城区建筑工地施工现场扬尘治理工作。

（朱 洲）

【南马连道路通车】 南马连道路项目于2004年12月30日开工建设，历经10年，于2015年1月12日正式通车。该工程西起规划莲花河东侧现况路，向东经规划广安门车站西街、下穿京九线、规划广安门外南街（鸭子桥路），终点与西二环路白纸坊立交西辅路相接，全长1.01公里，宽40米，同步实施雨水、污水、电力、电信等市政配套工程，改移电车线路并铺设路灯管线等。

（朱 洲）

【宣西北棚改项目启动腾退工作】 3月31日，宣西北风貌协调区北地块项目腾退工作正式启动。项目总占地约13公顷，涉及居民约2287户，建筑面积约4.74万平方米，非住宅约32处，建筑面积约3.13万平方米。

（朱 洲）

【房山长阳项目限价房启动签约】 4月29日，西城区自主建设的房山长阳项目限价房正式启动签约工作，本次签约由项目建设主体天恒康都房地产开发有限责任公司组织实施，共涉及1600余户限价房轮候家庭。

（朱 洲）

【城建工作会】 4月22日，西城区召开2015年城建工作会，总结2014年全区城建工作成绩，全面部署2015年各项工作。市委常委、副市长陈刚出席会议并讲话，市国土局、市规划委、市住房城乡建设委、市重大办、市保障房建设中心有关领导，区四套班子领导、区各相关部门和各街道的主要负责人以及各项目实施单位的负责人出席会议。

（朱 洲）

【建设工程综合监督管理平台启用】 6月18日，西城区自主建设的建设工程综合监督管理平台正式上线试运行。系统由施工科监督管理子系统、质量站管理子系统、安全站管理子系统、施工办管理子系统、定制管理子系统等部分组成。该平台着眼于建立“谁施工谁负责、谁监理谁负责、谁验收谁负责”的工程监督管控体系，有助于实现工程施工现场的综合管理和对工程的全过程监控，实现相关业务协同与数据共享，为日常监督检查提供信息服务，提高工程建设动态跟踪和精细化管理能力。

（朱 洲）

【天桥演艺区北部平房区项目启动腾退】 9月10日，天桥演艺区北部平房区项目正式启动居民腾退工作。项目总占地约1.5万平方米，建筑面积8732平方米，腾退范围内共涉及53个院落，产权户380户，在册人口956人，户均建筑面积23平方米。

（朱 洲）

【莲花河南街通车】 9月16日，莲花河南街正式通车。该路段全长193米，宽30米，双向四车道，连接莲花河南街、南蜂窝路和广莲路，解决了广外地区居民多年的出行困难，缓解了手帕口平改立项目交通导行的压力。

（朱 洲）

【北京天桥艺术中心项目竣工验收】 9月17日，北京天桥艺术中心项目通过验收。该项目是一个综合性的现代化剧场群，包括4个剧场，分别为1600座的大剧场、1000座的中剧场、400座的小剧场和300座的多功能剧场，建筑面积7.5万平方米，结构形式为框架剪力墙及钢结构，历时4年建成。

（朱 洲）

【北新华街南段完成征收工作】 9月28日，北新华街南段完成最后一户居民征收拆房工作，全线征收工作全面完成。北新华街南段为城市次干路，北起西绒线胡同，南至和平门，总长度470米，规划红线宽度50米。

（朱 洲）

【国家大剧院项目启动居民腾退工作】　9月29日，国家大剧院西侧人口疏解项目居民腾退工作正式启动，开始进行腾退政策公示、入户登记，涉及27条胡同459个院落，房屋总建筑面积12.9万平方米，涉及居民3326户，户籍人口9043人。

（朱　洲）

【南中轴路南段通车】　南中轴路南段于11月14日正式通车。该条道路为城市主干路，全长291米，宽80米。该路段通车使西城区中轴线道路的建设全线贯通，并为天桥演艺区的发展创造了良好的市政、交通条件。

（朱　洲）

【三庙街拓宽工程完成】　三庙街拓宽项目于5月开工，12月16日正式通车。该条路为城市支路，全长286米，宽25米。除道路工程外，还同步实施了雨水、污水、电信、电力等管线工程，并对道路两侧违建进行了清理整治。

（朱　洲）

【马连道东三号路启动征收】　12月30日，马连道东三号路启动征收。该道路为城市支路，是连接北马连道路和南马连道路的通道，全长820米，宽20米，共涉及5个产权单位。

（朱　洲）

【完成保障性住房建设任务】　年内，丰台大红门西路16号（503套）、昌平回龙观二期南地块（2072套）、大兴康庄项目（2058套）及房山长阳项目限价房（1614套）共6247套房源实现竣工，超额完成竣工任务指标。

（朱　洲）

【向区政府汇报市政道路建设情况】　12月2日，区政府第121次常务会议听取了区住建委关于西城区市政道路建设情况的汇报，区住建委重点汇报了全区道路建设的总体情况、存在问题、解决措施、近期计划和远期计划。

（朱　洲）

【地铁19号线部分站点开工】　12月18日，地铁19号线平安里站开工建设。12月30日，地铁19号线积水潭站开工建设。

（朱　洲）

【课题调研】　年内，开展题为《北京市西城区建设工程劳务用工管理体制机制研究》课题调研工作，课题委托北京交通大学开展，12月23日，通过专家评审验收。开展《西城区“十三五”时期道路发展研究》课题研究工作，10月9日，通过专家评审验收。

（朱　洲）

【房源推介活动】　5月13日，召开项目推介会，向全区在施及即将启动的人口疏解、棚户区改造、危改拆迁、公益征收等各类项目实施主体介绍了奥运村5号地定向安置房源情况，就与会单位普遍关注的房源后续对接管理、资金支付方式、产权办理等房源使用程序进行了交流、解答。12月14日，组织白纸坊地区棚户区居民190人次到京粮南苑、大兴旧宫等项目现场，实地参观定向安置房源建设情况。

（朱　洲）

【区人大代表调研棚改工作情况】　10月14日，区人大常委会城建环保委组织调研全区棚户区改造工作进展情况。区人大常委会副主任俞强和部分代表视察光源里、菜园街棚户区改造项目进展情况，听取区住建委关于全区棚户区改造工作进展情况的报告。

（朱　洲）

【保障性住房入住】　10月23日至31日，西城区自主建设的昌平回龙观项目二期（小区名“融泽嘉园”）南区720地块704户居民集中办理入住手续。11月5日至11日，共有1455户居民集中办理了西城区自主建设的房山长阳保障性住房项目的入住手续。11月26日至12月7日，共有1497户经适房家庭入住西城区收购的大兴康庄项目。

（朱　洲）

建筑行业管理

【概况】　年内，区住房城市建设委窗口受理施工许可证50项，核发夜间施工许可297次，完成工程竣工验收备案42项；受理建筑起重机械安全备案61项；受理二级建造师初始注册及变更注册1089人次；完成企业资质变更和资质核定217件；完成招标305项，涉及金额40.7亿元。安全、质量、市场监督部门出动7325人次，检查工地3878个次，查出各类违规行为857起，共对62家责任单位做出经济处罚，处罚金额147.968万元，共对9名责任人做出经济处罚，处罚金额5.262万元；对107家责任单位做出行政记分处理，共计144分，对202名责任人做出行政处理，共计267分。

（朱　洲）

【开展建筑施工安全体验式培训】　1月14日，组织安全监督员和协管员到大兴区龙河路的中国建筑安全培训体验基地参观学习，参加安全防护用品、综合用电、灭火器演示、应急演示、吊运作业、洞口坠落等24个项目中的高坠、触电、灭火等体验活动，使监督员和协管员切实感受到提高安全意识的重要性和熟练掌握安全操作规程的重要意义。

（朱　洲）

【监理单位履责情况检查】　1月12日至31日，开展全区在施工程监理单位履责情况专项执法检查。检查内容包括：项目总监理工程师及现场监理人员配备、资格和履责情况；现场监理资料的真实性、时效性、有效性和完整性；施工组织设计及施工方案的审批情况；原材料、建筑构配件、设备进场验收审查情况；检验批、分项、分部单位工程施工验收报验情况。检查中，约谈问题企业7家，下发责令改正通知书5份，对5名项目总监理工程师和5名专业监理工程师做出计分处理。

（朱　洲）

【烟花爆竹安全宣传进工地】 1至2月，签订《2015年烟花爆竹安全管理工作责任书》156份，发放《依法、文明、安全燃放烟花爆竹宣传口号》《关于不燃放或减少燃放烟花爆竹的倡议书》340份，《致全区居民的一封信》2500份，烟花爆竹安全宣传海报2500张，发出预警、提醒类手机短信6768条。通过广泛宣传，强化各项目施工现场烟花爆竹安全管理责任意识。

（朱　洲）

【在施工程冬季施工质量专项检查】 专项检查自1月26日启动，至2月4日结束，主要对建设、监理、施工单位冬季施工质量责任制落实情况、冬季施工方案审批及落实情况、冬施混凝土的养护测温情况、混凝土试块的留置情况等多个方面进行执法检查。共抽查项目11个，涉及建筑面积39.1万平方米，约谈施工企业3家、监理企业3家，发出责令整改通知书5份。对1家施工企业、1名项目经理和5名总监理工程师进行计分处理，对存在质量违法行为的2家施工单位实施立案处罚。

（朱　洲）

【房地产开发项目安全隐患专项检查】 1月中旬，对区域内在建的16个房地产开发项目进行专项检查。内容包括：建设单位安全管理体系的建立情况和建设单位组织各方开展施工安全检查的情况；施工单位模板支架、深基坑、起重机械等危险性较大的分部分项工程的专项方案编制、审核、专家论证的安全管理资料，施工现场工程实体开展安全隐患整改和开展可燃物清理的情况，监理单位下发安全隐患工作联系单、回复意见以及安全监理在场履职情况。通过专项检查，督促3个问题项目进行整改并对其责任单位和责任人进行处罚。

（朱　洲）

【地铁工程建筑市场行为专项检查】 3月中旬，对地铁16号线、地铁8号线等2个项目共6个在施施工标段进行市场行为专项检查，检查建设企业2家、施工总承包企业6家、专业分包企业14家、劳务分包企业17家，检查内容包括参建单位资质和单位间发包承包关系、主要管理人员身份和资格、合同价款和材料款流向等。

（朱　洲）

【散装预拌砂浆应用情况专项检查】 4月23日，联合市建材办对西城区科研设计综合办公楼、物华科技综合楼两个项目进行专项检查，内容包括施工现场实际使用散装预拌砂浆状况和散装预拌砂浆使用管理情况，抽样检验预拌砂浆质量。

（朱　洲）

【普法进工地宣传教育活动】 5月7日，与区法宣办、区司法局在右内大街28号院联合举办普法进工地宣传教育活动，主要面向务工人员，普及施工质量安全、流动人口服务、务工人员权益等法律知识，就广大务工人员关心的如何维护自身权益等法律问题进行现场解答，向农民工赠送宪法读本、维权手册、生态文明等宣传材料1500余册。800余名农民工参加活动。

（朱　洲）

【建筑材料使用管理专项检查】 5月25日，联合市建材办对广安门中医院扩建工程和中国国际神经科学研究所2个项目进行专项检查。内容包括施工现场使用“禁限”产品情况、材料和设备采购备案情况、材料管理制度的落实情况以及材料质量状况。

（朱　洲）

【墙改基金及新型墙体材料使用情况检查】 6月10日，联合市建材办、市住建委质量监督总站对辖区大栅栏C1、C2地块和月坛北街的西城区综合科研办公楼2个项目进行专项检查。内容包括新型墙体材料专项基金和散装水泥专项资金缴纳情况；建筑节能工程、墙体砌筑工程材料质量抽查。

（朱　洲）

【施工现场大型机械专项检查】 6月，邀请北京市机械与材料质量监督检验站对全区施工现场使用的大型机械进行专项检查。共检查37台起重设备，包括28台塔式起重机和9台物料提升机。重点检查塔式起重机的作业环境、金属结构、电气系统、安全装置，同时对施工升降机的基础及围栏、吊笼、安全装置、结构及连接件、传动系统等实体进行检测，督促重机械整机不合格的2个项目进行整改并对相关责任单位和责任人进行处罚。

（朱　洲）

【深基坑专项检查】 6月，邀请北京市城建科技促进会深基坑专家对全区21个基坑工程进行安全专项检查。重点检查了施工方案、基坑支护、降排水、基坑监测、基坑开挖等相关资料，并查看了现场实体。对发现的监测管理工作不足、坡顶堆载现象严重、坡顶没有硬化等安全隐患，督促项目施工企业进行了整改。

（朱　洲）

【装修工程质量专项检查】 6月15日至7月8日，出动56人次对区域内11个工地实施专项检查，涉及总建筑面积66.1万平方米。检查内容包括：参建单位负责人质量终身制落实情况、建筑材料报验与复试、工程实体质量和专业分包单位履职情况等。对6家施工单位和2家监理公司实施处罚，督促项目施工企业对存在问题进行了整改。

（朱　洲）

【组织防汛演练】 6月底，向全区建设工程下达防汛应急抢险实战拉练命令，目的是提高工地灾害预防和风险防范的意识，增强应急抢险保障能力。7月10日，联合区防汛办在百万庄北里居民住房改善项目进行防汛演练。演练模拟基坑遭遇汛情坍塌的情景，通过报告汛情、发布命令、领用抢险物资、水泵抽水，打入钢管防护、堆码沙袋防护等应急救援措施，控制了险情，圆满完成方案设想。7月初，全区所有处在基坑施工阶段的21个项目按照防汛预案组织防汛演练，内容主要是：在遭遇汛情、人员被困的情况下，采取应急救援措施，防止基坑坍塌、避免人员受损及施工机具受损等。

（朱　洲）

【大型机械安全管理专项培训】 6月30日，组织施工单位负责人200余人次参加大型机械安全管理专项培训，系统介绍塔式起重机、施工升降机等大型机械的行业现状、国家标准、行业标准和技术要点等内容。重点结合检查中发现的各工地存在的安全隐患和以往发生的事故案例，对实际工作中的疑点、难点、要点进行明确和强调。

（朱　洲）

【多项作业方案编制及落实情况检查】　11月，对区域内13个项目24项专项工程进行专项检查，重点检查了临时用电方案编制和用电工程验收检测情况、安全防护方案编制及现场实体落实情况、有限空间作业方案编制及实体落实情况。

（朱　洲）

【高处作业吊篮专项检查】　11月，邀请专家对老旧小区整治工程高处作业吊篮进行专项检查。共抽查项目6个，抽查吊篮174台。检查内容包括安全管理、业内资料和实体抽查，督促项目施工企业对存在的安全隐患进行了整改，对4家问题企业进行了行政处罚。

（朱　洲）

【危险性较大工程市场行为专项检查】　9至11月，对区域内51个危险性较大的分部分项工程项目的市场行为实施专项检查，共涉及分包单位88家，劳务分包单位92家。内容包括：工程发包承包行为情况、注册建造师等人员到岗履职情况、工程款和劳务费结算支付情况、劳务管理体系建立运转情况等，督促问题企业对分包合同备案不及时、劳务管理工作不细致、项目负责人履职不到位等问题进行整改。

（朱　洲）

【“春节”期间服务保障】　春节前，4次召开专题动员部署会，传达市、区会议精神。开展可燃物和消防安全专项检查，悬挂禁放宣传条幅312条，设置永久硬质禁放标识147块；场地覆盖湿化面积约4.9万平方米。对15个在建的房地产开发项目的临时用电、消防水源、可燃物清理等情况进行专项检查。元旦至元宵节期间，累计出动人员583人次，车辆127台次，检查工地402个次。

（朱　洲）

【全国“两会”服务保障】　年内，先后召开3次服务保障全国“两会”工作动员部署会，发放《西城区建筑工地服务保障2015年全国“两会”工作方案》。3月1日至16日，对会场及驻地周边的12个项目进行驻点排查盯守，组织其他工地开展隐患自查。“两会”期间，共出动人员360人次，车辆45台次，检查工地355个次，编发短信3275条，约谈项目2个，下发责令整改通知书1份，记分处罚企业1家。

（朱　洲）

【施工现场环境管理规范培训】　11月24日，组织区内各项目施工单位负责人参加培训，重点宣传《西城区建设工程施工现场环境管理规范》的编制背景、适用范围、编制依据、主要变化和涉及各参建主体的主要工作；对管理规范中高于现有标准的部分进行重点解读，明确具体落实规范中各项要求的时间节点。

（朱　洲）

【劳务实名制管理专项整治】　11至12月，对全区115个在施工地的建设、施工、监理单位及298家专业承（分）包单位、177家劳务分包单位共4800余名管理人员、9400余名作业人员开展核查，核查内容包括：重点施工现场封闭管理情况、实名制登记情况、收尾项目劳务费、工人工资结算支付情况等，对2家未签订劳动合同进场施工、不落实实名制管理要求的施工单位进行处罚并督促其全面整改。

（朱　洲）

【防汛迎汛工作】　年内，通过成立指挥部、制发工作方案、发布防汛命令、召开部署动员会、签订防汛责任书、开展深基坑专项检查、指导开展防汛应急演练等措施，落实防汛迎汛工作目标，确保汛期全区建筑工地的安全稳定。迎汛期间，共发出《防汛工作方案》180份，签订《防汛责任书》65份，组织、拉动防汛应急演练17项，发出预警、工作通知类短信9432条；21个重点防汛项目（包括11个深基坑工程、4个地铁竖井及6个肥槽回填工程），共储备土石方2万立方米、沙袋10万条、木材300立方米、水泵200余台、运输车辆50台、编织袋5万条，无纺布2000平方米。2支专业抢险队伍共有专业人员78人、储备砂石料9000立方米、编织袋6万条、抢险车辆24台、各类设备28部。

（朱　洲）

【服务保障工作】　年内，围绕田径世锦赛和“9·3”阅兵等服务保障工作重点，创新安全监管手段，采取站长分片、组长管线、监督员包块、协管员盯点的“点位式”安全监管模式，对全区所有工地进行全覆盖检查，对重点工地实行专门盯守。全年共启动24次服务保障工作，召开38次专题部署动员会，签订615份责任书，发放4320份各类文件和宣传画，出动检查人员1203人次、车辆269台次、巡查工地718个次。

（朱　洲）

【建筑市场和拖欠工资专项整治】　年内，会同区人力社保局开展建筑市场和拖欠农民工工资问题专项整治工作，对金融街（月坛）中心等规模较大的3个项目合同签订、备案、履行及劳务用工管理行为进行检查，对存在的问题提出整改要求。

（朱　洲）

【招标投标管理】　年内，建设工程招标投标项目入场登记302项，其中公开招标252项，邀请招标2项，直接发包44项，一次性备案4项。完成合同备案305项，合同金额40.70亿元。

（朱　洲）

房地产开发与建筑业

北京金融街投资（集团）有限公司

【概况】　北京金融街投资（集团）有限公司（简称金融街集团）是西城区国资委所属的国有独资公司。年内，金融街集团各所属公司合计实现营业收入213.37亿元，实现净利润29.04亿元；年末总资产达到1814.09亿元，净资产542.58亿元，分别同比增长22.87%和24.98%。截至12月，金融街集团系统共有职工10918人，其中大学本科及以上学历人员约占公司总人数的35.85%。年内，金融街集团及所属公司获得“全国文明单位”“首都文明单位”等141个国家、市、区级集体奖项和行业奖项；金融街集团及所属公司员工获得“全国劳动模范”“北京市劳动模范”等54个国家、市、区级个人奖项。金融街集团及所属公司全年未出现重大主体责任安全事故和重大信访事件。

地址：西城区金融大街33号
通泰大厦B座11层
邮编：100033
电话：88088080

（郭岩松）

【政府重点工程建设任务】　年内，广安一期项目签约81户，截至年底累计完成签约632户，完成总户的70%，剩余居民271户。大红门项目完成成本审计工作。“三金海”区域城市功能改造升级项目基本完成工作方案。昌平保障房项目完成项目一期的审计与首次业主大会召开工作，区域内728幼儿园已具备移交条件，配套中学项目竣工顺利移交。720地块已取得竣工备案表。白塔寺区域腾退与招商工作进展顺利，公司在整院腾退基础上，辅助运用切院腾退、扩院腾退和沿街沿胡同房屋腾退的方式，共完成150户安置协议签订工作。推进阜内阜北招商工作，已有5家签订房屋租赁合同并开业；尚有3家商户待签署。天桥市民广场项目于8月底完成竣工备案。

（郭岩松）

【房地产开发业务】　年内，金融街集团房地产开发板块实现开复工面积356.05万平方米，其中新开工172.18万平方米，实现销售签约150.01亿元，实现销售回款135.65亿元。年内，金融街集团所属金融街控股股份有限公司摘取多项业内第一。其中，天津和平中心住宅实现签约额13.8亿元，销售均价在天津住宅市场排名第一；天津大都会豪宅实现签约9.2亿，销售额在天津市800万以上住宅市场排名第一；天津大都会SMART公寓实现签约5.5亿元，销售额在公寓市场销售排名第一；天津南开中心实现签约6.8亿元，销售额、销售均价在天津写字楼市场排名第一；天津南开中心A座租赁成交面积2.5万平方米，租赁面积在甲级写字楼市场排名第一；北京公园懿府项目于第四季度开盘，开盘当季销售额在北京市住宅市场排名第一，全年实现签约22.3亿元，在丰台区住宅市场排名第一；金融街（长安）中心实现签约15.22亿，在北京市散售写字楼市场排名第二，在石景山区销售额排名第一；广州番禺市桥项目（融穗澜湾）实现签约6.7亿，销售均价在番禺区高层住宅市场排名第一；上海静安中心于12月26日开盘热销，销售均价9.4万元/平方米，在上海市住宅市场销售单价排名第一。

（郭岩松）

【保险业务】　年内，金融街集团所属保险公司实现营业收入26.58亿元，净利润1.55亿元，同比增长9%和384%，分别完成年度计划的109%和1033%。公司实现总保费收入99.3亿元，投资收益15.5亿元，同比增长140%和79%，分别完成年度计划的154%和147%。新业务价值、内含价值等指标均超额完成年度计划。年内，公司完善客户服务体系，拓展网销、微信、职域销售等新渠道，新增有效客户9.6万人。公司获得股权投资资格，并获批成立长城财富资产管理公司，资金运用渠道进一步拓宽。公司引入新投资者，完成10.48亿元增资。

（郭岩松）

【证券业务】　年内，金融街集团所属恒泰证券公司实现营业收入45.92亿元，净利润16.3亿元，同比增长131.3%和148.5%，分别完成计划的183.3%和260.8%。年内，通过增资方式实现对新华基金控股。创新业务开始形成特色，资产证券化业务行业第一，恒泰证券的新三板业务、资产证券化业务（简称ABS业务）和新兴市场业务快速发展，新三板做市家数达46家，ABS业务占据35%市场份额。恒泰证券公司引领互联网金融发展，新增100万个互联网客户，客户价值提升3倍以上；与腾讯合作的倍赚宝产品获年度行业创新大赛第一。进一步优化风险控制，公司风险评价从BBB级上升到A级。

（郭岩松）

【物业经营业务】　年内，金融街集团的物业经营产品结构调整取得进展，金融街公寓D座改造完工，公寓G座、F座首层及楼层公共区域改造方案，以及金融街公寓F2区域写字楼设计方案均已完成。2015年是华利佳合划入集团后的第一个完整经营年度，金融街集团制发了关于《支持华利佳合协同发展的工作意见》，华利佳合搭建了租赁管理、物业管理与连锁酒店管理平台，优化资产布局，网络销售同比大幅增加。

（郭岩松）

【物业管理业务】　年内，金融街集团所属金融街物业公司实现营业收入6.63亿元，净利润0.47亿元，同比增长13.5%和141%，完成计划比例分别为122.3%和235.2%；公司完成员工持股、增资改制等工作，积极拓展市场化项目，新增系统外物业管理项目6个；积极开展房地产经纪、汽车租赁与洗车等增值业务；探索发展保险代理业务。完善生活在线平台基础建设，打造金融街区域O2O服务平台。

（郭岩松）

【文化产业】 年内，金融街集团所属文化公司抓住电影市场发展的良好机遇，经营绩效大幅提升，营业收入、净利润分别为2.08亿元和0.28亿元，同比增长24.6%和120.1%，分别完成年度计划的108.8%和208.2%；西单影院在全国单体影院中累计票房排名第5，基本保持稳定。京都公司资产清理整合取得初步进展，已完成1家公司清算，启动4家公司清算，并就2家公司股权转让达成意向。北京西环置业有限公司的南浔文化旅游项目被列为浙江省重大产业投资项目。完成项目概念规划并获各方认可，首宗167亩建设用地已完成农转手续。

（郭岩松）

【北京天桥艺术中心正式开幕】 年内，天桥艺术中心完成建设和运营准备工作，全面交付运营公司。11月20日开幕式现场，区政府与中国国家话剧院、中国对外文化集团公司、国家大剧院和北京人民艺术剧院签署了战略合作协议，约定加强对相关签约机构在政策方面的支持，推动其与区域内其他文化艺术机构的合作，联合创办或举办国内外一流节庆或展览活动以及国家重大文化交流活动。天桥艺术中心拥有京城第一座音乐剧专业剧场。开幕式当晚，有“世界音乐剧之王”之称的《剧院魅影》在此拉开“京城首秀”帷幕。在年末一个月的运营期中，天桥艺术中心先后上演了话剧《北京法源寺》《网子》等优秀剧目，收到良好效果。

（郭岩松）

【亚洲基础设施投资银行项目交付使用】 上半年，北京金融街中心以其独特资源与优势成功吸引亚洲基础设施投资银行（亚投行）入驻。为确保亚投行顺利入驻，金融街集团所属金融街控股北京公司组建了A5项目部，承担北京“金融街中心新建楼座精装修项目”（亚投行项目）的建设工作。项目于年底正式交付亚投行，获得亚投行认可。

（郭岩松）

【国家大剧院西项目启动腾退签约】 4月19日，市长王安顺视察国家大剧院西侧项目。对项目建设给予高度重视，对启动腾退签约工作做出明确指示。在市区领导的支持和指导下，金融街集团所属华融基础公司筹备项目启动工作。9月29日，国家大剧院项目现场张贴《致居民的一封信》，正式启动腾退工作。12月22日，项目现场张贴《致居民的一封信（二）》，正式启动居民签约工作。

（郭岩松）

【金融街集团2016-2018战略规划】 年内，金融街集团组织研究制定了《金融街集团2016-2018战略规划》（以下简称《战略》），10月8日获集团第二届董事会第八次会议审议通过，12月31日向区国资委报告备案。《战略》提出，“以房地产开发和综合运营为主体，以金融业务和文化业务为发展重点，以新兴产业投资为增长点，以企业改革和业务创新为动力，以经营规模增长和价值增长为中心，持续提升资本运营和投资管理能力，不断优化业务布局和结构，打造成为具有优秀市场竞争能力和资本运营能力的国有投资集团。”同时也确定了“一体两翼”的产业布局和集团化发展模式。

（郭岩松）

【恒泰证券H股挂牌上市】 10月15日，金融街集团所属恒泰证券公司在香港联交主板正式挂牌上市，总发行规模4.5亿股，募集资金总额折合人民币约14.5亿元。恒泰证券H股的成功上市，迅速补充了资本金，缓解了净资本压力，进一步提升了市场竞争实力，为恒泰证券规范发展奠定了基础。

（郭岩松）

北京市华远集团

【概况】 华远集团创立于1983年11月，秉承“来源于社会，服务于社会”的宗旨，坚持“坚韧、团结、探索、奋斗”的精神，已发展成为旗下拥有20余家企业，涉及房地产、金融服务、商业服务、高端制造、信息技术等领域的综合性集团。截至年底，集团资产总额264.42亿元，净资产79.01亿元（归属集团公司的权益为50.3亿元），营业收入76.6亿元，利润总额12.16亿元；净利润9.05亿元（归属集团公司的净利润为4.11亿元）。

地址：西城区南礼士路36号华远大厦

邮编：100037

电话：68037022

（李南南）

【董事会会议】 本年度共召开6次董事会。其中，3月31日召开的第一届董事会第三十九次会议同意公司出资不超过4300万元与其他出资人共同设立华远电气股份有限公司。9月23日召开的第一届董事会第四十三次会议，聘任许惠龙、杨云燕为公司副总经理。11月12日召开的第一届董事会第四十四次会议通过了两项决议：同意华远地产股份有限公司实施股票期权激励计划，同意其拟定的《华远地产股份有限公司股票期权激励计划（草案）》；同意公司免除刘丽云、哈保民副总经理职务。

（李南南）

【华远·铭悦好天地项目】 1月23日，华远·铭悦好天地（北京）项目取得由市规划委核发的项目166地块（10-12号楼、8号人防口、地库）《建设工程规划验收合格意见书》，编号为2015规（通）竣字0010号。3月17日，项目取得由市住建委核发的23号楼《竣工验收备案表》。3月18日，项目取得由通州区政府核发的幼儿园划拨《国有土地使用证》，编号为京通国用（2015划）第00010号。同日，项目取得由通州区政府核发的经适房划拨《国有土地使用证》，编号为京通国用（2015划）第00011号。10月30日，项目取得由市住建委核发的168地块1-5号商业楼、商业街平台、地库A段《房屋所有权证》（大产权证）。

（李南南）

【华远·和墅项目（北京）】 7月7日，华远·和墅项目（北京）取得由市住建委核发的商品房《建筑工程施工许可证》，编号为（2015）施建字0310号。10月29日，华远·和墅项目（北京）取得由市住建委核发的《北京市商品房预售许可证》，编号为京房售证字（2015）第171号。10月31日，华远·和墅项目（北京）商品房完成封顶施工。

（李南南）

【华远·华中心（北京）项目】 1月15日，华远·华中心（北京）项目取得由门头沟区政府核发的《国有土地使用证》，编号为京门国用（2015出）第00008号。1月27日，项目取得由门头沟区政府核发的经适房《国有土地使用证》，编号为京门国用（2015出）第00013号。同日，项目取得由门头沟区政府核发的邮政所《国有土地使用证》，编号为京门国用（2015出）第00012号。2月5日，项目自有商业取得由市规划委核发的《建设工程规划许可证》，编号为2015规（门）建字0006号。同日，项目3号住宅楼取得由市规划委核发的《建设工程规划许可证》，编号为2015规（门）建字0007号。2月15日，项目S-1号、·-1号办公及商业楼取得由市规划委核发的《建设工程规划许可证》，编号为2015规（门）建字0010号。3月11日，项目取得由市住建委核发的西山阅家园《商品房预售许可证》，编号为京房售证字（2015）14号。3月23日，项目取得由门头沟区住建委核发的1、2、4、5、6、7号住宅楼《建筑工程施工许可证》，编号为（2015）施（门）建字0003号。4月2日，项目取得由市住建委核发的西山阅家园《商品房预售许可证》，编号为京房售证字（2015）经4号。4月9日，项目取得由市规划委核发的《建筑物名称核准证》，编号为2015（门）建名字0001号。4月13日，项目取得由门头沟区住建委核发的S-3号商业楼等5项（自持商业部分）、3号住宅楼《建筑工程施工许可证》，编号为：(2015)施（门）建字0007号。4月27日，项目取得由门头沟区住建委核发的还建商业（S-1号、·-1号办公及商业楼）《建筑工程施工许可证》，编号为（2015）施（门）建字0008号。7月16日，项目取得由市规划委核发的《建设工程规划许可证》，编号为2015规（门）建字0032号。7月30日，项目三期自持商业地块（其中·-2号楼、S3号楼、S5号楼、S6号楼达到首层竖向结构施工）完成±0.00结构施工。10月11日，项目四期还建完成±0.00结构施工。12月11日，项目取得由市住建委核发的S-2号楼（售楼处）《建筑工程施工许可证》，编号为[2015]施[门]建字0031号。

（李南南）

【华远·西红门项目】 1月16日，华远·西红门项目（北京）取得由市规划委出具的《规划意见复函》，编号为2015规（大）复函字0002号。4月30日，项目取得由大兴区政府核发的《国有土地使用证》，编号为京兴国用（2015出）第00047号。5月14日，项目取得由门头沟区住建委核发的《建设工程规划许可证》，编号为2015规（大）建字0036号。6月29日，项目取得由市住建委核发的1-16号楼，单建地下室A、B，人防出入口，0302-009停车场《建筑工程施工许可证》，编号为（2015）施建字0288号、（2015）施建字0290号。同日，项目取得由市规划委核发的《建筑物名称核准证》，编号为2015（大）建名字0004号。11月27日，项目东区已完成主体结构出±0。12月2日，项目取得由市住建委核发的1-4号楼、12号楼《北京市商品房预售许可证》，编号为京房售证字（2015）216号。12月20日，项目1号楼开盘，当天到访客户300余组，160套房源全部售罄。12月30日，项目西区1-4号楼完成封顶施工。

（李南南）

【华远·澜悦项目】 3月19日，华远·澜悦项目（北京）（以下简称“项目”）取得由市住建委核发的5、9号楼《竣工验收备案表》。4月17日，项目取得由市住建委核发的1号、2号艺术创意办公楼等2项《竣工验收备案表》。11月12日，项目0902地块开始办理业主集中入住，截至11月底，本次集中入住共计发送入住通知书251份（含现场领取2份），通知入住面积为14066.37平方米，已办理228户，集中入住办理面积为12817.85平方米（集中入住办理率91.1%）。12月11日，项目取得由国土资源部核发的0901地块《不动产权证书》，编号为京（2015）密云县不动产权第0015134号。

（李南南）

【华远·波士顿（天津）项目】 8月26日、11月13日至15日，华远·波士顿（天津）项目两次集中办理交房入住，住宅共计1098户，达到入住条件的交付面积近11.16万平方米，截至11月30日，共办理入住987户，交付面积约10.04万平方米，集中入住办理率89.96%。10月26日，华远·波士顿（天津）项目全部22栋楼取得由天津市津南区建设管理委员会核发的《天津市建设工程竣工验收备案书》。11月30日，华远辛庄（天津）项目37号地取得天津市规划局津南区规划分局核发的《建设工程规划许可证》(2015津南建部申字0014)。

（李南南）

【中国珠宝·地产·资本高峰论坛】 7月7日，由华远集团所属华远汇成公司承办的“中国珠宝·地产·资本高峰论坛暨中国珠宝品牌领袖峰会”在湖南省长沙市北辰洲际酒店召开。在嘉宾对话会上，19位华远集团领导及各界领军人物交流行业经验。论坛期间，各界嘉宾以中国珠宝、地产商业模式跨界新思维、珠宝行业现状及未来发展、中国珠宝零售渠道终端变革为议题，共同探讨未来中国珠宝行业、地产行业以及资本市场趋势，珠宝行业、地产行业生存与发展的主要对策，以及珠宝、房产、资本间跨界合作的交集等问题。华远地产长沙城市公司总经理许智来介绍华远地产在长沙的各在建项目。7日，华远汇成国际珠宝主题购物中心举行启动仪式。华远集团有限公司党委书记、华远商业、华远汇成董事长于锦义进行项目介绍。湖南省副省长何报翔、省政府副秘书长熊方平、中国珠宝玉石首饰行业协会常务副会长孙凤民、长沙市副市长何寄华、天心区区委书记朱东铁、天心区商务局副局长彭可佳以及北京万通控股集团董事长冯仑、华远地产董事长孙秋艳等参加活动。

（李南南）

【北京华远瀚博国际拍卖有限公司成立】 4月7日，北京华远瀚博国际拍卖有限公司完成商委、工商、税务等变更手续。公司股权比例为：北京华远投资有限公司出资80万元持有80%股份；北京市华远集团有限公司出资20万元持有20%股份。公司注册资本100万元，法定代表人于锦义，经营范围为拍卖。

（李南南）

【华远地产通过挂牌出让方式获取土地】 11月23日，华远置业及其全资子公司北京上同致远房地产开发有限公司组成联合体，通过挂牌出让的方式获取了“北京市石景山区苹果园交通枢纽M、N地块B4综合性商业金融服务业用地”的国有建设用地使用权，宗地竞买成交价为354000万元。建设用地面积为35244.935平方米，用地性质为综合性商业金融服务业用地，地上总建筑面积约为123357平方米，全部为商业及综合业态。

（李南南）

【华远电气股份有限公司注册成立】 8月5日，华远电气股份有限公司在深圳注册成立，注册资本5000万元人民币，其中北京市华远集团有限公司持股75%。公司法定代表人杜凤超，经营范围为工业自动控制系统装置、数控加工设备、机械加工设备。

（李南南）

【投资入股北京聚爱财科技有限公司】 6月25日，北京市华远集团有限公司投资1000万元人民币入股北京聚爱财科技有限公司，持股比例为5%。北京聚爱财科技有限公司的经营范围为技术开发、基础软件服务、应用软件服务、软件开发、投资管理以及资产管理。

（李南南）

【转股获取天津土地项目】 8月22日，华远地产股份有限公司发布第六届董事会第十六次会议决议公告、关联交易公告以及2015年第三次临时股东大会通知等系列公告。公告中提出本公司的全资子公司北京市华远置业有限公司，受让菱华天津开发有限公司持有的阳菱光辉（天津）房地产开发有限公司49%股权和菱华阳光（天津）房地产开发有限公司49%股权。该2家项目公司现持有天津市5宗土地的权益，总土地使用权面积约22.29万平方米，总规划建筑面积约70万平方米。

（李南南）

北京天恒置业集团有限公司

【概况】 北京天恒置业集团有限公司（简称天恒集团），是西城区国资委所属的国有独资公司。天恒集团以房地产开发经营、商业零售为主业，以资产管理为核心，坚持实业经营与资本运作相结合的发展模式，形成了土地一级开发、危旧房改造、房地产二级开发销售、物业经营管理、商业批发与零售、酒店、餐饮、会展、婚庆服务等多个领域互助经营、全面发展的格局。结合区政府对天恒集团未来战略发展的要求，天恒集团发展方向锁定为“城镇运营商/历史文化名城保护发展运营商”模式。截至年底，集团注册资金85.42亿元，资产总额401.86亿元，净资产125.16亿元；集团下属企业40余家，在职及离退休员工6700余人。年开复工面积约105万平方米，竣工面积24.93万平方米；房屋销售面积41.66万平方米，房屋销售签约额49.93亿元，房屋销售回款额32.04亿元。

地址：西城区阜成门外大街31号
天恒置业大厦
邮编：100037
电话：52609100

（王　丹）

【集团成立三大事业部】 2月，集团成立城区项目事业部，全面负责集团承接的由政府主导、以实现区域整体规划为目的、对城区进行升级改造为主要目标的地产项目的运营，包括但不限于文保区改造、棚户区及危旧房改造、保障房建设等，现有天恒股份、西都、康都、正道、光源里等项目公司。4月，集团成立商业运营事业部，全面负责集团商业板块的运营管控，包括华兴新业、复兴商业城、新街口百货、西西友谊商城、京工友谊、华兴餐饮、成文厚、海南燕泰等商贸公司。加上上年10月成立的地产运营事业部（全面负责集团市场化地产项目的运营，包括乐活城、致远、山天、嘉鸿、荣信、金天恒等地产项目公司），共形成三大事业部（独立核算）。

（王　丹）

【土地储备工作】 年内，天恒集团在房山区域斩获4宗地，分别是周口店项目、良乡高教园项目及阎村、稻田2地块，加上处于旺销期的乐DO、乐墅项目，和已进入尾声的乐活城项目，在房山区域形成天恒集团七盘联动格局，成为继万科之后的区域新“舵主”。完成土地储备投资额119.08亿元，增加市场化土地储备面积111.71万平方米。1月28日，天恒集团所属北京天恒立信置业有限公司取得房山区周口店中心区二街区02-0015等地块二类居住、商业、教育等用地的国有建设用地使用权。该地块建设用地面积137595平方米，建筑控制规模178505平方米，住宅容积率为1.5，具备打造低密度住宅及配套社区的条件。7月16日，天恒集团以31.78亿元摘得房山区良乡高教园区西部生活区东区地块，建筑面积约23万平方米，是综合性商业金融服务业、机构养老设施及二类居住用地的国有建设用地。11月24日，2宗房山黄金地块被天恒+中粮联合体成功收入囊中，总成交金额为68.63亿元，共配建约3.2万平方米限价房和2.2万平方米自住房。房山区阎村镇的04街区04-0005地块，土地总面积116825平方米，规划建筑面积192061平方米，以26.6亿元被天恒+中粮联合体竞得。房山区长阳镇02街区02-2-02、02-2-06地块，性质为F1住宅混合公建用地、R2二类居住用地，土地总面积67925平方米，规划建筑面积163840平方米，以42.03亿元被天恒+中粮联合体竞得。

（王　丹）

【光源里棚改项目】 5月7日，天恒集团下属国有全资子公司北京天恒正合置业有限公司正式成立，负责西城区光源里棚户区改造项目。拟完成项目用地内房屋征收及棚户区改造建设，使规划用地改造成为现代化住宅小区。通过棚户区综合改造彻底改善光源里地区居民的生活、居住环境，从而带动地区发展，提升区域形象。

（王　丹）

【百万庄项目】 6月30日，区委副书记、区长王少峰带领区宣传部部长王都伟、区住建委主任王乐斌及区政府办相关人员等调研百万庄项目并指导工作。截至6月底，百万庄项目累计完成签约1163户，完成比例93.64%。11月18日，区委副书记、区长王少峰、副区长李岩、姜立光及相关委办局领导在集团临时主要负责人刘海涛等陪同下到百万庄项目调研并指导工作。百万庄项目在B地块开工建设基础上，D地块于年底具备了开工条件。

（王　丹）

【融资模式创新】 8月7日，天恒集团以非公开发行方式募集30亿元公司债，期限3年，票面利率5.57%，这是继7月23日成功发行15亿元公募公司债（期限3+2年、票面利率4.12%）之后，天恒集团在资本市场创造的又一佳绩。

（王　丹）

【“十月乐购季”活动】 10月，天恒集团发起“实力天恒、十月巡礼”暨天恒“十月乐购季”，活动以十盘联动模式开启为期一个月的“十重豪礼”钜惠，共有到访四重礼、成交三重礼、朋介两重礼和活动参与礼，分别包含了惊喜到访礼、认购优惠礼、家装基金礼及成交特别礼等诸多购房礼惠。其中作为此次“十月乐购季”主力项目的天恒·乐墅、天恒·半山世家、天恒·乐DO、天恒金融街·公园懿府项目领率惠利于购房者，合计优惠金额超过千万。

（王　丹）

【公园懿府项目】 10月17日，由天恒集团和金融街集团共同出资开发的南四环地标豪宅天恒金融街·公园懿府项目开盘，吸引近400组客户选房，当日推出266套房源，去化率超八成，单盘单日认购突破10亿元，创下年内京城楼市销售奇迹。截至年底，该项目销售签约22.21亿元，预算指标完成率106%；销售回款9.3亿元，预算指标完成率112%。

（王　丹）

【座谈京津冀协同发展】 10月29日，张家口崇礼县政协秘书长赵富军等一行11人在区政协秘书长孙广俊陪同下，到百万庄棚户区改造项目考察调研。北展地区建设指挥部副总指挥李玉庆、展览路街道办事处主任魏建民等相关领导及天恒集团相关人员参加座谈会。在百万庄北里居民住房改善项目现场，崇礼县政协委员们实地考察了项目征收拆迁、安置房建设和工程建设情况，并召开主题为“考察京津冀协同发展，疏解非首都功能工作”座谈会。

（王　丹）

【康泽佳苑北区竣工入住】 11月4日，由天恒康都公司承建的长阳7号地保障房项目北区取得了市住建委核发的《房屋建筑和市政设施工程竣工验收备案表》，标志着康泽佳苑项目合法入住手续完成，项目建设竣工。11月5日起，康泽佳苑北区正式接收办理入住。每天近250户到现场办理入住手续，至11日，共完成1421户入住手续，北区入住工作圆满收官。

（王　丹）

【非首都功能疏解】 12月21日，天恒集团在区委、区政府、区国资委的支持和帮助下，经过多方努力、攻坚克难，将阜成门外天意3800平方米、地安门外天意6600平方米，共计10400平方米的租赁房屋收回，疏解摊位约850个、从业人员约3400人，完成年内天意市场疏解腾退任务。

（王　丹）

【复兴商业城健康体验馆】 5月1日，复兴商业城“福星寿康健康体验馆”全新亮相。体验馆与日本、德国及国内多家厂商合作，以打造中老年人的健康生活为目的，力求为中老年朋友提供最有品质的健康生活。

（王　丹）

【成文厚创新经营模式】 年内，北京成文厚为庆祝创建80周年，举办主题为“打造百年品牌 践行企业梦想”的企业文化80年回顾展。成文厚不断创新经营模式，在阿里巴巴网站开展批发业务，力争通过网络平台，拓展外埠业务，扩大品牌影响力，提高企业效益。

（王　丹）

北京华康欣和建筑工程有限责任公司

【概况】 北京华康欣和建筑工程有限责任公司（简称华欣公司），为房屋建筑工程施工总承包二级资质、建筑装修装饰二级资质、输变电专业承包三级资质、市政公用工程施工总承包三级资质企业。企业注册资金3000万元；资产总额1.62亿元；从业人员近200名，拥有同企业资质要求相适应的工程技术、经济管理人员。年内，公司完成营业收入1.25亿元，实现利润3.9万元，上缴国家税金425万元，工程合格率100%，合同履约率100%，实现安全生产文明施工。接受认证部门对质量、环境、职业健康安全管理体系年审并顺利通过。江苏扬州、河北兴隆项目有序推进。

地址：西城区西直门内后半壁街11号
邮编：100035
电话：66160591

（王　珊）

【股东会暨工作会】 3月11至14日，召开2015年股东会暨工作会和第四届董事会、监事会换届选举会。分别审议通过2014年董事会工作报告、监事会工作报告、财务工作报告、行政工作总结、党委工作总结；通过股东实名投票，选举杨玉良等11人为第四届董事会董事，选举沈怀礼等9人为第四届监事会监事。华欣公司与各基层单位签订生产经营承包合同及安全生产、综合治理、计划生育责任书。

（王　珊）

【安全生产工作会】 7月16日，华欣公司召开安全生产工作会，总结上半年工作；对安全生产提出要求；介绍扬州、兴隆2个开发项目进展情况。公司各级领导、安全员等38人参加会议。

（王　珊）

【党委换届】 12月18至19日，公司党委进行换届改选，选举杨玉良等7人为新一届党委委员。公司党员、领导干部、董事、监事和机关全体人员共110人参加。

（王　珊）

【重点工程项目】 年内，华欣公司先后签订建筑安装、装饰装修等工程合同156项，合同价款近1.3亿元。包括西城区城管执法监察局广外执法队装修工程、阜成门内北街电力架空线入地、今典小学明光村教学楼抗震加固改造工程、西城区图书馆电力及热力系统改造工程、天通泰文化数码科技园有限公司售楼处精装修工程等。

（王　珊）

北京广安控股有限公司

【概况】 北京广安控股有限公司（简称广安控股）隶属于西城区国有资产监督管理委员会，是以文保区保护修缮、对接安置房建设、市政基础设施建设为主营业务的西城区属国有企业。公司注册资金为54.7亿元，截至年底资产总额321.26亿元。在岗职工人数为230人，离退休人员181人。广安控股下设3个子公司及1个代管公司，即以实施文保区改造修缮项目为主的北京大栅栏投资有限责任公司，以保障房建设、房地产开发为主营业务的北京广安置业投资公司，以实施政府市政基础设施为主的北京广安基础设施建设投资公司（代管），以资产经营管理为主业的北京广安资产管理公司。全年主要工作有：杨梅竹斜街保护修缮、张仪村等保障房建设、大栅栏地区北京坊项目等。

地址：西城区宣武门外大街10号
　　　庄胜广场中央办公楼北翼13层
邮编：100052
电话：63108908

（李　晶）

【北京坊项目】 建筑方面：1月，北京坊项目全部楼座实现结构封顶；5－10月，对项目立面及景观方案进行全面优化提升；12月，完成全部沿街立面落架亮相。招商方面：5月，围绕项目文化地标定位，正式启动招商工作；11月，包括保利影院、央视动画、MUJI（无印良品）等6家国内外知名文化、体验类商家入驻。

（李　璐）

【市领导调研大栅栏】 6月2日，北京市委常委、副市长陈刚到大栅栏三井社区走访调研。12月19日，北京市委常委、副市长陈刚到大栅栏地区调研，实地察看劝业场及大栅栏保护成果展览、杨梅竹斜街72号院（内盒院）、炭儿胡同27号院（平移试点院落项目）和炭儿胡同29号院（居民私房自发装修改造项目）。

（相迪静）

【大栅栏珠粮街区改造提升项目】 6月16日，大栅栏珠粮腾退项目协调会在大栅栏琉璃厂建设指挥部会议室召开，大栅栏珠粮街区改造提升项目全面启动。截至年底，有111户居民申请腾退，腾退出来的院落可形成24个整院或临街门脸，其中5户已签订腾退协议。12月25日，珠粮街区改造提升项目保护修缮总体规划设计方案通过大栅栏琉璃厂建设指挥部会议审议。

（相迪静）

【大栅栏项目参展米兰世博会】 第14届威尼斯建筑双年展中国城市馆展览“穿越中国——从北京出发”专题片《穿越中国——从大栅栏到威尼斯》获选2015米兰世博会圣保罗银行馆特邀影片，并于6月8日在中国日主题活动——中意创新论坛上播放。

（相迪静）

【琉璃厂艺术馆项目】 8月19日，根据区政府专题会工作安排，琉璃厂艺术馆项目正式张贴征收暂停公告，这标志着琉璃厂艺术馆项目正式进入征收工作阶段。琉璃厂艺术馆项目历经8个多月，先后取得了北京市发改委的项目意见书批复、区国土分局的土地预审和区规划分局的规划意见书，并于6月上报区政府征收办公室，正式启动项目的征收工作。

（相迪静）

【“大栅栏设计社区”参加国际设计周】 9月23日至10月7日，作为“2015北京国际设计周设计之旅”的重要组成部分，“大栅栏设计社区”设计之旅成功举办，广安控股公司是本次活动的主要承办方。

（相迪静）

【荷兰国王参观大栅栏】 10月26日，荷兰国王威廉·亚历山大到大栅栏，参观老北京胡同。广安控股公司是大栅栏地区老字号、传统建筑的更新保护的实施主体。大栅栏街道工委副书记、办事处主任、大栅栏琉璃厂建设指挥部常务副总指挥王志忠向荷兰国王详细介绍了大栅栏的历史、老字号、传统建筑。济安堂21代传人王氏向国王介绍了狗皮膏药的制作方法。

（相迪静）

【南中轴道路工程完工通车】 西城区南中轴路道路北起永安路，南至南纬路，全长615米，宽80米，城市主干路。建设内容包括新建雨水、污水、自来水、中水、电力隧道、电信、天然气等管道工程及交通、路灯、道路共10项单位工程的市政设施及道路建设。11月14日建成通车。

（沈晓宇）

【三庙街道路改扩建工程完工通车】 三庙街道路改扩建工程西起长椿街，东至下斜街，全长286.17米，宽25米，城市支路。建设内容包括新建污水、雨水、电力、电信管道工程及道路、路灯、绿化、交通等共8项单位工程的市政配套及道路建设，同步实现了电力电信架空线入地。12月15日建成通车。

（沈晓宇）

北京陶然建筑有限公司

【概况】 北京陶然建筑有限公司（简称陶建公司）是具有年施工面积50万平方米以上、竣工面积20万平方米以上、施工产值3亿元以上施工总承包能力的土木工程建筑企业，建筑资质为房屋建筑施工总承包二级。在项目施工过程中，陶建公司建立了产品实现策划管理规定、产品防护管理办法等相关产品质量管理制度，对特定的产品或合同及顾客的要求，制定专门的质量监督措施、资源管理规定和生产制造程序，确保顾客满意。年内，陶建公司在职职工40人。办理退休手续2人，退休职工共计75人。2015年，继续获评“首都文明单位”。

地址：西城区天宁寺前街2号C座
邮编：100055
电话：63263613

（王　芳）

【股权变更】 10月，陶建公司进行股权转让。股东人数由22人变更为19

人。股权转让结果及时备案。通过股权变更，公司股权结构更加清晰。

（王 芳）

【送温暖工作】 年内，陶建公司持续关注职工的身体健康状况。春节期间，组织慰问在一线工作的职工，看望生病职工。公司职工因做心脏瓣膜修复手术，术后需要服用较多昂贵药物，公司为其筹集了困难补助金并及时送到家属手中，帮助职工家庭减轻部分经济压力。暑期为职工购买防暑降温饮料。空气污染严重时，为职工购买防霾口罩。为职工组织中医养生义诊活动，学习中医养生知识，了解自己的身体状况。

（王 芳）

【老干部管理工作】 年内，由公司代管的离退休老干部共11人，根据老干部工作政策和文件要求，及时准确落实好有关老干部享受的各种待遇及各类活动安排。公司有关人员定期探望老干部、送去慰问品，并尽力满足他们提出的要求。

（王 芳）

北京市鑫宣市政工程有限公司

【概况】 北京市鑫宣市政工程有限公司（简称鑫宣市政公司）是具有独立法人资格的有限责任公司，注册资本金2000万元。主要承揽单项合同额不超过企业注册资本金5倍的城市道路工程，单跨跨度40米以内桥梁工程，断面20平方米及以下的隧道工程，公共广场工程，10万吨每日及以下给水、污水泵站，15立方米每秒及以下雨水泵站，各类给、排水管道工程，总储存容积1000立方米及以下液化气贮罐厂（站），供气规模15万立方米每日燃气工程，中压及以下燃气管道、调压站，供热面积150万平方米每日燃气工程，各类城市生活垃圾处理工程，同时担负着区属道路的养护、翻修改造任务。年内，鑫宣市政公司有职工165人、离退休员工63人，其中高级工程师5名、中级职称人员24名、初级职称人员40名、一级注册建造师1名、二级注册建造师14名，各种综合性、专业施工机械设备50台。拥有由鑫宣市政公司控股有独立法人资格的北京市鑫宣园林绿化工程有限公司（简称鑫宣绿化公司）、北京市鑫宣世纪能源科技应用有限公司（简称鑫宣能源公司）以及5个市政工程项目部。鑫宣市政公司实行总经理负责制，下设总工程师、总会计师和总经济师。职能部室有：党群工会部、办公室、财务部、人力资源部、市场部、经营部、工程部、安全生产部、设管部、养护项目部、机械运营部、亮丽项目部。鑫宣市政公司连续14年通过“市政公用工程施工总承包二级”资质和GB/T19001-2008/ISO9001:2008质量管理体系认证、ISO14001:2004GB/T24001-2004环境管理体系认证和OHSAS18001:1999GB/T28001-2001职业健康安全管理体系认证。并获得“诚信企业”和“AAA信用企业”称号。

地址：西城区培育胡同甲7号

邮编：100052

电话：63546948

（吴 玥）

【道路日常养护工程】 作为区属道路养护单位，公司负责养护的区属道路总长度为160.3公里，沥青混凝土道路总面积119.9万平方米，步道总面积50.4万平方米。年内，完成沥青混凝土路面养护25573平方米，完成步道砖路面养护7544平方米，完成701座检查井的井盖周边治理。完成沥青混凝土掘路修复31794平方米，完成步道砖掘路修复4289平方米。

（张 颖）

【道路大中修工程】 年内，完成道路大中修工程21项。包括顺河一巷、上斜街、白纸坊中里地区、南线里、取灯胡同、小腊竹巷、大川胡同、寿长街三条、灵佑胡同、板章路、小沙土园胡同、广安胡同、登莱胡同、菜园北里、广安门南街、双柳树二条、铁门胡同（南段）、姚家井二巷、车站东街居委会门前路、小红庙小区南侧路、枣林前街（东段）。累计铺设沥青路面68473.26平方米，铺设人行步道砖19923.1平方米。

（杨 帆）

【市政排水管线改造工程】 年内，完成市政排水管线改造工程19项。包括白纸坊街、报国寺东夹道、报国寺西夹道、醋章胡同、门楼巷、善果胡同、禄长街头条、诚实胡同、新桥胡同、建学胡同、菜园北里、窑台胡同、双柳树胡同、天宁寺东里10号楼东侧路、鸭子桥路、新居西里、四平园西胡同、姚家井二巷、马连道中里。累计新建排水管线2600.5米，疏通管线123.7米，修复管线210.9米，恢复沥青路面7348平方米，铺设人行步道砖1026.5平方米。

（杨 帆）

【雨水中水收集利用工程】 年内，完成雨水中水收集利用工程，涉及天桥街道和广安门内街道共27个院落。累计铺设环保透水砖7131平方米。

（杨 帆）

【道路交通疏堵工程】 年内，完成马连道路、南纬路2条道路交通疏堵工程。累计铺设沥青路面8985.7平方米，铺设人行步道砖1134.86平方米。

（杨 帆）

【三庙街道路工程】 年内，完成三庙街（上斜街西段）道路工程及雨、污水管线工程。累计铺设沥青路面4553.64平方米，铺设人行步道砖2107.43平方米，新建污水管线352.52米，砌筑污水检查井16座，新建雨水管线275.6米，砌筑雨水检查井11座。

（杨 帆）

【西便门环境整治建设工程】 年内，完成西便门内大街79号院环境整治建设工程。累计铺设沥青路面4997.1平方米，新建雨水管线137.5米，新建自行车棚1处。

（杨 帆）

【广安门车站西街临时道路工程】 年内，完成广安门车站西街东侧临时道路工程。道路工程包括累计铺设沥青路面11595.48平方米，新建停车场铺设沥青路面9264.48平方米，铺设人行步道砖2329.28平方米，迁移公交车站2处，新建雨水管线129.9米。交通工程包括热熔标线工程、迁移及新建信号灯工程、交通标志及隔离设施工程。照明工程包括安装铁杆单弧灯及敷设电缆工程。绿化工程包括绿化栽植及绿地给排水工程。

（杨 帆）

【道路照明工程】　年内，完成牛街礼拜寺照明设施改造工程，新建庭院灯12盏、LED线型洗墙灯185盏、LED彩色照树灯83盏、各式地埋灯46盏；完成先农坛照明设施改造工程，新建LED线型洗墙灯602盏、LED投光灯108盏、LED彩色照树灯70盏；在神仓公园安装绿地庭院灯37盏、石材草坪灯28盏；在小马厂公园安装庭院灯51盏、灯箱内LED线型灯8盏；在法源寺西里安装庭院灯33盏、门柱灯4盏、吸顶灯6盏；完成大兴区党校路灯照明工程。

（张　宇）

【亮丽养护工程】　年内，完成多项养护工程，包括：南菜园街82盏路灯养护；朗琴园休闲公园30盏庭院灯养护；前三门大街2488盏线性地埋灯、222盏LED点光灯、858盏LED射灯养护；大栅栏西街30盏庭院灯、407盏景观灯养护；西城区南部小街小巷352盏太阳能路灯养护；开阳桥120盏草坪灯养护；前门月亮湾12盏庭院灯、68盏景观灯具养护；白广路100盏庭院灯、32盏投光灯养护；太平街94套LED条形灯带养护；槐柏树街555盏LED瓦檐灯、440盏LED方灯、263盏景观灯具养护；翠芳园180盏LED圆形地埋灯、45盏庭院灯、57盏其他灯具养护；唐悯忠寺故址272盏LED圆形地埋灯、60盏庭院灯、544盏LED条形地埋灯、124盏其他灯具养护；长椿苑474盏LED圆形地埋灯、72盏庭院灯、137盏其他灯具养护；枣林跨河桥134盏LED投光灯养护；以及北京营城建都滨水绿道23756盏灯具养护。

（张　宇）

【廊桥和广告牌匾养护工程】　年内，完成琉璃厂艺术廊桥养护工程，广安门大街、广渠门大街、白纸坊东街、白纸坊西街主要道路公共设施和广告牌匾养护工程，做好大风恶劣天气及重大节日期间户外广告、牌匾标识及配套设施的安全检查巡视。

（张　宇）

【绿化工程】　年内，完成绿化工程5项，分别是：中央音乐学院学生公寓、音乐厅项目树木伐移及补植工程，栽植国槐13株；药研所苗木补植工程，补植丁香3株、连翘2株丛、榆叶梅3株、迎春40株、串红540盆、藤本月季20株；药研所树木伐除工程，伐除香椿树5株；北京大学第三医院改扩建项目污水处理站工程施工区域树木移栽工程，移植2棵法桐、3棵桧柏、1棵雪松；中国国家话剧院帽儿胡同场地改造绿化工程，布置防腐木花槽130个，安装铁艺大门1扇。全年累计绿化改造面积7500平方米。完成后期养护工程2项，包括国家话剧院绿化养护工程和纪晓岚故居绿化养护工程。累计绿化养护面积4400平方米。

（刘　磊）

北京昊都建筑工程有限责任公司

【概况】　北京昊都建筑工程有限责任公司（简称昊都公司）为区属国有企业，主要经营工业与民用建筑项目、地基与基础工程的施工、设备租赁、建筑材料的技术开发、锅炉安装及热力、防水管线工程的施工等。9月，公司营业执照经北京市工商行政管理局西城分局批准，由2015年9月29日延期五年至2020年9月28日。三证合一后原公司营业执照代码统一为社会信用代码。

地址：西城区白纸坊西街
　　　22号楼1602号
邮编：100054
电话：67504923

（杨惠娟）

【工作情况】　11月，在金正公司指导下，重新修订公司退休职工集中供暖、自采暖及煤火费管理办法；完成2013年度国有资本预算资金供暖费项目绩效评价意见及整改方案；走访问询享受供暖费的退休职工，询问其对供暖费发放的满意度，并上报调查问询登记表。

（杨惠娟）

【财务工作及投资工程管理】　年内，完成企业所得税年度汇算清缴鉴证审计工作。完成2014年度退休职工的供暖、自采暖及煤火费发放工作，共299人，金额378400.18元。公司投资广东中山工程诉讼案件尚未结案，诉讼保全后的房产及银行账户按季度继续进行续封工作。

（杨惠娟）

【退办工作】　经过近半年的调档查询准备工作，年初，公司为8名军转干部向区人力社保局流动调配二科上报北京市退休企业军转干部生活补助申请表。年内，追缴2人（死亡）养老金32969.1元；为5名退休人员变更医疗机构，保证退休人员及时就医。完成异地安置1名退休职工养老金发放形式，为10名去世退休职工办理相关手续。截至12月底，公司退休人员472人。

（杨惠娟）

【提升服务水准】　年内，接待外调、公证及为企业调出人员查档、出具各种证明、公示材料31份。

（杨惠娟）

北京房开置业股份有限公司

【概况】　北京房开置业股份有限公司（简称房开置业公司），注册资金5000万元，通过ISO9001国际质量管理体系认证。主要经营房地产开发、商品房销售、城市危旧房改造和开发建设等项目。年内，按照区委、区国资委党委统一部署，在领导班子成员范围内开展“三严三实”专题教育活动。公司领导班子及党员干部表态要带头严守党的政治纪律和政治规矩，坚持以身作则、以上率下，知行合一，用实际行动带好头、做好示范，激发公司全体员工干事创业的热情和干劲，推动工作、促进发展，努力完成公司的目标任务。公司落实精神文明创建工作，经过区国资委审核、推荐，被评为2015年区级精神文明单位。

地址：西城区广安门内大街
　　　210号西华经典2层
邮编：100053
电话：63577515

（闫　欣）

【完善平原里3号楼项目前期手续】为落实区政府尽快启动平原里3号楼

定向安置房项目的要求，房开置业公司安排专人负责完善项目前期手续工作。年内取得了项目相关规划手续，为2016年按时开工建设奠定了基础。

（闫 欣）

【防汛工作】 汛期，房开置业公司专门成立防汛工作领导小组，划拨专项资金，指派专人24小时值守，处理应急突发情况。做到加强日常检查，及时发现问题，采取措施将隐患消灭在萌芽状态，确保无人员、财产损失发生。

（闫 欣）

【牛街危改二期居民产权证发放】 年内，房开置业公司继续组织专人整理、审核、解答、落实牛街危改二期居民产权证发放工作。对行动不便的业主提供上门发放产权证服务，解决居民实际困难。截至年底，累计发放724套房屋产权证。

（闫 欣）

北京宣兴房地产开发股份有限公司

【概况】 北京宣兴房地产开发股份有限公司（简称宣兴公司），为综合性房地产开发企业，注册资本5420万元，房地产行业等级为二级，其股份由国有、社会法人及自然人多元股东集合构成。公司主要经营房地产开发、商品房销售，自有房产的物业管理和出租，是通过ISO9002国际质量标准认证的企业。

地址：西城区枣林前街35号
邮编：100053
电话：63585100

（高 莉）

【宣兴商厦项目拆迁工作】 宣兴公司实施一级开发的项目宣兴商厦位于西城区广安门外大街湾子路口西南角，占地1.33公顷，建设内容为商业金融。拆迁工作任务繁重，情况复杂，难度较大。年内，宣兴公司对拆迁工作加强领导，多方协调，为居民解决实际问题，维护稳定。截至年底，拆迁工作已取得突破性进展。

（高 莉）

【小红庙小区修缮工作】 年内，宣兴公司所属物业管理机构扩大外联经营，拓展公关服务，多方筹措资金对小红庙地区10万平方米住宅启动地面道路、绿化整治，对地下通水管道实施全面修复，使老旧小区重新焕发生机。

（高 莉）

（责任编辑 齐 田）

交通　邮电　公用事业

交　通

交通行政执法

【概况】　北京市交通执法总队（简称市交通执法总队）是北京市交通委所属副局级行政执法机构，主要负责全市公共交通、公路和水路交通运输行业的交通行政执法工作。年内，市交通执法总队以提升监管工作社会效果为目标，统筹行业监管和非法运营车辆治理两大工作重点，完成好各项交通运输环境秩序保障任务，提升依法行政和队伍建设水平。年内，部署行业专项整治行动30余次，组织开展交通运输环境秩序大整治、全市环境建设专项检查及建筑垃圾运输专项治理等工作96次，处罚投诉案件7608件，查处运输行业各类违法违章37280件，查扣各类非法运营车辆13220辆。

地址：西城区北礼士路22号

邮编：100044

电话：68367578

（付天龙）

【集中整治非法运营“专车”】　1月6日，市交通执法总队针对一些私家小轿车、社会车辆借助网络平台和手机软件预约租车从事非法运营行为进行集中整治，加强对“易道用车”“滴滴专车”等利用叫车软件非法运营的“黑出租车”的检查，北京晚报、北京日报、北京广播台、北京电视台等16家媒体进行了报道。

（付天龙）

【开展货物运输专项整治】　1月12至14日，市交通执法总队会同市烟草专卖局、市公安局治安总队等联合开展了为期3天的物流货运基地专项整治，检查物流企业30余家，货运车20余辆，查获无烟草准运证的卷烟33.94万支，总案值18.25余万元。

（付天龙）

【春节前集中整治“两客一危”】　2月3日，市交通执法总队对省际客运、危险化学品运输行业违法违章运营和非法运营开展全市集中整治，检查省际、化学危险品运输车130余辆，查处违法违章15起。

（付天龙）

【春节黄金周交通运输秩序保障】　春节黄金周期间，市交通执法总队加强机场、火车站、省际客运站、重点公交枢纽场站、轨道交通车站、庙会举办地、旅游景区、繁华商业街等47处重点地区交通运输环境秩序保障，出动执法人员1200余人次，执法车辆400余台次，检查各类运输车辆1.3万余台次，查处运输车辆违章56起，对200余起运输车辆一般违章进行了批评教育，为乘客提供咨询服务4000余次，接到12328转来的各类信件313件（其中表扬12件），对全部投诉进行了妥善处理。

（付天龙）

【“两会”交通运输保障】　3月3至15日全国“两会”期间，与春运返程高峰重合，市交通执法总队通过提早着手、统筹兼顾、联勤联动、主动宣传、应急处突、开展督查等多项措施，完成交通运输保障。出动执法人员5500余人次，检查运输车辆6万余台次，查处违章332起，受理群众来电2032个，全部进行了妥善处理。

（付天龙）

【春运交通运输环境秩序保障】　春运期间，市交通执法总队采取9项措施，打击各类非法营运，规范从业人员营运行为，出动执法人员1.2万余人次，检查运输车辆13万余台次，查处违章886起。

（付天龙）

【清明节前集中整治旅游客运市场】　4月3日，市交通执法总队与市公安局治安总队、市旅游委旅游执法大队等部门组成联合执法小组在天安门、德胜门、颐和园、奥林匹克公园、八达岭、十三陵等20余处重点旅游景区，开展旅游客运市场秩序专项整治，查处旅游客运车辆违法违章及“黑旅游”、非法“一日游”等违法违章行为；打击重点旅游景区及通往旅游景区主要公交枢纽场站、轨道交通车站周边的“黑出租”、出租汽车拒载、议价等违法违章行为。

（付天龙）

【清明节交通运输环境秩序保障】　清明节小长假期间，市交通执法总队围绕50个重点监管地区全面做好交通运输环境秩序保障，出动执法力量400余人次、执法车辆120余台次，检查运输车辆3100余台次，查处运营车辆违章22起，对120余起轻微违章进行了批评教育。

（付天龙）

【道路危险货物运输专项整治】　4月上旬至6月上旬，市交通执法总队按照市安监局、市交通委、市公安交管局三部门关于开展危险化学品运输行业专项执法监察的有关工作部署，组织专项整治20余次，检查危险化学品运输车辆500余台次，查处危险化学品运输车辆违章22起，查扣“黑化危”28辆。

（付天龙）

【成立轨道交通执法大队】　4月13日，经市机构编制委员会办公室批准，市交通执法总队增设轨道交通执法大队，为正处级直属机构，负责本市轨道交通行政执法。5月1日，《北京市轨道交通运营安全条例》实施，轨道交通执法大队第一次开展地铁全路网巡查执法。

（付天龙）

【五一小长假交通运输秩序保障】　市交通执法总队4月27日启动“五一”小长假专项保障工作，重点围绕“两区、三站、六线、两周边”等重点地区加强出租、旅游、省际、轨道等重点行业监管，出动执法力量1500余人次，检查运输车辆1.7万余台次，查处违章269起。

（付天龙）

【防灾减灾日宣传教育周活动】　5月9至15日，市交通执法总队开展为期一周的防灾减灾主题宣传教育活动，按照《北京市交通委员会关于组织开展防灾减灾日期间宣教活动的实施方案》要求，组织集中学习、应急演练和对外宣传，增强总队工作人员防灾减灾意识，提高灾难避险能力，向广大市民普及了自救互救知识。

（付天龙）

【“猎隼”行动结束】　5月13日至6月30日，市交通执法总队联合市公安、交管、城管等执法部门，开展打击非法运营“猎隼”专项行动，以逐一摸排与打击查处相结合、常态打击与集中治理相结合的方式，在轨道交通重点车站、机场、火车站等40个地区，开展全市性集中整治4次，区域性集中整治90余次，查处各类非法运营“黑车”1469辆。

（付天龙）

【轨道交通执法大队对个人做出行政处罚】　5月28日轨道交通执法大队与市公交保卫总队、市地铁运营公司开展联合整治地铁运营秩序专项行动，重点整治地铁2号线、10号线车厢内散发小广告等违法违章行为，第一次对散发小广告行为予以200元行政处罚。

（付天龙）

【道路运输平安年活动】　市交通执法总队贯彻落实《北京市2015年“道路运输平安年”活动实施方案》，加大对“两客一危”重点行业违法违章及非法营运、运输行为的查处整治力度，5至10月，查处运输车辆违法违章8315起，查扣各类“黑车”6609辆。

（付天龙）

【安全生产月活动】　按照市交通委工作部署，市交通执法总队于6月1至30日，开展“安全生产月”活动。通过强化交通运输行业安全监管和开展形式多样的安全月主题宣传教育活动。出动执法人员6000余人次，检查各类运输车辆3万余台次，查处违章975起，举办宣传活动10余场，悬挂横幅、展板20余个，发放宣传品3000余份。

（付天龙）

【成立运营安全专职督查员队伍】　6月26日，轨道交通运营安全专职督查员队伍成立，主要职责是开展轨道交通运营安全相关工作，辅助执法人员执法。

（付天龙）

【亚投行协议签署仪式交通运输秩序保障】　6月29日，《亚洲基础设施投资银行协定》签署仪式和特别财长会议在北京举行，市交通执总队与会议代表驻地（金融街丽斯卡尔顿酒店）的安保部门、会议保障车辆提供商“首汽”公司、市公安局酒店保障组分别建立工作联系，从早8时至晚22时，展开无缝隙的巡查和秩序维护，严防出租汽车拒载、议价、多收费等问题发生，确保会议期间会场和首都机场2个重点区域交通运输环境秩序良好。

（付天龙）

【开展“联合波次”整治行动】　8月3至5日，市交通执法总队会同北京市打击黑车专项工作领导小组办公室成员单位开展“平安六号、七号‘黑车’、‘黑摩’”的集中整治“联合波次”行动，在政治中心区、“两大保障”活动重点点位、“四站两场”、省际客运站、交通枢纽场站、重点轨道交通车站、旅游景区周边及主要进出京道路沿线，严查各类非法运营行为，3天查扣各类“黑车”177辆。

（付天龙）

【解体一批长期滞留“黑车”】　8月11日，市交通执法总队对长期不来接受处理的134辆滞留“黑车”在首都之窗进行公示，公示结束后公开解体销毁。

（付天龙）

【“9·3”阅兵期间运输秩序保障】　8月15日至9月3日，市交通执法总队加强对全市67个重点点位交通运输市场的监管，出动执法力量6300人次，查处行业内各类运营车辆违法违章457起，其中出租汽车违章371起；查扣各类“黑车”306辆，查处轨道交通行业违法行为395起。

（付天龙）

【约谈投诉率居前的出租企业】　8月20日，市交通执法总队约谈上半年连续两期“被投诉率”排名居前的5家出租汽车企业负责人，针对投诉情况，对企业提出具体限期整改要求。同时要求5家企业将整改报告送交总队。对反复出现问题的企业总队将依法予以行政处罚。

（付天龙）

【世锦赛开幕及阅兵预演保障】　8月22至23日，市交通执法总队以“维护秩序、确保稳定”为工作目标，启动“两大活动”交通运输环境秩序保障专项勤务，出动执法人员520余人次、督察员220余人次、执法车辆120余辆，对四站两场、重点交通枢纽场站、赛事场所、阅兵预演地区周边、繁华商业街区等67个重点地区加强监管，查处违法违章行为17起。

（付天龙）

【轨道大队首次对企业做出行政处罚】　8月25日，轨道交通执法大队对中建一局集团建设发展有限公司在施工中损坏地铁保护区设备设施的行为做出罚款1万元的行政处罚，这是轨道交通执法大队成立后对企业实施的第一次行政处罚。

（付天龙）

【建立乞讨遣返机制】 轨道交通执法大队与甘肃岷县、河南民权县相关部门建立地铁内乞讨人员源头整治遣返机制。从8月25日起，由当地部门派人参与对地铁内乞讨人员联合整治，对查处的乞讨人员由当地部门负责带回原籍，并采取相应行政措施防止乞讨人员再次返京。

（付天龙）

【开展打非治违专项行动】 市交通执法总队贯彻《北京市交通委员会关于全面开展安全生产大检查深化“六打六治”专项行动工作的实施方案》，从9月上旬至12月下旬，严厉打击行业严重违章及“黑车”非法运营等扰乱运营秩序、存在安全隐患的违法行为，查处运输车辆违法违章7064起，查处违章维修汽修企业25户。

（付天龙）

【节前旅游市场集中整治】 9月24日，市交通执法总队会同旅游、公安、交管等相关部门在天安门、前门、德胜门、颐和园、八达岭、鸟巢等30多个主要旅游景区及京开高速、京藏高速进出京沿线开展“十一”节前省际长途及旅游客运专项整治，出动执法人员150余人次，执法车辆50余台次，查获查扣“黑旅游车”17辆，非法“一日游”8起。

（付天龙）

【节日期间开展游船安全检查】 9月25日，市交通执法总队会同属地运管部门深入什刹海景区、北海公园等16处水域游船经营单位开展节前安全生产大检查，确保各项安全管理工作措施落实到位，为游客营造一个安全、有序的假日运输环境。

（付天龙）

【完成“十一”黄金周保障】 “十一”黄金周期间，市交通执法总队加强机场、火车站、省际客运站、重点公交枢纽场站、轨道交通车站、旅游景区、繁华商业街等57处重点地区交通运输环境秩序保障工作。出动执法人员2100余人次、执法车辆420余台次，检查各类运输车辆6000余台次，查处运输车辆违法违章139起，查处违章数同比上升110%；制止地铁内各类违法违章行为96起，对9起违法行为予以警告、罚款；对各类运输车辆轻微违章警告和批评教育330起，解答群众咨询12000余起；12328接到出租汽车行业投诉举报700件，同比下降10%。

（付天龙）

【完成十八届五中全会保障】 10月26至29日，党的十八届五中全会召开期间，市交通执法总队出动执法力量1500余人次，执法车辆500余台次，围绕运输行业维稳、社会面秩序维护、应急处突等重点工作开展执法活动。检查运输车辆1.1万余台次，查处各类业内违法违章570起。开展净化地铁1号线乘车环境、整治乞讨卖艺专项行动，出动执法力量1020人次，监管重点车站170站次，制止各类违法行为118起，对11起违法行为予以警告或罚款处罚，解答群众咨询6560起，好人好事11起。

（付天龙）

【空气重污染预警期间应急保障】 市交通执法总队按照市政府、市交通委空气重污染红色预警期间应急保障要求，严格落实行业监管职责，12月19至22日，空气重污染红色预警期间，出动执法人员2000余人次，执法车辆260余台次，检查运输车辆6000余台次、汽修企业305业户；查处行业违章215起，查扣非法运输车辆39台；查处违规汽修企业1业户、“黑汽修”24业户。

（付天龙）

境内交通执法

【概况】 北京市交通执法总队第二执法大队（简称市交通执法二大队）是北京市交通执法总队下设的执法大队。主要负责西城辖区内交通运输行业执法工作，具体管理的行业有出租汽车、小公共汽车、省际长途客运、旅游客运汽车、道路货物运输（含危险货物运输）、货运服务、汽车维修、汽车租赁及水域运输（游船）等行业。截至年底，出动执法人员7358人次，检查各类车辆27185车次，查处违法违章2734起；查处各类非法机动车经营案件1085起，收缴罚没款840.35万元。受理并处理群众及消费者的各类投诉信件、电子邮件6434封。市交通执法二大队将“民意指导执法”作为工作的出发点，在执法实践中弘扬“公正、廉洁、尽职、为民”的交通执法精神。

地址：西城区南礼士路44号

邮编：100037

电话：68013973

（王平海　龙永东）

【加强海事执法】 年内，市交通执法二大队贯彻执行《安全法》加强对辖区内水域游船的监管。9月27日中秋节在对北海公园水域游船巡查监管时，发现公园“小渡船”号船有超员运输现象，经过补充调查确认后，对北海公园管理处开出了总队在水运行业管理过程中的第一张罚单。

（王平海　龙永东）

【出租汽车行业监管】 年内，市交通执法二大队接收各种形式的服务投诉6434起，核实处罚投诉案件1423起，发挥乘客对出租汽车服务质量的监督作用。

（王平海　龙永东）

【打击非法营运行为】 年内，市交通执法二大队在打击非法出租车运营行为及非法“危化”运输行为方面，坚持联合执法，与驻区相关执法部门密切协作，开展联勤联动充分借助，开展规模以上联合执法行动215次，打击重点点位内的“黑车”非法运营行为，取得一定成效。“黑出租车”的整顿重点在北京北站、动物园公交枢纽、西单、积水潭、德胜门等地的地铁站口和交通场站周边。查处机动车非法经营案件1085起，对“克隆”出租黑车打击不放松，查扣使用伪造出租汽车车牌的“克隆”出租黑车26辆。为出租汽车企业收缴追回丢失的出租汽车专用发票68卷（每卷100张），为出租汽车行业维护信誉，为企业挽回了经济损失。

（王平海　龙永东）

【严打网络“黑车”】 年内，市交通执法二大队针对网络“黑车”不断泛滥现象，不等不靠，主动出击，分析其规律，探索治理的新方法，经过逐步摸索找到了下载常用的“打车客户端”，发现现场周边网络“黑车”的规律。查处网络“黑车”706起。

（王平海　龙永东）

【汽车修理行业监管】 年内，市交通执法二大队按照上级的统一部署，与运输局西城区管理处、公安局西城治安支队、区安监局、区环保局，联合对86家次汽修企业进行入户检查，出动执法人员498人次，执法车辆126台次，对区内的一、二、三类汽修企业进行全面检查，期间查处非法经营机动车维修企业2家。保持了区内汽修企业平稳运行，为消费者提供了一个明白消费和安全消费的汽车修理环境。

（王平海　龙永东）

【旅游客运行业监管】 年内，市交通执法二大队根据西城区地处中心区的政治核心区，著名的旅游景点多，游客和旅游车辆集中的特点，将旅游客运作为检查的重点，特别是在旅游旺季加强监督检查行为。在天安门、故宫、恭王府、什刹海、德胜门等旅游景点开展执法检查中，查扣“黑旅游”经营行为111起，旅游季节在德胜门地区共铲除非法人员用于欺骗游客的假公交站牌及假公交临时站牌160面（张），减少了游客被蒙骗的机率，震慑了在辖区非法经营旅游客运行为，使旅游客运市场平稳有序。给擅自经营旅游客运业务的汽车租赁公司发出加强旅游客运车辆管理的整改通知书36封，要求汽车租赁企业加强管理，合规守纪经营，堵住非法“一日游”用车渠道。

（王平海　龙永东）

【化学危险品运输专项整治】 年内，市交通执法二大队按照执法计划，每月组织相关部门联合开展危险化学品运输专项整治工作。针对区内医院多，医疗垃圾产生的点位多，使用液化石油气的用户多等特点，严格管理在本行政区域内运输的危化车辆的运输行为，确保人、车的资质，证照齐全、合格、有效，各种安全防护措施得到有效执行，保证安全运输。区内行驶的“危化”运输车及从业人员，区内危化运输车辆整体运营规范，做到证照齐全，规范装载，安全运营。查扣的5起非法运输“黑化危”车辆，均系为施工工地运输压缩气体的车辆。

（王平海　龙永东）

交通行业管理

【概况】 北京市交通运输管理局西城管理处（简称西城管理处）是受北京市交通委运输局委派，负责西城区境内公共交通、公路和水路运输管理的专门机构。年内，西城管理处完成执法检查1426人次、检查辖区交通运输业户704户次、车（船）6042辆次，监管指标完成率131.1%。开展联合执法检查5次、出动执法人员20人次，同期增长19.7%。针对检查出的问题，采取行政措施63件（其中限期改正、移送、注销、吊销分别43件、11件、6件、3件），监管指标完成率113.2%。限期改正事项（43件）全部完成整改，整改率100%。

地址：西城区东廊下胡同
　　　玉廊东园5号楼1单元
邮编：100034
电话：59701075

（黄紫馨）

【公共交通行业】 年内，西城管理处协调辖区管理部门和企业，抓好德胜门枢纽周边秩序整顿和秩序维护。公交场站监管标准，制定《地面公交行业监管工作规范（意见稿）》。推进八方达天桥场站外迁工作，组织召开917路公交场站外迁工作推进会，拟定《关于加快对917车站的外迁有关事项的函》。

（黄紫馨）

【出租汽车行业】 年内，西城管理处落实局《关于北京市出租汽车燃油附加费调整工作安排》，做好辖区内出租汽车计价器调整和油补发放工作。制定专项工作方案，成立计价器调整工作组，深入辖区企业（新月联合、北汽九龙、金银建等），现场检查指导、调试计价器6790辆次。完成年度出租车燃油补贴发放，制定专项资金发放流程，严格部门审核程序，完成拨付信息确认和上报，截至年底，发放补贴资金1.59亿元，执行率99.8%。完成车辆综检补贴发放工作，发放综合性能检测补贴金额95.95万元，执行率99.9%。

（黄紫馨）

【省际客运行业】 年内，西城管理处核发第二批省际接驳运输车辆标识。对参加接驳运输试点并符合相关要求的第二批3条线路4辆车的信息逐一核实后，核发《长途客运接驳运输车辆标识》，有效期1年。加强接驳驿站监督检查，8月27至28日，出动执法人员，对北京至濮阳班线，河北衡水接驳驿站的设备设施、各项规章制度及驾驶员轮换交接台账等情况进行现场检查，对辖区新国线集团14条800公里以上班线进行摸排，调整发车时间避免夜间2–5时运行，确实难以避免的，采取停车休息或接驳运输。客运企业聘请第三方安全评价机构对800公里以上班线在驾驶员配备及管理、车辆状况、道路通行条件、气候条件、运营管理、动态监控、风险监控等8个方面逐条进行安全评估并形成书面报告。

（黄紫馨）

【旅游客运行业】 年内，西城管理处引导旅游客运品牌化服务。配合市局探索旅游客运精细化管理和品牌化服务的政策引导模式，鼓励辖区北汽集团公司、新月联合汽车公司参与，逐步树立旅游客运服务品牌。调整车型结构档次布局。依法审查更新车辆，所有更新车辆必须加装座椅安全带和有效使用GPS，投保承运人险。截至10月30日，新月集团、北汽九龙集团更新车170辆，全部符合部颁标准。换发旅游包车证，对照法定条件进行核查，不符合要求的坚决不予发放。对连续违法违规的企业督促整改，整改后仍不具备安全生产条件的，依法建议取消相应的经营范围或吊销其道路运输经营许可证件。截至年底，换发包车证1363件。

（黄紫馨）

【汽车租赁行业】 年内，西城管理处开展汽车租赁市场需求调研，调整《北京市租赁小客车数量配置暂行办法》，根据考核情况和发展需求，做好指标配备和跟踪管理，引导行业健康有序和规模化发展，做好租赁小客车指标的配置工作。核查租赁车辆技术管理及承租人身份信息。结合日常监管检查，监督企业做好车辆日常安全技术管理工作，落实定期或定程维护制度，根据车辆使用强度及时进行安全隐患排查处置，确保车辆技术状态良好。督促企业严格履行承租人身份和资信核实程序，确保社会公共安全。防范经营风险，杜绝以租车和包车为名从事各类非法活动。推广使用北京市汽车租赁企业服务与管理信息系统。根据市运输局《关于开展北京市汽车租赁行业管理服务政企信息对接工作的通知》精神及市局租赁行业会议安排，8月7日，组织辖区租赁行业服务与管理信息系统培训，50家企业负责人及信息管理系统操作人员参加。截至年底，辖区全部企业已与市局服务与管理信息系统进行部分对接。监管大中型租赁客车。强化大中型租赁客车的监管，对已备案的大中型租赁客车跟踪管理，实施大中型客车租赁用途登记制度，完善运行监控手段，推动行业大中型租赁客车GPS监控设备安装工作，实现车辆运行实时在线监控。

（黄紫馨）

【普通货物运输管理】 年内，西城管理处按照《北京市道路货物运输行业监管考核办法》结合年度质量信誉考核，要求辖区5辆车以上重点单位，建立完善从业人员管理档案、定期培训、考核从业人员，规范从业者行为，落实企业安全生产主体责任。多次组织专项工作会，分期分批的对不同类型的运输单位进行宣传培训，强化企业安全红线意识。与辖区相关部门横向联络，建立信息沟通平台，形成管理合力，重点整顿辖区挂靠企业管理松散、安全意识淡薄问题。督促企业建立健全安全组织机构、完善从业人员培训考核机制及注册地真实有效，对不符合要求的单位提出整改，经整改仍达不到安全标准的采取行政处罚措施。

（黄紫馨）

【危险货物运输管理】 年内，西城管理处按照“六打六治”专项工作要求、《2015年北京市安全生产重点执法检查计划》及西城区安监局《关于对危险化学品运输行业开展专线联合执法检查通知》精神，会同西城区安监局、西城交通支队，对辖区3家化学危险品运输企业的经营条件、运输安全、经营行为、服务质量、企业管理和社会责任等6个方面，围绕车辆、场地、人员资质、制度等16项具体内容及“9制度2档案5记录”情况进行检查，要求各单位坚持在车辆运营期间全程动态监控，做好监控台账登记。

（黄紫馨）

【机动车维修管理】 年内，西城管理处在机动车维修管理方面开展绿色维修科技项目调研，9月1日选择15家企业（6户一类、6户二类、3户三类）召开专题会，部署调研工作。“9·3”阅兵期间漆房停用，要求单位领导带班值守，遇有突发事件及时启动应急预案并按照规定程序做好上报工作。开展辖区机动车维修行业空气重污染应急减排，做好空气重污染应急响应工作，根据《北京市空气重污染应急预案》精神及《北京市西城区人民政府关于印发丰台区空气重污染应急预案的通知》要求，结合辖区机动车维修行业管理实际情况，通过短信群发平台通知企业登录公共邮箱下载此《通知》，结合企业实际认真落实。加强营运车辆技术管理和综合性能检测工作。落实市财政局、市交通委《关于加强本市道路运输营运车辆综合性能检测补贴资金管理的通知》，加强对补贴资金申报、审核工作的监督管理，严肃纪律、严格把关。截至年底，完成辖区道路运输车辆检测10559辆次，其中等级评定5400辆次，二级维护5157辆次，含罐体检测2辆次，累计发放金额约61.6万元。

（黄紫馨）

【安全生产管理】 年内，西城管理处成立安全生产月领导小组，制定了《西城管理处2015年“安全生产月”活动方案》。6月16日领导分别带队，在辖区交通运输行业及各宣传咨询点开展安全生产月宣传咨询日活动，向市民发放宣传材料及宣传品1000余份，利用展板、搭建临时宣传展台、悬挂横幅、播放《安全生产法》宣传视频、发放宣传材料等多种形式，向市民宣传相关知识。

（黄紫馨）

【规范水域游船】 年内，西城管理处规范水域游船日常性管理，5月27日下午，在北京第二实验小学玉桃园分校举办水上交通安全知识进校园活动。通过生动的案例学生们学到了水上救生常识、船舶知识、防溺水知识，向学生赠送水上交通安全系列宣传品。6月8日，召开海事信息化建设调研工作座谈会，市海事局、交通委信息中心相关领导参加。讨论细化海事信息化系统内容模块和相关基础信息内容采集等问题。确定了海事信息化系统的初步设想和构架。西城管理处先后牵头组织6次需求调研和实地走访。

（黄紫馨）

北京市地铁运营有限公司

【概况】 北京市地铁运营有限公司（简称北京地铁公司）是国内最早成立的城市轨道交通运营企业，开通运营了新中国第一条地铁。截至年底，运营北京地区18条线中的15条地铁线路，273座运营车站，运营里程460公里。年内，实现客运量28.32亿人次，日均客运量775.82万人次，最高日客运量990.28万人次。作为城市公共服务类企业，始终坚持服务首都经济社会发展的公益性原则，努力提高运营管理能力和水平，较好地履行了首都国企的政治责任和社会责任。北京地铁公司被评为2012-2014年度首都精神文明创建工作先进单位。

地址：西城区西直门外大街
　　　2号地铁大厦
邮编：100044
电话：62293714

（张华兵）

【元旦运输工作】 1月1至3日，北京地铁公司所辖线路运送乘客1556.53万人次，比上年同期减少31.07%；开行列车16303列，其中加开临客13列；列车运行图兑现率100%；正点率99.98%。

（张华兵）

【春节运输工作】 2月18至24日（春节假日期间），北京地铁公司所辖15条线路运送乘客1917.94万人次，客运量较上年同期下降17.67%，日均运送乘客274万人次，开行列车37074列，加开临客40列，运行图兑现率达到99.95%，正点率99.94%。2月24日为春节长假期间客运量最高日，达到385.04万人次。北京地铁公司每日约有近万名各岗位专业人员坚守在工作岗位上，为广大乘客提供优质的出行服务。

（张华兵）

【冬季运输工作】　2014年11月15日至2015年3月15日（冬运）期间，北京地铁公司所辖线路运送乘客8.49亿人次，较上年同期下降3.96%；2014年11月21日为客流最高日，达928.04万人次；冬运期间开行列车73.95万列，同期增长7.51%。

（张华兵）

【全国“两会”运输保障工作】　3月3至15日，北京地铁公司所辖线路安全运送乘客9796.64万人次，日均753.59万人次；开行列车8.21万列，加开临客193列；列车运行图兑现率99.91%，正点率99.87%；3月13日为客流最高日，运送乘客911.51万人次。

（张华兵）

【春运工作】　2月4日至3月16日春运期间，北京地铁公司所辖线路运送乘客2.48亿人次，日均运送乘客605.63万人次，开行列车254727列，另加开临客367列，日均开行列车6213列，运行图兑现率为99.92%，正点率为99.88%。3月13日为春运期间客运量最高日，达到911.51万人次。

（张华兵）

【签约乌市轨道交通一号线合同】　4月2日，北京地铁公司与乌鲁木齐城轨集团就乌鲁木齐市轨道交通一号线运营筹备及服务咨询合同签约仪式在乌鲁木齐举行。北京市交通委主任周正宇，市国资委副主任尹义省，北京地铁公司党委书记、董事长谢正光，副总经理刘建；乌鲁木齐市委副书记陈清、常务副市长李鸿宾、市政协副主席马伊磊，乌鲁木齐城市轨道集团有限公司董事长孙礼超等参加签约仪式。

（张华兵）

【与越南签约地铁车辆采购项目】　4月20日，在北京地铁车辆装备有限公司举行“越南河内城市轨道交通吉灵—河东线工程电动客车采购项目”签约仪式，此项目为北京地铁公司首个海外城市轨道交通车辆项目订单。

（张华兵）

【官方微博行业排名榜首】　4月28日，新浪发布《2015年一季度政务微博影响力报告》，北京地铁公司官方微博凭借总分81.39分（其中传播力87.01分、服务力94.25分、互动力69.34分）的成绩，位列总排名第11位，在全国十大交通机构微博排名中再次名列榜首。7月10日，@政务风云榜公布北京地铁公司官方微博（@北京地铁）以总分81.82的成绩获“十大北京交通政务微博”榜首。

（张华兵）

【市领导检查地铁安全工作】　5月1日，市交通委主任周正宇到北京地铁公司检查《北京市轨道交通运营安全条例》宣传贯彻和“五一”运营安全工作，市交通委副主任刘缙、王兆荣，委员刘通亮、逯福全及相关人员参加。8月17日，市委书记郭金龙检查公司安全生产工作，市委副书记、市长王安顺，李士祥，张工，张延昆，王小洪，市政府秘书长李伟一同检查。市交通委主任周正宇汇报交通委系统安全工作情况。公司党委书记、董事长谢正光，总经理张树人汇报工作。12月8日，市长王安顺到北京地铁公司考察运输保障工作。

（张华兵）

【“五一”运输工作】　5月1至3日，公司所辖运营线路运送乘客1956.68万人次，客运量同比下降10.86%，开行列车17671列，运行图兑现率99.95%，正点率99.97%，日均客运量为652.23万人次，日均开行列车5890列。小长假期间客运量最高日为5月2日，运送乘客676.08万人次。

（张华兵）

【与莫斯科地铁公司签署合作协议】　5月14日，北京地铁公司与莫斯科地铁公司在莫斯科市政府签署《北京市地铁运营有限公司和莫斯科地铁公司合作和伙伴关系协议》。

（张华兵）

【第十届“金手柄奖”揭晓】　6月8日，北京地铁公司第十届“金手柄奖”揭晓。公司对韩子茂、敖龙、付铁峰等27位“金手柄奖”获得者进行表彰。“金手柄奖”评选至今，共有206人次获“金手柄奖”称号，其中金奖35人，银奖63人次，铜奖108人次。

（张华兵）

【组建北京平安地铁志愿者队伍】　7月29日，北京地铁公司联合北京团市委共同组建北京平安地铁志愿者队伍，动员和组织地铁乘客通过志愿服务的形式，参与地铁文明建设，维护首都安全稳定，促进平安北京建设。年内，公司全路网14条线路，56个中队通过网上招募和现场招募两种方式，招募志愿者24694人。

（张华兵）

【“9·3”阅兵运输保障工作】　8月20日至9月5日，北京地铁公司完成“纪念中国人民抗日战争暨世界反法西斯战争胜利70周年阅兵”运输保障工作。此期间北京地铁公司所辖线路开行列车113785列，其中加开临客336列。列车运行图兑现率为99.93%，正点率为99.91%。

（张华兵）

【获节能考评等级】　8月24日，北京地铁公司参加“2014年在京万家企业节能目标责任考评”，再次获评“超额完成”等级，成为受到国家发改委通报表扬的8家重点用能单位中唯一的交通运输企业。

（张华兵）

【国庆运输工作】　10月1至7日，北京地铁公司所辖线路运送乘客4074.02万人次，同比下降9.42%，日均客运量582.00万人次，开行列车40533列，日均开行列车5790列，运营图兑现率为99.96%，列车正点率为99.94%。为满足客流增长需求，另加开临客146列。10月2日为长假期间客运量最高日，达到626万人次。

（张华兵）

【获能源管理体系认证】　10月27日，中国质量认证中心向北京地铁公司颁发认证证书，北京地铁公司成为全国轨道交通行业首家获得能源管理体系认证的企业。

（张华兵）

【地铁车辆获好评】　10月29日，北京地铁车辆装备有限公司为越南河内地铁设计生产的第一节模型车（比例1:1），在越南首都河内会展中心进行为期一个月的展出，获得各界好评。这款列车将用于河内首条城铁线路吉灵—河东线的运营。

（张华兵）

【“安全文化”获标杆企业称号】 11月16日，在中国企业文化研究会主办的“‘十二五’企业文化总结暨专项文化建设——中外企业文化2015重庆峰会”上，北京地铁公司“安全文化”获“十二五”专项文化建设三十标杆企业称号。

（张华兵）

【承办国际城市轨道交通展览】 11月17日，北京地铁公司参与承办第六届北京国际城市轨道交通建设运营及装备展览，来自15个国家和地区的250余家展商参加。

（张华兵）

【京城地铁公司签约】 11月27日，北京地铁公司应邀参加第19届北京香港经济合作研讨洽谈会。会上北京市地铁运营公司董事长谢正光与北京基础设施投资有限公司董事长、中国城轨董事局主席田振清举行签约仪式，成立北京京城地铁有限公司。香港特别行政区行政长官梁振英、北京市常务副市长李士祥、北京市副市长程虹、香港贸发局主席罗康瑞参与此活动。

（张华兵）

铁路管理

【概况】 北京北站（西直门车站）处于西城区与海淀区交界处，东临学院南路，西以高梁桥路东侧为界，南讫西直门地铁站，北与清华园东站相邻，为京通、京包线的起点。按等级为西客站下属二等客运站，车场有到发线10条、牵出线1条、专运线3条。站内道岔64组；专运线道岔3组。闭塞方式采用的是单线半自动。联锁为JD-IA计算机连锁，车站总面积22008平方米，设有旅客候车室（面积8244.5平方米）、售票室（面积973平方米）、行李房（面积565.8平方米）。行政管理机构有综合室、客运部、运输部、物业部、科贸公司。

地址：西城区北滨河路1号
邮编：100044
电话：51866852

（刘津京）

【安全生产】 年内，北京北站继续推进安全生产整治工作，取得安全生产的持续稳定，围绕人身、行车、消防、车机联控、防溜、进路等环节，加强职工素质培训，提高全员安全意识，落实安全逐级负责制。制定和完善车站安全教育制度，学习人身安全卡控措施和事故案例，开展“安全生产月”大检查、“防非控非”等活动，进行安全检查356次，发现问题765件，解决765件；防火防爆检查109次，发现问题95次，解决95次，保证安全运输的有序可控。截至年底，实现无一般行车事故9358天，无重大、大事故21941天，无险性17950天，无轻伤事故6567天，无重伤事故10906天，无死亡事故13139天，无火灾事故24206天，无事故苗子6123天，无特种设备事故5112天。

（刘津京）

北京北站列车时刻表

始发				到达			
车次	终到站	开点	到点	车次	到点	始发站	开点
S201	延庆	6：12	7：49	2622	5：28	赤峰	19：30
1455	呼和浩特	6：48	19：00	2560	5：59	赤峰	21：10
K275	满洲里	7：39	次日14：33	1458	6：29	通辽	17：25
S287	沙城	7：58	10：16	k274	7：07	呼和浩特	21：20
S205	延庆	8：34	10：05	S202	7：35	延庆	6：00
S207	延庆	9：02	10：33	S204	8：13	延庆	6：29
4471	承德	9：12	19：08	S206	8：31	延庆	6：59
2621	赤峰	10：22	19：25	K1016	9：30	通辽	20：40
S209	延庆	10：57	12：31	S208	9：47	延庆	8：07
S211	延庆	12：42	14：19	2102	10：53	阜新	18：48
S213	延庆	13：14	14：43	S210	12：12	延庆	10：35
S215	延庆	13：35	15：15	1802	12：28	齐齐哈尔	13：45
1801	齐齐哈尔	13：47	次日13：16	S288	12：41	沙城	10：35
2101	阜新	14：09	次日6：18	S214	13：12	延庆	11：34
K1595	临河	15：49	次日7：30	K1596	11：28	临河	20：20
S217	延庆	15：24	17：01	S216	15：00	延庆	12：46
S219	延庆	17：11	18：48	4472	16：30	承德	6：55
S221	延庆	17：41	19：15	S218	16：43	延庆	14：45

续　表

北京北站列车时刻表							
始发				到达			
车次	终到站	开点	到点	车次	到点	始发站	开点
S223	延庆	18：39	20：16	S220	17：25	延庆	15：30
k1015	通辽	18：18	次日7：53	S222	17：39	延庆	16：01
S225	延庆	19：11	20：40	S224	18：54	延庆	17：17
1457	通辽	20：21	次日10：00	1456	20：05	呼和浩特	9：00
2559	赤峰	20：49	次日7：05	S226	21：11	延庆	19：19
S227	延庆	21：28	23：02	S228	21：43	延庆	19：42
S229	延庆	22：03	23：35	S230	22：19	延庆	20：42
S231	延庆	22：36	23：59	S232	23：03	延庆	21：18
K273	呼和浩特	23：47	次日08：42	K276	23：29	满洲里	16：00

邮　电

中国邮政集团公司北京市西城区分公司

【概况】　中国邮政集团公司北京市西城区分公司（简称西城区分公司）是北京市分公司下属城区分公司，由原西城区邮电局改为西城区分公司，于2015年5月1日正式运行。西城区分公司服务面积50.70平方公里，服务人口132余万人。承担着为党中央、国务院、全国人大、全国政协等党政机关、企事业单位及金融街众多企业总部、社区百姓提供邮政通信服务的重要职责。西城区分公司机关内设综合办公室、市场部、财务部、人力资源部、监督检查与安全保障部5个职能部室；下设商函局、发投局、集邮公司、代理业务局、电商分销局5个专业局；另设置大客户中心、信息技术中心2个挂靠机构；下辖12个邮政支局、55个邮政所共67个邮政网点、31个支行。西城区分公司有员工1735人。经办国际和国内函件、包裹、小包、特快专递、汇款、报刊订阅和零售、集邮业务和集邮品制作、商业信函制作、邮政贺卡、定制邮资封片、邮送广告、邮政物流、代理保险、代办电信以及金融类代办业务，邮政短信（彩信）、代收代缴业务、代售机票、火车票业务、自邮一族业务等。年内，西城区分公司以“效益提高、企业发展、职工受益”为发展目标，围绕“稳增长、转方式、调结构、增效益”的工作思路，依托中国邮政四通八达、遍布城乡的营业和投递服务网络，秉承“服务人民、造福职工”的企业宗旨和“用户是亲人”的服务理念，竭诚为各界用户提供迅速、准确、安全、方便的邮政服务。以利润为导向，抢市场，促转型，谋发展，企业经营呈现速度、效益、质量协调发展的良好势头，年内，实现全资费业务收入50251万元。

地址：西城区南礼士路头条5号

邮编：100045

电话：68023282

（杨晓凤）

【境内支局】　西城区分公司境内12个邮政支局：地安门邮政支局（9支）、中南海邮政支局（17支）、西长安街邮政支局（31支）、西单邮政支局（32支）、西四邮政支局（34）、百万庄邮政支局（37支）、西外大街邮政支局（44支）、三里河邮政支局（45支）、阜成门邮政支局（47支）、永安路邮政支局（50支）、牛街邮政支局（53支）、马连道邮政支局（55支）。

（杨晓凤）

【《乙未年》生肖特种邮票首发】　1月5日，西城区分公司《乙未年》特种邮票首发式在湖广会馆举行。活动中，将产品设计和地域文化结合，推出“羊年戳记有故事，戳戳精彩盖不停”活动，精选区域内5条带有“羊”字的胡同名，搭配羊形象和祝词，设计成一套“吉羊文化胡同纪念”戳记。首发活动将产品宣传与支局文化结合，以支局特色为主题设计推出一套纪念戳记，展现充满魅力的西城邮政文化。活动现场，西城区分公司与北京生肖研究会合作推出生肖主题邮展，受到集邮爱好者欢迎。

（杨晓凤）

【“两会”邮政服务】　全国“两会”期间，西城区分公司6个驻会服务支局为10个驻会服务网点2686名代表和委员提供邮政服务。组建了一支政治过硬、业务熟练、综合素质高、服务意识强的“两会”驻地服务和投递团队，按照《北京邮政特殊服务规范》的要求，以“政治第一、服务一流、一丝不苟、滴水不漏、准确无误、万无一失”的工作目标做好邮政服务，确保“两会”通信畅通，共投递报刊156450份，收到表扬信、代表感言28件，为代表制作个性化邮票2500版，实现营业收入876万元。

（杨晓凤）

【邮政网点机构调整】 年内，西城区分公司按照北京市分公司体制机制改革工作总体部署，完成了金融街分局机构调整工作，原隶属于金融街分局的西单邮政支局、西四邮政支局从6月1日起隶属于西城区分公司管理。

（杨晓凤）

【DIY明信片票首发】 6月21日，西城区分公司推出私人定制邮品——“我们·爷儿俩”限量DIY极限明信片。明信片利用集邮专业的票品资源，借力“感恩父亲”特种邮票发行，在父亲节期间上线发售。明信片以新颖的创意、丰富的内涵，受到消费者的欢迎和喜爱，获2015年北京邮政最佳明信片评选活动最佳创意设计奖。

（杨晓凤）

【参加第二届中国国际集藏博览会】 9月25日，西城区分公司参加第二届中国国际集藏博览会，现场成立了临时邮局提供服务，设邮品兑换区、主题邮局邮品销售区等服务区域，接待、服务用户和集邮爱好者5万余人，收寄各类函件8000余件，兑换特供邮品56000册，实现销售邮品和兑换邮品收入453万元。

（杨晓凤）

【成立“北海皇家邮驿”主题邮局】 9月28日，“北海皇家邮驿”主题邮局成立。主题邮局由北京市西城区分公司与北海公园联合打造，是本市首家开在皇家园林里的特色邮局，除经营一般的邮政业务外，还提供“慢递”服务、火漆戳加盖以及打印微信明信片服务等特色服务。“北海皇家邮驿”以其皇家园林风格的装饰、琳琅满目的封片产品、独具特色的对外服务受到游客和集邮爱好者的欢迎。百余家媒体报道了主题邮局开业情况。

（杨晓凤）

【市领导视察“北海皇家邮驿”】 9月29日，副市长林克庆到“北海皇家邮驿”视察，与现场的游客和集邮爱好者亲切交谈。

（杨晓凤）

【“9.3”阅兵期间服务】 纪念中国人民抗日战争胜利70周年阅兵活动期间，西城区分公司组划专段，抽调专人，细化安检区域，建立报告制度和应急绿色通道，安检“制高点”进口邮件3923袋，发现疑似问题邮件31件，68个活动驻地、制高点的邮件安检工作。

（杨晓凤）

【石猴街临时邮局开业】 12月1日，北京石猴街临时邮局开业，逾千名集邮爱好者到现场。作为西城区分公司丙申年生肖题材营销的开局活动，受到邮爱好者欢迎，2000枚开业纪念封3小时售罄。

（杨晓凤）

【邮政ERP系统上线工作】 年内，西城区分公司多部门合作，对涉及到区分公司机关、支局网点、专业公司、投递等部门的168条数据进行组织机构主数据属性确认及有效性校验，完成组织机构主数据梳理，对系统中冗余的组织机构数据进行整理和清除，实现主数据与ERP系统的有效对接。

（杨晓凤）

【主题邮局建设】 年内，西城区分公司开展特色营销，提升主题邮局知名度和影响力。明确“行业+主题”的发展定位，锁定发展方向。所属4家主题邮局中，大清邮局以打造烟袋斜街地标式形象为目标，以大清邮政信柜邮驿历史为核心，主攻旅游市场；祈福邮局以打造邮政公益平台为目标，以中华福文化为核心，主攻文化市场；动物园邮局以打造青少年实践基地为目标，以寓教于游、于乐为核心，主攻教育市场；北海皇家邮驿以打造景区特色景点为目标，以皇家文化体验和便民服务为核心，主攻旅游市场。根据西城区特有的历史文化底蕴和丰富的文化资源，4家主题邮局根据所处道界，充分发挥地域文化优势，深挖主题邮局文化内涵，与邮政产品相结合，开发具有自身特色的产品，开展形式多样的主题活动，打响主题邮局品牌。

（杨晓凤）

中国联合网络通信有限公司北京市分公司

【概况】 中国联合网络通信有限公司北京市分公司（简称北京联通）隶属于中国联合网络通信有限公司，致力于北京市信息化基础设施建设，在全市范围内为公众客户、商企客户和政府机构等客户提供包括固定电话、移动电话、数据传输、互联网、宽带接入等基础电信业务和增值电信业务及与上述业务相关的行业应用、系统集成、技术开发、技术服务、信息咨询、工程设计施工等相关服务。北京联通下设6个市区分公司，其中二区、三区、八区分公司为西城区提供服务。分别是二区分公司西直门局；三区分公司西单局、厂甸局、樱桃园局、广外局；八区分公司展览路局。北京联通在西城区境内的其他单位有：北京联通维护中心（复兴门内大街97号长话大楼）；北京联通宽带中心（西长安街11号电报大楼）；北京联通网管中心（二七剧场路17号）；北京联通大客户中心（复兴门南大街6号）。

地址：西城区骡马市大街9号
邮编：100052
电话：66197776

（李俊楠）

【重要通信保障任务】 年内，北京联通完成全国“两会”、国家防汛抗旱总指挥部（水利部）、中国人民抗日战争胜利纪念日等265项重要通信保障任务，投入7101人次、1882车次，确保通信网络畅通和信息安全。

（李俊楠）

【4G建设工作推进】 年内，北京联通在西城区内新建4G宏站62个，完成楼宇室内分布建设178栋，已实现西城区内全面覆盖和金融街等重点楼

宇内的室分覆盖。用户4G感知得到大幅提升。

（李俊楠）

【“全网大提速”正式启动】 5月15日，为进一步提升宽带网络接入能力，推进4G加快发展，北京联通召开“全网大提速”新闻通报会，介绍并启动“空地两网双百兆，提速惠民沃天下”全网大提速行动方案，重点包括：免费提速、大幅降费、百兆试用和提供更加丰富的IPTV宽带高清电视应用等方面内容。市经信委副主任毛东军、市通管局副局级巡视员张晋红到会致辞。

（李俊楠）

【与“亚投行”达成合作意向】 12月7日，中国联通集团党组书记、董事长王晓初与亚洲基础设施投资银行（亚投行）候任行长金立群就通信服务合作事宜进行了会晤。双方明确了未来的合作内容以及今后的发展方向，为推进亚投行信息化建设、展示中国联通全球信息化服务水平奠定基础。

（李俊楠）

【界内营业厅】 北京联通在西城区有14个营业厅和1个品牌店：西单营业厅，地址：西单北大街129号；西单3G品牌店，地址：西单北大街129号；长话大楼营业厅，地址：复兴门内大街97号；电报大楼营业厅，地址：西长安街11号；长椿街营业厅，地址：槐柏树街13号；广外营业厅，地址：广安门外大街383号；樱桃园营业厅，地址：新安北里一巷11号；西单北大街营业厅，地址：西单北大街甲133号；马连道路营业厅，地址：马连道路甲10号楼西102号；陶然亭营业厅，地址：南纬路35号院住宅小区D、E办公楼1层；金融街营业厅，地址：金融大街21号；护国寺营业厅，地址：新街口南大街139号北向南第2、第3门内；车公庄营业厅，地址：西直门南大街06乙号楼；展览路营业厅，地址：展览馆路7号；西直门营业厅，地址：西直门外大街1号院1号楼首层。

（李俊楠）

公用事业

燃气供应与管理

【概况】 北京市燃气集团有限责任公司（简称燃气集团）是国有独资公司，业务范围覆盖从燃气输配、销售、科研、设计、施工到燃气设备制造的完整业务领域。注册资金58.836亿元。年内，燃气集团天然气购入量138.54亿立方米，销售量132.09亿立方米；实现营业收入361.46亿元，利润总额35.04亿元。截至年底，燃气集团京内外运行的管线2.3万公里，调压站（箱）21304个，供应区域覆盖北京各城区和除延庆外的所有郊区县。

地址：西城区西直门南小街22号
邮编：100035
电话：66205589

（曲慧明）

【境内燃气供应与管理】 北京市燃气集团有限责任公司第一分公司（简称第一分公司），经营范围包括燃气供应与销售，销售燃气设备用具、燃气专用设备和施工材料，检测、检修、安装燃气设备，燃气及热力技术的开发、转让、咨询、服务。担负市场开发管理，新用户发展管理，用户服务管理，燃气销售管理，区域内管网的运行、维护、带气作业及急抢修作业（中压A级以下压力级别）、基建和技改工程以及外线拆改迁工程管理等职能。管辖范围为北京市二环以内地区。市燃气第一分公司西城一所（简称西城一所）设8个职能岗位，下设西直门客户服务站、营业收费站、北城急修班3个班站以及西直门社区服务中心，职工55人。管辖区域为二环以内原西城区范围。市燃气第一分公司西城二所（简称西城二所），设8个职能岗位，下设温家街客户服务站、营业收费站2个班站及白纸坊社区服务中心，职工50人。管辖区域为二环以内原宣武区范围。年内，西城一所、西城二所承担二环以内西城区共156802户民用户和2842个公共服务用户（简称公服用户）的燃气设备维报修、巡检、计量仪表管理、新用户发展任务和二环以内燃气用户的收费业务及二环以内西城区的突发抢修任务。

地址：东城区海运仓1号总参一所后楼
邮编：100700
电话：64021605

西城一所
地址：西城区黄城根北街5号
邮编：100034
电话：66111777

西城二所
地址：西城区太平街6号富力摩根中心D座1022
邮编：100031
急修热线：63569777

（田　欣）

【公服天然气销售价格调整】 根据京发改〔2015〕2620号《北京市发展和改革委员会关于调整本市非居民天然气销售价格的通知》，自11月20日起，本市城六区供暖用气最高销售价格调整为2.60元/立方米，其他区域供暖用气调整为2.36元/立方米。

（田　欣）

【老旧小区抗震加固改造工程】 老旧小区抗震节能改造工程是北京市重要的“为民办实事”任务之一。年内，第一分公司配合市区政府开展专项工作，改善辖区居民的生活条件，完成西城区内13栋楼662户民用改造工程，另有8栋楼497户在施工中，29栋楼1814户已报装。

（田　欣）

【社区服务】　年内，西城一所以社区宣传为契机，铺开社区协作网。依托西什库“库联盟”平台，搭建燃气用户、社区、所部三方联系机制，通过公服/民用大讲堂、燃气安全知识宣传、社区文艺演出、多单位联合宣传等形式开展特色社区活动，调动社区资源推进“百项示范”活动的开展。年内，完成社区宣传、讲座、社区大讲堂安全宣传咨询活动15次，发放宣传材料1200余份。

（田　欣）

【“三百”社区】　年内，西城二所以牛街西里一区社区为试点，推广打造“三百”社区，探索全方位安全服务新模式。即宣传覆盖率100%，巡检入户率100%，安全消隐率100%。根据老小区存在超期服役的燃气具多、长期无人户等情况，针对老人、儿童、出租户、流动人口进行多层次、多角度的燃气安全宣传、讲座。预约巡检和集中巡检相结合，提高入户巡检率。建立24小时消隐机制，在开具巡检告知单后的24小时内，与用户取得联系消除安全隐患。截至年底，牛街西里一区巡检应巡882户，实际巡检799户，入户率91%。发现胶管过长、未装烟道、直排热水器、软管高于灶面、非标软管等隐患19处，消除隐患16处，隐患消除率84.2%。

（田　欣）

【管网信息】　年内，二环以内的西城区管线总长度为533.25公里；有94座调压站；493座调压箱；741座闸井。

（田　欣）

【用户巡检】　年内，西城一所完成原西城区内39876户民用户安全巡检工作，更换胶管5501根，发现问题9054个，发放巡检告知单9054张，现场维修30个，完成公服巡检1792块表，用户维报修3088次。西城二所完成原西城区内76382户安全巡检工作，更换胶管10587根，发现问题3142个，发放巡检告知单3113张，完成公服巡检900户，用户维报修33次。

（田　欣）

【客户服务站】　西城一所客户服务站（民用站）负责二环以内西城区54242户管道燃气用户的安全巡检、查表收费及维修等工作。地址：西城区西直门南小街16号院，电话：66176311。西城二所前三门客户服务站负责二环以内原宣武区102560户管道燃气用户的安全巡检工作。地址：西城区温家街2号院，电话：66026581。

（田　欣）

【社区服务中心】　西城一所西直门社区服务中心（提供预约报装、预约巡检及维修、预约户内拆改迁移、受理用户投诉、整体厨房设计、燃气卡相关业务、终端燃气产品及零配件销售及售后服务、燃气保险销售等业务）地址：西城区西直门南小街国英园1号楼地上一层北侧6-9，电话：58562370。西城二所白纸坊社区服务中心（提供燃气卡开通和补办、燃气及终端燃气产品销售业务）地址：西城区白纸坊西街都市晴园底商22-2，电话：63516895。

（田　欣）

热力供应与管理

【热力站管理及服务】　截至年底，北京市热力集团有限责任公司负责西城区内统管站77座，面积574万平方米；代管站191座，面积1152万平方米；自管站453座，面积1950万平方米，分别由西城分公司，合服黄龙、开诚、瑞安通负责。

（张　磊）

【热力管网管理及供热服务】　西城境内的热力管网管理由北京市热力集团有限责任公司输配分公司管网管理二、三、四所负责。管网管理二所位于西城区广外莲花池东路3号，电话：63328612。管网管理三所位于海淀区西八里庄16号，电话：88152578。管网管理四所位于朝阳区芍药居北里304楼，电话：84634686。截至年底，设在境内的供热管网管径500毫米以上的管线总长度93公里。

（张　磊）

电力供应与管理

【概况】　国网北京市电力公司（简称北京电力）是国家电网公司的子公司，负责北京地区1.64万平方公里范围内的电网规划建设、运行管理、电力销售和供电服务工作。下辖二级单位29个，包括供电公司16个、业务支撑和实施机构10个、其他单位3个。年内，完成售电量860.50亿千瓦时，营业收入580.97亿元，实现利润总额11.69亿元。公司拥有35千伏及以上变电站483座，变电容量8650万千伏安，输电线路8995公里、电缆1921公里；历史最大负荷1856.6万千瓦，负荷密度约1000千瓦/平方公里；城市供电可靠率达到99.980%。北京电网已经形成六大分区相互支持的结构，具备较强的资源配置能力和抵御风险能力。同时，北京电网又是一个典型的受端电网，本地发电仅占全部用电负荷的30%，其余70%的电力依靠山西、内蒙古等地输入。北京电力践行“努力超越，追求卓越”的企业精神和“诚信、责任、创新、奉献”的核心价值观，坚持做好为中央党政军领导机关服务，为日益扩大的国际交往服务，为国家教育、科技、文化和卫生事业的发展服务，为首都市民的工作和生活服务。业绩考核进入国家电网公司A段行列，获对标管理标杆和安全管理、人力管理、财力管理、规划管理、建设管理、配套保障管理等6项专业标杆。连续8年获得全国“安康杯”竞赛优胜企业，继续保持全国文明单位和首都文明单位标兵荣誉称号。

地址：西城区前门西大街41号
邮编：100031
电话：63121114

（吴国健）

【电网概况】　截至年底，北京地区共有发电厂27座，发电机组204台，总装机容量10647兆瓦；其中火电厂（含燃气）12座，发电机组44台，总装机容量9313兆瓦；水电厂（含抽水蓄能）6座，发电机组18台，总装机容量1013兆瓦；风电厂1座，发电机组124台，总装机容量186兆瓦；垃圾、沼气及核电厂7座，发电机组18台，总装机容量135兆瓦。110千伏及以上变电站465座，变压器1158台，变电容量107682.4兆伏安。110千伏及以上架空线路557条6735.99公里；

110千伏及以上电缆线路895条1795.03公里。

（吴国健）

【人力资源】 年内，北京电力有全民职工8255人，其中研究生及以上学历1263人，本科学历3693人，专科学历1789人；高级职称1217人，中级职称1689人；技师及以上职业资格3569人，高级工2260人，中级工378人。全口径劳动生产率实现1418286元/人。按照“专业集约、末端融合、精简高效、整体最优”的原则，编制深化“三集五大”体系建设实施方案及“三集五大”机构设置和人员配置方案，完善“五位一体”协同机制。完成非供电企业业务流程建设，实现业务全覆盖。选取13个供电公司的33个班组作为试点单位，完成作业流程体系构建，实现班组“智能派单、自动定位、规范作业、提升绩效”四步走作业模式。制定《岗位管理实施细则》《职员职级序列管理实施细则》，印发《深化业务外包工作方案》，组织业务外包“回头看”，优化公司业务外包范围，形成供电业务外包分类明细表。制定《公司青年人才培养工作指导意见》《公司内部市场运行管理实施细则》《公司岗位绩效工资管理办法》《公司工资集中审核发放工作方案》分解量化国网公司2015年度业绩考核指标体系，制订29项考核要素和《本部业绩考核工作评价细则》《所属单位及其企业负责人业绩考核管理办法》，按期分析业绩考核完成情况，量化、细化、流程化分解指标权重。修订专业对标指标体系，关注增量评价、加强过程管控、引导自我提升，形成“管理与执行同向、考核与业务联动”的工作机制。编制《公司培训机构安全管理实施方案》《实操安全与应急知识读本》和4类工种实操培训指导书，制定《培训工作隐患管控治理标准及现场应急处置预案》，组织培训和安全管理自查互查。作为国网公司网络大学试点单位，完成省直分院个性化页面上线工作，开展网络大学培训考试计划180项。78人当选国网公司专家人才后备，352人成为省、地两级专家人才后备，9人被授予国网公司专业领军人才称号。

（吴国健）

【电网建设与发展】 年内，北京电力与北京市政府联合编制《首都电力提升行动计划》，落实《北京电网中长期发展规划》和《北京电网中长期发展空间布局规划》，将特高压规划及北京电网规划成果全面纳入北京市能源电力发展规划，新增新能源装机11.77万千瓦，新增分布式电源并网1.03万千瓦。取得北京市重大工程“绿通”项目39项、输变电工程核准批复50项、核准变电容量571万千伏安。推动《10千伏及以下配电网建设技术规范》地方标准发布实施，《以“强简强”供电模式为目标的规划管理创新》获北京市管理创新一等奖，《大型城市电网空间布局规划关键技术研究与应用》《基于大数据的负荷模型及同时率测算方法研究》获公司科技进步一等奖。完成一体化电量与线损系统试点任务，获电力行业信息化成果一等奖。规划专业同业对标进入国家电网公司标杆行列。开工110千伏及以上输变电工程17项，新建变电容量662万千伏安、线路184公里；投产110千伏及以上输变电工程27项，新增变电容量280万千伏安、线路329公里；完成35千伏及以上电力线路迁改工程15项、78.7公里。完成菜市口变电站附属设施建设。完成城区范围2.4万户、累计31万户“煤改电”改造，龙潭湖、报国寺等配套工程均按期投产。累计建成电动汽车充换电站278座、充电桩4610个，提供充换电服务225万次，充电量6755万千瓦时，收取预付电费4788万元。完成12座城际快充站、3260台城市快充桩的建设选址和物资招标等工作，建设投资约12亿元。持续深化基建安全质量“亮牌”考核机制，未发生基建安全质量事故（事件）。25项输变电工程全部通过国家电网公司优质工程核查，优质工程率实现100%，220千伏永定、110千伏梁庄变电站工程获国网创优示范优胜项目称号。创新实施基建技经“3+1”巡检，建立工程结算专题调度和月度通报机制，完成纳入考核的30项输变电工程全口径结算。完成《室内GIS间隔对接小环境研究》等2项新技术研究。参加国家电网公司设计竞赛，取得优胜奖1次、一等奖2次、三等奖2次。《基于“五位一体”的工程项目一体化管理》入选国家电网公司“五位一体”综合类典型案例库。建立“分层管理、动态考核、灵活培训”的基建信息化工作机制。基建专业同业对标连续两年进入国家电网公司标杆行列。

（吴国健）

【经营管理】 年内，固定资产投资完成232.55亿元，售电量完成860.5亿千瓦时，同比增长2.26%，均创历史新高；线损率累计完成6.88%。提前完成2016年全口径项目储备5534项423.99亿元，提前安排2016年度夏防汛及配电网专项项目8033项34亿元。完成国家公司下达的28项综合计划指标。编制年度发电量计划，有效化解关停燃煤电厂3年替代发电增加购电成本14.2亿元的风险。争取到三批国家专项建设基金，取得“煤改电”补贴资金批复10.5亿元和外部渠道资金23亿元。新增用电客户20.67万户容量902.22万千伏安，同比增长7.07%。实现电能替代电量19.11亿千瓦时；节约电力15.29万千瓦，节约电量6.51亿千瓦时。电价执行准确率达到99.99%。加强电费回收管控，集团户扩展至8户，回收资金13.14亿元，建立电费回收约谈机制，实施月调度、日监控，制定“一户一策”回收方案。联合市发改委、公安局开展反窃电行动，追补电费和违约使用电费3550.60万元。电费回收率实现100%。换装智能表165万具，累计投运728万具、采集台区6.4万台，采集覆盖率达到97%。建成公司计量中心、供电公司两级集中监控体系，发现及处置采集数据异常问题46万起，追补电费5472万元。优化调整业扩报装集约模式，将10千伏5000千伏安及以上报装项目调整为公司客服中心全流程办理。实现全部6.86万个低压台区数据、5.97万高压客户、735.82万低压客户营配数据采录贯通。年内，有38项管理创新成果获得省部级以上奖项，其中首次获得国家级管理创新成果一等奖，连续3年被评为北京市管理创新工作优秀组织单位。35

项QC小组活动成果获得省部级以上奖项。4个QC小组获“全国优秀质量管理小组”荣誉称号，6个班组获“全国质量信得过班组”荣誉称号。

（吴国健）

【安全生产】 完善安全规章制度建设，相继出台《安全双准入管理规定》《安全巡检工作规范及安全事件调查管理规定》《变电、线路和配电安全规程补充细则》。规范作业现场安全管理，加强外协、外包人员队伍管理，严格落实安全双准入管理制度，建立负面清单制度。完善隐患排查治理机制，细化“一单、三档、一表”管理，建立隐患工作日常巡查和周通报制度，确保各类隐患风险可控、能控、在控。完善应急处置预案，加强应急演练，共开展综合应急演练80场次，专项演练184场次，年内启动应急响应65次，并成功应对“11·25”冰灾等多起恶劣天气及突发事件。完成政治供电任务192项，累计保电天数达318天。重点完成全国“两会”、中国人民抗战胜利暨世界反法西斯战争胜利70周年纪念活动、北京田径世锦赛等供电保障任务，实现“服务零差错、供电零闪动、客户零投诉”的保电目标。

（吴国健）

【科技与信息化】 年内，北京电力研究开发费投入1.55亿元。牵头863课题“电动汽车充电对电网的影响及有序充电研究”、参与国家支撑计划课题“优质电力园区关键技术研究及示范”通过国家科技部验收。主动配电网关键技术研究及示范863课题推进顺利；“交直流混合配电网关键技术”课题获国家科技部863计划立项批复。获中国电力科学技术奖1项、北京市科学技术奖5项、国网公司科技进步奖8项。申请专利571项，其中发明申请279项；授权专利444项，其中发明授权56项，申请海外专利6项。完成40余项110千伏及以上电网建设项目环评和环保验收内审和信息公开工作。完成126座110千伏及以上变电站电磁环境监测。推进配电网建设改造暨营配调数据深化应用试点工作，“五系统一平台”相继上线，26项业务提升逐步投入使用。首次实现“站—线—变—箱—户”信息贯通。完成信息化项目145个，获得中国电力行业信息化成果一等奖2项，二等奖4项，三等奖2项，国家电网公司信息化建设优质项目1项。承担国网公司信息通信人才能力素质模型等39项试点任务。制定配电通信网技术标准11项。完成综合语音平台供电所、营业网点终端建设，实现35千伏及以上变电站、主要办公场所、营销网点、分支机构的光纤覆盖率达到100%。完成《国家电网公司通信运行方式管理办法》等3项技术标准及管理制度编制工作，完成《OPGW光缆接地方式及实验技术研究》课题。

（吴国健）

【优质服务】 加强客户服务中心建设，营业厅开通无线网络、布设自助交费设施，在国网公司系统率先开展信用卡购电服务。居民24小时应急送电服务15.5万次。购电代收机构增至16家。推广手机APP、电力微信，注册客户突破130万户，居民客户网络渠道交费率达到33%。拓展电费充值卡代销渠道，电费充值卡发行销售达到132.53万张。短信定制客户达到340万户，发送服务短信1414万条。开展重要客户差异化延伸服务工作975项。建立公司、属地两级供电服务分析例会机制，召开投诉分析周例会48次，分析服务类投诉问题141件，服务类投诉占比下降21.97%。加强重点台区监测治理，强化低电压、分换装项目进度管控，供电质量类投诉同比降低16.4%。推进民生工程建设，完成16个老旧小区改造，惠及居民客户1.45万户。完成6项轨道交通、3290多万平方米保障房送电任务。开展共产党员服务队集团化、标准化、规范化建设和“五心服务进万家”工程，调整组建124支服务队，办好“北京电力红马甲”微信公众号，开展第二届服务队竞赛，评选出金牌、优秀服务队各12支，在国家电网公司服务队竞赛中，公司5支服务队获奖。持续开展“电靓京城”品牌传播与塑造活动，讲好“国网故事”，传递“国网声音”，与《人民日报》、新华社、《人民政协报》等主流媒体合作，在中央媒体发稿227篇次，《北京日报》、北京电视台等市属媒体发稿1013篇次。公司企业社会责任工作获评“金蜜蜂·生态文明奖”。第四次获得首都经济界“奥斯卡”大奖，获评北京“最具影响力十大企业奖”称号。

（吴国健）

【城区供电】 城区供电公司是国网北京市电力公司的直属大型重点供电企业，有职工508人，担负东城、西城两个行政地区93平方公里范围内的电网规划建设、运行管理、电力销售和244万客户的供电服务工作。负责辖区内29座110千伏变电站的运行维护，10千伏及以下架空线路、电缆线路、电缆架空混合线路和开闭站、配电室的调度、运行、检修及事故处理；负责辖区内的业扩报装、用电检查、营业电费抄核收及日常杂项营业工作。年内，城区供电公司完成“9·3阅兵”、全国“两会”、田径世锦赛、党的十八届五中全会、亚信非政府峰会等各级政治保电任务77项，确保首都核心区电网安全稳定运行，累计保电257天。服务首都清洁能源计划，完成近2.5万户居民的“煤改电”改造任务。服务新能源发展，加快新能源汽车配套充换电设施建设，建成公用交、直流充电桩164台，环卫充电桩77台，完成选址283台。年内，实现售电量97.30亿千瓦时，城市供电可靠性99.99%。持续推进“五平台”建设，完善调整共产党员服务队建制，深化运行机制、队伍培养和品牌宣传，开展“六进三送”和“五心服务进万家”活动211次，受益群众11920人。政治供电核心区运管中心获全国青年安全生产示范岗、北京市模范集体称号；陈牧云当选国资委“国企敬业好员工”。城区供电公司获2015年度首都文明单位标兵，全国“安康杯”竞赛优胜单位，全国安全生产标准化达标评级一级企业，北京市思想政治工作先进单位，北京市安全生产先进单位，北京市安全文化建设示范企业，国家电网公司文明单位等称号。

地址：西城区西直门南小街174号
邮编：100034
电话：63128718

（吕　翔）

【境内供电及用电量】 年内，西城区售电量68.1亿千瓦时，其中工业电量1.88亿千瓦时，商业电量10.47亿千瓦时，交通用电量3.69亿千瓦时，建筑业电量0.69亿千瓦时，信息传输、计算机服务电量2.3亿千瓦时，金融业用电量20.12亿千瓦时，公共事业及管理组织用电量13.74亿千瓦时，居民电量15.21亿千瓦时。

（吕 翔）

自来水供应与管理

【概况】 北京市自来水集团有限责任公司（简称市自来水集团）是北京市政府所属国有独资公司。主营业务负责北京市区和部分郊区、县自来水生产和供应，兼营再生水、部分郊区污水处理，供水工程设计、施工、安装、管网抢修、管件器材、水表制造、供水材料贸易等业务。截至年底，集团日供水能力418万立方米/日（市区370万立方米/日，郊区48万立方米/日），自来水销售量9.37亿立方米，实现营业收入32.23亿元，利润7756万元。完成再生水销售量2742万立方米，污水处理量2805万立方米。水质综合合格率100%，管网压力合格率99.95%，管网修漏及时率100%，市区居民自来水普及率100%，实现安全生产无事故。

地址：西城区宣武门西大街甲121号

邮编：100031

电话：66410088

（李 想）

【供水情况】 年内，市自来水集团全力用好南水，领导小组坚持每日会商研判，200组队伍每天2次对161处终端水质进行巡检。针对南水中断风险，研究制定本地水源恢复方案，开展应急演练。及时修订南水调度方案，提前将南水用量平稳调增至200万立方米/日，全年安全使用南水5.7亿立方米，在世界上开创了大规模跨流域换水的成功先例。集团扎实做好高峰供水保障，按期完成481项迎高峰检修计划。制定系列保障方案预案，精准调控管网闸门，中心城区平稳度过332.7万立方米/日供水高峰。运用“5+N”供水调度模式，高峰期间每日向通州、大兴、长辛店地区输水10多万立方米，有效缓解地区供水需求矛盾。以超奥运保障标准，完成“9·3”阅兵、田径世锦赛、冬奥会申办等29次重大活动供水保障任务。

（李 想）

【水质管理】 年内，市自来水集团加强工艺水质基础管理，全面评价水厂净水工艺和配水管网的适应性，编制多水源水质条件下地表水厂预处理工艺应用技术导则。有序推进再生水·污水水质检测站建站工作。在门头沟分公司建成集团第一座压力式超滤膜供水系统。增强水质监测预警能力，制定《集团管网水质安全保障责任分工及管理要求》，开展地下水水源地污染源问题排查，实施管网水质在线监测项目，完成17处管网水质在线监测试点建设。集团水质监测中心及郊区的水质检测项目分别增至210项和76项。应对南水水质变化，针对持续7个月的“高藻水”问题，多次现场评估研判，制定处置方案。通过强化预加氯、调整药剂及臭氧投加量工艺组合等措施，确保出厂水符合国家标准。针对低温低浊水问题，及时根据水温情况精准调整药剂投加量，出厂水浊度控制在0.3NTU以下。

（李 想）

【管网安全】 年内，市自来水集团实施管网新建改造，推进管网改造二期、三期、四期以及使馆区、旧城区管网改造工程，推进管网建设前期及随路施工，新建、改造管网300余公里。历时9天完成中南海内部老旧管线改造。加强抢修能力建设，完成GIS功能扩展及升级改造，实现GIS与呼叫中心系统对接。及时应对岳各庄桥、西直门桥管网破损事故，实施快速抢修。更新通讯设备，添置便捷交通工具20台套，配备117台GIS系统在线移动终端和150台800兆手持移动电台，提升抢修指挥调度能力。强化管网新安工程质控验收，加强管线违章占压巡查，杜绝新增管网隐患。加强漏失监测预警系统应用，加大管网破损隐患检测正向激励机制，管网破损隐患检出率达到71%；发生管网破损事故787处，同比下降6.31%；因施工造成管网破损30处，同比降低38.78%。

（李 想）

【安全生产】 年内，市自来水集团建立健全安全生产责任体系，先后出台规章制度6项，修订完善各类安全操作规程1100余项。持续开展安全生产标准化创建，集团39家单位全部顺利达标。完善集团安全生产信息化管理系统，二级单位全部实现联网管理。供水突发事件应急预案通过专家评审，演练通过评估。组织开展消防运动会、安全知识答题、有限空间作业大比武等活动。创新安全小教员巡讲活动，全年巡讲16场，培训职工1000多人。坚持问题导向，以“四不两直”的方式强化安全生产监督检查工作，开展各级安全检查6100余次，消除隐患256项。加大反恐投入，加装物理隔离设施，增加值守力量。严格危化品管理，编制集团危化品安全管理制度汇编，330名涉危岗位职工全部持证上岗，妥善解决天津滨海新区爆炸事故后的次氯酸钠运输难题。

（李 想）

【对外服务】 年内，市自来水集团推进金牌服务创建，开展金牌员工和集体的评选、表彰工作，选树金牌营业厅及维修所12家，金牌服务员工97名，完成对外服务窗口典型事例征集汇编207篇。创新服务手段，完成微信钱包、京东商城等缴费渠道以及微信、支付宝服务渠道功能开发。开展居民用户自报数出账试点，减少入户抄表扰民。强化营销质量管理，完善集团营销考核体系和正向奖励机制实施办法，实施后市区售水量增加3823万立方米，同比增长9.66%。推进表务服务平台建设，建成6家水表维修网点。完成5000支大用户高精度水表和2000支楼门表流量计安装、34万余支周期换表和户表远传水表更换。推进自备井置换，完成自备井置换105户，关停自备井157眼，置换水量4.55万立方米/日，45万人受益。

（李 想）

【区内自来水营销情况】 截至年底，西城区计量水表数量537558支，区内售水量9662万立方米，其中居民家庭售水量4139万立方米，公共服务售水量5021万立方米，生产运营售水量502

万立方米。区内设收费营业所1处，位于真武庙路四条8号院2号楼3层。

（李　想）

【境内管网维修】 北京市自来水集团禹通市政工程有限公司西城维修所位于西城区槐柏树后街25号。主要负责西城区境内的自来水管网抢修、维修及大小口径管线安装工作。年内，抢修供水管线发生的明漏100处，较上年同期减少25处；暗漏256处，暗漏自检178处，占暗漏总数的69.5%，较上年同期增加38处。完成零活修理3330户，更换故障水表301只、闸门23个、消火栓65个，解决居民无水、水微问题92处；大小在施安装工程226户，安装长度合计8669米。完成集团交办的任务：刨找设备井59处，排气门维护520处，“9・3”阅兵期间保安全打井盖4215处，保驾放置帕玛劳探头892处。

（吴雨霏）

（责任编辑　孙凤霞）

城市管理

城市环境管理和综合整治

【概况】　北京市西城区城市环境建设委员会是区政府统筹城市环境建设发展、环境建设重大项目、督查全区环境建设工作任务实施、协调解决环境建设重大问题的职能部门。主任由西城区委副书记、区长王少峰担任，成员部门由区委区政府相关的委、办、局，15个街道办事处和中央直属机关事务管理局、国务院机关事务管理局、中国人民解放军总参谋部、北京市交通委员会运输管理局、北京市通信管理局等85个部门组成。委员会下设办公室（简称区环境建设办）。区环境建设办为临时常设机构，隶属区委、区政府，由区政府直接管理，机构为正处级班子。下设综合协调、总体策划、项目管理、环境秩序（拆违办、综合执法协调办合署办公）、宣传动员5个科室。西城区市政市容监察所纳入区环境建设办管理，与环境秩序科协同负责监督管理区域内的环境秩序。区环境建设办主要负责组织编制西城区环境建设中长期发展规划及专项规划；组织拟订西城区城市环境建设标准；监督检查西城区城市环境建设委议定事项的落实情况，协调解决工作中遇到的问题，承担西城区城市环境建设委的日常工作。年内，区城市环境建设工作立足西城首都功能核心区定位，全面开展“四大工程”（“景观提升、惠民利民、市政设施、生态建设”工程）和“六大战役”（“拆违、灭脏、治污、清障、治乱、撤市”），完善城市管理体制机制建设，破解城市环境管理难题，打造环境亮点工程，借北京2022年冬奥会申办、2015年世界田径锦标赛举办、庆祝中国人民抗日战争暨世界反法西斯战争胜利70周年纪念活动等重大环境保障工作契机，实施重点项目科学管理、老旧小区加大整治、环境秩序规范提升，通过环境建设广泛宣传动员，管理部门和辖区单位、居民共同参与，城市环境建设工作任务圆满完成，区域城市环境建设水平和城市生态环境质量全面提升。

地址：西城区新街口外大街甲14号
邮编：100088
电话：62036286

（杨桂珍）

【区城市环境建设工作大会】　2月9日，西城区召开2015年城市环境建设工作大会。区委副书记、区长王少峰主持会议，区委书记王宁出席并讲话。区四套班子主要领导、中央直属机关事务管理局、国务院机关事务管理局、首都环境建设办、北京卫戍区警卫四团及区属相关委、办、局等委员单位的领导共300人出席会议。会议对北京市西城区城市环境建设委员会成员部门及人员进行重新调整；区人大常委会副主任俞强就区人大《关于加强环境建设，共建和谐宜居西城的决议》作出说明；副区长姜立光作2014年环境建设、环境保护、园林绿化工作报告，部署2015年工作；驻区中央单位、首都环境建设办领导分别在会上发表讲话，对西城区加强环境建设决议的做法给予肯定；王少峰分别与国务院机关事务管理局后勤改革与综合管理司、警卫四团等驻区单位代表签订《共建和谐宜居西城协议书》，并与区环保局、广外街道等区属单位签订责任书。王宁提出五点要求：一是把“环境要优美”摆在全区工作的重中之重，努力把西城区建设成为具有国际一流环境的窗口；二是以改革增活力、向改革要成效，加快形成城市精细化管理体制机制；三是直面问题，打好“城市病”治理组合拳；四是主动适应环境建设新常态，不断提升城市综合治理能力；五是要用力、用心、用情，打造更高品质、更具韵味的西城环境。

（杨桂珍）

【老旧小区整治】　年内，着眼群众实际需求，开展“惠民利民”工程。对59个老旧小区环境进行综合整治，重点拆除违法建设、改造地下管网、整修市政道路、修缮房屋等，改造居民院落户厕591个、旱厕34座；改造、增量居住区停车设施1007个；对79条街巷进行综合整治，对18条胡同实施精细化管理，翻建、解危修缮平房5400余间；综合维修楼房27栋，对25所学校周边的环境进行综合治理；完成百万庄项目征收，启动红居北街东延征收项目，建立广安门外地区薄弱地块工作台账，推进西直门东北角腾退等工作。

（杨桂珍）

【达标道路建设和环境重点项目整治】　年内，区环境建设办着眼完善城市功能，陆续启动市区级达标道路、学校周边、白纸坊东区、天桥南片区、西海片区、景山北海照明项目、精品大街、地铁7号线周边等项目。其中市、区级达标道路和西海片区项目已完工。开展基础设施工程建设，实施38条道路大中修、打通白纸坊西延道路等断头路，完成5条道路疏堵、29条道路慢行系统建设及金融街等区域无障碍设施改造；开展设施环境治理，加大地下管网调查摸底，加快地下管网数据库建设，提高节水防汛、电、气、暖等基础设施承载能力，为群众营造安全、舒适的生活环境。

（杨桂珍）

【重点地区环境景观提升工程】　年内，结合申办北京2022年冬奥会、举办2015北京田径世锦赛、纪念中国人民抗日战争暨世界反法西斯战争胜利70周年庆祝等活动，启动“三金海”（三里河、金融街、中南海）及周边和谐宜居示范区建设，对周边区域及道路沿线环境景观，包括架空线入地、外立面粉饰、道路铺装、绿化品质、夜景照明等进行综合提升；按照“网格化管理、板块式推进”思路，完成西海等3个区域环境综合提升项目和16条市区级达标道路、莲花河滨水公园景观提升工程（一期）、环二环城市绿廊等亮点工程；继续推进“三道”（鼓楼至永定门中轴路文道、积水潭桥至开阳桥商道、木樨地至永定门滨河沿线绿道）建设、架空线入地工程；高标准治理二环路沿线、地铁7号线站口周边环境；实施月坛南街、月坛北街、阜成门内北街、阜成门内大街、景山北海、天桥艺术中心周边环境综合提升项目；持续改善进京“第一印象”，打造亲水空间，营造品质化的城市公共空间。

（杨桂珍）

【环境秩序整治】　年内，开展拆违、清障、治污、灭脏、治乱、撤市“六大战役”，以解决群众身边环境问题作为突破口，营造良好城市环境秩序。年内，拆除违法建设2797处7.6万余平方米，保持无新生违建；围绕影响城市管理的各类环境问题，加大整治力度，清理废弃机动车300余辆、废弃非机动车2376辆、僵尸车362辆、私设地桩地锁1800余个；规范汽车修车点51处，撤销17处；开展河湖两岸垃圾清理，妥善解决三里河三区19号拆迁楼等征而未拆、拆而未建地区周边环境问题；回填属于地下违法建设的私挖地下室8处，治理报刊亭超范围经营30起，规范废品回收站点占道经营行为310余次，完成榆树馆15号楼空中违建、藕芽胡同4号违法建设强拆工作；重点整治街面秩序、开墙破洞、店外经营、市场形态小门脸等环境突出问题，治理擅自开墙破洞违法建设工作，在南礼士路三条开展试点工作取得良好效果；专项整治露天烧烤、违规牌匾、山寨指路牌、断亮霓虹灯、临窗广告、车身广告；督办京藏高速公路沿线（西城段）、二环主线可视范围内列入台账的40余类近100个环境问题，按时、保质销账；发挥城市管理资源整合效能，各部门联动，逐一调研并及时处理媒体曝光、检查通报、群众反映、领导批办的各类环境问题；规范提升商贸市场15个，其中撤除6个；整治报国寺内外环境，拆除违法建设89处，清理各类摊点1200余个。

（杨桂珍）

【提案建议办理】　按照提案建议办理工作要求，对人大代表建议、政协委员提案及群众反映的实际问题，采取现场勘察核实情况、有针对性地召开相关人员对接会、阶段工作汇报会、研讨会、现场会和推进会、出台专项行动方案、派发督办通知单等方式，认真办理，吸纳合理化建议，及时沟通信息，妥善解决难点问题，解决了一批包括区域环境整治提升、拆除违法建设、疏解非首都核心功能等民生问题，受到代表、委员和群众的好评。提案、建议办理工作全部按时间要求提前办结。年内，区环境建设办共主办、会办区级建议和提案共37件。其中区人大建议主办13件，区政协提案和党派提案主办14件，市人大建议主办1件。代表、委员满意率为100%。

（杨桂珍）

【评选城市环境建设先进】　年内，依据首都环境建设办《关于推荐2015年度首都城市环境建设样板单位和突出贡献个人的通知》要求，区环境建设办结合全年环境建设工作开展情况，采取由街道、部门推荐，区环境建设办审核，报首都环境建设办批准的方法，评选出一批在环境整治、市容环卫、园林绿化、街道社区环境建设工作中做出突出贡献的优秀单位和个人，予以通报表彰。共评选出“首都城市环境建设样板单位”21个、“首都环境建设突出贡献个人”64人。

（杨桂珍）

【环境建设宣传】　围绕区城市环境建设重点工作，借年内北京申办冬奥会等各项重大政治活动契机，采取媒体报道、信息编发、宣传培训、摄影比赛、志愿者活动等多种形式，营造城市环境建设的宣传氛围，动员社会各界群众全民参与；在《北京日报》《北京晚报》《新京报》《北京西城报》等市、区级媒体进行新闻报道，展示西城环境建设成果；及时编发环境建设活动信息，分别被市、区政府信息刊物采用，西城区街巷胡同精细化管理的经验在《昨日市情》专刊上登载。3月，区环境建设办、区文明办联合举办首届“文明美丽西城，有你与我同行”摄影大赛，历时40余天，收到39个单位89人提交的各类作品372件；大赛作品分设环境组和文明组两个类别，重点展示市民及城市环境志愿者在参与西城区公共环境建设、文明风尚倡导等活动中的风采。5月，举办全区环境志愿者骨干力量培训，邀请全国最美志愿者代表以及首都环境建设志愿服务总队、中国志愿服务合众泽益培训团队、区文明办、区志愿者联合会等机构的领导、专家、学者，就环境志愿者活动的组织开展、策划运行、网上操作和活跃度提升等内容进行培训，全区15个街道及12个相关单位的志愿者代表117人参加，提高区、街、社区三级环境志愿者队伍负责人的管理能力，培养了一批小教员和环境志愿者骨干，促进环境志愿服务活动的蓬勃开展。6月，区环境建设办会同椿树街道联合举办“环境建设同参与，美丽椿树共分享”——环境志愿者招募暨志愿服务活动，将环境志愿者组成小分队，巡查拆迁区内的环境秩序，发现问题及时上报，将环境志愿者工作与文保区胡同的准物业管理有机结合，拓宽志愿者参与城市管理和环境建设的途径和领域，使物业公司及商户人员结合自身工作参与到志愿服务活动中来。

（杨桂珍）

市政管理

【概况】 北京市西城区市政市容管理委员会（简称市政市容委），挂北京市西城区城市环境建设委员会办公室（简称区环境建设办）和北京市西城区交通委员会（简称区交通委）牌子。是负责本区城市市政基础设施、公用事业、公共交通、爱国卫生、市容环境卫生管理、城市市容综合整治，统筹本区交通发展和管理工作的区政府工作部门。下设19个职能科室。所属事业单位4个，为西城区人民政府节约用水办公室、西城区人民政府防汛指挥部办公室、西城区市容监察所和西城区个体出租汽车管理站。年内，西城区市政市容委按照年初的既定思路，围绕市政基础设施建设、市容市貌管理、城市运行服务保障和机关自身建设，加强统筹协调，严格规范程序，实施建管并举，有效推动各项工作落实，城市环境建设与管理工作取得新的进步。

地址：西城区北礼士路12号
邮编：100044
电话：88391564

（刘　雯）

【市政基础设施建设】 年内，区市政市容委先后对全区38条道路进行了大中修，铺设沥青混凝土14.5万余平方米、步道砖3.7万余平方米、路缘石3.4万米。对西海东大桥、后海西大桥、金锭桥、银锭桥、德内石拱桥、德内梁板桥等6座区属桥梁进行养护。完成德胜门内大街及什刹海周边道路慢行系统改造工程及29条自行车出行示范工程。解决5个路段的交通拥堵，43处市政排水管线、76座渗水井处积水点和15处无障碍设施。改造金融街E5绿化广场、西单华南大厦连接桥、修复掘路地段、清除无主井盖、无主管线和废旧电线杆等，全年共计完成22项市政改造工程。继续开展桃园C地块拆迁工作。共签约产承户75户，占总产承户约85%，共签约户籍户200户，占总户籍户的90%，共拆除正式房屋建筑面积1904.65平方米，共拆除自建房屋208间建筑面积约2369平方米。

（刘　雯）

【完善市容管理制度】 年内，区市政市容委制定并通过实施《北京市西城区市政市容管理委员会合同管理办法（试行）》，9月，完成常用合同示范文本的初稿拟定工作。依据市市政市容委新下发的《北京市环境卫生专业检查考评办法》，及时修订《北京市西城区环境卫生作业考评办法》。先后制定出台《西城区2015年度生活垃圾分类收集运输和处理工作方案》《西城区景观照明设施运行维护考核管理规范》等。

（刘　雯）

【治理市容环境】 年内，区市政市容委加大道路保洁力度，主要道路机扫率达到99.1%，除冬季外，主要道路全天实施洗地、冲刷和喷雾降尘作业，洗涤率达99.36%，冲刷率达100%、喷雾降尘率达100%，降低了扬尘污染，在市环卫科研所公布的道路尘土残存量通报中，西城区道路街巷环卫保洁作业后尘土残存量平均值为6克每平方米，远低于北京市城区平均值。建立全区旱厕台账，对每座旱厕建立完整的文字和影像档案，完成34座旱厕的改造工作。及时开展扫雪铲冰工作，共为1148条道路除雪，清运积雪586吨。加强环卫作业力量、加大施工工地检查力度，降低雾霾天气的影响。组织相关单位对建筑渣土运输开展40余次执法检查，检查施工工地400余处，查处建筑垃圾违规行为50余起，罚款30万余元；配合城管执法局完成马连道地区206处违规LED屏的清理，拆除动物园地区160余处户外广告和牌匾；年初以来，共出动检查人员767人次，检查街巷胡同8868条，督办各类问题880件。截至年底，已整改865件，完成率占督办问题总量的98.3%。

（刘　雯）

【垃圾分类管理】 年内，区市政市容委完成28个新建垃圾分类试点小区的体系建设，巩固提高343个垃圾分类达标小区的体系建设；全区已纳入规范收运的单位1200家，规范收集率达到40%，共收集清运餐厨垃圾2.1万余吨。30个垃圾分类精品小区基本实现了厨余垃圾（绿桶）纯净率达80%以上、居民参与垃圾分类率达40%以上的目标。春节期间，在红楼、厂甸两大庙会开展垃圾分类宣传咨询活动，庙会期间共收集、清运餐厨垃圾7吨，由专业车辆送往高安屯循环经济园区进行资源化处理。委托中华环保基金会组织街道社区开展垃圾分类宣传90场次，不断强化市民的垃圾分类意识。

（刘　雯）

【交通秩序管理】 年内，区市政市容委通过“一区一警”指导街道、居委会在辖区居民区内通过建立停车管理委员会等形式，实现合理组织、自我管理。完成建设32条停车秩序示范街、灵境和德宝2个停车秩序示范小区，为居民提供翔达大厦北车停车场错时停车位104个。协调公交集团对53路、133路公交线路进行调整，解决了枣林前街、南横西街和南横东街全长3.8公里的道路一直以来有路无车的问题，方便了牛街、天桥地区居民的出行。开通“金融街—大兴”定制班车通勤线路，调整金融街环形班车线路，增开环形班车“午间线”，延长了金融街2号专线的运行线路，实现了2号专线与地铁4号线灵镜胡同站的接驳，新开了金融街环形班车3号专线，实现了金融街环形班车通勤的“早中晚”和“全覆盖”。

（刘　雯）

【缓解停车难】　年内，区市政市容委继续对TOCC（北京市交通运行监测指挥中心）西城区交通运行监测指挥平台进行数据汇总及系统改造，包括展示子系统建设、区路况信息管理子系统升级、停车诱导监测与管理子系统升级、个体出租车信息管理子系统建设、公租自行车监测与分析子系统升级等系统改造。西外地区停车诱导系统运行基本稳定，较好地缓解了部分车位紧张停车场的区域压力，被分流的车辆也为能够提供更多车位的停车场带来经济效益。新建西单地区停车诱导系统，与已建成的西外地区停车诱导系统并网运行，将数据实时上传于区TOCC交通运行监测中心，逐步将空余车位信息通过多种方式发布给市民。先后完成福丽特家居城、南礼士路56号院、北京市三建公司（二期）等3个立体停车设施建设项目，新建立体停车泊位352个。完成北营房西里小区等10个居住区小区的停车设施改造任务，新建居住区停车泊位1007个。投入使用公租自行车办卡服务网点6个，租还站点148个，投入公租运营设备5000套，其中，年内新布放设备1000套。

（刘　雯）

【水电气热保障】　年内，区市政市容委完成“一户一水表”的改造工作，共换装4985套（件），已完成节水器具换装任务的249%。开展报国寺、裕中东里、木樨地北里等25项雨水利用工程，完成蓄水池面积超过1500立方米，铺设透水砖4万平方米以上。创建市级节水型单位15个、区级节水型单位70个，节水型小区4个。委托区园林市政管理中心对人定湖公园、广安门南街、槐柏树街等12处景观照明设施进行大修；完成复兴门外大街4、6、11号等10栋楼以及德胜门西大街64号楼景观照明设施拆除及恢复工程；依据北京市地方标准DB11/T388的要求对全区景观照明设施进行了3次安全运行检查、20余次常规检查，保证了设备的安全运行。加强对燃气供应企业的行业监管，完成18处管道占压隐患的整治工作，组织7次对辖区液化气供应站的“四不两直”全覆盖式检查。67个居民小区已完成热计量改造项目；市区折子工程老楼通热方式实现无煤化全部完成，整合后的3座锅炉房、14座热交换站全面完成调试运行，1100户居民告别煤火取暖。

（刘　雯）

【排除各类险情】　年内，区市政市容委及时排除有碍城市安全运行的各类险情，共处理德内大街93号院塌陷事故、西单商业街广州大厦门前路面塌陷事件、大红罗厂街东口弱电缆线刮倒事件、红莲南路自来水管线破裂事故等各类应急抢险案件468件。各部门加强联系、互联共管，全力保障安全度汛。年内，区境共发生59次降雨过程，累计降雨量339.2毫米，汛期共排除房屋漏雨715间，院内积水24处，树木倒伏36棵、折枝600棵，下凹立交桥积水1处，均未出现严重汛情。

（刘　雯）

【管理体制研究】　年内，区市政市容委改进业务工作流程。认真组织城市管理体制机制和规划研究。按照区委改革办的要求，及时向区领导及相关部门提出城市管理体制机制改革的建议与方案；承担的国家级城市环境分类分级管理综合标准化试点工作，于5月12日通过了北京市质量技术监督局对西城区试点工作的中期评估。10月26日发布《西城区城市环境分类分级管理标准体系》，标准体系工作进入实施阶段。完成“十三五”城市精细化管理和市政基础设施课题调研以及“十三五”城市管理发展规划的编制。

（刘　雯）

【提案建议办理】　年内，区市政市容委做好人大和政协建议提案的办理工作，共承担市、区级建议、提案99件，其中主办件71件，会办件28件。各承办科室在承办建议提案中，能够认真开展工作，积极与代表、委员联系，了解代表、委员真实想法，承办的71个主办件，代表、委员同意和满意率达100%。

（刘　雯）

【阅兵期间环境保障】　“9·3”阅兵期间，区市政市容委制定《西城区纪念抗日战争胜利70周年活动环境卫生保障及应急工作方案》，成立纪念活动环境保障工作领导小组，累计出动人员4200余人次，车辆180余辆次，做好重点保障区域内的路面清扫、长安街沿线果皮箱清掏以及100个厕位的服务保洁工作。完成阅兵车辆清移工作，核心区、管控区路线共涉及道路71条，需清移车辆9000余辆。共清移车辆5次，清移车辆2.1万余辆，投入看护人员1200余人次（不包括各街道看护人员），设施：锥筒约2000个、禁停标识300个、护栏500个、挡车桩500个、警戒带3万米、拖车50台、灭火器1000个、喷粉车8辆。共征用学校、商场、大厦、路侧、工地及社会停车场38个，停车泊位约6500个。发放车证1.8万个，发放《致居民的一封信》3万份、责任书800份。

（刘　雯）

信息化城市管理

【概况】 西城区城市管理监督指挥中心（简称区城管监督指挥中心）是区政府负责城市管理监督评价与指挥协调工作的正处级行政机构。内设办公室、监督员管理科、信息管理科、指挥调度科、综合协调科等15个职能科室，行政编制86人。年内，区城管监督指挥中心以城市管理监督指挥、市级案件专项考核、全响应指挥中心建设、党员干部教育管理为重点，发挥监督指挥职能和协调中枢作用，推进全响应网格化社会服务管理区级平台建设、管理工作，提升城市运行效率和服务保障能力。

地址：西城区二龙路27号
邮编：100032
电话：88064954

（史智颖）

【职责及编制调整】 6月，区政府热线管理职能调整，经区编委会研究决定，将非紧急救助中心的工作职责及人员由区城管监督指挥中心划入区行政服务中心，核减行政执法专项编制4人。调整后，区城管监督指挥中心内设15个职能科室，行政编制86人。

（史智颖）

【城市运行管理平台升级改造】 7月31日，西城区城市运行管理平台完成升级改造，平台分为区级平台和分平台两个层面。城管分平台方面，完成了对区交通支队的升级改造，实现机动车乱停放类案件由分平台向下设7个分队子系统的自动派发，解决了案件办理周期长、结案率低的问题，该类案件结案率为99.97%，较上年同比提升30%。更新部件数据库并完成验收，数据库中包含道路交通、公共设施、市容环境等部件7大类、108小类，共计61万余个；更新数据库中的街景影像1126条；绿地养护195万余平方米、雨水、污水管线61万余米、兴趣点3万余个，为推进精细化城市管理工作提供了翔实的数据基础。8月10日，公共自行车租赁站纳入西城区信息化城市运行管理系统，实现网格化监督管理。

（史智颖）

【“全响应”区级平台建设与管理】 年内，区城管监督指挥中心升级“全响应”区级门户，加快建设“全响应”区级协同平台（以下简称协同平台）。进一步整合人、地、事、物、组织五大要素的数据，汇总“五位一体”（行政服务、社会服务、社会管理、城市管理、应急处置）业务成果，依托区科信委共享交换平台，完成了框架搭建、数据库架构、门户建设等基础工作，完善了“统筹指挥、监督考核、决策支持”3个核心功能。数据共享方面，与区科信委辅助决策平台、区市政市容委TOCC（北京市交通运行监测指挥中心）系统、区行政服务中心“12341”热线的案件分类统计及满意度评价模块和15个街道的“全响应”分平台实现数据对接，与区安监局、区信访办实现文件信息共享。“全响应”资源整合及指挥调度系统升级项目通过初验，完成区级平台与15个街道分平台系统功能升级，建立业务数据抽取机制，统一“五位一体”分类标准，实现与广内街道“访听解”等系统的数据对接。加强“全响应”系统建设统筹力度，在强化分中心个性功能的基础上，与区级平台无缝融合。

（史智颖）

【城市运行物联网体系建设】 年内，在原有雨雪监测系统、积水监测系统及二维码管理系统的基础上，完善信息管理功能，推进物联网监测体系（以下简称物联网）的搭建。将物联网监测平台网络传输模式优化为“内外网集成”，实现了实时数据与历史数据分离。创建物联网平台统一入口，实现了“单入口、多出口”与全响应平台、各委办局业务平台互联互通的系统运行模式。运用射频识别技术（RFID），在西安门大街试点部署沿街广告牌匾监管系统。完成大型户外广告牌匾倾倒监测系统的重新布点工作。升级改造雨量、积水点实时监测系统的网络结构，实现与市气象局、市防汛办积水数据的对接。5月14日，在中国城市科学研究会数字城市专业委员会主办的物联网与智慧城市发展研讨会暨物联网学组成立大会上，区城管监督指挥中心获评“物联网学组副组长单位”。

（史智颖）

【“全响应”工作推进及案件办理情况】 年内，区城管监督指挥中心加强全响应网格化社会服务管理（以下简称“全响应”）工作统筹力度，推进制度建设。全年接待学习调研及外宾参观32次，区、街两级平台处置各类问题242722件（区级平台82件、街道流转242640件），办结237326件，结案率97.78%。完善“全响应”区、街两级平台案件数据通报制度，联合区社工委建立“全响应”会议制度，全年编发《全响应平台数据月报》12期，破解难点、服务决策，保障工作快速落实。制定“全响应”案件派发标准，将“全响应”事项细化为5类别、21个大类、109个小类、571个子类，明确案件派发部门及完成时限。在全响应、城市运行、城管通PDA（监管数据无线采集设备）3个系统中同步进行社区网格边界调整，共涉及8个街道的10个社区。

（史智颖）

【构建城市管理“微循环”】 落实北京市“构建网格化城市管理微循环”（以下简称“微循环”）工作要求，推进城市管理中心下移、夯实城市管理基础，10月20日，区城管监督指挥中心与北京排水集团管网分公司沟通协商打通案件“微循环”、实现区级平台与市属企业的业务人员和系统进行对接等问题。“微循环”系统于10月26日进入试运行，11月下旬正式运行。对接后，污水井盖、下水道堵塞或破损类案件的派发方式由“市级转派”改为“区级直派”，办理周期由3个工作日缩短至1个工作日。

（史智颖）

【城市管理联动机制】　年内，区城管监督指挥中心组织区属相关部门，召开城市管理工作联席会4次。会议定期分析信息化城市管理案件办理情况，通报环境督察、市容考评结果，部署环境秩序整治任务，协调督办疑难案件，进一步加强对城市管理及环境建设工作的指导。组织相关业务科室，召开城市管理业务协调会8次。会议通报分析市级专项考核问题，研究具体对策，部署阶段性重点工作。部门联动开展公共空间设施综合治理，根据区市政市容委提供的城市公共空间部件普查及整治结果，实时更新系统数据，掌握部件变化情况。年内，将户外电子显示屏纳入网格日常监管范围，建立了动态管理长效机制。

（史智颖）

【监督员队伍管理】　年内，区城管监督指挥中心执行《百分制考核细则》和《监督员管理规定》，以制度建设规范监督队日常管理，共召开队长例会12次、专项会议10余次，编发《监督队综合考核月报》12期。结合阶段环境治理工作重点，组织开展监督员专项业务培训3次。年内考试录用监督员38人、办理退休32人、完成网格调整146人次。运用多种形式开展督查检查工作，全年共开展现场检查465次、系统检查386次、检查监督员4.7万余人次；督查环境秩序状况443次，督促上报问题94处；核查“三次核查未通过案件”148件；指导二级督查员检查街巷33425条次、重点地区21540处次，发现问题9538处，全部上报区级平台。

（史智颖）

【城市管理问题情况通报】　年内，区城管监督指挥中心编发《城市管理综合治理周报》44期，汇总环境秩序保障及专项治理情况，及时反映工作动态，总结推广经验做法，通报每周重点督办案件，督促快速解决。每月收集整理、汇总上报5大类40个“城市病”问题的数量及点位，分析变化趋势，为区领导和管理部门提供基础数据和决策支持。深入分析各类重点、热点、难点案件，发现问题、提出建议、总结经验，全年编发《典型案例》2期，分别为《加强沟通，协调解决施工遗留井圈问题》《加强监管，解决西直门立交桥地下通道养护权属不清问题》。

（史智颖）

【环境“脏乱点”问题曝光】　年内，区城管监督指挥中心与区新闻中心开展联合巡查，将检查区域延伸到背街小巷，拍摄记录各类城市环境问题，并在《北京西城报》设专栏对15个街道的脏乱点问题依次曝光。打好“日夜”组合拳，对15个街道的脏乱点、卫生死角进行白天常规检查及夜晚重点抽查，拍摄无照摊商、夜间大排档露天烧烤等问题的视频18部，在什刹海、新街口、展览路、广内街道召开环境脏乱点整治现场会。9至11月，开展针对占道废品收购、垃圾渣土和违规户外广告的专项督查，共计检查废品收购网点58个、垃圾渣土43处、违规户外广告45处。

（史智颖）

【城市管理专项普查】　年内，区城管监督指挥中心组织监督员完成5次市、区专项普查任务。6月，普查辖区内户外电子显示屏（含室内设置向户外播放展示的电子显示屏）设置情况，共统计上报3963处4757块；摸排占用行车道、步道、绿地停放和居住小区长期停放的废弃机动车137辆。7月，清查全区1424条道路两侧和公共场所的废旧立杆情况，上报346处。8月，检查全区报刊亭设置情况，共查出问题报刊亭237处。9月，开展市属道路绿色护网摸排工作，对69处绿色护网进行逐一排查和登记。普查数据经整理后报送相关部门，为整治工作提供翔实材料。

（史智颖）

【城市管理履职评价】　年内，区城管监督指挥中心改进城市运行管理平台内部评价系统，由各评价主责单位自主录入内部评价分值，实现得分汇总、按月保存功能，便于后续查询和开展数据分析。将《北京西城报》曝光问题和阶段性重点问题的督查督办情况纳入城市管理履职评价体系，汇总系统案件处理、专业部门打分和非紧急救助热线等情况，编发履职情况评价报告12期。完善满意度调查问卷结构，设计“季节性问题”，全年共开展抽样调查4次，入户调查和电话调查各7500户，收集居民意见建议4000余条。结合“分类分级”标准化试点，针对各功能区不同环境特征，探索建立分类分级管理综合标准试点监督考评体系。

（史智颖）

【城市管理问题研究】　年内，区城管监督指挥中心坚持理论先行，全方位、多角度研究和实践精细化城市管理和“全响应”工作创新发展。向区委研究室报送《“大数据”在西城区落实精细化城市管理实践中的应用》《深化全响应系统运行、提升街道统筹水平——街道全响应分中心系统建设运行工作探究》《从西城区城市管理体制改革看区城管监督指挥中心的职能转变》3篇课题。撰写《西城区“全响应”平台街道层面运行情况初探》《西城区“随手拍”转“全响应”案件分析》，推动区、街两级平台协同发展，促进社会服务管理工作提升。《整治城区“脏乱差”、提升城市管理水平》《用网格化模式创新社会服务管理》两篇专题调研在《城市管理与科技》杂志上发表。

（史智颖）

【城市管理案件业务办理】　年内，区城管监督指挥中心完善疑难案件处置机制，建立“多方确权、沟通协调、派发处理”的案件办理流程，加强市区两级平台与业务部门“三级联动”，组织业务部门开展现场勘查，每月分析案件办理情况。全年接收各类城市管理问题信息523492件，立案522050件，立案率99.72%；结案521444件，结案率99.88%；共派遣城市管理案件298228件。办理“西城随手拍”市民上报案件530件，安全生产领域上报案件131件；协调处理疑难案件142件，挂起疑难案件129件（较上年同比下降80%），办结权属不清案件189件。

（史智颖）

国土资源管理

【概况】 北京市国土资源局西城分局（简称市国土局西城分局）是北京市国土资源局（简称市国土局）设在西城区负责本行政区域内土地与矿产资源行政管理的派出机构，下设办公室、综合科、地籍科、国土资源利用科、重点工程科、财务科、政工科、执法监察科、纪检监察科9个职能科室和北京市西城区不动产登记事务中心、北京市西城区土地利用事务中心、北京市土地整理储备中心西城区分中心、北京市土地整理储备中心金融街分中心4个事业单位。在职人员141人。年内，深化职能改革，按时完成不动产统一登记整合工作；深化节约集约用地，德胜科技园区用地节约集约程度居全市开发区之首；严格用地批后监管，建立闲置土地认定联席会议、处置进展月报制度，出台划拨用地闲置处置方案，推动多宗闲置地项目取得进展；创新思路深化棚改政策研究，百万庄北里棚改项目B地块实现供地；自主编写《西城区“十三五”时期土地资源节约集约利用路径研究报告》，为推动区域功能和人口疏解提供技术支撑和决策依据；法制宣传工作获社会好评，被国土部评为“六五”普法先进单位；作为全国首个国土资源地籍管理和土地集约节约利用国际合作示范基地，完成荷兰代表团在西城区考察的外事接待工作，受到国土部和市国土局表扬；在全市率先完成2008—2013年土地出让收支和耕地保护情况专项审计问题整改工作，市国土局向市政府报送专题表扬信息；扎实开展“三严三实”教育活动，深入基层走访解决实际问题；刘玉峰获“全国国土资源管理系统先进工作者”称号。

地址：西城区北滨河路9号

邮编：100055

电话：68020198

（刘如　季美）

【信息化建设】 4月20日，结合城区实际工作特点，完成移动城区版“一张图”的定制工作，“一张图”为地理信息系统，内含规划图、现状图、影像图、土地权属、现状地类、审批手续等内容，为城区国土资源移动办公提供更优质的数据保障；9月28日，完成不动产登记大厅新增防火墙和交换机的安装调试，确保不动产登记大厅纵向VPN主干网络连接通畅；10月16日，完成窗口人像采集设备采购及安装调试工作；11月3日，完成新设办公区和受理窗口及后台审批终端内网审批系统的安装调试，确保登记系统、查档系统能够正常访问；11月5日，完成原房管局工作人员CA数字证书办理，国土一点通功能及相关系统权限开通；12月9日，分局信访、信息公开、行政复议、行政诉讼4项信访涉诉事项OA系统流程搭建完成，正式上线运行，基本实现了信访涉诉事项在分局内部无纸化流转。

（张鹏雄）

【配合经济责任审计工作】 年内，配合市审计局对西城区委、区政府、区公检法主要领导经济责任进行的专项审计工作，开展业务对接、政策沟通、材料提供、集中取证等工作。

（宋　征）

【对外宣传工作】 分局作为全国首个国土资源地籍管理和土地集约节约利用国际合作示范基地，年内，完善对外合作基地建设，更新工作方案，印制外宣材料，组织外事培训，完成荷兰代表团在西城区考察调研的外事接待工作。

（于铭夫）

【土地储备开发计划编制】 年内，编制西城区2015年度土地储备开发计划。共申报建设项目12个（均为结转项目），约42.91公顷。计划完成开发项目4个，约8.24公顷；计划供应经营性用地项目1个，约2.53公顷；计划总投资26.86亿元。

（胡　圆）

【土地储备开发情况】 年内，辖区土地储备开发项目共计12个，总计完成投资16.58亿元。其中，在施土地开发项目10个，占地面积39.81公顷，规划建筑规模123.7万平方米，完成拆迁进入供地验收程序用地7.31公顷。拟收储项目2个，占地面积0.99公顷，规划建筑规模4.5万平方米。

（王　冬）

【土地储备开发项目监管】 年内，加强对全区23个土地一级开发、25个“城中村”环境整治项目的月监管，定期梳理项目信息、进展情况及存在的困难。大栅栏煤市街以东C3、H地块取得入市规划条件，完成审核等入市前期准备；完成桃园二期F1地块权属审查、成本审核、市政咨询、地上物测绘等土地一级开发；开展广安联储一期项目拆迁及控规调整，拆迁工作完成87%，并完成项目的授权、预审、拆迁许可证等部分手续的延期办理；推进手帕口南街64号、丰盛危改小区西区C区、新兴盛危改小区、庄胜二期H、J、K、L地块、西直门小区南区、西单东南D西项目一级开发；推动西便门内大街东西两侧、南菜园街72号等历史遗留项目收储进展。

（胡　圆）

【棚户区改造工作】 年内，修改完善《西城区棚户区改造前期工作及拟改造土地使用权一次性招标工作实施细则》，在项目运作中通过实践检验存在的问题并完善制度；对菜园街及枣林南里棚户区改造项目进行实地踏勘，协助开发主体办理项目用地预审等前期手续；主动与国家开发银行北京分行就融资贷款及相关文件等方面深入座谈，为后续更好地开展棚户区改造打下基础。

（胡　圆）

【建设项目用地预审】 年内，共有26个建设项目通过用地预审，总用地面积约67.77公顷。其中商服用地2个，约3.78公顷；公共管理与公共服务用地10个，约9.89公顷；市政基础设施用地7个，约12.82公顷；住宅用地6个，约41.17公顷；特殊用地1

个，约0.11公顷。

（岳 娜）

【国有建设用地使用权划拨】 年内，共办理国有建设用地使用权划拨供地方案批复7件，约2.43公顷；其中机关团体用地2件，用地面积约0.94公顷；公共设施用地1件，用地面积约0.1公顷；特殊用地1件，用地面积约0.1公顷；住宅用地2件，用地面积约0.79公顷；市政设施用地1件，用地面积约0.5公顷。

（岳 娜）

【编制土地供应计划】 年内，编制西城区2016年度土地供应计划。计划共安排项目5个，用地总面积8.65公顷。其中交通运输用地1个，占地2.03公顷，占供应总量的23%；公共管理与公共服务用地2个，占地0.83公顷，占供应总量的10%；商服用地1个，占地2.98公顷，占供应总量的35%；住宅用地1个，占地2.81公顷，占供应总量的32%。

（岳 娜）

【土地供应情况】 年内，西城区共计完成土地供应面积3.5公顷，其中区政府以划拨方式供应国有建设用地项目9个（含供应计划外项目），占地面积合计约2.72公顷；以出让方式供应国有建设用地项目1个，占地面积合计约0.78公顷。

（岳 娜）

【建立闲置土地查处制度】 年内，按照市国土局《关于建立和完善闲置土地处置工作机制的函》文件要求，结合西城区实际情况，拟定《北京市西城区闲置土地认定联席会议制度》和《北京市西城区划拨用地闲置处置工作办法（试行）》，于9月12日经第112次区政府专题会议讨论通过并实施。

（杨 倩）

【行政服务窗口专项治理工作】 下半年，按照区行政服务体系建设领导小组办公室要求，分局设在西城区综合行政服务中心的行政服务窗口开展“为官不为”“为官乱为”问题专项治理工作。重点治理窗口服务接待不主动、窗口服务标准不落实、窗口工作人员纪律散漫等3方面问题。改进窗口工作作风、提升服务水平。

（刘小青）

【西城区不动产登记事务中心成立】 按照《北京市机构编制委员会关于整合成立西城区不动产登记事务中心的通知》文件精神，10月9日，副区长李岩主持召开西城区不动产登记事务中心成立大会，宣布原房管局的房屋登记中心及档案信息中心61人、国土分局的土地权属登记事务中心17人，共计78人调整到西城区不动产登记事务中心编制，完成人员和办公场所的集中整合。

（林 霏）

【房屋落宗工作】 房屋落宗工作（即房屋信息与宗地信息逐一对应）是保证不动产登记系统正常运行、不动产权证书顺利发放的基础工作。在不动产登记系统正式运行前，西城区需落宗的有16901幢房屋，关联审核10073幢，完成落宗审核9316幢，落宗完成比例55.1%。其中，楼房6128幢，关联审核5291幢，完成落宗审核5057幢，落宗完成比例82.5%；平房10773幢，关联审核4782幢，完成落宗审核4259幢，落宗完成比例39.5%。

（许 培）

【不动产权登记】 11月9日，西城区不动产登记事务中心颁发首本不动产权证书，标志着西城区不动产统一登记颁证工作启动。截至年底，共受理不动产登记业务8100余件，颁发不动产权证书3087本、不动产权证明1652本。

（林 霏）

【土地权属登记】 截至颁发不动产权证书之前，完成各类国有土地使用权登记897件。其中，国有土地使用权土地登记420件、抵押登记238件、抵押注销登记239件。抵押登记涉及评估金额951亿余元、贷款金额494亿余元。年内，重视国家机关事务管理局、首都医科大学附属北京儿童医院添建血液肿瘤中心、北京地质研究院、自来水集团、西城区棚户区改造等土地确权登记工作。

（王峥 许培）

【完善土地登记发证信息系统】 年内，对土地登记发证信息系统进行数据维护与完善，完成西城区土地宗地数据汇总，统计区内宗地总数、发证宗地数、未发证宗地数及铁路、河流、街巷、绿地及其他宗地数目；完成第二次全国土地调查成果在西城区土地登记和区域建设中的应用研究，提高了登记水平；完成西城区“边角地”项目、西城区公交场站用地2个数据库的数据更新。

（许 培）

【政府信息公开】 年内，主动公开政府信息731条。受理依申请政府信息公开333件，办结率100%，申请内容主要包括土地历史信息、土地权属、抵押等土地登记类信息和土地审批类信息。

（郝占立）

【土地执法宣传活动】 年内，开展“4·22”地球日、“6·25”土地日、“12·4”法制日等执法宣传，开展“六五”普法宣传活动，宣传国土法规政策，发放宣传资料4800余份、宣传品2100余个。

（郝占立）

【调查研究】 年内，按照区“十三五”规划研究编制工作统一部署，自主编写《西城区“十三五”时期土地资源节约集约利用路径研究报告》，规划“十三五”时期土地利用方向，提出土地资源管理新路径，为推动区域发展方式转变、加快功能和人口疏解提供技术支撑和决策依据；完成《新形势下西城区旧城改建与土地开发模式探索专题研究》。《什刹海街道土地利用情况及发展模式初探》等8篇论文分获第七届北京土地青年学术论文4个二等奖、4个三等奖。注重深化调研成果应用。完成一级开发、地铁织补、边角地、工矿仓储用地等9类调研数据的更新汇交；深化对第二次全国土地调查成果的应用研究，为棉花片危改等区域重点建设提供有力的数据支持。

（李 美）

房屋行政管理

【概况】 北京市西城区房屋管理局（简称区房管局）是负责全区房屋行政管理、房屋征收（拆迁）、住房保障和住房制度改革工作的政府职能部门，挂北京市西城区房屋征收办公室和北京市西城区住房保障和改革办公室牌子。内设科室19个，全额拨款事业单位13个，自收自支事业单位2个，人员编制245名，其中行政编制89名，事业编制156名。年内，区房管局围绕全区重点工作、特别是有序疏解非首都功能和以房管人工作，强化管理和服务，完成中国人民抗日战争暨世界反法西斯战争胜利70周年纪念活动和世界田径锦标赛等重大活动的服务保障工作，完成房屋管理各项工作任务，获评区2015年绩效考核综合优秀单位称号。

地址：西城区西安门大街115号

邮编：100034

电话：66175570

（柯晓洪）

【保障性住房配租配售】 年内，新增保障房市级备案家庭950户，终止471户申请家庭的备案资格；受理851户家庭申请市场租房补贴，完成171户家庭的审核并上报市住保办。摸清需求缺口，向市住保办积极争取房源4147套，为已参加“大摇号”未选房的全部轮候家庭落实所需房源，组织6次选房工作，共配租配售保障房4458套（含去年结转房源），其中限价商品房3536套、经济适用房745套、廉租实物住房177套；配合市保障性住房建设投资中心完成1次公共租赁住房选房工作，98户家庭参加选房；发放廉租补贴3263万元、公共租赁住房租金补贴335.3万元，实现了解决“十二五”期间全部轮候家庭住房困难的工作目标。此外，通过住房保障联席会议解决了59户特殊困难家庭的住房问题。

（柯晓洪）

【保障性住房后期管理】 年内，加强廉租实物住房的后期管理服务力度，制定《西城区廉租实物住房使用监督管理工作方案》《西城区廉租实物住房项目安全维稳工作方案》，对144户孤寡老人家庭建立重点服务巡查工作台账，切实做好廉租实物住房集中小区的供暖、防汛和物业服务工作。廉租实物住房应收租金109.85万元，实收租金105.53万元，租金收缴率为88.2%。

（柯晓洪）

【房屋征收（拆迁）】 年内，加快棚户区改造步伐，启动光源里、菜园街棚改工程，顺利完成入户调查、暂停公告、公开选定评估机构、公布征收补偿方案等基础性工作；加强旧城风貌保护，启动戊戌纪念馆、大栅栏历史文化展览馆房屋腾退征收工作；西交民巷变电站、66中学扩建等14个项目进入房屋征收工作程序。加强结转征收（拆迁）项目收尾工作力度，组织行政调解谈话439次，依法做出房屋征收补偿决定、房屋拆迁纠纷行政裁决共178份，通过行政执法手段促进居民尽快签约并完成搬迁。加强监督检查，督促在施征收（拆迁）工地严格落实扬尘污染控制、房屋安全、防汛等主体责任。全年共有征收项目13项、拆迁项目53项，涉及居民5394户，完成2项，526户签订补偿协议，百万庄北里项目进入收尾阶段（签约率超过96%）。

（柯晓洪）

【商品房预售管理】 年内，完成联机预售备案313起，现房签约1133件，建筑面积21.20万平方米，金额90.30亿元；完成预售备案注销203起、所有权变更71起、在建工程抵押协办12起、司法查询28起、现房销售确认39起；处理投诉48起；对15个项目进行资金监管，监管资金69.4亿元。

（柯晓洪）

【房地产开发企业监管】 年内，定期对存在销售行为的12家开发企业的预售资金入账情况进行专项检查，及时发现并整改5家开发企业未足额缴存预售资金的问题，有效化解烂尾延期风险，保障购房者合法权益。定期对辖区内9个在售项目进行日常巡检，及时了解工程进度和销售情况，重点检查公示、执行限购政策等情况，对发布不实价格和销售进度信息、炒卖房号、捂盘惜售、囤积房源等违规行为进行重点查处。采取多部门联合检查、约谈、处罚以及曝光等手段，有效处理投诉事件，及时化解矛盾。

（柯晓洪）

【房地产经纪机构监管】 年内，办理房地产经纪机构各项备案，包括设立、变更、注销、迁入、迁出、经纪人员聘用或解聘等登记共313起；对辖区内713家经纪机构进行全覆盖现场检查，检查门店1727次，抽查合同430余份，入户检查79户，发出整改通知书71件；处理房地产经纪机构投诉184件；完成行政罚款处罚1起，处罚金1万元。

（柯晓洪）

【房屋租赁市场管理】 年内，组织召开房地产经纪行业违法出租房屋治理专项工作会，组织经纪机构现场签订《行业自律承诺书》；向居民发放《房屋违法出租治理政策法规宣传单》《告知书》等宣传资料2万余份，张贴宣传海报1000余份；加大行政执法力度，将违法开展群租业务的恒泽伟业房地产经纪公司加入市住建委和工商部门的黑名单，并协调工商部门取缔该公司营业执照，对我爱我家、天地昊、远大华峰等3家经纪公司未落实房屋租赁代理资金专用账户、千寻安家经纪公司未落实经纪合同由2个经纪人协理或1位经纪人签字的行为实施行政处罚；配合街道清退群租房35处，督促经纪机构整改违法出租房屋29处。

（柯晓洪）

【普通地下室安全使用监管】 年内，落实普通地下室安全使用日常监管措施，加强与工商、公安、卫生等部门沟通，严格按照北京市新增产业禁止和限制目录，办理经营性普通地下室备案共17处7.5万平方米；加强普通地下室的安全使用演练，组织完成阜成门地下华联超市消防、防汛应急演练。结合非首都功能疏解和人口调控任务，制定工作方案，启动普通地下室综合整治计划，清理和规范散租住人的普通地下室，加强日常检查、尤其是重要时间节点的巡查力度，出动检查人员1.1万人次，发放宣传资料9500余份，检查普通地下室3583处，下达执法文书3583份，发放责令整改通知书123份，消除安全隐患221处；组织联合执法12次、专项执法25次，行政处罚5起，罚款3.2万元；清理关闭散租住人的普通地下室125处，整改规范92处，清退租住人员9834人，超额完成清理规范200处、疏解人口7000人的任务指标，支持了区域内人口疏解和产业升级。

（柯晓洪）

【房屋安全管理】 年内，做好房屋防汛保障工作，组织完成4426.2万平方米房屋的安全检查；在年度房屋安全检查和防汛工作中加强宣传，在《北京日报》和房管局网站上发布公告和通知，深入街道社区设立宣传站点，发放各类通知、海报、宣传品1万余份；落实房屋防汛工作责任制，牵头组建区房屋防汛专项分指挥部，统筹协调房屋安全度汛工作。加强汛期值班和解危排险修缮工作，处理房屋安全隐患170起，协调解危修缮房屋110余处，顺利实现年度房屋安全度汛工作目标。组织开展老旧危楼安全排查工作，共排查出101栋存在安全隐患的老旧危楼，为开展后续治理工作基本摸清了底数。行政执法361人次，及时调查处理房屋装饰装修过程中出现的拆改主体结构、承重墙等问题348件次。完成商品住宅专项维修资金使用申请审批112件，支取资金2000万余元；房改住宅专项维修资金使用申请审批26件，支取资金251.9万元；核准7家单位使用房改售房款630.16万元；及时维修养护房屋公共部位和共用设施设备。

（柯晓洪）

【物业管理】 年内，探索老旧小区物业管理新模式，制定《关于加强老旧小区物业管理长效机制建设的指导意见》及试点工作实施方案，在新街口、月坛、白纸坊和陶然亭街道启动试点工作；各街道指导12个小区的业主，通过成立自管会、楼管会和签订自治管理规约等方式，开展自我管理、自我服务，并督促管理单位强化管理、提升服务水平。强化物业服务企业安全生产能力，联合区安监局分期分批对800名物业项目负责人和工程部负责人进行安全生产培训；继续推进综合楼宇物业服务安全生产标准化三级达标工作，52个项目通过达标评审，超额完成年度工作任务。以年度收支强制公示、资质核查、合同备案和日常监督检查为抓手，不断强化物业服务动态监管。全年，对115个物业项目开展收支公示专项执法检查，对1个未公示的项目实施信用扣分处罚；办理企业资质变更273件，核定企业资质80件；完成285个物业服务项目的合同备案；针对有限空间作业、设施设备安全运行等开展专项和联合执法检查306次，下达责令改正通知单32份，对33个项目及其负责人实施信用扣分处罚，规范物业服务行为。

（柯晓洪）

【房改工作】 年内，完成53家区属机关事业单位1454名职工住房补贴数据的归集、整理和汇总，补贴资金1637.24万元；审核通过83名无房自主择业军转干部未就业期间的住房补贴571.68万元；核准申请房改售房单位106家，涉及住宅2950套、258780.93建筑平方米；核准房改调房单位30家，涉及住宅135套、9808.13建筑平方米。

（柯晓洪）

【落实私房工作】 年内，逐户核实、更新全区322户未腾退标准租私房家庭的基本信息；制定《参照征收（拆迁）政策解决人口疏解范围内标租腾退的工作方案》，破解人口疏解范围内标准租私房腾退难题，7户标准租私房承租家庭通过房屋安置解决了住房困难问题，另有7户家庭正在办理腾退手续。全年，为6户经租产权利人补留自留房货币补贴609.7万余元，办理人民来信360件，受理经租产、文革产等档案信息查询共计119户，查询、核实各类档案信息138处，为落实私房政策家庭开具落户、上学、煤改电和采暖等证明24份。

（柯晓洪）

【房屋权属管理】 1至9月，完成房屋登记业务39598件，接待档案信息查阅11435次，查阅档案13448宗。10月9日，完成不动产登记整合，实现从房屋登记到不动产登记的平稳有序过渡。全年，受理购房资格核验申请2997件，存量房网签合同3267件、合同注销940件，房源核验12347件，监管资金139.02亿元。严格执行测量规范，完成房屋测绘134250平方米、棚户区改造土地测绘10200平方米。

（柯晓洪）

【房屋普查】 截至9月底，全面完成房屋普查外业调查、内业数据图形化、电子化与档案核对等工作，形成了覆盖全区、反映现实状况、具有空间房屋图形和门牌地址的房屋“一张图”数据成果，建成了全区房屋综合管理信息数据库，全面涵盖了房屋权属、总量产别、建筑年代、房屋安全、物业管理、地下空间、经纪机构和违法建设等房管专题数据。在此基础上，以实现“以图管房”“以房管人”“以房管业”为目标，初步建成了房屋综合信息管理平台，为西城区运行监控、灾害防治、应急指挥、决策分析、区域协同发展、加快经济发展方式转变等方面提供支撑；为科学利用房屋和土地资源，提高有限空间资源的利用效能，全面实施产业疏解、人口调控、环境整治和名城保护的“瘦身健体”发展战略提供数据和技术支撑。

（柯晓洪）

【依法行政】 年内，强化依法行政宣传教育力度，坚持局长办公会会前学法制度，认真学习安全生产、物业管理、行政诉讼、政府信息公开等相关法律法规，并为全局干部职工购买相应法律法规单行本，要求干部自学；邀请北京市四中院行政庭法官以新修订的《行政诉讼法》为基础，结合房屋管理行政诉讼案例对干部职工进行培训。修订完善行政诉讼应诉工作规则，实现行政首长出庭应诉常态化。修改完善政府信息公开工作实施意见，规范政府信息公开流程，提高依法行政工作透明度，主动接受公众监督。严格规范公正文明执法，查处物业管理、房屋租赁市场、普通地下室经营使用中的违法行为。全年，行政负责人出庭应诉38次；处理行政诉讼案件264件、行政复议案件223件，共有行政败诉案件30件，均为无责败诉；受理信息公开申请943件，主动公开政府信息286条；行政调解160件；依法作出行政处罚6件，罚款4.2万元；承办人大建议和政协提案38件，全部按期办复。

（柯晓洪）

【矛盾纠纷排查调处】 年内，坚持矛盾纠纷排查调处例会制度和领导包案制度，对重大矛盾纠纷定期分析、及时督办、局领导主动接访，内部科室之间、与外部相关职能部门之间密切联动，对行为过激、无理取闹、扰乱信访秩序且拒不听从劝阻的人员，及时取得公安部门的支持，依法维护正常的信访秩序。全年，围绕房屋管理突出矛盾和问题，在重大会议活动和重要节假日期间，集中开展7次矛盾纠纷排查化解工作，共排查出重点矛盾纠纷60件次、上访重点人50人次；接待来访1163批3100余人次，其中群体访35批1230余人次，局领导重点接访168批520余人次；接办来信872件；办理12345非紧急救助电话交办单5635件。

（柯晓洪）

西城区房屋土地经营管理中心

【概况】 北京市西城区房屋土地经营管理中心（简称区房地中心）属于区政府自收自支的事业单位。机关设办公室、资产经营部、危改征收部、物业管理部、工程部、党委工作部、工会委员会、人力资源部、计划财务部、信息法务部、监察室11个部室，定编60人。下属20个基层单位：7个房管所、兴地分中心、供暖管理所、物业管理中心、房地产交易所、房地产测绘一所、晟佳分中心、修建队、建设拆迁所、职工学校、房屋安全鉴定一站、房屋修建行业劳动力调剂服务中心、水电工程队和房地产价格评估所。区房地中心主要从事国有资产的经营和管理，确保国有资产保值增值。负责直管公房的经营、管理、服务；负责租金收缴，从事直管公房的物业管理、房地产交易、房屋租赁和房屋置换等经营服务业务。负责房地产开发、危旧房屋改造、房屋拆迁及中式房屋新建工作。按照政府要求和城市建设开发规划，受政府委托组织和实施危旧房改造工作，参与新建小区的物业管理。负责房屋设备安全管理服务工作。负责房屋的安全检查、修缮和零维修服务工作，负责雨季防汛抢险和冬季供暖工作，确保居民住用安全。负责房屋的安全鉴定和测绘工作。年内，区房地中心科学筹划、合理安排工期，完成各项为民办实事工程和区委区政府交办的重点工作任务。项目包括平房翻建工程、平房大修工程、院落雨污水管线改造工程、平房院户厕改造工程、街巷综合整治工程、老旧小区环境整治工程、楼房综合维修工程等。完成市委党校山字楼腾退工作、光明胡同小楼腾退工作。按计划推进抗震加固工程、西外德宝二期7号地棚户区改造项目、群力胡同防汛配套用房及地下停车库工程项目和西四北地区旧城保护项目。

地址：西城区平安里西大街10号
邮编：100035
电话：66168099

（崔　蕊）

【直管公房经营管理】 区房地中心共管理直管公房115.42万平方米，房改售房面积50万余平方米，物业管理房屋142.2万平方米。年内，完成309件直管公有住宅承租人变更手续审批，对546处经营性房产的租赁手续进行审批备案。完成房产经营合同审批200件，完成201户居民的售房工作。根据人口调控和疏解非首都功能的整体要求，年内清理整顿直管公房转租转借1794户，清理流动人口5535人；集中对违规出租地下空间进行清退。在舆论宣传基础上，在各个地下室主要出入口张贴政府有关文件，向承包经营者下发限期腾退通知700张。对属于区房地中心产权的24处违规地下空间进行全面整治，共清退22处，整改2处，涉及房屋742间共1.62万平方米，涉及住户1045人。完成宋家庄家园、保利嘉园、北辰福第、盛嘉华苑二期入住办理，接管大兴康宜家园11万平方米经适房。

（崔　蕊）

【直管公房安全度汛】 汛前，区房地中心做好各类防汛物资的补充和更新，细化防汛预案。针对雨情，加强人员值守，加大四类房（指结构、装修、设备各项完损程度达到严重损坏的房屋）的检查修缮力度，加大对水泵等物资的储备量。共建立9支防汛抢险队伍，应急抢险人员400余人，开展由100余人参加的防汛演练，组织形式多样的防汛宣传活动。汛期内出动抢险人员903人次、外出巡查人员763人次，解决漏雨281间，排除12个院落的积水。

（崔　蕊）

【供暖工作】 完成2014至2015年度供暖季安全运行任务，室温合格率99.8%，维修及时率100%，供暖费收缴率84%。完成京畿道等3个小区8000余米户内管线的更新改造。

（崔　蕊）

【拆迁征收工作】 年内，区房地中心完成市委党校山字楼腾退工作；完成光明胡同小楼腾退工作；启动西交民巷110千伏输变电工程项目房屋征收工作；启动大石桥胡同53号等6处12栋简易楼的腾退工作；继续推进双寺胡同甲5号等6处8栋简易楼的腾退工作，全年共腾退13户；继续推进护国双关帝庙及周边的文物腾退工作，全年共腾退3户。

（崔　蕊）

【平房整治修缮工程】 年内，区房地中心完成2370间3.52万平方米平房翻建，完成455间6820平方米平房大修，完成234个院落的雨污水管线改造、592个平房院的户厕改造以及30条街巷的综合整治。

（崔　蕊）

【楼房综合改造工程】 年内，区房地中心完成35个小区、60.97万平方米的老旧小区环境整治；完成28栋楼房共计20.77万平方米的楼房综合维修。完成区区重大办委托代建的37栋楼共计27.52万平方米的楼房节能改造工程；继续推进区重大办委托代建的既有建筑抗震加固工程，年内总体进度57%；完成区环境办委托施工的重点区域道路周边景观提升项目，涉及11栋共计5.8万平方米的楼房外立面粉饰。

（崔 蕊）

【西四北地区旧城保护项目】 年内，区房地中心对西四北地区文保、教育、车库等重要环节所涉及的人、房、地情况展开基础调查，收集整理资料，启动可行性实施方案编制。

（崔 蕊）

【西外德宝二期7号地棚户区改造项目】 年内，区房地中心完成张贴公告及居民资料收集整理、评估机构选定、落实外迁房源等工作。项目整体规划方案通过了市规划委动态维护会，推动了回迁方案的细部设计及征收补偿方案拟定、房屋评估等工作。

（崔 蕊）

【群力胡同工程项目】 年内，区房地中心将群力胡同防汛配套用房及地下停车库工程项目的相关资料报送至市规划委，并进行现场规划公示及网上采信公示，市规划委按照规划程序，进行该项目的规划调整工作。

（崔 蕊）

【测绘工作】 年内，区房地中心共完成各类发证测绘1149件，拆迁测绘2处。为区城市管理监督指挥中心和区应急办完成数据采集51.9万个部件；对区教委所属学校、幼儿园进行现状测绘152处；为区文化委调查房产档案122处，整理直管公房户厕测绘数据1721处。完成区房地中心各项重点工程测绘楼房216栋，平房院774个。

（崔 蕊）

【房屋安全鉴定】 年内，区房地中心完成118间近2000平方米的廉租房鉴定，完成辖区范围内单位自管房及商业用房的安全鉴定及四类房综合维修及外墙保温工程所需的房屋安全检测鉴定工作。

（崔 蕊）

【安全维稳】 年内，区房地中心开展各类安全生产大检查30余次，累计培训施工人员9批次、1446人。完成“纪念中国人民抗日战争暨世界反法西斯战争胜利70周年”“世界田径锦标赛”等重大活动的服务保障工作。

（崔 蕊）

【信息化工作】 年内，区房地中心信息法务部解决全中心及下属基层单位各类网络和技术问题80余次；对现有信息化项目进行了多次更新及漏洞修复，使数据库更加准确完善。

（崔 蕊）

【信访、建议提案办理与信息公开】 年内，区房地中心处理群众来信102件次，接待群众来访502批次、922人次，召开协调会29次，化解重点矛盾纠纷4件次，化解积案1件。如期完成人大代表建议、政协委员提案办理工作。加大政府信息公开工作力度，全年共主动公开信息78条，接到信息公开申请113件，接到行政复议12件、行政诉讼7件，均按照要求进行了处理。

（崔 蕊）

【法务工作】 年内，区房地中心顾问律师共处理涉诉案件8件；审核各类合同202份；通过电子邮件、电话等方式解答中心及下属单位的法律问题，修改、草拟非合同类文书24份。

（崔 蕊）

北京宣房投资管理公司

【概况】 北京宣房投资管理公司（简称宣房投公司）主要承担西城南部直管公房管理、修缮、防汛、供暖、电梯运行等公共服务职能，从事房地产开发、工程修缮、物业服务以及老旧小区综合整治、房屋解危腾退、文保区房屋保护性修缮等政府民生工程，承担政府交办的应急抢险任务。下辖北京宣房房屋经营公司、北京宣房楼宇设备公司、北京轩方装饰工程有限责任公司、北京市宣武区宣房建筑工程处、北京宣房大厚投资管理有限责任公司、北京宣房大德置业投资有限公司、北京宣房物业管理有限公司、北京市正阳经济贸易公司、北京市红义物业管理公司、北京宣房拆迁有限责任公司、北京市宣武区房地产交易所、北京宣房鑫兴商贸有限公司12个全资子公司，在职员工695人。年内，推行企业“改革、创新、转型”发展战略，全面落实“服务服务再服务”的企业精神，完成辖区南部直管公房管理、修缮、防汛、锅炉供暖、电梯运行、服务承诺等社会公共服务任务和直管公房综合修缮、雨污水户线改造、既有建筑节能改造、老旧小区综合整治、无煤化、简易楼腾退等政府惠民工程及物业服务管理和疏解非首都功能等区政府临时交办的工作任务。共管理直管公房192.27万平方米、老旧危改小区及其他物业小区近100万平方米，负责房屋供暖面积256万平方米，管理锅炉房28处、锅炉69台、电梯87部、高层楼房二次供水36处。截至年底，企业总资产38.02亿元，净资产2.6亿元，国有资产保值增值率125.45%，净资产收益率23.08%；全年实现经济总收入8.4亿元，利润总额8949万元，上缴税金2628万元，上缴国有资本经营收益221万元。在岗职工收入年增长16.82%，超额完成区国资委下达的任务指标。

地址：西城区右安门内大街15号
邮编：100054
电话：63523001

（曲 爽）

【直管公房安全检查】 2月，宣房房屋经营公司根据实际情况不断调整直管公房查房工作机制，完成专业查房组的组建与实施，形成房屋及设备安全检查工作专业化、系统化、动态化的全面管理，按照互检、自检、联检、抽检和验收的程序开展查房工作，完成2014至2015年度辖区直管公房房屋安全检查工作：2015年度直管公房192.268万平方米。其中平房43049间60.765万平方米。中式楼309栋4089.5间6.001万平方米。简易楼103栋11.271万平方米。正规楼301栋99.693万平方米。高层楼17栋14.538万平方米。年内，区政府加大了对直管公房修缮费用的投入，辖区房屋状况有了较大改善，本年度查房中未发现危险平房、中式楼、简易楼和正规楼房。

（曲 爽）

【公司制改革稳步推进】 3月，按照区国资委工作部署，宣房投公司启动了由全民所有制企业向国有独资（集团）公司改制的工作，改制基准日为6月30日。在起草、申报《改制方案》的同时，对新的企业名称（北京宣房投资管理集团有限公司）和企业集团名称（北京宣房投资集团）、集团简称（北京宣房集团）在工商部门办理了名称预核准，12月10日核准通过。9月24日，公司召开二届九次职工代表大会，会议表决通过了《北京宣房投资管理公司改制方案》。12月29日，区国资委下发了《关于修改北京宣房投资管理公司章程的批复》。

（曲 爽）

【完成冬季供暖任务】 3月15日24时，宣房楼宇设备公司2014至2015年供暖季供暖工作结束。供暖季期间，宣房楼宇设备公司紧紧围绕“切实落实科学发展观，科学管理、优质服务”的工作思路和节能减排工作目标，全面加强管理，提高服务质量，大修锅炉房32处，更换糟朽管线3460余米；处理跑、冒、滴、漏及暖气不热等问题2290余处；累计出动抢修人员450余人次，抢修抢险150余处；完成黑窑厂小区11栋居民楼810户居民室内散热器和热计量表安装，更换外网管线3000余米。32处锅炉房、78台锅炉按时点火送暖，实现256万平方米居民住宅24小时持续送暖和供暖设备安全稳定运行。

（曲 爽）

【既有建筑抗震加固】 年初，根据市、区政府的统一部署，宣房投公司作为辖区既有建筑抗震加固改造工程的实施主体，启动2015年度居民楼抗震加固改造项目，工程总投资10亿元，涉及西城南区楼房共109栋、35.8万平方米，居民约6400户。其中黑窑厂西里2、3号楼已进场施工，分别于10月和7月开工，其他楼房完成招投标工作，并启动居民入户调查。

（曲 爽）

【老旧小区综合整治】 3月20日起，上年立项的老旧小区环境整治工程计划内的盆儿胡同62号院开工，7月30日竣工；长椿里小区5月4日开工，11月19日竣工，受益居民604户；后增加的车站西街17号院于9月底开工，黑窑厂西里于6月开工，平原里小区7月开工。以上工程总投资2.6亿元。9月至11月底，老旧小区环境整治工程完成10个，总投资1亿元。

（曲 爽）

【直管平房修缮改造】 4月28日，根据辖区直管公房安全普查状况和区政府为民办实事折子工程任务编制计划，宣房房屋经营公司启动辖区居民直管危旧平房修缮改造工程。12月30日前，完成大栅栏地区琉璃厂东街、大外廊营胡同、东南园胡同、百顺胡同、铁树斜街、杨梅竹斜街、樱桃斜街、臧家桥胡同、椿树地区南新华街、前孙公园胡同、琉璃厂西街、天桥地区四胜胡同、腊竹胡同、陶然亭地区蔡家楼胡同、牛街地区北半截胡同、广内地区感化胡同、上斜街、校场大六条等平房翻建2192间建筑面积29893平方米，涉及居民1521户；完成大栅栏地区樱桃斜街、百顺胡同、大安澜营胡同、东北园胡同、韩家胡同等平房综合修缮1931间建筑面积28121平方米，涉及居民1520户。上述工程共计投资1.6亿元。

（曲 爽）

【平房院雨污水改造】 4月28日起，宣房房屋经营公司对104处平房院落实施雨污水户线改造，工程于12月30日竣工，总投资159万元。

（曲 爽）

【直管楼房综合维修改造】 4月28日，宣房房屋经营公司启动直管居民楼房综合维修改造工程。12月30日前，完成了建功北里2区3号楼、春风小区2、9号楼、登来胡同20号楼、双槐里小区10号楼等13栋楼5.45万平方米建筑面积的楼房屋面防水工程，涉及居民967户；完成了仁民路14号、丙10号，虎坊路27号楼、3号楼，荣光胡同1号等23栋建筑面积16.6万平方米楼房综合修缮工程；完成了双柳树二条5号、右安后巷7号楼、半步桥胡同20号楼3栋建筑面积1865平方米的楼房坡屋顶挑修工程；完成了北纬路47号南楼、西楼，车站西街23号楼，南滨河路73号等9栋楼房的上下水更新工程。上述工程共计投资1375万元。

（曲 爽）

【胡同综合整治】 6月起，公司承担的位于大栅栏地区、天桥地区及牛街地区的31条胡同的整治工作正式启动，安排公司所属轩方装饰工程公司、宣房建筑工程处进行施工。工程主要整治内容为建筑外立面修复整洁，色调与周边建筑协调，对两侧建筑外墙、屋檐和瓦活、瓦件，以及院墙和门楼等项目进行合理修缮，采取修缮与仿古相结合，保留胡同原有文化，恢复胡同原有风貌。胡同总长度为6650米，总造价为4340.35万元，工程于9月竣工。

（曲 爽）

【疏解非首都功能】 年内，做好人口调控、“七小”治理、地下空间清退等疏解非首都功能工作。共治理1065户，房屋建筑面积18951.8平方米，涉疏解人员3080人，完成总任务的61.6%；清理登记无证无照“七小”商户用房13处、建筑面积11420.8平方米；清退地下空间37处，579间，建筑面积24291.9平方米，涉疏解人员883人。

（曲 爽）

【电梯更新改造】 6月19日至10月15日，宣房楼宇设备公司认真落实服务承诺，完成23部直管电梯更新改造、玉林小区二次供水改造和万明路18号院1、2号楼等7栋楼的14部电梯的监控设备改造；9月12日至12月15日，完成牛街东、西里、椿树园及南线阁小区56部老旧电梯设备更新任务。

（曲 爽）

【楼房外立面粉刷】 8月，迎接“9·3”阅兵，宣房投公司完成了5.2万平方米国庆阅兵楼房粉刷等政府临时追加的工程任务，总投资666.974万元。

（曲 爽）

【房屋征收腾退工作】 8月10日，宣房投公司房屋征收腾退办公室启动了广内、广外、天桥及龙泉4处管辖区共计12栋简易楼的腾退工作。其中涉及承租户268户，独立自建户50户，总安置户318户。截至年底，共完成腾退正式户219户，独立自建户42户。正式户完成比例达到81.71%，剩余49户，其中：手帕口61号北、61号中、63号楼，3栋简易楼72户承租户共完成65户，剩余7户，完成比达到90%；北线阁3号东、西楼，2栋简易楼45户承租户共完成36户，剩余9户，完成比达到80%；龙泉胡同4、6、8、10号楼4栋简易楼96户承租户共完成80户，剩余16户，完成比达到83.33%；荣光胡同16、80号和大保吉胡同34号楼共3栋简易楼55户承租户共完成38户，剩余17户，完成比达到69%。此外，11月9号启动了报国寺西夹道6号南、北楼的腾退工作。截至12月18日奖励期结束，报国寺西夹道南、北两栋楼37户居民（其中正式户32户、独立自建户5户）全部签约，并于12月28日进行整楼拆除。

（曲　爽）

【老楼通热及热源整合】 9月8日，宣房楼宇设备公司按照《北京市西城区压减燃煤暨无煤化实施方案（2014—2015年）》的工作部署，启动老楼通热方式实现无煤化工程，保质保量完成右内大街、右安西里、滨河里等22个小区共18栋居民楼的暖气新安装任务。对建功北里、轻工部、长椿街14号院3处锅炉房进行设备改造，对粮食局宿舍、建功东里、枣林前街31号等11座锅炉房进行热源整合，受益居民1125户、受益面积5.6万平方米，年度敷设供热管线3.5万余米，12月25日完工。

（曲　爽）

【房屋安全度汛】 年内，为保障汛期辖区房屋的住用安全，宣房投公司召开防汛动员大会，制发防汛工作意见和抢险工作预案，成立防汛抢险指挥部，签订防汛责任书。汛期公司共有4050人次参加值守，修补漏雨房屋672间、苫盖201间；检查公房21687间31.6万平方米，私房17666间23.8万平方米、私房加固146间，确保了辖区居民房屋住用安全。9月15日，全市正式下汛，公司完成直管公房防汛任务，连续30年实现“少塌房、不死人、安全度汛”的工作目标。

（曲　爽）

【“煤改电”工程】 9月20日，宣房投公司安排轩方装饰工程公司和宣房建筑工程处对陶然亭、天桥、椿树、大栅栏、牛街、白纸坊、广内、广外地区等共计3085户平房居民冬季取暖设施实施“煤改电”工程。包括：电缆敷设（沿墙或架空敷设），表箱安装，接地极安装，户内户箱安装，电暖气线路敷设，电暖气控制开关安装，原配电箱、盘、板、旧线拆除，地面恢复，电源切换、接地极电阻摇测，绝缘电阻测试等。工程于11月15日工程竣工，总投资1065万元。

（曲　爽）

【既有建筑节能改造】 10月至11月，宣房投公司完成既有建筑节能改造楼房90栋、64.5万平方米，惠及居民10200户，工程总投资3.6亿元。

（曲　爽）

【直管电梯、高压水泵安全运行】 年内，宣房楼宇设备公司、宣房大厚投资管理有限责任公司加大对所管理电梯、高层楼房二次供水设备的维修管理和养护力度，保证87部电梯、36处高压泵组安全运行。在市城镇房屋及特殊设备安全检查中，87部电梯和36处二次供水设备全部达标。对二次供水的所有水箱进行清洗，实行封闭管理，保证居民生活用水安全卫生。

（曲　爽）

【直管公房租金收缴】 年内，宣房房屋经营公司继续做好租金收缴工作。年初下达租金指标应收2090.33万元，定收1927.83万元。全体管理员为完成租金收缴任务，放弃休息，利用下班时段和双休日，到住户家中收缴房租。全年租金收入2551.61万元，租金收缴率达到99.81%，较上年同期提高了0.07%，收回旧欠租金19.13万元。

（曲　爽）

【供暖费收缴】 年内，宣房楼宇设备公司扩大收费厅规模，充分利用“供暖收费网络管理系统”提高工作效率，截至年底实现供暖费收入5458万元，收缴率达71%。

（曲　爽）

【物业服务工作】 年内，红义物业管理公司对2014年年底接管的广外三义里、小红庙两个老旧小区255处地锁及违法停车标志进行整治，解决了影响社会环境及居民小区准物业管理的诸多矛盾，实现了对小区停车位的规范管理。三义里小区的372个停车位和小红庙小区的205个停车位，共配备20名保安人员，门口设置保安执勤并实施24小时巡逻。共安装89个治安防范摄像头，将小区5个光线暗的死角增装了照明设备。保洁人员每周至少一次清扫小区内住宅楼及周边环境。公司于6月在三义里小区成立维修队，为辖区居民提供有偿水电维修服务，截至年底，维修队共为三义里小区和小红庙小区提供维修96处，居民对物业管理工作的满意度提升。

（曲　爽）

【落实社会服务承诺】 年内，公司认真抓好向辖区居民公开承诺的房屋维修、水电急修、防汛、锅炉供暖、电梯安全运行五项服务内容的落实。宣房房屋经营公司一至四分部和红义物业管理公司水电急修队、宣房楼宇设备公司供暖电梯急修队24小时坚守岗位，及时解决居民报修的水、电、暖、电梯等问题，重点服务军烈属、孤寡老人、残疾人、低保户等社会弱势群体。全年收到表扬信565封、锦旗179面。

（曲　爽）

【信访和维稳工作】 年内，宣房投公司坚持实行“首办、包案、督查、追查、预警”的维稳、信访制度，排查调处公司系统内存在的矛盾和问题，接待来电、来信、来访人员，及时办理领导和政府部门的相关批件，帮助群众解决困难。全年共接待群众来访344人次、来电851次，区领导批件3件，一般群众来信99件，市长信箱29件，信息化城市管理案件2件，政风行风热线8件，区领导接听“12345”电话督办单3件，区非紧急救助中心便民电话2078件，为各项任务的完成提供了保障。

（曲　爽）

西城区房屋征收事务中心

【概况】 北京市西城区房屋征收事务中心（简称区房屋征收中心），是受西城区政府房屋征收办公室的委托，承担房屋征收与补偿的具体实施工作的区政府直属相当正处级全额拨款事业单位。贯彻执行国家和北京市有关房屋征收与补偿工作的法律、法规和政策，并就相关政策调查研究，提出对策建议；协助区房屋征收办编制房屋征收补偿安置方案及征求意见工作，协助区房屋征收办做好房屋征收与补偿相关的各项公布、公示工作；对房屋征收范围内的房屋权属、区位、用途、建筑面积等情况进行调查登记等具体实施工作；组织协调和综合管理房屋征收与补偿过程中房屋测绘、评估、房屋拆除、法律服务等专业性工作；负责征收资金的使用和管理工作；负责安置房源和周转房源的筹集、使用和管理等；委托相关单位对征收项目组织实施征收；负责被征收房屋拆除工程的监督和房屋征收现场管理；负责征收档案的归集、整理、移交等工作以及承办区政府交办的其他事项。内设办公室、财务审计科、法制信访科、房源管理科、征收补偿一科、征收补偿二科6个机构。有事业编制40名，其中主任1名、副主任2名、科级领导职数6正8副。

地址：西城区培育胡同15号

邮编：100052

电话：81025911

（李　菁）

【马连道东三号路房屋征收项目】 年内，负责马连道东三号路微循环道路改造工程房屋征收具体实施工作，该项目为马连道东三号路（现况红莲路）的其中一段，位于广安门外街道，道路起点为北马连道路，终点为南马连道。总用地规模约16500平方米，代征城市公共用地规模约16500平方米，代征道路用地规模约16500平方米。项目的立项主体是北京广安基础设施建设投资公司，由西城区政府实施房屋征收；区政府房屋征收办公室负责组织实施房屋征收与补偿工作；由区房屋征收中心负责房屋征收的具体实施工作。此次征收涉及门牌：红莲中里10号（部分）、12号（部分）、14号（部分）、16号楼西侧平房；马连道东街30号（部分）；红莲路南口路西侧公厕；红莲路北口路东侧治安岗亭。2月5日张贴《暂停办理事项公告》，12月30日张贴征收决定，正式启动签约期工作，与居民进行协商签约。

（李　菁）

【红居北街东段房屋征收项目】 年内，负责红居北街东段（北马连道）微循环道路改造工程房屋征收项目具体实施工作，该项目位于广安门外街道，道路起点为南新里三巷，终点为南马连道。总用地规模约3600平方米，代征城市公共用地规模约3600平方米，代征道路用地规模约3600平方米。项目的立项主体是北京广安基础设施建设投资公司，由西城区政府实施房屋征收；区政府房屋征收办公室负责组织实施房屋征收与补偿工作；由区房屋征收中心委托北京市华远力诚房屋拆迁有限责任公司负责房屋征收的具体实施工作。项目四至范围：道路起点为南新里三巷，终点为手帕口南街。此次征收涉及门牌：手帕口南街65号（部分）、67号、69号、71号（部分）。2月4日张贴《暂停办理事项公告》。

（李　菁）

【六十六中附属设施建设工程房屋征收】 年内，负责北京第六十六中学附属设施建设工程房屋征收项目，该项目位于枣林前街与南线阁街交叉口东北侧，道路起点为南新里三巷，终点为手帕口南街。总用地规模约3600平方米，代征城市公共用地规模约3600平方米，代征道路用地规模约3600平方米。项目的立项主体是北京广安基础设施建设投资公司，由西城区政府实施房屋征收；区政府房屋征收办公室负责组织实施本项目的房屋征收与补偿工作；由区房屋征收中心委托北京市华远力诚房屋拆迁有限责任公司负责房屋征收的具体实施工作。此次征收涉及门牌：西南侧，枣林前街99号、101号、103号、105号；东南侧，枣林前街53号、甲51号，枣林前街甲51号东公厕。5月12日张贴《暂停办理事项公告》。

（李　菁）

【官园危改小区集中绿地建设工程房屋征收】 年内，负责官园危改小区集中绿地建设工程房屋征收项目，该项目位于新街口街道，东起西廊下胡同，西至规划大玉胡同，南至规划大玉胡同，北至西廊下胡同。项目的立项主体是北京西都地产发展有限公司，由西城区政府实施房屋征收；区政府房屋征收办公室负责组织实施本项目的房屋征收与补偿工作；由区房屋征收中心负责房屋征收的具体实施工作。此次征收涉及门牌：福绥境22号、26号。8月19日张贴《暂停办理事项公告》。

（李　菁）

【德胜街道道路微循环工程房屋征收】 年内，负责德胜里西路及教场口西路道路微循环工程房屋征收项目，该项目位于德胜街道，德胜里西路起于德胜里西路（东西段），止于教场口西路；教场口西路起于规划安康西路，止于1号路（西邻新街口外大街，东邻德胜门外大街，南邻冰窖口胡同，北邻新康路）。总用地规模8933.169平方米，代征城市公共用地规模8933.169平方米，其中德胜里西路道路用地面积5015.387平方米，教场口西路道路用地面积3917.782平方米。项目的立项主体是区市政市容管理委员会，由西城区政府实施房屋征收；区政府房屋征收办公室负责组织实施本项目的房屋征收与补偿工作；由区房屋征收中心委托北京市华远力诚房屋拆迁有限责任公司负责房屋征收的具体实施工作。此次征收涉及门牌：德胜门外安康胡同5号（部分）；新街口外大街28号新2楼东侧平房（部分）及南侧平房（部分）；德胜里三区12排（部分）、13排（部分）、14排一排（部分）、14排二排（部分）、15排；德胜里3区3号楼旁公厕；德胜里三区14排公厕。12月31日张贴《暂停办理事项公告》。

（李　菁）

【戊戌维新纪念馆保护利用工程房屋征收】 年内，负责戊戌维新纪念馆保护利用工程房屋征收项目，该项目位于南横西街与菜市口大街交叉口的西北角，占地面积2670平方米。项目的立项主体是西城区文化委员会；由西城区政府实施房屋征收；区政府房屋征收办公室负责组织实施本项目的房屋征收与补偿工作；由区房屋征收中心自行组织实施。项目四至：北至现状公共卫生间南墙东西延线、部分凸出部分为南横西街17号北墙根，南至南横西街北侧道路红线，东至菜市口大街西侧道路红线，西至南半截胡同东侧道路红线。此次征收范围共涉及南横西街13号、15号、17号、19

号、南半截胡同乙26号（部分）、30号、32号，共7个院落。2月4日至3月20日正式张贴征收决定、征收补偿方案，签约期为45天。项目涉及征收居民户57户，单位产2处：1处公厕，1处区教委房产。签约期结束后居民已签约38户，完成签约面积740.81平方米，签约率为66.66%。项目签约期结束后，继续开展征收项目后续工作，区征收办积极开展对剩余居民的洽谈工作并启动后期法律程序。截至年底，项目征收办公室工作人员已经配合区征收办完成项目后期部分法律程序，将区政府下达的6户补偿决定送达居民手中，并已在征收范围内予以公告。

（李　菁）

【大栅栏历史文化展览馆项目工程房屋征收】　年内，负责大栅栏历史文化展览馆保护利用工程房屋征收项目一期、二期。该项目位于大栅栏西街最西端，总用地规模2660平方米，总建设用地规模约2600平方米，代征城市公共用地规模60平方米。项目的立项主体是西城区文物保护研究所；由西城区政府实施房屋征收；区政府房屋征收办公室负责组织实施本项目的房屋征收与补偿工作；由区房屋征收中心通过购买服务的方式委托北京兴融拆迁公司负责房屋征收的具体实施工作。项目四至：东至樱桃斜街、铁树斜街与大栅栏西街交汇处空地，西至铁树斜街27号及樱桃斜街14号西侧院墙一线，南至铁树斜街现状道路北界，北至樱桃斜街现状道路南界。项目一期征收范围为樱桃斜街2号至8号（双号），为西城区文物保护单位——大栅栏护国观音寺，所涉及产权均为宣房投公司代管产（寺庙产），涉及承租户14户，房屋建筑面积300平方米左右。项目二期征收范围涉及门牌为樱桃斜街10号—14号（双号）；铁树斜街1号—27号（单号）（以规划范围为准），其中除2户居民之前已被大栅栏投资公司腾退外，共38户，其中住宅36户（直管公房16户、私产20户），非住宅2户，征收面积约为1500平方米。项目一期于2月4日至3月20日正式张贴征收决定、征收补偿方案，签约期为45天。项目一期被征收居民14户，签约期结束后居民已签约4户，完成签约面积77.58平方米，签约率为28.6%。签约期结束后，针对未完成签约工作的10户，已协助区征收办组织完成谈话9户，按照法律程序，在项目后期，向已完成谈话的部分居民下发补偿决定。项目二期于6月8日张贴暂停公告，正式启动二期建控地带的房屋征收工作，经过详细入户调查、协商、投票程序，7月3日投票选定北京宣房房地产评估公司，12月29日起张贴征收决定、征收补偿方案，启动签约期工作，签约期30天。在项目一期签约期内，同时完成项目二期征收范围内签约7户，除此之外二期签约期内新完成14户居民签约，签约期结束累计完成签约21户，签约率55.26%。

（李　菁）

【规划阜丰路市政道路工程房屋征收】　年内，负责西城区规划阜丰路市政道路工程房屋征收项目，该项目南起丰盛胡同，北至羊肉胡同，用地总规模约1.25万平方米。项目的立项主体是北京天恒房地产股份有限公司；由西城区政府实施房屋征收；区政府房屋征收办公室负责组织实施本项目的房屋征收与补偿工作；由区房屋征收中心通过购买服务的方式委托华远力诚拆迁公司负责房屋征收的具体实施工作。征收范围：羊肉胡同54号（部分）、56号、58号、60号、62号；核桃巷3号（部分）；砖塔胡同57号（部分）、59号、74号、76号、78号（部分）；敬胜胡同17号（部分）、19号（部分）、22号（部分）、甲22号（部分）；三道栅栏北巷2号（部分）、4号（部分）、6号；三道栅栏胡同2号（部分）、3号、11号；南玉带西巷1号（部分）；南玉带胡同11号（部分）；兵马司胡同14号（部分）、16号、59号（部分）；丰盛胡同37号（以规划范围为准）范围内进行房屋征收，征收范围内涉及居民147户，具体以入户调查结果公示为准。5月12日正式张贴暂停公告，启动房屋征收工作，经过详细入户调查工作，选定评估公司通过协商、投票、摇号三个程序，7月2日摇号选定北京西域房地产评估公司，11月6日，中心项目工作人员协助区征收办完成征补方案征求意见稿，区征收办会议讨论通过，等待现场张贴。

（李　菁）

【琉璃厂艺术文化馆建设工程房屋征收】　年内，负责北京市琉璃厂艺术文化馆建设工程房屋征收项目，该项目位于位于和平门外，琉璃厂西大街与南新华街交汇处，项目的立项主体是北京大栅栏投资有限责任公司；由西城区政府实施房屋征收；区政府房屋征收办公室负责组织实施本项目的房屋征收与补偿工作；由区房屋征收中心通过购买服务的方式委托华远力诚拆迁公司负责房屋征收的具体实施工作。项目四至：西起万源夹道、东至南新华街、北起琉璃厂西街店铺南侧边界、南至吉祥二条胡同。征收范围涉及门牌：南新华街41号、49号及南侧平房、49-1号、49-2号、75号；南新华街临时3号、3-1号、3-2号、5号、5-1号、5-2号；琉璃厂西街2号南门及南侧平房；吉祥二条5号；万源夹道7号对面公厕。经前期权属调查和公房管理单位提供相关资料，目前初步统计项目范围内涉及居民户共18户，单位产3处（华夏书画社、区环卫中心、京都公司）（最终以详细入户调查为准）。8月19日正式张贴暂停公告，启动房屋征收工作，经过详细入户调查工作，选定评估公司通过协商、投票、摇号三个程序，11月2日摇号选定北京华天通房地产评估公司，12月29日起张贴征补方案征求意见稿，征求居民意见30天。

（李　菁）

园林绿化管理

园林绿化局

【概况】 北京市西城区园林绿化局（简称区园林绿化局），挂北京市西城区绿化委员会办公室（简称区绿化办）牌子，是负责全区园林绿化工作的区政府工作部门。主要职责是制定全区园林绿化发展中长期规划和年度计划并组织实施；组织、指导和监督全区城市绿化美化养护管理工作；组织、协调重大活动的绿化美化及环境布置工作；管理和保护全区绿地和林木资源；负责全区公园、风景名胜区的行业管理；承担西城区绿化委员会的具体工作等。内设科室7个，在职人员37人。年内，完成绿地建设15.93公顷，其中新增0.73公顷、改造15.2公顷；新增屋顶绿化1.03万平方米、垂直绿化1085延长米；提升30条胡同的绿化景观。重点完成莲花河滨水绿道（西城段）一期和5条大街增绿添彩等工程；通过开辟“都市菜园”、建设园艺体验中心和“美丽西城”评选等特色惠民活动，推动全民绿化深入开展；加强园林绿化精细化管理，西城区获得城市核心区绿地管理、公园精细化管理和公园风景区管理三项考核全市第一。区园林绿化局被评为2012—2014年首都文明单位。截至年底，全区园林绿地面积1043.85公顷，绿化覆盖率30.38%，绿地率20.64%，人均公园绿地面积3.74平方米，公园绿地500米服务半径覆盖率89.5%。与“十一五”时期相比，绿化覆盖率增加1.85个百分点，绿地率增加0.31个百分点，人均公园绿地增加0.44平方米。

地址：西城区南礼士路乙9号院2号楼
邮编：100045
电话：68025953

（范慧英）

【“百万鲜花、生态阳台、都市菜园”活动】 年内，联合区委宣传部、区文明办、区社会办、区环境建设办、区妇联、区园林市政管理中心以及各街道办事处，开展“百万鲜花、生态阳台、都市菜园”活动。2月12日，联合区园林市政管理中心、西长安街街道及西单大悦城有限公司，在西单大悦城购物中心举行启动仪式暨展示推广活动，展示最新的芽苗菜种植机、智能阳台种植机、家庭园艺生态墙、智能鱼菜共生系统、居室立体花架以及智能阳台水培种植机等多种现代化、高科技的家庭园艺种菜产品，以及适于居室种植的多种蔬菜和农作物，并向市民发放蔬菜籽和养花种菜资料等宣传品。府右街南社区居民自发举办芽苗菜种植展示，成为该项活动的试点社区。4月22日，联合区园林市政管理中心、新街口街道、北京西都地产发展有限公司，在北草场开发项目的闲置工地建设“都市菜园”，结合节日环境布置，为居民免费发放花卉63万余盆、盆菜88万余盆，调动居民家庭种菜养花并参与环境布置。11月13日，联合新街口街道，为福寿轩敬老院送去“都市菜园”产出的白菜、茄子、南瓜等9个品种无公害蔬菜约2000斤，让居民享受到绿化美化成果。

（范慧英）

【莲花河滨水绿道（西城段）一期工程】 该工程北起广外大街道路南侧，南至红莲南路，东起莲花河东侧河岸，西侧与红莲北、中、南里接壤。区园林绿化局负责组织协调工作、审核施工方案和督促工程进度，区园林市政管理中心负责立项，北京市绿美园林工程服务中心负责施工。工程设计以“生命印记、故都风采——乡愁”为主题，以服务民生为特色，利用现有滨河绿地，通过改善现状交通、理顺活动空间、提升服务设施、增加文化元素、丰富活动内容等多种手段，构建“一河、两带（莲花河东西两岸的绿带）、五景（广安荷香、纳福迎祥、同乐佳境、莲河印象、红莲往事5个景区）”的景观结构，并统筹相邻老旧小区改造，全面提升该区域整体环境品质。工程于3月开始前期准备工作，10月竣工并对外开放。共种植乔木1401株、灌木3736株，绿化总面积12.4万平方米；新增座椅252个、健身场地3处、卫生间3个、垃圾箱60个；设置标识系统、音响设施、警报呼救设施和防灾避险设施，采用节能设施，建设海绵式绿地；安装太阳能充电桩，实现WiFi全覆盖。绿道北起西客站暗涵出口，南至西城区界，流经丽水莲花和广源小区、广安门外大街、甘石桥、马连道南街和红莲南路，河道总长度2.4公里，建设总面积18.6万平方米。在土建方面，铺装总面积33031.09平方米，其中新增休闲广场面积28149平方米，安装各种栏杆2696延长米。

（范慧英　田蕾蕾）

【“美丽西城”评选活动】 年内，区绿化办结合花园进社区、绿植进院落、园艺进家庭的“三进”活动，联合区委宣传部、区文明办、区社会办、区教委、区环境建设办及各街道办事处，开展“美丽西城”评选活动。整个活动于3月29日启动，10月中旬结束。经过报名、筛选、评比、公示等阶段，最终评选出北京白云观等美丽单位9个、北京市第七中学等美丽校园10个、南沙沟小区等美丽小区4个、东滨河路等美丽街巷2条、美丽院落79个和美丽阳台613个。

（范慧英）

【全民义务植树活动】 4月4日是首都第31个全民义务植树日，当天，西城区开展以“弘扬生态文明·建设美丽西城”为主题的义务植树活动，全区各机关单位、社会团体、企事业单位通过各种形式积极参与。区园林绿化局在月坛公园、人定湖公园、万寿公园、宣武艺园和永定门公园设立宣传咨询站，各街道办事处分别设立宣传咨询站和植树点，发动社区居民植树、清理绿地卫生、开展绿化养护，履行植树义务，并普及《北京市绿化条例》、认建认养、购买碳汇和生物多样性等方面的知识，提高群众的生态文明意识。同时，结合“百万鲜花、生态阳台、都市菜园”活动，为居民发放花种、菜种。此外，西城区还在延庆县城周边和怀柔区口头村（圣泉山）设置植树点，接待社会单位和市民个人植树。植树日当天，全区有10.05万人参加植树活动，共植树7220株，清扫绿地48.2万平方米，养护树木14.5万株，设宣传咨询站52个，悬挂横幅标语232幅，出动宣传车15辆，发放宣传材料3.85万份。4月8日上午，全国政协领导与西城区四套班子领导，以及全国政协机关工作人员近百人，在全国政协礼堂南广场开展义务植树活动，种植银杏、雪松和紫叶李等树苗90余株。年内，继续与怀柔区、延庆区开展“城乡手拉手、共建新农村”活动；深入推进认建认养工作，全区共认养树木9066株（其中古树4株）、绿地15.56万平方米，筹集资金35.61万元。

（范慧英）

【“小树苗”行动】　年内，继续采取辖区市民申请、政府无偿提供苗木的形式，鼓励市民利用社区空地、边角地、房前屋后进行边角植绿，形成自己动手、绿化美化家园的新风尚，努力打造“一院一树、一户一木、一人一花”的美丽西城。4月，共发放海棠、石榴和碧桃等8个品种花灌木4435株，经过抽查，小树苗长势良好。

（范慧英）

【花卉布置】　“五一”前夕，在金融街、西单北大街和广内大街等41处公园道路绿地栽植应时花卉84.59万株，面积2.32万平方米；宿根花卉2.5万株，面积1000平方米。中国人民抗日战争暨世界反法西斯战争胜利70周年纪念活动和“十一”前夕，以“共同发展，面向未来”为主题，按照“规模适度、形式多样、营造氛围、服务大众、有序衔接”的原则，在西单文化广场、广安门南街和金融街中心绿地等广场绿地布置主题立体花坛6座，在广安门桥区、西便门桥上和天桥历史景观广场等处布置花卉景观小品8座，在主要公园、绿地和道路，通过景观小品、花束花钵和地栽等形式进行装饰，共用花214万株。同时，结合“百万鲜花进家庭、进社区、进街巷”活动，发动广大群众参与环境布置。

（范慧英）

【园艺体验中心建设】　年内，充分利用辖区内原有的公园、绿道和驿站资源，建成右安驿站、白云驿站、月坛花店、万寿公园和人定湖公园等5家园艺体验中心，为居民提供家庭园艺的规划设计、养护培训和技术咨询等一站式综合性服务。全年举办各类园艺体验、培训活动50余次，接待参观和体验居民数千人次，提供技术咨询5000余次。园艺体验中心采取政府主导、企业自主经营的运营方式，区园林绿化局对公益活动及免费园艺培训课程进行组织、检查、考核，区园林市政管理中心负责日常运营管理，经营单位负责具体的服务、运营工作。

（范慧英）

【街巷胡同绿化】　年内，结合全区环境建设、街巷胡同整治等工作，针对胡同存在的问题及各片区特点，对什刹海、西长安街、大栅栏、天桥、新街口、广内和牛街等7个街道共30条胡同进行绿化景观提升。通过砌筑花池、摆放玻璃钢质花箱和栽植花灌木等形式增加绿量，美化装饰胡同环境，提升居民生活品质。

（范慧英）

【立体绿化】　年内，按照政府引导、分类推进、专业支持、社会参与、共建共享的原则，争取社会各方面支持，以校园建筑、公共建筑为重点，推进立体绿化建设。完成北京市第十三中学等10处屋顶绿化1.03万平方米、德胜门东大街等10处垂直绿化1085延长米。

（范慧英）

【花园式单位（社区）创建】　年内，加大花园式单位（社区）创建力度，通过走访调查、动员部署、技术指导和督促检查等方式，发动单位、社区积极参与。全年共创建黄寺大街25号院等花园式单位4个、府右街南社区等花园式社区1个。

（范慧英）

【园林绿化管理】　年内，区园林绿化局加强“依法治绿”，依据12项行政许可和35项行政处罚权力事项，严格林木绿地资源行政许可与批后监管，受理移伐树木及占用绿地等审批事项390项。与区城管执法监察局、各街道办事处和区园林市政管理中心联合执法，有效处理各类绿化违法案件28件，并以洪茂沟社区为重点，探索出老旧小区绿化执法管理的新模式。按照城市环境分类分级管理要求，完善绿化管理长效机制，强化公共绿地和社会绿地的常态管理，加大养护评比与监督检查考核力度，提升绿化管理法制化、专业化和精细化水平。通过林木有害生物普查，严密防治美国白蛾、常规病虫害，古树保护和杨柳飞絮治理等措施，保障区域生态安全，改善人居环境。以打造“美丽北京·魅力园林”公众服务品牌为目标，完成北滨河、官园和白云等6个注册公园的精细化管理工作，按照“一制度六台账”（即公园管理制度和公园年度工作台账、运营基础台账、绿化养护台账、安全管理台账、检查整改台账、游客投诉处理台账）管理模式，通过建章立制、细化标准、优化流程，实现公园管理的无缝隙、无死角、全覆盖。落实全市《关于对公园会所持续整治工作进行检查的通知》要求，严格区属公园配套建筑及设施使用管理。各公园完成节假日的服务接待、安全保障和举办文化活动等任务，并顺利通过市人大常委会对《北京市公园条例》实施情况的检查。年底，西城区在城市核心区绿地管理综合检查评分、公园精细化管理工作考评和公园风景区管理工作考核中均排名全市第一。

（范慧英）

园林市政管理中心

【概况】　北京市西城区园林市政管理中心（简称区园林市政管理中心）为西城区人民政府直属相当正处级全额拨款事业单位。主要职责是：承担全区园林绿化养护和市政道路、设施维护工作；受区有关部门委托承担区属园林市政工作项目立项、工程质量监管、掘路费收取等工作；组织实施园林市政道路应急抢险、重要节假日和重大活动花卉布置等事务性、服务性工作；负责部分区属公园的管理工作；承办区政府和上级业务指导部门交办的其他事项。编制80人，内设14个科室。中心下辖西城区市政工程管理处、西城区苗木园艺队、西城区月坛公园管理处、西城区人定湖公园管理处、西城区万寿公园管理处、西城区宣武艺园管理处、西城区滨河公园管理处、西城区德外绿化队、西城区月坛绿化队、西城区和平门绿化队、西城区广外绿化队、北京奇石馆12个正科级事业单位，附属有北京三海投资管理中心、北京什刹海旅游开发有限公司、北京市绿美园林工程服务中心、北京鑫雅市政建设工程处、北京紫光绿化工程有限责任公司5家企业和东坝苗圃、顺义苗圃2处苗木基地。中心下辖区市政工程管理处、区苗木园艺队、月坛公园管理处、人定湖公园管理处、万寿公园管理处、宣武艺园管理处、滨河公园管理处、德外绿化队、月坛绿化队、和平门绿化队、广外绿化队、北京奇石馆。

地址：西城区右安门内西街18-1号
邮编：100054
电话：52684005

（田蕾蕾）

【自行车出行示范工程】 年内，共完成车公庄大街、展览馆路、太平桥大街、赵登禹路、月坛北街、月坛南街、金融大街、华远街等28条道路的自行车出行示范工程建设，占工程总量的95%。共计铺设彩色路面4.63万平方米，设置0.7米高的机非护栏1.15万米，1.3米高的人行步道护栏3680米，自行车车标1020个，石材挡车桩178个，高清探头11处。

（田蕾蕾）

【道路大中修工程】 年内，共完成登莱胡同（南北段）、南线里、菜园北里、白纸坊中里、广安门南街、枣林前街、双柳树二条、小红庙小区南侧路、姚家井二巷、板章路等38条道路大中修，共计铺装沥青混凝土14.57万平方米、步道砖3.73万平方米。

（田蕾蕾）

【市政排水管线改造工程】 年内，共完成菜园北里胡同、门楼巷、双柳树胡同、诚实胡同、建学胡同、善果胡同、报国寺西夹道、报国寺东夹道、马连道中里、鸭子桥路、禄长街头条、白纸坊街、姚家井二巷等43条道路市政排水管线改造工程，共计铺设管线8124.4米，铺装沥青混凝土1.09万平方米、步道砖1142.7平方米。

（田蕾蕾）

【花卉布置】 年内，按照不同季节的养护特点及市、区相关工作要求，统筹安排环境布置工作。花卉布置工作延续创新及节约的理念，通过减少一年生花卉种植数量，增加宿根观叶、观花植物，使花卉布置工作既能突出重点，又能有效控制成本。全年，区园林市政管理中心高质高效地完成了“五一”“9·3”“十一”期间共14处花坛及56条道路的花钵及地栽花卉的布置工作，栽植面积7.07万平方米，共使用花卉401.38万株，其中花坛花卉146.21万株，地栽花卉251.10万株，其他花卉小品4.07万株。

（田蕾蕾）

【“生态阳台·都市菜园”活动】 年内，开展“生态阳台·都市菜园”活动，鼓励居民对家庭阳台、院落等可利用空间进行绿化美化。其间，组织社区居民对西直门内闲置工地中的裸露地面进行开垦，利用闲置资源进行种菜体验，让社区居民体验从播种、田间管理到收获的全过程。活动期间共向15个街道社区免费发放油菜、小白菜等5个品种的盆菜套装及花卉共计150余万盆，其中发放盆菜套装88万盆、花卉63万盆。

（田蕾蕾）

【园艺推广中心建设】 年内，在右安驿站、蓟丘驿站、月坛花店、万寿公园、人定湖公园、马连茶苑驿站建设6家西城区园艺推广中心，搭建与居民之间的家庭园艺沟通桥梁。园艺推广中心以科普培训、园艺沙龙体验为主，辅助于相关园艺新品种、新应用及新技术的展示，为居民提供家庭园艺的规划设计、养护培训、技术咨询等服务，传递家庭园艺理念，打造家庭一站式园艺服务平台。

（田蕾蕾）

【应急抢险】 年内，在极端天气中，共处理倒伏、折枝树木434株，处理路面塌陷468处，共出动抢险人员1356人次、车辆434台次。

（田蕾蕾）

【什刹海游船二期更新项目】 年内，什刹海游船二期更新项目完成，此次更新非自航船168艘、自航船26艘，游船全部由北京市地方海事局检验合格，已全部投入使用。游船的外形及安全性得到游客的广泛肯定，此次更新项目有效提升了什刹海水面的整体安全及景观效果。

（田蕾蕾）

【签署战略合作协议】 7月8日，区园林市政管理中心与北京市园林科学研究院（简称园科院）正式签署战略合作框架协议，旨在构建环境优美的国际一流和谐宜居城区，深入推进西城区园林绿化事业的发展，充分发挥科研院所在核心区园林建设中的技术引导作用，大力发展园林的循环经济。根据协议，区园林市政管理中心提供实践、研究基地，园科院运用自身技术及方式，为“百万鲜花进社区”“都市菜园”、西城区园艺推广中心相关活动、“黑土计划”、古树空洞诊断等具体项目提供服务保障。

（田蕾蕾）

【雨水收集、中水利用节能改造工程】 年内，在29处老旧小区、居民平房院及公园，通过铺设透水砖、排水管线、渗水管，修砌渗水井，设置微喷系统等方式，改造雨水、中水收集利用系统。其中铺设透水砖5万平方米，增设雨水收集池500立方米，汇水面积6.5万平方米，年收集量1000立方米。

（田蕾蕾）

【屋顶绿化】 年内，完成7处屋顶绿化项目。其中复式屋顶绿化2处，简式屋顶绿化3处，简复结合式屋顶绿化2处，总面积6201平方米。

（田蕾蕾）

环境卫生管理

【概况】　北京市西城区环境卫生服务中心（简称区环卫中心）为处级事业单位，承担西城区内环境卫生方面的服务性、事务性、技术性工作，并负责下属环卫作业队伍的管理工作。区环卫中心直属企业单位11个、事业单位8个，承担全区主要大街的清扫与保洁、垃圾清运及密闭式清洁站管理、公厕保洁与管理、化粪池的挖掏与粪便清运、部分街道办事处街巷清扫保洁及各种环卫应急保障任务。年内，区环卫中心以建设“活力、魅力、和谐”新西城和环境卫生首善之区理念统领工作，完成各项任务。

地址：西城区北营房中街7号

邮编：100037

电话：88378410-2021

（李　玮）

【道路清扫保洁和街巷保洁】　年内，区环卫中心共完成813.1万平方米城市道路清扫保洁任务，机械化清扫率99.36%。主要道路除冬季外，全天实施洗地、冲刷和降尘作业，洗地率96.45%、冲刷率100%。道路污物滞留时间普遍控制在10分钟以内，特殊区域控制在5分钟以内。完成1134条街巷胡同、255个小区清扫保洁工作。改变传统作业方式，提高生活垃圾收集和街巷胡同保洁机械化程度。发挥环卫专业优势，按照“人走地净、车走站净”标准，坚持“扫运分离”作业模式，提高街巷胡同干净指数和群众满意度。投入资金5362万元，购置各种环卫车辆和设备，提高道路作业机械化水平。举办第四届职工职业技能大赛，提高业务技能和作业水平。有关业务单位通力合作，按照冲刷周期采取白天、夜间分时段冲刷模式进行步道冲刷作业，保障道路冲刷清洗干净；与车辆生产厂家联合研发清理垃圾桶内外胆污渍的新型电动垃圾桶清洗车，提高垃圾桶保洁速度和质量；对从事道路清扫作业的快速电动保洁三轮车进行改造，提升其在人车密集地区的作业效果和作业安全。主要大街和街巷胡同清扫保洁工作多次接受市区检查，均取得很好成绩。

（李　玮）

【公厕管理和粪便清运工作】　年内，区环卫中心完成全区1170座公厕的管理和服务任务，对全区所有公厕的硬件进行整体提升，对8座居民反映异味大的公厕进行除臭专项改造，收效明显，改善了如厕环境。针对公厕业务中存在的管理松懈和质量滑坡问题，及时召开公厕精细化管理推进会，找原因、补短板、提质量。投入684万元打造公厕精品工程，设立公厕保洁作业样板间，充分发挥示范标杆作用。对11座老旧二类公厕进行整体修缮，更换11座老旧可移动环保公厕。粪便清运工作坚持标准，狠抓落实，加强协调配合，努力克服困难，实现粪便密闭化抽运和资源化处理。全年共清运粪便28.99万吨。

（李　玮）

【密闭式清洁站管理】　年内，区环卫中心继续加强对全区75座密闭式清洁站的管理与服务，继续加强数字化管理基础建设，完善清洁站视频监控系统，实现垃圾收集转运全程密闭化和数字化实时监管，在确保垃圾日产日清的同时，及时分析掌控垃圾增长变化情况。对骡马市清洁站进行整体改造，解决了周边机扫车倒土难的问题。针对年底因市环卫集团垃圾转运站改造给垃圾清运带来的实际问题，及时召开会议，分析情况，研究对策。作业车辆采取停车场集中卸土、错时转运的方式，减少排队卸土；增加车辆对重点路段、重点区域周边垃圾的收运，解决道路两侧暴露垃圾滞留和果皮箱满冒的问题；采取穿插、跨片倒土的方式，缓解车辆长时间等候倒土现象；关心加班职工的生活，安抚等候倒土的职工的情绪，维护清洁站内外秩序，较好地解决了垃圾积压和倒土排队问题。全年共清运垃圾59.32万吨。

（李　玮）

【垃圾分类】　年内，区环卫中心按照区市政市容委要求，对实行垃圾分类的餐馆、社区、单位进行实地勘察，测算实际垃圾量，建立收运档案。根据具体情况，配备不同收运车辆，及时收运分类垃圾。全年共收运餐厨垃圾2.4万吨、厨余垃圾1.3万吨、生活垃圾2555吨、可回收垃圾141.7吨。

（李　玮）

【渣土管理】　年内，区环卫中心实施前置管理、提前介入、事先告知的主动管理方式，加大对施工单位的宣传力度，做好建筑垃圾管理政策的宣传工作。将全区工地信息纳入西城区渣土管理数据库，进行全面监督。对全区工地定期开展各类专项检查，形成建筑垃圾常态化管理模式。全年共发放渣土消纳证261张，发放车辆准运证2265张。在全区范围内全面推广“四牌一线、全覆盖”绿色施工管理模式，施工扬尘和渣土遗撒现象得到了有效控制。按照《西城区建筑垃圾考核标准》，对15个街道办事处所辖的施工工地进行属地考核，分别与三个街道办事处开展移动化案件传送机制试运行工作，减少了违规案件的处理时限，有效提高了属地街道办事处的管理力度。在全市渣土管理综合考核评价中名列第一。

（李　玮）

【环境保障工作】　年内，区环卫中心坚持常态化管理与应急保障工作相结合、同落实，完成扫雪铲冰、防汛、雾霾等极端天气应急保障任务，完成全国“两会”“9・3”阅兵等重大政治活动期间的环境保障任务，完成元旦、春节、“五一”“十一”等重要节日的环境整治和保障工作。在“9・3”阅兵期间，环卫中心及时妥善处置突发事件。在集中清理落叶和冬季扫雪铲冰作业中，区环卫中心周密部署、快速反应、连续作战，确保落叶及时清运和道路畅通。对于日常区政府交办和群众反映的环境应急保障事项，区环卫中心高度重视，认真办理，全年共处理政务案件4532件、区市政市容委督办单17件，处理12345电话登记单887件。

（李 玮）

【安全维稳工作】 年内，区环卫中心制定《安全生产“党政同责、一岗双责实施办法》，建立健全“党政同责、一岗双责、齐抓共管”安全生产工作机制。深入开展安全生产整治，增加安全生产投入，提升安全工作管理水平。以“安全生产月”活动为契机，确定4家基层单位的管理示范点，作为安全管理工作典型在中心推广。开展形式多样的安全培训活动，营造安全氛围，增强职工安全意识。安全信息化平台全面上线，提高了安全管理工作效率，为中心安全信息数据共享提供了技术支撑和保障。投入资金436万余元，更换或新增各类技术设备和安全设施，在物防、技防上为安全管理工作提供可靠保障，全年未发生安全责任事故。按照中心统一要求，各单位改造总计3314平方米的泡沫轻体房，消除了安全隐患。积极推广在中心下属所有停车场安装LED警示栏，为停车场营造安全环境，为开展职工安全教育提供了有效媒介。年内，中心组织开展对消防器材的专项整治活动，更换灭火器750具，推广环卫二队采用的灭火器挂牌日检工作法，各单位都进行消防演练，以提高广大职工的安全消防意识和防范能力。中心以检查为手段，及时消除各类隐患。在“9·3”阅兵期间，制定安保方案，开展安全大检查活动，及时发现问题，解决问题，确保全中心内部安全稳定。年内，区环卫中心高度重视维护稳定工作，紧密结合形势任务和环卫工作实际，深入开展矛盾纠纷排查化解工作，落实反恐防暴责任，及时掌握职工思想动态和维稳工作情况，发现苗头和问题，采取有力措施及时解决。

（李 玮）

环境保护

【概况】 西城区环境保护局（简称区环保局）是西城区政府在环境保护方面的职能机构。内设机构10个，即办公室、综合法制科（研究室）、环境影响评价科、总量减排科、污染源管理科、环境安全管理科（区环境污染突发事件应急办公室）、辐射监管科、监察科、离退休干部科、机关党委；参照公务员管理科室2个，即环境保护监察一队、环境保护监察二队；规范性事业单位1个，即机动车排放管理站；全额拨款事业单位3个，即环境保护监测站、环保宣传教育科技中心、煤改电管理中心。在职人员158人。年内，区环保局结合首都核心区实际，坚持以推进环境优区为抓手，以抓好环境治理为主线，以防治细颗粒物（PM2.5）污染为重点，落实《北京市2013—2017年清洁空气行动计划》，推进多种污染物协同减排，强化环境安全监管，加强污染防治，推进生态环境建设，在全区经济社会快速发展的情况下，区域生态环境质量有所改善。PM2.5年平均浓度为83.0微克每立方米，比2014年下降了6.2%。二氧化硫和氮氧化物排放总量分别比上年削减了33.49%和35.56%，提前超额完成“十二五”总量削减目标。

地址：西城区鸭子桥路29号
邮编：100055
电话：66206461

（刘 惟）

【督查清洁空气行动计划重点任务】 年内，由区环保局牵头，区发改委、区住建委、区市政市容委、区城管执法局等11家单位组成联合督查小组，建立协同开展大气污染防治的联合督查工作机制，制定并完善清洁空气行动计划督查工作方案和任务清单，形成由责任单位开展自我督查，区环保局进行全面督查的工作模式。建立“围绕一个中心目标、实施五大减排措施、落实督查+执法两大手段、强化空气质量联动监管”的大环保督查工作格局，完善重点项目任务台账，落实每月小结、季度自查、半年调度的工作制度。每月更新核实、统筹工作进展情况，专项督察重点问题，按照全面督察与问题督察相结合的原则，督促各项任务按时完成。

（刘 惟）

【环境保护大检查】 为落实环保部印发的《环境保护大检查工作方案》及市政府办公厅印发的《北京市环境保护大检查工作方案》，3月18日，区政府召集全区各相关单位主管领导及各街道办事处主要负责人召开会议，区环保局起草工作方案，全面部署西城区环境保护大检查工作，成立了环境保护大检查工作领导小组。针对工业源和生活源两大类开展调查，培训普查员427名。通过环保大检查，摸清全区各类污染源的数量和分布，特别是重点污染源的数量。针对重点污染源，逐步建立档案台账，为今后的排污收费工作奠定基础。摸清无证照的数量和分布，为区域综合整治提供依据。以环保大检查为契机，加强各类执法检查，开展采暖季煤烟型污染专项整治、“七小”场所使用燃煤整治、公交车和省级客运车辆以及夜间人货车、建筑垃圾运输车辆等专项执法检查、夏季油气回收专项检查等专项执法活动，对各类环境违法行为进行整治。年内，已按照市局数据分类统计及建档的要求，对环境保护大检查数据进行汇总统计、分类整理。经统计，辖区工业源有16家，生活源4925家；大气类污染源4090家，水类污染源4306家，固体废物产生单位100家。

（刘 惟）

【无煤化工作】 年内，按照《西城区压减燃煤暨无煤化实施方案（2014—2015年）》以及《西城区2015年无煤化工作安排》的要求，区环保局制定《西城区2015年煤改电工程实施方案》，组织全区15个街道对平房煤改电计划改造区域及往年改造地区漏户进行详细调查摸底，并根据城区供电公司供电高压方案的设计，组织供电、街道、房地中心、宣房投等部门开展了外电网增容设备选址工作。在改造区域内新装箱变74台、开闭器2台、柱变11台、地箱410个、墙箱875个、敷设电缆约70000米。向居民发放《煤改电37问》《致居民一封信》等宣传材料1.5万余份。在开展平房煤改电的同时开展老旧简易楼房的简易煤改电工程，即老旧简易楼房采用直热式电采暖设备取代燃煤取暖，同时提出简易煤改电设备补贴方案和电费补贴方案。年内共完成全区15个街道内7300户居民的煤改电及简易煤改电工程改造任务，全部撤销区内5个燃煤销售点，并不再审批设立新的储煤场。

（刘 惟）

【机动车污染治理】 年内，加大老旧机动车淘汰力度，组织街道社区采取“进楼门，入住户”的形式进行宣传动员，了解掌握老旧车主信息，发放宣传资料、宣传品1.6万余份，张贴海报150张，共淘汰老旧机动车25944辆，超额完成市政府下达的17500辆的任务。集中开展专项、联合执法检查，加强机动车排放监管，共检查机动车74万余辆，处罚294辆。为促进油气回收设备达标运行，检查加油站965座次，抽测加油站48座次。针对货车违法行为配合西城交通支队开展专项整治20余次，开展外埠车专项整治行动，防止尾气排放不达标的外埠车进入五环。查找低速货运汽车所在单位，通过宣传环保形势、签订承诺书等方式，促进所在单位将低速货运汽车转出，完成辖区低速汽车淘汰任务。

（刘 惟）

【完成污染源减排任务】 年内，对辖区工业企业、汽修、干洗等行业进行日常监管，并开展执法周检查工作模式，完善“一厂一档”。加强对汽车维修企业的监管，建立汽修企业台账，推进绿色维修。对驻区企业召开VOCs（挥发性有机物）减排工作协调会，每月对VOCs治理设施的安装工作进行现场检查督促。结合清洁生产审核，完成了北京凌奇印刷有限公司等四家企业的环保技改工程。严格环评审批，加快工业企业结构调整，将二氧化硫、氮氧化物和挥发性有机物等主要污染物排放总量指标作为建设项目环境影响评价审批的前置条件，对新增餐饮企业实行更加严格的环评审批。严格执行《西城区新增产业禁止和限制的管理目录》，控制和减少审批数量，召开相关调度会20余次，对不予批准的企业进行宣传教育；开展燃气锅炉低氮燃烧技术改造试点工作。通过开展排污申报登记、排污收费及日常检查工作，对使用单位进行实地勘察，结合辖区热源整合工作，对建功北里等3处锅炉房进行了低氮燃烧技术改造，于供暖季前顺利完成试点改造工作；加强餐饮业污染监管，督促相关餐饮企业更换或修复油烟净化器，并逐一进行复查。搭建街道、公安、工商、环保、城管等部门的联勤联动工作平台，协调配合开展联合执法行动，全年共查处露天烧烤和消夏大排档问题1800余起。

（刘 惟）

【空气重污染应急工作】 年内，按照市政府要求，结合辖区实际情况，区环保局对原空气重污染应急预案进行修订，在征求各单位意见后，经第109次区政府常务会议研究，通过了《北京市西城区空气重污染应急预案》。年内先后开展3次空气重污染红色预警启动演练。在重污染期间加强执法检查力度，全体执法人员按照各自职责和所负责的辖区，加大检查力度和频次。休息日期间安排3个执法检查组进行加班检查，督促各单位落实各项环保措施。在重污染预警启动期间，区环保局与监察局、政府办督查室组成联合督查组，对全区各委办局落实应急措施情况进行现场督查抽查。年内，共启动空气重污染预警19次，共计41天，其中蓝色预警8次9天，黄色预警7次20天，橙色预警2次5天，红色预警2次7天。比2014年增加9次，增加31天。除次数和天数增加外，启动的时间也相对集中，其中12月内共启动8次。

（刘 惟）

【扬尘污染管理】 年内，严格做好扬尘排污费征收工作，多次召开工作部署会、业务培训会，做好宣传工作，组织建设单位开展申报，与城管部门共享处罚信息，按要求做好差别化收费。自3月1日起，开始征收施工工地扬尘排污费，共在151个工地征收共计403笔118万元扬尘排污费。严格落实绿色施工标准要求，组织区住建委、区城管执法局等部门开展联合执法检查，加大对重点地区、重点路段、重要时期、关键时段的检查频次，督促落实《绿色施工管理规程》。出动检查人数近700余人次，检查工地400余个次。对洗轮机使用情况进行日常检查，有效使用率达100%。

（刘 惟）

【噪声环境质量控制】 年内，加强噪声达标区建设，严格审批新上项目，加强施工工地噪声管理，加大对夜间违法施工的查处力度，推广施工噪声软质隔声屏等降噪新技术，加强对各类固定噪声源的监测，开展固定噪声源治理和社会生活噪声污染治理，辖区内的道路交通噪声和区域环境噪声稳中有降，噪声信访投诉减少，噪声对周边的环境影响降低。交通干线噪声平均值67.3分贝（A），区域环境噪声平均值54.2分贝（A），声环境质量达标率为57.4%，超过北京市环保局设定的达标率55%的目标。

（刘 惟）

【水污染防治】 年内，加强水环境日常巡查，每月对辖区重点断面和水域进行监测分析，掌握护城河与六海水质状况。与市水务部门形成会商机制，明确职责，实施监管。定期对出入境断面水质进行监测分析，特别是在汛期，摸索河道水质变化规律，研讨水体治理方案；加强工业企业日常监管，保证企业污水处理设施正常运行。实现生活污水全部进入市政管线。工业、医疗、餐饮废水全部实现达标排放，生活污水集中处理率为100%，重点污染源废水排放达标率为100%。

（刘 惟）

【环境安全监管】 年内，深入涉源单位，检查辐射安全制度和管理措施落实情况，对其辐射管理人员进行现场指导。组织开展辐射检查201家次，出动550余人次，其中医疗垃圾检查45家次，医疗废水检查47家次，对检查中发现的问题均提出限期改正要求。共办理辐射安全许可证37件，环评27件，备案140件，验收4件，更新机器2件。组织开展闲置废弃放射源清查专项工作，联合西城公安分局、区教委集中开展闲置废弃放射源清查专项行动，区教委所属170个法人单位全部完成闲置废弃放射源的清查工作。

（刘 惟）

【环境质量检测】 年内，通过计量认证复评审工作，区环保局具备了对大气、水质、土壤等8类77个项目的检测能力，能够严格实施实验室质量控制，确保监测数据准确可靠。年内，设立降尘监测点位2个，报出监测数据24个；地表水监测断面13个，监测项目25个，报出数据2215个。元旦、除夕、正月初五和正月十五监测烟花爆竹噪声，报出数据1008个。对市区建成区的7个区域环境噪声监测点位、区县建成区的108个区域环境噪声监测点位以及73个道路交通噪声监测点位开展噪声监测。土壤监测中对景山公园、大观园、月坛公园、西堤红山、西什库大街37号小区的土壤进行采样和送样。

（刘 惟）

【环境教育宣传活动】 年内，组织开展“清洁空气，你我齐行动”系列宣传活动。4月15日，在鸭子桥社区开展“参与清洁空气行动，发挥先锋模范作用”为主题的活动，由环保一线工作人员讲解如何处理环保违法行为。5月26日，区环保局、广外街道办事处、区直机关工委、区市政市容委、北京市节能环保促进会和台盟西城区委在红莲北里红莲文体广场联合主办“践行绿色生活——清洁空气你我齐行动”环保宣传活动，活动现场设置老旧机动车淘汰、垃圾分类、PM2.5测试、餐饮油烟污染测试、危险废物回收、环保执法等宣传咨询台，传播和弘扬“生活方式绿色化”理念。6月6日，开展中小学生环保演讲比赛，赛前开展有关环保、低碳知识的培训，共4名中小学生在比赛中获得名次。6至10月，开展环保摄影比赛，历时半年共征集摄影作品1358张；4次进社区、2次进企业开展“环保大课堂”活动，宣传空气重污染防护科普知识。9月22日，在大院社区开展世界无车日和中国城市无车日主题讲座活动。年内，向街道、社区居民、学校师生共发放关于《环保法》《北京市大气污染防治条例》及各类宣传折页1.5万余份，张贴海报500份，发放各类宣传品3.5万余份，展出关于PM2.5、空气重污染预警等内容的展板500块。

（刘 惟）

【“十三五”时期生态环境保护规划】 年内，区环保局负责《北京市西城区“十三五”时期环境保护和生态文明建设发展规划》和《北京市西城区“十三五”时期大气污染防治专项规划》的前期课题研究和文本编制工作，“十三五”环保规划内容包含产业结构调整、城市布局、人口结构等，涉及大气、水、噪声、危废等领域。本着“开门编规划”原则，环保局“十三五”规划编制领导小组多次听取科研单位、课题组专家前期研究成果的专题介绍，归纳总结各方意见和建议。11月，《“十三五”时期环境保护与生态文明建设发展规划》《“十三五”时期大气污染防治专项规划》的前期研究成果，通过了由政协委员、北京市环境科学研究院综合所副研究员汤大友，人大代表、北京康迈骨科医院党委书记、副院长杨世名，以及区“十三五”编办、区市政市容委、区环境办、区园林绿化局的有关领导组成的专家评审组的评审。

（刘 惟）

城市管理监察

【概况】 北京市西城区城市管理综合行政执法监察局（简称区城管执法监察局），为北京市西城区人民政府领导下，接受北京市城市管理综合行政执法局业务指导的城市管理综合行政执法机构。区城管执法监察局机关设11个内设机构：办公室、法制科、执法业务科、装备财务科、宣教科、政工科、信访科、后勤科、纪检监察科、老干部科、团委；设24个直属机构：指挥中心、督察队、直属第一执法队、直属第二执法队、德胜执法队、什刹海第一执法队、什刹海第二执法队、西长安街第一执法队、西长安街第二执法队、大栅栏执法队、天桥执法队、新街口执法队、金融街执法队、椿树执法队、陶然亭执法队、展览路第一执法队、展览路第二执法队、月坛执法队、广内执法队、牛街执法队、白纸坊执法队、广外执法队、天宁寺执法队和北站执法队。区城管执法监察局的主要职责是在本行政区域内负责贯彻实施国家有关城市管理方面的法律、法规、规章、政策及北京市的有关规定，治理和维护城市管理秩序。依据国家及北京市有关城市管理方面的法律、法规及规章，参与研究提出完善本区城市管理综合行政执法体制的意见和措施。负责市政府决定由城管执法监察机关承担的本区市容环境卫生、公用事业、市政、施工现场、园林绿化管理等方面的专业性行政执法监察工作。负责城管执法队伍行政执法中跨区域和领导交办的重大案件的查处工作。负责本区城管行政执法监察的指导、统筹协调和组织调度工作。负责本区城管行政执法队伍的监督和考核工作。负责辖区城管行政执法监察系统的组织建设、作风建设、队伍建设以及廉政勤政建设工作。在本部门职责范围内加强为驻区中央单位、市属单位、驻区部队和区域内企事业单位的服务。承办区政府和上级业务主管部门交办的其他事项。年内，按照首都生态环境建设和非首都功能疏解的总体部署，以“做首都标杆、全国模范”为目标，弘扬西城城管精神，在贯彻落实非首都功能疏解、提升城市综合治理能力、持续改善城管形象三方面下功夫，完成“9·3”阅兵和国庆66周年等重大活动、节假日期间的执法保障任务。全年共实施行政处罚2.28万余起，同比上升128%，罚款555万元，同比上升6%，创1998年建队以来最高；全年违法建设上账任务2796处，提前5个月完成7.8万平方米的拆违任务，共拆除违法建设3544处9.52万余平方米。常态化管控区域不断上升达70%，持续保持“零事故率”态势。全年接待来访人数1881人次，同比下降3.6%，办理各类信访件916件，重点历史积案化解14处，全年未出现负面新闻。首善之区的城市管理精细化水平不断提高。西长安街第一执法队、西长安街第二执法队、白纸坊执法队、北站执法队、大栅栏执法队被首都精神文明建设委员会评为“首都文明单位”，牛街执法队被市法制办评为“北京市法制文化建设示范点”，德胜执法队被首环办评为“首都城市环境建设样板单位”。

地址：西城区官园胡同8号

邮编：100034

电话：66527042

（李大明）

【创新城市管理体制机制】　年内，按照“属地管理为主体、行业权属为主责、综合协调部门指导、执法部门积极配合、城管部门综合执法”的运行机制和管理体系，推进城市秩序管理的重心下移。强化与街道办事处、公安、交通、食药、工商、环保等职能部门的联勤联动，开展联合执法1578次，同比上升19.6%。加大与城管监督指挥中心的信息共享与对接，不断提升“四公开一监督”工作的效率，在主动发现问题、督促落实、执法责任和案件移送上持续推进，截至年底，向相关单位派发监管通知单2897件（委办局267件，街道2630件），同比上升723%，实现处理率100%。

（李大明）

【疏解非首都功能】　年内，按照疏解非首都功能任务的总体规划部署，配合区环境办、各街道办事处及相关指挥部对低端业态进行疏解。年内共完成金泰永安、天陶红莲等4个市场的撤市，规范提升报国寺文化市场等17个市场，拆除市场违建3114平方米，撤走商户415户。在“动批”撤市工作中，共计拆除户外广告234块，其中大型户外广告设施159处，面积5000余平方米，拆除临街违法建设400平方米。

（李大明）

【拆除违法建设】　年内，以新生违建“零增长”、旧有违建“减存量”为标准，共拆除违法建设3544处9.52万余平方米。加大违建积案的化解力度，联合相关街道办事处，根据违法建设环境情况、拆除难度进行分类排序，把历史积案分为三类，分别是：具备拆除条件的、周边存在大量同类型违建的以及确实用于居住、生活所需的，对拆除条件成熟的，制定拆除预案进行拆除，对后两类报区政府、法制办后办理中止执行。年内成功化解了藕芽胡同4号、言志胡同13号等14处违建积案。

（李大明）

【重大节日环境保障】　年内，完成春节庙会、全国“两会”、十八届四中、五中全会、“9·3”阅兵和国庆66周年等重大活动和节假日的环境保障。实行全员停休上岗，延长上岗时间，采取集中管控，人盯车巡，确保一线执法力量充足；采取24小时领导带班制度，对辖区重点保障点位现场督导，解决执法难点；细化分工，逐级明确责任，严格倒查机制，确保任务落实到位；实行常态化管控机制，高限处罚，提升精细化标准；联勤联动，综合执法，发挥属地街道的统一指挥协调，与各职能部门形成执法合力。

（李大明）

【常态化环境管控】　年内，以大气污染、市政公共安全、停车管理、无照经营、非法小广告、非法运营等六大专项整治行动为重拳，以重大节假日环境保障为重点，以“三金海”地区的环境整治为抓手，区域和八大类专项执法方面点面结合，逐步完善基础台账，对违法形态高发区域，实施日常执法巡查和高频率检查相结合，不定期适时组织集中整治行动。目前，天安门政治核心区、大栅栏地区、西单地区、西外南路地区、故宫北门地区、椿树地区、北站地区均基本实现环境常态化管控，常态化管控区域扩展至70%。

（李大明）

【大气污染防治】　年内，以露天烧烤、施工管理和无照售煤为三大突破口，全面开展大气污染“防治战”。坚持露天烧烤“零指标”，结合各执法队辖区特点，定时、定地、定人，每晚安排1名队领导和三分之一执法人员，利用举报和巡查，不间断无缝隙对本辖区露天烧烤和消夏大排档进行查处；完善机关科室联系执法队的督导制度，实现上下联动；并加大对用户相关法律法规的宣传告知力度，印制发放《致全区餐饮单位及市民的一封信》1万余封；会同环保、工商、食药、街道办事处等部门开展联合执法，共罚没露天烧烤工具570个、桌椅3652件。坚持施工管理“高限罚”。增加了每晚22时至次日6时的夜间值守，采取人盯与技控（远程探头监控）相结合，对夜间施工、渣土运输等违规行为，一律实施立案高限处罚；会同区环保、市政市容、交管、住建等部门定期进行联合检查，强化对日常施工扬尘、道路遗撒、违规运输渣土的源头治理，并依法追究建设、施工、运输单位的责任。制定露天焚烧与街头无照售煤整治方案，确定整治重点区域，严打无照售煤行为，尤其是在消防安全重点场所周边进行严格排查、无缝隙监控，确保安全隐患和环境危害降到最低。截至年底，清理垃圾渣土80余处，查处露天烧烤和消夏大排档问题1800余起，实现了施工工地绿色施工达标率不低于92%，施工扬尘、道路遗撒群众举报量同比下降的工作目标。

（李大明）

【“城市病”治理】 年内，针对非法小广告、餐厨垃圾、私装地锁等“城市病”，集中开展整治，打好治理组合拳。截至年底，共治理市区脏乱点493处，取缔或规范无照经营、店外经营、擅自摆摊设点超过20万起，拆除地桩、地锁329个，拆除违规LED电子显示屏3457块，没收小广告39万余张，组织清理143次，清理整治小区147个，处罚267起，对1111个非法小广告号码做停机处理，检查餐饮企业1100余家，发现并整改问题百余处。

（李大明）

【宣传教育】 年内，加强法律法规宣传力度，先后在各级各类新闻媒体上发表新闻报道490余篇，网站更新信息180余条，在北京电视台《法制进行时》《北京青年报》等媒体上进行宣传报道597件次，报送好人好事信息438条，组织开展各类法制宣传教育活动600余次，发放法制宣传教育材料30万余份，制作宣传横幅、展板40余件，开展进工地、学校、社区等活动660余次，宣传范围覆盖到全区15个街道、257个社区，接受宣传教育的群众近5万人次，充分调动了社区居民参与城市管理、商户履行“门前三包”责任的积极性。

（李大明）

【服务群众】 年内，发挥广大群众参与环境秩序管理的意识和能力，深入基层和沿街商户，开展沟通座谈，依托属地街道、居委会和各职能部门联勤联动平台，建立与群众的常态化良性互通机制，在日常执法的同时，帮助解决群众的实际困难，实现宣传与帮助相结合，抓好“城管开放日”，主动邀请各单位和社会各界走进城管、了解城管，拓宽城市环境秩序管控的广度和深度，开展“拆除违法建设”“高考保障”“杜绝露天烧烤”“安全生产宣传”“便民利民服务”“学习法律法规”等专题互动活动554次，编制、发放《致西城区居民的一封信》《致露天餐饮单位的一封信》1万余封。

（李大明）

【信访工作】 年内，严格执行信访条例，加大对信访人员的思想疏导和矛盾排查力度，确保城管职责范围内无重大上访户、无信访群体性事件和敏感时期的非正常群众访。接待来访人数1881人次，同比下降3.6%；办理市长信箱、市执法局、区信访办、局长信箱等各个渠道的信访件916件，没有一起被退回，信访件均得到妥善处理。

（李大明）

【群众监督与表扬】 年内，受理96310热线举报27817件，实行首问协调、现场督办、跟踪抽查、电话回访和情况通报“五项机制”，提高办理时效和质量，凡是群众举报时留下联系方式的问题，做到100%电话回访。全年收到社会各界各类表扬3486件，同比增长40.3%。

（李大明）

交通枢纽管理

【概况】 北京西直门综合交通枢纽地区管理委员会（简称西直门管委会），是北京市市政府派出机构，委托西城区政府代管。主要负责组织协调西直门综合交通枢纽地区社会治安、市场秩序、交通秩序、公共卫生、市政公用设施、市容和环境卫生、精神文明建设等工作，协助有关部门和单位做好地区春运、暑运及节假日高峰期的运输工作，依据城市规划完善地区服务设施，负责地区应急管理工作，负责监督检查有关部门在地区的日常管理工作以及承办市政府交办的其他工作。设行政办公室、社会治安综合治理办公室、综合管理一处、综合管理二处（均为副处级）4个内设机构。年内，西直门管委会深入学习贯彻党的十八大和十八届三中、四中、五中全会精神，认真学习贯彻习近平总书记系列重要讲话特别是视察北京重要讲话精神，按照市委十一届七次、八次全会和区委、区政府的各项工作部署，扎实开展“三严三实”专题教育，推进非首都功能疏解，完成中国人民抗日战争暨世界反法西斯战争胜利70周年纪念活动和世界田径锦标赛等重大活动服务保障任务，围绕一个中心（以“三严三实”专题教育活动打牢思想根基促进作风转变为中心），强化三个长效机制（综合治理联席会、安全生产联席会、城市管理联席会），打造一个品牌（打造一流的综合交通枢纽地区），强化规范化、科学化、常态化管理，为地区的综合发展创造良好的环境秩序，完成市委市政府、区委区政府部署的各项工作任务。

地址：西城区北礼士路12号南楼

邮编：100044

电话：88391723

（王立群）

【地区社会治安综合治理】 年内，在平安创建、科技创安、维护稳定的基础上，健全完善重点人排查管控工作体系和组织网络，签订社会治安综合治理责任书，落实社会治安综合治理领导责任制和目标管理责任制。结合反恐防恐的新形势和新要求，协同地区相关部门，完善重点及特殊时期人流量高峰期的交通疏导方案等，全面加强铁路护路工作，协调推进对居住小区安全隐患的排查调处。充分调动地区单位社会治安综治工作联络员的积极性，负责内部治安防范、矛盾纠纷疏导化解、安全生产措施落实、流动人口管理等工作的统筹协调组织。加强地区隐患排查的群防群治工作，健全完善情报信息奖励机制，确保地区及时发现和处置隐患问题。加强重点人和矛盾纠纷的排查管控，确保对各类重点工作对象及时发现、有效掌控，切实做到底数清、情况明。初步建立起地区维护安全稳定、反恐防恐的新格局。

（王立群）

【安全生产工作】 年内，加大对安全生产工作的宣传力度，围绕“强化依法治安意识、建设安全和谐西城”安全生产月活动主题，开展安全生产系列宣传活动，充分发挥专职安全员的监管力度，坚持每日巡查、平日抽查、节假日组织执法单位联合重点检查，做到“全覆盖、零容忍、严执法、重实效”，确保地区安全生产工作提高到新水平。7至9月，完成对358家地区单位的安全生产条件普查。北京北站、金融街第一太平戴维斯物业管理有限公司、华联超市西直门店、西直门凯德Mall等单位将安全生产、消防、内部治安管理放在首位，加大隐患排查力度，积极参与安全生产宣传活动，开展不同形式的应急演练，注重落实效果，做好各项活动的方案与应急预案，确保了内部安全。地铁2号线、4号线、13号线等认真落实《北京市轨道交通运营安全条例》，加强车站客流监控，本着“客流服从安全”和“限站外保站内”的原则，坚持采取多种措施保障大客流下客运组织工作的有序开展。通过制定《节假日客运组织方案》《防汛预案》等工作方案，确保了客运任务的完成。

（王立群）

【城市环境管理】 年内，以“联勤联动”为主体的执法模式取得优异成果，切实做到了巡查点位不遗漏，监控时段无缝隙。地区各成员单位认真履行职责，发挥职能作用，为提升地区管理工作水平，发挥了积极作用。公安牵头治理黑车、打击倒卖假发票等违法行为。交通部门通过交通秩序整治，使地区各类交通事故和违法停车现象明显减少。城管部门牵头组织打击散发小广告、无照游商等专项工作，强化集中行动与日常管理，保障地区环境秩序。协调区市政市容委等有关部门，历时2个多月，完成对北站广场东侧道路的重新铺装，多用途治安岗亭于年底前正式投入使用。西城公安分局、西直门外大街派出所、北京铁路公安局北京公安处北京北站派出所（简称北站铁路派出所）、北京市公安局公共交通安全保卫总队西直门站派出所（简称西直门公交派出所）等公安、武警、特警力量，立足现有职责分工和协调机制，充分发挥各自职能作用、加强工作衔接配合，形成严厉打击暴力恐怖活动的整体合力，做好车站广场反恐处突工作。

（王立群）

【重大活动及节假日保障】 年内，西直门管委会紧紧围绕中国人民抗日战争暨世界反法西斯战争胜利70周年纪念活动和世界田径锦标赛两个重大活动以及两节、“两会”、五一、十一等重点节假日，做好安全环境保障工作。协调有关部门对地区站前广场的封闭控制、规范自行车停放和推进落实门前三包责任制等工作进行了有益、有效的尝试。继续保持治理“三黑”（黑摩的、黑导游、黑出租）行为的高压态势，切实解决非法运营等群众反映的突出问题，坚持标本兼治、综合治理、疏堵结合、依法监管的原则，采取捆绑式执法的模式，出动人员5000余人次，出动执法车辆120余车次，纠正各种违法行为1489起，处罚各种违章1358起，收缴查获易燃易爆物品23件，收缴管制刀具25件，处罚、罚没违法车辆近50辆（次）。

（王立群）

【推进管理手段现代化】 5月，西直门综合交通枢纽地区应急指挥中心广播系统通过验收，应用于重点时段、重点区域的人流疏导和突发应急事件的处理。指挥中心运用密度预警、异常行为报警、历史视频全景回溯、球机协同追视等多项功能，及时发现监控画面中的异常情况，以最快和最佳的方式发出警报和提供相关信息，从而更加有效地协助有关方面处理危机，最大限度地降低误报和漏报现象；以广场电子显示屏为宣传平台，在弘扬北京精神、社会主义核心价值观、引导市民文明出行、应急预警等工作中发挥了主渠道作用。

（王立群）

【打造服务品牌】 年内，西直门管委会以城市文明加油站、共产党员先锋岗为载体，发放宣传材料、提供义务咨询指路，加大对行人的疏导力度，打造党员干部和志愿者为民便民服务平台，引导市民文明出行、安全出行。在地区设置交通引导和指路标志，为群众出行提供便利。利用多种宣传媒体，以图说、动漫等方式开展宣传引领，弘扬社会主义核心价值观，通过开展宣传咨询活动，提升市民的法律意识，使民众积极主动参与地区建设与管理。

（王立群）

【系列宣传活动】 年内，西直门管委会围绕市区各项工作重点，结合地区人员密集场所的特点，营造良好的宣传氛围，不断扩大受众范围。4月8日，开展以“铁路是大众化交通工具，维护铁路安全保障出行畅通”的专题宣传教育活动，铁路沿线张贴维护铁路安全的宣传画，提高辖区过往群众维护铁路安全的意识。4月30日，与北站公交派出所联合举办“反扒”专题宣传展览，参观群众达2万余人次，提高广大群众的反扒意识。5月22日，联合北站铁路派出所举办“安全出行、严禁携带危险物品”专题宣传展览，展出查获的各类危险品的图片，让参观者看了触目惊心，普及了安全出行知识，增强了群众安全出行意识和自我保护能力。6月16日，开展安全生产宣传咨询日活动，发放宣传品1万余份，接待并解答市民咨询20余次，提升市民对安全生产的关注度和重视度。6月19日，联合西直门公交派出所，以“消防安全靠大家，地铁方便你我他”为主题开展消防知识宣传活动。20余块展板展出了如何应对地铁里、商市场内等人员密集场所发生的意外事故，介绍了发生事故时的救援与逃生避险基础知识，受教群众1万余人次。7月17日，与市、区两级卫生计生监督部门及北京市公安局联合开展防医托诈骗多部门联动宣传，呼吁市民“擦亮双眼寻医、理清头脑问诊、保证就医安全”，现场设置8幅展板，图文结合，向民众揭露“医托行骗四部曲”，号召民众“对非法行医说不”，宣传人员现场讲解如何识破医托诈骗伎俩，并向过往群众发放2800余份宣传资料。8月28日，与滨河社区联合开展纪念中国人民抗日战争暨世界反法西斯战争胜利70周年宣传展。滨河社区主任向参观者讲解抗战老图片，讲述8年艰苦抗战史，活动吸引了200多名过往群众驻足倾听。

（王立群）

【教育培训工作】 11月17日至19日，西直门管委会举办综合业务培训。邀请国家食品药品监督管理总局高级研修学院教授肖平辉，就新颁布的《食品安全法》的起草背景、行政监管部门及食品生产经营者的相关责任、食品安全标准及食品安全风险的控制等重点章节进行解读；结合“119”消防宣传月，区消防支队高级工程师鄂文东讲解消防常识、灭火器的正确使用、现场火源扑救、餐饮厨房油火控制、面对火灾时如何应对、如何逃生等；为提升地区反恐处突处置能力，有效维护社会治安秩序，加强情报信息专业力量建设，西直门公交派出所所长赵东海就情报信息搜集渠道、矛盾纠纷调解、治安隐患排查等工作及实战技能进行培训。区巡警支队民警高磊分析当前反恐形势及对策，民警张宏讲解防暴盾牌、防暴钢叉、长警棍等防爆器材的使用方法，演示简单擒拿格斗的技能，确保发生突发事件时能够及时处置；特邀市委党校杨旎博士以《城市建设与城市管理》为题，结合地区实际情况、城市管理工作中存在的难点、难题进行交流研讨。西直门管委会全体干部、地区18个成员单位负责人、安全稳定信息员及协管力量近80人参加培训。

（王立群）

【办理提案】 年内，西直门管委会认真做好人大代表建议和政协委员提案的办理工作，完成了侯志宁委员提出的关于“应按照建设规划开放西直门交通枢纽地下停车场出入口”的建议提案办理报告。

（王立群）

【北京北站安全防范联勤办公室开工】 11月，北京北站安全防范联勤办公室开工建设，截至年底仍在建设中。

（王立群）

节水 防汛

节水工作

【概况】 北京市西城区人民政府节约用水办公室（简称区节水办）是主管西城区节水工作的具有政府行政职能的事业单位。有工作人员28人。依照法规对驻区用水单位进行计划管理，开展创建市级、区级节水型单位和创建节水型居民小区工作，推广应用节水新技术和改换装节水型器具，组织大型节水宣传咨询和多种形式的节水教育活动，对社会单位用水情况依法进行监督、检查。依据有关法规对施工性临时用水指标、园林绿化环卫等临时用水指标、建设项目节水设施验收、水影响评价和建设项目节水设施方案审查进行行政许可审批，并对本行政区域内的用水违法行为依照法规进行处罚。

地址：西城区南菜园街51号
邮编：100054
电话：83975296

（尤 佳）

【全区用水总量】 年内，区节水办按照北京市水务局目标管理责任书的具体要求，市水务局下达给西城区2015年度用水总量为12018万立方米，西城区年用水量为9554.5万立方米，较去年全区用水总量下降85万立方米。

（尤 佳）

【计划用水管理】 年内，根据市水务局《关于下达2015年度计划用水指标的通知》精神，实行依法征收双月超指标用水单位累进加价费用，编制2015年计划用水指标。全年西城区计划用水指标总量为3419万立方米，西城区下达的全年计划用水指标未超出北京市水务局下达的计划总量。年初区节水办完成全区4709户用水单位指标下达及调整输机工作，全区用水单位年实用量未超过区下达的指标量。

（尤 佳）

【超定额用水累进加价收缴工作】 年内，为落实《北京市节约用水管理办法》中“严格实行依法征收双月超指标用水单位累进加价费用”的精神，西城区对区域内用水单位严格执行单月预警告知，3月、5月、7月、9月、11月累计预警2872户次，超计划预警发放率达到100%；双月进行加价征收工作，收取加价969户，共收取超定额超计划累进加价水费108.3万元。年度加价收费率达到93%。

（尤 佳）

【节水创建工作】 年内，按照市水务局下发的节水目标责任书的任务要求，区政府下发财政专项资金66万余元。成立以区节水办主任为组长的创建工作领导小组，制定工作计划。通过区创建工作领导小组与各创建单位和创建小区的努力和配合，全区共完成创建市级节水型单位共85个（其中市级节水型单位15个、区级节水型单位70个）、节水型小区4个，超额完成创建工作。

（尤 佳）

【节水型单位（小区）复验】 年内，创建领导小组完成对2012年创建的节水型单位、小区的复验工作。通过创建单位和小区自查、领导小组实地检查等形式，完成对23个节水型单位、6个节水型小区的复验工作。12月，西城区通泰大厦通过了国家住建部、北京市水务局的节水型城市复查验收。

（尤　佳）

【节水行政许可】　年内，区节水办行政许可窗口坚持依法行政，率先实行网上审批，办结事项采用短信通知。年内，共受理行政许可418件，其中园林绿化环卫性等临时用水行政许可400件、建设项目节水设施验收行政许可11件、施工性临时用水行政许可7件，全部办结，群众满意率100%。年内，西城区新增加两项行政许可审批工作，即水影响评价行政许可和建设项目节水设施方案审查行政许可，并同步实现了网上审批功能。

（尤　佳）

【中水、雨水利用工程】　为响应海绵城市建设和节水型城市建设总方针，西城区中水、雨水利用工程继续列入市政府折子工程。全年共投入专项资金3673.06万元，用于开展包括报国寺、裕中东里、木樨地北里等共计29项雨水利用工程。年内共铺设透水砖3.6万平方米；集水池1500平方米。蓄水池面积超过1500立方米，铺设透水砖3.6万平方米。

（尤　佳）

【节水器具推广工作】　年内，完成节水器具换装7110套（件），完成市水务局下达给西城区的节水目标任务的3.55倍。其中，更换老旧居民小区节水便器内换装1500套（件），包含水箱500套，水箱配件1000件；在行政许可“三同时”（同时设计、同时施工、同时投入使用）验收中，换装节水器具285个；推广高效节水型器具换装花洒1100个，安装节水限流器2100个；2015年度高效节水型器具换装工作共换装节水器具2125个。

（尤　佳）

【废弃机井封填】　根据《北京市水务局关于报送地下水保护和污染防控工作开展情况的函》，西城区辖区内有13眼废弃机井列入了封填任务，其中上年封填任务为12眼，已全部完成；年内封填任务为1眼，地点在陶然亭公园。截至年底，西城区已完成全部封填任务。

（尤　佳）

【南北护城河水质治理】　根据《北京市人民政府关于加快推进河湖水系连通及水资源循环利用工作的意见》文件精神，北京市要求通过统筹河湖生态环境建设与管理，加快“三环水系”水环境改善工程建设。西城区主要涉及改善南北护城河水质。年内，完成了由专家组评议实施的水质改善项目，通过水质改善工程确保出境断面（鼓楼外大街断面）稳定达到地表水Ⅳ类水质标准。

（尤　佳）

【落实督查事项】　年内，根据区政府督查室督查件第4号《关于落实北京市清洁空气行动计划有关的督查通知单》要求，西城区配合北京市加快配套管网和加水站点建设，满足环卫车加水需求。计划新增的再生水取水口于年内办理掘路审批，区环卫中心和市排水集团已完成协调取水需求和取水计量等事宜。

（尤　佳）

【阶梯水价管理】　自2014年5月1日起实行阶梯水价以来，西城区继续加大执法检查力度，开展节水执法检查，对用水单位进行节水检查监督、节水宣传超过2000户次，特殊行业用水检查达到300户次。

（尤　佳）

【节水执法检查】　年内，区节水办联合15个街道办事处对本区域内的特殊用水行业及用水单位开展节水监督检查。辖区有洗车站点81个、高档洗浴业8家、现场制售饮用水机220台，已经全部完成备案。全年区节水办对违法水事案件立案查处率达100%。共立案查处15个单位，处罚金共3300元，比上年处罚案卷数量提升7.5倍。节水执法信息通过“北京节水执法”微信平台公布。

（尤　佳）

【节水宣传】　年内，开展节水宣传进社区，更新原有的14处宣传栏。区节水办和西城区第一图书馆合办“世界水日”宣传活动，于3月22日在第一图书馆开展以“节约水资源、保障水安全”为主题的水情教育公益宣传活动。5月14日，区节水办和白纸坊街道办事处、大观园管理委员会合办“城市节水宣传周”宣传活动，在大观园公园南门开展以“建设海绵城市，促进生态文明”“阶梯水价”为主题的宣传活动。组织开展多种形式的“节水宣传一日行活动”，在市南水北调办公室、团城湖管理处、海淀区水务局节水办的支持配合下，组织区市政管委和环境办、各街道办事处和各节水系统单位相关工作人员到北京市南水北调团城湖管理处和百望山森林公园对雨水利用工程进行参观学习。北京新闻及各大网络媒体对西城区洗车行使用循环设施利用再生水洗车进行宣传报道。各大平面媒体网络媒体报道了西城区节水器具推广工作。

（尤　佳）

防汛工作

【概况】　北京市西城区人民政府防汛指挥部办公室（简称区防汛办）设在西城区市政市容管理委员会。根据《中华人民共和国防洪法》和《北京市实施〈中华人民共和国防洪法〉》赋予的职权，主要负责对西城区域内预防、抢险、避险、救灾等安全迎汛工作。年内，西城区防汛工作围绕保障“纪念中国人民抗日战争暨世界反法西斯战争胜利70周年”以及“世界田径锦标赛”等重大活动，坚持问题导向，突出保障重点，加强责任落实，完成年度防汛任务，实现“不塌房、不伤人、不断路、不泡车”的总体目标。

地址：西城区南菜园街51号624室

邮编：100054

电话：83975306

（戎爱芳）

【雨情汛情情况】　6月1日至9月15日，区境累计降雨量339.2毫米，比去年同期的395.4毫米少56.2毫米。全区雨情汛情有三个特点：一是降雨次数多。汛期区境共降雨59次，比去年同期的45次增加14次。二是降雨分布不均。区境降雨呈北多、南少的特点，其中，北部什刹海、德胜、月坛、新街口、展览路、金融街、西长安街地区平均雨量达362.4毫米，最大的展览路地区降雨量434.8毫米。南部天桥、椿树、陶然亭、牛街、白纸坊、广内、广外、大栅栏地区平均降雨量317毫米，最小的白纸坊地区降雨量299.6毫米。北部比南部平均降雨量多45.4毫米。三是局部暴雨天气多。较明显的“6·26”暴雨期间降雨，区境平均降雨量17.5毫米，德胜地区降雨量达46.7毫米，白纸坊地区降雨量仅3.3毫米；“7·27”暴雨期间降雨，区境平均降雨量39.2毫米，展览路地区降雨量达54.7毫米，西长安街地区降雨量27.7毫米；“8·7”暴雨期间降雨，平均降雨量32.8毫米，新街口地区降雨量达50.3毫米，大栅栏地区降雨量21.7毫米。

（戎爱芳）

【防汛排查】 上年11月至年内2月底，防汛主要职责单位对重点部位开展专项排查。房管部门排查直管公房378.057万平方米（查房率100%），查出严重破损房屋46.186平方米（比去年同期53.68万平方米减少13.96%）；排查单位自管、物业管理房屋3983.832万平方米（查房率90.1%），查出严重破损房6.282万平方米（比去年同期7.55万平方米减少16.8%）；排查私房63.733万平方米（查房率86.67%），查出严重破损房屋23.518万平方米（比去年同期22.40万平方米增加5%）、危险房屋0.4905万平方米（比去年同期0.40万平方米增加22.6%）；排查标准租私房0.5974万平方米（查房率97.1%），查出严重破损房屋0.1118万平方米、危险房屋0.01万平方米；区教委完成教育用房检查200余万平方米；民防局对全区700余处人防工程进行排查（共有526处24.2万平方米早期人防工程、694处141.9万平方米防空地下室）；区园林市政部门对辖区养护地块的树木进行检查，修剪、伐除危险树木200余株，对1640多条区属市政道路及相应设施进行全面普查；区住建委对全区在施工程184项（总建筑面积为395.12万平方米）进行检查；市排水集团疏通区内400多公里雨水管线、清掏18397座雨水口（29309块箅子），清掏率100%。

（戎爱芳）

【落实领导责任制】 年内，西城区防汛工作领导小组由区长王少峰任总指挥、常务副区长苏东任常务副总指挥、主管区长姜立光任执行副总指挥，主管相关部门工作的常委和其他副区长任副总指挥，全面领导和组织全区防汛工作。本着属地管理、行业主管的原则，实行区领导分行业管理，各职责单位处级干部分片包干，将防汛责任制落实到各街道、各社区，具体到人。5月25日，召开“西城区防汛指挥部2015年防汛工作动员会”，区长王少峰发布西城区防汛指挥部1号令，与15个街道、8个重点职责单位签订防汛责任书。

（戎爱芳）

【修订防汛预案】 年内，组织修订《北京市西城区防汛应急预案》，全面提高“1+7+15”（1个防汛指挥部办公室、7个防汛专项分指挥部、15个街道防汛分指挥部）防汛指挥体系的指挥效能。规定汛前和汛期常规工作任务和完成时限，明确防汛应急响应机制，细化防汛信息报送内容，使整个应急处置流程更清晰。

（戎爱芳）

【落实防汛物资和抢排险队伍】 年内，区防汛指挥部组建14支共4600余人的应急抢险队伍。全区抢险物资包括222辆抢险机动车辆（其中铲吊车34辆、运输车188辆），储备水泵212台、发电机91台、编织袋10.09万条、救生衣934件、抢险舟18艘等。防汛办投入近89万元为各街道、西城公安分局、武警六支队、武警七支队、区住建委、区教委、区环卫中心、区公安消防支队、区园林市政中心、区房地中心、北京宣房公司等单位补充水泵78台、发电机86台、强光灯1100个、吸水麻袋3500条、苫布190张、雨衣1310套、雨鞋1330双、雨伞1460把、雨披1480件、铁锹220把、大扫把100把、油锯20把。投入13万元购置800兆防汛专用手持电台20部。

（戎爱芳）

【防汛网格和信息化建设】 年内，落实以各街道和城管指挥中心、房管、园林市政、道路交通、人防工程等部门为支撑的防汛网格化管理体系，组建巡查队伍。对防汛重点部位进行检查，张贴130块信息公示牌。建立集信息上报、网格管理、险情派发等功能于一体的防汛信息化平台，初步实现全区防汛业务的快速性、实时性和自动化。

（戎爱芳）

【检查督导】 6月19日，市长王安顺率工作组检查调研西城区防汛工作，对做好防汛保障工作提出明确要求。7月28日，区长王少峰等到区防汛办慰问工作人员。汛期，区长王少峰、副区长姜立光等领导多次召开防汛工作专项会议，逢重要降雨预警迅速进入值守和指挥位置，了解掌握情况，做好应对准备。各街道、各专项指挥部、各部门主要领导重视区域防汛工作，履行第一责任人职责。

（戎爱芳）

【应急值守和信息报送】 汛期，区防汛办延续以往的机制，于7月底由南菜园51号2号楼搬至二龙路27号东楼区政府应急指挥中心，与区应急办合署办公。入汛后，区、街两级严格执行24小时值班制度，及时启动预警响应，有效处理各种汛情险情。通过西城政务短信平台发布天气预警及解除预警通知共46次，其中暴雨黄色预警4次、暴雨蓝色预警5次、雷电黄色预警13次、雷电蓝色预警4次；解除暴雨黄色预警4次、解除暴雨蓝色预警5次、解除雷电黄色预警8次、解除雷电蓝色预警3次。上报汛情快报18期，各类工作信息、报表80余篇。年内，各级、各单位严格执行汛期应急值守制度，保证24小时人员在岗，全区15个街道和承担防汛抢险任务的职责部门，在岗值班备勤共37995人次，出动抢险、巡查人员8722人次，共出动抢险人员7276人次，出动车辆1472台次。

（戎爱芳）

【防汛宣传】 5月12日，区防汛办在中国消防博物馆门前设站组织防汛宣传活动，发放宣传册和宣传品2000余份。7月21日，在宣武少年宫，利用展板向市民讲解预警通用事项及防汛知识，发放宣传册和宣传品2000余份。全年向各街道及相关单位发放雨伞、宣传册、海报等宣传品2.6万余份，在全区开展防汛知识宣传。全区共出动宣传人员3989人次，发放宣传手册152313册，海报14469张，开展防汛知识讲座及观看宣传片等宣传活动共580多次，调动社会各界关注水灾风险并参与安全防范。通过北京电视台、北京财经频道、《北京西城报》等媒体宣传防汛工作动态和安全知识。

（戎爱芳）

【培训演练】　5月29日，区防汛办组织对全区防汛系统有关防汛工作人员进行业务培训，培训内容包括800兆电台、业务指挥平台的使用，指挥系统操作，信息报送和协调处置等。6月11日，区防汛办在白纸坊地区南马连道“下穿铁路桥”组织立交桥区积水抢险作业演练，公联公司、市排水集团、区公安分局、交通支队、卫生局、消防支队、武警支队和广外街道等单位抢险队参演，区长王少峰、主管副区长姜立光、市防汛办和区各职能部门领导观摩演练。7月21日，在宣武少年宫组织以“暴雨蓝色汛情预警”为背景的实案化、实战化综合演练，区民政局、区住建委、区房管局、区园林市政中心和什刹海街道等多部门联动，共100余人参演，模拟树倒压房、道路塌陷、桥下积水、人员疏散等4个险情科目，检验防汛指挥部协调指挥、预警发布和响应能力，及各分指挥部应对防汛突发事件的处置能力。市防汛办、各街道分指挥部、30个防汛成员单位及市排水集团的相关人员200人观摩演练。同时，将此次防汛演练录制成教学视频，发放到全区各防汛成员单位提供教学模板。年内，全区共开展演习40余次，参加人员达1900余人次，涉及指挥调度、险情处置、人员避险转移等方面，检验指挥、通讯、人员、物资等方面的实操性，提高抢险救灾能力。

（戎爱芳）

【协调处置险情】　年内，区防汛办及时处置接到的报险电话并协调解决问题。汛期，共协调处置房屋漏雨715间、院内积水24处、树木倒伏36棵、折枝600棵、下凹式立交桥下积水1处。

（戎爱芳）

消防　防震

消防工作

【概况】　北京市西城区公安消防支队（简称西城消防支队），又称“中国人民武装警察部队北京市西城区消防支队”，为旅级单位，下辖8个消防中队，有消防官兵446人。年内，西城消防支队完成全国“两会”、2015年北京国际田联世锦赛、中国人民抗日战争暨世界反法西斯战争胜利70周年纪念活动、十八届五中全会等重大活动的消防安保任务，保持了火灾形势的总体平稳，为维护西城政治稳定、保障社会经济发展营造良好的消防安全环境。全年共接警2309起，出动4446车次、30790人次。抢救被困人员93人，疏散被困人员209人，抢救财产价值92.395万元，参战人员零伤亡。年内，共有180人获总队嘉奖表彰，36人立总队个人三等功，2人立市局个人二等功，府右街中队立公安部集体一等功；府右街中队被评为北京市公安局先进党支部、全国青年文明号；东经路中队被评为总队先进党支部。全年在消防执法过程中支队出动警力39656人次，检查单位19828家，督促整改火灾隐患12320处，下发责令改正通知书8741份，下发行政处罚决定书373份，罚款291.59万元，临时查封101家，“三停”单位77家，拘留43人。全年受理核实火灾隐患举报投诉1429件，经查证，属实821件，答复群众满意率74%。支队共完成各类消防保卫勤务197场次，上勤3787人次、433车次。

地址：西城区南纬路南巷5号院1号楼

邮编：100050

电话：83197411

（唐赵凯）

【摸排检查消防安全重点单位】　1月3日，抽调司政后、基层中队精干警力，启动80人的“大兵团”作战模式，成立40个作战小组，对全区商市场等消防安全重点单位开展摸排检查。共检查120家社会单位，填写消防工作指导记录120份，现场督促整改消防安全问题238处，处罚11.5万元，临时查封6家，出动群防群治力量500余人，查改动态火患383处。

（李　强）

【市防火委考核验收上年工作】　1月7日，市防火委专项考核组对西城区2014年度落实政府消防工作责任制情况进行考核验收。对义达里社区和西长安街派出所网格化建设、消防警务工作站建设、派出所落实三级管理职责和日常消防监督检查情况进行考核验收；随机抽取区文化委、天桥演艺区在建工地、人民大学出版社、西单商场和中国印钞造币北京印钞有限公司受检，通过听汇报、翻阅档案、实地检查等多种形式进行验收。

（刘海丰）

【“两会”涉会场所调研演练】　1月15至21日，西城消防支队对全国“两会”住地进行消防调研并展开消防演练。演练前期，司令部带领辖区中队官兵详细了解“两会”住地的重点部位等地方，并现场制作力量部署图。21日，联合“两会”住地进行消防演练。演练假设饭店5层某客房发生火灾，府右街中队到场处置。经过近10分钟扑救，成功将火扑灭。

（鲁志勇）

【德内大街塌陷事故救援】　1月24日2时30分许，德胜门内大街93号发生坍塌，出现长15米、宽5米、深18米的坑，无人员伤亡。12时10分，该地区发生二次坍塌，造成4间居民房屋倒塌，倒塌面积54平方米，无人员伤亡。23时27分，什刹海中队出动23名官兵，4部消防车赶往现场。23时35分，中队官兵到达现场；24日夜间，现场救援工作主要是制作完善各项排险抢修预案，同时完成注浆混凝土任务，中队在现场设三支水枪保护；25日中午，注浆混凝土凝固达到可作业强度，官兵顺利排除了暴露在外面的1个煤气罐和1个乙炔罐。经使用蛇眼探测仪搜寻，确定了另外2个罐体的位置，处置完毕后，于16时15分返回。

（刘柏林）

【烟花爆竹消防安全管理工作培训会】 2月6日，西城区召开烟花爆竹消防安全管理工作会，并现场对烟花爆竹销售点负责人、员工进行消防培训。西城消防支队防火处副处长张建伟及区安监、工商、公安、城管等各相关职能部门主要领导、全区各烟花爆竹销售点负责人、员工参加会议。

（刘海丰）

【“两会”期间执勤及排查整治】 “两会”期间部署执勤力量，全区共涉及1个主会场外围、10个住地和8条行车路线，设立4个前沿指挥部，在8个住地分别入住1名经验丰富的防火干部，在8条行车路线部署10部消防车、100名防灭火警力，确保“两会”期间64场勤务保卫顺利完成。发动4万余名网格群防群治力量开展不间断消防巡视检查，推动街道对全区2035座居民楼、1635个平房院落、36个施工工地、76个文物古建和54个废品收购站全部进行可燃物清理和火灾隐患排查，清理各类杂物240余吨。公安部、市、区各级领导督查检查“两会”住地及周边单位22场次，区属45个委办局和15个街道办事处合力开展火灾隐患排查整治210余场次，全区28个公安派出所每天出动570余名消防民警开展错时检查、零点夜查，累计排查单位3209个次，发现并消除消防安全隐患2671件，临时查封19家、“三停”4家，罚款33.5万元，拘留4人。

（李　强）

【清明节消防安全工作】 清明节前夕，什刹海街道结合辖区老旧平房区多、火灾防控难度大的特点，联合公安派出所、街道办事处、城管等各相关部门，深入开展“净街行动”，由街道统一组织，消防、公安、城管、各街道办事处等共同参与，清理可燃物、回收废旧物品，优化地区消防安全环境。

（陈　岩）

【处置森源大厦火灾】 4月5日12时56分，消防局119作战指挥中心接到报警称森源大厦5层发生火灾。119作战指挥中心先后调派总队、西城支队2个全勤指挥部、8个消防中队和总队战勤保障基地，共计31部消防车、270余名指战员到场处置，调集公安、交通等应急联动单位到场协同处置。14时35分火势得到有效控制，15时23分火势彻底被扑灭；6日0时28分现场清理完毕。此次火灾过火面积400平方米，无人员伤亡，历经约5小时，疏散群众60余人，抢救被困人员6名，直接保护了楼下4个楼层的仓库、办公室内的货物免遭大火。灭火战斗中，后方共调派供水车辆5部、形成供水干线6条、累计供水600余吨，确保了1个举高车水炮阵地和8个水枪阵地不间断供水。9日，西城区召开2015年度第二次消防工作联席会及森源大厦火灾事故现场会。区防火安全委员会成员单位主要领导参加会议。

（刘海燕）

【西安门大街71号火灾现场会】 4月8日7时58分，西城支队府右街消防中队接警，西安门大街71号发生火灾，119指挥中心先后调派府右街、金融街、支队全勤指挥部9辆消防车到场处置，火势于9时10分左右被扑灭。经核实，现场为西安门大街71号成都小吃店和旁边烤鸭店过火，过火面积20平方米，无人员被困伤亡，直接财产损失5000元，起火原因为店员在使用灶具点燃木炭时，因无人看守引发火灾。本次火灾主要因起火场所火灾荷载大，单位消防安全意识差等情况造成。4月16日，什刹海街道召开地区消防工作会及西安门大街71号火灾现场会。消防安全重点单位负责人参加会议。

（李　强）

【重大火灾隐患集中整治专项行动】 4月30日，副区长姜立光带队开展政治中心区火灾隐患集中排查整治暨夏季消防安全大检查专项行动，要求区属各相关职能部门以此次集中整治为契机，彻底消除一批火灾隐患，优化全区消防安全环境。

（李　强）

【地安门外大街34号爆燃情况通报会】 4月30日4时7分，东经路消防中队4部消防车赶赴事故现场，位于地安门外大街甲34号迷你站川湘菜馆发生爆炸起火，一名男子受伤。30日下午，区委常委、西城公安分局局长陈思源在区政府2号楼组织召开地安门外大街34号爆燃情况通报会。区应急办、区市政市容委、西城公安分局、工商分局、质监局、食品药品监督管理局等及各街道办事处消防主管领导参加会议。

（陈　岩）

【调研高考考点学校消防安全】 6月5日，西城支队东经路中队对辖区高考考点及考点周边单位展开调研。官兵深入考场重点部位场所，检查学校内部消防车通道、消防疏散通道、消火栓等消防设备设施、教室电气线路铺设、应急疏散救援预案、疏散指示图等，着重检查考点教室、学生宿舍、消防中控室等重点部位的值班巡查、消防器材配备性能以及电气线路情况。

（徐定国）

【第二届消防运动会】 6月13日，西城消防支队联合德胜街道在北京市第七中学操场组织举办了“以德为邻、共筑平安——德胜地区第二届消防运动会”。德胜街道办事处全体党委成员、地区人大代表和政协委员代表出席。什刹海消防中队全体官兵、辖区各企事业单位、23个社区、各职能站所共组成13个代表队，共500余人参加运动会。

（张　桐）

【防洪抢险救灾预案演练】 6月15日，区政府组织，防汛办牵头，公安、消防、武警、市排水公司、区卫生局等多部门在鸭子桥路立交桥开展防洪抢险救灾预案演练。区长王少峰、副区长姜立光及政府相关各部门主要负责人全程观看演练。西城消防支队李寿文参谋长负责消防救援总指挥。演练10时30分正式开始。现场假设洪水致使立交桥地下行车道被淹没，水中有车辆被淹，人员被困。消防中队出动抢险救援车将被困车辆拉出淹没区，再通过水罐车进行吸水泵排水作业。演练从预警、集合、出警到展开救援、转移群众、排除险情、排水作业，顺利完成演练任务，取得预期效果。

（范智新）

【检查安保制高点单位消防安全】 7月5日，西城消防支队支队长吴清松、政委刘宪文等9位党委班子成员分别带领司、政、后等支队机关干部和防火监督员，每组4名警官，共20个联合检查组，深入观旗宾馆、原交通银行旧址、中国银行钟楼等46家制高点单位，开展消防安全隐患集中整治。

（李　强）

【“开斋节”消防安全执勤保卫】 7月18日，西城区“开斋节”活动在牛街礼拜寺、三里河清真礼拜永寿寺等6所清真寺和1所经学院举行。前期，支队多次召开专门会议，研究部署此次勤务的方案措施，节日当天，支队领导现场指挥，防火处出动20名干警执勤，部署1辆消防车、2辆消防摩托车在活动场所待命，共30名执勤官兵到现场执勤。

（宋思雨）

【“两大安保”联合检查】 8月21日，区委常委、常务副区长苏东，副区长姜立光、吴向阳率领消防、安监、工商、交通、食药、商委、旅游、卫生、派出所等部门负责人深入辖区平安三千里烤肉和平门总店、京天红酒家虎坊桥店、天桥剧场进行督导检查。

（李　强）

【“大兵团”隐患排查】 8月29日，西城支队在大栅栏和天桥两个地区再次开展为期一周的专项行动。在首日行动中，全体参战人员兵分多路，对政治中心区单位及周边、辖区易燃易爆场所、“不放心”场所集中开展过筛式隐患排查，累计检查社会单位804家，发现并整改动态火患730处，下发责令改正通知书275份，首日隐患集中排查行动取得实效。

（李　强）

【“9·3”阅兵消防安保工作】 9月2日12时，西城消防支队共计413名官兵分别赶赴执勤地点开展执勤任务，直至9月3日14时，各执勤点陆续撤回。9月25日，区委区政府组织召开中国人民抗日战争暨世界反法西斯战争胜利70周年纪念活动西城区服务保障工作总结表彰大会。西城支队受到表彰。

（杜宇辰　李强）

【“古尔邦节”灭火调研演练工作】 9月22日，西城支队东经路中队和大栅栏中队在牛街礼拜寺和前门清真寺开展消防调研及消火栓检查保养工作，集中开展火灾隐患排查整治专项行动，彻底消除火灾隐患，确保火灾形势安全稳定。

（李　强）

【完成烈士纪念日献花篮仪式勤务】 9月30日，向人民英雄纪念碑敬献花篮仪式在天安门广场举行。西城支队沿用“9·3”阅兵安保模式，完成此次烈士纪念日献花篮仪式勤务。

（李　强）

【冬春防火工作】 10月12日，西城公安分局召开冬春防火工作专题部署会议，重点部署冬季可燃物清理、施工现场整治和居民用火用电等领域社会面火灾防控工作。11月10日，支队组织召开消防安全重点单位2015年冬春季火灾防控工作部署会议。区属所有重点单位消防安全法人、负责人以及分管领导，支队全体消防监督员参加会议。11月25日，西城公安分局召开冬防工作部署会。各部门主管领导、全区26个派出所主管副所长及专兼职民警参加会议。

（刘海丰　李强）

【防火宣传活动】 年内，西城消防支队结合“110”、敬老月等开展多种有针对性的消防宣传活动。1月10日，西城公安分局在分局一层办公大厅举办“110，与您携手共创平安”宣传活动。西城消防支队结合辖区特点，依托宣传日开展消防宣传，活动共接待群众咨询200余人，发放宣传手册、材料500余份。1月15日，结合春节设计印制消防安全常识日历、消防福字、家庭常见火灾防范自查手册和老百姓生活紧密相关的消防马桶贴等消防宣传材料5万份，面向全区商市场、宾馆饭店、餐饮娱乐场所、施工现场、居民社区、社会单位等发放张贴。国庆期间，支队循环指导区境内人流量密集的北海公园、恭王府、什刹海、景山公园、动物园等旅游景点开展消防宣传，共发动各大园区管理人员50余人、消防志愿者100余人参与宣传活动，发放各类宣传品1万余份，受教育群众5万余人。5月12日，支队会同区属职能部门和防灾减灾企业在中国消防博物馆联合开展“全国防灾减灾日”集中宣传。白纸坊街道社区紧急救援志愿者、灾害风险管理志愿者、残障人士、媒体记者和居民群众等共计500余人参加活动，副区长杜黎彬与群众一起学习了解消防展板内容，观看消防官兵现场演示讲解各种消防器材的性能和用途。10月21日，支队联合区民政局开展“孝行天下，爱在西城——2015年西城区敬老月家风家训家书主体文化展”消防宣传活动，敬老月期间，支队联合区民政局老龄办和各街道，开展消防安全系列培训演练活动。第25届119消防宣传周启动之际，11月2日，支队组织辖区宣武回民小学500余名师生和校区工作人员，“零距离、面对面”开展消防安全知识培训。11月30日，支队党委成员前往牛街街道，深入社区，向空巢老人等弱势群体宣传普及消防安全知识，促进弱势群体增强消防安全意识，带动社会关注弱势群体生活环境和自防自救能力。

（李强　宋思雨）

【夜查圣诞节消防安全】 12月24日、25日，全区各街道集中开展零点夜查行动，全面清剿火灾隐患。24日晚，区委书记卢映川带队检查部分公共娱乐场所、人员密集场所和教堂消防安全，支队长吴清松及支队机关干部等陪同检查。西城公安分局政委张毅带队，组织消防等部门统一开展全区平安夜零点夜查。25日晚，公安分局副局长刘锋带领公安、消防、安监等部门领导深入西长安街街道、麦乐迪KTV等场所，重点检查各场所安全出口是否畅通、员工是否会组织人员疏散、消防设施是否完整好用等，随机抽查员工消防安全“四个能力”掌握情况。

（李　强）

防震工作

【概况】 西城区地震局（简称区地震局），是西城区防震减灾工作的主管部门，与西城区民防局合署办公，承担西城区防震减灾工作职能。年内，西城区地震工作坚持以科学发展观为指导，认真贯彻国家和北京市地震工作的决策部署，把地震工作融入地区经济社会发展和城市建设，认真履行工作职责，各项工作取得新进步。

地址：西城区西单横二条2号
华恒大厦4层
邮编：100031
电话：88064820

（李显臣）

【防震减灾应急工作】 年内，区地震局坚持把防震应急演练工作作为提升防震减灾应急处置能力的重要抓手，强化组织领导，注重协作联动，完善地震应急预案体系，突出应急指挥系统、民防（地震）应急志愿者队伍、地震应急准备，按计划完成了年度各项演练任务，达到了增强防震减灾意识、提高应急组织指挥和自救互救能力的目的。“5·12”防灾减灾日期间，围绕市政府、国家减灾委办公室、区政府在什刹海街道联合举办的防灾减灾综合演练工作，指导街道制作地震救援、疏散、指挥环节演练脚本，落实应急疏散路线标识、地震灾情图片、互动宣传展区民防（地震）宣传展台和宣传品；协调配合什刹海街道和区应急办、区民政局等部门做好演练相关工作。通过演练，检验预案、技术、装备和保障，锻炼队伍，积累了经验。

（李显臣）

【地震应急演练工作】 年内，修订完善了《西城区地震应急预案》及15个街道、256个社区的地震应急预案，编制了全区8个地震应急避难场所安置预案。分别指导德胜街道裕中西里社区、白纸坊街道半步桥社区、进步小学、第四十三中学、厂桥小学开展了地震应急演练。通过演练，检验预案，锻炼队伍，提高了全区的地震应急能力。

（李显臣）

【地震应急队伍建设工作】 年内，分3批次对全区276名地震灾情速报员进行培训，分别聘请中国地震局地球物理研究所原研究员张少泉、中国地震局应急救援司副处长李洋、中国地震台网中心高级工程师郑通彦做专题辅导。选派2名骨干参加了区红十字会在国家地震紧急救援训练基地举办的应急救援队强化集训演练。

（李显臣）

【地震应急物资储备工作】 年内，着眼大震巨灾需要，投入55万元，购买了帐蓬、棉被、折叠床、发电机等地震应急储备物资。

（李显臣）

【防震减灾宣传教育】 年内，以贯彻落实《中华人民共和国防震减灾法》《北京市实施〈中华人民共和国防震减灾法〉规定》为抓手，以“5·12”防灾减灾宣传周为载体，与区民政局、区应急办、区残联、白纸坊街道办事处等部门在中国消防博物馆广场举办“科学减灾、依法应对”主题宣传系列活动，设置综合消防车展示区、密闭空间火灾模拟及逃生体验区、应急救援装备展示区、救护技术培训区、残障人士减灾防灾展示区、防灾减灾知识问答区和法律法规政策宣传区7个活动分区，通过体验、演示、互动、观摩和宣传等形式，从科技减灾、依法应对、残障群体自救等角度，宣传防灾减灾知识和技能，提升基层综合减灾实力。市民政局副局长董明慧、市民防局副局长李春亭、市地震局副局长谷永新、中国消防博物馆副馆长王新民、区政府副区长杜黎彬等领导出席宣传活动。区相关委办局、街道负责人和民防（地震）志愿者、社区紧急救援志愿者、灾害风险管理志愿者、小学生、社区居民、残障人士等共计600余人参加了活动。以纪念唐山地震39周年为契机，7月27至31日，开展“关注地震灾害，建设平安西城”主题宣传活动，通过橱窗、墙（板）报、横幅、知识讲座（竞赛）、集中宣传等形式宣传防震减灾法律法规和防震减灾基本知识。在各类活动中发放《防震减灾科普读物》《青少年防震减灾知识手册》《防震减灾法》《北京市实施中华人民共和国防震减灾法规定》《在地震中保护自己》《地震后你要了解的》《震后救援黄金72小时》《地震科普知识ABC折页》《学做小小地震科学家》《防震减灾四字经》《防震减灾简明手册》、防灾减灾知识扑克牌、宣传袋和宣传挂图等8.5万余册（件）。

（李显臣）

【防灾系列宣导公益活动】 西城区作为北京市“平安中国”防灾宣导系列公益活动承办单位，3月24日，组织育翔小学的400多师生参加了在中国电影艺术中心举办的第四届“平安中国”防灾宣导系列公益活动启动仪式暨2015防灾文化电影季新闻发布会。3月23日至4月29日，以学校、社区、机关为重点，先后在西城区进步小学、北京小学走读部、裕中中学、大栅栏街道、金融街街道、椿树街道放映了《乐乐熊奇幻追踪》《地震后重建家园》《5·12汶川不相信眼泪》《惊天动地》《世纪大典》5部共6场主题电影，2000余名学生、300余名区机关、街道、社区干部群众观看了影片。

（李显臣）

【防震减灾科普知识普及培训】 年内，邀请中国地震应急搜救中心高级工程师安贺海、北京市地震局宣教育中心副主任张晓南分别为第四十三中学、厂桥小学举办防震减灾科普知识讲座。邀请中国地震应急搜救中心副研究员白鹏飞为民防（地震）局机关进行地震应急救援培训。4月28日，组织区政府办、教委、民政局、规划分局、住建委、房管局、市政市容委、卫生局、区监局、体育局、园林绿化局、园林市政管理中心、红十字会、15个街道办事处等西城区地震应急指挥部32个成员单位主管地震工作的领导和民防（地震）局全体人员共120人到河北省唐山市学习交流防震减灾工作，参观了唐山抗震纪念馆、唐山地震遗址公园、唐山地震博物馆。

（李显臣）

【防震减灾安全社区创建工作】 年

内，完成了椿树街道椿树园社区申报国家地震安全示范社区和白纸坊街道半步桥地震安全社区申报北京市地震安全社区相关工作。积极配合区民政局等相关部门完成了综合减灾示范区、综合减灾示范街道、综合减灾示范社区创建工作。

（李显臣）

【防震减灾科普示范学校创建】 年内，召开了西城区2015年防震减灾科普示范学校推进会，完成北京小学走读部、北京市第七中学、北京市第156中学3所防震减灾科普示范学校创建工作，并推荐申报市级防震减灾科普示范学校。

（李显臣）

【防震减灾基础建设】 年内，注重防震减灾基础建设，梳理明确了街道防震减灾应急物资储备目录。对全区地震应急资源从图上进行了普查摸底，并完成现地核实确认工作。定期对全区8处强震仪进行安全检查维护，确保了地震监测设施始终处于良好状态。

（李显臣）

【志愿者队伍建设管理】 年内，对全区民防志愿者进行了整组，进一步梳理了全区志愿者信息，全区已登记注册的民防志愿者1306名。进一步摸底采集15个街道民防志愿者的信息，掌握各街道志愿者队伍动态情况，指导展览路百西社区成立了民防应急队，组织150余名民防志愿者开展体能训练2次；为全区民防志愿者配置了36万余元的各类装备，组织志愿者体能训练和业务培训2000多人次，并举行授旗仪式。

（李显臣）

（责任编辑　齐　田）

科技　教育

科技与信息化

【概况】　北京市西城区科技和信息化委员会（简称区科信委）于2015年6月15日正式组建，挂北京市西城区知识产权局（简称区知识产权局）牌子。区科信委（区知识产权局）是负责西城区科技发展、信息化管理和知识产权工作的区政府工作部门。内设办公室、法制科（监察科）、社会发展科、知识产权办公室、技术创新促进科、信息化管理科和信息化促进科7个机构。核定机关行政编制25名，实际在编人员33人。其中主任（局长）1名，副主任（副局长）3名，纪检组长1名；科级领导职数7正。区科信委下属3个事业单位，为西城区生产力促进中心、中小企业服务中心和信息化建设中心，在编人员31人。年内，区科委以党的群众路线教育实践活动为抓手，以组建科信委为动力，整合资源，优化职能，落实创新驱动发展战略，深入推动科技体制改革，积极打造“智慧城市”样板，不断优化区域创新环境，在新起点上努力提高服务水平，促进科技、信息化支撑区域经济社会发展，圆满地完成了各项工作任务。西城区获批成为国家知识产权试点城市，立体交叉数据中心被国家电子政务理事会评为2015年国家电子政务优秀案例。

地址：西城区广安门南街68号

邮编：100054

电话：83976212

（王玉芬）

【民生项目获立项】　3月31日，由展览路街道办事处承担的2014年度区县科技专项“‘安居管家’综合养老服务平台的建设与应用”课题实施方案，通过专家组的论证，获得立项。该项目重点针对养老服务对象在日常生活、医疗等方面的需求，采用互联网、移动互联网等现代通信技术，通过线上线下相结合的O2O服务模式，及时有效地提供服务，建立从家庭到社区再到医院的完善的居家养老一体化服务体系。促进养老服务工作的社会化、养老服务的标准化。

（王玉芬）

【联合天文馆开展科普活动】　4月4日，区科委联合北京市天文馆组织西城区师范学校附属小学师生、学生家长共70多名天文爱好者，到河北省怀来县小南辛堡镇天文观测基地，实地开展“月全食”天文观测培训活动。天文科普专家组织天文爱好者们利用天文望远镜进行跟踪观测，结合星体位置，讲解银河系星座和太阳系行星的方位特征、运行规律和与地球自然现象之间的关系等知识。在基地教室组织天文爱好者们，通过知识讲座、现场答疑、有奖竞赛、模型拼装等形式，进行春夜星空、“月全食”、天文观测仪器等天文基础知识培训。此次活动是区科委发挥区域科普资源优势，实现科普资源共享的一次有效探索。

（王玉芬）

【区县科技专项通过验收】　4月10日，北京市科学技术委员会组织专家对区科学技术委员会、区生产力促进中心承担的2013年度区县科技专项“西城区公共区域与重点行业科技支撑服务能力建设示范及社区科技管理模式研究”课题进行结题验收。该项目包含“‘商、旅、居’公共区域客流应急疏散系统规划及示范实施”“钢铁现货实时交易系统海量数据处理研发及示范应用”“科技社区建设模式研究”3个子课题。课题历时1年多，形成研究报告3份，发表科技论文3篇，成果已经得到应用，为区域经济社会发展提供了决策支撑。

（王玉芬）

【参加跨区联合执法】　4月13日，北京市知识产权局组织部分区县进行执法培训并开展跨区协作联合执法。西城区知识产权局等9个区县参加联合执法，分3组对海淀区存在问题产品的商家展开现场执法，共完成38份调查笔录。执法检查中，向商家普及知识产权法律知识、专利检索方法，指导商家对涉及知识产权的商品从进货渠道把关，加强动态管理，避免纠纷净化市场。执法检查后，北京市知识产权局组织区县对检查中出现的问题进行总结梳理。北京市知识产权局副局长潘新胜到会并讲话：知识产权行政保护工作越来越重，知识产权司法保护对行政执法体系提出挑战，要适应创新保护的发展；北京的行政执法水平要与北京的发展、知识产权创造能力相匹配；要加强常态性工作；要进一步加强主动作为的意识和能力。

（王玉芬）

【12330金丰和服务工作站成立】　4月21日，北京市保护知识产权举报投诉服务中心（北京12330）、西城区知识产权局与金丰和孵化器有限公司签署知识产权保护服务工作站的共建协议，西城12330金丰和服务工作站正式成立。金丰和服务工作站在北京12330、区知识产权局、德胜科技园管委会的共同指导下，按照工作站的服务要求，负责调研企业知识产权需求，依托首都保护知识产权志愿服务专家资源，为企业的创新研发、生产管理、市场经营等各个环节提供知识产权保护服务。这是自普天德胜工作站、康华伟业工作站之后第三个工作站，与北京12330西城分中心一并形成西城区知识产权保护“1+3”服务模式。

（王玉芬）

【“十三五”科技发展规划前期研究课题结题验收】　5月7日，区科委承担的《北京建设全国科技创新中心——“十三五”时期西城区的战略措施研究》以及《“十三五”时期西城区科技事业发展的思路及措施研究》2项课题通过结题验收。2个课题立足于北京建设全国科技创新中心的功能定位，提出西城区作为首都功能核心区，参与建设全国科技创新中心过程中的战略定位和总体思路，形成“十三五”时期科技创新支撑西城区经济社会发展的总体目标、主要任务和保障措施，为下一步形成“十三五”时期西城区科技发展规划提供重要支撑。副区长陈宁，区“十三五”规划领导小组办公室、西城园管委会相关领导参加结题验收会议。

（王玉芬）

【组织参加第18届科博会】　5月13日，第18届中国北京国际科技产业博览会在中国国际展览中心举行。区科委组织智慧城市整体解决方案、智慧医疗、智慧家居、智慧识别、智慧设备、智慧平台等领域内有代表性的13家企业参展。西城区展团以“智慧西城，创造美好生活”为主题，集中展示西城区政府主导的智慧城市建设、智慧产业领域发展情况，总体布局突出“智慧”和“创新”，介绍西城区智慧城市建设总体布局以及在城市精细化管理、社区便民服务、社区养老等方面具体的建设成果。

（王玉芬）

【区科技和信息化委员会成立】　6月15日，西城区科技和信息化委员会（简称区科信委）正式挂牌成立。区科信委是整合区科委和区政府信息办的职责、机构、编制的基础上组建的正处级区政府部门，主要负责西城区科技发展、知识产权及信息产业发展等工作。市经信委副主任王学军，市科委委员刘晖，区长王少峰出席挂牌仪式并讲话。

（王玉芬）

【组织参加首届智博会】　7月10日至12日，首届中国智慧城市国际博览会（简称智博会）在北京展览馆举办。西城区展团以“打造智慧城市样板”为主题，从智慧政府、智慧民生、智慧产业三大展题切入，全方位、综合性地展示西城区智慧城市发展成果。展出以实物展示、互动体验为主，主要展示的科技感、智能化、时尚度和参观者的感受。副区长陈宁参加中国智慧城市国际博览会高峰论坛时指出，西城区已经逐步明确了智慧城市的概念，并搭建了三层云和五大领域的智慧西城基本框架。希望能够通过此次智博会，寻求到更多的合作机会，不断完善智慧城市服务功能。展会期间，国家发改委副主任胡祖才、区委常委王旭到西城展台参观。

（王玉芬）

【召开“老字号”企业商标维权研讨会】　8月27日，北京市知识产权局、北京市12330、西城区知识产权局组织召开“老字号”企业商标维权研讨会。各领域专家分别从商标申请、成立专门知识产权机构、证据保全、企业质量标准等方面就老字号企业如何维权提出意见建议。

（王玉芬）

【全区科普干部培训】　年内，区科信委组织两期科普干部培训。培训以“创新思维与世界科普教育新走向”和“新常态下智慧城市的创建与发展”为主题，通过专家讲座、交流发言、实地参观等形式，让科普干部感受北京科技创新发展成果，掌握开展科普工作的新方法和新途径，全区所有街道和社区的科普专干及西城区科普工作联席会成员单位的科普干部约260人次参加培训。

（王玉芬）

【获批国家知识产权试点城市】　11月23日，西城区获国家级知识产权局批准确定为国家知识产权试点城市。试点时限自2015年11月至2018年11月。西城区有232家北京市专利试点企业，14家北京市专利示范企业。西城区坚持政府主导，加强政策导向，把促进知识产权融入区域经济发展作为主攻方向，以增强自主创新能力为目标，积极推进国家知识产权战略。

（王玉芬）

【“内联升”知识产权维权终诉胜利】　年内，最高法院合议庭对“内联升”与“福联升”商标异议案件进行公开审理，最终驳回“福联升”的再审申请，维持原判，“内联升”最终胜诉。此次最高法院的判决是最终判决，有效地制止“傍名牌”和“搭便车”等侵权行为，老字号企业知识产权维权取得胜利。

（王玉芬）

【举办普天德胜C客空间创业课堂】　12月15日，北京12330普天工作站、西城分中心、西城区知识产权局、西城园管委会共同举办普天德胜C客空间创业课堂。本次培训内容包括：专利撰写和申请，计算机软件著作权登记的流程和注意事项、难点、技巧等知识产权相关知识，46家企业参加培训。

（王玉芬）

【加入京津冀技术转移协同创新联盟】　12月19日，在科技部火炬中心、北京市科委、天津市科委、河北省科技厅的倡议下，京津冀技术转移协同创新联盟成立，西城区科信委代表西城区成为首批102家成员单位之一。该联盟涉及新一代资讯技术、新材料、节能环保、生物医药、现代农业、高端装备制造等战略性新兴产业，还有提供包括智慧财产权、投融资、创新创业等服务的社会组织及众创空间。京津冀技术转移协同创新联盟的成立，旨在突破原有的界限、壁垒，凝聚京津冀三地创新资源，促进人才、知识、技术、资本、服务等创新要素的跨区域流动和无缝对接。通过联盟，可有目的的促进京津冀三地产学研用合作，促进技术市场优势互补、互利共赢。联盟还可激发创新驱动发展的内生动力，在互惠共赢的基础上协同创新，培育新的经济增长点。

（王玉芬）

【科技政策培训】　年内，区科信委与区生产力促进中心主办5场“西城区科技培训会”。针对科技企业，围绕所得税汇算清缴政策、企业研发费用加计扣除政策、中关村融资担保优惠政策及申请程序、千鹰展翼服务方案、中关村信用星级评定政策、税收优惠政策、两化融合评估诊断和对标引导工作、专利资助相关政策、知识产权举报投诉与维权援助、技术市场税收优惠和奖励政策、新三板上市政策、《首都科技创新券实施管理办法（试行）》解读等内容，邀请市相关部门的主管领导及相关领域的专家进行讲解和答疑。来自全区200余家科技企业和科研院所的管理人员、技术骨干及财务人员千余人次参加培训。

（王玉芬）

【技术成交情况】　年内，全区输出技术合同6157项，输出总额为158.1亿元。全区吸纳技术合同6232项，吸纳总额为247.5亿元。

（王玉芬）

【专利申请及授权量增长】　年内，西城区累计专利申请量22862件，其中发明专利12839件，占56.16%；实用新型9024件，占39.47%；外观设计999件，占4.37%。累计专利授权量14917件，其中发明专利4105件，占27.52%；实用新型专利9818件，占65.82%；外观专利994件，占6.66%。累计PCT（即《专利合作条约》的英文缩写，是有关专利的国际条约。根据PCT的规定，专利申请人可以通过PCT途径递交国际专利申请，向多个国家申请专利）专利申请379件。

（王玉芬）

【办理专利费用减缓】　年内，区知识产权局共办理专利费用减缓证明手续1332份，其中发明572份、实用新型589份、外观设计171份。企业申请899份，占申请总数的67.5%。

（王玉芬）

【企业信用及投融资体系建设】　年内，西城区59家企业通过中关村科技融资担保公司获得115项融资担保，担保金额8.5亿元，其中科技企业30家，担保金额6.84亿元。中关村企业信用促进会西城信用工作平台全年共办理企业入会35家、会员年审51家。

（王玉芬）

【首都科技条件平台西城工作站建设】　首都科技条件平台西城工作站以科学仪器开放为核心，逐步发展为科学仪器、人才、成果转化促进的科技资源共享平台。建立起动态的科技需求征集渠道；搭建供需对接合作交流平台；开展“首都科技创新券”的宣传和征集工作。截至年底，工作站成员总数达到91家，新增20家；为3家企业发放有效“首都科技创新券”共15万元。

（王玉芬）

【年度可持续发展项目】　年内，区科信委围绕公共卫生与健康促进、科技支撑社会建设、区域创新能力培育等领域开展科技项目示范，确定31项可持续发展项目，支持金额1469万元。

（王玉芬）

【科技人才资助】　年内，组织开展西城区优秀人才培养资助项目推荐申报工作，经评审，6个项目获得资助，资助金额30万元。

（王玉芬）

【高新技术企业发展】　年内，西城区国家高新技术企业达到465家。截至年底，中关村科技园区西城园规模以上高新技术企业达到214家，实现总收入2286亿元。

（王玉芬）

【区科技计划项目】　年内，区科信委组织申报科技计划项目，围绕电子信息、光机电一体化、生物医药、新材料、新能源与环境保护等领域，确定支持项目25项，支持金额420万元。

（王玉芬）

【编制“十三五”规划】　12月，围绕北京全国科技创新中心城市战略定位，区科信委将落实创新中心功能与编制“十三五”规划有机结合，在完成“十三五”时期西城区信息化发展研究等软课题研究基础上，结合京津冀协同发展以及首都非核心功能疏解等中心工作，完成《西城区“十三五”时期信息化发展规划》《西城区“十三五”时期智慧西城建设规划》。

（陈秋怡）

【与智慧城市发展联盟签订协议】　5月，西城区政府与国家发改委智慧城市发展联盟签订战略合作协议，西城区列为国家智慧城市样板开展试点。跟踪信息化发展趋势和要求，初步完成智慧西城研究和总体设计。

（陈秋怡）

【信息化项目管理】　年内，按照《西城区“十三五”时期信息化发展规划》《西城区“十三五”时期智慧西城建设规划》要求，完成47个单位申报的2015年度追加预算近2亿元的139个项目，完成2016年信息化项目集中申报审查工作，审查44个单位申报的预算约3.5亿元的245个项目。强化项目审查、绩效考评、预算管理、验收管理，以及信息化重大项目工程监理、软件测评和安全测评的管理和服务，突出对全响应、城市治理、政务效能提升等重点领域和行政服务、便民服务、养老、医疗、教育、辅助决策等应用项目的支持。在项目审查中依托区基础云平台、立体交叉数据中心以及全响应服务管理平台，统筹和整合新建信息系统，促进了部门协同、数据和系统共享，提升了精细、精准、高效服务管理水平，所有项目申报均通过信息化项目平台进行。

（陈秋怡）

【推进资源共享】　年内，西城区科信委大力推进西城区数据中心建设，开展大数据中心建设方案的研究和制定，实施信息资源共享交换平台升级和数据采集工作，完成西城区残联平台、西城区行政服务大厅12341系统、广安门内街道“访听解”系统等部门数据平台与区级平台的对接，利用数据抓取技术，实现社区网上办事系统与市级办事系统的对接，完成流动人口和出租房屋系统数据采集。

（陈秋怡）

【信息基础平台建设】　年内，完成人口、法人、地理信息、宏观经济与社会发展四大基础数据库。建成立体交叉数据中心，立体交叉数据中心是西城区政务信息资源服务体系的重点组成部分，从满足区政府精细化管理、决策支持和社区公众服务最迫切的需求出发，在西城区已有各类资源的基础上，围绕区域发展热点、重点领域，开展各类资源的统筹建设和提供数据关联分析服务，从而创新电子政务领域的跨部门数据共享应用模式，建立“条专块统、数据联动”的业务数据联动服务机制。建成主题、部门和基础共享3大类15个分类涉及79个单位的信息资源目录体系。立体交叉数据中心被国家电子政务理事会评为2015年国家电子政务优秀案例。

（陈秋怡）

【社会领域信息化基础设施建设】 截至年底，西城区无线通讯2G覆盖率达到99.9%，3G覆盖率达到99%，完成铜改光（铜缆改光纤）42.0177万户，各项指标在城六区领先。全区光纤到户入企覆盖率达到83%，均满足百兆到户千兆入企的能力。使用10M及以上宽带接入互联网的用户数达到15万户，覆盖率位居北京城六区第一。高清双向网改造覆盖30余万户，占全区总户数的80%。社会领域无线热点覆盖1200余个，建设水平全市领先。

（陈秋怡）

【政务信息化建设】 年内，建成区级经济与社会发展决策支持平台、政府绩效考核相关指标定期监测平台、区域经济与社会建设指标体系评价平台、功能区经济分析监测平台、固定资源投资项目管理平台、与现有部门数据采集系统的数据衔接平台等六大平台。首创全国24小时自主行政服务，使用新一代信息技术，建设网上行政服务大厅，实现全区通办和区—街—居三级联动。初步建成电子政务云平台，完成40多个部门超过300个业务系统的迁移部署。

（陈秋怡）

【智能居家养老项目被评为优秀案例】 年内，广内街道利用互联网、移动通讯网、物联网等手段，建立创建老年人数据库、呼叫中心等服务系统，构建信息化养老服务平台，打造智能居家养老。与传统养老机构相比，在服务方式上实现跨越性突破。建立覆盖全面、数据精确的老年人数据库，采集19676名60岁以上老年人的个人信息和需求共40余项，并且随时更新各项数据，做到对每项数据的动态管理。建立养老电话服务接入系统，向老年人提供快速响应和综合生活配套服务。老年人拨入服务平台系统，通过认证信息，及时获取相应的实体服务，也可获取政策咨询、电话转接、配送、应急等服务。开通“广内生活家”电子网站，包含“乐购、乐游、乐享、乐学、乐儿、乐业、乐活、乐聚”八大版块，涵盖吃住行、文化需求、精神慰藉等服务内容；老年人可在网站150家打折优惠特约服务商户电子门店中，获取商品信息、优惠活动信息，老年人不出家门，上个网、打个电话就能享受到便捷的居家服务。广内街道智能居家养老项目被国家电子政务理事会评为优秀案例。

（陈秋怡）

教　育

概　述

中共北京西城区教育工作委员会、北京市西城区教育委员会（简称区教委）设职能科室33个，在职人员172人（公务员164人，工人8人）。年内，区普教系统教职工16483人，其中专任教师13059人。有幼儿园69所，小学59所，中学43所，特殊教育学校3所，专门教育学校1所，校外教育单位12个。

年内，西城区进一步深化教育综合改革，大力推进教育结构布局，优化配置教育资源，深入推进教育教学改革。研究制定《关于中小学深化教育教学改革全面提升办学水平的指导意见》，加强对课堂教学研究和指导，调整改革评价办法。健全和完善教学工作管理的监督、检查、调控体系机制，加强形成性评价、非考试学科学业水平评价的研究实践。继续推进十三中分校、畿辅中学等5个翻建项目的建设。加快推进《中小学建设三年行动计划》项目建设。制定启动《西城区实施第二期学前教育三年行动计划的意见》，新建改建9所幼儿园，新增学位790个。全区所有小学落实“城市学校少年宫计划”（简称“城宫计划”），推出“城宫计划”十大系列活动。巩固小学免试就近登记入学成果，中学学区由7个调整为11个，小学入学和小学升初中实行学区管理。首次实施“中小学对口直升入学办法”，12所小学146名毕业生通过对口直升入学方式进入8所中学就读。着力推进中小学布局调整，通过撤并重组、委托承办、引进高校合作等方式，调整合并中学11所，新增义务教育阶段优质学位1100余个。17个教育集团有成员学校（幼儿园）74所，占全区中小学校总数的67%。在招生试行学区管理的基础上，初步构建“1+1+N+X”学区管理模式（第一个“1”为学区理事会；第二个“1”为学区办公室；“N”为学区内各类教育机构；“X”为学区内拥有教育资源的各类社会机构）。中高考成绩、科技创新大赛继续保持全市领先水平。实施“校圆工程”（因用地问题没有实现规划的校园，通过对校园周边土地的征收、拆建，实现校园扩大发展，落实教育用地规划，让校园更加完整、功能更加健全，最终实现学位数量的增加）。配合中心城区人口疏解工程，完成对接安置项目的教育配套任务。着眼提升职业教育办学品质，完成北京市实验职业学校广外校区等5个校址的腾退工作，合并4所职业高中组建西城职业教育学院。推进育荣教育园区新校址建设，着力改善办学条件，将40个专业调整为10个，集中力量办好金融、学前教育等特色专业。

推进“书香校园”建设，组织18所北京市“书香校园”申报校开展中华传统文化阅读主题研讨交流活动。制定下发《关于开展纪念中国人民抗日战争暨世界反法西斯战争胜利70周年宣传教育活动的通知》，组织学校对学生进行爱国主义和革命传统教育。作为牵头区，完成市教委对中小学培育和践行社会主义核心价值观工作进行的片组专项视导。参加北京市中小学社会主义核心价值观融入课堂教学推进会，十五中作为中学代表进行说课展示。承办2015年第三届北京市中小学“博物馆之春”活动。举办“家风、家教、家训”主题报告会暨《家风》新书首发式。以“勿忘国耻、圆梦中华”为主题，在小学和初中开展“开学第一课”教育活动。在高中以“价值的传承”为主题进行“开学一课”。举办京台基础教育校长峰会和2015北京国际民间友好论坛。

提升干部教师队伍素质能力，加强校长（书记）职级制管理。围绕初中学校调整，优化领导班子结构，合理调配干部。选派38名中小幼副校级干部参加各类高级研修班学习。建立教育人才资源库，完善校级后备干部库，共入库在职教育人才412人。制定《西城区教育系统人员流动管理暂行办法实施细则》及配套文件。扩大新教师培训范围，实现入职培训全覆盖。召开导师团（34人）工作总结会暨新学年岗位聘任会，举行25名新任特级教师颁证仪式，组织2014年度骨干教师履职考核工作，完成25名骨干教师赴美21天培训。举行《西城教育故事》第一集首发式，选取5位校长、教师生动事迹，传扬西城教师精神。

在保障教育系统各单位正常运转的情况下，专项资金主要用于校舍修缮改造、学校食堂建设、落实《北京市校外教育机构办学条件标准》、职业高中及实训基地建设、中小学办学条件达标及改造、教科研部门支持中小学发展、北京市中小学生课外活动、校园文化建设、基础教育国际合作与交流等方向。配合教育综合改革工作，为保证布局调整工作的顺利实施，及时分类申请财政追加资金，完成12所合并学校资产合并工作。年内，通过国家级义务教育均衡发展督导评估，完成北京市校外教育督导验收。

地址：西城区广安门内大街165号
邮编：100053
电话：66201155

（杨海蓉）

中小学教育

【概况】　年内，西城区小学59所（不含一贯制学校小学部），均为教育部门办。招生13074人，毕业7789人，在校生69252人，其中北京市户籍学生53228人，非北京市户籍学生16024人。教职工5124人，其中专任教师4950人（含一贯制学校小学部）。小学入学率、巩固率、毕业率均为100%。中学43所，其中教育部门办41所（含北师大办4所）、民办1所、其他部门办1所。招生14925人（初中7857人、高中7068人），毕业16324人（初中8688人、高中7636人），在校生46461人（初中25236人、高中21225人）。其中北京市户籍学生40408人（初中19991人，高中20417人），非北京市户籍学生6053人（初中5245人，高中808人）。初中入学率、巩固率、毕业及格率均为100%，应届毕业生高考上线率（本科）93.85%。教职工7735人（含一贯制学校小学部），专任教师6064人（初中2906，高中3158人）。特殊教育学校3所，结业110人，招生42人，在校生394人，另有小学随班就读学生136人，初中随班就读学生126人，开设教学班50个，教职工227人，其中专任教师197人。校外教育单位12个，教职工308人，其中专职辅导员175人。中小学专任教师学历合格率为99.8%。中小学占地面积189.53万平方米、建筑面积197.34万平方米，图书馆（室）藏书646.04万册，固定资产325712万元。全年教育经费投入692727万元，其中国家拨款677205万元、自筹经费15522万元。

（杨海蓉）

【高校支持小学发展校长座谈会】　1月8日，召开高校支持西城区小学发展项目学校校长座谈会。11所项目学校交流了项目阶段成效和新学期工作思路，认为在与高校的项目合作中，更进了学校文化变革，推动了学校课程建设、课堂文化、队伍建设等方面的发展；教委领导就如何有效利用专家资源，加强项目过程性管理，形成系统丰富可借鉴办学经验提出建议和要求。

（曹　琼）

【普通高中会考】　1月14至16日，西城区春季普通高中会考参加考生10075人次，报考科目总计34382科次，全区共设17个考点，考试场次1221个。春季高中毕业会考全区各科考试成绩统计：语文实考人数4935人，及格率99.01%；数学实考人数4978人，及格率95.86%；英语实考人数4931人，及格率96.57%；政治实考人数204人，及格率49.02%；物理实考人数4352人，及格率99.47%；化学实考人数4431人，及格率96.21%；生物实考人数77人，及格率68.83%；历史实考人数4704人，及格率95.94%；地理实考人数4724人，及格率95.81%。7月8至10日，西城区参加夏季全市统一组织的高中毕业会考，共47所学校参加考试，考生5215人次，报考科目总计10628科次，全区共设17个考点，考场372个。夏季高中毕业会考全区各科考试成绩统计：语文实考人数70人，及格率92.86%；数学实考人数168，及格率57.74%；英语实考人数125人，及格率34.40%；政治实考人数4626人，及格率96.48%；物理实考人数77人，及格率85.71%；化学实考人数193人，及格率61.66%；生物实考人数4270人，及格率97.82%；历史实考人数226人，及格率26.55%；地理实考人数146人，及格率41.78%。另有区考信息技术考试4226人。年内，西城区向7665名学生颁发了高中毕业会考合格证。夏季会考报名时，高一新考生报名从中小学学籍管理信息系统（CMIS）中提取相关信息。

（白　冰）

【落实市部分学科教学改进意见】 1月10日，区教委在北京四中礼堂举办培训会，落实北京市中小学部分学科教学改进意见。全区中小学教学校长、主任，语文、英语、物理、化学、生物、地理等学科的教研组长、备课组长和教师代表，以及宣武分院、研修学院的学科教研员共1100余人参加培训。随后，西城区制定实施方案，细化工作环节和相关部门职责；教研部门利用教研时间对全区相关学科教师进行全员的学科系统培训；各中小学按照统一要求制订学校的工作方案，细化具体措施，按时间节点做好落实工作。

（王贞茶）

【首批城市学校少年宫颁牌】 1月15日，西城区首批城市学校少年宫颁牌仪式在育才学校举行。市教委体美艺处正处级调研员崔向红、副区长陈宁、区教委及有关学校领导出席活动。领导和教师现场观摩育才学校小学部“城宫计划”活动，体验多种活动项目，观看“城宫计划”成果展演。区教委副主任对“城宫计划”的经验与成效进行了总结。育才学校、第二实验小学白云路分校、福州馆小学以及西城区少年宫分别从建立“城宫计划”课程体系、助力教师实现个人价值、课后活动以小见大、如何利用校外资源支持学校课后活动等方面分享经验。五路通小学、雷锋小学、红莲小学等15所首批参与“城宫计划”的学校被授牌。陈宁充分肯定“城宫计划”工作，希望教委、校外教育机构、学校、社会单位继续发挥各自职能，巩固成果，传承好的经验和做法，在2015年让全区的中小学生更好地享受到这一惠民政策，使“城宫计划”真正成为“政府的成功决策、教育的成功平台、学生的成功摇篮”。西城区城市学校少年宫信息服务平台于颁牌仪式上启动。

（兰　静）

【参加北京市校外教育活动资料评选】 根据北京市校外教研室《关于组织北京市第四届校外教育活动资料评选活动的通知》精神，西城区校外教育机构积极推进北京市校外教育改革与创新，3月将研发出的优秀校外科技、艺术、体育等小组活动教材、学材资料上报参评，该资料充分反映西城区校外教育的最新成果。北京市校外活动资料评选结果于12月揭晓，西城区获一等奖6项、二等奖6项、三等奖5项。一、二等奖获奖率居全市之首。西城区校外教研室被授予“优秀组织奖”称号。

（傅晓月）

【参评市数字校园实验项目】 3月19日，市教委在北京理工大学附属中学召开“北京市中小学数字校园应用成果阶段总结暨交流研讨会”，会议以“特色引领、集约推进、双向融合、应用导向”为主题，全面总结北京市中小学数字校园实验项目应用成果，揭晓全市第一批29所进入验收评估阶段的数字校园实验校的星级评估结果。在西城区第一批3所数字校园实验校中，师大二附中被评为“数字校园五星级学校”，七中被评为“数字校园四星级学校”，育才学校被评为“数字校园三星级学校”。

（洪文渊）

【承办市中小学生辩论俱乐部启动仪式】 3月24日，由北京市教委、北京市语委主办，西城区教委、西城区语委和北师大附属实验中学承办的北京市中小学生辩论俱乐部启动仪式在北师大附属实验中学隆重举行。市委常委、市教育工委书记苟仲文，市委副秘书长郭广生，市教委委员李奕，市教科院院长方中雄，西城区政协副主席沈桂芬等领导出席启动仪式。市语委办主任贺宏志介绍了全市中小学生辩论俱乐部的组织方式、工作机构、经费保障以及2015年重点工作。苟仲文为朝阳区教委、通州区教委和西城区教委颁授小学生、初中生和高中生辩论俱乐部标牌。北师大附属实验中学代表队与北京十四中代表队围绕“高中生更需要经典阅读还是时尚阅读”开展首场辩论表演赛，北京语言大学教授张维佳、首都师范大学法学院教授邢星分别从各自专业领域对同学们的表现进行现场点评。郭广生在辩论表演赛后的讲话中对同学们精彩激烈的辩论给予了肯定和赞扬，对下一步开展好辩论俱乐部工作提出了明确要求。西城区教委领导及各区语委、基础教育、教研部门负责人以及北师大附属实验中学师生共120余人参加活动。

（文　越）

【参加市青少年科技创新大赛】 3月27至29日，以“发现、创新、责任”为主题的第35届北京青少年科技创新大赛在101中学举行。四中学生刘梦琪、杨健钊，八中学生师悦获北京青少年科技创新活动的最高荣誉——“北京青少年科技创新市长奖”。宣武青少年科技馆教师杨海燕获本届大赛“十佳科技教师奖”。西城区中学生在科技创新成果竞赛中获33项一等奖、30项二等奖、12项三等奖，在小学生创新成果竞赛中获一等奖9项、二等奖14项、三等奖2项，西城一等奖获奖总数蝉联全市第一。获“北大先锋辅导教师奖”“天文新星奖”“发明创新奖”等多个专项奖。

（马志洪）

【召开小学教育集团校长座谈会】 4月9日，区教委召开小学教育集团校长座谈会。8个教育集团交流了集团建设情况、阶段工作成效、集团工作设想以及发展需求等内容。区教科所从科研角度，建议各教育集团在探索阶段集中做好三方面的工作：一是共识集团定位发展目标；二是探索教师共同培养机制；三是探索课程资源共享机制。区教委领导表示将进一步搭建平台，为集团发展助力。

（曹　琼）

【开展中学校园心理剧评比】 4至12月，西城区开展中学青春健康教育校园心理剧评比活动。活动以贴近实际、学生主体、内容为重和多方融合为原则，学校选取代表性强、效果显著的优秀心理剧作品录制成视频资料，提交光盘参加区级评比，区级组建专家团队，依据评价标准将评比产生的优秀成果进行表彰、奖励，并面向全区中学进行推广。此次活动共收到学生作品45个，从中评选出区级初中优秀作品12个，高中优秀作品18个。

（李　蕾）

【首批社会大课堂资源单位挂牌】 区教委组织专家团队经过近半年的前期调研，于4月评审验收包括前门饭店梨园剧场、戴月轩、居仁堂京瓷、什刹海体校、老舍茶馆、西城区非遗保护中心、空竹博物馆、古陶博物馆在内的10家单位作为西城区首批社会大课堂资源单位，与教研部门合作对这些单位进行活动案例和课程开发，为区内中小学生服务。6月，首批区级社会大课堂资源单位挂牌。

（王笑菲）

【接受义务教育均衡发展国家级评估】 4月28日，西城区迎接义务教育均衡发展国家级评估汇报会在西城区政府召开。会议由评估检查组组长、原北京师范大学校长、中国教育学会会长钟秉林主持。国家督学、青海省教育厅原巡视员他扎西，国家督学、南京师范大学原副校长、教授吴康宁，国家督学、新疆维吾尔自治区人民政府副厅长级督学李建声，国家督学、特级教师、福建省特级教师协会副秘书长廖秀梅，中小学教育督导评估专家、贵州省教育科学研究院研究员、省督学周学文，教育部督导办义务教育督导处干部王磊等专家参加会议。北京市教委主任线联平，西城区区长王少峰，西城区委副书记王力军，西城区委常委、区委办主任孙硕，西城区人大常委会副主任马业珠，西城区副区长陈宁，西城区政协副主席沈桂芬出席会议。北京市教委基教一处副处长王蕘，北京政府教育督导室督导二处副调研员徐孟军，西城区政府办主任李征帆，西城区政府教育督导室主任牟东棋，西城区教育工委书记韩星桥，西城区教委主任丁大伟，相关委办局及15个街道办事处的主要领导，西城区部分中小学校校长代表参加汇报会。与会人员观看了专题片《校校精彩人人成功》。王少峰作题为《全面深化改革，推动义务教育优质均衡发展》的汇报，围绕更新理念、打造特色鲜明的义务教育；科学规划，推进义务教育合理布局；丰富内涵，全面推进优质均衡发展；深化改革，实现优质均衡发展新突破；勇于担当，发挥辐射带动作用；履职尽责，办人民满意的西城教育；着眼长远，深入思考义务教育发展七个方面，介绍西城区全面推进义务教育优质均衡发展的情况。汇报会后，评估检查组查阅了档案资料，进行了问卷调查，并分别召开了人大代表、政协委员，学校校长，教师和家长座谈会。随后，评估检查组专家分为三组，分别由线联平、陈宁等陪同到北京四中、徐悲鸿中学、北京小学、宏庙小学等12所学校进行实地检查。5月7日，国家教育督导检查组对西城区义务教育均衡发展督导检查反馈了意见，对西城区基础教育综合改革和推进义务教育均衡发展工作给予了充分肯定和高度评价。西城区达到了国家规定的义务教育发展基本均衡区县评估认定标准。

（杨海蓉）

【基础教育课程教材改革试验调研评估】 5月7日，国家教育体制改革试点项目评估专家组走进北京小学，对西城区及北京小学基础教育课程教材改革试验情况进行调研评估。专家组成员包括国家教育行政学院常务副院长、党委书记黄百炼教授，国家教育行政学院杨志博士和杨京副教授。会上，区教委副主任张燕军以“务实课程教学研究，深化教育综合改革”为题汇报西城区课程改革实践探索情况；北京小学校长李明新及副校长于萍以“四季课程创造适合学生发展的教育”为题汇报学校课程建设的整体思路及实践成果。专题汇报后，黄百炼教授以座谈的方式深入了解了区域及学校课程建设情况及发展需求，对西城区在课改项目中做出的积极探索给予了充分肯定。

（曹 琼）

【开展“劳模话家风”“家风大家谈”】 5月8日，教育工会举行首场“劳模话家风”活动，教育系统10位劳模从不同方面阐述自己在家风家教中所收获的情感体验和精神成长，表达通过家风的积淀与传承，培育和践行社会主义核心价值观，凝聚为实现“中国梦”的正能量的深刻感悟。12月9日，由人民出版社、西城区教育工会主办，北京四中承办的“家风、家教、家训”主题报告会暨《家风》新书首发式在北京四中举办。《人民日报》、全国总工会、《工人日报》、人民网、中工网、新浪网、北京市教育工会等单位的领导、专家及西城区教育系统260余名教职工出席。西城区教育工会向教育系统近17000名会员赠书。

（李 彦）

【“城宫计划”系列活动全面启动】 区教委推出“城宫计划”十大系列活动。5月18日，“城宫计划”系列活动之“时代小先生”活动启动仪式在青年湖小学举行。青年湖小学6位学生讲解员向全体师生分享了自己参与讲解工作的收获与感想。5月26日，“城宫计划”十大系列活动之“安全自护进校园”现场观摩活动在北京小学广外分校举行。北京小学广外分校一年级159名学生展示了“校园风险我知道，安全自护我能行”的主题教育课。5月28日，“城宫计划”十大系列活动之“书香·传爱”进校园名家巡讲活动新闻发布会在黄城根小学举行。中华吟诵学会常务理事、著名吟诵家戴学忱老师给孩子们带来了“唱着歌儿学古诗——戴学忱古诗吟唱与分享”讲座。80岁高龄的戴学忱老师与孩子们一起分享自己爱上诗词、爱上传统文化的心路历程。现场给孩子们吟诵了古诗词作品。由高登义、安武林、安意如等10余位名家所组成的讲师团在西城20余所中小学举办名家巡讲活动。截至年底，“城宫计划”3项活动启动完毕并将持续开展，其余各项活动会陆续启动。

（兰 静）

【召开民办学校专题工作会】 5月18日，针对举办者为企业的民办学校召开专题工作会，会议明确指出举办者和学校的主体责任，根据民办教育的相关法律法规，要求举办者要明确自己的权利和义务。会议提出五点要求：一是不得以学校名义招生，由企业来运作，从而误导学员；二是学校与其他培训学校联合办学需到教委备案后再实施，不得与持有企业法人执照的公司进行联合办学行为；三是学校的举办者不得与学校共用办学场地，不得私自违规缩减办学场地面积或将场地挪作他用；四是学校要规范招生宣传工作，杜绝虚假宣传行为；五是学校要按学员所报专业开齐课程，不得有未开课程违规取证行为。

（王竞艳）

【学习践行“三严三实”推进教育改革发展】 根据全系统开展“三严三实”专题教育有关安排，6月9日，西城区委教工委书记韩星桥在西城区教育研修学院礼堂以《学习践行“三严三实”努力做推进教育改革发展的好干部好老师》为题做了专题党课。6月12日，区政府教育督导室主任牟东棋以《学习践行“三严三实”促教育督导发展》为题做了专题教育党课。专题党课由区教委主任丁大伟主持。牟东棋及“两委一室”处级领导干部，全系统各单位党政主要负责人，“两委一室”机关副科实职干部，区委教工委“三严三实”专题教育工作领导小组办公室和督导组成员300余人参加党课学习。

（杨海蓉）

【举办第四届“全纳杯”才艺展示活动】 6月11日，西城区第四届全纳杯学生才艺展示活动在北京启喑实验学校召开。本届活动的主题是“我的校园生活——自制小报作品征集”，残疾学生通过动眼观察、动手绘制、用心感受，制作出一张张精美的小报。全区24所中小学75件作品参赛，其中小学15所、中学7所、特教学校2所。最终评选出一等奖作品30件，二等奖作品45件。

（姚　兰）

【开展区民办学校校长资格培训】 6月15日，对民办学校新任校长和未取得校长任职资格证的校长进行为期5天的专业培训，80余名校长参加。培训课程包含法律法规（劳动法、合同法、民促法）、学校管理（档案管理、财务管理、校园安全管理）、技能知识（现代管理技术、管理心理学）等。最后经考试和结业论文合格后，由西城区教委颁发“西城区民办教育培训机构校长任职资格证书”。

（王竞艳）

【参加中国青少年机器人竞赛】 7月20日至25日，在内蒙古自治区鄂尔多斯市第一中学举行主题为“激情创造，快乐成长”的第15届中国青少年机器人竞赛，西城区共选派11支代表队41名学生参加比赛。北京四中、北京八中、北京三十五中、鲁迅中学、教院附中、北京第二实验小学、展览路一小等摘得机器人创意、机器人足球、FLL工程赛、VEX比赛项目的8个一等奖。西城区青少年科技馆教师牛琦、北京教育学院附属中学教师强薇在比赛中被评为全国优秀教练员。

（马志洪）

【参加第30届全国青少年科技创新大赛】 8月19至23日，第30届全国青少年科技创新大赛在香港举行。西城区共有8个学生项目、5个教师项目参加比赛。北京四中学生李雪莱、北京师范大学附属中学学生王月林、黄城根小学学生潘旻佳获大赛一等奖，北京三十五中学生丁天鸿获大赛首次设立的学生创意项目一等奖。此次比赛还获学生项目二等奖3项。在全国近400名优秀科技教师的专业角逐中，宣武青少年科技馆教师毕欣获“全国十佳科技辅导员”称号，北京育才学校教师陈宏程、宣武青少年科技馆教师杨海燕获辅导员创新项目一等奖。北京八中获全国“十佳科技教育创新学校”称号，西城区同时获多项专项奖。

（马志洪）

【制定《西城区九年义务教育课程计划（修订）》】 8月，区教委制定并印发《西城区九年义务教育课程计划（修订）》。各校积极研制学校课程方案，并于9月1日新学期开始施行新课程方案。此次《西城区九年义务教育课程计划（修订）》进一步下放课程自主权，对课程总量进行结构化调整，在“课程设置表”中变课时为学时，鼓励学校开展课程创新实验，分类集中排课实验，在不超过相应年级规定的学时总量情况下，统筹使用学科实践活动、综合实践活动、地方校本课程学时，整体构建具有学校特色的课程体系，为学生创设更开放、灵活、可选择的课程空间。修订后的《课程计划》更加关注全科育人、全程育人、全员育人和实践育人，明确了“学科实践活动”的学时，设置了综合性艺术学科，提出了跨学科综合学习、学段衔接、实践活动等方面的要求，凸显了课程构建的整体性、综合性、发展性。随后，中教科陆续组织全区中学围绕义务教育课程计划开展了4场交流活动，介绍各自学校初中新课程方案的特点、亮点及相关思考，促进学校进一步理清思路，加强课程建设，发挥课程整体育人价值。

（王贞茶）

【名人专家讲“开学一课”】 9月6日，西城区“开学一课”以价值的传承为主题首先在北京八中开讲，开国中将韩伟之子、红军人物研究会宣传联络组副组长韩京京登上讲坛，向同学们讲述中流砥柱——中国共产党在抗日战争中的地位和作用。著名的天体化学与地球化学家，中国月球探测工程首席科学家，被誉为“嫦娥之父”的中国科学院院士欧阳自远，现任中央民族大学历史文化学院副教授、硕士生导师蒙曼，资深传媒人杨澜，著名中国工程院院士、机械电子工程专家尤政，北京师范大学文学院教授、博士生导师康震，著名作家萨苏，奇虎360科技有限公司总裁齐向东，中国保险行业协会会长朱进元等社会各界的名人、学者、专家分别走进一五六中学、五十六中学、北京四中、北京七中、鲁迅中学、第三十九中学、北京三十一中、北京四十四中为同学们讲述各自的宝贵的经历和人生感悟，启迪同学们思考人生的价值和人生的选择。

（胡婷婷）

【外籍教师参与英语教学改革】 9月14日，市教委基教一处副处长徐志芳、向姣姣老师，市国际教育交流中心综合项目部部长白阳到进步小学调研“北京市外籍教师参与中小学英语教学改革项目”进展情况。市教委领导肯定了西城区教委和北京语言大学的合作，认为西城区项目工作推进力度大，项目取得初步成果。12月22日，北京语言大学——西城区教委“北京市外籍教师参与中小学英语教学改革项目”2015年度总结暨培训会在北京语言大学召开。根据项目负责人和外教的不同培训需求，会议安排了聚焦于外教的沟通和管理的“中文培训专场”和聚焦于小学英语教学法的“英文培训专场”。西城区33所项目学校负责人、英语学科骨干教师、外籍教师80余人参会。

（曹　琼）

【开展小学直升校调研】 9月，西城区新增四根柏小学、中华路小学2所直升校。为全面了解直升校的教育教学情况，9月22日、29日，小教科联合教研部门，分别对这2所新增直升校进行调研。通过听取校长汇报、查阅档案、巡视校园、全员全学科听课等方式，调研人员对学校教育教学管理工作进行了较为全面的了解。调研当天，小学教研室分学科反馈了听课情况，小教科围绕学校德育、教学管理等工作与学校领导班子进行了交流。随后，区教研部门就学校的课堂教学情况形成书面报告，学校根据调研反馈提出教育教学提升计划。

（曹 琼）

【举办《新生入学手册》发布会】 为创新德育工作方法，年初，西城区教委召集部分学校开始着手准备编制《新生入学手册》。9月23日，中教科召开《新生入学手册》发布会德育协作组“新生教育的有效指导”专题交流活动，各中学德育校长、督导室和宣传部相关领导参加。会上介绍了西城区中学新生指导手册丛书的编写情况，赠送第一批丛书给各学校，部分参与编写的学校德育干部还同与会者分享了《手册》编写心得。

（李 蕾）

【完成秋季招生工作】 9月，区考试中心高招办完成秋季招生考试工作。西城区高考报名人数总数为8629人，普通高考报名人数为7964人，其中文科2932人（含3科121人），理科5032人（含3科167人）；815人参加26所高职自主招生并被提前录取。全区共有7603名考生参加普通高考，其中参加全科考试7508人，实考考生7285人，上本科线人数6104人，上线率为83.79%；参加高会统招95人，实考考生81人。中学应届实考人数5542人，上本科线人数5201人，本科上线率93.85%，专科上线率100%。其中，文科应届实考人数1949人，上本科线人数1424人，上线率95.31%；理科应届实考人数4048人，上本科线人数3777人，上线率93.31%。截至10月底，普通高考共计录取7072人，录取率为96.01%。（“3科”指语文、数学和英语）

（马 华）

【义务教育阶段招生】 年内，初中入学工作，依据《北京市西城区教育委员会关于西城区2015年义务教育阶段入学工作的意见》以及招生计划要求,5月上旬完成九年一贯制直升入学、小学对口直升入学、推荐派位入学录取工作，九年一贯制直升人数348人，对口直升人数146人，推荐派位入学人数976人；5月下旬完成特长生入学、特色校入学录取工作，共计847人；5月底完成民办校入学工作；6月15日，5774名学生参加了学区派位入学，约占西城区升学人数的73.64%；7月初，41所中学（含1所私立学校：私立汇才学校，1所体育运动学校：100中，2所九年一贯制学校：亚太实验学校、育才学校）初中入学录取工作完成，共录取新生7841人，其中京籍5901人、非京籍1940人，比上年减少843人。义务教育阶段小学入学工作依照《意见》要求，5月进行学龄人口信息采集工作，共采集儿童13132人，其中京籍儿童11169人、非京籍儿童1963人；5月中旬完成集体户口、非本市户籍按市民对待等特殊情况资格认定工作，共接待集体户口613人，市民对待276人，无户口、外籍等特殊类人群132人，共计1021人；5月中下旬进行非京籍“五证”审核工作，审核通过人数1899人；5月底，寄宿学校入学、民办学校入学录取完成，其中寄宿学校录取学生210人、民办学校录取学生219人；7月初录取工作完成，全区62所小学（含1所民办学校：亚太实验学校）共计招生13074人，其中非本市户籍2006人、外籍23人。

（袁 伟）

【普通高等学校招生改革】 年内，区教育考试中心普通高校招生工作认真研究和落实高考改革方案的政策规定和各项要求，紧紧围绕考试组织、志愿设计、投档方式及录取原则等改革重点，多层次、多渠道地做好宣传咨询工作。高考高招主要推进了五项改革举措：一是扩大城市发展新区和生态涵养发展区农村专项计划，首次在市属高校实施“双培计划”和“外培计划”；二是将本科和单考单招志愿填报时间从考前调整到高考成绩公布后进行，将本科普通批志愿设置由“平行志愿组”方式调整为大平行方式，分别可以填报6所平行志愿高校，每所高校设置6个志愿专业；三是高校自主选拔时间从考前调整为考后进行，高校自主招生选拔、高水平艺术团和高水平运动队招生单独设置特殊类型志愿，考生可填报1所志愿高校，录取安排在本科提前批次录取结束之后本科一批录取开始之前进行，取得资格认定的考生，须将资格认定高校填报在该志愿中，方能享受相关特殊类型招生政策；四是减少和规范高考加分；五是深化考试内容改革。推进“人文考务”，为保障残疾人参加高考的公平、公正，2015年教育部和中国人残疾联合会联合印发《残疾人参加普通高等学校招生全国统一考试管理规定（暂行）》。教育考试中心高招办召开高校招生工作会和高校招生志愿辅导会，要求学校加强领导、注重研究、加强管理、规范操作。掌握填报志愿的政策，按照操作程序辅导好考生填报志愿。

（马 华）

【组织“西城杯”小学课堂评优活动】 第12届“西城杯”小学课堂教学评优活动以“精选教学内容构建乐学课堂促进学生发展”为主题，按照校级、校际、区级3个阶段推进。9月至10月，各校完成校级阶段评优，从2356位青年教师中推荐出362位教师参加校际阶段评优。11月4日，区教委在北京小学召开第12届“西城杯”小学课堂教学评优活动“校际阶段”启动暨培训会。校际阶段评优活动以教育集团校、优质特色校和附小直升校3种办学模式为组织单位，开展16个场次的说课交流，最终评选出校际阶段说课一等奖193人、二等奖168人。

（曹 琼）

【参加市中学生田径运动会】 10月9日至11日，北京市第53届中学生田径运动会在顺义区牛栏山一中举行。西城区选派48位运动员参赛，共获7金5银5铜的成绩。初中组和高中组均获A组（城区）团体总分第二名，并以总成绩240.5分获A组（城区）团体总分第二名，被组委会授予体育道德风尚奖和优秀组织奖。

（刘 瑶）

【在市阳光少年艺术节中获佳绩】 10月17日至18日、24日至25日，两年一届的北京市阳光少年艺术节分别在国家图书馆音乐厅、北京第一实验小学、宣武少年宫、北京学生活动管理中心举办。本届艺术节由北京市教育委员会主办，是北京市校外教育单位的一次艺术盛会。西城区选送25个节目参加合唱、器乐、舞蹈、戏剧、朗诵比赛。12月1日，比赛成绩揭晓，西城区少年宫、宣武少年宫、德胜少年宫、丰盛少年宫、金融街少年宫参赛的节目获13个一等奖，西城区另获6个二等奖、6个三等奖，一等奖获奖率居北京市之首。其间，宣武少年宫承办北京市朗诵、戏剧专场，西城区少年宫承办北京市合唱专场。

（傅晓月）

【初一年级开放性科学实践活动】 区教委落实市教委要求，组织全区中学启动初一年级开放性科学实践活动。活动要求学校通过市教委发布的网上课程平台，组织初一每名学生，采用自主选课、团体预约和送课到校3种方式选择资源单位发布的课程，每生每学期完成5个实践活动项目，每次活动计1分。全区中学自10月19日起对初一年级教师、家长和学生开展培训，并组织初一学生进行网上选课、上课，区教委中教科、区政府教育督导室对周末学生自主选课情况进行属地督查。

（王贞荼）

【在全国艺术展演市级选拔赛获佳绩】 10月下旬，在全国第六届中小学艺术展演市级选拔赛西城区成绩斐然。北京第二实验小学取得全市3个一等奖中的1个。北京小学、北京第二实验小学、康乐里小学分别获得合唱、管乐、舞蹈、朗诵的二等奖和三等奖。北京四中与育才学校的合唱、戏剧分别入选全国比赛。全市小学共获奖11名，其中西城区5名；全市中学入选7名，其中西城区2名。全市艺术作品共选送17幅入选全国比赛，西城区入选3件绘画、1件摄影、1件书法作品。艺术论文全市共6篇入选全国，西城区入选2篇，入选总数为全市第一。

（芦炳杉）

【召开小学班主任工作研讨会】 10月23日，区教委召开西城区小学班主任工作会议。会议以“发现唤醒激励凝聚”为主题，全面总结西城区小学第八届优秀班主任评选活动，对第二十八届北京市“紫禁杯”优秀班主任及第八届区优秀班主任进行表彰，并发布西城区小学首批“紫禁杯”优秀班主任资源库，区优秀班主任与学校德育主管干部代表分别进行大会交流，担任班主任工作30年的老教师代表发表感言。全区小学、特殊教育学校的德育干部、第八届优秀班主任评选活动获奖教师、担任班主任工作30年老教师及青年班主任代表共计200余人参加会议。

（谢　歆）

【在“明天小小科学家”评选中获佳绩】 10月27日，由中国科协、中国科学院、中国工程院、国家自然科学基金委员会和香港周凯旋基金会共同主办的第15届“明天小小科学家”奖励活动颁奖典礼在北京第三十五中学举行。北京四中学生于惠然获“明天小小科学家”称号；北京八中学生孙宁远、刘巴乔，北京师范大学附属实验中学学生聂昊明获一等奖；北京四中姜雨含等5人获二等奖。

（马志洪）

【举办创建国际生态学校专题培训会】 10月28日，西城区创建国际生态学校专题培训会在北京十五中召开。国家环保部宣教中心主任贾峰、西城区政府副区长陈宁、国家环保部办公室厅部长办副主任任子平、区环保局局长章卫、区外联办主任宫浩出席会议。会议由区教委副主任张燕军主持，区中小学科技教师代表150余人参加培训。培训中，环保部专家做题为《教育令世界更美好》《如何创建国际生态学校》的讲座。有关专家还进行现场案例教学，教师们就环保热点话题与专家进行了互动。

（白　羽）

【成立西城区融合教育中心】 10月28日，西城区融合教育中心成立暨特殊教育发展研讨会在北京启喑实验学校召开。教育部基础二司巡视员李天顺、特殊教育处副处长黄伟，北京市教委基教二处副调研员陆小红，北京市特教中心主任许家成，西城区政府副区长陈宁等领导以及融合教育领域知名专家代表、相关科室负责人出席，西城区特教学校校长、融合教育骨干学校校长、各中小学主管干部和骨干教师代表等近200人参加会议。西城区教委副主任张燕军作题为《深化特殊教育促进融合发展》的西城区融合教育工作报告。西城区政府教育督导室主任牟东棋宣布西城区融合教育中心成立的决定，李天顺和陈宁共同为融合教育中心揭牌。西城区教委主任丁大伟为西城区融合教育中心的特聘专家们颁发聘书并讲话，与会领导为融合教育中心实践基地学校授牌。西城区融合教育中心主要负责对特殊学校教师进行培训，促进其专业发展，同时指导全区随班就读老师开展教研。

（姚兰　王玉玲　李晓娟）

【举办中学教学、德育管理高级研修班】 10月至11月，区教委分别组织全区中学教学、德育干部参加由华东师范大学承办的中学教学、德育管理高级研修班。在深化教育综合改革的背景下举办这两期研修班，目的在为学校教学、德育干部提供学习研究前沿教育理念、了解最新改革动向、考察先进办学经验的机会。本期培训班培训内容的理论性、实践性、针对性都比较强；培训的形式灵活多样，既有学术报告又有实地考察。学习期间，学员们分别听了4场高水平的学术报告，主题分别为教学领导的素质与课程领导力、有效教学设计与评价、教育综合改革带给德育管理的变化及应对、德育工作的教育智慧与创新，并到华东师大二附中、上海市进才中学、上海市嘉定二中3所学校考察交流。

（王贞荼）

【举行“西城杯”中学课堂教学展示与研究活动】 为贯彻《北京市基础教育部分学科教学改进意见》，落实新修订的义务教育课程计划，深化课堂教学改革，区教委举办2015年“西城杯”中学课堂教学展示与研究活动。活动共涉及中学阶段16个学科（含心理），初、高中教师分别围绕“贯彻落实学科教学改进意见”“学科核心概念的建立与教学重难点的突破”的主题开展课堂教学研究，分为10月至12月的校内初评、2016年的区级评选以及全区展示和表彰3个阶段。

（王贞荼）

【召开中学优秀班主任表彰会】　11月19日，区教委在西城区研修学院礼堂召开2015年西城区中学优秀班主任表彰暨班主任工作研讨会，各中学德育校长、首席班主任、年级组长及优秀班主任代表约320人参加会议。会议主题为“文化引领、温暖同行、激励成长”。区教委主任丁大伟作《营造高雅的班级文化，建设文明向上的班集体》的专题报告。2015年全区中学系统共评选区级优秀班主任93人，其中八中教师葛小峰等9人获北京市“紫禁杯”优秀班主任一等奖，六十六中教师唐虹等9人获北京市“紫禁杯”优秀班主任二等奖。十五中教师刘红英获北京市“紫禁杯”优秀班主任特等奖。

（李　蕾）

【民办教育参与改革项目推进会】　11月24日，区教委召开西城区小学“民办教育机构参与中小学学科教学改革”项目中期推进会。与西城区对接的2个民办教育机构项目负责人，小学教研部门领导以及8所项目小学参会。会上，项目学校逐一介绍了项目进展情况，2家民办教育机构就已经开展的工作进行总结汇报，小教科回顾了项目的推进历程，要求各项目学校加强过程管理，注重项目绩效，实现互利双赢。

（曹　琼）

【参加“京城杯”小学课堂教学交流活动】　12月1至3日，第十届“京城杯”小学课堂教学交流活动在朝阳师范学校附属小学太阳星城校区举行。此届“京城杯”分为课堂教学交流、校长论坛2部分，在课堂教学交流活动中，语文、数学、英语3个学科12位教师进行教学展示，12位专家做精彩点评，来自6城区的上千人次教师进行现场交流。白纸坊小学曹春颖、黄城根小学张洪叶2位教师分别代表西城区进行英语、数学学科课堂教学展示。在校长论坛活动中，来自6城区的6位校长代表围绕论坛主题进行大会发言，30余位校长进行现场研讨。北京第一实验小学校长颜凤岑围绕“实施新实验课程办好现代义务教育”主题进行大会交流。

（曹　琼）

【2015年西城区中学生论坛】　12月7日，在三十五中的志成讲堂举办主题为“关注社会、彰显责任、践行核心价值观”的2015年西城区中学生论坛。来自全区各中学的德育干部、师生代表共同分享学生的收获感悟和专家的精彩点评。区级论坛现场播放来自三中、十四中、十五中、三十九中、四十三中、北师大二附中西城实验学校、月坛中学等7名学生的时事评论短片。十五中学生孟宏道、二一四中学生钱姚宇、十三中学生郑明轩和三十五中学生小组分别作《北京市某中学家校互动方式现状分析及效果评价研究》《寻找我的职业方向》《关爱地球母亲，保护生态家园》《行走中轴线，感受古都情》的主题发言。活动聘请民俗专家高巍、生态摄影师耿栋等嘉宾就学生的话题进行点评。现场发放《漫话北京城》《低碳漫画总动员》《绿色足迹：减排路上的趣事》等科技环保类书籍。

（李　蕾）

【西城区学生科技节】　12月16日，以“快乐科技，梦想启航”为主题的2015西城区学生科技节落下帷幕。全区各校按照“面向全体、坚持公益、鼓励创新、发展特色”的活动宗旨，结合各自实际情况和学生年龄特点，创造性地开展科技活动，不断提升科技活动的质量和水平，期间共举办区级竞赛11项、科普活动10项。全区共有103所中小学近10万人次参加本届学生科技节活动。

（马志洪）

【初一年级综合社会实践活动】　12月20日始，根据市教委要求，区教委组织全区中学在初一年级启动综合社会实践活动。活动要求，自9月入学初一学生起，学校每学期组织每名初中学生、依据考核要点开展5个综合社会实践活动。其中1个由学校统一组织实施，确定学校德育干部或班主任作为该项活动的指导教师；3个由思想品德、历史、地理3个学科组织实施，可以是学科内的实践活动，也可以是3科内容融合的活动，分别由3科教师担任指导教师；1个由学生小组或个体实施，班主任为指导教师。综合社会实践活动在初中开设3年，学生每学期选择参加5项活动，每参加1次活动计1分，1学年累计10分，3个学年总计30分。中考时将累计分数除以3分别计入思想品德、历史和地理学科的原始成绩。

（王贞荼）

【召开小学特色学校校长论坛】　12月23日，围绕“特色建设有方向”主题，区教委召开西城区小学特色学校校长论坛。会上，与会校长逐一分享学校在文化建设、课程构建、队伍发展等方面的特色与亮点工作，认为学校特色是贯穿于教育教学活动中，需要从学校实际出发，长期持续推进。区教委领导及部门负责人，西城区特色小学校长、特殊教育学校校长共计30余人出席论坛活动。

（曹　琼）

【召开附小直升校校长论坛】　12月29日，围绕“贯通培养新策略”主题，区教委召开附小直升校校长论坛。会上，各校逐一分享对贯通培养的理解和在中小衔接方面的探索，认为在附小直升的政策支持下，中学和小学可以从理念共识、课程建构、资源共享等方面入手，加强联合教研、活动对接，共同探索不同阶段学生的学习方式和培养方式。区教委领导及部门负责人，14所附小直升校校长，9所对口直升中学领导共计30余人出席论坛活动。

（曹　琼）

【“高参小”学校彰显特色教学成效】　年内，北京高等学校、社会力量参与小学体育美育发展工作（简称“高参小”）惠及广泛全面展开。西城区31所小学与13所高等院校、专业院团合作，制定符合实情的培养计划并组织实施。北京联合大学牵手合作小学举办专场文艺演出；北京电影学院为牵手小学举办话剧专场汇演；中央音乐学院为牵手小学举办专场音乐会；中国戏曲学院对福州馆小学社团、美术课的指导融入戏曲元素，社团惠及学校一至五年级的学生，学校在校园文化建设上彰显戏曲特色；回民小学在中央民族大学的协助下举办特色运动会；建大附小运动会也加入高校元素；红莲小学的地域文化节在北京舞蹈学院舞蹈课程的影响下收获显著。西城区“高参小”工作各具特色，每所学校都能在高校的带领下因校制宜办出风格。

（白　羽）

【民办学校年检】　截至年底，西城区共有民办学校268所，其中15所民办幼儿园、1所民办中学、252所民办非学历培训学校。教职工5683人，年招生人数约82万人，结业人数约59万人，年纳税6100余万元。1至3月，完成321所民办学校年检审核工作，通过率为81%。对合格学校统一换发《民办学校办学许可证》。

（王竞艳）

【认定市级语言文字规范化示范校】　年内，经北京市语委办评估检查，三十五中学、回民学校、宣师一附小、三里河三小为第九批北京市语言文字规范化示范校。

（文　越）

【主题教育实践活动】　年内，团教工委在各校团组织以及广大团员青年中深入开展纪念“五四”运动96周年暨“与人生对话——我的中国梦”主题教育实践活动。通过开展主题团日活动、“五四”表彰大会、实践寻访活动、青春分享会等，引导学生深刻理解中国梦的精神内涵；通过座谈、演讲、征文、板报、主题团日等活动形式，引导青年教师不断加强思想道德修养，明确成长发展、建功立业的正确道路，培育和践行社会主义核心价值观。

（罗李立）

【学生资助经费保障】　年内，西城区涉及各学段各项减免金额2896.7万元，涉及学生90939人次，占2014年底学生总数120148人的75.7%。其中义务教育阶段学生享受减免政策全覆盖，涉及减免金额2419.5万元；因家庭经济困难（低保、低收入、残疾、烈士子女等）享受减免政策，学前教育11.7万元、高中教育140万元、职业教育325.4万元。其中市级投入资金1474.7万元，区级投入1422万元。此外有部分学校利用校内学费提取经费，用于奖助学生156人，共计7.05万元。

（王　栋）

【优化中学布局结构】　年内，初步完成对全区中学教育资源的优化布局，此次布局调整共有两种方式。一是调整合并，涉及四中与六十三中学合并；八中与八中分校、一五四中合并；十五中与一四〇中学合并；六十六中学与广安中学合并；育才学校与宣武分院附中合并；徐悲鸿中学与徐悲鸿初中部合并；三帆中学与裕中中学合并。二是学校承办，北师大附中承办六十二中学，更名为师大附中分校；北师大二附中承办西城区实验学校，并更名为北师大二附中西城实验学校；北师大实验中学承办华夏女中，更名为北师大实验华夏女子中学。

（王贞荼）

学前教育

【概况】　年内，西城区共有幼儿园69所，其中区教育部门办园25所、集体办园10所、其他部门办园13所、地方企业办2所、部队办3所、民办园16所。一级一类幼儿园43所，市级示范幼儿园19所，市级社区早期教育示范基地幼儿园32所。全区在园幼儿17127名，比上年度增加429名，教职工3093名，其中专任教师1816名，大专及大专以上学历1681名，占教师比例92.6%。小高以上职称504名，占教师比例27.8%。年内，总结第一期三年行动计划，科学制定第二期三年行动计划，进一步完善管理保障机制，促进学前教育事业健康发展；以新建、改扩建、租赁为重点，继续增加学位数量；以加强各类人员教育培训为着力点，不断提高幼儿园教职工专业水平；以教科研为载体，进一步提升幼儿园保教质量，促进儿童身心健康快乐成长。通过加强调研，明确任务，制定新三年行动计划；通过统筹规划，合理布局，实施幼儿园增学位工程；通过制定规划、分层培养，实施幼教师资培养培训工程；通过加强研究，倡导文化，实施幼儿园质量提升工程。通过规范管理，完善机制，保障学前教育事业健康发展。

（王丽萍）

【组织专家对幼儿园考核验收】　4月7日至5月19日，区教委学前科负责人带领考核组分别对宇锋、公安局、名苑、和平门、四幼、回民幼儿园6所市级示范幼儿园和拟于2015年上报市级示范园的中国儿童中心实验幼儿园、三义里一幼进行考核。10月20日至12月17日，区教委考核组分别对红山、西四北、警卫局、海思、广电等不同办园体制、不同级类的49所幼儿园进行考核验收。考核严格按照市级示范园验收标准和市分级分类考核验收细则，结合“西城杯”活动，围绕幼儿园管理、队伍建设、办园条件、保教、科研、早教、卫生保健等7个方面进行。考核组采取“听取幼儿园自查自评报告、查看幼儿园的环境建设、观摩教学活动、与干部教师座谈、查阅档案资料”等形式，全面检查分析幼儿园的整体建设情况，帮助各幼儿园总结成绩和经验，查找问题和不足，提出改进意见，指出努力方向。

（王丽萍）

【2所幼儿园通过市级示范园验收】　4月21日、5月5日，市教委市级示范园评选视导组一行15人，分别到三义里第一幼儿园、中国儿童中心实验幼儿园进行市级示范园评选视导。经验收合格。至此，西城区市级示范幼儿园已达19所。

（王丽萍）

【区领导“六一”慰问幼儿园】　5月26至27日，区委书记王宁，区长王少峰，区人大常委会主任刘跃平，区政协主席杜灵欣，区人大常委会副主任马业珠、郑然，副区长陈宁，区政协副主席沈桂芬、姜兆春，区委组织部部长章冬梅等领导分别走访慰问公安部、中组部、三教寺、大安澜营、洁民、曙光、幸福时光陶然、小百合、三义里一幼、马连道等10所幼儿园。为41所幼儿园的孩子们赠送了玩具。区领导代表区委、区政府向小朋友们致以节日祝贺，向辛勤耕耘在幼教战线的广大教职员工表示亲切问候，向大力解决西城区户籍孩子入园的部门办园表示感谢，向在办园过程中不断提升质量的街道园、民办园表示慰问。小朋友用充满稚气和童真的表演，展示了幼儿园贯彻《幼儿园教育纲要》《3-6岁儿童学习与发展指南》促进幼儿体智德美全面发展的教育成果。

（王丽萍）

【召开幼儿园儿童营养厨艺大赛总结颁奖会】 7月3日，区教委在西城区教育研修学院礼堂组织召开2015年西城区幼儿园儿童营养厨艺大赛总结颁奖会。区教委学前科、区教育研修学院学前部相关负责人及全区69所幼儿园园长、参赛选手、主管幼儿膳食工作的干部、保健医共200多人参加会议。大家观看了比赛过程短片，获得全能奖、单项奖的选手进行面点作品展示，参会领导为获奖厨师颁发了证书。洁民幼儿园厨房班长陈科予、棉花胡同幼儿园保健医高文英、信和幼儿园园长李奕代表获奖厨师分别做经验介绍，特聘专家崔洁作了精彩点评。此次评选采取各幼儿园组织初赛、示范园牵头分片组织小组复赛、区统一组织决赛的方式进行，经初赛和复赛评选出来的16个单位的32名厨师参加决赛，最终共评选出厨艺全能奖8名、单项奖24名、表扬奖63名、组织奖16个。

（王丽萍）

【撤销1所幼儿园】 西城区瑞思玛特幼儿园由于幼儿园的户外场地迟迟未能解决，7月26日，园董事会决定申请停办。10月14日，西城区民政局文件（西民民许准注字〔2015〕266号）批复撤销。西城区瑞思玛特幼儿园建于2012年，办园地址新街口北大街3号（星街坊4层）。

（王丽萍）

【2所幼儿园通过一级一类验收】 10月20日、27日，市教委委托西城区学前教育验收小组，分别对西城区红山幼儿园、信和幼儿园进行一级一类验收。经验收合格。至此，西城区一级一类幼儿园已达43所。

（王丽萍）

【召开第四届名师工作室拜师大会】 11月20日，区教委在北京教育学院宣武分院东址报告厅组织召开第三届“西城杯”幼儿教师半日评优活动颁奖暨第四届名师工作室拜师活动大会。区学前科、教育研修学院学前部、北京教育学院宣武分院学前教研室相关负责人，全区69所幼儿园正、副园长，决赛选手，获奖教师和第三届、第四届名师工作室主持人、优秀徒弟代表，共230多人参加。会上，区教育研修学院学前部主任陈立对“西城杯”幼儿教师半日评优活动进行总结，北京教育学院宣武分院学前教研室主任郎明琪对“西城杯”幼儿教师半日评优活动进行点评；参会领导向获奖教师颁发证书；信和幼儿园教师李思瑶代表获奖人员作题为《评优促我成长，热爱伴我远航》的发言，三教寺幼儿园保教主任陈琳代表名师工作室主持人作题为《放飞梦想 静待花开》的发言，西四北幼儿园副园长张立代表优秀徒弟作题为《我向名师学习与成长》的发言；北京教育学院宣武分院学前教研室主任刘亚明在会上宣读幼儿教师半日评优活动获奖名单；学前科科长乔梅宣读第三届名师工作室优秀师徒表彰名单，对评优活动情况作了综述，对第四届名师工作室培养骨干教师和拜师活动进行了部署。评选活动从3月开始，历时3个月，采取各幼儿园组织初赛、示范园牵头分片组织小组复赛、区统一组织决赛的方式进行。在全区全员教师积极参与的基础上，选拔144名教师参加片级评优，48名教师参加区级评优。活动共评选出表扬奖59名、三等奖37名、二等奖26名、一等奖18名、特等奖4名。

（王丽萍）

【新增2所幼儿园】 年内，区教委审批威廉和玛丽小规模民办幼儿园，可开设教学班6个，招收幼儿150名。新建西城区广安幼儿园，该园系西城区教委办园，拟于2016年9月开学。

（王丽萍）

职业教育、成人教育与社区教育

【概况】 年内，西城区有4所职业高中学校和1个专门教育职高部：北京市外事学校、北京市实美职业学校、北京市财会学校、北京市实验职业学校，北京启喑实验学校职高部。共开设高星级饭店运营与管理、中餐烹饪与营养膳食、学前教育、美术绘画、美容美发与形象设计、法律事务、金融事务、会计、文秘、中药、出版与发行、计算机平面设计等40个专业。4所职业高中共毕业1813人，招生569人，在校生3131人。教职工867人，其中专任教师652人。专任教师中高级专业技术职务515人、特级教师1人、市级学科带头1人、市级骨干教师2人、区级学科带头35人、区级骨干教师114人。学校占地面积63141平方米、建筑面积87025平方米。图书馆藏书369810册，固定资产总值24686万元，全年教育经费投入44920万元，其中国家拨款44219万元，自筹经费701万元。

全区成人教育学校3所，开设专业48个，在校生6844人，毕业生1968人，招生1813人。成人学校占地面积27411平方米，总建筑面积39482平方米。

西城区学习型城区建设工作稳步有序推进。4月，召开2015年精神文明建设暨学习型城区建设大会。西城区市民终身学习成果认证制度扩展认证点至105个，认证学员至8万余人。西城社区学院、社区教育学校共有5门特色课程教学大纲和20本特色课程教材在北京市社区教育特色课程教学大纲和教材（讲义、手册）评选活动中获奖，西城区教委获优秀组织奖。在全区各社区教育学校建立社区家长学校。举办西城区市民终身学习服务基地建设工作会议与市民终身学习服务基地微课程培训班，并新挂牌成立北京满堂香国际茶文化发展有限公司“悦茶会”、北京通信电信博物馆、西城区广外地区社区教育学校、北京外事学校、北京实美职业学校市民终身学习服务基地，扩展基地总数达到61家。继续按照学习型党组织、街道社区、学校等八大系统进行创建，全年对18个“创建学习型社会组织先进单位”、首批6个“学习型社区建设工作示范区”、21个“第五批学习型社区建设工作先进社区”、34个“教育系统创建学习型学校先进单位”进行评比表彰。12月，启动西城区第二批学习型社区建设工作示范社区申报评定工作。年内，西城区继续通过举办论坛研讨、项目活动展示、文体音乐活动展播等形式，动员广大居民参与终身学习，接受新观念新思想。全年市民教育培训达126万人次。

（王娜娜　王珍）

【召开纵横码普及推广工作培训】 3月12日，西城区2015年纵横码普及推广工作培训会在红大召开。会议部署2015年全区纵横码普及推广工作事宜，并针对提高纵横汉字输入技能进行专题培训。全区15个街道社区教育学校和裕中中学等单位负责人参加培训。

（王　晋）

【举办公务员系列培训班】 3月至12月，红大分别为白纸坊街道、金融街街道、区体育局、区残联4家单位举办公务员培训班。培训以提升干部政治素质和业务水平为目的，采用专题讲座、拓展训练、实践考察等方式，培训内容包括理论水平、应急管理、警示教育、团队协作等。共400余名干部参加培训。

（王　晋）

【成人学位英语考前辅导开班】 3月至11月，西城经科大开设成人学位英语三级考前辅导班。辅导班由该校外语系2位教师授课，编写自用教材，采用线上线下的网络教学，建立230人的QQ群互动学习。考生106人，及格率达到30%，高出北京市考生的平均及格率7.3个百分点。

（何　伶）

【召开市民终身学习服务基地建设会】 3月26日，在宣南文化博物馆召开2015年西城区市民终身学习服务基地建设工作会议。会议明确2015年市民终身学习服务基地的3项重要工作：一是继续扶持服务基地的品牌和课程，二是进一步扩大服务基地数量和规模，三是开展微课程建设。

（王　珍）

【中学生走进职高校体验职业课程】 4月11日，区教委组织面向初中学生及家长的职业学生专业展示活动及职业教育咨询活动，通过广泛宣传职业学校的教学成果，让社会、家长、学生全面了解职业教育。

（王娜娜）

【停止首都农民工大学生助推计划】 4月14日，西城经科大停止实施首都农民工大学生助推计划。该计划是首都职工素质建设工程指导委员会办公室免费为农民工提供高等学历教育的项目之一，招生对象面向西城区具有农业户籍、工会会员及相当高中学历的农民工，设人力资源管理、工商企业管理、会计、广告艺术与设计、制冷与空调技术5个专业，专科层次，学习形式业余，修业年限2.5年。该计划随着京津冀区域一体化进程的加快，首都城市“四个中心”新定位的确定停止实施，不再招生。该计划2012年7月启动，共招生309人，已经毕业119人。2015年1月，招生98人。

（何　伶）

【召开学习型城区建设大会】 4月27日，西城区召开2015年精神文明建设暨学习型城区建设大会。会议由区长王少峰主持，副区长郝风林宣读表彰决定，区委常委、宣传部部长王都伟作精神文明建设工作报告，副区长陈宁作学习型城区建设工作报告。区委书记王宁在讲话中指出，精神文明建设和学习型城区建设两项工作都是西城区发展的基础性、全局性工作，为区域改革发展提供了坚强的思想保障和精神动力。西城区各部、委、办、局、人民团体、直属事业单位，各街道，中央市属驻区单位近300人参加会议。

（王　珍）

【各街道建立社区家长学校】 6月3日，西城区召开社区家长学校建设推进会，在全区成立15所社区家长学校。会议宣布成立社区家长学校专家师资库，并为专家颁发聘书。北京市教委职成处处长王东江出席会议并讲话。

（王　珍）

【挂牌广外社区家长学校】 6月3日，红大正式挂牌西城区广外街道社区家长学校。成立社区家长学校，是学校拓展社区教育功能，构建具有西城特色的终身教育体系的又一创举。学校利用自身场地，着手打造社区家教师资队伍，以研究助推家庭教育工作，联合辖区各校共同开展家庭教育。

（王　晋）

【教学点通过评估】 6月4日，红大教学点接受市教委教学评估检查。检查评估采用自查自评、专家进校实地检查、评估组专家进行评价等程序，重点检查规范招生、办学行为和教学管理。红大教学点评估结果为合格。

（王　晋）

【举办学习型社区建设工作推进培训】 7月6日、12月2日，西城区2015年学习型社区建设工作推进培训会在红大召开。培训内容主要包括学习型城市建设、学习型社区评估、学习型社区建设经验介绍、社区治理创新等方面。全区15个街道256个社区的相关负责人分2批参加培训。

（王　晋）

【签署职业教育合作协议】 9月21日，红大与中国老教授协会职业教育研究院签署合作协议。根据协议，红大同中国老教授协会职业教育研究院在职业教育方面开展全方位合作。合作内容包括联合招生、教学管理、课程建设等方面。

（王　晋）

【“成语文化龙门阵”竞赛活动】 10月27日，区语委办与区学习型城区建设领导小组办公室联合举办小手拉大手社区“成语文化龙门阵”竞赛活动。来自11个街道社区的家庭代表队参加复赛。新街口街道、展览路街道、西长安街街道、金融街街道经过精彩角逐，最终西长安街街道代表队获特等奖，并代表西城区参加朝阳区、东城区、西城区语委办共同举办的“成语文化龙门阵”活动。

（文　越）

【市成人教育学会社区教育工委会成立】 10月27日，西城经科大举办北京市成人教育学会社区教育工作委员会成立大会暨揭牌仪式。该工作委员会是由北京市成人教育学会主办的成人教育性质的社会团体，会员由北京市朝阳区职工大学、北京宣武红旗业余大学、北京市丰台区职工大学、北京市海淀区职工大学、北京市崇文区职工大学、北京市东城区职工业余大学、北京市石景山区业余大学、北京市西城经济科学大学8所成人高校和西城区新街口社区教育学校等12所社区教育学校组成，协助政府承担学习型城区建设的任务。西城经科大校长任理事长、1人任副理事长、2人分别任秘书长和副秘书长。

（何　伶）

【推出“卓越妈妈”公益大讲堂】 11月1日，由区教委主办，陶然亭天桥、大栅栏椿树、牛街广内社区家长学校联合承办的首期西城区社区家长学校“卓越妈妈”公益大讲堂正式开课。课程旨在帮助孩子平稳度过幼小衔接，指导妈妈们如何了解孩子的需求并提供解决方法。学员主要来自实验一小、北京小学、康乐里小学和宣师一附小等学校一年级的家长。“卓越妈妈”课程由资深教育专家团队结合家庭教育情况数据分析及家教需求而研发。

（王　珍）

【举办第13届市民学习周】 11月6日，以“树终身学习风尚，促社会治理创新”为主题的西城区第13届市民学习周开幕式暨学习型城区建设与社区治理创新论坛在西城区文化中心举行。教育部职成司成教处处长黄辉，中国成人教育协会副会长张昭文，北京市教委职成处副处长吴缨，区领导王力军、陈宁、沈桂芬等领导出席活动。开幕式由区教委主任丁大伟主持。开幕式上播放《兴学润智　蕃秀西城》宣传片，到会领导为市民学习之星等获奖代表颁奖，为新增市民终身学习成果认证点和市民终身学习服务基地的代表颁牌。同时，向西城区中小学和社区教育学校的代表赠授《西城区社区家长学校活动手册》。领导与市民一起参观体验了西城区市民终身学习成果展示。在论坛上，陶然亭街道办事处主任王立华、月坛街道铁三社区居委会主任张靖和金融街街道新华社社区老年人协会会长刘宝娣先后发言，来自北京教科院、中国传媒大学和北京市学习型城市研究中心的专家分别对发言进行点评。国家开放大学社会工作学院院长马仲良以“社区治理创新与学习型城市建设——以学治理”为题目进行主旨演讲。

（王　珍）

【征集2014—2015年优秀论文】 11月，为加快发展成人继续教育，宣传推广成人教育优秀科研成果和经验，更好地指导成人教育的实践活动，区教委组织评选2014—2015年优秀论文活动，全区共计有50余篇论文参选。评选出一等奖9篇，二等奖16篇。

（王娜娜）

【继续推进学习型社区建设】 12月2日，西城区学习型社区建设工作推进会在北京宣武红旗业余大学召开。西城区正式启动第二批学习型社区建设工作示范社区申报评定工作。在学习型社区建设工作推进会上，表彰展览路街道朝阳庵社区、广外街道红莲中里社区等6个“西城区首批学习型社区建设工作示范社区”和西长安街街道义达里社区、月坛街道公安社区等21个“西城区第五批学习型社区建设工作先进社区”。

（王　珍）

【校外教学站检查评估合格】 12月18日，西城经科大校外教学站检查评估合格。该校根据市教委新修订的评估指标体系和工作流程进行自查，并接受市教委专家组的实地检查、集中汇报、质询和指导，目的是纠正各种不规范办学行为，维护校外合作办学秩序，以评促改，以评促建。经专家组综合评议西城经科大北京市实美职业学校校外教学点、中国传媒大学西城经科大教学站为合格教学站。

（何　伶）

【召开市民终身学习成果认证制度工作总结会】 12月22日，西城区召开“西城区市民终身学习成果认证制度工作总结会”。会上对2015年西城区市民终身学习成果认证工作进行总结，提出2016年工作思路。广外街道、椿树街道、大栅栏街道等认证单位代表分别作交流发言，同时表彰10位优秀学分课程任课教师，奖励全年获得较高学分的155名认证优秀学员，对4337名一般持卡学员实施积分兑换工作。年内，西城区市民终身学习成果认证单位数量达到105家，注册个人学习账户达到83476人。

（王　珍）

【腾退职业教育5个校址】 年内，依据西城区职业教育发展规模及教育资源统筹，腾退职业教育5个校址用于基础教育。

（王娜娜）

【优化专业结构】 年内，区教委推进职业教育专业调整，将40个招生专业调到16个。重新申请酒店专业、会计专业、平面设计专业、中药专业“3+2”专业（3年职高+2年高职），推进学前教育与首都师范大学进行合作。

（王娜娜）

【承办北京市多项技能比赛】 年内，为促进职业学校教学与交流，提升学生专业技能水平，北京市外事学校、北京市实美职业学校、北京市财会学校和北京市实验职业学校承办了北京市美容美发、酒店管理、职业英语、中药等专业的技能比赛。

（王娜娜）

【首届4个培训项目开班】 年内，西城经科大首届4个培训项目开班。开设的社区工作者骨干人民调解专项能力班、环卫中心干部培训、妇女儿童发展中心干部培训、人事干部视频编辑4个培训班，面向西城区事业单位的公务员，以学校专任教师授课为主，采用面授、讲座的形式，开设民事诉讼案例庭审观摩、调解中法律知识的运用技巧、视频编辑、绘画和艺术设计的知识与作品赏析、摄影基础和艺术提升等20门课程，组织依法治国与法制思维、心理调节与减压、工作场所的礼仪与沟通技巧等6场讲座，共计222课时，284人参加培训，其中2个培训班还进行分组讨论和结业考试，155人获证书。

（何　伶）

【获市级英语口语奖】 年内，西城经科大获北京市高等学校学历继续教育大学生英语口语竞赛非英语专业专科组团体总分第一名、本科组团体总分第七名、竞赛优秀组织奖，2人被评为优秀指导教师，3名学生获专科组个人三等奖，2名学生获本科组个人优秀奖。

（何　伶）

【成人教育高校举要】 北京市西城经济科学大学（简称西城经科大）暨西城区社区学院是西城区政府整合成人教育资源举办的一所集成人高等学历教育、继续教育、电大开放教育、网络学历教育，职业资格培训、各种岗位培训及社会文化生活教育等多样功能于一体的综合性成人高等学校。设西城区文明市民学校总校、社区教育三级教育管理网络协调中心、西城区市民终身教育学习中心、西城区市民终身学习指导中心、西城区学习型城区研究中心、西城区市民终身学习成果认证中心6个社会组织机构，负责开展区域内社区教育、市民教育教学活动。年内，西城经科大全年教育经费投入8649.46万元，其中国家拨款8070.93万元、自筹经费578.53万元。固定资产总值1542.8万元，其中教学、科研仪器设备总值673.9万元。图书馆建筑面积1500平方米，藏有纸质图书10.7万册。拥有计算机868台。多媒体教室36个。学校信息化经费投入27.47万元，信息化设备资产868.8万元，网络信息点1个，校园网出口总带宽30Mbps，电子邮件系统用户145个，上网课程46门，数字资源量110GB，管理信息系统数据总量20GB。设有西城区南草厂22号和63号、西直门前半壁街甲23号、前门西大街77号4个校区。设有4个教学系，开设12个专业，覆盖7个学科。教职工137人，其中专任教师60人，包括副教授19人。毕业752人，招生572人，在校生1281人。中央民族大学远程与继续教育西城经科大教学站毕业53人、在校生40人。中国传媒大学远程与继续教育西城经科大教学站毕业383人、在校生1040人。全年开设西城区会计人员继续教育、公务员电子政务、人事干部高端系列讲座等27个非学历教育项目，共培训8524人。组织召开2014年度西城区学习型城区研究中心科研项目结题会议，对获准结题的16个项目评出一、二、三等奖及优秀奖。完成北京教科院职成所委托的“北京市学习型城市建设状况评估检测”西城区子课题，并获一等奖。社区教育特色音视频课程《奇妙的海洋食物链》参加2015年京津沪地区独立设置成人高等学校微课程比赛获一等奖，《生存口语》《如何使用微信——群聊和个性化设置》获三等奖。教师编著的《西城区市民科普读本丛书》《市民英语系列课程教学大纲》在2015年北京市社区教育特色课程教学大纲和教材（讲义、手册）评选活动获一等奖，“公共文明引导员素质教育读本丛书”《社区居民学微信》获二等奖。

北京宣武红旗业余大学（简称红大）是西城区独立设置的成人高校。占地面积7415平方米，产权校舍建筑面积11015平方米。全年教育经费投入3357.12万元，其中国家拨款2782.6万元，自筹经费179.43万元，预算外收入395.09万元。固定资产总值1479.05万元，其中教学、科研仪器设备总值90.65万元。图书馆建筑面积300平方米，藏有纸质图书6.5万册、电子图书4800册。学校信息化经费投入117万元，信息化设备资产379.89万元，网络信息点600个，校园网出口总带宽110Mbps，上网课程52门，数字资源量82GB，管理信息系统数据总量108GB。设有右安门1个校区，设13个行政部门，5个教学系部、开设17个专业，覆盖12个学科。教职工89人，其中专任教师48人，包括教授2人、副教授11人。兼职教师56人，包括教授6人、副教授20人。专科学历在校生771人、招生387人、毕业205人；北京理工大学继续教育学院红大教学站在校生109人、招生43人、毕业77人；北京交通大学继续教育学院在校生1014人、招生169人、毕业328人；北京师范大学继续教育学院在校86人、招生10人、毕业40人。全年培训19270人次。

（何伶　王晋）

教育督导

【概况】　北京市西城区人民政府教育督导室（简称区教育督导室）是区政府加强教育行政监督，行使教育督导职能的专门机构；代表区人民政府开展区内教育督导工作；职能是依法对区内教育工作进行监督、检查、评估、指导。年内，共有专职督学18人（其中公务员编制12人），兼职督学32人。年内，区教育督导室按照国家教育督导委员会办公室和北京市政府教育督导室的要求，落实责任督学挂牌督导制度，在全区所有中小学校开展经常性督导。配合区教工委和区教委，做好各项准备工作，完成义务教育均衡发展国家级达标区县验收工作和北京市校外教育督导检查。共对11所中小学校和幼儿园进行了全面实施素质教育综合督导，对4个街道办事处进行了履行素质教育目标责任的综合督导，对4所非学历民办教育培训机构进行了综合管理督导评价，对3所社区教育学校进行了综合督导，对10个委办局进行了专项随访督导，对1所中学、1所社区教育学校、1个教委直属单位进行了随访。

地址：西城区广安门内大街171号
邮编：100053
电话：63035547

（王锦红）

【北京市校外教育督导检查】　11月26日，依据《北京市区县校外教育工作督导评价方案（试行）》，市政府教育督导室和市教委组成督导评价组，对西城区校外教育进行督导评价。督导组观看宣传片《三点半我去哪儿——西城区“城宫计划”掠影》，听取副区长陈宁以《创新转型、融合发展，办人民满意的西城校外教育》为题所做的工作汇报，查阅档案资料，分别召开相关委办局、街道负责人，教委相关科室负责人，校外教育机构和社会资源机构负责人以及学校校长4个座谈会。督导组还对西城区青少年科技馆、一五九中学、宣武回民小学进行实地考察，分别召开教师座谈会，并对学生和教师进行问卷调查。督导组认为西城区校外教育工作特色鲜明，成绩显著，并提出了工作建议。

（王锦红）

【开展教育执法自查】　11月，区教育督导室依据市政府教育督导室《关于开展2015年教育法律法规执行情况督导检查的通知》要求，组织相关单位开展落实教育法律法规的自查自评工作。2015年度的自查重点内容：一是贯彻执行义务教育相关法律法规和规范性文件情况；二是贯彻执行《北京市实施〈职业教育法〉办法》的情况。区教育督导室结合相关单位自查报告，全面总结落实教育法律法规中突出的成绩及经验，形成自查报告并报送市政府教育督导室。

（王锦红）

【“十二五”教育督导与评价课题结题】 12月，区教育督导室指导基层单位完成“十二五”时期教育督导与评价课题结题工作。制定区级评审方案，对已结题的19个课题报告进行评审，共评审出一等奖3个、二等奖4个、三等奖6个，将评审结果报送市级进行评审。

（王锦红）

【中小学校责任督学挂牌督导】 年内，区教育督导室推进责任督学挂牌督导工作。主要开展了以下几项工作：完善体制机制，规范各项工作；选聘督学队伍，加强督学培训；开展经常性督导，随时了解学校办学情况；承担监测任务，实施质量监测；与督学责任区建设结合，开展专项调研；畅通沟通渠道，落实电话值班制度。

（王锦红）

【开展全面实施素质教育自评】 年内，区教育督导室按照教育督导评价制度的要求，组织全区中小学校、中等职业学校和幼儿园开展每学年一次的全面实施素质教育自评工作。本学年的自评重点包括：培育和践行社会主义核心价值观，教师队伍建设，教学常规管理，科技、艺术教育及体育工作，资产、设备管理等教育重点工作和热点问题。并组织全体督学以责任区为单位审阅学校自评报表，评审情况通过挂牌督学向学校进行反馈。

（王锦红）

【“减负”专项督导监测】 年内，区教育督导室依据市教育督导室制定的《北京市义务教育阶段（中小学）减轻学生过重课业负担督导监测指标》，对本区义务教育阶段59所小学和47所中学进行“减负”工作专项督导监测。此次专项督导内容包括两方面：一是学校落实九年义务教育课程计划情况；二是学校落实市、区教委减轻学生过重课业负担的情况。督导主要通过听取主管领导汇报、访谈、查阅档案资料以及通过网络平台进行问卷调查等多种方式进行。挂牌督学认真梳理总结学校减负工作的经验和做法。

（王锦红）

【全面实施素质教育综合督导】 年内，区教育督导室依据《北京市区县政府、教委、学校（教育机构）全面实施素质教育评价方案》以及西城区督导评价细则，会同区教工委、教委有关科室以及相关直属单位对北京市第三中学、北京市一五九中学、回民学校、西城外国语学校、登莱小学、雷锋小学、西城实验小学、自忠小学、回民幼儿园、红山幼儿园、信和幼儿园等11所中小学校进行综合督导。督导后汇总分析收集的信息，肯定学校近3年工作中取得的主要成绩，同时指出学校工作中存在的主要问题并针对问题提出具体建议，形成督导评价意见。并分别召开督导反馈会，向被督导学校（幼儿园）进行督导回复。

（王锦红）

【非学历民办教育培训机构督导】 年内，区教育督导室依据《西城区非学历民办教育培训机构综合管理督导评价方案（试行）》，围绕办学方向、办学条件、学校管理、办学绩效和办学特色5个方面分别对巨人文化艺术培训学校、ABC培训学校、天童美语培训学校、新月驾驶员培训学校进行督导。督导后分别汇总分析收集的信息，形成评价意见，并向被督导单位进行督导回复。

（王锦红）

【社区教育学校综合督导】 年内，区教育督导室依据《西城区社区教育学校工作评价指标体系》，从组织管理、教育教学、发展绩效、特色创新等方面对广安门内地区社区教育学校、什刹海社区教育学校、白纸坊地区社区教育学校进行综合督导。督导后分别汇总分析收集的信息，形成评价意见，并向被督导单位进行督导回复。

（王锦红）

【随访教委直属单位】 年内，落实市教育督导室“应督尽督”的要求，深入了解教委直属单位的业务职能，促进各单位更好地开展工作，发挥应有的作用，为落实素质教育提供服务和保障，区教育督导室会同区教委相关部门，对西城区教育考试中心进行随访。

（王锦红）

【综合督导街道办事处】 年内，区教育督导室依据《西城区进一步推进全面实施素质教育评价工作方案》，对什刹海街道办事处、广安门内街道办事处、白纸坊街道办事处、牛街街道办事处进行综合督导。在督导的过程中注重挖掘街道开展素质教育工作的特色和取得的成绩，同时提出工作建议。

（王锦红）

【随访督导相关委办局】 年内，为有效加强工作沟通，推动区域素质教育工作的深入开展，区教育督导室针对区域教育工作的热点、难点问题以及2015年全面实施素质教育的工作思路，对区科协、区民政局、区人力社保局、区住建委、区地税局、区文化委、市工商局西城分局、区财政局、市规划委西城分局和区审计局10个委办局进行专项随访督导。

（王锦红）

（责任编辑　杨桂敏）

文化 旅游 体育 卫生

文 化

文化管理

【概况】 北京市西城区文化委员会（简称区文化委）是负责文化、文物、新闻出版和广播电影电视事业管理工作的区政府工作部门。负责制定区文化事业发展规划，并组织实施；指导公共文化设施和基层文化设施建设；制定并实施非物质文化遗产保护规划；制定文化市场发展规划，承担文化市场、新闻出版、广播电视事业监督管理责任；负责文物保护有关事项的管理，对文物保护单位实施监督管理。设办公室、政策法规科（研究室）、公共文化科、非物质文化遗产科、文化产业科、文化市场管理科、文物科、财务审计科、党群工作办公室、人事科，机关行政编制45名。区文化委所属区文化执法队负责区文化、文物、新闻出版和广播电影电视事业行政执法工作，设综合科、文化市场治理办公室、法制监督科、财务科、执法一分队、执法二分队、执法三分队、执法四分队、执法五分队，行政执法专项编制37名。

地址：西城区后广平胡同26号

邮编：100035

电话：66561230

（王 莹）

【传统节日文化活动】 2月11日，2015年西城区迎春系列文化活动暨“乙未年”小年文化庙会在历代帝王庙举办。庙会以“华彩西城 甲午嬉春”为主题，活动包括民俗知识讲座、文化惠民演出、非遗项目推介等，内容涵盖花会表演、非遗展示、姓氏寻宗、赏花迎春、敬香纳祥、曲艺专场等。4月5日，中国魂2015清明陶然诗会在陶然亭公园举办。活动由区委宣传部、区文明办、区文化委、陶然亭街道办事处支持，区第一文化馆、区第二文化馆主办，北京朗诵艺术团、陶然亭公园管理处承办，共500余名观众参加活动。6月20日至22日，由区文化委和陶然亭公园管理处共同主办的陶然端午文化节活动在北京陶然亭公园举办。活动以“诗词歌赋中国梦，乐享陶然端午情”为主题，举办祭祀礼仪展示、龙舟水上表演赛、非遗手工技艺展示和传统小吃展售等特色活动。9月25日至27日，“皓月中秋·情聚西城”2015年西城区中秋节群众游园赏月活动在大观园和月坛公园举办。活动汇集文艺表演、非遗展示、猜灯谜、拜“兔儿爷”、灯彩展示、游园互动等的文化活动。以“情”主线，分“欢歌乐舞”“平安纳福”“华灯初上”“瑰宝艺术”“流光溢彩”“陶情适性”6个版块，通过多种形式诠释中秋文化。10月21日，由区文化委主办的“致敬传统 大美重阳”2015年西城区重阳节主题游园会在大观园举办。

（王 莹）

【春节庙会活动】 2月19至23日，在东、西琉璃厂、陶然亭公园和北京大观园公园举办2015年北京厂甸庙会和第二十届红楼庙会。厂甸庙会共组织文化活动60场，参演演员1500余人，接待游客36万余人次，共有24家网络媒体、6家平面媒体，4家电视台对厂甸庙会进行报道。第二十届红楼庙会共组织文化演出节目80场，接待游客7.2万余人次。

（王 莹）

【书香西城建设】 2月9日，“书香西城·繁星PLAY书吧”在繁星戏剧村向公众开放。繁星PLAY书吧是西城区第一图书馆与繁星戏剧村一次创新合作，书吧以戏剧为主题，含《茶馆》《骆驼祥子》《哈姆雷特》《中国戏剧史》等与戏剧相关的剧本、著作近700册供读者借阅，让观众在欣赏戏剧的同时了解戏剧背后的文化内涵。4月23日，区文化委举办的“书香西城·阅读春天”大型接力诵读活动开幕。翻译家屠岸带领各界群众共同诵读春日经典篇目。“北京阅读季，就爱你阅读”大型公益活动启动仪式和“西城阅读推广人”颁奖仪式同期举行，活动当天发布2015西城阅读地图，地图涵盖全区公共图书馆、特色阅读空间和实体书店的详细信息。同日，位于白云观北里的白云驿站公益阅读空间向公众开放。空间以公益为宗旨，集纸版图书、电子图书、计算机应用免费培训、公益活动、主题讲座、生活信息服务于一体，提供科技、侦探、文学、养生等各大类图书2000余册，配置“云借阅”电子书刊借阅机1台。开放时间为10至22时，月均接待读者达2000余人次。5月28日至6月1日，第五届书香中国·北京阅读季·第二届北京儿童阅读周暨中国童书博览会在中国儿童中心举办。活动以“书香·传爱”进校园名家巡讲活动拉开序幕，高登义、安武林、安意如等10余位名家组成的讲师团走进西城20余所中小学举办名家巡讲；中国童书博览会、名家大师走进图书馆系列讲座、中国百年童书展先后开幕。中国童书博览会以创新性的“主题馆”分布，首次打造“儿童阅读主题公园”概念，实现了真正意义上的儿童阅读“嘉年华”。7月20日，中国书店雁翅楼24小时书店对公众开放。空间集公共阅读、文化传承、慢生活休闲、文化产品推介于一体，向公众展现北京历史文化。8月21日，区文化委、区第一图书馆与交通银行西单支行共同成立的全市第一家“书香银行”——交通银行阅读空间向公众开放。交通银行阅读空间位于交通银行西单支行一层，配备金融类的书籍近500种。交通银行阅读空间还不定期地举办免费金融理财知识讲座、主题阅读等多项活动。年内，围绕书香西城建设，区第一图书馆举办“少儿经典诵读比赛”“分享阅读　交换快乐”换书大会、铭记历史抗战知识竞赛、第二届中华灯谜文化节展猜等主题活动；区第二图书馆开展“书香少年　共享阅读”世界读书日主题活动、牛街回族大众读书会、畅享“悦”读时光、“读书益民杯”摄影展、红读少年历史文化体验行和红领巾读书读报系列活动；区少儿图书馆开展“红领巾读书系列活动”、“青苹果童书会”、“青青草文学社”系列体验活动、“共享阳光残障人读书会”、“纸戏剧”、“外来务工子女读书会”等主题活动。

（王　莹）

【非遗项目参加对外文化交流活动】 2月27日，区文化委承接在钓鱼台国宾馆芳菲苑千人厅举办的2015年外国领事官招待会非遗展示活动相关工作，选派风筝、绳结、年画、剪纸、面塑以及张一元茶叶的代表性传承人进行现场展示。7月8至12日，区文化委选派由12名非遗传承人组成非遗文化团参加皮斯塔尼民俗文化节并举办西城区非遗专场交流活动，宣传推荐西城区优质文化资源，加强西城区与皮斯塔尼市文化交流与合作。10月28日至11月1日，应奥地利格拉茨市政府的邀请，区文化委组织空竹、传统药香制作技艺、京胡、古琴等项目传承人共12人赴奥地利格拉茨市开展文化展示交流活动。11月3至10日，区文化委选派10位非遗传承人参加由市友协和区政府共同组织的“北京东盟文化之旅”代表团，并参加在文莱首都举办的“中国东盟民间友好大会”。11月12至13日，区文化委承办“2015北京国际民间友好论坛”之非遗分论坛——“文明互鉴与非遗传承”相关活动，代表性传承人杨凤一、李连元、李时亮及法、韩、美、日嘉宾进行主题发言。昆曲、口技、武术、传统药香、鬃人、传拓等10余个非遗项目进行了现场展演展示。

（王　莹）

【非物质文化遗产代表性传承人名录建设】 3月30至31日，区文化委召开第三批区级非物质文化遗产代表性传承人专家评审会。包澄洁、常祥霖、高巍、李苍彦、刘满来、柳长华、吕韶钧、石振怀、周青青、王作楫等专家评审委员会成员参加，对114名申报人进行评审，其中81名申报人被推荐为第三批西城区级非物质文化遗产代表性传承人。6月，区政府正式公布第三批西城区级非物质文化遗产代表性传承人名录，涉及民间文学、传统音乐、传统戏剧、传统曲艺、传统体育游艺与杂技、传统美术、传统技艺、传统医药共8个类别的代表性传承人81人。至此，西城区区级非物质文化遗产代表性传承人达206人。9月24日，市文化局向社会公布第四批北京市级非物质文化遗产项目代表性传承人名录，西城区共有22人入选，至此，西城区有77人入选北京市级代表性传承人。

（王　莹）

【第二届东方艺术品博览会】 7月2日至6日，由国家文物局、中国收藏家协会、中国国际书画艺术研究会、区文化委、大栅栏琉璃厂建设指挥部共同主办的第二届北京东方艺术品博览会在北京展览馆举办。展览以“公益性为主题”，内容涵盖公益性民间鉴宝、拍卖、重要海外回流文物公共展区、国家级文物专家免费鉴定活动、公益性文物收藏与投资专题讲座、文化金融艺术品论坛等多项活动。

（王　莹）

【创排话剧《新北平市长》】 7月1至31日，在纪念世界反法西斯战争胜利70周年、庆祝中国共产党成立94周年之际，西城区第一文化馆创排革命历史题材话剧《新北平市长》，并在区文化中心缤纷剧场演出2轮，共8场。聂荣臻元帅女儿聂力将军、女婿丁衡高将军，中央军委及市区的多位领导为话剧的创排提出了修改建议。

（王　莹）

【纪念中国人民抗日战争暨世界反法西斯战争胜利70周年——中国共产党领导的抗战文艺展览】 9月9至13日，纪念中国人民抗日战争暨世界反法西斯战争胜利70周年——中国共产党领导的抗战文艺展览在北京展览馆举办。展览由中国延安精神研究会、国家档案局、中央档案馆、北京市西城区人民政府联合主办；西城区文化委、重庆市图书馆承办；北京展览馆、中国红色文化研究会协办。展览集中挖掘、收集、整理抗战时期重要的爱国进步文艺作品，用先进的复制技术真实再现，从文献内容看，有抗日军民用文艺作品为抗战服务的各种艺术形式的载体，如剧本、小说、散文、戏剧、美术、文学作品，从各个角度表现了抗战对文艺的需要及文艺作品带给人民大众的精神支柱与鼓舞。

（王　莹）

【第二届中国国际芭蕾演出季】 8月7日，第二届中国国际芭蕾演出季新闻发布会在天桥剧场召开。11月6日至12月26日演出季系列活动在天桥剧场陆续举行。此次演出季邀请来自世界四大洲、10余个国家、19家国内外知名院团参加，各国艺术家演出13台大戏、15场公益活动、30场演出。

（王　莹）

【群众文化系列活动】　4至10月，在大观园露天剧场开展的“百姓周末大舞台”共演出49场，观众近2.5万余人次。6月9至12日第二届西城区“中国梦·劳动美”建设者之歌声乐大赛在区第二文化馆举办。比赛分复赛和决赛两场，邀请6位业内专家担任评委。赛事选手来自全区各工程项目从业人员，共18名选手进入决赛，产生冠军1名、二等奖3名、三等奖5名、优秀奖9名。7月15至19日，第12届北京景山合唱节在西城文化馆缤纷剧场举行。全区15个街道的30支合唱团参加合唱节的演唱。7月19日在区第一文化馆举行优秀团队展演暨合唱节颁奖仪式。10月5日至11月13日，“欢乐飞飏”北京社区舞蹈大赛在区第一文化馆举办。比赛分初赛、复赛和决赛，面向全市范围内招募非职业社区舞蹈团队，选拔出一批优秀舞蹈团队登台展演。年内，全区各级各类群众文化活动继续丰富西城居民文化生活。包括五项公益类活动、夏日文化广场、“文化艺术进社区”、“文化艺术进军营”、“文化艺术进环卫”、首届“宣南杯”京津冀鼓曲培训及大赛、传承雷锋精神——我奉献、我快乐、“京腔京韵总是情”综艺专场演出、六艺大比拼、看大戏到西城、群星大舞台、月末大舞台、民工剧场、周末音乐沙龙等活动共计3384场次，参与人数101.5余万人次。

（王　莹）

【非遗保护传承活动】　年内，“非遗进社区、非遗进校园、非遗进酒店”活动在全区开展。通过开办培训班，提供特色服务、举办专场演出、讲座，全区15个街道255个社区共开展各种类型的非遗进社区活动200余场次。“非遗进校园活动”全年深入28所中小学，举办课程1042场次，开展曲艺、皮影、杂技等非遗专场演出活动20场次，专场传习展示活动5场次，共32807人次青少年受益，实现非物质文化遗产保护和基础教育有机结合。8月20日，“时尚非遗，爱在七夕”主题活动在开元名都大酒店举办，面塑、剪纸、绳结、年画、兔爷的传承人现场教授宾客制作非遗礼物。9月26—27日，“在最美的季节相遇”中秋非遗体验活动在职工之家举办，木板年画和泥塑兔爷的传承人为宾客介绍中秋传统习俗和木板年画及兔爷制作技艺。6至8月，2015年西城区非物质文化遗产演出季活动在天桥剧场、中国儿童剧场、区文化中心举办。演出季汇集“戏曲、曲艺、口技、古彩戏法、古诗词歌曲、北韵禅乐等众多优秀传统表演项目，共举办12场专场演出。

（王　莹）

【“2015百姓戏剧展演”系列活动】　年内，由区文化委主办，区第二文化馆和万方文化机构承办，中国国家话剧院支持的“2015百姓戏剧展演”系列活动举办。“百姓戏剧展演”以“政府搭台、企业参与、百姓受益”为宗旨，以“百姓演、免费看、专家帮、明星带”为特色，以“资源共享、群专结合、取之于民、还戏于民”为根本，以原创话剧、音乐剧、戏曲、情景剧等为载体，开展17项活动，展示19部剧目，呈现36场演出。

（王　莹）

【文化市场行政执法】　年内，全队共出动执法人员4694人次，检查文化经营单位790家次，检查卫视接收单位241家次，拆除“小耳朵”8个；没收期刊772册、图书136册、音像制品186张。立案76件，结案73件，罚款457630元。

（王　莹）

【文化市场行政许可】　年内，文化市场行政许可工作接待咨询6000余人次。办理行政许可事项审批与备案713件。其中出版物零售企业新设立51家，变更39家；网吧变更5家；歌厅变更3家；电子游艺厅变更4家；文艺表演团体变更4家，设立1家；国内营业性演出许可602台，8549场次；有线电视站、共用天线设计、安装单位变更1家；演出场所经营单位备案1家；电影放映单位变更1家；美术品经营单位备案1家。全区有文化市场经营单位901家。其中网吧76家，歌厅58家，电子游艺厅23家，文艺表演团体55家，演出场所经营单位35家，电影放映单位21家，从事美术品经营活动的单位54家，有线电视站、共用天线设计、安装单位23家；出版物零售企业458家，印刷企业102家。

（王　莹）

文物管理

【概况】　西城辖区历史文化底蕴深厚，资源丰富，种类繁多，特色鲜明，是皇城文化、市井民俗文化、宗教文化、缙绅文化等高度融合的区域。共有三级文物保护单位181处，其中全国重点文物保护单位42处、北京市文物保护单位61处、西城区文物保护单位78处。尚未核定为文物保护单位的不可移动文物（文物普查登记项目）182处。在北京市已公布的40片历史文化保护区中，西城区域内有18片。

（王　莹）

【文物保护单位安装二维码标识】　1月8日，由区文化委和北京工业大学联合研发的文物保护单位二维码标识系统正式应用于辖区181处三级文物保护单位，系统按照文物级别及关键字形成分类搜索列表，通过颜色区别各级文物建筑。观众通过扫描二维码即可在手机等个人移动终端上了解到详细的文保单位信息，二维码中附有语音讲解系统，盲人也能从中获取信息。此系统的应用还实现了统计功能，可帮助管理单位及时了解社会对文物保护单位的关注程度。

（王　莹）

【《西城追忆·文物保护专辑》出版发行】　1月21日，《西城追忆·文物保护专辑》新书发布座谈会在区第一文化中心召开。近200名专家、学者参加此次会议。该书多角度介绍与西城文物有关的文物历史、名人往事以及地名趣闻方面的内容。

（王　莹）

【“弘扬传统民俗文化　传承民间剪纸艺术”专题展】　1月24日至2月11日，北京宣南文化博物馆与北京萱草苑合作举办“弘扬传统民俗文化　传承民间剪纸艺术”专题展。作品全部来自民间，静态作品展示和动态现场演示相结合，展览期间共接待观众近2000人次。

（王 莹）

【“指尖上的老北京绝活”专题展】 2月11日至3月31日，北京宣南文化博物馆与西城区非物质文化遗产保护中心合作，在博物馆大雄宝殿内开展“指尖上的老北京绝活”专题展。展览以西城区特色非物质文化遗产保护项目为展示内容，制作展板20块，介绍了不同非遗项目的工艺特点、传承历史和文化价值，并展出毛猴、内画鼻烟壶、火绘葫芦等20余家非遗项目的作品，展览期间共接待观众3000余人次。

（王 莹）

【“追忆先贤·缅怀先祖”活动】 3月31日，北京历代帝王庙博物馆与北京市第一五九中学在历代帝王庙联合举办“追忆先贤·缅怀先祖”爱国主义教育主题活动。来自北京市第一五九中学的200余名学生向中华先祖进献花篮，朗诵缅怀先贤的诗词，并进行了以弘扬传统文化为主题的演讲。

（王 莹）

【清明节礼乐展演活动】 4月5日，区文委、北京历代帝王庙博物馆、中国人民大学孔子研究院在北京历代帝王庙共同举办《礼乐雅集》——2015年清明节礼乐展演活动。活动包含明代传统仪仗演礼、大射礼、古代礼乐与现代曲目相结合的雅乐会、中华汉服服饰表演和“立德正己 礼乐相和——传统射礼文化展”，介绍了传统礼仪、音乐、服饰、射礼的分类、流程、器具等知识。

（王 莹）

【“缅怀先烈 宣誓明志”主题活动】 清明节期间（4月4至6日），北京李大钊故居举办“缅怀先烈 宣誓明志”主题系列活动。针对不同观众群体分别开展“金融街办事处老年协会追忆先烈”“百名小学生缅怀先烈敬献鲜花”“清明时节 建队授旗 宣誓明志”等活动，参与人数共计2034人次。

（王 莹）

【历代帝王庙从祀名臣展】 5月18日，“功在社稷 德协股肱——历代帝王庙从祀名臣”展览在历代帝王庙展出。此次展览利用多媒体、二维码等多种技术将79位原东、西配殿中供奉的从祀功臣名将的生平事迹、史料记载、传说轶事等内容呈献给观众。展览主题突出“德”字，强调上起三皇五帝，下至明朝中期的名臣的德行，歌颂其高尚人格与丰功伟绩。

（王 莹）

【“李大钊廉洁思想”专题展】 6月1至30日，北京李大钊故居推出“廉洁风范 道德楷模——李大钊廉洁思想”专题展巡展，此次巡展主要针对辖区企业单位。巡展于6月1至15日在经济日报社展出，6月16至30日在中国工商银行金融街支行展出。

（王 莹）

【《国乐盛典》大型民族交响音乐会】 6月20日，由西城区人民政府与中国广播艺术团共同举办《国乐盛典，龙跃东方》大型民族交响音乐会在历代帝王庙上演，中国广播民族乐团演奏了《庆典序曲》《赛龙夺锦》《花儿为什么这样红》等经典曲目。

（王 莹）

【“了解身边的水资源文化”系列活动】 7月3日至9月20日，“了解身边的水资源文化”系列活动在什刹海、历代帝王庙、北京八中和教育学院附中陆续开展，活动形式主要包含展览和讲座。其中“老北京内护城河的旖旎风光”主题巡展利用176张老照片再现老北京内护城河的旧景旧貌；水利专家蔡蕃做专题讲座，带领学生们游览什刹海河段，讲述中国大运河的历史沿革、意义以及流经区域等情况。活动期间参与总人数近7000人次。

（王 莹）

【北京郭守敬纪念馆科普夏令营】 8月5至7日，北京郭守敬纪念馆开展科普夏令营活动，来自北京裕中中学、北京联合大学的48名学生参观北京动物园科普馆、北京天文馆、中国电影博物馆，通过参观讲解、观看科普影片等形式让学生们学习科普知识。

（王 莹）

【“我们的胜利”专题展】 8月26日至12月30日，为纪念抗战胜利70周年，北京宣南文化博物馆推出“我们的胜利——纪念中国人民抗日战争暨世界反法西斯战争胜利70周年”专题展。展览遴选400余件文物（实物）及210幅图片，结合西城区抗战遗迹、历史事件及其贡献，阐释了中国人民抗日战争在世界反法西斯战争中的重要地位，以及中国共产党在领导中国人民取得抗战胜利中发挥的中流砥柱作用，接待观众上万人次。

（王 莹）

【《历代帝王庙史脉》出版】 9月1日，北京历代帝王庙管理处编著的《历代帝王庙史脉》出版发行。该书收录《历代帝王庙的来龙去脉》《明太祖朱元璋：南京历代帝王庙的创建者》《历代帝王庙建筑特点、价值及其修缮保护》等14篇研究文章。

（王 莹）

【《历代帝王庙从祀名臣》出版】 9月1日，北京历代帝王庙管理处编著的《历代帝王庙从祀名臣》出版发行。该书详细介绍了历代帝王庙东、西配殿从祀的79名名臣的人物生平、主要功绩。

（王 莹）

【《增订宣南鸿雪图志》出版首发】 9月25日，《增订宣南鸿雪图志》新书出版首发式在北京湖广会馆举行。《增订宣南鸿雪图志》主编为古建专家王世仁。该书为西城区历史文化名城保护工作提供了大量史料、线索和人文故事，为恢复历史文化遗迹提供基础资料。

（王 莹）

【西城区文保单位记录档案入藏区档案馆】 11月11日，区文化委与区档案馆举行西城区文物保护单位记录档案入藏区档案馆交接仪式。至此，区级文保单位四有档案之记录档案全部入藏区档案馆。

（王 莹）

【“中国古塔”专展在万松老人塔举办】 12月8日，由区文物保护研究所、北京市古代建筑博物馆、正阳书局合作并推出的“中国古塔展”在全国重点文物保护单位万松老人塔举办。

（王 莹）

【文物保护行政许可】 年内，完成对中央医院旧址、旌勇祠、魁公府、粤东新馆、新市区泰安里、护国紫竹禅林、苍圣祠等10余处不可移动文物修缮设计方案的审核工作。

（王 莹）

【不可移动文物认定】 年内，聘请专家和专业评鉴机构对由行政相对人提请应认定为不可移动文物的武定胡同23号、大乘胡同1、3号和煤市街144号进行科学论证。经研究正式认定煤市街144号为不可移动文物，并向社会公布。

（王 莹）

【历史文化资源评估】 年内，根据市文物局的统一部署，区文化委对北新华街北端道路和绿地改造项目、大觉胡同道路改造项目等进行了实地踏勘，并出具相关项目的历史文化资源评估报告，保证民生项目的顺利进行。

（王 莹）

【文物腾退征收试点工作】 年内，协调区相关单位，继续推进护国观音寺、粤东新馆、马尾沟教堂山字楼、新市区泰安里等文物腾退征收试点项目的实施。督促护国观音寺、粤东新馆保护利用工程项目征收实施单位正式启动征收工作，协调项目实施单位组织开展文物保护工程勘察设计测绘、编制修缮方案等工作。

（王 莹）

【北京市文物及历史文化保护区专项资金使用情况】 年内，协调组织区教委、区文管处等单位做好2014年第二批“文物及历史文化专项资金项目”的实施；做好2015年“文物及历史文化专项资金”项目概算评审工作，主要包括新市区泰安里文物修缮工程、张自忠故居避雷工程等10个项目；完成2016年第一批“文物及历史文化专项资金”安防技项目的申报工作。

（王 莹）

【全区重点建设项目文物保护工作】 年内，先后在景山北海周边环境整治、绿道建设、地铁7号线福州新馆前风亭建设、国防教育主题公园建设、天桥地下通道壁画展示、阜丰路建设项目、若瑟修女会文物保护项目、廊坊头条15、19号文物保护事宜、广宁伯街17号文物迁复建、西单文化广场改造、育教胡同33号东侧项目等工作中提供文物保护咨询与业务支持，保证了区重点项目的有效实施。

（王 莹）

【配合市文物局落实全市重点文物保护工作】 年内，在迎接抗战胜利70周年之际，配合市文物局做好抗战文物保护与宣传工作；协助市文物局处理吕祖阁文物保护事宜；配合市文物局完成文物保护志愿者宣传活动主会场组织协调工作。

（王 莹）

【推动西城区全国第一次可移动文物普查工作的开展】 年内，重点对所属4家博物馆收存的可移动文物进行数据采集和填报。共采集数据780组，并移交国家文物局信息中心协助上传至普查数据库。根据第一阶段调查摸底情况，先后走访区属国有文物收存报送单位27家，最终确定其中10余家收存有历史遗存物。

（王 莹）

【民俗项目展示活动】 年内，北京郭守敬纪念馆共开展民俗文化及项目展示系列活动11场，活动以讲座、展览、展示、互动体验相结合的形式开展，邀请抖空竹、毛猴、抽陀螺、放风筝、九连环、升官图等民俗技艺专家走进纪念馆、学校、社区、军营。

（王 莹）

【北京郭守敬纪念馆推出《小学生导览手册》】 年内，根据国务院颁布的新《博物馆条例》第四章第三十二条之规定，北京郭守敬纪念馆推出《小学生导览手册》，以图文并茂的卡通形式呈现科学家郭守敬及其辉煌的成就。

（王 莹）

【文物修复】 年内，西城区文物管理处聘请首都博物馆专家完成37件馆藏字画类文物的修复工作。包含《陆润庠十言对联》2幅、《月潭和尚兰石屏》3幅、《周云岩仕女图》1幅、《梁同书四条屏》4幅、《何维朴梅花通连屏》2幅、《王瓘篆书对》2幅、《张槃菊石条》1幅、《清人影像》1幅、《周肇祥字对》2幅、《林长民字对》2幅、《邓家溉字屏》6幅、《黄自元字条》1幅、《张祖翼字条》1幅、《谢稚柳煮茶图轴》1幅、《朱文钧四屏》4幅、《沈振麟花卉图轴》1幅、《沈鹤临关图》1幅、《陆飞山水》1幅、《翁同和临张迁碑册页》1幅。

（王 莹）

【《蕴真堂法帖》制作】 年内，西城区文物管理处聘请专业公司对收藏的《蕴真堂法帖》54件帖石进行捶拓，每件帖石拓印3份，共计拓印162份。

（王 莹）

【文物保护囊匣制作】 年内，西城区文物管理处聘请首都博物馆文物修复中心（北京博雅天恒艺术品包装有限公司）制作完成馆藏珍贵文物保护囊匣281个。文物保护囊匣材质分别为黄草板、密度板、棉花、深蓝色纯棉布、纯棉白布、骨别子等。

（王 莹）

文化创意产业促进工作

【概况】 西城区文化创意产业促进中心（简称区文促中心）为区委宣传部下属副处级事业单位。内设办公室（信息服务科）、调研规划科、服务促进科。在职人员6人。年内，开展区域文化创意产业发展和政策应用的调查研究；在区文创办领导下，具体落实市文化创新发展专项资金项目的征集、预审和上报工作，负责资金支持项目的管理工作；为文化创意产业集聚区、孵化器的公共服务平台建设、运行提供支持和服务；建立区域文化创意产业信息服务平台，管理维护区文化创意产业基础数据库、项目库和人才库。联络服务重点企业和人才；负责文化创意产业宣传推介活动的组织落实；联系和指导区文化创意产业协会工作等。

地址：西城区二龙路27号
邮编：100032
电话：88064647

（谭凌子）

【推出电影《巡回法官》】 1月20日，区文创办、区文促中心举办电影《巡回法官》开机仪式。该片以西城区法院专职社区巡回法官赵海为原型创作拍摄，由区委宣传部和区法院联合制作，北京中视大业影视公司和北京国翔影视携手出品。电影于11月13日首映。12月3至21日，组织全区宣传系统、街道系统、区直机关系统、政法系统、教育系统的广大党员干部及群众学习观影活动，共计10场，3900余人次参加。

（谭凌子）

【签订文化产业领域合作协议】 2月13日，区文促进中心与北京市文化科技融资租赁股份有限公司签订合作协议，共同在辖区文化产业领域内筛选出一批高成长性且具备一定规模的目标企业，并就其可持续发展，提供包括但不限于金融债权支持与股权支持相配套的深度合作。

（谭凌子）

【参加“北京文化庙会环球行·台北之旅”活动】 2月27日至3月8日，市文资办主办的2015年“北京文化庙会环球行·台北之旅”——北京厂甸庙会台北版块活动在台北举办。区文创办、区文促中心携区戴月轩湖笔制作技艺、内联升千层底布鞋制作技艺、北京皮影戏、曹氏风筝等18个非遗项目、2家老字号特色小吃、3名书画家、3家特色工艺品及文创类企业首次走进台湾。据统计，西城展区27个展位10天销售额60余万元，庙会总人流量突破100万人。

（谭凌子）

【签署《京津冀文创园区协同发展备忘录》】 4月29日，“新华1949”文化金融创新中心、北京敬业文化创意产业基地作为区文创园区代表参加由市文资办主办的2015北京文化创意产业项目推介会。会上，来自京津冀三地的66家文化创意产业园区代表共同发起并签署《京津冀文创园区协同发展备忘录》。

（谭凌子）

【获评“西城突出贡献人才”的文化界人士】 5月，由区文化委、区文联、区文创办推荐的10名文化界人士获评第二届西城“百名英才”的“西城突出贡献人才”称号，分别是：中央芭蕾舞团天桥剧场总经理刘精伟，北京昆曲剧院院长杨凤一，北京零极限科技有限公司总经理吴云艳，北京磨铁图书有限公司董事长兼总裁漆峻泓，西城区第一图书馆信息咨询部主任周园，北京羽亮手工制香研究工作室董事长李时亮，中国国家话剧院国家一级导演田沁鑫，北京迪希工业设计创意开发有限公司总经理王果儿，北京联合出版有限责任公司董事长唐学雷，中国煤矿文工团创作员李俊伟。

（谭凌子）

【组织申报市文化创新发展专项资金】 6月5日，区文促中心启动区内文创企业申报2015年北京市文化创新发展专项资金支持工作，组织企业进行申报培训、资料预审。12月22日，辖区有京版北教文化传媒股份有限公司、北京都市乐人文化发展有限公司等20个文创项目获得市级专项扶持资金，共计2671万元。

（谭凌子）

【文化创意企业成果展】 6月25日，区文创办、区文促中心联合中尚联华（北京）文化企业发展平台共同推出西城区文化创意企业成果展，重点展示区文化创意产业新技术、新产品、新项目，为企业与企业、企业与市场间搭建起一个业务交流和资源对接的平台。

（谭凌子）

【合作拍摄纪录片《一份报纸的抗战》】 7月，中国首部以“报人抗战”为题材的大型纪录片《一份报纸的抗战》开机，该片由西城区文化创意产业促进中心与大公报（香港）有限公司北京分社合作拍摄，被国家新闻出版广电总局列入“纪念中国人民抗日战争暨世界反法西斯战争胜利70周年网上展播纪录片目”之一。

（谭凌子）

【“西城印象”馆开工】 8月11日，“西城印象”馆开工，该项目利用金中都公园宣阳台二层空间进行改造布展，由区文创办负责现场施工及布展，以现代化的数字展陈手段，从历史、政治、经济、文化、城市生活等方面全方位的介绍西城区的基本情况。

（谭凌子）

【签订《文化创意产业协同发展框架协议》】 9月，区文促中心与保定市莲池区人民政府签订《文化创意产业协同发展框架协议》，合作双方在推动资源整合的基础上，共同推动地区间文化创意企业的交流、合作，创新文化创意产业服务方式，打造功能健全的文化创意产业跨地区协作体系。

（谭凌子）

【区文化创意产业领导小组办公会议】 9月24日，区文化创意产业领导小组办公会议召开。研究天桥艺术大厦入驻机构及工作室2014—2015年度租金补贴兑现、申请2015国际设计周大栅栏新街景项目资金补贴、历年市、区两级文化创意产业发展专项资金项目验收情况、文创办年度产业研究课题等文创重点工作。

（谭凌子）

【签约赛伯乐顺通基金项目】 9月24日，区文促中心促成北京赛伯乐财技投资管理有限公司、八维度投资基金管理（北京）有限公司与运城市恒舜通投资控股有限公司签约赛伯乐顺通基金项目。利用“赛伯乐”在资金募集方面的优势，以及“八维度投资”在文化创意领域的会员优势及互联网金融资金优势，协助运城市盐湖区发展文化创意产业，重点选择发展智慧文化、高科技、电子商务等领域。

（谭凌子）

【验收文创发展专项资金未结项目】 9月底，区文创办完成历年市、区两级文化创意产业发展专项资金未结项目验收工作。9个接受验收审核的项目市级项目1个，区级项目8个，未拨付资金共计490.5万元。其中，4个区级项目不具备验收资格，停止拨付尾款；其余5个项目完成结项，拨付剩余资金403万元。

（谭凌子）

【惠民文化消费季系列活动】 9月7日至11月15日，在第三届北京文化消费季期间，区文促中心以“儿童消费引导与产品提供”为主题，组织研讨会，探索和研究真正有利于儿童健康发展、心智成长的新文化产品。组织区内20余家文创单位推出形式多样的精彩活动。美轮美奂文化公司在“十一”期间举办儿童剧展演活动；北京科影厂剧空间剧场推出“参观演播室”“凯叔讲故事”“最美诗咏”诗歌朗诵会等系列惠民活动，马马虎虎即兴戏剧表演等儿童系列活动；戴月轩组织青少年进行“毛笔制作体验”“非遗课程进校园”等多场体验活动；新国戏剧院推出面向学生群体的戏曲培训和体验活动，及亲子互动“带着戏剧去旅行”等形式多样的体验交流活动。全区各项文化活动吸引客流62.1万人次，其中消费人次达58.2万人次；拉动消费22.9亿元，其中产品交易金额22.6亿元，门票销售金额0.3亿元。

（谭凌子）

【"天宁1号"创新园】　10月28日，区文促中心举办新闻发布会，正式对外发布北京第二热电厂老厂区升级转型为"天宁1号"创新园，并全面启动招商工作，人民网、新华网等多家主流媒体给予报道。11月24日，举办"天宁1号"创新园一期改造开工仪式。

（谭凌子）

【参加第十届中国北京国际文化创意产业博览会】　10月29日至11月1日，区文创办以"时尚西城、艺术西城、书香西城、记忆西城"为主题参加第十届中国北京国际文化创意产业博览会区县版块活动，通过2个集中展，3个分会场，共23项主题活动，为文创企业搭建国际化的宣传推介平台，展示西城区文化创意产业发展全貌。在主会场，集中推介和展示27家优秀文创企业。在分会场和主题活动中，选派11家优秀企业走进扬州分会场并与扬州市邗江区人民政府就共同推动跨区域文化创意产业协同发展签订框架协议；北京第二热电厂老厂区正式宣告建设"天宁1号产业园"，逐步将老"二热"工业遗址打造成为高端的文化科技创意产业园区；邀请北京、天津、河北、山西的7所高校的相关师生参与"京津冀高校师生西城行"活动，推动京津冀一体化进程中的文化创意产业人才交流；北京科学教育电影制片厂分会场通过戏剧、影视表演和展览、讲座、参观等多种形式，带领现场观众观摩体验影视节目的生产流程；"新华1949"分会场举办"儿童文化消费引导及产品提供"研讨会，邀请多位相关儿童专家与家长代表；举办中国政协文史馆的"水墨菁华"第三届书画投资邀请展；推出京彩瓷博物馆的感悟"china"——向泥土致敬活动；举办繁星戏剧村的第二届当代小剧场戏曲艺术节等活动。

（谭凌子）

【区文化体制改革专项小组第三次全体会议】　12月4日，区文化体制改革专项小组第三次全体会议召开。总结2015年改革成果，研究讨论2016年重点改革任务。2015年文化体制改革领域推进16项改革举措，完成7项重点改革任务，推出25项主要成果。

（谭凌子）

北京京都文化投资管理公司

【概况】　北京京都文化投资管理公司（简称京都公司）隶属于天桥盛世投资集团，是西城区一家专司文化创意产业的国有独资企业。公司业务主要涉及投资管理、文化交流、会馆开发、影视策划、电影放映、剧团演出等经营管理项目。截至年底，资产总额22790万元、净资产11017万元、实现营业收入5790万元。公司所属从事文化创意产业的企事业单位10余家，包括北京杂技团、风雷京剧团、北京皮影剧团、湖广会馆、厂甸市场管理处、白广路商场等。公司系统职工共265人。

地址：西城区天桥南大街1号
　　　B座层402号
邮编：100055
电话：63166391

（杨　帆）

【2015年北京厂甸庙会】　2月18至24日，京都公司举办2015年北京厂甸庙会。本届庙会旨在"弘扬非遗精髓，传承京味文化"，重点体现厂甸庙会的公益性、文化性和安全性，策划30余项文化主题活动、60余场演出，1500人次参与演出。庙会吸引国内众多主流媒体关注，共有24家网络媒体、6家报社、3个频道、4档节目全程报道。2月27日至3月8日，北京厂甸庙会第一次走出北京，参加"欢乐春节 北京文化庙会·台湾之旅"，完成文化交流任务。

（杨　帆）

【业务整合】　根据天桥盛世投资集团统一战略部署，2015年北京厂甸庙会结束后，厂甸庙会整体业务整合至北京华融新媒广告有限公司。3月13日，中华电影娱乐宫、广安门电影院、大观楼影城业务整合至首都华融影院有限公司统一管理。

（杨　帆）

【原创京话剧《网子》】　年内，风雷京剧团创作京话剧《网子》，以京剧、话剧两种表演形式相结合，运用京剧中精彩的片段来烘托剧情，用话剧语言的方式表演出京剧前后台专业技巧，使观众在欣赏剧目的同时，领悟到传统艺术的底蕴和魅力。《网子》在北京连续上演12场，吸引众多年轻观众观剧。

（杨　帆）

【京都公司股权划转工作】　8月12日，京都公司股权正式由区国资委划转至金融街资本运营中心并完成工商变更，为实现区属文化资产整合及后续统一运营管理奠定基础。

（杨　帆）

【京都公司资产整合及股权投资清理工作】　年内，京都公司启动6个所属公司及投资项目的清理工作，完成天桥永乐公司清算及并于12月20日完成都市旭阳股权转让，终止琉璃厂项目合作，同步推进中圆汇博股权转让、百年华泰清算及鑫鼎公司清理工作。

（杨　帆）

【京都公司遗留问题解决】　年内，完成佑圣寺租户清退，收回院落并成功取得清欠租金、获得补偿款项。依据区法院12月24出具的裁决，彻底解决广安门影院长达八年的房屋租赁纠纷，收回一层经营场所。协调区法制办、创通公司处理遗留了10年的南新华街拆迁问题，完成原96户房产注销。

（杨　帆）

【中华电影娱乐宫无偿划转至天桥公司】　4月17日，天桥公司取得区国资委关于中华电影娱乐宫项目资产无偿划转至天桥公司的批复。

（杨　帆）

【皮影戏巡回展演活动】　2月8至22日，北京皮影剧团赴加拿大参加由中国文化部、中国驻温哥华总领馆共同主办，中国对外文化集团公司、加拿大John Donnelly & Associates公司和北京皮影剧团联合策划并承办的不列颠哥伦比亚省"欢乐春节"皮影戏巡回展演和列治文市儿童艺术节。

（杨 帆）

北京市大碗茶文化发展有限公司

【概况】 北京市大碗茶文化发展有限公司下设党办、公司办公室、财务部、审计部、人力资源部、行政部，下辖北京老舍茶馆有限公司、北京大碗茶茶叶有限公司、北京震云阁工艺品有限公司3家股份制企业，职工人数202人，经营项目包括茶座、演出、餐饮、茶产品、工艺品销售等。全年实现销售收入3334万元，利润8.71万元，上缴税金192万元。年内，董事长尹智君被北京市旅游发展委员会聘请为全国旅游服务质量社会监督员，被华侨茶业发展研究基金会聘为第六届理事会顾问，被选为北京市茶业协会第三届理事会常务副会长。

地址：西城区前门西大街正阳市场
3号楼

邮编：100051

电话：63021741

（王捷 张欢）

【“旧京鸿影”摄影展】 2月1日，由北京戏曲评论学会主办、北京老舍茶馆承办的“旧京鸿影”摄影展在老舍茶馆开展。此次影展图片选自于1919年版珍稀影集《北京大观》，反映了民国初年北京城的风貌。据不完全统计，春节假期共接待万余名观众。展览于3月31日闭幕。

（王捷 张欢）

【董事长参加安吉白茶博览会】 3月26日，2015中国安吉白茶博览会暨安吉白茶现代生态茶园首采拍卖会在浙江省安吉县行政中心举办。董事长尹智君作为茶界代表进行主旨发言。来自全国各地的安吉白茶经销商、安吉白茶优秀企业代表以及有关农业部门、茶学院校等领导和专家近千人参加开幕式活动。

（王捷 张欢）

【中韩大学生体验京味文化】 4月1日，第14届中韩大学生志愿者交流营欢送晚会在老舍茶馆举办。百余位中韩学子交流畅谈，增进友谊，共同感受和体验传统京味文化。晚会上，共青团北京市委书记常宇、西城区区长王少峰以及前韩国驻华大使、韩国未来林代表权丙铉先后致辞，回顾了在第14届中韩大学生志愿者交流营中参加的各项活动并互赠纪念品。

（王捷 张欢）

【参加新昌大佛龙井茶文化节】 4月8日，由中国国际茶文化研究会、中国茶叶流通协会、浙江省农业厅、绍兴市政府等主办的2015中国茶叶大会暨第九届新昌大佛龙井茶文化节在中国茶市拉开帷幕。作为新昌县荣誉市民，董事长尹智君受邀作为主祭人之一参与茶祭大典。老舍茶馆连锁部副总经理唐波在中国茶叶学会、中华合作时报社与新昌县共同主办的“天姥论茶——大佛龙井品牌发展20周年暨新昌现象”研讨会上介绍老舍茶馆与新昌大佛龙井的渊源与合作成果，代表老舍茶馆与新昌县般若谷茶业公司签署战略合作协议。

（王捷 张欢）

【与北京歌舞剧院合作签约】 7月12日，由老舍茶馆和北京歌舞剧院共同主办、北京曲艺家协会支持指导的曲艺大观苑启动仪式在老舍茶馆艺苑举行。文化部艺术司处长周汉萍、北京市文资办产业促进处副处长田燕、北京市群众艺术馆馆长陈雁军，北京市曲艺家协会主席李金斗、西城区文化委副主任古杨利、北京歌舞剧院院长王成刚、董事长尹智君，同来自社会各界嘉宾、曲艺爱好者计百余人出席活动。仪式上，老舍茶馆和北京歌舞剧院签署合作协议，联合打造京城唯一一处鼓曲驻场演出场地。“曲艺大观苑”演出时间为每周日下午，票价最低30元，坚持“低票价、高质量”的惠民演出原则。

（王捷 张欢）

【与台湾中华青年企业家交流】 8月16日，台湾中华青年企业家协会理事长、中国国民党青年部副主任张渊翔，中国国民党中央组发会副主委刘灿树，台湾中华青年企业家协会荣誉理事长陈建骐、副理事长骆明裕等台湾中华青年企业家协会参访团成员到老舍茶馆参访交流，体验京味文化。

（王捷 张欢）

【参加2015年国际茶旅交流大会】 10月24日，由北京市旅游发展委员会主办，以“一次差旅、终生消费”为主题，邀请众多旅游界和茶叶界精英参加的2015年国际茶旅交流大会在中国国际展览中心（老馆）举行。尹智君同武夷山市副市长张贤军、北京瓷茗缘文化发展有限公司董事长李轶、山东日照浮来青茶叶公司副总经理王爱梅和云南昌泰茶业集团昌泰茶行有限责任公司董事长陈卫分别以“老舍茶馆的转型之路”“茶旅融合 生态为先”“茶文化休闲旅游开发的经验”“茶叶企业综合旅游开发的商业模式探讨”和“普洱茶以品为上”为题，进行大会交流发言。

（王捷 张欢）

【开发新品获“北京礼物”铜奖】 10月24日，在第四届北京国际旅游商品博览会组委会承办的2015第十二届“北京礼物”旅游商品大赛颁奖典礼上，北京市大碗茶文化发展有限公司设计开发的“京味茶食系列·食尚北京”获“北京礼物”铜奖，“京腔雅韵礼盒”获“北京礼物”优秀奖。

（王捷 张欢）

【获“中国国际茶文化交流展示中心”牌匾】 11月26至27日，由中国国际茶文化研究会和温州市政府主办的“一带一路”视野中的茶和茶文化（温州）论坛暨中国国际茶文化研究会第五届常务理事会在温州举办。全国政协文史和学习委员会副主任、中国国际茶文化研究会会长周国富向尹智君颁发研究会授予的老舍茶馆“中国国际茶文化交流展示中心”牌匾。中国国际茶文化研究会常务副会长孙忠焕代表研究会宣读授牌决定。

（王捷 张欢）

【外国政要到访】 2月2日，尼日尔共和国外交国务部长穆罕默德·巴祖姆一行10人到老舍茶馆体验京味文化。7月29日，土耳其共和国总统夫人埃米内·埃尔多安女士一行到访老舍茶馆品中国茶、体验中国茶文化。9月17日，哈萨克斯坦共和国执政党“祖国之光”人民民主党第一副主席梅尔扎赫梅托夫走进老舍茶馆观看《四季北京·茶》综艺演出剧目。9月22日，哥斯达黎加共和国立法大会主席奥蒂斯夫妇做客老舍茶馆感受中国茶文化。10月15日，格鲁吉亚议长大卫·乌苏帕什维利做客老舍茶馆，品茗赏戏。

（王捷　张欢）

【展会推广活动】 4月11至12日，“2015·北京婚博会”在北京展览馆举办。老舍茶馆作为唯一一家中式婚礼品牌商与北京众多知名企业参展。4月24至26日，由北京市国有文化资产监督管理办公室、中国国际贸易促进委员会北京分会、北京海峡两岸民间交流促进会、北京市文化创意产业促进中心、台湾贸易中心联合主办的“2015北京文化创意产业展”在台北世界贸易中心展厅举办。在台湾参展期间，老舍茶馆向台湾同胞推介新开发的茶叶礼品、茶食茶点，展示老北京传统吆喝和茶艺茶道表演。5月16至18日，老舍茶馆参加第十七届中国特许加盟展，宣传推广连锁加盟项目。9月10至12日，老舍茶馆参加第三届北京文化数码产业博览会。9月11至13日，由陕西省旅游局主办，新加坡会议与展览管理服务有限公司承办的“2015中国西安丝绸之路国际旅游博览会”在西安市举办，来自33个国家和地区以及国内24个省市自治区的政府机构、旅游企业和旅行商代表参会。展会期间，老舍茶馆与中外各地旅行社、加盟商、投资商洽谈交流，建立合作。9月18至21日，老舍茶馆随北京市旅游委赴天津参加第十二届中国北方旅游交易会，推介旅游演出产品和最新开发的茶礼、茶食品，招募代理经销商。10月23至31日，老舍茶馆参加南京糖酒会，展销老舍茶馆茶叶、茶食品，诚邀代理经销商。10月23至27日，由中华人民共和国商务部和内蒙古自治区人民政府与蒙古国工业部共同主办的“首届中国——蒙古国博览会”在内蒙古呼和浩特市举办，来自蒙古国、俄罗斯、白俄罗斯、韩国、日本、法国、德国、澳大利亚等11个国家的企业参展。老舍茶馆与国内外众多知名品牌企业同台展示，宣传企业品牌，推介企业产品，寻求商业合作。10月24至26日，老舍茶馆参加第四届北京国际旅游商品博览会，展示最新研发的茶礼品、茶点茶食品，推介旅游演出产品。10月29日至11月1日，由中华人民共和国文化部、国家新闻出版广电总局、北京市人民政府共同主办的“第十届中国北京国际文化创意产业博览会”在中国国际展览中心举行。开幕式当天，中共中央委员、中宣部副部长、国家新闻出版广电总局局长蔡赴朝一行到老舍茶馆展区参观指导，品饮“老二分”大碗茶。11月12至15日，老舍茶馆参加第十二届中国国际茶业博览会，推介加盟连锁项目，诚邀加盟连锁商，展销茶礼品与茶食品。11月21至22日，老舍茶馆参加2015年冬季北京婚博会，推介中式婚礼服务产品。11月27至29日，老舍茶馆参加第十届新疆冬季旅游产业交易博览会。12月3至5日，老舍茶馆参加2015成都国际旅游展（CITE2015），对接旅游资源，洽谈产品合作。

（王捷　张欢）

【连锁加盟开新店】 年内，老舍茶馆3家连锁加盟店相继开业。4月8日，北京万寿路店开业。4月18日，安徽省蚌埠市子湖店开业。11月23日，山东省青岛市崂山区海龙路店开业。6月15日，山东省泰安市签订加盟店一家。8月31日，江苏省淮安市青浦区1415街区老舍茶馆直营店进入筹备阶段。

（王捷　张欢）

旅　游

旅游管理

【概况】 北京市西城区旅游发展委员会（简称区旅游委）是负责全区旅游发展统筹协调、产业促进和行业管理工作的区政府工作部门。在职人员52人，其中公务员30人、事业单位人员22人。西城区旅游工作主动适应经济发展新常态，以提升品质为总目标，以环境保障为前提，以扩大消费为抓手，以队伍建设为必要保证，抓改革、夯基础、打品牌、优环境、促融合，推动旅游产业平稳健康发展，打造具有国际一流水准的都市核心旅游区。年内，全区纳入统计的995家旅游企业共实现营业收入445亿元，同比增长7.8%，占全市旅游综合收入的12.9%，排名第四；接待游客6579万人次，同比微幅上涨0.5%，占全市接待总人数的16.4%，排名第三；游客人均消费676元，同比增长7.4%；旅游商业与旅游餐饮273.9亿元，同比增长5.8%，占社会消费品零售额的30%。

地址：西城区南菜园街51号8层

邮编：100054

电话：83975164

（周　懿）

【资金管理办法】 1月22日，与区财政局共同出台《西城区旅游产业专项引导资金管理办法》，设立北京市西城区旅游产业专项引导资金，统筹用于符合西城区旅游产业发展方向和相关政策的旅游产业项目。年内，首次向社会征集到旅游产业项目41个，通过全面评审，拟对10个项目给予支持，发挥财政资金宏观导向作用，提高财政资金的使用效益，整体提升区域旅游业发展水平。

（周　懿）

【文商旅三年行动计划】 截至12月，《西城区旅游与文化、商业融合发展三年行动计划（2014—2016）》50个文商旅重点项目完成34项，整体推进情况良好，在推动传统文化资源向特色旅游产品转化、推进重点产业项目建设、完善公共服务设施、开发文商旅融合型产品、打造文商旅融合节庆活动、实现宣传营销资源共享、加强文商旅游人才队伍建设等方面取得了阶段性成果。

（周　懿）

【“十三五”旅游规划】　年内，按照“开门办规划”的要求，聘请北京联合大学旅游学院分阶段开展“十三五”旅游规划的前期研究、专项研究、总体规划编制工作。4月，听取区政协委员及旅游专家意见，完成前期研究中期评审。6月，前期研究通过结题评审。8月，启动“十三五”旅游规划编制工作。12月，完成旅游公共服务设施体系研究、旅游市场分析等专项研究。

（周　懿）

【京津冀旅游协同发展】　5月，组织旅游企业先后参加京津冀旅游文化产业暨廊坊市茶叶茶文化博览会和廊坊旅游局在国家体育馆举办的“走进北京·相约鸟巢”廊坊旅游推介会。7月，与河北省保定市、沧州市开展务实合作交流。9月，与河北省唐山市签订旅游合作框架协议，与天津市西青区签订区域旅游联盟战略合作备忘录。

（周　懿）

【智慧旅游】　6月，21家景区的自助导览系统及虚拟游系统全部上线运行。12月，完成10个文商旅信息服务终端的软件开发和硬件建设，推动全区自助咨询服务取得实效。12月，英、德、法、韩等多语种版本西城旅游网成功上线，推进了权威旅游资讯的国际化。

（周　懿）

【旅游公共服务建设】　年内，以厕所革命为契机，对全区旅游厕所进行摸底调查，A级旅游景区和主要旅游功能区共有旅游厕所244座，厕位数2774个。9月，研发“都市骑行·京味之旅”骑行线路第二代二维码，在全区148个公租自行车点位上装配900个。11月，支持恭王府等3个旅游厕所完成改造和建设。12月，完成西单大悦城等3个咨询站的改造与门楣标识建设。

（周　懿）

【旅游服务进社区】　6月，与西城区第一图书馆、社区图书室等合作共建“都市旅游阅览空间”13处。年内，以5·19中国旅游日等为契机，通过交流讲座、现场咨询和实地参观等形式，组织诚信旅行社和金牌咨询员开展旅游服务大篷车进街道、社区、军营的活动30场次，宣传文明旅游、旅游维权、出境旅游常识、精品旅游资源，惠及1万余人。

（周　懿）

【传统节庆活动】　春节期间，厂甸庙会秉承和弘扬传统民俗文化，位于东、西琉璃厂的文市区开展财神拜年、寿星贺岁、“踩岁”以及火神庙“羊文化”传播等活动；位于陶然亭公园的民俗区引入翻花、北京毛猴等北京传统工艺品，开展公众文化活动和冰雪嘉年华活动。北京大观园第二十届红楼庙会突出非遗项目展示、传统文化展演，增加游客的体验互动性。老舍茶馆的新春庙会，鲁迅博物馆的拓印年画，恭王府的民俗表演，20余家星级饭店特色年夜饭及优惠活动等都彰显着浓浓的年味儿。清明期间，组织陶然亭公园首届海棠春花文化节、景山公园春季花卉展暨牡丹展、法源寺丁香诗会、宋庆龄故居海棠文化节、北京大观园“曹雪芹风筝”分享会等主题活动。端午节期间，策划组织第十届陶然端午诗会、历代帝王庙“中国传统文化之美——京绣”专题展、什刹海端午龙舟赛等活动。中秋、国庆期间，陶然亭观月、什刹海赏月、景山追月、天文馆探月、北海颂月、月坛祭月，大观园“十一”元妃省亲古装表演、北海公园第四届北京开封菊花文化节、丽思卡尔顿等高星级酒店以及老佛爷百货等商场特色优惠活动，为游人提供了赏月游逛的好去处。

（周　懿）

【第十四届什刹海文化旅游节】　4月20日（谷雨），第十四届什刹海文化旅游节在什刹海游船码头开幕，6月30日闭幕，历时2个月余，历经谷雨、立夏、端午、夏至四大节气。本届旅游节继续以“览古都风貌·品京韵文化”为主题，以“提高融合性、扩大参与度、增强国际化”为原则，通过京味文化体验、文商旅融合产品宣传和旅游新产品市场推介等16项系列活动，面向入境市场、国内市场和本地市场陆续展开。

（周　懿）

【打造“惠游西城”品牌】　年内，收集44家企业惠游信息，印制《惠游西城》中英文手册3万册和“惠游西城”优惠券118.8万张，针对在京外籍人士开展旅游促销，发行范围覆盖CBD、三里屯、燕莎、金融街等区域的76家酒店、48家国际公寓、120家餐厅、咖啡厅等。

（周　懿）

【探索产业簇合作模式】　年内，与同程旅游网、艺龙旅行网、去哪儿网、携程旅行网等在线旅游服务商，珠三角JW万豪酒店等高端酒店，老舍茶馆、国家大剧院等演艺场所，海峡旅行社、古韵风情旅行社等传统旅行社沟通探索产业簇合作模式。5月，组织高星级酒店与携程旅行网等就单项资源开展多元合作，推出“酒+景”组合产品、“机+酒”自由行产品、高星酒店附属设施网上营销产品。6月，与区文化委共同启动“非物质文化遗产资源进酒店”项目，为区域内酒店与非物质文化遗产搭建互联互通、发展共赢的合作平台。8月，支持开元名都大酒店举办“时尚非遗·爱在七夕”活动。9月，支持中国职工之家举办“惠聚职家·感受非遗”中秋国庆特色活动。

（周　懿）

【展会营销】　年内，充分利用展会平台，持续宣传和推广区域古都风貌、京韵文化的旅游目的地形象。组织企业参加亚太旅游交易会、厦门海峡旅游博览会、北京国际旅游博览会、北京国际商务及会奖旅游展览会、中国东盟博览会等10场专业展会。

（周　懿）

【媒体宣传】　4至6月，围绕“踏春游西城、大戏看西城、茗茶品西城”主题，借助首都机场“美丽中国—旅游文化展廊”的视频展示空间，联合推广文商旅产品；借助《旅伴》杂志，针对高铁客人，宣传推广杨梅竹斜街、牛街、什刹海等旅游资源及特色商户；推出“西城颜值”活动，以吃、住、看、购、赏为主题，每周推出一个主题视频，通过微博微信及网站推广。截至年底，官方微博粉丝数量达18万人，年度发布微博500条，官方微信粉丝数量达1.5万人次，年度发布微信480条，纸质媒体新闻报道58篇，图文资讯34篇。

（周　懿）

【旅游咨询接待】　全区15家旅游咨询站共接待中外游客68.1万人次，其中直接来访54.9万人次、电话咨询13.2万人次。直接来访中，接待国内游客51.6万人次、外宾3.3万人次；发放宣传资料10.7万份。

（周　懿）

【旅游行业监管】　年内，完成全国"两会"、中国人民抗日战争暨世界反法西斯战争胜利70周年、2015年世界田径锦标赛等重大活动及"元旦""春节""清明""五一""端午""中秋""国庆"等节假日的旅游服务保障任务。强化安全培训和宣传，会同区安监局组织召开旅游行业安全生产标准化工作部署会，并分5批对规模以上宾馆饭店开展安全生产集中培训，培训企业经营者达300人次。6月，组织59家星级饭店、21家A级旅游景区开展安全生产联组互查，查找并整改安全隐患80余个，组织开展北京动物园反恐反爆应急演练活动，指导北海公园等旅游企业开展应急演练活动。9月，对旅游企业开展安全生产标准化评审，65家旅游企业通过安全生产标准化三级达标。加大对大栅栏、什刹海等地区的安全生产检查力度，共检查旅游企业489家次，督促旅游企业整改隐患和问题176个。年内，共办理旅行社分支机构备案36件，全区共有旅行社总社226家，分支机构296家。受理旅游投诉248件，有效投诉104件，实现办结率100%，旅游投诉处理满意率98%。

（周　懿）

【旅游环境治理】　年内，会同市旅游委及公安、城管等相关部门，针对前门地区、德胜门地区、什刹海地区及北京北站开展旅游环境秩序联合整治行动10次，严厉打击非法"一日游"发车点、黑车黑导、假冒公交揽客行为和旅游假地图，累计出动执法人员100余人次，车辆40台次，查处违规旅游车辆20余台、违规导游8名，收缴非法小广告等1000余份，查处假公交站牌12块，行政拘留揽客人员6名。

（周　懿）

【文明旅游】　年内，积极推进文明旅游工作。2月，北海公园被评为"第四届全国文明风景旅游区"。4月，北海公园、北京动物园、景山公园、恭王府、什刹海风景区、历代帝王庙博物馆、宣武艺园、月坛公园等八家景区被评为"首都文明旅游景区"。12月，护国寺宾馆升为三星级饭店，金中都公园创建为国家3A级旅游景区。

（周　懿）

【A级景区情况】　截至年底，全区共有A级景区22家，其中5A级景区1家：恭王府；4A级景区8家：什刹海风景区、北海公园、北京动物园、北京海洋馆、景山公园、首都博物馆、陶然亭公园、北京天文馆；3A级景区12家：中国地质博物馆、月坛公园、北京古钱币博物馆、北京大观园、湖广会馆大戏楼、老舍茶馆、大观楼影城、北京市宣南文化博物馆、宣武艺园、大栅栏商业街区、宋庆龄故居、金中都公园；2A级景区1家：历代帝王庙。

（周　懿）

【旅游行业协会】　5月，西城区旅游行业协会选举产生新一届理事会、监事会及秘书处成员。10月，在什刹海体校举办西城区旅游行业协会第一届运动会。11月，与北京第二外国语学院合作举办西城区文商旅企业高级管理人员培训。年内，先后组织会员单位参加中国西安丝绸之路国际旅游博览会、中国（广东）国际旅游产业博览会、第四届北京国际旅游商品博览会、中国会展会奖旅游博览会等旅游交易会。

（周　懿）

什刹海风景区管理处

【概况】　北京市西城区什刹海风景区管理处（简称管理处）为什刹海街道办事处下属副处级全额拨款事业单位，人员编制为89人，下设14个科室，1个党总支，3个党支部。年内，管理处完成景区发展与保护的相关环境建设项目，继续提升旅游服务品质，规范景区交通管理，完善旅游服务设施，执行景区监督管理职责，维护景区安全生产秩序。推进什刹海景区十三五建设规划编制工作。启动文化资源库整理工作。完成人力三轮车特许经营社会调研工作。继续推进文明景区建设、智慧景区建设、法制景区建设、景区环境管理、景区安全管理等项工作。推进景区反恐体系建设，完成景区安全风险管控建设项目，组织"知海、爱海、护海"系列宣传活动；完成人力三轮车特许经营社会调研及什刹海风景区消防安全现状评估调研工作。完成关于什刹海风景区管理、建设等方面人大代表、政协委员提案、议案办理及来电、来访、接待等项工作。3月，什刹海风景区被首都文明委评定为2012—2014年度首都文明风景旅游区。

地址：西城区德内大街羊房胡同甲23号
邮编：100009
电话：83223501

（邱　爽）

【景区防恐反恐体系建设】　年内，进一步强化防恐防暴应急分队队伍建设，购置盾牌、钢叉、防爆毯、防刺背心等相关的专业装备，加大应急队伍系统化、专业化培训力度，聘请武警教官对30人防恐防暴应急分队队员进行专业培训，统筹规划、组织开展各类应急演练，普及应急基础知识和基本技能。提升硬件设施，落实"景区反恐桩安装工程"。在前海南沿等景区13处主要出入口安装气压式可升降桩40个，在荷花市场南口西侧安装球形石材固定挡车设施。完成景区安全风险管控建设项目，开展客流游览路径调查、居民出行规律调查，开展前、后海环湖主要景点及酒吧等公共设施空间承载量、设施承载量调查，核定出景区日最大承载量20万人、瞬时最大承载量7万，并制定什刹海景区客流控制预案。

（邱　爽）

【景区交通秩序管理】　年内，组织相关单位在景区沿湖商户门前原有划线基础上进行调整、施划、完善，重新划定限定商户店外经营的最大占用空间，划定景区“交通安全线”；根据景区总体整治与管理的要求，联系区市政市容管委及清华大学开展《什刹海景区交通设施建设完善方案》编制工作。截至年底，完成数据采集、整理，进入中期汇报阶段；启动柳荫街停车自制管理项目，完成街道中央安装交通隔离设施，并在主要交叉路口安装机动车减速带；引入公共自行车，完成后海西沿、火神庙北两处公共自行车点位建设。截至年底，可用车数量达80辆。

（邱 爽）

【人力客运三轮车胡同游特许经营管理工作】 9月，开展人力三轮车特许经营调研工作，邀请央视市场研究股份有限公司对前两期及第三期特许经营的实施情况、车辆控制规模、管理模式、对景区的影响及社会各方面的反映等要素开展社会调研。调查针对政策执行的符合度和实施的可行性、管理方式和管理手段的适当性、人力客运三轮车胡同游项目品牌质量提高的展望这3个方面拓展出的近20个问题进行了调研。截至10月底，完成所有定量工作。年内，完成对胡同游特许经营运营秩序的日常检查，对企业的管理数据进行动态监管、完善运营服务投诉处理机制，实现胡同游特许经营规范化管理。完成车工培训、从业人员身份核查、完善从业车工行业准入制3个方面工作，提高服务质量和水平。每月召开特许经营企业管理人员会议，完成企业年审及车辆年检工作。

（邱 爽）

【历史文化保护工作】 年内，结合国家文物局大运河遗产专项巡查组对中国大运河北京什刹海段进行调研工作提出的建设性意见，管理处和清华大学签订协议开展大运河景观提升方案设计工作，并于11月中旬完成方案初稿。3月，启动什刹海文化资源库整理工作。根据文保区范围内文化资源分布情况及街巷走向，把文保区划分成7个地块，分批次开展现场走访踏察工作。截至10月底，完成对文保区内143处文化资源点的实地踏察工作，建立1、2号地块档案。年内，完成荷花市场牌楼修缮工程、前后海河湖栏杆改造、完成北官房胡同改造提升工程。

（邱 爽）

【景区秩序监督管理工作】 年内，管理处协助执法部门对景区及特色街内无照游商、商户店外经营、店外叫卖、户外广告、黑车拉客等现象进行综合整治，规范景区环境秩序。收集整理景区管理相关的法律法规，编制印刷《什刹海风景区管理手册》。区政府正式通过《什刹海历史文化旅游风景区管理办法》，并根据管理办法组织开展落实。配合执法部门共查处乱张贴、乱涂写9000余处，查处散发小广告违法行为60余起，没收非法小广告7000余张。规范经营摊点1400余个，取缔占道经营、骑门摊4300余次。查处各类违章行为970余人次，清理查扣无照游商46人；清理特色街街流浪乞讨人员35人；查扣小商品22387件；拆除违章破旧广告、店招200余个，拆除违章条幅、横幅广告40余条，查扣门前摆放桌椅200余张。查处并清理乱堆、乱扔、乱放的物品1200余件；督促清运渣土共计70余处，制止噪音扰民700余次，查扣音响100余台；协助交通支队工作，张贴违章停车处罚单600余张，暂扣黑电动三轮车500余台次，查处自行车167台次。

（邱 爽）

【景区旅游及宣传工作】 年内，积极配合区旅游委做好第十四届什刹海旅游文化节以及第二届什刹海风筝节、什刹海冰雪文化节等文化活动。1月27日，什刹海风景区与山西省忻州市芦芽山风景区正式签订旅游战略合作框架协议。6月24日至7月，在景区开展“知海、爱海、护海”系列宣传活动，分11个主题，内容涉及景区党团建设、旅游资源、生态文明景区建设、绿色出行、景区特色、景区文化、珍爱建设成果等方面，此次活动参加活动的单位及组织60余家，参观人数达4000余人次。《北青社区报》《西城工人报》和西城旅游网等多家媒体进行专题报道。下半年，启动筹划《你所不知道的什刹海》系列宣传图册的设计制作，以图文并茂的形式宣传什刹海历史文化保护区内物质文化遗产和非物质文化遗产项目。

（邱 爽）

【景区安全保障工作】 年内，完成对经营单位的各项安全检查工作。坚持每天对景区巡查，及时签订《房屋装饰装修安全管理要求》及《安全生产责任书》，监督经营单位更换到期的灭火器，与新变更和新增的经营单位签订安全责任书。邀请专业部门调研什刹海地区消防安全状况，完成《什刹海风景区消防安全现状评估》调研报告。在水上、冰上安全监督管理方面，完成“五一、十一”等节假日什刹海水域游船码头及所有运营船只的安全监督检查及日常对水域安全的巡视工作，对什刹海景区六个游船码头及所有运营游船在下水前的安全检查，在什刹海冰场开放期间坚持每天派人巡视什刹海冰场安全状况、并对冰场设施设备进行了检查。完成景区经营单位基础台账维护工作，并完成两条特色街一户一档建档工作。

（邱 爽）

北京大观园管理委员会

【概况】 北京大观园管理委员会·北京红楼文化艺术博物馆为全民所有制自收自支事业单位。北京大观园（简称大观园）占地11公顷，园内殿宇、庭院、自然景区30余处，是具有古典园林外观、红楼文化内涵、旅游经济属性、博物馆功能齐全的休闲活动场所。大观园内设机构8个：行政办公室、文展导游科、园务园艺科、物业管理科、市场科、党群工作办公室、人事财务科、保卫科。主要负责红楼文化展览和红楼文化研究，创建红楼文化教育基地；园内园林绿化、种植养护、花卉栽培、园林建设和建筑修缮的管理；完善博物馆功能，打造红楼品牌。

地址：西城区右安门内西街18号

邮编：100054

电话：63544993

（陈雪梅）

【副区长带队检查红楼庙会】 1月28日，副区长梁昌新带队检查2015年大观园第二十届红楼庙会筹备工作，对园内庙会环境布置、摊位设置、应急通道等设施及布控给予肯定。

（陈雪梅）

【北京大观园第二十届红楼庙会】　2月19至23日，北京大观园举办第二十届红楼庙会。庙会共邀请220余名演员，分别在大殿舞台、栊翠庵小舞台、南门广场、湖面上空、湖心岛上演各种节目80场。元妃省亲大型古装表演推出红楼情景剧《百花争艳大观园》。大殿舞台每天轮番上演评剧折子戏、京剧、河北梆子等剧种。北京欢乐童年木偶剧团在小舞台由演出《祖孙抬驴》《龟兔赛跑》《两个猎人》《110和119》木偶剧。北京梦幻七彩艺术团的杂技演出与木偶剧全天轮换登场。刘姥姥醉酒——新乡高空特技表演、河南盘鼓和舞狮、黑祥子活雕塑表演在红楼庙会中演出。大观园管委会邀请红楼文化艺术博物馆捐赠者代表、“西城榜样”代表一起参与庙会开幕式活动。现场安排志愿者讲解、宣传垃圾分类，绿色庙会的环保理念。打造京城首家无烟庙会，提倡文明、安全游庙会。将社会主义核心价值观宣传教育融入春节庙会。以反映和谐社会为内容进行剧本创作，元妃省亲古装表演融入社会主义核心价值观主题思想。在园内喷涂以“社会主义核心价值观”为内容120余米的书画作品。共接待游客7.2万人次。

（陈雪梅）

【清明节活动】　4月4至6日（清明期间），大观园举办“黛玉葬花”经典演出。在怡红院举办“曹雪芹风筝”分享会，邀请国家非物质文化遗产“曹氏风筝”第四代传承人、风筝寻梦俱乐部创办人缪伯刚，现场为游客讲解“曹雪芹风筝”的起源、技法和风筝作品，穿插游戏问答和风筝绘制环节。共接待游人1.9万人次。

（陈雪梅）

【第十一届北京春茶节】　4月24日，“2015（第十一届）北京春茶节”开幕式在北京大观园举行。本届活动由中国茶叶流通协会、北京市茶业协会等单位联合主办。以“茶为国饮，品味生活”为主题，倡导科学饮茶的健康生活方式，营造全民“知茶、爱茶、饮茶”的氛围。春茶节至6月结束。

（陈雪梅）

【五一活动】　5月1至3日，大观园举办多场文艺演出。5月1日，国家级非物质文化遗产“曹氏风筝”传人、风筝艺术大师，95岁的孔祥泽先生做客怡红院，为游客现场分享“曹氏风筝”的特点。省亲别墅举办本园职工沙艺个人摄影展。作品涵盖大观园春、夏、秋、冬的四季风景，展示大观园的四季之美和文化底蕴。大观园联合同程网推出“跟风去旅行”风铃祈福游园活动，展出上千种玻璃与陶瓷风铃。其间，举办“百姓周末大舞台”、春季百姓淘宝拍卖会。共接待游人1.7万人次。

（陈雪梅）

【端午节活动】　6月20至22日，大观园在藕香榭举办端午习俗——包香囊活动。“香囊达人”李石现场向游客传授香囊的制作技艺。由中国杂技团的杂技演出、北京曲剧团的综艺节目在“周末百姓大舞台”上演。大观园淘宝拍卖会在大殿东配殿举办，拍卖物品有翡翠、玉石、文玩、彩宝、杂项等。共接待游人11790人次。

（陈雪梅）

【七夕大观园雅集】　8月20日，大观园和华夏乐府在大观园藕香榭共同举办“鹊桥仙影——七夕大观园雅集”文化活动。演出华夏传统乐舞、茶道、香道等节目，重现天上人间牛郎织女鹊桥相会的故事。

（陈雪梅）

【国庆节活动】　10月1至7日（国庆节期间），恰逢曹雪芹逝世300周年，大观园组织一系列文化活动：元妃省亲古装表演，金钗祈福游园，中秋诗会，曹氏风筝讲座，陈晓旭诞辰50周年纪念展，大观园风光摄影书画展。共接待游人3万人次。

（陈雪梅）

【百姓周末大舞台】　4至10月，区文化委和大观园在园省亲别墅露天剧场共同举办“百姓周末大舞台”演出。北京市西城区百花深处艺术团、中国儿童艺术剧院、北京一九九八国际青年剧团、中国杂技团、北京歌剧舞剧院、北京世纪英豪艺术团、北京丑小鸭卡通艺术团、北京金帆京昆艺术团、北方昆曲剧院、北京市河北梆子剧团、北京金榜艺苑艺术团、北京学明艺术团、北京节日乐文化艺术团、北京皮影剧团、北京风雷京剧团、北京华彩辉煌艺术团、丑末寅初文化传传播有限公司17个演出团体，举办文艺演出57场。

（陈雪梅）

体　育

【概况】　北京市西城区体育局（简称区体育局）是西城区政府的职能部门，指导和管理全区的体育工作。下设办公室、群众体育科、体育市场管理科、青少年训练科、科技教育科、国有资产管理科、党群工作办公室、监察科。公务员编制33人。下属事业单位有西城区少年儿童业余体校、北京广安体育馆、北京广安游泳网球馆、西城区社会体育管理中心、西城区体育训练中心、西城区体育科学研究所、北京月坛体育馆、北京月坛综合训练馆、西城区棋院。

地址：西城区月坛南街1号院7号楼

邮编：100045

电话：68026768

（李东兴）

【群众体育】　年内，对群众体育开展模式进行改革，提出群众体育要“管办分离”的改革目标，将政府的主要精力更多地投入到管理方面，并对群众体育工作进行任务分解，做到职责清晰，任务明确。转变过去依托政府开展体育活动的模式，依靠体育社会组织，依靠市场开展好全民健身工作。继续打造“一区两品”，做实做强全民健身活动。加强对全民健身活动的指导，以“一区两品”为引领，以群众健身休闲需求为导向，稳妥推进政府购买，依托市场开展全民健身工作，举办西城区民族民俗体育文化节、西城区国际金融体育康乐节、第二届泥浆足球中国赛北京站、冰蹴球运动的宣传推广等大型活动。体育社团、街道社区发挥自身优势，采取分散活动与集中活动相结合、晨练与晚练相结合，室内与室外相结合，规范化管理与个人兴趣相结合的活动形式，开展活动、相互学习、总结交流，吸引更多居民参与体育健身活动。创建“体育生活化社区”，完善体育设施建设。与街道社区协调配合，实现体育生活化社区全覆盖（不含新调增社区），向达标社区按时足额拨付扶持资金并规范资金使用。编印4期全民健身科普海报，利用社区全民健身宣传阵地定期宣传体育科普内容。“体育生活化社区”提档升级工程通过立项审批。强化科学健身指导，营造体育文化环境。全年培训社会体育指导员660人，全区累计培训、注册社会体育指导员超过6000人。突出健身活动科学化，开展科学健身大讲堂10余次，完成国民体质监测3000余人，继续推广“体育生活化社区”体质促进项目。完成“科学健身个性化指导体系”课题研究。开展全民健身冰雪运动。举办以冰蹴球、冰上龙舟项目为主的“2015北京什刹海冰雪体育文化节”，倡导冬季全民健身，助力北京申办冬奥成功。推广冰蹴球项目进校园、进公园、进商业园。完成重要时期保障工作。在重要节点时间，加强信鸽、航模专委会的安全管理工作，完成元旦、国庆、纪念中国人民抗日战争暨世界反法西斯战争胜利70周年大阅兵期间的和平鸽收集放飞任务。

（李东兴）

【学校体育】 年内，开展多项青少年体育竞赛。与区教委联合举办区级体育竞赛活动15项。全年参加区级各项竞赛活动的有320余支队伍近1万余名运动员。共有18个运动项目183名运动员达标，其中达到健将的1人、一级56人、二级122人、三级5人。完成2015年北京市锦标赛承办任务。推动学校体育工作。加强传统校工作，完成两期传统校体育教师的培训，配合完成传统校评估抽查，指导扶持区内六所条件符合的学校进行新的市级传统校项目的申报工作。截至年底，全区共有体育传统校68所，其中国家级传统校5所、市级传统校25所、区县级传统校37所。全区共有“三大球”网点校51所，其中示范校10所。青少年体育俱乐部共有27所。全区共38所学校达到体育设施场地对外开放标准，实现了体育资源的社会共享，为群众开展体育锻炼提供了便利条件。

（李东兴）

【体育社团】 年内，全区有体育单项协会26个，体育类民办非企业31个，各类全民健身团队591个、会员人数逾2万人。组织培训二三级裁判员320名。社体中心完成2015年北京市西城区民族民俗体育文化节，西城区职工和第二届十大茶城拔河比赛，2015年全国“百城”健身气功交流展示暨西城区健身气功站点联赛，“大栅栏杯”首都志愿者迎新春活动——中国象棋赛，2015年西城区第九届“和谐杯”乒乓球总决赛，西城区“敬老月”全民健身系列活动，北京市体育生活化社区暨市民体质促进项目牛街街道和金融街街道的推广活动等10余项群体活动。信鸽协会完成元旦、国庆节和抗战胜利70周年纪念活动放飞和平鸽任务。门球协会举办西城区“三八”杯女子老年门球赛；西城区“会员杯”“康乐杯”“联赛杯”门球赛。武术协会举办第五届“白云杯”太极拳邀请赛、西城区“白塔新辉”太极拳邀请赛、武道论比赛。健身操舞协会为辖区15街道的老年人举办健美操骨干培训，举办“西城区第六届‘和合谷杯’全民健身操交流赛”、2015年西城区市民健身操舞交流赛。台球协会举办“2015年全民健身体育节和谐社区杯台球赛”、西城区敬老月暨金鑫然杯台球赛、西城区元旦杯台球个人赛。羽毛球专委会举办第六届“凯思博”杯羽毛球比赛，近300名少年儿童选手及40支亲子家庭队和16支成年组队伍参加比赛。游泳协会与区工会体协联合举办西城区职工游泳比赛，共有117人参加比赛。组队参加市级赛事：社体中心组织参加全国拔河新星系列赛北京站暨北京市第四届拔河比赛总决赛，西城代表队进入八强；西城四支队伍参加北京市第九届“和谐杯”乒乓球总决赛，获城区组二个第一名、一个第二名；参加北京市第十届全民健身体育节暨幸福城市徒步大会；与体育局工会配合，参加北京市民体质促进项目暨《国家体育锻炼标准》挑战赛，获团体第四名；组队参加北京市第六届登山大会暨顺义主会场健步走活动。乒协组队参加在赤峰市体育中心举办的2015赤峰市周边城市乒乓球邀请赛，西城区代表队取得男子团体第三名、女子团体第四名、领导干部团体第四名的成绩。武协组织参加北京市“李天骥杯”太极拳比赛和2015年第七届北京市体育大会暨北京市中国武术段位制太极拳比赛。健身操舞协会组织参加第七届北京市体育大会健美操比赛和第三届北京市优秀健身团队交流大会。

（李东兴）

【业余训练】 年内，明确竞技体育工作思路，继续调整运行机制，加强运动员输送，固化合作机制，强化体教结合。少儿体校共注册20个项目，1118名运动员（足球项目除外）。训练中心共注册18个项目，1569名运动员，其中新注册运动员324名，确认注册1232名，引进优秀运动员13人。完成冬、夏训任务，在训练中进一步科学谋划、统筹安排、抓好重点，提升成绩，确保安全。加强反兴奋剂工作，与教练员、运动员签订《反兴奋剂承诺书》。

（李东兴）

【体育设施】 年内，更新全民健身路径77处270件。区属体育场馆积极提升功能和使用率，以优质的服务为广大的健身爱好者、体校训练、驻区单位提供保障。广安体育馆承接了北京市青少年柔道比赛、西城少儿体校羽毛球比赛等赛事项目，接待“外企员工乒乓球比赛”等各类活动共计30次，为驻区单位提供体育锻炼服务共计约1900场次，接待群众体育锻炼优惠免费共计3936小时，为业余体校训练提供服务3281场次，为各类活动优惠免费服务共计22次。广安游泳网球馆接待健身群众29.28万人次，服务驻区单位1530人次，接待体校训练近7万人次。月坛体育馆共接待大中小型活动46场，2.2万人次，包括北京晨报·红双喜杯第二节乒乓球俱乐部联赛、国务院办公厅篮球比赛、西城区工商局队列训练、月坛体育馆第六届“凯思博”杯羽毛球比赛、轨道交通趣味运动会、“武·道论”太极文化培训等活动。为体校训练提供服务200场次，为国投篮球训练提供服务保障工作10次。

（李东兴）

【体育科研】 年内，北京市科委科技计划课题“西城科学健身公共服务体系技术保障和运行建设”通过专家验收。该课题按任务书要求完成20个科学健身个性化指导标准站及6个科学健身个性化指导流动站建设，形成面向大众健身的“西城区科学健身个性化指导网络”，对辖区居民提供个性化的体质测评、健身指导服务。成立“西城区科学健身个性化指导协会”，建设健身指导人才队伍，在健身团队、单位和居民中推广传播优秀的健身项目。课题期间推广新开发的弹力带健身操等5种健身方法，开展科学健身方法标准化课程600余次，推广达1.4万余人次。西城区体育科研所在辖区内20家机关企事业单位和15个街道开展国民体质测试工作。截至9月底，完成3000人测试任务。

（李东兴）

【体育法制】 年内，加大体育经营单位安全检查力度。开展联合执法，重点加强日常执法检查频率和重大活动期间的执法检查力度。对从事危险性体育项目经营的单位坚持高密度、高频次、全覆盖、严执法的执法检查原则，认真落实安全生产执法检查一周一报工作制度，加强隐患排查治理工作。1月至10月，共检查体育经营单位490家，出动执法检查力量990人次，查处整改安全隐患30处，对10家体育经营单位下达责令限期整改通知书，并如期对整改情况进行了复查，对1家体育经营单位的违法行为进行3万元的行政处罚。全面推进依法行政工作建设。全面推进依法治体规范化建设和行政权力制度化建设。编制《北京市西城区体育局行政许可事项及社会服务类项目办理指南》并向社会公布。全面推进安全生产责任制，建立健全涵盖体育部门各级党政负责人安全生产责任体系，层层落实了安全生产责任制。做好安全达标及高危许可工作。全面推进安全生产标准化达标工作，完成40家体育经营单位安全生产标准化达标工作，全区基本实现体育经营单位安全生产标准化达标全覆盖。严格实行游泳项目高危行政许可，办理44家游泳场馆高危险性体育项目经营许可。

（李东兴）

【体育产业】 年内，区统计局、工商局、民政局等相关部门的协助下，开展体育产业资源专项调查工作，涉及相关企业9094家。对辖区内体育产业运行状况进行分析，提取368家单位建立重点名录库。出资136万元与北京无极乾坤文化交流有限公司、北京北部体育文化有限公司合力打造“武·道论”“2015泥浆足球中国赛北京站比赛”等精品项目。

（李东兴）

【体育国际交流】 1月11日，西城跆拳道协会与韩国跆拳道协会交流活动在北辰五洲皇冠大酒店举行。双方26支队伍、370余人参加活动。交流示范演练中，双方表演基本功套路练习、后旋后空翻踢木板等节目。6月8日，长春国信投资集团及丹麦NABUfit运动公司一行5人，就远程运动平台项目到西城区调研。项目组与西城区体育局、西城区体育产业协会相关负责人进行座谈，并参观广安体育馆场地设施。9月12日，西城区和韩国首尔市中区羽毛球友谊交流赛在月坛体育馆举行。中韩两区共34名运动员参加交流活动。10月23日，北京市西城区与日本东京都北区太极拳友好交流活动在北京月坛体育馆举行，日本东京都北区政府代表团一行26人参加交流活动。

（李东兴）

医药卫生

医疗卫生

【概况】 北京市西城区卫生局（简称区卫生局），是负责全区卫生工作的区政府职能部门。6月15日，西城区区委卫生计生工委、区卫生计生委成立。年内，辖区内医疗卫生机构总数646家，其中医疗机构数618家。医疗机构中营利254家、非营利机构392家，社会办医（营利性）144家。卫技人员总数（含中央、市属医院，不包括部队医院）34824人，其中执业（助理）医师总数（包括西医、中医、中西医结合）11992人，注册护士数15338人，实有床位总数15604张。平均每千常住人口拥有卫技人员数26.83人，执业（助理）医师数9.24人，注册护士数11.82人，实有床位数12.02张。全年户籍人口出生人数13594人，出生率9.43‰；死亡人数10339例，死亡率7.18‰；自然增长率5.2‰。因病死亡人数9757例，占死亡总人数的比率94.37‰，死因顺位前十位的排列为恶性肿瘤、心脏病、脑血管病、呼吸系统疾病、内分泌营养和代谢及免疫疾病、消化系统疾病、损伤和中毒、神经系统疾病、泌尿生殖系统疾病、传染病。户籍人口期望寿命84.28岁，其中男性81.69岁、女性86.96岁。全年总收入5151448912.64元（卫生计生总数），其中财政拨款1600401019.57元（卫生计生总数），总支出5128223252.53元（卫生计生总数）；卫生事业专用基金年初数为65337898.23元，年末数100117713.63元；计划生育财政总投入34537893.78元（计生决算财政投入总数）。

地址：西城区枣林前街2号院1号楼

邮编：100053

电话：82061987

（马 蕊）

【卫生改革】 年内，从解决阻碍卫生计生事业发展的体制机制矛盾入手，把握重点领域和关键环节，稳步推进各项改革。继续推动西城区整合型医疗卫生服务体系建设。1月，开展预约挂号平台试点工作，由信息中心牵头开发了以面向家庭医生为主的西城区预约挂号平台，在复兴医院医联体4家成员单位（复兴医院、广外医院、月坛社区卫生服务中心、广外社区卫生服务中心）开展试点工作。加强区域卫生信息化建设，逐步实现各医疗机构互联互通、资源共享和业务协同。推进“医养结合”工作，在全市率先实现辖区养老机构全部具备基本医疗条件。4月，国家卫计委副主任王培安调研银龄老年公寓、金融街社区卫生服务中心，实地查看“医养结合”开展情况，对医养结合工作所取得的成绩给予肯定。建立了以公益性质和质量效率为核心的区属公立医院绩效考核体系和医疗服务患者满意度第三方评价机制。出台《关于进一步做好社会资本举办医疗机构设置审批工作的实施意见（试行）》，规范了社会资本办医的条件和流程。将从业人员预防性健康体检从疾病预防控制中心调整到区属医院，强化疾控中心政府职能和公益性，方便群众。全部社区卫生服务机构均实现后勤社会化。

（马 蕊）

【社区卫生服务】 年内，“15分钟服务圈”进一步完善，建立15个社区卫生服务中心、81个社区卫生服务站，每万人口拥有的全科医生2.67人。推行契约式的家庭医生签约服务制度，全区共组建264支家庭医生服务团队，建设了100个以优秀全科医生名字命名的家庭医生工作室，累计签约27.69万户48.79万人，签约率达39.58%。社区转诊机制更加顺畅，社区卫生服务机构上转人数年均增长122.38%。全年社区总诊疗人次达318.46万人次，居民对社区卫生服务的综合满意度达到92.1%。

（马 蕊）

【标准化建设】 年内，继续推进社区卫生服务机构标准化建设工作，打造服务环境温馨、服务设备完备的社区卫生服务机构。年内财政预算的装修改造项目共15个，其中有4个中心11个站（完成3个中心9个站）；2014年市级专项资金的项目8个（2015年实施），其中4个中心4个站（完成3个中心，2个站）。

（马 蕊）

【社区卫生改革】 推进国家卫生计生委基层卫生综合改革联系点工作，落实基层医改政策，完善稳定长效的多渠道补偿机制、财政补助方式、收支管理制度和分级诊疗模式，建立基层医务人员和居民契约服务关系。推进全科医师试点工作，优化签约服务。积极引导全科医生及专科医生以多种方式到社区执业，建立全科医生多点执业的登记备案制度，探索建立新型工作模式；合理配置全科医生团队，研究分工协作方式，初步形成由全科医生、社区护士、预防保健人员为主体，健康管理师、心理咨询师、中医师、康复医师为补充，大医院专家及公卫专家为支撑，志愿者或社会工作者共同参与的团队合作模式；根据试点要求和社区卫生工作职责，依据居民的服务需求和全科医生的服务能力，制定了基本签约服务包、全科团队健康管理包和个性化服务包；通过信息化系统，实现就诊预约、定向分诊、诊前服务、预约复诊，保证签约服务效果，提升服务质量，改善诊疗秩序；完善西城区绩效考核指标体系，建立以直接考核、专项考核、月督导和季度考核、第三方评价和暗访为主要考核形式的多维考核指标体系。推进西城区整合型医疗卫生服务体系建设，提升社区卫生服务能力。创新优化社区卫生服务模式。继续推广家庭医生式全科诊疗综合服务模式，夯实全科医生与居民契约服务关系。完善家医工作室建设，对签约人群实行分类管理，落实签约服务包。重新修订《西城区家庭医生团队工作手册》，印制1000册下发给团队。印发《西城区签约居民服务手册》7000册，并下发到15家社区卫生服务中心，免费发放给签约居民，提示签约流程、签约内容、家庭医生联系方式、预约时间、健康状况等信息，加大对家庭医生式服务工作的宣传及影响；试点功能社区，传播健康知识。

（马 蕊）

【为老服务】 年内，继续落实每周预约辖区老年人（65岁及以上）免费体检工作，免费体检27207人，体检率17.72%；为低保、无社会养老保障老年人实际体检1558人。继续落实“三优先”服务等优抚工作，为老年人诊疗人次数为1047422人次，对符合老年人优待政策的老年人免收挂号费943327人次，为老人出诊14474人次，为老人建家庭病床119人。为老人免费查床677人次。做好离休干部社区卫生服务工作，签约离休干部58人，健康评估1435人次，咨询4739人次，发放健教材料6478份，上门巡诊1146次。通过开展各类老年人群的健康体检、优待服务，对老年人的健康体检项目内容进行计算机动态管理，完善了居民个人健康档案的健康信息，并对检出的健康问题给予健康指导，对存在危险因素且未纳入其他疾病健康管理的老年人建议定期检查，对患有慢性病的老年人进行慢病规范化管理。

（马 蕊）

【慢性病管理】 年内，依据“服务数量适宜、服务质量提升”的工作原则，按照《国家基本公共卫生服务规范（2011年版）》要求，开展慢性病患者健康管理。梳理慢性病患者档案资料，做到慢性病管理数据准确、清楚。制定《2015年西城区社区慢性病管理工作方案》，聘请3名国家基本公共卫生服务项目管理专家，与社管中心专业骨干组成督导组，对辖区15家社区卫生服务机构进行基本公共卫生服务项目督导。一般管理高血压患者86779人，管理率达41.59%；规范管理高血压患者64799人，规范管理率达74.67%；一般管理糖尿病患者39665人，管理率达36.47%；规范管理糖尿病患者30544人，规范管理率达77%。

（马　蕊）

【中医药服务】 年内，围绕基层中医药服务能力提升工程指标和基本公共卫生中医药服务项目开展工作。完成基层中医药服务能力提升工程指标；强化国家基本公共卫生中医药服务项目。全区进行65岁以上老人和0—3岁儿童中医健康管理，其中65岁以上老年人健康管理共51315人，覆盖率达32.6%，0—3岁儿童健康管理共15748人，覆盖率达58.2%，均提前实现北京市中医管理局规定的覆盖率达到30%的工作目标。进行社区中医药监测工作，覆盖全区15家社区卫生服务中心和81个社区卫生服务站，统计数据涵盖社区卫生服务机构中医药科室设置、人员配备、收支情况、工作量及中成药使用情况。参加北京中医健康社区建设试点工作，推荐什刹海爱民街、新街口南小街、展览路新华里、广内校场、陶然亭龙泉5个社区作为候选社区并审批通过。6月，在陶然亭街道龙泉社区召开“北京中医健康社区”试点建设工作启动会。继续开展社区中医药“冬病夏治”，全区三伏贴共计贴敷54456人次。针对基层中医药服务能力提升工程和国家基本公共卫生中医药服务项目进行专项督导。

（马　蕊）

【对口支援工作】 年内，西城区区属医院支援北京郊区医疗机构16家，支援内蒙古地区医院5家，支援内蒙古地区医疗研究机构1家，并对西城区武警六支队、七支队开展医疗对口支援工作。对口支援工作派驻人员239人次，其中医师212人次，护理人员4人次，管理人员23人次。共计诊疗门急诊患者8248人次，住院患者90人次，会诊579人次，培训医务人员555人次。8月29日至11月18日接收南水北调对口支援的河南邓州4名公共卫生业务骨干来西城区参加培训。9月25日至12月10日，接收南水北调对口支援的河南邓州5名医疗骨干来西城区参加培训。12月，区卫生计生委选派18名副高级职称医务人员前往内蒙古自治区乌兰察布市兴和县开展对口支援工作，为当地贫困人口健康体检。

（马　蕊）

【传染病管理】 全年法定传染病发病5938例，发病率430.97/10万。其中无甲类传染病报告；乙类传染病发病2229例，发病率为161.78/10万；丙类传染病发病3709例，发病率为269.19/10万。接报处理传染病疫情284起，其中暴发疫情11起（1起流感暴发、1起诺如病毒腹泻暴发、4起水痘暴发、5起麻疹暴发）；突发公共卫生事件2起（1起狂犬病疫情、1起水痘疫情）；聚集性疫情78起（诺如病毒感染性腹泻疫情4起、手足口病聚集性疫情57起、流感疫情1起、症状监测疫情16起）；散发病例192例（肾综合征出血热1例、伤寒1例、人感染H7N9禽流感排查病例1起、中东呼吸综合征排查病例27例、埃博拉出血热留观病例5例，布病4例、克雅氏病疫情75例、登革热2例、黑热病1例、疟疾73例、罗阿丝虫病2例）；霍乱外环境监测阳性疫情1起。辖区动物致伤门诊处理动物致伤患者16893人。

（马　蕊）

【性病艾滋病防治】 全年完成性病就诊者、社区暗娼、社区吸毒人员、孕产妇女、流产妇女的哨点监测工作共计2316人。29个HIV初筛实验室筛查各重点人群579390人，检出HIV抗体阳性321人次。接待自愿咨询检测者2111人次，检出HIV抗体阳性99人次。开展高危人群和流动人口干预172553人次。随访辖区艾滋病病毒感染者和病人906名，随访检测率99.8%，并100%提供了结核病转介筛查服务。

（马　蕊）

【结核病防治】 全年新登记肺结核病人166人，其中本市126人，外地40人，全年医疗机构病人报告率100%；医疗机构病人转诊率100%；追踪总体到位率94%（499/531）；病人系统管理率100%；病人家属筛查率100%。

（马　蕊）

【地方病防治】 5月，在“碘缺乏病宣传日”进行宣传，提高西城区居民对常见传染病的认知程度。在辖区设有产科的医疗机构针对孕妇每月进行碘缺乏病健康教育。开展针对8至10岁儿童、育龄妇女、成年男性、妊娠妇女的碘营养状况监测。

（马　蕊）

【精神疾病防治】 全区在册精神障碍患者6747人，在常住人口中严重精神障碍患者的检出率为3.852‰，其中6类严重精神障碍患者5158人。全年随访患者21141人次，在册患者管理率78.11%，在册规范管理率77%，在管患者规范管理率98.58%，在管患者稳定率99.91%，在管患者规范治疗率77.21%。持续开展门诊使用基本药品免费治疗严重精神障碍患者，在平安医院开设两个免费服药门诊的情况下，推动社区卫生服务中心建立免费服药门诊，方便患者复诊、取药。年内，有12个社区卫生服务中心精神卫生科开设精神科免费取药门诊。区精神卫生保健所每月向12个社区卫生服务中心配送免费药品，对药品的种类、数量、门诊取药人次数等数据进行统计、汇总并上报区卫生计生委。平安医院通过分片包干机制，指导社区精神卫生科免费服药门诊工作。全区免费服药的严重精神障碍患者累计建册1546人，年内新建册251人；免费治疗费330.77万元；免费挂号4182人次，免挂号费13913元；免费发药12398人次，免药费327.11万元；免费化验、检查1624人次，免检查费22703元。为4名住外区人户分离患者免费报销药费共3280元。全年区内严重精神障碍患者无肇事肇祸情况发生。

（马　蕊）

【学校卫生】 在中小学开展传染

病、视力不良、肥胖、控烟监测。对辖区中小学校开展卫生视导，覆盖率100%。完成6所学校3000余名学生健康体检质量控制。在辖区75所中小学校开展教学环境卫生学检测，检测教室150间，并对检测数据进行网络直报。对辖区6所中小学1000余名学生进行营养与饮食行为状况监测。对全区所有学校开展2次学校无烟环境调查，并在10所学校1857名学生和201名教师中开展学校人群烟草监测。在4所学校开展“北京市中小学体育课运动负荷监测与干预实践项目”终期评估。开展学校传染病管理调查，共收集调查表119份。在中小学校举办“我健康，我快乐，我成长”健康节活动，共征集锻炼照片1116张，控烟随手拍600余张。在辖区中小学校开展专家进校园及“家校携手　共促健康”健康月活动，覆盖率均100%。开展视力不良分级管理，覆盖率100%。对4所试点学校开展健康食堂现场督导。在全区中小学校开展食品安全主题宣传活动，学校通知率100%。开展“西城区儿童慢性疾病早期干预”“小学生营养健康教育”“酒精对特定人群健康的影响”“中国儿童健康与肥胖预防研究”项目等。

（马　蕊）

【慢性非传染性疾病防治与管理】　年内，在慢病综合防控示范区的基础上，继续深入开展全民健康生活方式行动，5家示范社区、3家示范餐厅、5家示范食堂通过验收；完成西城区社区卫生诊断调查工作，其中卫生服务需求调查7.2万人，慢病及危险因素监测9140人；继续在餐饮企业中倡导低盐少油菜品的研发与推广；在全民健康生活方式日、高血压日、世界卒中日、联合国糖尿病日开展主题宣传活动，制作宣传折页6万册；在2个生活社区开展老年跌倒高危人群入户问卷调查及干预工作，制作发放宣传折页1500份；持续加强社区脑卒中筛查、随访、干预及高血压患者自我管理小组（15个）及糖尿病同伴支持（15个）活动；完成4501人的5个癌种高危人群的评估和1871例临床筛查；完成北京市脑卒中高危人群随访7123人；卫计委脑卒中高危人群筛查5510人；肿瘤随访5665人；在职业人群中开展高危人群干预工作，8个全民健康生活方式行动示范创建机构成立8组自我管理小组，参与职工达到150人。与阜外医院、北京市急救中心、展览路医院开展特定人群急性心血管事件医疗救护可及性调查；在一所幼儿园开展儿童安全座椅项目，于辖区一家功能单位开展中国职业人群健步走激励项目。

（马　蕊）

【计划免疫】　全年常规免疫接种175778人次，一类疫苗接种率均100%。学龄前本市儿童、外来儿童建卡建证61320人，建卡建证率100%。落实查漏补种工作，补卡率、补证率均100%。60周以上老年人接种流感疫苗26640人，接种率48.7%；中小学生接种38318人，接种率47.3%。疑似预防接种异常反应上报55例，通过专家组诊断28例，其中偶合症1例、异常反应27例。

（马　蕊）

【职业卫生监测与评价】　全年收到尘肺报告11例，尘肺死亡1例；职业病报告3例（中暑、间皮瘤、职业中毒各1例）；农药中毒2例；尘肺新病例回访率100%。对辖区职业病报告单位开展职业病报告工作督导和信息档案核查。全年换发152个单位个人剂量笔2265人次，开展放射本底监测采样30件。在全区开展主题为“依法防治职业病，切实关爱劳动者”的职业病防治法宣传周活动。对537台医用放射仪器设备进行状态检测，对1845人进行个人剂量监测。

（马　蕊）

【健康教育与健康促进】　利用世界卫生日、世界无烟日、全民健康生活方式日、世界肺癌宣传月等深入社区、学校、医院开展宣传教育活动，制作发放宣传资料37种，2088万份，发布健康教育官方微博2460条，粉丝2627人；设计制作《健康与长寿》报6期共10万份，其他宣传品26种178870份。全年在社区举办健康大课1867场，受众72207人次；在学校、医院、机关、企事业单位组织疾控大课堂10场，受众1643人次。对29家无烟示范单位进行中期验收。在15个街道开展居民健康素养监测，完成居民3465人的问卷调查工作。在30余所幼儿园开展幼儿健康知识传播行动，在20所中小学校开展健康体重传播行动。组织医疗机构健康教育专兼职人员参加北京市健康科普大赛。协助市健促办举办全市一院一品案例交流会。开展控烟卫生监督执法4480户次，合格4207户次，合格率93.9%；执法人员现场劝阻吸烟202人次。

（马　蕊）

【妇女保健】　全年西城区孕产妇人数13593人，系统管理率为96.97%，住院分娩率为99.99%，剖宫产率为42.11%，孕产妇死亡率为7.25/10万。宫颈癌筛查11191人，筛查阳性2人，乳腺癌筛查11524人，筛查阳性12人。婚前医学检查1962人，检出疾病332人，婚检率为5.07%。

（马　蕊）

【儿童保健】　全区新生儿死亡21人，死亡率1.52‰；婴儿死亡34人，死亡率2.46‰；5岁以下儿童死亡42人，死亡率3.04‰。0—6个月母乳喂养率65.72%。新生儿疾病筛查19233人，筛查率100.40%；出生缺陷发生率31.31‰，主要为先心病、外耳及其他畸形、多指（趾）、隐睾和肾积水。0—6岁儿童在册50572人，保健管理覆盖率98.69%，系统管理率94.95%。

（马　蕊）

【计划生育技术管理】　全年计划生育手术例数22047例，手术并发症人数2例，发生率0.91/万。

（马　蕊）

【卫生监督工作】　区卫生监督所内设机构和派出机构的职责进行调整，增强卫生监督执法效能，实现卫生监督工作重心下移，加大医疗卫生执法力度，设立医政监督管理科和4个医疗执法队，各队按辖区划片管理；设立11个派出机构，根据管理相对单位户数在辖区15个街道内设立11个卫生监督站；调整部分职能科室职责，加强业务统筹管理和工作衔接。辖区内公共场所经营单位共有2141户，对2031户经营项目实施了量化分级管理，其中A级单位333户、B级单位1549户、C级单位149户、不予评级0

户、无等级90户。全年完成1073户单位的延续许可工作，其中公共场所745户、二次供水单位328户。全年监督检查15322户次，其中公共场所监督9923户次，覆盖率为98.65%，合格率为98.92%，生活饮用水监督3547户次，覆盖率为98.92%，合格率为99.94%，学校卫生1244户次，覆盖率100%，合格率100%，放射卫生监督598户次，覆盖率100%，合格率100%，职业卫生监督10户次，覆盖率100%，合格率100%。累计依法做出卫生行政处罚281起，罚款合计313330元。其中公共场所处罚141起，罚款216480元；生活饮用水处罚4起，罚款1.5万元；医疗卫生处罚8起，罚款2万元；放射卫生处罚1起，罚款2.9万元；传染病消毒处罚2起，罚款7000元；控烟处罚125起，罚款25850元。对77处现场制售水机监督全覆盖。

（马　蕊）

【卫生监督专项检查】　全区共有注册医疗机构607家，共监督检查3178户次，覆盖率99.34%，合格率99.84%。共实施行政处罚12起。其中罚款10起，金额2.9万元；没收违法所得3443元；警告4户次。共对18家医疗机构实施积分21户次，累计积分35分。开展专项监督检查10次，包括打击非法行医专项治理、医疗广告和互联网保健信息整治专项执法、落实精神卫生法专项检查、“一法两规”专项检查等。

（马　蕊）

【投诉举报】　全年受理投诉举报共计1486起，其中公共场所77起，生活饮用水14起，控烟1119起，医政管理273起，传染病与消毒2起，母婴保健1起。共计立案处罚63起，罚款208080元，处罚户数占已处理起数的4.2%。办理委各部门和市监督所交办事项和群众来信共计140件。

（马　蕊）

【大型活动保障】　年内，完成节假日及大型活动保障共13次。针对元旦、春节、元宵节、清明节、五一、端午节、古尔邦节等节日保障，制定工作方案及应急预案，加大对景区景点周边、繁华商业街区内各类单位的巡回检查力度，确保辖区内公共卫生安全。节日期间，共出动卫生监督员318人次，监督执法车辆71车次，共计监督检查各类单位459户次，未发现违法行为。完成“全国两会”“庆祝五一国际劳动节暨全国劳模和先进工作者表彰会”“第十八届中国北京国际科技产业博览会”“《亚洲基础设施投资银行协定》签署仪式和特别财长会”“田径世锦赛”“9.3纪念活动”6次大型活动公共卫生保障工作。共对接待驻地从业人员开展专业培训9次，受训人员达500余人次。共对驻地及外围重点区域开展巡回监督检查1722户次。

（马　蕊）

【卫生监督人员培训】　年内，开展对卫生监督和动物卫生监督工作人员的培训，并进行考试，计入年度考核。6月1日《北京市控制吸烟条例》开始执行，根据市、区工作要求，制定《西城区卫生局控制吸烟卫生监督执法工作方案》，明确控烟工作职责，分阶段开展控烟执法监督工作。制定协调、例会制度。为保障《条例》的执行，开展控烟培训，协调相关科室、委办局做好控烟前期罚款票据、执法文书的准备。做好卫生监督协管员的年度培训、考核，准备师资，协调医学会对辖区卫生监督协管员开展全年专业知识培训及培训后考核工作。将卫生监督协管培训纳入医学会对医师的继续教育工作，对参加培训的卫生监督协管员记2学分管理。

（马　蕊）

【医疗工作】　全年门诊32388722人次，急诊1487878人次，出院546850人次，病床使用率90.62%，平均住院日（不含精神专科医院）89.92%，住院病死率0.75%，全年住院手术258237人次。

（马　蕊）

【医疗质量管理】　年内，“急诊、病案、护理、血液净化、院内感染、药事管理”六个质控中心在既往工作基础上进一步发展，对区属医院医疗质量施行精细化、常态化、动态化的监管与指导。质控中心共组织开展活动18次，市属三级医院专家委员参与活动21人次，区属医院专家委员参与活动101人次，区属11家公立医院各岗位专业技术人员参加活动约930人次。筹备建立“医学影像（放射）”与“医学检验”两个质控中心。

（马　蕊）

【医院感染管理】　年内，应用医院感染管理信息系统对辖区24所二、三级医院进行监测。组织辖区医院开展北京市院感质控中心培训两次。按照《西城区医院感染暴发应急工作处置工作方案》，扩充了专家库成员。对部分医院发热门诊进行督导检查。组织中东呼吸综合征等相关疾病进行培训、加强院内感染性疾病的管理。

（马　蕊）

【护理工作】　年内，区属医院累计注册护士2155人，执业医师1748人，医护比1.37:1。ICU床位52张。局属三级医院、驻区二级医院继续推进优质护理示范工作，优质病房104个，三级医院病房100%开展优质护理，二级医院开展率超过70%。全区局属医院护理不良事件上报数1081件，整改数1081件，整改率100%。

（马　蕊）

【血液管理】　年内，完成无偿献血123399单位。其中来源于街头献血121694单位，驻区单位献血1705单位。开展献血知识进社区的活动，培训各街道和社区的干部500余人次。

（马　蕊）

【医学教育】　年内，提高继续教育学习覆盖率。进一步提高继续教育学习的管理力度，协调相关部门采取措施提高一级及以下机构人员继续教育学习覆盖率，对不参加继续教育学习而执业的情况，采取有效手段加以约束。召开西城区继续护理学教育和西城卫生局继续医学教育区级认可项目评审会对西城区继续护理学教育项目和继续医学教育项目进行评审。对所有卫生专业技术人员继续医学教育学分和传染病证书实行年审。继续按照由卫计委牵头，医学会、卫生干部培训中心、社管中心相互配合，各负其责的机制。组织毕业生参加住院医师规范化培训。推选优秀人才申报各级各类人才培养项目如北京市优秀人才培养工程、中医“125”人才培养工程等。继续选送业务骨干参加北京市卫生局举办的学科骨干和专业骨干培训。

（马 蕊）

【科研工作】 年内，加强科研项目申报。调动各单位的积极性和主动性，鼓励有能力的单位、个人参与高层次科研项目的竞争。做好首都发展专项基金项目、中医药发展基金项目、西城区可持续发展示范区项目、西城区科技专项等项目的申报工作。继续实施以项目带动人才培养。组织专家对2014年科技新星项目进行结题验收。做好科研项目的管理，重视在研科研项目的督导管理，提高项目按期结题率；加强对在研科研项目的指导，提高科研质量；完善项目配套资助和经费管理的制度与办法。

（马 蕊）

食品药品监督管理

【概况】 北京市西城区食品药品监督管理局（简称西城区食品药品监管局），是市食品药品监管局在西城区负责本行政区域食品（含食品添加剂）、药品（含中药、民族药）、医疗器械、保健食品、化妆品（统称为食品药品）监督管理工作的派出机构，加挂西城区食品药品安全委员会办公室牌子。截至12月31日，西城区食品药品监管局机关共设12个职能科（室）即办公室（财务科）、综合协调科、法规科、食品生产监管科、食品流通监管科、餐饮服务监管科、食品市场监管科、药械市场监管科、药品监管科、医疗器械监管科、保化科、机关党委（人事监察科）。区局下设西城区食品药品稽查大队、西城区食品药品监控中心、西城区食品药品监督管理局政务服务中心和15个街道食品药品监管所。西城区食品药品监管局承担位于天津市境内，占地17万亩的北京市监狱管理局清河分局18家监狱食堂以及食品流通、医院药品的审批、日常监管及应急处置任务。

地址：西城区太平桥大街107号

邮编：100033

电话：66210987

（常 征）

【两会保障工作】 3月3日至15日（全国“两会”期间），全局共出动执法人员1768人次，监督检查2329户次，开展食品药品监督抽检144件。全区食品药品生产活动有序、市场经营和消费秩序平稳，未发生食品药品安全突发事件。

（常 征）

【食药安全宣传】 6月19日，西城区食品药品监督管理局在辖区内以主会场和各街道分会场的方式，开展“尚德守法，全面提升食品安全法治化水平”食品安全主题宣传活动。向辖区群众宣讲食品安全政策、法规，讲解食品安全知识；解答群众提出的食品安全问题；现场演示食品快速检测。活动中发放食品药品安全知识材料4800余份。

（常 征）

【创建国家食品安全城市】 7月15日，区人大常委会副主任马业珠带领区人大代表30余人对辖区创建国家食品安全城区工作进行视察。区食品药品安全委员会办公室主任闫学会向各位人大代表介绍国家食品安全城市的基本标准和目标要求，并从完善我区食品药品安全组织管理体系、组织社会力量积极参与，构建社会共管共建格局、按照三个最严标准，全面履行食品药品安全监督管理职能等方面做专题报告，并对创建工作中存在问题进行分析，明确下一步努力方向。

（常 征）

【食品药品监测】 年内，在育才学校新建食品安全自检室，并向周边中小学食堂进行辐射，对食堂自采的食材进行检测，保障师生身体健康。完善制度、加强培训，在35家药品零售企业建立食品药品社区监测点。区政府划拨5478平方米用于风险监控中心和局机关办公用房，并划拨2000万专项资金进行装修改造。在牛街食药所建立200余平方米的清真肉类食品专业检测室，具备对基因物种进行检测的能力。区食品药品安全监控中心建立健全食品药品安全检验检测体系，提升检验检测能力，完成年度相关检验任务。完成药品监督抽验和监测抽验736件，食品风险监测100件。加强不良反应监测。共上报1421件一般药品不良反应报告表的评价，653件可疑医疗器械不良事件报告的评价。

（常 征）

【食品药品监管】 年内，完成36家药品零售企业现场检查工作和132家药品零售企业跟踪检查工作。加强监管主体覆盖检查，强化市场控制。在完成全年日常监督检查任务的基础上，加大对高风险领域、高风险企业、高风险品种的监督检查频次，推进分级分类监管，超额完成覆盖检查任务。其中药品经营企业覆盖检查率为200%；特殊药品经营企业覆盖检查率400%；医疗机构制剂室覆盖检查率100%；药物临床试验研究机构（GCP）检查覆盖率100%，药物警戒站100%覆盖检查。无菌和植入性类医疗器械生产企业共6家，现场监督覆盖检查率100%；经营高风险3类医疗器械经营企业覆盖检查率100%；保健食品生产企业覆盖检查率100%，保健食品经营企业覆盖检查率128.4%。

（常 征）

【共管共治】 年内，成立由王少峰区长任组长，姜立光、吴向阳两位副区长任副组长的领导小组，成员单位由25个职能局和15个街道办事处组成。经前期摸底调查，区共有无照无证餐饮经营单位407家，主要业态是中小餐馆、小吃店、现场制售摊贩，集中于违法建设、待拆迁区域、住宅楼底商、老旧平房区内。各部门、各街道密切配合，通过宣传动员、集中整治、拆除并转，年内全部予以取缔或规范。为弥补食药执法力量的不足，区政府专题会议研究，将区内专职监察员的编制由45名增至130名，并提高其工资待遇。经过前期公开招聘和集中培训，第一批招录的95名监察员全部上岗。全区261个社区，配齐261名社区食品药品安全监察员，形成一支与社区零距离接触的群众监督队伍。

（常 征）

【宣传培训】 年内，组建食药安全志愿者队伍，深入社区开展食品药品安全宣传和快速检测。探索校政合作模式，从北京一轻职业技术学校引进专业人才，在每个食药所开展快速检测，指导社区食药监测点工作。利用《首都食品与医药》《北京西城报》和各街道刊物，开展食品药品安全科普宣教；利用微信平台、App等媒体，每天推送食药监管信息，由广大消费者对辖区餐饮服务单位进行评价。和《北京青年报》合作，利用其社区报、社区驿站等平台，开设食药安全专栏和专刊，提升社区群众对食药安全知识的知晓率。依托北京市营养源研究所专业资源，引进专家团队及其科研成果，共建食药安全科普宣教基地。与区教委、卫计委携手，在全区中小学校开展“关注食品安全 共促健康成长”的主题宣传，鼓励学生争当食品安全小使者，形成学校、家长共建食品安全的良好氛围。

（常　征）

【餐饮安全示范街创建】 年内，共对4431家餐饮服务单位重新进行了量化分级管理，量化率100%。以牛街清真餐饮企业为重点，并在全区范围内开展创建“牛街清真餐饮食品安全示范街、清真餐饮示范店”活动。坚持“疏堵结合、示范引路、多元参与、群众满意”的思路，在各街道开展餐饮安全示范街创建活动。制定创建工作方案，明确示范街标准，各街道结合辖区情况，选定一条街组织开展创建活动，区食药、工商、城管、旅游、市政市容等部门结合工作职责，重点对示范街内餐饮企业进行宣传动员、培育引领、规范提升，打造餐饮安全示范街食品安全示范店。

（常　征）

【互联网监督执法】 年内，正式成立北京市西城区食品药品稽查大队食品药品网监中心，加强互联网监测水平。完成两起举报人举报一家网站违反相关规定的案件线索进行立案查处，并进行行政处罚，罚没款56442.12元，查处一家企业网上违规销售，罚没款27万元。

（常　征）

【行政审批与抽验】 全局共办理各类食品药品行政许可事项13898件。开展食品安全监督抽检6604件，合格率98.43%，开展药品安全监督抽检756件，合格率99.6%。共查处各类食品药品违法案件478件，罚没款660万元。解决消费者投诉举报3114件，同比增加17.73%，办结率100%。

（常　征）

【各类主体情况】 截至年底，全区共有食品药品生产经营主体18039家，其中食品生产企业18家、食品流通经营主体9118家、餐饮服务单位4496家。药品生产经营企业229家、医疗器械生产经营企业1324家、保健食品生产经营企业666家、化妆品经营企业2188家。全区共有医疗机构582家。

（常　征）

爱国卫生工作

【概况】 北京市西城区爱国卫生运动委员会（简称区爱卫会）是区政府议事协调机构。委员会由56个委员部门组成，委员会下设办公室（简称区爱卫办），负责全区爱国卫生日常工作的开展。年内，爱国卫生工作由区市政市容管理委员会整体划转到区卫生计生委员会，及时完成机构调整，适应角色转化，确保工作步入正轨。全年深入贯彻落实国务院下发的《关于进一步加强新时期爱国卫生工作的意见》，深刻认识新时期开展爱国卫生工作的重要意义，适应新形势新任务，创新工作方法，进一步提高群众的健康意识和健康水平。全年重点推进建设健康城区工作；深入开展城乡环境卫生整洁行动，加大环境卫生基础设施整治力度；贯彻落实《北京市控制吸烟条例》，明确各相关部门责任。积极开展控烟示范单位创建工作，依法开展禁止吸烟监督检查；落实病媒生物防制工作，抓好全区范围内四害密度控制工作；继续开展多种形式的健康教育宣传活动；扎实开展爱国卫生传统工作，坚持开展爱国卫生月和城市清洁日活动，提高爱国卫生工作整体水平。

地址：西城区枣林前街2号

（12月31日迁入）

邮编：100054

电话：83365451

（薛　云）

【病媒生物防制】 年内，区爱卫办继续实施“西城区有害生物防制服务项目”（2010年启动，以区域病媒综合防制为目标，引入专业队伍，建立以公共区域专业防制的区域防护长效机制）。为规范管理，通过招标确定了服务商马氏兄弟科技（北京）股份有限公司。专业公司严格按照合同约定，组织人力、物力，认真开展消杀工作，消杀到位，四害防制有效。组织统一的集贸市场病媒生物防制，使全区30余个集贸市场病媒生物密度得到有效控制，病媒生物密度达到国家规定的控制标准。4月，全区开展以灭鼠为重点的病媒生物防制统一行动，堵塞鼠洞，清除鼠迹，完善防鼠设施。全区共投放灭鼠药590千克，发放鼠盒1万个、鼠站3600个、粘鼠板1万块，灭鼠警示旗4万面。灭鼠期间，区爱卫会还组织开展了灭鼠专项检查工作，各街道都能按照要求开展灭鼠工作，保证投药及时到位。

（薛　云）

【爱国卫生月】 4月，西城区组织开展了以“全民参与爱国卫生　共建共享健康北京”为主题的第27个爱国卫生月活动。通过广泛宣传动员、环境综合整治、清除卫生死角、病媒生物防控、禁烟控烟等多项活动，有效地清除了病媒生物孳生地，改善了城市面貌和居住环境。全区共有中央、市属、驻区部队351个单位、255个社区居委会、18691人次参加了活动。清除、覆盖残标小广告10267条，清洗广告牌匾328块，整治美化大街101条，清运废弃物垃圾68吨，清理卫生死角435处，清理绿地5.2万余平方米，治理居民小区楼门院284个，解决脏乱重点问题51个。全区各街道开展宣传咨询活动百余次，出黑板报135块，发放各种宣传品1万余份。

（薛　云）

【贯彻落实控制吸烟条例】 6月1日，《北京市控制吸烟条例》开始实施。西城区制定贯彻落实《北京市控制吸烟条例》实施方案，健全控烟工作领导机构，主管副区长任组长，成立由区委宣传部等34个委办局组成的控烟工作领导小组，明确部门工作职责。5月15日，召集区委宣传部、区卫生局、区司法局、区文化委、区旅游委、区教委、区城管执法局、西城工商分局、区体育局、区机关服务中心等18个部门的主管领导和15个街道办事处城管科科长，召开贯彻落实条例工作部署会，会上对《西城区贯彻落实〈北京市控制吸烟条例〉实施方案》进行了部署，对实施原则、实施方案、实施步骤以及各相关职能部门职责分工进行了详细讲解，并对下一步贯彻落实条例提出工作要求。为更好地落实《北京市控制吸烟条例》，区爱卫会多措并举、广泛开展控烟宣传活动；开展控烟师资力量培训，组织地区爱卫会和行业监管单位的32名区级师资集中培训，同时按照行业监管和属地管理原则由区级师资组织对辖区内相关单位进行二级培训，培训内容包括《条例》解读、控烟相关知识和执法检查；组织各级力量向辖区所有单位发放《北京市控制吸烟工作手册》、禁烟标识以及宣传海报，发放控烟宣传海报2万余张、控烟宣传折页5万张，发放禁烟标识牌1.2万余块（张），制作宣传控烟内容的环保购物袋5000个、水杯2300个，投入20万元经费制作禁烟标识牌1.2万余块（张），全部发放至15个街道及相关部门。区市政管委利用积水潭桥东北角、车公庄外大街、西便门立交桥西侧3处三面翻广告，刊登北京市统一宣传画，另自行设计了公益广告画面；开展主题宣传活动，以“世界无烟日”为契机，广泛开展形式多样的控烟宣传活动，营造控烟宣传氛围。5月27日，区爱卫办联合德胜街道办事处、区卫生局、区疾控中心、区卫生监督所、区老卫协、医学会、德胜社区卫生服务中心在人定湖公园举办控烟主题宣传活动，德胜环境卫生监督员、保洁员、石油部幼儿园小朋友们共500余人参加，通过各类媒体及时发布相关工作情况，多家媒体的采访，宣传西城区开展控烟执法工作情况。组织全区开展控烟示范单位创建活动，按照《北京市控烟示范单位考核评估标准》，对控烟示范单位进行了中期评估考核。评估组听取了各单位的专项工作汇报，查阅相关工作文档资料，实地考察了禁烟环境建设、控烟宣传情况，着重收集了各示范单位的亮点与特色工作，为全区控烟示范工作的进一步开展提供了经验借鉴。辖区内申报的29家控烟示范单位均通过了中期评估。

（薛　云）

【校园周边烟草销售点整治】　为落实区政府“关于全面取缔幼儿园、中小学校以及少年宫周边100米内烟草售卖点”的指示精神，组织人员对学校周边的售烟点进行了摸排，做好前期宣传工作。向商户发放一封信，做好提前告知工作，安排专人对账上商户进行告知动员，社区配合做好商户思想工作。6月2日至4日，由各街道牵头会同区教委、区烟草专卖局、西城工商分局、西城公安分局等相关执法部门对校园周边烟草销售点开展“清零”整治工作。各地区爱卫会配合各执法部门，由点到面，整体推进“清零”工作。对幼儿园、中小学校、少年宫百米内对无经营许可、销售假烟的烟草销售点发放整改通知书，立即取缔，查扣香烟，要求相关责任人签订不再进行烟草零售承诺书。对有行政许可的烟草售卖商户加强引导。经统计，幼儿园、中小学校、少年宫百米内烟草销售点台账为219家，其中66家无行政许可烟草售卖点全部取缔。152处有行政许可烟草售卖点下架62处，7处限期整改，83处行政许可到期后，不再办理行政许可手续，严格遵守《条例》规定，不向未成年人售烟。金融街、新街口、椿树、牛街、天桥、大栅栏、陶然亭等街道完成台账内全部“清零”工作。

（薛　云）

【单位和居民区卫生】　为推进社区环境卫生长效管理机制的落实，进一步加强社区环境卫生的考核检查，切实提高社区人居环境质量，继续开展“爱国卫生流动红旗”评比活动，在单位、社区开展丰富多彩的爱国卫生活动，提高单位和社区工作的主动参与意识。发挥红旗单位、健康单位、健康社区的示范作用，抓典型带全面。爱国卫生宣传氛围不断扩大、单位和社区工作质量不断提升、室内外环境清新亮丽、病媒生物防制和公共场所禁止吸烟工作有效落实。

（薛　云）

【城市清洁日】　从清洁城市环境入手，遵循“全面整治、重点突破、解决难题、长效管理”的宗旨，在全区开展每月一个主题，每次一个重点的环境整治活动。宣传动员全区各社会单位职工、社区居民和志愿者积极参与，自觉维护城市清洁环境。坚持“政府组织、部门协调、人人动手”的原则，开展爱国卫生清洁活动，城市环境、单位环境、社区环境得到改善，整体水平进一步提高。通过组织“全民参与、共建共享”等公益劳动，使越来越多的群众直接享受了清洁城市带来的成果。全年组织12次城市清洁日及4次卫生大扫除活动，全区有18万余人次、6742个次社会单位（含部队）参加活动，清除残标小广告13.8万余条、清洗广告牌匾3980块，整洁美化主要大街1121条次，清理卫生死角4040处，清理垃圾废弃物、宠物粪便911吨，清整草坪绿地230万平方米，整治脏乱重点问题1342个。

（薛　云）

【城乡环境整洁行动】　按照《北京市爱国卫生运动委员关于落实全国城乡环境卫生整洁行动方案（2015—2020年）的通知》要求，区爱卫会组织全区开展爱国卫生运动及城乡环境卫生整洁行动。根据市、区环境卫生整洁行动方案要求，在全区组织各街道、各部门开展各项环境综合整治行动，对存在的问题集中整治，大力整改薄弱环节，按照属地管理原则，全面推进落实环境卫生整洁行动的各项任务，建立健全环境卫生管理长效机制，全区城乡环境整洁行动工作取得了显著的成效。以巩固国家卫生区复审委为契机，坚持开展不同主题的清洁城市活动和爱国卫生月活动，利用春节、“两会”“五一”等重大活动及节日，组织、动员各部门、各单位和广大居民群众，积极开展清脏治乱活动，对居民区、单位内部等周边地区的环境卫生进行整治，清除卫生死角，巩固爱国卫生和环境清洁大行动的效果。开展病媒生物防制工作，做好除“四害”的宣传教育工作，科学开展病媒生物密度监测。坚持环境卫生综合整治与药物消杀相结合，专业队伍消杀与群众参与相结合，突击行动与经常性消杀相结合。在居住区、公共绿地、重点行业、地下设施等重要区域加强环境清理，及时清除“四害”孳生环境，降低病媒生物密度。开展健康教育，把不断提高市民健康素养作为环境整洁行动的前提和基础，围绕群众健康需求和卫生防病工作重点，开展多种形式的健康教育与健康促进工作。结合卫生行业特点开展世界无烟日、爱牙日、高血压日等健康科普宣传活动，普及健康生活理念，提升市民健康素养和生活质量，传递健康信息，弘扬健康文化，引导群众改陋习、讲文明、讲卫生、爱环境。

（薛　云）

【冬季灭冬蚊活动】　按照市爱卫会工作统一部署，2月1至15日，区爱卫会在全区范围内组织开展消杀越冬蚊活动。制定消杀越冬蚊工作方案，明确各相关部门职责，向全区下发《西城区关于开展统一消杀越冬蚊活动的通知》；召集各地区爱卫会及相关部门进行专门部署，要求各街道及有关部门广泛发动群众做好灭越冬蚊宣传动员工作。为保证防制工作取得实效，区爱卫会为街道、社区配备了灭蚊蝇喷雾器及灭蚊蝇药品。本次消杀越冬蚊以人防工程、居民区、宾馆饭店、医院、学校、车站、公园、建筑工地、市政下水管道和其他越冬蚊孳生场所为重点。各街道对辖区内的地下室和绿地以及居民生活区周边下水道喷撒灭蚊蝇药水，动员辖区单位开展灭蚊蝇活动，确保此次全市冬季统一消杀越冬蚊活动的效果，为夏季减少蚊蝇的滋生，打下了良好的基础。

（薛　云）

【建设健康城区】　截至上年底，全区创建218个健康社区。按照市爱卫会通知，2015年健康社区建设工作以强化管理为主，要求按照2014年度健康社区考核细则，做好本区域内健康社区的核查工作，由市爱卫办组织专家按照比例进行抽检复审。区爱卫办按照要求组织15个街道爱卫办开展核查和督导检查，现场听取工作汇报，抽查社区档案资料。11月23日，市爱卫会组织专家抽取西城区4个街道的11个社区进行了核查，全部合格。根据市爱卫会要求，继续在全市统一开展健康示范单位建设工作，年内申报中国地震台网中心和什刹海街道办事处2个单位参与创建工作。10月29日，北京市爱卫办专家组到西城区验收中国地震台网中心和什刹海街道办事处。市专家组听取了申报单位的工作汇报，查阅各单位落实职工健康教育、健康宣传、健康体检、文体活动，限盐少油、控烟戒烟、病媒防制、绿色节能、合理膳食、保护职工权益等各方面的相关文件和资料，并现场查看了职工健身场所、食堂、外环境等硬件设施。专家组一致认为西城区的申报单位高度重视、区级各部门积极协调配合，能够开展丰富多彩的学习和交流活动，对西城区“健康示范单位”创建工作予以肯定。通过健康创建标准的实施，以及考核评估，年内，全区成功创建北京市健康示范单位2个，218个健康社区抽检合格，重新予以命名。

（薛　云）

（责任编辑　郝慧芳）

社会生活

民政工作

【概况】 西城区民政局（简称区民政局）是西城区开展民生工作的重要部门，主要承担着社会保障、社会事务管理、基层政权建设、服务国防建设4个方面的职能。区民政局内设办公室、人事科、社区办、社团办、优抚科、安置办等16个行政科室，低保中心、捐赠中心、福利企业生产管理办公室等30个事业单位，在职人员452人。年内，区民政局抓住“十二五”规划收官和“十三五”规划谋篇布局的关键时期，以改革为动力，以保障和改善民生为主线，聚精会神、真抓实干，确保各项工作任务的完成。获得全国和谐社区建设示范单位、全国第二届结婚登记颁证技能比赛三等奖、北京市民政工作绩效管理考评优秀单位、西城区优秀党建创新项目等荣誉称号；社区协商共治机制建设获“2014年度中国社区治理十大创新成果”提名成果奖；在纪念中国人民抗日战争暨世界反法西斯战争胜利70周年知识竞赛中获优秀组织奖。

地址：西城区裕中西里28号

邮编：100029

电话：82282998

（王星星）

【最低生活保障】 年初，完成2015年度低保标准调整工作，低保标准由原来650元调整到710元。截至年底，全区共有低保家庭11278户18642人，发放低保金15558.28万元。开展全区低保家庭每月入户核对和网络公示工作，有效抵制了骗保行为，全年撤销违规享受低保待遇家庭798户1679人。开展全区低保档案检查，规范各街道低保工作基础资料管理。

（王星星）

【社会救助】 年内，贯彻落实《社会救助暂行办法》，出台《西城区城市特困人员供养实施办法》《西城区关于进一步完善临时救助制度的通知》《西城区城市特困人员医疗救助制度实施办法（试行）》《西城区关于开展因病致贫家庭医疗救助有关问题的通知》等文件，对社会救助工作进行制度规范。建立社会救助监督检查长效机制，对街道社会救助工作进行分类督导，引入第三方机构，通过政府购买服务的方式对街道进行社会救助工作绩效评价，提高基层社会救助工作水平。区综合救助工作采取“一门受理、协同办理、快速响应”机制，畅通跨部门协调“急难”事项的渠道，确保困难群众求助有门，为困难群众提供及时、有效的救助。全年实施临时救助4695户8378人，使用资金1065.5万元，开展医疗救助18563人次、使用资金2557.63万元。特困供养417人，支出经费167.05万元；两节慰问各类人员71983人（户），支出资金3449.29万元。

（王星星）

【流浪乞讨人员救助】 全年救助流浪乞讨人员1938人，出动巡视人员16201人次。完成城市管理全响应派发案件2132件。全年零投诉，案件完成率100%。发挥救助联席会制度，联合公安、城管、卫生、街道对全区重点地区、重点时段环境进行综合整治，大规模压缩职业流浪乞讨空间。委托专业社工机构开展专业救助服务，推进流浪乞讨人员救助社会化。

（王星星）

【社会捐赠和慈善公益事业】 全年开展各项助学、扶老、助残、助困慈善救助项目支出1005.92万元。慈善与救灾、社会救助工作有效衔接，实现困难家庭高等教育新生入学救助与区慈善协会的“爱心成就未来”慈善助学项目相对接、医疗救助与区慈善协会的“春雨行动”大病救助项目的对接。区域内25家慈善公益组织上线运行。联合区慈善协会、社区、公益组织等举办“公益慈善+”的宣传活动，建立接触慈善、认知慈善、参与慈善的平台，社会各界参与慈善事业的意识有所提升。金融街街道社区“慈善帮扶站”试点工作取得阶段性成果。探索建立政府部门之间、政府与慈善组织之间的商洽机制。组织开展全区“共产党员献爱心”活动，接收捐款305.3万元。公示2014年联合募捐账目，通过“爱在西城”颁奖典礼的形式对2013至2014年度西城区公益慈善先进个人、团队和项目进行表彰。推进敞开收捐工作，增加捐赠站点，全年接收衣物70240件。组织开展2015年联合募捐，开展“冬衣送暖”募捐月活动，接收捐赠棉衣被

88758件。慈善超市建设取得新成效，有3家慈善超市与市慈善超市总公司签订了连锁协议。

（王星星）

【为老服务】 年内，国家养老服务业综合改革试点区建设取得新进展。新建7个养老照料中心，全区养老照料中心达23个。制定《西城区街道级养老照料中心运行管理办法》，对养老照料中心服务管理进行监管。探索养老照料中心辐射居家养老服务，已有养老照料中心辐射居家养老服务项目10大类72项，受惠人群达17.8万余人次。探索建立高龄、失能居家养老服务补贴制度，推进经济困难失能、高龄老人的养老服务评估。贯彻落实《北京市居家养老服务条例》，以目标责任书的形式明确成员单位的责任。推进市养老助餐服务体系建设试点工作，在西城养老餐桌建设体系基础上，发挥西城区饮食行业协会的行业优势，统筹推进覆盖全区的营养餐体系建设，确定10个街道、13个试点建设项目。开展养老机构星级评定，12家养老机构获得服务质量星级。推进公办养老机构社会化服务，全区共有28家养老机构和养老照料中心实现社会化运营，“公办（建）民营”的比例达到70%。定期对养老服务机构进行安全检查。至年底，全区已有养老机构41家，养老床位3011张。开展低保家庭生活不能完全自理老年人认定及补贴发放工作，认定低保老人49名，拨付生活费47.3万元。

（王星星）

【第九届社区居委会换届选举】 年内，完成第九届社区居委会换届选举，260个社区参加此次选举，户代表选举率为63.1%，比全市高出23.1个百分点；党组织书记和居委会主任“一肩挑”197人，占75.8%，比上届提高0.5个百分点；本地化率达到47.8%；新一届社区居委会产生公益委员545人。

（王星星）

【社区治理创新】 年内，通过购买社会组织服务的形式，与中关村博硕人才与市场经济研究院合作，制定推进社区“参与型”协商治理项目三年实施计划，先期重点打造60个试点社区。推进社区减负增效工作，梳理完成全区社区工作目录清单，在天桥等5个街道17个社区开展社区工作准入试点。按照便于管理、便于服务、便于居民自治的原则，指导德胜、陶然亭、天桥、展览路、月坛等街道推进社区治理创新试点工作。成功申报第三批全国社区治理和服务创新实验区，制定了2015—2018年三年行动计划，开展“三社联动”项目（社区、社会组织、专业社工）。调动专业社工事务所力量，深度参与社区建设，推进专业社工助推社区社会组织发展即“1+1”助推工程。“心动力”“社区营造计划”“残障人士困难家庭帮扶计划”等项目获得市局资金支持。推进“六型社区”建设，28个社区成功创建“六型社区”。与区委组织部、区社会办等部门共同举办新一届社区书记、主任培训班，组织89人参加全市第九届社区居委会主任培训班，社区基层队伍能力得到有效提升。推进社区工作者“本土化”，公开招考330名本地社区工作者。

（王星星）

【社区服务】 年内，在德胜、新街口、金融街、广内、广外5个街道利用“三社联动”机制推行联动式社会化运营。组织签约服务企业承接政府和相关部门的服务项目委托，通过统筹协调整合区级签约服务商56家、三项为老服务商34家及社区公益性服务组织1600余家。社区服务热线与12341政府热线对接后，提供服务7898人次。“慈善北京、爱在西城”为民惠民服务品牌活动实现公共服务、便民服务、志愿服务、福利服务在社区的有效对接，全年举办主题宣传服务活动30场，参与服务的志愿者1000余人，累计提供服务超过1.2万人次。至年底，全区社区志愿服务注册人数为189461人，占户籍人口的14.32%。

（王星星）

【社会组织建设和管理】 年内，制定《关于扶持社会组织发展和激发社会组织活力的指导意见》，推进政府向社会组织购买服务工作。全区政府购买服务达到93项，购买资金支出2366万元。完成行政许可事项119件，新增社会组织49家，其中直接登记占新增总数的55%。完成414家社会组织年检工作。备案社区社会组织达到2420个。撤销26家社会组织；对8家连续两年未年检的社会组织实施立案；向166家未按规定参加年度检查的社会组织送达了《催检通知》；联合区公安消防支队等部门对35家违法违规的民办幼儿教育机构开展安全检查。重新修订社会团体、民办非企业单位和社区社会组织规范化建设评估指标体系，将评估经费纳入财政预算，落实经费19.5万元。按计划完成59家社会组织、84家社区社会组织的评估工作。出台《西城区2015年街道社会组织管理工作的意见》深化1+1助推工作。投入专项资金84万元实施84个助推项目。

（王星星）

【优抚工作】 年内，发放一次性抚恤金3000万元。为优抚对象发放困难补助15.7万元，义务兵慰问奖励12.84万元。投入25万元开展军地两用人才培训。为伤残警察换发伤残证96件。完成庆祝“纪念中国人民抗日战争暨世界反法西斯战争胜利70周年”系列活动组织工作，为辖区抗日老战士发放抗日纪念章34枚和慰问金、为抗日烈属发放慰问金174.9万元，为伤残抗战老战士配发电动轮椅等伤残用品140件，支出经费132.125万元。协调陶然亭公园做好高君宇烈士墓修缮工作，支出41万元，组织“烈士公祭仪式”，区四套班子及驻区部队、老战士、烈属代表及各界群众代表350人参加。

（王星星）

【安置工作】 年内，接收退役士兵358人，其中7人异地进京，全部完成安置工作。拓宽退役士兵就业安置渠道，与相关用工单位协调，组织专场招聘会，搭建双向选择平台。协调区编办、区人力社保局等相关单位，为18名退役士兵争取事业编制岗位。

（王星星）

【军休管理服务工作】 年内，接收军休干部140人，接收无军籍职工111名。为新接收的军休干部开通就医绿色通道，组织全体军休干部定期体检、健康疗养；做好军休干部房屋、公共区域的维修保养和房改售房工作；准确核算军休干部工资、丧葬费、抚恤金和各种补助补贴，确保生活待遇落实无误、拨付经费及时准确。结合抗日战争胜利70周年，举办系列主题活动，成立军休干部红色宣讲团。举办军休工作者素质能力提升培训班，常见业务流程培训等，提升军休干部的服务能力。按照市局军休所星级评定工作安排，完善各所软硬件设施建设。

（王星星）

【福利彩票销售】 年内，全区244个销售站，共销售福利彩票3.89亿元，同比增长4.94%。

（王星星）

【福利企业生产管理】 年内，新安置残疾人就业45名，全区13家福利企业有残疾职工227名。搭建企事业单位与福利企业的帮扶合作平台，达成3项对口帮扶项目。

（王星星）

【婚姻登记管理】 全年办理婚姻登记28674对，办理收养登记1件，开具（无）婚姻登记记录证明17322件，成功创建国家4A级婚姻登记机关。代表北京市参加“第二届全国婚姻登记颁证技能比赛”，取得优异成绩。开创高峰日分散办公新模式，增设机动颁证点为居民提供便利服务；为老年人、残疾人和危重病人等特殊群体提供上门业务30次；开展“延长办公时间”服务，上午提前半小时上班，缓解开门前的“扎堆儿”现象；针对公租房租金补贴需要婚姻证明的情况，联合区住保办深入街道、社区开展咨询和办理服务事项；与12341西城区政府服务热线对接，提高群众办理婚姻登记业务的效率；定期开展“婚姻家庭大讲堂”活动，宣传婚姻文化、普及婚姻家庭知识。

（王星星）

【殡葬管理】 年内，组织清明节殡葬宣传月活动，倡导生态殡葬。联合市局综合执法监察大队、区发改委、区卫生局、区城管执法监察局等部门对辖区医疗机构太平间的规范管理、多家医院周边的殡葬用品销售网点进行执法检查，对殡葬行业开出首张行政处罚决定书。完成无丧葬补助居民的丧葬补贴审批工作，受理通过审批453例，发放资金226.5万元。

（王星星）

【行政区划】 年内，完成西城区平安边界创建工作，对跨界生产建设项目明确界限划分，排查纠纷隐患。完成第二次全国地名普查工作相关信息录入工作。配合市局完成首都功能核心区行政区划调整成果调研工作。

（王星星）

【见义勇为工作】 年内，新确认见义勇为人员5名。为见义勇为人员办理公园年票、乘机和博物馆门票等优待证件，对见义勇为人员开展走访慰问、组织健康体检、疗养等，保障见义勇为人员的合法权益。

（王星星）

【孤儿安置】 年内，认定散居孤儿24名，拨付生活费30.52万元。协调大栅栏街道解决成年孤儿的住房、工作、生活等问题，确保成年孤儿早日融入社会大家庭。

（王星星）

【地退人员的服务保障】 年内，按照退休人员福利费、管理费使用有关规定，委托专业服务组织，将两节慰问、日常走访等服务工作社会化，为地退老人提供入户服务。

（王星星）

【防灾减灾】 年内，借助部委、高校、研究院、社会组织等“智能外脑”，开展中心城区防灾减灾工作研究。按照《综合减灾示范街道标准》，全面推进“一街一特色”的创建工作。全区有41个社区申报创建综合减灾示范社区（全国5个、北京市36个）。“5·12”国家减灾日宣传活动由主会场、8个活动展区和博物馆参观体验三大部分组成，防灾减灾意识深入人心。“10·13”国际减灾日，围绕传播防灾减灾知识的主旨，开展进公园、进学校、进社区、进企业系列活动，收到了“教育一人、收益一家、带动一片”的社会效果。通过适时征用社会捐赠、仓储、物流资源以及代储物资的形式，基本形成区、街道、社区三级救灾物资储备布局。同时，统筹规划社区灾害应急避难场所，形成国家地震局标准专业避难场所8个，一般性的应急避难场所556个。为部分街道安置紧急救援亭，配发四轮救援车、救援队医包、拉杆箱等流动医疗救护设备。灾害应急救助队伍建设形成了灾害信息员、专业救援队、志愿救援队、救助服务人员以及其他救灾救助工作人员的梯次配备，同时，搭建了灾害应急救助队伍信息化平台建设，开展灾害模拟演练和知识培训。

（王星星）

【调查研究】 年内，成立“十三五”规划编制工作领导小组，抽调专门人员，协同第三方研究机构，高站位谋划“十三五”时期西城民政工作。领导班子带头到基层调研百余次，全局形成调研报告30篇，其中局领导调研报告7篇。在特殊群体救助、养老服务、社会组织发展等方面找出问题和差距，提出具有可操作性的改进建议和工作措施，部分调研已经转化为工作成果。

（王星星）

【信访和安全稳定】 年内，采取定期接访和约访等形式畅通信访渠道，初信初访化解率达到90%以上。落实养老机构、社区服务中心、福利企业和救灾物资储备库等单位消防安全管理，责任到人，平时不定期抽查，重大节日、重点时间段全面检查，排查隐患，确保全年的安全稳定。

（王星星）

消费保护

【概况】 北京市西城区消费者协会（简称区消协），是隶属北京市工商行政管理局西城分局的社会组织，内设投诉与法律事务部，消费指导部，组织宣传部，办公室。有在职人员19人。下辖11分会。年内，区消协围绕“携手共治·畅享消费”年主题，在辖区内着重加强《中华人民共和国消费者权益法》（简称《新消法》）的宣传，营造科学、节能、环保、和谐的消费气氛。遇有重大事件发生，协会都及时向消费者发布消费警示；遇有消费高峰时，协会做到事前向消费者发布消费提示，全年协会共发布消费提示、警示7篇；撰写典型案例4篇。协助政府职能部门做好听证和座谈会工作，开展消费调研，撰写调研报告1篇。

地址：西城区羊肉胡同120号

邮编：100034

投诉电话：66168698

办公电话：66168702

（周振刚）

【受理投诉情况】 全年共接待消费者咨询、投诉5874件，调解成功1766件，为消费者挽回经济损失116万余元；接待消费者来电、来信、来访18000余人次。

（周振刚）

【“3·15”宣传咨询活动】 年内，围绕“携手共治·畅享消费”年主题，开展“3·15”系列宣传进社区、进企业、进校园活动18次，惠及900余人次，发放宣传材料4000余份。区消协与分局消保科、月坛分会在社会路社区，为“夕阳红”老年消费纠纷服务站举行揭牌仪式。大栅栏分会与工商所在椿树园社区，开展“携手共治·畅享消费”活动。天桥分会在重点社区，开展“了解需求，征求意见，服务广大消费者”活动。展览路分会与工商所，在世纪天乐国际服装批发市场，开展“讲维权，识假货，优化区域消费环境”活动。西长安分会与工商所，与10余家婚庆公司，开展“送法律，送服务”活动。牛街分会与工商所，在洪记小吃店，开展“送法律与消费者和谐共处”活动。新街口分会与工商所，在北京世纪万特国际珠宝公司，开展“3·15”法制宣传活动。区消协与分局消保科，在北京奇虎有限公司，为区内“绿色消费通道单位”挂牌。区消协与分局消保科，在北京启喑实验学校，开展“普法教育进校园”活动。

（周振刚）

【培训经营者】 年内，区消协与分局消保科，对广安门、西单地区的经营单位进行《新消法》《侵害消费者权益行为处罚办法》的培训。德胜分会与工商所，对国美、大中的大型家电经营单位进行《新消法》培训，指导其处理与消费者的消费纠纷。

（周振刚）

【消费课堂】 年内，在同仁堂消费教育学校，举办消费课堂22次，普及消费知识，倡导科学消费理念。在铁二区、建功南里社区，开展消费课堂进社区活动，引导居民环保消费。

（周振刚）

【推荐天然气听证会代表】 10月13日，区消协推荐2名消费者代表参加北京市发改委召开的天然气听证会，并代表全市消费者做听证发言。

（周振刚）

【推荐化妆品座谈会代表】 12月8日，区消协推荐2名消费者代表参加市卫计委、市消协召开座谈会，就某洗发水产品添加剂质量问题发表意见。

（周振刚）

居民生活状况

【居民收入及职工收入】 年内，全区居民人均可支配收入67492元，剔除价格因素比上年增长6.2%。全区居民人均工资性收入42566元，比上年增加2477元，增长6.2%。

（张　琦）

【居民支出】 年内，全区居民人均消费支出43595元，剔除价格因素比上年下降0.8%；人均转移性支出4775元，比上年增长14.9%。人均社会保障支出3119元，比上年增长27.7%。人均借贷性支出1073元，比上年下降29.5%。人均消费支出中：食品烟酒支出9352元，比上年下降2.2%；衣着支出2661元，比上年下降5.5%；生活用品及服务支出2575元，比上年增长1.1%；医疗保健支出2495元，比上年下降7.0%；交通通讯支出5556元，比上年下降0.9%；教育文化娱乐支出5716元，比上年增长1.3%；居住支出13749元，比上年增长8.4%；其他用品和服务支出1493元，比上年下降8.2%。居民人均转移性支出中：交纳的个人所得税1042元，比上年增长13.6%；赡养支出519元，比上年下降10.6%。

（张　琦）

【食品烟酒消费支出】 年内，居民人均食品烟酒支出9352元，比上年下降2.2%；食品烟酒支出占全部消费性支出的比重为21.5%，其中烟酒类增长2.3%，饮料增长1.0%，食品类下降

3.3%，饮食服务类下降1.9%。

（张　琦）

【衣着消费支出】 年内，居民人均衣着消费支出2661元，比上年下降5.5%，衣着支出在消费性支出中所占比重为6.1%。分类别看：衣类下降5.1%，鞋类下降6.6%。

（张　琦）

【生活用品及服务消费支出】 年内居民人均生活用品及服务支出25754元，比上年增长1.1%，占消费支出的比重为5.9%，其中购买家具及室内装饰品支出455元，比上年下降1.3%；家用器具支出476元，比上年下降15.8%；家用纺织品支出192元，比上年下降4.1%；家庭日用杂品支出589元，比上年下降3.2%；个人用品支出504元，下降0.5%；家庭服务支出359元，比上年增长69.9%。

（张　琦）

【医疗保健支出】 年内，居民人均医疗保健支出24956元，比上年下降7.0%，占消费性支出的比重为5.7%。其中医疗器具及药品支出1116元，比上年下降7.1%；医疗服务支出1379元，比上年下降7.0%。

（张　琦）

【交通和通讯消费支出】 年内，居民人均交通和通讯支出5556元，比上年下降0.9%，占消费性支出的比重为12.7%，交通支出3915元，比上年下降6.6%，其中交通工具1109元，比上年下降36.1%；交通费支出1262元，比上年增长31.8%；交通工具用燃料支出846元，比上年下降10.7%。交通工具使用及维修699元，同比增长26.4%；通信支出1641元，比上年增长16%，其中通信工具支出553元，比上年增长32.1%，通信服务支出1087元，比上年增长9.3%。

（张　琦）

【教育文化娱乐支出】 年内，居民人均教育文化娱乐支出5716元，比上年增长1.3%，占消费性支出的比重为13.1%，其中教育支出1117元，比上年增长9.9%，文化娱乐支出4598元，同比下降0.6%。

（张　琦）

【居住条件】 年内，人均住房建筑面积为21.4平方米，比上年减少0.5平方米。自有住房占房屋产权的比重为66.7%，比上年减少0.1个百分点。

（张　琦）

（责任编辑　马忠良）

街　道

概　述

西城区划分为德胜街道、什刹海街道、西长安街街道、大栅栏街道、天桥街道、新街口街道、金融街街道、椿树街道、陶然亭街道、展览路街道、月坛街道、广安门内街道、牛街街道、白纸坊街道、广安门外街道15个街道，261个社区（年内，增加4个社区。其中：陶然亭街道将新兴里社区划分为：新兴里第一社区、新兴里第二社区、新兴里第三社区。月坛街道将三里河社区划分为：三里河第一社区和三里河第二社区；德胜街道将德外大街东社区划分为：德外大街东社区第一居委会，德外大街东社区第二居委会）。各街道设工委和办事处，对辖区内社区建设、城市管理、社区服务、社区卫生、社会治安综合治理、精神文明建设、经济发展等工作具有管理、监督、检查、协调、服务的职能，对地区性、社会性、群众性的工作负全面责任。街道工委作为区委的派出机构，根据区委的授权，对辖区政治、经济、行政工作和社会组织实行政治领导，按照2011年街道三定方案，街道工委必设科室7个，分别为工委办公室、组织部（社会工作党委办公室）、宣传部（精神文明建设委员会办公室）、人民武装部（民防科）、社会治安综合治理委员会办公室、维稳办、信访办公室；街道办事处作为区政府的派出机构，代表区政府对街道辖区依法行使行政管理职权。街道办事处必设科室11个，分别为办事处办公室、人事科、财政科、人口和计划生育办公室、社会建设工作办公室、劳动和社会保障科、民政科、城市管理科、安全生产办公室、住房保障科、公共服务科。此外，各街道还设有监察科、工会、共青团、妇联等不占机构数科室。除必设科室外，各街道结合地域情况及工作特色设自设科室，如民族宗教科，全响应工作办公室等。15个街道均建有社会保障所及社区服务中心2个科级事业单位。

街道在疏解非首都功能的统筹作用进一步发挥。按照市“十三五”规划及市、区任务要求，各街道发挥属地职责，加大群租房、地下空间整治力度，综合运用房屋管理、环境整治和基础设施建设等方式推进人口规模调控；与工商、城管、公安等执法部门一起，下大力气整治无证无照“七小”业态，依法取缔规范“七小”门店1351个。统筹协调“动批”市场4家产权单位制定方案，加快疏解步伐，累计完成20.6万平方米疏解任务。东天意和部分西天意市场疏解工作按时完成，西单文化广场地下商市场如期闭市，报国寺、福丽特等市场实现业态升级。截至年底，区流管平台登记流动人口24.6万人，比年初减少5.5万人。

各街道环境治理工作成效显著。按照区政府工作要求，推进“拆违、灭脏、治污、清障、治乱、撤市”六大战役工作，拆除违法建设2797处7.6万平方米，保持新生违建“零增长”。完成7300户居民清洁能源改造，拆除规范提升21个环境问题突出的市场，城市乱象得到有效遏制。推动52片棚户区改造任务，做好群众政策宣传和矛盾化解工作。

街道民生服务工作进一步加强。15个街道完成办实事计划148项。新建28个垃圾分类小区，更新老旧危险电梯61部，实现18栋老楼通暖。新增百姓生活服务中心10个，便民菜店10家，早餐经营规范店17家。截至年底，全区新建和改造提升15个百姓生活服务中心，已建成便民菜店81家，北京市早餐示范店120家，西城区早餐规范店121家；生活性服务业网点规范化、品牌化、连锁化比例已从上年的22%提升至47%。截至年底，全区共打造67个一刻钟便民服务圈，实现了一刻钟社区服务圈全覆盖。

网格化精细管理在重大活动中成效显著。年内，继续深化“全响应网格化”工作。中国人民抗日战争暨世界反法西斯战争胜利70周年纪念活动和世界田径锦标赛期间，各街道按照区委区政府安排，进一步强化网格化防控体系建设，把安全保维稳任务落实到网格，责任压实到网格，力量配置到网格，问题解决在网格，实现以面保点。落实“实名制”力量配置，按照网格化防控要求，制定详细的专业力量、职业力量和志愿者力量勤务部署方案，逐一确定群防群治力量配置标准和任务分工。“9·3”纪念活动当日，15个街道、65个委办局6200

名机关干部参与“9·3”集结疏散保障任务，确保集结疏散服务保障任务圆满完成。

社区建设不断深入。区委办、区政府办印发《2015年西城区进一步推进社区治理创新试点工作方案》，重点推进区域化党建、多元性自治和开放式服务。试点范围涉及9个街道62个社区。在社区党建方面涉及一委多居、加强社区党组织的力量、抽调选派干部到社区、社区纪检改革等内容；社区多元民主自治方面涉及社区居民代表会议及常务会议制度、社区协商机制、合理设置社区辐射范围、推进社区工作者本地化、探索优化社区居委会专业委员会设置等任务；社区服务方面涉及“多居一站”、整合服务资源、发挥社会组织作用、调整完善社区延时制度、全科服务等任务。完成9个市级社区规范化建设示范点建设、5个市级老旧小区自我服务试点建设，推进完成16个智慧社区试点社区的升星和第三批50个试点社区的争创工作。

（贾冬梅）

德胜街道

【概况】 德胜街道位于北京市西城区的东北部，与朝阳、海淀、东城三区接壤。辖区面积4.14平方公里，有24个社区居委会，探索“一委多居”的社区治理模式，将德外大街东社区划分为：德外大街东社区第一居委会，德外大街东社区第二居委会。户籍人口131023人，流动人口18010人；中央单位219个、市属单位192个，高等院校2所，中学6所，小学6所，幼儿园5所；卫生医疗机构7个；公园4个。辖区内有回族、满族等37个少数民族，7000余人，是北京市13个重点民族街道之一。辖区内有5090余家企事业单位，包括中国工程院、孔子学院总部、中国交通建设股份有限公司、国家核电技术公司等多家中央单位，以及法源清真寺、民族团结幼儿园、民族团结小学等民族特色单位。全年财政收入18204万元，支出18166万元。内设科室31个。街道行政编制121人，事业编制76人，工人4人；年内新增复转军人2人，大学生2人；退休5人。年内，街道获全国文明单位、全国和谐社区示范街道、2013-2015年度北京市安全生产先进单位、2015年北京市安全生产月活动最佳实践活动奖等称号和奖项，14人获区级以上先进个人称号。

地址：西城区教场口街9号院丙9号

邮编：100120

电话：82060677

（杨 林）

【城市管理】 年内，配合市区政府完成北广社区4栋楼居民回迁工作，黄寺大街“增绿添彩”工程、五路通街改造，什坊街4-5号楼院、北三环中路12号院整治改造等工作，协调市区相关单位完成东滨河路道路大修、345公交车站整体迁移、炭厂胡同1号楼等10栋楼房节能保温、五路通街地下管线改造、六铺炕街和新康街2条达标道路改造、北三环大森林酒店西侧环境整治、西师附小等3所学校校园周边整治等工程。综合改造新外大街28号院、五路通北街3号院等老旧小区8个；打造新明胡同精品街巷，改造弃管绿地8块3348平方米；完成人定湖3号楼等拆违复建8处、新风南里绿化补植、教场口街周边树池改造、冰窖口西口绿化美化整治提升、六铺炕街及六铺炕一、二巷改造等项目。组织拆除违法建设184处3084平方米，完成人定湖3号楼、裕中西里2号楼等拆违复建8处。规范露天烧烤大排档80余处，清理僵尸车3辆、废弃自行车800余辆，取缔超时经营早餐车2处，规范再生资源回收网点34处，整顿店外经营、占道经营行为1000余次；清理德外二小门前、安定医院西侧、五路通街等脏乱点50余处，拆除违规指路牌、广告牌320余块。对天秀市场撤市工作进行调查摸底，完成门前三包责任书签订1181家，实现地区门前三包全覆盖；对老旧楼房、院落全面摸排，制定德胜地区3年棚改工作计划；完成煤改电109户，实现地区“无煤化”；检查施工场地60余次，协调解决工地纠纷3次。摸排统计老旧机动车（黄标车）辆1306辆、地区公共建筑能耗限额管理楼宇44栋。改造旱厕2个，摸排上报无路灯老旧小区10个，完成环境大检查浸染源排查319处。全面开展禁烟工作，摸排幼儿园、中小学校、少年宫及其周边销售烟草制品等单位28家，取缔下架13家，规范经营行为15家；完成4个新建垃圾分类小区的物资配备、厨余垃圾清运对接工作，新建垃圾分类桶站点50个，垃圾分类小区日分拣量235桶，分拣厨余垃圾7.4万桶，检查338组桶站点7600余次。

（杨 林）

【社会建设】 年内，推动实施“德邻计划”，以构建安宁、温馨、和谐的邻里关系，提升德胜人家园意识和共治能力为目标，发布45个居民身边的实事项目，发动地区单位、社会组织、居民依照不同资源和兴趣参与社会治理；围绕“党统共建、政治共议、经济共赢、群团共创”目标凝聚共识，通过社会领域党建、城市环境建设、灾区慈善救助、军地双拥共建等工作载体，推进地区统战人士、科技园区协会、商会、人民武装以及工会、共青团、妇联等人民团体参与社会管理和公共服务。推进“德胜街道和谐家庭特色计划促进项目”实施，拓展温馨家园功能，在为老、助残、帮困等多领域协助引进社会组织，提供更加专业的服务和管理支持；发展地区314家社会组织，实现全部网上备案，引进西城区社区工作者联合会专业社会组织，派驻专业社工到社区工作，指导社区社会组织规范化建设，建立活动制度、组织章程，协助居民组织策划各项活动；街道“全响应”指挥平台办理非紧急救助案件540件，收集社区上报民情日志69055篇，完善智能化社会服务管理平台及指挥中枢系统建设等信息化项目；以自治善治为重点，指导社区成立居民议事厅，确定执法力量网格工作日制度，出台《德胜街道社区难点问题上报督办办法》，修订完善社区《居民公约》和多种邻里约定，落实“参与式协商”基层民主自治模式试点工作，继续创建规范化示范社区，启动德外大街东社区“一党多居一站一组织”社区治理工作试点。

（杨　林）

【民生保障】 年内，为社救对象、大病困难群众、空巢老人家庭、低保对象等各类困难群体提供个性化综合救助，发放低保金1155.48万元，为1055人次办理医疗救助149.32万元，32人办理丧葬补贴16万元，1180人次报销药费532万多元，314名退休人员申办自采暖补贴和煤火费补贴，发放失业保险金2505人次282万元，完成社保卡补、换卡4968张，188户低保低收入家庭领取2014至2015年度自采暖补贴23.12万元；为256人次申请临时救助49万元；为37名低保、低收入家庭在校大学生发放教育救助13.9万元；完成优抚金发放、补发以及伤残抚恤金194.45万元。做好为老服务，为90至99岁高龄老年人发放津贴55.68万元，100岁老人发放高龄老人津贴1.57万元，16位95岁以上高龄老人报销医疗费补助3.56万元；65名90岁以上老人办理了居民医疗保险补助。评出区级敬老、助老孝星190名，其中市级孝星11名。

（杨　林）

【社会治安综合治理】 年内，处理各类矛盾纠纷，调整和完善社区人民调解委员会，筑牢社区稳定团结“第一道防线”，人民调解委员会和治安纠纷、民间纠纷联合接待室接待调解纠纷316件，成功调解305件，成功率96.5%；加强社会治安防控基础设施建设，完成72个门1627户楼宇对讲设备安装改造，为8个社区安装监控探头188个；围绕地区重大民生问题开展普法宣传教育，打好“六五普法”收官之战，开展各类法制宣传讲座40场，参与群众1.5万人次；抓好安全生产日常检查，检查地区单位4872家，对6769家生产经营单位进行安全生产条件普查，配合职能部门联合执法检查45次，做好德胜地区第一次安全生产条件普查工作，推动德胜街道国际安全社区工作进一步落实；八类侵财类可防性案件较上年下降28%，无高发案社区，群众安全感满意度提升5.6个百分点；排查群租房45户，拆除隔断间21间，查出的问题通过约谈、入户告知、联合执法等方式全部解决，清理外来人口720人，完成年4700人调控目标。

（杨　林）

【精神文明建设】 年内，改版完善《今日德胜》报，通过热心读者座谈会、微信互动平台、QQ群和社区议事厅等形式，与居民进行互动，开通“掌上德胜”微信公众平台；抓好通讯员、舆情员、网评员、网络文明志愿者4支队伍建设，开展舆论引导及外宣工作；发掘地区文化内涵，围绕“德胜门箭楼”景观标识，打造德胜文化名片，留存历史文化信息，传承城市文脉；打造“阅享德胜”工作品牌，利用地区文化产业资源，特别是地区出版行业、实体书店及街道2个图书馆，建立4个图书漂流岛，推广全民阅读活动；培育邻里文化，增强和睦关爱，组织见面问候、家庭交流、楼门聚会等活动，推动邻里互认、互知、互熟；搭建地区居民、社区社会组织展示平台，丰富居民文体活动，组织地区单位及社区居民参加“创和谐、促发展”德胜地区第十五届体育节、第四届“德胜杯”乒乓球赛、“2015年德胜街道首届微春晚”“唱出幸福生活构建和谐社区”歌唱比赛、“感悟生命追思清明”清明诗会等活动。

（杨　林）

【双拥共建】 年内，开展科技知识、司法讲座、心理辅导、添置图书和文体活动器材进军营活动，召开退役士兵、随军家属、优抚对象座谈会，听取建议，了解战士的实际困难，“八一”节期间组织军营膳食营养平衡知识讲座，慰问地区6家基层部队，送去慰问金3万元；引导驻区部队开展拥政爱民教育，支持参与德胜经济社会建设，发挥部队学雷锋小组、帮扶空巢老人小组和便民服务队作用，开展便民服务活动，总装黄寺门诊部眼科义诊进社区；西城区饮食行业协会利用行业专业优势和资源，围绕“品北京美食，听北京声音，赏北京文化”主题，结合地区民族团结特点开展系列拥军活动，通过定期购买培训指标的方式，奖励部队突出人才参与国家认定的厨师职业资格培训考证，与街道签订用人意向书，对培训考证合格人员推荐就业，供退伍军人和企业双向选择。

（杨　林）

【科技园区服务】 年内，通过走访、调研地区单位135家，处级“零距离”走访服务地区单位32家，为企业解决问题39件，统筹整合搭建地区党建协调会、管委会、科技园区商会等平台，协调园区管委会、工商所、税务所，对43家高新企业进行评审服务。年内，中关村科技园西城园评选出高新技术企业40余家，占评选总数的68%。发挥科技商会引领作用，提高服务园区企业的品牌影响力，以企业需求为导向，将科技园区政策解读、产权知识讲座等企业感兴趣的活动举办到企业身边，通过组织商会交流、考察等活动增进凝聚力，为企业之间、企业家之间提供更多的交流机会，让企业“融入”地区，拓展发展空间。

（杨　林）

【党的建设】 年内，制订《德胜街道引进服务商管理制度》《德胜街道岗位管理办法》，修订“三重一大”制度；完成社区党委和纪委换届工作，选举产生社区党委书记23名、副书记29名，纪委委员69名，选派街道干部任社区党委书记1名、副书记1名；建成聚力德胜党建促进中心，加强商务楼宇工作站建设，现有18个商务楼宇工作站，在非公企业建立北环中心商务楼宇工作站、北广大厦商务楼宇工作站2个示范点。

（杨　林）

什刹海街道

【概况】　什刹海街道位于西城区东北部，东起旧鼓楼大街，地安门内、外大街，与东城区相邻；西至新街口南、北大街，西四北大街，与新街口街道相连；南起景山前街、文津街、西安门大街，与西长安街街道相接；北至德胜门东、西大街，与德胜街道接壤。辖区面积5.80平方公里，有一类大街15条、二类大街10条、胡同170条。有中央单位127家，市属单位78家，区属单位63家，学校18所，幼儿园7所，公园2处。有社区居委会25个，户籍人口46279户120607人，常住人口33981户89570人，流动人口24107人。街道机关行政、事业编272人（不含处级，公务员111人，事业单位161人）。55人被评为优秀公务员（其中三等功12人），称职213人，试用期未满不定等次4人，调入公务员1人，新录用公务员6人、事业2人，转出6人，退休3人。年内，街道获“绿化先进单位”，街道总工会获“北京市模范职工之家”，司法所获“北京市示范司法所”，风景区管理处获“首都文明风景旅游区”市级先进集体称号。6人被评为市级先进个人。

地址：西城区地安门西大街141号
邮编：100035
电话：83223600

（张　艺）

【城市管理】　年内，配合区环境办完成西海周边（北至北二环；东至德内大街；南至新街口东街；西至新街口北大街）环境综合提升项目，开展雷锋小学（西绦胡同甲2号）、四中初中部（教场胡同2、4、6号）学校周边、陟山门周边环境综合整治。配合区房地中心对前马厂胡同、后马厂胡同、铸钟胡同、西魏胡同、大黑虎胡同、小黑虎胡同6条街巷进行市级胡同环境整治改造。对爱民里小区进行环境整治，工程项目包括：室外污水管线更新、小区道路维修、小区监控系统、小区车棚改造工程等。配合地区房管所完成1000间四类房翻建。对辖区内东煤厂11号院（院落面积1000平方米，居民112户）老旧小区整治改造，重点改善小区环境，院内重新铺装地砖，粉饰屋面、墙面，整修花池、台阶，改造原有破旧自行车棚，设立健身器材，整修小区门头。对辖区内29处公私混合、单位弃管的院落进行整治改造。工程主要项目：院落地面铺装2000平方米、下水管线改造1200延米。增设雨水篦子，改善院落地面坑洼、下水不畅的问题。开展拆违、灭脏、清障、治乱、撤市的五大战役，拆除各类违章建筑235处，面积3675.63平方米；清理卫生死角732处，清理各类大件垃圾419车，合计670吨。协调交通执法部门清理上报的3辆废旧机动车，拆除非法安装的地锁131处。没收非法小广告23400张、清理各类非法运营车辆150余辆、拆除违规广告牌匾124处、LED电子显示装置235个、治理店外经营1576起、无照经营1627起。在区市政管委的指导下什刹海地区继续推进垃圾分类工作，在14个垃圾分类达标小区基础上新增4个垃圾分类小区。地区参加爱国卫生月末清洁日与大扫除活动人数达36000人次，清除小广告4200条、清理垃圾卫生死角600处、清理垃圾堆积物290吨。完成树木修剪1500余棵，打药5300棵次，伐除危险树木96棵。加大防汛工作的宣传力度，发放各类宣传资料3000多份，张贴宣传海报400余份。对街道管理的人防工程地下室14处及地下通道16处，进行汛前排险除险专项检查。汛前组织绿化队和各社区对地区街巷、院落、单位的树木进行了全面检查，处理险树、死树30棵、树倒砸房1起，对有隐患严重的33处私房进行了抢险维修，整修东官房胡同等8处排水管线，汛前对整个地区的排水系统进行了整体清掏。

（张　艺）

【社区建设】　年内，依据区民政局统一安排，于3月完成了15名社工招考工作，充实到社区中，增强社区工作力量。4月对11名社区居委会主任、27名副主任进行岗位调整；调整任命服务站站长6人、副站长9人，加强了社区班子建设。依据街道六型社区创建方案，完成前海北沿、前海东沿、鼓西等3个社区六型社区创建。完成松树街社区规范化改造，推进前海北沿、米粮库、西海等社区办公服务用房购置、改建。依托服务中心联合社区教育学校举办英语、声乐、古筝等各类培训班10个班次，开课400余课次，培训8000余人次。开展社区大课堂讲座15期，老年电脑班培训72次，培训1530余人次。书法俱乐部开展活动90次，参与居民750人次。培育社区文化团队活动，吸引辖区曲艺队、舞蹈队、太极拳队等15支团队参与，组织活动570余场次，参与居民19800余人次。创新开展“孔子学堂进社区”活动，邀请孔子基金会专家学者开展8期公益讲座，参与1200余人次。“关爱失独家庭”系列培训，每周2期，参与失独老人1600余人次。举办儿童经典诵读冬令营，地区30名未成年儿童参加。“书香满西城”亲子读书会系列活动，参加居民6万余人次。开展“孔子学堂进社区”各类培训、活动8场次，机关干部、学生、社区居民参与1200余人次。

（张　艺）

【社会保障】　年内，在“创新管理模式、创新服务模式”上下功夫，通过“五个坚持”强化“五个意识”（坚持行政标准，强化规范意识；坚持效率品质，强化服务意识；坚持科学管理，强化集体意识；坚持民需导向，强化群众意识；坚持责任担当，强化大局意识）有效推动工作效能和服务品质双提升，公共服务大厅现场接待居民13万余人次，受理现场、电话咨询7万余人次，实际办理近7万件，现场办结率100%，群众满意率、窗口通办率均完成了街道建设三年发展计划中制定的提升5%和达到60%的工作目标。完成全年就业指标1330人，技能培训266人，创业培训40人，实现创业40人，带动就业244人。开发空岗信息采集3755人次，职业指导1670人，成功推荐失业人员就业115人。召开5场招聘会，参加招聘单位42家，招聘人数1691人次，最终达成意向279人次。两节期间慰问低保低收入家庭并发放补贴慰问金87.87万元；发放特困儿童补助17.4万元；办理低保家庭就医借款329人次113.05万元；还款172人次65.95万元，受理医疗救助409人次103.17万元。受理无业居民葬丧费申请42人发放补贴21万元。慰问失业人员150人6万元；社会化退休人员1210人37.09万元。为德内大街93号院32名受灾群众每人每天提供150元救助资金；对249名低保、低收入人员提供临时救助82.3万元；为4名特困供养人员提供医疗、护理等资金22.8余万元；为托管的3名孤儿发放基本生活费3.78万元；为困难家庭办理大学生救助21人，补贴金额13.8万元。现有军休地退人员630人（含15名遗属），元旦、春节、护士节、端午节期间开展慰问活动，组织知识竞赛、踏青、疗养、为百岁老人过生日等各类活动，累计参与500人次。为军休地退人员调整工资和采暖费、物业费等4次，累计2404人次493.99万元。协助区地退所对代管的120名地方退休人员及14名遗属进行现存档案材料核查和系统录入工作，录入项目3600余条。为28名已故军休地退人员家属落实相关待遇发放抚恤金和丧葬费300余万元。

（张　艺）

【社会治安综合治理】 年内，街道综治委员会与地区128个中央、市属单位领导及法人代表，25个社区居委会书记、主任签订《综合治理领导责任书》，签订率100%。地区反恐应急处突小分队由原来的30人增加到50人，投入经费45万余元，为应急小分队统一配发服装、钢叉、处置包等反恐防恐装备。按照区人口调控工作要求，加大群租房治理宣传，制作横幅25幅、宣传标牌180块、宣传材料2万多份，清理整治群租房29户113间，清理流动人口685人。综治办联合成员单位配合防火办进行消防检查，连续14天，出动73人次，对西安门一带政治中心区防火工作进行排查。检查421家，整改236期，查封8家11处，罚款4万余元，拘留1人。分3批投资1.8万元，为25个社区补充灭火器200个；投资17.1万余元，为辖区70岁以上孤老及空巢老人家庭安装感烟火灾报警器950个；投入4万余元，为去冬今春采用煤火取暖的居民配发煤气报警器。“法律服务社区行”活动中，继续与中咨、雄志、上泽、东易、天元5家律师事务所合作，公益律师为居民提供法律咨询630人次，举办7次法制宣传活动、发放普法宣传资料5000余份，为街道工委、办事处及什刹海风景区管理处审核各类合同、协议163份。组织社区开展6次矛盾纠纷摸排查工作，各调委会调处各类矛盾纠纷342起，调处率100%，成功率98%。组织7次社区矛盾纠纷摸排查，排查各类矛盾纠纷867起，调处率100%，成功率98%。公益律师为居民提供法律咨询895人次、调解家庭矛盾纠纷25件、邻里纠纷88件。举办3次法制宣传活动、法制讲座4次，发放普法读物600余份。接待市、区信访部门转来信访件78件，接待群众来访187批392人次。受理群众信访事项66件，与上年同比下降15.4%，接待群众来访198批235人次，与上年同比下降6%。

（张　艺）

【精神文明建设】 年内，精神文明建设工作紧密围绕“社会主义核心价值观”主题，坚持以人为本，紧抓精神文明建设工作，开展各类特色亮点活动，各类主题活动贴近实际，贴近群众生活，吸引其参与。开展“我推荐我评议身边好人”“北京榜样”等各类道德评选活动，发挥身边模范的引领带动作用。上报“北京榜样”候选人30人，道德模范候选人1人，文明小使者150名，美德少年1名。注重新媒体——网络文化文明传播，新增市、区级网评员2人，继续加强34人的网络文明志愿者小组建设和小组成员的业务培训。在文明网等博客上发表文章568篇，腾讯微博、新浪微博等转发、评论9416次，文明网及其他论坛留言895次。展示形象，做好宣传制品制作工作。制作2014年工作回顾片；《北京榜样》展板、《反法西斯纪念》展板。完成《什刹海文化月刊》的创刊及发行，主要挖掘展示什刹海地区深厚的历史文化，展现什刹海地区特色商业文化、多种艺术形式。开展“我们的价值观和京华英雄”百姓宣讲，将街道精神文明建设工作推向新高潮。制定《什刹海街道开展百姓宣讲活动实施方案》，组建街道宣讲团，结合抗日战争胜利70周年主题，挖掘街道双拥资源，讲述居住在什刹海地区的抗日将领的故事，发动地区单位及辖区居民，挖掘地区文化资源，吸纳列车上救人的社会工作者、非文化物质遗产传承人、80后创业者、社区服务志愿者等进入到宣讲队伍中。继续推进“我的童年在北京”项目，加强未成年人思想道德建设。街道利用寒暑假期，开展34场“我的童年”社区活动，785人次参与。内容涵盖脸谱、风筝、毛猴、皮影等，新增了彩蛋、扇面、草编等项目。通过项目实施，体现文化的融合，感情的融合、生活的融合；体现“老”北京人对传统文化的传承，提高“新”北京人对传统文化的认知，加以传承。举办“知海、爱海、护海”系列宣传活动，内容涉及景区党团建设、旅游资源、生态文明景区建设、绿色出行、景区特色、景区文化、珍爱建设成果等多个方面，参加活动的单位及组织60余家，4000余人次。制作展览宣传展板100余块，签订党建合作框架协议书3份，发放宣传折页300份，倡议书1000余份，背包1525个，手摇风扇1600个，明信片2900套，手绘地图5000余份，宣传光碟200张，发放图书1300余册。

（张　艺）

【双拥共建】 年内，举办徐向前元帅为柳荫街军民共建题词33周年纪念活动，军地领导和社区群众共同缅怀徐帅生前对柳荫街的深厚感情和对双拥共建工作的亲切关怀，使大家深受教育和鼓舞。开展纪念抗日战争胜利70

周年系列活动，组织棋牌赛、国防知识竞赛，500余人参加。接受社区和部队官兵合理化建议20余条，组织便民活动26场。完成街道第20届双拥“五好”表彰活动，拓展内容，增设模范爱民的好单位和情系国防的好家庭项目。注重把工作重点转变到为部队官兵和优抚对象服务上来，为优抚对象151人进行调标，发放金额198.75万元；为伤残军人、烈属和享受定期补助人员204人次发放过节费22.44万元，护理费3人5481元，走访优抚对象73户、走访慰问26个部队单位。为4名居民申请优抚资格进行认定，为2名优抚对象联系住院并到医院看望。

（张　艺）

【景区建设】　年内，完成北官房胡同景观提升工程、前海河湖栏杆改造工程、什刹海风景区监控视频信号完善工程、前海广场牌楼修缮等项目。翻建房屋258.35平方米，屋面修缮370.70平方米，屋面挑顶59.16平方米，院墙翻建28.53延米，院内铺装65.78平方米，新做屋面防水183.19平方米；新装河湖栏杆80多米；对前后海120多家燃气用户进行调查摸底，完成施工图设计；完善视频监控信号工程，铺设光缆4556米，电源电缆4535米，更换前端探头39台；完成前海广场牌楼修缮工程。查处乱张贴、乱涂写广告9000余处，散发小广告违法行为60余起，没收非法小广告7000余张。规范经营摊点1400余个，取缔占道经营、骑门摊4300余次；查处各类违章行为970余人次，清理查扣无照游商46人；清理特色街流浪乞讨人员35余人；查扣小商品22387件；拆除违章破旧广告、店招200余个，拆除违章条幅、横幅广告40余条，查扣门前摆放桌椅200余张；查处并清理乱堆、乱扔、乱放的物品1200余件。督促清运渣土70余处，制止噪音扰民700余次，查扣音响100余台；协助交通支队工作，张贴违章停车处罚单600余张，暂扣黑电动三轮车500余台次，查处自行车167台次。出动70人对德胜桥周边的违章违法行为进行整治，拖走僵尸车4辆、清走13辆、查扣三轮车8辆；劝阻无照游商200余户、流浪乞讨人员3人；暂扣水果8箱、青菜100余筐。完成对文保区内143处文化资源点的实地踏察工作。走访全国重点文物保护单位10个，博物馆5个，北京市市级文物保护单位13个，西城区区级文物保护单位22个，东城区区级文物保护单位2个，普查登记项目38个，挂牌四合院57处。根据现场踏察情况，从相关单位、网络等多渠道搜集文物资源相关数据，进行文物资源档案整理工作，初步建立了1、2号地块档案。设立公租自行车点，可用车数量达到80辆。设立公租自行车给游客带来“骑游什刹海”的游览新方式，方便百姓出行。对违反特许经营管理协议规定的行为暂扣车辆150辆；组织三轮车车况安全检查15次，更换零配件约991件；组织各特许经营企业集中培训22场。据统计三轮车胡同游的接待游客总人数达到38.76万人次，其中国内游客总人数约22.97万人次，国外游客总人数约15.79万人次，实现了什刹海特色旅游项目品牌价值的提升。

（张　艺）

【党的建设】　年内，依据《中国共产党党章》和《中国共产党党和国家机关基层组织工作条例》等有关规定要求，对机关各党组织结构进行调整，指导8个机关党支部和管理处3个党支部自主选出新的支部班子，成立街道机关党总支，统筹负责机关党建工作。成立社区党组织换届选举工作领导小组，编印“换届选举指导手册”，处级领导任指导员、31名机关科长任联络员，按照“公推直选”方式，25个社区通过换届选举产生新一届社区党委，委员127名。开展“我是党员我自豪”“我是党员我承诺”“我是党员我先行”系列活动和“在职党员下社区服务活动”，引导党员增强党员意识，发挥党员作用。组织对社区、两新企业和机关5名入党积极分子参加党的基本知识培训，接纳16名中共预备党员。开展丰富多彩的党员活动，机关各党支部先后组织党员参观中国抗日纪念馆、白乙化抗日英雄纪念馆等爱国主义教育基地，组织街道全体党员干部重温入党誓词、参观国家安全保密教育中心、举办辖区社会领域党员趣味运动会、“牢记党的宗旨　践行‘三严三实’”什刹海街道区域党员党史知识竞赛，机关党总支纪念抗战胜利70年党史、国史知识竞赛和“相约什刹海　绽放中国梦”酒吧歌手演唱会，利用元旦、春节、“9·3”前夕走访慰问老党员、优秀党员、困难党员和流动党员，“七一”表彰24个先进基层党组织、24名优秀党务工作者和188名优秀共产党员。

（张　艺）

西长安街街道

【概况】　西长安街街道位于西城区东部，东以天安门广场西侧路、中山公园、故宫西墙为界与东城区毗邻，南以前门西大街、宣武门东大街中心线为界与大栅栏、椿树2个街道交界，西以西四南大街、西单北大街、宣武门内大街西侧便道为界与金融街街道相接，北以西安门大街、文津街南路边缘、故宫北筒子河中心线为界与什刹海街道为邻。辖区总面积4.24平方公里，有街巷胡同98条，其中一、二类大街12条。中央单位128家、市属单位132家、驻京办4个、区属单位12家。社区居委会13个，户籍人口26055户77185人，实有人口33191人，流动人口13174人，出租房屋3228户。年内，出生645人，其中二孩148人。全年财政收入21731万元，支出21731万元。街道单位行政编制124人、事业编制133人，年内公开招聘公务员8人（应届本科毕业生5人，研究生2人，村官1人），安置军转干部1人。年内，街道被评为“北京市反邪教示范街道”，街道机关获“北京市人民满意公务员集体”称号，街道维稳办获“北京市同邪教斗争先进集体”称号，社保所获“‘十二五’时期北京市人力社保基层培训优秀实施单位”称号，街道司法所获“北京市示范司法所”称号。

地址：西城区西绒线胡同甲7号

邮编：100031

电话：66035449

（傅瑞钧）

【城市管理】　年内，在完成“六大战役”整治基础上，加强高发“城市病”的综合治理，解决与辖区居民生活相关和反映强烈的环境问题。以“三个重点”（重点大街、重点部位、重点问题）和保障“9·3”重大活动为整治工作重心，结合街道办事处“扁平化”管理工作，协调相关职能部门，对占道经营行为、夜市、大排档、露天烧烤行为，报刊亭超范围经营行为，联合执法130余次。关停新壁街早市，没收非法小广告5万余张，桌椅130多张，拆除违规广告牌匾、Led灯、电子显示屏200多处。清理辖区内废旧机动车7辆和废品收购点2处；清理辖区内大件物品500多件，渣土400多车。“9·3”阅兵期间，对重点地区及环境问题突出部位，进行50余次综合环境整治。汛期前伐除危险树木9棵，修剪树木86棵。为4700多家小门店及单位安装了“门前三包”责任书相框和用于社区、城管队检查的登记表。对织女桥东河沿胡同和光明胡同进行精细化管理和灵境小区准物业管理，实行居民自治管理；完成多处院落改造、地面翻建、污水管线疏通、危墙拆除翻建安装晾衣架和扶手等工程，收到居民送来的锦旗5面。与怀柔区长哨营满族乡开展“城乡手拉手共建新农村”活动；向社区发放种植小树苗300余株；在社区、社会单位开展“生态阳台建设活动”，评选出“美丽院落”5个、“美丽街巷”“美丽社区”“美丽单位”各1个；北京电力公司被评为“首都花园式单位”，创建府右街南社区“首都花园式社区”。

（傅瑞钧）

【社区建设】　年内，固化现有机制的同时，探索社区工作体制改革，推进“六型社区”建设工作，从规范、安全、文化、服务、干净、健康6个方面，规范打造和平门社区、太仆寺街社区，顺利通过两轮专业化检查评估；在府南社区、义达里社区、西交民巷社区和六部口社区为智慧社区的基础上，进一步推动其他9个社区的智慧社区建设；结合“国家级服务业标准化”试点工作，制定了《社区办事指南手册》，整理归纳社区38项公共服务项目，提高社区为居民服务的能力及水平。陆续筹建光明社区、六部口社区、钟声社区等4个“睦邻之家”，针对特殊人群开展精细化为民服务，如开设连心桥法律咨询室，建立“健康小屋”，为居民群众提供法律咨询、健康检查，心理疏导等服务。截至年底，街道共有8处“睦邻之家”，合计接待居民3500余人次，拥有为民服务志愿者队伍20余支，居民兴趣小组12个，解决居民困难事件197件。完成街道第九届居委会换届选举工作，各社区参选率均达到98%以上。

（傅瑞钧）

【社会保障】　年内，实施临时救助43人次，救助资金15万余元。教育救助3人次，投入资金2.2万元。办理7名符合条件的特困人员并送至上庄敬老院实施集中供养。为604户低保、低收入家庭发放爱心卡、584户低保家庭发放米面油，为184名地退、军休人员发放干果礼盒、食用油。向地区50名优抚对象和贫困群众赠送2.5万元慰问金。开展“冬衣送暖”和“爱在西城”募捐活动，募集棉衣被1000余件，募集资金33.66万元。受理经济适用房改限价商品房申请2户，市备案通过2户；受理保障房申请26户，市备案通过26户；受理公租房补贴申请13户，市备案通过13户；受理廉租补贴申请10户，市备案通过10户。完成公共租赁住房复核31户，经济适用房选房32户，限价房选房125户，廉租房选房8户。为辖区20名智力残疾人开展50期音乐治疗康复训练，为辖区精神残疾人开展8期康复训练，为2名一级视力残疾人开展盲人定向行走训练，为24名家庭困难残疾人免费发放适配辅助器具；31名残疾人进行失业登记，其中23人成功就业。在年内全国残疾人基本服务状况和需求专项调查工作中，完成1799名残疾人调查和数据录入，调查率99%，受检合格率99.8%。大剧院和罗贤27号两个法律服务站聘请专职律师，开展法律讲座4次，接待咨询100余人次。为辖区21户残疾人家庭进行无障碍改造，3户听力残疾人家庭安装闪光门铃。办理户籍一胎生育服务证540例，一胎随迁12人，发放独生子女父母光荣证250例，登记并发放独生子女父母年老时一次性奖励29.2万元，登记并审核发放独生子女父母奖励费1286人73335元，初审172户家庭二孩生育服务证申请。纪念中国人民抗日战争暨反法西斯战争胜利70周年期间，在非公企业中开展系列爱国主义教育实践活动，参观抗日战争纪念馆。创建街道总工会微信公众平台，发布最新工作动态、会员服务信息和各类政策解读，发布各类信息100余条，关注人数突破千人。在汉光百货、华威大厦、君太百货、西单明珠市场4家企业中建立“妈咪屋”，为女职工提供休息、哺乳、交流和心理调适舒压的场所。受理知青相关事务76件，办理知青户籍回京2人。享受城镇居民最低生活保障和困难生活补助待遇的地区居民514户767人，发放低保金535.2万元；医疗救助低保、低收入普通门诊、重大疾病555人，救助金额92万元；为辖区20名特困低保、低收入人员办理重大疾病“绿色通道”，垫付医药费15.6万元；向辖区540户低保、低收入人员发放“北京市城镇居民基本医疗保险告知书”，免费续保，为12名未参保人员办理医疗保险集中参保手续。“访·听·解”工作小组收集社情民意203件，解决192件。

（傅瑞钧）

【精神文明建设】　组织社区优秀志愿服务骨干及部分志愿队伍负责人综合能力建设和如何调动社区资源参与

志愿服务等培训5场，500余人次受益，举办西长安街社区志愿服务表彰暨教学成果展示活动，建立“微志愿”数据库，西城报等近10家媒体对活动情况进行宣传报道。梳理街道志愿服务需求项目和岗位，为中宣部机关事务局服务中心开展志愿服务活动奠定基础。组织6场菁英论坛，将理论提升受益范围扩大到社区、学校。制作《图说我们的价值观》公益广告10块，“社会主义核心价值观二十四个字”硬质横幅2块；围绕“三严三实”教育学习，结合“红墙意识”和“首善标准”，在西长安街地区宣传新层次的“红墙意识”，制作展板200余块；结合党中央提出的“四个全面”战略布局，设计制作《图绘四个全面》展板280块；围绕“9.3阅兵”和“国庆66周年”，展出《中国人民抗日战争暨世界反法西斯战争胜利70周年》宣传海报，制作《六十六载奋进路 砥砺前行谱华章》展板120块；在和平门小区南门外设置以“社会主义核心价值观”为主题的围挡。上报舆情信息近400余篇。在街道和首都级文明单位（社区）设立“道德讲堂”，通过唱一首歌、讲一个故事、诵一段经典、作一个承诺等形式，把学习身边好人活动与开展社会主义核心价值体系教育结合起来。结合春节、学雷锋日等节日开展主题教育实践、敬老爱老、“争当学雷锋小标兵”活动。组织“网上祭英烈”“学习雷锋做美德少年”等网上签名寄语活动；组织“国学进校园”系列活动，邀请专家在辖区内小学开展国学巡讲；寒暑假期间，开展知识讲座、拓展训练、“社区青少年假期乒乓球友谊赛”。《光明日报》等中央报刊杂志刊登8篇，《北京日报》等市属主流媒体刊登24篇，《北京西城报》等区属媒体刊登64篇，《千龙网》等网络媒体刊登718篇新闻报道。

（傅瑞钧）

【社会治安综合治理】　年内，街道聘请退休法官“坐堂”，成立公益法律服务室。常年免费为辖区居民提供各种法律服务，典型事迹被《法制日报》《北京日报》《北京晚报》《北京司法行政》、北京新闻报道。地区各调解组织调解纠纷510件，成功501件，完成年初制定调解纠纷成功率98%的目标。解答法律咨询980余件。探索出了符合地区实际的“坚持一个中心，把好两道关，做到三个要，突出四个结合”的矫正管理模式。即：坚持以安全稳定为中心；把好衔接、安置关；做到要有耐心、要带着感情、要换位思考；突出解决思想问题与实际问题相结合；坚持原则与灵活多变相结合，严格管理与情感关怀相结合，疏与堵相结合。制定《西长安街街道法治宣传教育工作要点》，在社区开展“以案释法”活动，法治教育课23场。印刷“法律服务社区行”工作手册3000册，按“一社一律”配齐加强法制宣传力量。在企业流动人口集中的地方，开辟流动人员学法基地。联合派出所开展预防煤气中毒宣传活动，发放各类宣传材料2000余份、悬挂宣传横幅板报40条（块）、发放社区专刊1500余份、宣传教育群众2000余人；组织各种力量500余人次入户宣传及安全检查，走访200余户，做到入户宣传见面率100%，与取暖户、出租房主和企事业单位负责人签订安全责任书100%、检查炉具张贴安全提示100%、隐患整改率100%。街道综治办牵头，组织城管、交通、派出所、工商等部门会商，确立南北长街联合执法机制，在中南海周边开展多次联合执法行动；针对中组部周边的六部口、北新平胡同等交通秩序混乱问题进行了联合整治；协调公安、工商、城管、旅游委、交通执法等部门，对前门西大街、兵部洼一带黑车、黑导、非法“一日游”问题比较突出地区开展集中打击。取缔14家“七小”无证无照门店，压缩40家“七小”门店。

（傅瑞钧）

【双拥共建】　年内，为部队输送新兵8名。为130名优抚对象发放14.3万元节日慰问金。“两节”双拥慰问活动中，投入资金13万元，街道领导和双拥领导小组成员，走访中央警卫团、二炮直工部、武警六支队、武警七支队等10支驻区共建部队，送去慰问品和慰问金；“八一”建军节开展“凉爽送军营活动”，投入资金4.2万元，为辖区12支共建部队送去冰红茶、冰绿茶共1100箱；2015年是慰问中央警卫团新兵第20周年，以此为契机街道与警卫团制作了共建20周年宣传片，街道投入18万元，赴固安中央警卫团新兵训练基地慰问新兵，并组织双拥艺术团慰问演出。7月初，举办法律知识进军营活动，邀请律师、法官走进军营，为官兵们普及法律知识，现场解答官兵生活中遇到的问题。做好“五好”评选及表彰工作，宣传“五好”先进典型。邀请“好战士”家长、“好军嫂”到北京参加表彰大会，参观名胜古迹、地标建筑。推进“穿军装的主任”工作，第19任主任每周2次到社区助老助残。

（傅瑞钧）

大栅栏街道

【概况】　大栅栏街道位于西城区东部，东起前门大街西侧，西至南新华街中心，南起珠市口西大街，北至前门西大街。辖区面积1.26平方公里，街巷114条。有中央单位2个，市属单位8个，区属单位15个，中、小学3所，幼儿园2所。社区居委会9个，户籍人口21224户56412人，流动人口9663人。街道全年财政支出12633.45万元，同比增加2594.87万元，增幅25.85%。街道机关、事业单位人员130人（公务员编制88人事业编制42人）。安置军转干部1人。年内，接待群众来访、处理调解各类信访事件2000余件次。获“第二届全国青年志愿服务大赛金奖”“北京市充分就业街道”“北京市安全生产月活动优秀组织奖”等称号。

地址：西城区棕树斜街26号

邮编：100051

电话：63032563

（苏　乔）

【城市建设】　年内，街道依托“全响应”社会服务管理调度系统，形成“源头发现、信息采集、任务分派、问题处置、核查反馈”的闭环工作模式。全响应指挥系统累计上报民情日志7827件，上报各类案件6075件，办结6066件，办结率99.85%，派发工作督办单65件。街道推进大栅栏商圈综合服务中心用房公益设施项目、养老助残服务中心、大栅栏街道社会组织服务管理中心等建设工程。完成元兴夹道、臧家桥、培智胡同等31条精品胡同建设。修缮居民院落224个，铺设渗水砖3000余平方米，改造下水管线120余米，安装便民扶手242处，为地区老旧中式楼的800余间房屋更换内线，受益居民3000余户。拆除台账内违法建设140处，拆除面积1458平方米。完成棕树二条、博兴胡同等6条胡同的自来水主管线改造。实施立体绿化改造模式，推广楼宇屋顶绿化，新增绿化面积400余平方米。以百顺胡同为试点，通过建设花架、花廊等新增绿化面积860余平方米。征求社区居民意见，改造及新建胡同绿化设施48处。

（苏　乔）

【社区建设】　年内，完成第九届社区党委、居委会换届选举工作。启动街道“五好院落”创建项目和优秀楼门院长评选工作，以大安澜营社区为试点，建立“社区议事厅”暨胡同议事会，由街道科室代表、驻区企业代表、社会组织负责人代表和居民代表，共同参与社区议事，创新推进“参与式协商”民主自治模式。打造未成年人安全自护教育社区培训、社区文化学堂、社区助老志愿者团队建设等3个特色社会组织项目。启动首届大栅栏街道社区公益微创投大赛，评选出20个具有创新和引领示范意义的公益项目。推行“志愿云”大栅栏街道志愿者实名注册和志愿服务计时工作，共完成累计服务时长346500小时，全部累计服务时长50余万小时。与晨夕法律服务中心、北京理工大学法学院合作，推进法治社区建设。开展“‘以案释法’进机关、进校园、进军营、进社区”等法律宣传教育活动30余次，印发宣传材料9000余份。

（苏　乔）

【社会服务】　年内，完善街道8个主题服务圈的服务功能，完成地区重点街巷12个点位图的安装及佘家宣传走廊的建设工程；5月，大栅栏养老照料服务中心正式运营，设置养护型全托床位29张，入住率达90%；发挥地区公共服务资源的实体作用，银鹤居家养老服务站为辖区老年人开展日间托老、家政、日间探访、电话访问等服务3584人次；爱心互助浴池免费服务地区老人、残疾人约4826人次；老北京民俗图书馆接待市民读者9340人次；文体活动中心举办“社区文化学堂”系列活动、开办各类培训班223场；人口家庭活动中心开展0-3岁儿童早期发展服务，覆盖地区儿童220人次；残疾人康复室提供残疾人肢体康复训练300余人次。以铁树、石头等4个社区为试点推广慈善义工助老服务项目，由155名慈善义工“一对一”为147名特困空巢老人提供精神慰藉、安全检查等6项服务。

（苏　乔）

【社会治安综合治理】　年内，健全完善“1+6”综治维稳工作格局，完成“9·3”阅兵、世界田径锦标赛、十八届五中全会等重点时期的服务保障工作。与清华大学合作，实现“一院一图”“一房一表”的信息化管理。围绕“政府代表进网格”工作，制定“五看五查”工作内容，细化网格力量工作职责（一看居民院落，检查流动人员变化；二看辖区门店，检查消防隐患；三看特困群体，检查用火用电安全；四看消防设施，检查消防设施配备；五看环境卫生，检查乱停乱放问题），共计走访居民院落1万余户，发现、处置各类隐患问题266个。继续推行“1533”安全生产工作模式，开展综合检查2740户次，消除隐患1925起。对辖区内200余栋文保院、木质楼进行防火等级划分并安装防火重点标识牌，为54个院落安装消防水喉和水带等紧急救援装置，免费为地区60岁以上的高龄空巢老人和困难残疾人家庭发放家庭式消防报警器1900余部。彻底取缔“爱心自强”违规废品回收点4处。完成天陶市场撤市工作，腾退固定摊位商户85家，清退周边流动商贩15户，腾退用地1760余平方米。取缔“七小门店”63家。加强对前门月亮湾、煤市街沿线、大栅栏商业街区、东琉璃厂等地区的综合管控，联合执法小分队累计执法1397次。落实人口调控各项措施，通过推进地区产业升级、规范违法出租、整治地下空间、拆除违法建设等方式推动地区流动人口疏解，共疏解流动人口1367人。

（苏　乔）

【社会保障】　年内，街道公共服务大厅采用1.N.9.1的组织模式（确立一个中心、N个场所、九个基础，一个保障。“1”即是“公共服务平台”以街道公共服务大厅为中心，逐步实现功能多元、一站式的服务。“N”即是以社区服务中心、社区卫生中心、计生温馨小院、残疾人服务站、便民生活超市、工商所、税务所等“N”处街道提供不同公共服务项目的场所为依托，尽可能多地确保公共服务全面覆盖。“9”即是以9个社区服务工作站为街道公共服务平台的基础，加强标准建设，完善延时服务模式，贴近民需、倾听民意，发挥最初发现问题和最终解决问题的职能。“1”即是建立1个街道网上公共服务平台为保障。）提升“一窗式”“一站式”“一网式”服务能力，受理各类业务25486件，提供政策咨询服务55026人次。落实各项社会保障政策，完成86户经济适用房、132户限价商品房、11户廉租房实物配租，6户公租房选房工作。建立多元化救助帮扶机制，建立急难求助“转介”工作制度，1至12月累计救助7922人次，救助金额788.29万元。免费为33名残疾人员发放洗浴椅、拐杖等辅助器具，为

1900余名残疾人发放“残疾人服务一卡通”，为20余名肢体、视力、听力等重度残疾人开展辅具定制和免费配发服务。开展“政策面对面，精细服务促就业”主题系列活动，实现创业45人，带动就业205人，城镇登记就业率71.47%。坚持人口计划生育基本国策，共办理生育服务证449例，独生子女证205例。

（苏 乔）

【功能街区建设】 年内，落实“服务直通车——处级领导联系重点企业”制度，协助同仁堂、张一元、瑞蚨祥、祥义号、步瀛斋等企业开展各类宣传活动12次，为六必居酱菜博物馆建设工程、大栅栏商贸有限公司、三庆园建设工程、新时代妇女儿童用品有限公司装修改造工程，提供服务保障与支持。重新设计安装“北京大栅栏”牌匾，推进大栅栏国家3A景区导览系统建设，完成大栅栏地区导览标识图的制作安装，在大栅栏商业街、大栅栏西街内人流密集处安装防撞桩23根。强化疏导理念，带动提升地区整体业态，引进书画工作室、创意咖啡厅等28家特色商户资源；整合地区旅社资源，融入传统特色文化，打造粮食店第十旅馆文化主题酒店。截至年底，大栅栏商业街销售总额7.58亿元，同比提高9.6%。4月，北京市大栅栏历史文化街区被住房城乡建设部、国家文物局评选为第一批中国历史文化街区。

（苏 乔）

【精神文明工作】 年内，强化网络媒体宣传手段，开办“魅力大栅栏”微信公众号，定期发布地区历史文化、工作开展、活动情况、先进人物等内容文章。利用地区传统特色文化资源，举办“2015年老字号体育文化节”，通过“大栅栏老字号企业趣味运动会”“大栅栏胡同运动会”、促进项目挑战赛等活动，打造特色民俗体育品牌。开展“新春中华传统饮食技艺”系列活动、“2015魅力大栅栏”摄影抓拍赛、“童游季大栅栏市集”“我爱北京”国际影展、北京传统民俗知识讲座、“社区文化学堂”“兔爷”木板年画制作手工艺培训、非遗体验周等活动，编纂《大栅栏故事》系列书籍之《大栅栏金融文化》，扩大地区文化的影响力和凝聚力。参加全国“邻里守望情，志愿中国行”志愿服务主题展览并面向全国进行推广，被中国志愿服务联合会誉为“启动最早坚持最好　影响最广”的邻里守望志愿服务活动品牌。志愿服务视频宣传短片《西城区大栅栏街道石头社区助老服务队》和《综合包户三十载　爱心畅行大栅栏》分别获得中国志愿者联合会2015年“邻里守望”志愿服务“优秀实践成果奖”和“优秀作品奖”。

（苏 乔）

【双拥共建】 年内，街道逐步形成“五联五创”的工作模式（基层组织联建，共创坚强领导；军地文化联谊，共创和谐地区；公共服务联抓，共创文明地区；社会治安联防，共创平安地区；环境治理联动，共创宜居地区）。丰富驻街部队业余文化生活，免费向驻街官兵开放社区服务中心，为战士办理图书借阅卡，开办战士电脑培训课程；开设成功求职培训班，帮助退伍战士就业。开展“北京传统文化体验”“文化拥军”“科技拥军”等活动。驻街部队积极参与慈善协会“爱在西城”为民惠民系列活动，为地区百姓开展便民服务、志愿服务等。春节、“八一”等重大节日期间，街道向驻区部队、残疾军人、军烈属、义务兵家属送去温暖，慰问款共计14.5万元。

（苏 乔）

【政务能力建设】 年内，推行领导干部“社区工作日”、机关干部进网格等制度，深入开展“访听解”工作，为群众办结重要事实项目10项，解决各类民生问题3279件。制定《大栅栏街道聘用政府法律顾问工作规程》，明确重点领域及对接事项，邀请顾问律师成员参与街道经济项目、经济合同的谈判、重大项目法律风险审查、行政执法监督等各类影响经济发展和社会稳定的工作，坚持每周主任办公会“会前学法”制度，共组织开展27期，重点学习以宪法为核心的国家基本法律法规。推行街道主任办公会进社区制度，邀请地区人大代表、政协委员、居民代表参会，广泛征集听取公众意见。签订党风廉政建设责任书，明确“一岗双责”要求，制定并实施《大栅栏街道党风廉政建设“三级警示”制度》。聘请16名党风政风社会监督员，同时聘请专业机构对街道机关、窗口服务单位、9个社区服务站开展明查暗访和电话访问，共暗访120点次。成立街道中小工程监督小组，对街道中小工程程序、结果和档案等实施监督检查，共监督中小工程项目11项。加强党务政务公开透明运行工作，加大政府信息公开力度，公开信息196条。

（苏 乔）

天桥街道

【概况】 天桥街道位于西城区东南部，东起前门大街、天桥南大街、永内大街与东城区天坛接壤为邻；西至虎坊桥、北纬路、太平街与陶然亭街道接壤；南起永定门护城河为界与永外大街相望；北至珠市口大街与大栅栏街道交界。辖区面积2.07平方公里，有驻区单位1334个，社区8个，户籍人口18941户55257人，流动人口11746人。年内，出生379人，死亡252人。全年财政收入11236.82万元，财政支出11206.47万元。街道设26个职能科室（含事业编制及内设科室），机关行政、事业人员编制136人（其中公务员编制

91人、事业编制43人、工勤编制2人），实有公务员84人、行政工人2人、事业编制38人。通过转任进入机关、事业单位的工作人员2人。机关退休3人、事业退休1人。年内，街道在城市管理、社区建设、民生保障、综合治理、党的建设等方面都取得新进展。获“北京市社区侨务工作示范单位”“2015年无偿献血工作先进集体”“2015年市级先进居委会”等称号。

地址：西城区北纬路9号

邮编：100050

电话：83133818

（杨　静）

【城市管理】 年内，着力打造与演艺区相适应的城市环境。开展以拆除违法建设为重点的环境整治工作，完善“发现、反应、联动、保障”4个工作机制，完成第七批台账销账，“连线、连片”拆除违法建设181处6937.71平方米。强化与区环境办、市政市容委、天桥演艺区指挥部协调联动，协助做好北纬路以南板块提升、南纬路精品大街建设、永安路东口道路拓宽、2个老旧小区改造（灵佑胡同2号院、万明路18号院）、3条胡同翻修（寿长街三条、大川胡同、小腊竹巷）、4处危房腾退（大保吉34号、荣光80号、荣光16号、照阳8号）及珠西大街七号线沿线、虎坊路沿线东侧路整治提升，虎坊路幼儿园周边等环境建设项目的整治。在上年7条胡同整治的基础上继续推进板章路、板章胡同、大保吉巷、华严路、香厂路西段、寿长街头条、阡儿胡同7条胡同的环境整治，完成胡同外立面粉饰、便道铺装、临街窗户及院门更新等，“成线、成片”式的治理模式整体提升地区硬件环境水平。强化惠民实事工程，完成北部46个破损平房院、低洼院等零修工作，为社区安装37处晾衣杆。协调综治办、天桥工商所、天桥食药所、天桥城管分队、天桥派出所等10余个部门和单位，集中攻坚，综合整治香厂路、留学路、腊竹胡同等重点区域，保持良好整洁的辖区环境。开展“回头看”工作，应对“回潮”情况，增强工作实效。针对天桥南纬路电动自行车占道经营销售摩托车问题，下发《一封信》和《告诫书》，出动城管170人、工商10人和公安、交通、消防、市政、街道执法小分队等300余人、车辆约30台，完成南纬路摩托车市撤市工作，后期通过“督、管”结合，做到还路于民。成立“天桥街道斜街自管会筹备组”，鼓励社区志愿者、斜街商户自觉维护街巷卫生秩序，劝导商户不文明行为。继续推进北纬路征收工作，建筑面积15233.59平方米，产籍户80户，已征收44户。做好永安路征收项目工作，涉及产籍户192户，开展前期政策宣传等准备。继续推进板章路腾退项目，需腾退26户，已腾退14户。配合做好荣光胡同和大保吉巷腾退项目，共涉及55户，已腾退38户。配合做好新泰安里文保修缮项目，需腾退44户，已腾退37户。

（杨　静）

【社区建设】 年内，优化街道全响应网格化社会服务管理平台，提升全响应案件运转的流畅性和完整性，办理案件200045件，采集民情日志11331条。完成第九届社区居委会换届选举工作。推行“居站分设、多居一站”社区组织管理体制，整合原天桥小区、禄长街、先农坛、太平街4个社区服务站，建立东经路服务站。引入专业社会组织，打造天桥老旧小区治理、乐融街坊自管会项目，开展专业社工助推社区社会组织“1+1”行动，培育扶持先农坛、天桥小区、虎坊路社区3支社区社会组织。制定《天桥街道社区协商自治手册》，指导社区自治。改善太平街社区办公用房。整治、装修天桥北里3号楼地下空间。太平街社区接受全市“六型”社区检查评估。严格社区公益金管理，按席位制调整社区公益事业项目管理小组成员，加强科学预算和民主监督。完成街道级社区社会组织备案128个，实现为老服务、治安防范、计划生育宣传、环保类组织在8个社区全覆盖。

（杨　静）

【社会保障】 年内，做好大病、特困、重残、贫困学生等困难群体社会救助工作，发放低保金、医疗救助、临时救助等各类救助资金1411.1万余元，落实“全程式救助”机制，利用社区各种力量采取帮扶、疏导和干预措施，建立特困家庭定期访视制度，了解需求及救助效果，对相关群体做到“三必访”，保障符合条件的大病人员及时得到救治。落实《社会救助暂行办法》《西城区城市特困人员供养实施办法》等文件精神。开展“两节”“五一”“十一”慰问活动，促进地区和谐稳定。完善促就业考核奖励机制，推进考核机制规范化、科学化、长效化，挖掘就业岗位1575个，实现就业人数678人，街道“零就业家庭”指标保持动态为零。完成失业、社会化退休人员档案电子化信息6810份，发放清洁能源自采暖补贴及低谷电补贴186万余元，低保人员待遇保障金1444.7万余元。发挥慈善助老志愿服务队作用，为老人提供医疗服务及日常照料，走访和服务8个社区715位高龄、空巢老人，为83名老人提供心理咨询服务，为地区62家有需求的失能、半失能老人送餐，为123名有需求的老人配备SOS呼叫器，开展“医疗项目体验进社区” 活动，为160余位社区居民免费测血糖、血压。完善残疾人服务体系，完成300平方米温馨家园扩建工作，设计康复课程，免费发放生活辅助用具，提升家庭无障碍改造服务品质。采取多种形式促进残疾人就业，为残疾人提供专业化、高质量、全方位的服务。利用辖区中国盲人图书馆资源和街道红舞鞋残疾人艺术团丰富文化生活，做到“月月有文化主题，周周有文体活动”。开通“二胎审批绿色通道”，利用街道0至3岁儿童期发展教育基地采取“1+1”工作模式开展地区早教工作。“劳动用工规范一条街”覆盖面达100%。

（杨　静）

【社会治安综合治理】 年内，配合天桥演艺区功能定位，完成人口疏解任务，疏解人口1897人。建立街道综合治理执法平台，消除无证无照“七小”单位93家，疏解人口418人。利用入户摸排、调查核实、清退约谈、信息反馈等各项措施，治理地区违法群租房34户52间，劝退租居住人员283人。开展演艺区周边业态提升、重点地区治理、拆除违法建设等专项工作，疏解人口1196人。完成“9·3”阅兵等重大活动安保工作。逐级签订《“两大安保”反恐防恐工作责任书》43份。落实处级领导包社区、机关干部下网格工作机制。地区1363名治安志愿者参与值守100余天。加强群防群治队伍建设，组建街道50人反恐处突小分队。为地区1363名治安志愿者购买意外伤害保险。2月8日，正式开通“平安天桥”公众微信号。

（杨 静）

【精神文明建设】 年内，天桥街道成立天桥地区志愿服务联盟，制定《天桥地区志愿服务联盟公约》，包含中国盲文图书馆、TCL集团公司等21家辖区单位和社会组织参与联盟，为志愿者提供不同方式的激励和回馈，激发志愿者服务热情。将街道《天桥报》正式改版为地区报，逐步实现通讯员队伍、主题内容和读者群体三个“多元化”，提升街道影响力。举办道德讲堂、百姓宣讲、全民科普等各类宣传活动54场。宣讲工作获得西城区委宣传部颁发的“我们的价值观”和“京华英雄”百姓宣讲活动“先进单位奖”，科普工作获得西城区科协颁发的“信息工作先进集体”。完善学雷锋志愿服务创新工作体系，网上实名注册志愿者8521人，占地区常驻人口的17.75%。与友谊医院合作开展“守护天使”志愿服务活动，建立一支80余人的志愿服务队伍，为到院就医的患者提供门诊导医、自助服务设备使用、满意度调查等服务。开展“六送”、助老、学雷锋等各类志愿服务活动近400场次，参与志愿服务5588人次，受益者4万余人次。香厂路社区阳光课堂被评为2015年度首都社区志愿服务组织之星，志愿者徐沛鑫、董学英、韩美婕被评为2015年度首都社区志愿者之星。与北京市方志馆、区地方志办公室联合摄制纪录片《百年天桥》，全片分为上、下集，总时长40分钟。11月20日，天桥艺术中心开幕，北京市副市长王宁、区长王少峰等出席开幕。

（杨 静）

【文化建设】 年内，创建“1+4+3”社区教育工作模式。整合宣武少年宫教育资源，引进常青藤专业社会组织的教育资源，扶持香厂路阳光课堂、虎坊路社区阳光乖乖虎早教俱乐部、永安路少儿素质提升项目，为辖区青少年提供专业校外活动和教育服务。举办春节、端午节、七夕等10场传统节日活动，举办评剧及鼓曲专场演出、张一元茶艺展示、天桥学艺等6个“非物质文化遗产项目”活动，引导居民传承中华优秀文化和传统美德。举办“乒乓飞扬 快乐共享”——“天桥杯”乒乓球友谊赛；为太平街、天桥小区等社区更新30处健身器材。指导8个社区举办胡同民俗体育运动会。

（杨 静）

【双拥共建】 年内，配合做好西城区双拥模范区“八连冠”创建工作，梳理2012年以来街道双拥工作材料近900件。走访慰问武警七支队、西城区公安消防支队、东经路消防中队、北京卫戍区66329部队，送去共建款及慰问品近40万元。以天桥演艺园区建设为契机，利用辖区文化资源，开展清明节宣传、端午节包粽子、“天桥民俗文化近军营”、志愿服务等活动。落实优抚安置政策，保障优抚对象生活权益。为34名伤残人员、3名定抚定补人员发放抚恤金24.5万元。7月20日，开展魅力天桥，缤纷夏日——非遗文化进军营活动。

（杨 静）

【综合减灾】 年内，天桥街道启动防灾减灾综合示范街道创建工作，出台《天桥街道创建北京市综合减灾示范街道工作实施方案》，通过减灾知识课堂、灾害风险排查与评估、综合疏散演练、救援队伍培训等方式，提高地区减灾能力和应急救援能力。联合消防中队、北京应急救援基金会开展全国防灾减灾日和国际减灾日宣传活动，集中设站宣传，开展减灾培训和模拟逃生演练，组织居民参观消防博物馆。

（杨 静）

【党的建设】 年内，天桥街道推进服务型党组织建设，出台《关于加强地区服务型党组织建设的指导意见》，召开地区服务型党组织建设推进会，推出一批“服务先锋”基层党组织创新项目。完成社区党组织换届选举工作，按照网格重新划分社区支部设置，完善社区“大党委”成员构成。指导社区实施党建创新项目，推进楼宇和非公党建工作。贯彻中央八项规定，逐级签订党风廉政建设责任书96份。搭建人大代表、政协委员知情知政和参政议政平台，通过开展“代表接待日”“民情日记”等活动倾听选民的意见和呼声，收集意见、建议12条。组织代表、委员视察北部平房区、演艺园区、917车站等地区建设重点工程及下乡义诊、图书捐赠、社区服务、知识讲座、学习交流、人大代表向选民述职等活动。与辖区19家单位建立区域青年工作共建委员会。年内，企业建立工会57家，783家企业全部建会。地区民兵队伍有5个专业222人。

（杨 静）

新街口街道

【概况】 新街口街道位于西城区北部，东起新街口南、北大街，西四北大街与什刹海街道为邻；西至西直门南、北大街，阜成门北大街与展览路街道相接；南起阜成门内大街与金融街街道接壤；北至德胜门西大街与海淀区隔街相望。辖区面积3.7平方公里，社区居委会21个。户籍人口40732户107903人，常住人口36921户95830人。年内，出生846人，死亡500人。有社会单位3265家，其中中央单位124家、市属单位106家、区属单位179家，中、小学9所，幼儿园9所，社区教育学校1所。机关设30个行政科室，2个科级事业单位，机关、事业单位工作人员230人，其中公务员130名、事业职工96名、行政工人4名。通过公开招录、政策性安置、转任进入机关、事业单位的工作人员7人。公务员、行政工人、事业编退休5人，调出公务员、事业编11人，轮岗20人。全年财政收入22297.86万元（含上级财政拨款），支出21643.35万元，完成税收113973.21万元。年内，街道获"首都绿化美化先进集体""首都无偿献血工作先进集体"等称号。

地址：西城区西直门内大街128号

邮编：100035

电话：66002800

（张　朔）

【城市管理】　年内，开展联合执法50余次，清理小广告6万余张，清理废弃机动车8辆，"9·3"阅兵期间清移机动车277辆；检查废品收购摊点40次，清理私装地锁260余个，治理店外经营、烧烤大排档120余次，无照经营110余次，检查施工工地60余次，清理无主渣土2000余处500余车，废弃大件1600余个；拆除违建233处5496平方米，完成宫门口东西岔菜市场撤市整治和宫门口四条、大兴隆胡同、姚家胡同3处街巷胡同整治；对12个低洼院升级改造；完成西四北三条7号院和南小街18号院老旧小区整治；对宝产胡同东口、国英园6号楼、新街口地铁站3处绿地进行改造，开辟非机动车停车场地4处。完成官园公寓雨水利用工程；新建2个垃圾分类小区配合完成地区5个旱厕的标准化建设；配合完成如意里3号、16号楼，东桃园2号楼、后桃园9号院3号楼保温加固工程；小区停车位增量66个。签订门前三包责任书2000余份，重大节日等环境保障70余次，防汛抢险7次，扫雪铲冰2次，空气重度污染环境保障6次。发放控烟宣传折页、条例4000余份，标识1000余张，联合取缔校园周边无证烟草经营商户10家。申领下发小树苗200余株，发放种植菜2775盆，新建"都市菜园"，开展"家庭养花知识"大讲堂活动，发放鲜花55000余盆，花籽4000余袋，花肥4000余袋。街道获北京市绿化美化先进单位称号。与地区3148家生产经营单位、21个社区居委会签订安全生产责任书，与1172家"六小"单位签订安全生产承诺书。集中开展烟花爆竹禁限放、"两会"期间安全生产隐患排查、地下空间整治、住宅内非法违法生产经营整治、小微企业达标创建、"双百"工程、"纪念抗日战争胜利70周年"活动期间安全生产保障、安责险投保等专项工作。开展安全生产月宣传教育活动，组织安全生产宣传主题文艺汇演。在情景剧比赛中，《父亲的心愿》获得区第2名，并代表西城区参加全市评比。开展"四品一械"监管工作，专项整治47次。完成100%餐饮业态量化分级工作；各类节日和大型活动安全保障10余次；抽检食品、药品542批次（件）；查处食品违法案件68起，罚没款29万余元。加强许可延续提醒制度，对即将到期经营主体及时告知。落实"首问负责制"，受理12331投诉举报197起，均按时限处理，回复和办结率100%。获北京市食品药品监督管理示范所。

（张　朔）

【社区建设】　年内，完成玉桃园、冠英园2个社区"六型社区"创建工作，完成科技为老服务站中心站及5个分站的建设工作，改善冠英园社区、西四北头条社区、西里四社区、综合服务站办公服务用房。完善社区民主自治，在西里四区社区开展老旧小区自我服务管理试点，西四北三条社区开展社区规范化建设示范点创建，指导社区协调解决居民提出的问题1415件。试点成立新街口西里社区综合服务站，创新"多居一站"运行模式。对116个社区备案社会组织进行复核，推进利用社区公益金扶持社会组织参与社会建设工作，建立街道社会组织服务基地。组织281人参加红十字自救互救培训，发放区红十字会救助款物3.2万元，完成年度无偿献血登记，组织115人献血。举办新春笔会、清明诗会、西城区白塔新辉太极拳、剑个人邀请赛、第三届北京市"白塔杯"象棋团体赛等"白塔新辉"系列文化活动。街道社区服务中心接待地区居民15万人次。组织专场文化活动12场，接待群众文化活动1243场次，开展各类培训班20余期，参加居民1.4万余人次。举办纪念新街口艺术团成立10周年文艺汇演和新街口街道民间手工艺基地作品展览。公共图书馆接待读者9万余人次，办理图书"一卡通"686人次，外借图书14万册。

（张　朔）

【社会保障】　年内，辖区新增登记失业人员1111人，实现就业人员1010人，就业率91%，创业项目洽谈10余次，空岗信息采集4476个，职业指导2796人；新增参保"一老一小""无业"978人，为1492人报销药费705万余元，办理申领、补换社保卡手续2522人次。办理各类保障房申请、变更、复核3187户，群众来电来访7300余人次。开展5次保障房意向登记、6次选房，解决住房困难家庭308户。加大救助帮扶力度，落实惠民政策。设立"一门受理"窗口，梳理规范"一门受理"救助项目及分办转办流程；建立困难群体服务管理信息库，掌握困难家庭底数；"两节"慰问各类困难人员4595户，慰问金额188.53万元；"十一"慰问低保、低收入家庭1099户10.99万元；为困难家庭解决临时救助174户66.64万元；教育救助49人次18.47万元；发放冬季取暖补贴290户31.7万元；发放爱心卡1029户52.1万元；为5人办理特困供养人员身份。完成社会救助工作绩效评价考核。街道慈善分会开展"情暖千家""爱心助残""夕阳扶老"等慈善项目，38家公益单位牵手50个困难家庭进行常年帮扶；街道慈善分会接收捐款30万元；地区单位定向资助贫困学生15户；开展春雨行动、敬老助困、慈善新春送暖、助老医疗等活动，慰问帮扶困难家庭736人次。开展"爱在西城"联合募捐暨"冬衣送暖"活动，募集善款24万元，衣被5492件。为2806名老年人办理老年证或优待卡，发放高龄津贴8243人次86.12万元，老年人医疗补助款28.09万元，组织153位无保障老人体检，发放北京市养老（助残）卡3953张。

开展街道特色送奶送餐工作，为各类老人送餐16000余人次，送奶6000余人次，结算金额10余万元。为辖区内老人提供免费供餐7274人次，助浴服务1481人次，“一元理发”服务3976人次。开展丰富多彩的为老活动，如春节慰问、义务理发、联合阜外医院进行义诊、“爱在西城”为老惠民服务活动等。街道表彰孝星178名（其中区级孝星167名，市级孝星11名）。办理残疾人证402份，其中新申请319人，补办44人，残疾关系迁移39人，为11人发放辅具15件，为386人进行辅具服务；办理精神残疾人入住康复机构2人；0至6岁残疾儿童享受康复政策10人；组织39名精神残疾人家属及亲友康复培训；组织30名智力残疾人进行音乐治疗；经过筛选评估确定40户符合条件安装无障碍设施的残疾人家庭；为37名残疾人申请灵活就业保险补贴，核查灵活就业保险人数519人；为14名花钱买服务人员结算83938元，服务978个小时；安排1人入住喘息式托养服务；办理新增享受生活补助残疾人13人，共计474人；享受养老助残卡人员49人，半年结算32.61万元；完成全部在册残疾人的残疾人一卡通激活及发放工作；为地区全部残疾人办理护理补贴；春节、助残日和国庆节期间为728户贫困残疾人家庭发放慰问款47.48万元，其中特事特办款4.25万元，阳光家园计划款2.1万元。完成残疾人服务状况需求专项调查，筛查统计汇总各类别残疾人3378名，其中死亡残疾人数285名，实际调查残疾人数3093名，人户一致残疾人1645名，人户分离残疾人1448名。地区单位零审核率和残保金征缴额比去年有所提高，残保金征缴额为1820万元。办理居民一胎《生育服务证》803个，二胎《生育服务证》274个，《独生子女父母光荣证》437个，办理流动人口生育服务联系单75份，为499人发放独生子女父母年老一次性奖励49.9万元，1320名个人存档人员发放独生子女父母奖励费7.5万元，14名特扶人员发放一次性经济帮助7万元，为95名男性、143名女性、373名流动妇女提供免费健康体检，发放避孕药具40万余支。组织地区失独家庭参观APEC会址和密云蔡家洼生态观光园，举办第15届新街口街道健康宝宝大赛，举办亲子派对、健康生育快乐园、育儿课堂等亲子活动30期，200余名新生儿父母、400余人次0至3岁儿童参加。

（张 翊）

【社会治安综合治理】 年内，新街口地区社会管理综合治理工作中发挥群众参与社会管理的作用，推进平安社区建设，维护地区的和谐稳定。落实社会治安综合治理领导责任制，与地区79个综治成员单位、30个机关科室、10个科队站所、21个社区分别签订综治责任书。部署防控，完成“9·3”纪念活动、世界田径赛、党的十八届五中全会和全国“两会”期间的安保维稳工作。落实维稳信息奖励机制，奖励18名个人、3个社区集体5900元。完善50人专职反恐处突小分队建设，配备各项装备，提升地区反恐处突能力。推进治安志愿者星级管理工作，按照市区群防群治布控点采集系统要求，按一岗2人进行实名制登记。开展科技防范，完成富国里、玉桃园、六条等社区的18个单元门楼宇对讲系统和10个平房院门的安装。开展矛盾排查，摸排各类矛盾纠纷94件，化解79件。协调力量做好地区乱点整治，开展“七小”场所专项治理，组织联合执法87次，出动执法力量180人次，整治无证无照经营台账场所106处，清账率100%；清除胡同内无牌汽车，出动37人，拖动违规车辆15辆，现场处理10辆；清理整治“黑车”，查扣黑摩的15辆，拘留5人。投入3.1万元落实手拉手机制，在31个校（园）门口安排治安志愿者维持上下学高峰秩序，加大力度整治学校周边环境。继续保持人口调控高压态势，坚持月调度会机制，加强宏观数据管理，截至年底疏解地区流动人口20325人，新增11946人，净减8379人。完善基础工作，做好对流动人口的服务管理。开展群租房专项整治，加大宣传力度、入户核查、逐户约谈；开展外来人口大摸排，加强信息登记更新；加强流管员队伍建设，新招聘流管员40人，完善各项规章制度，保障队伍的稳定性。做好消防安全工作，为西四北一至八条的30个重点院落及8条胡同配备消防器材；联合区消防支队开展消防常识培训，组织60余名楼门院长灭火实战演练；组建街道消防安全员队伍；开展消防安全大检查、消防安全普查，组建防煤巡视员队伍，印发《致居民一封信》，签订《预防煤气中毒安全责任书》。各级人民调解委员会受理调解纠纷448件，全部达成调解协议（其中书面协议208件、口头协议240件），涉案标的239.64万元、涉案人数722人，调解协议实际履行率100%。落实社区服刑人员日常管理责任，做好刑满释放人员安置帮教工作，累计管理各类社区服刑人员26人，刑释解教人员246人。做好“六五”普法检查验收工作，打造“法治公园”特色普法活动，举办司法大讲堂活动12场，宣讲内容涉及婚姻法、继承法等20余部法律法规，573人次参与。

（张 翊）

【精神文明建设】 年内，成立街道创建与迎检工作领导小组，制定工作方案，组织首都级、区级文明街道、文明单位、文明社区以及文明市民标兵申报评选工作；开展纪念中国人民抗日战争暨世界反法西斯战争胜利70周年主题宣传教育活动，组织“我们的价值观”和“京华英雄”百姓宣讲活动24场；撰写千字以上主贴文章30余篇，发表博客2921条，发布转发评论15356条，中国文明网论坛留言4446条。报送舆情信息200多篇，采用50余篇；完成23期《新街口之声》正刊及4期特刊编辑和发行工作；制作252块社会主义核心价值观展板及420块“北京榜样举荐榜”在街道及社区精神文明宣传栏内展示；组织地区文明单位与延庆县康庄镇东官房村开展“城乡携手文化共建”活动；开展“新街口街道第五届百名文明市民和十佳文明之星的评选和表彰”活动；制作和发放未成年人成长日记手册1000本，以“传承家风家训 弘扬中华美德”和“讲家训、传美德、树家风”为主题，从安全知识、爱国精神、传统文化、科教发展、环保公益5个方面，开展孩子喜闻乐见的假期活动，评选出49名“MINORS之星”，72名“美德少年”和87名“文明小使者”。联合西城社区文明推进协会，丰富玉桃园“书香驿站”活动内容，除“百姓捐书百姓看”外，“驿站”还先后举办了化妆晚会、京剧票友会、专家互动等群众喜闻乐见的社区文化活动。3月11日“学雷锋”志愿岛揭牌仪式在新街口街道玉桃园社区“书香驿站”举行。

（张　翔）

【双拥共建】　年内，为驻区部队办实事，“两节”“八一”及新老兵走访慰问送去11.5万元的慰问品；慰问立功受奖战士、考入军校战士和贫困战士35人1.75万元。引入社会组织深入军营开展团队拓展训练及法律讲座；组织军民联欢、优秀士兵战士家属逛京城、观看影片、新兵理想信念教育等活动。做好全国双拥模范城（区）“八连冠”创建档案整理检查。落实各项优抚政策，发放抚恤金、优待金、节日慰问金266万元；报销医药费57人次50万元。慰问参加“9.3”阅兵官兵，完成新版《残疾警察证》换发工作。总政捐资2.5万元用于新街口地区“帮困助残送温暖”活动，为辖区50户困难家庭送去慰问金；共建部队参与辖区消防安全检查培训、募捐衣被打包工作。

（张　翔）

【党的建设】　年内，完成区委督导组对街道教育实践活动整改落实专项检查，征集群众意见建议36条。细化14项学习内容，组织集中学习16次，外出参观见学2次，观看正反典型教育片3次，组织3次专题交流研讨。制订下发《街道领导班子和各级干部践行“三严三实”情况征求意见表》，发放问卷300余份，召开座谈会3次，收集机关干部、社区、居民和驻区单位意见建议51条。完成新提任15名科级领导干部试用期中期评估和试用期满转正考察工作。完成基层党组织换届选举工作，组建社区席位制“大党委”。按照“一社区一专职”的要求充实社区党务工作者队伍。从街道机关选派优秀后备干部到社区任职，优化书记队伍的结构。建设非公党建服务管理平台，以信息化手段推进非公党建工作规范化。制定下发《新街口街道党员意识、党员作用双提升行动实施方案》。在新街口之声开辟模范共产党员专栏，拍摄优秀共产党员事迹宣传片。推广西四北三条社区“四诺工作法”，实行党员活动证管理，在商务楼宇组建企业党员志愿者队伍。以“三项机制（需求征集机制、双向服务机制、机关党支部与社区党组织“四对接”机制）、三个平台（街道区域化协调委员会、社区席位制委员、在职党员到社区报到）、三个保障（人员保障、经费保障、阵地保障）、一种模式（互联网+工作模式）”。做实区域化党建工作。召开区域化党建推进会，完善“七联七共多维互动”工作机制。建设国英一号党群服务中心，促进社区党建、“两新”党建、社会工作、政务服务等多层面党建服务资源的融合。建设街道区域化党建服务网和新街口云党建微信公众号，实现党建网络化。

（张　翔）

金融街街道

【概况】　金融街街道位于西城区中部，东起西四南大街、西单北大街，西至西二环路，南起宣武门西大街，北至阜成门内大街。辖区面积3.78平方公里，有街巷139条，其中一类大街3条、二类大街11条。社区居委会19个，户籍人口31492户148573人，常住户籍65882人，流动人口12766人，从业人员20万人，出租房屋4996间。年内，出生1053人，死亡387人。有法人单位3523个，其中中央单位491个，市属单位180个，区属单位215个、街道属12个，其他单位2625个。商务楼宇152座。高等院校1所，中学4所，小学5所，幼儿园2所，卫生医疗机构2个。全年财政收入24912.7万元，支出24885.88万元，结转26.82万元。街道机关设29个职能科室、3个事业单位、2个垂直单位（司法所、统计所），机关行政、事业人员259人（公务员编制139人、事业编制114人、工勤编制6人）。公开招聘公务员4人，接收军转干部1人。向部队输送新兵10人。

地址：西城区太平桥大街107号

邮编：100033

电话：66219688

（商永辉）

【城市管理】　年内，启动“三里河—金融街—什刹海”和谐示范区建设工作。加强非首都功能疏解调控人口工作力度，集中开展辖区“七大战役”专项整治行动，结合“七小”整治、人口疏解、地下空间治理等重点工作，狠抓城市市容环境整治。先后拆除各类违建333处7610.85平方米，其中新生违法建设10处709.01平方米；清理废弃机动车7辆，清运暴露垃圾、堆物堆料3500立方米，废旧家具近4200件，清理非法标语广告传单4.7万余张，规范废品收购点19处，取缔露天烧烤摊点8处，拆除地桩地锁380处；完成53家无证照“七小”清零工作，减少外来人口106人。探索金融街核心区无主管、无主责问题的解决途径，试点非机动车停放秩序管理工作，规划379个停车区块，通过政府购买服务的方式组建29人的服务引导队实行专人专管。解决快递“最后100米”乱象，在通泰大厦、凯晨世贸中心等8座楼宇安装智能快递终端，维护街区环境秩序。出资58万元完成北顺城街项目改造及粉子胡同、西铁匠胡同施工任务；通过调研分析、征集民意、“科站队所”社区现场会，研究精品胡同建设的后续管理问题；垫资宏庙拆迁区258户居民电费、居民住宅维修费60余万元，继续推进危电改造工作。利用“民生小微工程应急专项资金”完成丰盛4号院、10号院2处旱厕安装扶手，民康30号院2号楼及兵马司8号院门口修建坡道等21项民生小微工程。协调辖区职能部门，完成2个脏乱点、36个环境问题督办件的处理。持续开展“城市月末清洁日活动”，发动志愿者参与，整治美化街巷100余条，清理草坪6万平方米，清出烟花残屑、渣土、堆物堆料等7.5余吨；投入20余万元组织各级力量，在辖区内开展主题控烟活动，提前完成校园周边100米售烟点取缔经营任务，持续检查保证治理成果。

（商永辉）

【社区建设】　年内，以社区“两委”换届工作为契机，调整充实社区党建工作力量，新提任社区书记7人，交流党员社工11人，选派2名街道干部通过换届选举程序进社区党委任书记、副书记。推进社区席位制“大党委”工作，19个社区全部完成“大党委”组建工作，77个党组织成为社区大党委成员单位，搭建区域化议事机制和平台。制定《金融街街道社区管理制度汇编》，完善考核、表彰、救助、退出等机制，围绕社区活动策划、公文写作等12个专题实施分级培训，形成有利于社区工作者成长、发展的长效机制。推进社区治理创新，探索多元化社会治理新路径，建立健全《社区议事协商会议制度》，成立“社区车友会”，举办“居民议事厅”，鼓励居民就社区建设建言献策，引导群众有序参与公共决策。加强与驻地单位合作，成立“金融街街道资源共享QQ群”实现“校、企、社”三方信息畅通，形成合作意向交流，达成合作意向10余项。制定《金融街街道社会组织管理办法》，筹备成立便民服务类、家庭矛盾调解类、社会帮教类、劳动争议调解类等组织，通过社区、社工、社会组织“三社联动”，以项目运作方式培育社会组织，发挥社区社会组织在提供服务、表达诉求、规范自律、促进和谐等方面的作用。以提高居民群众文化素质、身体素质为方向，搭建文体活动平台，活跃和丰富居民群众的文化生活。开展华宝斋、鲁迅博物馆经典诵读，李大钊故居为起点的红色文化之旅，繁星戏剧村红色主题话剧展演。以“北京西城国际金融体育康乐节”为载体，举办第八届社区运动会、定向越野体育竞赛、千人健步行、白领体质关注行体质健康测试、泥浆足球世界杯中国赛北京站、和谐杯乒乓球赛、第五届“金融杯”围棋赛、“金融杯”羽毛球赛等系列群众体育品牌赛事活动，参与人数3200人。

（商永辉）

【社会保障】　年内，全市首家“家庭发展服务中心”在金融街揭牌成立，以“守护健康，幸福家庭”为总目标，通过政府购买服务、社会组织运营、项目化运作手段，为地区人群提供科学育儿、家庭文化、家庭照护、家庭保健4大类公共服务内容。改造群众活动中心和金融街养老照料中心居家服务中心，提升街道为民服务水平。以智慧生活科学馆为依托，举办活动90余场，累计接待参观人次1500余人，培训人员2000余人。利用信息化手段搭建“金色桥梁”，失业人员重新就业739人；对低保、低收入家庭实施动态管理，严把进出口关，对新申请低保、低收入家庭100%入户调查，新增低保家庭45户64人，减少低保家庭47户91人，现有低保家庭692户1058人；低收入家庭25户63人，发放低保金760余万元。探索慈善救助模式，按照政策救助托底，吸纳社会力量的思路，建立社区慈善帮扶站，设立“有邻”慈善帮扶专项基金，形成慈善事业与社会救助的有效衔接和功能互补。落实各项残疾人优惠政策，审核残疾人灵活就业保险补贴285人，办理城乡居民养老保险126人，享受低保、重残无业补助等各类补助315人，新办残疾证83人，发放一卡通1892张。创新住保服务模式，在全区率先推出模拟选房会及实地看房工作5次，服务住房困难群众近千人次。以《社会救助暂行办法》为依托，街道筹集各类资金135万元，惠及辖区社救对象、低保家庭、优抚对象等各类群众1812人次。建立综合救助“一站式”受理窗口，加强街道综合救助平台建设，召开综合救助会商6次，重点解决丰汇园社区儿童自杀等急难涉稳救助事项12人次，区、街两级临时救助资金支出金额167万余元，为地区困难群众296人次解决了在医疗、生活等不同方面的实际困难。

（商永辉）

【社会治安综合治理】　年内，全力做好“两节”、全国“两会”及重点敏感时期的维稳和安保工作，“9·3阅兵”和北京田径世锦赛期间，街道启动社会面一级超常规防控等级，6777人参与活动保障工作，共投入各类防控力量36031人次，确保地区安全稳定。以社会需求为目标，以精准化管理为手段，推进全响应网格化社会服务管理工作，完善地区社会服务管理委员会例会机制和“每周社区日”机制，加强考核和问责。开展安全生产责任保险推广工作，投保企业45家，保金26170元。依托信息化城市管理功能，发挥分中心平台作用，推进城市精准化管理，受理案件11059件，各社区报送民情日志1321篇。以治理城市病和“七小”整治为抓手，制定《金融街地区整治“七小”专项行动方案》，开展执法检查125次，联合整治行动22次，出动人员648人次，取缔53户，取得合法审批手续2户，减少外来人口106人。通过辖区科、站、队、所联合执法，开展违法群租房治理，新登记流动人口9019人，核销流动人口12114人，更新流动人口数据18712条，减少流动人口3095人，出租房屋新登530套，核销470套，关停“黑幼儿园”一所。进行重点地区“黑摩的”非法运营整治，查扣非法运营黑摩的12辆，治安拘留5人，治安警告8人。为辖区内1516户特殊老年家庭免费安装防火报警器。建立一支14人的安全生产检查队，构建辖区安全生产网络。加大地区科技创安工作，完成7个社区40个平房院336户居民的户宇对讲安装，在8处办公地点安装探头115台，视频图像全部接入街道全响应指挥中心。

（商永辉）

【精神文明建设】 年内，把握正确舆论导向，弘扬社会主义核心价值观，壮大主流思想舆论，注重宣传教育、示范引领、实践养成。组织辖区18个单位54名网络志愿者参与各种网上微博、博客的传播工作，在中国文明网、新浪微博、腾讯微博、新华网博客等媒体平台转发和评论7000余条微博，发布50多条博客，发挥引导网络舆论的作用。启动“北京金融街”微信公众号建设，及时发布涉及公众关注信息，满足辖区居民的信息需求。推荐“2015北京榜样”候选人25人。参加西城区第五届首都道德模范评选，选出道德模范8名。组建“我们的价值观”宣讲团，街道级宣讲团1个、社区级宣讲团19个，在辖区进行14次宣讲活动，参与群众2000人次。开展寻找“最美家庭”“一家一特”特色项目建设，“情暖金融街”为老服务、“践行十八大 学雷锋便民服务”“五四”主题团日、“青春助力中国梦 低碳环保同路行”主题活动等精神文明创建活动。发挥文化引领风尚、凝聚民心、服务社会、推动发展的作用，坚持以文化育文明。强化基层文化服务，在金融街核心区举办金融街新春音乐会、休闲文化广场演出，展现街区白领文化风采；“端午节”在什刹海金帆水上俱乐部举办金融街地区第七届龙舟赛，来自金融街地区20多个单位的16支队伍，近200名运动员参加了比赛，弘扬中华优秀文化。开展“金色阳光太极街区”职工体育健身文化活动，吸引辖区百余家单位积极参与活动。

（商永辉）

【党的建设】 年内，加强领导干部理论学习，坚持和完善班子成员“五联系”制度，开展“访、听、解”各项工作，从解决实际问题出发，推进整改任务落实，面对历史遗留问题及重点、难点问题兑现各项承诺。根据《金融街街道改进作风制度建设计划》，推进“废、改、立”制度建设工作，巩固和拓展教育实践活动整改工作成果。新建立制度10个，修订完善制度18个，继续执行制度8个，废止制度2个，形成较为完备的制度体系。年内，从工作机制上强化街道工委抓党风廉政建设和反腐败工作主体责任，强化街道纪工委执纪监督力度，签订党风廉政建设责任书72份，出台《金融街街道工委关于落实党风廉政建设主体责任、纪工委监督责任的实施意见》，落实党风廉政建设主体责任。按照民主推荐、考察谈话、民主测评、领导小组酝酿和工委会研究的程序，确定8名主任科员拟任人选，1名正科实职考察人选，确保了干部选任工作的公开、公正、公平。建立非主任办公会权限资金安排月预算会制度，严格落实“一把手”不管财务、不签字的要求。建设受水河社区反腐倡廉教育基地，抓好警示教育，通过参观交流等活动提高干部廉政意识和法制观念。承担西城区社区治理创新试点任务，即在社区党委换届中设立社区纪检专员，制定《金融街街道工委关于加强社区党风廉政建设工作的实施意见（试行）》《金融街街道工委关于加强社区纪检组织建设的意见》，加强对社区党组织履行党风廉政建设责任和各项工作的监督和检查。探索互联网+楼宇党建工作模式，开通网上党课、红色之旅网上行，举办网上知识有奖问答活动。加强非公党建调研，申报党建创新项目：“白领俱乐部、党建新课堂”，探索党群服务新的途径和模式。培育非公党组织，新成立非公党支部2个。加强楼宇党建基础工作，对47座商务楼宇872家非公企业基础信息完成采集录入工作，培训非公党组织书记及楼宇工作站负责人，提升非公党务工作水平。

（商永辉）

【统筹发展】 年内，金融街街道围绕首都城市战略定位，调整和疏解非首都核心功能，强化首都核心功能，履行“四个服务”职责。发挥统筹地区发展职能，通过服务企业，为企业发展创造良好环境。编撰出台《北京市西城区金融街街道公共服务发展规划（2015-2020）》，对街道城市管理和环境建设、为老服务、劳动就业服务、社会保障、医疗卫生和计划生育服务等10个类目近5年的主要任务和重点工作进行梳理，提出具体保障措施。完成服务业、建筑业、商业规模以上近3000家单位统计报表的审核、验收工作。利用金融街地区管理与服务联席会议制度，整合资源，搭建平台，解决辖区金融机构和单位的服务问题，牵头召开金树街餐饮外摆服务协调会；发挥楼宇协会作用，强化绿化、秩序、环境“门前三包”责任；成立金融街HR之家咨询服务中心，为驻区单位提供全方位的法律服务，统筹地区劳动保障工作资源，增强社会活力与凝聚力，提升劳动保障服务水平。切实提升街区国际化品质，完成金融街核心区免费公交2号线线路调整，3号午间线路的开通工作；推进品牌活动持续化、常态化，开展“缘聚金融街”单身青年大型联谊活动5次，750余人地区青年参与活动，惠及地区单位百余家。举办金融街地区第六届运动会，来自30家驻区单位的740名运动员参与，传承历届运动会的品牌和精神。举办金融街“周末健身休闲大道”活动，探索在金融街核心区如何利用峰谷时间、空间因地制宜设立可移动式运动器材，服务辖区体育爱好者等多元群体。在金融街足球联赛运行逐步成熟的基础上，成立“金融街足球联盟”，推动街区各类社会组织的培育、运行模式，为街区太极拳、龙舟赛、运动会、合唱团等团队组织发展提供力量形成政府搭台，主导企业参与的自主运行、良性成熟的社会组织培育模式。

（商永辉）

椿树街道

【概况】 椿树街道东起南新华街中心线与大栅栏街道交界，西至宣武门外大街中心线与广安门内街道相邻，南起骡马市大街中心线与陶然亭街道接壤，北至宣武门东大街中心线与西长安街街道隔路相望，南北长约1250米，东西宽约900米，区域面积1.09平方公里，辖62条街巷，7个社区居委会。人口总数约4.5万，其中户籍人口35383人，流动人口9141人，有蒙、满、壮、哈萨克等11个少数民族，是全市辖区面积最小、人口密度较大的街道之一。椿树地处高端产业发展带和传统文化保护带交汇处，区域经济以批发零售、金融保险、房地产和现代服务产业为主。驻地共有单位723个。梨园文化历史悠久，尚小云、荀慧生、余叔岩等京剧名家的故居也曾坐落于此，还有安徽会馆、京报馆等6处国家级、市级文物保护单位。地区有庄胜、棉花片等多处拆迁区域，总面积约0.7平方公里（包括已建项目），占地区总面积的2/3。组织机构方面，街道工委办事处共有26个科室，并下辖社会保障事务所、社区服务中心2个事业单位。在职88人，其中公务员84人，处级以上干部17人，科级干部21人，党员77人，大专以上学历83人，工勤4人。地区共有党支部37个（其中机关党支部6个、社区党支部19个、非公企业党支部12个），党员1180名。年内，街道税收1.72亿元，接受财政拨款收入为11857万元，同比增长23%。支出11857万元，同比增长23%。

地址：西城区椿树园小区11号楼甲1号

邮编：100052

电话：63103621

（安 健）

【城市管理】 年内，椿树街道建立物业、社区精细化服务联动机制，督促物业单位完成垃圾分类、节水工作，督促拆迁主体单位履行主体责任，及时清运建筑垃圾、覆盖裸露地面等环境问题，通过联动机制有效解决辖区居民的水、煤、电、热等问题；继续抓好以琉璃巷为试点的物业化服务工作，建立精细化管理系统，将环境卫生、绿化养护、安全服务、停车管理等8项内容纳入进来，服务全面覆盖文保区精品胡同；推进精品胡同建设，加强胡同外立面整治，对红线胡同、前青厂胡同、西草厂胡同、琉璃厂西街西段、山西街胡同、万源夹道13-15号进行了外立面整治，推进红线、西草厂、前青厂3条精品胡同建设，积极打造与琉璃厂文保区定位相符并与之形成辐射延伸的街容街貌，胡同外立面整治率达到98%，完成15条精品胡同建设，占胡同总数的26%；改造老旧设施，完成和外西里市政排水管线改造，宣外东里4号楼东侧大门改造、宣东20号楼南侧休闲步道铺设、安徽会馆周边胡同维保等工程，保持精品胡同建设延展性；严打新生违建，实现“动态清零”，拆除58处违建，包括全年上账55处7800平方米；多部门联动对问题明显的西草场“七小”行业进行整治，以小餐饮、小食杂等规模较小的经营单位及群众反映强烈的西草厂周边环境秩序脏乱差，店外经营、无照商贩问题为重点，取缔无证照个体；开展“六大战役”，专项整治、联合执法等工作；做好“中国人民抗日战争暨世界反法西斯战争胜利70周年阅兵”期间辖区内车辆清移和核录自保自存工作，拆除地桩地锁15处、清理“僵尸车”19辆、清除非法小广告5000余处，拆除户外LED屏66处，检查施工工地70余次，渣土运输车辆110辆次，清理无主垃圾渣土335处（次），消除安全隐患112处次。完成辖区375户居民的“煤改电”改造工程。

（安 健）

【社区建设】 年内，完成第九届社区居委会换届选举工作，选举产生新一届社区居委会成员35人，实现100%换届选举的工作目标，优化社区居委会干部结构；推进四川营社区、宣武门外东大街社区办公和服务用房装修工作，通过提升社区办公环境完善“一门式服务”，方便居民办事；统筹社区室内外活动场所资源，掌握15个文化活动场所及44个团队使用时间、人数、是否饱和等情况，进行统一管理、统一调配，提高现有活动场所的利用率；利用辖区资源，低价租赁近2000平方米的文体活动场所建设百姓文化之家、百姓体育之家；立足“访民情、听民意、解民需”工作根本，正式运行“双核双向360度”社区工作者绩效管理体系应用平台；整合成立街道级的合唱团（椿萱合唱团）及舞蹈队（椿萱舞蹈队）；建立社区居民档案，整合资源，采集信息，及时了解居民需求，重点对低收入、残疾、老人、优抚对象、流动人员等特殊群体详细记录情况和信息；与中信国安科技建设团队建立合作，利用区域资源，梳理市、区智慧社区建星升星工作申报标准，提出“一线一网一平台”椿树智慧社区的服务建设思路；推进社会组织建设，培育特色社会组织，扶持春晖紫曦少儿京剧苑，培养京剧人才；利用花毽队进学校、社区，展示非遗文化，通过翰墨艺苑书画协会、红线京剧队、舞蹈队等活动满足居民文化需求，在各类比赛中获得了不同级别的奖项；搭建完成社会组织孵化培训管理中心组织框架，推进设计工作；引入专业社工组织开展“1+1”助推项目，共有社会组织84支成员1989人，开展活动527次，服务居民14470人次。

（安 健）

【社会治安综合治理】 年内，开展科技创安工作，地区监控探头数量达到198个，提高地区监控覆盖率；进一步完善社区网格防控，重新落实网格防控实名负责制，形成“点、线、面”相结合，人防、物防、技防相结合，打防管控结合的立体化治安防控体系；完善治安重点地区、突出治安问题和社会秩序问题的动态排查机制，对街级挂账地区琉璃厂西街开展日常巡逻，重点是地区乱领停车、游商扰序等现象；招聘50名巡防队员，组建地区反恐小分队，购置20辆自行车、肩灯等警备用品，在地区24小时巡逻，开展地区社会面巡逻防控及反恐防恐突发事件前期处置。强化对地区11个旅店宾馆、18处普通地下空间、5个小区物业公司的安全指导检查，严格落实责任制，确保不留死角；完善燃气报警系统管理制度建设，制定商户使用协议、免责声明，系统自查表、检查表，完善系统管理；推进信访“手拉手”工作，落实领导信访日制度，推进人民调解“3431”工程建设，带动街道上下形成“大调解”格局；35次深入社区排查，接待群众来访157次，累计排查化解矛盾500余件，成功率98%；与辖区427家企业签订安全生产责任书，开展4次大型安全生产应急演练；完成椿树少年宫安全设施改造工程、椿树园小区20部老旧电梯更换事宜；加强食品药品安全监管，从生产经营各环节日常监管及集体用餐单位和无证无照经营的检查两方面着力，深入商场、超市和餐饮服务单位开展抽检，共查处各类食品药品案件7件，罚没款13.7万元。

（安　健）

【社会保障】　年内，结合“五零服务”，即服务居民零距离、业务办理零推诿、为民办事零拖延、目标任务零积压、服务态度零投诉，提升窗口服务品质，发挥“企业联盟”品牌效应，探索向社会组织转化方式，完成地区创业中心的建设，拓宽失业人员就业、再就业渠道，就业指标完成81%，城镇登记失业人员就业率57.8%，就业困难人员就业率达到61%，失业率控制在1.42%以下，零就业家庭动态为“零”；继续开展“劳动用工规范一条街工程”及“两网化”管理工作，用人单位劳动合同签订率、社会保险登记率、工资及时足额支付率、持证上岗率、建立劳动用工管理规章制度率均达到98%以上，各类社会保险、社会化管理服务有序推进；方便快捷做好辖区保障房申请家庭的各项服务工作，组织完成1次53户经济适用房轮候家庭选房意向登记和认购，3次209户限价商品房轮候家庭选房意向登记和认购，2次4户廉租实物配租家庭选房，1次6户公租房轮候家庭选房意向登记和选房；对辖区15户享受公租房租金补贴家庭进行年度复核工作，受理完成121户保障性住房的街道申请工作、19户廉租租金补贴申请工作，办理各种变更及终止80户，完成12户已取得经济适用住房家庭同时拥有其他住房家庭进行复核与约谈；完善社会救助体系，开展抚老、助残、救孤、济困活动，规范街道公共服务网点建设，完善志愿服务体系，在创建综合减灾示范街道中规范各类社会救助的审核程序，实现社会救助的动态管理。街道共有享受低保家庭406户666人，年累计新增低收入家庭11户30人；累计办理临时救助83户160人，发放救助金额25.26万元；累计办理医疗救助253人次，发放医疗救助金41.22万元；“春雨”大病救助4人34550元。募捐资助资金救助2人1万元，发放“爱心卡”救助405人20.25万元，15个科室7个社区慰问对象4292户次，发放慰问金127.70万元。

（安　健）

【精神文明建设】　年内，做好先进人物的评选推荐、宣传工作，推荐第五届首都道德模范候选人1人，评选推荐“2015北京榜样”候选人36人，张贴“北京榜样”举荐榜；组织地区先进人物代表参加“践行社会主义核心价值观——榜样的力量”西城区模范先进人物座谈会，宣传“奋发向上，崇德向善”精神，开展“道德引领我们的节日”主题教育活动；围绕春节、端午、中秋等传统节日，将社会主义核心价值观融入传统节日文化内涵，联合组织“同享新春乐，温暖过羊年”新春走访慰问、“团圆一家亲，共贺元宵节”联欢游艺、“梦想清明，传承文化”风筝制作、“端午爱心暖亲情”包粽子度佳节等丰富多彩的主题教育活动。在春节、中国人民抗日战争暨世界反法西斯战争胜利70周年纪念日、国庆等节日，组织社会单位和居民升挂国旗；加强地区精神文明宣传阵地建设，规范地区精神文明建设宣传栏建设和管理；利用宣传栏、工地围挡、电子大屏等宣传以社会主义核心价值观为主要内容的“讲文明树新风”公益广告；在琉璃厂西街社区试点建立文明北京智慧宣传大屏，为百姓参与首都精神文明建设活动提供便利；健全地区文明单位和文明社区网络文明传播志愿者队伍，巩固扩大地区精神文明宣传阵地。

（安　健）

【文化建设】　年内，举办第十三届“椿树杯”北京市社区京剧票友大赛，首次设立创新组别，鼓励票房票友深入群众、深入生活，延展京剧内在魅力，丰富国粹表现形式，使赛事紧扣时代精神；举办首届“椿树杯”5人制足球赛，吸引10余家辖区单位200余名运动员参加；举办北京市第五届“椿树杯”花毽邀请赛，共有来自全市5个区县20余个花毽基地和学校的150余名少儿和老年踢毽爱好者参加，传承和推广花毽运动文化；为扩大影响力，接待北京四十三中学、退休老干部、各票房票友、书法爱好者等各类人群约4000人次参观安徽会馆；借助西城第二文化馆、西城美术馆的师资力量，在红线胡同26号定期开展京剧、健康大讲堂活动40余次，800余人次参与；推进非遗进社区活动，与小架梅花桩拳协会合作，聘请传承人走进社区为居民进行指导教学32次课程，约900余人次受益，受到居民的欢迎；开展“迎新春文化竞演”、绘制风筝、体验仿古瓷制作等活动；邀请专业老师对辖区文艺团队进行辅导，广受居民欢迎；组织文艺团队参与市区级各类比赛，并获佳绩；举办椿树文化季活动，分爱国、传承、精品3个篇章，举办红色歌曲联唱、红色剧目展演、红色影视赏析及传统文化体验活动。

（安　健）

【社会主义核心价值观宣传】　年内，组建了1支由10名街道干部组成的街道级“我们的价值观和京华英雄百姓宣讲活动”宣讲团、7支由35名社区干部及群众组成的社区宣讲团，结合社会主义核心价值观和抗日战争胜利70周年纪念活动开展百姓宣讲；组织街道“道德讲堂”3场、社区“道德讲堂”16场，700余居民参加；组织地区15名居民创作49副作品参加区社会主义核心价值观新春楹联征集活动。

（安　健）

【党风廉政】 年内，按照中央、市、区纪委相关精神，落实街道工委的主体责任和纪工委的监督责任，街道党政主要领导与分管领导，分管领导与科室负责人和社区党委书记，分别签订党风廉政建设责任书，履行“一岗双责”；规范街道纪工委、社区纪委例会、学习教育、情况报告、民主评议、检查考核工作程序；确定对小型、微型生产经营单位安全生产标准化建设和人口调控两项工作开展立项监察，对存在的主要问题及整改情况进行行政监察；通过电子显示屏、内网、公告栏、发送短信等多种形式加大宣传，使党员干部牢记不能触碰的纪律“红线”；利用电话、信访和网络“三位一体”举报平台，及时受理反映的各类违规违纪问题；开展“为官不为”“为官乱为”问题专项治理；制定计划，购买书籍，促进党员干部对《中国共产党廉洁自律准则》和《中国共产党纪律处分条例》相关内容的学习；开展街道党风廉政宣传教育月活动，依托社区廉政课堂、廉政书画笔会、廉政宣传队等载体，开展以“上廉政课、读廉政书、写廉政字、看廉政展、唱廉政歌”为主要内容的系列教育活动；落实约谈制度，先后对重点科室负责人，社区党委书记、纪委书记进行约谈；严格执行“三重一大”等制度，为落实街道党风廉政建设提供坚强保障。

（安　健）

【人口调控】 年内，开展地区群租房治理，通过制定相应的实施方案，召开专题部署会，明确各职能部门的职责分工，全面部署地区违法出租房屋摸排治理工作。年初，根据前期摸排，地区7个社区719处平房，41栋楼，181个单元门，发现违法群租房9户，街道协调派出所、房管所和社区，多次入户宣传做工作，清理群租房8户10间，清退人员34人；为全力保障“9·3”阅兵活动顺利进行，确保地区安全，派出所连续开展三个波次的流动人口摸排检查，分别对椿树园地下空间、宣东地下空间群租房、和外西里拆迁楼的清理整治，清理楼房2栋，清理住户91户130间，清理流动人员325人。

（安　健）

【居家养老】 年内，继续与中信国安投资有限公司合作，推进社区养老，共同打造“椿龄工程”，10月21日养老照料中心正式开门运营；利用19号院椿龄守望站为80位平房区重点老人开展助浴服务；建立与安全生产办的联动检查，指定安全检查联络人，实行安全检查一周一报制度；新增办理60岁老年卡227个，65岁老年证440个，90岁高龄津贴享受219人，服务1837人次；95岁医疗费报销23人，报销金额5.28万元；洗澡、理发、代办煤气3项为老服务累计服务84人次；零距离巡视服务659人次；为辖区617户纯老年家庭、空巢、独居老人安装火灾感烟报警器及SOS呼叫器117台，依托“零距离”系统平台进行数据绑定，防止老人走失；推荐91名区级孝星，其中市级“孝星”11名；1100位80岁高龄老人申请办理“北京通”养老卡；累计结算居家养老、三项为老、助残服务费8.96万元，服务832人次；为6家老年餐桌服务商发放6%服务补贴1.55万元；组织参加各类老年活动10场，服务120人次；为3位人户一致的百岁老人入户祝寿；组织60至65岁低保老人和无保障老人体检，服务41人次；元旦、春节期间，慰问高龄特困老人310人，发放慰问金3.59万元，慰问孝星家庭63人；敬老月服务期间，为277位高龄特困老人发放慰问金5.94万元；组织100位健康老人开展活动；利用生平礼仪家政公司为50位高龄、空巢老人开展家政保洁服务100小时；利用中信国安银柏养老照料中心为101位高龄老人开展助浴助洁服务；联合陆琴脚艺为本街道1086位持“北京通”养老卡的高龄老人开展修脚活动和为行动不便老人进行入户修脚服务；京宝兴业有限公司为16户高龄残疾老人居住院门修整台阶坡道、安装扶手；开展老年人维权讲座、心理健康讲座服务活动。

（安　健）

【干部队伍建设】 年内，建立健全街道工委理论学习中心组和党员干部学习培训制度，17名处级干部完成学习贯彻十八届四中全会精神、习近平总书记的重要讲话精神、社会主义核心价值观、市区重要会议精神以及“三严三实”等内容，多名中层干部、党务工作者、入党积极分子和发展对象参加党校和重点大学的脱产培训；做好处级领导干部参加依法治国网上学习班的报名工作，技术指导处级领导完成大讲堂和在线学习任务，督促处级领导定点联系社区和企业；严格执行《党政领导干部选拔任用工作条例》，完成科级领导干部竞争上岗工作，选拔任用正科级领导5人，副科级领导干部1人，主任科员2人，轮岗交流15人；利用网络教育平台，引导党员干部开通党员微信易信，完成80余次远程教育；对街道机关单位和纳入规范化管理单位的个人人事档案进行审核，针对干部个人的出生时间、参加工作时间、入党时间、家庭主要成员及重要社会关系等8方面信息逐项查阅、全面收集、仔细鉴别、规范整理，规范干部人事档案日常管理；组织机关党员、社区党委班子成员、社区挂职干部、地区民兵骨干和非公企业党员军营主题党日活动；组织辖区非公有制企业党员、入党积极分子、优秀团员参加红色教育基地现场教学活动。

（安　健）

【双拥工作】 年内，春节、“八一”期间，街道工委书记、办事处主任、主管主任到街道的3支共建部队——武警七支队、新华社武警七支队十一中队及校场口消防中队走访慰问，将18万元慰问金送到战士手中；慰问共建部队特困战士18人，慰问标准每人500元，经费6500元；慰问新华社武警七支队十一中队退伍老兵，激励退伍老兵回到家乡后为故乡的建设再立新功，慰问经费5500元；为8名抗战烈属和抗战伤残军人发放慰问金2.9万元。

（安　健）

陶然亭街道

【概况】 陶然亭街道位于西城区东南部，东起太平街、虎坊路一线，西至菜市口大街中心线，南至护城河中心线，北至骡马市大街中心线。辖区面积2.14平方公里，有街巷63条；10家中央级单位和62家市、区属单位；大学1所、初高中3所、小学3所、幼儿园1所。年内，西城区开展社区治理创新试点社区，新兴里社区作为推进社区区域化党建，探索“一委多居”试点社区，设立1个社区党委领导、带动3个居委会，将原新兴里社区划分为：新兴里第一社区、新兴里第二社区、新兴里第三社区，街道现有8个社区党委，10个居委会。户籍人口56645人，流动人口8509人。年内，出生375人，死亡491人。财政收入10965万元、支出10897万元。机关、事业单位人员131人（公务员编制94人，事业编制37人）。协助区有关部门完成中国人民抗日战争暨世界反法西斯战争胜利70周年和2015年世界田径锦标赛等重大活动的安保维稳和服务保障工作。获全国社区戒毒社区康复工作示范单位（点）、北京市禁毒工作先进单位。

地址：西城区黑窑厂街22号

邮编：100052

电话：52683783

（吕东苏）

【城市管理】 年内，开展“城市环境建设年”活动，完成金泰永安农贸市场和陶然江亭花鸟鱼虫市场的撤市工作，疏解面积3980平方米，涉及摊位94个。取缔规范无证无照“七小”主体77户，实现地区无证无照“七小”清零。疏解地区常住人口。清理房屋260处，疏解流动人口4365人。拆除违法建设173处1638平方米。整治环境脏乱点300余处，清运垃圾堆物230余吨，清理僵尸车31辆，拆除私装地锁226个，消纳残旧非机动车494辆，拆除户外广告、LED显示屏421块。制定防汛、扫雪铲冰、空气重污染等应急预案。以创建市级综合减灾示范街道为契机，提高应急处置防范能力，组织安全生产应急演练、消防疏散演习67次，红十字救护培训12场，城市运行安全有序。落实“门前三包”责任制，开展各类环境建设志愿服务活动300余次对接市区重点工程。继续开展黑窑厂西里小区抗震加固综合改造项目。一期工程5-14号楼施工建设已接近尾声，推动龙泉胡同4栋简易楼棚户区改造腾退工作，实施龙泉、红土店平房区和双柳树10栋简易楼“煤改电”工程。完善应急物资保障，重视宣传引导，制作并发放安全防汛应急手册1.7万册，张贴宣传海报300张，防汛实现连续30年“不塌房、不伤人”。

（吕东苏）

【社区建设】 年内，推进社区民主自治，完成第九届社区居委会换届工作，选出居委会成员76名，构建由街道“大工委”统筹、辖区单位协同、社区联动、居民群众参与的社会治理工作体系。承担第二批北京市社区治理和服务创新实验区任务，尝试“多元网格协商善治”模式，不断完善“网格问事、协商议事、为民办事、自治管事”的工作机制。推广“菜单式”物业便民服务模式，指导龙泉、福州馆等老旧小区开展试点，有效提升社区自我管理水平。开展新兴里“一委多居一站”综合试点工作，完成红土店“六型”社区创建验收。挖掘、整合各类可用资源，通过租赁、借用等方式，加强社区办公服务用房建设。深化“项目化申报”工作机制，重点扶持米市社区姊妹同心屋等14个社会组织项目。举办“两委一站”负责人能力培训班，提升社区服务人才队伍的专业化、职业化水平。全域“网格化”治理取得实效。按照“科学定界、规模适度、无缝覆盖、动态调整、精细准确”的原则，合理调整85个网格、配备治理资源，做到社区布网，网中有格，格中定人，人负其责，精细管理。完成“区—街—居”三级联网，搭建责任人PDA系统，启动智慧社区申报，规范管理街道外网门户，逐步建立起“多网融合、立体运行、智能服务、信息管理”的社会多元参与服务管理体系。

（吕东苏）

【社会保障】 年内，构建为老服务“全响应链”，推广“楼宇俱乐部”养老服务经验，建立“贴身”“到家”居家养老服务站点。扩大为老服务社会参与面，发挥老年人协会作用，组建“耆援”为老服务志愿者中心，完善“家庭—社区—街道—服务队”四位一体的新型养老服务体系，服务14000余人次。办好独居老人实事，免费安装烟感报警器2781个。推广“8+3+N”家庭医生式服务，签约老人4533名。健全以综合救助为主体，临时救助、慈善救助为补充的社会综合救助机制，落实抚恤优待政策，慰问、救助、帮扶、捐赠各类困难、弱势群体、优抚对象7839人次233.8万余元，冬衣送暖募捐衣物2309件。推进温馨家园升级改造、轻残帮重残互助服务、精神残疾社区康复等助残项目，切实提高残疾人生活质量。健全计划生育奖励扶助机制，创新“失独家庭关爱”“婴幼儿早教”等优质项目，实现地区人口计生服务优质化、均等化。推进地区社会保障体系建设，落实就业援助、创业扶持、社会保险、最低生活保障等政策性制度，低保救助626户876万余元，社会保障覆盖人群不断扩大。实现就业843人，失业率0.95%，就业率69.61%，4户“零就业家庭”通过托底安置实现消零，就业指标全面完成。受理限价商品房、经济适用住房、廉租房、公租房申请166户，重点解决了中低收入家庭的住房困难。

（吕东苏）

【社会治安综合治理】 年内，加强社会治安防控体系建设，完善人防、物防、技防网络，投入资金23万余元安装社区技防设施。加强专群结合情报信息预警能力建设，发挥巡防队员、治安志愿者、反恐处突小分队等群防群治联动力量。坚持“无缝”衔接禁毒工作模式，有效管控地区吸毒人员。加强联合执法力度，整治黑车集聚、乞讨人员长期滞留、游商游贩占道经营等行为，劝离留宿人员1000余人，救助无家可归人员5人，取缔无照经营行为50余起。落实处级领导信访接待日制度，形成重点人重要事件台账。协调处理四平园小区物业撤管等问题，回应人大代表提案、各类来信来访及派发案1334件，信息公开207条。推进三调联动工作机制，规范调委会建设，强化专职调解员队伍，调解各类民间纠纷935件，处理5起农民工集体讨薪事件。落实安全生产“党政同责、一岗双责”制度，加强对重点场所、重点单位安全生产检查和在施工地、市场等人员密集场所的安全隐患排查，巡查生产经营单位3168次，发现并整改安全隐患876处。开展安全生产条件普查，完成304家小微企业安全生产标准化达标工作。持续开展市级安全社区创建，有效传播安全文化，强化应急宣教和演练，街道选送的家庭在全市家庭燃气安全知识竞赛中获一等奖。加大预防煤气中毒工作检查力度，严防事故发生，煤气报警器安装率、入户宣传见面率、签订安全责任书、张贴安全贴、隐患整改率均达100%。未发生煤气中毒事故，连续5年零事故。

（吕东苏）

【精神文明建设】 年内，深入挖掘“陶然”文化内涵。广泛收集地区文化史料，启动中国历史名镇申报，初步形成以红色文化、会馆文化、胡同文化为主的街道文化谱系。筹备街道历史展室，出版第八届“陶然美”摄影比赛优秀作品集，多角度呈现地区历史文脉和人文风韵。成立“陶然剧社”，组织民间艺人表演传统技艺，展示非物质文化遗产魅力。开展社会主义核心价值观主题教育活动，组织“我们的价值观”及“京华英雄”百姓宣讲30余场。推进文明城区创建工作常态化，开展首都道德模范和“北京榜样”推选活动，组建“陶然百姓艺术团”，在居民中传播崇德向善的正能量。引入专业机构力量，举办第二届地区体育运动会，活动参与面不断扩大。深化“六德”未成年人教育品牌活动建设，构建领导、标准、阵地、机制等“四统一”的工作体系，打造家庭、学校、社会“三结合”的教育格局。构建终身学习服务体系，以社区教育学校为载体，开展指挥、合唱、民俗、外语、亲子书法、诗歌朗诵、昆曲欣赏等市民学习培训150余次。举办第十三届“陶然杯”地书邀请赛，元宵灯谜会、清明诗会等传统文化活动，提升辖区居民生活品味，传承地域特色文化理念。扶持群众文体队伍取得丰硕成果，太极拳队在“第三届全国白云杯太极拳剑邀请赛”中获三等奖、舞蹈队在“舞动北京”大赛中获团体金奖。

（吕东苏）

【双拥共建】 年内，为部队输送5名新兵。开展“双拥工作在基层活动”，春节及“八一”期间，走访慰问部队、义务兵家属、烈属和残疾军人。开展文化双拥活动，举办第五届军地乒乓球友谊赛，组织地区双拥文艺团到部队演出。举办“军民一家亲”趣味运动会，为部队赠送价值3000元的图书。宣扬表彰先进典型，“八一”期间首次表彰了5名“五好战士”、6名优秀退转军人和11名好军嫂。全年共投入双拥工作经费11万余元。

（吕东苏）

【推进区域化整体发展】 年内，深入推进以“实现区域化整体发展，共创陶然式美好生活”为理念的区域化整体发展工作。通过深化改革解决社会治理中存在的问题。沿着“党委领导系统化、政府负责规范化、社会协同组织化、公众参与多元化、法治保障专业化”的“五化”治理实践路径，在街道各领域进行了共治、善治、自治、法治、德治等“五治”实践。共治方面，以“同创全国文明城区、共建陶然美好家园”为主题，动员辖区单位和居民群众参与文明城区创建、交通拥堵治理、街巷环境整治等工作，共驻共建共享的家园意识为地区认同。善治方面，开展党员干部下社区、进网格组织居民群众创建文明院落，探索“参与型协商”模式，搭建“网格问事、协商议事、为民办事、自治管事”的平台。自治方面，完成社区“两委”换届选举，承担第二批北京市社区治理和服务创新实验区任务，新兴里社区“一委多居一站”综合试点工作平稳推进。法治方面，运用法治思维和法治方式创新社会治理，大力推进“平安陶然”建设，群众接待日、矛盾排查会等矛盾排查机制逐渐完善。德治方面，社会主义核心价值观主题教育活动深入开展，区域文化影响力显著提升。

（吕东苏）

【党的建设】 年内，发挥基层党组织政治领导核心作用，将基层党建有机融入到推动功能疏解、环境整治、人口调控等重点工作之中。制定《陶然亭街道加强服务型党组织建设实施方案》，完成社区党委换届和基层党组织改选，开展城乡共建活动，形成一批党建创新品牌。修订《区域化党建资源共享服务手册》，街道“大工委”所覆盖的70余家单位面向社会开放师资、场地、医疗、泊车等各类资源。全面实施“服务先锋”工程，发挥在职党员作用，打造11个便民利民项目。完善健全党建带群建机制，推进楼宇社会工作站“六站合一”建设，加快实现社会组织党建工作全覆盖。加强党员干部作风建设。严格执行中央八项规定和市委、区委实施意见，持之以恒地抓作风、转作风。完善干部选拔任用流程，选拔任用20名科级干部、轮岗交流12名干部。加强内控、内审，修订完善财务审计流程，公布执行42项制度。开展“三查一通报”日常监督检查，把从严管理贯穿到干部队伍建设全过程。支持纪工委工作，立案1件，给予党政纪处分1人。

（吕东苏）

展览路街道

【概况】　展览路街道位于西城区西北部，东起西直门南大街、阜成门南、北大街与新街口和金融街街道接壤；西至三里河路、动物园西墙与海淀区甘家口街道相邻；南起月坛北街与月坛街道毗邻；北至南长河、西直门北大街与海淀区北下关街道相望。有一、二类大街22条，街巷、胡同34条。辖区面积5.87平方公里，户籍人口43577户128361人，常住人口37524户105413人，流动人口26763人。有大学4所、中学5所（含职高）、小学7所、幼儿园8所。驻区中央单位461个、市属单位189个、区属单位340个、其他隶属单位5733个。街道有工作人员259人，其中公务员140人，纳入规范人员109人，工勤人员10人。年财政收入2.55亿元，支出2.1亿元。年内，获得“北京市模范职工之家”“北京市无偿献血先进单位”“北京市同邪教斗争先进集体”“北京市第九届和谐杯乒乓球总决赛优秀组织奖”等称号。

地址：西城区车公庄大街13号
邮编：100044
电话：68314941

（林　融）

【城市管理】　年内，完成车公庄大街甲5号院、阜外大街1号院环境综合整治及阜东、新华南社区便民设施改造、新华东小区道路整修，铺装道路5509平方米，透水砖路面1937平方米，路牙石铺装796平方米，翻建自行车棚524平方米，更换铁艺大门8樘、新装防盗门4樘。开展四大重点区域环境综合整治，拆除榆树馆西里15号楼周边连片违法建设34处63间802平方米，完成拆后屋顶防水、楼体粉饰、窗户安装等恢复重建工作；拆除新九龙历史遗留空中违法建设80间2100平方米，完成缮后修复，消除安全隐患；百万庄中里环岛环境综合整治，拆除为动物园、天意等批发市场提供饮料、食品批发窝点违法建设61处2000平方米，改造建设62个车位停车场，引入专业停车管理和便民服务项目；百万庄辰区卯区环境综合整治，拆除违法建设11处12间320平方米，取缔违法违规经营行为。开展打击违法建设专项行动，拆除违法建设600处12872.41平方米，其中帐内违法建设240处3516.13平方米，新生违法建设76处1539.28平方米，集中整治拆除违法建设284处7817平方米。开展城市部件专项整治，取缔快递点29家，清理废品收购点9处，清理僵尸车83辆，拔除裸露电线杆71根，拆除废弃宣传栏104个、大型广告牌匾560块，清运无主大件垃圾、渣土1905车。整治区级脏乱点9批53处，处理区环境办、区拆违办等部门派发督办环境问题177件，办结人大代表建议5件，城管分中心案件约4900件，大信访1200件。年内，完成“煤改电”806户、清理个人老旧机动车1688辆、调查摸底烟草销售点295处及餐饮单位污染源普查1104家、公共建筑能耗限额普查，“煤改电”低谷电价报销315户。加强31个垃圾分类小区检查维护，完成3个垃圾分类小区创建工作。开展百万鲜花进社区活动，发放鲜花55190盆，新栽树苗80株，砍伐树木85棵、修剪树木180棵；下发超计划用水通知书43户，用水指标260户。防汛抢险7次，处理路面塌陷3起、树木倒伏6棵、倒树砸车3辆。

（林　融）

【社区建设】　年内，在滨河社区推进全区首家社会组织承接社区服务站事务试点。按照《西城区2015年进一步推进社区治理创新试点工作方案》要求，在百万庄西、百万庄东、北营房东里、车公庄、文兴街、露园、阜外东7个社区首次进行社区居民代表常务会试点。7月18日，全区第九届社区居委会选举投票日，辖区22个社区选举产生主任22名，副主任44名，居委会委员88名。22个社区党委书记均被选为居委会主任，全部实现“书记主任一肩挑”。按照《西城区2015年进一步推进社区治理创新试点工作方案》相关文件精神，在德宝、团结、榆树馆3个社区进行“多居一站”模式试点，整合3个社区的服务站，建立“展览路街道西外南路服务站”，8月27日正式运行。

（林　融）

【社会保障】　年内，走访跟踪服务用人单位户数205个，完成指标数100%，为用人单位提供就业岗位3332个，对有就业意愿的困难求职人员53人提供精细化职业指导服务，80%的人员实现就业。登记失业人员个人就业及单位就业人数964人，失业人员技能培训259人，创业培训22人，接收失业人员档案1149份，办理失业金领取手续225人次。为符合条件的大龄失业人员办理灵活就业及自主创业社会保险补贴，签订享受灵活就业、自主创业保险补贴协议702人次，为享受保险补贴人员办理到期终止手续718人次。办理退休人员270人次，接待退休人员办理各种手续800余人次，办理退休人员自采暖补贴233户，管理退休人员档案7400余份。街道享受低保家庭789户1185人，低收入员38户93人。医疗救助低保人员632人77.87万元；救助低收入人员22人3.63万元。城乡居民养老保险继保、新参加总人数165人，已享受城乡居民养老保险退休20人。药费报销739人次，药费报销单据2733张487.84万元。发放“一老一小”及无业居民社保卡1201张，一老一小药费报销387人次，药费报销单据1422张253.77万元。

（林　融）

【社会治安综合治理】　年内，展览路街道优化安保模式，做好中国人民抗日战争暨世界反法西斯战争胜利70年纪念活动期间地区集结疏散路线保障工作。探索“五位一体”路线巡控模式，将线路任务细化为10条线、168个点位，实行处级领导包线、科长包段制，组织协调街道及区支援干部1071名到岗到位；发动群防群治力量，组织5300余名志愿者覆盖地区331个点位，50名专业保安组成的反恐应急小分队作为阅兵机动处突力量，完成安保任务。推进治安防控体系建设，完成地区3个街头巡逻警务站建设；加强老旧小区科技创安工作，投入135.92万元在5个社区内安装摄像头100个。摸排辖区内违法群租房46户，清除333间908人。探索公安、城管、工商、食药卫生、消防、流管“六位一体”综合执法模式。截至年底，流管平台登记流动人口26763人，比上年减少6715人，疏解人口4071人。

（林 融）

【精神文明建设】 3月，展览路街道新媒体中心正式成立，构建微信、APP、社区报、微博、电子宣传栏同步实施的街区立体传媒模式。4月13日，新媒体中心微信公众号正式上线，8个选题板块播发37期，关注人数5000余人，开展线上、线下活动50余次。组织纪念中国人民抗日战争暨世界反法西斯战争胜利70周年主题宣传教育活动，发放抗战胜利纪念信封47000余份，社区张贴主题宣传挂图330套4000余张。开展革命英雄爱国主义教育，联合中央人民广播电台、辖区武警部队、社区朗诵团体举办纪念抗战胜利主题朗诵分享会，在微信平台开展“我与天安门花坛合影”“展展与你一起聊阅兵”“抗战胜利70周年纪念封免费寄送”等线上活动。9月，举办卡通形象代言人“小展展”，制作《小展展诞生记》宣传微动画和系列延伸宣传品。11月9日，“展展+”APP在各大应用商店上架，展览路街道政务O2O模式初步形成。

（林 融）

【双拥共建】 年内，开展系列双拥优抚活动，走访慰问驻区8个部队，送去价值12.5万余元的慰问品；“八一”期间走访慰问部队送去价值8.5万元的慰问品。为武警六支队出资20万元修建大兴新兵训练基地电脑室和图书室，与武警六支队共同举办第二届“立功在警营，父母享荣光”活动；中国人民抗日战争暨世界反法西斯战争胜利70周年期间，走访慰问阅兵执勤战士，送去矿泉水、方便面等慰问品；为伤残军人、定补对象、义务兵发放抚恤金、生活补贴、优待金382.6万元；发放优抚对象慰问金46.2万元；为14位困难三属发放“爱心献功臣”款项2.52万元；完成伤残警察和伤残工人残疾证换证工作，对260多名优抚对象进行信息普查采集录入；完成第七批22名军队无军籍职工接收安置工作。

（林 融）

【服务民生】 5月，展览路街道开始实施政府购买服务新模式，签订服务承诺书11份，为辖区残疾、特困、空巢等特殊群体提供理发、家政、修脚、洗衣服务，发放各类服务券1072张，服务人数864人，服务金额3万余元。建立专人负责制，定期跟进督查。8月，联合执法部门对百万庄中心环岛周边违建房实施拆除，计划打造一处面积约400平方米的生活性服务业特色区。采用“一中心两址”的方式建设街道养老照料中心。对现有的展览路街道敬老院升级改建，安装消防、监控设施，有床位30张；将百万庄未区1号平房用于新建街道养老照料中心，设床位23张。9月7日，展览路街道养老照料中心揭牌，9月8日养老照料中心正式营业，与北京市惠佳丰家政服务有限公司签订委托与经营管理协议，养老照料中心老人分批入住，前期入户评估老人32人。

（林 融）

【扶贫帮困】 “两节”期间走访500户困难、残疾、优抚对象、劳模等家庭，发放慰问金25万余元。临时救助119户困难家庭42.53万元；“爱心超市”为地区865户低保、低收入家庭发放爱心卡，免费提供43.25万元的生活食品和日常用品；运用“绿色通道”紧急救助资金，为9名困难家庭危重病人垫付5.73万元住院押金；为地区6名孤老办理城市特困人员供养手续，为地区13名民政对象和城市特困人员报销集中供养费、医疗费42.7万元；国庆期间为115户困难家庭发放米面油和慰问金2.36万元；11名新入学大学生办理教育救助6.42万元；189户家庭办理2015—2016年度低保、低收入家庭燃煤和清洁能源自采暖补贴20万元；接待处理来电信访100余次，解决特殊维稳对象人员问题2件。走访劳模47人次，困难职工28人次，送去慰问品和慰问金5.5万元。

（林 融）

月坛街道

【概况】 月坛街道位于西城区西部，东起复兴门南、北大街及阜成门南大街西侧，与金融街街道相接；西至三里河路中心线东侧，与海淀区羊坊店街道相邻；南到莲花池东路，与广安门外街道相望；北至月坛北街中心线，与展览路街道比邻。辖区面积4.13平方公里，一、二类主要大街11条，胡同43条。驻区中央单位363个、市属单位107个、区属单位76个，大学1所、中学6所、小学6所、医院2所、大型商场10家、体育场馆2个、文化古迹4处、公园4处。选取三里河社区作为试点，探索“一委多居”社区治理模式，将三里河社区划分为三里河社区第一居委会和三里河社区第二居委会，现有社区居委会27个。户籍人口4.17万户15.5万人，流动人口16777人。年内，出生1897人，死亡582人，销户83户。全年财政收入2.13亿元，支出2.08亿元，新增科室街道工委统战部。年内，围绕“四型月坛”（打造人文型月坛、发展数字型月坛、构筑学习型月坛、创建服务型月坛）发展规划，疏解人口4600人，落实8项为民办实事工程，打造“和谐宜居示范区”，街道获北京市第十二届思想政治工作优秀单位、首都绿化美化先进单位、首都文明单位标兵、北京市社区治理和服务创新实验区称号。

地址：西城区三里河一区5-7

邮编：100045

电话：51813702

（赵　燕）

【城市管理】　年内，按照“三里河—金融街—中南海周边”示范区建设要求，成立“月坛地区‘七小’行业专项综合整治工作领导小组”，下设综合整治、业态提升、宣传动员、综合保障、信息报送、督查监督6个专项工作组，明确月坛南街、真武庙四条、三里河南横街、南礼士路三条、白云观东街、二七剧场路作为“七小”无证无照专项治理“五横一纵”重点区域。开展小发廊、小旅店、小网吧、小洗浴、小餐饮、小食杂、小建材“七小”门店专项普查，采集营业执照、经营许可证、法人代表、从业人数等信息，建立70户“七小”整治台账，按照执法主体开展分类整治，开展联合整治行动90次，出动人员1120人次，取缔无证无照“七小”商户72家，减少外来人口172人。关停三里河二区9排、10排平房区聚集的无证照餐饮，联合食药、公安、消防、工商等部门加强日常管控，打击非法经营反弹势头；推进三里河南横街便民服务网点建设，将清退平房引入规范化服务商，建成三里河百姓生活服务中心；加大对万发恒顺市场的督导力度，采取逐步减少散租户形式做好农商对接，打造二七剧场路生活服务业示范街建设。开展“开墙破洞”整治工作，协调城管、工商、公安、交通、食药、卫生监督等执法力量，集中整治南礼士路三条东口沿街商户，拆除南礼士路三条1号及南礼士路三条北里14、15号楼“开墙破洞”商户牌匾广告30余块，拆除“开墙破洞”商户搭建的门脸20余处，恢复建筑物外窗20余套，此项工作作为西城区示范项目并被推广。签订市容环境卫生责任区告知书1500余份。推进“三金海”地区重点建设项目筹备工作，联合相关部门梳理三里河地区现状，提出意见建议，初步确定月坛南街沿线、月坛北街沿线综合整治提升改造、公交循环巴士等6大项综合整治建设类项目，三里河南横街道路、七彩云南东侧路、三十四中东侧路等7大项建设类项目，向涉及的部委、驻区单位的房屋权属单位通报项目有关要求；三里河南二巷道路拓宽和南横街道路打通列入区街上下联动任务。拆除违法建设，出动执法力量1126人次，约谈相对人135人次，拆违销账74处2560平方米，拆除新生违建65处2357平方米。集中整治白云观8号院生活环境，清除废弃物和违建垃圾150吨，将原废弃物堆放点改建为停车位，翻建自行车棚，设专人管理。查处无照经营530余起，查处经营、乱堆物堆料等市容环境类案件300余起，清理无主垃圾2300车次60余吨；拆除地桩、地锁153处，清理僵尸车24部，废弃自行车36辆，拆除违章牌匾501处，违法广告牌120块，违法道路指示牌6个；配合城管部门，拆除三里河路、月坛南街等重点街巷违规设置户外LED电子显示屏220块。

（赵　燕）

【社区建设】　年内，组织社区“两委”换届选举，处级领导、社区工作组和社区指导员一对一联系指导社区；优化社区党组织成员结构，选派街道优秀干部通过民主程序担任汽南社区党委书记兼居委会主任，16名大学生社工选进社区党组织班子，社区居民委员会成员平均年龄46岁，较上届下降3岁，中共党员99人，党员比例达51%，大专以上学历占63.1%，较上届增长7%。探索“一委多居”社区治理模式，三里河社区作为试点建立社区党委、社区第一居委会和社区第二居委会，探索社区精细化管理。组织111名社区专职工作者参加社会工作职业水平考试，社工师达30人，助理社工师达105人，招录社区专职工作者26名。完善《社区工作者基本情况台账》《社区工作组人员流动情况台账》《社区三套班子人员情况台账》，规范社区工作者入职、辞职审批程序，制作流程图，合理调配社区工作人员。落实社工延时工作及预约办理服务，制定延时下班表和延时工作记录本。指导社区召开楼门院长工作会52次、居民代表会60次、问题听证会38次、社区事务协商会446次，接待居民3654次6895人，走访楼门院长2771次8769人，解决居民问题1352件，实施居务公开451次673项。推进楼门院长信息沟通系统建设，街道下发通知信息1797条，社区上报信息12134条，社区处理11981条，街道处理153条。完成三里河、汽南、三区三3个社区“六型”社区创建评估，完成三区三社区规范化社区建设示范点项目。打造真武庙社区老旧小区自我管理示范点，协调产权单位，改造社区院落，施划停车区域，安装健身器材、绿地翻建和补植增植。制定《关于在社区治理中推行参与式协商基层民主自治模式试点工作的实施方案》，打造汽北社区、广一社区“参与式协商”社区民主自治模式示范点，建立社区议事厅；汽北社区运用“参与式协商”工作机制，与白云大厦1号物业协商，排除路灯线路故障，解决白云路西里汽北小区路灯照明问题；广一社区采取公共事务共同协商解决方式，征求居民代表意见，解决安装走廊扶手问题。严格公益金审批程序，利用社区公益事业专项补助资金、优秀公益项目扶持资金，鼓励各社区结合自身特点，引入专业社会组织开展社区公益服务、便民服务项目，完成公益金项目200万元，开展公益活动600场，参与居民5万人。

（赵　燕）

【社会保障】　年内，接收社会化退休人员240人，办理死亡及转出45人，管理社会化退休人员档案5597份，调整退休人员养老金5539人。居民医疗保险参保人员10082人，新增1757人，减少1311人。报销退休人员药费439人178万元，灵活自谋人员209人88万元，一老药费164人52万元，一小药费542人313万元，无业人员药费13人2.1万元。审批办理失业存档人员（含公益性组织）退休77人，灵活就业、自谋职业退休192

人。城镇登记失业人员1559人，实现就业1025人，城镇登记失业率控制在0.98%，登记失业人员就业率65.75%，就业困难人员791人，实现就业609人，就业率77%，开发岗位4467个，职业指导254人次，自主创业53人，带动就业251人，零就业家庭100%实现动态清零。选取8家地区单位组建“就业困难群体安置基地”服务组织，招聘失业人员29人。710户1193人享受低保待遇，发放低保金110万元，开展低保、低收入家庭医疗救助1054人146万元，办理1039名社会救助对象参加基本医疗保险。受理保障性住房106户、变更31户、终止15户。开展季节性走访慰问3900人，发放爱心卡755人，办理临时救助214人次78万元，为35名80岁以上低保老人发放生活困难补助2.1万元，实施60岁以上低保老人慈善医疗救助58人1.1万元。面向驻区单位、地区居民和流动人口开展10类30种计划生育优质服务课程，在14家单位组织公益性课程巡讲7场，覆盖人群1567人，开展孕期课堂、早教课程等常态化计划生育优质服务示范指导52次，参与人数1917人；开展青春健康生活技能培训18场。办理《一胎生育服务证》1261本、《独生子女证》552本、多胞胎《独生子女父母申请书》11本，《再生育一个子女生育服务证》418本，新生儿出生上报1182人。办理独生子女意外伤残、死亡经济帮助11例，发放5.5万元；审核独生子女死亡特扶家庭80户114人，独生子女伤残特扶家庭142户208人；发放独生子女父母年老一次性奖励费355人35.5万元。完成2172名残疾人基础信息核查；组织2场残疾人招聘会，登记残疾人灵活就业24人；办理残疾证368人，申请残疾变更40人、儿童康复补助5人、残疾儿童公益彩票金康复项目13人、助学补助款16人，走访慰问残疾人家庭568户22.1万元，发放残疾人一卡通2292人，燃油补助160人，改造无障碍设施27户。划分112个劳动监察网格，采集劳动用工单位基本信息398条。完成3个施工工地、12家分包施工单位日常巡查22次；办理知青回京11人，走访慰问困难知青82人，发放慰问金3.2万元，6人办理工龄补办手续。开展劳动执法专项检查5次，检查78家单位、涉及员工6359人，为18人讨要工资17万元，处理1起讨要工资事件，96人补发工资12.5万元，115人补发加班费3.5万元。开展劳动用工规范一条街工作，审查142家单位，发放宣传材料2566份，书面审查75份，劳动合同签订率100%，社会保险缴纳率达98%，未出现使用童工现象。办理60岁老年证1103人，65岁老年优待卡1421人，发放90岁高龄津贴967人，95岁及以上老人医疗补助28人7.9万元。同民主党派结对共建，联合致公党西城区委定期开展义诊活动，与台盟西城区委结对助学，申请党派人士一次性助学金3.9万元。

（赵　燕）

【社会服务】　年内，以政府购买社会组织服务形式成立西城区首家街道级调解中心，由专职调解员、专家调解团、律师、法官、心理专家组成，多部门协同配合，调解员对社区转交、各科室移送及当事人申请的婚姻家庭、财产性、生产经营性等纠纷现场调解，接待当事人咨询126次、调解纠纷4件、成功调解3件。打造“法之月坛”公益法律服务品牌，开展司法大讲堂22次，依托公益法律服务室和公益律师电话咨询库，解答咨询578件，律师、法律服务志愿者提供服务211人次。制订《月坛街道养老服务管理办法》《月坛街道无围墙敬老院章程》，建立老年人分类分级评估制度、受益人筛选标准、服务过程管理等制度，实现精细化服务；建设“月坛街道无围墙敬老院”门户网站，开通服务热线与手机客户端APP，搭建菜单式居家养老服务平台、社区老年事务工作平台，实现养老服务零距离。建设27个社区老年人口数据库，为老年人订制个性化照护计划，使普通老年人享受到私人定制式居家养老服务。实施“邻里守望·姐妹相助”巾帼主题志愿服务，200位志愿者与空巢孤寡老人结对帮扶，开展日常照料、情感慰藉等服务。探索智能化服务集成，依托智能应用，提供健康数据管理与异常提醒、用药提醒、紧急求救协助、走失找回协助等为老服务。确立“有限空间，无限服务”理念，利用有限空间，开展日间照料、家政服务、快乐养老拓展等为老服务项目。探索文化养老模式，开办书法、电脑、插花、电子琴等培训课程，组建老年人合唱队、健身队、舞蹈队、布艺班等文体组织。委托专业机构对442名中重度失能老人提供每人价值600元的入户照料服务。推进汽北社区养老日间照料中心建设，面积241.8平方米，提供100个菜单式上门服务项目，为地区家庭提供从8:30到17:30的日间托老服务；启动运营“无围墙敬老院”二七剧场路服务站，以入户居家养老服务为主，日间照料为辅，将家政服务引入站点，为老人提供助浴、理发、按摩、用餐等服务项目。建设三里河二区百姓生活服务中心，引进祥民家电维修公司、阿兵荣辉理发店等企业，开展小家电免费维修35场，便民理发服务8次。确定铁三、三里河一区、三里河、社会路、二区、复外、月坛、西便门8个社区社会组织为年度助推对象，委托玖久缘文化养老中心指导社区从项目管理、资金使用、资料留存等方面完成项目筛选和申报，开展活动96次，覆盖人群3000人次。与月坛社区教育学校联合开展“青少年科技庙会”“月影摄影班”等品牌文体活动；举办第四届月坛地区中小学幼儿园文艺汇演，地区11所中小学及3所幼儿园参加演出；开展第四届“白云杯”太极拳邀请赛，来自西城区14个街道，北京市9个区县的13支代表队和全国9家太极武馆馆长及弟子参加。由辖区单位、民间社团共同组建社区全民健身协会，动员社区体育骨干、社会体育指导员参与，开展“和谐杯”乒乓球比赛、第七届社区文体擂台赛等品牌性群众体育赛事和各类健身活动；开展居民体质测定，举办全民健身大课堂，引导居民科学健身。组织52位居民参与“非遗进社区”活动，邀请地区老字号企业“桂香村”在长安商场生活体验中心举办非物质文化遗产技艺展示和活动体验。利用首都博物馆资源，深化月坛——首博社区文博学苑课程设置，面向地区老年人群、在职人员、青少年群体开展人文历史、科普教育、文化交流等4大板块体验展示活动40次，2000余人参加。

（赵　燕）

【社会治安综合治理】　年内，开展安全生产大检查专项整治行动，强化生产经营单位主体责任，增强从业人员安全意识和实际操作能力，检查规模以上宾馆、餐饮企业160家，出具执法文书19份，现场整改完毕9家，限期整改16家，责令停工整治2家，清理住宅区内违法经营1家。开展地下空间联合整治，检查305处普通地下室，关停月坛北街8、10、12号楼地下室3处15822平方米。开展第一次生产经营单位安全生产条件普查，普查个体工商单位491家，法人单位851家，在建工程18家，无照单位48家。开展"安全生产月"活动，组织家庭燃气知识竞赛，征集安全生产诗歌、情景剧、微小说、连环漫画，加强对辖区居民及重点单位的安全宣传及培训，发放宣传品3600份，宣传展板250块，悬挂宣传横幅53条，张贴海报1100份，利用户外显示屏播放宣传片30次，开展应急演练11次。完成411家小微企业安全生产标准化岗位达标工作，引导重点行业领域155家单位建立安全生产责任保险制度。启动"两会"、纪念中国人民抗日战争暨世界反法西斯胜利70周年阅兵活动等时期维护稳定情报信息会商研判、重点人员排查、人民内部矛盾纠纷化解、突发事件处置、志愿者巡逻值守机制，发动治安志愿者、楼门院长等群防群治队伍治安巡逻，落实防控岗位、时间及要求，采取非重点防控社区支援重点社区的方法，完成重点时段服务保障。重点敏感时期，每天安排1名处级领导接访，与来访群众直接沟通，掌握信息，排查和调解矛盾纠纷；坚持疑难复杂信访件领导包案责任制，限期办理，有访必回。优化平安社区考核评价体系，分为基础性指标、递进性指标、群众参与度指标、否决性指标4个部分。投入398万元在白云观、真武庙等10个社区安装视频监控探头168个并统一纳入社区警务站管理；出资32万元为白云观、汽南等社区安装维修楼宇对讲系统，受益760户。搭建以街道、社区、治安志愿者力量组成的三级消防安全网格，投入12.2万元为26个社区微型消防站配备消防应急车辆及护具，投入65万元为地区3226户空巢低保老人安装烟感报警器。重点打击街面无照游商非法兜售政治出版物行为，明确复兴商业城门前作为重点管控点位，文化市场监督员坚持每日对非法出版物摊点开展巡查暗访2次，协调派出所、城管分队、联合执法小分队开展集中整治6次，查扣非法图书200套，盗版光盘1500张。组建50人反恐应急处置小分队，投入17.6万元配备装备，强化地区反恐工作。接收社区矫正人员7名，在册人员16名，涉嫌重新犯罪0名，脱管、下落不明0名；接收安置帮教人员30人，其中刑满释放11人，解除矫正19人。

（赵　燕）

【精神文明建设】　年内，邀请北京大学、中国人民大学等知名学者为街道干部、社区工作人员开展专题讲座，组织机关干部、基层党组织负责人前往廉政教育基地开展警示教育。推进地区宣传基础设施建设，新建宣传栏32个，维修97处，12个社区安装电子宣传屏20块；招募179名宣讲员组建"清风朗月"百姓宣讲团，确定"社会主义核心价值观和京华英雄"宣讲主题，深入社区、部队、驻区单位巡讲150场次；发动地区单位参与道德讲堂，与国家广电总局、华夏银行等单位联合举办专场讲座。加大同主流媒体对接力度，建立日常联系和座谈会制度，提前谋划选题，完成居家养老服务、便民服务网点建设、地区环境整治等特色工作报道，在人民日报、北京日报、人民网、新华网、北京电视台等中央、国家级媒体和市级媒体报道、刊载294篇次。出版《穿过幸福时差5——月坛好人》，选取地区52位"身边好人"事迹，从"仁、义、诚、敬、孝、勤"等方面，展现地区文化价值内涵；结合抗日战争胜利70周年纪念活动，走访地区百余名抗日战争亲历者和见证者，选取55人的历史事迹、人物传记及故事背景，在居民中征集相关题材的诗歌、书法和摄影作品，编辑成《穿过幸福时差6——永不磨灭的历史》。与怀柔区黄花城中心小学开展"城乡手拉手"共建活动，送去学习资料和生活用品。组建地区首届《人文月坛》社区周报小记者团，开展文明小使者评选、经典诵读、优秀童谣传唱等活动，促进多方共同参与未成年人思想道德建设。推进社区青年汇特色化发展，开办公益文化集市，开设摄影、茶艺等技能培训课程及新青年学堂，为地区青年开展课外辅导课程；举办青年创业讲座，指导青年就业创业发展规划。开设青少年"星光自护"课程800人次参与。开展寻找"最美家庭"评选表彰，推选60位社区"最美家庭"。

（赵　燕）

【人口调控】　年内，建立"一二三"人口调控研判机制（1个月调度一次、2个月会商一次、3个月总结一次），重点排查从业于低端业态、租住群租房、普通地下室和违法建设的外来人口，完成数据整理汇总；开展儿童医院周边群租房专项整治行动，约谈房屋产权人、二房东及租户，要求产权人停止无照经营，到期租户不再续约。开展消防、治安等安全隐患排查整治，加大力度疏导化解不稳定因素；排查280处普通地下室，清理整顿、关停隐患地下空间4000平方米；推进中央产权单位地下空间功能调整，向地区12家中央单位送达《关于地下空间（人防工程）调整使用功能的告知函》，督促调整地下空间功能使用，对重点调控点位汽南社区15号楼，引导产权单位国家机械委提前与承租方解除合同。通过购买服务方式将2100平方米地下空间用于社区公共活动站。严厉打击无证个体户、游商，疏解人口4770人，完成年度调控任务（4600人）的104%。

（赵　燕）

【党的建设】　年内，组织社区党组织成员参观市委党校党性教育基地、五栋大楼楼宇工作站、史家社区，参加中国青年政治学院集中培训。整顿复北社区、铁二二社区党组织软弱涣散问题，调整党委班子成员。制定《月坛街道社区党组织服务群众经费使用管理实施细则（试行）》，成立经费使用管理领导小组，筛选审议社区申报项目，确定文化宣讲、便民服务、党建阵地建设三大类7个项目。举办建设“四型月坛”专题党课，查找和解决基层组织建设薄弱、党员自律不严、群众观念不强、攻坚克难劲头不足、庸政懒政5类问题。组建社区席位制“大党委”，地区人大代表、政协委员纳入席位制委员，参与社区重要问题共商共治；制定《深化推进社区席位制委员工作的意见》，选派26名机关干部担任社区席位制委员，深入社区听取地区居民、驻区单位意见和建议；推行“一本、一会、一单”工作制度（建立一个工作日志本，定期召开席位制委员工作会，建立《社区问题报告单》），帮助社区解决各类困难问题和矛盾纠纷。打造“1+2+N”区域党建服务网络体系，即建立1支党员志愿者服务队，建立区域党建微信公众号和区域资源库2个平台。推进“月坛情缘”地区青年联谊会等品牌活动落地。吸引40家中央、市属单位加入地区党建联合会，制作《月坛地区党建服务手册》，公开会员单位资源、共享项目等内容。开通“月坛党建”微信公众号，定期推送地区动态、党建服务等信息，推广街道重要活动，搭建互动交流平台，征集居民意见建议。举办4场“青舞飞扬”青年联谊系列活动。推进非公企业党建，加大楼宇非公党建指导员走访力度，联系地区重点非公企业职工，挖掘优质资源；在中商大厦等10个楼宇设置“楼宇党建信息驿站”，统筹辖区党务、政务、商务、公益等资源，面向非公企业员工开展活动26次，为企业提供年检、外来人口暂住证办理等服务；组建楼宇志愿服务团队，制定志愿服务活动计划，制作《楼宇五彩志愿服务快车》手册，促进志愿服务常态化。新建非公党组织1个，新增工会组织155家，发展工商联会员单位2家。

（赵　燕）

广安门内街道

【概况】　广安门内街道（简称广内街道）是西城区15个行政区域之一，地处北京中心区西南，位于西城区中部偏西，东至宣武门外大街与椿树街道毗邻，西隔广安门北护城河与广外街道相连，南枕广安门内大街，北依金融街，东西最长处2130米，南北最宽处1200米，面积2.43平方公里，有一类大街5条，二类大街6条，胡同59条。辖区内有中、小学校7所，职业学校1所，培智中心学校1所，青少年科技馆1所，幼儿园5所，卫生医疗机构3家，公园3处，文保单位5个，文物普查单位2个。辖区法人单位总数1371个，单产业单位1275个，多产业单位96个，产业活动单位235个。按隶属关系分：中央单位73个，市级单位113个，区级单位87个，街道级单位7个，其他1091个。社区居委会18个，户籍人口3.18万户8.73万人，常住人口3.17万户8.56万人，流动人口1.55万人，出租房屋4337处。街道设31个职能科室（含司法所、统计所、内设科室环境办），2个科级事业单位，在职机关行政、事业人员158人（公务员107人，社保所27人，社区服务中心19人，工勤人员5人）。年内，慈善捐款19.80万元。广内街道紧紧围绕首都城市战略定位，坚持有序疏解与优化提升并重，积极“瘦身健体”，疏解非首都功能取得明显进展。完成全国文明城区迎检工作，一大批群众关心的热点难点问题得到解决。街道文化、体育、民政、环境建设等多项工作受到表彰。全年财政收入16712.36万元，支出16990.37万元。

地址：西城区感化胡同3号院12号楼
邮编：100053
电话：83172767

（毛红星）

【城市管理】　年内，依法取缔报国寺市场。历时两个多月、累计出动人员3000余人次、开展联合执法近百次，彻底解决报国寺市场及其周边环境脏乱问题。依法拆除市场内部89间934.5平方米违法建设，腾出消防通道，消除安全隐患。依法撤销市场内部1100余处非法地摊、209个非法露天地柜，规范提升经营秩序。严厉打击无照经营、占道经营、违章停车等违法违规行为，将市场营业时间常态化，缓解人流过于集中问题。对报国寺前街，报国寺东、西夹道，善果胡同开展不定期联合执法，清退近500平方米低端业态，周边环境秩序得到好转。拆除违法建设276处2509平方米，保持新生违建“零增长”。清理废旧机动车34辆，清理废旧自行车、三轮车229辆，清除地桩地锁20个，取缔废品回收网点22个，清理经营车辆27辆。拆除三庙街沿线煤棚26处，保障三庙街道路拓宽工程顺利实施。拆除西便门内大街79号院内26处785平方米违法建设，清理常年堆物堆料、卫生死角20余处，确保西便门内79号院环境改造工程顺利实施。加大业态调整力度，整治无证无照“七小”业态，联合执法检查商户380余家，拆除违规广告牌匾80个，拆除违规LED电子显示屏151块，依法治理上账“七小”无证无照商户150家。完成槐南小区11栋楼1500户节能保温工程，实施长西小区综合整治工程，对6栋单元式简易楼实施门窗保温、上下水更新改造、楼房屋面防水以及室内、外老旧电线改造和室外污水管道改造，惠及居民约400户。实施感化胡同3号院绿化改造工程，改造绿地挡墙、更新铁艺围挡、补植苗木、增设休闲座椅和调整绿地布局，提升小区环境品质。加快地区无煤化，对地区7栋简易楼300余户居民实施“简易煤改电”，200余户拆迁区平房实施“煤改电”；北线阁3号院东楼、西楼30户居民进行解危排险腾退，开展报国寺西夹道6号南、北楼腾退入户调查工作；完成长椿街14号楼“老楼通暖”工程。在三庙、槐北等小区实施11栋1990年代初建成楼房节能改造工程，完成20余栋1980年前建成老楼抗震加固工程。制定《迎接首环办检查工作机制》《处理突出环境问题工作机制》和《关于进一步加强社区参与城市环境建设工作的指导意见》，明确并强化处级领导包社区制度，规范各部门、各社区工作职责，强调社区在环境建设中的主体作用，推动街道整体力量共同参与环境建设，完善环境建设体系。

（毛红星）

【社区建设】　年内，投入95万元，为宣西、长椿里、西便门西里、西便门内、长西、西便门东里、核桃园7个社区居委会房屋进行装修、维修及规范化内部装饰，改造面积600平方米。投入40万元，为西便门东里新租房屋，解决社区居委会办公用房周转和活动用房，面积400平方米。完成校场社区居委会规范化装修和长西社区居委会应急抢修工作。投入43.86万元为社区采购硬件设备和办公家具，改善社区整体工作环境。完成第九届社区居委会换届选举工作，街道统筹辖区发展的基础性作用增强。完成3家注册类社会组织年检与法人变更，113家社会组织复核、年检工作。18个社区议事厅挂牌办公，制定《广内街道社区协商民主制度》，推进社区“参与型”协商治理。培育空竹协会等品牌社会组织，引入社会组织承接图书馆运营。京台两地社区以空竹为媒，在社区治理、养老服务等方面开展互动交流。提升萱草苑纸艺社、百姓论坛等品牌以及其带头人引领作用。“学舞空竹”成功申报为全国百姓学习品牌，广内空竹文化艺术团参加厂甸庙会、西城区第十届端午节等文艺演出12场。举办街道第六届十大文体惠民系列活动，通过康乐杯乒乓球比赛、舞韵杯舞蹈大赛、春乐杯太极比赛、博弈杯棋类等比赛打造街道文化品牌。开展宣传教育活动，组织科普讲座14场，体验制作、低碳宣传、趣味运动会、电脑培训、创意作品大赛、参观展览等活动17场，通过百万家庭数字生活技能大赛等活动发放科普宣传资料600份。投入78万元，为部分老旧小区更新安装信报箱，惠及槐北、宣西等10个社区的5102户居民，解决大部分老旧小区通邮难问题。

（毛红星）

【社会保障】　年内，登记就业率63.48%，实现就业1024人；“劳动用工规范一条街工程”等重点工作持续开展；增强基本保障能力，街道对地区困难群体实施救助1954人次，救助金额256万元，为1500人发放低保金1265万元。年内，927人实现就业，280人接受技能和创业培训，城镇登记失业率控制在1.41%，零就业家庭动态脱零，广内街道被评为2015年市级充分就业街道。为老服务设施建设持续加强，新建善果、德馨两家公助民办的养老机构，新增床位234张，地区养老床位达到658张，占全区总数的五分之一。通过“虚拟养老院”，整合地区10余家为老服务企业，针对近4000名80岁以上老人、480户左右空巢老人，实施“暖巢”、用电安全检查、心理慰藉、生日送祝福等项目，解决高龄老人寂寞、家居安全、生活不便利等问题。统一为地区1012户60岁以上纯老年人家庭安装烟感火灾报警器，提升老人生活安全感。完成统计居家养老一卡通报销23.38万元、助残服务补贴报销2.32万元。组织地区内60岁以上老年人享受社会化、专业化养老服务，以康乐里“老年乐吧”为阵地为老年人提供精神慰藉。“老年乐吧”接待参与活动的老年人25000余人次。组织各类家庭完成选房227套。为地区2705名残疾人发放服务一卡通。引入专业机构——幸福泉儿童发展中心建设街道0—3岁婴幼儿早教服务体系，指导250个家庭科学育儿。规范合法用工，保护工人合法权益，检查用人单位240家，补发工资205人3062元。调整生活性服务业网点设置，建立北线阁百姓生活服务业中心，采取农超对接的方式，新建集蔬菜水果、鱼肉禽蛋于一体的新型便民超市，居民生活更加安全便捷。

（毛红星）

【社会治安综合治理】　年内，完善社会面防控体系建设，建立健全包括楼门院长报告制度在内的入户走访制度、社情民意反映制度、舆情分析制度，形成民情信息收集网络，实现社区网络工作服务管理规范化。发动治保积极分子、治安志愿者、安全维稳信息员、单位安保等群防群治力量参与辖区安全维稳防控工作，增强社区维护稳定和治安防范能力。完成“9·3”阅兵等重大活动安全保卫和服务保障任务。推进“平安西城”建设，完善立体化社会治安防控体系，持续推进打防管控和人防、物防、技防标准化建设，增强基层治安防控能力。构建多层次、全方位矛盾排查机制，针对百姓反映强烈的问题，加大治理力度，改善治安秩序。为核桃园等5个社区平房院更换115个防盗门，为大街东、康乐里、校场、西便门东里等社区安装监控探头100个，提升群众安全感。按照“五个规定工作”“七个必查”工作标准，协调公安、防火、城管及社区等部门，逐门逐户宣传、检查居民预防煤气中毒情况。更新、维修损坏的防盗门、对讲系统。各社区每日核查辖区流动人口和出租房屋状况，依据区流管办流动人口比对数据和出租房屋调查线索调查、核实、补录。核对流动人口情况，对新到京的流动人口及时登记、办理暂住证和录入基本信息，做好预防煤气中毒和烟花爆竹禁限放宣传；对核准不再返京的流动人口和不再出租的房屋予以核销。整治清理有人居住地下室23处9820平方米；清理群租房100处，地区流动人口减少2202人。落实党政同责、一岗双责、失职追责安全生产责任制，健全安全监管和安全生产隐患排查治理体系，签订安全生产责任书43份，成立各类安全生产检查组35个，查处安全隐患335项，整改311项。完善突发事件现场处置和善后工作机制，强化应急宣传和演练。配合做好国家食品安全城市创建工作，提升食品药品监督管理水平。落实处级领导接待日制度，接访17批次。通过综治维稳平台受理信访案件263件，办结259件，维护地区和谐稳定。

（毛红星）

【精神文明建设】 年内，推动核心价值观建设向群众中拓展。开展百姓宣讲，建立社区层面宣讲团18支，宣讲身边故事和抗日民族英雄故事。挖掘近百个身边的故事，近百名群众成为宣讲员，在全地区开展宣讲60余场。以《十年》为题拍摄宣西居民坚持十年清扫全楼卫生感人故事微电影，在网络上播放，营造地区弘扬主旋律、传播正能量的良好氛围。开展公民思想道德建设，开展学雷锋志愿服务、道德领域创建等主题实践活动。开展以友善奉献、爱国、信仰的力量等主题开展街道层面道德讲堂70余场，受众达5千余人次，提升地区文明程度。开展“北京榜样”举荐活动，在地区宣传树立一批“奋发向上、崇德向善”的“北京榜样”。以“暖心”“暖寿”“暖情”“暖忆”“暖康”五大主题开展关爱帮扶老年人公益服务活动，走进颐寿轩敬老院为老年人举办集体生日会，为地区100位老人免费拍照留念，对10位空巢、孤寡老人进行义务采访并撰写赠送《回忆录》，在18个社区开办广内养生堂健康讲座。加强未成年人思想道德建设，开展“培育核心价值观——践行传统美德·争当‘社区文明小使者’”主题教育实践活动，开展传统文化经典诵读、敬老孝老送祝福、社区义务清扫等公益行动，评选91名星级文明小使者，组织地区100余名青少年开展新春楹联送万家活动；结合“我们的节日·清明”组织200余名中小学生开展“网上祭英烈”活动，提高未成年人的综合素养。组织纪念中国人民抗日战争暨世界反法西斯战争胜利70周年主题宣传教育活动，开展“纪念抗战胜利”史料档案主题展览，加强爱国主义教育在基层群众中的传播。传播网络文明，利用“广内街道文明办”“广内百姓宣讲”官方微博平台与“掌上广内”微信平台宣传街道各项工作，运用“口碑营销”传播即时准确的信息，累计发布各类信息、回复居民提问651条。在网络上开展文明传播志愿服务活动，开展“走遍广内 在职党员双提升社区统一行动日”“我的家风家训”等主题活动，组织志愿者集中采访、发送微博，形成良好宣传声势。

（毛红星）

【双拥共建】 年内，广内街道做好双拥模范区迎检考评工作，整理上报2012—2015年文字档案542份，影像档案240份。走访地区主要街巷及大厦、医院停车场和医院大厅，协调整改设有张贴“军车免费停放”标示的停车场7个。为义务兵家属及烈士家属发放光荣牌40块。按时足额为优抚对象发放优待金、一次性慰问金。开展为入伍新兵赠送图书活动，为驻区部队中士兵较多的武警七支队十中队、武警七支队十三中队、上斜街消防站购置图书200余册。组织驻区部队定期走访探望地区20户空巢老人，双拥艺术团重阳节前到颐寿园敬老院慰问演出。落实调整民政代管离退休人员的离退休费工作，为2名军队离休干部调整并补发离休费72135元，地区49名退休无军籍职工和80名地退人员调整并补发退休费47.6万元；为军休老干部和地退人员按级别申报2015年物业服务补贴和供暖补贴的经费预算；为6名地退死亡人员、1名无军籍退休职工、2名伤残军人家属发放死亡抚恤金84.09万元。

（毛红星）

【全响应建设】 年内，广内街道全响应网格化社会服务管理指挥分中心有效运转，网格员上报工作信息13613篇，其中由网格格长、网格员自行协调解决13299件，占97.69%。自访听解工作开展以来，各社区入户走访87296人次，搜集问题45003个，办结案件44705件，办结率99.3%。建立应急处置机制，网格员巡视遇水、电、气、热、火等紧急情况时联系指挥分中心、职能科室、相关社区现场处置，加强紧急情况可灵活处置度。推进全响应区、街指挥调度系统案件流转工作，完善业务标准，启动全响应五位一体事项分类调整细化工作，明确派发部门及相应工作时限，形成《西城区全响应区、街指挥调度系统案件派发标准》，梳理街道业务218项，明确工作时限170项。完善广内街道“智能养老院”，建立街道19115名老人养老数据动态管理库，通过电话服务接入系统接收服务单2934个。街道养老系统被全国电子政务理事会评为2014年电子政务优秀案例。启动经费内控系统二期建设，拓展经费系统功能及覆盖面，增加社区经费流程，完善事业单位经费流程，实现街道所有经费的互联互通。完成公共服务中心硬件设备搭建及软件信息化建设，提升政务服务能力和水平，为居民提供“一站式、智能化、自助式”的公共服务新模式。

（毛红星）

牛街街道

【概况】 牛街街道位于西城区南部，东起菜市口大街，西至广安门南街，南起南横西街、枣林前街，北至广安门内大街。辖区面积1.41平方公里，一、二类主要大街11条、胡同26条。社区居委会10个，居住着23个民族，户籍人口18221户53231人，少数民族人口13240人，流动人口11082人。年内，出生460人，死亡309人。驻地中央单位129个、市属单位49个、区属单位125个。辖区内有中学1所、小学2所、国家级宗教院所2所、职业教育学校1所、特殊教育学校1所、幼儿园2所、敬老院2

所。街道设28个职能科室，2个科级事业单位，机关行政、事业人员共131人。年内，街道财政收入10951.61万元，支出11113.01万元，税收9.2亿元。牛街街道社会保障事务所获“十二五”时期北京市人力社保基层培训工作优秀实施单位称号。

地址：西城区牛街8号

邮编：100053

电话：63533407

（李　楠）

【城市管理】 年内，街道加强辖区老旧小区基础设施建设，完成老旧小区综合整治近1.5万平方米。完成法源寺西里小区3、4、5号楼老旧小区整治，铺设柏油路4000余平方米，改造雨污水管线600余米，改造文化广场1处，铺装地面2800余平方米，粉刷墙面1.2万余平方米，安装宣传栏32组，安装座椅13组；安装路灯、门柱灯等41套，对原有绿地进行改造提升，修剪原有苗木80余株，新种海棠、丛生紫薇、丁香、黄杨等110余株，新种色带、花卉等1500余平方米。对春风小区11号楼周边环境进行整治，铺装地面650余平方米，墙体粉饰400余平方米，新贴墙砖150余平方米，安装铁艺大门2樘，油饰栏杆200余平方米，新作岗亭1座，安装路灯11套，铺设雨污水管线210余米，铺设路牙石300余米，铺设步道70余平方米，铺设沥青路面1300余平方米。完成白广路二条、登莱胡同遗留边角地以及南线阁音乐学院19号院周边、广安门内大街478号楼周边等项环境整治改造工程。拆除违章建设109处，共计1920平方米。清理无主废旧自行车200余辆，清理“僵尸车”14辆。开展“七小”无证无照专项整治，取缔无证无照“七小”26户；完成街道辖区内900余户居民“煤改电”工程改造；完成牛街地区春风8、9号楼小区的垃圾分类体系建设工作，牛街街道富明大厦、西华经典、信恒大厦被评为垃圾分类精品小区试点单位。新增、改造绿化面积2500平方米。对地区群租房屋进行摸底调查，清退牛街西里二区2号楼、4号楼、5号楼、6号楼地下室等9处地下空间，其中出租居住类5处、自行车车库3处、办公用地1处，腾退出租房314间，疏解人员428人，清退总面积6858平方米。

（李　楠）

【社会治安综合治理】 年内，街道依托综治维稳指挥中心协调平台，固化风险评估、矛盾排查、社会面防控、联动响应、督办考核、综合救助6项机制。落实科技创安措施，对辖区技防系统进行普查，为菜北、法源寺社区37个楼门安装及更换门禁系统，受益群众837人。组建50人的“反恐处突”小分队，完成民兵整组，强化地区反恐维稳工作。全年召开矛盾排查会4次，排查隐患23项，解决20项，接待群众来访101件（次），法律援助咨询510人次。建立治安志愿者实名制责任制，设立190个群防群治布控点，将地区治安志愿者1572人按点位全部布控，形成全面设防、高度协同的立体化社会治安防控体系。加大对春节、“两会”“9・3阅兵”“五中全会”“7・5”、伊斯兰教和佛教节日等重要会议、重大活动、敏感时期的服务保障力度，全年共启动社会面防控一级预案4次、二级预案4次，发动群防群治力量6万余人次。落实安全生产工作“党政同责、一岗双责”，与辖区160余家单位签订安全生产责任书，累计开展综合检查1900户次，消除隐患500余起，隐患整改率100%。开展生产经营单位安全生产条件普查工作，全年完成安全生产标准化达标小微企业201家。免费为地区983户符合政策的老年人家庭安装烟感报警器，排查辖区2家养老院安全隐患，提升社区居民的火灾防控能力。

（李　楠）

【社区建设】 年内，街道结合4处地下空间腾退情况，安排10余项社区活动用房，全部对外开放。搭建辖区单位内部资源与居民需求对接平台，引导企事业单位开放居民紧缺资源，新增资源共享先进单位7家。开展“访听解”工作，办结社区居民代表意见建议77项，办复率100%。以牛街西里二社区为试点，建立“社区议事厅”，推进“参与式协商”民主自治模式。完成第九届社区居委会换届选举。加强街校共建，向地区小学及幼儿园拨付民族特色教育经费22.8万元；成立社区结算中心，配合第三方会计事务所开展社区公益金绩效监察，制定公益金项目，加强社会组织和便民服务项目的资金扶持。联合社区卫生服务站，为地区居民建立网络健康档案，实现自助式健康管理；成立白广路社区图书馆，实现借阅服务“一卡通”联网。完成10件为民办实事计划。开展“乐活”驿站互动体验课程、“特殊群体关怀温暖送到家”居家养老服务等项目，全面推进社区公益便民服务工作。推荐牛街西里一区社区学生课后托管班、牛街东里社区穆桥情缘志愿者协会、牛街街道社区工作者协会3支优秀社区社会组织参加（1+1）助推工程。

（李　楠）

【全响应指挥中心建设】 年内，街道建立牛街礼拜寺人群聚集风险预警系统，完成“基于网格化全响应民族特色社区管理服务研究与信息系统建设”项目申报工作。完成全国政府网站首次普查工作和政务信息公开整改工作。实现“三网合一”的标准化管理和常态化运行，发挥网格管理在街道工作中的作用。全年共接收民情日志3399条，处置事件2313件，累计办理“12345”非紧急救助热线690件，办复率100%。

（李　楠）

【社会保障】 年内，街道累计救助957人次，救助金额474.57万元。受理各类保障性住房申请（含变更、撤销）173户，租金补贴14户，入住各类保障性住房家庭183户；为地区179名残疾人申请机动轮椅车燃油补贴，养老助残券累计享受14266人次，发放金额14.29万元。启动首批就业困难群体安置基地，提供各类岗位180个。向7名地区各民族困难大学新生发放助学金1.4万元。建立日间照料养老中心，建成的街道综合养老服务平台分为短期护理区、娱乐区、保健区、洗浴卫生区、综合服务区和管理办公区六大区域。短期护理区设有16张床位，可接待家人外出或术后康复等紧急无人照料的老人日间或短期居住。实施居家养老助残券变卡服务，依托地区43家服务商，为老年人提供送餐服务、医疗保健、文化娱乐、学习培训等方面需求。成立牛街街道老年协会，动员社会力量和群众力量参与发展地区老龄事业。为90岁以上3352名高龄老人发放津贴34.18万元，实施95岁以上老人医疗补助35人次，发放金额8.69万元。做好社区儿童早期发展指导中心项目，全年接待4512人次，举办家长课堂10场，综合满意度测评97%。

（李 楠）

【精神文明建设】 年内，街道开展各类主题活动，培育践行社会主义核心价值观。开展“我们的价值观”百姓宣讲活动，营造地区践行社会主义核心价值观的社会氛围。持续开展“北京榜样”推荐活动。推出“家规”“家教”“家风”主题教育活动，开展“牛街人家·幸福相伴”家庭成员互赠祝福、“当酷爸遇上萌娃”照片征集等活动，利用中小学生假期回社区报到，开展主题教育实践活动，提高未成年人综合素质；借助新媒体发布“北京牛街”官方微信平台，加强民族政策的宣传和教育。成立“牛街街道青年工作共建委员会”，打造社区青年汇旗舰店特色活动阵地，开展多种形式的活动50余次，服务地区青年近千人。

（李 楠）

【统战工作】 年内，召开街道第13届民族团结进步表彰会，表彰先进集体64个、先进个人60个、先进楼门院40个、和谐家庭50户。举办以“多彩·和谐·创新·圆梦”为主题的民族团结月情系牛街街道公益慰问演出、民族健身操舞大赛、书画展、棋类赛等系列民族团结月活动。成立牛街清真食品商会。开展牛街地区历史与文化资源挖掘、整理和保护工作。举办“牛街记忆”文化沙龙和“牛街往事”主题征集活动，共收到征文227篇、照片580张、各类影像及书刊资料113件。开展“百位老人口述史”采集工作，整理影像资料35小时23万字。拍摄制作“这里是北京——街里街坊说牛街”3集专题片，展示牛街历史文化风采。配合北京市民委、北京电影家协会筹拍《牛街往事》连续剧，完善剧本修改。制作牛街历史长卷画作，建立牛街历史文化展陈室。10月28日，全国政协常委、民族和宗教委员会主任、中共中央统战部原常务副部长朱维群一行40人参访牛街礼拜寺，全国政协委员、中国伊斯兰教协会副会长杨志波和五大宗教的协会会长参加。

（李 楠）

【党建工作】 坚持每周理论中心组专题学习，通过领导干部讲党课、外出参观、观看纪录片、文件精神研读、心得交流等多种学习形式，查找“不严不实”问题，做到边学边查边改，进一步强化领导干部党性修养。加强党务政务公开透明运行工作，推行街道主任办公会进社区制度，邀请地区人大代表、政协委员、居民代表参会，广泛征集听取公众意见。落实党建工作责任制，完成“共产党员爱心储蓄银行”党建创新项目，创建“牛街党员e家”微信号，实行线上报名，线下服务，线上汇总，线下兑现的运营方式，引导社区党员、企业参与社区公益服务。实施“党员意识、党员作用双提升行动”，加强服务型党组织建设，加强社区流动人口中少数民族党员的管理教育，组织579名在职党员回社区报到。开展“乐聚枫桦五彩讲堂”和开心工作坊服务项目，发挥楼宇工作站纽带作用，激发非公党组织活力。

（李 楠）

白纸坊街道

【概况】 白纸坊街道位于西城区南部，东起菜市口南大街与陶然亭街道为邻，西至西护城河与广外街道和丰台区交界，南起南护城河与丰台区相望，北至南横西街、枣林前街与牛街街道接壤。辖区面积3.11平方公里，有主要大街12条、胡同76条。社区居委会18个。户籍人口34564户100948人，常住人口112748人，流动人口17759人，年内出生971人，死亡732人。驻区单位3059个，有中央单位56个，市属单位101个，区属单位164个。有大学3所，中学（含职高）5所，小学5所，幼儿园6所，医院5所。街道设30个职能科室，2个科级事业单位，机关行政、事业单位人员158人（公务员113人，工勤4人，事业41人）。全年预算收入18149万元，支出20680万元。年内，街道获“中国人民抗日战争暨世界反法西斯战争胜利70周年纪念活动北京市西城区服务保障工作先进集体”和“首都全民义务植树先进单位”，代表西城区参加了北京市第四届拔河比赛总决赛，获得混合组第七名。

地址：西城区樱桃二条8号

邮编：100054

电话：83512187

（臧 宇）

【城市管理】 年内，白纸坊地区菜园街和光源里2个棚户区被列入北京市棚改计划。2个棚户区占地总面积约29公顷，常住居民5411户，近2万人口。街道多次召开专题会议，研究部署工作，抽调百名干部，推动棚户区改造项目。6月10日，光源里和菜园街2个棚改项目张贴出《北京市西城区房屋征收暂停办理事项公告》，正式启动地区棚改项目房屋征收工作。9月17日，市委副书记、市长王安顺带队到白纸坊地区光源里、菜园街及枣林南里2个棚改地区调研棚户区改造工作。年内，对南运巷小区、永乐里10号院升级改造，整治南菜园一支、二支胡同环境，完成永乐里10号院老旧小区准物业管理试点改造工作。清理大件废弃物、垃圾渣土677卡车5400方，整治市级挂账环境卫生脏乱点12批42处，清除卫生死角335处次，处理环境卫生网格案件476件。组织拆除挂账违法建设156处2027.6平方米。利用拆违空地增设公共服务设施33处757平方米。拆除房山八建料场32处823平方米，疏解外来人员150余人。推进“七小”门店专项整治工作。由城管科组织，城管、工商、食药、卫生等单位轮流牵头，以每周不少于2次的工作力度开展联合执法，7-10月出动3660余人次，650余车次，组织联合执法96次，重点治理白纸坊西街、菜市口大街、里仁街、半步桥等区域，取缔、关闭“七小”无证照门店149户，取缔无照游商326起，没收经营工具1120余件，清理占道堆放废弃物2753件，规范店外经营和占道作业1160余起，居民居住整体环境得到改善。疏解人口4125人，流动人口由21884人降至17759人、出租房屋由3624户降至3402户。

（臧　宇）

【社区建设】　年内，为健全街道网格化服务管理模式，在原有网格五类力量的基础上，补充网格辅助管理员66名，网格巡查专职人员达到132人。全响应指挥分中心调度处理事件38500件，其中非紧急救助平台处理事件2166件，城区城市管理监督指挥中心城管分平台处理事件33593件，全响应社区网格上报平台接收事件1853件，处理3级事件888件。收录社区网格报送民情日志10919条。完成第九届社区居委会换届选举工作。选举出居委会班子成员124人，其中居委会主任18人，副主任34人，委员72人；在职社区工作者89人，公益委员35人；党组织和居委会工作人员交叉任职41人。完成自新路社区“六型社区”创建工作。培育和发展社区社会组织，已备案社区社会组织108个。参与西城区专业社工助推社区社会组织发展（1+1）行动项目，选拔6支社会组织参与助推项目，每个项目资助8000元，用于培育社区社会组织的活动支出，全部通过评估。探索“多居一站”基层管理新体制，将半步桥和万博苑社区服务站整合为万博苑、半步桥社区联合服务站。联合服务站办公地点在华龙美钰小区一层底商，面积约130平方米，配备10名工作人员。年内，招录社区工作者39名。

（臧　宇）

【社区服务】　年内，办理一孩生育服务证718例，政策内二孩生育服务证207例，领取《独生子女父母光荣证》489例，审核288名独生子女家庭特别扶助对象，按政策新进入享受特扶政策26人。发放独生子女父母年老时一次性奖励费480人48万元。举办以“幸福绽放，你我共享”为主题的第五届家庭人口文化节，征集39部家庭DV大赛作品，37篇《圆梦女孩故事》征文，165副《幸福生活摄影》作品，163篇《讲述家庭幸福故事》征文。以服务促管理，为180名流动育龄妇女提供免费孕检；完善鸿禧大清花流动人口协会，建立流动人口图书角，购置图书128本。利用计生协会、人口学校开展计生政策宣传和公共服务。落实“生育关怀”行动，组织辖区62对新婚夫妇参与孕前优生体检，包括21对流动人口夫妇。年内，18个社区全部成立社区居民议事协商小组，挂牌成立“社区议事厅”。成立“社区议事厅”改变了“有诉求站在一边看、坐在家里等”的旧模式，开启居民全程参与、决策、监督的新模式，居民自治意识不断增强，自治能力不断提升，深化了“社区是我家，建设靠大家”的理念，单位、居民增强了对所在社区的归属感和认同感，愿意参与社区治理、自觉服务社区居民。

（臧　宇）

【社会保障】　年内，发放低保金、临时救助、医疗救助1500万元；走访慰问困难群体、社会救助对象3200余人次。街道在册残疾人3367人，为375名残疾人发放各种生活补助费119.93万元。为450名享受助残券的残疾人发放助残费54万元。为355名残疾人机动轮椅车车主发放燃油补贴9.23万元。为140名残疾人缴纳城乡居民养老保险补贴13.65万元。年内，白纸坊街道养老照料中心正式运营，建筑面积2100平方米，可提供138张床位，聘请专业社会机构进行管理，为辖区老年人提供集日托、全托、生活娱乐、医疗护理、临终关怀于一体的养老照料服务。为辖区老年人家庭免费安装感烟火灾报警器819个，发放SOS呼叫器859个。落实各项政策，加大职业指导、培训、介绍力度，提高失业人员求职技巧和职业技能；鼓励推动创业，以创业带动就业，有针对性的服务，提升区域就业质量。通过打造北京市高校毕业生就业服务精品网站，为辖区高校毕业生与企业之间搭建沟通、联络平台。年内，白纸坊街道盆儿胡同百姓生活服务中心正式营业，百姓生活服务中心由原来脏乱的农贸市场改造成摊位规范、干净整洁的店面和蔬菜水果超市，为周边居民提供优质、舒适的购物环境，满足周边百姓的基本生活需求。完成月度劳动力、季度社区满意度、城市建设满意度、社会保障服务公众满意度、居家养老服务和人口抽样调查等6项调查任务，调查范围涉及18个社区，调查对象累计3822户。完成1次公租房摇号选房工作，配合西城区住房保障中心完成6户先到先得家庭和年底前申请备案、入围的561户公租家庭的复审、复核工作。

（臧　宇）

【社会治安综合治理】　年内，增装监控探头150个，总数量达到300个，实现辖区监控全覆盖。为存在消防安全隐患的80栋大屋脊、筒子楼配备灭火器2332个，大小灭火器箱463个，灭火粉5000袋。对棚户区改造涉及的4个社区配备灭火器2310个，大小灭火器箱468个，灭火粉6500袋。完成全国“两会”、田径世锦赛及“9·3”阅兵等重大活动期间安全服务保障工作。开展禁毒知识大型宣传教育活动，社区宣传栏刊出《禁毒专刊》6期，分发禁毒宣传资料4000份，悬挂横幅18条，张贴标语30条，开展禁毒宣传图片巡展。加大打非拆违和低端批发零售市场的整治改造力度，清理规范一批群租房和地下空间，疏解流动人口4125人。实施网格化管理，强化防灾减灾宣传和安全应急救护培训，提升地区应急能力。加强应急物资储备库建设，开展“5·12”防灾减灾主题日宣传活动，组织汛期实战演练，加强应急值守，保证安全度汛。年内，完成安全生产条件大普查工作，共普查单位1299家，核销单位3980余家。结合大检查及“六打六治”等专项工作，对发现的隐患，全部建立台账，逐一彻查解决，检查单位4000余次，排查、整改隐患830余处，发现无照企业105家，采取联合执法检查190余次，行政处罚款1家5000元。

（臧 宇）

【精神文明建设】 年内，巩固文明城区创建工作成果，树立“一盘棋”思想，专门部署，明确分工，落实责任，夯实基础。更换半步桥小学、右安门桥西北角边角地破损围挡425平方米。加强未成年人思想道德建设。结合“我们的节日”、春节、清明节、端午节等节日组织辖区宣师一附小、半步桥小学、徐悲鸿中学等学校师生与老人共度节日。结合“俭以养德”主题活动，与电大宣武分校师生开展“跳蚤市场”，吸引辖区未成年人参与，培养勤俭节约习惯。组织地区居民开展“我为爸妈拍婚纱”活动，带动更多人关注老人生活，提升地区爱老敬老氛围。以“坊间守望”为主题，建功北里社区试点开展针对空巢老人的志愿服务。将殷桂枝老人“窗帘约定”邻里互助的故事搬上微话剧舞台，扩大传播影响力。发挥地区文明单位力量，组建29人参加的白纸坊街道“首都网络文明传播志愿者”队伍。网络文明志愿者转发新浪微博、腾讯微博和其他微博（转、评）11821条，论坛留言2921条，发表博客2269篇，传播“续写雷锋日记”“讲文明树新风”“我们的节日”“好人365”等精神文明创建活动情况。以道德讲堂为载体，举办“百位共产党人百篇小传”朗诵活动，组织菜市口百货公司、白纸坊食药所、白纸坊医院等单位参与道德讲堂。配合老旧小区物业管理，宣传南菜园1号院居民智囊团助力小区改造情况，并被《人民网》《凤凰网》等多家媒体转载刊登。结合北京榜样推选工作，以党员张瑞明的故事为核心，宣传辖区老党员发挥余热、服务居民的优秀事迹，市区相关媒体进行了专门报道。围绕中国人民抗日战争暨世界反法西斯战争胜利70周年主题，举办“坊间茶会”——“你好老兵”系列活动，人民日报、北京青年报、北京电视台等媒体刊播。挖掘、整理辖区老兵故事汇编成《不能忘却的记忆》，弘扬抗战精神。做好与媒体沟通工作，《北京日报》《北京西城报》、北京电视台等主流媒体刊载各类宣传报道87篇。其中，《西城报》刊载70篇，北京电视台播放7次。

（臧 宇）

【双拥共建】 年内，街道工委会坚持议军制度，实施“一把手”工程，健全街道双拥工作领导机构，调整充实双拥工作领导小组成员，把双拥工作纳入地区经济发展和社区建设总体规划。“两节”和“八一”期间街道领导班子走访慰问共建部队。为武警北京总队第十二支队、武警北京清河地区消防支队、公安部消防局、西城消防支队、武警北京总队二师七支队十中队和七中队送去慰问金13万元。街道处级领导慰问结军亲对象13户。

（臧 宇）

【党建工作】 年内，完成社区党委换届工作，对9个社区党组织书记和11个副书记届内调整。18个社区全部组建了社区席位制“大党委”。“席位制”委员由社区党组织和党员、驻区单位推荐，街道工委任命产生，共150人。包括街道定点联系社区的党员领导干部、驻区单位党组织负责人，社区中有威望的居民党员、社区民警、地区人大代表和政协委员等，62家驻区单位参与社区席位制委员推荐。与北京市西城区悦群社工事务所合作，成立党建指导中心，依托现有组织架构，搭建和激活现有基层党组织服务基层联系群众的平台和载体。引导非公企业参与服务，提升社会领域党建工作水平，聘请10名党建指导员，了解楼宇企业发展变化、党员思想状况等。为楼宇企业员工免费开放活动室、图书阅览室、休息室，丰富楼宇员工午休文化。设置商务楼宇便民服务角，提供打气筒、雨衣、雨伞、量血压、称体重等便民服务。开展共驻共建，非公党组织及党员到社区报到，利用职业、专业优势与社区开展志愿服务活动。军颐中医院党支部的3名党员为居民免费体检；蓟城物业、中环假日酒店、金广坊党支部为辖区居民举办食品安全讲座；望康动物医院、未来集团、老知青饭庄、三原清芷园物业公司等党支部参与社区环境建设，清理卫生死角和小广告，清运垃圾等，促进党员意识和党员作用“双提升”。加强党风廉政建设，在棚户区改造、社区“两委”换届、“9·3”阅兵等重点工作中，强调“守纪律、讲规矩”，对抽调到棚户区指挥部工作的百名街道干部、社区新任班子成员进行廉政教育。

（臧 宇）

广安门外街道

【概况】　广安门外街道（简称广外街道）位于西城区西南部，东以西护城河为界；西沿马连道北路、湾子街至太平里，与丰台为邻；南起广安门南滨河路向西沿鸭子桥、广安门火车站专用线莲花河故道与太平里相接，亦与丰台区相连；北以北京西客站、莲花池东路为界，与海淀区毗连。有2条过境河流，莲花河由西向南斜穿地区中央，境内流长2570米；西护城河从地区东侧流过，境内流长2640米。辖区面积5.49平方公里，30个社区居委会，19个家委会。根据第六次人口普查数据，常住人口179536人。年内，街道新生儿登记数量1559人，街道统计殡葬死亡人数219人。辖区法人单位7069个，中央单位97个，其他6972个。学校15所，幼儿园7所，敬老院1所，医院1所，社区卫生服务站7个。街道设29个职能科室，3个事业单位，机关行政、事业人员180人。全年街道财政收入19654.55万元，财政支出20182.36万元。

地址：西城区广安门车站西街
　　　17号11号楼
邮编：100055
电话：63318286

（王　翀）

【城市管理】　年内，广外街道始终把环境建设与民生改善紧密结合，拆除违法建设500处30861平方米；协调区相关部门，打通玺源台南侧、白纸坊西延线、车站西街等多条“断头路”，推进小马厂平改立、地铁16号线（广外段）工程建设，不断优化道路微循环，破解居民群众出行难问题。全面启动鸭子桥北里1-12号楼、天宁寺东里12号楼、南手36号楼老楼抗震加固综合改造工程和马中里一区2号楼等35栋节能保温工程；整治车站西街13号院、红莲北里等5个老旧小区；完成信德园、三义里和车西15号院等小区道路翻修铺装及绿化改造工程；协助做好莲花河绿道1期改造，辖区景观环境得到显著提升。落实大气污染治理举措，对200余户进行煤改电改造；利用道路拓宽、小区改造、拆除违建等腾退的空地，在广源小区西区、马连道东街1—2号院、天虹商场北侧、京铁和园等处规划停车位720余辆，缓解了部分区域停车难问题。坚持建管并举，以落实《关于加强环境建设和谐宜居西城的决议》为载体，以“门前三包”责任制管理为基础，深入开展“六大战役”和“城市病”治理工作，解决市首环办上账的7大类61个问题；暂扣用于非法经营的三轮车500余辆；清除非法设置的LED显示屏等户外广告牌匾千余块，拆除私装地桩地锁330处，清理“僵尸”车24辆，取缔废品收购点8个和非法洗车修车点7个、拔除主要道路废弃的电线杆58根，组织地区单位、社区居民等社会力量，督导社区装修业主自行清运装修渣土2580余起，清除卫生死角千余处，清理各类非法小广告4.34万余条，市容面貌得到明显改观，环境秩序得到持续改善。

（王　翀）

【社区建设】　年内，广外街道发扬民主，采取选民直选、户代表选举、居民代表选举相结合的方式，完成社区“两委”换届工作。注重加强社区工作者队伍建设，对换届后的社区书记、主任及公开选录的61名社区工作者开展业务培训，提高服务群众的能力和水平。探索湾子街、中新佳园2个社区成立一个湾子街大党委的“一委多居”模式和红莲北里、三义里、三义东里、马中里4个社区成立一个红莲北社区服务站的“一站多居”模式。依托街道全响应信息平台，完善社区综合受理、预约办理和延时工作等服务机制，开通“智慧广外”微信公众号，拓展与居民群众网络互动渠道。处理市非紧急救助事项1971条，登记民情日志15257条，答复便民电话和在线咨询问题1800多条，居民群众诉求基本得到妥善解决。以“五星级和谐社区”创建，促进“六型社区”建设，乐城、手帕口北街、三义东里等3个社区完成评估审核。完成京铁和园、中新佳园、红居南街等社区办公服务用房改造。发挥基层党组织服务群众专项资金和街道“项目申请制”的作用，小红庙1号楼2门及附近15个楼门安装无障碍扶手等群众反映强烈的问题得到解决。重新梳理在街道备案的“睦邻坊”、红枫盈等285个社会组织，对长期处于“休眠”或“半休眠”状态的，予以整合。

（王　翀）

【社会保障】　年内，广外街道坚持民生优先，把握政策，继续加大就业、养老、助残、计生、救助等社会保障投入，保基本、补短板、兜底线，织牢保障民生安全网，使帮扶举措更加普惠便捷。帮扶549人实现就业；规范企业劳动用工行为百余次；加强“单独二孩”和流动人口计生服务管理，审核上报计划内“二孩”342例；试点推行60岁以上户籍失能老人自愿申请健康评估工作；为辖区4279户老年人免费安装家庭烟感报警器；向地区注册管理的低保家庭748户1264人、低收入29户64人，发放低保金1011万元；实施临时救助困难家庭211户，救助人数439人次，救助金额50多万元；医疗救助915人次，救助金额93万余元。受理各项保障性住房事项咨询1158户（次），267户家庭享受到住房保障政策，居住条件得到改善。年初制定的10件为群众办实事事项全部兑现完成。

（王　翀）

【社会治安综合治理】　年内，广外街道流动人口无序过快增长的势头基本得到遏制，流动人口数（平台数）40130人，经调控疏解减少5870人，完成任务（7000人）的83.5%。坚持防范为主，在物技防的基础上，依托地区137个社区网格，发动“红袖标”、治安志愿者对148个对重点区域、薄弱点位进行社会面防控，做到

"6个必看必巡"，地区发案率明显下降。继续坚持处级领导包片、包案责任制和矛盾排查例会制度，及时化解调处社会矛盾纠纷，接待受理群众信访事项117件2201人次，司法调处民事矛盾715件，对丽水莲花、立恒名苑等小区开展物业指导行政行为百余次，做到"小事不出社区、大事不出街道"。贯彻落实新《安全法》和《食品安全法》，开展生产经营单位安全生产条件普查，建立完善4800余家基础管理台账。吸取火灾事故教训，统筹公安、工商、食药、消防、城管等执法力量对辖区单位安全生产、食品药品、防火和燃气安全等进行专项检查，及时消除各类安全隐患5913项，对存在隐患较为突出的4家单位实施了行政处罚，做到边排查、边规范、边整改，从源头遏制各类事故发生。注重健全防灾减灾应急管理体系，建设街道级应急物资储备库，组织开展防汛、消防等应急演练，居民自救意识、处突能力不断提高。

（王 翀）

【精神文明建设】 年内，广外街道开展抗日战争胜利70周年主题教育活动、"我们的价值观"百姓宣讲、"社区周末大讲堂""法治文化进社区""品民俗、过大年"等活动，丰富居民业余文化生活。开展双拥共建活动，街道被评为市级"拥军优属示范街道"。

（王 翀）

【功能街区建设】 年内，广外街道从顶层设计入手，紧扣京津冀协同发展大局，结合"第三次经济普查"和"全国1%人口抽样调查"统计数据，统筹规划编制广外地区"一总、三分"方案。以北京"两展一会"、京东商城"马连道春茶节""马连道中国茶叶第一街"官方微信公众号等为载体，加大宣传力度，街区影响力不断提升，马连道茶叶特色商业区3785家法人单位，实现收入9.9亿元，同比增长10%。注重引导市场、企业和经营户加强自律，倡导诚信经营，与宁德、武夷山等茶产地建立检测信息共享、流通问题追溯等机制，规范茶叶生产经营行为，保障人民群众的饮茶安全，促进茶产业健康发展。

（王 翀）

【基层党建】 年内，广外街道以马连道特色街区联合党委为抓手，马连道党群活动服务中心为阵地，整合金融投资、法律咨询、劳动就业等服务资源，凝聚茶商茶企、行业商会群策群力，共研发展困难，共商破解之策，共促转型升级，实现了马连道特色街区"组织全覆盖、服务全响应"，构建"各地茶商一个家"区域化党建新格局。坚持法无授权不可为、法定职责必须为的原则，梳理、编制《广外街道窗口岗位工作手册》，明确82个行政服务事项，简化办事服务流程，提高行政效能。执行干部选拔任用工作制度，加强干部队伍建设，形成能者上、庸者下的用人导向和机制。加强办事处机关和所属事业单位人员日常教育管理工作，对30项规章制度进行修订并印制成册，做到行为规范有章可循。狠抓党风"两个责任"的落实，强化领导干部"一岗双责"，做好廉政风险防控和防止利益冲突工作。开展"千家评政府"活动，自觉接受社会各方监督，确保人民监督权力，保证权力在阳光下运行。

（王 翀）

（责任编辑 孙凤霞）

人 物

领导干部

中国共产党北京市西城区第十一届委员会

书 记 王 宁（11月免） 卢映川（11月任）
副书记 王少峰 杜灵欣（2月免） 王力军（2月任）
常 委 章冬梅（女） 苏 东（11月免）
梁昌新（3月免） 陈思源（12月免）
程 军 郭怀刚 李书兵
王 旭 王都伟 孙 硕（4月任）
王 鹏（5月任） 曹全民（挂职，7月任）

西城区人民代表大会第十五届常务委员会

主 任 刘跃平
副主任 赵印春 刘永先（女） 郑 然
周慧来 俞 强 席修明
王功伟
委 员 （按姓氏笔画为序）
马 炎 王学章 王建华
王崇恩（回族） 石晓愚 史 锋
付新宇（女） 吕晋发 朱建岳
刘洪文 安亚荣（女）
孙 静（女） 李 玉（女）
李秀荣（女） 邱 琦（女）
张思宁（女） 张培彤 赵志良
赵芙蓉（女） 赵建敏 贺宏志
柴丽敏（女） 倪效仲 曹立宏
韩精诚 穆 静（女，回族）

西城区人民政府

区 长 王少峰
副区长 苏 东（12月免） 梁昌新（4月辞）
郭怀刚（4月任） 孙 硕（4月辞）
曹全民（挂职，8月任）
陈 宁（女） 张 明（12月任）
李 岩（满族） 杜黎彬（回族）
姜立光 吴向阳（6月任）
于 鹏（挂职）

中国人民政治协商会议第十三届北京市西城区委员会

主 席 曹长胜（1月免） 杜灵欣（1月任）
副主席 王瑞珠（女） 沈桂芬（女）
姜兆春 杨月欣（女）
刘长铭 李建国
荣 洋
秘书长 孙广俊
常 委 （按姓氏笔画为序）
马光远 马志刚 王 茁
王广发 王立华 王向波
王晓敏（女） 王福俊 牛明奇
尹国芳（回族） 甘力鹰（女） 卢 明
付广军 白 洁（女） 宁 梅（女）
朱 博 邢爱义 刘 冰（女）
刘 琪 刘少华 刘永斌
刘昊扬 刘学俊 刘学增
安朝晖（女） 孙劲松 苍玉清（女，回族）
杜凤英（女） 杜凤超 李 硕（满族）
李 新（女） 李文义 李占文
李连防 李洪祥（满族） 杨海森
吴 江（女） 吴永全 吴秀丽（女）
何悦明 余渡元 宋 伟
张礼斌 陆 翔 陈子云（女）
妙 文 郤亚臣 林 耀
林建平 金 辉 郑 实

郑昊岩　孟至岭　赵　丽（女）
赵　莉（女）　赵奎丽（女）　郝寒娟（女）
段云松　闻丹岩（女）　袁　文
耿　聆（女）　夏长青　晏　畅
徐双春　徐建明　翁乃彤（女）
郭继孚（满族）　涂　平　陶水龙
黄　庆　黄中军　黄芳栋
黄殿琴（女）　曹学义　曹淑琴（女）
鹿　陈　董晓莉（女）　韩　东
韩世和　韩俊田　程文光
曾小丹（女，满族）　谢志红（女）
谢苗荣　褚海燕（女）　蔡志兵
蔡丽娟（女）　戴卫红（女）　鞠　瑾
魏建新（女）

中共北京市西城区第十一届纪律检查委员会

书　记　王力军（6月免）　王　鹏（6月任）
副书记　田　迪（女）　蒋春芳（回族）　周剑梁
常　委　向　前（土家族）　杨　扬（女）　韩云芹
刘　青（女）　张　玮（女）　于新旭
马　东（8月免）　李海霞（女，12月任）

中共北京市西城区委员会工作机构主要负责人

办公室主任　郭怀刚（4月免）
孙　硕（4月任）
常务副主任　程瑞琦
组织部部长　章冬梅（女）
常务副部长　王建华
宣传部部长　王都伟
常务副部长　靳　真（女）
政法委员会书记　杜灵欣（3月免）
王力军（3月任）
常务副书记　张小来
副书记　王学海（8月免）
钟显林（8月任）
王　静
贾旭辉
精神文明建设委员会办公室
主任　谢　静（女）
统战部部长　程　军
常务副部长　刘　琪
台湾工作办公室（区台湾事务办公室）
主任　刘　琪（4月免）
区委区政府研究室主任　庞成立
老干部局局长　王晓谦（女）
保密委员会办公室主任（区国家保密局局长）
常卫国
区直机关工委书记　郭怀刚（4月免）
孙　硕（4月任）
常务副书记　赵　丽（女）
社会工作委员会书记　艾　丽（女，满族）
党校校长　章冬梅（女）
常务副校长　闫建国
党史工作办公室（地方志编纂委员会办公室）
主任　吕燕裙（女）
维护稳定工作领导小组办公室主任　张小来
社会治安综合治理委员会办公室主任　王　静
流动人口和出租房屋管理委员会办公室
主任　马京宝（8月免）
王　静（8月任）
处理法轮功问题领导小组办公室（区政府防范和处理邪教问题办公室）主任　贾旭辉（8月免）
李　鲁（9月任）
机构编制委员会办公室主任　郁　治（女）
常务副主任　关山红（女，满族）
新闻中心主任　马　晨（回族）
区委巡视组二组组长　岳永梅（女）
区委巡视组三组组长　周雪风（3月免）

西城区第十五届人大常委会工作机构主要负责人

办公室主任　马　炎
研究室主任　柴丽敏（女）
代表联络室主任　吕晋发
内务司法工作委员会主任　倪效仲
财政经济工作委员会主任　石晓愚
预算工作委员会主任　韩精诚
教科文卫工作委员会主任　孙　静（女）
城建环保工作委员会主任　曹立宏

西城区人民政府工作机构主要负责人

办公室
党组书记　白　力（7月免）
李征帆（7月任）
主任　李征帆
发展和改革委员会
主任　吴向阳（8月免）
许晓红（女，8月任）
科信委（5月机构改革）
党组书记　刘化杰（5月任）
主任　杨　秋（女，5月任）

监察局局长　田　迪（女）
财政局党组书记、局长　张宗禹
人力资源和社会保障局
　党组书记　彭随心
　局长　郁　治（女）
住房和城市建设委员会
　党组书记　何焕平
　主任　王乐斌
市政市容管理委员会
　党组书记　宋甲乐
　主任　刘成东
民政局党组书记　宋卫东（4月免）
　张中喜（4月任）
　局长　张中喜
审计局党组书记、局长　佟丽萍（女）
金融服务办公室
　党组书记、主任　聂杰英（女）
环境保护局
　党组书记、局长　章　卫
统计局
　党组书记　朱显国
　局长　许晓红（女，8月免）
　刘爱中（女，8月任）
外事侨务办公室（机构更名）
　党组书记、主任　王　干（3月免）
　马　东（8月任）
信访办公室党组书记　邢印良
　主任　杨维民
民族宗教办公室（机构更名）
　党组书记　周兴运（7月任）
　主任　韩俊田（7月任）
法制办公室党组书记　李　程（女，1月任）
　主任　李　程（女）
民防局（地震局）
　党组书记　王连杰
　局长　赵友新
安全生产监督管理局
　党组书记　李连防
　局长　李　华
商务委员会
　党组书记　王　毅
　主任　袁　利（女）
国有资产管理委员会主任　牛明奇
城管执法监察局
　党委书记　曾加顺
　局长　魏建明（6月免）
　海　峰（回族，6月任）
行政投诉中心主任　周剑梁
社会建设办公室主任　艾　丽（女，满族）
档案局党组书记、局长　李茂福

园林绿化局
　党组书记　孙万起（8月免）
　王学海（8月任）
　局长　高俊宏
园林市政管理中心
　党委书记　肖福来
　主任　高俊宏
环境卫生服务中心
　党委书记　姚尚贵
　主任　孙纪明
机关事务服务中心
　党组书记　张宇山
　主任　胡永顺
房屋土地经营管理中心
　党委书记　于燕萍
　主任　郭　月
城市管理监督指挥中心
　党组书记、主任　海　峰（回族，6月免）
　陈国红（6月任）
功能街区产业发展投资促进局
　党组书记、局长　张　东
对外联络服务办公室
　党组书记、主任　宫　浩
西直门综合交通枢纽地区管理委员会
　党组书记、常务副主任　刘春伟
综合行政服务中心
　党组书记、主任　李　薇（女）
中关村科技园区西城园管委会
　工委书记、主任　陈　宁
　常务副主任　缪剑虹
政府投资项目建设中心
　主任　吴向阳（8月免）
　许晓红（女，8月任）
发展服务中心主任　张　东
房屋管理局党组书记　张新华
　局长　谭玉梅（女）
房屋征收中心主任　万长宏
规划西城分局
　党组书记、局长　倪　锋
工商西城分局
　党组书记、局长　赵　斌
质量技术监督局
　党组书记、局长　钱希杰（3月免）
　张占芳（3月任）
食品药品监督管理局
　党组书记、局长　闫学会
烟草专卖局
　党组书记、局长　王映刚（9月免）
　孟庆伟（9月任）
地税局党组书记、局长　万国喜（11月免）

党组书记 张亚平（11月任）
局长 施 宏（11月任）
国税局党组书记、局长 杨建国（2014年2月免）
王忠新（2014年6月任）

政协西城区委员会工作机构主要负责人

办公室主任 孙广俊（1月免）
黄 庆（1月任）
研究室主任 鹿 陈
专委会工作一室主任 韩世和
专委会工作二室主任 白 洁（女）
专委会工作三室主任 晏 畅
专委会工作四室主任 李占文
专委会工作五室主任 李洪祥
专委会工作六室主任 黄 庆（1月免）
李英哲（1月任）

西城区政法、军事系统主要负责人

西城公安分局
党委书记、局长 陈思源（12月免）
张 明（12月任）
政委 张 毅
人民检察院党组书记 张铁军（12月免）
董常青（12月任）
检察长 张铁军（12月免）
代理检察长 董常青（12月任）
人民法院党组书记、院长 蔡慧永
司法局党组书记 钟显林（8月免）
袁世良（9月任）
局长 李 铁
人民武装部部长 蔺 伟
政委 李书兵
西城消防支队支队长 吴清松
政委 刘宪文
西城交通支队支队长 黄希章
政委 姜金辉
武警六支队支队长 梁黔生
政委 甘 勇
武警七支队支队长 金 剑（6月免）
岳敬军（6月任）
政委 孙怀轩

西城区各民主党派、工商联负责人

中国国民党革命委员会北京市西城区委员会
主任委员 王 红（女）
中国民主同盟北京市西城区委员会
主任委员 刘长铭
中国民主建国会北京市西城区委员会
主任委员 李建国
中国民主促进会北京市西城区委员会
主任委员 张礼斌
中国农工民主党北京市西城区委员会
主任委员 张培彤
中国致公党北京市西城区委员会
主任委员 贺宏志
九三学社北京市西城区委员会
主任委员 杨月欣（女）
台湾民主自治同盟北京市西城区委员会
主任委员 邱 琦（女）
区工商联主席、区商会会长 李 岩
党组书记、副主席、区商会副会长 曹学义（驻会）
常务副主席、区商会副会长
刘爱中（驻会，女，9月免）

西城区群众团体主要负责人

总工会党组书记、主席 马小鹏
团区委党组书记、书记 史 锋
妇女联合会党组书记、主席 李高霞（女）
归国华侨联合会党组书记、主席 安亚荣（女）
科学技术协会党组书记 李英哲（1月免）
戴卫红（女，1月任）
常务副主席 戴卫红（女）
文学艺术界联合会
党组书记 汪帮宏
常务副主席 杨海森
社会科学界联合会
党组书记、常务副主席 郭启兴
残疾人联合会党组书记 刘少华
理事长 孙晓临（女）
红十字会党组书记、常务副会长 王志东

西城区街道工委、办事处主要负责人

德胜街道工委书记 马红萍（女，回族）
办事处主任 侯 林（8月免）
岳 立（9月任）
什刹海街道工委书记 徐 利
办事处主任 陈 新
西长安街街道工委书记 李会增
办事处主任 张 丁
大栅栏街道工委书记 田 静（女，哈尼族）
办事处主任 王志忠

天桥街道工委书记 王申恒
办事处主任 高　翔
新街口街道工委书记 陈振海
办事处主任 王　丹（女）
金融街街道工委书记 徐　斌
办事处主任 彭秀颖（女）
椿树街道工委书记 马光明
办事处主任 黄立新
陶然亭街道工委书记 王效农
办事处主任 王立华
展览路街道工委书记 马业珠（5月免）
皮　强（5月任）
办事处主任 皮　强（5月免）
魏建明（6月任）
月坛街道工委书记 王　奇
办事处主任 孟红伟（女）
广安门内街道工委书记 李剑波
办事处主任 高兴春
牛街街道工委书记 沙秀华（女，回族，5月免）
王　旭（5月任，11月免）
办事处主任 王　旭（5月免）
李丽京（女，回族，6月任）
白纸坊街道工委书记 田巨德
办事处主任 袁世良（9月免）
广安门外街道工委书记 王其志
办事处主任 刘振华

“6+2”机构主要负责人

金融街建设指挥部
总指挥 王　宁　王少峰
党组书记、常务副总指挥 白　力（7月免）
督导员 王功伟（12月免）
副总指挥 李　岩　孙　硕
天桥演艺区建设指挥部
总指挥 梁昌新（4月免）
郭怀刚（4月任）
常务副总指挥 安朝晖（女）
党组书记（兼） 王申恒
大栅栏琉璃厂建设指挥部
总指挥 王　旭　李　岩
党组书记、常务副总指挥 王志忠
什刹海阜景街建设指挥部
总指挥 姜立光
党组书记 徐　利
常务副总指挥 徐　利
区重大项目建设指挥部
办公室主任 李　岩
党组书记、常务副主任（兼） 王乐斌
区城市环境建设委员会
常务副主任（兼） 刘成东
党组书记 宋甲乐
马连道建设指挥部
常务副总指挥 李　婕（女）
党组书记 王其志
北展地区建设指挥部
常务副总指挥 李玉庆（3月免）
何立民（3月任）
党组书记 马业珠（5月免）
皮　强（5月任）

西城区文教卫体系统主要负责人

教育工作委员会书记 韩星桥
教育委员会主任 丁大伟
教育督导室主任 牟东棋
区委卫生计生工委书记
李跃梅（女，5月任，机构改革）
区卫生计生委主任 安学军（满族，5月任，机构改革）
文化委员会党组书记 张云裳（女）
主任 孙劲松
旅游委党组书记 李敬方
主任 刘　冀
体育局党组书记 包　川（1月任）
局长 包　川
经科大暨社区学院
院长 张建国
教育研修学院
党委书记 王建宗（8月免）
院长 马景林
北京市第四中学校长 刘长铭
党委书记 宁　梅（女，8月免）
沈桂芬（女，8月任）
北京市第八中学
党委书记、校长 王俊成
北京市第一六一中学
党委书记、校长 吴伟东（女）
首医大复兴医院
党委书记 李东霞（女）
院长 席修明

西城区国资委系统企业主要负责人

北京金融街投资（集团）有限公司
党委书记、董事长 王功伟
总经理 鞠　瑾
华远集团有限公司

党委书记　于锦义
董事长、总经理　杜凤超
北京天恒置业集团
临时主要负责人　刘海涛
北京华方投资有限公司
董事长　徐　军
总经理　张志强
北京世纪金工投资有限公司
党委书记、董事长、总经理　赵　钢
北京市金工投资管理公司
党委书记、董事长　朱志伟
总经理　孙　昌
金源投资管理有限公司
党委书记　张维杰（4月免）
史文生（4月任，6月免）
郑全星（6月任）
董事长　时文生
总经理　平国栋
金座投资管理有限公司
党委书记　祖淑娟（女，3月免）
薛国强（3月兼任，7月免）
张山树（7月任）
董事长　薛国强
总经理　袁瑞音
北京市金正资产投资经营公司
党支部书记、总经理　张　涛
翔达投资管理有限公司
党委书记　孙雅娟（女）
董事长　孙　勇（3月免）
孙雅娟（女，4月任）
总经理　朱　斌（4月任）
恒达宏业经贸有限公司
党总支书记　常灵英（女）
董事长、总经理　李华昌
北京华天饮食集团公司
党委书记、总经理　徐　军
北京金象复星医药股份有限公司
党委书记、董事长、总经理　徐　军
北京菜市口百货股份有限公司
党总支书记、董事长　赵志良
总经理　王春利（女）
北京国华商场有限责任公司
党支部书记　张　伟（女）
董事长　邹淑珍（女）
总经理　王　祎（女）
张一元茶叶有限责任公司
党支部书记、董事长　王秀兰（女，6月免）
杨有成（6月任）
总经理　杨有成（6月免）
霍文斌（女，6月任）

北京新月联合汽车有限公司
党委书记　刘俊德（11月免）
唐保和（11月任）
董事长　刘长青
总经理　刘长江
北京宣房投资管理公司
党委书记、董事长、总经理　任　伟
北京广安控股有限公司
党委书记、董事长　申献国
总经理　张晓阳
北京陶然建筑有限公司
党总支书记、董事长　林玉琇
北京鑫宣市政工程有限公司
党支部书记、董事长、总经理　张雁林
北京昊都建筑工程有限责任公司
总经理　马荣华
北京房开置业股份有限公司
党支部书记　乔　茜（女）
董事长　梅国良
总经理　周　虹（女）
宣兴房地产开发股份有限公司
党总支书记、董事长、总经理　陈海鸥
北京京都文化投资管理公司
党委书记　杨　扬（2014年10月任）
总经理　金　聆（女，2014年10月任）
北京市大碗茶文化发展有限公司
党支部书记、总经理　尹智君（女）
大观园管理委员会
党总支书记　唐晓宾
主任　马俊潼
北京金融街资本运营中心总经理　鞠　瑾

部分驻区单位主要负责人

北京金泰集团有限公司西城分公司
党委书记　任保明（4月免）
董志华（4月任）
总经理　代贤全（10月免）
秦有明（10月任）
北京首商集团股份有限公司
董事长　刘　毅（2月免）
傅跃红（女，2月任）
总经理　祖国丹（2月免）
张跃进（2月任）
北京王府井百货集团长安商场有限责任公司
总经理　于　娟（女）
北京汉光百货有限责任公司
董事长　王小雨（女）
国家开发银行股份有限公司北京市分行
行长　徐　明

中国农业发展银行北京市分行
行长 蔡志斌
中国工商银行股份有限公司北京市分行
行长 王珍军
中国工商银行股份有限公司北京市分行营业部
总经理 舒 力（女）
中国工商银行股份有限公司北京长安支行
行长 卫 峥
中国工商银行股份有限公司北京新街口支行
行长 曲 琰
中国工商银行股份有限公司北京南礼士路支行
行长 谢一平
中国工商银行股份有限公司北京金融街支行
行长 于 青（女）
中国工商银行股份有限公司北京地安门支行
行长 梅 霜
中国工商银行股份有限公司北京宣武支行
行长 包永康
中国工商银行股份有限公司北京广安门支行
行长 尹家赪
中国农业银行股份有限公司北京西城支行
行长 柴 援（女）
中国农业银行股份有限公司北京宣武支行
行长 魏向东
中国银行股份有限公司北京西城支行
行长 姜 明
中国银行股份有限公司北京宣武支行
行长 王 敏（女，7月免）
张 丽（女，7月任）
中国建设银行股份有限公司北京西四支行
行长 林 麟
中国建设银行股份有限公司北京西单支行
行长 管 琳（女）
中国建设银行股份有限公司北京宣武支行
行长 王 荣（女）
交通银行股份有限公司北京市分行
行长 尹兆君
中信银行股份有限公司总行营业部
总经理 朱加麟
中国光大银行股份有限公司北京分行
行长 邱火发
华夏银行股份有限公司北京分行
行长 樊燕明
招商银行股份有限公司北京分行
行长 王庆彬
中国民生银行股份有限公司总行营业部
总经理 马 琳
北京银行股份有限公司
董事长 闫冰竹
中国证券监督管理委员会北京监管局
局长 王建平
中国人民财产保险股份有限公司北京西城支公司
总经理 张 泽（女）
中国人民财产保险股份有限公司北京宣武支公司
党组书记、总经理 刘团聚
中国平安人寿保险有限公司北京分公司
总经理 吴 越（8月免）
徐敏彬（8月任）
中国太平洋财产保险股份有限公司北京分公司
总经理 臧 炜（9月免）
苏少军（9月任）
中国太平洋人寿保险股份有限公司北京分公司
总经理 于 赟
北京华康欣和建筑工程有限责任公司
董事长 杨玉良
总经理 吴志刚
党委书记 吕玉民
北京市交通执法总队
党委书记 李晓勇
总队长 黄建军
北京市交通执法总队第二执法大队
大队长 王平海
北京市运输管理局西城管理处
处长 张永安（8月任）
北京市地铁运营有限公司
党委书记、董事长 谢正光
总经理 张树人
北京北站
站长 张润田
北京市西城区邮电局
党委书记、局长 姚 军
中国联合网络通信有限公司北京市分公司
党委书记、总经理 汪世昌（12月免）
霍海峰（12月任）
北京市燃气集团有限责任公司
党委书记 周 思
董事长 李雅兰（女）
总经理 支晓晔
北京市燃气集团有限责任公司第一分公司
党委书记、总经理 华 伟
北京市电力公司
党委书记 杨新法
总经理 尹昌新（11月免）
李同智（11月任）
北京市电力公司城区供电公司
经理 孙兴泉
北京市自来水集团有限责任公司
党委书记、董事长 刘锁祥
党委副书记、总经理 高踪阳
北京市自来水集团禹通市政工程有限公司
党委书记、董事长 何俊山
总经理 郑少博

国家级先进集体及先进个人

先进个人

全国劳动模范

刘世春 刘 军 张文新

省部级先进集体及先进个人

先进集体

全国文明单位

金融街控股股份有限公司
北京市西城区地方税务局第四税务所
北京市环丽清扫保洁服务中心
工商银行北京长安支行
北京菜市口百货股份有限公司
国网北京市电力公司
北京市西城区德胜街道新风中直社区

全国“安康杯”竞赛示范单位

国网北京市电力公司

全国“安康杯”竞赛优胜单位

北京华融基础设施投资有限责任公司
国网北京市电力公司

全国青年文明号

北京市西城区地方税务局第四税务所

2014年度全国五四红旗团支部

北京市自来水集团良泉水业有限公司团支部

全国巾帼文明岗

北京市西城区综合行政服务中心
北京市工商行政管理局西城分局牛街工商所
北京市西城区国家税务局第一税务所
北京市西城区地方税务局第四税务所
北京张一元茶叶有限责任公司大栅栏店

2011—2014年全国残疾人体育先进单位

北京市西城区残疾人联合会

全国民委系统先进集体

北京市西城区民族宗教事务办公室

2011—2015年度全国侨联系统维护工作先进单位

北京市西城区侨联

国土资源管理系统"六五"普法先进单位

北京市国土资源局西城分局

全国科技强检示范院

北京市西城区检察院

全国检察宣传先进单位

北京市西城区检察院

全国案例工作先进单位

北京市西城区法院

第三批全国社区治理和服务创新实验区

北京市西城区

全国保险系统先进集体

太平洋产险北京分公司

全国文化市场综合行政执法先进集体

北京市西城区文化委员会行政执法队

全国综合减灾示范社区

北京市西城区大栅栏街道铁树斜街社区

全国和谐社区示范街道

北京市西城区德胜街道办事处

北京市第十二届思想政治工作优秀单位

中共北京市西城区月坛街道工作委员会
北京市西城区房地中心金融街管理所

2015年北京市模范集体

普天德胜科技孵化器有限公司
北京翔达投资管理有限责任公司清华池浴池修脚社区服务队
北京金融街物业管理有限责任公司德胜物管中心
北京市西城区育民小学四年级组
北京市丰盛中医骨伤专科医院脊柱关节科病区护理组
北京市西城区人力资源和社会保障局劳动能力鉴定中心
北京市西城区住房和城市建设委员会建设工程施工现场管理办公室
北京市西城区综合行政服务中心
北京市西城区地方税务局
北京市工商行政管理局西城分局登记注册科
北京市西城区环境卫生服务中心环丽清扫保洁服务中心

北京市人民满意公务员集体

北京市西城区西长安街街道办事处

北京市模范职工之家

北京市西城区德胜街道新康社区工会

2015年北京市模范职工小家

长城人寿保险股份有限公司

2013—2014年度北京市未成年人保护工作先进集体

北京市西城区妇联

2013—2014年度北京市先进基层检察院

北京市西城区检察院

北京市检察机关2013-2014年度先进集体

北京市西城区检察院反贪局

北京市西城区检察院行装处

北京市西城区检察院未成年犯罪检察处

2013—2014年度北京市检察机关办案集体嘉奖

北京市西城区检察院公诉处

北京市西城区检察院民行处

北京市西城区检察院未成年犯罪检察处

北京市西城区检察院侦监处

北京市检察机关办案集体三等功

北京市西城区检察院控申处

北京市检察信息工作先进集体

北京市西城区检察院未成年犯罪检察处

北京市充分就业区

北京市西城区

北京市充分就业街道

北京市西城区大栅栏街道社保所

北京市西城区广安门内街道

2013—2014年度北京市交通工作先进集体

北京新月联合汽车有限公司

2012—2015年度北京市先进供热单位（一级）

北京宣房楼宇设备公司

首都环境保护先进集体

北京市西城区财政局

2010—2014年度北京市红十字会系统先进集体

北京市西城区月坛街道红十字会

先进个人

2015年全国先进工作者

杜雪平（女）　潘瑞凤（女）

全国优秀工会工作者标兵

陈洪祥　刘　瑕

全国优秀工会工作者

王学章

全国五一巾帼标兵

王春燕

全国法院信息工作先进个人

吴献雅

全国法院十佳新闻发言人

刘白露

全国商贸流通服务业劳动模范

张　宁

全国国土资源管理系统先进工作者

刘玉峰

全国文化系统先进工作者

徐晓辉

全国孝亲敬老之星

徐　韬

首都精神文明建设奖

李银环

2015年北京市劳动模范

马　琳　王小宁　王桂全　刘克友

刘国超　刘晓冬　刘崇东　吕　游

孙玉斌　何凯英　吴玉龙　李文兵

李孟东　李秀玲（女）　杜凤超

邱　岩　张　静（女）　杨爱军

屈德森　罗怀梅（女）　郭　强

徐　韬　徐晶晶（女）　郭向英（女）

崔瑞光　解思江　甄亚静（女）　魏振环（女）

2015年北京市先进工作者

尹万良　王永红（女）　王利吉　王爱东（女）

卢志军　刘玉峰　刘建勋　吕革成

朱　宏　牟永力（女）　闫志纯（女）

吴丽红（女）　吴彤彤（女）　宋连发　张　康

张　震　张力新（女）　张伦生

张燕军（女）　李宁燕（女）　杨　光

汪珊珊（女）　肖　毅（女）　果　征　赵常华

赵智慧　贾红旗　高　燕（女）　高玉丽（女）

高鑫明　戚卫锋　曹　芳（女）　曹国东

梁燕京（女）　韩佳真　甄　杰　薛献军（女）

北京市优秀工会工作者

陈洪祥

2014年度“北京市青年岗位能手”

莫蔼冰

北京市未成年人保护工作先进个人

程　乐　赵　越

北京市检察机关先进个人

弥　靖　徐志豪　高　天　毛　虎

尉朝阳　王兆华　王际新　张　伟

首都拥军优属拥政爱民模范先进个人

王凤英

2013—2014年度北京市交通工作先进个人

温延风

首都绿化美化积极分子

王恩涛　赵　强　彭　博

北京市科学技术进步一等奖

季　节

北京市科学技术奖三等奖

曹　楠　顾军农　林爱武（女）

2015年北京市孝星

任保云　朱兵娥　孟　梦　李元华　杜雅静

段亚玲　顾　威　高春晓　魏欣莉

（责任编辑　陈　艳）

统计资料

说明：

1.统计资料中“#”表示其中项。

2.“*”表示数据小于等于2。

3.“—”表示数据不详或没有数据。

4.“…”表示因数据不足最小计算单位而省略。

行政区划与土地面积

表1

地　　区	社区居委会（个）	辖区面积（平方公里）
全　　区	261	50.7
德胜街道	24	4.14
什刹海街道	25	5.8
西长安街街道	13	4.24
大栅栏街道	9	1.27
天桥街道	8	2.07
新街口街道	21	3.7
金融街街道	19	3.78
椿树街道	7	1.09
陶然亭街道	10	2.14
展览路街道	22	5.87
月坛街道	27	4.13
广安门内街道	18	2.43
牛街街道	10	1.44
白纸坊街道	18	3.11
广安门外街道	30	5.49

（资料来源：西城区民政局）

社会经济主要指标

表2

项　　目	计量单位	2015年	2014年
人口			
常住人口	万人	129.8	130.2
年末户籍人口	万人	144.7	142.5
西城生产总值地区	亿元	3270.4	3052.3
第二产业	亿元	295.8	297.8
第三产业	亿元	2974.5	2754.5
人均地区生产总值	美元/人	40390	38149.0

表2续1

项　目	计量单位	2015年	2014年
商业			
#社会消费品零售额	亿元	912.6	862.6
投资			
全社会固定资产投资总额（按项目建设地口径）	亿元	246.0	241.2
#房地产投资	亿元	109.9	153.8
财政			
公共财政预算收入	亿元	451.4	372.8
区级各项税收	亿元	415.7	357
公共财政预算支出	亿元	474.9	318.5
劳资			
法人单位从业人员	人	1138665	1125219
城镇单位在岗职工	人	800562	788629
城镇单位人员全年劳动报酬、生活费	万元	15255751	13357883
城镇单位在岗职工工资总额	万元	14040605	12212715
城镇单位在岗职工年平均工资	元	177494	157392
西城园			
总收入	亿元	2575.15542	1874.8
工业			
工业企业总产值（现价）	亿元	1067.9	965
建筑业			
建筑业总产值	亿元	584.1	661.2
人民生活			
居民人均可支配收入	元	67492	62437
居民人均消费性支出	元	43595	43174
恩格尔系数	%	21.5	29.0
居民消费价格指数（以上年同期价格为100的指数）	%	101.8	101.6
居民人均住房总建筑面积	平方米	21.4	21.85
中央、市、区三级税收	亿元	4668	4333.2
国税税收收入	亿元	3961.4	3739.7
地税税收收入	亿元	706.5	593.5
区属国有企业资产总量	亿元	639.2	465.7
基本单位情况			
法人单位数	个	45019	47151
产业活动单位数	个	10374	12415
企业基本情况			
从业人员	人	1138665	1125219
资产总额	亿元	895490.6	802726.9
收入合计	亿元	21797.9	19208.3
对外经济贸易			
“三资”企业实际利用外资额	亿美元	5.1	4.3
城市建设及环境保护			
城市绿化覆盖率	%	30.4	30.4
人均公园绿地面积	平方米/人	3.8	3.74

表2续2

项　目	计量单位	2015年	2014年
可吸入颗粒物(PM10)	微克/立方米	105.8	115
细颗粒物(PM2.5)年均浓度值	微克/立方米	83.0	88
降尘量	吨/平方公里·月	5.4	5.7
垃圾分类收集率	%	100	100
就业与社会保障			
城镇登记失业率	%	0.86	0.76
城镇登记失业人员就业率	%	65.46	70.2
养老保险基金征缴率	%	99.78	99.74
基本医疗保险基金征缴率	%	99.99	99.95
失业保险基金征缴率	%	99.80	99.80
工伤保险基金征缴率	%	99.68	99.78
民政			
抚恤、补助优抚对象人数	人	1472	1472
全区老龄人口数	人	371138	352985
最低生活保障人数	人	18563	19464
各种收养性单位个数	个	39	31
基础教育			
学校个数	个	176	183
#小学	个	60	60
初级中学	个	3	7
高级中学	个	2	3
在校生数	人	133310	131949
#小学	人	65567	64464
初级中学	人	3672	5157
高级中学	人	1297	2004
毕业生数	人	28933	34253
#小学	人	7375	12488
初级中学	人	1205	1627
高级中学	人	554	475
科技			
输出技术合同成交项数	个	6157	5445
输出技术合同成交总金额	亿元	158.0719	129.8
吸纳技术合同成交项数	个	6232	5281
吸纳技术合同成交总金额	亿元	247.516	256.0519
文化			
区属公共图书馆	个	3	3
总藏量	万册	235	189.6
#图书	万册	176.8	167.5
文化馆	个	2	2
文物保护单位	处	181	181
#全国重点文物保护单位	处	42	42
北京市文物保护单位	处	61	61
卫生			
卫生机构	个	646	632

表2续3

项　目	计量单位	2015年	2014年
卫生技术人员	人	34824	32570
#执业医师	人	11992	11300
注册护士	人	15338	13796
医疗床位	张	15604	15354
平均每千常住人口医院床位数	张	11.98	11.75
平均每千常住人口拥有职业（助理）医师	人	9.24	8.68
平均每千常住人口拥有注册护士	人	11.82	10.6
体育			
运动员	人	2827	2397
教练员	人	78	79
裁判员	人	206	186
社会体育指导员	人	7471	6924
体育场地数（区域）	块	1062	1062
文明建设情况			
文明机关个数	个	285	285
文明社区个数	个	90	90

西城区生产总值

表3

项　目	2015年		2014年	
	绝对值（万元）	比重（%）	绝对值（万元）	比重（%）
总　计	32703570	100.0	30522768	100.0
第二产业	2958397	9.0	2978195	9.8
工业	2286239	7.0	2252292	7.4
建筑业	662216	2.0	725903	2.4
第三产业	29745173	91.0	27544573	90.2
交通运输、仓储和邮政业	643652	2.0	598716	2.0
信息传输、计算机服务和软件业	1201068	3.7	1099161	3.6
批发和零售业	2642032	8.1	2626616	8.6
住宿和餐饮业	434102	1.3	419801	1.4
金融业	15202424	46.5	13556122	44.4
房地产业	1236480	3.8	1210973	4.0
租赁与商务服务业	2681853	8.2	2726197	8.9
科学研究、技术服务和地质勘查业	1608792	4.9	1530236	5.0
水利、环境和公共设施管理业	125826	0.4	111714	0.4
居民服务和其他服务业	154856	0.5	146321	0.5
教育	607237	1.9	585706	1.9
卫生、社会保障和社会福利业	987657	3.0	853973	2.8
文化、体育和娱乐业	833284	2.5	795109	2.6
公共管理和社会组织	1395852	4.3	1283928	4.2
人均地区生产总值				
按全年平均汇率折合美元(美元)	40390		38163.4	

注：1. 按常住人口计算人均地区生产总值，常住人口数为北京市统计局根据抽样调查推算数据统一提供，西城区2014年末常住人口数为130.2万人，2013年末常住人口数为130.3万人；

2. 由于小数进位问题，分项所占比重之和可能不等于合计；

3. 表中数据为最终核算数据。

全部法人、产业活动单位

表4　　单位：个

项　目	法人单位	单产业单位	多产业单位	产业活动单位
总　计	45019	42462	2557	10374
按隶属关系分				
中央	2570	2215	355	1656
省(自治区、直辖市)	1615	1424	191	257
地(区、市、州、盟)	2073	1934	139	4097
街道、镇、乡	183	174	9	6
其他	38319	36456	1863	4345
按登记注册类型分				
内资				
国有	3552	3251	301	1328
集体	916	853	63	123
股份合作	1607	1485	122	180
国有联营	6	6	0	3
集体联营	20	19	1	2
国有与集体联营	10	10	0	0
其它联营	4	2	2	9
国有独资公司	328	280	48	251
其它有限责任公司	7202	6613	589	2797
股份有限公司	229	154	75	1615
私营独资	1274	1245	29	70
私营合伙	690	684	6	51
私营有限责任公司	26653	25526	1127	2298
私营股份有限公司	335	317	18	65
其它	1411	1341	70	400
港澳台商投资				
与港澳台商合资经营	102	88	14	89
与港澳台商合作经营	16	15	1	7
港澳台商独资	230	194	36	426
港澳台商投资股份有限公司	2	2	0	13
其他港澳台投资	1	1	0	9
外商投资				
中外合资经营	135	117	18	148
中外合作经营	17	17	0	2
外资企业	269	236	33	436
外商投资股份有限公司	8	5	3	32
其他外商投资	2	1	1	20
按国民经济行业分				
农、林、牧、渔业	8	7	★	0
采矿业	0	0	0	0

表4续1

项　目	法人单位	单产业单位	多产业单位	产业活动单位
制造业	379	311	68	43
电力、燃气及水的生产和供应业	22	13	9	22
建筑业	741	659	82	311
批发和零售业	13309	12475	834	2700
交通运输、仓储和邮政业	514	461	53	277
住宿和餐饮业	1861	1632	229	938
信息传输、软件和信息技术服务业	2008	1933	75	304
金融业	626	531	95	1942
房地产业	1733	1512	221	515
租赁和商务服务业	12085	11771	314	1441
科学研究和技术服务业	4598	4404	194	410
水利、环境和公共设施管理业	168	154	14	11
居民服务、修理和其他服务业	1298	1203	95	275
教育	1088	1070	18	68
卫生和社会工作	302	294	8	52
文化、体育和娱乐业	2230	2178	52	92
公共管理、社会保障和社会组织	2049	1854	195	971
国际组织	0	0	0	0

企业基本情况

表5

项　目	单位数（个）	收入合计（万元）
总　计	45019	217978671.6
按隶属关系分	45019	217978671.6
中央	2570	129422050.7
省（自治区、直辖市）	1615	27263102.8
地（区、市、州、盟）	2073	12295601.6
街道、镇、乡	183	21489.6
其他	38319	48976426.9
按登记注册类型分	45019	217978671.6
内资	44237	203835080.5
国有	3552	49742289.5
集体	916	1124766.4
股份合作	1607	120959.1
国有联营	6	0
集体联营	20	0
国有与集体联营	10	12566.7
其他联营	4	3859.9
国有独资公司	328	16802368.6
其他有限责任公司	7202	48768541.8

表5续1

项　目	单位数（个）	收入合计（万元）
股份有限公司	229	78714477.5
私营独资	1274	7276.9
私营合伙	690	324851.6
私营有限责任公司	26653	6102633.4
私营股份有限公司	335	208822.4
其他	1411	1901666.7
港澳台商投资	351	7896808.2
与港澳台商合资经营	102	561227.9
与港澳台商合作经营	16	51951.5
港澳台商独资	230	7268191.2
港澳台商投资股份有限公司	2	15437.6
其他港澳台投资	1	0
外商投资	431	6246782.9
中外合资经营	135	1726580.7
中外合作经营	17	25162.6
外资企业	269	4416277.2
外商投资股份有限公司	8	78762.4
其他外商投资	2	0
按国民经济行业分	45019	217978671.6
农、林、牧、渔业	8	0
采矿业	0	0
制造业	379	1118263.1
电力、燃气及水的生产和供应业	22	10018889.1
建筑业	741	8094924.9
批发和零售贸易业	13309	51278218.8
交通运输、仓储和邮政业	514	2147550.7
住宿和餐饮业	1861	1068602.7
信息传输、计算机服务和软件业	2008	5874210.6
金融业	626	89412577.9
房地产业	1733	5299298.6
租赁和商务服务业	12085	10488145.4
科学研究和技术服务业	4598	14304330.2
水利、环境和公共设施管理业	168	672718.0
居民服务、修理和其他服务业	1298	117043.0
教育	1088	1589614.2
卫生和社会工作	302	3561551.2
文化、体育和娱乐业	2230	2277340.9
公共管理、社会保障和社会组织	2049	10655392.3
国际组织	0	0

企业主要财务指标

表6 单位：万元

项 目	资产总计	负债合计	利润总额
总 计	8954905705.7	7719901051.5	91713335.8
按隶属关系分	8954905705.7	7719901051.5	91713335.8
中央	7695576589.2	6710460914.4	67215523.6
省(自治区、直辖市)	577829206.2	508043012.1	5291700.2
地(区、市、州、盟)	272699544.5	255041811.3	4114250.5
街道、镇、乡	8436.4	2264.9	486.8
其他	408791929.4	246353048.8	15091374.7
按登记注册类型分	8954905706	7719901052	91713335.8
内资	8804222444.9	7670601815.3	80146822.5
国有	2755020576.6	2498658549.3	31469663.8
集体	2285674.9	1696571.6	4763.2
股份合作	54060.8	39062.1	1055.9
国有联营			
集体联营			
国有与集体联营	3790.9	3601.3	15.7
其它联营	876.8	5083.0	8.2
国有独资公司	181617215.6	128249166.5	6156237.8
其他有限责任公司	361257208.2	202341100.0	9219232.5
股份有限公司	5492820720.6	4833411662.6	32778869.6
私营独资	5681.3	4191.7	-535.2
私营合伙	2060155.9	220621.4	220856.2
私营有限责任公司	7485870.8	5583169.2	283352.4
私营股份有限公司	134885.5	78483.5	11091.0
其他	1475727.0	310553.1	2211.4
港澳台商投资	32258281.0	14745283.1	877831.6
与港澳台商合资经营	3909881.7	2951373.9	174557.0
与港澳台商合作经营	431019.8	220944.9	2180.5
港澳台商独资	27826062.2	11494233.1	689508.0
港澳台商投资股份有限公司	91317.3	78731.2	11586.1
外商投资	118424979.8	34553953.1	10688681.7
中外合资经营	14642608.5	10840715.5	669637.6
中外合作经营	513833.9	451233.4	-1623.4
外资企业	85214242.9	13059012.4	9839859.3
外商投资股份有限公司	18054294.5	10202991.8	180808.2
按国民经济行业分	8954905706	7719901052	91713335.8
农、林、牧、渔业			
采矿业			
制造业	2328679.2	845767.3	69243.7
电力、燃气及水的生产和供应业	22500858.6	10758543.6	732431.5
建筑业	14673529.7	11131652.5	246828.2

表6续1

项　目	资产总计	负债合计	利润总额
批发和零售贸易业	52655246.7	38320556.6	995601.8
交通运输、仓储和邮政业	28564684.7	26848397.3	22208.5
住宿和餐饮业	1919915.0	1538575.6	36099.5
信息传输、计算机服务和软件业	193665991.2	37186061.3	14203181.2
金融业	8210672347.1	7422785552.0	46227133.2
房地产业	81964267.0	53462007.2	2068950.8
租赁和商务服务业	280535791.3	90717030.3	25827484.6
科学研究和技术服务业	41202943.3	21493550.1	1020827.6
水利、环境和公共设施管理业	1269137.8	532298.2	48958.3
居民服务、修理和其他服务业	85813.8	42827.9	170.6
教育	2709475.5	327737.0	5861.9
卫生和社会工作	3315306.9	980233.3	19106.0
文化、体育和娱乐业	5703443.7	1411250.1	189248.4
公共管理、社会保障和社会组织	11138274.2	1519011.2	0

劳动就业基本情况

表7

项　目	计量单位	2015年	2014年
城镇登记失业率	%	0.86	0.76
期末实有城镇登记失业人数	人	6805	6015
其中：女性	人	2286	1933
城镇登记失业人员就业人数	人	14249	16015
其中：女性	人	4811	5293
城镇登记失业人员就业率	%	65.46	70.2
其中：女性	%	65.7	70.45
城镇登记失业人员参加培训人数	人	4712	4453
就业困难人员就业人数	人	11041	11961
就业困难人员就业率	%	68.56	71.93
职业技能培训人员总量	人	49361	32956
辖区公共职介机构求职登记人数	人	1602	3739
辖区公共职介机构职业介绍成功人数	人次	418	1685
社区岗位安置就业困难人数	人	9935	10330
用人单位招用就业困难人数	人	565	691
最低退休金	元	1609	1463

（资料来源：西城区人力资源和社会保障局）

社会保障基本情况

表8

项　目	计量单位	2015年	2014年
参加养老保险单位数	个	24096	22873
参加基本养老保险人数	人	1915821	1894392
基本养老保险基金收入	万元	2263682	1994846
基本养老保险基金支出	万元	1824635	1593082
养老保险基金征缴率	%	99.78	99.74
参加基本医疗保险单位数	个	24667	23423
参加基本医疗保险人数	人	2133554	2139439
基本医疗保险基金收入	万元	1304475	1163214
基本医疗保险基金支出	万元	1357519	1265404
基本医疗保险基金征缴率	%	99.99	99.95
参加工伤保险单位数	个	24548	23317
参加工伤保险人数	人	1317349	1266369
工伤保险基金收入	万元	38368	33619
工伤保险基金支出	万元	16832	15141
工伤保险基金征缴率	%	99.68	99.78
参加失业保险单位数	个	24347	23089
参加失业保险人数	人	1447000	1433991
领取失业保险金人数	人	33499	29387
失业保险基金收入	万元	104532	91750
失业保险基金支出	万元	35501	29834
失业保险基金征缴率	%	99.8	99.8
参加生育保险单位数	个	24160	22695
参加生育保险人数	人	1245248	1233239
生育保险基金收入	万元	71950	63429
生育保险基金支出	万元	88564	68573
生育保险基金征缴率	%	99.76	99.68
城镇居民基本医疗养老保险参保人数	万人	21.56	18.96
城镇居民基本医疗保险报销金额	万元	27228	29332

常住人口

表9

项　目	计量单位	2015年	2014年
总　计	万人	129.8	130.2
常住人口分性别			
男性人口	万人	64.1	64.9
女性人口	万人	65.7	65.3
常住人口分年龄			
#0-14岁人口	万人	18.5743	13.8
15-64岁	万人	95.9	97.3
65岁及以上人口	万人	20	19.1
60岁及以上人口	万人	29.4	27.1
出生人数	人	10411	16138
出生率	‰	8.01	12.39
死亡人数	人	9181	9053
死亡率	‰	7.06	6.95

城镇单位年末从业人员平均人数

表10

项　目	年平均人数	在岗职工	劳务派遣人员	其他从业人员
按产、行业分	955757	791046	79208	85503
农、林、牧、渔业	226	225	0	1
采矿业	0	0	0	0
制造业	13949	11543	1207	1199
电力、燃气及水的生产和供应业	42808	37370	5231	207
建筑业	29369	25340	1950	2079
批发和零售贸易业	76991	69676	3711	3604
交通运输、仓储和邮政业	53644	46556	4872	2216
住宿和餐饮业	33808	29797	1961	2050
信息传输、计算机服务和软件业	44369	39882	3711	776
金融业	219525	171871	12220	35434
房地产业	56567	41675	9020	5872
租赁和商务服务业	94148	82925	3591	7632
科学研究和技术服务业	74832	59054	6906	8872
水利、环境和公共设施管理业	10506	9689	266	551
居民服务、修理和其他服务业	8447	7814	259	374
教育	36872	31411	933	4528
卫生和社会工作	43176	33719	6567	2890
文化、体育和娱乐业	34942	29641	2400	2901
公共管理、社会保障和社会组织	81578	62858	14403	4317

全社会固定资产投资额

表11 单位：万元

项　目	2015年	2014年
总　计	2460342	2412413
按隶属关系分		
中央	394582	461890
省(自治区、直辖市)	671777	303137
地(区、市、州、盟)	1196405	1395513
街道、镇、乡	0	0
其他	197578	251873
按建设种类分		
固定资产投资	1361693	874741
其中:基础设施投资	774631	469201
房地产开发	1098649	1537672
其他	0	0
按产业分		
第二产业	136835	138560
第三产业	2323507	2273853
按工程用途分		
农林牧渔业	0	0
工业建筑业用	136835	138560
商业营业用	52166	104565
住宅	713454	359134
办公楼	131009	715220
其他	1426878	1094934
按构成分		
建筑安装工程	709542	861317
设备工器具购置	351513	345078
其他费用	1399287	1206018

房地产开发投资基本情况

表12

单位：万元

项　目	2015年	2014年
投资完成情况		
计划总投资	6931675	7628316
累计完成投资	7259048	7188404
本年完成投资	1098649	1537672
其中:土地开发投资	—	—
本年完成投资按构成分		
建筑工程	165746	461123
安装工程	2040	7211
设备购置	1846	6404
其他费用	929017	1062934
本年完成投资按用途分		
住宅	348493	359134
办公楼	83083	715220
商业营业用房	81733	104565
其他	585340	358753
土地开发情况		
本年完成土地开发面积		
待开发的土地面积	485663	563644
本年购置土地面积	98050	76665
商品房销售、出租、待售情况		
商品房预售面积	89725	1426
住宅	12480	690
办公楼	64884	0
商业营业用房	1454	736
其他	10907	0
商品房现房销售面积	219333	39983
住宅	51496	21640
办公楼	128361	4222
商业营业用房	5943	6556
其他	33533	7565
商品房出租面积	162934	446539
住宅	3739	5878
办公楼	85173	295516
商业营业用房	61129	125201
其他	12893	19944
待售面积	575416	714400
住宅	151752	155594
办公楼	167294	200028
商业营业用房	142037	216732
其他	114333	142046
竣工房屋住宅套数	3243	1166

工业企业基本情况及主要财务指标

表13

项　目	单位数（个）	收入合计（万元）	资产总额（万元）	负债总额（万元）	利润总额（万元）
总　计	399	11141199.4	24836992.8	11609640.1	800387.6
按隶属关系分					
中央	32	6494153.9	10900509.2	5944674.8	153162.0
省(自治区、直辖市)	26	788334.0	8930365.0	4102488.6	263209.2
地(区、市、州、盟)	34	15783.4	56327.6	60028.2	1447
街道、镇、乡	4	—	—	—	—
其他	303	3842928.1	4949791.0	1502448.5	382569.4
按登记注册类型分					
内资	369	7627210.7	20627839.3	10465565.4	448498.2
国有	49	6711679.8	17378035.3	9658082.0	310207.8
集体	43	58181.1	72352.1	26496.6	5554.6
股份合作	36	2555.7	3996.7	2489.6	-96.8
联营	3	—	—	—	—
有限责任公司	74	714067.5	2506207.5	660009.7	128990.4
股份有限公司	6	117190.5	629783.6	97679.5	5922.1
私营	158	23536.1	37464.1	20808.0	-2079.9
其他	0	—	—	—	—
港澳台商投资	14	3476125.9	4151782.8	1108241.9	347503.4
外商投资	16	37862.8	57370.7	35832.8	4386.0
按国民经济行业分					
煤炭开采和洗选业	0	—	—	—	—
石油和天然气开采业	0	—	—	—	—
黑色金属矿采选业	0	—	—	—	—
有色金属矿采选业	0	—	—	—	—
非金属矿采选业	0	—	—	—	—
开采辅助活动	0	—	—	—	—
其他采矿业	0	—	—	—	—
农副食品加工业	5	38554.9	37054.0	29334.1	-2454.8
食品制造业	8	—	—	—	—

表13续1

项 目	单位数（个）	收入合计（万元）	资产总额（万元）	负债总额（万元）	利润总额（万元）
酒、饮料和精制茶制造业	*	—	—	—	—
烟草制品业	0	—	—	—	—
纺织业	9	—	—	—	—
纺织服装、服饰业	19	5875.1	12320.1	9597.1	363.7
皮革、毛皮、羽毛(绒)及其制品和制鞋业	4	—	—	—	—
木材加工和木、竹、藤、棕、草制品业	0	—	—	—	—
家具制造业	*	—	—	—	—
造纸及纸制品业	8	—	—	—	—
印刷业和记录媒介的复制业	68	473093.8	795865.7	197056.5	33313.8
文教、工美、体育和娱乐用品制造业	15	120510.2	293334.2	190708.3	2165.4
石油加工、炼焦和核燃料加工业	*	—	—	—	—
化学原料及化学制品制造业	9	—	—	—	—
医药制造业	*	—	—	—	—
化学纤维制造业	0	—	—	—	—
橡胶和塑料制品业	10	45056.4	50054.8	8115.8	5020.8
非金属矿物制品业	8	65735.6	162390.5	124291.6	5187.6
黑色金属冶炼及压延加工业	0	—	—	—	—
有色金属冶炼及压延加工业	4	72164.7	99150.3	6177.9	889.2
金属制品业	20	48875.1	270033.8	102415.2	5344.6
通用设备制造业	38	51260.4	76231.7	44459.8	8194.8
专用设备制造业	34	55494.4	92281.0	58906.6	5021.6
汽车制造业	7	5957.7	8445.6	4272.8	421.7
铁路、船舶、航空航天和其他运输设备制造业	*	—	—	—	—
电气机械及器材制造业	38	29177.4	56562.6	23844.8	2044.1
计算机、通信和其他电子设备制造业	23	99617.7	360869	36663.4	3461.6
仪器仪表制造业	36	10936.9	21540.9	15252.6	-1018.0
其他制造业	*	—	—	—	—
废弃资源综合利用业	0	—	—	—	—
金属制品、机械和设备修理业	7	—	—	—	—
电力、热力的生产和供应业	15	5903630.9	9619877.6	5650437.5	121375.1
燃气生产和供应业	*	3434071.2	4113460.3	1099029.3	347800.4
水的生产和供应业	4	681187.0	8767520.7	4009076.8	263256.0

建筑业企业主要生产指标

表14

项　目	建筑业总产值（万元）	建筑工程产值（万元）	劳动生产率（元/人）	竣工产值（万元）	房屋建筑竣工面积（平方米）	年末自有机械设备		
						净值（万元）	总台数（台）	总功率(千瓦)
总　计	5841434	5264381	428135	4311420	9469942	54665	7306	277492
按隶属关系分								
中央	1164403	728264	387669	678163	2452787	15835	2376	156907
省（自治区、直辖市）	2951131	2937751	539473	2459857	6822114	15179	1435	47545
地（区、市、州、盟）	83377	83377	221689	58088	0	0	0	0
街道、镇、乡	0	0	—	0	0	0	0	0
其他	1642522	1514989	342620	1115312	195041	23652	3495	73040
按登记注册类型分								
内资	5803488	5233431	428137	4281655	9469942	54650	7170	277453
国有	108438	94280	292995	61945	10485	7587	907	76938
集体	2909	2894	116835	2102	0	5	29	199
股份合作	25202	23935	98140	14117	0	222	296	938
有限责任公司	4921588	4420471	482859	3740923	9443694	33669	4111	168747
股份有限公司	336543	336543	412481	147925	0	6751	221	8705
私营	408807	355308	215649	314642	15763	6417	1606	21926
港澳台商投资	30950	30950	372896	29393	0	15	136	39
外商投资	6996	0	1227316	372	0	0	0	0
按国民经济行业分								
房屋建筑业	3205917	3147634	541796	2807384	9301745	12764	2114	104285
土木工程建筑业	1110582	1086144	453158	616896	159047	31289	2441	129929
建筑安装业	924167	448385	288415	488347	5030	3999	1257	20331
建筑装饰和其他建筑业	600767	582219	290002	398793	4120	6613	1494	22947

服务业财务状况

表 15　　　　单位：个、人、亿元

项　目	单位数	从业人员平均人数	资产总计	本年收入合计	利润总额
合　计	27761	475403	57393.0	5315.8	4161.2
按国民经济行业分					
铁路运输业	9	9426	71.1	47.2	-13.5
道路运输业	193	36046	101.5	89.5	5.4
水上运输业	3	32	3.6	1.8	0.3
航空运输业	*	1217	20.7	18.6	—
装卸搬运和运输代理业	254	635	16.8	22.1	2.2
仓储业	22	167	2378.9	27.6	7.8
邮政业	31	1591	263.9	8.1	—
电信、广播电视和卫星传输服务	100	29899	19100.4	451.7	1399.7
互联网和相关服务	212	5687	74.7	44.7	7.5
软件和信息技术服务业	1696	10001	191.5	91.0	13.1
房地产业(不包括房地产开发经营)	1421	43993	554.5	133.0	27.2
租赁业	171	1518	227.8	23.5	13.1
商务服务业	11914	69043	27828.5	1028.5	2570.0
研究与试验发展	370	12088	241.8	96.3	16.2
专业技术服务业	1966	53867	3516.1	1262.9	78.8
科技推广和应用服务业	2262	8491	362.4	71.2	7.1
水利管理业	18	395	63.2	5.0	4.4
生态保护和环境治理业	31	1162	31.1	6.3	0.1
公共设施管理业	119	6830	32.6	56.0	0.4
居民服务业	706	1196	2.6	2.2	-0.2
机动车、电子产品和日用产品修理业	328	1241	4.7	6.0	0.1
其他服务业	264	5835	1.3	3.5	—
教育	1088	29877	270.9	159.0	0.6
卫生	222	41367	329.8	351.6	1.9
社会工作	80	156	1.7	4.5	—
新闻出版业	403	19150	386.2	155.7	19.3
广播、电视、电影和影视录音制造业	262	3560	67.3	32.0	-0.2
文化艺术业	854	6824	85.2	31.8	—
体育	256	955	6.3	2.9	-0.1
娱乐业	455	501	25.5	5.3	-0.1
中国共产党机关	33	6164	81.3	152.3	—
国家机构	380	60397	818.5	696.8	—
人民政协和民主党派	19	695	26.8	5.0	—
社会保障	16	244	0.5	10.0	—
群众团体、社会团体和其他成员组织	1346	5153	203.4	212.3	—
基层群众自治组织	—	—	—	—	—

批发和零售业企业基本情况

表16

项　目	单位数（个）	从业人员平均人数（人）	主营业务收入（万元）	资产总额（万元）	负债总额（万元）	利润总额（万元）
总　计	13309	75861	48693145	49958866	36038658	1033978
按注册类型分						
内资	13164	66211	45218198	46273010	33743731	1044797
国有	242	4658	7566911	8923795	5174505	470081
集体	279	430	80728	154091	147736	-4585
股份合作	501	48	12157	2958	2613	77
联营	8	17	12541	3791	3601	16
有限责任公司	1762	24899	27684169	15441981	12696101	86994
股份有限公司	34	22878	6319035	4616582	3210632	109528
私营	10331	13281	3542656	1888728	1534093	22394
其他	7	0	0	0	0	0
港澳台商投资	61	3757	271651	258682	235124	-4557
外商投资	84	5893	3203297	3427174	2059804	-6263
按国民经济行业分	13309	75861	48693145	49958866	36038658	1033978
批发业	6470	27700	43299620	45483220	33211619	929392
零售业	6839	48161	5393525	4475646	2827039	104586

金融业企业基本情况

表17

项　目	单位数（个）	从业人员（人）	收入合计（万元）	资产总额（万元）	负债总额（万元）	利润总额（万元）
总　计	626	205347	89412578	8210672347	7422785552	46227133
按隶属关系分						
中央	107	83129	57926435	7236700528	6530600025	35157222
省(自治区、直辖市)	64	72246	12017089	489628348	470425837	3291718
地(区、市、州、盟)	46	22519	5642014	240543021	236360805	3450948
街道、镇、乡	—	—	—	—	—	—
其他	409	27453	13827040	243800450	185398886	4327245
按注册类型分						
内资	571	199965	87405870	8188980090	7406705529	45472411
国有	29	8060	10195336	2426755355	2411806688	2737046
集体	*	—	—	—	—	—
股份合作	*	—	—	—	—	—
联营	—	—	—	—	—	—
有限责任公司	277	21459	15321921	353416350	222782345	9652424
股份有限公司	73	168959	61615887	5406591248	4771698226	32863508
私营	190	1487	272726	2217136	418270	219433
其他	—	—	—	—	—	—
港澳台商投资	21	1811	578996	5412914	4119120	181004
外商投资	34	3571	1427712	16279344	11960904	573718
按国民经济行业分						
货币金融服务	126	130947	55550227	7711668519	7083445127	30831098
资本市场服务	264	14592	6532372	169739226	63096789	3949822
保险业	140	52578	21279116	173219254	141095691	6964308
其他金融业	96	7230	6050862	156045348	135147944	4481905

房地产开发企业基本情况

表18　　　　计量单位：个、万元

项　目	单位数	资产合计	收入合计
总　计	312	76395339	3969155
按注册类型			
内资	282	63391014	3589006
国有	17	4333773	192648
集体	0	0	0
股份合作	0	0	0
联营	0	0	0
有限责任公司	208	39773368	2408096
股份有限公司	13	18542962	924842
私营	44	740910	63419
其他	0	0	0
港澳台商投资	15	3929433	212564
外商投资	15	9074892	167585
按隶属关系分			
中央	33	5924380	505829
市	26	17939984	1374728
区（县）	39	23480068	1210821
街道和社区居委会	0	0	0
其他	214	29050908	877777
按资质等级分			
一级	15	25066393	1523658
二级	20	12212328	537587
三级	21	3240127	242687
四级	123	16932973	1242965
暂定	49	5416147	175308
其他	84	13527372	246951
按营业状态分			
营业	280	74181528	3964880
停业（歇业）	29	1336231	4275
筹建	0	0	0
其他	3	877580	0

社会消费品零售额

表19　　单位：万元

项　目	2015年	2014年	2015年比2014年±（%）
合　计	9125872	8625788	5.8
一、按限额标准分			
限额以上	7102747	6849322	3.7
限额以下	2023125	1779353	13.7
二、按行业分			
批发业	691132	642913	7.5
零售业	7467243	7044569	6
住宿业	165273	160303	3.1
餐饮业	802224	778858	3

区地方财政收入

表20　　单位：万元

项　目	2015年	2014年
总　计	4537546	4042810
公共财政预算收入	4514064	3727572
税收收入	4156557	3570252
增值税	418080	371053
营业税	1455307	1292316
企业所得税	1406978	1124589
城市维护建设税	301492	274746
房产税	273654	251376
印花税	135063	117629
城镇土地使用税	13304	12701
土地增值税	127370	97107
车船税	25305	28735
非税收收入	357507	157320
专项收入	100962	69174
行政事业性收费收入	21704	23143
罚没收入	5219	2373
国有资源（资产）有偿使用收入	16217	22588
其他收入	213405	40042
政府性基金预算收入	1604	289767
国有资本经营预算收入	21878	25471

（资料来源：西城区财政局）

区地方财政支出

表21　　　　　　　　　　　　　　　　　　　　　　　　　　　　　　　　单位：万元

项　目	2015年	2014年
合　计	4957364	3588267
公共财政预算支出	4749127	3184594
一般公共服务	198568	179481
国防	3951	5474
公共安全	121889	122705
教育	440005	500389
科学技术	29941	23205
文化体育与传媒	138174	99965
社会保障和就业	734171	452226
医疗卫生	225740	198564
节能环保	121554	121604
城乡社区事务	1833605	812355
农林水事务	1846	134
交通运输	0	11073
资源勘探电力信息等事务	8803	8447
商业服务业等事务	3555	5000
国土资源气象等事务	0	5
住房保障支出	437664	203082
粮油物资管理事务	2644	2978
其他支出	396000	437907
政府性基金支出	173224	392042
国有资本经营预算支出	35013	11631

（资料来源：西城区财政局）

区国税税收收入

表22

单位：万元

项 目	合计	增值税	营业税	企业所得税	其他
总 计	39542446	1832840	1236808	36367110	105688
农、林、牧、渔业	237	5	0	232	0
采矿业	−213894	137	0	−214031	0
制造业	300967	110016	0	190951	0
电力、燃气及水的生产和供应业	1247531	695203	0	552328	0
建筑业	128614	19760	0	108854	0
交通运输、仓储和邮政业	60310	41535	0	18775	0
信息传输、计算机服务和软件业	957382	443048	0	479798	34536
批发和零售业	33530772	26652	1236808	32196194	71118
金融业	589453	167685	0	421768	0
房地产业	2334994	145770	0	2189221	3
租赁和商务服务业	91348	544	0	90804	0
其他行业	514732	182485	0	332216	31

（资料来源：西城区国家税务局）

区地税税收收入

表23

单位：万元

项 目	合计	营业税	企业所得税	其他
总 计	7065428	2914928	667878	3482622
农、林、牧、渔业	4847	987	3	3857
采矿业	32490	13878	0	18612
制造业	73060	20451	6183	46426
电力、燃气及水的生产和供应业	213704	30205	16593	166906
建筑业	147898	71258	23039	53601
交通运输、仓储和邮政业	26277	3164	3154	19959
信息传输、计算机服务和软件业	174860	26668	1914	146278
批发和零售贸易业	304167	66951	41646	195570
住宿和餐饮业	94845	63193	2776	28876
金融业	3373617	1852186	101953	1419478
房地产业	793885	176909	255883	361093
租赁和商务服务业	501431	104951	121250	275230
居民服务和其他服务业	566403	116589	70594	379220
教育	31608	4359	2203	25046
卫生、社会保障和社会福利业	65911	2345	3135	60431
文化、体育和娱乐业	103794	9902	2582	91310
其他	556631	350932	14970	190729

（资料来源：西城区地方税务局）

危旧房改造基本情况

表24

项　目	计量单位	2015年	2014年
自年初累计完成投资	亿元	17.6	63.6
房屋开复工面积	万平方米	52.1	69.7
其中：新开工房屋面积	万平方米	0	11.6
其中：住宅	万平方米	22.8	33.8
房屋竣工面积	万平方米	0.3	11.2
其中：住宅	万平方米	0	4.4

(资料来源：西城区住房城市建设委员会)

城市园林绿化

表25

项　目	计量单位	2015年	2014年
年末园林绿地面积	公顷	1043.9	1043.1
人均绿地面积	平方米/人	8	8
绿地率	%	20.7	20.6
年末公园绿地面积	万平方米	487.4	487.1
人均公园绿地面积	平方米/人	3.8	3.7
城市绿化覆盖面积	公顷	1535.6	1534.9
绿化覆盖率	%	30.4	30.4
道路绿化总长度	公里	109.1	108.8
实有树木	万株	209.5	209
其中：本年新植	万株	0.5	11
实有草坪	万平方米	323.5	322.7
其中：本年新植	万平方米	0.7	5.3
公园个数	个	25	28
其中：市级以上公园	个	5	5

(资料来源：西城区园林局)

城市环境卫生

表26

项 目	计量单位	2015年	2014年
机扫车	台	142	110
垃圾车	台	262	190
真空吸粪车	台	19	21
果皮箱	个	3425	3350
公共、公用厕所	座	1170	1179
改建公共厕所	座	2	10
新建公共厕所	座	1	5
维修公共厕所	座次	80	70
密闭式清洁站	座	76	75
清扫街道数量	条	243	240
城市道路清扫保洁面积	万平方米/日	816	812
其中:机扫面积	万平方米/日	511	511
洒水面积	万平方米/日	343	343
生活垃圾产生量	万吨	59	59
生活垃圾清运量	万吨	59	59
生活垃圾无害化处理量	万吨	59	59
生活垃圾无害化处理率	%	100	100
粪便清运量	万吨	27	31
粪便无害化处理量	万吨	27	31
粪便无害化处理率	%	100	100
垃圾分类收集率	%	100	100

(资料来源：西城区环卫中心)

城市环境保护

表27

项目	计量单位	2015年	2014年
一、水环境			
废水排放总量	万吨	—	—
其中：工业废水排放达标量	万吨	131.6	136.2
生活污水排放量	万吨	—	—
工业废水排放达标率	%	100	100
二、大气环境			
可吸入颗粒物(PM10)	微克/立方米 mcg/m^3	105.8	115
细颗粒物(PM2.5)年均浓度值	微克/立方米 mcg/m^3	83	88
二氧化硫(SO_2)年日均值	毫克/立方米	14.5	23.1
二氧化氮(NO_2)年日均值	毫克/立方米	54	63
降尘量	吨/平均公里	5.4	5.7
三、环境污染治理			
环境污染事故次数	次	0	0
环境污染与破坏事故直接经济损失	万元	0	0
环境污染与破坏事故赔罚款总额	万元	0	0
环境污染治理投资总额	万元	—	—
工业污染治理施工项目本年完成投资额	万元	—	—
“三同时”完成验收项目环保投资	万元	2652.1	2119.1
“三同时”合格执行率	%	100	100
排污费收入总额	万元	168	46
四、声环境			
建成环境噪声达标区面积	平方公里	41.6	41.6
建成环境噪声达标区覆盖率	%	85.1	85.1
区域噪声平均值	分贝	54	54.2
交通干线噪声平均值	分贝	67.5	67.3

（资料来源：西城区环保局）

基础教育班数、学生数情况

表28

	班数	毕业生数	招生数	在校学生数	
					#本市生源
合计	4071	28933	33965	133310	108545
幼儿园	594	4659	5879	17127	14655
义务教育	2734	16477	20931	94488	73219
小学教育	1971	7789	13074	69252	53228
小学	1863	7375	12477	65567	50818
九年一贯制学校（小学部）	56	160	215	1706	884
十二年一贯制学校（小学部）	52	254	382	1979	1526
初中	763	8688	7857	25236	19991
初级中学	100	1205	1154	3672	3324
九年一贯制学校（初中部）	11	83	84	303	150
十二年一贯制学校（初中部）	33	258	372	1075	829
完全中学	614	7088	6231	20077	15656
高中	685	7636	7068	21225	20417
高级中学	37	554	390	1297	1160
十二年一贯制学校（高中部）	28	229	240	869	842
完全中学	615	6651	6438	18925	18284
特殊教育	50	110	42	394	254
工读学校	8	51	45	76	0

调查户居民家庭居住情况

表29

项　目	2015年	2014年	2015年比2014年±
调查户数	503	504	−0.2
现住房房屋来源			
租赁公房	22	23.4	−6
租赁私房	7.9	7.4	7.1
自建住房	0.6	0.8	−27
购买商品房	15.8	13.8	14.8
购买房改住房	42.7	42.7	0
购买保障性住房	0	0.2	−100
拆迁安置房	6.8	7	−2.5
继承或获赠住房	1.6	1.7	−1.1
免费借用房	1.6	1.9	−19.1
雇主提供免费住房	1	1.2	−13.4

表29续1

项　目	2015年	2014年	2015年比2014年±
住宅有管道供水情况			
管道供水入户	100	100	0
住户主要饮用水来源情况			
经过净化处理的自来水	98.1	98	0.1
桶装水	1.9	2	-6.3
住户厕所类型			
水冲式卫生厕所	93.3	99.4	-6.2
水冲式非卫生厕所	0.2	0.2	25.1
卫生旱厕	0.7	0.2	304.4
无厕所	5.7	0.2	2399.9
住户洗澡设施情况			
统一供热水	2	1.6	28.2
家庭自装热水器	92.5	91.9	0.6
其他	0.6	0	—
无洗澡设施	4.9	6.6	-25.2
住户主要取暖设备状况			
由市政或小区集中供暖	78.8	77.7	1.4
自行供暖	21.2	22.3	-4.9
住户主要取暖用能源状况			
煤炭	1	—	—
管道天然气	3.6	79.5	-95.5
电	16.7	20.5	-18.4
无取暖行为	78.8	—	—
主要炊用能源状况			
罐装液化石油气	19.9	19	4.6
管道天然气	77	78.3	-1.7
电	3.1	2.7	16.6
本住户居住空间样式			
单栋楼房	0.3	0.1	124.1
单栋平房	1.4	0.4	268.4
四居室及以上单元房	0.9	0.7	21.5
三居室单元房	16	16.3	-2.3
二居室单元房	43.5	44.7	-2.6
一居室单元房	16.6	16	4
筒子楼或连片平房	21.3	21.7	-2
人均现住房总建筑面积(平方米)	21.4	22	-2.6

附　录

中共北京市西城区委主要文件目录

中共北京市西城区委文件

京西发〔2015〕1号　中共北京市西城区委关于印发《区委常委会2015年工作要点》的通知

京西发〔2015〕2号　中共北京市西城区委关于加强直属党（工）委建设的意见

京西发〔2015〕3号　中共北京市西城区委关于印发《西城区处级党政领导干部选拔任用工作流程补充规定》的通知

京西发〔2015〕4号　中共北京市西城区委关于落实党风廉政建设责任制党委主体责任和纪委监督责任的实施意见

京西发〔2015〕5号　中共北京市西城区委北京市西城区人民政府关于进一步加强基层文化工作的意见

京西发〔2015〕6号　中共北京市西城区委转发《中共北京市西城区人大常委会党组关于在全面推进依法治国进程中加强和改进人大工作的意见》的通知

京西发〔2015〕7号　中共北京市西城区委北京市西城区人民政府关于认定第二届西城“百名英才”的决定

京西发〔2015〕8号　中共北京市西城区委北京市西城区人民政府关于印发《西城区安全生产“党政同责、一岗双责”实施办法》的通知

京西发〔2015〕9号　中共北京市西城区委关于成立西城区委统一战线工作领导小组的通知

京西发〔2015〕10号　中共北京市西城区委员会北京市西城区人民政府关于实施安全发展战略促进和谐宜居之区建设的意见

京西发〔2015〕11号　中共北京市西城区委关于同意召开北京市西城区第十五届人民代表大会第六次会议的批复

京西发〔2015〕12号　中共北京市西城区委关于同意召开政协北京市西城区第十三届委员会第五次会议的批复

京西发〔2015〕13号　中共北京市西城区委关于进一步加强区政府工作部门和人民团体党组建设的意见

中共北京市西城区委办公室文件

京西办发〔2015〕1号　中共北京市西城区委办公室印发《西城区关于加强基层服务型党组织建设的实施意见》的通知

京西办发〔2015〕2号　中共北京市西城区委办公室北京市西城区人民政府办公室关于成立西城区宣西风貌协调区北地块项目指挥部的通知

京西办发〔2015〕3号　中共北京市西城区委办公室印发《区委常委会2015年议题计划》的通知

京西办发〔2015〕4号　中共北京市西城区委办公室北京市西城区人民政府办公室关于印发《区委区政府2015年重点工作目标任务分解表》的通知

京西办发〔2015〕5号　中共北京市西城区委办公室北京市西城区人民政府办公室关于成立西城区社区党组织和社区居民委员会换届选举工作领导小组的通知

京西办发〔2015〕6号　中共北京市西城区委办公室关于印发《2015年西城区社区党组织选举工作的意见》的通知

京西办发〔2015〕7号　中共北京市西城区委办公室北京市西城区人民政府办公室关于印发《西城区第九届社区居民选举工作的意见》的通知

京西办发〔2015〕8号　中共北京市西城区委办公室北京市西城区人民政府办公室关于印发《西城区2015年进一步推进社区治理创新试点工作方案》的通知

京西办发〔2015〕9号　中中共北京市西城区委办公室关于印发《西城区党风廉政建设责任制检查考核办法》的通知

京西办发〔2015〕10号　中共北京市西城区委办公室北京市西城区人民政府办公室印发《西城区关于进一步加强社区矫正工作的实施意见》的通知

京西办发〔2015〕11号　中共北京市西城区委办公室关于印发《西城区关于在处级以上领导干部中开展“三严三实”专题教育的工作方案》的通知

京西办发〔2015〕12号　中共北京市西城区委办公室北京市西城区人民政府办公室关于成立白纸坊地区重点棚户改造项目总指挥部菜园街及枣林南里棚户区改造项

目指挥部和光源里棚户区改造项目指挥部的通知
京西办发〔2015〕13号　中共北京市西城区委办公室关于印发《中共北京市西城区委督促检查工作规则》的通知
京西办发〔2015〕14号　中共北京市西城区委办公室北京市西城区人民政府办公室关于成立西城区疏解非首都功能领导小组的通知
京西办发〔2015〕15号　中共北京市西城区委办公室北京市西城区人民政府办公室关于成立北展地区疏解工作指挥部的通知
京西办发〔2015〕16号　中共北京市西城区委办公室转发《中共北京市西城区委组织部关于全区各级领导班子和领导干部以奋发有为的精神状态全力推动京津冀协同发展的意见》的通知
京西办发〔2015〕17号　中共北京市西城区委办公室北京市西城区人民政府办公室印发《北京市西城区委卫生和计划生育工作委员会北京市西城区卫生和计划生育委员会（北京市西城区动物卫生监督管理办公室）主要职责内设机构和人员编制规定》的通知

北京市西城区人民政府主要文件目录

西城区人民政府文件

西政发〔2015〕1号　北京市西城区人民政府关于2014年政府绩效管理年终考评情况的通报
西政发〔2015〕2号　北京市西城区人民政府关于印发北京市西城区空气重污染应急预案的通知
西政发〔2015〕3号　北京市西城区人民政府关于印发西城区行政审批事项目录（2014年版）的通知
西政发〔2015〕4号　北京市西城区人民政府关于印发北京市西城区法律顾问工作管理办法的通知
西政发〔2015〕5号　北京市西城区人民政府关于印发西城区推进安全生产隐患排查治理体系建设实施意见的通知
西政发〔2015〕6号　北京市西城区人民政府关于进一步完善和加强区政府有关部门安全监管（管理）职责的通知

西城区人民政府办公室文件

西政办发〔2015〕1号　北京市西城区人民政府办公室关于印发西城区区域性火灾隐患整治实施方案的通知
西政办发〔2015〕2号　北京市西城区人民政府办公室关于印发北京市西城区2015年为群众拟办重要实事的通知
西政办发〔2015〕3号　北京市西城区人民政府办公室关于做好2015年区政府重要会议议题计划实施工作的通知
西政办发〔2015〕4号　北京市西城区人民政府办公室关于印发北京市西城区民防专业队整组方案的通知
西政办发〔2015〕5号　北京市西城区政府办公室关于印发北京市西城区2013-2017年清洁空气行动计划重点任务分解2015年工作措施的通知
西政办发〔2015〕6号　北京市西城区人民政府办公室关于印发西城区“七小”无证无照专项治理行动工作方案的通知
西政办发〔2015〕7号　北京市西城区人民政府办公室关于做好西城区2015年人口抽样调查工作的通知
西政办发〔2015〕8号　北京市西城区人民政府办公室关于成立西城区防范金融风险和打击、处置非法集资工作领导小组的通知
西政办发〔2015〕9号　北京市西城区人民政府办公室关于印发北京市西城区贯彻质量发展纲要实施意见2015年行动计划的通知
西政办发〔2015〕10号　北京市西城区人民政府办公室关于修订《北京市西城区支持中关村科技园区德胜科技园自主创新若干规定》和《北京市西城区自主创新示范基地和高新技术产业专业孵化基地认定及支持办法》的通知
西政办发〔2015〕11号　北京市西城区人民政府办公室关于印发西城区开展第二次全国地名普查工作实施方案的通知
西政办发〔2015〕12号　北京市西城区人民政府办公室关于印发北京市西城区科技和信息化委员会（北京市西城区知识产权局）主要职责内设机构和人员编制规定的通知
西政办发〔2015〕13号　北京市西城区人民政府办公室关于印发西城区进一步加强统计基层基础建设工作实施办法的通知
西政办发〔2015〕14号　北京市西城区人民政府办公室转发《区统计局关于进一步加强和完善部门统计工作实施意见》的通知

驻区单位

驻区部分中央单位

中国共产党中央委员会	西长安街地区
全国人大常委会	西交民巷23号
国务院	府右街
政协全国委员会	太平桥大街23号
中共中央国家机关工作委员会	西安门大街22号
中共中央纪律检查委员会	平安里西大街41号
中共中央办公厅第一局	府右街10号
中共中央办公厅警卫局	南长街81号
中共中央办公厅机要交通局	西黄城根北街11号
中共中央办公厅老干部局	大觉胡同50号
中共中央直属机关事务管理局	西黄城根北街9号北门
中共中央统战部	府右街135号
中共中央组织部	西长安街80号
中共中央宣传部	西长安街5号
中共中央政策研究室	府右街8号
中华全国总工会	复兴门外大街10号
中国残疾人联合会	西直门南小街186号
国家信访局	月坛南街8号
国务院办公厅	府右街2号
国务院机关事务管理局	西安门大街22号
国务院法制办公室	文津街9号
国务院侨务办公室	阜成门外大街35号
国务院港澳事务办公室	月坛南街77号
国务院台湾事务办公室	广安门南街6-1号
国家发展和改革委员会	月坛南街38号
国家民族事务委员会	太平桥大街252号
中华人民共和国财政部	三里河南三巷3号
中华人民共和国国土资源部	阜成门内大街64号
中华人民共和国卫生部	西直门外南路1号
中华人民共和国教育部	西单大木仓胡同37号
中华人民共和国工业和信息化部	西长安街13号
中华人民共和国监察部	广安门南街甲2号
中华人民共和国审计署	展览路北露园1号
国务院国有资产监督管理委员会	宣武门西大街26号
中华人民共和国新闻出版总署	宣武门外大街40号
中国科学院	三里河路52号
中国工程院	冰窖口胡同2号
中国人民银行	成方街32号
国家邮政局	北礼士路甲8号

国家广播电影电视总局	复兴门外大街2号
国家统计局	月坛南街57号
国家工商行政管理总局	三里河东路8号
国家海洋局	复兴门外大街1号
国家宗教事务局	后海北沿44号
中华人民共和国环境保护部	西直门南小街115号
中华人民共和国水利部	白广路二条2号
国家档案局	丰盛胡同21号
国家食品药品监督管理局	宣武门西大街26号院2号楼
中国印钞造币总公司	西直门外大街甲143号
中国兵器工业总公司	三里河路44号
中国石油天然气集团公司	六铺炕街6号
中国材料工业科工集团公司	西直门内北顺城街11号
中国核工业集团公司	三里河南三巷1号
国家电网公司	西长安街86号
中国保险监督管理委员会	金融大街15号
中国证券监督管理委员会	金融大街19号富凯大厦
国家粮食局	木樨地北里甲11号国宏大厦C座
国家信息中心	三里河路58号
新华通讯社	宣武门西大街57号
中国地质科学院	百万庄大街26号
中国儿童中心	平安里西大街43号
中央人民广播电台	复兴门外大街2号
中国道教协会	西便门外白云观内
中国佛教协会	阜成门内大街25号
中国天主教爱国会	柳荫街14号
伊斯兰教协会	南横西街103号
中国国际贸易促进委员会	复兴门外大街1号

驻区部分市级单位

北京市教育委员会	前门西大街109号
北京市科学技术委员会	西直门南大街16号
北京市司法局	西直门内南小街后广平胡同39号
北京市人力资源和社会保障局	永定门西街5号
北京市市政市容管理委员会	西单北大街80号
北京市交通委员会路政局	广安门内大街317号
北京市交通委交通执法总队	北礼士路22号
北京市农业局	裕民中路6号
北京市国家税务局	车公庄大街10号
北京市地方税务局	车公庄大街8号
北京市园林绿化局	北三环中路3号双全大厦415号
北京市知识产权局	德胜门东大街8号2层
北京市民防局	槐柏树街北里8号
北京市文学艺术界联合会	前门西大街95号
北京市急救中心	前门西大街103号
北京市电力公司	前门西大街41号
北京市自来水集团有限责任公司	宣武门西大街甲121号
北京市燃气集团有限责任公司	西直门南小街22号
北京市地铁运营有限公司	西直门外大街2号

北京市果品有限公司	德胜门外大街5号（德胜园区）
北京北站	北滨河路甲1号
北京市青年宫	西直门南小街68号
北京市西区邮局	南礼士路头条5号

境内金融机构

银行网点

中国工商银行股份有限公司北京市分行

北京分行营业部	复兴门南大街2号天银大厦B座
长安支行营业室	宣内大街乙6号
复外支行	复兴门外大街A2号
复内支行	复兴门内大街55号
西单支行	西单北大街129号3号楼1-2层及9号楼1-2层
灵境支行	灵境胡同42号
中海凯旋支行	太平桥大街96号首层
和平门内支行	北新华街东松树胡同31号一、二层
新文化街支行	佟麟阁路75号
甘石桥支行	西单北大街6号一层
新街口支行营业室	西内大街143号
西四支行	西四北大街288号
安华桥西支行	北三环中路6号3幢（伦洋大厦）1、2层（德胜园区）
积水潭支行	新外大街A18号
德胜科技园支行	德外大街甲11号
赵登禹路支行	平安里西大街31号航天金融大厦一层
德外支行	教场口街9号院乙9-8
西直门内支行	葱店胡同2号院1号楼1层
地安门西大街支行	地安门西大街丁28号
爱民里支行	爱民里小区3号楼
棉花胡同储蓄所	棉花胡同52号
南礼士路支行营业室	阜外大街8号
礼士路支行	月坛北街26号
阜外大街支行	展览馆路48号
西直门支行	车公庄大街乙1号
融城支行	百万庄大街9号院1号楼
西便门支行	西便门外大街4号
百万庄东口支行	百万庄大街16号
车公庄支行	车公庄大街9号院2号楼
三里河支行	月坛南街34号
三里河东路支行	月坛北街26号恒华国际大厦一层
真武庙支行	真武庙4条8号

月坛支行	南礼士路9号
金融街支行营业室	太平桥大街丰汇园11号楼一层
复兴门支行	金融大街甲29号
白塔寺支行	太平桥大街8号
阜成门支行	金融大街4号
金树街支行	金融大街8号
英蓝中心支行	金融大街7号英蓝国际金融中心
地安门支行营业室	德胜门外大街77号（德胜园区）
官园支行	阜成门北大街6-2号
六铺炕支行	安德路甲104号
鼓楼支行	地安门外大街31号
鼓楼外大街支行	六铺炕一区1号
安德路支行	安德路108号
菜市口支行	广安门内大街116号
白广路支行	白广路7号
琉璃厂支行	骡马市大街8号泰和国际大厦1层
陶然亭支行	陶然亭路55号
宣武门支行	宣武门外大街甲1号
右内大街支行	里仁街西口25号楼首层
福地广场支行	菜市口大街1号1层101
清芷园支行	育新街47号
菜百分支行	广内大街306号
新华社储蓄所	宣武门西大街57号
广安门支行营业室	广外南滨河路3号
樱桃园支行	右内大街15号
天宁寺支行	西便门内大街69号
范家胡同支行	槐柏树街甲7号
马连道支行	广外马连道6号院4、5号楼
朗琴园支行	手帕口南街号院1-1
青年湖支行	鸭子桥路24号中铁商务大厦
中环广场支行	枣林前街70号
广外支行	广安门大街305号八区15、16、17号楼1层105
白纸坊支行	白纸坊西街17号10号楼
中国农业银行股份有限公司北京市分行	
西城支行营业部	车公庄北街新华里16号院1号楼
西直门外支行	西直门外大街18号（金贸中心）
展览路支行	展览馆路5号
复兴门支行	复兴门外大街16号39楼101号
月坛大厦支行	月坛北大街2号
金融大街支行	金融大街12号
平安里支行	平安里西大街2号
新街口支行	西直门内大街118号（冠华大厦）
新外支行	新街口外大街8-4号
北三环支行	北三环中路23号
宣武支行营业部	宣武门外大街甲1号b座
骡马市支行	广安门内大街6号
陶然路支行	陶然亭路63号
南线阁支行	枣林北里41号院2号楼首层
广安门外支行	广安门外大街甲6号
马连道支行	马连道路15号院6号楼

里仁街支行	右安门内大街甲26号
朱雀门支行	太平街8号院21号楼底商
白纸坊支行	鸭子桥路1号院5号楼
礼士路支行	复兴门外大街A2号中化大厦G层东北侧
西单支行	西单北大街109号北侧
中国银行股份有限公司北京市分行	
西城支行营业部	阜成门外大街5号
三里河支行	月坛南街丙71号
百万庄支行	百万庄大街22号
北太平庄支行	新街口外大街12号
德外支行	德外大街11号一层
黄寺支行	黄寺大街甲24号
西直门支行	西直门南小街国英园1号一层
车公庄支行	车公庄大街9号院2号楼楼一、二层
官园桥支行	平安里西大街28号
丰盛支行	太平桥大街18号丰融国际大厦一层5、7单元
宣武支行营业部	南新华街1号
宣武门支行	宣武门西大街乙97号
莲花河支行	广安门外大街178号
西站北支行	莲花池东路106号
陶然亭支行	白纸坊东街3号
广安门支行	南线阁街10号1层1-1
庄胜广场支行	宣武门外大街20号一层
复兴门支行	真武庙路头条1-2
东经路支行	东经路42号
天缘公寓支行	广安门南街36号
大成大厦支行	宣武门西大街127号
中国建设银行股份有限公司北京市分行	
西四支行营业部	阜成门外大街甲26号
三里河储蓄所	真武庙二条4号院真武家园1号楼裙房局部
车公庄支行	车公庄大街9号院1号楼3单元1-2、1-3（德胜园区）
展览路支行	北礼士路8号
建展储蓄所	榆树馆西里甲13号
百万庄支行	百万庄大街22号院2号楼一层东侧
月坛南街支行	月坛南街甲18号
西单支行营业部	西单北大街34号
西长安街支行	西长安街15号一层
西直门支行	官园小区国英园7号楼一层
华远街支行	华远街13号置地星座A座首层
德胜支行	德胜门东大街8号一层
宣内大街支行	宣武门大街2号楼一层
新街口西里储蓄所	新街口西里小区3区2号楼一层
宣武支行营业部	广安门内大街314号
交通银行股份有限公司北京市分行	
北京分行营业部	金融街33号
金融街支行	金融街22号和20号
阜外支行	车公庄大街9号院1号楼
西直门支行	高粱桥斜街59号院2号楼9号
百万庄支行	百万庄大街11号
三里河支行	三里河一区五号院8号楼首层

官园支行	车公庄路新华里16-3号京侨国际公馆1-3层102、202、302号房屋
时代之光支行	西直门北大街45号2号楼一层101、二层部分房间
西单支行	西长安街甲17号
宣武支行	广安门内大街319号一二层
马连道支行	广外大街248号（机械大厦）
右安门支行	白纸坊东街10号
西便门支行	宣武门西大街甲129号
北三环中路支行	北三环中路29号院2号楼1层
马甸支行	德胜门外大街5号
德胜门支行	德外关厢地区中交大厦一二层东侧11-14轴房
黄寺大街支行	黄寺大街23号院1号楼1层1010
中信银行股份有限公司总行营业部	
阜成门支行	太平桥大街17号恒奥中心写字楼A座
西单支行	复兴门内大街45号院主楼东配楼
广安门支行	广安门外南滨河路1号高新大厦1层
德外支行	德胜门外大街甲10号中轻大厦一1
天桥支行	天桥南大街1号天桥艺术大厦B座1层
中信城支行	菜市口大街甲2号院6号楼
中国光大银行股份有限公司北京分行	
北京分行营业部	宣武门内大街1号
宣武支行	广安门外大街1号深圳大厦一层
德胜门支行	黄寺大街23号北广大厦一层
天宁寺支行	莲花池东路1号
西城支行	车公庄大街甲4号-1
礼士路支行	南礼士路66号建威大厦
三里河支行	月坛南街71号
西直门支行	德宝新园22号德宝饭店一层
长安支行	复兴门外大街6号光大大厦
金融街丰盛支行	太平桥25号
金融街支行	金融大街28号院盈泰中心2号楼1层
文创园小微支行	车公庄大街4号院3号楼1层109—7室
华夏银行股份有限公司北京分行	
北京分行营业部	金融大街11号
和平门支行	前门西大街14号
长安支行	三里河东路5号
平安支行	平安里西大街16号
阜外支行	阜外大街甲34号
德外支行	德外大街3号
车公庄支行	车公庄大街12号核建大厦首层
广外支行	广安门外大街甲397号
北三环支行	北三环中路6号
陶然支行	太平街8号院朱雀门30号
广发银行股份有限公司北京分行	
月坛支行	月坛北街2号
西客站支行	广莲路1号
甘家口支行	阜外大街34号
金融街支行	金融大街16号
黄寺支行	德外大街12号
宣武门支行	宣武门外大街甲1号

西单支行	复兴门内大街45号1号楼西南侧配楼
动物园地铁支行	西直门外大街地铁4号线动物园站地下一层元沃天地商场A503号
西直门支行	西直门外大街18号楼金贸大厦一层
招商银行股份有限公司北京分行	
北京分行营业部	复兴门内大街156号A座
甘家口支行	百万庄大街甲39号
宣武门支行	宣外大街30号
金融街支行	金融大街35号
德胜门支行	德胜门外大街81号
阜外大街支行	阜成门外大街22号外经贸大厦一层
金融街中心支行	金融大街16号
陶然亭支行	南纬路39号-1至3层3单元商业601
阳光丽景社区支行	黄寺大街23号1号楼1层1-1
米市社区支行	菜市口大街6号院6号楼1层
蝶翠华庭社区支行	广安门外大街305号二区
中国民生银行股份有限公司	
阜成门支行	阜外大街2号万通新世界广场B座
首体支行	西直门外大街甲143号凯旋大厦
金融街支行	金融街33号通泰大厦B座
北太平庄支行	新街口外大街2号金辉科技楼
广安门支行	广内大街338号港中旅大厦
西单支行	西单北大街107号北京电信综合楼
德胜门支行	德外大街新风街2号天成科技大厦
西二环支行	平安里西大街26号新时代大厦
西长安街支行	复兴门内大街2号民生银行大厦
长椿街支行	宣武门西大街97号2号楼
北京银行股份有限公司	
北京总行营业部	金融大街甲17号、乙17号
北京分行	复兴门内大街156号D座、B座
车公庄支行	车公庄大街乙8号
德外支行	德胜门外大街8号（德胜园区）
西四支行	西单北大街30号
阜成支行	阜外大街2号
复兴支行	月坛南街14号
展览路支行	西直门外南路八号
三里河支行	月坛南街85号
月坛支行	阜外大街27号一层
华安支行	地安门西大街171号
西直门支行	冠英园西区31号楼
燕京支行	复兴门外大街甲19号
金融街支行	金融大街丁26号
官园支行	平安里西大街22号一层、二层
慧园支行	教场口街9号院7号楼及9号楼一层
西单支行	复兴门内大街156号（招商国际金融中心B座）
长安街支行	真武庙一号中国职工之家C座首层
西内大街支行	西直门内大街275号
北三环支行	北三环中路6号1幢一层、二层（德胜园区）
马连道支行	马连道南街1号院2号楼
百万庄社区支行	百万庄大街21号院1号楼配套底商1号及2号商铺

白塔寺支行	太平桥大街8号院10号楼1至2层25、26
右安门支行	右安门内大街65号
前门支行	前门西大街正阳市场1号楼
琉璃厂支行	南新华街48号
广安支行	广安门外白菜湾5号楼一层
报国寺支行	广安门内大街甲306-3号
天宁支行	核桃园西街36号
滨河路支行	枣林前街119号
白云支行	广安门外小马厂西里2号
陶然支行	永定门内西街5号
宣武门支行	广安门内大街6号
广源支行	广安门外大街305号院7号楼一层
陶然亭路支行	陶然亭路45号网信鸿玺宾馆一层
永定门支行	天桥南大街1号1座1层1单元
南纬路支行	南纬路35号1层

境内邮政网点

中南海邮政支局（17支）	府右街乙27号
大会堂邮政所	人民大会堂内
地安门邮政支局（9支）	地安门外大街81号
定阜街邮政所	定阜街6号
什刹海邮政所	烟袋斜街53号
大市口邮政所	安德路79号
北广邮政所	黄寺大街23号
新华社邮政所	宣武门西大街57号
工信部邮政所	西长安街13号
金隅大厦邮政所	宣武门西大街甲127号一层
远洋大厦邮政所	复内大街158号地下一层
钟声胡同邮政所	西长安街17号图书大厦地下一层
明珠大厦邮政所	西单横二条59号明珠大厦内五层
电化教育馆邮政所	复兴门内160号
金融大厦邮政所	复兴门内大街156号一层
金融街邮政支局（33支）	丰汇园小区17号楼
西单邮政所	西单北大街109号
平安大厦邮政所	金融大街23号
国企大厦邮政所	金融大街35号
通泰大厦邮政所	金融大街33号C座
富凯大厦邮政所	金融街19号
英蓝国际邮政所	金融大街7号英蓝国际大厦
邮政集团邮政所	金融街甲3号金鼎大厦B1层
西四邮政所	西四南大街16号

白塔寺邮政所	赵登禹路379号
百万庄邮政支局（37支）	百万庄大街18号
马尾沟邮政所	北礼士路62号
天意邮政所	阜成门外大街259号天意市场内二层
万通邮政所	阜外大街2号1815室一层
西外大街邮政支局（44支）	西直门外大街德宝新园甲22号
京鼎大厦邮政所	西外大街132号四层
文兴街邮政所	文兴街1号众合市场3层
北京动物园邮政支局（133支）	西外大街137号动物园正门西侧
文兴东街邮政所	文兴街1号院28号楼7层702室
三里河邮政支局（45支）	月坛南街65号
光大大厦邮政所	复外大街6号一层
建威大厦邮政所	南礼士路66号建威大厦内二层
天照天邮政所	三里河东路5号
复外大街邮政支局（30支）	复兴门外南礼士路头条5号
复兴门南大街邮政所	复兴门南大街3号楼首层
木樨地邮政所	复兴门外大街甲25号
国宏大厦邮政所	木樨地北里甲11号
阜成门邮政支局（47支）	阜成门北大街19号
职工之家邮政所	真武庙1号职工之家
新街口邮政支局（35支）	西直门内大街32号
平安里邮政所	地安门西大街乙28号
车公庄邮政所	西直门南大街甲18号
永安路邮政支局（50支）	永安路173号
天桥邮政所	永安路121号
福长街邮政所	福长街52号
和平门邮政支局（51支）	前门西大街12号
琉璃厂邮政所	琉璃厂东街3号
菜市口大街邮政所	菜市口大街6号院6-1
陶然亭邮政所	黑窑厂西里1-16号
椿树园邮政所	椿树园18-甲5号
牛街邮政支局（53支）	牛街4号
宣外大街邮政所	宣外大街临99号
西便门西里邮政所	西便门西里小区14号楼北侧
里仁街邮政支局（54支）	里仁街14号
马连道邮政支局（55支）	广安门外大街411号
红居街邮政所	红居街10号院3号楼
小马厂邮政所	小马厂路1号院1-8号

学　校

高等院校

北京市行政学院	车公庄大街6号
中央音乐学院	鲍家街43号
中央广播电视大学	复兴门内大街160号
中国人民公安大学	木樨地南里1号
中国道教学院	白云观内
外交学院	展览馆路24号
北京建筑工程学院	展览馆路1号
北京军地专修学院	新风街7号
公安部高级警官学院	木樨地南里甲1号
北京教育学院	德胜门外黄寺大街什坊街2号
北京联合大学继续教育学院	丰盛胡同13号
北京宣武红旗业余大学	右安门内大街79号
北京广播电视大学宣武分校	菜园街13号
北京市西城经济科学大学	西直门内南草厂街22号

职业高中

北京市外事学校	西直门内南小街永祥胡同3号
北京市实美职业学校	百万庄大街19号
北京市财会学校	西便门内大街69号
北京市实验职业学校	菜园街13号

中　学

北京市第三中学	富国街3号
北京市第四中学	西黄城根北街甲2号
北京市第七中学	安德路69号
北京市第八中学	学院小街2号
北京市第十三中学	柳荫街27号
北京市第十四中学	莲花河南街2号
北京市第十五中学	育新街2号
北京市第三十一中学	西绒线胡同33号
北京市第三十五中学	小口袋胡同19号
北京市第三十九中学	西黄城根北街6号
北京市第四十一中学	西四北二条58号
北京市第四十三中学	后孙公园胡同37号
北京市第四十四中学	三里河南横街1号
北京市第五十六中学	文兴街3号
北京市第六十六中学	枣林前街111号

北京市第一五六中学	太平仓胡同16号
北京市第一五九中学	王府仓胡同23号
北京市第一六一中学	大宴乐胡同11号
北京市第二一四中学	月坛北街18号
北京市北纬路中学	北纬路46号
北京师范大学实验二龙路中学	大木仓胡同39号
北京市月坛中学	南礼士路二条1号
北京市徐悲鸿中学	右安门内西街甲10号院
北京市鲁迅中学	新文化街45号
北京市铁路第二中学	月坛西街5号
北京师范大学实验华夏女子中学	红莲中里12号
北京教育学院附属中学	新街口四条48号
北京市育才学校	东经路21号
北京市回民学校	广安门内大街225号
北京市西城外国语学校	西直门外南路6号
北京师范大学附属中学分校	太平街西巷4号
北京师范大学第二附属中学西城实验学校	安德路116号
北京市宣武外国语实验学校	广安门外莲花河胡同4号
北京市第十三中学分校	西绦胡同59号
北京师范大学附属实验中学分校	辟才胡同80号
北京市三帆中学	德外新风街7号
北京师范大学附属中学	南新华街18号
北京师范大学第二附属中学	新街口外大街12号
北京师范大学附属实验中学	二龙路14号
北京师范大学亚太实验学校	昌平区立汤路26号
北京市新光中学	西皇城根北街6号
北京市私立汇才中学	东城区永定门外大街86号
北京市和平门中学（师大附中借用）	南新华街15号
北京市什刹海体育运动学校附设初中班（100中）	地安门西大街57号

小 学

北京市西城区自忠小学	府右街丙27号
北京市西城区力学小学	力学胡同47号
北京市西城区北长街小学	北长街71号
北京市西城区顺城街第一小学	前门西大街135号
北京市西城区柳荫街小学	西煤厂胡同7号
北京市西城区什刹海小学	恭俭胡同41号
北京市西城区黄城根小学	西黄城根北街3号
北京市西城区西什库小学	刘兰塑胡同14号
北京市西城区厂桥小学	地安门西大街167号
北京市西城区新街口东街小学	新街口东街5号
北京市西城区鸦儿胡同小学	鸦儿胡同25号
北京雷锋小学	旧鼓楼大街西绦胡同甲2号
北京第二实验小学玉桃园分校	西直门内大街马相胡同玉桃园三区10号楼
北京市西城区四根柏小学	赵登禹路58号
北京市西城区西四北四条小学	西四北四条47号
北京市西城区中华路小学	前半壁街48号
北京市西城区宏庙小学	西单北大街宏庙胡同13号
北京市西城区华嘉小学	西廊下胡同34号

北京市西城区西单小学	中京畿道1号
北京市西城区奋斗小学	闹市口大街月台胡同15号
北京第二实验小学	新文化街111号
北京第二实验小学涭水河分校	涭水河胡同45号旁门
北京市西城区三里河第三小学	三里河三区36号
北京市西城区中古友谊小学	三里河一区39号
北京市西城区复兴门外第一小学	复兴门外大街地藏庵23号
北京市西城区育民小学	真武庙头条8号
北京第二实验小学白云路分校	白云路2号
北京市西城区阜成门外第一小学	阜成门外大街甲10号
北京市西城区展览路第一小学	百万庄中里7号
北京建筑大学附属小学	文兴街4号
北京市西城区北礼士路第一小学	北礼士路133号
北京市西城区进步小学	西外南路榆树馆胡同1号
北京市西城区五路通小学	什坊街甲6号
北京市西城区育翔小学	马甸南村乙14号
北京市西城区裕中小学	裕中西里29号
北京市西城区师范学校附属小学	六铺炕北小街3号
北京市西城区炭儿胡同小学	炭儿胡同11号
北京第一实验小学前门分校	和平门外东街甲5号
北京市西城区新世纪实验小学	南纬路2号
北京市西城区香厂路小学	香厂路31号
北京第一实验小学	南新华街17号
北京市西城区陶然亭小学	龙泉胡同5号
北京市西城区福州馆小学	福州馆前街3号
北京小学走读部	北线阁街2号
北京市西城区康乐里小学	康乐里2号
北京小学	槐柏树街9号
北京市宣武回民小学	牛街西里一区5号
北京市西城区登莱小学	登莱胡同29号
北京市西城区白纸坊小学	白广路乙27号
北京市西城区实验小学	南菜园街35号
北京市西城区半步桥小学	白纸坊东街27号
北京市宣武师范学校附属第一小学	右安门内大街26号
北京市西城区三义里小学	三义里4号
北京第二实验小学广外分校	广安门外红居南街2号
北京小学天宁寺分校	天宁寺前街35号
北京市西城区红莲小学	红莲中里14号
北京市西城区椿树馆小学	广安门外南街43号
北京市西城区青年湖小学	鸭子桥北里13号
北京小学红山分校	广安门外大街305号院二区
北京市西城区兴华小学	留学路114号

幼儿园

北京市西城区长安幼儿园	前门西大街139号
北京市北海幼儿园	地安门西大街22号
北京市西城区棉花胡同幼儿园	棉花胡同78号
北京市第六幼儿园	旧鼓楼大街大石桥胡同43号
北京市西城区曙光幼儿园	后广平胡同一号院1号楼

北京市西城区西四北幼儿园	西四北三条11号
北京洁如幼儿园	什坊小街宏英园17号
北京市西城区洁民幼儿园	马甸裕中西里小区36号楼
北京市西城区民族团结幼儿园	新外大街新明胡同乙1号
北京市西城区虎坊路幼儿园	虎坊路甲14号
北京市西城区实验幼儿园	南新华街21号
北京市西城区名苑幼儿园	广安门外红居街16号
北京市西城区长椿街幼儿园	西便门东里11号
北京市西城区槐柏幼儿园	槐柏树街南里10号楼
北京市西城区和平门幼儿园	上斜街66号
北京市西城区小百合幼儿园	长椿街甲1号
北京市宣武回民幼儿园	南横西街119号
北京市西城区三教寺幼儿园	里仁街12号
北京市第四幼儿园	莲花河胡同3号
北京市西城区三义里第一幼儿园	三义东里9号
北京市西城区三义里第二幼儿园	三义西里7-2号
北京市西城区马连道幼儿园	广安门外红莲中里10号
北京市西城区信和幼儿园	马连道路15号院5号楼
北京市西城区红山幼儿园	广安门外大街305号院二区10号
北京市西城区华新幼儿园	西四北四条8号
北京市西城区什刹海街道大拐棒幼儿园	大拐棒胡同15号
北京市西城区新街口街道果子市幼儿园	鼓楼西大街169号
北京市西城区新街口街道高井幼儿园	西直门内大街高井胡同16号
北京市西城区金融街街道新京畿道实验幼儿园	二龙路京畿道小区12号
北京市西城区月坛街道办事处第一幼儿园	三里河北街23号
北京市西城区展览路街道北营幼儿园	北营房西里11号楼西侧
北京市西城区大栅栏西柳树井幼儿园	珠市口西大街111号
北京市西城区大栅栏大安澜营幼儿园	大安澜营胡同13号
北京市西城区南菜园幼儿园	菜园街五层公寓楼2号
北京市西城区樱桃园幼儿园	右安门内大街53号
中共中央组织部机关服务中心幼儿园	小酱坊胡同31号
中共中央办公厅警卫局北长街幼儿园	北长街89号
北京市公安局幼儿园	松树街7号
中国儿童中心实验幼儿园	平安里西大街43号
中共中央直属机关事务管理局实验幼儿园	新风街1号院甲2号楼
公安部幼儿园	木樨地北里2号
国家发展和改革委员会三里河幼儿园	三里河一区丙68号
物资机关幼儿园	月坛北街25号院
中国石油天然气集团公司机关服务中心幼儿园	六铺炕三区甲15号
北京市农业局幼儿园	裕中西里甲1号
北京市人民政府机关事务管理办公室幼儿园	长椿里2号
国务院机关事务管理局花园村幼儿园广源分园	广安门外大街305号3区8号院
机械机关幼儿园	百万庄北街2号
北京印钞有限公司幼儿园	白纸坊街23号
华电（北京）热电有限公司幼儿园	天宁寺东里4号
北京军区空军蓝天宇锋幼儿园	平安里群力胡同17号
中国人民解放军北京卫戍区直属机关幼儿园	厂桥定阜街3号
中国人民解放军解放军报社幼儿园	阜成门外大街34号
北京市西城区幸福泉幼儿园	南草场冠英园西区8号
北京市西城区广电银河艺术幼儿园	育德胡同15号

北京市西城区幸福时光陶然幼儿园	黑窑厂西里甲11号
北京市西城区里仁街幼儿园	宏建北里13号
北京中铁信达经贸有限公司幼儿园	广安门外车站东街甲5号
北京市西城区警娃艺术幼儿园	太平里甲6号
北京市西城区汇佳北欧幼儿园	马连道路80号院
北京市西城区圣天阁双语幼儿园	白云路4号
北京市西城区普林斯顿幼儿园	广安门内大街广安胡同康乐里12号
北京市西城区瑞思玛特幼儿园	新街口北大街3号星街坊大厦F4层
北京市西城区韦斯顿幼儿园	小马厂路1号院
北京市西城区官园幼儿园	西直门南小街甲188号
北京市西城区亲育代双语幼儿园	北礼士路135号院内35楼
北京市西城区培智中心学校	西直门外德宝新园23号
北京市西城区悠米幼儿园	菜市口莲花胡同11号
北京市西城区海思幼儿园	育新街47号清芷园小区12号楼一层
北京市西城区威廉和玛丽幼儿园	陶然亭路二号院9号楼1层

特殊学校

北京启喑实验学校	西直门内大街东教场胡同5号
北京市西城区培智中心学校	西直门外德宝新园23号
北京市宣武培智学校	新桥胡同1号
北京市西城区育华中学	昌平区沙河镇七里渠南村531号

卫生机构

辖区三级医院

北京大学第一医院	西什库大街8号
北京大学人民医院	西直门南大街11号
中国医学科学院阜外心血管病医院	北礼士路167号
北京积水潭医院	新街口东街31号
首都医科大学附属北京安定医院	德胜门外安康胡同5号
首都医科大学附属北京儿童医院	南礼士路56号
首都医科大学附属北京友谊医院	永安路95号
中国中医科学院广安门医院	北线阁5号
首都医科大学宣武医院	长椿街45号
中国医学科学院北京协和医院	大木仓胡同41号
北京急救中心	前门西大街103号
中国人民解放军第305医院	文津街甲13号
中国人民武装警察部队北京市总队第二医院	月坛北街丁3号
中国人民解放军第二炮兵总医院	新街口外大街16号

区属卫生机构

首都医科大学附属复兴医院	复兴门外大街甲20号
北京中医药大学附属护国寺医院	棉花胡同83号
北京市宣武中医医院	万明路13号
北京市第二医院	宣武门内大街油坊胡同36号
北京市西城区展览路医院	西直门外大街桃柳园西巷16号
北京市丰盛中医骨伤专科医院	阜成门内大街306号
北京市西城区平安医院	赵登禹路169号
北京市肛肠医院（北京市西城区二龙路医院）	德胜门外大街16号、下岗胡同1号
北京市西城区广外医院	广外三义里甲2号
北京市西城区妇幼保健院	平原里小区19号楼
北京市回民医院	右安门内大街11号
北京市西城区妇幼保健中心	德胜门外大街38号
北京市西城区结核病防治所	油坊胡同52号
北京市西城区疾病预防控制中心	德胜门外大街38号
北京市西城区卫生局卫生监督所	白云观街北里6号
北京市西城区动物卫生监督所	白纸坊西街17号院9号楼底商
北京市西城区椿树社区卫生服务中心	西琉璃厂63号
北京市西城区金融街社区卫生服务中心	阜成门内大街306号
北京市西城区广内社区卫生服务中心	校场五条49号
北京市西城区德胜社区卫生服务中心	德胜门外大街34号
北京市西城区新街口社区卫生服务中心	后半壁街19号
北京市西城区大栅栏社区卫生服务中心	煤市街152号
北京市西城区展览路社区卫生服务中心	阜成门外北大街201号
北京市西城区什刹海社区卫生服务中心	正觉夹道甲13号
北京市西城区陶然亭社区卫生服务中心	陶然亭路12号
北京市西城区天桥社区卫生服务中心	万明路甲2号
北京市西城区牛街社区卫生服务中心	右安门内大街11号
北京市西城区广外社区卫生服务中心	广外三义里甲2号
北京市西城区首都医科大学附属复兴医院月坛社区卫生服务中心	真武庙六里七号楼
北京市西城区西长安街社区卫生服务中心	油坊胡同52号
北京市西城区白纸坊社区卫生服务中心	新安中里4号
北京市西城区社区卫生服务管理中心	广安门外三义东里8号楼

律师事务所及公证处

安迪律师事务所	德胜门外大街3号楼辽宁饭店写字楼703室
安朗律师事务所	广安门外北滨河路甲1号恒物金属大厦618
八都律师事务所	广安门内大街116号凌云居1号楼1309室
邦恒律师事务所	宣武门外大街20号公寓1601、1602

邦银律师事务所	二龙路新龙大厦519室
宝鼎律师事务所	太平街6号E-525
保和律师事务所（个人）	莲花池东路106号汇融大厦A座2504室
宝华德律师事务所	广安门内大街广信嘉园C座-13C
宝盛律师事务所	新街口西里三区2号楼2-4号
北人律师事务所	广安门南街36号天缘公寓B604
贝浩律师事务所	北三环中路29号院2号楼A-1105
博昌律师事务所	新街口西里二区1号楼地上一层1-4
博恒律师事务所	黄寺大街23号北广大厦1205
博金律师事务所	阜成门外大街1号四川大厦东塔1314-1319
才达律师事务所	黄寺大街24号院19号楼（明湖大厦）A座501
才良律师事务所	太平街6号富力摩根中心E座318室
彩和律师事务所	后广平胡同38号308
倡信律师事务所（个人）	西城区半步桥街48号333
诚辉律师事务所	西直门南大街2号成铭大厦B2座14G
成竺律师事务所	新街口西里二区1号楼1号
驰坚律师事务所	新街口西里二区1-2号底商
重光律师事务所	广宁伯街2号金泽大厦7层
赐诚律师事务所	广安门外小红庙南里2号1302
大康律师事务所	建功西里1号楼2803
道淳律师事务所	华远北街2号通港大厦1001
德恒律师事务所	金融大街19号富凯大厦B座12层
德翔律师事务所（个人）	黄寺大街24号明湖大厦A118室
鼎知律师事务所	宣武门西大街乙129号金隅大厦1709-1710
东方律师事务所	西绒线胡同9号
东易律师事务所	车公庄大街9号五栋大楼c座13层
法度律师事务所	广宁伯街2号铁通大厦5层
法桓律师事务所（个人）	黄寺大街26号院德胜置业大厦5号楼506
方略律师事务所	西直门南大街2号成铭大厦B座8C
非凡鑫源律师事务所	手帕口南街1号院朗琴园11号楼1006室
丰友律师事务所	阜成门外大街2号万通新世界B座1603
富华邦律师事务所	西直门南小街国英园1号716
高默克律师事务所	月坛北街2号月坛大厦A608b
高思律师事务所（个人）	太平街6号富力摩根中心e1002
格理律师事务所	金融大街35号A座511
观澜律师事务所	太平街6号富力摩根中心D-722
观韬律师事务所	金融大街28号盈泰中心2号楼17层
冠衡律师事务所	南礼士路66号建威大厦1916-1917
冠领律师事务所	高梁桥路6号5号楼（西环广场）16层A1
冠英律师事务所	车公庄大街9号院五栋大楼5号楼1101室
光夏律师事务所（个人）	西直门外大街18号金贸中心A座1737
国首律师事务所	平原里21号亚泰中心B1017号
国舜律师事务所	广安门外朗琴国际大厦B座509
国源律师事务所	二七剧场路乙6号楼六层
海创律师事务所	佟麟阁路95号尚座大厦6G
海泓达律师事务所	平原里21号亚泰中心A1107室
汉达律师事务所	三里河东路1-2（1号楼院2号）
汉和律师事务所	西直门外大街18号金贸中心2单元1107
汉龙律师事务所	金融大街19号富凯大厦B座707
昊衡律师事务所	德胜门外大街36号楼10层2单元1013室

瀚岳律师事务所（个人）	西直门外大街金贸中心A座1603
浩伟律师事务所	广安门南滨河路27号贵都国际中心A座1711
何贵富律师事务所	新街口西里一区1号楼地上底商8号
泓理律师事务所	白纸坊西街22号都市晴园816室
华策律师事务所	新街口外大街2号有研大厦B-401
华朝律师事务所（个人）	车公庄大街6号院3号楼312房间
华和律师事务所	登莱胡同4号11栋2-211
华鹏律师事务所	车公庄大街9号院五栋大楼B座1单元503室
华堂律师事务所	阜成门外大街11号国宾酒店写字楼308
华文通用律师事务所	西直门外大街18号，金贸大厦A座318室
华卫律师事务所	富国街2号富国商务会所1301室
桓标律师事务所	三里河东路5号中商大厦1520
惠康律师事务所	东京畿道10号石化宾馆写字楼511-513
慧学律师事务所	西直门外大街135号北展宾馆松竹园
汇源律师事务所	南滨河路31号华亭大厦538室
魂鹤律师事务所	北三环中路甲29号华尊大厦B座303室
纪凯律师事务所	宣武门西大街甲129号金隅大厦6层
嘉源律师事务所	复兴门内大街158号远洋大厦F408
甲子律师事务所	西直门外大街德宝二期5号地办公、商业及酒店11层1单元1223室
建诚律师事务所	广安门内大街广信嘉园C座23A-C
江山律师事务所	陶然亭路53号南楼430室
金石律师事务所	半步桥街13号院金泰开阳大厦311
金台律师事务所	广安门外大街248号机械大厦20层
金颐律师事务所	北三环中路29号华尊大厦二层
瑾瑞律师事务所	太平街6号富力摩根中心E座306室
京豪律师事务所	新街口西里3区2号楼2-2
京徽律师事务所	半步桥街48号金泰开阳大厦327室
京龙律师事务所	车公庄大街6号院2号楼504、507
京泰律师事务所	白纸坊西街20号圣都大厦309室
京通律师事务所	裕民路18号北环中心A座608室
京土律师事务所	茶马北街1号院2号楼4层2单元0522室
经纬律师事务所	复兴门内大街158号远洋大厦F302AB室
京文律师事务所（个人）	西直门外大街18号金贸中心A座1511号
京银律师事务所	百万庄北街经易大厦5层
京泽律师事务所	广安门外大街168号朗琴国际大厦A座805
景运律师事务所	广安门外大街248号机械大厦2113
九洲律师事务所	铁树斜街90号远东饭店6304室
聚和律师事务所	鼓楼西大街41号院1号楼209、301室
君泽君律师事务所	金融大街9号金融街中心南楼6层
开中律师事务所（个人）	阜成门外大街甲6号中建对外贸易大楼325
凯基律师事务所	广安门内大街200号东华金座西塔一单元2704
科瀚律师事务所	闹市口大街1号长安兴融中心C座908室
莱博律师事务所	新外大街2号有研大厦B座406室
兰普瑞那律师事务所	复兴门内大街45号3号楼436、441室
李晓斌律师事务所 （个人）	宣武门外大街28号富卓大厦B座706室
李晓光律师事务所（个人）	西直门南大街6号国二招B座5222室
力行律师事务所	新德街20号中影器材大楼307
联拓律师事务所	宣武门外大街庄胜广场北楼西翼1009
隆鼎律师事务所（个人）	黄寺大街26号院德胜置业大厦1号楼01053号

隆平律师事务所	广安门内大街6号枫桦豪景A座2单元802
茂源律师事务所	茶马街6号院4号楼1单元1304
美泰律师事务所（个人）	西直门南小街133号303室
铭德律师事务所	德胜门外大街甲11号美江大厦405、421室
鸣静律师事务所	新街口西里1-1、1-2中间
莫少平律师事务所（个人）	广安门内大街167号翔达大厦写字楼8层809室
母树峰律师事务所（个人）	宣武门外大街20号海格国际大厦A座1818
纽伦律师事务所	广安门南滨河路27号贵都国际中心A座1903
欧亚律师事务所	新街口西里二区1号楼11-1
乾贞律师事务所	西直门外大街18号金贸中心A座833
乾木文辰律师事务所（个人）	核桃园西街36号北方长城光电大厦516室
青石律师事务所	莲花池东路甲5号院1号楼白云时代大厦1701、1702
权达律师事务所	黄寺大街德胜置业大厦1号楼809
群正律师事务所（个人）	黄寺大街26号院4号楼203
仁杰律师事务所	新街口西里二区1-7
仁人德赛律师事务所	闹市口大街1号长安1号院4号楼4A、4B
瑞天律师事务所	莲花池东路甲5号院1号楼15层2单元1507
瑞咨律师事务所	阜成门外大街2号万通新世界A1003室
润文律师事务所	茶马街6号院4号楼1单元301室
尚淳律师事务所	平安里西大街28号光大国际中心1号楼1808室
尚格律师事务所	北展北街华沅企业号D座2单元601室
上泽律师事务所	德胜门外新风街2号天成科技大厦A座905室
绅特律师事务所	南滨河路27号贵都国际中心A座503室
时代九和律师事务所	宣武门外大街甲1号环球财讯中心B座2层
世银律师事务所	月坛北街26号1703
首信律师事务所	马甸南村甲18号
首阳律师事务所	西直门外1号院2号楼8C6
双鹏律师事务所	宣武门未英胡同49号英嘉公寓1号楼8A
四惠律师事务所（个人）	前半壁街66号祺祥园写字楼211室
松晟律师事务所（个人）	南菜园街2号2号楼408
孙耀刚律师事务所	核桃园西街36号北方长城光电四层403A室
泰德律师事务所	月坛南街26号1号楼1021、5051、5053
天铎律师事务所	西直门内南小街国英1号309
天理律师事务所	红莲南路57号中国印刷大厦5层502室
天宁律师事务所	国英园小区14号楼102室（物业、两居室）
天瀚律师事务所	广安门内大街甲306号水利综合楼824、841
天路律师事务所	裕民路18号北环中心910
天元律师事务所（特殊的普通合伙）	丰盛胡同28号太平洋保险大厦10层
统理律师事务所（个人）	白纸坊西街圣都大厦802室
万瑞律师事务所	金融街国际企业大厦B座16层1420号
万森律师事务所	西经路1号宝山商务酒店四层
王良律师事务所（个人）	马连道路9号院内黄山茶城3层3A05
威宇律师事务所	宣武门外6号庄胜广场3A19、3A20室
维泰律师事务所	北三环中路甲29号华尊大厦A座1102室
伟石律师事务所	黄寺大街26号4号楼1205室
卫之平律师事务所	阜成门外大街2号万通大厦A1206
未名律师事务所	复兴门南大街甲2号楼9层B012室
吴栾赵阎律师事务所	月坛北街2号月坛大厦A506
响宇律师事务所	菜市口大街甲2号院2号楼119
新元律师事务所	通泰大厦C座603室

欣国律师事务所（个人）	陶然亭路2号9号楼1层115
鑫诺律师事务所	宣武门外大街10号楼庄胜广场中央办公楼北翼9层（904-906、915-921）
鑫程律师事务所	黄寺大街24号院明湖大厦B513.515
鑫河19律师事务所	太平街6号富力摩根中心D座918室
信格律师事务所	莲花池东路甲5号白云时代大厦东座1208
星迪律师事务所	金融街19号富凯大厦B座11层1110
雄志律师事务所	裕民路18号北环中心A座811室
旭伟律师事务所	莲花池东路106号13层2单元1602
业威律师事务所（个人）	马连道路11号一商大厦0923室
怡德亨律师事务所	铁树斜街90号远东饭店8202室
亦德律师事务所	菜市口南大街陶然居A座1005室
义方律师事务所	广安门南滨河路23号立恒名苑3号楼701
逸峰律师事务所	太平街6号富力摩根中心D座三层D-320
易凯律师事务所	前半壁街66号祺祥园写字楼302-303室
英岛律师事务所	西直门外大街143号凯旋大厦C座二层
友融律师事务所（个人）	展览馆路甲26号1号楼304室
永新智财律师事务所	金融大街27号投资广场A座1801
允元律师事务所（个人）	白云观街7号1208室
雨仁律师事务所	月坛北街26号恒华国际商务中心A座422室
张浩然律师事务所（个人）	黄寺大街26号德胜置业大厦4号楼6层710室
正理律师事务所	车公庄大街9号院五栋大楼B1座1103室
智多鑫律师事务所	广安门外大街182号2418室
致诺律师事务所（个人）	太平街8号院7号楼3门101室
中北律师事务所	月坛北街2号月坛大厦1603室
中高盛律师事务所	广义街5号广益大厦B907
中合律师事务所	广安门南街36号天缘公寓B座1104室
中今律师事务所	阜成门外大街甲9号国宾酒店B座502单元
中里通律师事务所	三里河东路三里河一区5-5
中满律师事务所	西直门南小街国英1号楼628
中实律师事务所	西单大木仓北一巷一号西单饭店三层
中同律师事务所	北三环中路甲29号华尊大厦A座18层
中旭律师事务所	东官房胡同35号丙
中轩律师事务所	南滨河路23号立恒名苑3号楼2105室
中治律师事务所	金融大街28号盈泰中心2号楼3层
中盈律师事务所	西直门外大街新兴东巷15号1号楼金泰鑫桥大厦七层
中永律师事务所	北展北街15号华远企业中心A座5层501室
中喆律师事务所	广安门外大街168号朗琴国际大厦B座517A
中咨律师事务所	平安里西大街26号新时代大厦6-8层
中尊律师事务所	阜成门万通新世界A座2109
昭德律师事务所	宣武门外大街6号庄胜（6-713）
兆君律师事务所	新街口西里二区1号楼1-2室
兆源律师事务所	宣武门西大街甲129号金隅大厦1207-1211
兆亿律师事务所	黄寺西街26号德胜置业大厦1号楼701
重典律师事务所	新街口西里三区2-7（底商）
卓仑律师事务所	西直门外大街18号楼5层1单元605
铸成律师事务所	北展北街华远企业号A座8层
紫光达律师事务所	后广平胡同38号国英公寓10F
福建天凯（北京）律师事务所	金融大街15号鑫茂大厦401-5A单元
江苏博爱星律师事务所北京分所	白云路4号

山西科贝律师事务所北京分所	金融大街27号投资广场B座9层
浙江阳光时代律师事务所北京分所	宣武门外大街甲1号环球财讯中心D座8层
北京市国立公证处	德胜门西大街68号
北京市中信公证处	金融街广宁伯路2号铁通大厦5层
北京市精诚公证处	菜园街24号

文物保护单位及文化设施

全国重点文物保护单位（42处）

名称	时代	地址
北海及团城	明、清	文津街1号
妙应寺白塔	元	阜成门内大街171号
宋庆龄故居	现代	后海北沿46号
恭王府及花园	清	前海西街17号、柳荫街14号
郭沫若故居	现代	前海西街18号
大高玄殿	明	景山西街21号、23号
历代帝王庙	明、清	阜成门内大街131号
南堂	明、清	前门西大街141号
景山	明、清	景山西街44号、景山后街11号
白云观	明、清	西便门外白云观
中南海	明、清	西长安街
德胜门箭楼	明、清	北二环中路
北京鲁迅旧居	民国	阜成门内宫门口二条19号
清农事试验场旧址	清	西直门外大街137号
月坛	明	南礼士路
醇亲王府	清	后海北沿44号、鼓楼西大街154、156号
广济寺	明	阜成门内大街25号
北平图书馆旧址	民国	文津街7号
北京国会旧址	民国	宣武门西大街57号
京师女子师范学堂旧址	民国	新文化街45号
利玛窦和外国传教士墓地	明、清	车公庄大街6号
西什库教堂	清	西什库大街33号
国立蒙藏学校旧址	清	小石虎胡同33号
关岳庙	民国	鼓楼西大街149号
天宁寺塔	辽	天宁寺前街甲3号
牛街礼拜寺	明、清	牛街18号
先农坛	明	东经路21号
法源寺	清	法源寺前街5号
安徽会馆	清	后孙公园17、19、21、23、25、27号
报国寺	清	报国寺前街1号

国民政府财政部印刷局旧址	清	白纸坊街西街23号
大栅栏商业建筑		
瑞蚨祥	民国	大栅栏街5号
谦祥益	民国	珠宝市街5号
劝业场	清	廊房头条17号
祥义号门面	民国	大栅栏街1号
李大钊旧居	民国	文华胡同24号
梅兰芳旧居	现代	护国寺街9号
明北京城城墙遗迹	明	复兴门南大街
克勤郡王府	清	新文化街53号
辅仁大学本部旧址	民国	定阜街1号
盛新中学与佑贞女中旧址	民国	教场胡同2号、教场胡同4号
万松老人塔	元	西四南大街43号旁门
基督教中华圣公会教堂	民国	佟麟阁路85号、石灯胡同甲6号
西交民巷近代银行建筑群	民国	西交民巷17号、23号、50号
大运河（北京市西城区）	元、明	什刹海、玉河故道：地安门外大街（含万宁桥）

北京市文物保护单位（61处）

名称	**时代**	**地址**
程砚秋故居	现代	西四北三条39号
齐白石故居	民国	跨车胡同13号
升平署戏楼	清	西长安街1号、大宴乐胡同11号
郑王府	清	大木仓胡同35号
礼王府	清	西黄城根南街7号、9号，颁赏胡同甲19号
庆王府	清	定阜街3号、德胜门内大街甲254号
福佑寺	清	北长街20号
广化寺	元、明	鼓楼西大街鸦儿胡同31号
护国寺金刚殿	元	护国寺西巷
都城隍庙（寝殿）	元、明、清	成方街33号
吕祖阁	清	明光胡同6号、新壁胡同41号
火德真君庙	元、明、清	地安门外大街77号
昭显庙	清	北长街71号
天主教圣母会法文学校	清末	前门西大街137号
西四北三条11号四合院	民国	西四北三条11号
西四北六条23号四合院	民国	西四北六条23号
前公用胡同15号四合院	民国	前公用胡同15号
西四北三条19号四合院	民国	西四北三条19号
西交民巷87号北新华街112号四合院	民国	西交民巷87号
涛贝勒府	清	柳荫街25、27、乙27号
北京水准原点旧址	民国	西安门大街1号（一部南门）
富国街3号四合院	清	富国街3号
平绥铁路西直门车站旧址	清末	西直门外北滨河路1号
百万庄路8号墓园石刻	清末	阜成门外百万庄路8号
贤良祠	清	地安门西大街103号
旧式铺面房	清末	地安门外大街50、52号
会贤堂	清	前海北沿18号
拈花寺	明	大石桥胡同61号
地安门西大街153号四合院	清	地安门西大街153号
阜成门内大街93号四合院	民国	阜成门内大街93号

雪池冰窖	清	雪池胡同10号
恭俭冰窖	清	恭俭五巷5号
皇城墙遗址（西城区）	明、清	西长安街
长椿寺	明	长椿街9、11号
三圣庵	清	黑窑厂胡同14号
陶然亭慈悲庵	元	陶然亭公园内
湖广会馆	清	虎坊路3、5号
湖南会馆	清	烂漫胡同101、103号
中山会馆	清	珠朝街5号
正乙祠	清	西河沿220号
杨椒山祠	明	达智桥胡同12号及旁门校场三条2号
康有为故居	清	米市胡同43号
朱彝尊故居	清	海柏胡同16号
《京报》馆	民国	魏染胡同30、32号
盐业银行旧址	民国	前门西河沿7号
交通银行旧址	民国	前门西河沿9号
粮食店第十旅馆	清	粮食店街73号
金中都太液池遗址	金	广安门外南街77号
云绘楼清音阁	清	陶然亭公园内
德寿堂药店	民国	珠市口西大街75号
纪晓岚故居	清	珠市口西大街241号
原京华印书局	民国	南新华街177号
醇亲王府（南府）	清	鲍家街43号、宗帽胡同甲2号
广福观	明	烟袋斜街37号、大石碑胡同6号
清学部遗存	清	教育街1号
清稽查内务府御史衙门	清	陟山门街5号
兆惠府第遗存	清	前井胡同3号
中国地质调查所旧址	民国	兵马司胡同15号
张自忠旧居	民国	府右街丙27号
浏阳会馆（谭嗣同故居）	清	北半截胡同41号，南半截胡同6、8号
绍兴会馆	清	南半截胡同7号

西城区级文物保护单位（78处）

名称	**时代**	**地址**
三官庙	明	西海北沿29号
净业寺	明	德胜门内西顺城街46号
双寺	明	双寺胡同11号、西绦胡同2号
普济寺（高庙）	明	西海南沿48号
棍贝子府花园	清	新街口东街31号
德胜桥	明	德胜门内大街
摄政王府马号	清	后海北沿43号
大藏龙华寺	明	后海北沿23号
寿明寺	明	鼓楼西大街79号
小石桥胡同24号宅园（盛园）	清	小石桥胡同24号、后马厂胡同17号
银锭桥	明、清	后海北沿东端
鉴园	清	小凤翔胡同5号
正觉寺	明	正觉胡同甲9号
魁公府	清	宝产胡同甲23、23、25、27、29号，赵登禹路58、60号，四根柏胡同18号

旌勇祠	清	旌勇里3号
保安寺	元	地安门西大街133、135号
天寿庵	明	龙头井街42号
玉皇阁	元	育强胡同甲22号
翠花街5号四合院	民国	翠花街5号
元大都下水道	元	西四路口
清真普寿寺	明	锦什坊街63号
永佑庙	清	府右街1号、3号
万寿兴隆寺	明	北长街39号
洵贝勒府	清	背阴胡同37号
仪亲王府	清	府右街137号
霱公府	清	西绒线胡同51号
永寿寺	明	三里河前巷1号
马尾沟教堂	民国	车公庄大街6号
陆谟克堂	民国	西直门外大街141号
护国双关帝庙	元、明、清	西四北大街167号、甲167号
阿拉善王府	清	毡子胡同7号
法源清真寺	清	德胜门外大街200号
镶红旗满洲都统衙门	清	新文化街137号
吕祖宫	清	复兴门内北顺城街15号
西四街楼	清	西四北大街255号、阜成门内大街1号
圆广寺大殿	明、清	阜成门外大街7号楼1号
清端顺长公主墓碑	清	德胜门外冰窖口胡同75号
清乾隆汇通祠诗碑	清	德胜门西大街甲60号汇通祠内
天主教圣母圣衣堂	清、民国	西直门内大街130号
中央医院旧址	民国	阜成门内大街133号
平民中学	民国	西四北二条58号
为宝书局	民国	地安门外大街156号
粤东新馆	清	南横西街13号
沈家本故居	清	金井胡同1号
荀慧生故居	清	山西街甲13号
崇效寺藏经阁	明	崇效胡同9号
宝应寺	明	登莱胡同29号
东南园四合院	清	东南园胡同49号
北师大旧址	近代	南新华街13、15、17号
北师大附小旧址	近代	南新华街18号
林白水故居	近代	骡马市大街9号
萧长华故居	清	西草厂街88号
谭鑫培故居	清	大外廊营1号及旁门
王瑶卿故居	清	培英胡同20号
钱市胡同传统建筑群	清	珠宝市街37、39号，钱市胡同1-8号
前门清真礼拜寺（修缮中）	清	扬威胡同9号、笤儿胡同2号、笤帚胡同甲1号
火神庙	清	琉璃厂东街29号
五道庙	清	铁树斜街143-149号、樱桃斜街96-104号
梨园公会	民国	樱桃斜街65号
裕兴中银号	民国	施家胡同11号
青云阁	民国	大栅栏西街33号
护国观音寺	清	樱桃斜街4、6、8号
泰丰楼饭庄西楼	清	煤市街33号、杨梅竹斜街4号
晋江会馆（林海音故居）	清	南柳巷40、42号

北京东方饭店初期建筑	民国	万明路11号
宜兴会馆	清	效尉营胡同44号
新市区泰安里	民国	天桥仁寿路6-16号
圣安寺	金	南横西街119号
莲花寺	明	永庆胡同37号
商务印书馆	民国	琉璃厂西街36号
永兴庵	明	南柳巷45号
余叔岩故居	清	异地迁移待复建
尚小云故居	清	异地迁移待复建
圣祚隆长寺	明、清	西四北三条3号
什刹海寺	明、清	糖房大院27号
福善寺	清	柳荫街26号、28号
双吉寺	清	双吉胡同3号
陈垣故居	民国	兴华胡同13号

博物馆

中国地质博物馆	西四羊肉胡同15号
中国钱币博物馆	西交民巷17号
中国印钞造币博物馆	西直门外大街凯旋大厦
中国古动物馆	西直门外大街142号
民族文化宫博物馆	复兴门内大街49号
恭王府花园	柳荫街甲14号
首都博物馆	复兴门外大街16号
北京天文馆	西直门外大街138号
白塔寺	阜成门内大街171号
北京古代钱币博物馆	北二环中路德胜门箭楼
北京历代帝王庙管理处	阜成门内大街131号
北京李大钊故居	文华胡同24号
宋庆龄故居	后海北沿46号
北京鲁迅博物馆	阜成门内宫门口二条19号
郭沫若纪念馆	前海西街18号
梅兰芳纪念馆	护国寺街9号
徐悲鸿纪念馆	新街口北大街53号
郭守敬纪念馆	德胜门西大街甲60号
北京红楼文化艺术博物馆	南菜园街12号
北京宣南文化博物馆	长椿街9号
北京戏曲博物馆	虎坊路3号
北京空竹博物馆	报国寺小星胡同9号
古陶文明博物馆	右安门内西街18号（大观园北门）
北京古代建筑博物馆	东经路21号
慈悲庵	太平街19号陶然亭公园内
中国消防博物馆	广安南街70号
中国佛教图书文物馆	法源寺内

文化广场

西单文化广场	西单北大街
金融街街道城隍庙文化广场	城隍庙东侧
新街口街道玉桃园文化广场	新街口前桃园

展览路街道朝阳庵老来乐花园	三里河路22号朝阳庵小区
月坛街道碧溪公园文化广场	白云路
什刹海街道什刹海文化广场	什刹海小广场
什刹海街道雨来散广场	什刹海雨来散文化广场
什刹海街道野鸭岛南岸广场	野鸭岛南岸
大观园奥运城市文化广场	大观园南门
宣武艺园奥运露天剧场	宣武艺园东门
天桥市民广场	天桥剧场东侧
牛街东里文化广场	牛街东里一区
白纸坊文体广场	南樱桃园路口
广外红莲文体广场	红莲北里社区南侧
椿树园文化广场	椿树园小区
广内长春苑	长春苑街心花园

文化馆

西城区第一文化馆	西直门内大街147号
西城区第二文化馆	姚家井3巷20号

图书馆

西城区第一图书馆	后广平胡同26号
西城区第二图书馆	教子胡同8号
西城区青少年儿童图书馆	西直门内大街69号
金融街街道图书馆	太平桥大街107号地下2层
金融街街道丰汇园图书馆	丰汇园小区15号楼
西长安街街道图书馆	东斜街51号
西长安街街道和平门图书馆	小六部口36号长安幸福家园
月坛街道图书馆	月坛南街甲49号
新街口街道图书馆	西直门内大街235号
新街口街道福绥境图书馆	宫门口三条乙1号
展览路街道图书馆	展览馆路甲18号
展览路社区教育学校图书馆	月坛北街25号
什刹海社区教育学校图书馆	刘海胡同11号
德胜街道图书馆	新明胡同甲1号
德胜社区教育学校图书馆	安德路140号
广内街道图书馆	感化胡同3号院5楼1层
广内街道西便门东里图书馆	西便门东里平房1号
牛街街道图书馆	牛街东里18号楼3层
白纸坊街道图书馆	枣林前街16号
大栅栏街道图书馆	石头胡同9号
大栅栏西河沿民俗图书馆	前门西河沿228号
天桥街道图书馆	北纬路9号
天桥雷锋图书馆	南纬路38号院3-11
椿树街道图书馆	椿树园7号楼甲3号
陶然亭街道图书馆	四平园9号楼
陶然亭龙泉社区图书分馆	龙泉胡同5号
广外街道图书馆	广安门外马连道中里一区1号
广外红莲北里社区图书分馆	红莲北里12-1号
广外莲花河社区图书分馆	莲花河胡同2号院1号楼

文化馆图书馆	姚家井三巷20号
军休办宣武活动中心图书馆	牛街西里二区15号

电影院

北京首都华融影院有限责任公司	西单北大街131号9层（局部）、10层、11层
北京青年宫电影城	西直门南小街68号
北京地质礼堂	西四羊肉胡同30号
北京国宾菁英电影放映有限公司	月坛南街24号
北京金融街影院有限责任公司	金融大街18号地下一层
北京市新街口电影院	西直门内大街69号
北京大观楼影城	前门大栅栏街36号
北京市工人俱乐部	虎坊路7号
北京华业伟成文化发展有限公司	西单北大街180号西单文化广场B1层4D
北京市红楼电影院	西安门大街156号
北京市胜利电影院	西四东大街55号
北京市广安门电影院	白广路8号
北京首都华融影院有限责任公司	天桥南大街3号楼
北京耀莱腾龙国际影城管理有限公司马连道电影院分公司	马连道路25号楼新年华生活购物广场5层F510商铺、6层F603商铺

营业性演出场所

北京音乐厅	北新华街1号
北京湖广会馆大戏楼	虎坊路3号
北京市天桥剧场	北纬路30号
民族文化宫大剧院	复兴门内大街49号
国家大剧院	西长安街2号
中央音乐学院音乐厅	鲍家街43号
北京梅兰芳大剧院	平安里西大街32号
正乙祠戏楼	前门西河沿街220号
国家京剧院（实验剧场）	平安里西大街22号
北京天艺同歌国际文化艺术有限公司	抄手胡同64号26幢
北京国话剧场	广安门外大街277号
北京市西城区文化馆（首层小剧场）	西直门内大街147号
北京市西城区文化馆（二层多功能剧场）	西直门内大街147号
中国木偶艺术剧院股份有限公司北京西城分公司	西直门外大街137号东部
北京张一元茶叶有限责任公司天桥茶馆	万明路18号院1号楼南侧
北京地质礼堂	西四羊肉胡同30号
北京广德楼娱乐产业有限责任公司	前门大栅栏大街39号
北京儿童科技中心（中国儿童中心官园影剧院）	西直门南小街甲98号
北京展览馆剧场	西直门外大街135号
解放军歌剧院	德胜门西大街60号
北京市工人俱乐部	虎坊路7号
北京天桥杂技剧场	北纬路东口（天桥市场95号）
德云社剧场	北纬路甲1号
北京首都旅游国际酒店集团有限公司前门梨园剧场	永安路175号

北京大观园戏楼 南菜园街12号（大观园院内）
北京老舍茶馆 前门西大街正阳市场3号楼
北京老舍茶馆新京调食坊 前门西大街正阳市场3号楼
北京市邦克实业公司鑫融文化俱乐部 白纸坊街16号
北京春晖剧场 （不对外营业，区教委内部使用）
北京青年宫电影城 西直门南小街68号
北京西区剧场管理有限公司 护国寺街85号11幢4层
北京鼓楼西文化有限公司（全总文工团排练场） 小八道湾6号3幢平房
北京京都文化投资管理公司演艺中心 车公庄4号18栋、20栋东侧

西城区A级景区名录

序号	景区名称	单位地址	等级
1	恭王府管理处	西城区前海西街17号	AAAAA
2	北京海洋馆	西城区西外大街137号	AAAA
3	北京动物园	西城区西外大街137号	AAAA
4	北海公园	西城区文津街1号	AAAA
5	景山公园	西城区景山西街44号	AAAA
6	什刹海风景区	西城区什刹海地区	AAAA
7	陶然亭公园	西城区太平街19号	AAAA
8	首都博物馆	西城区复兴门外大街16号	AAAA
9	北京天文馆	西城区西直门外大街138号	AAAA
10	北京大观园	西城区南菜园街12号	AAA
11	老舍茶馆	西城区前门西大街三号楼	AAA
12	湖广会馆	西城区虎坊桥3号	AAA
13	大观楼影城	西城区前门大栅栏街36号	AAA
14	中国地质博物馆	西城区西四羊肉胡同15号	AAA
15	月坛公园	西城区月坛北街6号	AAA
16	古代钱币展览馆	西城区德胜门东大街9号	AAA
17	宣南文化博物馆	西城区长椿街9号	AAA
18	北京市宣武艺园	西城区槐柏树街12号	AAA
19	大栅栏商业街区	西城区大栅栏商业街	AAA
20	宋庆龄故居	西城区后海北沿46号	AAA
21	金中都遗址公园	西城区白纸坊桥南护城河西岸	AAA
22	历代帝王庙	西城区阜内大街131号	AA

非物质文化遗产项目名录及代表性传承人名单

非物质文化遗产项目名录

<table>
<tr><th rowspan="2">序号</th><th rowspan="2">类别</th><th rowspan="2">项目名称</th><th colspan="3">项目级别</th></tr>
<tr><th>国家级</th><th>北京市级</th><th>西城区级</th></tr>
<tr><td>1</td><td rowspan="5">民间文学（5项）</td><td>北京童谣</td><td>★</td><td>★</td><td>★</td></tr>
<tr><td>2</td><td>北京回族民间故事</td><td></td><td></td><td>★</td></tr>
<tr><td>3</td><td>北京建城传说</td><td></td><td></td><td>★</td></tr>
<tr><td>4</td><td>什刹海的传说</td><td></td><td></td><td>★</td></tr>
<tr><td>5</td><td>北京灯谜</td><td></td><td></td><td>★</td></tr>
<tr><td>6</td><td rowspan="6">传统音乐（6项）</td><td>京都北韵禅乐</td><td></td><td>★</td><td>★</td></tr>
<tr><td>7</td><td>白纸坊挎鼓</td><td></td><td>★</td><td>★</td></tr>
<tr><td>8</td><td>北京道教音乐</td><td></td><td></td><td>★</td></tr>
<tr><td>9</td><td>古代诗词歌曲</td><td></td><td></td><td>★</td></tr>
<tr><td>10</td><td>昆曲工尺谱</td><td></td><td></td><td>★</td></tr>
<tr><td>11</td><td>北京十番乐</td><td></td><td></td><td>★</td></tr>
<tr><td>12</td><td rowspan="2">传统舞蹈（2项）</td><td>白纸坊太狮</td><td>★</td><td>★</td><td>★</td></tr>
<tr><td>13</td><td>大栅栏五斗斋高跷秧歌</td><td></td><td>★</td><td>★</td></tr>
<tr><td>14</td><td rowspan="4">传统戏剧（4项）</td><td>昆曲</td><td>★</td><td>★</td><td>★</td></tr>
<tr><td>15</td><td>河北梆子</td><td>★</td><td>★</td><td>★</td></tr>
<tr><td>16</td><td>北京皮影戏</td><td>★</td><td>★</td><td>★</td></tr>
<tr><td>17</td><td>西城皮影（德顺班）</td><td></td><td></td><td>★</td></tr>
<tr><td>18</td><td rowspan="11">曲艺（11项）</td><td>单弦牌子曲</td><td rowspan="2">★</td><td>★</td><td>★</td></tr>
<tr><td>19</td><td>岔曲</td><td>★</td><td>★</td></tr>
<tr><td>20</td><td>北京评书</td><td>★</td><td>★</td><td>★</td></tr>
<tr><td>21</td><td>相声</td><td>★</td><td>★</td><td>★</td></tr>
<tr><td>22</td><td>京韵大鼓</td><td>★</td><td>★</td><td>★</td></tr>
<tr><td>23</td><td>梅花大鼓</td><td></td><td>★</td><td>★</td></tr>
<tr><td>24</td><td>北京琴书</td><td></td><td>★</td><td>★</td></tr>
<tr><td>25</td><td>联珠快书</td><td></td><td>★</td><td>★</td></tr>
<tr><td>26</td><td>天桥拉洋片</td><td></td><td></td><td>★</td></tr>
<tr><td>27</td><td>天桥双簧</td><td></td><td></td><td>★</td></tr>
<tr><td>28</td><td>评书（北京）</td><td></td><td></td><td>★</td></tr>
<tr><td>29</td><td rowspan="7">传统体育、游艺与杂技（25项）</td><td>抖空竹</td><td>★</td><td>★</td><td>★</td></tr>
<tr><td>30</td><td>天桥中幡</td><td>★</td><td>★</td><td>★</td></tr>
<tr><td>31</td><td>天桥摔跤</td><td>★</td><td>★</td><td>★</td></tr>
<tr><td>32</td><td>口技</td><td>★</td><td>★</td><td>★</td></tr>
<tr><td>33</td><td>八卦掌</td><td>★</td><td>★</td><td>★</td></tr>
<tr><td>34</td><td>牛街白猿通背拳</td><td rowspan="2">★</td><td rowspan="2">★</td><td>★</td></tr>
<tr><td>35</td><td>祁家通背拳</td><td>★</td></tr>
</table>

续　表

序号	类别	项目名称	项目级别		
			国家级	北京市级	西城区级
36	传统体育、游艺与杂技（25项）	六合拳		★	★
37		孙式太极拳		★	★
38		北京鬃人		★	★
39		梅花桩拳（小架）		★	★
40		天桥摔跤（2）			★
41		北京赛活驴			★
42		天桥穆派戏法			★
43		牛街掷子			★
44		三皇炮捶拳			★
45		陈式太极拳			★
46		踢花毽			★
47		天桥盘杠			★
48		七巧板			★
49		古彩戏法（杨小亭）			★
50		形意拳			★
51		少林八法拳			★
52		耍花坛			★
53		爬杆			★
54	传统美术（27项）	北京内画鼻烟壶	★	★	★
55		内画鼻烟壶		★	★
56		北京仿古瓷		★	★
57		北京刻瓷		★	★
58		北京砖雕		★	★
59		彩塑京剧脸谱		★	★
60		古建油漆彩绘		★	★
61		京派剪纸（申沛农）			★
62		北京玉雕（一魔）			★
63		裕氏草编			★
64		铜印钮雕刻			★
65		毛猴			★
66		金石篆刻			★
67		脸谱绘制			★
68		面人			★
69		彩蛋绘制			★
70		北京宫廷补绣			★
71		北京彩塑			★
72		面塑			★
73		北派雕钮			★
74		传统灯彩			★
75		绳结艺术			★
76		象牙雕刻			★
77		北京绒鸟（绒花）			★
78		彩砂工艺			★
79		北京葫芦烙画			★
80		核雕			★

续 表

序号	类别	项目名称	项目级别		
			国家级	北京市级	西城区级
81	传统技艺（70项）	北京宫毯织造技艺	★	★	★
82		木版水印技艺（荣）	★	★	★
83		古字画装裱修复技艺（荣）	★	★	★
84		古籍修复技艺（中国书店）	★	★	★
85		内联升千层底布鞋制作技艺	★	★	★
86		王致和腐乳酿造技艺	★	★	★
87		六必居酱菜制作技艺	★	★	★
88		张一元茉莉花茶制作技艺	★	★	★
89		鸿宾楼全羊席制作技艺	★	★	★
90		天福号酱肘子制作技艺	★	★	★
91		仿膳（清廷御膳）	★	★	★
92		烤肉季烤羊肉制作技艺	★	★	★
93		烤肉宛烤羊肉制作技艺			★
94		一得阁墨汁制作技艺	★	★	★
95		传统药香制作技艺	★	★	★
96		砂锅居全猪席烹制技艺		★	★
97		护国寺清真小吃制作技艺		★	★
98		柳泉居京菜制作技艺		★	★
99		瑞蚨祥中式服装手工制作技艺		★	★
100		马聚源手工制帽技艺		★	★
101		戴月轩湖笔制作技艺		★	★
102		“正兴德”清真茉莉花茶制作工艺		★	★
103		戏曲盔头制作技艺（李继宗）		★	★
104		北京风味小吃制作技艺		★	★
105		宫廷奶制品制作技艺		★	★
106		小肠陈卤煮火烧制作技艺		★	★
107		“爆肚冯”爆肚制作技艺		★	★
108		京胡制作技艺		★	★
109		胡广源派京胡制作技艺			★
110		北京鸽哨制作技艺		★	★
111		毛猴制作技艺			★
112		金属工艺品锻錾工艺			★
113		绢人制作技艺			★
114		锦匣制作技艺			★
115		叭叭鼓制作技艺（张氏）			★
116		荣宝斋装帧技艺			★
117		汲古阁拓片制作技艺			★
118		北京花茶拼配工艺			★
119		桂香村南味食品制作技艺			★
120		同和居鲁菜烹制技艺			★
121		峨嵋酒家川菜烹制技艺			★
122		曲园酒楼湘菜制作技艺			★
123		丰泽园鲁菜制作技艺			★
124		翰林谭家菜制作技艺			★

续　表

序号	类别	项目名称	项目级别		
			国家级	北京市级	西城区级
125	传统技艺（70项）	羊头马白水羊头制作技艺			★
126		马家老铺酱烧牛羊肉制作技艺			★
127		“户部街马记”酱烧牛羊肉制作技艺			★
128		“年糕钱”年糕制作技艺			★
129		天源酱菜制作技艺			★
130		“豆腐脑白”豆腐脑制作技艺			★
131		门框胡同褡裢火烧制作技艺			★
132		大和恒米面加工技艺			★
133		北京雕漆			★
134		金漆镶嵌			★
135		花丝镶嵌			★
136		传拓技艺			★
137		曹氏风筝			★
138		山核桃工艺品制作技艺			★
139		古琴斫制技艺			★
140		古建筑模型扎小样			★
141		北京金漆镶嵌			★
142		手工书画装裱修复技艺			★
143		蜡果制作技艺			★
144		北海公园标本菊传统养殖技法			★
145		金氏风筝扎制技艺			★
146		北京景泰蓝制作技艺			★
147		羯子李白汤羊蝎子制作技艺			★
148		奶酪魏奶酪制作技艺			★
149		砂板糖制作技艺			★
150		北派舞狮道具制作技艺			★
151	传统医药（9项）	宫廷正骨	★	★	★
152		鹤年堂中医药养生文化	★	★	★
153		王氏脊椎疗法	★	★	★
154		清华池修治脚病传统技艺	★	★	★
155		崇厚堂沈氏女科疗法		★	★
156		凤阳门正骨千手大法			★
157		正筋疗法			★
158		北京马应龙眼药制药技艺			★
159		王氏脑中风疗法			★
160	民俗（3项）	厂甸庙会	★	★	★
161		鸿宾楼“老堂经”			★
162		老北京叫卖			★

注：国家级非物质文化遗产项目32项
　　北京市级非物质文化遗产项目56项
　　西城区级非物质文化遗产项目162项

非物质文化遗产代表性传承人名单

序号	类别	项目名称	姓名	性别	出生年份	批次			备注
						国家级	北京市级	西城区级	
1	民间文学	北京建城传说	王作辑	男	1948			三批	
2		北京灯谜	翟鸿起	男	1943			三批	
3	传统舞蹈	白纸坊太狮	王建文	男	1964	三批	一批	一批	
4			杨敬伟	男	1958	四批	三批	二批	
5		大栅栏五斗斋高跷秧歌	张全增	男	1933		二批	一批	去世
6	传统音乐	京都北韵禅乐	朱锡全	男	1926		三批	二批	
7			吴颖超	女	1933			二批	
8			刘爱君	女	1948		四批	三批	
9		古代诗词歌曲	王苏芬	女	1943			三批	
10	传统戏剧	北京皮影戏	路宝刚	男	1964		四批	一批	
11		昆曲	侯少奎	男	1940	二批	国补	一批	
12			杨凤一	女	1964	二批	国补	一批	
13			白士林	男	1938		二批	一批	
14			丛兆桓	男	1931	三批	二批	一批	
15			韩建成	男	1939	三批	二批	一批	
16			王大元	男	1941	四批	三批	二批	
17			马玉森	男	1940		二批	一批	
18			周万江	男	1940		二批	一批	
19			张毓文	女	1946		二批	一批	
20			乔燕和	女	1943		三批	二批	
21			王建平	男	1964			二批	
22			侯宝江	男	1946			二批	
23			刘国庆	男	1943			二批	
24			王德林	男	1943			二批	
25			白晓华	女	1943			二批	
26			张敦义	男	1945			二批	
27			张国泰	男	1943			二批	
28		河北梆子	刘玉玲	女	1947	四批	二批	一批	
29			王凤芝	女	1941		二批	一批	
30			李二娥	女	1947		三批	二批	
31			彭艳琴	女	1956			二批	
32			殷新泉	男	1949			三批	
33		西城皮影（德顺班）	路连达	男	1938			一批	
34	曲艺	北京评书	连丽如	女	1943	三批	二批	一批	
35			贾建国	男	1942			二批	
36		岔曲	张蕴华	女	1948	四批	二批	一批	
37			希婉英	女	1952			一批	
38			马　岐	男	1940			一批	
39			马小祥	男	1969			一批	
40		单弦	赵玉明	女	1929		四批	三批	
41			马增蕙	女	1936		四批	三批	
42		联珠快书	章学楷	男	1936		二批	一批	
43			王玥波	男	1978			二批	

续 表

序号	类别	项目名称	姓名	性别	出生年份	批次			备注
						国家级	北京市级	西城区级	
44	曲艺	北京琴书	王树才	男	1968		三批	一批	
45			刘砚声	男				一批	
46		京韵大鼓	李　想	女	1984			二批	
47			种玉杰	男	1959		四批	三批	
48		相声	张志强	男	1959			二批	
49			康有纯	男	1957			二批	
50		评书（北京）	马　岐	男	1940			三批	
51	传统体育、游艺与杂技	天桥中幡	傅文刚	男	1961	一批	一批	一批	
52			傅文友	男				一批	
53		抖空竹	张国良	男	1955	一批	一批	一批	
54			李连元	男	1946	一批	一批	一批	
55		北京鬃人	白大成	男	1939		一批	一批	
56			白　霖	男	1979			一批	
57		八卦掌	孙志均	男	1933	四批	三批	二批	
58			赵大元	男	1944			二批	
59			王尚智	男	1947			二批	
60			李秀人	女	1953			三批	
61			韩　杰	男	1931			三批	
62			马传旭	男	1934		四批	三批	
63			高继武	男	1942			三批	
64			刘敬儒	男	1936		四批	三批	
65		口技	牛玉亮	男	1938	四批	三批	二批	
66		六合拳	曹凤岐	男	1948		四批	三批	
67		孙式太极拳	孙婉蓉	女	1928		三批	二批	
68			孙宝亨	男	1933			二批	去世
69			孙　恕	男	1970			三批	
70		牛街白猿通背拳	李占华	男	1942		三批	二批	
71			李树成	男	1959			三批	
72			王建华	男	1951			三批	
73			钟宝义	男	1954		四批	三批	
74		祁家通背拳	戴振川	男	1955			二批	
75		五行通背拳	马启华	男	1954			二批	
76		梅花桩拳（小架）	韩建中	男	1942		四批	三批	
77			韩　超	男	1968			三批	
78		二皇炮锤拳	庞连福	男	1955			三批	
79		形意拳	张增记	男	1959			三批	
80		少林八法拳	曾皑洁	男	1961			三批	
81		穆派戏法	田学明	男	1964			三批	
82		耍花坛	周仁喜	男	1953			三批	
83		爬杆	于　健	男	1953			三批	
84	传统美术	北京内画鼻烟壶	刘守本	男	1943	三批	一批	一批	
85			杨志刚	男	1963		四批	一批	
86		内画鼻烟壶	姚桂新	女	1954			二批	
87		北京砖雕	张　彦	男	1965		四批	二批	

续 表

序号	类别	项目名称	姓名	性别	出生年份	批次			备注
						国家级	北京市级	西城区级	
88	传统美术	彩塑京剧脸谱	佟秀芬	女	1956		四批	二批	
89			林泓魁	男	1983			三批	
90		北京玉雕	苏　然	男	1971		四批		
91			孟庆东	男	1972		四批		
92		北京刻瓷	陈永昌	男				三批	
93		脸谱绘制	郭石刚	男	1980			三批	
94		北京彩塑	张忠强	男	1963			三批	
95		彩蛋绘制	赵　伟	女	1951			三批	
96		毛猴	姜守煜	男	1944			三批	
97		象牙雕刻	李万顺	男	1944			三批	
98		北京绒鸟	张燕霞	女	1952			三批	
99		彩砂工艺	黄小群	女	1953			三批	
100		传统灯彩	余光亮	男	1962			三批	
101		传拓技艺	马国庆	男	1956			三批	
102		绳结艺术	李　钉	女	1952			三批	
103		北京葫芦烙画	王兆庚	男	1963			三批	
104		核雕	卢晓荣	男	1960			三批	
105	传统技艺	北京宫毯织造技艺	康玉生	男	1933	三批	一批	一批	
106			王国英	女	1967		三批	一批	
107			褚长海	男	1942			一批	
108			高春荣	女	1962			一批	
109		北京仿古瓷	白　莉	女	1955		三批	二批	
110			王　立	女	1950			二批	
111		泥塑彩绘脸谱	佟秀芬	女	1956			二批	
112		内联升千层底布鞋制作技艺	何凯英	男	1955	三批	一批	一批	
113		马聚源手工制帽技艺	盛秉伦	男	1927		一批	一批	
114		瑞蚨祥中式服装手工制作技艺	邹秋明	女	1953		二批	一批	
115		装裱修复技艺（古籍修复技艺）	王辛敬	男	1958	三批	一批	一批	
116		荣宝斋装裱修复技艺	李淑珍	女	1968		三批	一批	
117		木板水印技艺	崇德福	男	1953	一批	一批	一批	
118			王丽菊	女	1958	一批	一批	一批	
119			高文英	女	1956	三批	二批	一批	
120			赵慧萍	女	1964		二批	一批	
121			刘宝祥	男	1963			二批	
122			肖　刚	男		四批	三批	三批	
123		中国书店古籍修复技艺	汪学军	男	1964	四批	二批	一批	
124			刘秋菊					一批	
125		张一元茉莉花茶窨制技艺	王秀兰	女	1955	三批	二批	一批	
126		传统药香制作技艺	李时亮	男	1980		三批	二批	
127			时雅莉	女				二批	
128		戴月轩湖笔制作技艺	王后显	男	1976		四批	二批	
129			陈培新	男	1967			三批	
130		六必居酱菜制作技艺	杨银喜	男	1954	三批	一批	一批	
131			薛洪兰	女	1959			二批	

续　表

序号	类别	项目名称	姓名	性别	出生年份	批次			备注
						国家级	北京市级	西城区级	
132	传统技艺	鸿宾楼全羊席制作技艺	佟建国	男	1952		一批	一批	
133			朱长安	男	1960		四批	一批	
134			许仁礼	男	1963			一批	
135		天福号酱肘子制作技艺	冯君堂	男	1960		一批	一批	
136			郭景田	男	1959			一批	
137			王金杠	男	1952			一批	
138			耿　仁	男	1956			一批	
139		北京烤肉制作技艺（烤肉季）	白士清	男	1946		一批	一批	
140			甄德禄	男	1958			一批	
141			杨玉泉	男	1959			二批	
142		北京烤肉制作技艺（烤肉宛）	万春生	男	1962		一批	一批	
143			张振民	男	1968			一批	
144			王芸生	男	1956			二批	
145			宛金廷	男	1963			三批	
146		护国寺清真小吃制作技艺	马国华	男	1952			一批	
147			李秀云	女	1964		四批	一批	
148		砂锅居全猪席制作技艺	刘为永	男	1969			一批	
149			杨树松	男	1954		四批	一批	
150			曹东鹏	男	1978			二批	
151		同和居鲁菜烹制技艺	于晓波	男	1955			一批	
152			武根深	男	1963			一批	
153		峨眉酒家川菜制作技艺	毛春和	男	1962			一批	
154		柳泉居京菜制作技艺	屈德森	男	1958			二批	
155		宫廷补绣	杜康民	男	1947			一批	
156			孙石芬	女	1948			一批	
157		北京彩塑	双起翔	男	1931			一批	
158			双　彦	男	1958			一批	
159		面塑	张宝琳	男	1954			一批	
160			冯慧芸	女	1954			一批	
161		京派剪纸（申沛农）	靳鹤年	男	1944			二批	
162			杨莹莹	女	1954			二批	
163		北派雕钮	韩宝玉	男	1942			一批	
164		戏曲盔头制作技艺	李继宗	男	1938		四批	二批	
165			李　鑫	男	1980			三批	
166		北京玉雕（一魔）	刘春江	男	1958			二批	
167		裕氏草编	裕　庸	男	1939			二批	
168		金属工艺品锻錾工艺	孟德仁	男	1943			二批	
169		“正兴德”清真茉莉花茶制作工艺	王会明	女	1966			三批	
170		爆肚冯爆肚制作技艺	冯秋生	男	1952		四批	三批	
171			冯云亭	男	1964			三批	
172		北京鸽哨制作技艺	张宝桐	男	1949		四批	三批	
173		洪广源派京胡制作技艺	许学慈	男	1935		四批	三批	
174		“豆腐脑白”豆腐脑制作技艺	白　华	女	1956			三批	

续　表

序号	类别	项目名称	姓名	性别	出生年份	批次			备注
						国家级	北京市级	西城区级	
175	传统技艺	“年糕钱”年糕制作技艺	钱振波	男	1956			三批	
176		羊头马白水羊头制作技艺	马国义	男	1955			三批	
177		“羯子李”白汤羊蝎子制作技艺	李　明	男	1962			三批	
178		奶酪魏奶酪制作技艺	魏　宁	男	1960			三批	
179		曲园酒楼湘菜制作技艺	张景严	男	1962			三批	
180		天源酱菜制作技艺	张启增	男	1962			三批	
181		北京花茶拼配工艺	吕贤军	男	1964			三批	
182		翰林谭家菜制作技艺	刘为平	男	1952			三批	
183		桂香村南味糕点制作技艺	赵　巍	女	1972			三批	
184		砂板糖制作技艺	赵崇和	男	1944			三批	
185		大和恒米面加工工艺	白少川	男	1941			三批	
186		北京雕漆	张效裕	女	1966			三批	
187		金漆镶嵌	武国芬	女	1953			三批	
188		北京金漆镶嵌	胡　昕	女	1957			三批	
189		北京景泰蓝制作技艺	李佩卿	女	1953			三批	
190		手工书画装裱修复技艺	王铁环	男	1962			三批	
191			李世勇	男	1971			三批	
192		蜡果制作技艺	刘秀华	女	1950			三批	
193		汲古阁拓片制作技艺	吴　刚	男	1969			三批	
194		曹氏风筝	刘　宾	男	1977			三批	
195		金氏风筝扎制技艺	王赤峰	男	1950			三批	
196		北派舞狮道具制作技艺	王建文	男	1965			三批	
197		北海公园标本菊传统养殖技艺	刘　展	男	1958			三批	
198		京胡制作技艺	史优生	男				三批	
199		花丝镶嵌	钮永禄	男				三批	
200	传统医药	宫廷正骨	刘　钢	男	1952	三批	二批	一批	
201			吴定寰	男			一批	一批	去世
202			吴　冰	男	1978			二批	
203		王氏脊椎疗法	王兴治	男	1953	四批	三批	二批	
204		鹤年堂中医药养生文化	雷雨霖	男	1926	四批	二批	一批	
205			王国宝	男	1954		三批	二批	
206			雷　松	男	1968			三批	
207		清华池修治脚病传统技艺	任新春	男	1967			三批	
208			王建生	男	1957		三批	二批	
209		凤阳门正骨千手大法	佟乐康	男	1948			二批	
210		崇厚堂沈氏女科疗法	沈绍功	男	1939		四批	三批	
211		王氏脑中风疗法	王兴治	男	1953			三批	
212		马应龙眼药制药技艺	马永福	男	1953			三批	
合计：	区级206人、市级81人、国家级29人								

注：吴定寰、张全增、孙宝亨去世；苏然、孟庆东属地管理；马岐为岔曲和评书（北京）两项目传承人。
故现有区级传承人为206人。

主要宾馆及饭店

名称	星级	地址	电话
国宾酒店	五星	阜成门外大街甲9号	58585588
金融街威斯汀大酒店	五星	金融大街乙9号	66068866
金融街丽思卡尔顿酒店	五星	金城坊东街1号	66016666
金融街洲际酒店	五星	金融街11号	58525888
翔达国际商务酒店	四星	广安门内大街169号	83172288
港中旅维景国际大酒店	四星	广安门内大街338号	83529999
西单美爵酒店	四星	宣武门内大街6号	66036688
建通酒店	四星	广莲路甲5号	63986611
国宏宾馆	四星	木樨地北里甲11号	63908866
中国职工之家	四星	真武庙路一号	68576699
前门饭店	四星	永安路175号	63016688
深圳大厦	四星	广安门外大街1号	63271188
民族饭店	四星	复兴门内大街51号	66014466
国谊宾馆	四星	文兴东街1号	68316611
广州大厦	四星	西单横二条甲3号	58559988
金都假日饭店	四星	北礼士路98号	68338822
国二招宾馆	四星	西直门南大街6号	66186688
金台饭店	四星	地安门西大街38号	66529988
德宝饭店	四星	德宝新园22号	68318866
新大都饭店	四星	车公庄大街21号	68319988
金色夏日商务酒店	四星	西便门内大街85号	63012999

街道社区居委会

德胜街道

石油社区	六铺炕二区38号楼南平房
六铺炕水电社区	六铺炕二区39号楼一层
六铺炕煤炭社区	六铺炕二区32号楼前
安德路南社区	安德路124楼东侧地下室
安德路北社区	教场口6号院1号楼1门003室
德外大街东一社区	教场口9号院5号楼一层

德外大街东二社区	塔院胡同12号院2号楼1门北边
德外大街西社区	冰窖口胡同73号-4
人定湖西里社区	塔院胡同丙2号
新外大街南社区	新街口外大街28号院新4楼前平房
新外大街北社区	新街口外大街甲4号
德胜里社区	德胜里二区3号楼104号
新明家园社区	新明胡同2号楼一层
新康社区	新康街1号院1-1
新风中直社区	新风南里9号楼前平房
北广社区	双旗杆东里甲7号
马甸社区	马甸南村2号楼2-2
双旗杆社区	双旗杆东里12号楼-1
裕中西里社区	裕中西里27楼甲1号
裕中东里社区	裕中西里15楼一层中间
黄寺大街西社区	黄寺大街27号院南侧12、13号
黄寺大街24号社区	人定湖北巷（敬老院北）
阳光丽景社区	黄寺大街23号院3楼东平房
新风街1号院社区	新风街1号院10号楼107

什刹海街道

西四北社区	中毛家湾55号
西安门社区	西四东大街6号
西什库社区	刘兰塑胡同16号
爱民街社区	爱民二巷1号
大红罗社区	小拐棒胡同18号
西巷社区	护国寺东巷22号
护国寺社区	德胜门内大街251号
簸箩仓社区	德胜门内大街221号
前铁社区	德胜门内大街303号
柳荫街社区	柳荫街甲7号
兴华社区	厂桥胡同8号
松树街社区	弘善胡同18号
前海北沿社区	南官房59号
前海东沿社区	后小井胡同3号
白米社区	白米胡同12号
景山社区	景山西街15号
米粮库社区	油漆作胡同21号
旧鼓楼社区	旧鼓楼大街145号
双寺社区	西绦胡同甲15号
鼓楼西社区	鼓西大街128号
后海社区	后海北沿13号东
后海西沿社区	东明胡同16号
西海社区	水车胡同9号
苇坑社区	苇坑胡同甲53号
四环社区	新街口东街22号

西长安街街道

义达里社区	义达里42号

西单北社区	东斜街53号2楼
光明社区	府右街西巷22号
黄南社区	黄南一区5号楼1层
府南社区	太仆寺街33号院5号楼
钟声社区	南安里7号
太仆寺街社区	横二条2号303
南北长街社区	南长街58号
北新华街社区	东安福20号
西交民巷社区	东新帘子胡同2号
和平门社区	西绒线胡同甲8号
六部口社区	小六部口36号
未英社区	佳慧雅园3号楼

大栅栏街道

前门西河沿社区	前门西河沿224号
大安澜营社区	大安澜营9号
大栅栏西街社区	杨梅竹斜街65号
铁树斜街社区	樱桃斜街61号
煤市街东社区	甘井胡同19号
延寿街社区	延寿街21号
三井社区	炭儿胡同38号
百顺社区	百顺胡同8、11号
石头社区	培英胡同25号、石头胡同29号

天桥街道

留学路社区	灵佑胡同4号
香厂路社区	仁民路8号
永安路社区	阡儿路71号
虎坊路社区	虎坊路12楼北
天桥小区社区	东经路6号院内
禄长街社区	禄长街甲二号院内
先农坛社区	南纬路2号院内
太平街社区	太平街8号18号楼院内

新街口街道

西四北头条社区	小绒线胡同18号
西四北三条社区	赵登禹路140号
西四北六条社区	西四北六条35号
育德社区	育德胡同7号
前公用社区	后帽胡同1号
宫门口社区	宫门口三条1号（福绥境大楼内）
北顺社区	青塔胡同43号
富国里社区	玉廊园8号楼2-001
安平巷社区	白塔寺东夹道胡同甲8号
官园社区	育强胡同甲8号
冠英园社区	冠英园西区27号楼4-D01、D02
南小街社区	国英园7号楼7-4

半壁街社区	小后仓胡同1号楼北侧平房
中直社区	西直门南大街10号楼105
大觉社区	大觉胡同31号
西里三区社区	新街口西里三区2号南小楼1层
北草厂社区	玉桃园三区8号楼4-004
玉桃园社区	前桃园1号楼院内
西里四区社区	新街口西里三区2号南小楼3层
西里一区社区	新街口西里一区3号楼西侧底商
西里二区社区	新街口西里一区9号楼底商

金融街街道

砖塔社区	太平桥大街西城晶华底商8-5
大院社区	砖塔胡同53号
宏汇园社区	宏汇园8号楼2-3门
教育部社区	大木仓胡同35号
京畿道社区	京畿道小区甲1号
手帕社区	东铁匠胡同甲8号
新文化街社区	新文化街36号
受水河社区	头发胡同45号
新华社社区	佟麟阁路62号
丰盛社区	太平桥大街西城晶华底商8-7
丰融园社区	丰融园小区15号楼底商20号
丰汇园社区	丰汇园13号楼甲1号
二龙路社区	太平桥大街甲230号
文昌社区	闹市口中街33号
东太平街社区	新文化街127号楼后院平房
温家街社区	东智义胡同3号
民康社区	民康胡同30号院2号楼108室
西太平街社区	鲍家街甲2号
中央音乐学院社区	鲍家街43号新7楼1门D101室

椿树街道

梁家园社区	前孙公园56号
红线社区	红线胡同21号
香炉营社区	香炉营东巷2号院3-5-103
椿树园社区	椿树园小区4号楼一层
宣武门外东大街社区	宣武门外东大街22号楼2-109
四川营社区	四川营胡同8号
琉璃厂西街社区	前孙东夹道4号

陶然亭街道

米市社区	中信城二期沁园4号楼底商
南华里社区	南华里13号
粉房琉璃街社区	粉房琉璃街100号
福州馆社区	福州馆前街4号楼前平房
新兴里第一社区	南华里10号
新兴里第二社区	双柳树2条8排楼6号

新兴里第三社区	陶然亭路2号院1单元1层东侧
黑窑厂社区	黑窑厂街临字16号
龙泉社区	龙泉胡同甲22号
红土店社区	红土店南里6号楼前平房

展览路街道

德宝社区	德宝新园1号楼7-001/8-001
朝阳庵社区	朝阳庵3号楼前平房
文兴街社区	车公庄中里1号楼下平房
团结社区	西外团结大院7号楼地下室
榆树馆社区	榆树馆西里4号楼地下室
新华东社区	北礼士路乙56号楼3门地下室
新华里社区	新华里10号院1号楼1门101-102室
车公庄社区	车公庄北里36号楼101室
百万庄西社区	百万庄子区16门2号、百万庄北里甲9号
百万庄东社区	百万庄中里8号楼6门及7门地下室
三塔社区	展览馆路34号东侧平房
新华南社区	北礼士路135号楼院内平房
黄瓜园社区	阜成门外大街甲41号楼1层甲41-9
露园社区	北露园4号楼楼下平房
北营房西里社区	北营房西里11号楼地下室及南侧平房
北营房东里社区	北营房东里11楼105室、109室
阜外西社区	月坛北街25号楼3楼前车库
洪茂沟社区	月坛北街17号楼院内供暖所煤厂院内平房
阜外东社区	南礼士路甲1号院内平房
南营房社区	月坛北街5号楼2门103号
万明园社区	万明园7号楼2-104
滨河社区	北滨河路2号院9号楼2层207、209

月坛街道

三里河第一社区	三里河北街5号院内
三里河第二社区	三里河北街3号院内
三里河一区社区	三里河一区3号院5楼半地下
月坛社区	月坛北街8号楼108号
社会路社区	月坛南街19号院4号楼1层
铁三社区	月坛西街西里16楼2门1号
三里河二区社区	三里河二区6号楼105
三区一社区	三里河三区40楼4门3号
三区三社区	复兴门外大街23-105
铁二一社区	二七剧场路东里新19楼205号
铁二二社区	复外二七剧场路东里新9楼2门003
南礼士路社区	南礼士路三条北里14楼3门3号
二炮社区	复外大街甲七号院
复北社区	复兴门北大街11号楼旁
广一社区	真武庙二条7号院7门1号
广二社区	西便门外大街4号院4号楼2门101
复外社区	复外大街6号楼107号
真武庙社区	真武庙五里6栋西配楼

西便门社区	西便门外大街10号院26门2号
铁四社区	西便门外大街7号院11号楼2号
汽南社区	白云路西里16号楼107号
汽北社区	木樨地北里19楼北侧
白云观社区	白云观街南里5号楼4门101号
木樨地社区	木樨地北里平房2号
公安社区	木樨地南里公安大学29楼地下室
南沙沟社区	南沙沟小区18号楼西头一层
全总社区	真武庙二里甲10-2

广安门内街道

西便门内社区	西便门内大街77号
长椿街西社区	长椿街西里18号楼西侧平房
槐柏树街北里社区	槐柏树街11号楼底商
西便门东里社区	西便门东里小区东平房1号
西便门西里社区	西便门西里4号楼旁平房
报国寺社区	胜利一巷28号
核桃园社区	核桃园东街6号
槐南社区	槐柏树南里8楼1门
长椿里社区	长椿里小区8号楼3门
上斜街社区	上斜街乙46号
校场社区	校场小七条10号
宣武门西大街社区	宣武门西大街4号楼（中门）地下室
三庙街社区	长椿街东里24楼前平房
老墙根社区	老墙根63号
长椿街社区	感化胡同3号院内北平房
广安东里社区	广安门内大街159号
大街东社区	广安门内大街223号楼
康乐里社区	康乐里小区一号楼地下室

牛街街道

枫桦社区	西砖胡同2号院8-1
法源寺社区	法源寺西里5号楼2门D01、D3
牛街东里社区	牛街东里一区18号楼1层103号
春风社区	春风小区7号楼旁小寺街6号
牛街西里一区社区	牛街西里一区社区中心广场内
牛街西里二区社区	牛街西里二区6号楼东侧平房
钢院社区	白广路6号院
白广路社区	白广路二条4号院
南线阁社区	南线里4号楼
菜园北里社区	枣林前街147号楼院内

白纸坊街道

平原里社区	平原里小区12号楼对面地下室
双槐里社区	白纸坊东街甲29号万寿公园南门东侧
右北大街社区	益民巷大楼1层
樱桃园社区	新安北里1号楼底商

菜园街社区	崇效胡同18号
崇效寺社区	白纸坊胡同甲14号
建功北里社区	南菜园19号楼院内平房
建功南里社区	南菜园乙35号
新安中里社区	白纸坊西街20号-3圣都大厦1层
新安南里社区	白纸坊西街6号院5号楼3门002室
右内后身社区	右安门内西街丙1号
右内西街社区	右安门内西街甲2号院11号楼2门101号
自新路社区	信建里60号平房
光源里社区	宏建北里19号
半步桥社区	半步桥街甲48号2层
万博苑社区	半步桥街甲48号2层
里仁街社区	里仁街6号院外北平房
清芷园社区	白纸坊清芷园3号楼B座IJ室

广安门外街道

鸭子桥社区	鸭子桥路47号
青年湖社区	鸭子桥北里14号楼3-B01
椿树馆社区	车站东街15号院2-1-102
白菜湾社区	广安门外南街59号底商3号
车站东街社区	广安门外大街6号楼一层（商业银行后面）
手帕口南街社区	手帕口南街36号院平房
朗琴园社区	手帕口南街1号院11号楼一层
红居街社区	红居街4号楼1-A
红居南街社区	红居斜街6号楼南侧平房
车站西街15号院社区	车站西街15号院西侧平房
车站西街社区	车站西街17号院1号楼南侧平房
乐城社区	红莲南路6号院2号楼105
红莲北里社区	红莲北里10号楼南侧
红莲中里社区	红莲中里28号楼东侧平房院
红莲南里社区	红莲南里8号（平房）
三义东里社区	马连道中街甲3号楼1层
三义里社区	三义里8号楼南侧
马连道中里社区	马连道中街甲3号楼楼下南侧
马连道社区	马连道路5号院北平房
湾子街社区	马连道路15号院3号楼1层103
依莲轩社区	马连道路6号院1号楼3单元负一层
小马厂社区	小马厂路1号院1号楼北侧一层
手帕口北街社区	广安门外大街231号广华轩会所一层
天宁寺北里社区	天宁寺前街北里5-1-103室
二热社区	小马厂东里2号楼101室
天宁寺南里社区	天宁寺南里12号楼东侧平房
莲花河社区	莲花河胡同2号院1号楼1单元
荣丰社区	荣丰5号楼C01室
蝶翠华庭社区	广外大街305号二区5号楼地下一层6号
中新佳园社区	中新佳园10号楼一层

索　　引

说明：1. 本索引基本按汉语拼音音序排列，汉字打头的主题词按首字的音序音调依次排列，首字相同时，则以第二字排序，以此类推；以阿拉伯数字、英文字母打头的主题词，排在最前面。

2. 主题词后的阿拉伯数字表示该词所在页码，其后的小写英文字母a、b、c表示正文中的栏别（从左至右）。

3. 部分主题词后面有若干个页码或栏别，则表示该词在这些地方均有出现。

4. 特载、人物、统计资料、附录等栏目内容不在标引范围内。

A

B

C

D

F

G

H

J

L

M

N

P

T

W

X